主　编　宋　柔

副主编　郑艳群　邢红兵

作　者（按音序排列）

陈文慧	樊太志
郭　琳	罗智勇
尚　英	舒　华
宋　柔	邢红兵
颜　伟	岳炳词
赵　瑾	郑艳群

教育部人文社会科学重点研究基地重大项目成果丛书

对外汉语教学中的信息资源和信息处理

宋　柔 主编

北京大学出版社
PEKING UNIVERSITY PRESS

图书在版编目(CIP)数据

对外汉语教学中的信息资源和信息处理／宋柔主编. —北京：北京大学出版社，2008.12

（教育部人文社会科学重点研究基地重大项目成果丛书）

ISBN 978-7-301-14431-2

Ⅰ. 对… Ⅱ. 宋… Ⅲ. 信息技术-应用-对外汉语教学-教学研究 Ⅳ. H195

中国版本图书馆 CIP 数据核字(2008)第 169985 号

书　　　名：对外汉语教学中的信息资源和信息处理
著作责任者：宋　柔　主编
责 任 编 辑：欧慧英
标 准 书 号：ISBN 978-7-301-14431-2/H・2109
出 版 发 行：北京大学出版社
地　　　址：北京市海淀区成府路 205 号　100871
网　　　址：http://www.pup.cn
电　　　话：邮购部 62752015　发行部 62750672　编辑部 62753374
　　　　　　出版部 62754962
电 子 邮 箱：zpup@pup.pku.edu.cn
印　刷　者：北京大学印刷厂
经　销　者：新华书店
　　　　　　730 毫米×980 毫米　16 开本　17.75 印张　280 千字
　　　　　　2008 年 12 月第 1 版　2008 年 12 月第 1 次印刷
定　　　价：38.00 元

总　序

崔希亮

随着中国综合国力的日益提升，中国在国际舞台上的作用越来越大，汉语也逐渐成为地区性或者国际性语言，因此带来了学习汉语的热潮。汉语热的背后是中国热，中国文化、中国社会、中国经济、中国政治、中国历史、中国武术甚至中医都吸引了越来越多的学习者和研究者。语言是学习中国文化、了解中国社会的桥梁。语言学习是有捷径的，方法对了可谓事半功倍。对于很多国家的学习者来说，汉语是一门很难学的语言。原因有三：第一，从类型学上看，汉语属于孤立语，语法形态不发达，有声调，对于其他语言背景的人来说习得较为困难；第二，汉语的书写系统不是字母文字，汉字是学习中的瓶颈，汉字难学使得很多学习者望而却步；第三，汉语作为第二语言教学的历史比较短，很多问题没有研究清楚，我们对汉语本身、对如何教、对学生的学习心理都缺乏足够的研究。基础研究的薄弱导致我们的教材、教学法、教学手段无法满足学习者的要求。在汉语国际推广的形势下，我们应该多研究一些实际问题，从大处着眼，从细微处着手。

北京语言大学对外汉语研究中心是教育部人文社会科学百所重点研究基地之一，是汉语作为第二语言研究的核心基地，在海内外汉语教学与研究领域有广泛的影响。中心自成立以来，承担了很多重要的科研项目，这些项目有的已经结项，有的还在进行当中。这批科研项目汇聚了北京语言大学以及海内外学者的研究力量，其成果的发表必将在学术界产生重要的影响，从而推动汉语作为第二语言的教学与研究工作。北京大学出版社愿意出版这套系列丛书，作为这套丛书的作者之一，我感到十分高兴。

对外汉语教学研究，或者称作汉语作为第二语言教学研究，是应用语言学的一个分支学科。这个学科的主要学术基础是汉语语言学、普通语言学理论、教学法、教学理论以及认知科学。对外汉语研究系列丛书的主要著者都是北京语言大学对外汉语研究中心的驻所研究人员，他们的学科背景并不相同，有做语言学的，有做认知心理学的，有做计算机科学与技术的，其中做语言学的有专攻语法学的，有专攻词汇学的，有专攻第二语言习得的，有专攻语言测量学的。尽管大家的学科背景不同，但是在合作研究的过程中互相尊重，取长补短，在合作中互相学习。课题组中也包括了一些来自其他领域的合作者和本中心的研究生。对外汉语教学是个新兴学科，也是一个交叉学科，在这个领域很多问题涉及语言学、教育学、心理学、计算机科学以及一些相关的学科，因此这样的学术研究背景多样化的组合是比较合理的。当然不同的学者有自己的学术取向和研究思路，不能要求大家齐步走。

基地研究课题的选择是经过专家论证的，内容涵盖了对外汉语教学急需解决的许多基本问题。例如赵金铭教授负责的《基于中介语语料库的汉语句法研究》，主要关注对外汉语教学中一些带有普遍性的语法问题。为了避免分析过程中的主观随意性，这个课题的研究素材来自于北京语言大学开发的"汉语中介语语料库"。张旺熹教授负责的《汉语教学参考语法研究》旨在为汉语教师和学习者提供一部系统完善的辅助工具书。我负责的《日韩学生汉语学习与认知专题研究》把关注的焦点放在日本和韩国学习者身上，因为他们目前是最大的学习群体。日本和韩国都属于汉字文化圈，日本语和韩国语中都有大量的汉语借词，然而这两种语言与汉语属于不同的类型，它们都属于黏着语，因而日韩学习者有很多共性的问题。宋柔教授负责的《面向对外汉语教学的多媒体资源库及检索分析工具研究》则从理论和实践的层面上解决教学资源的问题，目的是为对外汉语教学提供先进的技术手段。张博教授负责的《基于中介语语料库的汉语词汇专题研究》从词汇学的角度分析对外汉语教学中的词汇问题，研究易混词、多义词、同义词、反义词偏误现象，为词典编写、教材编写和课堂词汇教学提供参考依据。另外，目前还在研究过程中的项目有孙德金教授负责的《欧美学生汉语语法学习与认知专题研究》、张凯教授负责的《汉语作为第二语言的能力标准研究》、王建勤教授负责的《全球文化竞争背景下的汉语国际推广策略》、高立群教授负责的《基于教学实验的对外汉语教师认知能力及培训模式研究》和张劲松教授主持的《面向外国学生的计算机辅助汉语正音系统研究》，这些都是关系到汉语教学瓶颈问题的研究题目。对外汉语研究中心每年都会组织新的重大研究课题，我相信，通过努力，对外汉语教学的基础理论研究和应用研究在广度和深度上都会不断向前推进。北京大学出版社与北京语言大学对外汉语研究中心的这项合作出版计划能够惠及最广大的研究者和学习者，能够为汉语的国际推广事业添砖加瓦，这就是我最大的心愿。

目　录

编者的话

随着中国的快速发展，全世界掀起了汉语热，越来越多的人要求学习汉语。采用语言信息处理的技术提高汉语讲授和汉语学习的效率，成为迫切的需要。

语言信息处理以计算机为工具，以互联网为媒介，可以为汉语教学提供信息资源和信息技术的服务。

北京语言大学对外汉语研究中心作为教育部人文社会科学重点研究基地，2002 年承担了教育部人文社会科学研究重大项目“面向对外汉语教学的多媒体资源库及检索分析工具研究”。项目组由宋柔负责，主要成员有郑艳群、邢红兵、樊太志、罗智勇、荀恩东，参加工作的研究生有陈文慧、尚英、赵瑾、颜伟、王洁、郭琳等。

这个项目已经圆满完成，并顺利通过结项审查。该项目的特点是探讨如何用信息资源和信息技术来支持对外汉语教学，已取得了一系列重要成果，包括面向语言教学和研究的汉语语料检索系统软件和索引库，汉语教学多媒体资源库研究，HSK 汉字数据库和语素数据库，以及 20 余篇论文。这个项目的核心支持技术的成果“现代汉语通用分词系统及其应用”获教育部提名国家科技进步二等奖。

这个项目的成果从研究领域看，大体可以分为三个部分。一是汉语多媒体教学资源建设及应用，二是汉语字词研究资源建设及应用，三是汉语文本检索技术及应用。这三部分的研究工作分别由郑艳群、邢红兵、宋柔负责。本书是这个项目成果的集中展示，因此也就依此分篇，分别收录这三方面的主要论文，介绍相关成果，并分别由郑艳群、邢红兵、宋柔负责辑录和编排。各篇的内容简要介绍如下：

第一篇　汉语多媒体教学资源建设及应用

建立对外汉语教学多媒体素材库和资源库是许多从事汉语计算机辅助教学的人员都可能产生的概念。因为这是工业化时代所产生的模块化、标准化思维方式的自然推论，也是数据库技术应用的必然性拓展。模块化和标准化的核心是同一客体的拷贝和重复使用，它是与高效率、高速度和规范化密切相关的。多媒体素材库在汉语教学领域，也理应产生这样的效果。在现代教育技术迅速发展的今天，无论是课堂教学，还是远程教学，都需要高水平的、与现代科技相适应的教材和课件，都面临着教材改革的问题，这种需求呼唤着多媒体素材库和资源库的建设。"汉语教学多媒体素材库"一文探讨了素材库建立的必要性及其内容、结构、管理和应用等方面的问题，并认为这是对促进对外汉语教学的发展很有价值的课题。

今天的人们，无时无刻不在使用计算机和互联网络，超文本和超媒体的踪迹无处不在。不使用超文本和超媒体技术而组织庞大、多样的信息资源，几乎是不可能的事情。正是在超文本和超媒体技术备受青睐的时候，我们应该更加努力地了解它，更深刻地认识它，以便正确而有效地运用它。"超文本和超媒体技术"一文结合汉语计算机辅助教学中超文本和超媒体的应用情况，分析了它在教学中的四大作用：(1) 整合汉语教学资源；(2) 科学地表达知识的层次结构和逻辑关系；(3) 适应因材施教方针；(4) 鼓励自主性学习。另外，还分析了超文本和超媒体技术的相关因素。

汉语教学中，图片素材库的作用是不可低估的。美国教育心理学家R. M. 加涅(1976)在《学习的条件和教学论》[①]中有许多关于图片教学作用的论述：(1) 图片的使用极大地扩展了非语言教学媒体的范围；(2) 当图片和示意图与印刷的课文结合使用时，过分的言语主义可能带来的弊端大部分能够得以克服；(3) 一般情况下，言语交流要伴随实物或图片、示意图等形式的实物表征；(4) 在教学中运用图片，是因为它们是学习者能够借以获得视觉表象的手段，而视觉表象又被认为是一类非常重要的记忆编码和存储形式。汉语教材中应用图片，在形象的示意中蕴涵了人们的使用意图，在不同层面、不同程度上发挥着它特有的教学功能。"图片示意的功能和方法"分析了教材中应用图片的历程和现状，并阐述了语音教学、汉字教学、生词教学、课文教学、语法注释和练习中图片的示意功能和示意方法。了解图片在汉语教学中的这些特性，无论是对教材编制、教学应用，还是素材库建设，都是非常必要的。特别是在对外汉语词汇教学中，图片可以作为一种释义的手段，它不以揭示事物的性质为目的，而

① 皮连生等译，1999，华东师范大学出版社出版。

是根据成年人的特点，使目的语教学与已有的背景知识建立起联系。随着印刷技术的提高和汉语计算机辅助教学的广泛应用，系统地研究词汇图片释义的方法具有重要的意义。“HSK 名词图片表达方法”在归纳了 HSK 名词图片表达的基本方法，以及对 HSK 名词标注语义属性的基础上，分析了不同语义特征的名词与图片表达方法之间的对应关系。这一结果可以为名词图片释义和名词图片素材库建设提供理论依据。

“汉语口语多媒体教学”通过对汉语口语课多媒体教学的体验和思考，阐述了素材库建设对课件设计的支持作用，希望能为更好地开展汉语多媒体教学提供借鉴。多媒体素材库建设最终是要面向对外汉语教学应用的，“多媒体汉语课堂教学”从授课教师的角度讨论使用多媒体教学手段进行汉语课堂教学的全过程，包括多媒体教学资源的选择、使用和课堂教学过程的控制等问题，分析了资源的类型、获取方式和加工方法，重点是阐述如何在汉语课堂教学中适时、适量地采用多媒体技术，并且对如何备课、如何处理课堂上出现的随机事件等问题提出了相应的原则和措施。

第二篇　汉语字词研究资源建设及应用

我们建立的相关数据库主要包括：(1)“汉字信息数据库”，数据库中标注的汉字的基本信息有：汉字字形、汉字字音、汉字的笔画数、汉字的结构类型、汉字的部件、汉字的造字方式、汉字的声旁和形旁信息等；(2) 语素构词数据库。包括“汉语水平等级词汇”全部复合词的词形、词性、读音、构造方式等信息。在合成词数据库中，提取出构成合成词的所有语素信息形成了语素数据库。语素数据库中的字段包括该语素的字形、读音、义项数、构词总数、构词位置以及各等级的分布和构词情况等；(3) 现代汉语动词句法信息数据库。该数据库统计了动词在“现代汉语研究语料库”中出现的各种句法功能及各种句法功能在语料库中的使用次数等。

利用数据库资源进行了相关的研究。“《汉语水平词汇与汉字等级大纲》中形声字声旁表音特点分析”在建立了一个《汉语水平词汇与汉字等级大纲》2905 个汉字的基础数据库基础上，对形声字和可以独立成字的声旁的相关特点进行了标注，对全部等级汉字中形声字的特点进行统计分析。文章对以下几个方面进行统计：(1) 形声字的数量以及各个等级的分布情况；(2) 各个类型形声字在各个等级的分布情况；(3) 声旁的独立成字和组字能力；(4) 声旁的表音能力等。“基于《汉语水平词汇等级大纲》的语素数据库建设”介绍了基于《汉语水平词汇等级大纲》的语素数据库系统。该系统是以《汉语水平词汇等级大纲》收录的全部词为基础建立的，包括两个部分：词数据库（包括复合词数据库和单纯词数据库）和语素数据库。复合词数据库中不但包含了词形、词性、读音等基本信息，还对复合词的结构类型、语素义项以及语素和整词的语义关系等进行了标注；语素库包括该语素的义项、构词能力、构词位置等信息。“面向对外汉语教学的动词用法频率词典”首先分析了目前动词用法词典中存在的局限，同时分析了汉语教学中留学生动词学习的特点，在此基础上提出了面向对外汉语教学的动词用法词典的设想。这样的词典和现有的词典相比有以下几个方面的特点：(1) 句法功能按照使用频度由高到低排列，突出动词主要句法功能；(2) 尽量多地提取相关的搭配关系，并按照频度由高到低排列。

我们还利用“现代汉语中介语语料库”对留学生的偏误词进行了分析，建立了“留学生偏误词数据库”。“留学生偏误合成词的统计分析”对“汉语中介语语料库系统”词表中出现的全部 520 条偏误合成词进行了穷尽分析，将偏误合成词分为 5 大类 17 小类，在此基础上对偏误合成词的错误类型进行分析，以便了解留学生合成词习得中的相关因素。文章得出的结论主要有：留学生有较强的合成词构词意识，包括语素构词意识、结构意识和语义相关意识等；留学生习得复合词存在两种不同的方式：分解学习和整词学习，其中分解学习应占主导地位。

“对外汉语教材的汉语拼音注音方法调查”对 7 套常用的汉语教材中课文正文和课后生词表的汉语拼音标注情况进行了调查，调查的主要内容有：汉语拼音正词法的应用问题；教材内部一致性问题；教材之间的一致性问题等。从调查的结果来看，对外汉语教材在汉语拼音的标注上基本符合“正词法基本规则”的规定，但是还存在一定的问题，主要表现在：(1) 教材内部还没有达到完全一致；(2) 对一些“正词法基本规则”没有明确规定的词语还存在分歧；(3) 仍然还有一些地方和“正词法基本规则”不相符合。

第三篇 汉语文本检索技术及应用

长期以来，汉语研究主要依靠专家的手和脑。专家用手记录各种语言现象，用脑进行分析和归纳，得出规律，解答汉语本体中的疑问，探索汉语教学中的捷径。但是，专家的手和脑毕竟能力有限。有了互联网，可以获取几乎无穷无尽的语料，再用计算机检索，就可以找到某种特定语言模式的种种实例。这种实例的数量，往往不再是几十例、几百例，而是几万例，甚至几十万、几百万例。以字词性质调查为例，过去基本上局限于调查字形、词形（type），即调查某个预定的字或词的集合中哪个字或词有某种性质，哪个没有这种性质。而"有"或"没有"的判断，主要靠专家的主观认知。现在可以调查字例、词例（token），即做关于某种性质的字词在真实语言环境中频率分布的调查，甚至是字词搭配的频率分布调查，可以对不同覆盖范围的语料进行特定性质的对比。这种调查的规模和深度，是人工方式所望尘莫及甚至不可想象的。这样的调查能使我们对于语言把握得更加全面，能归纳出更准确更深刻的规律，撰写出更加符合实用需要的教材和工具书。

面向语言教学和研究的汉语文本检索系统 CCRL 就是这样的检索工具。它的检索对象是未经标注的生语料文本，既能按照字串模式检索，也能按照词串模式、字词的属性模式检索，而且字词的属性体系可以由用户指定。如此就给了用户最大的灵活性，便于用户进行真正不受已有体系约束的研究。本篇中，"汉语语料检索系统 CCRL 及其应用"对该系统的设计思想、功能特点、应用方法作了比较全面的介绍。"简单短语及线性邻接属性研究"、"动词重叠形式的分布与线性邻接属性调查"、"程度副词加形容词的线性邻接属性调查"、"'不'加形容词的短语分布和线性邻接属性调查"、"汉语书面语词语特征统计分析"是 CCRL 的应用实例。"CCRL 使用指南"则是对系统使用方法的详细介绍。

要对于生语料文本进行词检索，必须首先对文本进行自动分词。而汉语的自动分词是一项十分复杂、相当智能化的工作，需要解决词表内词语的切分歧义问题、人名等专名的识别问题、新词识别问题等。本篇中，"现代汉语通用分词系统中歧义切分的实用技术"、"一种基于可信度的人名识别方法"、"基于多特征的自适应新词识别"分别讨论了汉语分词中的歧义消除、人名识别、新词语识别技术。

CCRL 系统由宋柔负责总体设计，荀恩东参与了技术指导并作了很多具体工作。软件由樊太志开发，支持 CCRL 的现代汉语通用分词系统由罗智勇研制。尚英、赵瑾、颜伟、王洁等研究生使用这一工具作了多方面的调查和研究工作。

感 谢

本书中收录的论文和所涉及的各项工作得到教育部人文社会科学研究重大项目“面向对外汉语教学的多媒体资源库及检索分析工具研究”(批准号 02JAZJD740007)的资助,并得到北京语言大学对外汉语研究中心、信息科学学院和科研处的大力支持,在此一并表示感谢。

第一篇

汉语多媒体教学资源建设及应用

汉语教学多媒体素材库*

郑艳群

○ 引言

对外汉语教学多媒体素材库（A multimedia material library for teaching Chinese as a foreign language，简称“素材库”或“MML-TCFL”），简单说来就像儿童的玩具积木箱，里面存放着汉语教学所用的形形色色的基本“元件”，教师可以根据自己的设想或者根据他人所提供的“图纸”，搭建成自己所需要的教材或者课件，作为配合课堂教学使用的或者成为在网络上供学生使用的教学资源。

建立对外汉语教学多媒体素材库是许多从事计算机辅助汉语教学的人员都可能产生的概念。因为这是工业化时代所产生的模块化、标准化思维方式的自然推论，也是数据库技术应用的必然性拓展。模块化和标准化的核心是同一客体的拷贝和重复使用，它是与高效率、高速度和规范化密切相关的。多媒体素材库在汉语教学领域也理应产生这样的效果。也正是在现代教育技术迅速发展的今天，无论是课堂教学还是远程教学，都需要高水平的、与现代科技相适应的教材和课件，都面临着教材改革的问题，这种需求呼唤着多媒体素材库的建立。

多媒体素材库建立在计算机面向目标数据模型、多媒体数据库、超文本等技术的基础之上，这些技术目前已经趋于成熟。人们在常用的软件中已经体验到多媒体素材库（如网页模式、文本模型、动画库、图片库和音效库等）所带来的方便。所以，在技术层次，对外汉语教学多媒体素材库的实现具有相当充分的可行性。然而，从语言教学理论和实践的角度来看，有不少问题是在着手建立之前就要认识和讨论的。

---

* 原文以“关于建立对外汉语教学多媒体素材库的若干问题”为题发表于《语言文字应用》2000年第3期。

一、建立 MML-TCFL 的必要性

伴随着教育技术的不断发展,在涉及对外汉语教学的图书馆藏书里,有不少基于传统媒体技术的音像资料以及基于计算机技术的电子出版物。在因特网上,与汉语教学相关的资源网站也在不断地增加。对于汉语教学来说,这些都是有参考价值的重要资源,从广义的角度来说,也是一种“素材库”。那么,我们还有什么必要去劳神费力地建立 MML-TCFL 呢? 对于这个问题的回答,可以从对外汉语教学的客观需要、资源共享和课件的高效生成等方面来分析。

(一) 汉语教学的客观需要

目前,越来越多的对外汉语教学工作者每天的教学和科研工作是借助计算机来完成的。他们已经具备了基本的计算机操作和使用能力,他们非常需要一些存储于计算机上的资料或素材,以提高工作效率。例如,语言和情景是紧密相关的,如果课堂上进行的汉语教学缺乏语言教学所必需的情景或语境,主要依赖于教师的讲解,这种状况无论对于“教”还是对于“学”,都增添了许多困难。假如一位教师想通过现在的视频、音频或者基于计算机的多媒体技术来营造一种与教学内容相适应的情景,在理论上是没有问题的,但在具体操作上却会遇到许多麻烦。如果教师能自己编写多媒体课件自己使用,当然是比较理想的,但在目前的条件下,往往又是不现实的。那么,只能在已有的资源当中去查找。可是,在现有的存储于录音带、录像带、光盘或者网站上的教学资源,查找到自己所需要的资料并不容易。假定能幸运地查阅到若干符合要求的片段,在课堂上使用时又将遇到设备切换、换盘倒带等一系列麻烦,而且声音、画面和速度等都很难控制。这些实际问题不但浪费了时间,也破坏了教学气氛,影响教学效果。由于存在上述的创作困难、查找困难、操作困难和控制困难,在一些教师中产生了畏难情绪,认为还是传统教学方式顺手,因此宁愿让设备闲置,也不愿意去招惹麻烦。

事实上,人们早已觉察到了现代教育技术对教学产生的作用,但汉语教师和 IT 业界的认识差距很大。因为,当新的技术参与到教学过程中时,必须要经历一段相互协调和适应的过程。教师的主要职责是教书,而不能强求他们成为专业软件开发人员,因此必须为他们创造更加方便的环境和条件,才能显示新技术在提高教学质量中的威力。因此我们认为,设计灵活方便的多媒体素材库系统,正是克服上述困难的客观需要。

（二）资源共享和规范化的前提

应当看到，许多学校在编写多媒体教材方面做了很多工作，也取得了一些相当有水平的成果。但是，也存在大量低水平重复劳动和不规范的问题。例如，在 HSK 各项等级大纲颁布之后，编写教材大都会以此为依据，用来实地考察是否有字、词、语法点超出范围，是否达到了预期的重现率等。许多教师在开展工作之前，先将这些字表、词表、拼音等信息输入、整理、校对，然后再开始工作。日复一日，年复一年，不知道有多少教师重复了这项工作？又如，汉语音节表是固定的，有 400 多个组合，1300 多个音节，为了出版录音带，或制作多媒体教材，或在网上开设汉语教学，常常需要这些录音素材，或全部或部分。从原理上说，我们有男女两种录音素材就可以满足需要了。录音一次需要花费时间、人力、物力和财力，但到目前为止，有多少人次做了这项工作，有多少音节表的录音版本，恐怕难以计数，这是一种资源浪费。目前，在网上有许多海外开设的汉语教学站点，开设了语音教学课程，但由于条件所限，配音的人员大多南腔北调，或嗲声嗲气，不是标准的普通话发音。

很显然，如果建立一个包含那些最常用的基本素材的数据库，其中的数据又是按照严格标准制作的，那么，通过对这个数据资源的共享，既可以杜绝资源浪费现象，也可以达到规范标准的要求。

（三）课件的高效生成和知识产权问题

毫无疑问，以电子版数据作为教学或科研的基础或资源进行再创作，的确比一切从头开始要快得多，而且，在前人已经达到的高度上起步，才容易超越前人。但是，对许多非专业人员来说并非易事。要在大量的资料中寻找合适的内容，然后再通过格式的变换把它们组织起来，这都需要专门的技术并且花费相当长的工作时间。即便能够完成再创作，也要面对多家的知识产权问题。众所周知，处理知识产权问题将花费许多时间和精力，所以许多人宁愿完全自己创作，也不愿意去引用别人的资料。这就导致了低水平的大量重复劳动和资源浪费。

我们渴望有这样一种教学资源，它的内容是权威的、标准规范的，它检索容易、操作简单、控制方便，而且包含着教学所需要的各种基本素材，倘若进行再创造，只要与这一家机构（如国家“汉办”或北京语言文化大学）交涉知识产权问题就够了。这就是本文所谈论的对外汉语教学多媒体素材库（MML-TCFL）——一种理想的汉语教学资源。

二、MML-TCFL 的内容特点

也许有人会问：你们不是研制过《多媒体汉字字典》光盘吗，那算不算一种素材库呢？《多媒体汉字字典》可以算是一种类型的素材资源，但从素材库整体看来，无论是内容、结构，还是功能等方面都将会有较大的差别。

（一）内容及其分类

究竟什么样的内容可以纳入对外汉语教学多媒体素材库呢？由于MML-TCFL 是一个新的概念，在汉语教学界还没有共识，所以我们现在还很难给出一个明确的范围。按照我们自己的观点，凡是与对外汉语教学的总体设计、教材编写、课堂教学和测试等直接或间接相关的多媒体素材都可以纳入其中。MML-TCFL 应不仅仅包括普通文本、图形、动画、音频、视频等类型的素材，还包括以上类型的组合形态。有些特别有价值的功能插件，如声音、速度、形态色彩的控制程序等也应当罗列其中。

例如，按照汉语教学活动的过程，MML-TCFL 中的资源应当既包括资源型素材，也包括训练型和测试型素材。资源型素材是一些独立的、不考虑关联的素材，它可以供教师在课堂上直接使用，也可以重新组织后使用，或者供其他从事汉语教学和科研的人员制作光盘或网上汉语教学课件用。训练型素材是一些带有注释、讲解和分析的素材。它可以供学生们课余使用，达到巩固和强化的目的。测试型素材，也可以叫做题库。目前已经为人们广泛使用的题库，应当被理解为其中的一个子集，MML-TCFL 中的测试型素材还应包含更广泛的内容。针对汉语教学的对象，MML-TCFL 应当包括初级、中级和高级等不同水平的测试素材。

总之，我们认为，素材库应当既反映汉语静态的知识结构（如包括汉字、词汇、语法、句型和情景等知识性素材），也包含动态的汉语教学过程的内容（如经典示范或讲解的视频录像等）。对于一个汉语教师或者教材编写者，他们可以从 MML-TCFL 中得到教学科研所需要的绝大部分资料。就像美国微软公司开发的名为 MSDN 的资源库，开发人员在其中几乎能百分之百地检索到他们所需要的解释、例子和排除问题的方法等。我们设想中的汉语教学多媒体素材库，就是一个类似于 MSDN 的对外汉语教学支持系统。

（二）结构特点

模块化是素材库结构的基本特点，因为这是被引用或者重新链接的前提。

纳入素材库的素材，大致可分为三种结构类型：

（1）简单素材。指单一的、一般使用人员无法再分割的素材。比如单个汉字的字形、发音等，或者一段意思完整的文字说明等。因为，如果再划分，就失去了语言素材的特性。

（2）复合素材。由一项以上简单素材、复合素材所构成。比如某个汉字的属性集合，它的音、形、笔顺书写动画等，都是简单素材，而语义、例句则是可继续分解的复合素材。

对于教学过程的视频素材，一个教学单元可以是一条素材，比如讲授生词、句型、语法等。每个单元的播放时间可能不一样，但必须是一个完整的教学过程。如果一个单元播放的时间太长，也可以划分为若干个子单元。单元和单元之间不存在时序关系，但是子单元之间的时间顺序是不能忽视的。一个单元可能需要许多个文本、图画、音频和视频文件，它们之间的关联是通过下一层次的数据库来管理的。

（3）完整的经典教学课件。比如一个知名教授的某节授课实况。完整的课件，如果容易分割，可按层次切分成较小的单位；如果切分困难，就保持其原形。

上述三种结构类型，使素材库表现为多层次的模块结构，就如同建筑工地上的材料：有砖瓦石块，也有各种预制件，甚至整个的移动房屋。如果你是熟练的建筑工人，可以一砖一瓦的砌出有独特风格的艺术品；如果你对建筑略知一二，不妨用大块预制件搭造；如果你是完全的门外汉，那就搬一座现成移动房屋好了。由于这种类似的结构具有相当好的灵活性，因此，教师们使用 MML-TCFL 可以很容易地找到与自己授课相关的资源，并且可以让计算机很快生成自己所需要的课件。这种有针对性的课件，在课堂上使用时，可以做到连贯流畅、控制灵活，从而达到提高教学质量和提高教学效果的目的。

（三）素材规范化和数据可靠性

从编纂词典、建立语料库，到建立 MML-TCFL，可以说是汉语教学和研究的一种发展趋势。素材库中的大量资料将来源于各种现行多媒体资源及经典的语言教学实录，也有根据语言教学的需要重新制作的内容。建立素材库的主要目的就是为了让人们反复拷贝和重复使用。所以，无论是现有的素材或者重新制作的素材，都必须保证其规范和可靠。素材的规范化和可靠性是在素材库建设伊始就必须考虑的因素。

素材的规范化，是指汉字的音、形、义以及词汇、语法等基本素材都必须正确并且符合国家相关的语言文字规范。因此，纳入 MML-TCFL 的素材必须经过专家的审核检验，以免谬误传播。数据的可靠性，是指在素材库存贮、传播和引用过程中，不得发生遗漏或者被病毒感染的现象。这种现象轻则导致素材质量下降，重则造成内容的错误及其他不良影响，所以必须采取一定的防范技术措施，让使用者放心。

三、MML-TCFL 的管理和使用

MML-TCFL 系统应当包括数据信息和实现对数据进行管理、使用的功能。管理功能的水平决定了 MML-TCFL 在对外汉语教学实践中的价值。这些功能既要保证人们对素材库的增删，也要让普通的教师能随意浏览查阅，还能在此基础上进行新课件的创作。我们可以把 MML-TCFL 比喻为一部汉语教学的百科全书，而且是具有某种智慧的百科全书。

(一) 管理和使用的基础——建立规范的素材目录格式

MML-TCFL 的管理应当建立一种编目标准，因为标准化便于管理和交流，就如同图书资料的管理，有国家、国际的图书编目标准一样。对 MML-TCFL 的构件建立标准的目录信息标准，是进行管理和使用的第一步。素材构件目录内容应当包括多方面的属性。

(1) 常规属性：题名，主题，作者，制作日期等；

(2) 物理属性：存储位置，文件大小，播放时间等；

(3) 应用属性：如资源型/训练型，初级/中级/高级等；

(4) 控制属性：表明界面、音频、视频等方面的可控性能。比如控制图形的色彩、动画的播放速度等；

(5) 内容介绍和应用提示：这是非常重要的，没有这些内容将会给使用者带来很大困难，降低使用效率。

(二) 管理的主要功能

(1) 素材库构件的上传和下载：就是把一个素材构件，比如一段录像经过加工达到符合素材库的标准后，把它加入到素材库中，如同图书馆中的"上架"。同样，系统也应当具备下载构件的功能。

(2) 编目：素材库目录的大部分内容都可以自动生成，但是有的项目，比如分类特性，控制属性及内容介绍等，都必须通过有经验的人员来填写。

(3) 索引：索引是提高检索速度的重要方法，一般应当根据构件的题

名、主题、类型等建立多重索引。

(三) 应用功能

应用功能是面向最终用户的功能,它要求有明确、清晰的界面和比较高的智能。只有这样才能被普通的汉语学习者和教师所接受并加以应用。应用功能主要有如下两个方面。

(1) 检索或浏览:使用者可以根据单一的或复合的条件进行检索浏览,把 MML-TCFL 当做学习的参考书,或者进行再创作的准备。

(2) 创作新课件:使用 MML-TCFL 进行创作,大体分为如下三种情况。

· 由计算机进行自动创作。系统先对使用者的要求进行提问,如汉语程度、学习内容、学习时间等,计算机可以自动选择或者构造出一套标准的教学课件。

· 由计算机和人工结合进行创作。一个普通的汉语教师,可以根据自己的要求,选择那些自己需要的素材,自己确定先后次序,然后计算机会把他们做成一个超文本课件,在任何浏览器上都可以播放。这种方法,通常都是由规模比较大的构件链接而成的。

· 专业人员可以对 MML-TCFL 中的基本单元,如一幅图画、一个发音、一段文字进行编辑,然后插入到自己的作品中。

当然还可以有其他的用途,比如根据某种需要制作成专门的教学光盘或者工具等。

四、建立 MML-TCFL 的意义及其他

建立 MML-TCFL 并开展相关的教学试验,是汉语教学、教材现代化建设和教学改革方面的一个重要课题。它所提供的教学方法、教学资源,将在提高汉语教学质量方面起到促进作用。MML-TCFL 主要通过网络传播和使用,它将成为重要的、基础性的汉语教学共享资源,将会有力地推进全世界范围内汉语教学的发展。MML-TCFL 保存了大量丰富、形象的语言文化资料,是活的语料库,对语言文化的研究和保存也有重要意义。

我们认为,智能型对外汉语教学支持系统的出现,不但不会危及汉语教师的地位和作用,恰恰相反,它起到了协调现代技术与教师之间关系的作用,也为他们开辟了用武之新天地。

参考文献

[1] 罗守坤 (1991) 集成教材新策略,《世界汉语教学》第 3 期。
[2] 美国微软公司 (1998) MSDN Library 6.0(Microsoft Develop Net Library 6.0)。
[3] 孙德坤 (1996) 组合式——教材编写的另一种思路,《世界汉语教学》第 1 期。
[4] 张效祥主编 (1998)《计算机科学技术百科全书》,北京:清华大学出版社。
[5] 赵金铭 (1997) 对外汉语教材创新略论,《世界汉语教学》第 2 期。
[6] 郑艳群等 (1999)《多媒体汉字字典》,北京:北京语言文化大学出版社。

超文本和超媒体技术*

郑艳群　郭　琳

○　引言

自从发明了纸，就有了纸质书籍。有了书籍，就涉及编排问题。如何快速、准确地在书籍(特别是字词典)中找到所需要的信息，古人早就使用了索引的方式。但鉴于它的载体形式是纸介质的，我们可以直接触及到这些“信息”，又因为我们可以一页一页地翻动它，因此，顺序的印象在人们脑海中根深蒂固，长期以来人们把它看做是一种线性结构。

信息在人脑中的存储和管理，更多地依赖于它非线性的逻辑关系，存储的物理特性显得不那么重要。1946 年，第一台计算机问世，人们追求的最高目标就是让它代替人脑，当然包括索引功能的实现。很多文献中说，“非线性文档结构思想最早由 V. Bush 在 1945 年提出”，这恐怕埋没了古人的伟大贡献。还有人说，“超文本”这个术语由 Theodor Nelson 于 1965 年提出，这应该说是在情理之中；或者说，有了计算机以后，人们自然会想到如何实现传统的索引功能。

什么是超文本和超媒体？“超文本采用了非线性的网状结构，使用户能更快、更精确地找到需要的信息。超文本文档不是严格按顺序的，它带有链，可以指向文档中的任一部分，也可以指向另一文档”。“超媒体是一种用于表示、组织、存储、访问多媒体文档的信息管理技术，是超文本概念在多媒体文档中的推广。”(《计算机科学技术百科全书》，1998)超文本和超媒体技术相比，前者更加注重表达信息之间的关系，概括地说，就是一种解释，可能有嵌套；而后者是用来表达信息的媒体形式，播放声音、图片、动画、视频等。

---

*　原文以“汉语 CAI 中超文本技术和超媒体技术概说”为题载于《数字化对外汉语教学理论与方法研究》，语文出版社 2004 年出版。

今天的人们，无时无刻不在使用计算机、使用互联网络，超文本和超媒体的踪迹无处不在。不使用超文本和超媒体技术组织庞大而多样的信息资源，几乎是不可能的事情。正是在超文本和超媒体技术备受青睐的时候，我们应该更加努力地了解它，更深刻地认识它，以便正确而有效地运用它。本文将结合汉语CAI（计算机辅助教学）中超文本和超媒体的应用情况，深入探讨超文本和超媒体技术在整合资源和表达知识方面的作用。

一、超文本和超媒体的作用与标志

超文本和超媒体技术在汉语CAI中被广泛应用。无论是在课堂教学课件中，还是在众多的教学光盘和网页设计中，都离不开这样的技术。透过近年来有关中文电化教学的论文，我们可以了解到这方面的情况。如语言教学材料在传统纸版本教科书中难以表现，常常是以不同的载体形式分别出版，既不便于教师教，也不便于学生学（杨杨，2002），这是因为以往的电教设备中的表达手段受到单一性的限制。有过实践经验的汉语教师从中体会到了它的优越性，他们认为：超文本与超媒体技术将成为理想的信息载体和有效的信息组织管理技术（田然，2002）。超文本技术可以让学生自由地决定自己的学习方式和学习顺序，而不必像传统书本教材那样按部就班、循序渐进地按照书本提供的顺序学习（徐晶凝，2000）。超文本和超媒体技术不仅有利于学生的主动发现、主动探索，还有利于发展联想思维和建立新旧知识之间的联系（杨爱芬，2002）。总体来看，其作用大致有如下四个方面。

1. 整合汉语教学资源

汉语教学涉及听、说、读、写等技能，教学资源也涉及多种媒体形式。如解释语法问题需要补充其他的文字；播放汉语发音需要声音；演示汉字的笔画书写过程需要动画；展示语言场景需要图片或视频。然而，这些不同的媒体形式都可以在汉语CAI中，通过超文本和超媒体技术整合在一起，准确地表达汉语教学所需要的各种信息。

2. 科学地表达知识的层次结构和逻辑关系

任何学科的知识不仅有其内部的规律，而且知识本身是有层次结构和逻辑关系的。教学的文本内容有难易、层次之分，就汉语学习来说，同样如此。超文本和超媒体技术的一个重要作用就是可以清楚地、按层次和逻辑关系把知识内容表达出来。这种突破线性结构，具有表达层次和结构关系的特性，在教学中有着重要的意义。如汉字是形、音、义的结合体，汉字的教学最终要使学生从一个总体的角度来理解汉字系统，表达汉字的形、音、义信息应该在一个层面上，而表达汉字的某个义项或者某个义项下的构词、词语发音等应该按下位层次表达。如果不能很好地把握这样的层次关系，对学习者掌握知识将是有害的，甚至会产生误导。

3. 适应因材施教方针

俗话说得好，十个指头不一般长。对学生个体差异或学习者特征进行分析，越来越受到教育工作者的重视，不了解学习者的个体差异或特征就不可能进行有效的教学。如何根据这些差异和特征去设计 CAI 呢？如果考虑到为程度低的学生设计汉语 CAI，那么对于程度高的学生显然是一种浪费；如果考虑到程度高的学生，那么对于程度低的学生就难以理解。解决这一问题，最常用的编排手段就是通过超文本和超媒体技术实现的，通过这样的技术可以适时地为学习者提供他们所需要的各种帮助。

4. 鼓励自主性学习

超文本和超媒体技术的应用，为学生进行了选择学习内容和拓展学习空间的设计，满足了学生学习和发展的需求，这实际上就是鼓励学生有学习的欲望，有自主探究的精神，通过使用 CAI 具有一种独立学习和自主学习的能力，为适应今后的终身化学习打下基础。这种编排方式有利于学生自己归纳总结、举一反三，并有利于他们在语言运用中发现规律。

超文本和超媒体的标志，主要有“按钮”和“文字热区”两种形式，分别具有不同的特性。

1. 按钮形式

通过点按屏幕上的某个按钮样的图形，可以链接到其他媒体形式，这种超链接形式我们称之为按钮形式。通过点按按钮可以引导出其他内容，如文字、声音、动画、图片、视频等媒体形式。有些系统中，无论链接的媒体形式是什么类型，都使用按钮形式，这在早期的汉语 CAI 课件中比较常见。现在，按钮形式较多地应用于除文字以外的其他媒体形式的链接中，而且按钮的样式正在逐渐退化，如只表现为一个小的图形或图像，这在网页课件设计中表现得最典型。

2. 文字热区形式

通过点按屏幕上的某些文字，可以链接到其他媒体形式，这种超链接形式我们称之为文字热区形式。这种形式经常链接到文字内容。文字热区形式有多种提示方式，如将文字变换颜色、加下画线等，常常伴随热区指示,即将光标放到某个字串时,光标指示符的“箭头”自动变成“小手”,暗示这是文字热区,可以点按,当点按这个文字区域后就会显示对这一字串的解释。

二、超文本和超媒体的应用状况

超文本和超媒体的魅力诱惑着人们,使得这项技术被广泛应用于CAI设计。但是,汉语CAI设计中这项技术的应用也存在一定的问题。

1. 热区文字或按钮提示与链接内容不一致

有些超链接设计中,当我们点按某文字热区或点按按钮后,显示出的内容与热区文字或按钮意义不符,这看起来虽然是校对错误,但在教学中有时会造成不利影响。如音频和文本不符,点按“白菜(báicài)”时,听到的发音却是“蔬菜(shūcài)”。

2. 按钮相同但提示不同

在CAI设计中,有时为了学生使用方便,增加了对按钮的提示,即当鼠标停留在按钮区域时显示出简短的文字,表示此按钮的功能。但有时,在一个系统中对同一按钮的提示却不统一。如www.gov.sg/spkmandarin/index中,按钮有时提示为“词汇”,有时提示为“词语”,使用者可能会感到疑惑,误以为是不同的内容。

3. 超链接的形式不统一

热区超链接的提示方式有多种。如在文字下面加下画线、文字变色、文字前加标志、鼠标触及后有光标提示等。如果在同一个系统中混合使用或重复使用这些方法,会适得其反,因为学生不能明确地知道点按哪里会出现附加内容。比如在www.emnes.com/EZCHINESE/KOCKING.HTM中,有些加下划线的文字有超文本链接,但有些文字加了下画线却没有超链接内容,也许表示的仅仅是教学重点,当然也不排除个别的遗漏错误;又如在www.indiana.edu/～CHASSO/AUCHINESE.HTML中,一个词语或者短语的发音,既在前面设置了小喇叭一样的标志,又给这个词语加了下画线,这显然是冗余的。因为学习者看到两个超链接的提示,很可能以为会有不同的链接内容,但发现点按后都是词语的发音。如果点按小喇叭和点按词语时超链接的内容不同(如一是词语发音,一是词语解释),则无可厚非。

4. 超链接的内容质量不高

有些超链接的内容质量不高,汉语字词等发音书写不准确。如

www.indiana.edu/～CHASSO/AUCH/GREETING.HTML，笔画笔顺不符合相应的规范，甚至连字形都是错误的；有些超链接后的发音，由于功能设置不正确，致使声音不停地循环播放，如 www.indiana.edu/～CHASSO/AUCH/GREETING.HTML；有的汉语拼音的调号是在音节后标注为1、2、3、4。这些都亟待改进。

5. 按钮图像过于抽象或风格各异

按钮标志一般是在按钮表面上加简单的字母或文字提示，也有的是在按钮上有功能的图形或图像提示。用字母或文字提示，由于内容简短，有时可理解性差，当然还可以借助鼠标触及后显示的提示文字。用图像提示，如果过于抽象会让学生感到费解，或要花费时间去揣摩，甚至对系统丧失信心、引起学生偏离主题的联想，严重影响使用的效率。有时，同一个系统中的按钮标志设计其形式和色彩不协调、不一致，也造成了使用困难。

6. 缺少返回链接

有些系统设计了超链接方式，但进入后找不到返回的热区或按钮，只能继续向下进行或一次性退回到初始状态。在没有老师指导学习的情况下，这些陌生的、不方便的学习环境给学生带来了不便。比如 www.chinapage.com/PAINTING/SUNGJENTSUNG.HTML 中就缺少返回设计。

7. 导航作用失灵

导航的作用就是引导，是发挥超文本或超媒体优势的一个重要工具，良好的导航方式应该是可以让学习者很快知道自己目前所处的位置，应该沿哪一条路径继续进行搜索学习。但是，有些汉语 CAI 课件中的导航方式可能影响了学生对课件整体结构的把握。如 peijean.ficnet.net.tw 中，导航系统是并列成横排的九个项目，如果进入了其中一个，那么就只显示其他的八个。多次进入到比较深的层次时就容易迷失，不知道自己所在的位置。

上面所论及的几种情况，有些是比较容易解决的，如第一种；有些则不是那么容易处理的，如最后一种。一些文献和实际网页中都涉及过超文本和超媒体的应用问题。如 CAI 要方便用户使用，要简便，菜单层次不宜过多（王文才，2000）。对一些图标和按钮的功能应加以解释，最好用动画或外文加入基本的操作指导，这样可以减少学生在使用时摸索的时间（赵雪梅，2002）。对于自学者来说，添加声音提示，如“让我们一起来学习课文”,可以使学生感到如同有教师在身边。在 www. ntnu. edu. tw/TCSL/WWWCAI/TWTODAY/ALLORGAN. HTM # allorgan 中,系统提供了一个关于课件整体的结构图,给出了课件整体设计的构架,让人一目了然,这也不失为一种解决方法。超文本和超媒体技术使用的必要性和广泛使用的现状,以及使用过程中存在的问题,应当引起我们的重视。有人明确提出,技术的使用不可喧宾夺主,课件的使用不是为了展示花哨的技术(郑艳群,2002)。为此,我们必须了解与其相关的各种因素,以便在今后的设计中做到有的放矢。

三、有关超文本和超媒体的相关研究

近一两年来,国内外都开展了一些与教学相关的超文本和超媒体方面的研究。研究呈现两大特点:一是侧重于超文本技术,原因是相比之下超媒体的应用只是适时地提供媒体信息,而超文本的应用涉及的问题既多又复杂;二是从心理学角度进行的研究占有很大的比重。这一方面反映了 CAI 设计的跨学科特点,另一方面也反映了它与心理学的密切关系。在此,我们把相关研究或实验结果作一些归纳和分析,以期对汉语 CAI 设计有积极的指导作用。

1. 超文本的层次深度

研究表明:在设计和制作超文本时,人们是将各种信息素材按其内部的联系划分成不同层次、不同关系的信息单元,然后再将这些信息单元组成一定的结构。被试对每个节点的搜索均要经过扫视、决策和点击等三个过程。实验结果是:超文本的层次越深,被试决策和点击的次数越多,决策的难度越大,所花的时间也就越长。另外,人类在记忆能力上的局限性也不利于对深层次超文本的搜索。当包括记忆负荷在内的认知负荷超出人类的能力时,被试会遗忘以前走过的路径,因此搜索时间将显著增加(张智君等,2003)。

2. 先前知识

Hammond(1989)曾指出:“在阅读不熟悉的材料时,超文本结构特别容易引起迷路”,但是先前知识可在一定程度上抵御超文本的不利效应。Wickens(1990)指出:具有相关知识的被试对欲搜索的内容有一定的了解,在头脑中已初步形成相关的知识结构体系,或更容易掌握所搜索材料的内在组织结构,因此搜索速度一般较快,且不容易出现迷路。我们认为,使用计算机的经验(熟练程度),特别是使用超文本的经验也应包括在先前知识中。

3. 学习者风格或认知风格

周荣刚等(2003)认为,就个体而言,导航帮助作用只是相对的。Reed 等(2000)的研究表明,场依存[①]倾向的人在超文本环境中,更喜欢线性浏览,完成搜索任务所用时间最长;而场独立倾向的人则偏向非线性浏览方式,不容易迷失。也就是说,超文本中的“导航帮助”与使用者的个体认知风格有关。

4. 任务性质

研究表明:尽管在某些理解能力的学习任务中,纸介质比超媒体更具优势,但是在进行大量文档处理,在大文档、纸版本搜索特定的细节以及在物体间比较视觉细节差异时,超文本则具有潜在的优势。有学者认为:在完成对复杂材料进行综合的学习任务时,超文本效果较好(汪琼等,2003)。

5. 信息的结构化水平

汪琼等(2003)认为,由于结构化的知识有利于学生学习,因此用超文本技术对内容进行合理组织能在一定程度上减少迷路的发生。但是,究竟什么样的结构化设计有利于学习,目前还未见报道。有人明确提出,这项技术更适合作为信息检索的界面,而不是提高学习成绩的工具。

6. 超文本的类型[②]特性

实验结果显示:层次型超文本最有利于阅读,网状型超文本效果最差(Mohageg,1992)。信息浏览时混合型最好,而网状型最易出现迷路(Mcdonald,1996)。但也有人认为,不同类型超文本的搜索绩效基本无显著差异(张智君等,2003)。

7. 导航方式

借助适当的导航技术有可能降低用户的认知负荷。解决导航中迷失问题的途径之一就是提供适合人的信息加工特点的导航帮助。一个良好的导航帮助应该提供用户所处位置的空间背景信息和时间背景信息[③]。

---

① 美国心理学家威特金(H. Witkin)指出:场依存倾向,即受环境因素影响大者;场独立倾向,即受环境因素影响小者。除了一些明显的场依存性者和场独立性者外,大多数人都处于这两段之间的某一点上。

② 超文本的类型有:层次型、网状型、混合型三类。

③ 常用的三种导航方式为:空间背景信息导航帮助、时间背景信息导航帮助、综合背景信息导航帮助。

空间背景信息有利于用户更好地知道从当前位置可以较为便捷地到达哪些节点；而时间背景信息使用户能清晰地知道是如何到达当前位置的(J. Park & J. kim,2000)。

以上这些因素是影响超文本效果的相关因素。由于对超文本的研究还不够深入，因此我们不难看到许多结果是不一致的，甚至是矛盾的。但它可以提醒我们在使用超文本技术时应该考虑到哪些相关因素。事实上，在很多时候，超文本的效果是受上述这些因素综合影响的。例如，张智君等(2003)所做的实验表明：对于超文本层次深度和类型的影响效应，高结构化水平信息和类型的影响效应基本一致，即它们都不是影响超文本绩效的主要原因。他们认为，在对超文本搜索绩效的影响上，先前知识、超文本层次深度可能比超文本类型和信息的结构化水平更重要。在汉语 CAI 设计中，能够系统、全面地看待影响超文本效果的各相关因素，将有利于超文本作用的正常发挥。

关于超文本和超媒体技术，由于我们所掌握的资料有限、篇幅有限，许多问题还来不及讨论，比如针对学习者的不同风格，是否要对学习者进行适当的前测，然后为学习者提供具有不同超文本和超媒体特点的教学课件，等等。这些问题有待我们做进一步的探讨。

参考文献

[1] 田 然 (2002) 从多媒体在汉语报刊教学中的应用实例探讨多媒体教学，见《E-Learning 与对外汉语教学》，北京：清华大学出版社。

[2] 汪 琼等 (2003) 超媒体神话的破灭？——相关教学应用研究述评，《高等学校文科学术文摘》第 4 期。

[3] 王文才 (2000) 开发多媒体对外汉语电子教材的构想，见《第二届中文电化教学国际研讨会论文集》，桂林：广西师范大学出版社。

[4] 徐晶凝 (2000) 多媒体教材编写的几点体会，见《第二届中文电化教学国际研讨会论文集》，桂林：广西师范大学出版社。

[5] 杨爱芬 (2002) 对外汉语教学中的多媒体教学方法和传统课堂教学方法的比较，见《第三届中文电化教学国际研讨会论文集》，北京：清华大学出版社。

[6] 杨 杨 (2002) 现代教育技术的发展与应用，见《第三届中文电化教学国际研讨会论文集》，北京：清华大学出版社。

[7] 张效祥主编 (1998)《计算机科学技术百科全书》，北京：清华大学出版社。

[8] 张智君 (2003) 先前知识、超文本层次深度和类型对低结构化信息搜索的影响，《心理科学》第 4 期。

[9] 赵雪梅等 (2002) 学习测试:对外汉语网络教学课件 QoS 的重要保证,见《第三届中文电化教学国际研讨会论文集》,北京:清华大学出版社。

[10] 郑艳群 (2002) 汉语课堂教学课件的设计与评价,见《第三届中文电化教学国际研讨会论文集》,北京:清华大学出版社。

[11] 周荣刚等 (2003) 背景信息导航帮助和认知分割对超文本使用的影响,《心理科学》第 4 期。

[12] Hammond (1989),Mcdonald (1996),Mohageg (1992),Wickens (1990),转引自张智君等(2003)。

[13] J. Park (2000),Park & J. kim (2000),Reed (2000),转引自周荣刚等(2003)。

图片示意的功能和方法*

郑艳群

○ 引言

随着出版技术的发展，汉语教材中应用图片的情形越来越多。汉语教材中应用图片，在形象的示意中蕴涵了人们的使用意图，在不同层面、不同程度上发挥着它特有的教学功能。过去我们对教材的探讨多集中在文字内容和体例编排上，而图片是除文字之外唯一可以印刷的另一种媒体形式，它的特殊价值值得我们关注。

目前，图片在汉语教学中的应用已经受到学者们的重视。黄立(1997)认为，“图片是基础汉语教材中不可缺少的组成部分”，图片的使用是增强教材趣味性的一种手段，另外，“有了图片，既能更好地避免使用学生的母语，又能快捷有效地让学生理解和运用教材中的语言结构”。卢百可等(1999)就图片在汉语课堂教学中的效果进行了实验调查，探讨“如何在有限的时间内，充分调动每一个学生的积极性，使之投入到课堂练习中来，在模拟自然交际的情况下，提高学生用目的语交际的能力”。他们的实验结果表明，“以图片为基础的课堂交际练习可以作为课堂学习很有效的一部分”。崔永华等(1997)的《对外汉语课堂教学技巧》和周健(1998)的《汉语课堂教学技巧与游戏》中也有很多应用图片开展教学的实例。图片作为一种教学媒体，具有形象直观、帮助记忆、提高兴趣、使用方便等功能。

一、教材中应用图片的状况

在汉语教材中，不同时期、不同等级、不同内容构成、不同课型中应用

---

* 原文以“汉语教材中图片的示意功能和示意方法”为题发表于《海外华文教育》2006年第2期。

图片的状况是不同的，教材中表现出的图片种类也有所不同。分析图片应用的历程和现状，有利于我们今后更好地把握图片的设计原则，使图片在教学中真正发挥它应有的作用。

1. 从教材的发展历史看

通过对现有纸版本教材的初步考察，我们不难发现，最早的汉语教材《汉语教科书》（北京大学外国留学生中国语文专修班，1958）中，虽然只在语音部分使用了图片（如口腔侧面示意图），但它确立了图片在汉语教材中应用的地位，即在汉语的难点教学中使用形象化的方法辅助说明。其后出版的、较有代表性的汉语教材，如《基础汉语课本》（北京语言学院编，1980）及《实用汉语课本》（刘珣主编，1981）都继承并发扬了这一传统。不但如此，在课文和练习中运用图片的情形也相继出现，起到辅助说明教学内容、设计形式多样的练习或活跃版面的作用，后续的教材大多延续了这一做法。

纵观汉语教材的发展历程，在上个世纪 90 年代以前出版的教材中，应用图片的数量较少、应用的范围也较窄，大多是为课文配图。近几年，教材中应用图片的情形，在应用的数量和范围方面都有了较大的飞跃，并且产生了一些以图片为主的汉语教材。如《路》（赵金铭主编，2002）中图片的应用相当多、相当广；《一起来说》（卢百可等，1999）可以说是一种完全的图片教材。这充分表明图片在汉语教学中有它的应用价值和应用需求。

2. 从教材的等级看

从教材的等级来看，初、中级汉语教材应用图片的情形较多，而高级汉语教材中应用图片的情形相对较少。这体现出四个方面的问题：(1) 从使用者的角度，基础汉语教学对图片的需求大于高级汉语教学对图片的需求，原因在于初级阶段的学生语言能力有限，教学过程中需要语言文字之外的更有效方式；(2) 从编写者的角度，初级阶段的内容相对都是具体的，比较容易用图片示意来代替文字说明；(3) 图片说明与文字说明相比，在教学中既直观，又省时，能降低学习者的学习压力；(4) 由于人们的主观认识问题和研究所限，高级阶段应用图片的许多方面或形式还有待发掘。

另外，儿童汉语教材中使用图片较成人教材中使用图片的情形更普遍，这其中一个很重要的方面是为了增加儿童学习的趣味性。

3. 从教材内容的构成看

从教材内容的构成看，课文和练习中应用图片最早，也比较普遍；成人教材中的生词部分应用图片较少，儿童汉语教材中词汇配图的情形比较多，但不是全部，且配图者大部分属可具象的实词，尤以名词居多；语法注释部分有时用公式、表格的表示方法，用图片辅助的方法在近几年的汉语教材中比较常见，如《汉语教程》(杨寄洲主编，1999)；语音和汉字部分有时安排在初级教材的前面，有时独立成书，无论是哪一种，现在使用图片的情形都普遍增加，但用途比较固定，如用图片示意发音器官和发音部位、汉字结构和汉字的笔画、笔顺，还有一些以图片为主的汉字教材，如《汉字津梁》(施正宇，1998)。

4. 从教材的课程类型看

这里所谈教材是按课型划分的，如综合课教材(精读课教材)、听力课教材、口语课教材、阅读课教材、写作课教材和文化课教材。这些教材中使用图片的差异并不显著，综合(精读)、口语和文化类教材的配图比听力、阅读、写作等教材更普遍。

事实上，图片在分技能教学中的作用是有差别的。如在听力教学中，图片可以用来提示重点、难点或叙述的情景，可以用来分层次地训练听力技能；在口语教学中，图片可以用来激发学生的说话欲望；在阅读教学中，图片可以用来提示阅读材料的背景和语境；在写作教学中，从看图完成句子，到看图进行相关话题的写作，都可以成为写作训练的方式。

5. 从教材中应用图片的种类看

图片是"用来说明某一事物的图画、照片、拓片等的统称"(《现代汉语词典》，2001)。现有教材中的图片形式是多种多样的，如简笔画、漫画、素描、照片、拓片，甚至计算机绘画等。另外，在色彩上也有黑白和彩色之分，当然，彩色图片对于纸张的要求更高，教材的成本也会随之升高；在人物形象上有卡通的、真实的和艺术的之分，很多年轻人喜欢卡通形象，但在我们所做的调查中也有相当部分学生喜欢照片中的真人真景，理由是更接近真实的交际和使用环境。

对于汉语教学来讲，这些图片种类从功能上并没有什么差别；也不要求有很高的艺术性，即并非画家的作品一定就是最能满足教学要求的，也许画家的作品会在教材的价格定位和使用效果方面产生副作用，关键在于如何体现教学思想和满足教学需要。

6. 教材中应用图片时存在的问题

通过对现有纸版本教材进行初步的考察，我们也发现一些问题：(1) 图文不符；(2) 包含冗余信息或缺少必要信息；(3) 制作粗糙或过分地艺术化；（4）牵强附会；（5）违背常规或引发文化冲突；（6）系统性差，等等。

图片的应用是为教学服务的。当图片所表达的内容和形式不能与大众的心理认识产生共鸣时，“图”便失去了它的教学作用，因此也就谈不上教学效果。既浪费了版面，也浪费了学习时间，还会产生干扰作用，这是应该避免的。

7. 教材中图片设计的三项原则

从汉语教材中应用图片的情况看，目前存在不少问题，已经影响到实际使用。解决的办法是抓出版环节，应在教材的编制过程中增加图片设计环节，这也许是以往我们不曾重视的方面，但我们必须清醒地认识到，设计是制作的前提和保障。

汉语教材中图片的设计需要懂得教学的人员参与和指导，并要满足下面三项原则：（1）一致性，即图片所表达的内容应与教学内容相一致，或最大限度地接近；（2）突出性，即教学的内容或主题必须在图片中得到突出的表现，可以通过占据主要位置、利用醒目的色彩、使用特殊的标示、削弱无关对象等手段；（3）相容性，即要考虑图片是否与使用者的年龄和文化背景相容，只有图片内容和类型与学生的年龄和文化背景等相容时，才会在学习者的心理上产生共鸣，并发挥其应有的教学效果。

二、图片的示意功能和示意方法

面向成人的汉语教材，图片与文字联合，可以起到提示、启发、帮助理解、创设语言教学环境、增加兴趣等作用。

教材中的图片不是随意使用的，应该保证能对教学效率的提高起到积极的作用。美国的教育心理学家 R. M. 加涅（1976）（皮连生等译）在《学习的条件和教学论》中有许多关于图片教学作用的论述：（1）图片的使用极大地扩展了非语言教学媒体的范围。采用这些形式，就能够将具体的实物和事件呈现给学习者，但如果采用真实事物或事件就可能是昂贵的、困难的、甚至是不可能的；（2）当图片和示意图与印刷的课文结合使用时，过分的言语主义可能带来的弊端大部分能够得以克服，它能在相当短的时间内传输大量的教学内容；（3）口头的或书面的语言极少能单独用于完成所有的教学功能。一般情况下，言语交流要伴随实物或图片、示意图等形式的实物表征；（4）在教学中运用图片，是因为它们是学习者能够借以获得视觉表象的手段，而视觉表象又被认为是一类非常重要的记忆编码和存储形式；(5) 假定正在学习的是一个解决问题的认知策略，那么这个策略能够应用的各种问题情境都可以用图片的形式来呈现。上述观点为我们研究图片在语言教学中的作用奠定了理论基础。

图片在汉语教学中有其特殊的示意功能和示意方法。图片的应用使语言教学的真实性大大提高。这是因为图片能直接作用于学生的视觉器官，不仅有利于学生主观能动性的发挥，还有利于激活学生的想象思维，增加他们的感性认识，从而更好地完成教学任务。了解图片的这些特性，无论是对教材编制，还是对教学应用，都是非常必要的。以下我们从教材的教学内容构成出发，对图片的示意功能和示意方法作进一步分析，包括语音教学、汉字教学、生词教学、语法注释、课文教学和练习等。

1. 语音教学部分

汉语的语音有其特殊的地方，如卷舌音和声调。这既是汉语语音教学中的难点，也是教学中的重点。语音教学的手段，一是通过示范和模仿，二是通过对发音部位和发音方法的了解。模仿的过程中，唇形是看得见的，其他很多发音部位是看不见的，而且如“舌位”等属于专业词汇，教师用外语解释有一定的困难；对于初学汉语的人，用汉语解释显然是不切实际的。利用图片可以起到形象、直观的辅助教学作用，便于理解，与文字相比更易把握发音部位和要领；借助图片让学生听音辨音后再进行模仿，可以增强模仿的准确性。

图片在语音教学中还有如下的作用：(1) 展示声母表、韵母表、声调示意图、拼音表等；(2) 用图片示意发音器官和发音部位，乃至发音过程和发音方法；(3) 传统教学中用手掌示范或模拟发音器官的手形，都可以在教材中用图片来示意；另外，用吹纸法演示送气与不送气发音技巧的方法，也可以在教材中用图片示意；(4) 教声调时，可以利用声调示意图示意声调的不同和高低变化，如给出五度声调示意图、调值图，使学生更好地掌握汉语四声；(5) 可以适当地将语音形式及词汇意义联系起来，在练习发音时用图片示意，使音和义有效结合，直接把发音和事物相联系，如练习“a”的发音时，配医生给病人看嗓子的图片；练习“mā”的发音时，配“妈妈”的图片；(6) 利用相近或相似声母的发音示意图等，让学生区分相近或相似的语音。

2. 汉字教学部分

汉字教学中辅以图片，有利于加强汉字教学的趣味性；加强学生对汉字字形、字音、字义联系的认识；正确掌握汉字的书写。

具体地说，汉字教学中，图片有如下的作用：(1) 示意汉字的起源、演变、造字法等，可以增加学生学习汉字的兴趣，特别是在汉字教学的启蒙阶段，图片的作用是文字难以替代的，如李乐毅(2002)的《汉字演变五百例》；(2) 用图片示意汉字笔画、笔顺，不仅直观、生动，还可以增强学生的感性认识，有助于学生对汉字笔画、笔顺的认识和记忆；(3) 用图片及色彩示意汉字的偏旁部首、部件和结构，有助于学生进一步理解和认识汉字，如郑艳群等(1999)的《多媒体汉字字典》；(4) 用图片示意字义或表义部件的义，如图片月亮可以用来解释"月"；列出含有"三点水"的汉字，指出"三点水"大多与水有关；(5) 形近字辨析，用标示了部件或笔画颜色的形近字图片开展形近字对比，通过比较可以更好地帮助学生辨析，避免错误的发生。

3. 生词教学部分

针对词汇教学，胡鸿等(1999)提出"图片认读法"，刘珣(2000)提出"直接法"。"图片认读法"和"直接法"的思路实际上是一致的，即借助表达具体事物的图片开展词汇教学，从而建立目的语词汇与具体事物或概念的直接联系。通常一些表示具体事物、动作和状态的词，如普通名词、处所词、动作动词和一部分状态形容词等都可以用图片来表达。直观性是词汇教学的一个重要原则，图片用于词语释义是最常用，而且比较有效的教学方法。

除了用图片释义外，图片在词汇教学中还有如下作用：(1) 用图片开展词族教学。如将某一类语义特征的词语集中起来，在特定的环境、场景、范围内，用图片示意并标记出相应的词语，又如在图片"厨房"中标记出"锅""碗""筷""盘""勺"等，这样有利于构建目的语词汇系统，有利于记忆。目前有一些专门的词汇图片词典，如《朗文英华图片词典》(玛里琳·S. 罗森塔尔等，1994)、《高级英汉百科图解词典》(加拿大 QA 国际图书出版公司，2005)等，都是很好的参照；(2) 开展词语扩展练习。可以让学生根据教材中的图片说出联想到的汉语词汇，帮助学生将具有某相同属性的词语联系在一起，既巩固所学，又帮助运用。如由一幅婚礼照片，学生可以联想到许多与恋爱、婚姻、家庭等有关的词语；(3) 近义词、反义词教学。用图片可以释义近义词或反义词，通过对比开展近义词、反义词辨析。如图示"有点儿(慢)"/"很(慢)"；"冷"/"热"。(4) 用图片开展文化词语教学。如"古筝""饺子"等文化词语非常适宜而且有必要用图片解释，《中华文化图解词典》(舆水优等，2000)就是一个很好的例子，它收录了 13,300 个汉语文化词语,并且都配有图片;(5)用连环图片开展成语教学;(6)用列表的方式开展语素教学。

4. 课文教学部分

课文中配图一般是用来辅助说明文字内容。图片反映的是课文的主要内容,或示意语言交际的场景。图片有突出主题、调动学生积极性、活跃版面和减少视觉疲劳的作用。

如果按图片在课文中出现的位置不同,我们可以把它分为三种情形:在开头、在中间、在结尾。图片出现的位置不同,作用也稍有不同:(1)图片出现在课文的开头的情形最常见,一般在标题下,这时主要起提示课文主要内容、设定语言环境的作用,与课文题目或主题相辅相成,使学生一开始就能对课文或本课的教学点有所了解,并予以关注;(2)图片出现在课文的中间,图片的内容可能与这篇课文的主要内容有关,也可能只与课文中邻近的某一部分、甚至某个细节有关,还有的时候是为了配合讲解某个重点内容或教学点,或按照"图随文走"的排版规则安排,起到活跃版面的作用;(3)图片出现在课文的结尾,则图片所展现的内容多是对全篇的一个总结性或概括性提示,起到为学生组织课文内容和回忆提供线索的作用。

5. 语法或注释部分

语法或注释部分也需要图片的辅助。图片所具有的形象、直观作用,可以把抽象的概念或规则具体化、感性化,便于学生在虚拟的语言环境下感知、理解、记忆、模仿。如方位词教学中,展示示意地图,然后边指(地图上的某地点)、边讲、边练;在讲解"从……到……(表地点)"时,展示一幅图片,上面有一条路,路的一端是学校,另一端是商店,路上有骑车的、有走路的,那么在这样的图片帮助下,教师就很容易教会学生正确使用这个语法点,并且可以在这样的场景下进一步练习"从学校到商店要多长时间?""从学校到商店骑车要多长时间?"等。

情景在语言教学中具有重要的作用,从引入语法点,到讲解语法点,常常可以通过设置特定的情景完成。用图片示意情景是一种比较方便、经济、有效,同时也是比较常用的方法,如可以用图片辅助趋向补语的讲解。大部分时候,图片用来示意语义和语用条件,句式的讲解则比较适宜用公式、表格或框图的方法。

6. 练习部分

语言的应用是在具体的环境中完成的。因此,语言的练习或训练也应该在具体环境中完成，无论是真实的，还是虚拟的。教材中的练习设计，由于受条件所限，只能通过虚拟的环境完成。利用图片可以示意出虚拟环境，为了突出训练点，还可以将图片中需要强调的对象圈画或标记出来。

教材中所设计的练习，目的是通过反复训练巩固所学内容，或进行模拟性的应用练习。图片可能是提示发音的口形图；也可能是在一个放大的字上，让学生填红模字；看图写词；看图完成句子；看图写作等。这都是非常有实用价值的练习方式。

三、图片应用的有关问题

（一）把握图片的使用方法

对一幅图片的认知和理解，因不同的人、不同的时候、不同的背景，其认知和理解的结果是不同的。使用教材中的图片，应注意用颜色、加线、加框，附加注释文字、符号等方法给予限定；教师在教学中应进行有效的引导和提示，以免学生的联想产生偏差，致使图片产生副作用。

（二）加强图片的应用研究

图片不仅可以应用于教材，也更多地应用于多媒体课堂教学和网络教学以及光盘制作，在语言要素教学和语言技能教学中发挥着重要的作用。图片与动画和录像相比，同等水平下的制作费用较低，应用更广、更方便，作为形象化教学媒体的典型代表，它的设计制作和应用，对动画和录像有重要的启示作用。因此，应加强图片设计制作和应用方面的研究，包括与教学对象、教学内容、教学条件的关系。

（三）提高教材中图片的质量

由于汉语教师大多为文科出身，又由于计算机多媒体技术发展迅速，汉语教师掌握图片的计算机制作技术并非易事，这对实际的教学产生了影响；另一方面，对外汉语教学资源库的建设有其特殊的困难，尚未走向应用。目前，在实际的教学中，有的教师把教材中的图片扫描或拍照下来，还有的教师再做一些加工处理，这是一种简单易行且行之有效的应用方法。因此，教材中的图片无论是设计水平，还是制作质量都应该达到一定的水准，方便教师直接使用。如能在教材出版发行的同时，又面向教师配套发送电子版图片，那么，对使用多媒体技术开展课堂教学的教师来讲，是一个福音。

语言学习必须在一定的环境中进行，而在构成语言学习环境的诸多因素中，科学技术的应用是不可或缺的。图片作为一种教学媒体，在对外汉语教学中受到了越来越多的关注。对汉语教学中图片的设计制作和应用进行系统而全面的研究，必将促使图片在汉语教学中发挥出更好的教学效果。同时，图片也需要与其他教学媒体结合使用，才能发挥更大的作用。

参考文献

[1] 北京大学外国留学生中国语文专修班（1958）《汉语教科书》，北京：时代出版社。
[2] 北京语言学院编（1980）《基础汉语课本》，北京：外文出版社。
[3] 陈贤纯（1999）对外汉语中级阶段教学改革构想——词语的集中强化教学，《世界汉语教学》第4期。
[4] 崔永华等（1997）《对外汉语课堂教学技巧》，北京：北京语言文化大学出版社。
[5] 胡　鸿等（1999）集合式词汇教学探讨，《世界汉语教学》第4期。
[6] 黄　立（1997）图片在基础汉语教材中的应用——兼谈基础汉语教材的趣味性问题，《北大海外教育》第一辑。
[7] 加拿大QA国际图书出版公司（2005）《高级英汉百科图解词典》，北京：外语教学与研究出版社。
[8] 李乐毅（2002）《汉字演变五百例》，北京：北京语言大学出版社。
[9] 刘　珣（2000）《对外汉语教育学引论》，北京：北京语言文化大学出版社。
[10] 刘　珣主编（1981）《实用汉语课本》，北京：商务印书馆。
[11] 卢百可等（1999）《一起来说》，北京：北京语言文化大学出版社。
[12] 卢百可等（1999）以图片为基础的课堂交际练习实验——一次交际法的实践，《世界汉语教学》第2期。
[13] 玛里琳·S　罗森塔尔（1994）《朗文英华图片词典》，上海：上海译文出版社。
[14] 施正宇（1998）《汉字津梁》，北京：北京大学出版社。
[15] 杨寄洲主编（1999）《汉语教程》，北京：北京语言文化大学出版社。
[16] 舆水优等（2000）《中华文化图解词典》，上海：上海外语教育出版社。
[17] 赵金铭（1998）论对外汉语教材评估，《语言教学与研究》第3期。
[18] 赵金铭主编（2002）《路》，北京：北京语言文化大学出版社。
[19] 郑艳群等（1999）《多媒体汉字字典》，北京：北京语言文化大学出版社。
[20] 周　健（1998）《汉语课堂教学技巧与游戏》，北京：北京语言文化大学出版社。
[21] R. M. 加涅著，皮连生等译（2001）《学习的条件和教学论》，上海：华东师范大学出版社。

HSK 名词图片表达方法*

郑艳群　陈文慧

○ 引言

在第二语言教学中，词汇教学的主要任务，一是释义，二是运用。面向成人的词语释义与儿童不同，它的作用往往不是帮助人们理解事物的本质或基本属性，而是帮助人们尽快理解目的语所指。例如，在对外汉语教学中，解释“桌子”，绝不会用“家具，上有平面，下有支柱，在上面放东西或做事情”(《现代汉语词典》第 5 版，第 1798 页)；解释“窗户”，绝不会用“墙壁上通气透光的装置”(《现代汉语词典》第 5 版，第 213 页)。使用翻译法释义固然可以解决问题，但必须有两个前提：一是教师会某种外语，二是所有的学生都能听懂这种外语。而这并不是一件容易的事。

理解目的语词语的意义，即能够对输入做出正确的反映。从感官接收的形式来看，有视觉的、听觉的和视听并用的。其中，视觉信息可以是实物、静态图、动态图(像)、文字或动作；听觉信息可以是话语和音效；视听信息则是视觉信息和听觉信息的组合。在实际教学中，利用这些信息传播手段有利于学习者对词语的理解，但有时是昂贵的、困难的，甚至是不可能的；教师也并不都具备表演、绘画或拟声的才能。

通过分析声、图、文、像等多种媒体形式，我们不难发现，从理解效率、记忆效果和开发成本来看，图片的性能价格比最优(即在同等制作水平下，图片的成本低且效果好)。因此，为了有效地利用图片对词汇进行释义，我们有必要探讨词汇的图片表达方法和规律。针对名词开展的研究结果，不仅可以指导《汉语水平词汇与汉字等级大纲》(本文简称《大纲》)名词(本文简称 HSK 名词)图片素材库的建设，也可用于纸版本教材的编写，以及课件开发。

---

* 原文以“HSK 名词图片表达方法研究”为题发表于《世界汉语教学》2006 年第 4 期。

一、HSK 名词语义分类体系概况

为了探讨 HSK 名词图片表达的规律，我们首先应该对 HSK 名词本身进行分析，找到适于图片表达方法的词汇分类方法。

词汇分类有多种方法，最主要的是语法分类和语义分类。从理论上讲，通过语义属性对词汇进行分类，应该能够更好地反映词汇在图片表达方法上的共性，实践证明这是一种行之有效的方法。

（一）以《同义词词林》[①]为蓝本建立 HSK 名词语义分类体系

面向不同应用研究对象或研究领域的语义分类体系，其结果是不同的。我们认为，面向汉语教学和素材库建设的词汇语义分类体系应该具有如下三个特点：第一，适应对外汉语教学的特点，即尽量使用易懂的术语，而非过于专业化的术语；第二，适合信息处理的应用，即语义分类应有利于资源库建设中的属性标注，并尽可能做到类与类之间的相互区分；第三，在分类过程中应采取具有普遍性的特征作为划分标准，做到层级适中，即分类不能过粗，否则会失去分类的意义，同时也不能过细，避免造成使用上的不便。为此，我们对七种具有权威性的汉语语义分类体系[②]进行了考察，按照上述三个特点，最终确定以《同义词词林》（梅家驹等，1983，以下简称《词林》）为蓝本，并在此基础上参照其他体系进行调整的方案。

《词林》的名词分类体系并不能完全适应 HSK 名词的语义分类工作，主要表现在：(1) 它包含 HSK 名词未涉及的语义类；(2) 它不包含某些 HSK 名词涉及的语义类；(3) 某些词语的语义类别有误。鉴于上述原因，以及本语义分类体系的特点，我们对《词林》语义分类体系进行了如下三个方面的调整：删除、增加、修改。

---

① 梅家驹等，《同义词词林》，上海辞书出版社，1983 年。

② 它们是：905 语义分类体系（陈力为等，1995）、信息处理用现代汉语语义分类体系（陈群秀等，1995）、“知网”语义分类体系（董振东等，1999）、HNC 概念层次网络（黄曾阳，1997）、《简明汉语义类词典》（林杏光等，1987）、《同义词词林》（梅家驹等，1983）、《现代汉语名词研究》（王珏，2001）等。

（二）建立“HSK 名词语义分类数据库”

从《大纲》中按照词性和拼音标注，我们可以提取出 3875 个名词（包括兼类），剔除一些不符合“名词”属性的词语①，HSK 名词实际上有 3865 个。

对 HSK 名词进行语义分类是一项烦琐而细致的工作，分类过程中遵循如下三个基本原则：（1）按《现代汉语词典》（中国社会科学院语言研究所词典编辑室，2005）中的常用义进行语义分类；（2）采用《词林》中语义层级的设置方法设置语义层级；（3）具有相同语义范畴，但意义相反的词语尽量将其划分为同一语义类。

为了便于操作和管理，我们建立了“HSK 名词语义分类数据库”，其数据结构包括了如下 7 个属性：序号、词形、词性（包括兼类信息）、拼音、HSK 等级、词长、语义类代码。其中，语义类代码标记了语义层级编号由大到小的代码序列，字母序号部分每一个字母代表一个等级，数字序号部分每两位代表一个等级，最多 5 层共 8 位。前一位代表一级代码，前两位代表二级代码，前四位代表三级代码，前六位代表四级代码，前八位代表五级代码。如语义代码“Ae0401”代表“人·职业·商”，其下的 HSK 名词有“个体户、商、商人”。

（三）HSK 名词语义分类体系总目和细目

按照上述原则，我们最终构建出了 HSK 名词语义分类体系，描述为“HSK 名词语义分类总目及代码表”（参见附录 1）和“HSK 名词语义分类细目及代码表”。最终的“HSK 名词语义分类体系”中，一级语义类别包含 4 大类，二级 49 个小类、三级 519 个小类、四级 603 个小类、五级 433 个小类。以下显示的是其中一例：

---

① 不符合“名词”属性的词语共有两类：（1）非词。在 HSK 名词中包含 6 个不成词语素，它们是“者”、“界”、“性”，以及“员”、“分子（fènzǐ）”。（2）非名词。在 HSK 名词中包含 4 个不属于名词的词语，它们是“作废”（应为动词）、“上述”（应为非谓形容词）、“马力”（应为量词）、“摄氏”（应为量词）、“所在”（应为“所”字短语）。这些非词和非名词不在本文的名词语义分析之列。

- HSK 名词语义分类体系
  - 人
    - 泛称
      - 人
        - 人类：人、人类、人士、人物
        - 人口：个人、劳动力、人口、人员
        - 分子：辈、分子、员、者
      - 人民：大众、公民、国民、老百姓……
      - 众人：人们、人群、众人
      - 指称：同志、自身
    - 男女老少（略）
    - 体态——胖子：胖子
    - 籍属（略）
    - 职业（略）
    - ……
  - 物（略）
  - 时间与空间（略）
  - 抽象事物（略）

二、HSK 名词图片表达的基本方法

目前，教材、词典及课件中的图片，从总体来看有如下特点：面向英语学习的图片词典比面向汉语学习的多；面向儿童的外语教材和词典中的图片数量比面向成人的多；随着印刷科技的发展，教材和词典配图数量越来越多；国外出版社的配图比国内出版社的配图在数量上相对较多，在质量方面相对较优；汉语 CAI 课件在动画、影像方面比较有创意，而在图片释义的水平上，与纸版本区别不大。图片释义水平有限表现在两个方面：一是表达范围和能力有限，且较多地、集中地表达了具体名词，对于抽象名词，要么未配图，要么干脆未收录；二是不够准确、规律性差，这很容易引起误解或降低理解效率。如表达“井”的图片中，既有农家小院和人物，又有井和辘轳，这在不加任何指示的情况下，很难达到图片释义的目的。

分析图片的表达方法可以有多个角度，这与分析对象和服务目标有关。在此，我们从对外汉语教学的角度出发，认为图片释义不是以揭示事物的性质为目的的，而是根据成年人的特点，使目的语教学与已有的背景知识建立起联系。从操作上来说，一是为了释义的准确性，二是追求快速理解。

（一）直接表达法及其应用

名词的直接表达法（用“Z”表示），是指用图片所表达的内容直接表达

名词概念所表达的事物。这一方法又可分为如下 4 大类，10 小类(见表 1)。

表 1　HSK 名词的直接表达法

<table>
<tr><td rowspan="5"></td><td colspan="2">名称</td><td>用例</td><td>HSK 名词数</td></tr>
<tr><td rowspan="2">Z1-单纯独立法</td><td>Z11-整体法</td><td>葡萄、楼</td><td>508</td></tr>
<tr><td>Z12-部分法</td><td>猫(只用猫的头部)</td><td>7</td></tr>
<tr><td colspan="2">Z2-场景法</td><td>厨房(房间内有炉灶、锅、碗、盆等)</td><td>324</td></tr>
<tr><td rowspan="5">Z3-衬托法</td><td>Z31-整体衬托法</td><td>刀刃(必须在刀的衬托下)</td><td>244</td></tr>
<tr><td rowspan="7">直接表达法</td><td>Z32-互补衬托法</td><td>棒球、面条儿(需棒球棒、碗衬托)</td><td>37</td></tr>
<tr><td>Z33-出处衬托法</td><td>牛奶、牛肉(需牛衬托)</td><td>30</td></tr>
<tr><td>Z34-场景衬托法</td><td>售货员(购物环境中的特定人物)</td><td>567</td></tr>
<tr><td>Z35-同类衬托法</td><td>橘子(与柚子、柠檬在一起)</td><td>48</td></tr>
<tr><td rowspan="2">Z4-放大法</td><td>Z41-放大微观物法</td><td>红细胞、白细胞</td><td>9</td></tr>
<tr><td>Z42-放大可见物法</td><td>刺</td><td>9</td></tr>
<tr><td colspan="3">直接表达法涉及 1790 个名词，占 HSK 名词总数的 46.31%</td><td>1790</td></tr>
</table>

(1) Z1-单纯独立法：只表达出该事物本身，而不需要其他衬托或参照物的表达方法。又可分为整体法和部分法两小类。

Z11-整体法：呈现出事物的整体，可以只呈现个体，也可以呈现个体的集合。如表达“葡萄、楼”的时候，应该呈现它们的整体。

Z12-部分法：呈现事物最有特征、最具代表性的部分。如用猫的头部表达“猫”。

(2) Z2-场景法：当表达的事物属于场景或环境时，把构成这个场景或环境的必备对象共现在一个空间内的表达方法。如表达“运动会”时，仅有运动场是不够的，需要在运动场内，出现运动员、观众、比赛场景等必备对象;表达"厨房"时,仅有房间是不够的,还必须表达出房间内的必备设施,如炉灶及锅碗瓢盆等。

(3) Z3-衬托法:用相关事物作为衬托的表达方法。根据衬托物的不同,又可分为整体衬托法、互补衬托法、场景衬托法、环境衬托法、同类衬托法等五小类。

Z31-整体衬托法:表达整体的某个不可分割的组成部分时,可以借助整体来衬托。如"刀刃"是刀的一部分,它必须在刀的衬托下,才能表达清楚。

Z32-互补衬托法:借助密切相关,甚至相互依存的事物来衬托。如"棒球",需用棒球棒衬托,如果不用衬托物的话,远看或粗看可能会误认为是乒乓球;又如"面条儿"需要用碗衬托。

Z33-出处衬托法:借助事物的来源或生产原料来衬托。某些事物,如"牛奶",从表面上不太容易判断到底是什么,如果用它们的出处做衬托就比较容易理解。我们看到电视中牛奶的广告正是使用了这一手法。因为表达"牛奶"时,只用一杯或一瓶白色的乳液不一定能被准确辨认,也许会被认为是椰汁,它必须用牛衬托才更准确。

Z34-场景衬托法:借助场景(或环境)来衬托场景中的对象。如超市里的售货员、舞台上的演员都需要借助一定的场景做衬托来表达。

Z35-同类衬托法:把与之相似或相近的同类事物的全部或部分放在一起,以衬托出要表达的事物。如表达橘子时,可以把橘子、柚子、柠檬等摆放在一起。

(4) Z4-放大法:通过放大,更加清晰或突出地呈现出事物特征的表达方法。根据放大物的肉眼可见程度,又可分为放大微观物、放大可见物两小类。

Z41-放大微观物法:把肉眼看不到的事物放大到其特征清晰可见的程度。如"细菌""病毒",需要放大显示;"红细胞""白细胞"等也需要放大显示。

Z42-放大可见物法:把肉眼可以看见的事物放大,使其特征更加突出。如表达细小的"刺"时,需要将其放大。

(二) 间接表达法及其应用

名词的间接表达法(用"J"表示),是指用间接的方法,通过其他事物来表达要表达的事物或概念。这一方法又可分为如下 7 大类,10 小类(见表 2)。

表 2　HSK 名词的间接表达法

<table>
<tr><th rowspan="11">间接表达法</th><th colspan="2">名称</th><th>用例</th><th>HSK 名词数</th></tr>
<tr><td colspan="2">J1-列举下位法</td><td>水果（苹果、香蕉、葡萄、梨等多种水果的集合）</td><td>164</td></tr>
<tr><td colspan="2">J2-图表法</td><td>亲属称谓（用树形分支图表达家族中各亲属关系及其称谓）</td><td>358</td></tr>
<tr><td colspan="2">J3-符号法</td><td>医院（红十字标志）</td><td>76</td></tr>
<tr><td colspan="2">J4-虚物实化法</td><td>声音（由发声器振动而产生的波，可以用“发声器官/装置＋声波”表达）</td><td>41</td></tr>
<tr><td colspan="2">J5-连环法</td><td>差别（用两幅主体内容一致，但存在某处不同的图片来表达）</td><td>52</td></tr>
<tr><td rowspan="2">J6-对比法</td><td>J61-独立对比法</td><td>海军、陆军、空军（穿海军、陆军、空军制服的三个人形）</td><td>36</td></tr>
<tr><td>J62-关联对比法</td><td>攻击、反击（通过两个人的动作）</td><td>21</td></tr>
<tr><td rowspan="3">J7-象征法</td><td>J71-实物象征法</td><td>钟表、温度计（象征时间、温度）</td><td>176</td></tr>
<tr><td>J72-典型事例象征法</td><td>航天（用宇宙飞船上天这一典型事例象征性地表达）</td><td>461</td></tr>
<tr><td>J73-表情象征法</td><td>怒火（借助面部表情）</td><td>8</td></tr>
<tr><td colspan="4">间接表达法涉及 1393 个名词，占 HSK 名词总数的 36.04%</td><td>1393</td></tr>
</table>

（1）J1-列举下位法：通过列举全部或部分处于下位概念的事物，来表达某个上位概念事物的表达方法。如“水果”，作为一个上位概念，可以通过呈现苹果、香蕉、葡萄、梨等多种水果的集合来表达。

（2）J2-图表法：用示意图或表格表达抽象概念或事物所处的位置、相互关系，有时也可加入特征比较突出的人像或标志的表达方法。如在地图上表达某个国家、某条河流；在一个圆中表达半径；用树形分支图表达家族中各亲属关系及其称谓。

(3) J3-符号法：利用通用符号的表达方法。包括特殊或专用符号、公式、生活和生产中的标志等。如用红十字标志表达"医院"；参考天气预报中的标志表达"风雨雷电"；用"＋""－""×""÷"表达"加减乘除"。

(4) J4-虚物实化法：用臆造的事物代替抽象或虚幻的事物，使之形象化的表达方法。如"梦"是人的大脑在睡眠时的一种表象活动，可以用虚构画面表达梦；"声音"是由发声器振动而产生的波，可以用"发声器官/装置＋声波"表达；"神仙"常被臆想为具有某种特征的人形。

(5) J5-连环法：用几幅相关的图，共同表达某一发展变化了的事物或某种状况的表达方法。如"差别"可以用两幅主体内容一致，但存在某处不同的图片来表达。

(6) J6-对比法：把意义相反或相对的事物放在一起，通过对比进行区分的表达方法。又可分为独立对比法、关联对比法两小类。

J61-独立对比法：把意义相反或相对的事物用图片分别表达，然后放在一起进行对比。如分别用两幅图表达"阴天"与"晴天"这两个相反的概念；穿海军、陆军和空军制服的三个独立的人形可以同时出现在一幅图中，也可以分别出现在三幅图中，表达"海军""陆军"和"空军"。

J62-关联对比法：把意义相反或相对的事物放在一个场景中进行对比。如通过两个人的动作，表达"攻击"和"反击"。

(7) J7-象征法：用实物、典型事例或表情，象征性地表达抽象事物的表达方法。又可分为实物象征法、典型事例象征法、表情象征法三小类。

J71-实物象征法：用与抽象事物密切相关的具体事物来表达抽象事物，或者用一种或多种具体事物表达这一事物的形状或状态。如用各式各样的服装象征"式样"；用一片叶子象征"片"；用钟表、温度计象征"时间""温度"。

J72-典型事例象征法：对于范畴较大或不雅的事物，用有代表性的典型事例象征性地表达。如"航天"，可以用宇宙飞船上天这一典型事例象征性地表达。

J73-表情象征法：用人们流露出的面部表情来表达人的各种情感或内心活动。如"怒火"，可以借助面部表情表达。

(三) 图片表达的辅助手段

在名词图片表达的基本方法中，有些方法涉及其他对象，如直接表达法中的场景法、衬托法，以及间接表达法中的列举法、对比法。那么，如何突出或强调当前所要表达的对象呢？为了解决这个问题，图片表达中还应使用一些辅助手段。在 HSK 名词图片表达中，我们经常使用六种辅助手段，即加线（如标示碗里的汤）、加框（如超市里的食品或用品）、加符号（如食品区用“a”，然后在旁边注明 a 的含义）、加文字（如直接在食品区注明“食品”）、利用色彩或夸张（如绿色的自行车是邮递员专用的，用深棕色表达“非洲人”），以及对它们的综合利用。

以上就 HSK 名词进行分析，探讨了直接表达法、间接表达法以及图片表达的辅助手段。需要补充说明的是：第一，图片的分类方法不是绝对的，一定还存在其他的分类系统，分类应考虑到可操作性；第二，随着研究的深入和认识水平的提高，我们还会发现其他的名词图片表达方法；第三，图片的表达还必须考虑到图片的文化取向问题，即学习汉语的外国人，可能存在年龄和文化背景方面的差异，只有图片的内容、风格、形式与学习者的年龄和文化背景相容时，才会在他们的心理上产生共鸣，才能产生其应有的教学效果。

三、HSK 名词语义类与图片表达方法的对应关系

在分析了 HSK 名词图片表达的基本方法之后，我们将建立 HSK 名词语义类与图片表达方法的对应关系，即描述哪些 HSK 名词可以用图片表达，哪些名词不可以用（或难以用）图片表达；可以用图片表达时，什么样的名词对应什么样的图片表达方法。

通过对“HSK 名词语义分类数据库”进行索引，我们可以清楚地看到每个语义类代码、语义类名称、对应的表达方法及表达方法的种数、该语义类下的各名词及名词数，进而可以看出名词语义类与名词图片表达方法间的对应关系有三种：一对一、一对多、多对一。

图片释义的好处是直观、快速。我们不难发现，用图片所表达的名词概念与用文字所表达的名词概念本身，其接近程度是不一样的。图片在多大程度上表达了名词概念，即图片释义的水平如何，我们可以用“相关度”概念来衡量。显然，不同表达方法的相关度是不一样的，直接表达法的相关度要比间接表达法的相关度高。从理论上来讲，无论是直接法，还是间接法，都不可能达到完全准确。名词概念与图片表达方法之间的关系，可能是一对一的，也可能是一对多的。

（一）一对一关系

一对一关系，即一个语义类与一种图片表达方法对应，一种表达方法只适用于某一个语义类。如“Df 意识·05 苦心 忧心 怒火 怨气”类只能用

“J73-表情象征”来表达，并且这种方法也只适用于这个语义类。因为这些名词表达的是人的心理活动或状态，而人的心理是内在的，内在的心理状态或变化常常会形之于外，即成为可以看到的“表情”，这正是我们可以利用的。如表达“怒火”，可以用发怒的表情象征性地表达。

这种情形下，就意味着名词概念与图片表达方法之间的关系是一对一的。表明这类名词概念有它特定的、固有的图片表达方法，用这种表达方法表达这个名词概念应该是最恰当的。如表达“白细胞”时，只能用“Z41-放大微观物法”，即对于“白细胞”来说，这种图片表达方法的相关度最高。

(二) 一对多关系

一对多关系，即一个语义类与多种图片表达方法对应。如语义类“Bi动物·02 家畜”，可以用“Z11-整体法”表达，也可以用“Z12-部分法”表达。因为表达一个个体的时候，如果这个个体具有与其他同类个体相区分的特征，则既可以呈现这一个体的全部，也可呈现这一个体的部分。如表达“狗”，可以呈现一条狗，也可以只呈现狗的头部。

这种情形下，就意味着名词概念与图片表达方法之间的关系是一对多的。表明这类名词概念可以使用多种图片表达方法，选择哪一种更好呢？这时，应考虑两个方面：第一，选择相关度高的表达方法，如表达“窗帘”时，既可以使用“Z11-整体法”，也可以使用“Z32-互补衬托法”（用“窗户”做衬托物），显然，“Z32-互补衬托法”的相关度高于“Z11-整体法”的相关度，即在窗户的衬托下，更容易表达“窗帘”；第二，考虑使用目的，如“苹果”，既可以用“Z1-单纯独立法”，也可以用“J1-列举下位法”在水果的集合中表达，哪种方法表达得更准确，涉及使用的目的（如果针对水果及其下位概念，用“J1-列举下位法”较合适，如果只是针对“苹果”这个词，用“Z1-单纯独立法”较合适）。

(三) 多对一关系

多对一关系，即多个不存在上下位关系的语义类，都可以与同一种图片表达方法对应。如语义类“Ad 籍属”、“Ae 职业”、“Aj 关系”、“Ak 品性”、“Al 才识”、“An 丑类”，都可以用“Z32-场景衬托法”表达。这是因为人是社会性动物，具有多种社会属性，作为社会人存在的时候，必须把他所处的社会（场景）表现出来，才能将人的社会性表达清楚。如表达“市民”，只有呈现城市中的人才能真正表现出这一人群的特征，如果只呈现一个人或一群人，可能会被理解为“人”或“人类”，而不是“市民”；表达“顾客”，就要呈现一个处于商店或其他购物环境中的人。

（四）难以用图片表达的 HSK 名词的语义特征分析

建立对应关系后，我们仍然发现，在 HSK 名词中有 682 个词语（占名词总数的 17.65%）未能通过语义类建立与现有图片表达方法之间的对应关系，我们把这些词语称为不可用图片表达的名词，宽泛地说是难以用图片表达者。其中，“A 人”类有 5 个，“B 物”类有 10 个，“C 时间与空间”类有 82 个，“D 抽象事物”类有 585 个。从语义特征分析，这些名词有以下三方面特点：

（1）表达的是实际存在的人，但这些词语或是在交际环境中对人的泛称，或是具有某种潜在力量的人。无论是前者，还是后者，只用图片都是较难表达的。如前者中的“同志”，后者中的“后台”、“支柱”。

（2）表达的是实际存在的某种物质，但这种物质还没有被人们充分认识，或者形态特征不具有直观性，难以用图片表现，如“激素”、“蛋白质”。

（3）表达的是特殊的抽象事物。虽然抽象事物多数情况下可以用间接法表达，少数情况下也用直接法表达，但有些特殊的抽象事物却是间接法也难以表达的，如事理类、意识类、社会制度政策类等。

四、余论

按义类开展词汇教学是词汇教学的一种方法。本研究对全部 HSK 名词都标注了语义属性，并与图片表达方法建立了对应关系。这一结果为利用图片开展词汇义类教学（或称按语义类教学、语义场教学）提供了条件。如使用“Z2-场景法”和“Z3-衬托法”，在一幅图片中呈现出较多的、有内在联系的事物。这样做的好处，一是有利于相关知识的教学；二是可以提高图片的使用效率，即同一幅图可以多次重复利用（如将水果集中表现在一幅图片中），当然，要适当使用图片表达的辅助手段。

参考文献

[1] 陈力为等（1995）905 语义分类体系，http://ccl.pku.edu.cn/doubtfire/semantics/973_beida/blcu－semclass.txt。

[2] 陈群秀等（1995）信息处理用现代汉语语义分类体系，http://www.hackchi.com/hnc/papers/compulin/zhpuatcl.htm。

[3] 董振东等（1999）知网（Hownet），http://www.keenage.com。

[4] 国家对外汉语教学领导小组办公室汉语水平考试部（1992）《汉语水平词汇与汉字等级大纲》，北京：北京语言学院出版社。

[5] 黄曾阳（1998）《HNC(概念层次网络)理论》,北京:清华大学出版社。
[6] 林杏光等（1987）《简明汉语义类词典》,北京:商务印书馆。
[7] 梅家驹等（1983）《同义词词林》,上海:上海辞书出版社。
[8] 王　珏（2001）《现代汉语名词研究》,上海:华东师范大学出版社。
[9] 中国社会科学院语言研究所词典编辑室编（2005）《现代汉语词典》(第5版),北京:商务印书馆。

附录 1　HSK 名词语义分类总目及代码表

A　人	B　物	C　时间与空间	D　抽象事物
Aa　泛称	Ba　统称	Ca　时间	Da　事情 情况
Ab　男女老少	Bb　拟状物	Cb　空间	Db　事理
Ac　体态	Bc　物体的部分		Dc　外貌
Ad　籍属	Bd　天体		Dd　性能
Ae　职业	Be　地貌		De　性格 才能
Af　身份	Bf　气象		Df　意识
Ag　状况	Bg　自然物		Dg　比喻物
Ah　亲人　眷属	Bh　植物		Dh　臆想物
Ai　辈次	Bi　动物		Di　社会 政法
Aj　关系	Bj　微生物		Dj　经济
Ak　品性	Bk　全身		Dk　文教
Al　才识	Bl　排泄物　分泌物		Dl　疾病 健康
Am　信仰	Bm　材料		Dm　机构
An　丑类	Bn　建筑物		Dn　数量　单位
	Bo　机具		Do　活动
	Bp　用品		
	Bq　衣物		
	Br　食品 药品 毒品		

附录 2　主要参考的图片词典和含有图片的词典

1. 梁德润等（1982）《实用汉语图解词典》，北京：外语教学与研究出版社。
2. Marilyn S. Rosenthal and Daniel B. Freeman（1994）《朗文英华图片词典》，香港：培生教育出版北亚洲有限公司、上海：上海译文出版社。
3. 苏真 Yaliya Li 中文版编译，[意]托尼·沃尔夫（Tony Wolf）绘画（2003）《泰迪熊情景彩图英汉词典》，南昌：二十一世纪出版社、香港：银河出版社（香港）有限公司。
4. 《学生英汉彩图词典》编委会（2002）《学生英汉彩图词典》，北京：商务印书馆国际有限公司。
5. 《现代汉语大词典》编委会（2003）《现代汉语大词典（彩图版）》，北京：光明日报出版社。
6. 舆水优等（2000）《中华文化图解词典》，上海：上海外语教育出版社。
7. Merriam Webster 2000. *Merriam-Webster's Elementary Dictionary*, Springfield, Massachusetts, U. S. A.: Merriam Webster.

汉语口语多媒体教学*

郑艳群

○ 引言

在对外汉语教学中，口语教学是一项重要的语言技能训练。而对口语课堂教学来说，如何体现直观性、形象性，如何提高学生的开口率，以及如何体现交际性原则等方面，一直是人们探索的课题。音频和视频设备问世后，很快便进入课堂，为口语教学提供了新的手段。近年来，音频和视频技术与计算机技术结合而产生的多媒体技术日趋成熟，这对于提高汉语口语课的水平来说，也许是更为有效和方便的工具。

一、口语课堂教学手段分析

汉语口语课堂教学以提高口语交际能力为出发点。口语课堂教学是在教师的设计和指挥下再现语言发生的场景、事件，以帮助学生理解、记忆和模仿应用。实现直观口语教学的方法有不少，但大多数要受教学手段的制约。教学手段在媒体技术发展的影响下，也在不断地演变和进步。

（一）教学手段的演变

汉语教学手段的演变，大致经历了如下三个阶段。

1. 以“黑板＋粉笔”为代表的传统阶段

在口语课上，教师除了把汉字或拼音写在黑板上、把词语或句型写出来，有时还利用图片或教具练习说话，这是口语课形象、直观、生动的练习方法。例如，利用简易交通图练习问路，问某处有何物，某物在何处。这对于初级阶段的口语教学来说是比较有效的手段。有时候教师把图片画在黑板上，有时候使用挂图，有时候教师把图事先画在小黑板上，还有的时候教师边在课堂上做动作，边让学生按教师的动作来描述（崔永华等，

---

* 原文以“汉语口语多媒体教学的体验和思考”为题发表于《汉语学习》2005年第2期。

1997)。但有些问题不是单靠动作可以解决的,例如不易或不宜现场表演的动作。即受条件所限,使用这样的技术手段不能表达更多、更复杂的语言教学信息,或费时且效果欠佳。

然而,由于这个阶段延续的时间相对较长,可以说目前教师们已经完全习惯和掌握了其中的方法和技巧。长期的摸索和实践,使得这一阶段的教学能够把技术手段的运用与教学内容的表达有机地融为一体。

2. 以"录音+视频"为代表的媒体介入阶段

在口语课上,利用这样的技术手段,教师可以让学生看完声像材料后,口头说出所看内容的梗概。这是成段表达的训练,比较适合高级阶段的口语教学。

显然,这个阶段所能表达的教学信息形式增多了。但录音机或录像机在使用上有一定的局限性。它们的局限性并不仅仅是在随机播放上的操作限制,更主要的是它所能表达的信息形式仍然是受限的。又由于它们相对独立,不能很好地与教学的整体过程相连贯,因而教师们普遍对使用这样的教学手段缺乏积极性。

3. 以"多媒体+网络"为代表的转型阶段

这个阶段的特点是在课堂教学中使用了计算机多媒体技术和网络技术,但并不排斥以往的教学手段,而是整合了它们的长处,使它们形成一个统一的联合体,与课程教学有机地融合在一起。比如,可以比较容易地达到使用挂图和教师做动作的效果,可以解决随机播放录像的问题。在口语教学中应用这些手段有利于体现直观性、形象性,有利于提高学生的开口率和体现交际性原则。与传统教学手段相比,它的表现能力更强,更连贯。

目前来看,这种方法不仅可行,而且具有很大的潜力。但是,它所涉及的备课方式、授课方式都要随之发生变化。现代教育技术的参与,使得教学活动具有一定的复杂性,因此并不是所有的教师都能很好地掌握。

(二)转型阶段的主要问题

在传统阶段,课堂教学活动由教师、学生、教学内容、教学方法、教学手段构成了一个完备的系统。这个系统在长期的运作中,经过相互磨合,已经达到了一种稳定的状态。在媒体介入阶段,引进的是孤立的元素——录音或录像,也就是说,这个元素的介入不涉及其他元素的变化。比如,由录像机播放录像代替教师对语言场景的解释。这种孤立元素的介入对已经形成的、完备的教学序列没有产生太大的影响,如教学内容的先后顺序并未因此而受到改变，教学过程仍然是相对单纯和固定的模式。但是，在转型阶段，由于以计算机为代表的多媒体和网络等新技术的引入，教学过程变得复杂了。这是由于：

（1）新技术本身在不断发展变化中。许多软硬件技术处于不定型阶段，使人们不易把握。从教学设备的配置，到教学软件的通用性，都处在发展变化中。

（2）新技术的引入，引起了教学系统较多方面的变化。包括元素的变化，以及元素间关系的变化。教师、学生在整个系统中的作用必须重新定位，才能使以教师为主导、学生为主体的教学原则在这样的环境下表现得更加充分。

（3）新技术可能贯穿于教学的整个过程，形成新的教学模式，引起课堂教学的变革。但是，这种新的模式必须经过一个长时期的和多方面的实验过程，才能使现有的教学系统重新达到一个稳定的、平衡的状态。

基于以上的观点，我们将通过教学实验结果回答一些问题，探索一些规律性的认识。其目的，一是使汉语教师更深刻地了解这门技术，二是使这门技术有所发展，更好地为汉语教学服务。

二、汉语口语多媒体教学实验

多媒体技术应用于课堂教学，实际上是在原来已经构成的教学系统中增加了新的元素——多媒体课件，由此所形成的新的教学模式我们称之为多媒体教学。

（一）教学环境

汉语口语多媒体教学是在多媒体教室中进行的。该教室包括：大屏幕数据投影机和含有计算机的综合控制系统。课件在计算机上运行，同时显示在大屏幕上。教师通过无线遥控鼠标，或电子教鞭，或屏幕遥控器控制课件的运行和屏幕的显示。大屏幕居中，侧面有黑板或白板供教师临时板书一些必要的教学内容。学生的座位是成排面向屏幕的，不带有计算机终端。

上课时，教师手持无线遥控鼠标便可以在教室中随意走动，而不需固定坐在讲台前操纵计算机或操作时必须回到计算机旁。这样，便于亲近学生，可以自如地与学生进行正常的语言交流。我们力求在与传统教学环境相衔接的条件下进行多媒体教学，使学生在不关电灯和不拉上窗帘的情况下也能看清屏幕上的内容，使学生正常的阅读和记笔记不会受到光线的影响。这种教学手段贯穿于这门课的始终，直至期末学完全部课程内容。

（二）教学对象和实验内容

我们选择了北京语言大学汉语速成学院C班（中级）的留学生作为实验对象。由于我们目前普遍采取的是小班语言课堂教学，人数较少（一般为14至20人），我们无法开展统计学意义上的实验，因此，我们先后开展了三个学期的口语教学实验。每次的实验班都属混合班，先后有瑞典、印尼、意大利、泰国、韩国、日本的学生参加过实验。之所以选择混合班，是考虑到希望通过实验了解学生们对这种教学方式以及对各多媒体表现形式和作用等细节问题的认识是否存在国别或文化背景上的差异。当然，我们也希望了解是否存在不同性别和年龄在认识上的差异，但在选择对象时很难做到如此细致。

实验班所用的教材是《汉语口语速成·提高篇》（马箭飞、李小荣，1999）。教材内容涉及生活、学习、社交、工作等交际活动的一般性交际项目，共20课，教师们编写的教案是进行课件设计的主要依据。

我们设计了该教材全部20课的课件。为方便使用和技术维护，我们将每课分别设计为一个独立的课件，可以单独使用，并可以方便地进行修改。课件内容包括：生词、重点词语讲解、练习、课文、重点句型或语言点讲解、相关话题讨论等。

这门课原则上四至五课时完成一课，课程进度大致分为：生词、课文两至三课时，课后练习、相关的话题演练两课时。按照传统的做法，针对中级班口语教学，基本要求是：以提高口语交际能力为出发点，提高学生的开口率；设置情景进行训练，使学生理解并掌握语言点的用法；注意训练学生用所学词语进行成段表达的能力，如叙述一件事，说明自己的想法、观点等。

（三）效果评估形式和过程

我们对汉语口语多媒体教学实验进行了调查，调查的形式分问卷调查、现场演示调查、撰写感受和召开座谈会。通过分析，我们发现，三次的调查结果基本一致，且反映的问题比较集中，可以基本消除我们对因人数少而产生的对实验结果的疑问。

三、口语多媒体教学实验的效果分析

多媒体教学实验的结果为我们提供了依据。肯定的意见主要集中在有兴趣、帮助理解、帮助记忆方面;存在的问题主要集中在视觉疲劳、色彩搭配方面。

(一)学生对多媒体教学形式的感受

100%的同学认为这样的上课方式好,原因主要是:这样的方式有意思,有助于他们回想起已学过的内容;与课本相比,他们更愿意看屏幕,因为它清楚易读,而且还可以集中注意力;这样的教学方式对口语教学有帮助,在生词的讲解、语法讲解、分析课文等环节上效果明显。分析其原因,有三个方面:起到监控作用、调动学习的主动性、教学手段符合潮流。

(二)媒体作用效果分析

1. 关于文字

结果显示,生词解释中的例子显示出来对学习有好处,而以前只是教师口头表述,同学们反映"记不住"、"不写出来不知道意思"。这是由于汉字本身是一个形、音、义的结合体,而且汉字中有很多同音不同义的字词,也有很多近音、近义字词,容易产生混淆。

2. 关于图片

结果显示,图片有提示作用,可以帮助理解、帮助记忆;一个课件中所使用的图片类型应该一致,或照片或卡通。图片的使用对语言教学有一定的促进作用,这是由于口头或书面的语言极少能单独用于完成所有的教学功能,一般情况下,言语交流都要伴随实物或图片、示意图等形式的实物表征。另外,在教学中运用图片,可以为学习者提供借以获得视觉表象的手段,而视觉表象又被认为是一类非常重要的记忆编码和存储形式。

3. 关于音效和录音

结果显示,课件在某些需要强调或需要特别注意的地方,音效起到了一定的提示或警示作用。但音效的作用不明显,也许与音量有关。根据教学需要使用录音也是必要的。因为录音可以扩展听觉范围,通过各种人物的语言表达,如老人和孩子、男人和女人、中国人和外国人,以及各种身份的人,丰富了他们的听觉。配合场景,在视觉与听觉的共同作用下,使口语训练得以顺利展开。

4. 关于显示的动画方式

结果显示,晃动幅度较小的动画方式容易被同学们接受,否则,易使学生产生视觉疲劳。这个结果提醒我们,在技术的使用上要考虑到教学效果,一切从教学效果出发,技术手段的运用不能过度,不能为了展示技术而使用技术,不能单纯把使用技术的程度作为考核的首要标准。

5. 关于色彩

结果显示,色彩起到了区分、归类和提示的作用,但色彩使用与国别有关系。为了保证色彩真正发挥其教学作用,我们应注意不滥用色彩,要控制使用色彩的数目,并且注意色彩运用的一致性,例如警示作用的文字总是使用同一颜色。色彩的使用会影响到学生的学习心理和学习效果,如何使用才能更加有利于教学,这是值得我们进一步研究的问题。

(三) 对使用和操作上的问题分析

课上有时出现一些使用和操作上的问题,如课件设计中的不合理控制程序造成行进或返回不正常;校对不精,出现录入或排版错误。这样的问题应该通过预先的处理得到解决。

从目前的实验结果来看,反映最为强烈的问题是关于课件设计中的色彩和布局。这个问题涉及许多交叉学科的基本原理,应用于汉语课堂教学又会有其相应的特点。而解决这些问题对于一般的汉语教师来说,要求过高,难以做到。因此,系统地、全面地研究课件设计问题,建立可供参考的模板素材库,必将为高效率生成和制作课件,为更广泛地开展汉语多媒体教学创造条件。借助这样的素材库,教师可以方便地找到为大部分学生认可的前景色与背景色搭配方案,可以找到课文与图片的布局方式,可以找到人物对话内容显示的方式、篇章段落显示方式等。

我们相信,随着认识、设备、技术等各个相关问题的逐步解决,越来越多的汉语教师会自觉自愿地使用这种教学形式,并从中感受到它所带来的好处。

参考文献

[1] 北京语言文化大学教务处 对外汉语研究中心合编 (2000)《多媒体汉语教学实验》(光盘),内部资料。
[2] 崔永华等 (1997)《对外汉语课堂教学技巧》,北京:北京语言文化大学出版社。
[3] 马箭飞主编,李小荣编著 (1999)《汉语口语速成》(提高篇),北京:北京语言文化大学出版社。
[4] 郑艳群 (2002)《〈速成学院C班口语课多媒体教学〉实验报告》,北京语言大学教务处内部资料。
[5] 郑艳群 (2001) 课堂上的网络和网络上的课堂——从现代教育技术的角度看对外汉语教学的发展,《世界汉语教学》第4期。

多媒体汉语课堂教学*

郑艳群

○ 引言

从目前的形势来看，多媒体汉语课堂教学的作用已经为越来越多的人所认识，并且大部分中青年教师具备了利用多媒体技术开展教学实践的基本能力。在这样的形势下，探讨多媒体汉语课堂教学方法，不仅是必要的，而且是非常重要的。从教学要素的关系来看，教学手段是教学信息的传播方式和媒介，是教师为了提高教学效率采用的方式。从这个意义上说，研究多媒体条件下的汉语课堂教学方法，比研究多媒体教学设备、多媒体课件设计技巧等更为重要。

"教学方法是教学手段运用的过程中所表现出来的方法。"（张良田，1999）我们知道，同样的教学手段，被不同的教师使用，其教学效果是不一样的。教学手段使用的目的是为了完成教学任务、提高教学效率。

传统的汉语课堂教学手段包括讲解或解说、读课文、写板书、模拟声音或动作、展示模型或图片等，也包括用录音机播放声音、用录像机播放录像（崔永华等，1997；刘珣，2002；杨惠元，1996；周健，1998）。运用多媒体课件是一种新的教学手段，我们称之为多媒体教学手段。研究多媒体条件下的汉语课堂教学方法，就是研究综合运用传统的汉语课堂教学手段和多媒体教学手段来组织教学、提高教学效率的方法。包括如何获取资源、使用什么原则、怎样备课，以及如何处理课堂上的随机事件等。

一、选择适宜的教学资源

目前的多媒体教室大体有两种，一种是只有教师机，没有学生机的教室，我们把在这样的教室中开展教学的方式称为"1＋0"模式；另一种是在

---

* 原文以"多媒体汉语课堂教学方法"为题发表于《语言文字应用》2006 年第 1 期。

既有教师机，又有学生机的教室中开展的教学方式，我们把它称为“1＋n”模式。选用哪种模式，一要看具体条件，二要看课型。例如，对于汉语口语课，用“1＋0”模式比较好；对于阅读课，两种模式都可以。这取决于教学方法。课堂教学采用“1＋0”模式，注重的是集体气氛，以及人与人之间的互动关系，听说课上大多采用这样的模式；采用“1＋n”模式，注重的是个别化教学，以及人机之间的互动关系，软硬件条件具备的话，可以用于读写课程。

运用多媒体课件开展汉语课堂教学，首先要解决的就是教学资源问题。教学资源包括硬件资源，如教室、设备等，还包括软件资源，如系统软件、教学软件（课件）等。这里，我们关注的主要是软件资源中面向教师的课件，而不是硬件资源和系统，因为在不少学校，拥有多媒体教室、投影仪、计算机和相应的系统软件等，已成为一种普遍现象。

（一）资源的类型

用于汉语课堂教学的多媒体课件可以分为三类：素材型、资料型和课程型。

素材型的多媒体课件，只包含教学中必要的多媒体素材，它是素材的简单排列或集成。即课件中只包含了教师本课要用到的若干图片、声音、录像片断等，不体现完整、系统和复杂的教学思想，也不呈现出教学过程。这种课件在设计和制作上的要求不高，技术也不复杂，容易实现。例如，为了操练“正在＋VP＋呢”这个句型，只要准备“正在打电话”、“正在看电视”、“正在跑步”、“正在做饭”等若干图片即可。其目的是为教学的需要展示语言场景，或有助于说明语言现象；或通过在计算机上播放录音、录像等来代替传统录音机、录像机的放音、放像功能，起补充或替代作用。

资料型的多媒体课件，是从某个成品的教学软件或教学录音、录像等资料中截取或利用其中的一部分作为教学用的课件。例如，《多媒体汉字字典》（郑艳群等，1999）中包含了汉字的历史、基本笔画和笔顺规则、基本结构和造字法举例、可用四种方式检索的 HSK 甲级字多媒体信息等，在课堂上我们可以只演示某几个汉字完整的、多媒体形式的形音义信息，或演示汉字的基本笔画和笔顺规则部分，或演示如何通过拼音、部首、笔画数、部件等方式检索汉字的多媒体信息（赵金铭，2000）。它的特点是科学、严谨、相对独立。

课程型的多媒体课件包含了比较全面的、完整的课堂教学内容和教学过程等信息。它不仅教学内容全面，而且教学过程详细、完整。例如，课程型的《汉语口语速成·提高篇》多媒体课件(北京语言大学内部资料,2002)包含了从复习、生词显示、词语例释、课文显示、语法讲解、练习等各个环节,并且还包括每个教学环节中所需的板书等。利用这种课程型的课件教学,从内容上看,可以体现一定的教学思想,基本不需要再板书其他内容,除非发生教学计划外的随机事件,或临时、少量地书写拼音、汉字、词语等;从结构上看,教学的步骤虽然是基本固定的,但教师仍有很多灵活运用的方面,并非意味着教师上课就像放映员一样地演示课件;从效果上看,由于它预先比较周全地考虑了教学内容的组织编排,科学地运用它,不但可以保证和监督教学质量,而且可以减少教师上课时书写、解释、模拟或展示的各项工作,使教师的精力集中在组织和引导学生的学习方面,如对口语教学来说,可以节省板书和讲解的时间,从而提高学生的开口率。

(二)资源的获取

对于某个课程来说,如果能够通过合法的途径获得相应的课件,那是再好不过的事情。首先,可通过正规渠道购买的方式获得,这无论从课件内容和质量上,还是从知识产权的保护以及合法性上都是比较理想的。但目前看来,这种方式并不普遍,其原因是多方面的,如课件设计制作所需的资金和技术力量不足、知识产权保护措施和共享条件不利。其次,可以通过网络资源或教师间的交流获得。这样获得的课件,一般属非正式出版物,其中的科学性、正确性、完整性和安全性都难以保证。第三,通过教师自行设计制作,其好处在于可以按照教师自己的思路和设想去做,能够体现个性风格,当然体现的效果有赖于教师的设计和制作水平,它的不足在于费时费力,并且其中所需图片、声音、动画、视频等媒体的获得依然难以摆脱版权的问题,不便于推广。

(三)资源的加工

资源的加工工具包括设计课件的工具和加工素材的工具。前者又分基础性工具及专业性工具,后者包括图片、动画、声音、录像等的处理软件。

可以看出,汉语课堂教学中的多媒体教学手段,是在承袭传统教学手段并结合现代科学技术发展的基础上产生的,它既与传统教学手段相配合与并存,又为传统教学手段服务,并能帮助传统教学手段更好地发挥作用。多媒体教学资源是开展多媒体教学的基础,课件的选择应本着适宜的原则:第一,与教学内容、对象和学时等级相适宜,否则,形式与内容或要求相脱节，再好的课件也不会产生什么效果；第二，与现有的使用条件相适宜，因为，没有相应的硬件和系统软件的支持，课件的许多功能将难以发挥；第三，与教师的素质相适宜，如果课件的设计超过了教师所具有的使用能力，那么最终将影响到教学效果。

二、把握使用的基本原则

多媒体教学手段的使用，应当与教学内容的讲解相配合、与学生的学习需要相配合、与教学的目的相一致。具体来说，要把握住适时、适量和综合使用的原则，并且要把握教学过程中的操作方法。对这些原则的把握会直接影响教学的效果，同时也反映出教师使用多媒体教学手段的能力，是科学性和艺术性的综合体现。

（一）在教学过程中使用多媒体手段的适时原则

教学过程中的适时原则包括适时地显示或播放和适时地进行教学提示。

1. 适时显示或播放

多媒体教学手段具有形象直观、综合表达、辅助替代、激发兴趣的特点，可以对学生的理解与掌握提供切实的帮助。尽管如此，多媒体教学手段在使用中也并非多多益善，时时可用，要依教学的目的和需要受到运用时间上的限制。它应在教学过程的适当时候，如在学习出现困难的时候、在教师想要迅速让学生理解的时候使用。例如，在文化教学中可以通过为古诗配画的手段来帮助外国人理解，在讲到“床前明月光，疑是地上霜。举头望明月，低头思故乡”时，先出画面比后出画面好，因为配画主要是为了帮助学生理解古诗的意境。又如，中高年级的写作课中，当学生理解题意有困难或无话可说的时候，展示一幅或多幅画面以帮助和促进学生的想象就是比较恰当的做法；再如，当学生不知道“旗袍”、“糖葫芦”为何物时，立即出现一个画面比用言语或手势描述更有效。因此，设计教学的时候，要计划好在课堂教学的什么时刻显示或播放什么内容。

2. 适时提示

运用多媒体教学手段，可以通过使用课件显示教学内容，但显示有时并不一定能完全体现出事物的特征，播放有时并不一定能保持一致的接收角度，教师也不可能把所有要讲解的字、词、句都显示出来。因此，还需要用语言适时地进行现场提示，包括介绍、讲解或解说、比较、强调等，目的是通过这样的补充手段让学生看清楚、看明白。如一幅打电话的图片，可以用于“打电话问讯”，也可以用于“打电话约某人去某处做某事”，在具体应用时，就应适时提示。适时提示，对学生领会意义、把握语用条件、建立形音义的关联、掌握汉语学习的规律与方法均有好处；适时提示，着眼于对当前具体内容的提示，使教学更具体、更有针对性，能够直接对学生当前的学习产生作用；适时提示，便于学生从感知、理解与接受，过渡到巩固、迁移、运用和提高；适时提示，既体现了语言教学中教师的作用，也体现了多媒体教学手段对传统教学手段的继承和发扬。

（二）在教学过程中使用多媒体手段的适量原则

适量原则指在一定的时候，显示或链接内容的多少要适量，且所显示内容或播放所持续的时间要适量。

1. 内容适量

教学内容的多少是教学方法的外在表现，同时也是教学本身的内在需要。内容显示并不是越多越好，也不是越少越好，而是要适量。因为，显示过多可能导致重点不突出，且影响注意力。因此，要尽量做到讲到哪里，就显示到哪里；讲多少，就显示多少。例如，把两段课文及相关解释同时显示出来，那么当教师讲解第一段的时候，学生可能在看第二段；又如，课堂教学的课件中为每个生词都配上录音，通过点按热区或按钮才能听到生词发音的做法也是不必要的，除非教师发音不准。反之，某一时刻显示或链接的信息过少，实际上就会产生很多冗余操作；或就课件的总体来说，所包含的内容过少，教学中大部分时候仍然需要传统的板书或口头解说、身体模拟、实物展示等手段，而把多媒体教学手段当做一种时尚或摆设，也是不可取的。

就汉语教学来说，显示出汉语字、词、句的作用尤为重要。因为，汉字是形、音、义的结合体，汉语中又有很多同音的字、词，有时教师口说，然后请学生复述，但学生未见字形、词形时很可能只顾机械模仿，并不明白真正的意义。而在传统的教学中，教师不可能把每个字、词、句都写在黑板上，那么，利用多媒体教学手段可以方便、快速地显示字、词、句的特点，就可以弥补传统教学手段的不足。但是，如果把教师的每一句话都显示出来，甚至是一些教学用语，如将“请看下面的例句”等字样都显示出来，也许在自学课件中是必须的，但在教师用的课堂教学课件中出现，则属于过量行为。

2. 时间适量

媒体显示或播放的时间长短与教学目的有关。显示文、图或播放音、像的目的是让学生借助直观形象的媒体形式理解教材中抽象、间接的语言文字内容，或减免教师过度的语言描述，或观看、聆听那些见所未见、闻所未闻的情景或实况，如中国的名胜古迹和文化习俗等。

显示或播放的时间长短与学生的反映有关。适当地停留有利于学生深入思考，也便于让学生看清楚、听清楚，使成年人能够与自身已有的知识或经验建立起联系，并借助联想和想象形成知觉，最终实现对目的语的理解与掌握。显示或播放不是越久越好，也有时间上量的限度，应以学生是否理解为准则。时间过长，学生的兴奋心理会产生疲劳，导致注意力转移。学生的新鲜感没有了，多媒体教学手段的兴趣激发作用就会消失，教学任务将难以顺利完成。因此，要根据具体情况决定录音、录像播放的快慢、次数，以及文字、图片、动画显示所持续的时间长短，要适可而止。例如，在讲解方位词时可能需要显示校园地图，这时应多停留一段时间，使学生看清校园环境再开始练习，即使是他们比较熟悉的地方；又如，讲解生词"亲热"时可能显示一对男女亲密约会的场景和举止，学生一看就明白，不必停留太长的时间。

显示时间的长短还有赖于教室的环境，如光线的强弱、学生座位的布局等。应结合实际情况，并观察学生的反映，尽可能地使他们的内心活动始终不偏离教学的内容和目的。

（三）在教学过程中多媒体手段的综合使用

语言的记录和表达需要多媒体技术的支持。语言记录和表达的这种多媒体性，决定了语言教学手段应该是多种媒体形式的，即单一的教学手段只能用于解决具体的问题或个别的教学内容和环节，不能解决教学过程的全部问题。要完整地解决教学活动过程的所有问题，必须综合运用多媒体技术中的声、图、文、像，也必须综合运用多媒体教学手段与传统教学手段。事实上，多姿多彩的教学活动正说明了教学手段总是综合运用的。同样，多媒体教学手段只有在与其他教学手段相组合、相配合的运用过程中，才能显示出它的优越性。综合使用包括综合运用多媒体技术、综合运用多媒体教学手段与传统教学手段。

（四）在教学过程中的操作方法

1. 选择合适与便捷的操作工具

在课堂上使用多媒体课件时的操作，绝大多数情况下可以通过点按鼠标完成。目前市场上可以方便地购买到无线（遥控）鼠标和无线（遥控）键盘；有条件的话，还可以配备电子教鞭，它不仅具备鼠标的功能，而且还有红外指示器或书写功能。

2. 科学、规范地操作

要想驾驭课件，使之更好地为教学服务，首先要解决操作问题。除了从设计方面考虑降低操作的复杂性外，还必须做到操作科学、规范。以用PowerPoint设计制作的课件为例，如果是顺序执行，就点按鼠标左键，或鼠标滑轮适当向下旋，或按键盘上的“PgDn”、“↓”键；回退上一幻灯片时操作相反，但最好不要通过按鼠标右键然后选择“上一张”实现，因为这样不仅操作复杂，而且弹出的画面会分散学生的注意力。科学、规范的操作是教学顺利进行的基本保障。因此，越是技术不熟练者，越要注意科学、规范地操作。只有这样，才能进一步做到操作熟练、协调，指令及时、正确。

3. 在适当的位置操作

在“1＋0”模式中，教室前有一个工作台，放置计算机等设备。工作台可能在教室的前方正中，也可能在教室前方的左侧或右侧；教室中的投影屏幕可能居中也可能居侧面。教师应选择既便于操作，又不遮挡学生视线的适当位置进行操作。如果有无线设备，操作时的位置会更加自由一些。

三、掌握新型的备课方式和处理随机事件的能力

多媒体汉语教学方法，不仅有自身独特的教学设计和教学过程，而且对汉语教师的教学能力提出了新的要求。随着技术条件的发展与完善，汉语教师面临的任务是如何使用新设备和掌握新技术，从而更好地发挥多媒体教学手段的功效。

（一）了解教学环境，学习相应知识

教师在使用多媒体课件之前，需要了解教学环境。要了解设备性能和操作知识、媒体特性和课件设计制作知识。

1. 了解设备性能和操作知识

了解设备性能知识，指教师在采用多媒体教学手段教学时，需了解所利用的教学设备性能方面的知识，即各种教学设备的特性和功能。了解这些设备性能方面的知识，才能使这些设备真正地发挥作用。

设备操作知识，指教师如何操作设备的开关或其他按钮，以使教学设备正常发挥作用。有些设备的操作可以由专人负责，但是有些操作技能是教师必须掌握的，如教师要用U盘、光盘、活动硬盘等存储课件或教学

材料，应该了解其性质、特征，以及接口、保存、携带等方面的知识，应避高温、磁场和碰撞，还要注意防病毒。

2. 了解媒体特性和课件设计知识

媒体特性知识，指教师采用多媒体教学手段教学时，需了解声、图、文、像等各种媒体特性与语言知识的关系，以及媒体特性与语言技能教学的关系。教师要了解什么时候、对什么样的教学内容，使用哪种媒体形式、如何利用等问题。

课件设计制作知识，指教师具备能够自行设计、制作课件的知识，至少具备可以按自己的目标重新调整或编排课件的知识。因为，即使面对一个成型的教学课件，有时教师也需要做一些调整；有时，还要考虑到教室的采光情况和投影仪调色片的老化程度（过度老化或投影仪的亮度不同，都可能造成在多媒体教室演示时的色彩与教师备课计算机上演示时的色彩差别较大），并据此来调整课件的前景色或背景色。

（二）熟悉并预演课件

1. 熟悉教学的基本步骤

教学前的准备，实际上是一种策划工作，它会直接影响多媒体教学的效果。有下面四个基本步骤：首先，要了解课件的特性。因为根据不同的资源类型，会有不同的教学对策。如果是课程型课件，就要着重考虑显示时间上的把握；如果是素材型课件，就要着重考虑在教学过程的哪个环节展示；如果是资料型课件，就要把握所需利用部分在存储介质上的相对位置。其次，要掌握课件运用中的操作方法。如果事先熟悉，就能做到心中有数，应对自如。第三，要进行整体、全面的预演。预演时，应判断课件运用的有效程度、想象学生的感受和应对策略。第四，对课件做必要的调整。包括增加、删除、修改。调整后，一要注意保存，二要再预演，特别是关注那些修改调整之处的显示和操作变化。

2. 准备必要的提示卡片

多媒体教学手段对语言教师来说，需要一定的适应和熟悉过程。在这个过程中，要特别注意经验的积累。何时有特殊的操作、何时有必要的提示，包括操作的技巧和热区、按钮的位置等，都可以作为一个教学心得或注意事项，写几张提示性的小卡片，记录操作的关键点，或说明屏幕显示中一个小标志的含义。

3. 准备传统授课的教案

与传统教学相比，多媒体教学的运行风险更大，因为，任何技术故障都有可能导致教学中断。这种极其依赖技术条件而开展的教学形式可以说是空前的，包括硬件运行状况和教师的操作技能。为了预防万一，教师应该做好两手准备，即当出现意外情况、多媒体教学暂时无法进行的时候，依然能自如地使用传统的授课方式授课。

(三) 学会处理常见的随机事件

多媒体汉语课堂教学中，教学涉及的因素多了，操作复杂了，必然会出现更多的随机事件，而汉语教师本身又属于弱技术相关群体，(郑艳群，2001)这一矛盾在多媒体汉语课堂教学中自然会更加突出，学会应对这些随机事件也是汉语教师的一种素质。当然，有些随机事件是可预料的，有些则是不可预料的。

1. 可预料事件的处理方法

可预料事件包括：来自教师操作方面的问题，这类问题可以在熟练运用中得到改进；来自课件设计方面的问题，应加强对课件结构和内容设计方面的校对、修改工作；来自其他辅助设备方面的问题，如黑板或白板、粉笔或水笔能正常使用；来自存储设备的问题，如课件或教学资源是否有备份件可用。

2. 不可预料事件的处理方法

不可预料的事件可能有：机械故障、遭遇计算机病毒使课件不能正常运行、突然停电等。对这些问题的处理，有赖于经常性的保养和维护，最好有专人负责处理相关事宜，并逐步完善后勤技术保障体系。

3. 处理随机事件的禁忌

处理随机事件有三条禁忌：第一，忌教师长时间在课堂上调整程序或修理设备而怠慢学生；第二，忌请其他人员在教室长时间维护而分散或影响学生的注意力；第三，忌未能准备传统授课教案而导致教学无法继续进行。

四、余论

教学活动既体现出它的科学性，又体现出它的艺术性。多媒体教学手段的运用必将创造出更精彩的课堂教学艺术形式。

为了保障多媒体汉语教学的顺利开展，学校的相关机构应努力提供适合汉语教学需要的教室、设施和数字化教学资源。另外，还要根据汉语教师的特点，编写必要的操作说明和配套的教学资源使用手册，使多媒体汉语课堂教学顺利开展并取得成效。

无论从资源方面，还是从教师素质和技能方面，多媒体汉语课堂教学都有别于其他学科的教学活动，有其特殊性和复杂性。定期组织交流、研讨和培训，对于促进学科的建设和发展，共享并利用人力和物力资源，都是非常必要的措施。

多媒体汉语课堂教学中，有许多问题需要我们去实践、去摸索。要使多媒体教学手段真正像传统课堂教学手段一样成熟，仍需要一个过程。

参考文献

[1] 崔永华等（1997）《对外汉语课堂教学技巧》，北京：北京语言文化大学出版社。
[2] 刘　珣（2002）《汉语作为第二语言教学简论》，北京：北京语言文化大学出版社。
[3] 杨惠元（1996）《汉语听力说话教学法》，北京：北京语言文化大学出版社。
[4] 张良田（1999）《教学手段论》，长沙：湖南教育出版社。
[5] 赵金铭（2000）汉字教学与学习的新思路——评《多媒体汉字字典》，《语言教学与研究》第4期。
[6] 郑艳群等（1999）《多媒体汉字字典》，北京：北京语言文化大学出版社。
[7] 郑艳群（2001）课堂上的网络和网络上的课堂——从现代教育技术看对外汉语教学的发展，《世界汉语教学》第4期。
[8] 周　健（1998）《汉语课堂教学技巧与游戏》，北京：北京语言文化大学出版社。

第二篇

汉语字词研究资源建设及应用

《汉语水平词汇与汉字等级大纲》中形声字声旁表音特点分析*

邢红兵　舒　华

〇　引言

形声字是汉字的主体，在《现代汉语通用字表》收录的7000个通用汉字中，形声字共5631个，占通用字总数的80.5%。（李燕、康加深，1993）形声字由两个部分组成：形旁和声旁，形旁表义，声旁表音。已有研究（江新，2001；邢红兵，2003）表明，声旁的表音作用在留学生习得汉字的过程中就起到了很重要的作用。为了能够更好地了解和研究对外汉语教学中汉字形声字的分布以及声旁的表音情况，我们以《汉语水平词汇与汉字等级大纲》中的2095个汉字（以下称简"等级汉字"）为基础，建立了对外汉语教学用基础汉字数据库，该数据库对形声字相关的属性进行了标注，为对外汉字教学和研究提供资源。本研究是在此基础上对数据库中形声字的数量、声旁的熟悉性、表音度等情况进行的统计分析。

一、对外汉语汉字基础数据库的建立

本数据库包含全部"等级汉字"，共2905个。数据库中标注汉字的基本信息有：汉字字形、汉字字音、汉字的笔画数、汉字的结构类型等。除了基本信息以外，我们主要对形声字相关属性进行了标注，具体的标注内容包括以下几个方面：

（1）声旁类型：标注了声旁读音与整字读音之间的关系，这些关系包括：①整字读音与声旁读音完全相同；②整字读音与声旁读音声母、韵母部分相同，但声调不同；③整字读音与声旁读音韵母相同；④整字读音与

* 原文载于《汉语口语与书面语教学——2002年国际汉语教学学术研讨会论文集》，北京大学出版社2004年出版。

声旁读音声母相同；⑤整字读音与声旁读音完全不同；⑥非形声字；⑦整字或声旁是多音字；⑧涉及古字，不易评定的形声字。

(2) 声旁一致性：在“等级汉字”中标注了同一声旁构成的全部形声字的读音是不是完全一致。标注的类型如下：①含该声旁的所有字读音相同；②含该声旁的形声字读音有多种；③含该声旁的形声字只有一个。数据库还对不同等级的形声字读音的一致性进行了标注。

(3) 声旁是字：是指形声字的声旁在“等级汉字”中是不是能够独立成字，包括：①该声旁能够独立成字；②该声旁不能够独立成字。

(4) 声旁位置：是指声旁在形声字中所处的位置，主要包括以下七种：①形声字是左右结构或左中右结构，声旁在该形声字的右边；②形声字是左右结构或左中右结构，声旁在该形声字的左边；③形声字是上下结构或上中下结构，声旁在该形声字的上部；④形声字是上下结构或上中下结构，声旁在该形声字的下部；⑤形声字是包围结构，声旁在该形声字内部；⑥形声字是包围结构，声旁在该形声字外部；⑦其他情况，例如半包围结构等。

(5) 声旁位置是否固定：是指在“等级汉字”中全部由该声旁构成的形声字中位置总是固定的，或者是可以变化的。包括：①该声旁在全部形声字中的位置是固定的；②该声旁在全部的形声字中位置是可变的。

(6) 频度：包括三种来源：①该字在《汉字信息字典》(科学出版社，1988)中的频度；②该字在《现代汉语频率词典》(北京语言学院出版社，1986)中的频度；③该字在1亿字语料中的频度(来源于清华大学计算机系1亿字语料的字频统计结果)。

(7) 非形声字能否做声旁：我们还对非形声字能否做声旁进行了标注，包括：①该字可以做形声字的声旁；②该字不能做声旁。

二、基于数据库的统计研究

(一) 形声字的数量

我们首先统计了形声字的数量，在全部“等级汉字”中，全部形声字2090个，占全部2905个汉字的72%。这说明在“等级汉字”中，形声字也是占绝对多数的。我们进一步对各个等级形声字的数量和比例进行了统计，结果见表1。

表 1　各个等级形声字非形声字比例表

	甲级	乙级	丙级	丁级	合计
形声字	0.57	0.70	0.81	0.83	0.72
非形声字	0.43	0.30	0.19	0.17	0.28

从统计数据来看，甲级字中由于独体字所占的比例较高，形声字的比例只占 57%，随着等级的升高，形声字的比例逐渐增加，丙级字和丁级字中形声字的比例都在 80%以上。从这个数据我们可以推测，随着留学生水平的提高，留学生新学习的汉字中形声字的比例越来越高，留学生会接触更多的形声字。

（二）各个等级形声字的类型

从形声字读音和声旁读音来看，我们可以把形声字分为三种类型：（1）声旁完全表音的形声字，即整字的读音和声旁的读音完全相同，例如："清、蜻"和"青"、"蹬"和"登"等；（2）声旁部分表音的形声字，即整字的读音和声旁的读音部分相同，部分表音包括三种情况：声调不同，例如"请"和"青"；声母不同，例如"睛"和"青"；韵母不同，例如"沙"和"少"。（3）声旁不表音的形声字，即整字的读音和声旁的读音完全不同，例如："猜"和"青"、"的"和"勺"等。我们把声旁完全表音的形声字叫做规则字，而把声旁部分表音叫半规则字，把声旁不表音的形声字叫做不规则字。下面我们将对各类型形声字占总形声字的比例进行分析。

表 2　各个等级形声字类型分布表

	甲级	乙级	丙级	丁级	合计
规则字	0.14	0.21	0.25	0.29	0.23
半规则字	0.43	0.44	0.43	0.39	0.42
不规则字	0.43	0.35	0.32	0.32	0.35

总的来看，全部形声字中规则字占 23%，半规则字占 42%，二者合起来共占 65%，这说明大部分形声字的读音和声旁的读音有着一定的关系，但是仍有 35%的形声字在读音上和声旁没有任何关系。形声字整字和声旁的这种关系也说明了形声字读音的复杂性。从各个等级的情况来看，甲级字中，规则字只占该等级全部形声字的 14%，但是，规则字的比

例随着等级的增加逐渐加大，丁级字中规则字占该等级全部形声字的29%，这说明随着等级的升高，留学生可能会学习到越来越多的规则形声字，形声字的规则性是随着汉字数量的增加而逐渐提高。半规则字在各个等级中的变化不大，只是丁级字中的比例稍有下降，不规则字基本上是下降的，但是丙级和丁级基本平稳。

（三）声旁的熟悉性

在“等级汉字”中，形声字使用的声旁共有842个，其中“等级汉字”中出现的声旁（以下简称“熟悉声旁”）571个，例如“马、分、发、反、干、肖、方、尚”等，这类声旁占全部声旁的68%，“等级汉字”中没出现的声旁271个，例如“夭、爻、匝、俞、甫、庚、亥”等，这类声旁占全部声旁的32%，从这个比例来看，绝大部分声旁是留学生能够学习到的独立的汉字。

我们进一步统计了“等级汉字”中熟悉声旁在各个等级的出现情况，表3显示了熟悉声旁在各个等级中的比例。

表3　各个等级熟悉声旁分布情况表

等级	甲	乙	丙	丁
熟悉声旁数量	273	147	81	73
所占的比例	0.47	0.26	0.14	0.13

熟悉声旁在甲级就大量出现，在甲级字中，就将出现近一半的汉字声旁，甲级字和乙级字中，熟悉的声旁占73%。从上面的结果来看，声旁会对留学生汉字读音的学习有着一定的影响，因为大多数声旁是成字的，而且这些成字的声旁主要都是“等级汉字”中的甲级字和乙级字。

（四）声旁的组字能力

声旁的组字能力是指声旁构字的多少，本研究所指的构字能力只限于“等级汉字”范围内的构字数。在全部“等级汉字”中，声旁的构字最多的是15个，这样的声旁只有1个，就是“者”；构字数为13个的声旁也只有1个，这个声旁是“工”。构字数最少的声旁只构成1个形声字，例如声旁“贞”只构成1个“侦”、“宜”只构成1个“谊”、“布”只构成1个“怖”等。表4显示了声旁构字数的分布情况。

表 4　声旁构字数分布情况表

构字数	12 以上	11	10	9	8	7	6	5	4	3	2	1
声旁数	4	6	5	7	13	13	19	39	75	114	166	381
百分比	0.48	0.71	0.59	0.83	1.54	1.54	2.26	4.63	8.91	13.54	19.72	45.25

从上表可以看出，构字数大于 7 的声旁数量较少，大部分声旁的构字能力在 5 个字以下，这些声旁共占全部声旁的 92.04%。只构成 1 个形声字的声旁占总声旁的 45.25%，这说明有近一半的声旁在“等级汉字”中只构成 1 个形声字。

(五) 声旁的表音能力

声旁的构字能力并不能代表声旁的表音程度，因为同一声旁构成的汉字可能是规则的、半规则的和不规则的，因此，如果一个声旁构成的汉字读音和声旁完全相同、部分相同或完全不同，那么这个声旁的表音程度就有很大差别。下面我们将对声旁的表音率进行分析。

表 5　各个等级形声字声旁分布情况表

	1	>=0.75	>=0.5	>=0.25	>0	0
全部	152	62	260	118	40	210
熟悉	108	47	194	94	28	100

从上表的数据看出，全部形声字中，完全表音的声旁就有 152 个，占 18%，表音率大于 0.5 的，占 56%；在熟悉的声旁中，完全表音的声旁占全部熟悉声旁的 19%，表音率大于 0.5 的，占 61%，可见，“等级汉字”中声旁的表音能力还是比较强的。

下面我们分析熟悉声旁构字能力和表音率的关系，我们将声旁的构字能力分成五个等级，构字能力大于等于 5 的为强；构字能力等于 4 的为半强；构字能力等于 3 的为中；构字能力等于 2 的为半低；构字能力为 1 的为低。表 6 显示各个构字等级的熟悉声旁的表音情况。

表 6 各个等级形声字声旁分布情况表

	1	>=0.75	>=0.5	>=0.25	>0	0
强	0.01	0.05	0.41	0.33	0.16	0.05
半强	0.04	0.16	0.30	0.41	0.07	0.02
中	0.01	0.09	0.41	0.29	0.13	0.06
半低	0.17	0.21	0.28	0.16	0.00	0.18
低	0.37	0.00	0.33	0.00	0.00	0.30

从结果看，声旁的表音性和构字能力成反比例关系，就是说构字能力强的声旁表音能力要差一些，构字少的声旁表音性要好一点。这个结果也说明了声旁表音的复杂性。

（六）声旁表音的一致性

一致性是指同一个声旁组成的形声字读音是否完全一致，例如声旁“皇”在“等级汉字”中构成的形声字有“煌”、“蝗”、“凰”三个，这三个字和声旁的读音完全一样，在声旁“皇”构成的全部形声字中没有例外的情况。我们把这些形声字叫做一致字，这些一致字和声旁就构成了一个家族，我们把这样的家族叫做一致性家族。下面我们对“等级汉字”中熟悉声旁的一致性家族进行分析。

在全部“等级汉字”中，熟悉声旁构成的一致形声字共有 108 个家族，其中家族成员数为 6，构字数为 5 的只有一个“胡”，由“胡”构成的形声字有“湖、糊、瑚、葫、蝴”等。其中家族成员数为 5，构字数为 4 的有 2 个，它们是“冈”和“罗”，分别构成“钢、刚、岗、纲”和“锣、萝、箩、逻”等。家族成员数为 4，构字数为 3 的也只有 1 个“皇”，它构成的汉字有“煌、蝗、凰”。家族成员数为 3，构字数为 2 的声旁共有 21 个，这 21 个声旁列表如下：

永 象 唐 太 疏 容 宁 母 吕 历 离 康 具 竟 建 乎 旱 复 段 代 崔

至少构成 1 个一致形声字的声旁共有 83 个，例如声旁“布”和形声字“怖”、“产”和形声字“铲”、“郎”和形声字“廊”、“拉”和形声字“啦”、“快”和形声字“筷”、“昏”和形声字“婚”等。

三、结论

形声字的读音和声旁的读音存在着规则和不规则的差异，“等级汉字”中规则字只占一小部分，大部分形声字是半规则的或不规则的，这种分布在各个等级略有变化，规则字的比例随着等级的升高逐渐增加，而不规则字的比例逐渐减少。从声旁构成的形声字家族来看，同一个家族的形声字又可以分为读音完全一致的、读音完全不一致的和读音部分一致的情况，读音完全一致的家族在成员数上相对较少，完全不一致的情况也较少，大部分形声字家族还是属于部分一致的情况。从声旁来看，大部分声旁能够独立成字，并且会在不同的等级作为独立的汉字出现，每个声旁在构字能力和表音能力上也有一定的差异。

从统计结果来看，汉字形声字整字读音和声旁读音之间的关系还是非常复杂的，涉及的影响因素除了规则性、一致性、家族成员数、声旁能否独立成字等因素以外，形声字中声旁的位置、声旁的使用频度等因素可能都对形声字的学习产生一定的影响，这还需要我们做进一步的研究。

参考文献

[1] 江　新（2001）外国学生形声字表音线索意识的实验研究，《世界汉语教学》第2期。

[2] 李　燕　康加深（1993）现代汉语形声字声符研究，陈原主编《现代汉语用字信息分析》，上海：上海教育出版社。

[3] 舒　华　武宁宁　郑先隽　周晓林（1998）小学汉字形声字表音特点及其分布的研究，《语言文字应用》第2期。

[4] 邢红兵（2003）留学生形声字声旁规则性效应调查，赵金铭主编《对外汉语研究的跨学科探索——汉语学习与认知国际学术研讨会论文集》，北京：北京语言大学出版社。

[5] 周有光（1978）现代汉字中声旁的表音功能问题，《中国语文》第3期。

附录 等级汉字中作声旁的汉字及其表音能力表

声旁	等级	构字数	完全表音	半表音	不表音	声旁	等级	构字数	完全表音	半表音	不表音
安	1	2	0	2	0	单	1	3	0	1	2
八	1	3	1	1	1	当	1	2	0	2	0
白	1	8	0	2	6	刀	1	2	0	1	1
百	1	1	0	0	1	到	1	1	0	1	0
般	1	1	1	0	0	弟	1	5	2	3	0
半	1	6	2	2	2	店	1	2	1	1	0
包	1	9	1	7	1	定	1	1	0	0	1
北	1	1	0	0	1	东	1	3	0	2	1
备	1	1	1	0	0	冬	1	2	0	1	1
本	1	2	0	1	1	度	1	2	0	0	2
比	1	4	0	4	0	段	1	2	2	0	0
必	1	2	0	2	0	多	1	4	1	1	2
便	1	1	0	1	0	而	1	1	0	0	1
别	1	1	0	1	0	二	1	2	1	0	1
不	1	5	0	1	4	发	1	3	0	1	2
布	1	1	1	0	0	反	1	6	1	5	0
才	1	3	2	0	1	方	1	11	2	9	0
参	1	3	0	2	1	非	1	8	1	4	3
查	1	1	0	1	0	分	1	11	4	3	4
差	1	2	0	0	2	丰	1	2	0	0	2
产	1	1	1	0	0	风	1	2	1	1	0
长	1	3	0	1	2	夫	1	2	1	1	0
厂	1	1	0	0	1	复	1	2	2	0	0
朝	1	2	0	0	2	父	1	1	0	1	0
车	1	2	0	0	2	干	1	12	0	5	7
成	1	3	2	1	0	感	1	1	0	1	0
出	1	3	0	1	2	高	1	6	1	5	0
春	1	1	0	1	0	告	1	4	0	3	1
次	1	4	0	4	0	哥	1	1	1	0	0
从	1	3	1	1	1	个	1	1	0	0	1
大	1	3	0	2	1	各	1	10	0	5	5
带	1	1	0	0	1	更	1	2	0	1	1
代	1	2	2	0	0	工	1	13	2	6	5

声旁	等级	构字数	完全表音	半表音	不表音	声旁	等级	构字数	完全表音	半表音	不表音
公	1	4	0	3	1	开	1	2	0	0	2
共	1	7	0	6	1	康	1	2	2	0	0
姑	1	1	1	0	0	考	1	1	1	0	0
广	1	3	0	2	1	可	1	4	0	2	2
贵	1	3	0	1	2	客	1	1	0	1	0
国	1	1	0	0	1	空	1	2	0	1	1
果	1	5	1	0	4	口	1	1	0	1	0
何	1	1	0	0	1	快	1	1	1	0	0
合	1	8	0	0	8	困	1	1	0	1	0
黑	1	3	1	0	2	拉	1	1	1	0	0
户	1	8	2	4	2	览	1	1	1	0	0
化	1	5	0	2	3	劳	1	3	1	2	0
黄	1	1	0	1	0	老	1	1	0	0	1
回	1	1	0	1	0	乐	1	1	0	0	1
会	1	1	0	0	1	累	1	2	0	2	0
活	1	1	0	1	0	离	1	2	2	0	0
火	1	1	1	0	0	里	1	5	1	2	2
或	1	2	1	0	1	历	1	2	2	0	0
急	1	2	0	0	2	利	1	4	1	3	0
几	1	4	0	4	0	立	1	4	1	3	0
己	1	5	0	4	1	力	1	2	1	0	1
家	1	2	0	2	0	连	1	2	1	1	0
加	1	7	1	3	3	两	1	2	0	2	0
间	1	1	0	1	0	了	1	2	0	2	0
见	1	3	1	1	1	留	1	3	2	1	0
建	1	2	2	0	0	流	1	1	1	0	0
将	1	5	4	1	0	路	1	1	0	0	1
交	1	9	2	6	1	录	1	3	1	0	2
介	1	3	1	1	1	麻	1	5	0	3	2
斤	1	4	0	3	1	马	1	5	2	2	1
今	1	5	0	3	2	买	1	1	0	1	0
久	1	2	1	1	0	卖	1	2	0	1	1
九	1	3	0	1	2	毛	1	2	1	1	0
句	1	3	0	0	3	冒	1	1	1	0	0
觉	1	1	0	0	1	每	1	7	0	5	2

声旁	等级	构字数	完全表音	半表音	不表音	声旁	等级	构字数	完全表音	半表音	不表音
门	1	4	0	4	0	如	1	1	0	0	1
米	1	2	1	1	0	三	1	1	1	0	0
民	1	1	0	1	0	散	1	2	0	1	1
明	1	2	0	2	0	山	1	2	0	2	0
名	1	1	1	0	0	少	1	9	0	9	0
母	1	2	2	0	0	生	1	5	1	1	3
那	1	2	0	1	1	师	1	2	1	1	0
难	1	3	0	3	0	食	1	1	0	1	0
内	1	2	0	1	1	史	1	1	1	0	0
念	1	1	0	1	0	示	1	2	1	0	1
农	1	1	1	0	0	世	1	2	0	1	1
旁	1	5	0	4	1	是	1	3	0	0	3
朋	1	3	1	2	0	市	1	1	1	0	0
票	1	3	0	2	1	书	1	1	0	0	1
平	1	4	3	0	1	术	1	1	1	0	0
七	1	1	1	0	0	束	1	1	0	1	0
其	1	7	1	0	6	思	1	1	0	1	0
齐	1	3	0	3	0	宿	1	1	0	0	1
气	1	2	1	0	1	岁	1	1	0	1	0
千	1	4	1	2	1	它	1	3	0	2	1
前	1	3	0	3	0	太	1	2	2	0	0
切	1	4	0	3	1	汤	1	2	0	2	0
且	1	8	0	1	7	堂	1	1	1	0	0
亲	1	1	0	1	0	天	1	2	1	1	0
青	1	8	2	5	1	条	1	1	0	0	1
秋	1	3	0	2	1	同	1	4	2	2	0
求	1	2	1	1	0	退	1	1	0	1	0
取	1	4	1	2	1	完	1	1	0	1	0
去	1	3	0	2	1	万	1	1	0	0	1
全	1	1	0	1	0	危	1	3	0	2	1
然	1	1	1	0	0	为	1	1	0	1	0
人	1	1	0	1	0	文	1	4	2	1	1
日	1	1	0	0	1	我	1	5	0	0	5
容	1	2	2	0	0	屋	1	1	0	1	0
肉	1	1	0	0	1	五	1	1	1	0	0

声旁	等级	构字数	完全表音	半表音	不表音	声旁	等级	构字数	完全表音	半表音	不表音
午	1	2	0	0	2	又	1	1	0	0	1
务	1	1	1	0	0	鱼	1	2	1	0	1
西	1	3	1	0	2	元	1	6	1	5	0
息	1	2	1	1	0	原	1	2	1	1	0
希	1	1	1	0	0	员	1	2	0	0	2
下	1	2	0	1	1	月	1	1	0	0	1
夏	1	1	0	0	1	云	1	3	0	3	0
先	1	3	0	2	1	责	1	2	0	0	2
相	1	4	2	2	0	占	1	8	2	2	4
向	1	2	0	2	0	章	1	2	1	1	0
写	1	1	0	1	0	张	1	1	0	1	0
辛	1	2	1	0	1	掌	1	1	0	0	1
新	1	1	1	0	0	者	1	15	0	5	10
星	1	2	1	1	0	真	1	4	0	2	2
行	1	1	0	0	1	正	1	5	3	2	0
学	1	1	0	0	1	支	1	5	2	3	0
言	1	1	0	0	1	知	1	3	1	2	0
羊	1	9	1	8	0	之	1	1	1	0	0
要	1	1	0	1	0	直	1	4	2	1	1
也	1	7	0	2	5	只	1	5	0	3	2
页	1	1	0	0	1	中	1	6	3	2	1
业	1	1	0	0	1	重	1	1	0	1	0
夜	1	1	1	0	0	周	1	4	0	2	2
衣	1	3	1	0	2	主	1	5	1	4	0
宜	1	1	0	1	0	助	1	1	0	1	0
已	1	2	0	2	0	子	1	4	0	3	1
以	1	3	0	1	2	自	1	2	0	2	0
易	1	3	0	3	0	总	1	1	0	1	0
义	1	3	1	2	0	走	1	2	0	2	0
因	1	4	1	2	1	足	1	2	0	1	1
音	1	1	0	0	1	坐	1	2	1	1	0
永	1	2	2	0	0	阿	2	1	0	0	1
用	1	2	0	2	0	巴	2	7	4	3	0
尤	1	5	1	3	1	保	2	1	0	0	1
有	1	2	0	1	1	辟	2	6	0	0	6

声旁	等级	构字数	完全表音	半表音	不表音	声旁	等级	构字数	完全表音	半表音	不表音
扁	2	5	0	5	0	鬼	2	3	0	2	1
宾	2	1	1	0	0	害	2	4	0	1	3
兵	2	1	0	1	0	乎	2	2	2	0	0
冰	2	1	0	0	1	胡	2	5	5	0	0
并	2	4	0	2	2	皇	2	3	3	0	0
卜	2	5	0	3	2	灰	2	1	1	0	0
采	2	4	3	1	0	昏	2	1	1	0	0
察	2	1	0	1	0	及	2	4	2	2	0
尝	2	1	1	0	0	既	2	3	0	0	3
乘	2	1	0	0	1	夹	2	5	0	3	2
尺	2	1	0	1	0	降	2	1	0	0	1
充	2	1	0	0	1	金	2	3	0	2	1
虫	2	4	0	2	2	京	2	8	2	1	5
臭	2	1	0	0	1	井	2	4	0	3	1
此	2	4	0	2	2	景	2	1	0	1	0
存	2	1	0	0	1	敬	2	1	0	1	0
寸	2	4	0	2	2	竟	2	2	2	0	0
岛	2	1	1	0	0	居	2	3	0	3	0
登	2	4	1	2	1	巨	2	5	2	1	2
帝	2	3	2	1	0	具	2	2	2	0	0
斗	2	1	0	0	1	卷	2	5	0	2	3
豆	2	3	1	1	1	军	2	4	0	1	3
盾	2	1	0	0	1	肯	2	1	1	0	0
朵	2	2	1	1	0	郎	2	1	1	0	0
乏	2	3	0	2	1	雷	2	1	0	1	0
凡	2	2	0	2	0	良	2	7	1	6	0
逢	2	1	1	0	0	列	2	3	2	1	0
付	2	6	2	4	0	林	2	2	1	1	0
巩	2	1	0	1	0	另	2	1	0	1	0
古	2	9	0	9	0	令	2	10	0	10	0
骨	2	2	0	0	2	龙	2	7	4	2	1
瓜	2	2	0	1	1	虑	2	1	1	0	0
官	2	3	1	2	0	率	2	1	0	0	1
贯	2	1	1	0	0	矛	2	2	1	0	1
光	2	2	0	2	0	美	2	1	1	0	0

声旁	等级	构字数	完全表音	半表音	不表音	声旁	等级	构字数	完全表音	半表音	不表音
迷	2	1	1	0	0	胃	2	1	1	0	0
免	2	3	1	1	1	无	2	1	0	1	0
磨	2	1	1	0	0	武	2	1	0	1	0
某	2	3	0	3	0	析	2	1	1	0	0
皮	2	10	1	5	4	县	2	1	0	1	0
普	2	1	1	0	0	象	2	2	2	0	0
妻	2	1	1	0	0	兄	2	1	0	0	1
奇	2	4	0	0	4	秀	2	4	2	1	1
欠	2	3	0	1	2	虚	2	1	1	0	0
侵	2	1	0	1	0	宣	2	2	1	0	1
区	2	5	0	0	5	牙	2	6	1	4	1
却	2	1	0	0	1	延	2	1	0	1	0
杀	2	1	0	0	1	央	2	4	2	2	0
勺	2	4	0	1	3	摇	2	2	0	0	2
舌	2	7	0	3	4	益	2	1	0	1	0
射	2	1	0	0	1	异	2	1	1	0	0
失	2	3	0	1	2	由	2	7	3	3	1
石	2	1	0	0	1	于	2	2	0	1	1
式	2	1	1	0	0	余	2	6	0	2	4
受	2	1	1	0	0	与	2	1	1	0	0
叔	2	3	0	1	2	约	2	2	0	0	2
暑	2	1	1	0	0	赞	2	1	0	0	1
属	2	3	1	0	2	则	2	3	0	2	1
司	2	3	0	3	0	曾	2	3	1	1	1
肃	2	1	0	0	1	丈	2	1	1	0	0
台	2	5	1	1	3	召	2	5	0	3	2
替	2	1	0	0	1	折	2	4	1	1	2
田	2	1	0	1	0	征	2	1	0	1	0
童	2	2	0	0	2	争	2	5	3	0	2
土	2	4	0	2	2	执	2	2	0	1	1
弯	2	1	1	0	0	止	2	5	1	2	2
王	2	6	0	6	0	至	2	3	1	2	0
微	2	1	0	1	0	竹	2	1	0	1	0
委	2	2	0	1	1	专	2	3	1	1	1
未	2	3	1	2	0	庄	2	2	1	1	0

声旁	等级	构字数	完全表音	半表音	不表音	声旁	等级	构字数	完全表音	半表音	不表音
尊	2	2	1	0	1	狂	3	1	0	1	0
奥	3	2	1	0	1	亏	3	2	0	0	2
罢	3	1	0	1	0	昆	3	2	0	2	0
暴	3	2	0	0	2	兰	3	3	2	1	0
丙	3	3	1	1	1	隶	3	2	0	0	2
波	3	2	1	1	0	蒙	3	1	0	1	0
仓	3	6	2	2	2	孟	3	1	0	1	0
斥	3	2	0	0	2	苗	3	3	1	2	0
丑	3	4	0	2	2	敏	3	1	0	0	1
串	3	2	0	2	0	末	3	3	1	0	2
垂	3	4	2	1	1	宁	3	2	2	0	0
囱	3	1	0	0	1	奴	3	2	0	2	0
匆	3	1	1	0	0	顷	3	2	0	2	0
旦	3	4	1	3	0	屈	3	2	0	0	2
奠	3	1	0	0	1	柔	3	1	1	0	0
丁	3	10	3	6	1	若	3	1	0	1	0
兑	3	6	0	2	4	塞	3	2	0	0	2
尔	3	2	0	0	2	删	3	1	1	0	0
番	3	3	1	0	2	尚	3	10	0	6	4
甘	3	2	0	0	2	申	3	5	3	2	0
弓	3	1	1	0	0	审	3	1	1	0	0
勾	3	4	2	2	0	甚	3	2	0	0	2
谷	3	3	0	1	2	圣	3	1	0	0	1
雇	3	1	0	0	1	氏	3	1	0	0	1
旱	3	2	2	0	0	寿	3	5	0	3	2
华	3	1	1	0	0	斯	3	1	1	0	0
荒	3	2	1	1	0	孙	3	1	0	1	0
疾	3	1	1	0	0	索	3	1	0	1	0
甲	3	3	0	2	1	亭	3	1	1	0	0
监	3	4	0	1	3	亡	3	7	0	6	1
兼	3	5	0	4	1	吴	3	2	0	2	0
焦	3	3	2	1	0	咸	3	4	0	2	2
聚	3	1	0	0	1	巷	3	1	0	1	0
库	3	1	1	0	0	卸	3	1	0	0	1
夸	3	3	0	3	0	欣	3	1	0	1	0

声旁	等级	构字数	完全表音	半表音	不表音	声旁	等级	构字数	完全表音	半表音	不表音
凶	3	3	2	1	0	皆	4	1	0	1	0
旬	3	1	1	0	0	戒	4	2	1	1	0
亚	3	2	0	1	1	君	4	2	0	2	0
乙	3	3	0	3	0	亢	4	4	2	2	0
婴	3	1	1	0	0	赖	4	1	0	1	0
予	3	4	0	3	1	廉	4	1	1	0	0
匀	3	2	0	2	0	隆	4	1	1	0	0
宅	3	1	0	0	1	吕	4	2	2	0	0
珍	3	3	0	2	1	罗	4	4	4	0	0
朱	3	4	3	1	0	莫	4	9	2	7	0
壮	3	1	0	1	0	乃	4	3	1	0	2
宗	3	4	2	1	1	尼	4	2	1	1	0
艾	4	1	0	1	0	聂	4	1	0	0	1
邦	4	2	1	1	0	彭	4	1	1	0	0
卑	4	4	1	0	3	岂	4	1	0	0	1
贝	4	3	1	2	0	乞	4	2	0	1	1
崩	4	1	0	1	0	遣	4	1	1	0	0
曹	4	3	1	2	0	乔	4	5	2	1	2
昌	4	3	1	2	0	雀	4	1	0	0	1
辰	4	3	0	3	0	刃	4	2	1	1	0
呈	4	1	1	0	0	桑	4	1	0	1	0
川	4	3	0	0	3	尸	4	1	0	1	0
崔	4	2	2	0	0	疏	4	2	2	0	0
刁	4	1	1	0	0	寺	4	6	0	3	3
董	4	1	1	0	0	炭	4	1	1	0	0
伐	4	1	1	0	0	唐	4	2	2	0	0
奉	4	2	0	1	1	屯	4	3	0	3	0
伏	4	1	1	0	0	畏	4	1	1	0	0
冈	4	4	4	0	0	巫	4	1	1	0	0
戈	4	1	0	0	1	乌	4	1	1	0	0
郭	4	1	0	1	0	勿	4	3	1	2	0
禾	4	1	1	0	0	孝	4	1	0	0	1
惠	4	1	0	1	0	肖	4	11	1	7	3
吉	4	4	0	3	1	刑	4	1	1	0	0
柬	4	3	0	0	3	匈	4	1	1	0	0

声旁	等级	构字数	完全表音	半表音	不表音
畜	4	1	0	0	1
炎	4	5	0	5	0
亦	4	1	0	1	0
舆	4	1	0	0	1
袁	4	1	1	0	0
斩	4	4	1	3	0
兆	4	4	0	3	1
贞	4	1	1	0	0
郑	4	1	0	1	0
旨	4	2	1	1	0
州	4	2	1	1	0
诸	4	1	0	1	0
爪	4	1	0	0	1
卓	4	4	1	1	2
奏	4	2	1	1	0

基于《汉语水平词汇等级大纲》的语素数据库建设*

邢红兵

○ 引言

现行的对外汉语教学语法体系中，一般只有词、词组、句子三级语法单位，语素不作为教学的基本单位。语素在词汇获得中到底起什么样的作用和怎么起作用，目前还没有进行系统、深入的研究。但是，近些年来，研究者越来越意识到语素在词汇教学中的作用，也进行了相关的研究。王又民(1991)以数据库为基础，对现代汉语常用的3000词进行了词类、语素结合情况、构词方式、识词方式等方面的统计分析，提出"初级汉语词汇采用'单音词(汉字)——语法(构词法)——复合词'一体化方法"。张凯(1997)以《现代汉语常用词表》(1988)和三部词典为基础，建立了3500常用字和次常用字字库和由70,743词构成的词库，通过计算机对库中汉字的构词等级、构词率、累计构词率、完全构词、累计完全构词等信息进行统计，将3500汉字划分为五个等级，确定汉语构词基本字，提出对外汉语教学词汇量的限度。吕文华(2000)在对《汉语水平词汇等级大纲》语素分析的基础上构想语素教学的方案，以《汉语水平词汇等级大纲》中构成1033个甲级词的921个语素为例，分析了语素构词方法和功能、语素义和词义、结构义等，根据导出词义的不同途径，将复合词中的词义结构分为四大类，提出语素教学的构想，并在此基础上提出语素教学的步骤和操作。冯丽萍(2002)通过实验方法，发现中级水平的留学生已经具备了一定的结构意识和语素构词意识。邢红兵(2003)通过对留学生偏误词的统计分析，初步得出留学生能够较好的掌握汉语的构词规律，语素的构词能力和构词位置等因素都会影响留学生复合词的产生。我们觉得语素在留学生词

---

* 原文载于《数字化对外汉语教学理论与方法研究》，清华大学出版社2004年出版。

汇获得过程中会起到很重要的作用，但是需要对汉语语素构词作系统的、量化的研究，在作这样的研究之前，建立一个语素数据库是非常必要的。

一、建立语素数据库的意义

建立汉语教学语素数据库的意义可以从以下几个方面来看：

(1) 有研究证明，语言材料的统计规律和人脑所储存的知识十分接近，这说明人的语言知识的获得和语言材料有直接的关系。我们建立这样的数据库系统，首先就是希望了解有哪些规律包含在语素构词过程当中。这些属性可以通过统计数据来说明。比如哪些语素是常用语素，哪些语素构词最透明等。

(2) 为汉语词汇教学及相关的研究提供基础材料，比如结构类型频度及其分布、语素的数量、语素的构词能力、语素的构词位置等等，以及各个等级语素的分布情况等。特别是为留学生词汇习得、词汇的产生和心理词典等方面的研究提供最基本的实验材料。为对外汉语教学中生词表的制定和对外汉语教材的编写提供参考。

(3) 直接用于教学。我们统计到的复合词结构类型、语素义项频度、语素构词能力、语素构词位置等方面的相关数据，可以为对外汉语词汇教学提供一些除传统的搭配、解释方法之外的新的思路和方法。例如，有些语素的构词能力非常强，那么教师在教授学生时，是否就可以尽早地把在词中出现的这个语素的意义教授给学生，以使其较早形成语素意识，增强学生对生词的理解能力和造词能力。再如，有些语素的构词位置相对固定，那么学生掌握了这个规律，是否就可以较快地提高自身的造词能力。

二、数据库系统的组成

本数据库系统主要包括词库和语素库两部分。语素按其构词能力和构词位置分为自由语素、半自由语素和不自由语素。能够独立成词的语素叫自由语素，例如“地”、“牛”、“火”等；不能够独立成词，只能同其他语素自由组合成词，在构词时位置不固定的语素叫半自由语素，如“民”、“宣”、“语”、“言”等；不能独立成词，而且同别的语素组合成词时位置固定的语素叫做不自由语素，例如“阿”、“第”、“子”、“们”等。由一个语素构成的词叫单纯词，由两个或两个以上的语素构成的词叫合成词。词库由单纯词库和合成词库两个部分组成，单纯词和语素是一一对应的关系，不需要标注。因此，我们重点介绍合成词库和语素库。

(一) 合成词数据库

1. 合成词数据库的字段

合成词数据库中包含了词形、词性、读音等基本信息，同时对语素构成合成词的信息进行了标注，在此基础上形成了合成词数据库。合成词数据库的字段如下：

序号：该词在《汉语水平词汇等级大纲》的顺序；

词语：该词的词形；

读音：该词的读音；

词性：该词的词性；

HSK 等级：该词在《汉语水平词汇等级大纲》中的等级；

结构：该词的结构类型；

语素 1：该词中第一个语素；

语素音 1：该词中第一个语素的读音；

语素 1 素性：标注了第一个语素是名词性的、动词性的、形容词性的还是其他的；

语素义 1：该词中第一个语素的义项；

语素 2：该词中第二个语素；

语素音 2：该词中第二个语素的读音；

语素 2 素性：标注了第一个语素是名词性的、动词性的、形容词性的还是其他的；

语素义 2：该词中第二个语素的义项；

语素 3：该词中第三个语素；

语素音 3：该词中第三个语素的读音；

语素 3 素性：标注了第三个语素是名词性的、动词性的、形容词性的还是其他的；

语素义 3：该词中第三个语素的义项。

2. 结构类型标注

对合成词中各结构的分类，本文主要参考了胡裕树《现代汉语》(1979)、朱德熙《语法讲义》(1982)、黄伯荣《现代汉语》(1991)等合成词划分标准，并根据数据库统计标注自身的特点，借鉴苑春法、黄昌宁《汉语语素数据库》的分类方法，制定了本数据库结构类型的标注规则。综合来看，合成词的结构类型分为三种：第一种是由词根与词根组合形成的复合词；第二种是重叠式，即由两个相同的词根重叠而成；第三种是附加式，由一个表示具体词汇意义的词根和一个表示附加意义的词缀构成。

本数据库中，结构类型标注共分为 18 个小类。单纯词主要包括叠音词、联绵词、音译词三类，统一标注为 dc，不再细分。复合式包括联合式 bl（包括动语素联合 blv、名语素联合 bln、形语素联合 bla 和其他联合 blq）、偏正式 pz（包括定中结构 dz、状中结构 zz）、述宾式 sb（包括介宾结构 jb）、主谓式 zw、补充式 bc（包括述补结构 sbu、名量结构 ml）；附加式 fj 包括前缀结构 qz、后缀结构 hz、述介结构 sj；重叠式 cd。有一些词是结构难以分析的，比如“几何”，将其定为特殊结构 ts。还有一些结构是非词的，比如“……分之……，得了”等，将其定为其他结构 qt。具体标注规则如表 1 所示。

表 1 双音节结构类型

<table>
<tr><td>单纯词</td><td>dc</td><td colspan="3">蜘蛛，徘徊，蘑菇</td></tr>
<tr><td rowspan="15">合成词</td><td rowspan="4">联合式 bl</td><td>动语素联合</td><td>blv</td><td>指示，治理</td></tr>
<tr><td>名语素联合</td><td>bln</td><td>子孙，踪迹</td></tr>
<tr><td>形语素联合</td><td>bla</td><td>真实，整齐</td></tr>
<tr><td>其他联合</td><td>blq</td><td>刚才，全都</td></tr>
<tr><td rowspan="2">偏正式 pz</td><td>定中结构</td><td>dz</td><td>来宾，乐观</td></tr>
<tr><td>状中结构</td><td>zz</td><td>普及，热爱</td></tr>
<tr><td rowspan="2">述宾式 sb</td><td>述宾结构</td><td>sb</td><td>下班，享福</td></tr>
<tr><td>介宾结构</td><td>jb</td><td>据说，自古</td></tr>
<tr><td>主谓式 zw</td><td>主谓结构</td><td colspan="2">地震，目睹</td></tr>
<tr><td rowspan="2">补充式 bc</td><td>述补结构</td><td>sbu</td><td>减少，判定</td></tr>
<tr><td>名量结构</td><td>ml</td><td>车辆，事件</td></tr>
<tr><td rowspan="3">附加式 fj</td><td>前缀结构</td><td>qz</td><td>老虎，阿姨</td></tr>
<tr><td>后缀结构</td><td>hz</td><td>孩子，跟头</td></tr>
<tr><td>述介结构</td><td>sj</td><td>处于，难以</td></tr>
<tr><td>重叠式 cd</td><td>重叠结构</td><td colspan="2">刚刚，娃娃，仅仅</td></tr>
<tr><td>特殊结构</td><td>ts</td><td colspan="3">方程，牢骚，果然</td></tr>
<tr><td>其他结构</td><td>qt</td><td colspan="3">……极了，……的话，对了</td></tr>
</table>

3. 语素义标注

我们按照《现代汉语词典》(2002 年增补版，以下简称“现汉”）中每个字作为语素的意义为依据，对合成词中的语素意义进行了标注。在“现汉”中，有些语素字只有一个义项，我们称为单义语素，有些语素有多个义项，我们称为多义语素。由于一个汉字可以代表多个语素，产生了很多同形语素，有些语素是同形异音，例如“好”有两个音：“hao^3”、“hao^4”，还有些语素同形同音，但是意义不同，例如“长”（$zhang^3$）在《现代汉语词典》（2002 增补版）有$长^1$（年级较大的意思），$长^2$（生长的意义）。在本库中，这两种同形语素都分别算作一个语素。具体标注规则如下：

（1）单义语素。我们将构词中的单义语素标注为 d；

（2）多义语素（指词典中的多义语素，不论在本库中出现几个义项），用 1、2、3……表示该意义在词典语素所列义项中的排列顺序；

（3）如果是同形异音语素，在统计时可根据音区别，因此标注方法同（1）和（2）；

（4）如果是同形同音语素，则按语素和语素义项在词典中排列的顺序标注为 1$1 或 1$2、2$1 等。

（5）固定结构、特殊结构、其他结构三类所包括的语素不予以标注；

在标注时，有些结构很难分析，如 qt、ts、dc 这三类结构，我们不对其中的语素进行标注。还有一些结构中的语素意义很难分析，如“保姆”的“姆”，我们将其标注为“$”。此外，《现汉》对一些词语的释义不够全面或不够准确，有时候很难找到合适的标注义项，因此我们在标注时，根据所遇到的语素意义，对库中的词典义项进行了一些添加。

（二）语素数据库的建立

在复合词数据库标注的结果上，提取出构成复合词所有语素和单纯词的信息形成了语素数据库。该库中的字段包括该语素的字形、读音、义项数、构词总数、构词位置、各等级语素构词数等，具体如下：

语素：语素字形；

语素音：语素的读音；

语素义项号：该语素在《现汉》中的义项号；

语素成词：语素能否独立成词及其在 HSK 词汇中的等级；

语素构词总数：该语素在复合词数据库中所构成的词的总数；

语素构词位置 1：该语素构词时处在前位的词语数量；

语素构词位置 2：该语素构词时处在后位的词语数量；

语素在四个等级构词总数：该语素在复合词数据库中所构成的词的总数；

语素在四个等级的构词 1：该语素构词时处在前位的词语数量。

通过语素数据库，我们将可以查询语素义项总数、构词能力、构词位置、各等级构词能力等信息。比如语素“白[1]”，读音为“bai[2]”，构词总数为“12”，构词时位置在前的有4个，位置在后的有8个，在12个词中共有4个义项（义项的具体标注在语素义项库中），在甲、乙、丙、丁四级中的构词数分别为0、2、5、5。

三、数据库的初步统计结果

我们以双音节词为例，介绍构成全部双音节词的语素的相关统计数据。构成双音节词的语素共有2619个，它们共有4699个义项。这些语素共参与构成12,681词次，平均每个语素构词4.84个，每个义项构词2.70个。语素构词数在1到120之间，构词数为1的语素有935个，例如“爽”（爽快）、“松”（松树）；构词120个的语素只有1个“子”，构成的词有“镜子”、“夹子”等。语素和语素义项具体构词数分布如表2所示。

表2 语素及语素义项构词能力表

构词数	1	2	3	4	5	6—10	11—15	16—20	20以上	总计
语素数	935	432	266	178	137	364	145	69	93	2619
语素义项数	2244	926	512	323	207	368	84	18	17	4699

从上表可以看出，大部分语素的构词能力都比较低，构词数在5个以下（包括5个）的语素占总体语素的74.38%，尤其是构词数在1到3之间的语素占总体语素的62.35%，这说明学生学到的大部分语素都是构词能力较差的语素，只有极少一部分语素构词能力较强。随着构词能力的增高，语素数量呈现明显下降趋势，构词数在20以上的只有93个语素，其中构词数在50以上（包括50）的语素有6个，分别是“大”（58）、“不”（61）、“动”（52）、“人”（74）、“心”（57）、“子”（120）。大部分义项的构词能力也比较低，构词数在5个以下（包括5个）的义项占总体义项的89.64%，构词数在1到3之间的义项占总体义项的78.36%。随着构词能力的增高，义项数也呈现明显下降趋势，这种下降趋势比语素的下降趋势更显著，构词数在15个以上的义项只有35个，数量远低于同等级的语素数。

四、结论

本文希望建立一个为教学服务的汉语语素数据库，并在此基础上探索数据库方法在语言教学和相关研究中的运用和作用。我们将继续探讨对外汉语教学中熟悉语素对复合词习得的作用。这样的研究主要包括以下几个方面：(1) 确定教学用基本语素，并按照构词能力等方面的属性将语素分等级；(2) 语素的构词能力，包括能否独立成词、构词时位置是否固定等；(3) 语素的表义度分析，分析每个语素在各个等级构词时语素意义对整词意义的贡献。

参考文献

[1] 冯丽萍 (2002) 词汇结构在中外汉语学习者合成词加工中的作用，北京师范大学博士学位论文。

[2] 胡裕树 (1979)《现代汉语》，上海：上海教育出版社。

[3] 黄伯荣　廖序东 (1991)《现代汉语》，北京：高等教育出版社。

[4] 吕文华 (2000) 建立语素教学的构想，《第六届国际汉语教学讨论会论文选》，北京：北京大学出版社。

[5] 王又民 (1991) 汉语常用词汇分析及词汇教学，《第二届青年科研报告会论文选》，北京语言学院教务处。

[6] 邢红兵 (2003) 留学生偏误合成词的统计分析，《世界汉语教学》第 4 期。

[7] 俞士汶　朱学锋　李　峰 (1999) 现代汉语语素库的开发及应用，《世界汉语教学》第 2 期。

[8] 苑春法　黄昌宁 (1998) 基于语素数据库的汉语语素及构词研究，《世界汉语教学》第 2 期。

[9] 张　凯 (1997) 汉语构词基本字的统计分析，《语言教学与研究》第 1 期。

留学生偏误合成词的统计分析*

邢红兵

○ 引言

运用语言进行交际包括语言理解和语言生成两个方面。留学生习得汉语的过程同样包括两个方面:理解汉语和使用汉语。留学生在使用汉语过程中出现的偏误现象能够显示出汉语习得的某些规律。留学生在生成汉语时出现了汉语中不存在的词语,这是留学生词汇偏误的一种重要类型,这类偏误词是合成词,对这部分合成词进行分析,可以了解留学生合成词习得过程中表现出来的一些特点和规律。目前在这方面还缺乏系统的研究,其中很重要的原因是缺乏大量偏误的实例。本研究通过对北京语言大学"汉语中介语语料库系统"中偏误的合成词进行收集整理,并结合留学生的原文进行分类统计。这项工作对汉语合成词的偏误研究有很重要的价值。

本研究希望通过分析全部偏误词语,了解以下两方面的问题:首先是了解留学生合成词偏误的主要类型及其所占的比例;其次是通过对各个类型的详细分析,了解留学生在生成合成词时受到什么样的规律制约以及语素在合成词中的作用等。

一、偏误词的确定和标注

(一)偏误词的界定

"汉语中介语语料库系统"(以下简称"中介语语料库")的词表中共有17,648个词条,排除单音节词、阿拉伯数字词(如"1993")、外来字母词(如"Jerry")、汉语拼音词(如"suoyi")、汉字拼音混合词(如"街 dao")等,余下的多音节词共15,152条,占总词数的85.86%,本文只对这些多音

* 原文发表于《世界汉语教学》2003年第4期。

节词进行人工分析。

中介语中的词语偏误包括：词语构造的偏误（如用“恋爱的感情”替代“恋情”）和词语使用上的偏误（如“警察找不到那人的身体”中用“身体”替代“尸体”）等，本研究是基于词表的研究，因此只考虑在词表中出现而汉语中没有的词，不包括词表以外的词在中介语语料库使用上的偏误。从结构来看，词可以分为单纯词和合成词两类，由于单纯词是由一个语素构成的，不存在构造的问题，因此，本文只涉及合成词的偏误，不涉及单纯词的偏误。

我们将留学生出现在中介语语料库中而汉语中没有的合成词叫做偏误合成词，而将汉语中与偏误合成词对应的词语叫做目标合成词（下文简称“目标词”）。同时把偏误合成词中和目标词相比错误的语素或字形叫做偏误语素，正确的语素叫做目标语素。

偏误词中，有一部分是由于汉字的原因造成的，包括：(1) 字形相似造成的偏误，例如“东北”写成了“乐北”、“小鸟”写成了“小乌”、“比赛”写成了“此赛”、“期末”写成了“期未”等；(2) 字音相同或相近造成的偏误，例如，“意义”写成了“议义”、“凑合”写成了“凑和”、“绳索”写成了“绳素”、“首先”写成了“收先”等；(3) 字音字形造成的偏误，例如，“纪念品”写成了“记念品”，是由于“记”和“纪”不仅音同，而且形似。“环境”写成了“环竟”、“蜡烛”写成了“腊烛”、“相信”写成了“想信”等。这类偏误词我们认为主要是书写的问题，不在本文讨论的范围之内。

另外，在日本、韩国等汉字文化圈的留学生使用的词语中，还包含一部分直接借用留学生母语词语的词汇，例如“米国”、“即食粥”等，这些借用词语也不属于本文的研究范围。

（二）偏误合成词的标注

对词表中全部合成词进行人工过滤，找出汉语中没有的合成词作为初步分析的目标，得到合成词共 751 条，在此基础上剔除来自日语、韩语的汉字词语和汉字偏误词，最后得到偏误合成词 520 条，占词表中全部多音节词语的 3.43%。本文就对这 520 条偏误合成词进行分析。

首先，对偏误合成词的语素、结构、汉字字形、读音等方面的特征进行分析，确定了几个主要的类型，然后按照这样的框架对全部偏误合成词进行穷尽标注，并及时调整分类标准，最后给每个偏误合成词一个标记。在标注过程中，我们查找到每个偏误合成词出现的语言环境，以便能够确定偏误合成词所指向的正确意义，如果在语言环境中无法确定偏误合成词的意义，我们将这类词标为“其他”类。每个偏误合成词采用一个包含两个层次的标记，大类和小类。例如“兵人”的标记是“XZ1”，“XZ”表示这个偏误合成词的大类是新造词，“1”表示这个词是和目标词语素相关。

二、留学生偏误合成词的类型

我们将520个偏误合成词进行分类，最后归纳为五大类：(1) 新造词；(2) 语义相关语素替代(简称“语素替代”)；(3) 使用语义无关语素或增加、减少语素(简称“语素错误”)；(4) 语素顺序错误；(5) 其他错误。每类中又分为若干小类，合起来共17小类。下面我们分别举例说明。

(一) 新造词(XZ)

“新造词”是指留学生使用的合成词在汉语中没有对应的词或者虽然有对应词但其中至少有一个语素跟目标词无关。例如，偏误合成词“回打”中的“回”和“打”与目标词“还手”完全没有关系，也就是说，留学生生成“回打”这个词的时候并没有受到目标词“还手”的影响，“回打”是留学生根据汉语构词规律和已经学习过的语素新造的。这类词又可以分为以下几种。

PW1：语素相关对应词(XZ1)。是指偏误合成词在汉语中有对应的目标词，偏误合成词和目标词之间有一个或多个语素相同，但是至少有一个语素完全不同并且语义无关。例如，偏误合成词“兵人”和目标词“士兵”或“军人”之间有一个语素相同；偏误合成词“伴人”和目标词“伙伴”或“同伴”之间也有一个语素相同，但是有一个语素和目标词无关；偏误合成词“未妻子”、“未丈夫”和目标词“未婚妻”、“未婚夫”之间语素比较接近，但是结构完全不同。例如：

(1) 那时候战争。他连带车被兵人拿了走。

(2) 本来我喜欢一个人慢点看看。因为有伴人对那个人有些顾虑，精神太累身体也非常累。

(3) 在意大利未丈夫和未妻子也不能拒绝结婚。

PW2：无对应词(XZ2)。是指偏误合成词在汉语中没有对应的目标词。例如，有的偏误合成词所表示的意思在汉语中没有对应的概念，根据原文推测，偏误合成词“破丑”指的是“破旧和丑陋”的意思，汉语中没有一个词可以表达这样的概念；有的偏误合成词在汉语中对应于一个短语，偏误合成词“家统”对应于汉语“家庭传统”，“大求”对应于汉语“远大的追求”等。例如：

(4) 许许多多的小胡同内还有破丑的平房，居住着一家三四代。

(5) 很多年轻人不愿意为家统牺牲自己的生活。

(6) 对不相信宗教的人，罢斋是很奇怪的，可是为了实现大求，应该要斗争……

PW3：类比造词(XZ3)。是指偏误合成词在汉语中没有对应的目标词，但是有对应的构词模式或者相关的语素造词方式。例如，偏误合成词“似气非气”是利用汉语“似懂非懂”这样的格式类比的；偏误合成词“慢语慢言”是根据“快言快语”来类比的；偏误合成词“品饮”是根据“品尝”类比造出来的；“母母”是按照重叠的方式造出来的，类似于“妈妈”；偏误合成词“下天”表示“第二天”的意思，是根据“下周”、“下星期”等词类比出来的。例如：

(7) 而且我们看不出来他高兴不高兴，他的脸每天一样，一直似气非气的样子。

(8) 可是老长慢语慢言地说：“那好吧！我先来干吧！”

(9) 客人品饮茶、玩赏茶道的用具。

PW4：语素无关对应词(XZ4)。是指偏误合成词在汉语中有对应的词，但是新造词和对应词之间没有相同或相关的语素。例如，偏误合成词“认出卡”和目标词“身份证”，偏误合成词“部队员”表达的是“军人”或“士兵”的意思，偏误合成词“洗澡房”表达的是“浴室”的意思，这类偏误合成词有对应的目标词，但是和目标词没有语素相关，可以推断，留学生是根据构词规律自己造的。例如：

(10) 公安人问他很多问题，他们拿走李刚的照相机也看他的认出卡。

(11) 他们的父母大概也在那儿，和别的部队员一起做梦。

(12) 我想屋子太小，洗澡房太脏了，有的时候我很介意这个情况。

PW5：多词混合(XZ5)。是指偏误合成词的出现可能是受到两个目标词语或者多个目标词语的影响。例如，偏误合成词“乐极忘形”可能是受到“乐极生悲”和“得意忘形”两个词语的影响；“儿童年”可能是将“儿童”和“童年”两个词合在一起了；“勤奋快”可能是受到“勤奋”和“勤快”两个词语的影响。例如：

(13) 我吃得津津有味，在那时候，我乐极忘形，间接不断地吃过不停……

(14) 我的外婆在她儿童年和第二次世界大战时吃了很多苦。

(15) 中国农民和鳊尼西亚农民一样，都十分勤奋快和朴实。

PW6：增加词缀(XZ6)。是指偏误合成词和目标词相比增加了词缀。例如，"碗子"、"词子"等，这类偏误合成词很可能受到了同类相关词语的影响，其中"碗子"可能是因为"筷子"的影响，"词子"可能是受"句子"的影响；而偏误合成词"兴趣感"、"物质品"等可能是受到有这类类似后缀、构词能力较强的词语的影响而造成的，因此，这类偏误合成词也是一种特殊的类比错误。例如：

(16) 9:00 多我才能吃早饭后，洗碗子。

(17) 有很事和词子我都不明白可是知道他是从黑龙江来办事的。

(18) 学习的时候儿应该有兴趣感，才不会感到闷。

(二) 语素替代(ST)

"语素替代"是指留学生的偏误合成词和目标词相比，在词的构造上没有差异，在语素上有差异，但是偏误合成词和目标词中有差异的语素之间是同义关系、近义关系、反义关系或者语义相关。这类偏误合成词包括以下几种类型：

PW7：音节相同语素替代(ST1)。是指偏误合成词使用的语素和目标词的语素是同义、反义或语义相关，并且结构相同，这类替代的语素几乎都是单音节的。例如，偏误合成词"鸡羽"和目标词"鸡毛"中语素"羽"和"毛"是同义的，并且音节相同，都是单纯语素；偏误合成词"中边"和目标词"中间"的结构方式相同，不同的语素"边"和"间"的语义是相关的；偏误合成词"爸母"和目标词"爸妈"中不同的语素"母"和"妈"是同义的，只是语体有一些差别；偏误合成词"小买部"和目标词"小卖部"之间不同的语素"买"和"卖"是意义相反的语素。例如：

(19) 已经学期的中边已经到了，我不知道时间怎么会跑得那么快。

(20) 我本来想这个新年我要过得不太愉快，是因为我不跟爸母一起过……

(21) 正好旁边儿有一个小买部，在那儿卖包子。

PW8:复合语素替代单纯语素(ST2)。是指偏误合成词中包含了另外一个合成词,这个合成词和目标词语素意义相同或相近。例如,偏误合成词“祝贺词”和目标词“贺词”相比,是用“祝贺”替代语素“贺”,“祝贺”和“贺”同义;“跳舞会”中用“跳舞”来替代目标词“舞会”的语素“舞”;“表演员”中用“表演”替代目标词“演员”中的语素“演”,语素“演”就是“表演”的意思。例如:

(22) 我没有念武艾英连夜替我起草的祝贺词,而是按老牛筋的意思讲的……

(23) 那里有一个跳舞会,在电视室举行。一个日本学生带来了录音机,别的学生们带来了磁带。

(24) 在中国我认识一位朋友,他是中国人,当一名京剧的表演员。

PW9:单纯语素替代复合语素(ST3)。是指偏误合成词中使用了一个单纯语素替代目标词中的复合语素。例如,偏误合成词“生日会”中,语素“会”替代了“生日聚会”中的“聚会”;“车刻表”中,语素“车”替代目标词的“列车”、“刻”替代了目标词的语素“时刻”;偏误合成词“羊串”中,语素“羊”替代了“羊肉”。这类偏误合成词和目标词相比,看起来似乎更简洁,但是不符合汉语的构词规律和使用习惯。例如:

(25) 她忙得连自己的生日也忘了,而她们秘密地为了她准备一个生日会。

(26) 火车离开了上海,凭车刻表我应该明天四点钟左右到达北京站。

(27) 我就很客气地向老板得到允许以后就拍了他站在饭店的门口烤羊串的布景。

PW10:同词语素替代(ST4)。是指偏误合成词中错用的语素和目标词的对应语素是另外一个相同词中的语素。例如,偏误合成词“冬游者”目标词是“冬泳者”,“游”、“泳”实际上是“游泳”一词的两个语素;偏误合成词“反且”和目标词“反而”中,偏误语素“且”和目标语素“而”可以构成“而且”,并且这个词对留学生来说应该很熟悉;偏误合成词“品道”中偏误语素“道”和目标词“品德”的目标语素“德”可以构成“道德”。这类偏误合成词和结构相同语素替代的偏误接近,但是往往受到一个熟悉词的影响。而且,偏误语素和目标语素之间不一定是同义、近义或反义关系。例如:

(28) 吃了午饭我们坐了半个小时的车去看冬游者。

(29) 现在一般的一个妇女的工资低，力量少，反且照料老人，她一个人负担过重。

(30) 有的人可能对你记了错误或者提出了坏意见，要不你的学文和品道没到一定的程度你就无法原谅他们。

(三) 语素错误(SW)

PW11：错用语素(SW1)。是指和目标词相比，偏误合成词中包含一个错误的语素，这个偏误语素和目标语素之间没有音形义的关系。例如，偏误合成词“演开”是“盛开”的意思，偏误语素“演”和目标语素“盛”之间没有关系；“得点”是“特点”的意思，同样，偏误语素“得”和目标语素“特”之间也没有很强的关系。例如：

(31) 海水很干净在海演开着鲜艳的花。

(32) 我们的想法有不少的共有得点也有时同时作一样一事。

PW12：语素多余(SW2)。是指和目标词相比，偏误合成词中多了一个语素。例如，偏误合成词“大多部分”就是“大部分”的意思，语素“多”多余；偏误合成词“清一早”和目标词“清早”相比，语素“一”多余；偏误合成词“口嘴”可以用目标词“嘴”替代，语素“口”多余。例如：

(33) 人身的大多部分是由水组成的。

(34) 因为我们的船清一早要走，所以我们找不到出租汽车把我们送到码头，我们免不了走路去。

(35) 因为把“ToLo”的部分开始吃的时候觉得口嘴里好像马上就溶化一样。

PW13：缺少语素(SW3)。是指和目标词相比，偏误合成词中少了一个或多个语素。例如，把“气急败坏”写成了“气败坏”；把“百闻不如一见”写成了“百闻不见”；把“有助于”写成了“助于”。例如：

(36) 气败坏的那个将军用尽自己的力量，又扔了好几次。

(37) 这次的观赏，是我一辈子也不能忘记的，真是百闻不见，深深印在我的脑海中。

(38) 在这儿学习两年的汉语以后，我希望做助于韩中两国的工作。

(四) 语素顺序错误(SS)

PW14：语素顺序错误(SS)。偏误合成词的语素和目标词的语素位置颠倒或者位置混乱。例如,“继续”写成了“续继”;“家乡”写成了“乡家”;“出租汽车”写成了“租出汽车”;“似懂非懂”写成了“非懂似懂”等。例如:

(39) 不过,我还要在中国续继活了,因此我希望有机会的时候,再去一次西安旅行。

(40) 正日峰下边有亲爱的领导者金正日同志的乡家。

(41) 但是用法各自不一样,这点,我们日本人,非懂似懂,不容易理解。

(五) 其他错误(QT)

PW15:无法归类(QT1)。这类词语是指出现在中介语语料库的偏误合成词,无法根据原文的内容和相关的背景知识推断偏误合成词的意思,例如,“文术”、“压口”:

(42) 我对文术激他们的兴趣,也尽最大努力让他们表示自己的兴趣、才能。

(43) 养鸟的可以用录音机压口,教鸟唱特别的歌。

PW16:重叠错误(QT2)。是指使用了错误的重叠形式。例如,“散散步步”、“喜喜欢欢”、“宝宝贵贵”、“安静静”等。例如:

(44) 我在橄榄坝的少数民族村(也是傣族的)散散步步的时候发现了一座很好看的高地板的房子……

(45) 他走得一个时,两个小时,安静静地走。

PW17:缩略错误(QT3)。是指使用了缩略方法,但是汉语中没有对应的缩略词。例如,将“大小便”缩略成“二便”,“上去下去”缩略成“上下去”等。例如:

(46) 我的房间是东楼的14层,我每天坐电梯上下去。

三、留学生各类偏误合成词的分布

上面我们对偏误合成词进行了分类,从数量来看,各类偏误词也有着较大的差异。这里我们将对各个类型的数量和比例进行分析。首先,我们统计了各大类的数量以及各类偏误合成词所占的比例,各种类型的数量和比例见表1。

表 1 各大类的数量和比例

类型	新造词(XZ)	语素替代(ST)	语素错误(SW)	语素顺序错误(SS)	其他错误(QT)
数量	205	135	63	71	46
比例(%)	39.42	25.96	12.11	13.65	8.85

从上表的数据来看,“新造词”的数量最多,占全部偏误合成词的39.42%。其次是“语素替代”,占全部偏误合成词的25.96%。“语素错误”占12.11%。“语素顺序错误”占13.65%。可见,留学生出现的所谓偏误合成词,实际上主要是留学生运用汉语的语素和汉语的构词规律生成的。我们进一步对各个小类进行了统计,各类型及其所占的比例见表2。

表 2 各小类的数量和比例

偏误合成词类型		数量	分类比例(%)	总比例(%)
新造词	语素相关对应词(XZ1)	82	40.00	15.77
	无对应词(XZ2)	51	24.88	9.81
	类比造词(XZ3)	29	14.15	5.58
	语素无关对应词(XZ4)	13	6.34	2.50
	多词混合(XZ5)	15	7.32	2.88
	增加词缀(XZ6)	15	7.32	2.88
语素替代	音节相同语素替代(ST1)	59	43.70	11.35
	复合语素替代单纯语素(ST2)	33	24.44	6.35
	单纯语素替代复合语素(ST3)	34	25.19	6.54
	同词语素替代(ST4)	9	6.67	1.73
语素错误	错用语素(SW1)	36	57.14	6.92
	语素多余(SW2)	17	26.98	3.27
	缺少语素(SW3)	10	15.87	1.92
语素顺序错误(SS)		71	100	13.65
其他错误	无法归类(QT1)	33	71.74	6.35
	重叠错误(QT2)	11	23.91	2.12
	缩略错误(QT3)	2	4.35	0.38

从上表的数据我们可以看出，在“新造词”的偏误中，“语素相关对应词”占全部新造词的 40%，这类偏误词中，有一部分偏误词可能受到目标词的影响，“类比造词”、“增加词缀”和“语素无关对应词”分别占14.15%、7.32%和 6.34%，这几类偏误词虽然没有受到目标词的直接影响，但都有对应的目标词，“多词混合”占 7.32%，这类偏误词也是有目标词的，这几类偏误词加起来占全部偏误词的 75.12%，可见大部分“新造词”是有对应的目标词的。但是也有 24.88%的“新造词”是没有对应的目标词的，这也是一个不小的数目，也值得我们注意。在“语素替代”偏误词中，“音节相同语素替代”占 43.70%，“复合语素替代单纯语素”和“单纯语素替代复合语素”比例接近，都在 25%左右。“语素替代错误”中，偏误词在意义上与目标词更加接近，这表明很多偏误词在结构和语素的选择上已经接近了目标词。“语素错误”中，主要是“错用语素”，占 57.14%，其余的是“语素多余”和“缺少语素”，两类合起来约占 43%，这类偏误词中，偏误语素和目标语素之间没有音形义的关系或者关系不明显，因而很难分析这些词产生的原因。

四、讨论

（一）留学生有较强的构词意识

通过对留学生偏误合成词的统计分析，我们初步得出如下结论：留学生已经具有了较强的语素构词意识，并能够运用到词语的产生中。这主要从以下几个方面来看。

1. 留学生能够运用汉语的语素和构词规则直接造词

从偏误词的分布来看，“无对应词”和“语素无关对应词”的偏误词加起来占全部偏误词的 12.31%，这类偏误词没有对应的目标词，或者目标词和偏误词在语素上没有关系，是留学生根据汉语的语素和构词方式生成的。新造词中的“类比造词”和“增加词缀”加起来共占全部偏误词的 8.46%，虽然这类偏误词都有对应的目标词，但是这些偏误词的产生没有直接受到目标词的影响，而是受到目标词同类词的构词规则的影响。从这个结果来看，在留学生产生的偏误词中，有 20.77%的偏误词是留学生利用汉语的语素及其构词规则自己生成的，这充分体现出汉语造词规则在留学生词汇产生中得到了比较多的运用。

“新造词”中“语素相关对应词”和“语素替代”的偏误词和目标词在语素上至少有一个语素相同，我们不能排除这类词的产生受到了目标词的影响，因为这类词的出现主要有两种可能：(1) 留学生已经学习过这个目标词，但是不熟悉，所以出现了和目标词意义不相关的语素；(2) 留学生自己新造的词，和目标词有相同语素只是巧合。虽然这类偏误词还需要进行研究，但是从我们列举的例子来推测，大部分偏误词应该没有受到目标词的直接影响，例如“伴人”表示“同伴”的意思，虽然偏误词和目标词有一个语素“伴”相同，但是留学生生成“伴人”的时候，受到“同伴”影响的可能性不大，这也更加说明了语素构词规律是起作用的。

2. 结构的影响

根据许敏(2003)的统计，在汉语水平等级词汇中，偏正结构所占比例最大，约为43.42%，这表明偏正结构在数量上占有绝对优势，而且和其他结构比较，偏正结构更容易分解。这种结构的不平衡在留学生新造词中也有体现，有很多偏误词和目标词相比，采用了更容易分解的定中结构，例如“伴人”代替“同伴”、“兵人”代替“士兵”、“导人”代替“向导”等。这些说明定中结构可能更容易分解，而且定中结构对留学生的影响更大。

3. 音节意识的形成

在全部汉语水平等级词汇中，双音节结构共有6396个，占72.5%。可以说双音节化的趋势对留学生词汇的产生有一定的影响，这也体现在偏误词中。根据我们分析，偏误词中出现了大量的双音节偏误词代替多音节目标词和双音节偏误词代替单音节目标词的情况，例如：(1) 双音节偏误词代替多音节目标词，“独孩”代替“独生子女”、“悲心”代替“悲伤的心”、“家统”代替“家庭传统”、“旅包”代替“旅行包”等；(2) 双音节偏误词代替单音节目标词，“航舟”代替“船”、“叠摞”代替“摞”、“勾脚”代替“钩”、“口嘴”代替“嘴”等。

(二) 分解习得和整词习得并存

我们在强调留学生语素构词意识的同时，也不能忽视一部分复合词可能是被留学生整体习得的，这类词对留学生来说词的结构不是很清晰，留学生很难将这类词的语素分解出来。这种情况可以在“语素顺序颠倒”错误中得到证明，例如留学生把“游泳”写成“泳游”，是因为他们对这个词的结构并不清楚，这类偏误词占全部偏误词的13.65%，在“同词语素替代”中出现的偏误语素所在的复合词，也体现了这样的特点，例如把“况且”写成“况而”，是因为对“而且”这个词的结构和语素不清楚所造成的，这类偏误词占全部偏误词的1.73%。

因此，我们可以推测，留学生在生成合成词时会使用两种策略：分解的生成和整词的生成，其中分解的生成方式占主导地位。我们认为，这样的加工方式应该可以推广到留学生习得合成词的过程中。

五、结论

本研究通过对留学生偏误合成词的穷尽分析，发现偏误合成词主要包括“新造词”、“语素替代”、“语素顺序错误”和“语素错误”等不同的类型。通过进一步的统计分析，我们得出了以下几个方面的结论：(1) 留学生生成汉语合成词可能会受到很多因素的影响，这些因素包括语素、结构、音节、语义等，其中最重要的是语素意识和结构意识；(2) 留学生能够比较好地掌握汉语的构词规律以及语素的构词能力、构词位置等规律，并能够运用到词汇的生成中；(3) 留学生对于大部分词的生成是有很明确的语素意识和结构意识的，但是也有一部分合成词对留学生来说，语素和结构是模糊的，由此我们推测，留学生习得复合词存在两种不同的方式：分解习得和整词习得，其中分解习得应该占主导地位。

本研究收集了“汉语中介语语料库”中全部偏误合成词，并进行了归类，这样的归类只是为了论述的方便，文章没有对偏误词的产生作深入的分析。而且，偏误合成词会随着留学生汉语水平的变化而表现出不同的特点，比如初级水平的留学生容易出现“语素顺序错误”的偏误合成词，很多偏误合成词会受到留学生母语背景的影响，比如偏误合成词“认出卡”可能受到英语“identity card”的影响，这就需要对留学生的汉语水平以及留学生的母语背景等因素作细致的分析，这些都需要我们做进一步的研究。

参考文献

[1] 冯丽萍 (2002) 词汇结构在中外汉语学习者合成词加工中的作用，北京师范大学博士学位论文。

[2] 胡明扬 (1997) 对外汉语教学中语汇教学的若干问题，《语言文字应用》第 1 期。

[3] 吕文华 (2000) 建立语素教学的构想，《第六届国际汉语教学讨论会论文选》，北京:北京大学出版社。

[4] 彭聃龄主编 (1997)《汉语认知研究》，济南:山东教育出版社。

[5] 宋　刚 (2001) 汉语名词习得中的中介词缀研究，北京语言大学硕士学位论文。

[6] 王建勤主编 (1997)《汉语作为第二语言的习得研究》，北京:北京语言文化大学出版社。

[7] 王建勤 (2000) 关于中介语研究方法的思考，《汉语学习》第 3 期。

[8] 许 敏（2003）“汉语水平词汇等级大纲”双音节结构中语素组合方式、构词能力统计研究，北京语言大学硕士学位论文。

附录 520个偏误合成词

(一)新造词

语素相关对应词：

伴人（同伴） 绑子（绳子） 别解（误解） 兵人（士兵） 补导学校（补习学校） 藏存（保存） 产收（收获） 城垒（城堡） 乘员女士（女乘务员） 待人律己（宽人律己） 当任（在任） 导人（导游） 叠摞（摞） 冬风（寒风） 独孩（独生子女） 端部（一端） 锻炼卡（健身卡） 反然（反之） 飞行云（飞云） 分隔间（隔断） 个有个走（各走各的） 公存（存有） 工作费（工资） 勾脚（钩） 古房（老房子） 故区（老城区） 雇人（雇主） 航舟（船） 画术（画画） 荒景（荒地） 混文化（多文化） 火林（火海） 火烟台（烽火台） 接映（辉映） 静神（养神） 口块（小方块） 矿川（矿区） 立灯（落地灯） 脸膏（擦脸油） 恋婚者（恋人） 留学楼（留学生楼） 旅客车（旅游车） 轮送（输送） 慢形电影（慢镜头） 蜜露（露水） 男汉人（男子汉） 农菜（蔬菜） 暖器（暖气） 仆众（仆人） 清谈家（空谈家） 庆会（聚会） 丘坡（山坡） 求要（想要） 去地（目的地） 热带栏（热带植物） 山面（山上） 生命气（生机） 失者（失主） 视管（显像管） 售货台（售货亭） 售台（售货亭） 苏生（复苏） 宿舍生（自费生） 特味儿（特点） 晚餐会（晚宴） 未妻子（未婚妻） 未丈夫（未婚夫） 现任感（责任感） 新年节（春节） 新年树（圣诞树） 学班（班） 养主（主人） 遗失者（失主） 影象机（录像机） 游览导员（导游） 杂细（杂乱） 造讲（讲述） 战性（好战性） 主国（祖国） 专门词（专门用语） 自家生（走读生） 足球员（足球运动员）

无对应词：

爱国力（爱国心） 暗白（暗暗的白色） 拜祈（膜拜祈祷） 悲心（悲伤的心） 不饥半暖（吃不饱穿不暖） 茶人（以经营茶叶为生的人） 长间（长时间） 出送（出去送） 大觉逆耳（不顺耳） 大求（远大的追求） 耽于（被……耽误） 得气（得到气） 电影话（电影语言） 顶遇（山顶相遇） 短用（临时的、用的时间短） 感得（感觉到） 购阅（购买阅读） 古楼（古代楼阁） 机力（机器力量） 家统（家庭传统） 奸狡（奸诈狡猾） 捡者（拾到者） 街道树（马路边的树） 旧区（旧城区） 军匠（军队的工匠） 峻峰（险峻的山峰） 苦年（艰苦的年代） 美态（优美的姿态） 缅字（缅甸文字） 拿放（拿走放在） 闹吵子（吵吵闹闹） 判解（判断理解） 判予（判给） 泼溅（“泼”和“溅”） 破丑（破旧丑陋） 亲人爱（亲人的爱） 清趣（清脆、有趣） 如珠如宝（如珠宝） 商楼（商业楼） 收获节（收获的季节） 顺行（顺序行驶） 特餐（特别的食品） 脱生（获得新生） 尾毛（尾巴的毛） 胃火（肝火） 泄水板（洗澡用具） 学法（学习方法） 叶丛（树叶丛中） 硬心（不变的心） 预画（准备的画） 造车师（造车的工程师）

类比造词：

悲事（喜事） 不毛之路（不毛之地） 多识多才（多才多艺） 发哭（发笑） 感天（感人） 今代（当代） 绝饮（绝食） 可悯（可怜） 可忧（可悲） 快快当当（稳稳当当） 唠叨不绝（络绎不绝） 冷情（热情） 连喜带乐（连……带……） 满山遍地（漫山遍野） 慢言慢语（快言快语） 慢语慢言（快言快语） 母母（妈妈） 哪么（怎么） 品饮（品尝） 日币（日元） 入国从俗（入乡随俗） 似气非气（似懂非懂） 下天（下周） 心服眼服（心服口服） 早饮（早餐） 直言直语（直来直去） 中里（中间） 中面（中间） 竹工（木工）

语素无关对应词：

北韩国（朝鲜） 部队员（军人） 合定（实现） 回打（反击） 凉血（消火） 楼塔（烽火台） 缺班（取消） 认出卡（身份证） 射孔（枪口） 升降梯（缆车） 洗澡房（浴室） 向导人（解说员） 音乐员（演奏家）

多词混合：

长点（长处、优点） 但然（虽然、但是） 儿童年（童年） 房屋子（房屋、屋子） 孤苦无依（孤苦伶仃、无依无靠） 乐极忘形（乐极生悲、得意忘形） 聊闲天儿（聊天、闲聊） 千头万别（千差万别） 勤奋快（勤奋、勤快） 石雕像（石雕、雕像） 索车（索道、缆车） 因来（原因、来由） 中语（汉语/中文） 怎什么（怎么、什么） 总之说（总之、总的来说）

增加词缀：

阿桥（桥） 比赛会（比赛） 词子（词） 地铁车（地铁） 电缆车（缆车） 设备品（设备） 生日节（生日） 生日天（生日） 同情性（同情） 碗子（碗） 卫生性（卫生） 物质品（物质） 信用性（信用） 兴趣感（兴趣） 羽子（羽毛）

（二）语素替代

音节相同语素替代：

爸母（爸妈） 摆功（表功） 半产品（半成品） 背梁骨（脊梁骨） 不有（没有） 茶店（茶馆） 倒踏门（倒插门） 分甘共苦（同甘共苦） 风景地（景点） 服务所（服务处） 负正（正反） 歌唱团（合唱团） 个型（个性） 候选者（候选人） 惶然若失（怅然若失） 鸡羽（鸡毛） 急不及待（迫不及待） 健身室（健身房） 接待所（接待室） 介绍者（介绍人） 老久（长久） 卖票员（售票员） 名景（名胜） 内边（里边） 内面（里面） 骑马观花（走马观花） 前妇（前妻） 人进道（人行道） 省都（省会） 食物店（食品店） 手包（手袋） 授课费（课时费、讲课费） 书题（书名） 说语（说话） 台级（台阶） 投弃（丢弃） 团体相（集体照） 为法（做法） 围杆（围栏） 屋号（房号） 洗手室（洗手间） 下雪量（降雪量） 仙景（仙境） 现在化（现代化） 小买部（小卖部） 新代（现代） 行通无阻（畅通无阻） 凶意（恶意） 汹涛澎湃（汹涌澎湃) 谚话(谚语) 谚言(谚语) 妖鬼(妖怪) 婴儿院(孤儿院) 粤话(粤语) 运动园(运动场) 战负(战败) 争场(战场) 中边(中间) 砖子(砖头)

复合语素替代单纯语素:

比赛场(赛场) 表演员(演员) 财主人(财主) 茶杯子(茶杯) 大学习(大学) 大学院(大学) 当时候(当时) 短裤子(短裤) 法国语(法语) 高中学(高中) 花公园(花园) 可是惜(可惜) 落叶子(落叶) 煤火炉(煤炉) 骑马术(马术) 入学费(学费) 山地区(山区) 圣诞节树(圣诞树) 跳舞会(舞会) 微波浪(微波) 位置于(位于) 学习生(学生实习生) 羊毛衣(毛衣) 医科学(医学) 音乐队(乐队) 音乐团(乐团) 樱桃花(樱花) 友人爱(友爱) 责任无旁贷(责无旁贷) 照相片(照相) 这一样(这样) 制衣服(缝制衣服) 中学校(中学) 祝贺词(贺词)

单纯语素替代复合语素:

包纸(包装纸) 不样(不一样) 藏衣(藏族服装) 车刻表(列车时刻表) 蛋质(蛋白质) 德饭(德式饭) 德人(德国人) 缝针(缝衣针) 荷语(荷兰语) 环画(连环画) 火站(火车站) 交部(外交部) 交具(交通工具) 经济家(经济学家) 考学家(考古学家) 咳嗽糖(咳嗽糖浆) 留生楼(留学生楼) 旅包(旅行包) 面车(面包车) 升旗式(升旗仪式) 生日会(生日聚会) 生学(生物学) 思复(反复思考) 网场(网球场) 洗机(洗衣机) 洗盆(洗澡盆) 羊串(羊肉串) 游区(游览区) 寓楼(公寓楼) 澡水(洗澡水) 住区(住宅区) 作比(作比喻)

同词语素替代:

饱历风霜(饱经风霜) 冬游者(冬泳者) 反且(而且) 口叙(口述) 况而(况且) 奶食(奶品) 品道(品德) 有新思(有意思、有新意) 专心致意(专心致志)

(三)语素错误

错用语素:

挨饥抵饿(忍饥挨饿) 帮访(探访) 不举成名(一举成名) 不由不觉(不知不觉) 步操(出操) 成假(放假) 重山峻岭(崇山峻岭) 答达(回答) 得点(特点) 感望(感慨) 刚在(刚才) 尽入眼帘(映入眼帘) 连和(连接) 聊谈儿(聊天) 盲目摸象(盲人摸象) 免逼(被逼) 确倚(确定) 水不糖(葡萄糖) 谈知(谈话) 天历(来历) 同进(同时) 微不中道(微不足道) 问师(问题) 心晨(心理) 修休(修理) 选当(选拔) 演开(盛开) 一眯儿(一点儿) 衣绒服(羽绒服) 以事(以后) 应尽(应该) 用巧(灵巧) 幼滑(润滑) 幼气(幼稚) 指面(扑面) 总而言说(总而言之)

语素多余：

便宴会（宴会）大多部分（大部分）干猪（猪）喝唱（喝）角元（角）口嘴（嘴）迫害荒狂（迫害狂）清一早（清早）收件信（收信）天气氛（气氛）铁皮条（铁条）玩和（玩）文物化（文化）吻婴（吻）小买摊（小摊）秀脏（脏）嘴口（嘴）

缺少语素：

百闻不见（百闻不如一见）畅通阻（畅通无阻）观园（大观园）红贴（红帖子）乱八七（乱七八糟）马来亚（马来西亚）气败坏（气急败坏）溶性（可溶性）星天（星期天）有的候儿（有的时候儿）助于（有助于）

（四）语素顺序错误

巴中（中巴）包箱（箱包）宝财（财宝）尝品（品尝）常日（日常）称著（著称）答回（回答）诞节圣（圣诞节）地荒（荒地）顶山（山顶）非懂似懂（似懂非懂）氛分（气氛）顾照（照顾）划比（比画）加更（更加）建修（修建）近来年（近年来）经已（已经）景蓝泰（景泰蓝）决解（解决）康安（安康）乐快（快乐）立站（站立）亮漂（漂亮）林园（园林）绿红灯（红绿灯）落掉（掉落）卖买（买卖）满客（客满）满美（美满）面地（地面）骗诈（诈骗）仆女（女仆）期星（星期）期星一（星期一）其尤（尤其）奇惊（惊奇）气天（天气）青男年（男青年）热闷（闷热）入进（进入）善慈（慈善）审评员（评审员）牲牺（牺牲）省节（节省）失丢（丢失）识认（认识）始开（开始）水泉（泉水）司公（公司）思意（意思）特独（独特）特奇（奇特）体身（身体）听助器（助听器）舞跳（跳舞）贤母良妻（贤妻良母）乡家（家乡）校院（院校）信想（相信）续继（继续）己自（自己）义意（意义）泳游（游泳）幼老男女（男女老幼）远望镜（望远镜）正八儿经（正儿八经）正真（真正）中药草（中草药）自语自言（自言自语）租出汽车（出租汽车）

（五）其他错误

无法归类：

便干 不赤 不家 部是 除意 春次 村床 而所 肥魔 共实 结唱 经经 静见 可性 了许 南北风 南美国 讷讷而言 年少高 沙节 山晨 说期 吐吐面 卫生洞 文术 学本 压口 咱类 之实生 知如 中们 子定 足值

重叠错误：

安静静（安安静静）宝宝贵贵（很宝贵）顾客客（顾客）黑暗暗（黑漆漆）黑黑暗暗（黑漆漆）连连不断（接连不断）清楚清楚（清清楚楚）散散步步（散散步）喜欢不喜（喜欢不喜欢）喜欢欢（喜欢）小小心心（很小心）

缩略错误：

二便(大小便) 上下去(上去下去)

说明：括号内的词语包括：根据原文推测的目标词、目标短语和影响词的相关词语等。目标词是我们根据原文推测的，但由于篇幅限制，我们不能公布全部句子，读者不能只根据偏误词来推测目标词。

面向对外汉语教学的动词用法频率词典*

邢红兵

○ 引言

现有的动词词典或者相关的用法词典，作为学习词典来看，一个共同的需要改进的地方就是应该做到句法功能按照主要到次要的排列，搭配关系从高频到低频的排列。而这些相关的数据，对学习者来说，又是非常重要的。本研究希望通过对“现代汉语研究语料库”（以下简称“语料库”）中高频动词的相关信息的提取和统计，来建设一个现代汉语常用动词句法功能和搭配关系频率数据库。在这个基础上来编写用于对外汉语教学的动词用法词典。这样的词典能够提供动词的常用语法信息，对汉语教学也有很好的参考作用。本文讨论的动词的用法包括句法功能和搭配关系两个方面。

一、现存词典有待改进的方面

本研究选用两本词典作为分析时的举例，一本是《汉语动词用法词典》（孟琮等编，商务印书馆 1999 年版，以下简称“用法词典”），一本是北京大学计算语言学研究所的《现代汉语语法信息词典详解》（我们选用的是该研究所提供的电子版数据库，以下简称“信息词典”）。我们觉得现有的动词用法词典在以下几方面有待改进：

（一）句法功能的描写难以达到主次分明

现有的词典对动词句法功能的描述是完全按照统一的规格来实行的，比如“用法词典”中，动词的一般功能共有 13 项，包括“名宾”、“双宾”、“动宾”等等。

从我们的统计结果来看，每个动词的各种句法功能相对比例差别会

---

* 原文载于《对外汉语学习词典学国际研讨会论文集》，香港城市大学出版社 2005 年出版。

很大；有些动词的句法功能相同，但是各自的相对重要的句法功能会有很大差别。我们以动词“证明”和“影响”为例，这两个动词的句法功能及其使用次数如下表。

表 1 “证明”和“影响”的句法功能统计

词语		不带宾	名宾	动宾	小句宾	主语	宾语	修饰语	中心语
证明	次数	14	8	1	100	2	3	15	10
	比例	9.15	5.23	0.65	65.36	1.31	1.96	9.8	6.54
影响	次数	42	122	7	7	13	18	5	151
	比例	11.51	33.42	1.92	1.92	3.56	4.93	1.37	41.37

从这个结果来看，“证明”的主要句法功能是带小句宾语，而“影响”的主要句法功能是做中心语和带名词宾语。按照统计结果，我们可以将“证明”和“影响”的句法功能项目按照比例由高到低的顺序排列，并将相关的统计数据附在每个语法项目之后，并给出一定的例句。而这点在现有的词典中没有得到体现，“用法词典”中“证明”带小句宾语的功能只是放在一般功能的第三位，并且只有一个用例，这样的话很难强调这个句法功能的重要性。

（二）部分相对重要的句法功能的遗漏

同样有一些相对重要的句法功能在词典中可能没有体现，比如做谓语不带宾语的用法是“证明”和“影响”很重要的句法功能，例如：

（1）不，我不能为你【证明】，我不能让人知道那个晚上！

（2）只不过给个小小处分，连调工资都不【影响】，随即转悲为喜。

但是在两部词典中都没有表明这样的信息。再如动词“劝”做谓语的主要类型有带名词宾语、带兼语宾语和带双宾语等，其中带双宾语的用法占整个带宾语用法的 22%，例如：

（3）有人【劝】他：“为了表示同过去决裂，你把修表工具寄回去吧。”

（4）我【劝】您，每顿饭还是少吃点儿为好啊。

但是两本词典中都没有列出带双宾语的用法，这说明忽略了动词“劝”的带双宾语的用法。

（三）过分强调一些次要句法功能

现有的词典从固定的体例出发，过分强调各种功能的穷尽描写，以至于将动词的一些用法过分复杂化，比如“用法词典”中“量”的“动趋”搭配信息中，列出了“量”可以和“上”、“下”、“下来”、“出”、“出来”、“起来”、“开”、“到”等趋向动词搭配，这显然将“量”的带趋向补语能力扩大化了，而根据我们的统计，语料库中“量”只有1次带趋向补语的用法。例如：

(5) 是他们，利用卸货期每天拿着尺子跑码头，将货物一件件【量】了过来，并根据船舱甲板所有部位的不同形状、结构及负荷，经过反复的核算和排列，求出了这种最合理的配载方案。

大部分“量”在使用的时候根本不会带趋向补语，而“用法词典”中的一些搭配用例，例如“他给孩子量上体温了”、“把塔身的高度量下来”等，这样的句子带有很强的生造色彩，可能在现实生活中很少出现，如果大量列举这样的用法和用例，对对外汉语教学来说，显然是不经济的。

（四）搭配信息不够准确

搭配是动词用法中很重要的信息，这里面包括动宾搭配、状中搭配、动补搭配等。而现有词典在这方面的描述是不够准确的，这主要体现在搭配信息不够丰富，搭配对象不能按照搭配次数来排列。

例如动词“觉得”的一个重要的句法功能就是带形容词性宾语，尽管“用法词典”中列出了这样的用法，但是从搭配信息来看，过于简单，只有一个用例“他觉得很热”，而根据我们的统计，“觉得”的主要功能是带小句宾语，其次就是带形容词性宾语，而能在语料库中跟它搭配的形容词共有26个，其中使用次数排在前面的形容词有“～委屈/～奇怪/～可笑/～有趣/～没意思/～冷/～好笑”等。作为学习词典，这些常用的搭配信息必须出现在词典中。

二、留学生汉语学习的特点

前面我们分析了现有词典中需要改进的地方，概括起来说就是要将动词的实际使用情况尽量反映到词典中。而在教授留学生学习汉语动词的时候，也存在这样的问题，就是如何按照动词的实际使用情况来安排教学活动。我们这里从动词的句法功能和同现关系两个方面来举例说明。

首先，从句法功能来看。我们以动词“显得”为例，根据我们的统计，“显得”共使用88次，其中带形容词性宾语（包括形容词和形容词短语）共有79次，可见带形容词性宾语是“显得”的主要句法功能。我们从“汉语中介语语料库”中检索到了留学生“显得”的全部用法，并且按照学时等级排列。从留学生的使用情况来看,初级水平的留学生根本没有掌握这样的统计属性。

学时一年和一年半的留学生都将“显得”带上了动词性宾语,而没有带形容词性宾语的用法(参见附录1)。

(6) 虽然日本也有挺多棵柳树、但是考虑到它们不发柳絮、柳树的种类【显得】跟中国的不同。

学习两年以后才有了“显得”带形容词性宾语的意识,13个例句中有11个例句的宾语是“形容词性短语”,但是仍然会用错。例如:

(7) 三个星期的打工完后,回到家妈妈觉得我【显得】变了。

出现这种错误的原因可能是因为教师对动词“显得”的主要句法功能强调不够,也可能是因为留学生对这样的属性了解不够,学生要花很长时间才能习得到这样的规律。

其次,从同现关系来看。我们这里所说的同现关系要比语法搭配关系的范围要广,包括一般意义的语法搭配和动词带动态助词、动词带补语等这样的结合关系等。我们以动词“盯”和助词“着”的同现关系为例,根据我们的统计,动词“盯”的使用次数是55次,其中带动态助词“着”的用法是33次,占全部用法的60%,这说明了“盯”做谓语的时候常常带“着”。这种动词和动态助词的同现关系在留学生的语料中的使用情况表明,留学生很晚才能获得这样的规律(参见附录2),表现在学习一年半的外国留学生还不会用“着”。例如:

(8) 看见周围的人【盯】她,我的朋友觉得不好意思。

学习两年和两年半的留学生大都有带“着”的意识,但是仍然还会出现错误。例如:

(9) 之后我渐渐发现为什么中国常常来【盯】我们。

(10) 男孩向他转身【盯】那个售货员。

学习三年以后,留学生才能逐渐掌握“盯”带宾语时常常要带“着”这一规律。

从这两个例子来看,存在的问题主要是动词在实际使用过程中表现的全部特点(简称“统计属性”)在教学活动或者教材中没有很好地体现,所以导致留学生较晚才掌握这些规律。如果我们在早期的教学过程中将这样的规律直接教给学生，那么也许留学生掌握这样的规律的时间就会提前。因此，编一部动词用法词典，必须结合动词的统计属性，按照使用情况来排列各个语法项目和搭配关系。这样的思想也应该体现在对外汉语教材的编写和汉语课堂教学过程当中。

三、面向对外汉语教学的动词用法频率词典构想

我们设想的动词用法频率词典的核心信息主要包括两大类：动词的句法功能的分布情况；动词和其他成分的搭配概率。我们将从两个方面来讨论。

（一）动词的句法功能频率统计

动词的句法功能频率统计主要分为以下几个部分：(1) 特殊动词类。包括助动词、系动词、形式动词、前助动词，这类动词的句法功能比较特殊，因此我们将这类动词单独处理；(2) 动词充当句子成分的能力。包括动词做谓语中心语、做主语、做宾语、做修饰语和做定中结构的中心语等。做谓语中心语时还包括不带宾语、带体词性宾语、带动词性宾语、带形容词性宾语、带双宾语、带小句宾语、带兼语等。要将这些信息反映在词典中，我们觉得应该从以下两个层次来描述：动词是否具有某种句法功能和动词各个句法功能的频度分布情况。下面分别叙述。

1. 动词具有的句法功能种类

这是从动词是否具有某类属性的角度来看的。我们对全部动词的做谓语中心语的各种句法功能进行了统计，统计的项目是这些动词在语料库中能不能带宾语以及带什么样的宾语。这些项目有：(1) 从来不做谓语；(2) 从来不带宾语；(3) 可以带体词性宾语；(4) 可以带动词性宾语；(5) 可以带形容词性宾语；(6) 可以带小句宾语；(7) 可以带双宾语；(8) 可以带兼语等。我们按照动词在语料库中出现的情况将动词分为三类：(1) 功能单一的谓语动词，包括只有一个句法功能的动词；(2) 功能居中的谓语动词，包括具有两种句法功能的动词；(3) 多功能的谓语动词，包括具有 3 种和 3 种以上的句法功能的动词。

(1) 功能单一的谓语动词

功能单一的谓语动词分为两类：第一类是不带宾语的谓语动词，这些不带宾语的谓语动词主要是不及物动词，例如“劳动”、“变化”、“下去”、“愿意”、“进步”、“结婚”、“决策”、“试点”、“犯罪”、“生活”、“需求”、“成功”、“奋斗”、“上去”、“进展”、“消费”、“斗争”等等。也有一小部分动词理论上是可

以带宾语，但是语料中没有出现带宾语的用法，例如“共建”、“采纳”等。

第二类是只能带一种宾语的动词，而且这类动词一般必须带宾语，这类动词又包括四类：(1) 只能带体词性宾语的动词，例如“有着”、“赴”、“遍”、“列入”、“处在”、“当做”、“奠定”、“教训”、“增添”等；(2) 只能带动词性宾语，例如“加紧”、“用来”、“付诸”、“试图”、“有待”、“乐于”、“无可”等；(3) 只能带小句宾语动词，例如“心说”、“只见”、“但愿”、“不料”、“生怕”、“据说”、“断定”等；(4) 只能带兼语宾语的动词，例如“使得”、“促使”、“致使”、“迫使”等。

(2) 功能居中的谓语动词

这类动词中数量最多的是具有带名词宾语和不带宾语两种句法功能的动词。这类动词除了有充当谓语时不带宾语的用法以外，还有下列用法：(1) 只能带体词性宾语，例如“开放”、“坐”、“服务”、“达”、“完”、“增长”、“下来”、“占”、“站”、“创造”等；(2) 只带动词性宾语的动词，例如“应邀”、“统筹”、“使劲”、“来得及”、“起身”等；(3) 只带小句宾语的动词，例如“料到”、“预见”、“预感”、“嚷嚷”等；(4) 既可以带体词性宾语，也可以带谓词性宾语的动词，例如“主管”、“处于”、“惩治”、“擅长”等；(5) 既可以带体词性宾语，也可以带小句宾语的动词，例如“标志”、“取决于”、“主攻”、“猜测”等。

(3) 多功能的谓语动词

我们所说的多功能的动词是指具有 3 种或 3 种以上功能的动词，例如“帮助”有“做谓语不带宾语”、“带名词性宾语”、“带动词性宾语”和“带兼语宾语”等 4 种用法。根据我们的统计，动词最多具有 7 种功能，例如动词“要”、“叫”、“算”、“喊”、“求”、“嫌”等。我们以“喊”为例：

(11) 一人气喘吁吁地跑过来，边跑边【喊】：“不得了啦，要出人命啦！”(小句宾语)

(12) 老伴生气地对他【喊】。(不带宾语)

(13) 我都来了，【喊】您，您不言语，推了推您，您也不理我，我都有点害怕了。(带体词性宾语)

(14) 难就难在是同志，甚至是上级，嘴上也都【喊】改革，比你的还许高，可只要一动真格的，就准在实际行动上，谁的那一块旧秩序也不能变！(带动词性宾语)

(15) 多年来“身在宝山口【喊】穷”的山里人，创造了一个又一个奇迹……(带形容词性宾语)

(16) 人们开始【喊】他经理。(带双宾语)

(17)【喊】人来抓吧,万一不是呢?(带兼语)

动词的这些句法功能的统计结果表明,各个动词在做谓语时的表现形式是有很大差别的,这样的属性我们也应该反映在学习词典中。

2. 动词句法功能的相对频度

上面的分类只是从动词是否具有某种句法功能的角度来看的,有时虽然两个动词在句法功能上完全相同,但是各个项目的次数并不相同。我们以 4 个动词带"着"的情况为例来说明。

表 2　动词带"着"的情况比较

动词	用法词典	信息词典	语料库统计结果	
			带"着"	不带"着"
没收	无	不	0	22
产生	有	能	0	227
发展	有	能	1	2927
伴随	有	能	15	7

从语料库的统计数据来看,4 个动词在带"着"的可能性上表现不同,"没收"和其他词典一样,不能带"着",而"产生"、"发展"、"伴随"等在现有词典中对它们带"着"的能力的描写是一致的,都是能带"着",但是从统计来看,这 3 个动词在带"着"的能力上表现出三种截然不同的特点:不能带"着"、极少带"着"和常常带"着"。这之间的差异不能仅仅用能带"着"这个属性来描述。这种差别是我们教学活动以及教学词典中必须强调的。我们再从动词带宾语的角度来举例说明。下面我们以动词"显得"、"哭"、"安排"、"计算"等为例进行分析。

表 3　动词带宾语情况比较

动词	用法词典		信息词典		语料库统计结果		
	带宾语	不带宾语	带宾语	不带宾语	总次数	带宾语	不带宾语
显得	有	无	有	无	88	88	0
哭	有	有(动趋式)	有	无	220	193	15
安排	有	有	有	无	216	77	80
计算	有	有	有	无	214	6	191

我们从上表的数据可以看出，现有的词典给我们提供的信息局限在能带宾语以及带什么样的宾语这方面，没有体现带宾语和不带宾语的相对比例情况。动词"哭"带宾语的用法比不带宾语的用法要多得多，"安排"带宾语和不带宾语的用法比较接近，"计算"不带宾语的用法比带宾语的用法多得多。我们从动词带宾语和动词的使用次数的比较角度，把动词分为三类：

A. 黏宾动词。这类动词带宾语的次数等于动词的使用次数。例如"在于"、"处于"、"显得"、"心说"、"使得"、"充满"、"赴"、"列入"、"临"等。

B. 可宾动词。在语料库中既可以带宾语也可以不带宾语。这类动词按照不带宾语和带宾语的比例可以分为三类：常带宾动词。例如"有"、"说"、"要"、"到"、"知道"等；常不带宾动词。例如"来"、"去"、"走"、"死"、"开放"等；平衡动词。例如"看"、"想"、"做"、"建设"、"解决"等。三类动词虽然都是可以带宾语的动词，但是在相对频度上还是有很大差异。

C. 无宾动词。这些动词主要是不及物动词，但也有少数原则上可以带宾语，但是语料中没有带宾语。例如"结婚"、"工作"等。

（二）动词的搭配项目及其概率统计

搭配是动词的属性，从方便学习者的角度考虑，我们不仅要提供动词所能够搭配的项目，还要统计动词搭配项目的次数。例如动词"觉得"和"觉着"都可以带形容词宾语，但是两个动词带形容词宾语的数量和次数不同。"觉得"搭配的对象共有 28 个，共出现 41 次，例如"觉得委屈(4次)"、"觉得可笑(4 次)"、"觉得不妥"等；"觉着"的搭配对象有 10 个，共使用 10 次，例如"觉着舒服"、"觉着威风"等。我们在编排搭配对象的时候，就应该按照搭配的次数多少来排列。再比如动词"走"可以带 24 个趋向补语，其中和"出"的搭配次数最多，全部趋向补语的搭配情况见表 4。

表 4　动词"走"和趋向补语搭配情况表

短语	频度	短语	频度	短语	频度
走出	82	走出来	22	走出去	11
走进	74	走过来	18	走下	7
走上	61	走开	16	走下去	6
走来	30	走进去	12	走进来	6
走去	28	走到……去	3	走回	4
走下来	3	走起来	2	走开去	2
走上来	3	走起	2	走回去	1
走过	27	走过去	12	走到……来	1

而从趋向动词的角度，我们也统计出能够跟趋向补语“下去”搭配的动词，语料库中共有 94 个动词能够跟“下去”搭配，并且次数从 1 次到 12 次不等。使用次数在 5 次以上的动词有：

吃(5)持续(5)呆(5)发展(5)过(5)走(6)坚持(7)说(7)咽(7) 干(8)继续(9)活(12)

我们的教学中，在词的用法训练上，很多方法都是采用基本搭配的训练，并在基本搭配的基础上进行扩展。如果我们把“感到”带形容词宾语的搭配数据提供给教师，那么在教“感动”这个动词的时候一定会有帮助。再比如“感到”表示心理状态，语料库中出现了 83 个形容词宾语，共使用 141 次，各个宾语及其搭配次数如下：

～满意(10)/～高兴(9)/～自豪(4)/～遗憾(4)/～欣慰(4)/～痛苦(4)/～内疚(4)/～骄傲(4)/～兴奋(3)/～寂寞(3)/～自卑(2)/～振奋(2)/～羞耻(2)/～幸福(2)/～新奇(2)/～为难(2)/～轻松(2)/～遗憾(2)/～奇怪(2)/～平衡(2)/～疲劳(2)/～疲倦(2)/～宽慰(2)/～惊奇(2)/～孤独(2)/～耻辱(2)/～吃惊(2)/～惭愧(2)/～不安(2)/～意外/～虚弱/～欣喜/～稀奇/～温暖/～痛心/～舒畅/～神圣/～荣幸/～庆幸/～轻松而舒适/～亲切/～亲近/～奇异/～飘渺/～疲乏/～难堪/～难过/～难得/～迷惘/～满足/～满意和高兴/～礼貌/～困难/～困乏/～愧怍/～苦恼/～恐慌/～可耻/～惊异/～惊讶/～惊喜/～紧张/～骄傲与自豪/～急促/～饥饿/～惶恐、沉重/～惶惑/～好激动、好惬意/～寒冷/～害羞/～光荣/～孤单/～愤怒/～烦躁/～恶心/～恶毒/～充实、踏实/～吃力和艰难/～吃力/～沉痛/～不耐烦/～抱歉/～安全

如果我们能够将动词的各个用法按照这样的统计属性收录在词典中，这样一定会提高词典的实用价值，让学习者更直接地掌握动词的主要用法。

四、结论

本文从动词的实际使用情况角度提出了建立一个为对外汉语教学服务的动词用法频率词典的设想，该词典的主要思路就是要在动词句法功能排列上强调主次分明，在搭配和同现方面体现全面性和丰富性。我们的出发点是想将语料库语言学的研究成果直接应用于汉语教学及其相关的研究领域。但是，如何去提取和优化这些信息并将全部信息融合到一

本词典中，还需要作进一步的研究。也希望通过本文的研究，引起研究者对语言材料自身特点的重视并将相关研究应用于教学活动以及教学相关的研究活动中。

参考文献

[1] 陈小荷（1997）“汉语中介语语料库系统”介绍，《第五届国际汉语教学讨论会论文选》，北京：北京大学出版社。

[2] 陈　原（1989）《现代汉语定量分析》，上海：上海教育出版社。

[3] 储诚志　陈小荷（1993）建立“汉语中介语语料库系统”的基本设想，《世界汉语教学》第3期。

[4] 胡明扬主编（1996）《词类问题考察》，北京：北京语言学院出版社。

[5] 胡裕树　范　晓主编（1996）《动词研究综述》，山西：山西高校联合出版社。

[6] 黄伯荣　廖序东主编（1991）《现代汉语》，北京：高等教育出版社。

[7] 刘月华等著（1983）《实用现代汉语语法》，北京：外语教学和研究出版社。

[8] 吕叔湘主编（1980）《现代汉语八百词》，北京：商务印书馆。

[9] 孟　琮等编（1999）《汉语动词用法词典》，北京：商务印书馆。

[10] 莫彭龄　单　青（1985）三大类实词句法功能的统计分析，《南京师大学报》第2期。

[11] 孙宏林等（1997）“现代汉语研究语料库系统”概述，《第五届国际汉语教学讨论会论文选》，北京：北京大学出版社。

[12] 王　还主编（1995）《对外汉语教学语法大纲》，北京：北京语言学院出版社。

[13] 邢红兵（1999）现代汉语词类使用情况统计，《浙江师大学报（社会科学版）》第3期。

[14] 俞士汶　段慧明　朱学锋（2001）汉语词的概率语法属性描述，《语言文字应用》第3期。

[15] 俞士汶等（1997）《现代汉语语法信息词典详解》，北京：清华大学出版社。

[16] 朱德熙（1997）《语法讲义》，北京：商务印书馆。

附录1　“汉语中介语语料库”中动词“显得”的用例

学时等级：一年

例1：虽然日本也有挺多棵柳树、但是考虑到它们不发柳絮、柳树的种类【显得】跟中国的不同。

学时等级：一年半

例2：不久以后，他【显得】想起来有事，就说他也要走。

学时等级：两年

例3：彼得国王【显得】很满意，对士兵说：

例4:三个星期的打工完后,回到家妈妈觉得我【显得】变了。

例5:十一二岁的孩子们两眼有神,【显得】聪明、可爱。

例6:水流也【显得】带深透明色,使人觉得水好像流得很深。

例7:他【显得】得意地说:

例8:这次他没有考上大学和父母责备的事情对他来说【显得】非常够受。

例9:她【显得】格外高兴。

例10:她【显得】很漂亮,高高的个子,黑色的头发,深蓝色的眼睛。

例11:她高高的个子,黑色的长发,大大的眼睛,再加上那苗条的身材【显得】特别漂亮。

例12:本来来四年级的学生应该调皮可是在我们面前【显得】很懂事,而且提前下课。

例13:她们的服务态度对我的眼镜【显得】十分好的。

例14:他正【显得】完美吧!

例15:她的个子很高,黑色的短发,深蓝色的眼睛,再加上那苗条的身材【显得】特别漂亮。

学时等级:两年半

例16:车一到了郊区,空气就【显得】格外新鲜。

例17:从城上一看周围都是点缀着樱春花的广山,自己【显得】象一粒沙一样的小。

例18:她的态度又不【显得】爱管闲事而是显出她对我的了解和关心。

例19:我发觉杭州人好像都很文雅,从谈话,举止到穿着都【显得】比较文明。

例20:阳光　照那一片片带紫搀红的叶了【显得】格外亮,亮得耀眼。

例21:看周围的人有的一起吃饭有的一起拍摄、大家【显得】特别痛快。

例22:那时候更【显得】天安门的气势。

例23:那天,寒冷的冬风吹着我们的脸上,空气【显得】比城市新鲜得多啊!

学时等级:三年半

例24:她感受性强,而心眼儿又【显得】很小。

学时等级:四年

例25:在游船上短短的一个半小时中,不仅山水深深地吸引了我,就是江边的一片片竹子和水上的鱼船也【显得】特别的美,使我感到好像是活在环画中。

例26:在那里一切都【显得】是那么安稳和宁静。

附录2　“汉语中介语语料库”中动词“盯”的用例

学时等级:一年半

例1:看见周围的人【盯】她,我的朋友觉得不好意思。

学时等级:两年

例 2:他惊讶地直【盯】着看我说。

例 3:一般,中国人会情不自禁【盯】着老外。

例 4:之后我渐渐发现为什么中国常常来【盯】我们。

例 5:但是我们在走路,坐汽车或在商店里很多中国人不觉得不好意思地来【盯】住了我们。

例 6:如果一个人老【盯】着我,他让我觉得不自在。

例 7:比如说一个人不会在街上随便得走来走去因为知道在他的背上有人不停地老【盯】着他。

学时等级:两年半

例 8:人间慢慢地睁开眼睛,【盯】着看神,很长的祷告祷完了。

例 9:售货员看那男孩【盯】着他,他向他微笑过去了。

例 10:男孩向他转身【盯】那个售货员。

例 11:实际上,门口的保安上下看了我一眼后,一直【盯】着我的背影。

例 12:我【盯】着他说话他留一个奇怪的发型他手里拿着一支烟。

例 13:他对我【盯】着这事儿很吃惊。

学时等级:三年

例 14:别人【盯】着看我,好像所有的人都是在看我。

例 15:我回房子里时,我感觉到小姑娘美丽的眼睛一直【盯】着我好像在等我的答复。

例 16:已经过了几个小时,抱剑的男人仍然把那个剑【盯】着看,高兴地举起来,抱得很满足。

例 17:在吃饭时,他心神不定,一直【盯】看远远的禾苗,不知不觉吃了孩子的馒头。

对外汉语教材的汉语拼音标注方法调查*

邢红兵

○ 引言

1958年《汉语拼音方案》公布后，1988年国家教育委员会和国家语言文字工作委员会公布了《汉语拼音正词法规则》(以下简称"规则")，1996年提升为国家标准(本文所列的条目号均以此标准为依据)。这个标准确定了用汉语拼音拼写现代汉语的规则。在对外汉语教学领域，汉语拼音起着非常重要的作用，特别是在初级阶段的课堂教学、教材编写等方面。当前，对外汉语教学中所使用的各类汉语教材的汉语拼音的标注如何，是不是符合"规则"？在哪些方面还有分歧？这些还需要作一些调查研究。本文就是希望通过对部分有一定代表性的对外汉语教材的调查，初步了解汉语教材中汉语拼音的标注情况。

本研究调查的教材共有7套(参见附录)，调查的范围只是课文正文和课后生词表，不包括练习中涉及的汉语拼音标注以及复习课的标注。调查的内容主要包括：汉语拼音正词法的应用问题；教材内部汉语拼音的一致性问题；教材之间汉语拼音的一致性问题等。

一、汉语拼音的标注范围和位置

(一) 标注的范围

在对外汉语教材中，全部教材都采用汉语拼音标注生词表，每册教材的总词表中也有拼音标注，但是并不是所有教材的课文正文都用汉语拼音标注。一般来说，汉语精读课本和口语课本在初级阶段的初期用汉语拼音标注课文和生词，但是，中高级阶段不标注课文，只标注生词。有些特殊的教材，例如《外国人学中国语》(王福祥主编，华语教学出版社1993

* 原文载于《信息网络时代的汉语拼音》，语文出版社2003年出版。

年出版)，在初级阶段只使用拼音，不使用汉字。有些教材在初级阶段稍后在汉字上直接标注声调，例如《实用汉语课本》和《初级汉语口语》等，强调了声调的学习。

(二) 标注的位置

标注位置是指汉字和汉语拼音的排列方式，各种教材比较一致的格式是：上面一行是汉字，下面一行是汉语拼音，汉语拼音分词连写，汉字也同样采用分词连写的方式，汉字词和汉语拼音词对应。有少数教材将汉字和汉语拼音按照段落分开来写，而且汉字不分词连写，只有汉语拼音分词连写，例如《初级汉语课本》和《初级汉语口语》等。生词的汉语拼音一般都是排列在每个词的后面。

(三) 标注的总原则

各套教材的总原则是一致的，都是以词为拼写单位，也考虑了语音、语义等因素，同时适当考虑词的长度；每句的句首首字母大写；人名、地名等专有名词基本都能够按照规范进行标注。关于变调的情况，“规则”4.11.1规定“声调一律标原调，不标变调”。但是后面的说明解释说“但在语音教学时可以根据需要按变调标写”。为了便于教学，教材基本上都是按照实际的音变情况来标注轻声和变调的。对这些符合规范并且各套教材比较一致的标注方法，本文不作进一步的分析，下面主要分析教材中存在的问题。

二、标注中存在的问题

(一) 不符合规范的标注

(1) 动宾结构。“基本规则”的“总原则”中规定“表示一个整体概念的双音节和三音节结构，连写”。其中包括动宾结构，如“开会”标作“kāihuì”；但是，汉语教材中几乎都是将动宾结构分写，不论该结构是词还是动宾短语。例如：

> “放心”标作“fàng xīn”、“见面”标作“jiàn miàn”、“照相”标作“zhào xiàng”、“滑冰”标作“huá bīng”、“气人”标作“qì rén”等。(《实用汉语课本》)
>
> “劳驾”标作“láo jià”、“睡觉”标作“shuì jiào”、“起床”标作“qǐ chuáng”、“开会”标作“kāi huì”等。(《初级汉语课本》)
>
> “劳驾”标作“láo jià”、“聊天儿”标作“liáo tiānr”、“留学”标作“liú xué”、“请客”标作“qǐng kè”、“听说”标作“tīng shuō”、“有用”标

作“yǒu yòng”、“着急”标作“zháo jí”等。(《速成汉语初级教程》)

例外的只有《汉语口语速成·入门篇》,该教材将离合动词在不分离用法的情况下连写。例如:

“睡觉”标作“shuìjiào”、“见面”标作“jiànmiàn”、“结账”标作“jiézhàng”、“请客”标作“qǐngkè”等。

(2) 动补结构。“基本规则”的“总原则”中规定“表示一个整体概念的双音节和三音节结构,连写”。动补结构,如“打破”;4.3.3 规定“动词(或形容词)和补语,二者都是单音节的,连写;其余的情况,分写”。

“做完”标作“zùo wán”,没有连写(256 页);“看见”标作“kàn jiàn”(311 页);“说错了”标作“shuō cuò le”(283 页)。《速成汉语初级教程》

(3) 动介结构。“规则”的 4.7.2 介词中举例“shēng yú 1940 nián(生于 1940 年)”动介结构的介词要分写。

“坐在”和“放在”都没有分写(208 页)。(《初级汉语课本》)

(4)“的、地、得”。“规则”的 4.7.4 规定结构助词“的”、“地”、“得”、“之”一般分写。

“准备得”标作“zhǔnbèide”,没有分开(254 页);“打扫得”、“收拾得”等的“得”都没有分写(255 页),但是结构助词“的”都是分写的,如“你 的 花儿”标作“nǐ de huār”。(《速成汉语初级教程》)

(5) 重叠结构。“规则”的 4.1.4 规定“单音节词重叠,连写;双音节词重叠,分写”。

“休息休息”标作“xiūxixiūxi”,没有分写(181 页)。(《初级汉语课本》)

“休息休息”标作“xiūxixiūxi”(77 页),“介绍介绍”标作“jièshàojièshào”,没有分开。(《速成汉语初级教程》)

(6) 数量结构。“规则”的 4.6.1 规定“十一到九十九之间的整数,连写”。

“19 岁”标作“shí jiǔ suì”,没有连写(341 页)。(《速成汉语初级教程》)

"规则"规定，表示约数的要连写，适当的时候可以用横线。

"八九 里"标作"bājiǔ lǐ"，没有连写（105 页）。（《速成汉语初级教程》）

（7）方位结构。"规则"的 4.2.2 规定"名词和后面的方位词，分写"。

"房间里"的方位词"里"（199 页）、"桌子上"的"上"没有分写（200 页）；"房间里的"标作"fángjiānlǐde"，全部连写（210 页）。（《初级汉语课本》）

"房间里"标作"fángjiānlǐ"，方位词"里"没有分写（183 页）。（《速成汉语初级教程》）

（8）固定用法。如"对不起"等，"规则"要求连写，但是有些教材没有连写，例如：

"对 不 起"标作"Duì bu qǐ"（第一册·上，88 页）。（《汉语教程》）

"对 不 起"标作"Duì bu qǐ"（206 页，283 页）。（《速成汉语初级教程》）

"对 不 起"标作"Duì bu qǐ"（133 页）。（《汉语会话 301 句》）

（9）专名中，"规则"的 4.2.3 规定"姓名和职务、称呼等分开写；职务、称呼等开头小写"。例如 Wáng bùzhǎng（王部长）、Tián zhǔrèn（田主任）、Lǐ xiānsheng（李先生）、Zhào tóngzhì（赵同志）等。

"张老师"标作"Zhāng Lǎoshī"，"老师"的首字母大写（25 页）。（《初级汉语课本》）

"王老师"标作"Wáng Lǎoshī"（68 页）；"王先生"标注为"Wáng Xiānsheng"（111 页）。（《实用汉语课本》）

（10）"规则"规定"汉语地名中的专名和通名分写，每一分写部分的第一个字母大写"。例如"Běijīng Shì（北京市）"、"Héběi Shěng（河北省）"、"Yālǜ Jiāng（鸭绿江）"、"Tài Shān（泰山）"等。

"南京路"标作"Nánjīng lù"，"路"的首字母没有大写（190 页）。（《汉语会话 301 句》）

（二）教材内部不一致

这主要体现在对于相同的结构形式，在不同课文中分写还是连写不一致，有的是课文和生词表中的标注不一致，例如：

"住在"不分写(47页),"放在"却分写(146页);"看看"连写;"玩儿玩儿"却分写(189页);"告别"分写(227页),后又连写(228页);"越来越"在课文中分写,生词表连写(233页)。(《汉语会话301句》)

"不客气"在词表中连写,但在课文中分写(80页);"张老师"标作"Zhāng Lǎoshī","老师"的首字母大写(25页),在47页的"老师"的首字母小写(47页);"常大夫"标作"Cháng dàifu","大夫"的首字母小写(25页)。(《初级汉语课本》)

"对不起"标作"Duì bu qǐ",分写(第一册·上,88页),但是在第一册(下)则连写为"Duìbuqǐ"(第一册·下,145页);"中药"在课文中分写,在生词表中连写(第一册·上,110页);"好吗"在第一册(下)83页分写(第一册·下,83页),但是在101页却连写(第一册·下,101页);"这些"、"那些"连写,符合规范,但是在课文中出现分写(56页)。(《汉语教程》)

"买到了"中的"买到"分写,"吃完"连写(下册,83页),"学完"分写(下册,121页)。(《汉语口语速成·入门篇》)

(三)教材间的不一致

这里所说的不一致,都是"规则"没有明确说明的,但是在各个教材中表现出了差异。例如:

"请问"(80页)、"再见"(103页)连写;"贵姓"(80页)、"女朋友"(111页)、"男朋友"(124页)分写。(《实用汉语课本》)

"再见"(78页)分写。(《速成汉语初级教程》)

"请进"、"请坐"(80页)分写。(《初级汉语课本》)

"请问"分写;"请进"、"请坐"连写(43页)。(《汉语教程》)

"男朋友"连写(下册,4页)。(《汉语口语速成·入门篇》)

"女朋友"分写(128页);"请问"连写(79页)。(《汉语会话301句》)

其他的情况还有"没空"、"没关系"、"没问题"、"有点儿"、"怎么样"、"有意思"、"为什么"、"不好意思"、"有时候"等。

(四)各教材主要项目的标注形式比较

下面我们对各个教材中分歧较大的几个项目进行了比较,并和"规则"进行对应的比较,比较的项目和结果见下表。

规范与教材 / 标注方式 / 结构类型		标注规范	实用汉语课本	初级汉语课本	汉语会话301句	汉语教程	初级汉语口语	速成汉语初级教程	汉语口语速成·入门篇
数量结构		分	连	连	分	不	分	分	分
动宾式复合词		连	分	分	分	不	分	分	不
单音节＋单音节的动补结构		连			连		连	分	不
动介结构		分		连	不			分	分
动态助词“着、了、过”		连	分	连	连		连	连	连
结构助词“的、地、得”		分	分	连	分	分	分	分	分
方位词结构		分		连	分	分	分	连	分
11—99 的整数		连	连	分	连	连	连	分	连
重叠	AA	连	连	连	不	连	连	连	连
	ABAB	分	连		连	分	连	分	
	AABB	分(加杠)			连			连	
	AAB	连		分	分	分			

表中“连”表示连写，“分”表示分写，“不”表示在此套教材中分写和连写不一致，空的表示该教材没有出现的项目或者没有查到相关的用法。从上面的调查结果来看，所列的项目基本都存在与规则不一致的地方，各套教材也没有达到完全一致，有的教材内部也有分歧，比如《汉语教程》中有一部分数量短语就是连写的(第一册·上，110 页)。

三、结论

本研究所选取的教材虽然具有一定的代表性，但是在数量和覆盖面上还不够大。由于时间的关系，没有能够做更细致的调查。从调查的结果来看，对外汉语教材在汉语拼音的标注上基本符合“正词法基本规则”的规定，而且新出的教材在这方面做得更好。但是还存在一定的问题，主要表现在：(1) 教材内部还没有达到完全一致；(2) 对一些“正词法基本规则”没有明确规定的词语还存在分歧，这实际上是分词单位的确定的问题；(3) 仍然还有一些地方和“正词法基本规则”不相符合。

参考文献

[1] 苏培成　颜逸明　尹斌庸 (2002)《语文现代化论文集》，北京：商务印书馆。

[2] 周有光 (1995)《汉语拼音方案基础知识》，北京：语文出版社。

附录　本文调查的教材

1.《实用汉语课本》，刘珣、邓恩明、刘社会主编，商务印书馆，1981 年。
2.《初级汉语课本》，原北京语言学院来华留学生三系编，北京语言文化大学、华语教学出版社，1998 年。
3.《速成汉语初级教程——综合课本 1》，郭志良主编，北京语言文化大学，1996 年。
4.《初级汉语口语》(上册)，戴桂芙、刘立新、李海燕编著，北京大学出版社，1998 年。
5.《汉语会话 301 句》，康玉华、来思平编著，北京语言文化大学出版社，1999 年。
6.《汉语教程》(第一册·上下)，杨寄洲主编，北京语言文化大学出版社，1999 年。
7.《汉语口语速成·入门篇》(上下)，马箭飞主编，苏英霞、翟艳编著，北京语言文化大学出版社，2000 年。

第三篇

汉语文本检索技术及应用

汉语语料检索系统 CCRL 及其应用*

宋　柔　樊太志　岳炳词

一、研究背景和系统特点

语言教学和语言学的研究需要语言事实作为背景和依据。过去，主要通过研究者用卡片大量摘录语言材料，这种方法效率太低，研究成果受到数据规模的限制。

近十几年出现了大量的电子文档，可以组成大规模的电子语料库，并出现了相当成熟的文本信息检索技术。这一技术可用于电子文档中的语言事实的检索。比起人工收集语言事实，这种方法的好处是：

(1) 效率高。可以在极短的时间内，用关键词语匹配的办法，在巨大规模电子语料库中找到相关文本的文章、段落、句子。

(2) 检索结果可以编辑、复制、打印。

(3) 查询表达式可以是关键词语同逻辑符号组合成的复杂的关系式。

但这种方法的直接应用目标是信息检索。信息检索关心的是信息的意义，不关心信息的语言表述形式。比如，当用户要检索有关“计算机”的文章时，应当把有关“计算机”的文章也检索出来；用户要检索“中国的大学”时，系统检索的是“中国”和“大学”，“的”字则被滤掉。相反，面向语言学研究的检索特别重视语言形式，它要求：

(1) 查询结果按照语言学研究的要求对语境排序，以便整理、提炼规律。

(2) 检索表达式有强大的表达能力，能表示各种各样的语言形式约束条件，能对关键词语的语境进行限定。

---

* 原文以“面向语言教学研究的汉语语料检索系统 CCRL 及其应用”为题提交“第七届国际汉语教学讨论会”。

(3) 使用语言学词类的概念,要求能按词类检索。

(4) 其他用于语言学研究的辅助功能,比如字频、词频统计,字词的二元关系、三元关系统计等等。

这些功能是各种文本信息检索工具所不具备的。

近十年来,语料库技术迅速发展,可以对大规模语料库进行加工,包括分词、标注词类、甚至归并短语,使生语料库变成熟语料库。在这种加工的基础上利用文本信息检索技术进行面向语言学研究的检索,比基于生语料库的检索效果要好,特别是能进行词类关系的检索。目前,国内外有许多学者在做这类语料库标注的工作。但是,这里存在两个问题:

(1) 语料库自动加工技术尚不够成熟。大规模真实文本分词技术的精度可达95%左右,但仍有一定量的错误。词类标注的精度只是90%左右,短语归并的精度则还要低得多。这种精度水平不能满足语言学研究的需要,于是需要手工的后加工。而这一后加工所需的时间和人力是极其巨大的,使得熟语料库代价极为昂贵,从而规模不可能太大,难以满足大规模语言学研究的需要。

(2) 语言学界对于汉语词类标记集尚无统一意见,加工语料库所用的词类标记集不可能适合于所有语言知识检索者的需要。即使检索者希望使用的词类标记集同语料库加工所用的词类标记集完全相同,对于一段具体的上下文中的一个具体的词到底应归入哪一类,仍会有不同意见。

针对语言学研究的需求和目前各类相关系统存在的问题,我们提出了如下的解决方案:

(1) 由于熟语料库加工代价太高,而且对于熟语料库的标注体系、标注原则尚无统一意见,我们直接采用未经人加工的生语料库。

(2) 对于生语料库,我们提供字串检索功能。当需要检索词语时,我们把词语当做字串来检索。这样做会带来某些误报,但一般来说不会造成漏报。由人在检索结果中去掉无关的,保留有用的,负担并不十分重。

(3) 为了减少字串检索造成的误报,我们为检索表达式设计了比较强的表达功能,包括多项联合、多项选择、排斥、定长间隔、不定长间隔等,从而能有效地表达对检索结果的限制条件。

(4) 提供分词后的词串检索功能,从而能大大减少误报。

(5) 分词采用词库匹配、歧义消解、未登录词语归并的策略。分词用的词库由检索用户提供,以便检索用户按照自己的需要确定哪些词语需要被切出来，哪些词语不需要被切出来。检索用户也可以不提供自己的词库而使用系统自带的词库。

（6）提供词类串检索、词类与词混合检索的功能。词类标记集和每个词的词类标注由检索用户提供，提供方式是将词条和它的词类登记在数据库中。系统使用检索用户提供的带有词类标记的词库对生语料自动分词，并生成索引，供给用户检索。系统对于词类标记集没有任何限制，这个集合可以同现行的任何词类标记集没有任何关系。如此，检索用户可以完全自由地研究词类的语法语义特征，并按自己的需要改进词类标记。检索用户也可以不提供自己的词类标记而使用系统自带的词类标记。

（7）词库中可以有兼类词。系统不负责对词类进行动态排歧。系统的检索原则是宁滥勿缺。比如，某个词具有 a、b、c 三种词类标记，则用 a、b、c 三个词类都可以检索到这个词的所有出现。这种做法虽然会在检索结果中带来垃圾，但避免了排歧中的争论，避免了自动排歧中的错误造成的漏检或误检，而不会遗漏任何可能的检索结果，并节省了人工标注带来的巨大的人力开支和时间消耗。检索用户可以在任何时候对任何规模、任何类型的生语料立即进行带有词类分析的检索。这种做法的基本思想是充分发挥机器检索的效率和人类专家甄别的智能，避开机器在智能方面的弱点和人类专家在机械搜索方面的短处。实践证明，这种方法是合理可行的。

此外，我们的系统还有如下特点：

（1）系统在对生语料分词的时候，能以相当高的准确率自动归并一些未登录词语，包括各种数字串、中西人名、中西地名、机构名、后缀短语等。系统支持用户检索这些未登录词语。这一工作既提高了检索结果的召回率（比如将人名作为一个类来检索时，不仅能检索出词库中登录的“李白”、“鲁迅”、“毛泽东”等人名，也能检索出各种未登录的人名），又提高了检索结果的准确率（比如“马克坚”作为一个人名被归并，它就不会被关键词“马克”检索出来）。

（2）系统对检索结果进行双向排序，排序原则可以是拼音，也可以是笔画等。用户的检索表达式可以有多个词语，其中一个是关键词语。对于多个检索结果，用户可以要求它们按关键词语下文排序，也可以要求它们按关键词语上文排序。于是，从排序的检索结果中，检索用户可以总结关键词语的语境特点，从而可以总结出语言规律。这种排序的结果也有利于机器通过统计来归纳出语言规律。

(3) 系统提供多种辅助功能，包括：词频、字频、词串频、词类串频、混合串频的统计，检索结果的文章出处等，便于人进行研究，便于机器进行自动分析。

(4) 对于巨大规模的生语料，系统生成索引的速度特别快。

(5) 对于巨大规模的生语料和复杂的检索表达式，系统进行检索的速度特别快。

这就是我们初步研制成功的系统 CCRL。这个系统主要的创新性工作表现在：

(1) 高效率检索算法和索引生成算法的研究

- 高效的检索方法
- 支持高效检索方法的索引库及其生成算法

(2) 面向语言学研究的检索方法的设计和实现

- 适合语言学研究的检索表达式
- 支持词和词类检索的算法和索引库
- 支持动态归并出来的未登录词语的检索
- 检索系统独立于词库、词类标记集和词类的标注

二、检索表达式及其使用方法

(一) 字串的检索

1. 原子项

字串表达式由原子项构成。原子项包括：基项、或项、非项、定长数字项、不定长数字项。下面对各原子项解释如下：

(1) 基项

表示形式为字符串 S，语义是待匹配字串与字符串 S 匹配。

如表达式：〈*高兴[的，地]*〉

该表达式中的字串“高兴”是基项，“他高兴地笑起来”中的“高兴”与表达式中的基项“高兴”匹配。

非汉字字符可以出现在基项中，它们既可以是全角形式，也可以是半角形式，但其前面必须加转义符号/。当转义符号/要作为字串中的全角或半角符号出现时，必须成对出现。

例子：〈 突然/，〉中，“突然/，”是基项，其中的“/”为转义符，实际字串为：“突然，”。

（2）或项

表示形式为［S0，S1，……Si……，Sn－1］，其中 Si 为字串，即基项。其语义为待匹配字串和中括号中的某一字串匹配。

如表达式：*〈高兴[的，地]〉*

该表达式中的“高兴”是基项，“[的，地]”是或项。要求匹配为“高兴”后接“的”或“地”。“他高兴地笑了起来。”与该表达式匹配。

（3）非项

表示形式为^[S0，S1，……Si……，Sn－1］，其中 Si 为字串，即基项。其语义为待匹配字串与括号中的任何字串不匹配。

如表达式：*〈高兴^[的，得]〉*

该表达式中的“高兴”是基项，“^[的，得]”是非项。要求匹配“高兴”后既不接“的”字，也不接“得”字的字串。“他高兴地笑起来。”与该表达式匹配。

（4）定长数字项

表示形式为阿拉伯数字串，语义是跳过若干字符再匹配下一项，跳过的字符数由该阿拉伯数字表示。该原子项只有和基项、或项、非项联合使用才有意义。如对各原子项进行自左至右匹配，定长数字项同其右边的项联合考虑；对各原子项进行自右至左匹配，定长数字项同其左边原子项联合考虑。针对该原子项，后面还会详细解释。

如表达式：*〈建设＋4＋精神文明〉*

该表达式中，“建设”和“精神文明”是基项，“4”是定长数字项。其语义为从文本中找到一个匹配的字串，该字串中，“建设”的右边间隔 4 个字是“精神文明”。字串“建设社会主义精神文明”满足该表达式。

定长数字项还可由符号“＃”串来表示。如间隔 5 个字符可表示为：＃＃＃＃＃。

（5）不定长数字项

表示形式为〈阿拉伯数字串，语义是跳过若干个字符再匹配下一项，跳过的字符数必须小于该数字。该原子项只有和基项、或项、非项联合使用才有意义。如对各原子项进行自左至右匹配，不定长数字项同其右边的原子项联合考虑；如对各原子项进行自右至左匹配，不定长数字项同其左边原子项联合考虑。针对该原子项，后面还会详细解释。

如表达式：*〈建设＋〈6＋精神文明〉*

该表达式中，“建设”和“精神文明”是基项，“〈6”是不定长数字项。其语义为从文本中找到一个匹配的字串，该字串中，“建设”字串右边间隔小于 6 个字范围内的字串中有“精神文明”。字串“建设社会主义精神文明”和“建设精神文明”满足该表达式。

2. 字串表达式

字串表达式由原子项构成，构成规则如下：

字串表达式::=原子项|原子项+原子表达式串

原子表达式串::= 原子表达式|原子表达式+原子表达式串

原子表达式::=原子项|定长数字项+原子项|不定长数字项+原子项

原子项::=基项|或项|非项

对字串表达式需作如下补充说明：

(1) 每个字串表达式有且只有一个中心项。中心项是表达式中的一个原子项，并且只能是基项或或项。中心项由用户指定，指定方式是在该项左面加星号。若未指定，系统默认字串表达式中最左边的基项或或项为中心项。中心项的语义同“左有序”“右有序”有关。“左有序”是从中心项开始，将匹配上的多个字串从右往左排序；“右有序”是从中心项开始，将匹配上的多个字串从左往右排序。

(2) 基项、或项、非项、“#”号两两之间可不用“+”号间隔，也可用，但定长数字项和不定长数字项两边必须是“+”号。

(3) 在或项和非项中，基项的字符数不应超过 100 个字。包含的基项数不应超过 40 项。

(二) 词和词类的检索

详见“CCRL 使用指南”。(见本书 232 页)

三、使用实例

(一) 成对出现的连词

利用 CCRL 我们调查了现代汉语小说中典型的成对连词的出现状况。调查对象是老舍的 438 万字的小说、王蒙的 100 万字的小说、王朔的 165 万字的小说和巴尔扎克的 198 万字的翻译小说。调查内容涉及 3 对连词：“因为”和“所以”，“不但”和“而且”，“虽然”和“但是”。对于每一对，调查它们间隔 30 个字以内有序共现的次数(不考虑颠倒次序的情况以及分别出现的次数)。调查结果如下：

表 1　4 位作家作品中 3 对连词出现次数统计

作者	老舍	王蒙	王朔	巴尔扎克	合计
字数(万字)	438	100	165	198	901
因为+〈30+所以	304	5	16	23	348
因为	3730	400	1072	1480	6682
所以	2510	140	784	606	4040
不但+〈30+而且	239	77	4	26	346
不但	555	118	128	86	887
而且	1981	543	416	585	3525
虽然+〈30+但是	44	25	2	32	103
虽然	1713	247	159	392	2511
但是	1669	432	116	570	2787

表 2　4 位作家作品中 3 对连词使用频率统计(分母为 100 万)

作者	老舍	王蒙	王朔	巴尔扎克	平均
因为+〈30+所以	69	5	10	12	24
因为	852	400	650	747	662
所以	573	140	475	306	373
不但+〈30+而且	55	77	2	13	36
不但	127	118	78	43	91
而且	452	543	252	295	385
虽然+〈30+但是	10	25	1	16	13
虽然	391	247	96	198	233
但是	381	432	70	288	292
6 个连词频率合计	2776	1880	1621	1877	2038

4 位作家作品中 3 对连词出现次数的比例如图 1 所示。

图中,中轴表示全文字数。“因为”和“所以”的出现次数表示成两个横条，横条搭接部分表示“因为”右边30个字之内出现“所以”的次数。这三部分的长度比例表示三者出现次数之比例。横条的高度与中轴长度之比例表示“因为”右边30个字之内出现“所以”的次数同全文字数之比例，只是这个比例扩大了1000倍。“不但”和“而且”、“虽然”和“但是”的图示也有类似的意义。

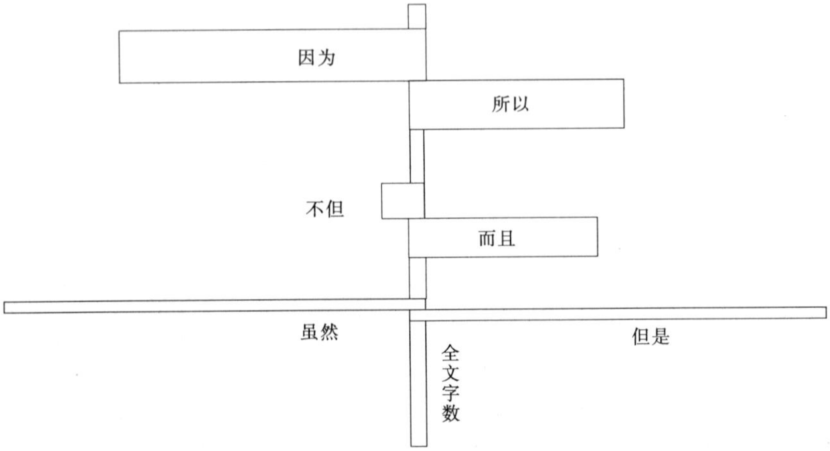

图1　4位作家作品中3对连词出现次数的比例

从表中和图中可以看出以下规律：

- 这些连词近距共现的次数远远低于分别出现的次数。
- 3对连词之间比较，“虽然”“但是”的近距共现次数很少，分别使用却不少；“不但”“而且”近距共现次数与分别使用次数之差别较小。
- 6个连词之间比较，“因为”出现得最多，“不但”出现得最少。
- 4位作者之间比较，王朔最少用连词，最不喜欢成对使用连词，尤其不喜欢成对使用“不但”和“而且”、“虽然”和“但是”。老舍用连词最多，特别喜欢用“因为”和“所以”。

这里需要说明，CCRL只能从外部形式上进行匹配，并无句法分析能力，所以两个连词近距共现并不意味着一定配对。我们对“因为”“所以”30个字以内近距共现的全部例子又手工进行了仔细分析，结果是：

作者	老舍	王蒙	王朔	巴尔扎克	合计
因为＋〈30＋所以	304	5	16	23	348
二者配对	256	3	5	15	279
二者不配对	48	2	11	8	69

上面已知连词近距共现的次数远远低于分别出现的次数，这里又看出连词近距共现中有相当一部分并不是配对的，可见汉语中成对连词配对出现的比例是极低的。

（二）“把”字句

使用词串和词类串检索，要求找出单字词“把”前面不是数词的所有句子，等于就找出了所有的“把”字句。使用这一方法，我们在 2000 年 12 月《人民日报》（共 193 万字）中，找出了全部“把”字句共 1498 句。下面是其中一部分：

把鉴定交给农民，让农民对与他们朝夕相处的乡干部进行实打实的打分评价，

江苏省委明确要求省委常委、党员副省长**把**联系点办成学习教育活动的示范点，

邢台市委**把**领导干部深入基层、深入群众作为搞好“三讲”教育、实践“三个代表”的重要内容，

把领导干部在职自学理论纳入评先创优活动，

把领导干部在职自学理论的成绩作为评选优秀个人、先进党支部和精神文明单位的必备条件，

中航第二集团公司在落实这项工作时始终**把**领导干部的学习放在重要位置，

坚持**把**培养党和人民的忠诚卫士作为“三项经常性”工作的核心。

切实**把**培养干部、“拴心留人”作为事关档案事业发展全局的大事抓紧抓好，

必须**把**强化考评作为主要手段，

把强化少年国防意识视为己任，

把伤害致死改成故意杀人，

我们**把**生活设计得高效和富有创造生机，

会**把**失败原因归罪于自己的家庭环境不好呀，学校不好呀；

再**把**示范点推广到面。

把说明中“一天服用 2—3 次”的“一天”，理解为白天，

想要**把**所谓的 A380 补贴事件闹到世界贸易组织去。

把所谓“大东亚战争”描写为“解放亚洲的战争”。

联合国粮农组织和国际水稻研究所也**把**推广杂交稻技术作为全球大米增产的一项战略计划。

把维护和促进香港的繁荣稳定当做义不容辞的责任。

把维护和实现职工群众的具体利益与维护和实现全国人民的总体利益统一起来，

三是**把**维护困难职工群体合法权益作为当前重点工作来抓，

把维护困难职工群体合法权益作为重点工作来抓，

有了这些素材，就可以对“把”字句进行深入研究了。

当然，从理论上说，这样找“把”字句是有缺陷的，因为“把”还可能作动词用，这时“把”后面往往接“了”、“着”、“过”、“得”、“住”等词，但是在本例中未发现这类情况。

参考文献

[1] 宋　柔（1997）关于分词规范的探讨，《语言文字应用》第 3 期。

[2] Chien, Lee-Feng & Huang 1997. PAT-Tree-Based Keyword Extraction for Chinese Information Retrieval, Paper presented at 1997 ACM SIGIR Conference, Philadelphia.

[3] Croft, W. Bruce 1995. What Do People Want from Information Retrieval, D_Lib Magazine 2.11.

简单短语及线性邻接属性研究*

宋柔　尚英　赵瑾　颜伟

一、研究背景

汉语中词和词组的界限是模糊的，而且计算机处理汉语时许多情况下希望把语言单位的颗粒度从词扩大到词组。这两个因素要求打破词和词组的界限，将词和词组放在同一个层面上处理。

于是带来两个问题：

(1) 计算机如何能在汉语文本的字串中自动切分出词组？

(2) 如何设计语法体系，使得词和词组的语法特征能在同一个层面上描述？

关于前一个问题。大规模真实文本中词的自动切分目前可以到98%左右的精度(刘开瑛，2000)，能够满足某些应用目标的基本需要，但词组切分的难度要大一些，因为汉语中名词词组及动词词组的左右边界和内部结构常常难以确定。

关于后一个问题。词的语法体系一般用的是词类，如名词、动词、形容词等等(朱德熙，1982)，这个体系本身尚有许多争论，一些特定的词到底归入哪一类则更有争论。至于词组，其语法体系研究得还远不如词。

在这一背景下，我们设想了一种分步走的方案，先处理较易处理的词组，然后再视情况扩大处理范围。

于是我们提出简单短语的概念，打算把汉语的各种词组中容易让计算机自动识别出来、具有相似的语法功能、频率较高的词组类型单独挑出来，研究计算机自动识别的方法，并在自动识别的基础上研究其语法特征。

---

* 原文载于《对外汉语教学的全方位探索》，商务印书馆 2005 年出版。

二、简单短语

从实用目的出发，我们对于简单短语界定如下：

(1) 结构完整，有单一的意义；

(2) 左右边界有比较清晰的形式特征，能保证较高的自动识别率；

(3) 有较高的出现频率，识别出来后在实用系统中能发挥作用；

(4) 同类简单短语有相似的语法功能，从而可以归类统计。

以此为标准，我们草拟了一个简单短语的范围：

(1) 简单名词短语

a. 指示代词＋名词：该学生、本单位、各省

b. 范围代词＋名词：全校、满脸

c. 方位词＋名词：左手、东配楼

d. 区别词＋名词：男衬衣、高级面料

(2) 简单动词短语

a. 一V、不V、没V

b. VV、V一V、V了V、V了一V、V不V

c. V了N、V着N、V过N、V起N来、V得C、V不C、V＋趋向动词

d. AABB

(3) 简单形容词短语

a. 程度副词＋形容词

b. 形容词＋得很(极了)

c. 不＋形容词

d. 不＋程度副词＋形容词

e. 程度副词＋不＋形容词

f. AABB

(4) 专名短语

a. 人名短语(单位名＋职务名＋人名，姓＋身份词，等等)

b. 地名短语

c. 机构名短语

(5) 数词短语

(6) 数量短语

(7) 时间短语

三、线性邻接属性

现有词类体系的一大问题是，少数词类无法表现不同词的许多特征，无论怎样拟定划分词类的标准都会造成削足适履的弊病，更无法刻画词组的特征。我们的办法是设计一大批属性，用来尽量细致地刻画词语的特征。这一办法用在语言教学中并不好，因为人无法驾驭太大的属性集合。但对于计算机来讲，只要人把每个词语的各种属性都标注清楚了，处理起来就不会有任何困难，这种办法比用少数词类刻画词语的特征，有更多的优点：

(1) 可以比较准确全面地刻画词语的语法特征；

(2) 可以不必区分词和词组，它们可用同一套属性体系刻画；

(3) 用属性刻画词语，可以带上量的信息，即可以考察词语在语料库中表现出某属性的次数，用次数的多寡更准确地刻画词语的特征。

属性可以从多方面选取，比如线性邻接属性、结构邻接属性、句法功能属性、语义属性、词长属性、语音属性，等等。也可以采用混合的属性体系。

从计算机处理的可操作性出发，我们选取线性邻接属性来刻画词语的语法特征。即，它左边(右边)可以邻接哪些词语(词语类)，邻接的频度如何。所谓"线性"邻接，就是把句子看成线性排列的词语串，仅考虑词语之间的邻接关系，不考虑结构因素。例如"她可怜巴巴地看看她娘"中，"看看"同"她"没有直接的结构邻接关系，因为"她"要先同"娘"结合成词组"她娘"，然后才同"看看"结构邻接。但从"线性"邻接的角度看，"看看"右边同"她"确是线性邻接。线性邻接属性可以通过计算机切分词语后自动统计来获得，而且已经在许多应用系统中发挥了作用，所以我们选择这一属性体系。

我们目前采用高频功能词、普通名词(不兼类的名词)、普通动词(不兼类的动词)和简单短语类(比如人名就是一个简单短语类，VV式的动词重叠形式也是一个简单短语类)作为特征词语。对每个待考察语法特征的词语，统计它的左右两边分别与这些特征词语的线性邻接频度，作为它的线性邻接属性。对于因频率太低统计不到的邻接关系，则由人来判断是否可以邻接。

要把简单短语类当做特征词语，首先就要确定各类简单短语的线性邻接属性。

四、简单短语工程

要让计算机对于简单短语的线性邻接属性进行统计,前提是对简单短语要有很高的识别正确率。为此,我们开展了简单短语识别及其线性邻接属性研究的语言工程项目。该工程项目的基本工作方法是人机结合的大规模调查。具体的工作方式是:

(1) 建立大规模文本库,以后的各种工作都在这样的文本库上进行;

(2) 设计粗提规则,利用检索工具,尽量无遗漏地提取简单短语的候选实例;

(3) 人工逐个检查候选实例,排除错误,同时归纳出修正规则,以便提高自动识别的准确率;

(4) 利用检索工具统计简单短语的分布和左右线性邻接关系;

(5) 人工甄别简单短语的左右线性邻接关系,特别是对于低频接续和零接续进行人工判断,给出邻接禁则。

采用的主要工具是北京语言大学开发的CCRL检索软件。该检索软件同词表、词属性体系、词属性标注完全相互独立,可以选择以词类方式或词形方式进行检索,检索到的实例按左右语境排序,并可存入数据库进一步分析研究。

文本库包括:

(1) 现代名家小说文本库,约有0.19亿字,包括中华人民共和国成立前40位作家400多部作品。

(2) 当代内地作家作品文本库,约有0.79亿字,包括当代400余位作家1300多部作品。

(3)《人民日报》文本库,约有1.54亿字,是1990年代7年的《人民日报》文本。

(4) 科技论文文本库,约有0.34亿字,包括1994—2000年间7种信息技术核心刊物5318篇论文。

在这一工程中我们已进行的工作有:

(1) 动词重叠形式识别与线性邻接属性获取;

(2) 程度副词+形容词的词组识别与线性邻接属性获取;

(3)"不"+形容词的词组识别与线性邻接属性获取;

(4) 人名识别与线性邻接属性获取。

五、简单短语工程实例

（一）动词重叠形式在不同文体中分布的统计

我们在共计2.86亿字的4种文本语料库中，统计了动词重叠形式的频率分布。其中频率为：(重叠形式的出现频次/文本库的总字数)×10万，结果如表1所示。

表1　不同文本语料库中动词重叠形式的频率比较

文本库	现代名家小说	当代内地小说	《人民日报》	科技期刊
一字动词VV	64.71	77.20	6.07	0.00
二字动词VV	4.40	4.75	0.29	0.00
VO动词VVO	6.01	15.05	0.63	0.00
一字动词V一V	13.77	11.06	1.89	0.00
VO动词V一VO	0.98	0.55	0.00	0.00
一字动词V了V	13.55	19.37	0.44	0.00
二字动词V了V	0.00	0.00	0.00	0.00
VO动词V了VO	4.33	3.75	0.08	0.00
一字动词V了一V	8.06	1.15	0.00	0.00
VO动词V了　VO	0.01	0.00	0.00	0.00

统计发现，各种动词重叠形式在科技期刊中基本上不出现(注意，0.00并不一定是0)，在《人民日报》中也很少出现，在当代内地小说与现代名家小说中出现较多，二者差别不是太大。

不同动词构成VV式与V了V式重叠形式的能力并不相同。有些动词出现在两种形式中，有些只出现在其中一种形式中，有些则两种形式都未出现。见表2。

表 2 当代内地小说文本库中单字动词构成 VV 式与 V 了 V 式重叠形式的能力对比

VV	V 了 V	单字动词个数	举例
+	+	285	挨、按、扒、拔、摆、拜、拌、抱
+	−	216	安、熬、把、搬、板、办、帮、包
−	+	60	绑、崩、藏、颤、撤、沉、触、窜
−	−	338	爱、碍、罢、败、伴、绊、保、爆

构成最高频 VV 和 V 了 V 的前 10 个单字动词不尽相同，其词频对比见表 3。

表 3 当代内地小说文本库中构成 VV 和 V 了 V 最高词频的前 10 个单字动词词形

VV	频次	V 了 V	频次
看看	17,799	看了看	3466
想想	4475	想了想	2067
笑笑	3411	笑了笑	2064
说说	2531	拍了拍	547
谈谈	2361	摸了摸	440
听听	1641	指了指	414
问问	1630	擦了擦	268
试试	1466	动了动	213
拍拍	1392	停了停	189
望望	1185	晃了晃	189

(二) VV 式左邻接特征观察

动词重叠形式对其左右邻接词具有选择性。VV 式左邻的最高频的词列在表 4 中，其中把标点符号和人名分别合在一起统计。

表 4 当代内地小说文本库中动词重叠的 VV 式左邻接最高频的 25 个(类)词

左邻词	频次	左邻词	频次	左邻词	频次	左邻词	频次	左邻词	频次
标点符号	11,176	地	1856	她	927	不	544	你们	363
人名	4814	想	1608	要	883	就	483	可以	360
你	3851	他	1598	又	798	里	459	上	353
去	3140	来	1585	好好	756	也	397	随便	312
我	2736	再	1019	先	599	出去	380	仔细	300

我们观察到，有些词常常出现在动词的左邻，但是不出现在 VV 式重叠形式的左邻，这是 VV 式左邻接的限制特征。下面列出部分限制特征。

(1) 左边不邻接某些副词或者邻接时有条件限制。如：

A. 不能邻接时间副词。

已经、已、曾经、不曾、一、刚刚、刚、将、将要、即将、一直、始终、正、正在、在、长期、曾经、不断、不久、从来

B. 一般不能单独与“不、没、没有”邻接，能邻接的多见于反问句或者疑问句中，或者用于双重否定句中。如：

你就不看看政府里那群是什么东西？

你也没问问他究竟是怎样的货色？

C. 不能邻接程度副词。

(2) 左边不邻接助词“得”，出现在 VV 前面的“得”都是能愿动词“dei3”。如：

得帮帮我的忙！

所以还得想想另外的地方。

(3) 左边不邻接数词。

(4) 左邻接的介词主要是“给、为了、除了”，其他的常见介词如“被、受、把、跟、从”等基本不能出现在 VV 式动词重叠左边。

(5) 左边不邻接形式动词“进行、给予、予以、加以、给以、作”等。如：

进行研究	*进行研究研究
加以批评	*加以批评批评
给以指导	*给以指导指导

(6) 左边不邻接能愿动词“勇于、甘于、善于、敢于、懒得”。

对于这些自甘于做奴才的人们　　　　＊甘于做做奴才的人

我不怕麻烦，勇于修改剧稿。　　　　＊勇于修改修改剧稿

(7) 左边不邻接下面的连词。

不管、不仅、不但、此外、从而、故、及、及其、即使、既然、尽管、虽、为此、为什么、无论、因、因为、由于

(三) 程度副词与形容词构成的短语在不同文体中分布的统计

我们在共计2.52亿字的3种文本语料库中，统计了程度副词与形容词构成的“程形短语”的频率分布，结果如表5所示，其中频率为：(程形短语的出现频次/文本库的总字数)×100万。

表5　不同文体的文本语料库中程形短语的频率比较

程度副词	很	非常	最	挺	比较
现代名家小说	1021	84	320	17	31
当代内地小说	1038	102	325	70	48
《人民日报》	412	76	577	04	89

六、关于熵

熵可被看做用来描述一个随机变量的不确定性的度量。随机变量的熵越大，它的不确定性也就越大。

某个词类对于左右邻接关系的选择性，可以用该词类在实际使用中的左右邻接词语的条件熵来度量。把这个词类记作T，把这个词类的左邻或右邻的词语记作c，把左邻的全部词语的集合记作L，把右邻的全部词语的集合记作R，则L和R对于T的条件熵(称作T的左熵和右熵)，分别为：

$$\mathrm{H}(L|T) = -\sum_{c\in L}\mathrm{P}(cT|T)\cdot\log_2\mathrm{P}(cT|T)$$

$$\mathrm{H}(R|T) = -\sum_{c\in R}\mathrm{P}(Tc|T)\cdot\log_2\mathrm{P}(Tc|T)$$

其中$\mathrm{P}(cT|T)$是T左邻c的条件概率，$\mathrm{P}(Tc|T)$是T右邻c的条件概率。这两个条件概率用频次的比值来估计：

$$\mathrm{P}(cT|T) = \frac{f(cT)}{f(T)},\qquad \mathrm{P}(Tc|T) = \frac{f(Tc)}{f(T)}$$

其中，$f(cT)$，$f(Tc)$和$f(T)$分别是cT、Tc和T在语料库中的出现

频次。

左熵和右熵越小，T 左右邻接词语的不确定性就越小，确定性就越大，或者说 T 对左右邻接语言单位的选择性就越强。

我们在当代内地小说文本库中计算动词和各种动词重叠形式的左右熵，形容词和“不形短语”（“不”＋形容词的形容词短语）的左右熵；在现代名家小说库中计算形容词和各种“程形短语”（程度副词＋形容词的形容词短语）的左右熵，计算结果如下表所示：

语料	T	左熵 H(*L*|*T*)	右熵 H(*R*|*T*)
当代内地小说	V	6.78	4.34
	VV	3.51	2.71
	V 一 V	3.86	2.30
	V 了 V	3.08	2.09
	V 了一 V	3.11	0.75
当代内地小说	形容词	9.38	8.12
	“不形”短语	8.26	3.99
现代名家小说	形容词	9.09	8.40
	“非常形”短语	7.98	2.58
	“比较形”短语	8.31	2.57
	“很形”短语	8.31	4.29
	“挺形”短语	7.04	2.70
	“最形”短语	8.47	4.49

从表中可见，各种动词重叠形式的左右熵都明显低于动词的左右熵，“不形短语”和“程形短语”的左右熵都低于形容词的左右熵，其中右熵低得更加明显。上述统计结果反映了这些简单短语比起它们的核心词来说其左右邻接状况的确定性大大增强了，由此说明这些简单短语确实有其独特的语法性质，把它们提取出来研究是很有意义的。

七、讨论

简单短语及线性邻接属性研究对于语言信息处理的主要意义是：简单短语能较为准确地自动识别；简单短语有独特的语法性质，作为统计单位可以提高语言处理的准确率;大属性空间能较为全面准确地刻画词和词组的特征;线性邻接属性比较容易自动采集。

这一工作的主要困难是低频词邻接属性的获取。由于低频,其邻接属性往往统计不到。统计不到不等于一定不能邻接。如何区分这两种情况是一个难题。

我们下一步的工作一方面是扩大这一工程的范围,并着力解决上述问题。

参考文献

[1] 刘开瑛 (2000)《中文文本自动分词和标注》,北京:商务印书馆。

[2] 尚　英 (2004) 基于大规模调查的动词重叠形式自动识别方法和形式特征研究,北京语言大学硕士学位论文。

[3] 宋　柔　樊太志　岳炳词 (2002) 面向语言教学研究的汉语语料检索系统CCRL及其应用,第七届国际汉语教学讨论会论文,上海。

[4] 颜　伟 (2005) "不形"短语的自动识别方法和特征的大规模调查研究,北京语言大学硕士学位论文。

[5] 俞士汶 (1998)《现代汉语语法信息词典详解》,北京:清华大学出版社。

[6] 赵　瑾 (2004) 几种程形短语的自动识别方法和语法特征的大规模调查研究,北京语言大学硕士学位论文。

[7] 朱德熙 (1982)《语法讲义》,北京:商务印书馆。

动词重叠形式的分布与线性邻接属性调查*

尚 英

○ 引言

(一) 调查对象

本文的调查对象是以下几种动词重叠形式：

VV：其中 V 是单字或二字动词。

VVO：其中 VO 是二字动宾式动词或动词词组。

V一V：其中 V 是单字动词。

V一VO：其中 VO 是二字动宾式动词或动词词组。

V了V：其中 V 是单字或者二字动词。

V了VO：其中 VO 是二字动宾式动词或动词词组。

V了一V：其中 V 是单字动词。

V了一VO：其中 VO 是二字动宾式动词或动词词组。

注：

(1) "嚷嚷"一类的词已从 VV 式中排除。

(2) 某些 VV 可能以 VVO 的形式出现，这取决于是否把 VO 看做一个动词，这里不作严格划界，只是以计算机自动分词用的词表为标准。

本文给出以上各种动词重叠形式对于动词词形和对于语料的分布数据，以及左右线性邻接数据。线性邻接不考虑结构上能否组合成一个高一级的语言单位，只考虑是否同现。左右邻接单位为各种词形，但将典型名词、典型动词、人名、地名、标点符号归类统计。其中，典型名词指不兼类的名词，典型动词指不兼类的动作动词。对于代词，既给出了动词重叠

---

* 摘自尚英2004年硕士学位论文《基于大规模调查的动词重叠形式自动识别方法和形式特征研究》。

形式与代词类的邻接数据，也给出了与每个代词词形分别邻接的数据。以上提到的邻接词类在下文各动词重叠形式的左右邻接情况说明表中以斜体表示。

（二）研究方法

动词重叠形式的识别采用人机结合的方法。先利用检索软件 CCRL 对大规模文本自动切分，再制定一些比较宽松的提取规则，把分词结果中的疑似的动词重叠形式尽量无遗漏地找出来，然后由人来逐个甄别，去伪存真。所用的动词词表最初来自北京大学计算语言所的《现代汉语语法信息词典》(1996 年版)，后来有所增减，用于本课题的有一字动词 899 个，二字动词 9417 个。

动词重叠形式的分布调查和线性邻接属性的调查也是基于大规模的真实文本库，采用人机结合的方法完成的。

（三）语料介绍

语料主要是小说文本，包括“现代名家小说文本库”和“当代内地小说文本库”。另外，为了对比各种重叠形式在不同语体的语料中的分布情况，用了“《人民日报》文本库”和“科技期刊文本库”。下文中关于动词重叠形式的词形分布情况以及邻接属性的统计数据均来自“当代内地小说文本库”。

当代内地小说文本库主要收录了中华人民共和国成立以后到现在的内地作家的小说，约 7982 万字。

现代名家小说文本库主要收录了五四运动以后到中华人民共和国成立前这段时期内的名家小说，约 1957 万字。

《人民日报》文本库收录了 1993—1994 年，1996—2000 年共 7 年的《人民日报》，约 15,418 万字。

科技期刊文本库主要收录了 7 种科技期刊中的文章，约 3450 万字。

一、动词重叠形式对于不同词形的分布

（一）VV 式

1. 单字动词 V 的 VV 式

检索出 61,627 例正确用例，涉及 499 个动词词形。其中频次在 10 次和 10 次以上的有 260 个，如表 1 所示。

表 1　单字动词 VV 式重叠的词形分布

看看	17,799	想想	4475	笑笑	3411	说说	2531	谈谈	2361
听听	1641	问问	1630	试试	1466	拍拍	1392	望望	1185
摸摸	1026	走走	795	瞧瞧	777	指指	663	坐坐	609
摆摆	600	玩玩	598	等等	559	见见	529	尝尝	528
瞅瞅	455	求求	439	擦擦	430	讲讲	420	聊聊	417
找找	345	做做	304	救救	284	翻翻	279	洗洗	277
劝劝	259	歇歇	257	转转	244	帮帮	230	换换	220
算算	212	揉揉	210	拉拉	206	碰碰	202	逛逛	185
学学	176	打打	176	醒醒	173	照照	172	陪陪	156
抹抹	156	猜猜	154	查查	147	晃晃	146	开开	146
推推	146	写写	143	送送	143	亲亲	136	眨眨	135
敲敲	134	摇摇	133	动动	125	挤挤	123	闻闻	119
探探	118	扬扬	118	过过	116	管管	110	抱抱	105
拱拱	105	吃吃	101	点点	97	练练	96	跑跑	95
数数	95	搓搓	93	用用	92	抖抖	91	皱皱	90
念念	89	比比	88	读读	86	消消	86	扯扯	86
咬咬	80	提提	79	教教	79	吹吹	79	捏捏	78
伸伸	77	整整	74	去去	74	发发	73	挠挠	72
补补	69	捅捅	65	舔舔	65	咂咂	62	治治	61
晒晒	61	抓抓	60	甩甩	59	嗅嗅	59	压压	58
吐吐	56	逗逗	56	喝喝	55	放放	54	聚聚	54
凑凑	54	干干	53	躲躲	53	挪挪	53	当当	52
改改	52	搞搞	52	揩揩	51	暖暖	49	遛遛	48
咧咧	48	骗骗	48	弄弄	47	唠唠	47	唱唱	47
避避	47	修修	45	考考	44	停停	42	认认	41
按按	41	会会	40	收收	40	握握	39	捋捋	37
挥挥	37	理理	37	抽抽	36	请请	36	扫扫	36
吓吓	35	扭扭	35	尽尽	34	评评	33	掂掂	33
养养	33	抬抬	32	踢踢	32	长长	32	拢拢	32
省省	31	透透	31	装装	31	扶扶	31	站站	30
解解	30	掸掸	30	气气	30	沾沾	30	穿穿	30
卖卖	30	戳戳	29	弹弹	28	杀杀	28	张张	28
吻吻	27	骂骂	27	闯闯	26	量量	26	表表	26
挑挑	26	冲冲	25	混混	25	挺挺	24	上上	24
捶捶	24	住住	24	溜溜	23	眯眯	23	缩缩	22
亮亮	22	催催	22	磨磨	22	睁睁	22	闹闹	21

续表

弯弯	21	让让	21	靠靠	20	享享	20	掏掏	20
跳跳	20	揪揪	19	吸吸	19	议议	19	泡泡	19
接接	19	买买	19	定定	18	搜搜	18	盯盯	18
热热	18	躺躺	17	刮刮	17	嚼嚼	17	漱漱	17
松松	17	勾勾	17	磕磕	17	烤烤	17	受受	16
使使	16	烫烫	16	对对	16	忍忍	16	烧烧	16
斗斗	15	办办	15	蹦蹦	15	背背	15	骑骑	15
借借	15	遮遮	15	搂搂	15	撅撅	15	拨拨	15
耍耍	15	哭哭	15	变变	15	托托	14	拿拿	14
戴戴	14	叫叫	14	蹭蹭	14	瞪瞪	14	造造	13
撒撒	13	垫垫	13	鼓鼓	13	分分	13	游游	13
顺顺	13	调调	13	带带	12	赏赏	12	踩踩	12
填填	12	炒炒	12	拧拧	11	赶赶	11	闭闭	11
称称	11	抠抠	11	领领	11	挖挖	11	举举	10
套套	10	煮煮	10	捉捉	10	擦擦	10	煞煞	10
剪剪	10	报报	10	贴贴	10	排排	10	刷刷	10

2. 二字动词 V 的 VV 式

检索出 3886 例正确用例,涉及 391 个动词词形。其中频次在 5 次和 5 次以上的有 144 个,如表 2 所示。

表 2 二字动词 VV 式重叠的词形分布

商量商量	288	考虑考虑	274	打听打听	154	休息休息	150
研究研究	130	收拾收拾	124	活动活动	99	认识认识	72
准备准备	63	眨巴眨巴	63	锻炼锻炼	62	了解了解	60
忽闪忽闪	57	吓唬吓唬	55	介绍介绍	53	高兴高兴	52
学习学习	49	解释解释	49	安慰安慰	48	讨论讨论	42
检查检查	38	汇报汇报	38	放松放松	37	意思意思	31
分析分析	31	关心关心	31	调查调查	30	合计合计	29
表示表示	29	知道知道	26	照顾照顾	26	掂量掂量	26
开导开导	24	教育教育	23	接触接触	23	参观参观	22
发泄发泄	21	忽悠忽悠	21	庆贺庆贺	20	整理整理	19
修理修理	19	庆祝庆祝	18	较量较量	17	打扫打扫	17
联络联络	16	看望看望	16	管教管教	16	联系联系	16
领教领教	16	安排安排	15	念叨念叨	15	观察观察	15
请教请教	15	风光风光	14	改善改善	14	歇息歇息	14
快活快活	14	试探试探	13	表现表现	13	提拔提拔	13

续表

侦察侦察	12	指教指教	12	交换交换	12	通融通融	12
按摩按摩	12	运动运动	11	帮助帮助	11	比试比试	11
打量打量	11	料理料理	11	参考参考	11	捉摸捉摸	10
比划比划	10	交流交流	10	议论议论	10	考察考察	10
回忆回忆	10	调理调理	10	闯荡闯荡	9	演习演习	9
犒劳犒劳	9	商议商议	9	整治整治	9	归置归置	9
批评批评	9	表演表演	9	伺候伺候	8	缓和缓和	8
问候问候	8	应酬应酬	8	鼓励鼓励	8	调剂调剂	8
探讨探讨	8	争取争取	8	交代交代	8	利用利用	8
检讨检讨	8	处理处理	7	发表发表	7	启发启发	7
调解调解	7	调节调节	7	思量思量	7	提醒提醒	7
培养培养	7	打点打点	7	盘算盘算	7	方便方便	7
晃荡晃荡	7	凑合凑合	7	指导指导	7	表扬表扬	7
娱乐娱乐	7	招呼招呼	6	关照关照	6	探听探听	6
传达传达	6	慰劳慰劳	6	补充补充	6	乐和乐和	6
折腾折腾	6	比较比较	6	将就将就	6	扑腾扑腾	6
祝贺祝贺	6	清理清理	6	坚持坚持	6	照看照看	5
摇晃摇晃	5	谈判谈判	5	思考思考	5	对付对付	5
捧打捧打	5	改造改造	5	核计核计	5	晃悠晃悠	5
感受感受	5	沟通沟通	5	整顿整顿	5	计算计算	5
扒拉扒拉	5	说道说道	5	照料照料	5	欺负欺负	5

3. VO 型动词的 VVO 式

检索出 12,006 个正确用例,涉及 337 个动词词形。其中频次在 5 次和 5 次以上的有 119 个,如表 3 所示。

表 3 VO 型动词 VVO 式重叠的词形分布

点点头	4414	摇摇头	3244	挥挥手	417	说说话	277
咬咬牙	236	帮帮忙	208	招招手	204	散散心	168
眨眨眼	165	撇撇嘴	164	摇摇手	145	皱皱眉	136
聊聊天	133	握握手	127	行行好	119	见见面	99
散散步	95	开开门	91	定定神	86	拍拍手	71
出出气	54	谈谈心	48	歇歇脚	45	解解闷	45
跳跳舞	40	跺跺脚	39	洗洗手	37	开开眼	37
狠狠心	36	敲敲门	31	透透气	29	评评理	26
壮壮胆	24	唱唱歌	24	谈谈话	22	吃吃饭	21

续表

摊摊手	21	享享福	20	看看家	20	吹吹风	20
说说情	20	抬抬手	19	串串门	19	通通气	19
拉拉手	17	洗洗澡	17	看看病	17	喘喘气	17
开开恩	17	喝喝酒	17	梳梳头	17	叙叙旧	15
跑跑腿	15	做做饭	15	歇歇腿	15	摸摸底	15
养养神	15	亮亮相	14	宽宽心	14	举举手	13
读读书	13	求求情	12	讲讲话	12	烤烤火	12
看看门	12	下下棋	11	睡睡觉	11	解解乏	11
甩甩手	11	打打鼓	11	提提神	10	解解渴	10
消消毒	10	打打气	10	碰碰头	9	填填词	9
露露脸	9	扫扫地	9	撒撒娇	9	打打牌	9
着着急	9	上上课	9	瞪瞪眼	8	开开荤	8
打打杂	8	上上坟	8	尽尽心	8	翻翻身	8
捧捧场	8	化化妆	8	沾沾光	7	请请客	7
动动手	7	诉诉苦	7	游游泳	7	理理发	7
念念书	7	烧烧香	7	吹吹牛	7	算算账	7
伸伸手	6	伸伸腰	6	充充电	6	分分工	6
刷刷牙	6	撒撒气	6	骗骗人	6	走走路	6
透透风	6	剃剃头	5	扬扬名	5	把把关	5
带带路	5	说说理	5	动动笔	5	跑跑步	5
避避风	5	表表态	5	低低头	5		

(二) V一V式

1. 单字动词V的V－V式

检索出8829个正确用例，涉及458个动词词形。其中出现频次在4次和4次以上的有243个，如表4所示。

表4　单字动词V－V式重叠的词形分布

想一想	1047	看一看	1017	笑一笑	374	试一试	315
谈一谈	261	问一问	228	说一说	209	走一走	163
坐一坐	148	摸一摸	134	讲一讲	108	听一听	105
歇一歇	104	指一指	100	查一查	100	躲一躲	88
洗一洗	83	找一找	81	玩一玩	77	转一转	76
停一停	72	见一见	71	算一算	68	望一望	68
拍一拍	68	读一读	62	尝一尝	62	聊一聊	59

续表

改一改	58	擦一擦	57	数一数	57	换一换	55
比一比	51	翻一翻	50	聚一聚	48	提一提	47
推一推	44	放一放	44	闻一闻	43	拉一拉	43
忍一忍	42	碰一碰	41	闯一闯	41	避一避	41
挤一挤	39	照一照	39	撇一撇	39	补一补	36
晃一晃	33	写一写	32	挺一挺	32	站一站	32
抹一抹	30	压一压	28	打一打	27	揉一揉	27
摇一摇	27	理一理	26	逛一逛	26	抱一抱	26
用一用	26	挪一挪	25	议一议	24	做一做	23
猜一猜	23	抖一抖	23	跑一跑	23	让一让	23
瞧一瞧	22	学一学	22	眨一眨	22	办一办	22
抬一抬	21	抓一抓	21	修一修	21	伸一伸	21
嗅一嗅	21	靠一靠	20	管一管	20	摆一摆	20
吹一吹	19	会一会	19	劝一劝	19	争一争	19
过一过	19	探一探	17	送一送	17	闹一闹	17
招一招	17	收一收	16	干一干	16	陪一陪	16
斗一斗	16	挑一挑	16	醒一醒	16	捏一捏	16
念一念	15	扯一扯	15	称一称	15	拖一拖	15
治一治	15	哭一哭	15	松一松	15	冲一冲	15
躺一躺	15	瞅一瞅	15	搞一搞	14	甩一甩	14
泡一泡	14	跺一跺	13	量一量	13	欠一欠	13
捋一捋	13	请一请	13	拢一拢	13	敲一敲	13
烤一烤	13	拼一拼	13	搁一搁	12	认一认	12
睡一睡	12	扫一扫	12	赌一赌	12	凑一凑	12
挥一挥	12	跳一跳	12	帮一帮	11	搓一搓	11
紧一紧	11	闭一闭	11	亮一亮	11	按一按	10
吃一吃	10	晒一晒	10	吻一吻	10	出一出	10
扶一扶	10	催一催	10	吐一吐	10	唱一唱	9
滚一滚	9	握一握	9	赶一赶	9	搜一搜	9
开一开	9	咬一咬	9	掂一掂	9	息一息	9
逗一逗	8	梳一梳	8	露一露	8	练一练	8
穿一穿	8	扭一扭	8	吓一吓	8	显一显	8
翘一翘	8	拜一拜	8	缩一缩	8	炒一炒	7
变一变	7	藏一藏	7	住一住	7	拨一拨	7
垫一垫	7	访一访	7	耍一耍	7	攻一攻	7
坏一坏	7	烫一烫	7	包一包	7	撩一撩	7
掠一掠	6	记一记	6	养一养	6	睁一睁	6

续表

沾一沾	6	熬一熬	6	蹭一蹭	6	考一考	6
骗一骗	6	评一评	6	救一救	6	叫一叫	6
分一分	6	挖一挖	6	扎一扎	5	通一通	5
拧一拧	5	混一混	5	吸一吸	5	使一使	5
弹一弹	5	捶一捶	5	稳一稳	5	弯一弯	5
嚼一嚼	5	弄一弄	5	磨一磨	5	烧一烧	5
借一借	5	遛一遛	5	咧一咧	5	眯一眯	5
踩一踩	5	审一审	5	哼一哼	5	蘸一蘸	5
调一调	5	蹦一蹦	4	追一追	4	贴一贴	4
掸一掸	4	戴一戴	4	画一画	4	拾一拾	4
去一去	4	挨一挨	4	教一教	4	勾一勾	4
晾一晾	4	鼓一鼓	4	揩一揩	4	逼一逼	4
焐一焐	4	上一上	4	保一保	4	哄一哄	4
煮一煮	4	骑一骑	4	当一当	4	捅一捅	4
缝一缝	4	装一装	4	背一背	4	平一平	4
倒一倒	4	交一交	4	捻一捻	4	剪一剪	4
顶一顶	4	拿一拿	4	回一回	4		

2. VO 型动词的 V — VO 式

检索出 437 个正确用例，涉及 93 个动词词形。其中频次在 2 次和 2 次以上的有 39 个，如表 5 所示。

表 5　VO 型动词 V — VO 式重叠的词形分布

点一点头	93	挥一挥手	49	定一定神	44	摇一摇头	37
摆一摆手	22	咬一咬牙	22	拱一拱手	14	眨一眨眼	10
握一握手	7	皱一皱眉	7	举一举杯	6	喘一喘气	5
歇一歇脚	5	摸一摸底	4	拉一拉手	4	伸一伸手	4
散一散心	3	翻一翻身	3	露一露头	3	见一见面	3
冒一冒尖	2	梳一梳头	2	弯一弯腰	2	用一用功	2
跳一跳舞	2	算一算账	2	谈一谈心	2	走一走过场	2
说一说话	2	露一露面	2	避一避难	2	露一露脸	2
领一领路	2	吹一吹风	2	咳一咳嗽	2	帮一帮忙	2
亮一亮相	2	过一过目	2	冒一冒险	2		

(三) V了V式

1. 单字动词V的V了V式

检索出15,458个正确用例,涉及344个动词词形。其中频次在5次和5次以上的有169个,如表6所示。

表6　单字动词V了V式重叠的词形分布

看了看	3466	想了想	2067	笑了笑	2064	拍了拍	547	摸了摸	440
指了指	414	擦了擦	268	动了动	213	停了停	189	晃了晃	189
敲了敲	180	翻了翻	149	摇了摇	137	揉了揉	124	抹了抹	121
推了推	119	拉了拉	112	听了听	109	试了试	108	问了问	93
握了握	92	数了数	89	眨了眨	88	碰了碰	85	捏了捏	84
说了说	82	欠了欠	77	抖了抖	76	撇了撇	76	咬了咬	75
转了转	73	按了按	73	伸了伸	73	瞧了瞧	72	挪了挪	72
算了算	70	闻了闻	70	掂了掂	70	挤了挤	64	揩了揩	63
瞅了瞅	60	照了照	60	理了理	60	谈了谈	58	靠了靠	53
点了点	49	抬了抬	49	嗅了嗅	48	甩了甩	47	扶了扶	43
挺了挺	42	哼了哼	41	张了张	39	挥了挥	39	拢了拢	39
吻了吻	38	洗了洗	37	吐了吐	37	扯了扯	36	搓了搓	36
咧了咧	35	紧了紧	35	吹了吹	35	捋了捋	34	缩了缩	34
扭了扭	33	摆了摆	33	提了提	32	捅了捅	31	沉了沉	31
闪了闪	31	跺了跺	31	弹了弹	30	踢了踢	30	扫了扫	29
忍了忍	29	讲了讲	28	凑了凑	27	吸了吸	27	抽了抽	26
探了探	26	鼓了鼓	23	举了举	23	抓了抓	22	走了走	21
皱了皱	21	比了比	21	尝了尝	21	磕了磕	20	拧了拧	19
睁了睁	19	亮了亮	18	松了松	18	撩了撩	17	压了压	17
拨了拨	17	聊了聊	16	嚼了嚼	16	裹了裹	16	坐了坐	16
闭了闭	16	定了定	16	冲了冲	15	让了让	15	抱了抱	15
沾了沾	14	摊了摊	13	掠了掠	13	捶了捶	13	勾了勾	13
站了站	13	蹭了蹭	13	戳了戳	12	挑了挑	12	梳了梳	12
歇了歇	11	量了量	11	查了查	11	掸了掸	11	退了退	11
拱了拱	11	刮了刮	10	贴了贴	9	顺了顺	9	蘸了蘸	9
挫了挫	9	卷了卷	9	挠了挠	9	找了找	9	跳了跳	8
眯了眯	8	逛了逛	8	擤了擤	8	咽了咽	8	搂了搂	8
掏了掏	8	踩了踩	7	搅了搅	7	颠了颠	7	稳了稳	7
触了触	7	挽了挽	7	对了对	7	学了学	6	挣了挣	6
翘了翘	6	颤了颤	6	招了招	6	瞪了瞪	6	磨了磨	6

续表

等了等	6	捣了捣	6	揪了揪	6	抛了抛	6	捻了捻	6
刷了刷	6	涂了涂	5	掩了掩	5	变了变	5	撅了撅	5
换了换	5	攥了攥	5	扎了扎	5	念了念	5	挡了挡	5
划了划	5	扇了扇	5	抠了抠	5	捂了捂	5		

2. VO 型动词的 V 了 VO 式

检索出 2991 个正确用例,涉及 84 个动词词形。其中频次在 2 次和 2 次以上的有 41 个,如表 7 所示。

表 7　VO 型动词的 V 了 VO 式重叠的词形分布

点了点头	960	摇了摇头	858	挥了挥手	190	摆了摆手	172
定了定神	124	张了张嘴	92	握了握手	89	咬了咬牙	80
皱了皱眉	73	招了招手	71	眨了眨眼	48	拍了拍手	18
抬了抬头	16	拱了拱手	14	喘了喘气	13	挠了挠头	12
洗了洗手	11	碰了碰杯	10	拉了拉手	8	弯了弯腰	8
伸了伸手	8	使了使劲	7	瞪了瞪眼	6	运了运气	5
点了点数	5	甩了甩手	5	翻了翻身	4	鼓了鼓劲	4
回了回头	4	举了举杯	4	看了看门	4	发了发狠	3
鼓了鼓掌	3	拍了拍巴掌	3	洗了洗澡	3	松了松手	3
露了露脸	2	松了松口	2	推了推手	2	叹了叹气	2
排了排队	2						

3. 二字动词 V 的 V 了 V 式

检索出 33 个正确用例,涉及 25 个动词词形,如表 8 所示。

表 8　二字动词 V 了 V 式重叠的词形分布

商量了商量	5	打量了打量	4	端详了端详	2	挪动了挪动	1
摔打了摔打	1	打听了打听	1	比试了比试	1	苏醒了苏醒	1
抖擞了抖擞	1	看望了看望	1	探视了探视	1	堵塞了堵塞	1
搬弄了搬弄	1	合计了合计	1	探望了探望	1	比试了比试	1
摇晃了摇晃	1	搬弄了搬弄	1	打听了打听	1	放松了放松	1
放松了放松	1	抖擞了抖擞	1	活动了活动	1	看望了看望	1
堵塞了堵塞	1						

(四) V 了一 V 式

检索出 918 个正确用例，涉及 119 个动词词形。其中出现频次在 2 次和 2 次以上的有 58 个，如表 9 所示。

表 9 单字动词 V 了一 V 式重叠的词形分布

笑了一笑	315	想了一想	178	看了一看	52	停了一停	33
动了一动	27	晃了一晃	25	望了一望	14	摸了一摸	12
握了一握	12	抖了一抖	10	转了一转	9	点了一点	8
听了一听	7	闪了一闪	7	指了一指	7	摇了一摇	6
站了一站	6	吻了一吻	5	闻了一闻	5	跳了一跳	5
试了一试	5	撇了一撇	5	拍了一拍	5	算了一算	5
扭了一扭	4	变了一变	4	翻了一翻	4	跪了一跪	4
伸了一伸	4	挥了一挥	4	推了一推	4	扫了一扫	4
比了一比	3	谈了一谈	3	闭了一闭	3	皱了一皱	3
紧了一紧	3	沉了一沉	3	举了一举	3	拉了一拉	3
靠了一靠	3	歇了一歇	3	坐了一坐	2	亮了一亮	2
瞧了一瞧	2	抱了一抱	2	睁了一睁	2	探了一探	2
挫了一挫	2	说了一说	2	瞅了一瞅	2	招了一招	2
拖了一拖	2	等了一等	2	嗅了一嗅	2	颤了一颤	2
松了一松	2	问了一问	2				

(五) 单字动词 V 的 VV 式与 V 了 V 式的词形分布统计

VV 分布于 499 个词形，V 了 V 分布于 344 个词形。VV 出现频次高于 100 的有 71 个词形，而 V 了 V 出现频次高于 100 的只有 19 个词形。

语料中既以 VV 形式重叠又以 V 了 V 形式重叠的单字动词有 285 个，如下所示：

挨、按、扒、拔、摆、拜、拌、抱、背、蹦、比、闭、变、憋、拨、补、擦、踩、测、蹭、查、长、尝、抄、炒、扯、称、吃、冲、抽、瞅、穿、串、吹、捶、戳、凑、搓、挫、打、戴、掸、弹、挡、倒、捣、蹬、等、瞪、递、掂、点、垫、调、叠、盯、顶、定、动、抖、逗、读、堵、端、断、对、蹲、躲、跺、发、翻、放、分、扶、改、盖、搞、耕、拱、勾、够、鼓、刮、关、逛、裹、过、合、哼、烘、糊、划、画、换、晃、挥、挤、加、剪、见、讲、浇、搅、浸、揪、举、聚、卷、撅、嚼、开、揩、砍、看、烤、靠、磕、啃、抠、哭、捆、拉、理、练、亮、量、聊、撩、咧、拢、搂、露、抡、论、捋、骂、买、卖、眯、描、摸、磨、抹、拿、挠、捻、念、捏、拧、扭、弄、挪、爬、拍、抛、跑、泡、捧、碰、撇、平、泼、铺、牵、敲、瞧、翘、劝、让、绕、忍、认、揉、洒、扫、杀、刹、扇、上、烧、伸、使、试、收、梳、数、刷、摔、甩、涮、顺、说、撕、松、搜、算、缩、抬、摊、谈、叹、探、烫、掏、剔、踢、提、挑、跳、贴、听、停、挺、通、捅、透、涂、吐、推、退、托、拖、挖、弯、玩、挽、望、闻、吻、问、握、捂、焐、吸、洗、系、吓、掀、想、消、笑、歇、醒、擤、修、续、嗅、学、熏、压、咽、掩、演、摇、咬、迎、扎、轧、眨、沾、粘、站、蘸、张、招、找、照、遮、折、镇、征、睁、蒸、支、指、皱、煮、抓、转、撞、走、钻、攥、坐、做

语料中以 VV 形式重叠而没有以 V 了 V 形式重叠的单字动词有 216 个，如下所示：

安、熬、把、搬、板、办、帮、包、报、逼、避、编、标、表、别、剥、猜、采、插、拆、缠、铲、唱、吵、闯、撑、乘、秤、充、锄、传、刺、促、催、存、搭、呆、带、待、当、登、丢、斗、赌、堆、兑、炖、剁、罚、犯、防、访、费、封、缝、付、干、赶、告、割、搁、供、箍、挂、管、灌、喊、焊、喝、轰、吼、护、化、还、会、混、激、汲、记、祭、煎、拣、捡、铰、叫、教、接、揭、解、借、尽、敬、救、锯、侃、扛、考、刻、扣、夸、宽、捞、唠、勒、晾、列、淋、领、溜、留、遛、录、摞、码、冒、蒙、灭、闹、撵、酿、暖、怄、排、盘、陪、赔、喷、批、劈、骗、评、破、骑、气、砌、炝、跷、切、亲、揿、请、求、屈、去、圈、染、热、扔、撒、煞、晒、赏、审、省、守、受、漱、耍、送、踏、躺、淘、讨、套、腾、剃、添、填、舔、褪、脱、剜、下、相、镶、享、写、泻、卸、行、选、训、押、腌、验、扬、养、议、引、印、用、游、约、运、熨、咂、砸、栽、造、择、炸、摘、占、整、织、制、治、种、住、祝、装、追、捉、啄

语料中以 V 了 V 形式重叠而没有以 VV 形式重叠的单字动词有 60 个，如下所示：

绑、崩、藏、颤、撤、沉、触、窜、颠、踮、吊、拐、归、滚、和、哄、花、滑、回、夹、紧、跨、亏、拦、立、炼、燎、裂、掠、落、鸣、碾、披、飘、拼、扑、漆、启、欠、撬、塞、散、闪、拾、示、吞、喂、稳、窝、息、响、削、应、拥、怨、攒、展、震、挣、作

语料中既没有以 VV 形式重叠又没有以 V 了 V 形式重叠的单字动词有 338 个，如下所示：

爱、碍、罢、败、伴、绊、保、爆、备、奔、甭、辟、遍、病、摒、捕、参、操、差、搀、产、超、朝、成、呈、持、宠、愁、出、除、处、喘、创、垂、赐、撮、错、达、答、代、逮、担、到、道、得、滴、抵、叼、掉、跌、订、懂、冻、渡、镀、夺、

饿、伐、反、返、泛、贩、纺、飞、废、疯、逢、奉、孵、服、浮、负、附、赴、该、敢、隔、给、跟、顾、雇、剐、怪、冠、惯、光、跪、害、含、旱、撼、好、耗、恨、怀、坏、环、患、荒、慌、汇、绘、毁、昏、活、火、获、积、及、即、计、继、寄、驾、兼、减、建、溅、奖、降、交、绞、剿、较、劫、结、截、戒、进、禁、惊、就、居、拒、惧、距、捐、觉、抗、可、肯、垦、坑、垮、挎、困、刺、来、赖、烂、涝、烙、离、连、了、临、令、熘、咯、漏、滤、率、轮、埋、迈、瞒、漫、忙、没、懵、迷、免、谋、纳、乃、耐、能、趴、怕、派、判、盼、耪、培、聘、剖、起、迁、签、嵌、呛、擒、晴、趋、取、娶、缺、饶、惹、任、如、入、赛、删、伤、捎、舍、设、射、摄、渗、升、生、胜、盛、剩、失、施、识、是、售、输、赎、树、竖、拴、睡、思、死、随、锁、塌、贪、逃、疼、题、替、同、统、偷、图、屯、驮、完、亡、往、忘、为、卫、卧、无、务、误、悉、熄、习、袭、辖、嫌、显、现、限、陷、献、向、象、像、销、挟、携、信、兴、休、朽、嘘、需、旋、驯、哑、淹、沿、舀、要、噎、依、倚、饮、隐、赢、涌、忧、邮、有、育、欲、遇、愈、愿、越、晕、宰、在、葬、遭、增、赠、榨、战、涨、掌、召、罩、蛰、枕、争、拯、知、值、止、致、掷、置、中、肿、拄、属、助、注、驻、铸、赚、坠、着、渍、奏、揍、租、醉

二、动词重叠形式对于不同语料的分布

表 10 动词重叠形式对于不同语料的分布

文本集 重叠形式	现代名家小说文本库		当代内地小说文本库		《人民日报》文本库		科技期刊文本库	
	频次	频率	频次	频率	频次	频率	频次	频率
单字动词 VV	12,665	64.71	61,627	77.20	9359	6.07	0	0.00
二字动词 VV	862	4.40	3790	4.75	441	0.29	0	0.00
VO 动词 VVO	1176	6.01	12,013	15.05	973	0.63	0	0.00
单字动词 V 一 V	2695	13.77	8829	11.06	2923	1.89	0	0.00
VO 动词 V 一 VO	191	0.98	437	0.55	15	0.00	0	0.00
单字动词 V 了 V	2652	13.55	15,458	19.37	679	0.44	2	0.00
二字动词 V 了 V	2	0.00	33	0.00	1	0.00	0	0.00
VO 动词 V 了 VO	846	4.33	2991	3.75	130	0.08	0	0.00
单字动词 V 了一 V	1578	8.06	918	1.15	21	0.00	0	0.00
VO 动词 V 了一 VO	10	0.01	17	0.00	0	0.00	0	0.00

频率计算公式：频率＝重叠形式的出现频次/文本库的总字数×10万。

三、动词重叠形式的邻接属性

（一）单字动词V的VV式左右邻接属性

1. 单字动词V的VV式左邻接属性

表11 左邻接频次在20次和20次以上的词类或词形

代词	11,541	*标点符号*	11,176	*典型名词*	5412	*人名*	4814	去	3140
地	1856	*典型动词*	1667	想	1608	来	1585	再	1019
要	883	又	798	好好	756	先	599	不	544
就	483	里	459	也	397	出去	380	可以	360
上	353	随便	312	仔细	300	得	282	着	244
多	239	只是	217	出来	207	能	206	是	205
该	195	回去	180	快	164	的	150	进去	137
上去	136	还是	131	过来	129	应该	118	都	111
一起	110	回来	107	就是	106	*地名*	104	倒	103
现在	101	起来	96	互相	93	过去	92	顺便	90
东	87	西	83	苦	76	前	75	会	75
细	73	不妨	73	个人	73	左右	72	下	70
给	69	外面	66	四下	66	只	64	一会儿	63
了	62	下去	61	然后	55	便	54	没	53
为了	52	只能	50	四处	48	儿	48	只要	48
外	47	进来	47	边	47	不想	47	到处	47
还要	46	但	45	还	45	四周	44	说来	44
认真	42	只好	42	愿意	42	俩	41	不过	41
爷	41	下来	40	单独	37	后	37	门口	37
天	36	四面	36	中	36	才	34	轻轻	34
相互	32	后来	32	人家	32	一块	32	起头	31
街上	31	轻轻地	30	勉强	30	完	30	处	30
当面	29	有时	29	可是	29	偶尔	29	亲眼	29
上来	28	一个	28	时	27	外边	27	好	26
亲自	26	详细	25	可	25	右	25	有时候	25
领导	25	就要	25	总是	24	且	23	似的	22
左	22	需要	21	不时	21	次	21	除了	21
赶紧	20	忙	20	过头	20	光	20	个	20

表 11 中左邻代词的详情如表 12 所示。

表 12　单字动词 VV 式左邻接代词

你	3851	我	2736	他	1598	她	927	你们	363
我们	265	大家	257	他们	224	您	218	自己	179
这里	102	那里	86	咱们	82	那儿	60	这么	56
这儿	51	那边	41	大伙	36	它	35	这样	32
别人	32	她们	28	这边	24	咱	23	这	22
人们	21	那	21	这个	17	各处	17	俺	13
大伙儿	12	各位	11	谁	9	此	9	彼此	9
本人	8	那样	7	诸位	6	怎么	6	有的	5
那个	5	哪里	5	俺们	4	哪	3	自个儿	3
各地	2	他人	2	它们	2	哪儿	2	如此	2
各人	1	自身	1	啥	1	多少	1	其	1
如何	1	有些	1	怎样	1	这点	1	这时	1
自个	1	什么	1						

2. 单字动词 V 的 VV 式右邻接属性

表 13　右邻接频次在 20 次和 20 次以上的词类或词形

标点符号	18,946	*代词*	12,380	*典型名词*	11,804	*人名*	3422	*典型动词*	3364
吧	1480	就	340	的	326	去	230	也	214
了	208	是	202	吗	189	而已	163	不	152
好	128	嘛	107	又	107	人家	103	呢	102
再说	102	地	99	四周	99	小	91	周围	90
清楚	87	*地名*	78	身上	77	窗外	74	呀	72
大	70	都	69	工作	67	一	64	能	63
也好	60	在	60	没有	58	到底	58	老	57
再	57	西	56	热闹	55	身边	54	没	52
还	51	啊	49	罢了	49	对	47	两	44
外面	44	着	43	还有	39	看看	39	还是	38
被	37	几	35	现在	35	行	35	里面	34
究竟	34	新	32	儿	30	瘾	30	是否	30
算	29	今天	29	左右	29	么	29	倒	28
下	27	道	26	二	26	和	26	满	26
要	24	后	24	可以	24	到	23	身后	23
快	23	过去	23	已	23	不行	23	才	23

续表

真	22	已经	22	火	22	对面	22	三	22
就是	21	干	21	外边	21	上面	21	以后	20
心里	20	四下	20	四	20	前面	20		

表13中右邻代词的详情如表14所示。

表14 单字动词VV式重叠的右邻接代词

你	2325	我	2046	他	1867	她	1196	自己	838
这	776	那	456	这个	348	他们	345	我们	280
你们	262	那个	169	这些	123	它	118	那些	112
您	103	大家	97	别人	66	谁	56	咱们	53
别的	52	什么	49	怎么	47	她们	46	咱	41
如何	36	怎么样	34	为什么	28	俺	25	它们	22
这样	20	这里	19	其他	18	怎样	18	那儿	15
那里	14	啥	13	每	13	这儿	13	大伙	12
人们	12	咋	12	自个儿	10	各	10	哪	10
那边	10	哪个	9	怎么办	8	各位	7	哪些	7
彼此	6	自家	6	多少	5	自个	5	这点	4
本地	4	有些	4	大伙儿	4	某些	4	这边	4
这么	4	其他	4	各自	4	此	4	哪儿	4
各个	3	其中	3	几时	3	诸位	3	诸	3
那样	3	什么样	3	那时	3	哪里	2	各种	2
这会儿	2	怎	2	他人	2	俺们	2	此行	1
本人	1	各国	1	各人	1	后者	1	某	1
哪边	1	其	1	有的	1	在下	1	这么些	1
旁人	1								

（二）单字动词V的V一V式左右邻接情况

1. 单字动词V的V－V式左邻接情况

表15 左邻接频次在10次和10次以上的词类或词形

标点符号	1321	*代词*	1172	*典型名词*	928	去	456	*人名*	397
地	301	要	249	*典型动词*	243	想	237	好好	229
来	206	再	202	里	110	上	104	先	101
可以	97	就	67	不	67	也	55	仔细	55

续表

略	52	得	51	出去	50	应该	49	细	44
又	41	该	40	能	35	着	34	都	31
多	26	是	25	不妨	25	还是	24	进去	23
出来	23	的	23	只要	21	还要	21	没有	20
前	19	过去	19	家	18	暂时	18	敢	18
过来	18	认真	18	上去	18	回去	17	随便	17
需要	16	下	16	会	16	愿意	16	给	16
设身处地	15	就要	15	只是	15	只	15	轻轻	14
一起	14	起来	14	下来	14	亲眼	14	顺便	14
外	13	个人	13	了	13	后	13	连	12
快	12	下去	12	亲自	12	*地名*	10	儿	10
就是	10								

表 15 中左邻代词的详情如表 16 所示。

表 16 单字动词 V 一 V 式重叠的左邻接代词

你	256	我	240	他	190	她	116	大家	62
我们	47	他们	38	这里	37	你们	31	自己	28
那里	19	咱们	12	您	10	它	9	她们	8
这样	8	那儿	5	人们	4	大伙	4	那样	4
这边	3	各处	3	自身	3	彼此	3	这么	3
谁	2	那边	2	这儿	2	这些	2	那	2
它们	2	别人	2	诸位	1	本人	1	各地	1
各位	1	多少	1	这个	1	其	1	哪里	1
那个	1	这	1	咱	1	俺	1	他人	1
什么	1	哪个	1						

2. 单字动词 V 的 V 一 V 式右邻接属性

表 17 右邻接频次在 10 次和 10 次以上的词类或词形

标点符号	4727	*典型名词*	977	*代词*	785	*典型动词*	308	*人名*	290
吧	216	的	133	就	99	了	97	呢	56
也	41	再说	34	嘛	32	吗	31	才	25
又	25	啊	20	好	20	再	18	胸	16
呀	16	不	14	是	13	去	12	在	11
道	11	小	10	都	10				

表 17 中右邻代词的详情如表 18 所示。

表 18 单字动词 V 一 V 式重叠的右邻接代词

他	138	她	83	这	75	我	74	自己	74
你	70	那	45	这个	32	我们	25	他们	23
那些	16	那个	13	它	11	这些	10	你们	9
这样	5	什么	5	其他	5	它们	5	咱	5
谁	4	她们	4	怎么	4	各	4	这里	4
大家	3	别人	3	彼此	3	此	3	别的	2
那边	2	那儿	2	各个	2	咱们	2	自家	2
您	2	诸位	2	如何	2	那里	2	这边	1
咋	1	怎样	1	其中	1	自我	1	某个	1
俺	1	其他	1	那样	1	有些	1		

(三) 单字动词 V 的 V 了 V 式左右邻接属性

1. 单字动词 V 的 V 了 V 式左邻接属性

表 19 左邻接频次在 10 次和 10 次以上的词类或词形

人名	2746	*代词*	2465	*典型名词*	2463	*标点符号*	1916	地	1362
典型动词	505	又	406	上	296	里	200	去	101
仔细	96	轻轻	84	来	81	轻轻地	75	着	70
前	68	也	63	微微	59	下	56	就	56
的	53	只是	47	用力	39	还	39	便	37
起来	37	四周	37	外	36	起头	35	过去	33
左右	31	互相	29	面前	29	四下	28	勉强	28
后	28	然后	28	身边	26	过来	24	只	24
往后	24	儿	24	先	23	眼前	23	身上	21
身	20	都	20	四处	20	才	18	边	18
认真	17	但	17	过头	16	突然	16	随便	16
旁边	16	不住	15	门口	15	相互	15	跟前	15
再次	15	上去	14	中	14	出来	14	微微地	13
腕	13	不由得	13	一边	12	似的	12	地上	12
怀里	12	远处	11	简单	11	再	11	顺便	10
次	10	略	10						

表 19 中左邻代词的详情如表 20 所示。

表 20　单字动词 V 了 V 式重叠的左邻接代词

他	988	我	804	她	486	他们	27	大家	22
那边	17	这边	16	自己	13	你	13	它	12
这里	10	那里	9	我们	8	这儿	7	各处	4
那儿	4	那样	3	人们	3	大伙	2	这么	2
它们	2	这时	2	大伙儿	1	彼此	1	别人	1
她们	1	哪里	1	那	1	本人	1	您	1
怎么	1	这会儿	1	你们	1				

2. 单字动词 V 的 V 了 V 式右邻接属性

表 21　右邻接频次在 10 次和 10 次以上的词类或词形

标点符号	6900	*典型名词*	3470	*代词*	1464	*典型动词*	1090	*人名*	923
又	124	小	38	就	36	身上	32	四周	31
被	24	后	23	才	23	周围	20	腕	19
一	19	窗外	18	没	17	旁边	17	还是	17
大	16	不	16	两	16	没有	14	满	14
胸	13	便	13	身边	11	下	11	桌	10
天上	10	门口	10	三	10	上面	10	正在	10
身旁	10								

表 21 中左邻代词的详情如表 22 所示。

表 22　单字动词 V 了 V 式重叠的右邻接代词

他	374	我	307	她	254	自己	189	那	124
这	50	那个	32	他们	24	那些	18	这个	18
它	14	我们	9	大家	8	什么	4	这些	4
其他	4	你	3	每	3	它们	3	各自	2
大伙	2	其余	2	她们	1	别人	1	此	1
这么	1	怎样	1	各	1	各人	1	其中	1
有些	1	彼此	1	为什么	1	哪儿	1	谁	1
那边	1	如何	1	怎么	1				

(四) 单字动词 V 的 V 了一 V 式左右邻接属性

1. 单字动词 V 的 V 了一 V 式左邻接属性

表 23 左邻接频次在 2 次和 2 次以上的词类或词形

地	167	*典型名词*	123	*标点符号*	123	*人名*	109	*代词*	107
又	19	上	16	*典型动词*	15	就	12	里	10
的	7	来	6	面前	6	也	6	勉强	5
只	5	仔细	5	还	4	略	4	空中	4
轻轻	4	微微	4	不禁	4	着	4	轻轻地	3
身上	3	稍为	3	外	3	身	3	略为	3
下	3	中	3	暗自	2	包	2	不觉	2
去	2	出来	2	倒是	2	前	2	用力	2
只是	2	还是	2	终于	2	略微	2	二	2
两边	2	里面	2	后来	2	起头	2	微微地	2
似乎	2	眼前	2	向前	2	先	2	四面	2

表 23 中左邻代词的详情如表 24 所示。

表 24 单字动词 V 了一 V 式重叠的左邻接代词

他	54	我	28	她	19	那里	2	这里	1
他们	1	什么	1	那边	1				

2. 单字动词 V 的 V 了一 V 式右邻接属性

表 25 右邻接的词类或词形

标点符号	784	*典型动词*	49	*典型名词*	28	*代词*	14	又	8
就	4	*人名*	4	才	2	也	2	往	2
忙	1	罢了	1	后	1	后面	1	还是	1
毕竟	1	而已	1	两	1	满	1	桌	1
么	1	瓶	1	下	1	向	1	小	1
眼前	1	衣	1	再说	1	只好	1	周围	1

表 25 中右邻代词的详情如表 26 所示。

表 26 单字动词 V 了一 V 式重叠的右邻接代词

那	3	他	3	她	2	自己	2	大家	1
那些	1	这	1	这个	1				

程度副词加形容词的线性邻接属性调查*

赵 瑾

○ 引言

(一) 调查对象

本文选取程度副词中比较高频和意义用法有代表性质的5个副词，同形容词组成形容词短语，文中简称为“程形短语”。这些短语包括：

“很”＋形容词，简称“很形短语”

“比较”＋形容词，简称“比较形短语”

“非常”＋形容词，简称“非常形短语”

“挺”＋形容词，简称“挺形短语”

“最”＋形容词，简称“最形短语”

我们所用的形容词词表共有2354个词，最初来自北京大学计算语言所的《现代汉语语法信息词典》(1996年版)，后来有所增减。

本文给出以上各种程形短语形式对于不同语料的分布数据，以及左右线性邻接数据。所谓线性邻接指的是把文本看成词语的线性串，在这个串中词语之间的邻接关系，也称接续关系。这种邻接是同句法结构之间的邻接关系不同的。例如“我国最大电缆企业”中，“最大”同“电缆”是线性邻接关系，并不是结构邻接关系。“我国”同“最大”既是线性邻接，也是结构邻接。

(二) 研究方法

程形短语的识别采用人机结合的方法。先利用检索软件CCRL对大规模文本自动切分，再制定一些比较宽松的提取规则，把分词结果中的疑似的程形短语尽量无遗漏地找出来，然后由人来逐个甄别，去伪存真。所

---

* 摘自赵瑾2004年硕士学位论文《几种程形短语的自动识别方法和语法特征的大规模调查研究》。

用的形容词词表共有 2354 个词，最初来自北京大学计算语言所的《现代汉语语法信息词典》(1996 年版)，后来有所增减。

程形短语的分布调查和线性邻接属性的调查也是基于大规模的真实文本库，采用人机结合的方法完成的。

(三) 语料介绍

语料主要是小说文本，包括“当代内地小说文本库”、“现代名家小说文本库”和“《人民日报》文本库”。

当代内地小说文本库主要收录了中华人民共和国成立以后到现在的内地作家的小说，约有 7982 万字。

现代名家小说文本库主要收录了五四运动以后到中华人民共和国成立前这段时期内的名家小说，约有 1957 万字。

《人民日报》文本库收录了 1993—1994 年，1996—2000 年共 7 年的《人民日报》，约有 15,418 万字。

一、程形短语在不同语料库中的分布

下面表格中提到的“比率”的含义是(程形短语出现次数/所在语料库的字数)×100 万。

表 1 程形短语在不同语料库中的分布

程形短语 / 语料	很形短语		非常形短语		最形短语		挺形短语		比较形短语	
	频次	比率	频次	比率	频次	比率	频次	比率	频次	比率
当代内地小说	82,842	1038	8133	102	25,931	325	5575	70	3816	48
现代名家小说	19,990	1021	1643	84	6256	320	330	17	604	31
《人民日报》	63,553	412	11,652	76	88,912	577	663	4	13,712	89

二、程形短语在不同语料库中的邻接统计

(一) 程形短语在不同语料库中的左邻接统计

表 2　程形短语在当代内地小说库中的前 20 个高频左邻接词语及邻接频次

很形短语	得	7355	，	5471	是	4398	也	3302	了	2694
	我	2280	都	2200	他	1640	就	1152	她	1129
	一个	1044	有	977	的	873	已经	844	觉得	785
	显得	727	还	700	却	680	。	665	心里	645
比较形短语	是	203	，	200	得	182	也	153	就	116
	一个	100	都	98	的	83	还	82	还是	70
	种	55	有	41	了	41	个	38	。	38
	会	33	我	32	人	31	上	27	情况	27
非常形短语	，	751	得	656	是	645	一个	250	我	217
	他	196	也	167	都	160	感到	136	心里	127
	她	112	显得	112	种	107	就	100	觉得	99
	却	96	个	91	的	89	了	86	又	72
挺形短语	得	544	，	400	还	358	也	340	都	234
	是	229	“	158	我	120	觉得	119	倒	99
	的	83	人	80	还是	79	他	66	一个	53
	倒是	53	你	53	个	52	她	48	心里	45
最形短语	，	2179	是	1796	的	1678	。	749	上	649
	中	648	得	608	我	452	了	426	、	379
	在	314	一个	299	他	288	里	236	“	214
	以	201	她	197	用	194	人	179	也	167

表 3 程形短语在现代名家小说库中的前 20 个高频左邻接词语及邻接频次

很形短语	得	1917	是	1591	，	1409	也	796	都	456
	不	455	我	404	他	365	有	354	就	334
	觉得	309	了	287	的	271	一个	254	她	251
	还	173	着	173	个	165	却	161	又	142
比较形短语	是	65	，	48	也	36	得	30	一个	21
	就	13	的	13	。	8	在	8	她	7
	种	7	都	7	个	6	有	5	但	5
	我	5	因为	5	时间	4	用	4	生活	4
非常形短语	，	213	得	170	是	142	觉得	73	我	45
	他	40	心里	39	也	33	就	31	都	30
	她	19	一个	17	感到	16	人	14	声音	14
	又	14	的	14	了	13	却	12	显得	10
挺形短语	得	55	，	27	也	15	倒	12	他	10
	还	8	就	8	是	7	着	7	都	6
	觉得	6	一个	5	的	4	倒是	4	子	4
	种	4	可是	4	她	4	还是	4	——	3
最形短语	是	544	，	510	的	415	。	223	中	141
	得	138	上	137	一个	100	了	77	为	69
	个	69	在	63	我	62	那	57	里	56
	他	56	用	55	、	54	也	47	我们	46

表 4 程形短语在《人民日报》库中的前 20 个高频左邻接词语及邻接频次

很形短语	了	6487	，	3207	有	3075	得	2732	是	2474
	也	2237	都	1525	一个	1228	还	1152	具有	1096
	在	1081	就	963	潜力	750	我	518	却	509
	还有	479	仍	451	他	412	感到	403	得到	378

续表

比较形短语	还	690	了	669	得	474	也	424	，	418
	是	402	都	348	一个	282	问题	241	经济	207
	有	192	就	183	现象	151	文化	149	发展	136
	的	134	条件	121	和	113	形成	111	情况	110
非常形短语	是	1259	，	640	感到	586	一个	398	得	386
	了	288	“	229	也	224	都	212	关系	169
	具有	165	我	140	表示	120	他	116	有着	104
	、	101	有	95	也是	85	发展	83	访问	77
挺形短语	得	66	，	56	也	46	还	40	都	27
	是	14	觉得	14	“	11	还是	10	人	9
	就	8	我	7	他	7	去	6	着	6
	起来	6	却	6	倒	6	确实	5	一个	5
最形短语	的	9274	，	6672	上	2701	是	2417	、	2251
	历史	1805	规模	1621	中	1497	全国	1311	世界	1302
	。	1186	我国	1159	了	921	和	750	中国	749
	以来	598	“	593	得	588	以	555	发展	548

（二）程形短语在不同语料库中的右邻接统计

表 5　程形短语在当代内地小说库中的前 20 个高频右邻接词语及邻接频次

很形短语	，	30,144	。	14,430	的	14,418	地	5010	了	1804
	很	1214	时间	639	：	550	！	517	吗	451
	；	393	就	380	一	336	？	307	……	306
	、	299	说	236	才	227	没有	223	吧	208
比较形短语	，	1282	的	1171	。	737	了	109	地	105
	；	31	？	92	：	20	……	15	吧	14
	、	13	呢	9	——	8	！	8	解决	6
	说话	6	理解	5	说	5	）	5	比较	5

续表

非常形短语	，	2954	。	2002	的	1885	地	561	了	98
	：	84	！	62	、	49	；	46	非常	29
	……	22	——	17	他	17	自己	13	又	12
	的话	11	起来	10	也	10	这	10	于	8
挺形短语	的	2166	，	1612	。	968	地	122	吗	69
	！	63	挺	56	？	44	呢	32	：	31
	嘛	29	了	27	呀	25	儿	24	吧	21
	……	21	；	20	啊	19	、	13	么	11
最形短语	的	16,744	，	1638	。	875	最	678	、	420
	也	215	不过	165	了	139	是	127	指示	116
	限度	88	之	85	境界	76	一	73	地	72
	的话	68	只能	67	！	67	法院	67	？	66

表 6　程形短语在现代名家小说库中的前 20 个高频右邻接词语及邻接频次

很形短语	，	6504	的	5687	。	3047	地	1059	了	385
	很	237	！	217	；	199	：	186	似的	98
	吗	75	就	73	——	66	”	47	么	43
	的话	40	呢	38	、	37	吧	29	我	29
比较形短语	的	249	，	178	。	87	了	16	些	15
	地	12	）	4	写	4	多	3	得	3
	懂	3	；	3	伺候	2	起来	2	看	2
	生物	2	解决	2	得到	2	混	2	一	2
非常形短语	，	646	。	468	的	287	地	48	了	36
	：	19	；	18	！	18	似的	9	”	6
	）	6	——	6	呢	5	……	5	自己	4
	有	3	、	3	起来	3	解决	2	达到	2

续表

挺形短语	的	97	，	88	。	62	地	36	！	8
	：	6	挺	5	儿	3	呢	3	；	3
	——	2	吗	2	？	2	一	1	、	1
	呀	1	不	1	梆	1	做人	1	动	1
最形短语	的	4171	，	583	。	260	最	200	、	62
	不过	36	；	32	也	30	处	29	是	28
	之	27	了	25	而	20	！	20	学府	20
	理想	20	者	15	的话	15	地	12	？	12

表7　程形短语在《人民日报》库中的前20个高频右邻接词语及邻接频次

很形短语	的	16,345	，	15,515	。	9903	地	1801	程度	1174
	变化	623	发展	582	：	537	成绩	455	提高	378
	、	360	了	338	时间	286	就	274	；	272
	有	260	在	252	很	235	影响	233	差距	225
比较短语	的	5353	，	4480	。	2225	地	517	、	325
	；	173	”	57	了	54	：	29	地区	20
	解决	18	？	18	和	17	等	16	时	15
	而	10	比较	10	理解	9	的话	9	做到	9
非常形短语	的	3759	，	3295	。	3234	地	366	”	199
	、	112	：	97	；	46	有	38	能	37
	和	32	！	26	而	25	在	24	了	24
	与	14	#	12	并	11	』	10	能够	9
挺形短语	，	232	的	189	。	145	地	13	：	12
	”	12	！	8	挺	5	吗	4	嘛	4
	；	3	呢	2	时间	2	、	2	？	2
	|	2	（	2	——	2	“	1	……	1

续表

最形短语	的	47,594	、	3804	人民法院	2421	，	2104	限度	1581
	水平	1481	纪录	1244	。	1098	法院	716	最	631
	一	553	统计	380	水位	373	努力	367	领导人	355
	苏维埃	339	奖	313	成果	304	化	282	发展	279

"不"加形容词的短语分布和线性邻接属性调查*

颜　伟

○　引言

本文考察"不"加形容词组成的词组，在文中简称"不形短语"。

从形容词的内部分类上，本文中说的形容词指的是朱德熙在《语法答问》(1984年)中的性质形容词。本文研究的是使用否定副词"不"对形容词进行否定的一种形式。

本文工作基于大规模文本语料库。除表1以外，所用的主要语料是当代内地作家作品文本库，有近8000万字，包括当代400余位作家1300多部作品。首先是设计初步的粗提规则，利用检索工具CCRL，尽量无遗漏地提取不形短语的候选实例。然后人工逐个检查候选实例，排除错误实例，对正确的实例进行分布调查和线性邻接关系统计。

本文工作分词和检索使用的是北京语言大学语言信息处理研究所开发的CCRL检索工具，该工具中形容词词表是以北京大学计算语言所的《现代汉语语法信息词典》中的形容词为基础并有所扩充。

一、不形短语的分布特征调查

(一) 不形短语在不同语料库中的分布

表1　不形短语在不同文本库中的分布统计

文本集 / 短语	现代名家作品文本库		当代内地作品文本库		《人民日报》文本库	
	频次	频率	频次	频率	频次	频率
不形短语	21,135	10.79	93,717	11.75	67,733	4.39

* 摘自颜伟2005年硕士学位论文《"不形"短语的自动识别方法和特征的大规模调查研究》。

注:表中频率指的是频次除以文本库字数,为了方便直观,计算结果扩大了10,000倍。

(二)不形短语内的形容词分布

在经过人工甄别和整理过的当代内地小说文本作品集的93,717个不形短语实例中涉及的形容词的词形有1315个,其中出现频次大于20的有359个,见表2。

表2 不形短语实例中形容词频次表

好	13,032	清	5117	多	3319	对	2868	一样	2755
容易	2353	清楚	2297	高兴	1967	大	1911	少	1899
足	1793	远	1675	小	1467	要紧	1446	舒服	1385
满意	999	高	924	早	841	准	768	客气	749
难	742	明白	656	愉快	632	合适	625	自觉	612
方便	611	透	606	自在	549	妙	541	公平	539
正常	522	自然	513	长	479	快	462	坏	456
小心	456	急	453	相同	427	稳	414	正	393
全	391	对劲	390	简单	380	懂事	367	完全	358
假	354	好看	339	重要	336	痛快	300	对头	293
忙	291	差	288	响	282	好受	274	饱	271
平	270	顺眼	259	饿	250	熟悉	244	迟	243
真实	243	轻	242	值钱	236	合理	226	好过	222
亮	214	寻常	211	干净	210	累	210	老实	209
中用	201	散	198	要命	198	成熟	196	熟	196
踏实	196	顺	193	生气	192	活	191	乱	188
成功	186	光彩	184	老	184	巧	184	重	168
平衡	167	满	166	一般	166	吉利	164	后悔	163
深	159	知名	158	奇怪	157	着急	155	低	153
管用	152	漂亮	151	晚	151	冷	147	如意	147
可靠	146	安全	145	好听	144	近	144	安分	143
开心	143	浅	140	景气	139	协调	135	自由	133
稀罕	132	强	131	平等	130	公正	129	正当	127
俗	125	顺心	124	正经	124	健康	123	短	122
平凡	122	齐	120	痛	117	虚	117	含糊	116
一致	116	美	114	稳定	110	像话	109	碍事	108
规则	108	勉强	108	平静	106	整	106	正确	105
傻	104	热	103	主动	103	可信	102	实	102
快乐	99	白	98	理想	98	现实	96	真	96
过分	94	好吃	92	烂	91	妥当	91	认真	90

续表

紧	89	严	89	负责	87	破	87	彻底	85
幸福	85	薄	82	好走	81	直接	81	平常	80
安宁	79	烦	79	中听	79	慌	78	顺利	78
适宜	77	放松	75	直	75	准确	75	明	74
香	74	好找	73	年轻	72	和谐	71	穷	69
安稳	68	体面	67	安定	66	净	66	团结	66
安心	65	乐	64	硬	64	完整	63	冷静	62
畅	61	开窍	61	明确	61	可怕	60	快活	60
亲	60	诚实	59	吃亏	59	纯	59	红	59
恰当	59	笨	58	大好	58	困	58	陌生	58
细	58	聪明	57	怪	57	闲	57	新鲜	57
糊涂	56	紧张	56	空	56	友好	56	难看	55
渴	54	牢	54	希罕	54	保险	53	得劲	53
发达	53	革命	52	积极	52	淡	51	得意	51
苦	51	努力	51	匀	51	合算	50	瘦	50
咸	50	精	49	难过	49	健全	48	害臊	47
好玩	47	伤心	47	卫生	47	安静	46	称职	46
富	46	文明	46	稀奇	46	偏	45	充分	44
丑	44	臭	44	害羞	44	黑	44	科学	44
寂寞	43	严肃	43	忠实	43	连贯	42	复杂	41
可取	41	分明	40	检点	40	解恨	40	灵活	40
显眼	40	整齐	40	凑巧	39	合法	39	结实	39
慢	39	明显	39	软	39	适用	39	相宜	39
圆	39	划算	38	可惜	38	宽	38	凉	38
难受	38	仗义	38	真切	38	可爱	37	用心	37
完美	36	经心	35	清晰	35	太平	35	为难	35
长久	34	富裕	34	喜	34	冤	34	般配	33
得体	33	坚定	33	谦虚	33	清爽	33	弱	33
熟练	33	仔细	33	矮	32	便宜	32	费事	32
可怜	32	牢靠	32	明智	32	轻松	32	全面	32
松	32	统一	32	公开	31	激动	31	利索	31
随便	31	痛苦	31	严重	31	常见	30	单纯	30
地道	30	干脆	30	适当	30	正派	30	集中	29
具体	29	均匀	29	顺手	29	称心	28	合群	28
舒坦	28	高明	27	顺耳	27	用功	27	沉	26
到家	26	公道	26	合身	26	肥	25	感动	25
宽容	25	清白	25	实在	25	完善	25	固定	24

续表

厚	24	灰心	24	宽裕	24	清醒	24	确切	24
湿	24	像样	24	肯定	23	少见	23	实际	23
周全	23	纯粹	22	困难	22	勤	22	舒适	22
新	22	在行	22	自私	22	恭敬	21	光	21
广	21	可笑	21	浪漫	21	碎	21		

表 3 当代内地小说中左边未与"不"邻接的形容词列表

哀愁,哀戚,哀伤,哀痛,矮小,碍眼,安康,安澜,安谧,安闲,安详,谙练,暗淡,暗昧,黯淡,肮脏,昂贵,熬心,拗口,傲岸,奥博,奥妙,拔尖儿,跋扈,白净,板实,板正,板滞,保温,抱歉,暴戾,暴虐,暴躁,卑贱,卑劣,卑怯,卑污,卑下,悲凉,背晦,背静,背谬,背时,背运,悖晦,鄙吝,鄙陋,鄙俗,必要,蔽塞,便捷,辨证,辩证,标致,憋闷,别致,蹩脚,驳杂,薄情,薄弱,不安,不便,不错,不当,不道德,不得劲,不得已,不端,不对,不公,不够,不轨,不好,不好意思,不合时宜,不和,不景气,不久,不快,不赖,不力,不利,不良,不灵,不满,不名誉,不妙,不明,不配,不平,不起眼,不巧,不人道,不善,不少,不慎,不适,不通,不同,不妥,不像话,不行,不幸,不宜,不易,不周,不足,残,残暴,惨毒,惨重,灿烂,仓促,仓惶,仓卒,苍白,苍凉,操切,操神,嘈杂,岑寂,差劲,缠绵,缠手,昌盛,猖獗,猖狂,长足,敞亮,怅惘,畅达,沉闷,沉毅,沉郁,诚笃,诚朴,诚挚,吃得开,吃重,弛缓,弛懈,迟钝,迟滞,持重,赤忱,赤诚,充畅,崇洋,稠密,丑恶,淳厚,醇和,醇厚,蠢笨,慈爱,慈和,慈善,慈祥,匆促,匆猝,聪慧,聪敏,聪颖,粗笨,粗鄙,粗糙,粗大,粗豪,粗劣,粗陋,粗率,粗浅,粗实,粗疏,粗重,脆生,呆笨,呆傻,呆滞,怠惰,单弱,胆大,淡漠,淡雅,低凹,低沉,低缓,低廉,低劣,低平,低洼,低微,敌对,癫狂,刁悍,刁滑,刁顽,刁钻,凋敝,动荡,陡峻,陡直,毒辣,独裁,独到,独特,短促,短浅,短暂,敦厚,敦实,钝,扼要,耳生,乏力,烦乱,烦难,烦冗,烦琐,烦嚣,烦杂,繁博,繁多,繁丽,繁忙,繁茂,繁密,繁难,繁缛,繁芜,繁杂,放诞,肥大,肥美,肥胖,肥实,肥硕,肥壮,费工,费钱,费时,纷繁,纷乱,愤激,丰茂,丰美,丰沛,丰饶,丰润,丰硕,丰盈,丰裕,丰足,肤泛,肤浅,伏贴,伏帖,浮泛,浮华,浮艳,腐朽,富贵,富强,富饶,富庶,富态,干旱,干燥,甘美,甘甜,刚愎,刚健,刚劲,刚烈,刚毅,刚正,刚直,戆直,高昂,高超,高洁,高峻,高亢,高妙,高强,高涨,个别,各别,耿直,梗直,鲠直,工巧,工细,工致,恭顺,孤高,孤寂,孤苦,孤僻,古奥,古旧,古朴,古雅,古拙,乖觉,乖僻,怪异,光辉,光溜,广博,犷悍,诡怪,诡秘,诡异,诡诈,鬼祟,聒耳,聒噪,果敢,果决,过火,骇怪,骇异,酣畅,憨厚,憨直,寒苦,寒冷,寒微,豪放,豪横,豪迈,豪爽,豪壮,好胜,好使,好耍,好说,浩大,浩繁,和畅,和缓,和乐,和暖,和婉,和煦,和易,和悦,狠毒,横蛮,红润,宏大,宏赡,宏伟,洪大,厚实,厚重,华贵,华丽,华美,滑溜,滑腻,滑润,滑头,欢畅,欢快,欢乐,欢欣,欢娱,缓和,缓慢,荒乱,荒僻,荒芜,荒淫,慌忙,惶惑,惶恐,诙谐,慧黠,昏暗,昏沉,昏乱,浑厚,浑朴,浑浊,混沌,混乱,混浊,豁朗，豁亮，活便，活络，火暴，火炽，机敏，机智，激愤，激进，激切，及时，急促，急进，急迫，棘手，瘠薄，寂静，寂寥，奸猾，奸险，奸邪，奸诈，尖利，尖酸，坚苦，坚韧，坚毅，间接，艰巨，艰危，艰险，俭朴，俭省，简便，简古，简捷，简括，简略，简朴，简要，简约，健谈，健旺，娇痴，娇贵，娇憨，娇媚，娇娆，娇小，娇羞，娇艳，骄慢，焦炙，焦灼，侥幸，狡狯，狡黠，矫健，矫捷，节俭，杰出，拮据，紧凑，紧急，紧俏，紧缺，惊惧，惊险，晶莹，精辟，精当，精干，精良，精美，精妙，精巧，精锐，精深，精湛，精壮，静穆，窘促，窘迫，拘板，巨大，娟秀，倔犟，倔强，矍铄，俊美，俊俏，俊秀，峻峭，开豁，坎坷，康健，康乐，康宁，靠不住，靠得住，苛细，可鄙，可恶，可观，可嘉，可气，可憎，恳切，恳挚，空乏，空泛，空幻，空阔，空廓，空前，空疏，口紧，枯涩，枯瘦，苦寒，苦涩，酷烈，酷虐，酷热，夸诞，快慰，宽畅，宽泛，宽广，宽旷，宽阔，宽舒，狂暴，狂乱，魁梧，困惫，困厄，困乏，困倦，困人，阔绰，阔气，廓落，拉杂，邋遢，辣手，懒散，烂糊，浪荡，劳顿，劳乏，劳苦，老辣，老气，潦草，潦倒，类似，冷寂，冷峭，离奇，廉价，廉正，脸软，练达，良善，凉爽，亮堂，辽阔，辽远，撩乱，缭乱，了不得，了不起，凛冽，玲珑，凌厉，零乱，零落，零散，零碎，流气，卤莽，率真，率直，乱腾，乱杂，落拓，卖劲，漫长，曼妙，忙碌，忙乱，茫然，毛糙，毛躁，茂，茂密，冒失，没脸，没谱，没趣，没羞，闷倦，闷气，闷热，朦胧，迷离，密集，密实，密致，绵，绵密，绵软，面生，面熟，渺茫，藐小，敏锐，明畅，明澈，明达，明慧，明净，明快，明丽，明媚，命苦，摩登，默契，拿手，内秀，耐饥，耐热，耐酸，耐用，难免，难忘，难闻，能动，能干，泥泞，牛气，浓黑，浓密，浓郁，偶然，滂沱，蓬松，皮实，疲顿，疲软，僻静，偏远，剽悍，飘洒，贫乏，贫寒，贫瘠，贫贱，贫苦，贫穷，贫弱，平和，平滑，平缓，平展，平正，泼辣，破旧，破烂，破碎，铺张，朴实，朴直，凄惨，凄怆，凄婉，齐备，奇丽，奇妙，奇巧，奇异，崎岖，绮丽，气闷，谦卑，谦恭，谦和，浅陋，浅露，浅显，欠佳，歉疚，强横，强劲，抢手，巧妙，切当，怯懦，怯弱，勤恳，勤苦，勤劳，勤勉，青翠，轻捷，轻快，轻狂，轻率，轻飘，轻柔，轻佻，轻微，清澈，清醇，清淡，清苦，清冷，清凉，清明，清贫，清瘦，清馨，清秀，清雅，清幽，晴和，穷困，穷酸，曲折，绕嘴，热忱，热诚，热和，热火，仁厚，荣幸，荣耀，冗长，柔嫩，柔韧，柔软，柔弱，软和，睿智，润湿，弱小，丧气，森严，沙哑，少有，深广，深切，深邃，深远，深重，神妙，神速，审慎，生涩，省便，湿润，世故，适度，适量，适时，适中，守旧，瘦瘠，瘦削，瘦小，舒畅，疏懒，疏松，衰老，衰弱，帅气，爽朗，爽直，顺服，死，松脆，松软，松散，酥脆，酥软，肃静，肃穆，素淡，素朴，素雅，酸软，酸辛，随群，琐细，坦缓，特出，恬淡，恬静，恬适，甜香，贴题，停当，挺拔，透辟，湍急，拖沓，妥实，外向，完好，顽钝，顽皮，顽强，宛转，旺盛，危急，危重，威严，微薄，微贱，微妙，微弱，微细，微小，温存，温厚，温热，文静，紊乱，稳便，稳健，稳练，污浊，无礼，无理，无能，无情，无味，芜杂，武断，稀少，稀薄，稀少，稀疏，稀松，洗练，细发，细密，细嫩，细巧，细润，细弱，细碎，细微，细小，狭小，纤巧，纤弱，纤细，纤小，鲜嫩，闲散，闲雅，贤淑，娴静，娴雅，显赫，显明，显目，显要，险峻，险要，险诈，现眼，相近，相像，详密，详明，详实，祥和，消极，逍遥，萧条，嚣张，小巧，晓畅，邪行，谐美，心浮，心切，心细，辛辣，辛劳，欣慰，新巧，新异，醒豁，醒眼，幸运，凶悍，凶狂，凶猛，凶险，汹涌，雄伟，秀丽，秀美，秀媚，秀气，秀雅，虚浮，虚荣，轩敞，玄乎，玄妙，悬殊，绚烂，绚丽，驯熟，驯顺，迅捷，迅猛，押韵，牙碜，严寒，严峻，严酷，严明，严整，严正，眼生，眼熟，艳丽，洋气，妖媚，妖气，妖娆，妖艳，杳渺，窈窕，野蛮，宜人，异常，抑郁，阴暗，阴沉，阴毒，阴冷，阴凉，阴森，荫凉，殷切，殷实，隐晦，英明，英武，英勇，颖慧，颖悟，硬棒，庸碌，勇猛，勇武，优厚，优柔，优异，优裕，幽暗，幽寂，幽深，幽婉，幽闲，幽雅，悠长，悠久，悠闲，悠扬，油腻，有害，有理，有力，有利，有钱，有神，有限，有效，有益，有用，诱人，迂腐，迂缓，迂阔，迂曲，迂拙，愚陋，愚鲁，愚蒙，愚懦，愚顽，愚妄，愚昧，愚拙，郁闷，郁热，郁悒，渊博，渊深，原始，圆润，匀净，匀实，匀整，允当，杂沓，脏乱，燥热，扎耳朵，窄小，珍奇，珍异，真挚，缜密，镇定，狰狞，正统，直率，质朴，致密，忠顺，周到，周详，专断，专横，庄严，壮观，壮健，壮美，卓越，拙笨，拙劣，茁实，自傲，尊贵

二、不形短语左右邻接特征调查

在调查过程中，标点、人名、地名、机构名、商标和数词进行了归并，它们都是以类的身份出现的。这里数词指的是阿拉伯数字串和多于一个符号的中文数字串，一个中文数字符号未归入数词中。

（一）不形短语左邻接特征调查

不形短语左边共邻接了 6037 个词语或类。邻接频次大于 20 的见表 4，其中斜体表示词类。

表 4　不形短语左邻接词语或词类及其频次列表

标点	7388	也	5935	很	2643	说	2360	就	1920
是	1915	的	1769	都	1746	还	1646	得	1488
我	1430	看	1240	弄	1172	*人名*	1037	什么	960
又	910	你	803	他	711	搞	692	人	653
真	642	太	637	大	627	可	564	有些	557
有点	511	这	504	了	501	分	500	记	481
听	457	她	454	觉得	416	数	413	吃	400
时间	377	一个	361	已经	355	极	347	一点	340
却	333	而	329	有	328	更	323	想	311
种	306	并	295	身体	281	天	275	怎么	270
个	268	心里	262	摸	260	闹	257	倒	250
就是	249	能	236	最	233	多	225	还是	225
为什么	224	心情	218	猜	215	那	213	睡	213
着	203	在	200	这样	194	自己	193	会	192

续表

事	188	拿	184	我们	184	既	183	虽然	173
从	169	话	169	关系	165	虽	161	实在	160
啥	159	真是	153	这么	148	问题	147	也是	145
做	144	完全	140	感到	139	岂	139	和	138
已	136	当然	129	他们	127	非常	126	声音	123
事情	123	上	122	长	120	时候	120	影响	120
一些	118	家	113	里	113	别人	112	过	112
越	112	钱	111	洗	108	越来越	108	才	107
打	107	确实	107	日子	106	多么	104	情况	104
之	103	活	102	挺	102	*地名*	100	脸色	99
站	99	或	97	但	96	出	95	地	94
这个	94	感觉	93	个子	93	总是	93	走	91
写	90	大事	89	地方	89	脸	89	谁	89
没什么	87	年纪	86	情绪	86	那么	84	怕	83
总	83	便	81	儿	81	态度	81	一直	81
说话	80	一定	80	各	79	心	79	治	79
没有	78	命	78	如果	78	一	78	讲	77
女人	77	件	76	颇	76	要是	75	与	75
句	74	捉摸	74	现在	73	工作	72	眼睛	72
亦	72	出身	71	哪儿	71	你们	70	脾气	70
坐	70	点儿	69	点	68	纠缠	68	那些	67
十分	67	势	67	知	67	孩子	66	知道	66
它	65	这些	65	从来	64	干	64	可能	64
哪里	64	浑身	63	年	63	填	63	站立	63
可是	62	反而	61	高低	61	解释	61	口齿	61
起来	61	时	61	运气	61	吃惊	60	还有	60
去	60	认	60	尚	60	倒是	59	的确	59
名	58	算	58	养	58	东西	57	恐怕	57
路	57	远	57	子	57	怪	56	你好	56
凹凸	55	经验	55	水平	55	这里	55	自然	55
次	54	老	54	嫌	54	保	53	到	53
气	53	的话	52	急	52	像	52	中	52
生活	51	心理	51	用	51	分辨	50	要求	50
成绩	49	神志	49	理	48	全	48	认为	48
生意	48	许多	47	字	47	仍	46	特别	46
只是	46	把	45	办	45	根本	45	丝毫	45
天气	45	肯定	44	来	44	那个	44	身子	44

续表

死	44	一样	44	何	43	前面	43	思想	43
些	43	学	43	因为	42	印象	42	肚子	41
高	41	老实	41	似乎	41	兴趣	41	也许	41
咋	41	可以	40	男人	40	永远	40	本	39
个头	39	间	39	情形	39	神色	39	睡眠	39
一点儿	39	衣衫	39	处	38	其实	38	气氛	38
文化	38	显得	38	种种	38	作风	38	更加	37
早	37	这儿	37	摆	36	本来	36	规模	36
精神	36	绝对	36	名声	36	难道	36	身上	36
条	36	为	36	咸	36	效益	36	笔	35
当	35	叫	35	那样	35	若	35	说是	35
衣冠	35	意见	35	不对	34	道	34	房子	34
果然	34	今天	34	力	34	跑	34	数量	34
数目	34	条件	34	腿	34	位	34	下	34
显然	34	变化	33	底气	33	对	33	找	33
辩	32	到底	32	发现	32	估计	32	觉着	32
苗头	32	人数	32	仍然	32	手	32	书	32
味道	32	相当	32	一切	32	嘴	32	看好	31
神智	31	先	31	言	31	则	31	辨	30
不过	30	成分	30	段	30	人家	30	认识	30
头	30	此	29	福	29	画	29	妈	29
身材	29	所	29	信心	29	不但	28	过去	28
婚姻	28	能力	28	年龄	28	稍	28	声	28
数字	28	虽说	28	所以	28	天色	28	修	28
学习	28	言语	28	知识	28	表现	27	别	27
但是	27	个人	27	觉悟	27	看法	27	来路	27
势头	27	以	27	村	26	工夫	26	机会	26
记性	26	经济	26	久久	26	客人	26	面目	26
神经	26	效果	26	质量	26	病	25	大家	25
份	25	感情	25	股	25	将	25	立场	25
年岁	25	崎岖	25	如何	25	天天	25	相差	25
用处	25	房间	24	固然	24	口气	24	妈妈	24
那里	24	手脚	24	形势	24	凑	23	大概	23
量	23	母亲	23	如此	23	谈	23	腿脚	23
信	23	爸爸	22	毕竟	22	测	22	程度	22
呆	22	管	22	光线	22	或者	22	脚	22
她们	22	来头	22	力量	22	了解	22	路上	22

续表

面	22	偏	22	气色	22	情势	22	剩	22
水	22	喂	22	一时	22	把握	21	办事	21
读	21	法	21	风	21	工资	21	关	21
官	21	很多	21	开始	21	可能性	21	起伏	21
情	21	如	21	胃	21	想法	21	颜色	21
遇到	21	证据	21	只要	21	着实	21		

(二)不形短语右邻接特征调查

不形短语右边共邻接了3300个词语或类,邻接频次大于20的见表5,其中斜体表示词类。

表5　不形短语右邻接词语或词类及其频次列表

标点	50,011	的	11,128	了	5555	地	1652	是	914
不	849	吗	846	说	702	呢	558	啊	514
呀	447	他	443	就	424	吧	408	也	363
人名	321	办	290	这	287	她	273	自己	261
啦	236	之	226	你	218	我	215	再	213
一	210	而	175	嘛	174	*数字*	172	么	168
起来	161	着	153	去	151	见	140	儿	130
做	128	那	124	又	122	在	122	哩	106
时	104	有	104	哪	103	谁	96	道	95
问	95	还	94	和	93	会	93	什么	92
的话	91	就是	91	他们	89	使	88	要	85
于	81	为	76	把	75	说话	74	给	72
为什么	70	再说	68	但	65	得	65	对付	63
走	61	开口	60	来	59	理解	59	惹	59
打	58	看出	58	这个	58	点	57	人	57
讲	56	当	55	觉	55	哇	55	被	54
怎么	54	看	51	才	50	却	50	干	49
究竟	48	写	48	此行	47	两	47	向	47
告诉	46	弄	46	言	46	发现	45	呵	45
它	45	与	45	回答	43	几	42	吃	41
都	41	想	41	找	41	死	40	似的	40
便	39	交代	39	发作	38	跟	38	用	38
到	37	到底	37	或	37	谈	36	不对	35

续表

些	35	拒绝	34	买	34	我们	34	喝	33
叫	33	取	33	懂	32	下	32	对	31
随便	31	想象	30	找到	30	处理	29	饭	29
交待	29	惜	29	住	29	从	28	解决	28
让	28	睡	28	关系	27	话	27	留	27
一点	27	则	27	就要	26	跑	26	十	26
拿	25	女色	25	一个	25	罢了	24	半	24
东西	24	碰	24	事	24	像	24	搞	23
还是	23	三	23	时间	23	送	23	这些	23
做到	23	掉	22	能	22	你们	22	收场	22
直接	22	穿	21	怪	21	过	21	解释	21
可	21	眼	21	也是	21				

三、形容词和不形短语的邻接比较

（一）形容词和不形短语左邻接特征调查

表 6　形容词和不形短语左邻接词语（类）列表（按频度排列的前 20 位）

形容词	标点	12.67	的	5.79	很	2.73	不	2.63	是	1.96
	人名	1.94	我	1.43	他	1.21	空格	1.08	了	1.03
	得	1.01	一个	0.92	太	0.9	在	0.87	最	0.85
	就	0.79	她	0.78	又	0.73	更	0.71	个	0.69
不形短语	标点	7.88	也	6.33	很	2.82	说	2.52	就	2.05
	是	2.04	的	1.89	都	1.86	还	1.76	得	1.59
	我	1.53	看	1.32	弄	1.25	人名	1.11	什么	1.02
	又	0.97	你	0.86	他	0.76	搞	0.74	人	0.7

（二）形容词和不形短语右邻接特征调查

表7 形容词和不形短语右邻接词语（类）列表（按频度排列的前20位）

形容词	*标点*	21.14	的	12.84	了	5.05	地	3.14	得	0.95
	人名	0.93	着	0.87	不	0.83	是	0.82	像	0.6
	我	0.54	而	0.52	和	0.49	他	0.48	就	0.47
	说	0.42	在	0.38	一	0.36	起来	0.33	有	0.31
不形短语	*标点*	53.36	的	11.87	了	5.93	地	1.76	是	0.98
	不	0.91	吗	0.9	说	0.75	呢	0.6	啊	0.55
	呀	0.48	他	0.47	就	0.45	吧	0.44	也	0.39
	人名	0.34	办	0.31	这	0.31	她	0.29	自己	0.28

汉语书面语词语特征统计分析*

宋　柔

○　引言

书面语写作是外国人学习汉语的最大难点之一。由于现代汉语书面语中夹杂了文言成分，要学好书面语就要用大量时间熟悉文言文，但这对大多数外国学生来讲是不可能的。于是就提出了一个问题：如何能避开文言文的系统学习，又能掌握汉语书面语的写作方法呢？哈佛大学冯胜利教授深入研究了这一问题，他考察了书面语的特点，尤其是与文言文相关的特点，希望通过这些特点的教学，就能使学生掌握书面语写作的基本要素。他归纳出了书面语三个方面的特征：单音词同单音词韵合，即单＋单；书面语特有双音词后接双音词，即双＋双；书面语特有词语搭配模式。这一工作很有意义，但考察方法主要是手工的，尚欠统计数据的佐证。本文利用软件工具作了进一步的考察研究：

(1) 比较汉语书面语和口语的词汇量和词汇特征，列出书面语比口语频率超过 5 倍的词汇表和不同种类书面语的特征词汇表。

(2) 提出单音邻接倾向度的计算方法，用以考察汉语中单音韵合现象。列出了汉语所有单音词的单音邻接倾向度。

(3) 提出公文词的概念。这是任何口语形式中都不使用、仅在书面语中使用的词汇。列出公文词表。

本文的所有考察研究是基于大规模语料库的。涉及的语料文本如下：

* 原文提交“第八届世界华语文教学研讨会”，2006 年。

(1) 口语

- 《北京口语》。北京语言大学"当代北京口语语料"的文本部分，是一些从小居住在北京老城区胡同里的老北京人在1980年代末期的口述记录，共231篇，约110万字。简称《北京》。
- 《小说对话》。从8000万字当代中国内地小说中提取出来的对话部分，约1500万字。简称《对话》。

(2) 书面语

- 《人民日报》。1993—2003年共10年(缺1995年)的《人民日报》文章，约2.5亿字。简称《人民》。
- 《杂谈》。网上下载的1980年代以来的一些杂文，约800万字。简称《杂谈》。
- 《法律法规》。147个中国内地法律法规，约100万字。简称《法律》。
- 《政府工作报告》。1982—2006年每年全国人大的政府工作报告，约50万字。简称《政府》。

文本数据处理采用的是北京语言大学研制的现代汉语通用分词系统GPWS和词语属性检索系统CCRL。GPWS能自动进行词语切分，具有词典词切分和排歧、数词和专有名词(人名、地名、机构名)识别、后缀短语识别、新词发现、词性动态标注等功能。分词速度(不包括词性标注)在奔腾4处理器微机上达每秒30万字。本项工作使用的词库约有6万词，其中包括个别的人名、机构名和部分地名，其余专有名词是动态识别出来的。CCRL能对于任何未经加工的汉语文本提供词语及其属性的实例检索和频率统计功能，并能把检索结果存放到数据库中，利用数据库的强大功能进行深入统计分析。

一、书面语与口语的词语对比统计

（一）词汇量对比

表1 《杂谈》和《北京》的词汇量对比

<table>
<tr><th colspan="2"></th><th>个数</th><th>《杂谈》中频率合计</th><th>《北京》中频率合计</th></tr>
<tr><td colspan="2">《杂谈》与《北京》共有词语</td><td>13,072</td><td>0.7733</td><td>0.9314</td></tr>
<tr><td rowspan="2">其中</td><td>《杂谈》比《北京》频率高5倍以上的词语</td><td>2728</td><td>0.2120</td><td>0.0176</td></tr>
<tr><td>《北京》比《杂谈》频率高5倍以上的词语</td><td>2322</td><td>0.0199</td><td>0.2567</td></tr>
<tr><td colspan="2">《杂谈》特有词语</td><td>40,013</td><td>0.1202</td><td>0</td></tr>
<tr><td colspan="2">《北京》特有词语</td><td>1414</td><td>0</td><td>0.0061</td></tr>
</table>

（动态归并的专名、数字不在其中，故频率总计不到1。标点同汉语词一样看待。下同）

《杂谈》对比《北京》特有的词语（按《杂谈》中的频次排列）前200个：

;,.,曾,总统,然而,于是,阿,进攻,韦小宝,",记载,联邦,神话,谈判,作战,巨大,若,自我,立即,最终,通常,起义,称为,志,拥有,国会,上帝,情感,公元,静坐,西班牙,宽恕,犹太人,或许,民众,表明,官员,诸,球员,更为,君,基因,克林顿,俄,竟,均,死刑,尼克松,判断,敌,金庸,奥,食物,澳门,疼痛,事实上,兵力,楚,帝,进化,姆,伊朗,科学家,逃,艘,罗马,极为,有效,移民,展开,球队,意味着,国王,遗传,月球,起义军,岛,企图,众,主人,此时,构成,王朝,欲,孔子,然,帝国,美丽,尚,上述,俄国,舰队,至今,洪水,臣,希腊,鲁,纽约,白宫,男性,颇,正如,男子,贵族,描述,哪里,白痴,陪审团,内地,做法,行刑,公众,战场,再次,秘密,极其,此后,赞同,宗,世纪,情人,试图,幕,及其,为此,手稿,最为,竞选,演说,罪行,率领,例,始,由此,挑战,竟然,球迷,未能,愤怒,此外,难道,获,著,资源,埃及,巴黎,分裂,得以,权威,丧失,殖民地,判决,奴隶制,后者,殖民,部落,审判,部长,矣,下令,首领,空间,土耳其,饵,越南,恐惧,当局,攻占,诗人,洛,屠杀,世界大战,寻求,特征,真知,威,战役,成果,释,分为,林肯,俄罗斯,真理,致,联军,乃,泰,统治者,以便,准则,随后,日军,罪恶,纳粹,陷入,立法,蜀,康熙,榜,无数

《北京》对比《杂谈》特有的词语(按《北京》中的频次排列)前 200 个：

啧,嗞,段儿,牛街,丰台,好好儿,副食,好玩儿,大家伙儿,四世同堂,西单,宣武区,转正,基本工资,一家子,七一,永定门,三轮儿,校办,姑爷,私房,礼拜寺,电大,景天,夜市,陶然亭,待业青年,娘儿,内勤,外孙子,丰台区,阿訇,差一点儿,离休,北京站,中班,兜儿,广安门,门头沟,带鱼,铜子,管界,铃儿,核儿,调价,整党,厂甸,犯病,轱辘,女排,沏,站柜台,十三陵,补票,呦,嘴儿,两口儿,晚婚,大伯,声部,混合面,那么点儿,右安门,籽儿,学徒工,机务,叨唠,虎坊桥,礼拜六,棍儿,冬瓜,礼拜日,倍儿,顺义,团支部,四化,白面儿,团委,医士,先农坛,丸子,姥爷,劲松,洋钱,棒子面,假条,那么着,大婶,包工,附中,对内搞活,体校,老闺女,病退,卫生院,馅儿,首钢,瞅见,西四,玩儿命,三九,三好,书报费,放射科,个旧,大杂院,联防,岗子,焰口,上岁数,上座儿,工读,联营,三联单,坎儿,铁路局,唧,逛荡,寒假,坎肩,包车,张家口,舅妈,烤羊肉串,和平门,大兴县,补差,马连良,好赖,修配厂,牌价,合营,刑警队,顶儿,无轨电车,邓丽君,柿子椒,吃劳保,少年之家,文工团,魂儿,法盲,货位,批发部,东城区,侯宝林,转干,崇文区,铸件,二道贩子,白纸坊,熬夜,崴,老玉米,棉裤,教具,大白菜,东四,热门儿,街门,北长街,北纬路,礼拜四,企事业,京韵,货场,摆摊儿,沿儿,金圆券,唱法,闲不住,前门大街,七七事变,破烂儿,瓷实,趸,尖儿,拉锁,白兰,房钱,退休费,纪委,壁虎,白广路,油饼,紫竹院,职大,虚岁,信鸽,徒工,汤姆斯,礼拜三,社会青年,洋灰,工资制,黄鸟,回潮,从简,开斋节,包修

表 2　《法律》和《北京》的词汇量对比

<table>
<tr><th colspan="2"></th><th>个数</th><th>《法律》中频率合计</th><th>《北京》中频率合计</th></tr>
<tr><td colspan="2">《法律》与《北京》共有词语</td><td>4318</td><td>0.7216</td><td>0.6355</td></tr>
<tr><td rowspan="2">其中</td><td>《法律》比《北京》频率高 5 倍以上的词语</td><td>1392</td><td>0.4948</td><td>0.0206</td></tr>
<tr><td>《北京》比《法律》频率高 5 倍以上的词语</td><td>703</td><td>0.0123</td><td>0.3363</td></tr>
<tr><td colspan="2">《法律》特有词语</td><td>4410</td><td>0.1349</td><td>0</td></tr>
<tr><td colspan="2">《北京》特有词语</td><td>19,168</td><td>0</td><td>0.3019</td></tr>
</table>

《法律》对比《北京》特有的词语(按《法律》中的频次排列)前200个:

;,国务院,监督,检疫,责令,下列,自治区,直辖市,许可证,船舶,构成,证券,资源,渔业,区域,草原,及其,银行业,予以,限期,电信,未经,野生,放射性,航空器,证书,擅自,交易,港口,施行,立即,航空,灾害,废物,预备役,当事人,期货,饲料,禽,监测,监察,吊销,检测,兽医,林木,非法,口岸,有效,税务,储备粮,适用,污染物,畜,信访,防护,资格,固体,现役,防火,能源,相关,河道,委托,承运,对外贸易,民族自治,装置,省级,附则,总则,捐赠,交易所,境内,逾期,资质,进出口,水域,约定,规范,定期,支付,权益,发行,协议,修改,噪声,伪造,转让,常务委员,刑法,证件,添加剂,基因,尚,预案,授权,运力,审核,开采,仲裁,爆破,矿产,负有,监管,行使,防空,权限,海事,捕捞,税款,停业,养殖,用地,同位素,.,出境,血浆,提交,流域,罪犯,持有,拒,纳税人,出版物,名称,疫,航行,投保,防洪,水污染,申报,劳动者,总体,隐患,公告,排污,境外,客户,秘密,人民警察,玩忽职守,注册,入境,除外,如实,缴纳,审定,颁发,国境,出具,草案,采伐,病虫害,核准,种畜,经纪,申请人,节能,撤销,水生,海上,不予,关闭,用途,从业,港务,征用,储存,滥用,起诉,凭证,印制,管制,滞,代理,海域,限额,渔,蓄,射线,耕地,倾销,规程,受理,报送,客运,抚恤,废弃物,使用权,内河,资产,国有,收取,征收,代理人,林地,对本,发放,复议,江河

《北京》对比《法律》特有的词语(按《北京》中的频次排列)前200个:

儿,我,呢,嗯,啊,吧,你,说,那个,我们,呀,所以,没,反正,挺,哈,因为,哎,点儿,跟,哇,孩子,咱们,觉得,这样,有时候,很,她,那儿,边儿,这儿,太,什么的,这么,吃,好像,就是说,哪,东西,想,可是,人家,来讲,玩,怎么,一点儿,来说,完了,您,回来,的话,啦,孩儿,老师,那会儿,家里,原来,而且,要是,里头,出去,一直,一样,找,吗,哦,嘛,尤其,哪儿,今年,晚上,不错,喜欢,当然,不行,似的,感觉,结婚,一块儿,出来,说是,刚,弄,你们,讲,真,另外,俩,也好,好多,别的,一下,上班,咱,同志,房子,同学,基本上,当中,法儿,父亲,大革命,来看,比如,大家,啧,呃,下来,谈,母亲,抓,问,早晨,那样,瞧,敢,挣,唑,饭,呆,!,很多,那种,紧张,甭,挤,自个儿,比如说,过来,妈,实在,北京市,吃饭,年轻,斤,老人,锻炼,觉着,活儿,阵儿,怎么

样，趟，真是，岁数，贵，搁，天桥，初中，得了，头儿，忙，怎么着，高兴，厂子，段儿，儿子，全都，弟弟，不怎么，告诉，回民，说话，老太太，冬天，中午，差不多，见，去年，够，别人，倒是，不少，天天，年轻人，慢慢，怎么办，正好，多年，小时候，下班，认识，还要，怕，累，爱好，一共，哥哥，插队，自行车，要不，牛街，爸爸，看到，日本，晚，上去，考上，练，喝，念

表 3　《政府》和《北京》的词汇量对比

		个数	《政府》中频率合计	《北京》中频率合计
《政府》与《北京》共有词语		4182	0.8228	0.7275
其中	《政府》比《北京》频率高 5 倍以上的词语	1708	0.4841	0.0268
	《北京》比《政府》频率高 5 倍以上的词语	449	0.0180	0.2933
《政府》特有词语		3342	0.0817	0
《北京》特有词语		10,304	0	0.2099

《政府》对比《北京》特有的词语(按《政府》中的频次排列)前 200 个：

；，推进，国有，深化，监督，国务院，资源，调控，成果，有效，规范，能源，市场经济，各族，西部，力度，两岸，上年，澳门，信贷，同胞，坚定不移，职能，外资，大中型，推行，决策，探索，农产品，固定资产，资产，区域，行政区，强化，主权，权益，总体，草案，监管，国债，进程，总值，自治，确保，公有制，查处，纲要，廉政，贫困，压缩，和平共处，扶贫，配套，适度，主体，巨大，发行，独立自主，霸权主义，迈出，联合国，及其，发达国家，柬埔寨，社会化，稳步，义务教育，审议，总产值，生产资料，江泽民，对外贸易，进出口，收支，分裂，国情，通货膨胀，大业，下岗，部署，领土，谈判，基地，改组，高技术，基本法，耕地，布局，坚持不懈，稳妥，转换，自我，裁军，局势，高等教育，一国两制，核武器，经济特区，产业化，格局，国民收入，艰苦奋斗，当局，上述，周边，海外，内政，专项，官僚主义，精简，势头，劳动者，培育，配置，经贸，新增，平等互利，对话，中华民族，创汇，港澳，公务员，睦邻友好，私营，推向，适用，工农业，储蓄，行使，发放，展开，支付，爱国主义，机遇，债务，持久，沿着，财税，社区，侨胞，互利，优质，额，生产率，非法，尚未，拓宽，购销，集体经济，开发区，中共中央，离退休，民主党派，两手，知识产权，奉

行，立法，融资，增收节支，制约，分流，股份制，为此，高效，世贸组织，各界，遵循，外向型，退耕还林，违纪，军备，世纪，与此同时，攻关，严峻，内需，薄弱，从严，予以，温饱，拖欠，形式主义，强权政治，影视，税费，军政，中介，越南，若干，转化，自负盈亏，后劲，兼并，港口，纯收入，颁布，走私，侨务，自治区，筹集

《北京》对比《政府》特有的词语（按《北京》中的频次排列）前 200 个：

儿，嗯，啊，吧，你，呀，反正，挺，像，哈，哎，点儿，哇，咱们，觉得，有时候，她，那儿，边儿，这儿，什么的，好像，就是说，可是，玩，怎么，一点儿，完了，您，叫，的话，啦，孩儿，老师，那会儿，家里，当时，要是，里头，坐，吗，哦，嘛，哪儿，晚上，不错，喜欢，女，似的，感觉，结婚，一块儿，刚，你们，俩，不过，好多，爱人，上班，倒，咱，房子，同学，考，当中，法儿，父亲，写，毛，啧，中学，呃，为什么，母亲，早晨，瞧，回家，挣，嗞，洗，男，父母，饭，话，院，盖，甭，自个儿，等于，妈，年级，老人，觉着，阵儿，活儿，怎么样，趟，其实，真是，岁数，天桥，搁，得了，课，小时，帮，头儿，怎么着，忙，厂子，段儿，全都，儿子，弟弟，不怎么，回民，说话，老太太，中午，冬天，倒是，天天，年轻人，修，净，怎么办，慢慢，正好，米，句，小时候，下班，怕，外地，累，一共，病人，队，哥哥，插队，商店，牛街，爸爸，考上，练，意思，家长，她们，念，户口，打架，下午，司机，球，骑车，屋，夏天，衣服，鱼，闹，丰台，块儿，就算，进去，托儿所，睡，没事，一会儿，逮，北京人，跟着，回去，底下，平常，或是，会儿，好好儿，女儿，大夫，着呢，亲戚，好几，大概，稍微，老头儿，游泳，外头，赶紧，片儿，唱，记得，便宜，合，北戴河，瞅，顶，公园，老大，马路，半天

表 4 《人民》和《北京》的词汇量对比

		个数	《人民》中频率合计	《北京》中频率合计
《人民》与《北京》共有词语		14,401	0.7323	0.9373
其中	《人民》比《北京》频率高 5 倍以上的词语	2737	0.2959	0.0242
	《北京》比《人民》频率高 5 倍以上的词语	3688	0.0265	0.3813
《人民》特有词语		61,613	0.1270	0
《北京》特有词语		76	0	0.0002

《人民》对比《北京》特有的词语(按《人民》中的频次排列)前 200 个：

(，我国，)，及，记者，实施，合作，产业，各级，战略，领域，推动，机制，则，贯彻，保障，仍，图片，完善，领导人，总理，出席，贷款，近年，李鹏，人民日报，政协，晴，切实，执法，伊拉克，马克思，科技，未来，关注，德国，外交，金融，将，科研，形象，著名，选手，核心，加快，驻，依法，却，从而，具有，如今，和平，中华人民共和国，此，腐败，收费，仅，会议，未，石油，司法，条例，现代，危机，出版，抓好，集团，快速，小雨，先后，环保，委员会，用于，采用，亿，运用，作出，印度，附，资本，终于，武装，防治，宣布，主持，作者，绿色，预算，报道，伟大，创新，面向，行为，研制，履行，已，核，代表团，广告，当年，它们，同期，优势，特色，开拓，人民法院，台湾，分别，亲切，决，学术，公正，高校，发布，种植，前景，共，用户，步伐，出口，镇，宪法，途径，听取，成功，产量，来自，需求，研讨会，人大代表，重庆，强大，：，林业，与，发扬，港，紧密，军区，民间，机构，自身，余，上市，赢得，作家，新型，建成，公斤，出台，指出，前往，先生，大规模，加拿大，持续，田，元，创业，财政，民主，外商，生存，以及，卫星，友好，依然，消除，总局，重大，扶持，各类，各国，国际，亚，参与，歌，旗帜，整治，内蒙古，之际，美元，党政，许多，实现，总量，韩，辉煌，周年，袭击，哲学，难以，税收，法，有着，其，大会，因而，气象，获得

《北京》对比《人民》特有的词语(按《北京》中的频次排列)共 76 个：

三轮儿，娘儿，混合面，上座儿，吃劳保，礼拜三，北纬路，礼拜四，大姑子，早早儿，通货膨胀，万明路，跳皮筋儿，棱儿，明太鱼，戳儿，礼拜二，婚书，南岗洼，果子巷，粿，发愣，大喜胡同，陕西巷，石头胡同，吃现成，支子，招事，小人儿书，和平里四区，合数，得了吧，弘善胡同，业障，花里胡哨，跟手，血亏，嗝儿，刚家大院，烦躁，烊，东市场东街，犄，枣林斜街，大木仓，大灰厂，正经货，直根，肠儿，本家儿，抓丁，八月节，东新开胡同，走题，石头子儿，推头，施家胡同，沙土园，西斜街，仁义堂，绕弯儿，片儿长，盆儿胡同，火筷子，洗头膏，南胡同，戏馆子，没心没肺，良性瘤，下斜街，杏花天胡同，靠边儿站，看丹村，脚腕子，摔跤，火神庙口

同几个书面语文本库比较，《北京》特有词语可以大概作如下分类：

(1) 北京方言词语,包括带北京方言后缀的词语,如:

那会儿,厂子,自个儿,甭,瞅,来回来去,倒腾,遛弯儿,凑合

(2) 北京特色食品物品名称,如:

冰棍儿,冰糖葫芦,艾窝窝,炸糕,豆腐脑儿,杂合面儿,煤核儿,无轨

(3) 北京特色习语,如:

倒挂金钟,水漫金山

(4) 北京地名和机构名,如:

十三陵,南礼士路,卢沟桥小学,景山服装厂

(5) 亲属称谓,如:

媳妇儿,姑爷,老祖

(6) 语气词,如:

啧,嗯

(7) 概数词,如:

二十二三(岁),五几(年)

(8) 动词重叠形式,如:

做做饭,下下棋,唱唱歌,办办,养着养着,收拾收拾

(二) 词汇特征对比

我们把《北京》与《对话》各抽出一部分,共 68 万字,做成《综合口语》文本库,同 2003 年《人民日报》(记作《人民日报 2003》)作了更仔细的对比。

表 5 几种特殊词语在《人民日报 2003》和《综合口语》中的频率对比

词语种类	《人民日报 2003》频率(%)	《综合口语》频率(%)	频率比	备注
书面双音词	0.605	0.035	17.286	冯(2005)中列举的 43 个书面语专用的双音词
动词重叠形式及离合词的分离形式	0.072	0.422	0.171	没校对，自动分词的结果
带后缀“子”的词	0.096	0.659	0.146	校对过，去掉“子”“分子”“父子”“孔子”等，但有歧义的如“老子”等保留
带后缀“儿”的词	0.007	0.326	0.021	校对过，去掉“儿”“幼儿”等(有些词实际朗读时会儿化，但书写下来不一定加“儿”字)
其他带后缀词	0.442	0.086	5.140	没校对。后缀包括“法、费、化、级、奖、界、类、量、率、论、们、品、期、赛、式、条、型、性、业、元、员、者”，不包括“子儿”

表 6 同义而语体不同的词在《综合口语》和《人民日报 2003》中出现次数

同义而语体不同的词	《人民日报 2003》	《综合口语》
性格/性子	322/6	6/5
身体/身子	1669/111	98/33
工厂/厂子	485/34	24/31
新娘/新娘子	93/3	24/29
厨师/厨子	60/1	2/24
店铺/铺子	115/20	1/23
胆识/胆量/胆子	48/20/20	1/13/17
东西/玩意儿	1498/9	772/11
自己/自个(儿)	12947/9	894/19
这里/这儿	4414/170	706/423

以上统计说明：

(1) 冯(2005)列出的书面语特有的双音节词在《人民日报 2003》和《综合口语》中频率差了 17 倍，确实具有明显的区分性。

(2) 动词重叠形式及离合词的分离形式是口语的明显特征。

(3) 书面语词语同口语词语所用后缀很不相同。口语的后缀主要是“子、儿”，书面语的后缀有“费、化、级、奖、界、类、量、率、论、们、品、期、赛、式、条、型、性、业、元、员、者”等。

(三) 音节对比

表 7　不同音节词语的频率统计(%)

音节数	《人民日报 2003》	《综合口语》
单	43.19	67.00
双	52.95	31.02
三	2.80	1.49
四	1.05	0.47
其他	0.01	0.02
合计	100.00	100.00

语料库中有一些特殊的词类，包括：地名、机构名、人名、商标、第＋数＋量、数词、英文词、标点、字母、空格等、词缀词。暂不考虑这些类，其他的词语为普通词语。表 7 统计的是不同音节的普通词语的出现总次数占普通词语出现总次数的频率比。

由表 7 可知，汉语中单音节和双音节的词占绝对优势。口语中单音节词更占优势，单双比例约为 2∶1；书面语中双音节词稍占优势，单双比例约为 4∶5。

表 8　不同音节词的二元邻接统计(%)

邻接类型	《综合口语》	《人民日报 2003》
单＋单	34.55	11.62
单＋双	25.88	25.88
双＋单	24.47	22.71
双＋双	15.10	39.79
合计	100.00	100.00

因为单音节和双音节的词占绝对优势，所以我们在此只关心普通词中四种邻接方式。表 8 统计的是普通词之间这四种邻接方式中的每一种占四种总数的频率比。

词的邻接关系主要包括三种情况：搭配（词串“根据调查，我们知道了”中的“根据调查”）、准搭配（词串“根据我们的统计”中的“根据我们”）、非搭配（词串“没有根据胡乱猜疑”中的“根据胡乱”）。由于我们的语料只经过分词，而且是自动分词，所以无法统计各种搭配的数量，只好统计各种邻接关系。从表 8 中可以发现，口语中占优势的是单＋单的邻接关系，而书面语中占优势的是双＋双的邻接关系。

表 9　冯（2005）列出的 43 个书面语专用双音词右邻词语音节统计

	《人民日报 2003》	《综合口语》
右邻双音词的次数	66,639	147
右邻单音词的次数	25,506	46
右邻双单比	2.61	3.20

从表 9 可见，这 43 个词在口语语料和书面语语料中，右邻接双音词的次数大大多于右邻接单音词的次数。右邻的单音词主要是“了”“着”“过”“的”等助词，“和”“与”等连词，“在”“于”等介词，以及一些单音语素“调”“治”“题”“反”等；右邻双音词包括搭配、准搭配、不搭配这三种情况。由于目前计算机处理汉语中语法搭配的识别还不能达到实用的准确程度，所以这里只是统计线性邻接关系。

二、书面语中单音韵合现象的统计分析

现代汉语中有一批“黏着语素”，不能自由使用。冯（2005）指出，这些词有一部分是句法自由、韵律黏着，它们在现代汉语书面语中只能以单音韵合的形式出现，即左邻一个单音词或右邻一个单音词，并与左邻（右邻）的单音词组成一个双音的韵律词。他称之为单音韵合词，并列出了 238 个单音韵合词。（哈，2005）

冯的数据是基于长期的经验积累和大量的人工观察和统计得来的，我们期望设计一种方法，能借助自动分词和自动统计来辅助发现单音韵合词。

为此，我们对于单音词（包括非词语素，下同），提出单音邻接倾向度的概念。

对于任意一个单音词 w，w 的单音邻接倾向度 t 设定为：

t(w)＝(w 左邻接单音词或右邻接单音词的实例数÷w 的全部实例数)×100

其中的实例是相对于同一个大规模语料库而言的。

从以上公式可见，单音词的单音邻接倾向度介于 0 和 100 之间。数值越大，越倾向于与单音词相邻接，因此它能近似地反映单音词的单音韵合状况，但毕竟同冯的单音韵合概念的原意并不尽相同。主要差别在于：

(1) 汉语的词的概念是模糊的。词语切分的结果不同会导致统计结果的差别。比如，“暴民”算做一个词还是两个词，对于“暴”的单音邻接倾向度统计结果显然有影响。算做一个词，“暴”的单音邻接倾向度就会降低。

(2) 我们统计中考虑的单音词邻接单音词的实例并不一定具有搭配或准搭配关系。比如“细小/的/鼻/纤毛”会作为“鼻”左邻接单音词“的”的一个实例。

(3) 自动分词技术尚不十分完善，分词错误会影响统计的准确性。例如：“欧姆出生于南德意志巴伐利亚的爱尔朗根”中，由于“爱尔朗根”未能正确地识别为地名并被切碎成“爱/尔/朗/根”，该例算作“爱”右邻接单音词“尔”的实例。

(4) 汉语中同形异质词现象比较多，单音词尤其严重。现有的词语处理技术尚难十分准确地区分词语的句法角色，更难准确地区分语义。比如冯把“爱”列作单音韵合词，是只考虑“爱”作为定语的情况，但我们的统计把“爱”作为动宾结构的动词的情况也算在内了。

由于以上原因，这一统计结果只能作为考察单音词韵合倾向的参考。但是这种参考多数情况下是有价值的。

考察哈(2005)的 225 个单音韵合词（书中列出的单音韵合词共 238 个，涉及词形 225 个）。表 10 列出这些词在不同的书面语文本库中单音邻接倾向度的分布情况。

表 10 哈(2005)225 个单音韵合词在不同的书面语文本库中单音邻接倾向度的分布

分布区域	杂谈		法律		政府		人民	
	个数	比例	个数	比例	个数	比例	个数	比例
总计	225	1.00	139	1.00	112	1.00	225	1.00
100	10	0.04	74	0.53	58	0.52	1	0.00
[90，100)	124	0.55	16	0.12	9	0.08	101	0.45
[80，90)	61	0.27	12	0.09	9	0.08	69	0.31
[70，80)	14	0.06	11	0.08	6	0.05	21	0.09
[0，70)	16	0.07	26	0.19	30	0.27	33	0.15

从中看出，使用我们的公式计算，哈(2005)单音韵合词中大多数的单音韵合倾向度都大于 70。

可见，“单音邻接倾向度”同单音韵合词有明显的相关性，可用来做单音韵合词的初步筛选。具体来说，单音邻接倾向度有两方面的提示作用：

(1) 单音邻接倾向度大，往往表现出单音韵合现象。

考察语素“暴”。该语素列在冯的单音韵合词表中，我们计算出它的单音邻接倾向度高达 96，它在《杂谈》中的分布情况列在表 11 和表 12 中：

表 11 《杂谈》中含“暴”的多音词及其频次

暴病	1	暴利	4	暴雨	20	火暴	1
暴跌	5	暴戾	3	暴躁	25	急风暴雨	1
暴动	82	暴烈	6	暴政	31	疾风暴雨	3
暴发	25	暴露	209	不畏强暴	8	抗暴	3
暴发户	12	暴露无遗	13	残暴	80	狂暴	21
暴风	6	暴怒	7	除暴安良	7	狂风暴雨	8
暴风雪	7	暴虐	19	粗暴	56	雷暴	2
暴风雨	22	暴殄天物	1	非暴力	62	牟取暴利	3
暴风骤雨	4	暴跳如雷	12	风暴	1	强暴	13
暴君	31	暴徒	18	横暴	2	凶暴	13
暴力	241	暴行	65	横征暴敛	10	自暴自弃	6

表 12 《杂谈》中单音词“暴”组语实例及其频次

暴兵 3　暴长 1　暴出 1　暴富 9　暴雷 1　暴敛 4　暴裂 1　暴乱 65　暴民 21
暴起 1　暴秦 5　暴晒 4　暴尸 2　暴食 3　暴输 2　暴死 4　暴闻 1　暴刑 3　暴牙 1
暴饮 5　暴赢 1　暴涨 10　暴走 2　尘暴 1　除暴 1　防暴 1　很暴 1　禁暴 1
苛暴 3　怜暴 1　去暴 1　施暴 2　淫暴 1　愚暴 1　贼暴 1　之暴 1　昼暴 1　诛暴 1
纵暴 1

这两个表包含语素“暴”在《杂谈》中的全部实例。可见“暴”的确是严格地遵从单音韵合规律的。

又比如，使用以下条件可在单音词中收集候选的单音韵合词：

a. 单音邻接倾向度大于 70；

b.《杂谈》中频率大于十万分之五；

c.《北京》中未出现。

符合上述条件又未出现在哈(2005)单音韵合词表中的词共 25 个，列在下面：

臣，帝，饵，竟，君，均，例，幕，乃，颇，然，若，尚，射，氏，释，逃，矣，欲，曾，致，众，诸，著，宗

我们注意到《法律》和《政府》文本虽然都是非常规范的书面语，但是哈(2005)单音韵合词却有相当大部分未在其中出现。

哈(2005)单音韵合词未在《法律》中出现的有 86 个：

饱，暴，奔，鼻，遍，鬓，彩，餐，惨，畅，趁，窗，春，翠，挫，顿，烦，逢，甘，感，够，骨，故，惯，寒，狠，忽，季，继，佳，颊，肩，见，今，颈，景，静，久，俱，剧，惧，觉，苛，恐，枯，苦，乐，力，邻，略，觅，妙，逆，欺，齐，奇，巧，切，秋，趋，趣，善，擅，身，思，痛，突，徒，途，畏，喜，享，幸，许，言，邀，衣，勇，尤，迂，园，掌，臻，症，骤，桌

未在《政府》中出现的有 113 个：

案，暗，饱，暴，奔，鼻，避，别，鬓，捕，彩，餐，残，惨，尘，晨，趁，窗，翠，挫，当，盗，敌，顿，烦，飞，逢，甘，感，孤，骨，固，故，惯，寒，合，横，厚，忽，获，季，佳，颊，肩，简，渐，皆，精，颈，景，静，镜，久，巨，俱，剧，惧，觉，苛，枯，狂，连，良，满，觅，妙，灭，逆，频，奇，巧，切，窃，秋，趣，擅，身，始，嗜，思，特，痛，突，徒，途，微，畏，屋，误，喜，斜，幸，许，续，言，邀，永，尤，迂，余，语，狱，遇，园，暂，择，掌，臻，症，知，周，骤，桌

在四种书面语文本库中都出现的有91个：

爱，备，倍，并，诚，出，错，大，代，单，定，独，额，发，反，返，负，改，各，共，馆，广，国，过，害，互，患，急，计，兼，结，解，借，紧，近，境，就，具，据，聚，决，刊，快，困，劳，两，料，领，另，屡，猛，内，难，前，强，亲，轻，情，确，深，甚，时，实，试，私，速，同，外，往，围，细，险，相，校，薪，信，需，宜，易，予，愈，增，职，至，重，住，助，准，资，自，足

可见书面语中不同语体在用词方面仍有相当大的区别。

(2) 单音邻接倾向度小，往往提示不是单音韵合词。

例如，哈(2005)的单音韵合词表中有“趁”，它的单音邻接倾向度只有69。它在《杂谈》中的102次出现中，只有表13列出的38处发生单音韵合，因此不应列在单音韵合词表中。

表13《杂谈》中单音词“趁”与其他单音词结合成韵律词的实例及频次

趁此14　趁快1　趁乱2　趁你2　趁其2　趁热2　趁人1　趁他3　趁土1
趁我3　趁虚2　趁夜2　趁周1　趁着1　可趁(之机)1

其余64处，都是搭配或准搭配多音词，如“趁阿拉伯”、“趁爱情”、“趁奥军”、“趁敌方”、“趁大雾”等。此处需要说明的是，自动分词系统把“奥军”、“敌方”、“大雾”等分别切成了两个词，使得“趁”右邻接单音词的实例统计多了，所以计算出单音邻接倾向度偏高许多。

三、公文词

我们在考察中发现，有些书面语中高频出现，口语中基本不出现的单音词，却并不遵守单音合双的韵律规则。比如，作为连词的“但”，《杂谈》中频率比《北京口语》高88倍，单音邻接倾向度却只有50。它在《杂谈》中出现的一些实例如下：

但奥军有8000名具有强大突击力的骑兵，
但奥维德的明快、贺拉斯的豪爽却总是令人喜欢。
但奥地利卫生部宣布一项紧急措施，
但澳门创建博物馆的历史却颇为久远，
但八一队很不愿意这么干，
但八月八日，
但巴解仍在战斗。

但巴金写《随想录》时完全没有受到任何压力，
但把落脚点还是放在了人事与人谋上。
但把女人总起来看与男人总起来看，

又如方位词“中”，《杂谈》中频率比《北京口语》高34倍，单音邻接倾向度却只有54。它在《杂谈》中出现的一些实例如下：

他在我讲话的进行中不时插言，
高山在海浸中颤抖，
人们根据在树林残烬中发现的八个钉鞋的铁拐子，
即位后即召道士入禁中。
当中国人的性观念自一种传统的禁锢中解脱出来，
在禁区中犯低级错误留下的阴影并没有真的消失，
又故意与京中名妓筱凤仙打得火热，
从韦小宝的马屁经中可以得出：
因而对儒家经典中提到的鬼神观不敢公开反对；
澳门经济中一些不稳定因素

由此，我们发现书面语中有一部分单音词，它们的特点是：

(1) 在口语中基本不使用。不仅在《北京口语》语料库中不使用，而且在一般的口语场合，包括文化水平高的人在十分正式的场合的讲话，都基本不使用。

(2) 在书面语中频率较高。

(3) 单音邻接倾向度往往较低，即对于邻接词的音节长度没有倾向度限制。或者说，这些在书面语中使用的词在韵律上很自由。(有例外)

(4) 主要是虚词，只有少数实词。

仔细考察，发现这些词主要用于最正式的书面语即公文中，这里暂称它们为“公文词”。下面列举了我们发现的一些公文词：

便(d)，此(r)，但(c)，等(u)，凡(d)，该(r)，故(c)，或(c)，及(c)，即(c)，将(dp)，角(q)，较(d)，皆(d)，今(Tg)，仅(d)，经(pv)，竟(d)，均(d)，可(d)，莫(d)，内(f)，乃(v)，其(r)，恰(d)，且(c)，却(d)，确(d)，仍(d)，日(n)，如(c)，若(c)，尚(d)，甚(d)，时(f)，始(d)，事(n)，似(d)，虽(c)，遂(d)，同(v)，未(d)，无(v)，须(d)，需(v)，依(p)，已(d)，亦(d)，因(c)，应(v)，于(p)，愈(d)，元(q)，约(d)，则(c)，曾(d)，知(v)，至(p)，中(f)，诸(r)，自(p)

此外，“我”“你”作为指示代词使用（如“我校”“你厂”）也属于公文词。

公文词的根本特点是在口语中基本不使用，因此代表了这两种语体差别的极端。有些比较文言化的语素或比较“郑重”的“大词”，已经融入口语中。不仅文化水平较高的人在较正式场合的口语中使用，连文化水平较低的人的日常口语也使用，只是频率较低。《北京》中有如下实例：

总而言之吧，
按那个百分之多少拿钱，
日本占了北京之后啊，
我们反正现在是四口儿之家，
真正的好货吧一抢而光。
开展这个文化娱乐活动啊，我感觉因人而异。
有时候儿是以这个团委为这个中心的，这个是工会为辅助，
最近反正提了一系列的措施吧。嗯，进行这工资改革，
吃完饭回来看会儿书，基本就睡觉了
食堂也搞得那个更加正规一些，更加宽敞一点儿。
反正你也没那么大的精力，来那个从事这个。

但是，公文词却在任何种类的口语中都基本不用，真正为口语所不容。任何人讲话，无论是村民野夫还是国家总理，无论是小脚老太太还是科学院院士，只要不是朗读、背诵或相当于书面行文的口头宣布，都不会用这种词。例如（星号表示句子不成立）：

* 明儿就三十日了，咱们将去日月潭玩儿。
（明儿就三十号了，咱们要去日月潭玩儿。）
* 你这孩子，已 6 岁了，大人看书时别折腾行不行？
（你这孩子，都 6 岁了，大人看书的时候别折腾行不行？）
* 我校今儿开学了，你校什么时候开学？
（我们学校今儿开学了，你们学校什么时候开学？）
* 该学生挺聪明的，数学物理等都不错，就是不好好儿念英语。
（这个学生挺聪明的，数学物理什么的都不错，就是不好好儿念英语。）
* 你甭回来，我马上便过去。
（你甭回来，我马上就过去。）

* 大妈，这鸡蛋才两元五角钱一斤，挺便宜的。

（大妈，这鸡蛋才两块五一斤，挺便宜的。）

以上例子借助口语专用词语和标点营造了口语环境，使得其中公文词的不适当性被凸现出来。其实，即使不用口语专用词语，只要是在口语环境中，公文词也是不该出现的。

由于真实的口语语料难以获得，有些作家写的小说和剧本中的对话常常并非真正的口语，再加上汉语词同形异质现象十分普遍难以自动区分，所以自动找出所有的与口语词对立的“公文词”十分困难，但这是一个十分有意义的课题。

本文的主要想法得益于冯胜利教授的一系列著作和他 2005 年暑期在北京语言大学的授课。表 5 至表 9 的数据由王洁设计并统计。在此一并表示感谢。本文部分数据曾在 2006 年哈佛国际汉语书面语研讨会上非正式交流，本次成文时补充了新的数据。

参考文献

[1] 冯胜利（2005）书面语语法的独立性，《汉语韵律句法研究》，北京：北京大学出版社。

[2] 哈佛北京书院（2005）《汉语书面语语法手册》，波士顿：哈佛北京书院。

[3] 宋 柔 樊太志 岳炳词（2002）面向语言教学研究的汉语语料检索系统 CCRL 及其应用，第七届国际汉语教学讨论会，上海。

[4] 宋 柔 王 洁（2006）汉语书面语与口语的词语统计对比，2006 年哈佛大学国际汉语书面语小型圆桌研讨会，哈佛大学。

现代汉语通用分词系统中歧义切分的实用技术*

罗智勇　宋　柔

○　引言

在现有的中文自动分词方法中，基于词表的分词方法占有主导地位。基于词表的自动分词方法，实质上是使用一种正规文法进行识别的过程。分词词表中的每一个词条，即相当于一条正规文法规则。由于一个汉字可能为一个单字词，又可能为另一个多字词的一部分，一个多字词又可能为另一个多字词的一部分等等，所以基于词表（规则集）匹配过程中的歧义（移进—归约冲突）总是难免的，而且，随着词表的扩大，产生这种歧义（冲突）的概率将迅速增大。由于可能存在歧义，分词也就不再是一个简单的从输入串中发现合法词的过程。一个句子经常对应几种切分方式，因此，汉语分词中的一个重要的问题就是在所有这些可能的切分方式中选出一个正确的结果。

从更广泛的角度来说，歧义现象不仅仅由词表中的词与词之间的交叠（交集型歧义）和串联（组合型歧义）产生，在各种专名与专名之间，专名与普通词语之间也存在歧义现象，例如：专名中的成词现象（如："李光明同学"中人名"李光明"就含有普通词语"光明"）、专名与普通词语之间的交叠现象（如："张小衡等"中人名"张小衡"就与普通词语"衡等"发生交叠）等等。而且这些歧义现象也会随着专名识别规则的增加和词表的扩大而不断增加。这类歧义的处理已另文论述（娄珽等，2001）。

从歧义字段的构成形式上来说，歧义字段可分为交集型歧义字段和多义组合型歧义字段两类（冯志伟，1994；Wu & Jiang，1998）。为行文方便，将它们分别定义如下：

* 原文发表于《计算机研究与发展》2006 年第 6 期。

定义 1 若字串 $W=a_1\cdots a_i b_1\cdots b_k c_1\cdots c_j$ 中 $W_1=a_1\cdots a_i b_1\cdots b_k$，$W_2=b_1\cdots b_k c_1\cdots c_j$ 均是词，则称字串 W 为由词 W_1 和词 W_2 形成的交集型歧义字段，$n=i+k+j$ 为歧义字段的长度，其中字串 $b_1\cdots b_k$ 为交段，k 为交段的长度，歧义字段中交段的个数称为链长。

例如：提高人民生活水平。

其中，"提高人民生活水平"为词"提高"、"高人"、"人民"、"民生"、"生活"、"活水"、"水平"构成的链长为 6 的交集型歧义字段。

例如：北京大学生学习很刻苦。

其中，"北京大学生"为"北京大学"和"大学生"构成的交集型歧义字段，交段的长度为 2，链长为 1；同时也是"北京大学"和"学生"构成的交段长度为 1，链长为 1 的交集型歧义字段。

定义 2 若词 $W=a_1\cdots a_i b_1\cdots b_k$ 中 $W_1=a_1\cdots a_i$ 是词，$W_2=b_1\cdots b_k$ 是词，而且存在语境$\langle\alpha,\beta\rangle$和$\langle\lambda,\mu\rangle$，使得 $\alpha a_1\cdots a_i b_1\cdots b_k\beta$ 中 $a_1\cdots a_i b_1\cdots b_k$ 为词 W，$\lambda a_1\cdots a_i b_1\cdots b_k\mu$ 中 $a_1\cdots a_i b_1\cdots b_k$ 为词序列 W_1W_2，则称 W 为多义组合型歧义字段。

例如：(1) 李教授将来香港讲学。

(2) 香港将来经济更繁荣。

其中，"将来"为多义组合型歧义字段，在第(1)句中，"将来"应切分为"将/来"；在第(2)句中"将来"是词，不应切分。

罗智勇等(2001)对 50,833 个汉字的典型综合型语料库进行了统计分析，在这个综合语料库中，歧义字段的总出现次数与语料库中所含汉字的总数比为 0.911%，其中交集型字段占 84.10%。

另一方面，从歧义字段的切分结果来看，歧义字段又可以分为伪歧义字段和真歧义字段。

伪歧义字段是指从构成形式上来看，虽然有多种切分方式，但是在实际的上下文环境下，只有唯一一种切分结果，没有其他切分方式或其他切分方式十分罕见，属于形式上的歧义。例如：高频交集型歧义字段"方面的"，在大规模真实文本(1 亿字《人民日报》语料)中都唯一地切分成"方面/的"。因此，对于这类歧义字段的处理，不需要考虑上下文，仅从歧义字段本身就可得到切分该歧义字段所需的信息。这一类歧义字段占总歧义字段的 94%(娄琎等，2001)。因此，在歧义处理中，如能解决好伪歧义字段的切分问题，将大大提高歧义切分的处理精度。

真歧义字段是指不但从构成形式上，有多种切分方式，而且在不同的上下文环境中，确实有不同的切分结果。这一类歧义字段占总歧义字段的6%（娄斑等，2001）。例如：交集型歧义字段“多少年”，在“多少年来”中应切分成“多少/年”，而在“三千多少年参加了这次活动”中应切分成“多/少年”。

本文只讨论现代汉语通用分词系统（GPWS）（孙茂松等，1997；孙茂松等，1998）机械切分中的歧义处理，而且着重讨论交集型歧义的实用处理策略。

一、交集型歧义字段的发现算法

歧义字段边界识别是歧义消解的基础。根据切分词表，我们采用改进的正向最大匹配算法发现交集型歧义字段。设待发现的交集型歧义字段中交段的长度为N（N>0），以下算法将发现所有交段长度为N的交集型歧义字段。

变量：N，待发现歧义字段的交段长度；

　　SourceText，待切分文本串；

　　Point，当前文本指针（相对于待切分文本串首位置）；

　　Word，当前文本指针处最长匹配词条；

　　AmbiSection，当前歧义字段；

　　K，当前歧义字段的链长。

算子：Len(Word)，获取字串Word的长度；

　　IsNull(Word)，判定Word是否为空串，若Word为空串，返回True，否则返回False；

　　MMatch(SourceText, Point)，从SourceText中Point位置处正向匹配词表，返回最长匹配词条Word。

算法：

```
Proc FindAmbiguousSection (SourceText, Point, AmbiSection,
  N)
  K=0;
  AmbiSection=Null;

  Do
    Word=MMatch(SourceText, Point);
    If ((Not IsNull(Word)) And (Len(Word)>N)) Then
```

```
        Begin
            Append Word to AmbiSection;
            Point=Point+Len(Word)-N;
            K=K+1;
        End
    Until (IsNull(Word) Or (Len(Word)<= N))
    EndProc
```

根据对大规模真实语料的统计结果(表 1),我们在实现过程中取N=1,即只发现和处理交段长度为 1 的交集型歧义字段。

与“全切分”方法和“双向扫描”方法相比,“正向最大匹配+回退一字”歧义字段发现方法,保持了交集型歧义字段较高的召回率(>98.32%,表 1),同时在算法时间(对原文本只需单遍扫描)和空间(只需建立正序词库、无须逆序词库)上都有一定优势。

二、大规模真实语料中交集型歧义字段统计分析

我们对 1 亿字《人民日报》语料(约 234 兆)进行了统计和分析,词表的规模约 15 万。

(一) 按歧义字段的交段长度的统计

歧义处理中,首先面临的问题是尽可能地发现所有的歧义字段,然后才能逐一加以处理。根据我们对大规模真实语料的统计,在交集型歧义中,交段长度为 1 的情况占有绝大多数,交段长度为 2 及以上的歧义字段是极少的。

表 1 歧义字段按交段长度的统计

交段长度	1	2	3	4 及 4 以上
百分率	98.32%	1.66%	0.02%	0%
举例	“方面的” “应用于”	“北京大学生”	“中国共产党人”	/

因此,目前采用的“正向最大匹配+回退一字”发现交集型歧义字段的方法是最简单有效的,它能解决大部分问题,同时没有把模型复杂化,某些交段长度为 2 的歧义字段同时也是交段长度为 1 的歧义字段(如:北京大学生),因此也能一并发现;对于使用 Viterbi 算法搜索最优切分路径

的全切分方法，因为过分展开（试图发现所有能被切分的词语），造成切分路径几何级数增长。由于缺少足够的标准切分语料进行训练，导致数据稀疏问题，不能获取可靠的启发信息（n-gram），反而会导致分词性能的降低。

（二）按歧义字段长度的统计

按交集型歧义字段长度分类统计是我们制定歧义处理规则的基础。对于串长为 3，4，5 的歧义字段，其交叠形式是有限的，我们可以根据每一种歧义交叠形式给出它们的切分规则；而对于字串长度为 6 及 6 以上的歧义字段，虽然其交叠形式是无限的，但从大规模真实语料的调查结果来看，其中一种交叠方式（即在歧义字段中，词长为 2 的词语交替出现）占有绝大多数。

表 2　歧义字段按串长的统计、典型交叠方式所占比例的统计结果

歧义字段长	3	4	5	6 及 6 以上
歧义字段	abc	abcd	abcde	/
交叠方式种数	1 种	3 种	7 种	/
交叠方式举例（其中：a、b、c、d、e 分别代表单个汉字，& 代表相邻词语之间互相交叠）	ab&bc	ab&bc&cd ab&bcd abc&cd	ab&bc&cd&de ab&bc&cde ab&bcd&de ab&bcde abc&cde abc&cd&de abcd&de	见表后注
百分率	42%	43%	10%	5%

注：对于长度为 6 及 6 以上的歧义字段，交叠方式难以枚举，但我们发现其中一种交叠方式最为常见：词长为 2 的词语在歧义字段中交替出现，这种交叠方式在 6 字及 6 字以上的歧义字段中所占比率大于 90%。例如："提高/中华民族"、"首批/发电/工期"、"人民/生活/水平"、"提高/人民/生活/水平"等等；其中，"高中"、"批发"、"电工"、"民生"、"活水"、"高人"等二字词语在各自歧义字段中均交替出现，而该类型歧义字段的正确切分结果几乎都是从这些交替出现的二字词语依次切分开来。

（三）交集型歧义字段中的真歧义与伪歧义

我们通过对上述收集到的歧义字段人工逐一甄别后发现，交集型真歧义字段几乎只存在于 3 字长的歧义字段中，约占总交集型歧义字段的

0.4%。按现有的歧义切分规则，对所有真歧义字段进行切分，平均正确率约为40%。因此，在所有的歧义字段中，由于真歧义而导致切分错误的概率是极小的(约为0.4% * (1－40%)＝0.24%)。

三、实用的消歧策略

(一) 元分词规则

元分词规则，即分词规则的使用规则，独立于分词算法。

(1) 改进的正向最大匹配策略：正向最大匹配＋回退一字。大多数情况下以最长词串优先，兼顾处理交段长度为1的交集型歧义字段的处理。

(2) 允许上层应用系统定义多个词表，并且在不同词表的之间规定优先级：优先级高的词表中的词条优先切出。词表之间的优先级由上层应用系统根据实际情况动态制定。

(二) 补充规则

根据表2的统计和分析，我们把交集型歧义字段按歧义字段长分成长度为3,4,5,6及6以上4类。

对于前3类歧义字段，根据其不同的交叠形式给出相应的切分规则。

例如：串长为3的歧义字段abc，采用以下的切分规则：

If (Freq(a)>Freq(c)) Then a/bc Else ab/c；其中：Freq(a)，Freq(c)分别为a,c作为单字词的词频。

串长为4的歧义字段abcd，若交叠形式为ab&bcd，则采用以下的切分规则：

If IsWord(cd) Then ab/cd Else a/bcd；其中：IsWord(cd)判定cd是否为词表收录词语。

对于串长为6及6以上的歧义字段，我们简要的细分为两类：一类是其交叠形式中，词长为2的词语交替出现的歧义字段；其余歧义字段归为另外一类。前一类的切分规则为：把歧义字段中交替出现的串长为2的词语切开；而对于后一类，采取最左最长优先的方法进行切分。

(三) 歧义知识库——切分校正库

对于以上两类规则无法覆盖的歧义字段，我们采用静态切分标注的方法，把它们的正确切分结果整理成歧义切分知识库，在机械切分完成后，以便对分词结果进行校正。但问题在于：在目前的通用分词系统(GPWS)中，允许用户定义多个词表、动态的挂接词表和定义词表之间的优先级，歧义切分知识库需要动态地反映这种用户分词规则的变化，保证纠正后的分词结果与用户的分词规则始终保持一致。

例如：给定词表 V_1，V_2，词 W_1＝“羊肉”，W_2＝“肉汤”且 $W_1 \in V_1$ 且 $W_1 \neg \in V_2$，$W_2 \in V_2$ 且 $W_2 \neg \in V_1$，“羊”、“肉”、“汤”均为单字词，Q＝“羊肉汤”为 W_1 和 W_2 交叠构成的交段长为 1 的交集型歧义字段；在任何上下文环境下：当词表 V_1，V_2 同时参与分词（不论 V_1 和 V_2 之间的优先级）时，Q 的正确切分结果为“羊肉/汤”，若只有词表 V_2 参与分词时，Q 的正确切分结果应为“羊/肉/汤”，而不能为“羊肉/汤”（因为根据用户规则，$W_1 \in V_1$ 并没有参与分词），更不能为“羊/肉汤”。显然，简单地把歧义字段 Q 的两种正确的切分结果和相应切分条件分别保存在歧义知识库中，会导致存储的浪费，而动态修改歧义切分知识库来适应用户分词规则的变化也是不现实的。由此，我们采用静态结构化标注和动态校正相结合的方法达到了上述要求。

1. 歧义字段切分标准答案的标注方法

对于每一个歧义字段的正确切分结果，我们都采用结构化的表示方法，以体现歧义字段内部切分层次结构，它在形式上等价于一棵多叉树（如下图所示），在存储方式上，这种层次结构也是采用紧凑的树形结构表示的。在不打破其内部结构层次的基础上，这种结构包含了在各种词库挂接和词库优先级下该歧义字段所有正确的切分方式。

在上例中，歧义字段 Q 在歧义知识库中的标注为：{羊/肉}汤。等价的树形表示为：

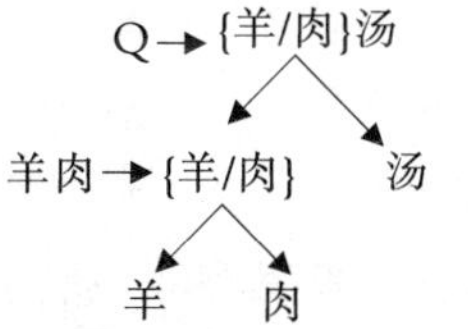

这种表示方法不但包含了正确的切分结果“羊肉/汤”（V_1，V_2 同时参与分词），同时也包含了正确切分结果“羊/肉/汤”（仅有 V_2 参与分词），而排斥了错误的切分结果“羊/肉汤”（只有 V_2 参与分词，或者 V_1，V_2 均参与分词但 V_2 的优先级比 V_1 的高）。在对歧义字段 Q 进行校正时，我们先检查 W_1＝“羊肉”是否参与分词，若是，则把“羊肉”切出，若否，则打开“羊肉”结点，进入下一层，分别把单字词“羊”、“肉”切出；最后切出单字“汤”。

2. 基于切分知识库的动态校正算法

由上一节可知，对每一歧义字段的正确切分结果标注方法，实质上等价于一棵多叉树，基于切分知识库的动态校正算法，实质上是一个多叉树先根遍历算法。它与多叉树先根遍历算法的唯一差别在于：当某非叶结点所标记的字串为本次参与分词的词语时，终止以该非叶结点为根的子树的遍历，切出该字串，进而根据遍历过程直接返回至父结点。

基于切分知识库的动态校正算法的伪代码如下：

变量：mTree 为歧义字段 Q 正确切分结果的等价树形表示；
　　node 代表树中某个结点；
　　String 代表树中某个结点上标注的字串；

算子：RootOf(mTree)，取树 mTree 的根结点；
　　IsLeaf(node)，判定 node 是否为叶结点；
　　StringTagOf(node)，取结点 node 上标注的字串；
　　IsWord(String)，判定 String 是否参与本次分词；
　　CutOut(String)，切出 String 为词；
　　SplitToPieces(String)，把 String 切分为单字词序列；

算法：

```
Proc DisambiguityWithLib (node)
    If node≠Null Then // node 非空
        Begin
          String=StringTagOf(node);
            If IsLeaf(node) Then
                Begin
                    If IsWord(String) Then
                       CutOut(String);
                    Else
                      SplitToPieces(String);
                    Return;
                End
            If IsWord(String) Then
                Begin
                    CutOut(String);
                    Return;
```

```
              End
            Else
              Begin
                  Set node1, node2, …, nodek as children of
                  node;
                For i:=1 To k Do
                  DisambiguityWithLib(nodei);
                Return;
              End
          End
        Else
          Return;
EndProc
```

初始调用:DisambiguityWithLib(RootOf(mTree))。

对于因为不恰当的词库优先级造成的切分错误,例如:词 W_1 =“感受”∈ V_1, W_2 =“受到”∈ V_2,称 Q=“感受到”为“跨(词)库交集型歧义字段”;按用户的规则,V_2 的优先级大于 V_1 的优先级,Q 的切分结果为“感/受到”,但在绝大多数上下文环境中,歧义字段 Q 的正确切分结果为“感受/到”,这与用户定义的词库优先级正好相反。

因为基于歧义知识库的校正是在多库机械切分后进行的,对于以上类型的歧义处理也是适用的。

四、测试结果与结论

我们对上述 1 亿字语料中的交集型歧义字段进行了穷尽式的抽取(出现频次约 240 万),并随机抽取以上歧义字段组成三个样本(每个样本 1000 条歧义字段),分别对上述消歧策略进行了测试,歧义切分的平均正确率约为 99.0%。

表 3　实验结果

	样本一	样本二	样本三
歧义字段总数	1000 条	1000 条	1000 条
系统正确切分歧义字段数	988	992	991
歧义切分正确率	98.8%	99.2%	99.1%

本文对大规模真实语料中歧义字段的分布特征进行了统计分析，提出了歧义字段发现方法和交集型歧义字段的处理策略。其中，“正向最大匹配＋回退一字”的歧义字段边界发现方法，具有较高的歧义字段召回率，同时也没有使问题复杂化；“规则＋例外”的歧义处理策略和动态的校正算法，兼顾一般与特殊，同时满足了现代汉语通用分词系统（GPSW）的通用性和实用性的要求。

参考文献

[1] 冯志伟（1994）自然语言的计算机处理，上海：上海外语教育出版社。

[2] 何克抗　徐　辉（1991）书面汉语自动分词专家系统设计原理，《中文信息学报》第2期。

[3] 刘开瑛（2000）中文文本自动分词和标注，北京：商务印书馆。

[4] 刘　挺　王开铸　姜兴梅（1997）歧义字段的最大概率切分算法，见陈力为主编《语言工程》，北京：清华大学出版社。

[5] 娄　珽（2000）现代汉语分词系统通用性设计及切分歧义处理，北京工业大学硕士学位论文。

[6] 娄　珽　宋　柔　李卫亮　罗智勇（2001）现代汉语分词系统通用接口设计与实现，《中文信息学报》第5期。

[7] 罗智勇　宋　柔（2001）现代汉语自动分词中专名的一体化、快速识别方法，2001中文信息处理国际会，新加坡。

[8] 孙茂松　黄昌宁　邹嘉彦　陆　方　沈达阳（1997）利用汉字二元语法关系解决汉语自动分词中交集型歧义，《计算机研究与发展》第5期。

[9] 孙茂松　左正平（1998）汉语真实文本中交集型切分歧义，见邹嘉彦主编《汉语计量与计算研究》，香港：香港城市大学语言资讯科学研究中心。

[10] 郑家恒　刘开瑛（1997）中文文本歧义切分技术研究，见陈力为主编《语言工程》，北京：清华大学出版社。

[11] Wu, Andi & Jiang, Zixin 1998. Word Segmentation In Sentence Analysis，见黄昌宁主编《1998中文信息处理国际会议论文集》，北京：清华大学出版社。

一种基于可信度的人名识别方法

罗智勇　宋　柔

〇　引言

专名识别技术是影响中文自动分词精度的一个重要方面，也是自动分词技术的难点。难点在于：在真实语料中，专名是一个开放的集合，无法穷举；除了出现频率高，同时比较稳定的专名可以收录进词表外，其他专名只能动态地进行辨识；各种专名之间，专名和普通词之间存在大量的歧义和冲突(Gao & Li, 2003)。

目前专名识别方法的基本路线是：①首先分析各种专名的内部结构、用字(词)特征，形成专名资源表；②对大规模专名表和人工标注语料库进行统计学习，训练出适当的语言模型；③用训练得到的语言模型识别候选专名。其中基于语料库和统计语言模型(SLM)的专名识别方法具有典型的代表性，并且取得较好的结果。由于专名内部结构和特征的封闭性，各种识别方法在专名资源表构造和内容上逐渐趋于统一(罗智勇等，2001；Gao & Li，2003；Zhang & Liu，2002)；因此，如何选择一种合适的概率估值方法，从专名表和标注语料库中训练一个适当的、与实际语言特征相吻合的语言模型，将对提升专名识别性能具有非常重要的意义。

本文第二节分析了目前流行的基于语料库和统计语言模型(SLM)的专名识别方法中在概率估值问题上存在的弊端；第三节提出了一种基于可信度的候选人名概率估值方法；最后，从我们对《人民日报》1998年1月、2000年12月(共约379万字)语料的测试结果来看，基于可信度的人名识别方法比传统的概率估值方法识别效果有较大的提高，同时比原有基于规则和知识库的识别方法具有更好的可扩展性和鲁棒性。

* 原文发表于《中文信息学报》2005年第3期。

一、现有统计方法的误区

语料库方法和统计语言模型(SLM)方法是当前中文信息处理的主流技术，正广泛应用于分词和词性标注、语音识别、机器翻译等研究领域中。

以自动分词系统中人名识别为例，考察以下的句子及其切分：

程/nr 学源/nr 创作/v 的/u 九千/m 行/q 长诗/n (《人民日报》1998年1月 北大标注语料库)

从语料库和统计语言模型方法出发，我们将面临如何估计字串“程学源”作为人名(PN)的概率，即：P(程学源|PN)的问题。目前很多的研究工作中均采用以下类似的概率估计方法(郑家恒，2000)：

$$P(\text{程学源}|PN) \approx P(\text{程}|PN,PNf) * P(\text{学}|PN,PNg1) * P(\text{源}|PN,PNg2)$$

$$\approx \frac{C(\text{程},PN,PNf)}{C(\text{程})} * \frac{C(\text{学},PN,PNg1)}{C(\text{学})} * \frac{C(\text{源},PN,PNg2)}{C(\text{源})} \quad (1)$$

其中 PNf，PNg1，PNg2 分别为人名姓氏、双名首字、双名末字标记；C(程，PN，PNf)：表示“程”字在训练语料库中作为姓氏用字(PNf)出现的次数，C(程)表示“程”字在语料库中出现的总次数，依此类推。

但从我们对《人民日报》1998 年 1 月标记语料库的统计结果(表 1)来看，这种概率估值方法似乎并没有反映语言的实际特征：

表 1　字串“程学源”统计数据

单字	单字总频次	作为人名用字频次	作为单字词频次	包含“单字”词语示例
程	1898	56(PNf:55)	7	工程、程度、进程、程序……
学	4356	122(PNg1:98)	167	学习、学生、中学……
源	736	49(PNg2:37)	19	资源、源泉……

根据我们对语料库甄别的结果，对于“程”字作为人名姓氏用字的概率 P(程|PN，PNf)至少有两种计算方式：

第一种方式，按(1) 式给出的方法，把“程”字以人名姓氏方式出现的次数(55) 与“程”字的总频次(1898)的比值作为其概率估计值：

$$P(程|PN,PNf)\approx\frac{C(程,PN,PNf)}{C(程)}=\frac{55}{1898}=2.9\% \tag{2}$$

第二种方式，由于在整个语料库中“程”字除了以“工程、程度”等词形式出现外，当“程”字单独出现时，绝大多数情况下作姓氏出现（在7次单独出现中，“程”字都作量词使用，前接数词，这与数词后面不能接人名的原则相背，如：“雪一程，风一程，灾区雪夜千帐灯。”）。也就是说，当把“程”字相关的相对稳定的词语（如：“工程”、“程度”等）穷尽式收集到词表中，除此之外，在“程”字落单的情况下，“程”字作为姓氏用字的可信度将是非常高的：

$$P(程\mid PN, PNf)\approx\frac{C(程,PN,PNf)}{C(程,PN,PNf)+Single(程)}=\frac{55}{56+7}=87.3\% \tag{3}$$

其中，Single(程)为“程”字在机械切分后“落单”的次数。

同样，单字“学”、“源”作人名用字的概率分布情况与“程”字类似。按照上述两种不同的计算方法，字串“程学源”作为人名的概率分别为0.00328%和16.11%，相差极大。

不难看出，第一种人名属性特征概率估值方法对人名用字特征的可信度估计不足，特别是对于那些单字频率较高、单字词频较低、同时偶尔作为人名用字的单字来说，估计偏差更大。这对人名识别性能的影响是不能忽视的。

在下一节中，我们将按照第二种概率估计方法给出一种基于可信度的人名识别方法。

二、基于可信度的人名识别

（一）数据准备和人名识别规则

我们从大规模的专名表和海量的真实语料中，分析了人名的内部组成情况，并提取了丰富的属性特征，形成专名信息库。人名属性特征和识别规则如表2所示。为表述方便，我们把所有能够充当人名属性特征角色的字、普通词统称为特征字串。（我们把普通词语纳入人名属性特征集合是由于人名识别处理是在基于词表的机械切分结果上进行的。）

表 2 专名特征属性、规则表

类别	使用资源及数量	人名属性特征及示例	规则示例
汉族人名	汉族人名表 10 万条，真实语料 2 亿字	1. 姓(单姓、复姓)，记：XING，如：王、李、司马 2. 单名用字，记：JUN，如：军、伟、静 3. 双名首字，记：SHU，如：淑、玉、秀 4. 双名末字，记：HUA，如：华、英、兰 5. 单姓与单名成词，记：MJUN，如：黄河、高峰 6. 单姓与双名首字成词，记：MSHU，如：常有、黄河 7. 双名首字与末字成词，记：MING，如：长江、凯歌 8. 单名用字或双名末字与人名后接单字成词，记：MHUA，如：富有、恒等、学说	1. XING+JUN 2. XING+SHU+HUA 3. MSHU+HUA 4. XING+MING 5. XING+SHU+MHUA //归并时，MHUA 需分裂，前一字归入人名部分，其余部分独立成词 6. ……
外国译名	《世界人名译名表》(10 万条)，真实语料 2 亿字	1. 译名首字，记：WSHOU，如：特、罗、克 2. 译名中间用字，记：WZHONG，如：德、利、拉 3. 译名末字，记：WMO，如：尔、基、斯 4. 译名单用字，记：WDAN，如：乔、金 5. 译名中部分成词，记：WYI，如：马夫、哈达、马达	1. WSHOU + [WZHONG]* +WMO 2. ((WSHOU + [WZHONG]* + WMO) | WDAN) + [‘·’ + (WSHOU + [WZHONG]* + WMO) | WDAN]+ 3. ……

(二) 人名属性特征可信度估计

如前所述，有些特征字串，除了作为普通词或普通词的一部分外，在语料库中几乎只做人名属性特征，如人名姓氏用字“郭”、双名首字用字“淑”等等。为了反应这些特征字串作为人名属性特征的可信度，我们对人名属性特征的概率估计方法作如下调整：

（1）对包含有人名属性特征字串的词语作穷尽式的收集；人名识别模块在基于词表的机械切分结果上进行；

（2）在大规模人工标记语料库中，统计每一个特征字串(s)独立成词的次数（Single（s））和作为人名属性特征（K）出现的次数($Count(s,PN,K)$)；

（3）特征字串(s)作为人名(PN)属性特征 K 的概率(可信度)定义为：

$$P(s|PN,K)\approx\frac{Count(s,PN,K)}{Count(s,PN,K)+Single(s)} \tag{4}$$

为了进一步提高人名识别的准确率，我们同时定义了人名上下文的可信度估计：

$$P(PN|C_{l/r})\approx\frac{Count(C_{l/r},PN)}{Count(C_{l/r})} \tag{5}$$

其中，$C_{l/r}$分别表示人名左右上下文，$Count(C_{l/r},PN)$及 $Count(C_{l/r})$分别表示在训练语料库中，左右上下文同人名共现的次数以及各自总的出现次数。

对预先给定的阈值 t_1、t_2，若字串 S 匹配如表 2 所列人名识别规则之一，且同时满足下列条件，则被提取为候选人名：

（1）$\underset{i}{Min}P(S_i|PN,K_i)>t_1$；其中，$S_i$ 为字串 S 与人名属性特征 K_i 相对应的子串；

（2）$\frac{1}{n+2}((\sum_{i=1}^{n}P(S_i|PN,K_i))+P(PN|C_l)+P(PN|C_r))>t_2$；其中，n 为字串 S 所匹配的人名识别规则中所含属性特征的个数。

（三）模型训练

为了克服人工标注语料规模的限制，尽量减少数据稀疏的问题，我们采取以下措施加强了模型训练的过程：

（1）首先，借助一个带有人名识别功能的初始的分词系统(GPWS)对 780 兆生语料进行切分，在 GPWS 切分结果上统计各种特征字串独立成词的次数、作为人名属性特征出现的次数、词表中每一词条和各种未登录词语类别(如人名、地名、机构名、数字等)分别与人名共现的次数以及独立出现的次数，并按上文描述的方法生成初始的人名属性特征可信度表和上下文可信度表；

（2）在(1)统计的基础上，使用一个大规模人名表(9.4 万条汉族人名，10.6 万条外国译名)对初始的人名属性特征可信度表进行加权，尽量减少训练语料库中人名稀疏的问题；

(3) 由于参与模型训练的切分语料来自自动分词系统(GPWS)，训练语料中带有切分错误(未识别人名、误报人名等)，我们采用逐次迭代的方法，逐步调整模型阀值(t_1，t_2)，同时随着系统性能的不断提升，逐步修正初始的人名属性特征可信度表和人名上下文可信度表，直至系统在人工标注语料中的识别性能不再提升为止；

(4) 在系统训练过程中，把前后两次迭代过程生成的可信度表进行叠加，作为下一次迭代过程的输入，尽量使训练过程均匀收敛。

系统训练流程如图 1 所示。

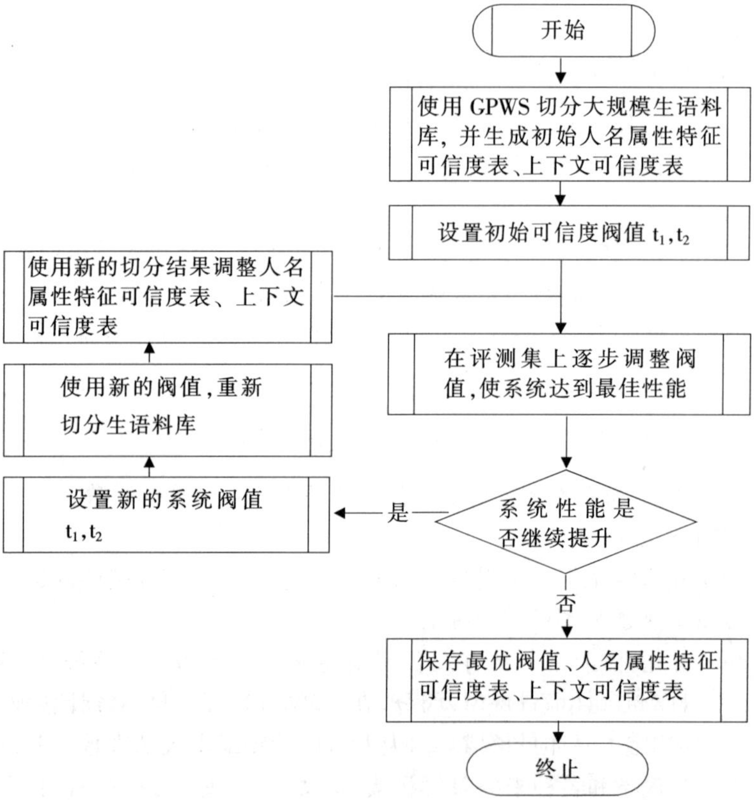

图 1 系统训练流程

三、系统测试

我们对《人民日报》1998 年 1 月、2000 年 12 月(约 379 万字,共标注人名 33,951)语料进行了测试。测试结果如表 3 所示。

为了测试系统的整体性能,我们设计了两种测试方法:

(1) 我们把采用基于可信度的系统(RelSeg)和其他两个系统在测试语料上进行开放式横向比较,其中:GPWS 为基于规则和人工知识库的通用分词系统;LMSeg 为基于词和词类混合的统计语言模型(SLM)分词系统,并采用上文中描述的第一种概率估值方法;从测试结果来看,RelSeg 与 GPWS 性能基本持平,但高于 LMSeg;

(2) 为了测试 RelSeg 的可扩展性和鲁棒性,我们扩大人名属性特征的标注集,使其覆盖所有测试语料库中标注的人名;测试表明基于规则和人工知识库的 GPWS,召回率有所提高,但准确率下降剧烈;RelSeg 虽然性能有所下降,但仍然维持在较好的水平。

表 3　系统评测与对比结果 (F=2PR/(P+R))

系统	开放测试			封闭测试		
	准确率(P)	召回率(R)	F	准确率(P)	召回率(R)	F
GPWS	93.59%	84.20%	88.65%	68.23%	85.12%	75.59%
LMSeg	89.44%	70.65%	78.94%	—	—	—
RelSeg	93.05%	85.03%	88.86%	91.03%	83.93%	87.34%

四、结论

语料库和统计语言模型方法是近年兴起的中文信息处理技术。模型的推演在数学上是无可辩驳的,同时在中文信息处理领域取得了实质的进展。但其中具体的操作和计算方法是否真实反映了语言的本质特征和人的认知特征,还有待进一步探讨。本文提出的基于可信度的人名识别方法对 SLM 方法做了比较和改进,同时具有较好的可扩展性和鲁棒性。测试表明,这种方法是有效的,同时对于其他种类的专名识别方法具有借鉴意义。

参考文献

[1] 刘开瑛（2000）《中文文本自动分词和标注》，北京：商务印书馆。

[2] 罗智勇　宋　柔（2001）现代汉语自动分词中专名的一体化、快速识别方法，2001 中文信息处理国际会，新加坡。

[3] 宋　柔（1993）基于语料库和规则库的人名识别方法，见陈力为等主编《计算语言学研究与应用》，北京：北京语言学院出版社。

[4] 郑家恒（2000）基于语料库的中文姓名识别方法研究，《中文信息学报》第 1 期。

[5] Gao, Jianfeng & Li, Mu 2003. Improved Source-channel Models for Chinese Word Segmentation. Paper presented at ACL－2003, Sapporo, Japan.

[6] Zhang, Huaping & Liu, Qun 2002. Automatic Recognition of Chinese Unknown Words Based on Role Tagging, Paper presented at SigHan Workshop, 19th International Conference on Computational Linguistics, Taipei.

基于多特征的自适应新词识别*

罗智勇　宋　柔

○　引言

汉语自动分词是中文信息处理的基础环节(陈玉泉等,2000)。目前大多数分词系统仅仅针对新闻语料进行训练和测试,因而对于新闻语料的处理性能表现突出,但对其他专业文章、小说等文学作品语料的切分性能却大幅下降。存在大量专业术语、缩略语,以及作者生造的词语等的作品(刘开瑛,2002),给目前的分词系统带来了很大的困难,极大地影响了自动分词系统的性能和可移植性。

新词发现和关键词抽取(Term Extraction(TE))技术在词典编撰(国怀林,1996)、提高分词精度(郑家恒等,2002;Chen,2003)、信息检索等领域(Chien, 1997; Damerau, 1993)得到了广泛的应用,提出了很多有效的策略和方法。这些方法可以粗略的分成两类:第一类是基于语言学知识的规则方法,如:新词语构词规则和相关的过滤规则(娄珽等,2001),基于POS(Part of Speech)的构成规则(Chien,1999)等等;另一类是基于统计的方法,如:单字成词概率(In-Word Probility, IWP)(Dunning,1993)、单字位置成词概率(In-Word Probility in Position, IWP(pos))(Joachims, 1999)、频率(Frequency)、互信息(MI)、似然比(Likelihood Ratio,LR)(Li & Huang, 2004)等等。本质上,上述统计特征是对汉语构词规则的量化,它们克服了人工构词规则的限制,可以在一个带有切分标记的语料库中统计每一个汉字的构词能力。因此,获得足够大的、与目标抽取文本构词特征一致的标记语料库是统计方法的前提和关键。

本文在已有研究的基础上,提出和实现了一种基于多特征集成的新

* 原文发表于《北京工业大学学报》2007 年第 7 期。

词发现方法，综合考虑被处理文本中重复字串的上下文统计特征、内部耦合特征、背景语料库对比特征，以及自动分词系统辅助的边界确认信息等等；提出了一种多特征集成和模型自适应训练方法，自动从被抽取文本中选择模型的训练例，训练相应的SVM分类器，把多个统计特征统一到一个模型框架下，对候选新词语进行二值分类，克服了传统统计方法中，必须借助于人工标记语料库训练，以决定多特征之间的权重系数和阈值问题，同时也避免了人工标记语料库与被抽取文本之间的差异所带来的训练误差；新词抽取过程在字串PAT-Array数据结构上进行，实验表明，该方法新词发现速度快、省存储，可以作为自动分词系统的有益补充。

一、基于PAT-Array的候选重复字串抽取

（一）PAT-Array

PAT-Array（又称为Suffix Array）是在信息检索领域被成功使用的一种十分有效的数据结构。这种数据结构在1993年由Manber和Myers提出（Manber & Myers，1993）。为行文方便，定义如下：

定义1 设S＝$s_0s_1s_2\cdots s_{n-1}$为长度为n的文本字符串；$L_i=s_is_{i-1}\cdots s_0$，$R_i=s_is_{i+1}\cdots s_{n-1}$分别称为字符串S中起始位置为i的左右后缀字串（Suffix String）。

定义2 位置索引数组α[0…n－1]和β[0…n－1]分别称为S的所有后缀字符串的左右PAT-Array，使得，$L_{\alpha[i]}<L_{\alpha[j]}$，$R_{\beta[i]}<R_{\beta[j]}$，若i<j且i，j＝0…n－1。

定义3 为了快速抽取最长重复出现字串，定义：P_l[0…n－2]，P_r[0…n－2]为左右PAT-Array最长共有前缀（Longest Common Prefix，LCP）数组。以Pr为例：Pr[i]为两个后缀字符串$R_{\beta[i]}$，$R_{\beta[i+1]}$的最大共有前缀的长度，其中：i＝0…n－2。

图1给出了一个简单的字符串“tobeornottobe”的左右PAT-Array及各自的LCP数组。为了方便实现左右后缀字符串的排序处理，在字符串的两端分别加入字符串中止标记（$，其值为0）。图2给出了一个实际文本PAT-Array的可视化表示，左右两边分别表示文本的左右PAT-Array。

字符串"tobeornottobe"

#	0	1	2	3	4	5	6	7	8	9	10	11	12	13	14
String	$	t	o	b	e	o	r	n	o	t	t	o	b	e	$

左右 PAT-Array

#	0	1	2	3	4	5	6	7	8	9	10	11	12	13	14
α	0	14	3	12	4	13	7	5	8	2	11	6	1	9	10
β	0	14	12	3	13	4	7	11	2	5	8	6	10	1	9

最大共有前缀长度数组

#	0	1	2	3	4	5	6	7	8	9	10	11	12	13	14
P_l	0	0	3	0	4	0	0	1	1	2	0	0	1	1	/
P_r	0	0	2	0	1	0	0	3	1	1	0	0	4	1	/

图 1　PAT-Array 示例

(二) 候选重复字串抽取算法

如图 2 右部所示，在右 PAT-Array 中，所有以"东"字开始的后缀字符串依"东"字右语境有序排列在一起。可以抽取到以"东"字开始的重复字符串，如"东方不败不"、"东方不败为"、"东方不败之"、"东方不败也"、"东方不败仍是"、"东方不败"等等。但并不包含这些字串的子串，如"东方"、"东方不"等等，这些子串并不是相邻两个后缀字符串的最大共有前缀(LCP)，它们的所有出现均包含在其他最大共有前缀中，如"东方不败"；相应的，由图 2 的左部，同样可以抽取以"败"字开始的所有重复字串，如"上东方不败"、"与东方不败"、"为东方不败"、"魔教教主东方不败"、"教主东方不败"、"东方不败"。

通过分别扫描字串 S 的左右 PAT-Array，可以分别获得左右重复字串列表(分别记为：Φ，Ψ)，Φ 或 Ψ 中的重复字符串只能表示从某一个字符开始向左或向右重复出现两次或两次以上的字符串，只有同时在 Φ 和 Ψ 中同时出现的字符串才是在不同上下文中重复出现的字符串。

…，只因巴结上东方不败,大权在手,作威作…	…？上官兄弟,听说东方不败下了令要捉拿童老…
…似乎正在走上东方不败的路子。他这次击败…	…抬着他,一来好叫东方不败不防,二来担架之…
…在黑木崖上与东方不败相斗,东方不败只握…	…杨莲亭头上砸去。东方不败不顾自己生死,反…
…武功路子便与东方不败一模一样,而岳不群…	…聊的玩意儿,只是东方不败与杨莲亭所想出来…
…闪跃进退固与东方不败相去甚远,亦不及岳…	…么会是威震天下的东方不败东方教主？众人回…
…。辟邪剑法与东方不败所学的《葵花宝典》…	…势道何等厉害,但东方不败两根手指拈着一枚…
…九剑之久,与东方不败之所学相比,那是更…	…也就没丝毫疑心。东方不败为了掩人耳目,对…
…只有隐忍,与东方不败敷衍。直到最近,才…	…了,升得好快哪。东方不败为甚么这样看重你…
…自知,终于为东方不败所困。他在西湖湖底…	…传言,天下武功以东方不败为第一,不知此言…
…了,心想他为东方不败所算,被囚多年,定…	…。令狐冲心想:“东方不败为练《葵花宝典》…
…之度外,才为东方不败所乘。任我行囚于西…	…般。冲哥,你记得东方不败么？他们都是疯子…
…去十余年来为东方不败尽力,言语之中,更…	…在眼里,但在见到东方不败之前先受如许屈辱…
…低垂,以防为东方不败的耳目知觉。当晚盈…	…,除了任教主和我东方不败之外,要算你是个…
…到“魔教教主东方不败”八字,脸色都为之…	…独孤九剑之久,与东方不败之所学相比,那是…
…兄和魔教教主东方不败暗中有甚么勾结？设…	…了再大的过失,连东方不败也决不会难为他任…
…那是魔教教主东方不败！’”众人听她提到…	…深,天下皆知,连东方不败也想到要擒拿了我…
…见过魔教教主东方不败一面,所谓勾结,所…	…长须老者,那自是东方不败了。殿中无窗,殿…
…知道魔教教主东方不败神功无敌,自称不败…	…亭在旁乱他心神,东方不败仍是不败。“想到这…
…敌,魔教教主东方不败更有“当世第一高手…	…祸便在眉睫吗？”东方不败仍是默不作声。童…
…是魔教的教主东方不败？此人号称当世第一…	…森森的妖氛鬼气。东方不败从身边摸出一块绿…

图 2 实际文本(小说《笑傲江湖》片断)PAT-Array 的可视化表示

定义 4 若字串 $s \in \Phi \cap \Psi$,其中,s 为 S 的子串,称 s 为候选重复字串,记 $\Sigma \triangleq \Phi \cap \Psi$ 为所有候选重复字串集合。

表 1 候选重复字串实例(按字串频次降序排列,《笑傲江湖》)

字串	字串频次	字串左熵	字串右熵	似然比	相关频率比值
令狐冲	5922	6.6804	4.9900	62825.4	22743.7
了一	1267	4.7974	3.8534	2603.2	0.9
岳不群	1184	5.9656	4.8688	13848.9	10104.9
也不	1123	4.8512	4.1473	4333.7	1.0
盈盈	1053	5.5446	4.7758	10618.9	89.8
林平之	929	5.7310	4.7623	11257.3	7928.6
岳灵珊	919	5.5887	4.5220	10454.4	7843.2

续表

我行	532	0.0930	4.4570	3080.8	170.2
任我	528	5.5960	0.0142	3471.3	1013.9
任我行	525	5.5891	4.4294	6935.0	4480.6
东方不败	320	4.6805	4.8253	5315.6	2731.0

通过简单的堆栈操作和对左右 PAT-Array 及其相应的 LCP 数组单遍扫描，即可获得候选重复字串集合。表 1 中列出了候选重复字串实例。

二、候选新词特征选取

正如表 1 所示，在候选重复字串集合 Σ 中，并不是所有在不同上下文中出现的重复字串都是有意义的新词语，这些无意义的字串大概可以分成以下几种情形：(1) 字串作为有意义新词语的子串，如“五岳剑”(“当年/五岳剑派/争夺/盟主/之/位”)等；(2) 高频词串粘连，即由两个或多个高频词组合成的高频字串，如“了一”等；(3) 字串包含有不完整的分词边界，如“令狐公”(“咱们/好想/见见/令狐/公子/的/模样”)等。

在这一节中，将使用多个统计量联合对候选重复字串集合进行过滤和筛选，这些统计量包括：(1) 上下文熵(Context Entropy)；(2) 似然比(Likelihood Ratio)；(3)基于自动分词系统的词语边界确认；(4) 相关频率比值(Relative Frequency Ratio)。分别叙述如下：

(一) 上下文熵(Context Entropy)

从直观的角度来说，有意义的新词语，不但在文本中重复出现，而且在不同的上下文中出现，体现了该字串独立成词的能力和使用上的自由度。定义字串的上下文熵作为其使用自由度的度量。

定义 5　设 $\alpha=\{a_1,a_2,\cdots,a_s\}$，$\beta=\{b_1,b_2,\cdots,b_t\}$分别为候选重复字串 w 在语料库 X 中的上下文集合；w 在语料库 X 中的左右上下文熵(Luo & Sun, 2003)分别定义为：

$$C_l(w)=\frac{1}{n}\sum_{a_i\in\alpha}c(a_i,w)\,log\,\frac{c(a_i,w)}{n},\ C_r(w)=\frac{1}{n}\sum_{b_i\in\beta}c(w,b_i)\,log\,\frac{c(w,b_i)}{n};$$

其中：$n=\sum_{a_i\in\alpha}c(a_i,w)=\sum_{b_i\in\beta}c(w,b_i)$，$c(a_i,w)$，$c(w,b_i)$分别为 a_iw 和 wb_i 在语料库 X 中的有序邻接次数。

由定义 5 可知，那些只能在比较固定上下文中使用的字串，其上下文熵就小；而那些能在许多不同上下文中使用的字串，其上下文熵就大。表 1 中第 3 和第 4 列分别列出了不同候选重复字串的上下文熵值。例如候选重复字串“我行”(总是以更长的重复字串“任我行”(人名)的形式出现，左熵较小)、字串“任我”(同样总是以重复字串“任我行”(人名)的形式出现，右熵较小)等等，单边上下文形式比较固定，因而上下文熵值较小，将排除在候选新词之外。

(二) 似然比(Likelihood Ratio)

在候选重复字串集合中，有一类由高频词粘连的重复字串，如“了一”、“也不”等。如何排除此类字串是无指导新词抽取方法的难点。本文中，采用两种策略对高频词粘连字串进行过滤：(1) 计算各粘连高频词语之间的耦合紧密程度——似然比；(2) 背景语料库对比。在高频词粘连字串中，高频词语多为功能词语，一般来说，在其他大规模语料库中同样以高频出现。对比该字串分别在背景语料库和被抽取文本中的频率，可以较好地排除高频粘连字串产生的噪音。关于基于背景语料库对比的相关频率比值在本节最后讨论。

似然比是假设检验的方法之一(Dunning，1993)。似然比比其他假设检验方法(如检验、t 检验等等)更适合于数据稀疏问题(Manning & Schutze，1999)，同时似然比统计量也比其他检验统计量更有可解释性，它可以直观的解释为：一个假设的可能性比其他假设的可能性大多少。

对于候选集中的字串，由于可能有多种二分字串形式，定义任意长度字串 w 的似然比对数值如下：

定义 6 字串 $w \in \Sigma$，字串 w 的似然比 $\lambda(w)$ 对数值定义为：

$$\log\lambda(w) = \max_{\substack{w=w_1 w_2 \\ w, w_1, w_2 \in \Sigma}} \log\lambda(w, w_1, w_2) = \max_{\substack{w=w_1 w_2 \\ w, w_1, w_2 \in \Sigma}} \log\frac{L(H_2)}{L(H_1)}$$

其中，H_1 是独立性假设的形式化：$P(w_2 | w_1) = P = P(w_2 | \neg w_1)$，即 w_2 的出现和 w_1 的出现是独立的；H_2 是非独立性假设的形式化：$P(w_2 | w_1) = P_1 \neq P_2 = P(w_2 | \neg w_1)$，即 w_2 依赖于前面出现的 w_1。如果假设 1 成立，则认为 w_1 和 w_2 的共现只是一种偶然现象，其组合字串 w 不是一个有意义的新词语；若假设 2 成立，则有理由相信 w_1 和 w_2 的组合字串 w 是一个紧密耦合的字串，而可能成为待抽取的新词语。

字串的似然比值在一定程度上反映了字串内部的紧密耦合程度，似然比值越高，则字串由其子串偶然黏结可能性越高，而其本身成为有意义词语的可能性越高;反之越低。表1第5列列出了部分字串的似然比对数值,一些由高频词粘连而成的重复字串,如“了一”等,其似然比对数值相对较低,而其他有意义的字串则相对较高。

(三) 基于分词系统的边界确认

在上文基于PAT-Array的候选重复字串抽取中,抽取是在字一级的层面上进行,并没有考虑到词和词之间的切分边界的问题。因此,抽取的重复字串中,则有大量的垃圾字串,它们跨越了词语之间的自然边界,包含了一个或多个词语片断。如《笑傲江湖》中的重复字串“山派”(包含了如“华山”之类词语的片断)、“令狐公”(包含了如“公子”之类词语的片断)等等。表2中,列出了部分此类垃圾字串的实例和相关的上下文片断。这一小节中,使用一个辅助的自动分词系统:现代汉语通用分词系统(GPWS,词表规模约25万)(娄琎等,2001)对候选重复字串集合Σ中的字串边界进行确认,以排除那些跨越词语边界的字串。在系统中,仅仅使用GPWS提供的基于词表的正向最大匹配(Maximum Match)和歧义切分功能。

由于自动分词系统可能带有切分错误,因此对待确认的重复字串w使用一种边界确认“投票”机制,对w在被抽取文本中所有出现位置及其局部上下文进行切分,根据自动分词系统的切分结果,若该字串所有出现的上下文中跨越边界次数大于未跨越边界的次数,则予以排除,否则保留。

根据对小说《笑傲江湖》的测试,在候选重复字串抽取过程中,共抽取了117,807个重复字串,但通过自动分词系统的边界处理,排除了垃圾字串38,697条,排除比例约32.85%,而且排除垃圾字串的精确率达到了96.85%。这证明使用分词系统进行边界确认的方法是非常有效的。

表2 基于自动分词系统的字串边界排除实例

候选重复字串	上下文及其分词系统切分结果
山派	咱们/华山/派/却/也是/宁死不屈/。
令狐公	恭喜/令狐/公子/,/你/今日/大喜/啊/。
方证大	想起/那日/他/要/修书/荐/自己/去/见/少林寺/方/证/大师/,
那婆	那/婆婆/身子/也是/一/晃/,

另外,在新词抽取方法中,并没有直接在分词系统切分的基础上作重复字串的抽取,主要出于以下考虑:自动分词系统可能带有切分错误,部

分切分错误可能导致部分重复字串召回率降低，串频统计结果可能出现误差。采用“投票”机制进行字串边界确认就是为了减少自动分词系统切分错误所带来的负面影响而采取的措施。

（四）基于背景语料库的相关频率比值（Relative Frequency Ratio）

相关频率比值是进行文本特征（如用于文本分类等等）提取的一种非常有效的方法（Damerau，1993）。它常被用于语料库对比，以反映一个语料库相对应于另一个语料库的特点。

从人的认知角度来说，当人们在阅读文本时，判断是否有新词出现，一方面是基于词语出现的上下文进行语法和语义的推断；另一方面，判断的依据是从自身的认知积累的基础上获得的——“新出现的词语在原有的记忆中没有出现过”。在工程实验中，在某种程度上可以模拟人的这种基于记忆的推断方法，使用一个大规模的背景语料库模拟人的记忆积累，比较字串在背景语料和被抽取文本中的串频，若字串在被抽取文本中出现的频率大大高于在大规模背景语料库中出现的频率，则该字串很可能是新出现的词语；反之，则不是。显然，该方法对于高频词粘连重复字串垃圾过滤同样是有帮助的，这些字串大多由高频功能词组成，在被抽取文本中出现的频率和在背景语料库中出现的频率相近。

定义 7 字串 w 在两个语料库 X、Y 中的相关频率比值：

$F(w;X,Y)=\frac{f(w,X)}{f(w,Y)}$，其中，$f(w,X)$、$f(w,Y)$分别表示 w 在语料库 X、Y 中的频率；

在相关频率比值统计量计算方法中，背景语料库的选择是一个关键的问题。定量地估计两个语料库之间的差异程度和差异点是比较困难的，而这种差异程度和差异点将影响字串的相关频率比值。比如，不同专业领域的文本之间的对比，可能会突出各自专业领域中的不同专业术语；不同小说作家的小说文本之间的对比，可能会突出不同作家之间写作风格和小说内容上的差异；而同一作家不同小说文本之间的对比，可能更会突出各自小说内容上的差异，如使用的不同的专名等等；在目前的系统中，是根据人的先验知识来选择背景语料库的。在本节最后进行测试时，选择金庸除了《笑傲江湖》之外的所有武侠小说作为被比较的背景语料库来抽取《笑傲江湖》中的新出现的词语。另外，在实际工程应用中，为了提高效率，可以预先为选择好的大规模背景语料库建立好 PAT-Array 数据结构，以便快速查询字串在语料库中的频率。

另一方面，字串的相关频率比值越高，证明字串在被抽取文本中反复出现，而在背景语料库中几乎不出现，因而在某种意义上代表了字串成为新词语的可能性也越大。因此，在最终给出新词列表时，所有字串将按其相关频率比值降序排列。

表1中最后一列给出了不同字串基于背景语料库和被抽取文本之间相关频率比值。可以看出，一些与小说内容密切相关、独一无二的新词语，相关频率比值很高，而对于一些高频粘连字串，如"了一"、"也不"等等，由于在两个语料库中的出现的频率非常接近，因而相关频率比值较低。

三、多特征集成与自适应模型训练

在基于PAT-Array中抽取的候选重复字串，大致可以分为两个部分，一部分是词表中收录的词语；另一部分是词表外的新词语和无意义的垃圾字串的合集。本节的任务是将第二部分中的新词语和垃圾字串区分开来。在上文提到的四个特征中，各有侧重，如何将它们集成起来，是面临的一个重要问题。在本节中，将候选新词确认视为一个二值分类问题，并在上述四个特征组成的高维空间上构造SVM分类器。

支持向量机(SVM)是近年来发展起来的统计机器学习方法。一般来说，SVM将样本点映射到高维特征空间并寻找一个超平面，尽量使训练样本按指定的类别划分开来，并且使每一类数据与超平面之间的距离最大，即最优超平面。构造SVM分类器需要依赖于有指导的学习方法，以人工标注语料库为基础，训练出多特征集成的统计模型。但是人工标注足够大的、与被抽取文本特征一致的标记语料库是非常困难的。在本节中直接从抽取的候选重复字串集合出发，抽取训练例(包括正例(词语)、负例(非词语))，用于训练针对于该文本的SVM分类器。

(一) 训练例抽取

正例抽取。在抽取的重复字串集合中，一部分字串为词表中收录的词语，它们可以作为正例的集合。

负例抽取。在抽取的重复字串集合中，一部分字串不但在预先收录词表之外，同时跨越词语边界，这一部分字串构成了负例的集合。如表3所列，由于预先收录的25万词条中包含了大量诸如"姓田"、"姓曲"、"只是"、"那是"等高频的二字词语，因此，在自动分词系统边界确认中，如"那姓"、"是华山"等重复字串均被判为负例。

为了提高训练样例的可信度,在抽取正例和负例时,优先抽取相关频率比值高的字串作为相应的训练例。金庸武侠小说《笑傲江湖》为目标抽取文本的新词抽取实验中,正例和负例样本集合分别如表3所示。

表3 自动抽取训练例示例

类别	字串列表(相关频率比值降序排列)
正例	甚么 剑法 师妹 师娘 辟邪 喝道 令狐 长剑 兵刃 镖头 爹爹 镖局 穴道 说甚 太师 适才 寻思 师弟 怒道 桃枝 师姊 少侠 师兄 登时 桃干 冷笑 怎地 左掌 不戒 秃笔 绿竹 答允 尼姑
负例	令狐冲心 岳剑派 是甚 岳派 那姓 子道 令狐冲大 位师太 是华山 派剑法 岳派掌门 令狐冲不 令狐冲身 到令狐冲 魔教中 决计不 人说道 是令狐冲 派的掌门 柄长剑 声道 霸冈 没半 令狐冲只 派合并 我华山 人笑道 着令狐冲 剑法之 岳剑派的 余招 名汉子 有甚么好 出长剑 他剑

(二) 新词抽取流程

至此,给出新词发现的整体流程,如图3所示。

四、新词抽取实验

以金庸武侠小说《笑傲江湖》为目标抽取文本,以《笑傲江湖》以外的所有金庸武侠小说为背景语料库进行新词自动抽取实验。目标抽取文本及背景语料库长度分别为983,134字、75,515,55字。在整本小说中,人工标注了515个新词语(在25万词表之外)作为标准答案,其中主要包括以下几类词语:

各种专名。如人名:"令狐冲"、"东方不败"、"令狐大哥",地名:"黑木崖"、"思过崖"、"恒山别院",组织名:"日月神教"、"五岳剑派"等等。

普通名词。如:"辟邪剑谱"、"吸星大法"等等。

其他。如:"剧斗"、"惊怖"等等。

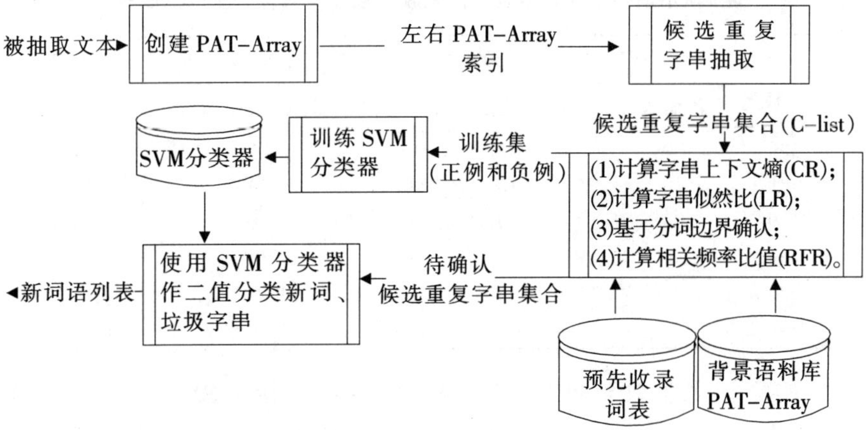

图 3　新词抽取流程

表 4　SVM 分类器抽取结果

新词	SVM 值(降序)	新词	SVM 值(降序)
令狐冲	0.29680976	易筋经	0.29680857
田伯光	0.29680876	高克新	0.29680857
左冷禅	0.29680875	秦伟邦	0.29680856
向问天	0.29680874	玉玑	0.29680856
余沧海	0.29680874	贾人达	0.29680855
刘正风	0.29680872	长青子	0.29680854
林震南	0.29680871	天香断续胶	0.29680854
杨莲亭	0.29680866	桐柏双奇	0.29680853
鲍大楚	0.29680864	塞北明驼	0.29680853
东方不败	0.29680863	广陵散	0.29680853
童百熊	0.29680862	鲁连荣	0.29680853
易筋经	0.29680857	高克新	0.29680857
高克新	0.29680857	秦伟邦	0.29680856
秦伟邦	0.29680856	玉玑	0.29680856

表 5 不同抽取新词数目下的系统性能和单属性特征对比结果

系统抽取新词数量	SVM		似然比		左右上下文熵		相关频率比值	
	新词数	F-score	新词数	F-score	新词数	F-score	新词数	F-score
20	20	7.51%	19	7.10%	10	3.74%	12	4.49%
50	48	16.96%	45	15.93%	24	8.50%	41	14.51%
100	88	28.64%	79	25.69%	31	10.08%	74	24.07%
200	157	43.93%	140	39.16%	61	17.06%	131	36.64%
500	389	75.65%	368	72.51%	109	21.48%	354	69.75%
1000	501	66.14%	479	63.23%	190	25.08%	469	61.91%

实验中，共抽取了117,807候选重复字串，并使用SVM-light为训练工具，表4给出了系统返回的可信度最高（SVM分类器判别结果降序排列）的21个新词实例。表5给出了系统在不同抽取水平下的性能对比。

五、结论

未登录词识别是自动分词的关键技术和难点之一。本文的主要贡献在于：基于PAT-Array的候选重复字串抽取，比传统的PAT-Tree数据结构更省空间，同时配合使用最长共有前缀数组（LCP），抽取速度更快，而且能够抽取任意长度的新词；字串外部特征（左右上下文熵、分词边界判定）和字串内部特征（似然比）相结合，使用前景和背景语料库对比的方法（相关频率比值），模拟人的知识积累和认知过程；采取自适应的SVM分类器训练方法，无需人工知识库和任何标记语料库用于训练和学习。

参考文献

[1] 陈玉泉　顾顺莲　陆汝占（2000）计算机辅助新词新语词典的编纂，《上海交通大学学报》第7期。

[2] 刘开瑛（2002）《中文文本自动分词和标注》，北京：商务印书馆。

[3] 国怀林（1996）论新词语的确定，见南开大学《语言学论辑》编辑委员会《语言学论辑》，北京：北京语言学院出版社。

[4] 娄　珽　宋　柔　李卫亮　罗智勇（2001）现代汉语分词系统通用接口设计与实现，《中文信息学报》第5期。

[5] 郑家恒　李文花（2002）基于构词法的网络新词自动识别初探，《山西大学学报（自然科学版）》第2期。

[6] Chen Aitao 2003. Chinese Word Segmentation Using Minimal Linguistic Knowledge. Paper presented at Proceedings of the Second SIGHAN Workshop on Chinese Language Processing, Sapporo, Japan.

[7] Chien, Lee-Feng 1997. PAT-Tree-Based Keyword Extraction for Chinese Information Retrieval. Paper presented at 1997 ACM SIGIR Conference. Philadelphia.

[8] Chien, Lee-Feng 1999. PAT-tree-based Adaptive Key Phrase Extraction for Intelligent Chinese Information Retrieval. *Information Process and Management* 35. 4.

[9] Damerau, J. 1993. Generating and Evaluating Domain-oriented Multi-word Terms from Texts. *Information Processing and Management* 29. 4.

[10] Dunning, E. 1993. Accurate Methods for the Statistics of Surprise and Coincidence. *Computational Linguistics* 19. 1.

[11] Joachims, T. 1999. Making Large-Scale SVM Learning Practical. In B. Schölkopf, C. Burges and A. J. Smola. (eds.), *Advances in Kernel Methods-Support Vector Learning*, USA: MIT Press.

[12] Li, Hongqiao & Huang, Changning 2004. The Use of SVM for Chinese New Word Identification, In NI, Guannan and Tsou, Jiayan (eds.), In Proceedings of First International Joint Conference on Natural Language Processing, Springe.

[13] Luo, Shengfen & Sun, Maosong 2003. Two-Character Chinese Word Extraction Based on Hybrid of Internal and Contextual Measures. Paper presented at Proceedings of the Second SIGHAN Workshop on Chinese Language Processing, Sapporo, Japan.

[14] Manber U. & Myers, G. 1993. Suffix Arrays: A New Method for On-Line String Searches. *SIAM Journal on Computing* 22. 5.

[15] Manning, D. & Schutze, H. 1999. *Foundations of Statistical Natural Language Processing*. USA: MIT Press.

[16] Smadja, F 1993. Retrieving Collocations from Text: Xtract. *Computational Linguistics* 19. 1.

[17] Wu, Andi & Jiang, Zixin 2000. Statistically-Enhanced New Word Identification in a Rule-Based Chinese System. In M. Palmer, M. Marcus, A. Joshi et al (eds.), In Proceedings of the Second Chinese Language Processing Workshop, Beijing: Tsinghua University Publishing House.

CCRL 使用指南

一、CCRL 简介

CCRL（Chinese Corpus Retriever for Language teaching and research)是面向语言教学研究的汉语语料库检索工具。

收集语言材料并作深入的调查分析，这是语言教学工作者和语言研究工作者最重要的基础性的工作。过去，收集语言材料的方式主要是抄卡片，工作效率极低，难以开展大规模的语言现象调查分析工作。近年来，随着计算机性能的提高，语料库语言学应运而生，建立大规模的熟语料库以备调查、统计分析之用成为一种潮流。所谓熟语料库，就是经过标注的语言材料。标注内容虽各不相同，但对于汉语语言材料来讲，一般都要标出词的边界、词的语法特征，有些还标注词的语义特征、短语的边界和句法结构，甚至句子的结构和一些涉及篇章的特征。

有了这样标注好的语料库，再做一个检索软件，就可以进行许多收集材料和统计分析工作，比如收集词语的使用环境，查找各种句型的实例，还可以统计字频、词频、词类频、词间关系、句法关系、语义关系等。这些调查和统计的结果，可以为确定教学大纲、编写教材教案和编纂词典提供实例和数据，还可以为语言本体研究提供支持。

但是，对于语言研究和语言教学来说，这种方法有几大缺点：慢、贵、少、死。

由于语料标注需要耗费大量人工，所以标注速度慢、成本贵，标注好的熟语料数量少，不能适应大规模收集资料和调查统计分析的需要。更大的问题是语料死、词表死、词性体系死、词性标注死。由于只能检索系统开发者人工标注过的语料，不能查询别人标注的语料，更不能查询未标注过的语料，所以语料是死的。由于该语料已经标注过了，所以词性标注体系定死了，语料中词的边界定死了，各个词的词性标注结果也定死了，这一切都无法修订，要修订就得花巨大的代价重新标注语料，从而不能适应不同应用目标、不同观点的人的不同需要。

我们从人工智能的角度重新审查和思考了语料库的应用方法问题。

人工智能技术的核心思想是：对于智能类的问题，应当采用人机结合的方法，让机器最大限度地发挥其存储量大和计算速度快的优势来减轻人的负担，让人的精力集中于问题的核心，利用知识和经验并运用高度的归纳能力去解决它。

将这一思想用到语言材料的收集分析上，我们提出了一个全新的解决方案：

研制一个正确率达到实用水平的、程序与词库相互独立的、高速度的汉语分词系统。

研制一个高效率的检索软件，它利用词库和分词系统对任意纯文本自动分词并建立词形和词性的索引，进而提供各种方便的检索和统计功能。

依据这个方案研制的检索软件 CCRL 使用过程如下：

(1) 把 CCRL 系统安装到你的计算机。

(2) 使用通用的数据库工具建立你自己的词库（如果你只用字串检索，则这一步无须做）。这个词库可以是 access、excel、dbase 形式的，每个记录的第一个字段是词形，其余字段是词性。例如，第二字段代表名词词性，第三字段代表形容词词性，则“书籍”的第二字段为 1，第三字段为 null；“漂亮”的第二字段为 null，第三字段为 1；“标准”的第二字段和第三字段都为 1；注意，每个字段的名字和意义是你自己设计的，CCRL 并不关心这些，它只关心数据间的关系。

(3) 用 CCRL 自动分析和加工这个词库。

(4) 把你想要检索的任何语料的电子文本（大小不限，但必须是纯文本）装到你的机器上。如果你想做词形和词性的检索，就用 CCRL 对它自动分词、建立词形和词性的索引。如果你想做字串的检索，就用 CCRL 对它自动建立字串索引。

(5) 用 CCRL 检索这一语料，得到检索结果；并可查找字频、词频的统计结果。

这一方法的特点是：

(1) 直接应用于任何未经加工的生语料，规模不限（例如可以是几亿字），避免了人工标注语料的昂贵代价。

(2) 语料、词库同检索软件彼此独立，同一个检索软件能自动应用于任何语料、任何词库（包括任何词表、任何词性体系、任何词库标注结果)。词库修改了,检索结果就可能改变。

(3) 有多种检索方式,包括单个词形、紧邻词形、相隔任意指定距离的两个词形。还可以用词性检索,可以同时指定多个词性。

(4) 检索结果是关键词语及其上下文语境在语料中的全部实例,上下文语境按拼音排序,也可按笔画排序。系统能提供各实例的出处。

(5) 来自各种华语地区的各种简体字文本或繁体字文本都可以检索。

(6) 该软件对文本自动分词,在分词中自动解决切分消歧、未登录词语识别问题。

(7) 可以打破词的界限,进行字串检索。字串检索可以使用"与""或""非"的逻辑关系。

(8) 提供整个语料库的词频、字频表。词频、字频表可以按字词的拼音或笔画排序,还可以按频率排序。

(9) 软件速度极快:分词、建索引的速度极快,检索速度也极快。

其中,第(1)(2)两点是CCRL同其他语料库检索系统的最大区别,使得CCRL在高效性和灵活性上具有极大优势。

当然,这个系统也有缺陷。主要是有些情况下检索的准确性不够,即可能会检索到一些不相关的结果。其原因来自两个方面:

(1) 多词性问题。CCRL对于词性的处理原则是:一个词形如果有多个词性,即属于"同形异质词"或"兼类词",系统并不根据上下文去区分特定语境下该词形的词性。比如,"分别"在某些语境下表现动词特性,有些语境下表现副词特性,在词库中既标了动词又标了副词,则在用"动词"检索时会把所有"分别"的实例检出来,在用"副词"检索时也会把所有"分别"的实例检出来。这样处理的效果是只会多不会漏,多的部分可以设置一些上下文条件来自动去除或人工去除。

现在有一些方法可以自动排除词性的歧义,但是这些方法的使用有很大的局限性:首先是需要大规模的准确标注好的训练语料。且不说训练语料本身难以取得,即使得到了,但如果你的标注体系有所改变,那么就要重新标注。再者是自动标注的准确性十分有限,不足以作为检索的基础。因此,CCRL的策略是干脆不做自动排歧。

（2）分词错误问题。CCRL 使用我们开发的现代汉语通用分词系统 GPWS。该系统虽然准确率相当高，但毕竟有分词错误存在，尤其是对于文学性或专业性比较强的语料以及非现代汉语的语料错误更多一些。这些分词错误肯定会造成检索的错误。

有所得必有所失。CCRL 虽然有时牺牲了一些准确性，但换来的是高效与灵活，而且保证了查全性（分词中的个别错误有时会影响查全性，但字串检索能弥补这一问题）。再说，人工标注语料也常有错误，更不要说标注的前后不一致性以及同行中的不同看法使人工标注的意义大打折扣。

二、系统的安装与启动

（一）系统装载

CCRL 的装载方法比较简单：

（1）从指定的网址（或其他途径）把安装程序下载到本地计算机中；

（2）运行安装程序 SETUP. EXE；

（3）按照安装程序向导逐步执行；

（4）在安装过程中，只需指定 CCRL 的安装路径。默认的安装路径为：C：//CCRL。

（二）系统启动

双击桌面上的快捷方式“工智检索通”，屏幕会出现如图 1 的窗口。单击中间的封面，封面消失，屏幕形如图 2。

图 1　CCRL 启动界面

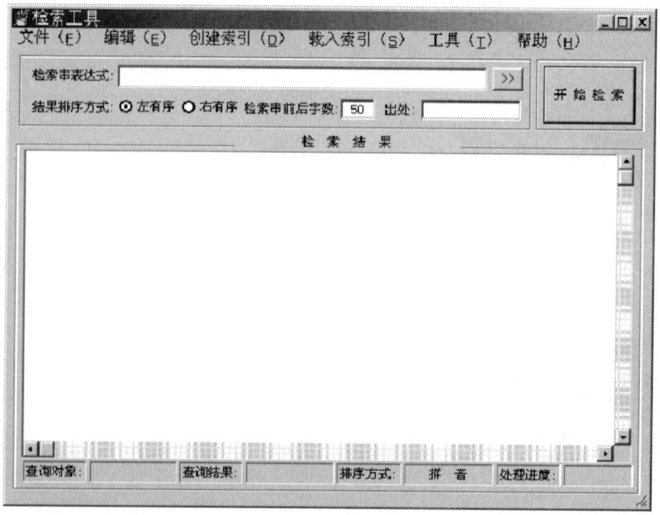

图 2 字串检索界面

这时,你就可以用 CCRL 做各种工作了。

三、词形和词性检索

(一) 词库建立和维护

如果你想进行词形或词性的检索,就需要事先建立词库。

建立词库有两个步骤。

第一个步骤是用通用的关系数据库工具建词库,包括建立一个词表,确定一个词性体系,并对词库中的词形逐个标注词性。关系数据库工具可以是 debase、excel、access 等。每个记录的第一字段是词形,设计为 25 个汉字以内;其余每个字段表示某种词性的有无,设计为 1 个字节,标 1 表示有,不标(即 null)表示无。例如,某词库中第二字段代表名词词性,第三字段代表形容词词性,则"书籍"的第二字段为 1,第三字段为 null;"漂亮"的第二字段为 null,第三字段为 1;"标准"的第二字段和第三字段都为 1。如图 3 所示。

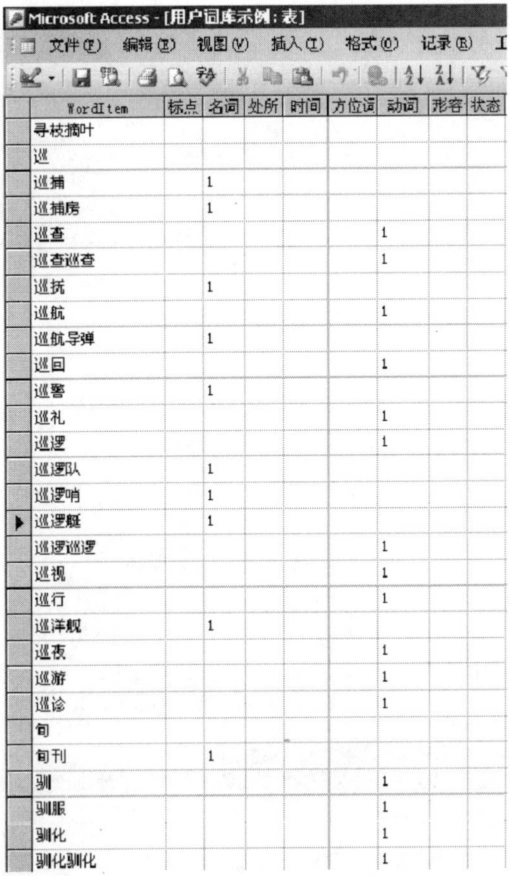

WordItem	标点	名词	处所	时间	方位词	动词	形容	状态
寻枝摘叶								
巡								
巡捕		1						
巡捕房		1						
巡查						1		
巡查巡查						1		
巡抚		1						
巡航						1		
巡航导弹		1						
巡回						1		
巡警		1						
巡礼						1		
巡逻						1		
巡逻队		1						
巡逻哨		1						
巡逻艇		1						
巡逻巡逻						1		
巡视						1		
巡行						1		
巡洋舰		1						
巡夜						1		
巡游						1		
巡诊						1		
旬								
旬刊		1						
驯						1		
驯服						1		
驯化						1		
驯化驯化						1		

图 3　词库示例

词性体系的设计完全由你自己决定。可以是面向语法的体系，也可以是面向语义的体系，或面向语音的体系等等，还可以是多种体系的混合与并存。同样是面向语法的体系，设计哪些词性，各词性叫什么名字，都由你自己定。总之，CCRL 并不关心你的词表有哪些词形，你的词性体系是什么，词库中每个词形标注了什么词性，它只是按照你的词表进行分词并建立词形的索引，并按照你在词库中的词性标注建立词性的索引。

建立词库的第二个步骤是导入用户词库，即把通用数据库形式的词库变成 CCRL 内部使用的一种数据结构。为此，单击窗口上方的“工具”菜单项，再在弹出的下拉菜单中单击“导入用户词库”菜单项，如图 3A 所示。

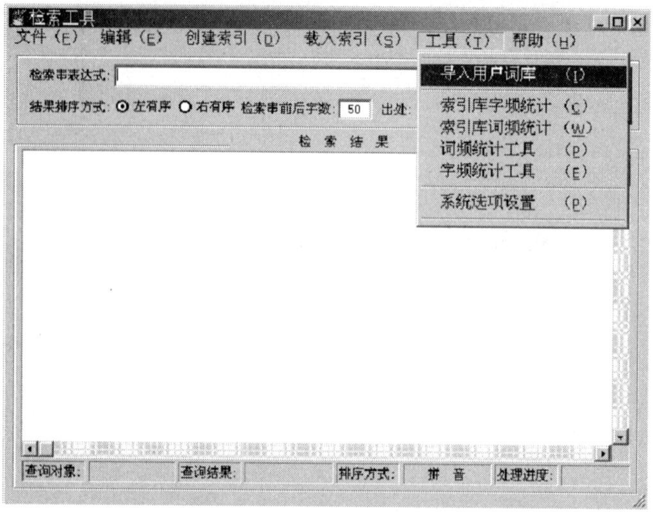

图 3A　导入用户词库菜单

这时，系统会弹出一个如图 4 的窗口。如果你是用 access 建的词库，你就单击该窗口中“Microsoft Jet 4.0 OLE DB Provider”行，然后单击该窗口右下方“下一步”按钮，系统就会弹出如图 5 的窗口。

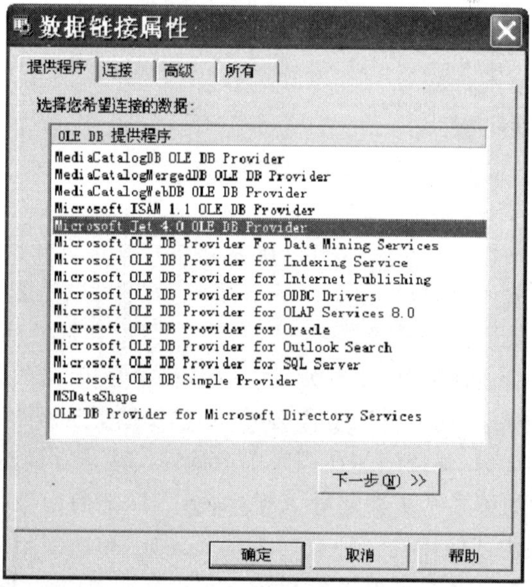

图 4　选择数据库类型

图 5 窗口上部的对话框“选择或输入数据库名称”右边有一个画有“…”的按钮。单击该按钮，系统会弹出一个文件目录窗口。你应在该窗口中选择你建好的 access 库，系统会把你选的库的文件名（带路径）显示在“…”按钮左边的文本框中，其他类型的数据库表操作与此类似。

图 5 窗口中用户名和密码文本框可以不管，直接单击窗口左下方的“确定”按钮，系统弹出如图 6 的窗口，其中显示的是你选择的 access 数据库中的表的名字。你应单击你的词库所在的表的名字，然后单击该窗口右下方的“确定”按钮。这时，系统就开始把你选定的 access 形式的词库转化成系统内部的数据结构。这个工作进行过程中，屏幕的图像如图 2 所示，但中间的部分会变模糊，右下方会有一个进度条。几分钟后，进度条逐渐全部变成蓝色，屏幕中间的模糊部分消失，创建词库的工作便告完成。

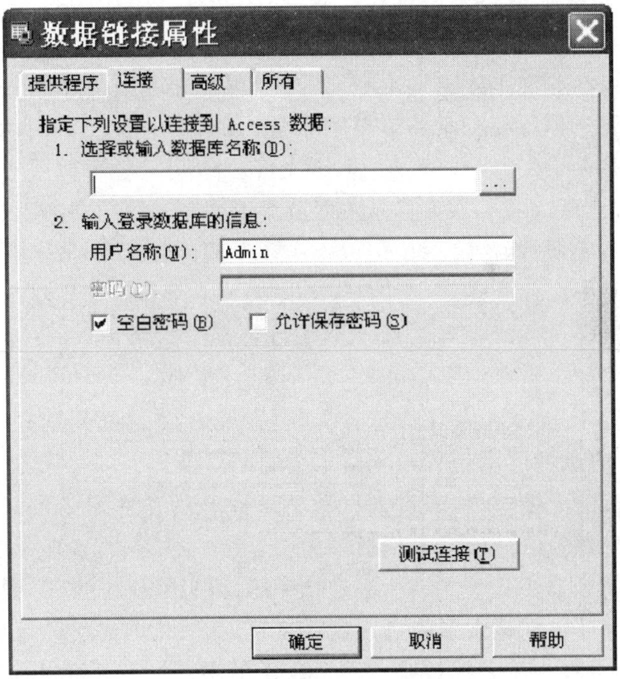

图 5　指定数据库

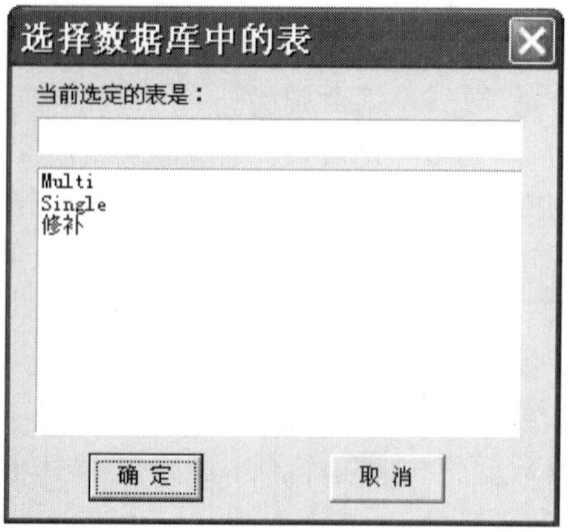

图 6 选择用户词库所在的表

(二) 创建词形和词性的索引

为了对某个语料文本进行词形或词性的检索，在创建了词库以后，还需要对于该语料文本建立词形和词性的索引。其操作过程如下：

首先要把你想要检索的语料库的电子文本复制到你的计算机中。它们可以只是一个文件，也可以是多个文件。这些文件可以集中在一个子目录下面；也可以是一个大目录下面分多层的子目录，要检索的文件在这个目录的最底层；这些文件也可以分布在不同的目录中。

再就是要在你的磁盘文件目录表中确定一个位置来存放该语料库的词形词性索引。建议你专门建一个子目录存放这个索引，子目录的名字同你心目中的语料库的名字相同，以免发生混淆。比如，你要建《人民日报》2000 年的语料库，你可以起名字叫“人民日报 2000”或“RMRB2000”等等，并在磁盘的适当位置建立这个空的子目录。

在下节的介绍中，你将看到检索结果会显示在如图 2 的窗口中。每个检索结果都是以被检索的词形串为中心，向左和向右各显示若干个字。被检索的词形串及其上文或下文是排序的，可以按拼音排序，也可以按笔画排序。你可在创建索引前选定这些参数，方法是单击图 2 窗口上方“工具”的下拉菜单中“系统选项设置”的菜单项，系统将弹出如图 7 的对话框。

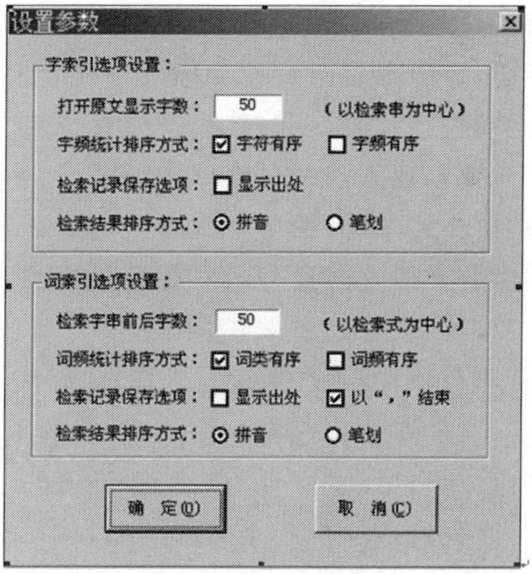

图 7　系统选项设置

该对话框下半部是词形词性索引选项的设置。你可以在“检索字串前后字数”右框中输入你想要显示的上文字数(也是下文字数)，并在检索“结果排序方式”右边选择“拼音”或“笔画”。系统默认的上文和下文的显示字数都是 50，排序方式是按拼音排序。

这些准备工作做好后，单击图 2 窗口上方的“创建索引”菜单项，系统将弹出一个下拉菜单，再单击其中“创建词索引”菜单项，系统将弹出一个如图 8 的对话框。

图 8　创建词类索引对话框

在这对话框的“索引名称”框中填入语料库名字，再利用“保存位置”框右边的“浏览”按钮，在磁盘目录中找到你准备存放索引的子目录，单击一下，该子目录名连同路径就会一起被填入“保存位置”框。

接下来是选定你要创建索引的语料库中的文件。图8对话框的右部有“按目录添加”和“按文件添加”两个选择项。如果某个子目录中所有的文件都是你要建索引的文件，你可以选择“按目录添加”（单击该选项左边的圆圈），然后单击“添加文件”按钮，在弹出的文件目录中找到并单击你要选的子目录，这个子目录中的文件就会全部自动加到中间的框中。如果某个子目录中有的文件属于你想要的语料库，有的不是，那么你只能选择“按文件添加”，然后单击“添加文件”按钮，在弹出的文件目录中找到并单击你要选的文件，使得这些文件一个一个地加到中间的框中。“按目录添加”和“按文件添加”两种动作可以反复地做，直到你要的语料文件全部加进入中间的框中。注意，这些文件必须都是纯文本文件（扩展名是.txt）。如果你把不想要的文件加了进去，你也可以用单击方式在中间框中选中这个文件名，然后单击图8框右边的“删除文件”按钮，这个文件就会从你选好的文件集合中删除。

你选定的文件构成你的语料库。选定工作完成后，单击图8框右边“创建索引”按钮，系统就会对你选定的文本文件进行自动分词，并建立词形和词性的索引库，以备检索之用。在分词和建索引的过程中，图8的对话框消失，屏幕上是图2形式的窗口，但下方“处理进度”框中有一个不断扩展的蓝色进度条。蓝色进度条从左端扩展到右端，这一步骤就告完成。

（三）词形和词性检索

建好词库、建好词形和词性索引后，就可以进行词形和词性的检索了。CCRL提供了建好的词库和索引库，索引库是分别对2000年的《人民日报》和《红楼梦》做的。下面以检索名家小说说明词形和词性的检索操作方法。

进入CCRL检索系统后，看到如图1的画面。单击位于中间的封面，该封面消失。单击窗口上方“载入索引”菜单，出现下拉菜单。再单击下拉菜单中“词索引列表”菜单项，弹出如图9的窗口。

图 9　选择词类索引

单击其中“名家小说”表示选择，然后单击下面的“确定”按钮，该窗口消失，屏幕成为如图 10 的形式，你就可以检索名家小说的建好的词索引库了。

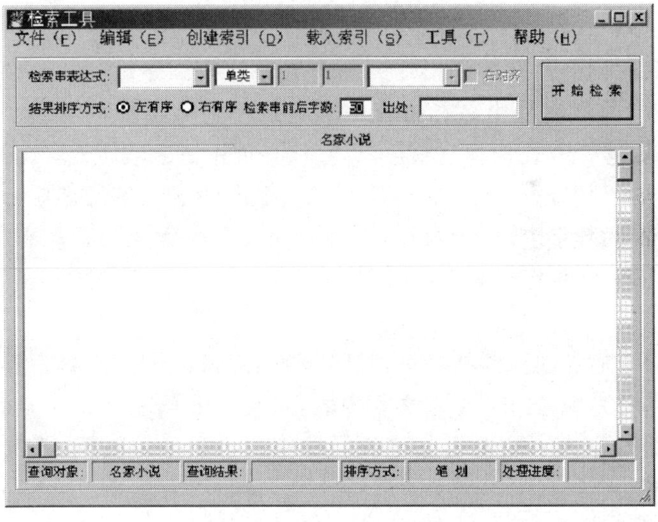

图 10　加载索引后的界面

1. 检索词形

在屏幕上方“检索串表达式”的左长框中键入你要检索的词形并单击右上角“开始检索”按钮，则包含这个词形的词串会显示在屏幕窗口的大框中。例如，键入“因为”并单击“开始检索”按钮，则屏幕如图 11 所示：

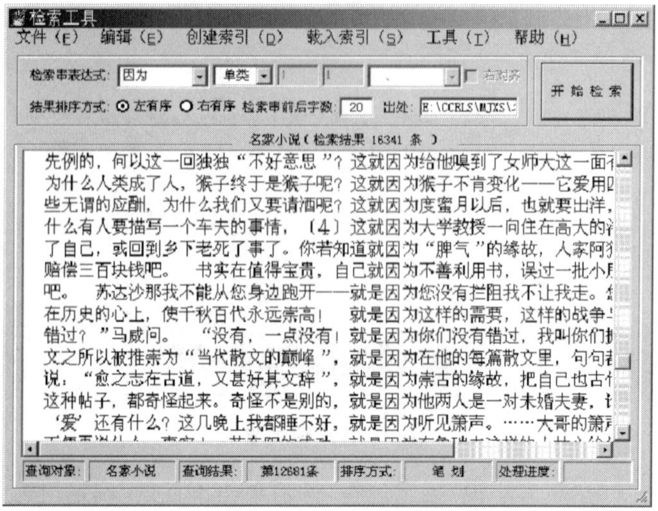

图 11 检索结果“左有序”排列显示

该窗口上部中间显示检索结果是 16,341 条。这些结果的排列方式是有一定顺序的。“结果排序方式”缺省选择是“左有序”,即排序依据是从被检索的词形向左的词形序列的拼音序或笔画序。“工具”菜单“系统选项设置”子菜单可用来在拼音序和笔画序中做选择。“检索串前后字数”也是用这种方式选择,但也可以直接在框中键入数字。

窗口下部“查询对象”框显示你正在查询的语料库的名字。“查询结果”框显示的数字表示当前窗口中最上面那条检索结果是所有检索结果中的第几条。“排序方式”框显示你选择的是按照拼音排序还是按照笔画排序。

窗口中显示的检索结果可以像一般的编辑框中的内容一样用鼠标、键盘来移动光标、选定、复制文本内容,只是不能修改。将选定的内容复制到 WORD、记事本、写字板等编辑器中就可以使用查找、修改、打印等各种编辑功能。

2. 检索词性

你可以检索具有若干词性的全部词形,只须单击“检索串表达式”右边框端的小倒三角,就会弹出如图 12 所示的下拉菜单。该菜单显示词库中的所有词性。单击词性名左边的小方框,框中就出现一个对钩记号,表明你选中了这个词性。你可以同时选择多个词性。比如,选了“形容词”、“名词”、“二字”三个词性,再单击“开始检索”按钮,窗口就变成图 13 所示。

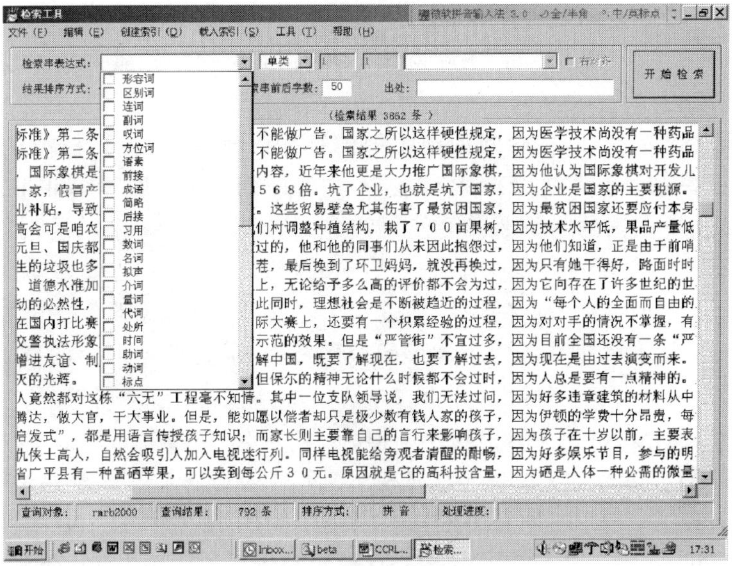

图 12　词性选择界面

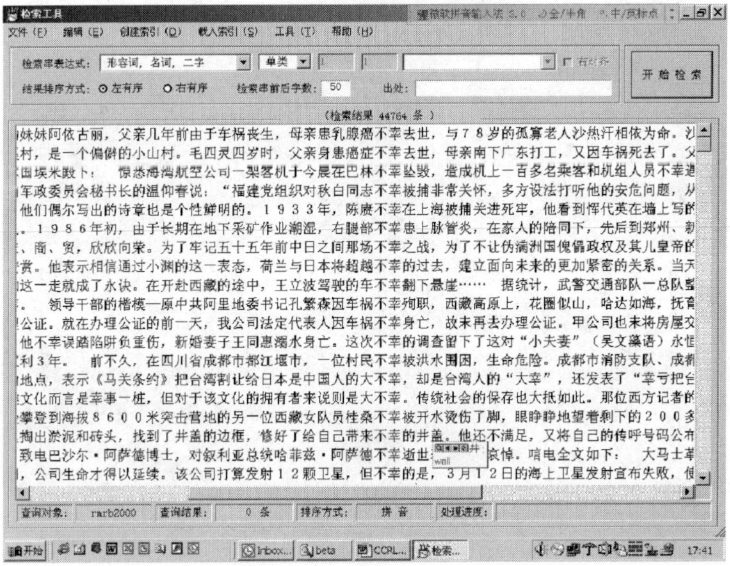

图 13　词性检索示例

3. 检索两项

上面介绍的都是只检索满足某个条件的一个词形。这时，窗口上方中间左小框中显示的是“单类”。单击该小框右端的小倒三角，可看到还有“小于”、“等于”、“之间”三种检索选项，它们可用来检索同时出现的两个词形。

选择“等于”再在中间的中小框内键入1，然后在右长框中输入词形或选择词性，就可以检索位置差一个词的词形（即紧邻的词形）。比如，左长框选的是词性“状态词”和“aabb”，右长框选的是词性“动词”，那么检索到的就是具有aabb形式的状态词并且右边紧邻动词的所有实例。这时如果中间的中小框键入的不是1而是3，那么检索结果也是含有满足上述条件的两个词形的全部实例，但这两个词形的位置差3个词。

左长框键入“因为”，中间左小框选择“小于”并在中间的中小框中键入10，右长框中键入“所以”，就是检索“因为”和“所以”相差不到10个词的全部实例。如果中间左小框选择“之间”而中间的中小框和右小框分别键入5和10，就是检索“因为”和“所以”相差大于等于5个词而不到10个词的全部实例。后者的检索结果如图14所示。

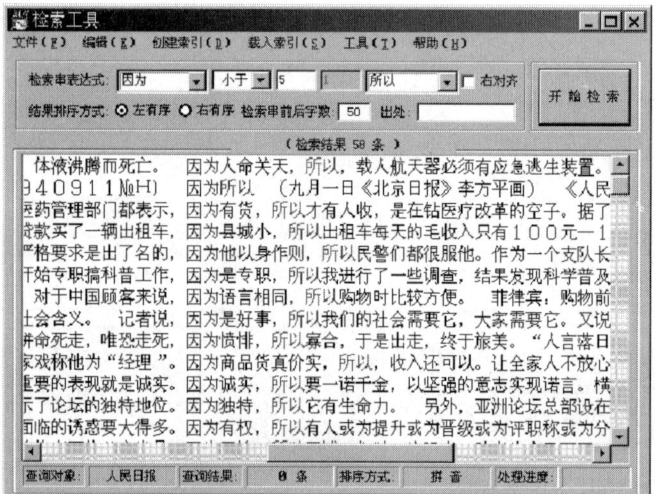

图14 检索两项结果显示界面

如果你选择了窗口右上方的“右对齐”，显示检索结果时就会将右长框中的词形对齐，例如上例的检索结果就会如图15所示。

在检索两个词形时，左右两个长框中可以都键入词形，或都选择词性条件，也可以一个长框选择词性条件，另一个长框键入词形。但是，同一个长框不能又键入词形又选择词性。从词形方式变成词性方式前要先把原来键入的词形删除；从词性方式变成词形方式之前要先把原来选的所有词性消除。

当你要修改你对词性的选择时，可以在长框右端单击鼠标左键得到词性列表，然后在任意地方单击鼠标右键，其效果是消除原来对于词性的全部选择。也可以一个一个地重新选择词性。对于选好的词性再选一下，选定就变成消除。

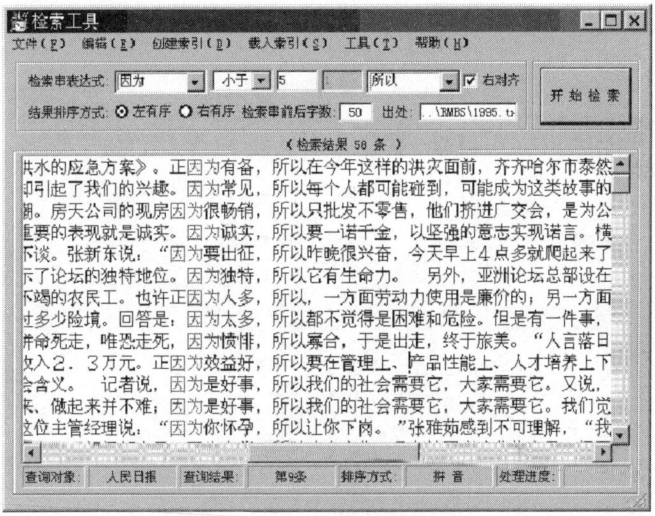

图 15　检索结果右对齐显示

(四) 词性及词形检索结果保存

词性及词形检索结果保存功能在“文件”菜单下的子菜单实现。检索结果可以按三种文件格式保存。即：检索结果对齐保存、检索结果整句保存和保存为数据库格式。分别说明如下：

(1) 检索结果对齐保存：是按软件界面显示的方式保存检索结果，即以检索的词形为中心，每条检索结果占一行，如图 16。

妈妈的“老”女儿，所以比姐姐得宠。今天，因为怕日本兵挨家来检查，所以她只淡淡的敷了一点粉，而没有抹口红。
！他的眼本来就有点近视，现在就更迷糊了，因为眼中有些泪。他爱瞎扯。他对什么都不十分了解，所以才敢信意的瞎
为缺乏营养，因为三天两头的须去站队领面，因为困难与愁苦，已经瘦了很多，黑了很多。因为瘦，所以她的大眼睛显
去的机会。 “小三儿呢？”小三儿是瑞全，因为还没有结婚，所以老人还叫他小三儿；事实上，他已快在大学毕业了
识他，那三位可是也许认识他，也许不认识，因为他平日爱逛书铺与琉璃厂，而且常在德文斋买东西，所以慢慢的知道
，便可以永远适用的。李老人特别希望如此，因为他已经挨了不少冤枉骂，所以切盼把一劳永逸的粮证发给大家，结束
不能把心中的恶气全消净。她有些怕李空山，因为怕他，所以心里才难过。假若她真去找他吵架，她未必干得过他。反
己的祖坟与文化而去战斗。可是，在感情上，因为他是中国人，所以他老先去想每个人的困难。他想，长顺若是抛下他
少出门。他洗澡，剃头，都在家里。有一天，因为下雨，他的仆人因懒得到街上去叫理发匠，所以找了孙七去。孙七的
他老用自己的味儿把别人在他的思索中熏臭。因为他的心是臭的，所以他的世界也是臭的，只有他自己——他觉得——
万也没想到瑞丰会真动手打他。他最怕打架。因为怕打架，所以他的“批评”才永远是偷偷摸摸的咒骂他所嫉妒的人，
他在北平住过了十几年。蓝先生的野心很大。因为野心大，所以他几乎忘了北平是文化区；虽然他大言不惭的自居为文
，常常遇到李四妈，她开始了解那个老妇人。因为她常常到街上去，所以她时常需要别人的安慰与援助，而每逢遇到李
那么报告上去，得抄家！ 他是最怕事的人。因为怕事，所以老实；因为老实，所以他自居为孝子贤孙。可是，孝子贤
是消极的，是不抵抗，是逃避，是可耻的事。因为可耻，所以他总是一天到晚的低着头，不敢正眼看别人，也不敢对镜
使馆——就是丁约翰口中的英国府——作事。因为他喜爱北平，所以他想娶一个北平姑娘作太太。那时候，他知道的北
很大，说话有点囔鼻，象患着长期伤风似的。因为头大，而说话又呜囔呜囔的，所以带着点傻相，其实他并不傻。外婆
。 第十二 1 车什么时候开？没人知道。因为这样没把握，所以树人们才不敢多在站台上说闲话儿，万一车忽然走
好象听见什么对老三不利的消息。他爱老三；因为爱他，所以才放走他。他并不后悔教老三走，只是不能放心老三究竟
家总以为他是给哪个红姑娘弹弦子的。 或者因为他的头小，所以脑子也不大，他所注意的永远是最实际的东西与问题
晓荷厉害的多，她马上决定了悔婚。以前，她因为怕李空山的势力，所以才没敢和他大吵大闹。现在，他既然丢掉了势
轻轻的问了声。 刘师傅的身量并不高，可是因为浑身到处都有力气，所以显着个子很大似的。他已快四十岁，脸上可
号的那个人！”小顺儿知道那个人是谁，可是因为听惯了大家对那个人的批评，所以不愿意说出姓名来。“冠先生？”
的眼，所以，显着特别的大。他还爱笑，可是因为骨棱儿太显明，所以笑得不甚妩媚。他的牙还是很白，可惜唇上与腮
可以大展经纶。他本来有一口儿大烟瘾，可是因为收入不怎么丰，所以不便天天有规律的吸食。现在，他看出来他的正
站队领粮，以至于挨了皮鞭，仍不退缩。唯其因为她不摩登，所以她才不会为没去看电影，或没钱去烫头发，而便撅嘴
可是可以勉强支持一会儿了。饭食很好；惟其因为很好，所以倒引不起大家的感谢。他们根本看不上洗家兄妹这种生活

图 16　检索结果对齐保存

(2) 检索结果整句保存：截取检索关键词所在的句子保存。每条检索结果串占一行。图 17 是检索结果整句保存并显示出处。

A.rtf - 写字板
文件(F) 编辑(E) 查看(V) 插入(I) 格式(O) 帮助(H)
宋体 9 CHINESE_GB2312
因为他已经挨了不少冤枉骂，所以切盼把一劳永逸的粮证发给大家，【名家小说->老舍->长篇小说->四世同堂->jh->75】
因为怕他，所以心里才难过。【名家小说->老舍->长篇小说->四世同堂->ts->44】
因为他是中国人，所以他老先去想每个人的困难。【名家小说->老舍->长篇小说->四世同堂->ts->36】
因为下雨，他的仆人因懒得到街上去叫理发匠，所以找了孙七去。【名家小说->老舍->长篇小说->四世同堂->ts->51】
因为他的心是臭的，所以他的世界也是臭的，【名家小说->老舍->长篇小说->四世同堂->第一部->23】
因为怕打架，所以他的“批评”才永远是偷偷摸摸的咒骂他所嫉妒的人，【名家小说->老舍->长篇小说->四世同堂->第一部->30】
因为野心大，所以他几乎忘了北平是文化区；【名家小说->老舍->长篇小说->四世同堂->第一部->28】
因为她常常到街上去，所以她时常需要别人的安慰与援助，【名家小说->老舍->长篇小说->四世同堂->jh->81】
因为怕事，所以老实；因为老实，所以他自居为孝子贤孙。【名家小说->老舍->长篇小说->四世同堂->第一部->28】
因为可耻，所以他总是一天到晚的低着头，【名家小说->老舍->长篇小说->四世同堂->ts->50】
因为他喜爱北平，所以他想娶一个北平姑娘作太太。【名家小说->老舍->长篇小说->四世同堂->ts->38】
因为头大，而说话又呜囔呜囔的，所以带着点傻相；【名家小说->老舍->长篇小说->四世同堂->第一部->10】
因为这样没把握，所以树人们才不敢多在站台上说闲话儿，【名家小说->老舍->长篇小说->蜕】
因为爱他，所以才放走他。【名家小说->老舍->长篇小说->四世同堂->第一部->12】
或者因为他的头小，所以脑子也不大，【名家小说->老舍->长篇小说->四世同堂->第一部->08】
她因为怕李空山的势力，所以才没敢和他大吵大闹。【名家小说->老舍->长篇小说->四世同堂->ts->53】
可是因为浑身到处都有力气，所以显着个子很大似的。【名家小说->老舍->长篇小说->四世同堂->第一部->24】
可是因为听惯了大家对那个人的批评，所以不愿意说出姓名来。【名家小说->老舍->长篇小说->四世同堂->第一部->03】
可是因为骨棱儿太显明，所以笑得不甚妩媚。【名家小说->老舍->长篇小说->四世同堂->jh->78】
可是因为收入不怎么丰，所以不便天天有规律的吸食。【名家小说->老舍->长篇小说->四世同堂->ts->37】
唯其因为她不摩登，所以她才不会为没去看电影，【名家小说->老舍->长篇小说->四世同堂->jh->80】
惟其因为很好，所以倒引不起大家的感谢。【名家小说->老舍->长篇小说->蜕】
特别是因为他不在家里住，所以大家才分外关心他。【名家小说->老舍->长篇小说->四世同堂->ts->63】
要“帮助”，请按 F1

图 17　检索结果整句保存

以上检索结果保存的文件格式为 RTF 格式，检索关键字串被加亮显示，以便于浏览。RTF 文件格式可用写字板程序或 WORD 程序打开浏览。

(3) 检索结果保存为数据库格式：这种格式在只有一个检索项情况下才能使用。以检索关键字为中心，向前向后各取三个词，共六个词加上关键字组成数据库表的七个字段，每个词给出其在用户词库中标出的所有词性。如图 18 所示。此格式只有在一个检索项情况下才能使用。

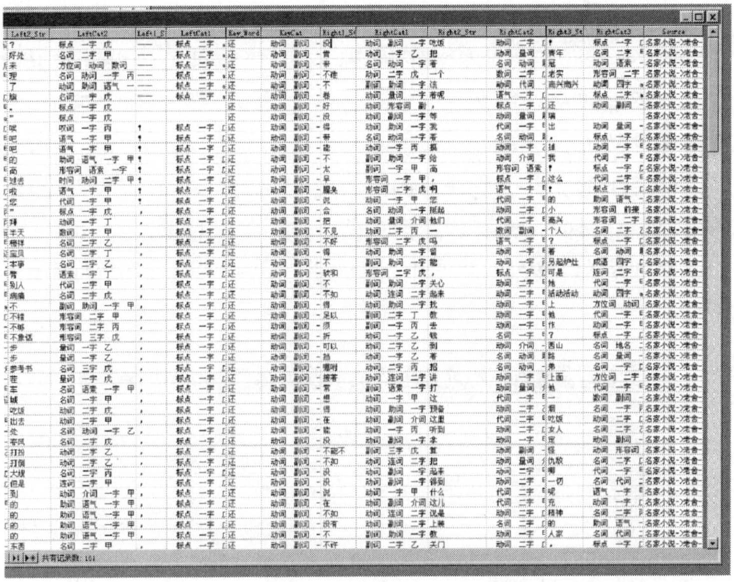

图 18　检索结果保存为数据库格式

检索结果的出处显示控制，可通过“工具”菜单中“系统选项设置”来指定是否保存。

四、字串检索

创建字串索引的过程同创建词形词性索引的过程相同，只是在“创建索引”菜单中要选择“创建字串索引”子菜单。此外，对于同一个语料库，如果既要创建词形词性索引，又要创建字串索引，生成的索引要存放在不同的子目录中。

同创建词形词性索引不同的是，创建字串索引前用不着创建词库和导入词库。

(一) 创建字串索引

单击“创建索引”菜单项下的“创建字索引”子菜单，打开创建索引对话框，如图 19。创建索引步骤：

(1) 在“索引名称”栏指定本次创建索引的名称，如“红楼梦”。

(2) “保存位置”栏指定保存本次创建索引的文件夹，可通过“浏览”按钮来选择一个文件夹，如“C://TEMP”文件夹。

(3) 选择将要建立索引的文本文件。选择文件有两种方式：按目录的方式和按文件的方式。按目录的方式添加就是选择指定目录下的所有文本文件,包括子目录下的文本文件;如图 19 就是按目录的方式将《红楼梦》的所有章节添加起来。按文件方式添加就是由用户自己来选择每个文件。指定选择文件的方式后,单击“添加文件”按钮,打开目录选择对话框或文件选择对话框来添加文件。所选择的文件会出现在左侧的列表框中,用户还可以通过“删除文件”按钮来删除列表框中选中的某些文件。

(4) 文件选择完成后,单击“创建索引”按钮,开始对选定的文本文件创建索引。

图 19 创建字串索引

(二) 字串检索操作方法

字串检索首先要加载已建好的字串索引库。下面以检索《红楼梦》有关内容说明字串检索的操作方法。

在图 2 的状态下,单击窗口上方“载入索引”菜单项,出现下拉菜单。再单击下拉菜单中“字索引列表”菜单项,弹出如图 20 的窗口。用鼠标选择红楼梦字串索引名称“hlmC”并单击“确定”按钮,屏幕出现图 21 的窗口。

在该窗口上方“检索串表达式”右边的长框中键入一个字串,就会出现含有该字串的全部上下文实例。比如键入“宝玉”再单击“开始检索”按钮,屏幕就成为图 22 所示的样子,在窗口上方检索串表达式下面显示检索结果有 3976 条。

如果检索串表达式键入为“宝玉+〈30+黛玉”,就是要检索“宝玉”后面 30 个字以内有“黛玉”的全部实例，你可以看到共有 313 例。注意，这里的小于号必须是半角符号。

如果检索串表达式键入为“宝玉＋<30＋[黛玉,宝钗]”，就是要检索“宝玉”后面 30 个字以内有“黛玉”或“宝钗”的全部实例，可以检索到 494 例。注意，这里的小于号、方括号和逗号都必须是半角符号。半角方括号中用半角逗号隔开的字串是“或”关系。

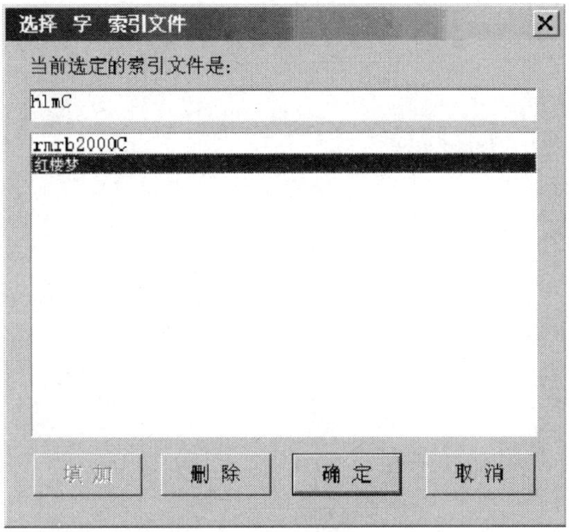

图 20　选择检索语料

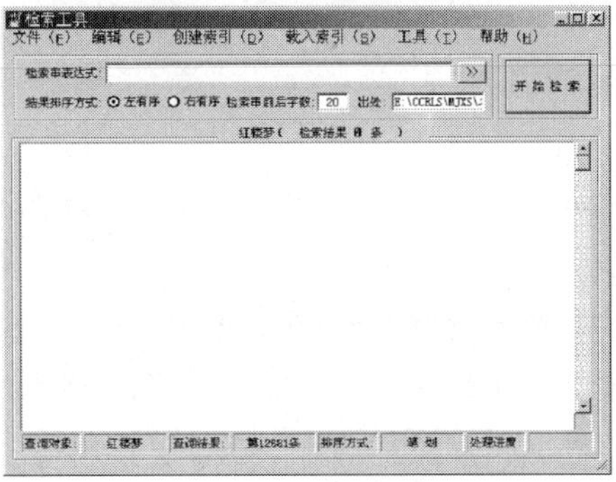

图 21　加载索引后的界面

如果检索串表达式键入为“宝玉＋<30＋^[黛玉,宝钗]”，就是要检索“宝玉”后面 30 个字以内既没有“黛玉”也没有“宝钗”的全部实例，你可以

看到共有 3482 例。这个数目加上“宝玉+〈30+[黛玉,宝钗]”的 494 例,恰好是“宝玉”的 3976 例。注意,这里的上三角号“^”必须是半角符号,它和方括号组合表示“非”关系。

把上述表达式中的半角小于号改成半角等于号“=”,就表示一个确定数目的距离。例如“宝玉+=30+黛玉”检索“宝玉”后面第 30 个字和第 31 个字恰好是“黛玉”的实例,共有 12 例。

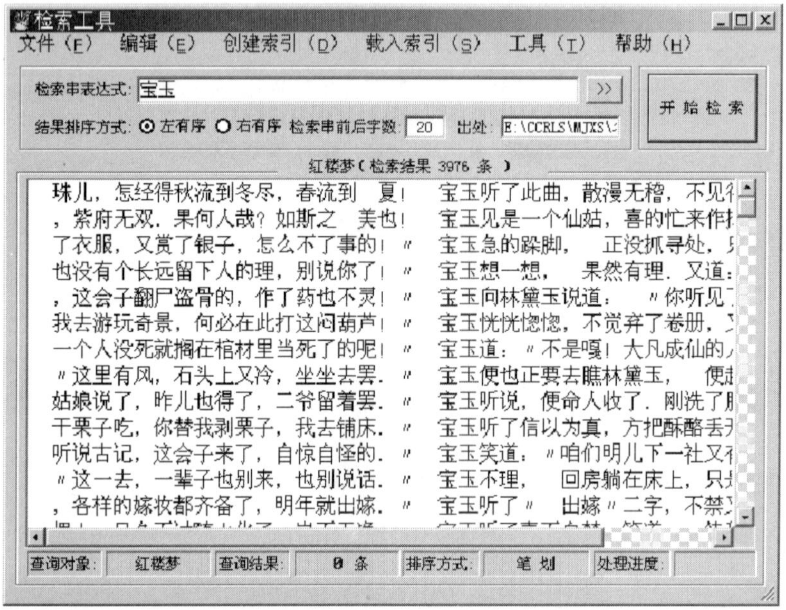

图 22 检索结果显示

检索串表达式可以很长。比如“宝玉+〈30+黛玉+〈20+宝钗”检索的是“宝玉”后面 30 个字以内出现“黛玉”,并且这个“黛玉”后面 20 个字以内又出现“宝钗”的实例。共检索到 25 例。

检索结果既可以按拼音排序,也可以按笔画排序。既可以检索串为中心按从右向左的顺序排序(左有序),也可以检索串为中心按从左向右的顺序排序(右有序)。你可以在“工具”菜单“系统选项设置”子菜单中选择。“左有序”和“右有序”还可以在字检索窗口中直接选择。

CCRL 具有检索结果字串出处显示功能。例如,在图 22 的窗口中把鼠标放在从上往下数第 3 个实例上单击鼠标左键,在窗口右上方“出处”右边的小框中出现“红楼梦\第 33 回”的字符串,说明这个实例来自于《红楼梦》第 33 回。

（三）字串检索表达式构成

本检索系统支持字串表达式检索，可进行字串与、或、非的组合检索。检索表达式的成分有基项、或项、非项，这三种成分组成检索表达式的基本式，其中基项和或项也可以独立地用作基本式。基本式与数字项可以组成复合式。基本式和复合式都是检索表达式，可以用于字串检索。检索表达式的成分的模式和实例见表 1，检索表达式的基本式和复合式的模式与实例见表 2。

表 1　检索表达式的成分

<table>
<tr><th>类型</th><th colspan="2">模式与实例</th><th>实例说明</th><th>模式说明</th></tr>
<tr><td rowspan="2">基项</td><td>模式</td><td>字串</td><td rowspan="2">在文本检索中检索包含“高兴”二字的所有字串实例。</td><td rowspan="2">基础为字符串，如例子中的“高兴”，可和或项、非项组合使用，其中字串为全角字符串。</td></tr>
<tr><td>实例</td><td>高兴</td></tr>
<tr><td rowspan="2">或项</td><td>模式</td><td>[字串,字串,字串...]</td><td rowspan="2">在文本检索中检索包含“着”或“了”或“过”的所有字串实例。</td><td rowspan="2">或项为多个字符串的组合，字串之间用半角字符“,”分隔，并用方括号[]括起来([]为半角字符)。或项可和基项组合使用。</td></tr>
<tr><td>实例</td><td>[着,了,过]</td></tr>
<tr><td rowspan="2">非项</td><td>模式</td><td>^[字串,字串,字串...]</td><td rowspan="2"></td><td rowspan="2">非项为多个字符串的组合，字串之间用半角字符“,”分隔，并用方括号[]括起来。在[]前面加半角字符“^”表示非。非项不可单独使用，要与基项组合使用。</td></tr>
<tr><td>实例</td><td>^[人们,我们,他们]</td></tr>
</table>

表 2　检索表达式

<table>
<tr><th>类型</th><th colspan="2">模式与实例</th><th>实例说明</th><th>模式说明</th></tr>
<tr><td rowspan="17">基本式</td><td>模式</td><td>基项</td><td rowspan="2"></td><td rowspan="17">基本式即基项基本检索表达式由基项和或项、非项组合而成，以基项为中心，在基项前后可使用或项或者非项中的一种，也可单独用基项、或项中的一种作为基本式。</td></tr>
<tr><td>实例</td><td>见表 1</td></tr>
<tr><td>模式</td><td>或项</td><td rowspan="2"></td></tr>
<tr><td>实例</td><td>见表 1</td></tr>
<tr><td>模式</td><td>或项 基项</td><td rowspan="2">在文本中检索所有“高兴”前包含“我们”或“人们”或“他们”的字串。</td></tr>
<tr><td>实例</td><td>[人们，我们，他们]高兴</td></tr>
<tr><td>模式</td><td>非项 基项</td><td rowspan="2">在文本检索中检索包含“高兴”但“高兴”前不是“我们”、“人们”和“他们”的所有字串。</td></tr>
<tr><td>实例</td><td>^[人们，我们，他们]高兴</td></tr>
<tr><td>模式</td><td>基项 或项</td><td rowspan="2">检索文本中所有“高兴”后紧跟“的”或“地”或“得”的字串。</td></tr>
<tr><td>实例</td><td>高兴[的，地，得]</td></tr>
<tr><td>模式</td><td>基项 非项</td><td rowspan="2">在文本检索中检索包含“高兴”但“高兴”后不是“我们”、“人们”和“他们”的所有字串。</td></tr>
<tr><td>实例</td><td>高兴^[的，地，得]</td></tr>
<tr><td rowspan="4">模式</td><td>或项 基项 或项</td><td rowspan="5">检索文本中的所有“高兴”前不是“我们”，“人们”和“他们”但后面紧跟“的”、“地”或“得”的字串。</td></tr>
<tr><td>或项 基项 非项</td></tr>
<tr><td>非项 基项 或项</td></tr>
<tr><td>非项 基项 非项</td></tr>
<tr><td>实例</td><td>^[人们，我们，他们]高兴[的，地，得]</td></tr>
</table>

续表

复合式	模式	基本项+=数字+基本项	检索文本中的“因为”之后相距10个汉字后为“所以”所有字串。	基本式中间用“+=数字+”分隔，表示两个基本式间相隔的字数。
	实例	因为+=10+所以模式		
	模式	基本项+〈数字+基本项	检索文本中的“因为”之后30个汉字内包含“所以”的所有字串。	基本式中间可用“+〈数字+”分隔，表示第一个基本式之后多少个字数范围内出现第二个基本式。
	实例	因为+〈30+所以		
	模式	基本项+数字，数字+基本项	检索文本中的“高兴”相距10汉字后，20个汉字内包含“说道”所有字串。	基本式中间可用“+数字，数字+”分隔，表示距第一个基本式之后大于前一个数字、小于后一个数字的字数范围内出现第二个基本式。
	实例	高兴+10，20+说道		
检索表达式的中心项	实例	因为+=30+ * 所以	这三个例子检索结果都是以“所以”为中心对齐，按“所以”前或后的上下文排序。	当检索表达式为复合式时，可在某成分前加“ * ”，用以指定检索结果串以该成分的字串作为中心来显示。这样的成分称为中心项。默认的中心项为第左边 个成分。非项不能作为中心项。
		因为+〈30+ * 所以		
		因为+10，30+ * 所以		

需要注意的是：

(1) 所有要检索字符应均为全角字符，用于分隔检索串的与、或、非项以及数字项的字符均为半角字符(即：[ ]，+ 〈= * 以及数字为半角字符)，否则系统认为错误。

(2) 可通过检索式右侧的小按钮»来快速输入表达式。

(四) 字串检索结果保存

检索结果保存功能在“文件”菜单下的子菜单实现。检索结果可以按三种文件格式保存。即：检索结果对齐保存、检索结果整句保存和单字检索存为文件。分别说明如下：

检索结果对齐保存：是按软件界面显示的方式保存检索结果，即以检索关键字为中心，每条检索结果串占一行。

检索结果整句保存：截取检索关键字所在的句子保存。每条检索结果串占一行。

单字检索存为文件：将文档中每一个汉字作为检索关键字，每个字的检索结果保存为一个文本文件，并以该汉字作为文件名。该种方式占用的磁盘空间较大。

检索结果保存时还可以指定是否保存每条检索结果的出处，可通过"工具"菜单中"系统选项设置"来指定是否保存。

以上检索结果保存的文件格式为 RTF 格式，检索关键字串被加亮显示，以便于浏览。RTF 文件格式请用写字板程序或 WORD 程序打开浏览。

五、带篇章信息文档的检索

现在有很多文档带有篇章信息的标注，如在文档中标注出作者、体裁、作品、章节、正文等，如下所示：

〈作者〉＝丁玲

〈体裁〉＝小说

〈作品〉＝

〈章节〉＝夜

〈正文〉＝一群羊已经赶进了院子，赵家的大姑娘还坐在她自己的窑门口綀鞋帮。不时扭转着她的头，垂在两边肩上的银丝耳环，便很厉害的摇晃。

……

为了便于检索特定的篇章内的内容，在 CCRL 的新版本上新加上对篇章信息的检索功能。用户可以通过限定篇章信息作为检索条件，对特定范围内的文档内容进行检索。

用户可以通过以下几个步骤来实现带篇章信息的检索：

(1) 向系统导入用户自定义的篇章标记和用户词库；

(2) 创建带篇章信息文档索引；

(3) 进行检索。

(一) 向系统导入用户自定义的篇章标记

用户可以根据应用需求定义自己的篇章标记，用户标记格式可以按照用户自己方式定义。为了便于程序处理，用户篇章信息的标注标记格式需要通过关系数据库存表导入 CCRL 检索系统，以便于系统对这些标记进行识别和处理。在数据库表中对用户自己定义的每一个篇章标记需要进行以下几项属性的说明：

· 标记名称：如文档的标题标记名称为“标题”。

· 标记格式串：某一个标记文档标注时使用的格式串，如文档标题用“〈标题〉”或“〈题目〉”来标注。

· 该标记对应的文档内容是否需要进行分词：如果某一标记所标注的内容需要按词形或词类检索，则要说明这部文本需要分词。

· 该标记对应的文档内容是否为日期：系统对日期的格式定义为八位数字，前四位为年份，接着两位为月份，最后两位为日。如：2001010，表示“2001 年 10 月 10 日”。对包含有日期标记的文档，可使用类似“〈日期〉＝2001010”方式来标注，其中“〈日期〉”为标记格式串。

· 该标记对应的文档内容是否可以枚举：如果标记标注的文档内容为一个不可分割的整体并且可以一一列举出来，则这部分内容则说明为是可枚举的。如作者名、作品名称等。这部分内容系统将自动抽取出来并以下拉列表框方式出现在软件界面，方便用户输入。

· 标记 ID 号：该 ID 用于对应标记名称在软件界面上的排序位置，出现软件界面上的第一个标记名称 ID 为 1，其次为 2，依此类推。

· 标记的级别：标识一篇新的文档开始的标记为顶级标记，级别为 0，该标记一般是文档开始的第一个标记，其他标记可视为它的子标记，级别为 1；若子标记内还包含有下一级子标记，则下一级子标记级别为 2。

在以上属性中，其中“标记对应的文档内容是否需要进行分词”、“标记对应的文档内容是否为日期”和“标记对应的文档内容是否可以枚举”三项是互斥的，对同一个标记只选择其中之一。

以上几项属性定义成关系数据库的字段，用户只对某一标记的属性说明只需要在对应属性字段填写上对应值就可以了。图 23 用 ACCESS 数据库表对上面几项属性的定义进行了如下说明：

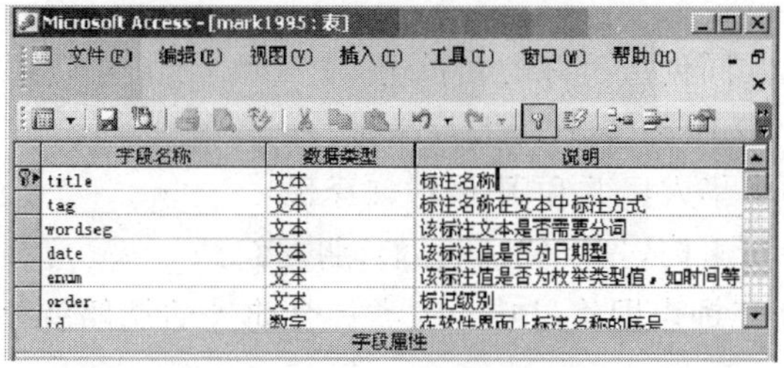

图 23　标记属性字段定义

利用上面的 ACCESS 数据库表定义对本节前面示例文本的篇章信息进行处理和说明，具体方式如图 24。

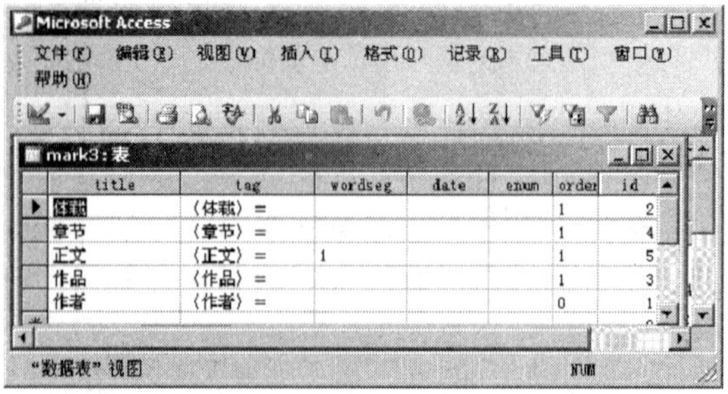

图 24　标记属性说明示例

将上面的 ACCESS 数据库表命名为 MARK，和用户词库放在同一个数据库中，在导入用户记词库的过程中，CCRL 系统会自动对 MARK 表中的信息进行处理，以后在创建索引时用户的标记格式系统就能识别和处理了。导入用户词库的过程和以前的一致，请参考"词库的创建和维护"章节。

其中的标记格式串如〈作者〉、〈体裁〉、〈作品〉、〈章节〉、〈正文〉、〈朝代〉等可以由用户按照自己的应用需求来定义，标记可多可少。

下面用另外一套标记体系来说明 MARK 表的建立方式：

2001 年的《人民日报》每篇报道标注格式如下：

〈REC〉

〈来源〉＝《人民日报》

〈日期〉＝20010101

〈版次〉＝1

〈版名〉＝要闻

〈栏目〉＝

〈标题〉＝共同创造美好的新世纪——2001 年新年贺词

(2000 年 10 月 31 日)(附图片 1 张)

〈作者〉＝中华人民共和国主席 江泽民

〈正文〉＝女士们，先生们，同志们，朋友们：

2001 年新年钟声即将敲响。人类社会前进的航船就要驶入 21 世纪的新航程。

中国人民进入了向现代化建设第三步战略目标迈进的新征程。

在这个激动人心的时刻，我很高兴通过中国国际广播电台、中央人民广播电台和中央电视台，向全国各族人民，向香港特别行政区同胞、澳门特别行政区同胞和台湾同胞、海外侨胞，向世界各国的朋友们，致以新世纪第一个新年的祝贺！

……

在上面的标记中，标记〈REC〉为一个新的篇章开始标记，称为顶级标记，其字段“order”值为0，其他标记的“order”值为1；若某标记中还包含有下一级子标记，则子标记“order”值为2，以此类推；〈日期〉标记对应的内容为日期，〈版名〉和〈栏目〉对应的内容是可枚举的；〈正文〉需要分词进行词形和词性检索，所以都在相应的字段上标1；在软件界面上希望这些标记按照〈REC〉、〈来源〉、〈日期〉、〈版次〉、〈版名〉、〈栏目〉、〈标题〉、〈作者〉、〈正文〉的顺序来排列，则在字段“id”的值分别置为：1、2、3、4、5、6、7、8、9、10。对该标记体系用ACESS数据库表描述如图25：

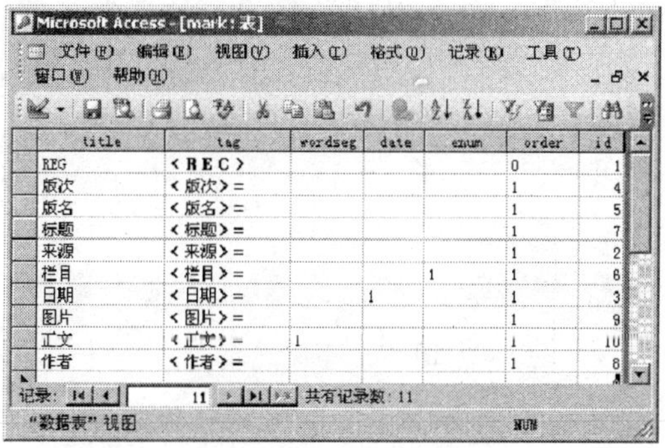

title	tag	wordseg	date	enum	order	id
REG	<REC>				0	1
版次	<版次>=				1	4
版名	<版名>=				1	5
标题	<标题>=				1	7
来源	<来源>=				1	2
栏目	<栏目>=			1	1	6
日期	<日期>=		1		1	3
图片	<图片>=				1	9
工文	<工文>=	1			1	10
作者	<作者>=				1	8

图25　《人民日报》所用标记属性说明示例

导入用户词库过程基本上和以前（“词库的创建和维护”一节）一致，要强调的是，在你的用户词表数据库中必须包含有名称为MARK标记格式说明表，在导入时指定用户词库数据表后，系统会自动查找MARK表并进行处理。

（二）带篇章信息标注的文档索引创建

带篇章信息标注的文档索引创建和前面“词形和词性检索”一节中提到的索引创建方法一致，这里就不再详细说明，可参照前面有关章节的内容。要强调的是，处理的文档中必须含有相关的篇章标记，如果文档没有任何篇章标注，请按照“词形和词性检索”一节来创建索引和检索。

（三）带篇章信息的检索

创建索引后，运行新版 CCRL，其中软件界面如图 26；点击“载入索引”菜单加载创建好的索引，就可以进行检索了。

软件界面中“选择标记”下拉框中对应的项为篇章信息标记，右边的输入框可以输入对应的标记所标注的内容。如“作者＝鲁迅”等；然后按←按钮可以使检索条件生效；如果有多项限定条件，可以重复上面的操作，同时可指定条件之间的关系是“与”还是“或”，这样就可以在这些限定的条件下进行检索。检索内容从“检索表达式”项处输入。在限定了篇章信息检索条件后，只能检索到在限定条件范围内的词形或词性。若无限定篇章范围，则检索的范围是属性说明为分词的标记所对应文本内容。

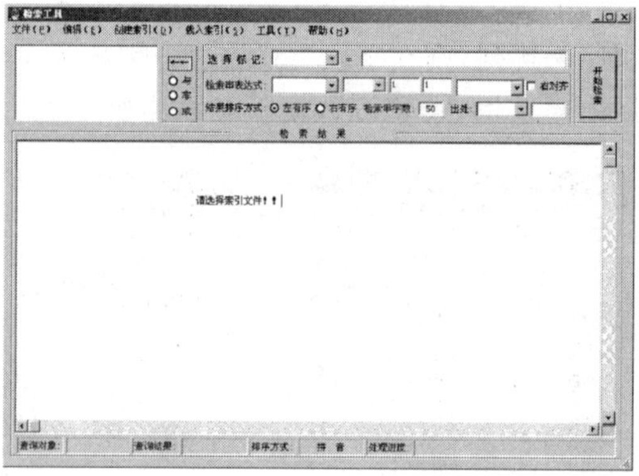

图 26　系统界面

对于枚举类标记，系统会自动枚举该标记的所有值（内容），如当选取“作者”后，右边的下拉框中将是所有索引文档中的作者列表，用户可用从列表中选取的方式来快速输入，既准确又方便，如图 27。

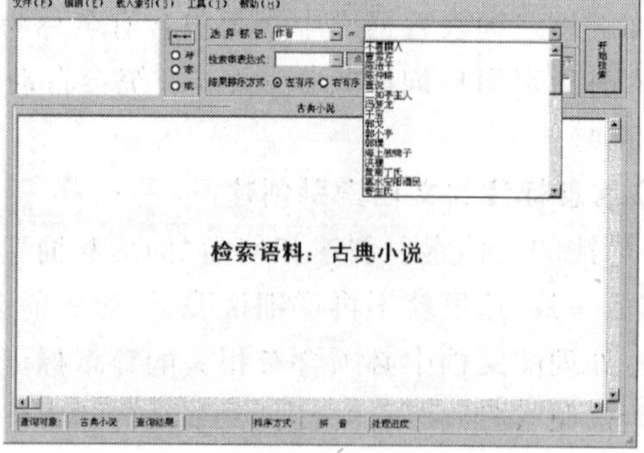

图 27　枚举内容通过选择输入

例如，要检索曹雪芹的作品中出现的人物名称，先在“选择标记”下拉框中选择标记“作者”，然后在“＝”右侧的下框中选择“曹雪芹”，再按←←按钮使检索条件“作者＝曹雪芹”进入限定项框内；再从“选择标记”下拉框中选择标记“正文”，由于“正文”标记内容在MARK表中标为分词，可按词形或词性来检索，所以在下拉框中选择标记“正文”后，“检索表达式”项的下拉选取框就立即从灰色变成黑色，成为可以使用状态，从下拉选取框中点击“人名”，再单击“开始检索”按钮进行检索，结果如图28所示。

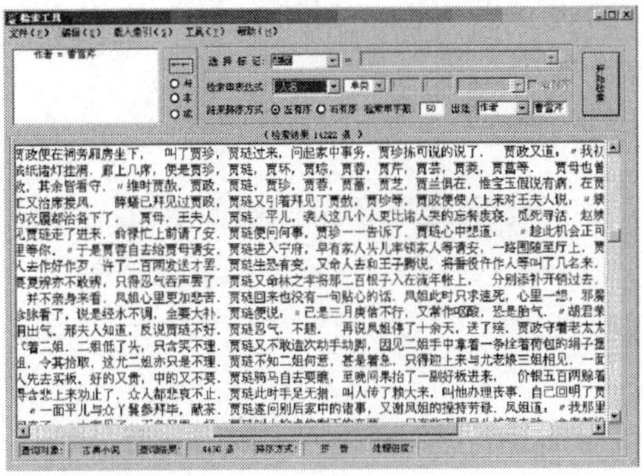

图 28　人名检索示例

也可以按词形检索，如检索《红楼梦》中的有关人物对话，可按照上面的方式输入：“作品＝红楼梦”，再从“选择标记”下拉框中选择标记“正文”，然后“检索表达式”后的文本框输入“道”，单击“开始检索”按钮进行检索，如图29所示。

图 29　词形检索示例

在输入过程中,若要对检索限定条件修改或清除,直接用鼠标选中该条件,如上面的“作品＝红楼梦”,然后双击就可以清除。

在输入篇章限定条件后,“检索表达式”项的使用方法与上文“词形和词性检索”中是相同的,在此不再详细介绍。

六、词频和字频统计

CCRL 提供字和词形的频率统计功能,可直接对原始文本文件进行字频带或词频统计,也可以对已经创建好索引的索引库语料进行字频或词频统计,后者统计速度更快一些。

字频或词频统计功能在系统“工具”菜单下,如图 30。

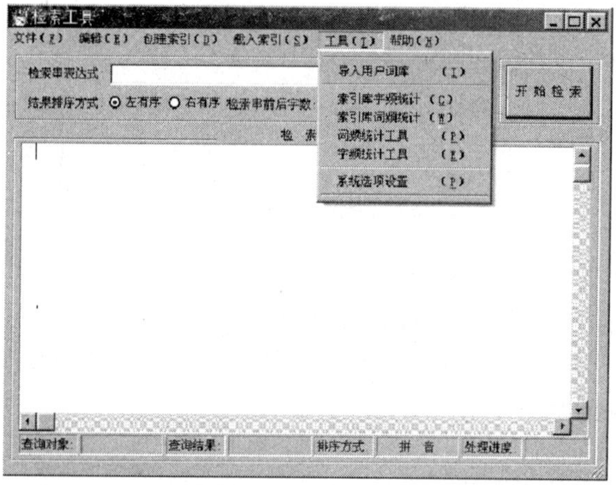

图 30　统计功能菜单

(一) 词频统计工具

CCRL 提供词形的词频统计功能有两种方式:

(1) 索引库词频统计:若要统计已经创建好索引的语料库词频,单击“工具”菜单“索引库词率统计”,在弹出的对话框中选择已经创建好的索引名称,系统就能够自动生成词频统计结果的文件,统计结果的文件被保存在该索引所在的文件夹内。

(2) 对文本文件直接进行词频统计:单击“工具”菜单“词频统计工具”,在弹出的对话框中“按目录”或“按文件”加入文本文件,系统能直接对文本文件进行词频统计,统计结果的文件被保存在用户指定的文件夹内。

统计结果文件名为“WordSatic_FreSort.txt”，文件共有3列，第1列是词目，第2列是同一行对应词目在当前语料库中出现的次数，第3列是以百万为分母的频率数，如图31。

图31　词频统计结果示例

(二) 字频统计工具

CCRL提供字频统计功能有两种方式：

(1) 索引库字频统计：若要统计已经创建好索引的语料库字频，单击“工具”菜单“索引库字率统计”，在弹出的对话框中选择已经创建好的索引名称，单击“确定”按钮系统就开始进行字频统计，统计结果的文件被保存在该索引所在的文件夹内，如图32。

(2) 对文本文件直接进行字频统计:单击"工具"菜单"字频统计工具",在弹出的对话框中"按目录"或"按文件"加入文本文件,系统能直接对文本文件进行字频统计,统计结果的文件被保存在用户指定的文件夹内,如图 33。

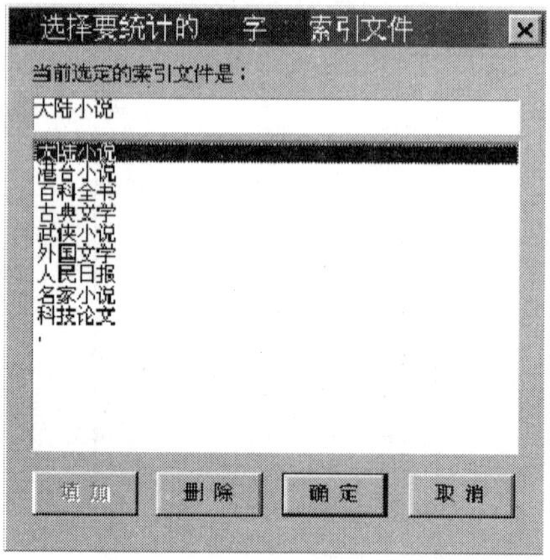

图 32 选择索引名称对话框

图 33 字频统计对话框

字频统计结果文件名为"CharFreSorSatic_t. txt",文件内容共有 3 列,第 1 列是字目,第 2 列是对应字在当前语料库中出现的次数,第 3 列是以百万为分母的频率数,同时还生成 ACCESS 数据库格式的文件,以方便用户进行再处理,如图 35。

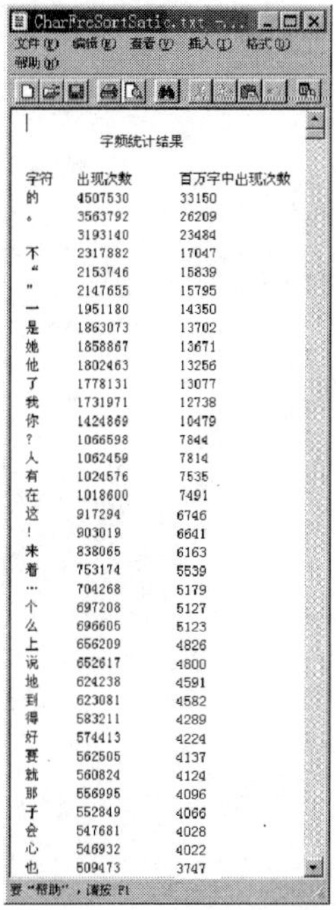

图 34 文本格式保存的字频统计结果

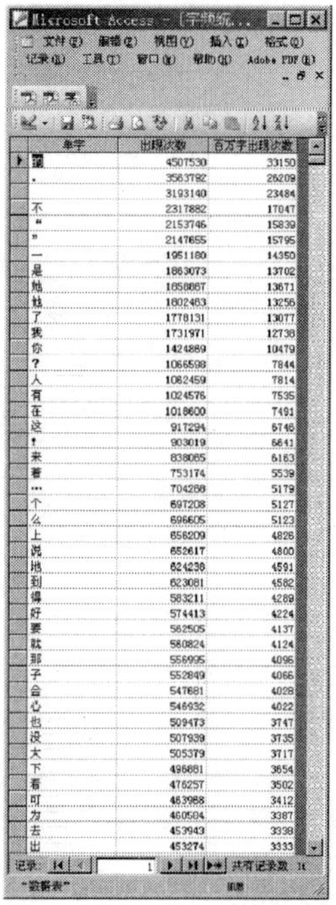

图 35 数据库格式保存的字频统计结果

中卫年鉴

2022

中卫市地方志编审委员会办公室　编

黄河出版传媒集团
阳光出版社

图书在版编目（CIP）数据

中卫年鉴 . 2022 / 中卫市地方志编审委员会办公室编 . -- 银川 : 阳光出版社，2022.11
ISBN 978-7-5525-6586-7

Ⅰ . ①中… Ⅱ . ①中… Ⅲ . ①中卫市 - 2022 - 年鉴
Ⅳ . ① Z524.33

中国版本图书馆 CIP 数据核字（2022）第 220525 号

中卫年鉴 2022　　中卫市地方志编审委员会办公室　编

责任编辑　赵维娟
封面设计　邵士雷
责任印制　岳建宁

黄河出版传媒集团
阳 光 出 版 社　出版发行

出 版 人　薛文斌
地　　址　宁夏银川市北京东路 139 号出版大厦（750001）
网　　址　http://www.ygchbs.com
网上书店　http://shop129132959.taobao.com
电子信箱　yangguangchubanshe@163.com
邮购电话　0951-5014139
经　　销　全国新华书店
印刷装订　宁夏精捷彩色印务有限公司
印刷委托书号　（宁）0024899

开　　本　880 mm × 1230 mm　1/16
印　　张　21.25
字　　数　740 千字
版　　次　2022 年 11 月第 1 版
印　　次　2022 年 11 月第 1 次印刷
书　　号　ISBN 978-7-5525-6586-7
定　　价　298.00 元

《中卫年鉴2022》

编 委 会

编辑说明

一、《中卫年鉴 2022》是中卫市地方志编审委员会办公室组织编写的大型综合性资料文献，主要记载 2021 年度中卫市政治、经济、文化、社会概貌和发展情况，旨在为各级党政机关、社会各界了解、研究中卫提供较全面、系统的信息资料。

二、《中卫年鉴 2022》以马列主义、毛泽东思想、邓小平理论、“三个代表”重要思想、科学发展观、习近平新时代中国特色社会主义思想为指导，坚持辩证唯物主义和历史唯物主义的科学观和方法论，遵循地方志、年鉴编纂的有关规定，广征博采，深度挖掘，存真求实，服务现实，垂鉴后世。

三、《中卫年鉴 2022》是中卫市设立以来的第 17 部综合年鉴。所刊载的资料由各县（区）、市直各部门（单位），以及中央、自治区驻中卫的单位及企业、集团公司等提供，并经本部门（单位）领导审核。部分资料来源于《中卫日报》等媒体。宏观数据以《中卫统计年鉴》为准，行业数据以各有关部门（单位）提供的数据为依据。

四、《中卫年鉴 2022》采取分类编辑法，以类目、分目、条目组成框架结构的主体部分，个别分目中增设子分目。全书条目标题统一用黑体字加【 】表示。

五、《中卫年鉴 2022》设专文、大事记、组织机构和领导人、中卫综览、党派群团、政权政协、法治、军事、经济管理、工业与园区建设、云计算和军民融合产业、农业和农村经济、住房和城乡建设、交通能源邮电、生态环境保护、商贸流通、旅游业、金融保险、教育、科学技术、文化体育、卫生和健康、社会民生、人物 荣誉、文献共 25 个部类。

六、《中卫年鉴 2022》条目撰稿人附于条目后，条目下未署名者为年鉴编辑部根据有关资料编写。

七、《中卫年鉴 2022》收录人物为辖区时限范围内获得省部级以上表彰奖励的先进模范人物、新闻人物等。先进名录所收录的先进集体和先进个人名单依据市委、市政府表彰决定录入，获市级以上表彰奖励者的名单由各部门（单位）提供，部分来自《宁夏日报》等公开媒体。

八、《中卫年鉴 2022》除专文、文献内容保留原文表述方式外，其他篇目采用第三人称记述。

九、《中卫年鉴 2022》所入编的文字资料、图片资料，截止时间为 2021 年 12 月 31 日，个别内容为反映其发生、发展的全过程作适当上溯或下延。

12 月 23—25 日，中国共产党中卫市第五次代表大会召开（中卫市新闻传媒中心提供）

2021 年 1 月 19 日，中卫市第四届人民代表大会第五次会议召开（中卫市新闻传媒中心提供）

12 月 29—31 日，中卫市第五届人民代表大会第一次会议召开（中卫市新闻传媒中心提供）

2021 年 1 月 17 日，中国人民政治协商会议中卫市第四届委员会第五次会议召开（中卫市新闻传媒中心提供）

12 月 28—30 日，中国人民政治协商会议中卫市第五届委员会第一次会议召开（中卫市政协办公室提供）

跨越市区景观水道的文昌桥建成通车（中卫市新闻传媒中心提供）

中卫城区风貌（曾国福　摄）

中卫城区风光（曾国福　摄）

沙波头水镇（李旭竹　摄）

工业园区人工湿地（曾国福　摄）

海原梯田（曾国福　摄）

固海灌区新貌（固海扬水工程管理处提供）

海原县牌路山森林公园（中卫市新闻传媒中心提供）

中宁县南山公园航拍图（中卫市新闻传媒中心提供）

香山湖（中卫市新闻传媒中心提供）

金沙岛苍鹭（曾国福　摄）

金沙岛大白鹭（曾国福　摄）

金沙岛鸳鸯与野鸭（曾国福　摄）

小湖的“稀客”（曾国福　摄）

飞翔的大雁（曾国福　摄）

4月28日，中国宁夏（沙坡头）第十一届丝绸之路大漠黄河国际文化旅游节开幕式在沙坡头旅游新镇举行（中卫市委宣传部提供）

6月26日，2021年“中国体育彩票杯”沙坡头区全国沙漠毽球邀请赛在宁夏中卫市沙坡头区举行（中卫市委宣传部提供）

沙坡头景区（曾国福　摄）

沙坡头滑沙（沙坡头旅游景区提供）

沙坡头黄河飞索（沙坡头旅游公司提供）

沙坡头皮筏漂流（沙坡头旅游公司提供）

沙坡头黄河3D玻璃桥
（沙坡头旅游公司提供）

沙坡头沙漠乘驼（沙坡头旅游公司提供）

沙坡头羊皮筏子（沙坡头旅游公司提供）

沙坡头自驾越野（沙坡头旅游公司提供）

《沙坡头盛典》剧照（曾国福　摄）

《沙坡头盛典》剧照（曾国福　摄）

《沙坡头盛典》剧照（曾国福　摄）

《沙坡头盛典》剧照（曾国福　摄）

宁钢火车博物馆

"雷锋号"机车第一任司机长与老伴在"雷锋号"机车前留影（曾国福　摄）

中卫寺口大峡谷（曾国福　摄）

星星酒店夜景（沙坡头旅游公司提供）

网红打卡地——中卫 66 号公路（曾国福　摄）

沙坡头星空剧场（曾国福　摄）

沙坡头星星酒店（沙坡头旅游景区提供）

古村南长滩
（曾国福　摄）

古村南长滩
（曾国福　摄）

南长滩秋色
（曾国福　摄）

乡村度假旅游示范点（曾国福　摄）

乡村度假旅游示范点（曾国福　摄）

乡村度假旅游示范点（曾国福　摄）

乡村度假旅游示范点（曾国福　摄）

6月28日，中卫卫民黄河大桥建成通车（中卫市委宣传部提供）

高铁从中卫穿过（曾国福　摄）

沙坡头机场（中卫市新闻传媒中心提供）

乌玛高速镇罗黄河大桥（陈学仁　摄）

西气东输中卫增压站（陈学仁　摄）

迎水桥铁路编组站（曾国福　摄）

香山风力发电（曾国福　摄）

中卫工业园区（任浩　摄）

3 月 18 日，全区重大项目集中开工现场推进会中卫分会场开工仪式在中卫市河北地区城乡供水工程项目现场举行（中卫市新闻传媒中心提供）

5 月 21 日，2021 年全区第二期重大项目集中开工推进会中卫分会场（中卫市委宣传部提供）

10 月 12 日，“2021 云天大会”商业航天产业基础设施建设与运营高端峰会暨宁夏中卫遥感卫星定标与真实性检验场试运行总结会在中卫市召开（中卫市新闻传媒中心提供）

10 月 18 日，“2021 云天大会”在中卫市举行（中卫市新闻传媒中心提供）

“2021 云天大会”主论坛（中卫市新闻传媒中心提供）

“云天中卫”（陈学仁　摄）

宁夏钢铁集团螺纹钢成品货场（曾国福　摄）

炼钢车间
（曾国福　摄）

铸梦
（曾国福　摄）

宁钢冷却车间（曾国福　摄）

6月22日，第四届枸杞产业博览会在中卫市中宁县举办（中卫市委宣传部提供）

枸杞红了（曾国福　摄）

锁鲜枸杞（曾国福　摄）

中宁枸杞种植基地（陈学仁　摄）

中宁县长山头枸杞基地（曾国福　摄）

固海扬水工程泉眼山泵站（固海扬水工程管理处提供）

黄河金岸
（陈学仁　摄）

七星渠
（曾国福　摄）

收获（陈学仁　摄）

3 月 25 日，宁夏固海扩灌扬水更新改造工程一泵站顺利通水试运行（固海扬水工程管理处提供）

黄河岸边稻谷香（陈学仁　摄）

“红歌嘹亮”全市中小学第八届学生合唱艺术节（中卫市教育局提供）

中卫六小 VR 教室（中卫市教育局提供）

中卫三幼学生活动（中卫市教育局提供）

中卫七中开展校园篮球比赛（中卫市教育局提供）

中卫五小 2021 年传统体育训练（中卫市教育局提供）

木板水印画《工匠》（王泽祥）

木版水印年画（张克勤）

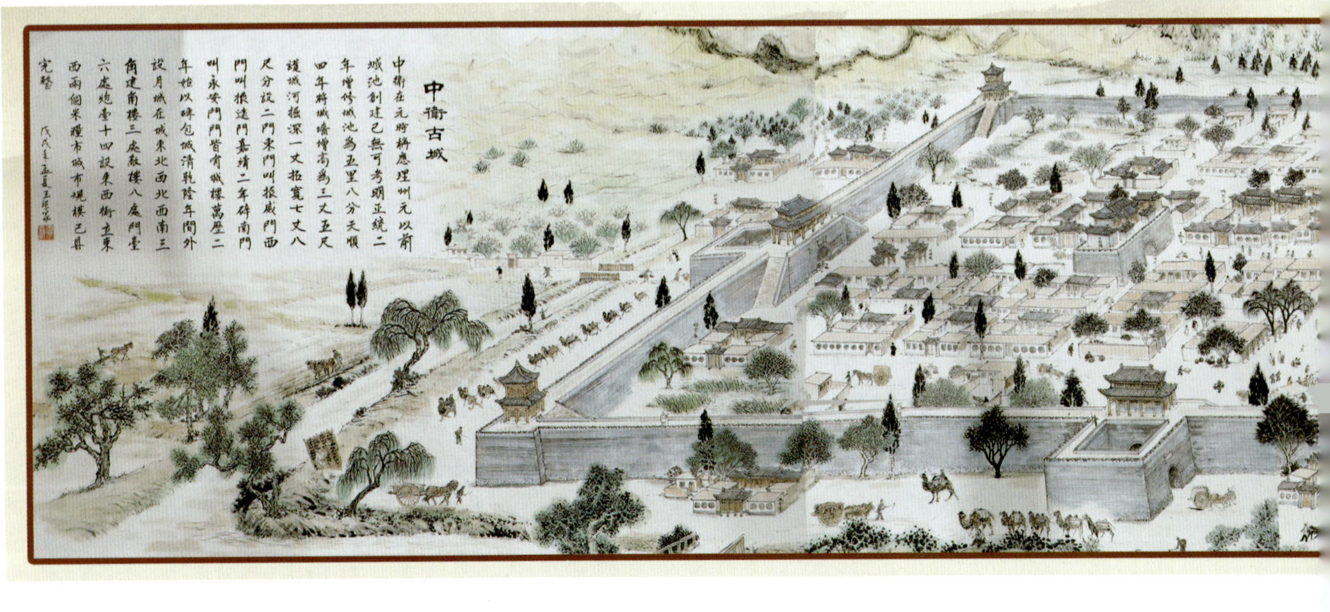

中卫古城图（王学义）

农民画《金谷满仓》（马春燕）

农民画《孝老敬老》（马春燕）

刺绣《富贵祯祥》（乔亚茹）

掐丝珐琅画《琴韵》（沈玉桂）

宁夏中卫手工地毯织造工艺（魏海明）

掐丝珐琅画《荷香鱼醉》（杜秀春）

刺绣《花开富贵》（乔亚茹）

剪纸《牛童送财》（伏兆凤）

剪纸《中秋节拜月》（伏兆凤）

剪纸《牛娃》（伏兆苗）

剪纸《预防新型冠状病毒感染》（周国霞）

中卫建筑彩绘（陈进德）

烙画《朗读》（费磊）

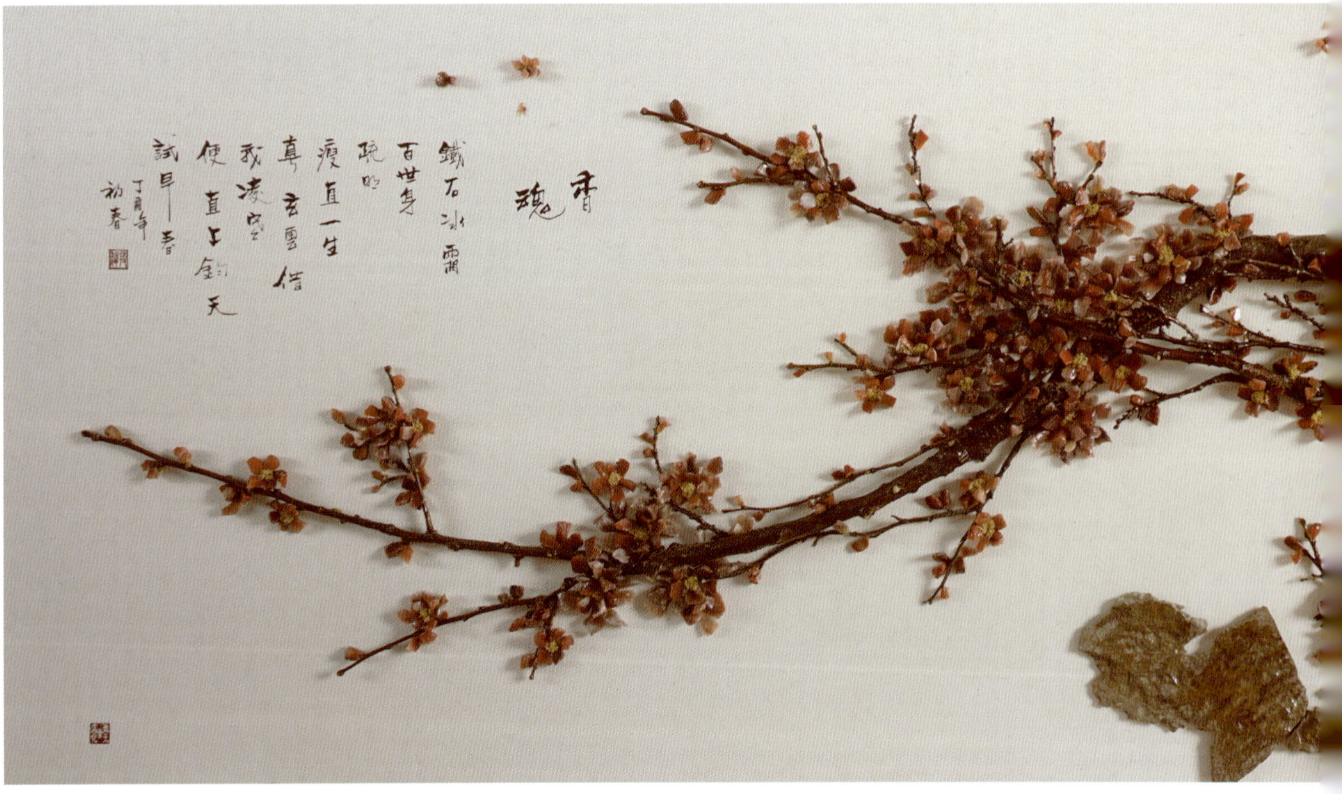

沙石画《香魂》（段伟）

宁夏黑陶瓷（杨安、童尧）

岩画复刻《东方维纳斯》（房继农）

贺兰石雕《水车》（石建武）

泥塑鲁迅像（何海军）

泥塑《母亲》（侯思荣）

浮雕《全域旅游》（董福宁）

泥塑《摘枸杞》（牟相瑞）

泥塑钟南山像（王自银）

古建营造中卫文昌阁（俞凤佳）

病媒生物消杀（中卫市卫健委提供）

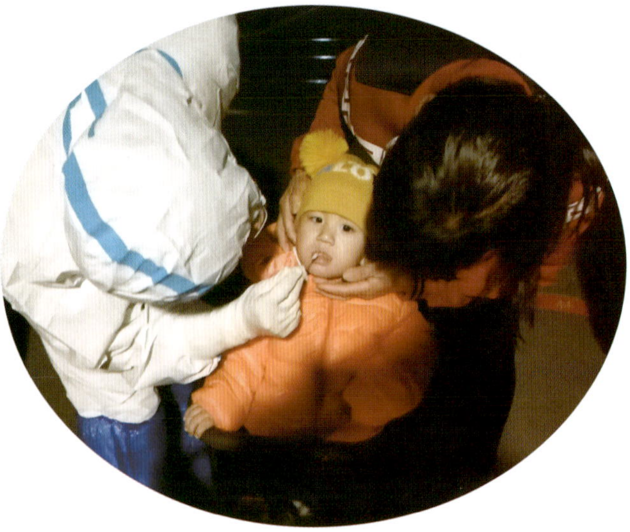

沙坡头区核酸检测采样
（中卫市卫健委提供）

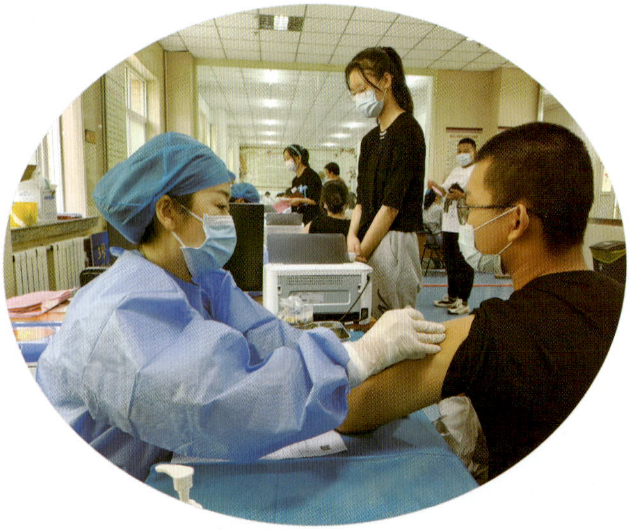

中卫三中学生接种新冠疫苗
（中卫市卫健委提供）

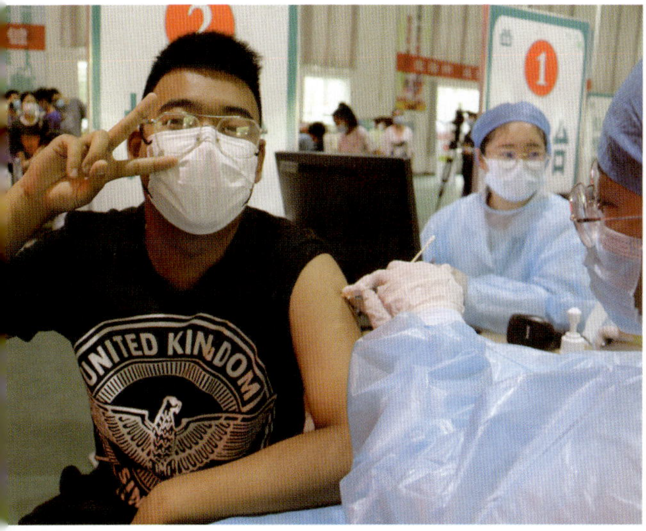

接种新冠疫苗（中卫市卫健委提供）

中卫市职工文化活动中心新冠疫苗接种点现场（中卫市卫健委提供）

市民排队接受核酸检测（中卫市卫健委提供）

海原宽口井移民新村（陈学仁　摄）

沙坡头区迎水桥镇鸣沙村（中卫市新闻传媒中心提供）

中宁县喊叫水新村（曾国福　摄）

脱贫致富"牛"起来（李旭竹　摄）

海原富陵移民新村（陈学仁　摄）

中卫市2021年送法进社区“美好生活　民法典相伴”法治宣传活动（中卫市司法局提供）

中卫市2021年送法进社区“深化法律八进，增强国家安全意识”主题宣传活动（中卫市司法局提供）

中卫市2021年送法进乡村“美好生活　民法典相伴”法治宣传活动（中卫市司法局提供）

中卫市2021年送法进乡村“防范非法集资月”法治宣传活动（中卫市司法局提供）

中卫市2021年送法进企业线下宣传活动（中卫市司法局提供）

中卫市2021年送民法典进社区宣讲活动（中卫市司法局提供）

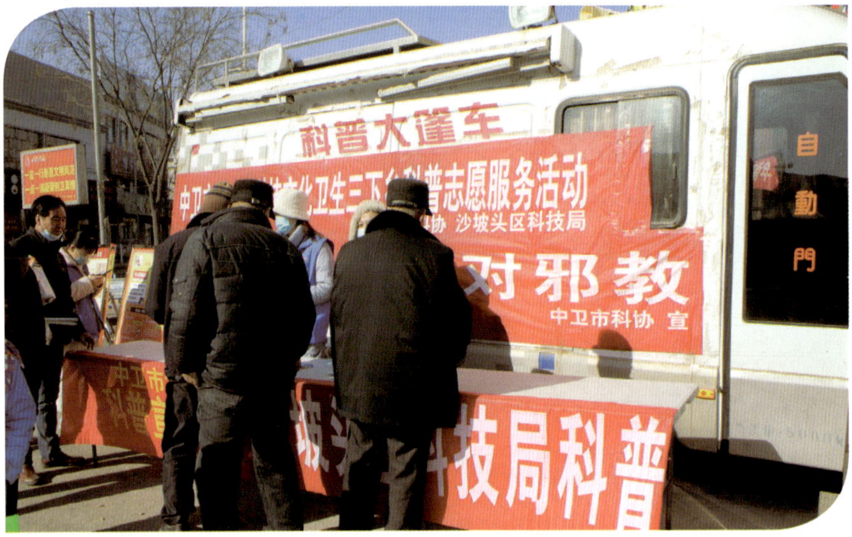

1月18日，沙坡头区科技局联合市科协在宣和农贸市场开展科技、卫生、文化“三下乡”活动

4月8日，中卫市市场监督管理局组织开展餐饮行业诚信经营交流座谈会

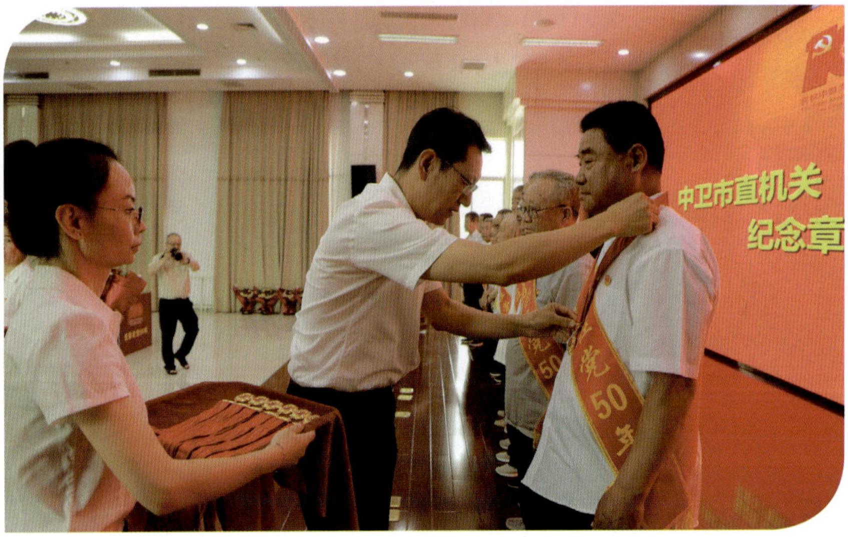

6月24日，中卫市直机关举行“光荣在党50年”纪念章颁发仪式（市委宣传部提供）

4月29日，中卫市社会工作服务中心青年讲师团为空巢老人开展“以史明理 珍惜生活”党史学习教育宣讲服务

5月18日，中卫市文明办、中卫市创城办组织各部门干部在浙江大学参加文明城市创建工作培训班

6月10日，中卫市民政局举办“弘扬端午文化　献礼建党百年”活动

6月11日，中共中卫市委宣传部、中卫市文明办开展“粽香浓浓话传统·党旗飘飘践初心”主题活动

中卫市沙坡头区开展“弘扬传统文化　欢度端午佳节”新时代文明实践活动

目　　录

专　文

大事记

组织机构和领导人

中卫综览

党派群团

政权政协

法　治

军 事

经济管理

工业与园区建设

云计算和军民融合产业

农业和农村经济

住房和城乡建设

交通能源邮电

生态环境保护

商贸流通

旅游业

金融保险

教 育

科学技术

文化体育

卫生和健康

社会民生

人物　荣誉

文 献

专 文

牢记嘱托　勇担使命　为加快建设先行市和美丽新中卫而努力奋斗

——2021 年 12 月 23 日在中国共产党中卫市第五次代表大会上的报告

中国共产党中卫市第五次代表大会，是在我们党成立一百周年之际，开启全面建设社会主义现代化国家新征程的历史节点，全市上下深入学习贯彻落实党的十九届六中全会和自治区党委十二届十四次全会精神的关键时刻，召开的一次十分重要的会议。大会主题是：高举中国特色社会主义伟大旗帜，以习近平新时代中国特色社会主义思想为指导，深入学习贯彻习近平总书记视察宁夏重要讲话精神，团结带领全市各族人民，从党的百年奋斗重大成就和历史经验中汲取智慧和力量，开启新征程、逐梦新时代，牢记总书记殷殷嘱托、坚决扛起时代使命，加快建设黄河流域生态保护和高质量发展先行市，继续建设经济繁荣民族团结环境优美人民富裕的美丽新中卫，为建设社会主义现代化强国贡献中卫力量。

一、五年蓄势赋能，建设先行市和美丽新中卫迈出铿锵步伐

即将过去的五年，是中卫发展史上极不平凡的五年。面对错综复杂的国际国内环境、艰巨繁重的改革发展任务、突如其来的新冠肺炎疫情，在以习近平同志为核心的党中央坚强领导下，按照自治区党委的决策部署，市委团结带领全市各级党组织，深入学习贯彻习近平新时代中国特色社会主义思想和习近平总书记视察宁夏重要讲话精神，牢牢守住“三条生命线”，着力推动经济社会高质量发展，顺利实现“十三五”规划目标，如期全面建成小康社会，圆满完成四届市委既定任务，先行市建设鸣笛起航。

五年来，我们高举旗帜，“两个维护”更加坚定。认真学习贯彻习近平新时代中国特色社会主义思想，增强“四个意识”、坚定“四个自信”、做到“两个维护”，在思想上政治上行动上始终同以习近平同志为核心的党中央保持高度一致。坚持常委会会议第一议题学习制度，对习近平总书记重要讲话和党中央召开的重要会议、出台的重要文件、部署的重要工作，及时传达学习、认真研究部署、狠抓贯彻落实。出台建设先行市、提高市域社会治理能力、推进创新驱动深化改革等实施意见，确保了中央和自治区精神在中卫落地生根。坚持用发展成效检验学习成果，着力激发广大党员干部奋斗精神，实行重点工作领导包抓机制，一级带着一级干，一张蓝图绘到底，全市上下政通人和、人心思进，干部队伍的精气神充分激发，展现出担当实干、比学赶超的昂扬姿态。

五年来，我们转型追赶，综合实力再攀新高。预计今年地区生产总值达到 500 亿元，人均达到 4.6 万元；地方一般公共预算收入 23 亿元；城镇和农村居民人均可支配收入年均分别增长 7.4%、9.3%。R&D 累计投入 28.3 亿元，强度 1.7%，实现双翻番。培育形成六大产业体系，三次产业结构由 15.8:42.4:41.8 优化为 14.3:41:44.7。粮食综合产能持续提升，粮食安全“压舱石”更加稳固。中宁枸杞品牌价值 190 亿元，“沙坡头苹果”荣登中国特色农产品区域公用品牌，华润、光明等行业巨头战略投资中卫牛产业。新能源装机总量占全区近三分之一，中化循环产业园、中车整机装备制造等项目拉动工业经济扩规提档。西部云基地服务器装机能力达到 65 万台，中卫成为全国首个“双节点”城市。成功举办四届“云天大会”,“云天中卫”名片更加靓丽。沙坡头区成功创建首批国家全域旅游示范区,星星酒店、黄河宿集、66号公路、卫民黄河大桥成为网红打卡地,旅游业接待人数累计3810万人次,实现收入284亿元。

五年来,我们攻城拔寨,脱贫攻坚决战决胜。紧扣“两不愁三保障”,举全市之力,尽锐出战、精准施策,累计减贫15.3万人,194个贫困村全部出列,脱贫人口人均纯收入1.28万元、增长3.4倍,海原县脱贫摘帽,千百年来的绝对贫困问题历史性终结。广大党员干部尤其是乡村干部、第一书记、工作队员成为密切党群干群关系的有力促进者,基层党组织成为带领群众脱贫致富的先锋队,3个集体、5名个人荣获国家级表彰。尊重基层首创精神,“基础母牛+银行”扶贫模式入选“中国企业精准扶贫50佳案例”第一例。

五年来,我们克难求进,生态建设成效显著。自觉践行绿水青山就是金山银山的理念,统筹推进山水林田湖草沙系统治理,全面打响污染治理、生态保护、植绿增绿“三个大会战”。全市优良天数比例达85%以上,森林覆盖率达17%,主要排水沟水质位居全区第一,城市黑臭水体全部消除。沙坡头区、中宁县成功创建全国节水型社会建设达标县(区),海原县西华山和沙坡头区香山寺草原入选国家草原自然公园试点。整改完成中央和自治区环保督察反馈问题123个。建设“生态园区、绿色工厂”,园区厂区面貌焕然一新。实施黄河流域中卫段综合治理,一批河道疏浚、滩区治理、城市防洪等工程建成投用,防洪能力提升至20年一遇,黄河成为造福中卫人民的幸福河。

五年来,我们披荆斩棘,改革开放迸发活力。坚持解放思想、革故鼎新,331项重点改革任务全面落实,党政机构、“放管服”、国资国企、农业农村等一批重大改革举措纵深推进,行政执法“三项制度”改革等一批“中卫经验”全区推广。敞开大门扩大开放,外贸企业突破600家,累计进出口贸易总额125亿元,招商引资实际到位资金900亿元。中卫海关挂牌运行,中欧国际班列、西部陆海新通道班列常态化开行,沙坡头机场旅客吞吐量累计突破100万人次,乌玛高速即将通车。银川至中卫城际铁路建成投运,中兰高铁全线贯通,中卫迈进了高铁时代。

五年来,我们精管细作,城乡建设魅力突显。加强统筹规划,推进“一带两廊”布局,促进各类要素合理流动和高效聚集。坚持建管并重,实施城市道路连通、环卫设施完善、老旧小区改造等城市更新行动,3座便民大桥开工建设,市区建成区绿地率达39.7%,入选全国文明城市提名城市。实施乡村建设“四大行动”,高标准打造美丽城镇23个、美丽村庄72个,“以克论净深度保洁”模式在全国推广并向农村延伸,集中改造农村危房4.3万户、卫生厕所5.7万座,农村旧貌换新颜。打造4个中心镇、11个特色镇,城镇化率提高10个百分点,城乡一体化发展步伐加快。沙坡头区被评为全国城乡交通运输一体化示范县,中宁县成功创建全国电子商务进农村综合示范县。

五年来,我们用心用情,民生福祉显著增强。坚持“小财政大民生”,累计投入672亿元解决群众的操心事烦心事揪心事。投入23.4亿元改善办学条件,新建、改扩建中小学幼儿园95所,“大班额”“大校额”问题得到有效解决,义务教育实现优质均衡发展。坚持“外防输入、内防反弹”,坚决打赢疫情防控阻击战遭遇战,2项实战经验被国务院通报表扬。完成市人民医院扩建、市中医医院迁建、市妇幼保健院新建等工程,“互联网+医疗健康”“互联网+预防接种”和智能家庭医生签约服务全区领先,入列公立医院综合改革国家级示范市,成功创建国家卫生城市、全国无偿献血先进市。社会保障体系日趋完善,一次性投入24.5亿元解决了7.4万名被征地农民和特岗教师养老保险等历史遗留问题。年新增城镇就业1万人,登记失业率控制在3.7%以内。大麦地岩画被国务院列入重点文物保护单位。全国大漠健身运动大赛成功举办,获评全国地方特色品牌赛事、全国体育旅游精品赛事。新时代文明实践所覆盖面75%,学雷锋志愿服务活动常态长效,群众性精神文化活动更加丰富多元。

五年来,我们依法执政,民主法治彰显力量。全力支持人大、政府、政协及法、检两院依法依章履职,出台实施《中卫市文明行为促进条例》等一批地方性法规。扫黑除恶专项斗争战果丰硕,政法队伍教育整顿成效显著。深入推进市域社会治理现代化,构建“1+6+1”框架体系,“人民调解+仲裁+信访”纠纷治理模式成为全国优秀案例。“七五”普法圆满收官,“八五”普法扎实推进,法治中卫、平安建设成效明显。铸牢中华民族共同体意识,成功创建全国民族团结进步示范市。爱国统一战线发展壮大,工青妇等群团组织充满活力,退役军人工作取得新进展。国防动员和后备力量建设持续加强,军政军民团结大好局面不断巩固。

五年来,我们强基固本,党的建设全面加强。隆重开展新中国成立70周年、中国共产党成立100周年及自治区成立60周年系列庆祝活动,全市上下感党恩、听党话、跟党走的热情空前高涨。“两学一做”学习教育、“不忘初心、牢记使命”主题教育成效明显。党史学习教育深入开展，“我为群众办实事”实践活动不断深化。牢牢掌握意识形态工作领导权，阵地管理更加规范有序。“六查六整”深入开展，“两个带头人”工程全面实施，“三强九严”工程持续深化，模范机关创建扎实推进，软弱涣散基层党组织转化提升。县、乡、村领导班子换届精心组织、紧密衔接、圆满完成，各级班子结构全面优化、整体功能明显增强。坚持好干部标准，树立事业为上、人岗相适、实干担当用人导向，一批优秀干部和80后年轻干部走上领导岗位，选人用人风清气正。巩固中央八项规定精神成果，全面落实自治区“八条禁令”，锲而不舍纠治“四风”，党风政风民风清朗清新。强化监督执纪问责，四届市委巡察全覆盖，“村廉通”“廉情诊所”等创新机制得到中央纪委和自治区党委充分肯定，反腐败斗争取得压倒性胜利并全面巩固。加强党的制度建设，执政能力和水平不断提升。

五年风雨兼程，五年春华秋实。五年来的每一组数据、每一项成果、每一个荣誉，都丈量着中卫工作的前进步伐，记载着中卫事业的艰辛历程，标注着中卫发展的时代刻度。最让我们感恩于心的是，以习近平同志为核心的党中央领航掌舵、把脉定向，自治区党委坚强领导、关心支持，始终激励我们克难制胜、砥砺前行；最让我们感奋于行的是，干成了一批做铺垫、打基础、利长远的要事，办好了一批群众看得见、摸得着、得实惠的实事，人民群众的获得感幸福感安全感进一步增强；最让我们感动于怀的是，历届市委班子继往开来、接续奋斗，全市上下团结一心、拼搏奉献，用辛劳和汗水书写了中卫发展史上的精彩篇章！在此，我代表中共中卫市第四届委员会，向全市广大党员干部群众，向各民主党派、工商联、无党派人士，向驻卫部队、武警官兵、消防指战员，向所有关心、支持、参与中卫发展的同志们、朋友们，致以崇高的敬意和衷心的感谢！

成绩来之不易，问题不容忽视。建设先行市和美丽新中卫，我们还面临着一些突出矛盾和深层次问题，主要是：经济发展的质量和效益还不高，支撑高质量发展的后劲还不足；节能减排压力大，生态环境保护还需久久为功；民生事业发展相对滞后，不平衡、不充分问题仍然存在；干部队伍思想不够解放、作风不够扎实；从严管党治党任务依然艰巨、制度体系还不尽完善，等等。问题就是前进方向，差距就是工作潜力。只要我们知难而进、迎难而上，埋头苦干、开拓进取，就一定能在新征程创造新业绩、新时代谱写新篇章！

二、牢记殷殷嘱托，坚决扛起建设先行市和美丽新中卫历史责任

建设黄河流域生态保护和高质量发展先行区，继续建设经济繁荣民族团结环境优美人民富裕的美丽新宁夏，是习近平总书记对宁夏人民的深情嘱托，是自治区党委对全区工作的总体要求。中卫作为黄河入宁第一站，特殊的地理位置决定我们必须增强上游意识、展现上游作为、扛起上游责任，在建设先行区和美丽新宁夏中走在前、作表率，加快建设先行市和美丽新中卫。

察势者智，驭势者赢。未来五年，我们面临的困难和挑战：国际地缘政治复杂多变，新冠肺炎疫情冲击影响巨大；全国区域之间、城市之间竞相发展的势头不断加剧，大城市对人流物流信息流的“虹吸效应”更加明显，中小城市不进则退、慢进也是退的趋势更加严峻。我们既要正视面临的困难和问题，更要看到发展的机遇和前景。未来五年，国家深入实施“一带一路”、新时代西部大开发、黄河流域生态保护和高质量发展、乡村振兴和东西部协作等重大战略，都与我们息息相关；党中央明确出台支持宁夏建设先行区的政策意见，以及宁夏建设内陆开放型经济试验区、创建国家全域旅游示范区、创建铸牢中华民族共同体意识示范区等重大契机，与我们紧密相连。全国一体化大数据中心枢纽节点和国家新型互联网交换中心加快建设、国家能源综合示范区、黄河黑山峡河段开发、压砂地退耕修复等，将为中卫插上腾飞的翅膀。我市产业发展、科技创新、基础设施建设水平显著提升，北上南下、东进西出的区位交通优势更加突显，沙漠旅游、网红景点、夜间经济形成强大吸引力，发展要素将快速汇聚，发展潜力将加速释放，加快建设先行市和美丽新中卫正逢其时、正得其势。

机遇与挑战并存，梦想与艰辛同在。面对挑战，我们要树立辩证思维，在危机中育先机、于变局中开新局，激情干事业、挑战“不可能”。面对机遇，我们要本着对历史负责、对人民负责、对未来负责的态度，增强责任感、使命感和紧迫感，抓住机遇、奋力前行，努力把习近平总书记为宁夏擘画的宏伟蓝图变成生动的中卫实践，在新的“赶考”路上交出无愧于新时代的中卫答卷。

今后五年，全市工作总体要求是：高举中国特色社会主义伟大旗帜，以习近平新时代中国特色社会主义思想为指导，全面贯彻落实党的十九大和十九届历次中央全会精神，深入学习贯彻习近平总书记视察宁夏重要讲话精神，全面落实党中央和自治区党委各项决策部署，弘扬伟大建党精神，完整、准确、全面贯彻新发展理念，主动融入新发展格局，坚持稳中求进工作总基调，坚持以供给侧结构性改革为主线，统筹发展和安全，保持经济平稳较快增长，保持社会大局和谐稳定，保持同心协力团结局面，为加快建设黄河流域生态保护和高质量发展先行市，继续建设经济繁荣民族团结环境优美人民富裕的美丽新中卫而努力奋斗。

实现建设先行市和美丽新中卫目标，我们要全力打造“四个示范市”。

——打造西部产业转型升级示范市。产业是高质量发展的基础。强力推进云计算和大数据、旅游和文化、交通和物流、冶金制造和精细化工、新能源和新材料、功能农业六大产业，推动产业由“重”变“轻”、由“低”变“高”。地区生产总值年均增长7%左右，突破700亿元，人均超过6万元；地方一般公共预算收入年均增长7%左右；服务业增加值年均增长10%以上，占比50%以上；规上工业增加值年均增长8%以上；农林牧渔业增加值年均增长4%以上；R&D经费投入强度2.3%。

——打造铸牢中华民族共同体意识示范市。促进民族团结是我们必须牢牢守住的生命线。深入学习贯彻习近平总书记关于加强和改进民族工作的重要思想，以创建铸牢中华民族共同体意识示范市为目标，巩固提升全国民族团结进步示范市创建成果，自觉做到“四个特别”，着力促进各民族广泛交往、全面交流、深度交融，推动新时代民族工作高质量发展。

——打造西部生态安全屏障示范市。守好宁夏“西大门”，筑牢西部生态安全屏障，必须坚持生态保护修复的重点方向，持续保持污染防治的攻坚力度，抓好能源替代升级的治本之策，促进经济社会发展全面绿色转型。黄河干流断面水质保持Ⅱ类进Ⅱ类出，单位GDP用水量、能耗双控、建设用地面积等指标完成自治区下达任务，环境空气质量稳定达到国家二级标准，土壤污染风险得到有效防控，力争森林覆盖率年均增长1个百分点，生态环境质量显著改善。

——打造西部宜居宜业示范市。实现共同富裕是我们的奋斗目标。必须不断提高基本公共服务质量和均等化水平，更加完善多层次社会保障体系，着力提升市域社会治理能力，创建全国文明城市，群众的生活更加富裕富足。城镇化率达到54%以上，城镇调查失业率控制在5.5%以内，城镇、农村常住居民人均可支配收入年均增长8%和10%以上。

实现建设先行市和美丽新中卫目标，我们要完整、准确、全面贯彻新发展理念。

一是坚持创新引领，在加快转型追赶上实现新突破。实施创新强市战略，以创新驱动高质量发展，持续加大创新力度，大力发展战略性新兴产业，把优势产业做得更优、特色产业做得更强，探索总结转型追赶、高质量发展的“中卫经验”。二是坚持统筹协调，在城乡融合发展上实现新突破。以“一带两廊”牵引乡村振兴、城乡融合，推动产业形态、空间布局、资源配置等更加优化，在加快城乡、山川、区域融合发展上构建中卫模式，让城市建设全面提质、乡村振兴全面提速、群众生活更有品质，中卫人民更加自信、更加自豪、更加幸福。三是坚持绿色发展，在生态文明建设上实现新突破。自觉践行习近平生态文明思想，深入实施生态立市战略，纵深推进“三个大会战”，以铁的手段和意志治理污染，奋力把中部干旱带打造成中部生态带，让绿色成为中卫发展的鲜明底色。四是坚持改革开放，在融入新发展格局上实现新突破。破除体制性障碍、打通机制性梗阻、推出政策性创新，主动融入国家“一带一路”和国内大循环、国内国际双循环的新发展格局，把中卫建设成为宁夏及毗邻地区全方位开放的区域性物流枢纽，打造改革开放的战略支点。五是坚持共建共享，在增进民生福祉上实现新突破。始终把人民放在心中最高位置，大力实施惠民富市战略，持续推进“四大提升行动”，不断满足人民群众对美好生活的向往，让全市人民在共同建设、共同奋斗中实现共同富裕。

实现建设先行市和美丽新中卫目标，我们要始终把握几个方面。

一是必须坚决做到“两个维护”。深刻认识“两个确立”决定道路方向、决定事业成败、决定党的兴衰、决定国家和民族的前途命运，切实把“两个确立”真正转化为坚定做到“两个维护”的思想自觉、政治自觉、行动自觉，做到党中央提倡的坚决响应、党中央决定的坚决照办、党中央禁止的坚决不做，不打任何折扣、不做任何选择、不搞任何变通。二是必须坚持以人民为中心。始终做到发展为了人民、发展依靠人民、发展成果由人民共享，着力解决好群众急难愁盼问题，做到惠民投入逐年攀升、为民举措事事暖心、群众诉求件件挂心，不断提升人民群众获得感幸福感安全感。

三是必须坚持稳中求进。坚持稳字当头、稳中求进，把握好调整政策和推动改革的时度效，继续做好“六稳”“六保”工作，实现经济量的合理增长和质的稳步提升，着力稳住经济基本盘。树立系统观念、强化底线思维，严格按照客观规律办事，加强前瞻性思考、全局性谋划、战略性布局、整体性推进，实现更高质量、更有效率、更加公平、更可持续、更为安全的发展。四是必须实干担当。“社会主义是干出来的”伟大号召闪耀着真理光芒、彰显了实践伟力，坚持“干”字当头、“实”字为要，把实干作为抢抓新机遇、开创新局面的关键举措，以实干体现忠诚、以实干展现担当、以实干成就事业、以实干为民造福，以知责于心的站位、担责于身的自觉、履责于行的行动，在实干中推动中卫转型追赶、高质量发展，用实际行动践行共产党人的初心使命。五是必须坚持党的全面领导。充分发挥党总揽全局、协调各方的领导核心作用，持续提升各级党组织政治领导力、思想引领力、群众组织力、社会号召力，打造高素质专业化干部队伍，健全完善干部担当作为的激励机制，营造风清气正的创业环境，干出一番无愧于时代、无愧于人民、无愧于历史的业绩。

过往可鉴、当下可为、未来可期。在新的征程上，我们坚持以习近平新时代中国特色社会主义思想为指导，深入贯彻落实习近平总书记视察宁夏重要讲话精神，忠诚捍卫“两个确立”、坚决做到“两个维护”，勠力同心、务实苦干，加快建设先行市和美丽新中卫的目标一定能够胜利实现！

三、保持奋斗姿态，大力推动建设先行市和美丽新中卫阔步前行

欲达目标，奋进为要。我们必须站位新发展阶段、贯彻新发展理念、融入新发展格局，坚持稳中求进的工作总基调，坚持深化供给侧结构性改革，坚持生态优先、绿色发展，抢抓新一轮能源重构、经济重组、产业重塑重大机遇，全面推动质量变革、效率变革、动力变革，在转型追赶、高质量发展上率先蹚出一条新路子。

（一）加快产业转型升级，打造高质量发展硬支撑。按照自治区发展九大重点产业的部署要求，聚焦我市重点特色优势产业，大力发展创新型、开放型、数字型、生态型经济，打造千亿级工业园区和10个以上百亿级产业集群，加快构建现代产业体系。

争做西部数字经济领跑者。加快建设国家东数西移（西储、西算）、信息技术创新开发、区域数字经济发展和国家网络安全创新“四大基地”，高位推进全国一体化大数据中心枢纽节点和新型互联网交换中心建设。打造云网安全产业区，构建完备的云生态，加快推进人工智能、5G物联网、区块链等新兴信息技术开发应用，规划、布局和发展商业航空航天产业。大力推进西部云基地扩规增容，加大产业政策支持力度，培育若干个百亿级云计算企业，打造国家一体化大数据中心枢纽节点百万台服务器产业集群。引进一批云制造、云应用、云服务项目落地中卫，推动数字经济和实体经济深度融合，打造大数据精深加工智能园，实现信息传输、软件和信息技术服务业增加值翻番。把“云天大会”办成业内有影响力的盛会，“云天中卫”品牌享誉全国。

打造国际旅游度假目的地。坚持“一区带两县、一景串多线”，支持海原县、中宁县创建国家全域旅游示范区，推动旅游景区数量、品质“双提升”，逐步实现门票经济向产业经济转型。开发一批优质沙漠旅游项目，开拓冬季旅游市场，大力发展假日经济、夜间经济、网红经济、节会经济。围绕吃住行、游购娱，做足“旅游+”文章，衍生和丰富沙漠、枸杞、星空等旅游产品，常态化举办丝绸之路大漠黄河国际文化旅游节系列活动。围绕枸杞康养、沙疗沙浴，打造“一带三区多节点”的康养旅游示范区。进一步规范旅游市场、优化消费环境、强化宣传推介，把中卫打造成为具有国际影响力的休闲度假旅游目的地，力争接待游客累计达到6000万人次以上，总收入突破500亿元，实现双翻番。

抢占宁夏清洁能源制高点。优化新能源产业布局，建设一批农光互补、林光互补、屋顶光伏等“光伏+生态”立体开发示范项目，实施一批抽水蓄能、风力发电项目，全力推动黑山峡水利枢纽工程落地，力争新能源装机总量突破1500万千瓦，实现翻番，着力打造源网荷储一体化、风光水储一体化新能源基地，新能源产业增加值突破30亿元，实现倍增。壮大清洁能源装备制造，鼓励龙头企业前后端“串珠成链”，打造西部大型风机组装制造基地和智能运维基地，着力构建新能源全产业链集群。健全新能源发电优先消纳机制，引导工业、交通、农业等终端用户优先选用清洁能源。

推动工业转型升级再突破。促进中卫、中宁工业园区一体发展，培育锂电池、复合材料、钢铁冶金、焦化联产、锰基、铝基6个百亿级产业集群，着力构建“一区四基地”，打造卫宁高新技术产业示范园。大力发展新材料产业，重点发展以金属锰、硅锰合金为主的锰基材料，以汽车外壳、底板精加工为主的铝基材料，以三元正极材料为主的锂电池，以碳基材料、新型建筑材料为主的无机非金属材料。战略性新兴产业占比提高 10 个百分点以上，打造新材料产业聚集园。坚持绿色化、智能化、循环化发展，大力发展芳纶、高端导热油、抗氧化剂等精细化工，形成绿色低碳、安全智能的化工产业板块。发挥产业联盟作用，引导钢铁、铁合金等传统行业实施“四大改造”，推广循环经济模式，推进产品多样化发展。

再造西北功能农业新优势。走标准化、品牌化、高端化发展之路，健全完善产业、生产、经营“三大体系”，打造现代化全产业链功能农业发展新样板。培育枸杞、奶牛、肉牛、富硒果蔬 4 个舌尖上的百亿级产业集群。加强耕地保护与质量建设，坚决制止耕地“非农化”、防止耕地“非粮化”，新建改造提升高标准农田 100 万亩，创建全国高标准农田示范区，切实保障粮食安全。完善枸杞产业全周期、全链条、全过程质量标准体系，擦亮“中国枸杞之乡”金字招牌。以龙头企业为牵引，重点在产品精深加工、生物医药开发、有机肥生产等方面做足“牛”功，着力打造黄金奶源之乡、高端肉牛之乡。再造富硒农业新优势，创建一批农业产业园，让枸杞、瓜菜、苹果等产业优势更优、特色更特，打造西北地区马铃薯育种基地、小杂粮之乡。积极开展绿色循环高效农业试点示范，打造 3 个国家级绿色食品产业基地。建设农产品加工基地，农产品加工转化率达到 75%，实现由卖产品向卖健康卖功能转变。

建设丝路现代物流桥头堡。以建设全国性综合交通枢纽城市为目标，加快推进太中银铁路中卫至定边段、沙坡头机场二期扩建等项目，完善高速铁路、高速公路、空中通道、黄河水运立体式交通网络，推动城际、城市运输网络一体化发展，构建 1 小时通达银川、兰州，2 小时通达西安、包头，3 小时通达全国主要城市的“123 快捷经济圈”。以建设中心城市物流枢纽为目标，聚焦降本、提质、增效，建设多式联运枢纽中心、中欧货物班列集散中心、区域物流中心和粮食、棉花、能源储备基地。大力发展大宗物流、冷链物流、快递物流、国际物流，力争物流业收入突破 100 亿元。

产业是强市之基、富民之源，我们要大力推进产业兴市战略，狠抓项目建设，壮大企业舰队，以标兵姿态展现时代风采，中卫高质量发展的动能必将更加澎湃！

（二）全面推进乡村振兴，提升高质量发展承载力。坚持科学规划引领城乡空间布局、融合发展促进乡村全面振兴、系统施策提升城市功能品质，构建优势互补、协调联动、融合融通的城乡一体发展新格局。

优化落实“一带两廊”空间布局。加强与新一轮国土空间规划有效衔接，推动各板块融合发展，增强市域发展的整体性、协调性。按照自然禀赋、产业发展、功能定位，编制环境保护、旅游文化、乡村振兴等行业领域专项规划，着力构建高质量发展的国土空间布局和支撑体系。严守生态保护红线、永久基本农田、城镇开发边界三条控制线，构建更加清晰的生态、农业和城镇三类空间。

巩固拓展脱贫攻坚成果同乡村振兴有效衔接。全力支持海原推进国家乡村振兴重点帮扶县工作，严格落实“四个不摘”要求，健全防止返贫动态监测和帮扶机制，持续抓好移民产业、就业、社会融入三件事，坚决防止出现规模性返贫。深化农业供给侧结构性改革，培育新型农业经营主体，大力发展高价值、高效益、高品质种养产业，积极培育休闲观光农业、民宿经济、农村电商等新产业、新业态，深入推进一、二、三产业融合发展。深入开展农村人居环境整治提升五年行动，因地制宜抓好“厕所革命”，扎实推进生活垃圾处理和污水治理，加强基础设施建设，推动农村人居环境由村庄整治向功能品质提升迈进，美丽村庄建成率达到 80%以上。吸聚乡土人才，大力培养一批能带富、善治理的村级组织带头人，积极培养新型职业农民，支持专业技术人员、高校毕业生等到农村扶智、扶业、创业。健全完善以党建为引领的现代乡村治理体系，建设充满活力、和谐有序的新乡村。挖掘乡村原有记忆，弘扬乡土文化，倡导移风易俗，推动农村多元化内涵式发展。

加快推进城乡融合发展。大力推动乡村建设行动，坚持以提高城镇化质量为导向，以市区为主体、县城为平台、乡镇为节点，推动人口、资源等要素向城镇聚集，构建各具特色、协同联动、有机互促的城镇发展新格局。深入实施城市更新行动，打造海绵城市、韧性城市。加快建立多主体供给、多渠道保障、租购并举的住房制度，满足城乡居民住房需求，加快城乡融合发展，提升县城综合服务能力，推进公共服务向农村延伸、社会事业向农村覆盖。充分发挥中心镇连接城乡、服务农村的作用，培育一批经济发达镇、工业强镇和商贸重镇，建强城乡一体化发展平台。推动城乡基础设施互联互通、公共服务供给均衡发展。建设农民创新就业产业园。支持海原县、海兴开发区融合发展，打造西北地区新能源装备制造及智慧运维基地、绿色农副产品精深加工基地、绿色轻工纺织生产基地，走出一条以产兴城、以产聚人的发展新路子。

城乡建设有品位、群众生活有品质，是我们共同的夙愿。我们要顺应城乡融合发展大趋势、大变革，齐心协力共建宜居宜业新家园，让人民生活的幸福图景更有韵味、更加壮美！

（三）推进生态文明建设，厚植高质量发展绿基底。良好的生态环境是最公平的公共产品，是最普惠的民生福祉。必须坚定不移实施生态立市战略，持续打好"三个大会战"，优化拓展生产、生活、生态"三大空间"，努力绘就绿树成荫、山花烂漫、瓜果飘香的美丽画卷，建设天蓝地绿水美的美丽新中卫。

保障黄河长久安澜。抓好水土流失治理和荒漠化防治，推进流域综合治理。提高黄河防洪标准，建设黄河岸线和标准化堤防，推动防洪保障线、抢险交通线、生态景观线有机统一，打造百年堤防。坚持疏导结合，全力推动黄河中卫段河道治理和清水河综合治理，有效控导主流、稳定河势、护滩保堤。全面落实河湖长制，加强黄河城市过境段建设，优化布局蓄滞洪区、防洪水库、排涝泵站，建立黄河"清四乱"常态化治理机制。开展黄河滩区生态修复和岸线利用专项整治，坚决打击侵占河湖沟道、破坏河湖环境的违法犯罪行为，恢复黄河流态自然。

强化环境污染治理。坚持综合治理、源头治理、系统治理，构建现代环境治理体系。持续打好蓝天、碧水、净土保卫战，基本消除重污染天气，持续改善水环境，全面提升土壤环境质量。坚决整改中央和自治区各类环保督察反馈问题，建立长效机制。持续推进"生态园区、绿色工厂"建设，实现园区余能、水、气、渣综合利用。探索碳中和、碳达峰实现路径，加快重点能耗行业节能改造，坚决遏制"两高"项目盲目发展。实施全民节能行动计划，降低全社会总体能耗水平，确保完成能耗双控目标。

加强生态保护修复。坚持生态优先、保护优先，自然恢复为主、人工修复为辅，统筹推进山水林田湖草沙系统治理，建立健全更好适应生态建设的管控体系。开展北部沙区综合治理，加强腾格里沙漠南缘沙区深度治理保护，建立和完善多层次防风固沙体系。聚焦压砂地退出区、生态移民迁出区、矿山治理区等，加大荒漠化治理。开展中部退化草原生态修复，强化禁牧封育，推进西华山、香山寺国家草原自然公园试点建设，建设黄土高原半干旱型草原生态系统样板。开展以南华山为重点的南部山区水源涵养林建设，提升水土保持功能。

加大植绿增绿力度。加快实施"十四五"生态供水工程，坚持宜林则林、宜草则草、宜荒则荒，持续推进大规模国土绿化行动，提升城市绿化品质。不断加大资金投入力度，科学布局生态林带、经果林带、农田防护林带，促进中部干旱带生态明显好转。森林覆盖率、草原综合植被盖度、城市建成区绿地率分别达到20.5%、59%和40.7%。实施"林长制"，确保栽一棵活一棵、植一片成一片，让百姓共享绿色福利。

高效节约集约用水。严格落实"四水四定"，留足生态水、满足生活水、用足生产水、补足发展水，"有多少汤泡多少馍"。结合压砂地退耕修复，实施环香山、南华山地区生产和生态供水工程，建设一批蓄水库、拦洪坝等水利设施，完善基础设施，健全水网体系，满足高标准农田和生态用水需求，着力解决中部干旱带缺水问题。统筹地表水与地下水、天然水与再生水、常规水与非常规水，着力构建水资源与水生态环境保护体系。全面推进节水型社会建设，农业节水重点落实测控一体化、水肥一体化、测墒灌溉、农艺节水，工业节水重点加强用水工艺改造、水循环利用，城镇重点推进节水降损，创建一批节水型示范单位。

人不负青山，青山定不负人。我们一定要走稳走实生态优先的路子，把一山一河一水、一草一木一沙呵护好，让美丽成为中卫最亮丽的名片！

（四）加快改革创新步伐，激发高质量发展原动力。坚持把深化改革、扩大开放、科技创新、项目建设作为经济高质量发展的"车之四轮"，不断增强高质量发展的动力活力，踏上新征程、跑出加速度。

深化改革强内力。坚定不移用好改革"关键一招"，加强系统集成、协同高效，全面提升改革"最先一公里"的谋划能力、"中间一公里"的统筹能力、"最后一公里"的落实能力，确保改革在重要领域和关键环节上取得新突破。围绕市委四届十一次全会确定的11项重点改革任务，深入推进用水权、土地权、排污权、山林权"四权"改革，持续深化科技创新、农业农村、民生领域等改革，使改革更好地适应发展所需、回应基层所盼、顺应民心所向。积极争取国家级、自治区级改革试点，努力创造更多的"中卫样板"。

扩大开放聚外力。借助国际班列、陆港空港、枢纽中心，打通东向南向出海、西向北向出境通道。西向，加强与阿拉山口、霍尔果斯等口岸合作，建设面向中亚、欧洲开放的进出口贸易丝路驿站。南向，贯通西部陆海新通道，融入成渝经济圈、粤港澳大湾区，深化闽宁对口协作，打造区域产业转移、互补发展的飞地样板。东向，与青岛、天津口岸深度合作，深化与京津冀及沿黄城市的密切合作，争当黄河“几”字弯都市圈协同发展的前沿阵地。北向，加强与乌力吉、二连浩特等口岸的互联互通，联通中蒙俄经济走廊，打造俄蒙陆路进出口贸易合作典范。发挥中卫海关作用，鼓励外向型企业发展，支持中宁县建设国家外贸转型升级基地，提高外贸发展的质量和效益。

科技创新增活力。推进科技强市战略，让科技创新这个“关键变量”成为高质量发展的“最大增量”。围绕电子信息、新材料、新能源等重点产业，强化产学研深度融合，实现建成一个产业、一个创新研究院、一个培训实训基地的目标。完善科技型企业梯队培育机制，高新技术企业数量实现倍增。纵深推进大众创业万众创新，大力发展民营经济，健全政企沟通机制，竭力帮助困难企业纾困，培育一批“链主”企业、产业链关键企业，提振民营经济雄风。编制实施新一轮中长期人才发展规划，持续实施人才引育“四大行动计划”，创新建立“人才绿卡”等制度，全方位引进高精尖稀缺人才，培养各类人才 1 万名以上，打造人才友好型城市。

项目支撑添动力。始终把项目建设作为高质量发展的第一支撑，聚焦产业转型、基础设施和重大民生领域，争取中央和自治区更多支持，谋划、储备、实施一批打基础、利长远、补短板的好项目大项目，吸引更多资金和项目向中卫聚集。全面落实优惠政策，健全完善奖励机制，发挥工商联、行业协会商会作用，鼓励企业以商招商，推动招商引资向招商选资转变，形成各行各业广泛参与、多点发力的大招商格局。聚焦市场环境、政务环境、监管环境、法治环境、创新环境，开展优化提升专项行动，实施科学精准考评，推动优化营商环境争先进位，为经济高质量发展蓄势赋能。

唯创新者强、唯改革者进、唯开放者兴，只要我们解放思想、勇于革新、敢于突破，变“跟跑者”为“并行者”“领跑者”，就一定能够赢得主动、赢得先机、赢得未来！

四、坚持人民至上，竭力推动建设先行市和美丽新中卫成果共享

民之所盼，政之所向。为民造福是最大的政绩，我们要始终坚持把人民对美好生活的向往，作为发展的出发点和落脚点，坚持将更多财力用于民生，持续推进“四大提升行动”，抓实十项重点工作，使人民群众获得感、幸福感、安全感更加充实、更可持续、更有保障。

（一）让人民享有更满意的收入。大力实施城乡居民收入提升行动，认真落实就业优先战略和积极就业政策，突出抓好高校毕业生、退役军人、农民工、下岗失业人员、城镇困难人员、残疾人等重点群体就业，建立完善劳动者终身职业技能培训和全方位公共就业服务体系，千方百计拓宽增收渠道。健全完善机关、企事业单位工资稳定增长机制。培育壮大致富产业，加快培育农民合作社、家庭农场等新型农业经营主体，加大劳动力有序转移力度，让老百姓钱袋更鼓、家底更厚。坚决兜住兜牢民生底线，持续扩大社会保险覆盖面，着力构建分层分类、城乡统筹、制度完备、高效顺畅的社会救助新格局，完善城乡住房保障体系，确保实现困难群众兜底保障不漏一户、不落一人。

（二）让人民享有更优质的教育。落实立德树人根本任务，大力实施教育质量提升行动，加快构建更加公平更可持续更高质量的基础教育体系。补齐基础设施和基本装备短板，推进学前教育普及普惠发展，义务教育优质均衡发展，普通高中多样化特色化发展。深化职普融通、产教融合、校企合作，中等职业技术学校办学效益达到自治区优质校水平，建成中卫市职业技术学院。支持宁夏大学中卫校区培养更多应用型人才。推进“互联网+教育”融合应用，为教育现代化提供坚实支撑。全面加强师德师风建设，不断提升教师待遇，着力建设一支高素质、专业化教师队伍。

（三）让人民享有更健康的身心。常态化抓好疫情防控。巩固国家卫生城市创建成果。实施全民健康水平提升行动，大力建设“健康中卫”。深化“互联网+医疗健康”，建设国家健康医疗大数据中心、区域医疗中心，构建医联体医共体。积极开展三甲医院创建，不断提高医疗水平，让群众小病不出村、常见病不离卫。深化疾病防控体系改革，加强医疗卫生队伍建设，提升应对突发公共卫生事件能力。推广中医药适宜技术，推动中医健康可持续发展。推进健康教育、托育养老、慢特病、心理健康等服务体系建设，提高全民医保水平，全域创建食品药品安全区，全方位全周期保障人民健康。

（四）让人民享有更丰富的文化。坚持以社会主义核心价值观引领文化建设，实施文化活市战略，健全现代公共文化服务体系，推动公共文化向设施网络化、供给多元化、机制长效化、城乡一体化、服务普惠化方向发展。创新实施公民道德建设和文化惠民工程，广泛开展群众文体活动，办好自治区第十六届运动会。弘扬黄河文化，深挖农耕文化、工业文化、红色文化等内涵，打造一批具有中卫特色的精品文化活动品牌，推出一批彰显中卫文化底蕴的文艺精品，扩大优质文化产品供给，更好满足人民精神文化生活新期待。加大明长城、大麦地岩画等文物保护。深入推进文旅融合，培育引进一批文化企业，打造业态集聚、功能完善的文化产业基地，加快数字文化、文化娱乐、创意设计等新兴文化产业发展。

（五）*让人民享有更广泛的民主。*依法实行民主选举、民主决策、民主管理、民主监督，保障人民享有更广泛的权利。坚持和完善人民代表大会制度，全面加强党对人大工作的领导，支持各级人大及其常委会依法履职，发展全过程人民民主。支持政协履行职责，落实党委会同政府、政协制定年度协商计划制度，不断提升政治协商、民主监督、参政议政水平。巩固发展爱国统一战线，发挥各民主党派、工商联、无党派人士服务大局作用，找到最大公约数，画出最大同心圆。推进基层民主制度化、规范化、程序化，健全完善充满活力的基层自治制度。支持各群团组织依章履职，更好发挥联系服务群众的纽带作用。

（六）*让人民享有更公平的法治。*切实把习近平法治思想贯彻落实到依法治市全过程各方面，更好发挥法治固根本、稳预期、利长远的保障作用。全面贯彻实施宪法，支持审判机关和检察机关依法独立公正行使职权，坚决维护公平正义。加强法治政府建设，规范行政决策和行政执法程序，提高党员干部运用法治思维和法治方式解决问题的能力和水平。加强法治社会建设，落实“八五”普法规划，加强未成年人保护，完善公共法律服务体系，提升全民知法守法用法意识，推动法治建设更好转化为治理效能，让人民群众在每一项法律制度、每一个执法决定、每一宗司法案件中都感受到公平正义。

（七）*让人民享有更和睦的家园。*全面贯彻习近平总书记关于加强和改进民族工作的重要思想，以铸牢中华民族共同体意识为主线，巩固提升全国民族团结进步示范创建成果。深入开展马克思主义“五观”大宣讲，着力打造一批教育示范基地，引导各族干部群众不断增强“五个认同”。积极促进各民族交往交流交融，构建各民族共居共学、共建共享、共事共乐的社会氛围。坚持宗教中国化方向，落实“导”的方略，巩固突出问题整治成果，不断提升宗教事务治理能力和治理水平。

（八）*让人民享有更高效的治理。*进一步完善党委领导、政府主导、社会协同、公众参与、法治保障的市域社会治理体制，全面落实“1+6+1”政策文件，拧紧市、县、乡、村四级责任链条，构建共建共治共享新格局。发挥基层党组织引领作用，推动自治、法治、德治相结合，实现政府治理和社会调节、居民自治良性互动。推动资源力量向基层下沉，完善城乡社区网格化服务和管理体系，提高社会化、法治化、专业化工作水平。依托“云天中卫”建设，以大数据引领“智治”之路，为提升市域社会治理能力赋能增效。

（九）*让人民享有更安全的环境。*统筹发展和安全，全面贯彻总体国家安全观，常怀远虑、居安思危，全力维护政治、经济、社会、网络等重点领域安全，防范和化解重大风险。深化“平安中卫”建设，坚持和发展新时代“枫桥经验”，加强问题联治、工作联动、平安联创，深化矛盾纠纷多元化解工作，维护社会和谐稳定。常态化开展扫黑除恶斗争，依法打击和惩治各类违法犯罪活动。健全公共安全体系，加强各类灾害预警监测，提升防灾减灾和应急保障能力，坚决遏制重特大安全事故发生，保障人民身体健康和生命安全。加强党管武装工作，完善国防动员体系，做好退役军人服务保障管理，不断夯实国防动员和后备力量建设基础，争创全国双拥模范城市。

（十）*让人民享有更贴心的服务。*深化“放管服”改革，以简政放权、一网通办、完善监管、优化服务为重点，深度融合线上线下一体化服务平台，不断提高政务服务效能。加强“互联网+”智慧应用建设，实现行业数据互联互通、共享共用、开发开放，使老百姓真正享受到数字经济带来的便利。完善社会化服务体系建设，打造快递服务、为老服务等更多满足群众需求的服务便利店，优化提升群众的办事体验度、满意度和便捷度，构建15分钟便民服务圈。

江山就是人民，人民就是江山。只要我们始终把人民放在心中最高位置，把为民造福作为最重要政绩，全市人民的生活就一定会更有品质、更为舒心、更加美好！

五、全面从严治党，齐心凝聚建设先行市和美丽新中卫磅礴力量

事业兴衰，关键在党；中卫发展，关键在人。我们要全面贯彻新时代党的建设总要求，大力弘扬伟大建党精神，继续推进新时代党的建设新的伟大工程，努力把各级党组织建设得更加坚强有力，不断提高党的建设质量和水平。

（一）*筑牢政治建设之魂。*坚持以党的政治建设为统领，始终以习近平新时代中国特色社会主义思想引航定向，增强“四个意识”、坚定“四个自信”、做到“两个维护”，牢记“国之大者”，不断提高政治判断力、政治领悟力、政治执行力。不折不扣贯彻落实好党中央重大决策和自治区党委部署要求，确保令行禁止、政令畅通。严守党的政治纪律和政治规矩，严格执行重大事项请示报告制度，完善政治素质识别评价和考察机制，引导党员干部把对党忠诚落实到一言一行中。坚持政治巡察定位，确保五届市委巡察全覆盖。严格执行新形势下党内政治生活若干准则，增强党内政治生活的政治性、时代性、原则性、战斗性。发扬斗争精神、增强斗争本领，危机困难面前敢于挺身而出，歪风邪气面前敢于坚决斗争，永葆共产党人的风骨气节、操守胆魄。加强市委常委会自身建设，坚持民主集中制，完善重大决策督查落实制度，不断提高把方向、谋大局、定政策、促改革的能力。

（二）强化思想引领之力。坚持以人民为中心的工作导向，举旗帜、聚民心、育新人、兴文化、展形象，牢牢掌握意识形态工作领导权。把学习习近平新时代中国特色社会主义思想作为必修课、首修课、终身课，健全理论学习长效机制，持续落实第一议题制度，提升党委（党组）理论学习中心组学习质量，完善领导干部专题党课制度。发挥党校主阵地作用，分层分类分级开展教育培训。加强红色文化研究阐释和宣传教育，传承红色基因，赓续精神血脉。加强新闻、文化、网络等阵地建设和管理，坚持网上网下一体、内宣外宣联动，推动媒体深度融合发展，讲好中卫故事、传播好中卫声音，提高新闻舆论传播力、引导力、影响力、公信力。

（三）夯实战斗堡垒之基。深入贯彻新时代党的组织路线，以增强政治功能和提升组织力为重点，推动各领域党组织全面进步、全面过硬。开展基层党建“六项行动”，深入实施农村党建“一抓两整”“六查六强”行动，持续开展模范机关创建活动，健全党建引领社区治理体系，提升两新组织和新兴领域“两个覆盖”质量，强化党员教育管理，使每个支部都成为党旗高高飘扬的战斗堡垒，每名党员都成为一面鲜红的旗帜。落实新时代好干部标准，源源不断培养选拔德才兼备、忠诚干净担当的高素质专业化干部，特别是优秀年轻干部。统筹用好女干部、少数民族干部和党外干部。完善干部评价考核机制，激励广大干部新时代新担当新作为，让有为者有位、吃苦者吃香、实干者实惠，锻造与高质量发展相适应的过硬领导班子和干部队伍。

（四）大兴求真务实之风。深入开展党的优良传统和作风教育，完善作风建设长效机制，把好传统带进新征程，将好作风弘扬在新时代。坚决落实中央八项规定及其实施细则精神，严格执行自治区加强作风建设“八条禁令”，毫不松懈纠治“四风”问题，坚决整治形式主义、官僚主义，持续为基层松绑减负。走好新时代党的群众路线，建立党员领导干部下访制度，完善党员干部直接联系群众制度，使党群干群关系更加密切融洽。加强调查研究，坚持“三严三实”，坚决防止简单化、乱作为，坚决反对不担当、不作为。

（五）永葆清正廉洁之本。始终保持惩治腐败的高压态势，一体推进“三不”方针方略，持续释放标本兼治综合效应，全面提升治理腐败效能。坚持正确的政绩观，敬畏历史、敬畏文化、敬畏生态，慎重决策、慎重用权。坚持挺纪在前，全面加强“一把手”和领导班子监督，协同深化“四项监督”，精准运用监督执纪“四种形态”，做到“三个区分开来”。坚持受贿行贿一起查，坚决查处工程建设、政府采购、项目审批、公共资源交易等重点领域和关键环节的腐败问题。巩固拓展扫黑除恶专项斗争和政法队伍教育整顿成果，坚决防止涉黑涉恶“腐伞渎”问题复发，不断增强群众安全感。坚持严惩腐败、严密制度、严肃教育，建设全面从严治党廉政教育基地，深入开展廉政警示教育周等活动，推进廉政教育常态化长效化，营造崇廉反腐、风清气正浓厚氛围。

百舸争流，破浪者领航；千帆共进，奋勇者当先。

让我们更加紧密地团结在以习近平同志为核心的党中央周围，牢记“社会主义是干出来的”伟大号召，加快建设先行市和美丽新中卫，为全面建成社会主义现代化强国、实现中华民族伟大复兴中国梦作出新的更大贡献，以优异成绩迎接党的二十大和自治区第十三次党代会胜利召开。

名词解释

1.守好“三条生命线”：守好促进民族团结生命线、守好维护政治安全生命线、守好改善生态环境生命线。

2.双节点：全国一体化大数据中心枢纽节点、国家（中卫）新型互联网交换中心。

3.行政执法“三项制度”：执法公示制度、执法全过程记录制度、重大执法决定法制审核制度。

4.“一带两廊”布局：2018 年，市委四届五次全会提出打造沿黄生态经济带、扬黄特色产业廊、脱贫富民产业廊的发展空间布局。2020 年,习近平总书记视察宁夏后,市委将“一带两廊”调整优化为沿黄生态经济带、扬黄生态产业廊、生态富民产业廊。

5.乡村建设“四大行动”:就业促进行动、技能提升行动、社会保障行动、人才振兴行动。

6.“1+6+1”框架体系:“1”即《关于健全完善市域社会治理体系提高治理能力的实施意见》,“6” 即乡村、社区、宗教、校园、企业、社团六个子实施意见,“1”即网络综合治理实施意见。

7.六查六整:查责任落实,整顿责任缺失、落实不到位问题;查班子建设,整顿“两委”班子不强、领导力弱化问题;查党员管理,整顿党员党性观念不强、先锋模范作用发挥不充分问题;查基层治理,整顿农村管理混乱、没规矩问题;查村风民风,整顿村风不正、民风不淳问题;查基础保障,整顿保障缺失、基础薄弱问题。

8.“两个带头人”工程:农村党组织带头人工程和致富带头人工程。

9.“三强九严”工程:“三强”指强化党委(党组)书记领导责任、强化机关党委书记直接责任、强化党支部书记主体责任;“九严” 指严格落实党组织设置规定、严格落实“三会一课”制度、严格落实组织生活会制度、严格落实民主评议党员制度、严格落实谈心谈话制度、严格落实“支部主题党日”制度、严格落实党员组织关系和党费管理规定、严格落实党组织星级评定办法、严格落实换届规定。

10.四个特别:维护党的集中统一领导态度特别坚决,明辨大是大非立场特别清醒,铸牢中华民族共同体意识行动特别坚定,热爱各族群众感情特别真挚。

11.一带三区多节点:“一带”,即以黄河为纽带,进一步整合我市沙漠、绿洲、湖泊、文化、民俗、中医药、枸杞等特色资源,培育黄河生态康养旅游产业带;“三区”,即构建以市区为引领的康养旅游产业核心区,以中宁枸杞为主的枸杞康养旅游休闲示范区,以海原生态为主的生态康养度假区,将中卫建成西部独具特色的康养旅游目的地;“多节点”,指以沙疗沙浴、温泉疗养为主的沙漠度假康养旅游节点,以沙坡头南岸半岛黄河民宿为主的静养康养旅游节点,以中宁枸杞直销中心、枸杞加工城为主的康养旅游节点,以永康富硒小镇为主的特色农副产品康养旅游节点,以天都老庄山地为主的海原东部生态康养旅游节点。

12.一区四基地:新兴产业创新试验区,全球最大金属锰战略储备生产研发基地、国家重要冶金炉料生产基地、西北重要铝基材料研发应用示范基地、西北重要钢铁生产基地。

13.工业“四大改造”:结构改造、智能改造、技术改造、绿色改造。

14.能耗双控:能源消费总量和强度双控。

15.四水四定:以水定城、以水定地、以水定人、以水定产。

16.人才引育“四大行动计划”:实施高端专家柔性引进、青年高层次人才延揽、行业骨干人才培养、情系中卫人才回归四大行动计划。

17.马克思主义“五观”,即马克思主义国家观、民族观、历史观、文化观、宗教观。

18.五个认同:对伟大祖国、中华民族、中华文化、中国共产党、中国特色社会主义的认同。

19.基层党建“六项行动”:实施政治引领、堡垒引领、素质全面的人才发展行动、全域美丽的生态治理行动、服务引领行动、组织引领行动。

20.农村党建“一抓两整”“六查六强”:“一抓两整”指抓乡促村、整乡推进、整县提升;“六查六强”指查责任强担当、查班子强堡垒、查队伍强素质、查村风强治理、查发展强产业、查基础强保障。

21.四项监督:纪律监督、监察监督、派驻监督、巡察监督。

22.监督执纪“四种形态”:第一种形态是党内关系要正常化,批评和自我批评要经常开展,让咬耳扯袖、红脸出汗成为常态;第二种形态是党纪轻处分、组织处理要成为大多数;第三种形态是严重违纪的重处分、作出重大职务调整应当是少数;第四种形态是严重违纪涉嫌违法立案审查的只能是极少数。

23.三个区分开来:把干部在推进改革中因缺乏经验、先行先试出现的失误和错误,同明知故犯的违纪违法行为区分开来;把上级尚无明确限制的探索性试验中的失误和错误,同上级明令禁止后依然我行我素的违纪违法行为区分开来;把为推动发展的无意过失,同为谋取私利的违纪违法行为区分开来。

中卫市人大常委会工作报告

——2021 年 12 月 30 日在中卫市第五届人民代表大会第一次会议上

过去五年的主要工作

过去的五年，是全市上下坚定信心、攻坚克难，全面建成小康社会取得决定性成就的五年，也是中卫人大工作主动作为、服务发展，不断取得新进步的五年。五年来，在区、市党委的坚强领导下，在自治区人大常委会的精心指导和全体代表的共同努力下，市人大常委会坚持以习近平新时代中国特色社会主义思想为指导，深入学习习近平总书记关于坚持和完善人民代表大会制度的重要思想、习近平法治思想和习近平总书记视察宁夏重要讲话精神，全面贯彻党的十九大和十九届历次中央全会和区、市党委全会精神，坚持党的领导、人民当家做主、依法治国有机统一，围绕区、市党委工作大局，认真履行宪法和法律赋予的职责，共召开人民代表大会 6 次、常委会会议 40 次、主任会议 73 次，制定法规 4 部，听取审议“一府一委两院”专项工作报告 89 项，开展专题询问 3 次，作出决议决定 83 项，备案审查规范性文件 63 件，依法任免地方国家机关工作人员 370 人次，办理代表建议 968 件，邀请代表参加视察调研、执法检查 400 余人次，配合上级人大常委会调研 60 批次，为全市经济社会高质量发展作出了积极贡献。

五年来，坚持讲政治、顾大局，始终坚持党的领导，在把握正确政治方向、发挥人大职能作用上取得了新成效

常委会始终坚持把党的领导贯穿于人大依法履职全过程，增强“四个意识”、坚定“四个自信”、做到“两个维护”，牢记“国之大者”，不断提高政治判断力、政治领悟力、政治执行力。

突出强化政治统领。坚持以习近平新时代中国特色社会主义思想为指导，把深入学习贯彻习近平法治思想、习近平总书记关于坚持和完善人民代表大会制度的重要思想，以及习近平总书记“七一”重要讲话、视察宁夏重要讲话和在中央人大工作会议上的重要讲话精神作为首要政治任务，坚持制度化安排、务实性研讨与实质性落实相结合，在学懂弄通做实上下功夫，做到学思用贯通、知信行统一。

自觉服从市委领导。坚持把人大工作放在市委总体工作布局和全市发展大局中谋划，做到市委有部署、人大有行动。认真贯彻区、市党委全会和市委人大工作会议精神，切实抓好市委《关于新时代加强和改进人大工作的意见》落实。及时向市委请示报告重大事项 65 件次，确保常委会工作始终在市委领导下开展，促进市委在产业发展、脱贫攻坚、改革开放、城乡建设、生态环保、民生治理等方面决策部署的有效落实。认真落实市委阶段性重点工作部署，围绕新冠疫情防控、“四大提升行动”、植绿增绿、压砂地退出种植和全国文明城市创建等重点工作，常委会领导奔赴县(区)、乡(镇)、村(社区)紧盯督导、抓好落实。特别是新冠疫情防控期间，常委会领导迅速行动、深入一线，大力开展指导督导，人大机关干部深入居民小区值守，并帮助联系企业防疫情、促复工，解决融资难、原材料供应难等问题，促使宁夏科豪等企业纾困解难焕发生机活力。印发了《致全市各级人大代表和人大工作者的一封信》，全市 3000 多名人大代表响应号召，积极参与联防联控、复工复产，捐款捐物折合人民币 220 多万元，在各自岗位上发挥表率作用、不负代表使命。

五年来，坚持立良法、促善治，积极开展立法工作，在引领推动法治中卫建设上迈出了新步伐

常委会注重发挥地方立法的主导作用，坚持科学立法、民主立法、依法立法，促进市域社会治理。

健全立法工作机制。积极构建“党委领导、人大主导、政府依托、各方参与”的立法工作格局，科学编制年度立法计划报请市委审批。建立向人大代表、专家学者、基层群众征求意见等机制，扩大社会参与范围，形成立法工作合力。确定 3 个立法联系点，设立立法咨询委员会，聘请19名专家学者和专业人士担任立法顾问，为开门立法、民主立法、科学立法奠定基础。

推进重点领域立法。遵照市委要求，紧扣改革发展和民生需求立法，先后颁布实施《中卫市人民代表大会及其常务委员会立法程序规定》《中卫市城乡居民饮用水安全保护条例》《中卫市农作物秸秆处置条例》和《中卫市文明行为促进条例》等4部地方性法规，中卫立法从无到有，为市域社会治理提供了法规支撑。立法工作得到自治区党委主要领导同志的肯定。

强化法治宣传教育。坚持法治教育与法治实践相结合，开展"国家宪法日"系列活动，认真执行宪法宣誓制度，听取审议"七五"普法决议执行情况报告，依法作出"八五"普法决议，强化以宪法为核心的法治宣传教育。编印《中卫市地方性法规汇编(2017—2021)》5万册，向全市493个村(居)委会发放。制作印发《中卫市文明行为促进条例》漫画版宣传手册3万册。安排电视台设专栏播放民法典辅导节目，组织开展民法典进机关、进单位、进企业、进乡村、进社区、进校园，引导公民规范自我行为，依法处理纠纷，树立文明新风。

五年来，坚持抓重点、求实效，依法开展监督工作，在助推经济社会高质量发展上作出了新贡献

常委会紧紧围绕宪法和法律法规有效实施、市委决策部署贯彻落实，不断强化监督工作，维护好人民群众的根本利益。

保证宪法法律贯彻实施。组织开展了《食品安全法》《产品质量法》《工会法》《税收征管法》《民办教育促进法》《残疾人保障法》《传染病防治法》《土壤污染防治法》《禁毒法》《人民调解法》和宁夏回族自治区《社会科学普及条例》《民族教育条例》《公共卫生服务促进条例》及中卫市《文明行为促进条例》《农作物秸秆处置条例》《城乡居民饮用水安全保护条例》等20部法律法规实施情况的监督检查，有力地促进了依法行政、公正司法、公民知法守法。认真执行《自治区人大常委会规范性文件备案审查条例》，坚持有件必备、有备必查，做好规范性文件备案审查工作。

助推经济发展平稳向好。加强国民经济和社会发展计划、财政预算审查和审计工作监督，批准预算调整方案，认真落实《中卫市委关于建立市政府向市人大常委会报告国有资产管理情况制度的实施意见》，建立国有资产报告制度，听取政府债务情况汇报。组织"十三五"规划中期评估调研，审查批准"十四五"规划和二〇三五年远景目标纲要。开展重点工业项目建设、工业园区高质量发展、黄河黑山峡河段开发工程前期工作、全域旅游推进、优化营商环境、粮食安全保障、云计算和大数据产业发展等方面的视察、检查、调研，进一步推进市域经济高质量发展。组织视察肉牛产业发展，建议市人民政府加大政策扶持和龙头企业培育力度，推进标准化建设、规模化发展；组织富硒功能农业发展和现代农业经营体系情况调研；听取和审议市人民政府关于脱贫富民产业发展情况报告，就巩固脱贫攻坚成果、解决城乡发展不平衡等问题献计献策。组织开展了沙坡头区香山兴仁片区一期供水工程的调研督办，推动了该工程加快建设。

助推生态环境有效治理。每年听取审议市人民政府关于年度环境状况和环境保护目标完成情况报告。组织开展对中央和自治区环保督察组反馈问题整改情况督察，提出意见建议并督促抓好整改落实。组织专题询问，听取和审议环境保护工作。组织对全市冬季大气污染防治、水生态环境保护、城市水源地建设、工业企业污染整治等实施情况视察检查，听取市人民政府关于水污染防治工作情况报告，促进我市生态环境突出问题的解决和生态环境质量持续改善。督查压砂地退出及生态修复工作，依法保护修复生态环境。视察全市林业生态建设和植绿增绿大会战情况，推动林业生态持续向好。组织开展"中华环保世纪行——宁夏中卫行动"，开展天景山周边环境整治调研并提出整改意见。

助推民生福祉持续改善。组织对全市普通高中教育发展、高考标准化考点建设、农村幼儿园新建改建、"互联网+教育"示范区建设进行调研，对《民办教育促进法》和自治区《民族教育条例》贯彻实施情况进行检查，推进教育事业发展。开展全市医药卫生体制改革情况视察、自治区《公共卫生服务促进条例》实施情况检查、深化医药卫生体制改革专题调研，跟踪督察市中医院迁建项目和公立医院惠民行动。听取市人民政府贯彻落实《中医药条例》和防控新冠疫情工作情况报告、民生实事办理情况报告、文化旅游产业发展情况报告。开展全市妇女儿童发展规划落实情况调研，进一步维护妇女儿童合法权益。视察全民科学素质提升工作推进情况。

助推社会治理不断进步。听取和审议市人民政府关于全市禁毒工作、扫黑除恶专项斗争工作情况报告。开展国务院《宗教事务条例》贯彻实施情况检查和全市民族团结进步创建工作调研。首次听取市监察委员会专项工作报告。听取和审议市中级人民法院民商事审判、行政审判、执行工作专项报告，听取市检察院未成年人保护、公益诉讼工作报告，有效回应社会关切，维护司法公平正义，促进“平安中卫”建设。

五年来，坚持重程序、健机制，讨论决定重大事项，在推动科学民主决策上彰显了新担当

常委会紧紧围绕全市改革发展稳定大局，依法行使讨论决定重大事项权和人事任免权，把党委的主张通过法定程序转化为全市人民的共同意志。

依法讨论决定重大事项。依法审议中卫市“十四五”规划和二〇三五年远景目标纲要等专项报告。先后作出《关于建立沙坡头区城市饮用水永久性水源地的决定》《关于加强城市环境卫生管理提升城市环境卫生水平的决定》《关于加强防风固沙林带建设与保护的决定》《支持检察机关依法开展公益诉讼工作的决定》《关于促进中卫市枸杞产业高质量发展的决定》和《关于深入开展第八个五年法治宣传教育的决议》等6项重大事项决定决议。健全规范审议讨论、表决通过、公布实施、跟踪落实等工作机制，促进讨论决定重大事项依法、科学、高效。推动行使重大事项决定权与做好监督、代表等工作有机结合，综合运用执法检查、听取和审议、专题询问等方式，促进市人大及其常委会决议决定有效执行。

依法行使选举和任免权。坚持党管干部原则与人大依法任免有机统一，认真贯彻地方组织法和人事任免工作相关规定，依法任免国家机关工作人员，先后组织宪法宣誓163人次，宪法和法律知识任前考试189人次，任前供职201人次，确保区、市党委人事安排意图顺利实现。助力全市机构改革，选举产生首届市监察委员会，完成涉及机构改革政府部门主要负责人依法任免。坚决贯彻市委部署，依法指导县、乡人大换届选举工作风清气正、顺利进行。做好市五届人大代表选举工作，选举产生新一届市人大代表288名，代表结构更加优化，整体素质进一步提高。

五年来，坚持优服务、强保障，发挥代表主体作用，在依法保证人民当家做主上探索了新途径

常委会重视做好代表工作，尊重代表主体地位，全力支持和切实保障人大代表依法履职行权、充分发挥作用。

拓宽代表履职渠道。出台了《关于进一步加强和改进人大代表联系接待原选举单位人民群众和原选区选民的意见》，建立了代表履职“四个一”工作机制，深化了常委会组成人员联系代表和代表联系群众的“双联系”活动。丰富闭会期间代表履职活动，拓展代表参与立法调研、监督检查、工作评议、重大事项决定的空间。五年来，共邀请800余人次代表列席常委会会议、参加视察、专题调研、执法检查等活动，拓宽了代表履职渠道，激发了代表工作积极性，提高了代表履职能力和水平。仅2021年，采取致函、电话、微信、短信等方式，征集人大代表关于“一府一委两院”重点工作和专项工作报告的意见建议806条，通过常委会会议反馈、新闻媒体报道和会后书面反馈等形式，有效发挥了代表主体作用。

认真办理代表建议。采取听取汇报、视察调研、征求民意、专题询问和常委会领导督办、市人民政府领导领办、常委会委室归口督办的方式，认真做好代表建议办理工作，切实提高办理质量。每年听取市人民政府关于代表建议办理情况的专题报告，对市人民政府已列入计划、尚未完全解决的上年度代表重点建议，持续督办，直到办结为止。市四届人大历次会议期间代表提出的意见建议968件基本办结，代表满意率100%。

强化代表服务保障。积极开展“代表之家”“代表工作室”规范化创建工作，全市建成并提升改造“代表之家”40个、“代表工作室”268个。建立健全代表学习培训制度，组织代表参加区、市人大业务培训，实地考察重点项目，激发了代表履职热情。为代表订阅《中国人大》《宁夏人大》等学习资料，编辑印发市人大常委会公报，强化代表履职的大局观念。及时向代表提供市人大常委会公报，强化代表履职意识。加强与代表所在单位沟通，为代表充分履职创造了良好条件。

五年来，坚持抓班子、带队伍，不断加强机关党的建设，在自身建设上实现了新提高

常委会着力加强机关政治、思想、制度、纪律、作风、能力建设，不断提高依法履职能力和水平。

扎实推进全面从严治党。贯彻落实中央和区、市党委全面从严治党决策部署，切实加强市人大常委会党组建设，发挥把方向、管大局、保落实作用。坚持把政治建设摆在首位，认真学习贯彻《中共中央关于加强党的政治建设的意见》，坚定政治信仰，坚定政治担当。扎实推进“两学一做”学习教育常态化制度化，深入开展“不忘初心、牢记使命”主题教育，认真开展党史学习教育及“传承党的百年光辉史基因、铸牢中华民族共同体意识”主题教育，坚持规定动作做到位、自选动作有特色，走深走实、入脑入心，强化理论武装，坚定理想信念，践行根本宗旨，汲取奋进力量。五年来常委会党组集体学习、交流研讨89次，举办专题讲座25讲。压实党建工作、党风廉政建设、法治建设和意识形态工作责任，出台常委会党组工作规则、民主生活会制度、全面从严治党主体责任清单等规定，修订完善常委会会议事规则、立法、决定、监督、机关运行等88项工作制度，以制度促规范、管长远。加强对常委会机关党组的领导，支持派驻机关纪检监察组履行职责。指导召开机关党组会议107次、党总支会议65次、支部委员会会议125次，推动全面从严治党在市人大及其常委会落实落细。机关第一支部被评为四星级党支部，机关第二支部被评为全市"五好"离退休干部党支部。深入开展创建"让党中央放心、让人民群众满意"模范机关活动，不断加强队伍建设，打造忠诚、干净、担当的人大干部队伍。

坚持不懈加强作风建设。认真学习、严格遵守中央八项规定及其实施细则精神、自治区加强作风建设八条禁令、市委常委会作风建设相关规定，逢会安排党纪党规、法律法规和警示教育案例学习，五年来共组织学习党纪党规46部、法律法规55部、典型案例76件。扎实开展"四风"问题、"中梗阻"等专项整治工作，开展领导干部严重违纪以案促改警示教育专项活动，加强领导班子成员、常委会组成人员和机关党员干部反腐倡廉教育，抓好巡视巡察反馈问题整改。人代会期间制定会风会纪监督措施，确保大会风清气正、圆满成功。始终把调查研究作为做好人大工作的基本功，扎实开展"党政机关作风建设年，干部队伍素质提升年"活动，深入基层、深入实际，掌握实情、找准问题，了解人民群众急难愁盼，密切与群众的血肉联系。进一步改进监督方式，提升工作质效，使立法、监督等各项工作接地气、聚民意、求实效。党史学习教育中创新开展"十个一"活动，切实为群众办实事。在海原县曹洼乡白崖村开展"学党史、办实事、保健康"送医送药实践活动，筹资助力当地抗旱工作及新时代文明实践站建设；促成异地扶贫搬迁村中宁县太阳梁乡北湖村和中卫市滩羊地毯有限公司合作建设扶贫车间，解决了该村留守妇女经济收入的问题；协调解决沙坡头区东花园社区小区居民及车辆出入大门不畅问题，整治东园小区南门口市场环境卫生及清理北侧巷道垃圾，改善中山社区基础设施，督促解决新墩西区供暖不热等问题，让群众感受到了党和政府的温暖。常委会机关被自治区扶贫开发领导小组授予"驻村帮扶工作先进单位"荣誉称号。

过去五年常委会工作取得的成绩，是习近平新时代中国特色社会主义思想科学指引的结果，是坚持和完善人民代表大会根本政治制度的结果，是区、市党委坚强领导的结果，是全体人大代表、常委会组成人员依法履职尽责的结果，是市人民政府、监察委员会、中级人民法院、人民检察院和市直各部门、县区人大常委会全力支持配合的结果，是市政协委员、各民主党派、人民团体和社会各界热情帮助的结果。在此，我代表市四届人大常委会表示崇高敬意和衷心感谢！

在总结成绩的同时，我们也清醒地看到工作中还存在一些差距和不足，主要是：地方立法工作引导公众参与度不高；常委会组成人员联系代表、代表联系人民群众的深度和广度不够；市人大专门委员会工作职能作用发挥不够充分；常委会机关效能建设还抓得不够实等。这些将在今后的工作中加以解决。

过去五年工作的主要体会

回顾市四届人大常委会五年以来的工作实践，我们深切体会到，做好新时代人大工作，必须牢牢把握以下五个方面。

必须坚持党的全面领导。党的领导是人民代表大会制度的本质特征和最大优势，是做好人大工作的根本保证。我们必须坚持以习近平新时代中国特色社会主义思想和习近平总书记关于坚持和完善人民代表大会制度的重要思想统揽人大工作，旗帜鲜明、坚定不移贯彻落实坚持党的领导这一最高政治原则，紧紧围绕市委决策部署谋划推进人大工作，才能确保人大工作的正确政治方向。

必须坚持以人民为中心。人民代表大会制度是发展全过程人民民主、保证人民当家做主的重要途径和最高实现形式。只有坚持人民至上，通过人大及其常委会依法履职，充分发挥代表主体作用，保证人民的知情权、参与权、表达权、监督权落实到人大工作各方面各环节全过程，推动解决群众反映的急难愁盼问题，才能使人大工作深深植根于人民群众之中，始终保持蓬勃生机和活力。

必须坚持依法履行职权。地方人大及其常委会的各项职能都是宪法和法律赋予的。只有深入学习贯彻习近平法治思想，严格依照法定程序开展立法、监督、代表等工作，保证宪法法律得到遵守和执行，才能为我市经济社会高质量发展提供有力法治保障。

必须坚持服务发展大局。人大工作是全市工作的重要组成部分，只有围绕中心、服务大局，才能有效发挥地方国家权力机关作用。只有紧扣全市中心工作，主动在大局下谋划，积极作为，才能合力推进全市转型追赶、高质量发展。

必须坚持加强自身建设。打铁还得自身硬。加强自身建设始终是做好人大工作的必然要求,只有持续加强常委会政治、思想、组织、作风、纪律、制度等各项建设,才能提高依法履职能力水平,推动人大工作更好地体现时代性,富于创造性。

今后五年及 2022 年工作建议

今后五年,是中卫开启全面建设社会主义现代化新征程的关键时期。市第五次党代会描绘了“加快建设先行市和美丽新中卫”的宏伟蓝图,对新时代人大工作提出了新的更高要求。新一届人大及其常委会要在区、市党委的坚强领导下,坚持以习近平新时代中国特色社会主义思想为指导,深入学习贯彻习近平总书记关于坚持和完善人民代表大会制度的重要思想,全面贯彻落实党的十九大和十九届历次中央全会、中央人大工作会议和习近平总书记视察宁夏重要讲话精神,认真落实自治区党委和市委决策部署及市第五次党代会精神,坚持党的领导、人民当家做主、依法治国有机统一,紧紧围绕市委中心工作,依法履行宪法法律赋予的职责,扎实做好立法、监督、决定、任免、代表、自身建设等工作,不断发展全过程人民民主,为加快建设黄河流域生态保护和高质量发展先行市,继续建设经济繁荣民族团结环境优美人民富裕的美丽新中卫贡献人大智慧和力量。

2022 年是党的二十大召开之年,是全面建设社会主义现代化国家的关键之年,也是市五届人大及其常委会依法履职的第一年。建议新一届人大及其常委会遵照市委工作部署,围绕加快建设先行市和美丽新中卫,紧扣市“十四五”规划和二〇三五年远景目标,依法行使职权,推动人大工作再上新台阶,努力建设让党中央放心、人民群众满意的政治机关、国家权力机关、工作机关、代表机关。

——坚持最高政治原则,加强党的全面领导,建设自觉坚持中国共产党领导的政治机关。牢记人大及其常委会首先是政治机关的政治属性,坚持旗帜鲜明讲政治,持续深入学习贯彻习近平新时代中国特色社会主义思想、习近平法治思想、习近平总书记关于坚持和完善人民代表大会制度的重要思想,认真落实党中央和区、市党委各项决策部署,进一步增强“四个意识”、坚定“四个自信”、捍卫“两个确立”、做到“两个维护”,不断提高政治判断力、政治领悟力、政治执行力。全面落实中央人大工作会议和自治区党委人大工作会议精神,遵照市委要求,做好市委人大工作会议筹备工作,提出市委关于新时代加强和改进人大工作的实施意见,经市委审定后抓好落实。主动自觉接受市委全面领导,人大会议、立法、监督、代表、决定决议等各项工作及时向市委请示报告。充分发挥人大常委会党组作用,确保人大各项工作在市委领导下进行。深入贯彻新时代党的建设总要求,推动党建和业务工作深度融合,推动机关党的建设始终走在前、作表率。巩固深化党史学习教育成果,继续推动“我为群众办实事”主题实践活动取得更大实效。持续加强政治理论、宪法法律和人大业务知识学习教育培训,进一步提高常委会组成人员和机关干部政治业务素质。不断健全常委会工作制度和机关管理制度,持续推进常委会及机关工作规范化。认真落实全面从严治党主体责任,持续推进党风廉政建设、意识形态领域工作责任落实,建设政治坚定、服务人民、尊崇法治、勤勉尽责的干部队伍。持续强化人大宣传工作和机关信息化建设,提升“智慧人大”建设水平。加强与县(区)人大常委会的联系和指导,增强人大工作整体实效。

——遵循根本政治制度,发展全过程人民民主,建设保证人民当家做主的地方国家权力机关。坚持人民至上、履职为民,牢固树立以人民为中心的发展思想,把人民当家做主的理念具体地、现实地落实到民主法治和社会生活之中。认真学习贯彻习近平总书记关于全过程人民民主的重大理念,深刻领会社会主义民主政治发展规律,准确把握人大工作新任务新要求,不断扩大人民有序参与政治,保证人民的知情权、参与权、表达权、监督权落实到人大工作各方面各环节全过程,确保人民当家做主。通过健全完善人大民主民意表达平台和载体、广泛动员选民依法参加选举、深化常委会组成人员与代表及代表与群众“两个联系”、开展民生计划实事办理督办、预算审查前听取人大代表和社会各界意见建议等形式,最大限度吸纳民意、汇集民智、凝聚民力。强化以宪法为核心的“八五”法治宣传教育,加强人民代表大会制度理论和宪法法律知识及地方性法规的宣传和贯彻实施工作。

——服从服务于全市工作大局,奋发进取主动作为,建设全面担负宪法法律赋予的各项职责的工作机关。紧扣市委决策部署和全市中心工作,切实做到市委工作重心在哪里,人大工作就跟进到哪里,力量就汇聚到哪里,作用就发挥到哪里。着眼于务实管用,进一步强化立法工作。坚持科学立法、民主立法、依法立法,健全完善立法工作体制机制,发挥人大及其常委会在立法工作中的主导作用。坚持规划引领,认真开展五年立法规划编制工作，把好立项关、起草关、审议关，提高立法质量。注重开门立法，把全过程人民民主贯穿立法全过程，拓宽公民有序参与立法途径。年内制定出台《中卫市养犬管理条例》，依法加强养犬管理，规范养犬行为，保障公民健康和人身安全，助推全国文明城市和卫生城市创建工作。着眼于精准有效，进一步强化监督工作。聚焦市第五次党代会决策部署，聚焦人民群众所思所盼所愿，依法有效监督，推动解决经济社会发展问题。听取和审议市人民政府关于国民经济和社会发展计划、财政预算落实、化解政府债务风险、国有资源管理、生态保护大会战、环境保护目标完成、压砂地退出及生态修复、黄河文化遗产挖掘研究保护利用、义务教育阶段学生"双减"政策落实、养老事业发展、民生实事办理、公安执法规范化建设和行政复议工作等方面的工作报告和监察委员会专项工作报告；开展《中卫市文明行为促进条例》等相关法律法规实施情况执法检查；开展黄河流域生态保护和高质量发展先行市重点项目建设、枸杞产业提质增效推进和代表建议办理工作视察；开展新材料和精细化工、新能源、深化用水权改革（四水四定）、派出所和社区警务改革、全市法院"一站式"多元解纷和诉讼服务体系建设、环境保护检察公益诉讼和法律援助工作等情况的调研；加强规范性文件备案审查工作。进一步深化专题询问、满意度测评等工作，使人大监督更具权威、更有效力。着眼于规范有序，进一步做好决定任免工作。认真贯彻党中央和区、市党委有关讨论决定重大事项、各级政府重大决策出台前向本级人大及其常委会报告等制度规定，进一步规范工作程序，督促"一府一委两院"严格执行法律法规和人大及其常委会作出的决议决定，依法报告工作，自觉接受人大监督。围绕我市经济社会发展中的重大问题，精准选题、深入调研、科学论证，依法作出加强大麦地岩画保护等重大事项决议决定，并加强跟踪检查，推动市委决策有效落实。坚持党管干部原则，严格依法选举任免，不断完善人事任免程序，提高人事任免工作质量。

——突出人大代表主体地位，充分发挥人大代表作用，建设始终同人民群众保持密切联系的代表机关。健全完善代表履职"四个一"工作机制，丰富常委会组成人员联系代表、代表联系群众的内容和形式，支持和保障代表依法履职，更好接地气、察民情、聚民智、惠民生。巩固拓展"代表之家""代表工作室"规范化建设成果，推进代表履职平台建设和管理，配合自治区人大常委会完成全区统一规范的人大代表履职网络平台建设。组织开展代表统一接待选民等活动，扩大代表参与常委会立法、监督等工作的广度和深度，推动代表依法履职常态化、制度化。做好代表建议交办、督办工作，不断提高代表建议办结率和办理满意率。举办市人大代表履职学习培训班，增强代表履职能力和责任担当，切实发挥好人大代表"连心桥""黏合剂"作用，当好人民群众的知心人、贴心人、代言人，充分展现新时代人大代表的风采。

我们相信，在区、市党委的坚强领导下，在习近平新时代中国特色社会主义思想的科学指引下，在全市人民的大力支持下，新一届市人大及其常委会一定能够不辱使命、不负重托，谱写新时代中卫人大工作新篇章。

昂首奋进新征程，接续奋斗再出发。让我们更加紧密地团结在以习近平同志为核心的党中央周围，在区、市党委的坚强领导下，运用党史学习教育成果，守正创新、积极进取，忠实履行宪法和法律赋予的各项职权，为加快建设黄河流域生态保护和高质量发展先行市，加快建设经济繁荣民族团结环境优美人民富裕的美丽新中卫而努力奋斗，以优异成绩迎接党的二十大和自治区第十三次党代会胜利召开！

2022 年政府工作报告

（2021 年 12 月 29 日）

过去五年工作回顾

过去五年，是中卫发展极不平凡、极不寻常的五年。习近平总书记两次视察宁夏为我们把脉定向、擘画蓝图，赋予了建设黄河流域生态保护和高质量发展先行区的时代使命，为我们标定了新坐标、明确了新任务、提供了新载体、带来了新机遇，全市上下备受鼓舞、倍感振奋、倍增动力。

五年来，在自治区党委、政府和市委坚强领导下，全市上下坚持以习近平新时代中国特色社会主义思想为指导，深入贯彻习近平总书记视察宁夏重要讲话精神，坚决落实中央、自治区和市委决策部署，统筹推进"五位一体"总体布局，协调推进"四个全面"战略布局，坚持稳中求进工作总基调，以加快先行市建设为统领，坚定不移守好"三条生命线"、走出一条高质量发展新路子，打赢脱贫攻坚战，全面建成小康社会，现代化建设迈出坚实步伐。

——经济高质量发展开创新局面。预计地区生产总值达到 500 亿元、年均增长 5.3%；地方一般公共预算收入 23 亿元；城乡居民人均可支配收入分别达到 33221 元、13456 元，年均增长 7.4%和 9.3%；固定资产投资累计达到 1149 亿元。特色优势农业产值占比 84%，制造业、战略性新兴产业占规上工业增加值比重达 65.4%、21.6%，信息传输、软件和信息技术服务业增加值年均增长 32.6%。中卫成为全国首个互联网"双节点"城市。"沙漠水城、硒都杞乡、'云天中卫'"品牌影响力、知名度持续攀升。

——脱贫攻坚取得全面胜利。坚持精准扶贫、精准脱贫基本方略，举全市之力向绝对贫困发起总攻，以"四查四补"为抓手，"两不愁三保障"全面实现，15.3 万农村贫困人口全部脱贫，194 个贫困村全部出列，海原县脱贫摘帽，消除了绝对贫困和区域性整体贫困。脱贫人口人均纯收入 1.28 万元、增长 3.4 倍。"基础母牛+银行"扶贫模式入选全国典型案例。海原县获"全国脱贫攻坚先进集体"荣誉称号。

——生态保护治理迈上新台阶。认真践行习近平生态文明思想，全面打响污染治理、生态保护、植绿增绿"三个大会战"，全市优良天数比例达 85%以上，主要排水沟水质连续五年位居全区前列，城市黑臭水体全部消除，森林覆盖率 17%。中宁县创成全国节水型社会建设达标县，香山寺、西华山草原入选全国草原自然公园试点建设。

——城乡融合发展实现新提升。银川至中卫城际铁路、乌玛高速、中卫河北地区城乡供水等 192 个重大基础设施项目建成投运，中卫人民圆了"高铁梦"，实现了县县通高速、村村通硬化路，老百姓出行更方便、致富有通道。城市更新行动和乡村建设行动迈出坚实步伐。沙坡头区入选全国城乡交通运输一体化示范县，中宁县、海原县创成全国电子商务进农村综合示范县。

——法治政府建设取得新成效。乡镇综治中心、村(居)法律顾问实现全覆盖，全社会法治意识明显提高，获评全国法治政府建设优秀城市、全国普法工作先进单位。行政执法"三项制度"改革全区推广。

过去五年，是中卫蓄势储能大追赶的五年，是中卫营商环境大提升的五年，是中卫生态文明建设大跃升的五年，是中卫民生福祉大改善的五年，是中卫社会治理大融合的五年，是中卫干部作风大转变的五年。取得的成就和经验，是我们坚决贯彻新发展理念的实践创造，是我们坚守以人民为中心的初心使命，是我们坚持系统思维统筹推进的成果成效，是我们坚决担当作为苦干实干的生动诠释。

五年来，我们坚持创新发展，产业转型取得突破性进展。科技创新深入推动，全社会研究与试验发展经费累计投入 28.3 亿元，强度 1.7%。培育国家高新技术企业 28 家，建成创新平台 51 家，中卫、中宁工业园区被认定为自治区高新技术产业开发区，获批国家级绿色园区。传统产业转型升级，瑞泰精细化工副产盐资源化循环利用、中车风电装备制造等134个结构调整项目建成投运。在全区率先启动“生态园区、绿色工厂”建设，培育智能工厂1个、绿色工厂7个、数字化车间6个。特色农业提质增效，粮食产能持续提升。中宁枸杞品牌价值190亿元、综合产值120亿元，入选国家林业产业示范园区。“沙坡头苹果”荣登中国特色农产品区域公用品牌。奶产业、肉牛产业发展实现新突破。沙坡头区获批全国农业社会化服务创新试点单位。现代服务业蓬勃发展，建成大型数据中心7个，服务器装机能力65万台、上线运营40余万台，市、县城区实现5G全覆盖。“云天中卫”建设步伐加快，荣获中国城市数字产业高质量发展奖。星星酒店、黄河宿集、66号公路、卫民黄河大桥成为网红品牌，累计接待游客3810万人次，旅游收入284亿元。沙坡头区创成首批国家全域旅游示范区。培育冷链物流企业55家、网络商家1.2万家，建设农村电商服务站点284家。社会消费品零售总额年均增长4.5%。

五年来，我们坚持协调发展，城乡面貌发生显著变化。常住人口城镇化率从41.7%提高到49.7%。建成城市路网65公里、城市休闲广场6个，新建水气暖管网194公里。162个老旧小区换新颜，棚户区改造让3.2万户居民迁新居。新增城市绿地1.5万亩，建成区绿地率39.7%。入选全国文明城市提名。县城和中心镇、特色镇加快建设，承载能力、服务功能持续提升。建设美丽城镇23个、美丽村庄72个，“四好农村路”提质扩面，光纤网络实现行政村全覆盖。改造农村危房4.3万户、卫生厕所5.7万户，建成抗震宜居农房1.2万户，农村生活垃圾处理率达95%以上、污水处理率达30%，县乡村面貌焕然一新。“以克论净·深度保洁”模式向农村延伸。

五年来，我们坚持绿色发展，生态环境实现根本性转变。实施黄河水生态保护与修复、城市排水沟治理等94项工程，坚决治理黄河流域生态环境污染问题。建设水源涵养林30.9万亩，除险加固淤地坝和骨干坝13座，治理沙漠31万亩，新增国土绿化面积125万亩。中央和自治区环保督察反馈问题基本整改完毕。提标改造燃煤锅炉环保设施，实施市第三排水沟和中宁县北河子沟、清水河海原段治理工程，建成投运宸宇环保危废处置中心、市医疗废物处置中心等388个蓝天碧水净土治理项目。城市空气质量明显改善，黄河中卫段水质Ⅱ类进Ⅱ类出，土壤环境质量总体良好。

五年来，我们坚持改革开放，发展活力得到系统性增强。“三去一降一补”成效明显，累计减税降费79.5亿元，降低电力成本56.3亿元。“一窗受理率”“网上可办率”均达到90%以上，市场主体达到8.1万户，增长1.4倍。公立医院、综合行政执法等改革有序推进。中卫海关挂牌运行，中欧国际班列、西部陆海新通道班列常态化开行，沙坡头机场吞吐量累计突破100万人次。累计实现进出口贸易额125亿元，年均增长3.2%。招商引资实际到位资金900亿元，年均增长8%。

五年来，我们坚持共享发展，人民群众获得感、幸福感、安全感明显增强。财政民生累计支出672亿元，年均增长5.7%。通过义务教育基本均衡发展国家督导评估认定。维修校舍41.4万平方米，改造运动场102个，新改扩建中小学、幼儿园95所，“大班额”“大校额”有效解决。推进“互联网+教育”融合应用，被教育部评为全国网络学习空间应用普及活动优秀区域。坚持“外防输入、内防反弹”，众志成城打好新冠肺炎疫情防控人民战争、总体战、阻击战。新改扩建市、县级医院11个、乡镇卫生院5个、村卫生室62个，完成市人民医院扩建、市中医医院迁建、市妇幼保健院新建等工程。“互联网+预防接种”和智能家庭医生签约服务全区领先。创成国家卫生城市，荣获全国无偿献血先进市，入选公立医院综合改革国家级示范城市。社保覆盖面持续扩大，投入24.5亿元解决了7.4万名被征地农民和特岗教师养老保险遗留问题，人民群众实实在在享受到了改革发展成果。

五年来，我们坚持系统思维，市域社会治理实现新变化。深入推进市域社会治理现代化，构建“1+6+1”治理体系，“人民调解+仲裁+信访”纠纷治理模式入选全国优秀案例，荣膺全国社会治理创新典范城市。安全生产形势总体平稳，扫黑除恶专项斗争成效显著。中卫市被列为全国自然灾害风险普查、减灾示范和综合风险普查评估区划试点市。创成全国民族团结进步示范市，沙坡头区、中宁县、海原县创成全国民族团结进步示范县（区）。退役军人工作成效明显，中宁县被评为全国双拥模范县。老龄、妇女儿童、青少年、残疾人、工会、红十字、慈善、关心下一代等事业取得新成效，统计调查、审计、信访、外事、供销等工作取得新进展。

即将过去的2021年，面对开局“十四五”、开启新征程的繁重任务，全市上下坚决贯彻中央、自治区和市委决策部署，以“起步就是冲刺、开局就要争先”的奋斗姿态，立足新发展阶段、贯彻新发展理念、融入新发展格局，以实干展现新作为、靠实干交出新答卷，“十四五”起步有力、开局良好，美丽新中卫建设迈上新台阶、呈现新气象。我们精准调度稳增长。统筹疫情防控和经济发展，扎实做好“六稳”工作，全面落实“六保”任务，保企业运行、扩有效投资、促消费回暖，着力保持经济平稳增长。预计地区生产总值增长10%左右，规上工业增加值增长3%，固定资产投资增长20%以上，社会消费品零售总额增长7%，地方一般公共预算收入增长10%以上，城乡居民人均可支配收入分别增长9%和11%。我们调优结构促转型。三次产业结构由15.8∶42.4∶41.8优化为14.3∶41∶44.7。集中要素资源育龙头、建基地、创品牌，奶牛存栏量增长21.9%，肉牛规模化养殖比例达25%。新能源装机总量占全区近三分之一，新材料产业实现新突破。以大数据为引领的信息产业规模聚集效应逐步显现，枸杞道地品牌、旅游特色品牌美誉度不断提升，重点产业呈现集聚、集约、集群发展的良好势头。我们狠抓项目增后劲。开足马力抓项目落地、提建设进度、促投产达效，开工建设各类项目570个，中国电信数据中心、明阳智慧产业园、中兰客专等60个重点项目加快推进，完成固定资产投资253亿元，投资增速位居全区第一。我们深化改革激活力。331项重点改革任务全面落实。打好“四权”改革主动仗，加快确权、赋能、定价、入市步伐，中卫工业园区中水全部实现回用，中宁县集体经营性建设用地入市先行先试，排污权交易开始试行，开展金融创新支持林业改革试点。我们用情用力保民生。民生支出占财政支出75%以上。城镇新增就业1.1万人，农村劳动力转移就业17万人，劳务收入30亿元。建成9所公办幼儿园，增加学位3600个，学前三年毛入园率92.4%。建成中卫九中、海原九小，开工建设中卫十三小、海原八小，有效缓解教育“城市挤”“农村弱”问题。新建市卫生应急物资储备库和中宁、海原传染病科楼，组建城市医疗联合体，县域医共体实现全覆盖。我们持续加强自身建设提效能。扎实开展党史学习教育，学懂弄通做实习近平新时代中国特色社会主义思想，进一步增强“四个意识”、坚定“四个自信”、做到“两个维护”、捍卫“两个确立”。自觉接受市人大法律监督和市政协民主监督，办理人大代表建议27件、政协委员提案141件，办复率100%。提请市人大常委会立法4件。“七五”普法圆满收官，“八五”普法扎实推进。深化“基层减负年”活动，文件精简15.2%、会议减少36.7%、“三公”经费压缩9.5%。强化督查激励和效能考核，政府公信力、执行力、落实力进一步提升。

五年来的高质量发展难以忘怀，五年来的艰辛历程历历在目，五年来的奋斗担当充满激情。面对任务最重、难度最大的脱贫硬仗，我们尽锐出战、决战决胜，摘掉了西海固“苦瘠甲天下”的历史标签。面对生态破坏、环境蒙尘的被动局面，我们知耻后勇、守正创新，蹚出了人与自然和谐共生的转型路子；面对断崖下滑、低位徘徊的经济态势，我们克难奋进、创新创造，实现了经济增长企稳回升；面对人民群众最根本最直接最现实的利益问题，我们践行初心、担当使命，奏响了人民对美好生活向往的“大合唱”；面对有效市场有为政府衔接不畅的问题，我们简政放权、优化环境，开创了人民满意政府建设的新局面。这些成绩的取得，根本在于以习近平同志为核心的党中央的英明领导，在于习近平新时代中国特色社会主义思想的科学指引，在于自治区党委、政府和市委的坚强领导，是历届政府打下坚实基础的结果，是全市人民团结拼搏的结果！

回顾五年来的工作，我们也清醒认识到，我市发展不平衡不充分的问题比较突出，不协调不适应的问题亟待解决。不平衡，主要表现在城乡差距、区域差距比较大，产业层次低、供需匹配度不高。不充分，主要表现在人均主要指标与全国、全区平均水平有差距，创新能力还不强，社会事业发展有短板，发展的质量效益不高。不协调，主要表现在协调推进经济社会发展和民生改善、资源能源利用和生态保护治理、发展和安全还有差距。不适应，主要表现在制约高质量发展的体制机制障碍仍然比较突出，治理体系和治理能力有待提升，一些干部理念视野、专业能力跟不上新形势新要求，担当实干跟不上时代要求，一些部门形式主义官僚主义还不同程度存在。我们要直面这些问题，一个一个加以解决，决不辜负全市人民期待！

今后五年的奋斗目标和重点任务

刚刚闭幕的市第五次党代会，擘画了中卫未来五年发展的宏伟蓝图，提出了“打造‘四个示范市’、实现‘五个新突破’”的目标任务，吹响了加快建设先行市和美丽新中卫的嘹亮号角。未来五年，我市处于多重发展机遇叠加期、深化改革开放攻坚期、弥补基础短板突破期、加快经济转型升级关键期、缩小发展差距窗口期、实现共同富裕起步期。共建“一带一路”、新时代推进西部大开发、黄河流域生态保护和高质量发展、乡村振兴和东西部协作等重大战略的深入实施，中央明确宏观政策、微观政策、结构政策、科技政策、创新政策、区域政策、社会政策“组合拳”的政策集成、叠加效应更加突显。自治区推动“九个重点产业”“十大工程项目”“四大提升行动”“四权”改革等重点任务的发展潜力持续释放，全市高质量发展的基础日益夯实、动力持续增强，人民对美好生活的向往推动政府服务人民的责任担当更实更强。我们有决心开好顶风船、打好主动仗，我们有信心攻坚克难、奋勇争先，我们有能力突破瓶颈、补齐短板，奋力走出一条彰显中卫特色的社会主义现代化发展之路。

根据市第五次党代会提出的奋斗目标，今后五年经济社会发展的总体要求是：高举中国特色社会主义伟大旗帜，以习近平新时代中国特色社会主义思想为指导，全面贯彻落实党的十九大和十九届历次中央全会精神，深入学习贯彻习近平总书记视察宁夏重要讲话精神，全面落实中央、自治区和市委各项决策部署，弘扬伟大建党精神，完整、准确、全面贯彻新发展理念，主动融入新发展格局，坚持稳中求进工作总基调，坚持以供给侧结构性改革为主线，统筹发展和安全，保持经济平稳较快增长，保持社会大局和谐稳定，保持同心协力团结局面，为加快建设黄河流域生态保护和高质量发展先行市，继续建设经济繁荣民族团结环境优美人民富裕的美丽新中卫而努力奋斗。

主要预期目标是：地区生产总值年均增长7%左右，突破700亿元，人均超过6万元；地方一般公共预算收入年均增长7%左右；服务业增加值年均增长10%以上，规上工业增加值年均增长8%以上，农林牧渔业增加值年均增长4%以上；全社会研究与试验发展经费投入强度达到2.3%；城乡居民人均可支配收入年均增长8%和10%以上；城镇调查失业率控制在5.5%以内；主要污染物排放完成自治区下达任务。

任重千钧，唯有担当。建设先行市和美丽新中卫，绝不是轻轻松松、敲锣打鼓就能实现的。我们必须坚持党的全面领导，始终把坚持党的领导贯穿政府工作的各领域全过程，不折不扣推动中央、自治区和市委决策部署落地见效。必须坚持以人民为中心，发挥群众主体作用，尊重群众首创精神，切实加强基础性、普惠性、兜底性民生保障建设，发展成果更多更公平惠及全市人民，走共同富裕道路。必须坚持新发展理念，切实把创新、协调、绿色、开放、共享的新发展理念，作为指挥棒、红绿灯，统筹兼顾、一体贯彻，推动质量变革、效率变革、动力变革，加快向创新型、开放型、数字型、生态型经济转变。必须坚持系统思维，强化系统观念，把各项工作放在全国全区发展大局来审视，加强前瞻性思考、全局性谋划、战略性布局、整体性推进，统筹好发展和安全，着力固本培元、扬长避短、防范风险。必须坚持深化改革开放，坚决拆壁垒、破坚冰、解痛点、疏堵点，塑造高质量发展的体制机制新优势。以规则机制创新提升开放能效，加快构建互利共赢、多元平衡、安全高效的开放型经济新体制。必须坚持依法行政，严格遵守宪法和法律规定，持续用法治给行政权力定规矩、划界限，依法行政、依规办事，让权力在法治的轨道上运行。必须激发奋斗精神，始终保持“越是艰险越向前”的英雄气概和“敢教日月换新天”的昂扬斗志，努力干出无愧于时代、无愧于人民、无愧于历史的业绩！

实现建设先行市和美丽新中卫目标，我们要全面贯彻市第五次党代会精神，以全新的姿态、拼搏的干劲、奋斗的作风，努力把习近平总书记为宁夏擘画的宏伟蓝图变成生动的中卫实践，凝心聚力走好实现第二个百年奋斗目标新的赶考之路。今后五年的重点任务是：

（一）在推动经济高质量发展上闯出新路子，着力打造西部产业转型升级示范市。持续深化供给侧结构性改革，加快调结构、转方式、换动能，提升经济增长“含金量”“含新量”“含绿量”，实现量的合理增长和质的稳步提升，努力走出一条发挥中卫优势、体现中卫特色的高质量发展新路子。以经济转型升级提高发展质量。以释放优势、夯实基础、增量突破为重点做实云计算和大数据产业，建设国家东数西移、信息技术创新开发、区域数字经济发展和国家网络安全创新“四大基地”。高位推进全国一体化大数据中心枢纽节点和新型互联网交换中心建设。以挖掘价值、打造品牌、提升质量为关键做活文化旅游，打造具有国际影响力的休闲度假旅游目的地。以打通道、建园区、开班列、建体系、活贸易为载体做强交通物流，建设全国性综合交通枢纽城市、粮食物流关键节点城市、中心城市物流枢纽。以发挥优势、延链补链、错位发展为基础做优新材料等产业集群，着力构建“一区四基地”。以加快开发、高效利用、创新发展为目标做大清洁能源产业，打造西部大型风机组装制造基地和智能运维基地。以优化品种、提升品质、打造品牌为核心做特功能农业，打造高品质枸杞之乡、黄金奶源之乡、高端肉牛之乡。以城乡统筹协调强化发展支撑。优化落实国土空间规划，坚定走城乡融合发展之路，把乡村建设成为与城市共生共荣、各美其美的美好家园。常住人口城镇化率达到54%以上，市辖区达到65%。争创全国文明城市、全国双拥模范城市、国家森林城市。以打造宜居、韧性、智能的现代化城市为目标，实施老旧小区改造、城市排水防涝提升、基础设施更新工程，以绿荫城、以文化城、以旅彰城、产教融城、产城融合，让人民群众生活得更方便、更舒适、更美好，打造高品质中卫。以实施“五大振兴”为路径，全面促进乡村振兴战略，持续推进巩固拓展脱贫攻坚成果同乡村振兴有效衔接，严格落实“四个不摘”要求，聚焦责任落实、政策落实、工作落实，坚决守住不发生规模性返贫底线。落实国家粮食安全战略，推进“三个百万亩”建设，扎实推进产业培育、基础设施、人居环境、公共服务等重点任务，实现农业高质高效、乡村宜居宜业、农民富裕富足，全面促进乡村振兴一年一个样、三年大变样、五年上台阶。以深化改革开放释放发展活力。着眼全国、协同区域、立足中卫，主动服务和融入新发展格局，坚持对内深化改革、对外扩大开放，从制度建设着眼，立破并举，推动有效市场和有为政府更好结合，将“四权”改革形成的经验做法及时上升为制度并逐步推广，探索推进资本、劳动力、技术、知识、数据等生产要素市场化改革，突破供给堵点，优化供给能力，保障供给安全，打通生产、分配、流通、消费各环节，促进经济循环和产业链、供应链畅通。主动融入“一带一路”建设，加快陆上、空中、网上通道建设，发挥高新技术产业开发区、中卫海关等开放平台作用，打通向东向南出海、向西向北出境通道。深化与发达地区的对接合作、与周边地市的交流合作，吸引更多先进技术、资金资本、高新产业、高端人才进驻中卫。立足比较优势和资源禀赋，鼓励外向型企业发展，支持中宁县建设国家外贸转型升级基地，推动全市参与区内外市场分工更加紧密、市场流通更加高效、市场供需更加适配。

（二）在巩固民族团结进步上彰显新担当，着力打造铸牢中华民族共同体意识示范市。深入学习贯彻习近平总书记关于加强和改进民族工作的重要思想，拓展“沙漠水城一家亲、‘云天中卫’共圆梦”品牌内涵，加强社会主义核心价值观引领，构筑中华民族共有精神家园，注重中华文化浸润，引导各族干部群众树立马克思主义“五观”，进一步树牢“三个离不开”“五个认同”思想。巩固提升全国民族团结进步示范市创建成果，推动创建工作向社会团体、重点行业、新经济组织等领域拓展，促进各民族共居共学、共建共享、共事共乐，在广泛交往全面交流深度交融中铸牢中华民族共同体意识，推动新时代民族工作高质量发展，坚决守好促进民族团结生命线，创建铸牢中华民族共同体意识示范市。全面贯彻新时代党的宗教工作基本理论，全面贯彻党的宗教工作基本方针，全面贯彻党的宗教信仰自由政策，坚持我国宗教中国化方向，积极“导”、依法“管”、主动“防”、综合“治”，巩固宗教领域突出问题整治成果，推动宗教治理由被动向主动转变、由治标向治本转变、由管住向管好转变，坚决守好政治安全生命线。

（三）在推动绿色低碳发展上迈出新步伐，着力打造西部生态安全屏障示范市。牢固树立绿水青山就是金山银山的理念，全市域、全过程、全方位加强生态文明建设，坚决守好改善生态环境生命线，让绿色成为中卫最鲜明的底色。全面推进大保护。坚持保护优先，建立生态环境分区管控机制，推进“三线一单”全面落地。严格落实“四禁”“四减”“四保”措施，纵深推进山水林田湖草沙一体化保护，还自然以宁静、和谐、美丽。全面推进大修复。坚持宜林则林、宜草则草、宜荒则荒，扎实推进国土绿化、水土流失综合治理、压砂地退耕修复、绿色矿山建设等重点任务。森林覆盖率、草原综合植被盖度、城市建成区绿地率分别达到20.5%、59%和40.7%。全面推进大治理。坚持综合治理、源头治理、系统治理，一体推进森林、草原、湿地、流域、农田、城市、沙漠“七大生态系统”建设，持续打好“三个大会战”，集中力量解决好老百姓身边的环境污染突出问题，空气质量优良天数比例达到85%，推动环境质量持续好转。紧盯“双碳”“双控”目标，统筹抓好节能降碳增效、绿色低碳循环、绿色生产生活创建，加快探索绿能开发、绿色发展的能源低碳转型之路。

（四）在创造高品质生活上实现新突破，着力打造西部宜居宜业示范市。紧扣“品质”二字，做实“品质”文章，用心用情用力保障和改善民生，解决好群众急难愁盼问题，着力在提高城乡居民收入、促进共同富裕上取得实质性进展。坚持兴产业、抓治理、夯基础，建立完善资金投入、定点帮扶、激励奖励机制，聚焦产业、就业、社会融入三件事情，蹚出一条中部干旱带脱贫致富新路子。坚持强技能、稳就业、促增收，强化创业带动就业，加强政策引导，抓好重点群体，让有就业能力的人充分就业，让有创业梦想的人梦想成真。聚焦“两个高于”目标要求，多措并举促进居民收入普遍较快增加，让人民群众的“钱袋子”鼓起来、“脑袋”富起来。坚持抓重点、强弱项、提质量，不断优化公共服务供给，让每个孩子都能享有公平而有质量的教育，都有人生出彩的机会；全面推进市、县、乡、村四级医疗卫生网络建设，让人民群众体质更健康、身心更快乐。坚持普惠性、基础性、兜底性，加快完善基本养老保险、医疗保险制度，健全社会保障基金监管体系，完善覆盖全民、统筹城乡、公平统一、可持续的多层次社会保障体系，让人民生活得更加幸福、更有尊严。全面落实基层治理“1+6+1”政策，创新数字化治理，扎实推进市域社会治理现代化试点创建，打造“塞上枫桥”中卫品牌，让人民群众的获得感成色更足、幸福感更可持续、安全感更有保障。

没有等出来的精彩，只有干出来的辉煌。只要我们坚定必胜信心，步调一致向前进，只要拼搏奉献、苦干实干，我们的目标一定能够实现，中卫人民一定会更加幸福，中卫明天一定会更加美好！

2022 年重点工作

明年是党的二十大召开之年，是全市乘势而上再出发、奋力追赶求突破的关键之年。我们将坚决贯彻中央和自治区经济工作会议精神，全面落实市第五次党代会安排部署，稳经济增长、保市场主体、促转型升级、抓绿色发展、增民生福祉、防风险隐患，力争地区生产总值增长 7%左右，地方一般公共预算收入增长 5%，固定资产投资增长 15%，社会消费品零售总额增长 8%左右，城乡居民人均可支配收入分别增长 8%、10%以上，确保融入新发展格局有进展、先行市建设有突破、高质量发展上水平、市域治理有亮点、共同富裕开新局。明年要重点抓好七个方面工作。

*（一）聚焦产业发展促转型，奋力推动经济高质量发展迈出新步伐。*实施产业兴市战略，开展产业基础再造工程，打好产业基础高级化、产业链条现代化攻坚战，走推进区域化布局、标准化生产、品牌化经营、融合化发展路子。

做精做优高效种养业。坚决遏制耕地“非农化”，防止“非粮化”，建设高标准农田 21.3 万亩，粮食面积稳定在 210 万亩以上，推进宁夏（中卫）“一带一路”粮食储加销基地建设。加快建设国家级中宁枸杞市场、枸杞产业小镇，新建标准化枸杞基地 5 万亩、蔬菜基地 2 万亩。加快推进光明乳业奶牛养殖全产业链建设、马塘肉牛标准化养殖场建设，建成运营中国（宁夏）良种牛繁育中心，奶牛存栏达到 13 万头、肉牛饲养量达到 53 万头。推行“龙头企业+家庭农场+农户”模式，新培育龙头企业 10 家、合作社 50 家、家庭农场 100 个，完善联农带农利益联结机制。提升中卫国家级农业科技园区内涵，让枸杞、马铃薯等“老字号”“原字号”品牌更加响亮。农业增加值增长 6%。

做大做强先进制造业。持续实施“四大改造”，加快制造业数字化、智能化改造，建链补链、保链稳链、壮链强链，推进宁钢集团、中盛绿色环保染料等 48 个冶金制造和精细化工项目建设，培育“专精特新”中小企业 15 家、智能工厂和绿色工厂 2 家。加快建设全钒液流电池装备制造、老旧风机“以大代小”等 31 个新能源新材料项目，争取宁电入湘 800 千伏特高压变电所落户中宁，新能源装机总量突破 1000 万千瓦。规上工业增加值增长 10%以上。

做实做新现代服务业。顺应新趋势、服务新智造、满足新消费，构建现代服务业新体系。支持中宁县、海原县创建国家全域旅游示范区，提升景区品质，发展枸杞康养、沙疗沙浴，打造精品旅游线路。实施沙漠传奇、时空之门等 32 个旅游项目，建成高庙历史文化街区文旅融合综合体。继续办好大漠黄河国际文化旅游节系列节事活动，接待游客 1000 万人次，旅游收入突破 70 亿元。加强银政企联动，支持优质企业上市融资。建设电商直播基地，创建国家级电商示范企业，推行冷链宅配、云仓统配模式。社会消费品零售总额增长 8%以上。

加快推进数字化转型。以“双节点”城市建设为牵引，加快推动数字产业化、产业数字化。实施“东数西算”工程，建设美团云、中国移动二期等 13 个项目，建成亚马逊二期、美利云二期等 10 个数据中心，服务器装机能力达到 80 万台，营业收入达到 300 亿元。稳步推进“云天中卫”建设，完善政务数据共享交换体系，推动智慧政务、数字化“平安中卫”、智慧医疗等建设。优化升级骨干网络，实施 4×100G 长途链路，建成国家互联网交换中心，打造互联网时代信息“交通枢纽”。

*（二）聚焦“两大任务”打基础，切实增强发展后劲。*全力抢进度、精准抓招商、深度谋项目，以“两大任务”助推投资稳定增长。

优化服务推项目。千方百计争项目、千辛万苦引项目、千难万险推项目、千锤百炼落项目，抓实抓细源网荷储一体化、星星酒店二期等510个重大项目，完成投资350亿元以上。坚持要素跟着项目走、服务围着项目转、干部包抓项目建、领导带着项目进，继续实行“五个一”推进机制，抓好项目集中签约、集中开工、集中观摩“三集中”活动，持续健全项目谋划储备、招商引资、立项入库、要素保障、全过程审批时限“五个清单”，着力提高开工率、竣工率、投产率、达产率，以高质量项目蓄势赋能高质量发展。

高质高效引项目。创新市场化、专业化、精准化招商模式，推行以商招商、以情招商、产业链招商，各县（区）围绕主导产业至少引进2家龙头企业，投资超10亿元项目达到10个。紧盯京津冀、长三角等重点区域，瞄准央企国企、上市公司、高精尖企业等，在招大引强、招新引精、招群引链、招才引智上取得新进展。全年招商引资项目100个以上，到位资金突破300亿元。

精心策划谋项目。聚焦政策方向、投资导向、资金流向，加强与国家部委、自治区厅局对接联系，争取更多资金投向中卫，更多项目落地中卫，年内争取资金200亿元以上。抢抓国家适度超前布局基础设施的机遇，扎实做好项目谋划、储备库建设和前期手续办理等工作，2022年储备项目数量在今年基础上增长50%以上，力争更多项目列入国家和自治区“十四五”盘子。

（三）聚焦城乡建设一体化，全力打造宜居宜业宜游城市。协同推进新型城镇化和乡村振兴战略，促进城乡优势互补、协调发展、共同繁荣。

推动城市集约发展。编制国土空间总体规划和专项规划。扎实推进“沙漠水城”建设，积极创建全国文明城市，全面打好“九大攻坚战”。改造老旧小区3965户、棚户区420户。实施停车场、充电设施、热力燃气等56个补短板项目，新建李姚路、富民南路、南苑东路等道路延伸段，改造中沟路和迎湖路，建成新墩桥、文昌桥、利民桥。新增城市绿地面积13万平方米，新建小微公园9个。建立和完善智慧城市在线监测安全运行体系，提升城市排水防涝、老旧管网排水能力。加强精细化管理，完善社区功能，规范物业服务，推动市场化经营，打造“15分钟便民生活圈”。

推动县域高质量发展。发挥县城吸纳集聚作用，完善城市功能、增强承载能力。做大做强县（区）特色产业，支持中宁县建设“锰都杞乡”、海原县建设绿色生态示范县。推动城乡一体化融合发展，加快以县（区）为龙头、乡（镇）为中心辐射带动中心村庄的规划、建设、管理，坚持先规划、后建设原则，促进公共服务向农村延伸、社会事业向农村覆盖，强化乡（镇）功能，每个县（区）培育1~2个工业强镇和商贸重镇，提升新型城镇化建设质量。

推动乡村全面振兴。扎实推进巩固拓展脱贫攻坚成果同乡村振兴有效衔接，健全完善防止返贫动态监测和帮扶机制。支持海原县推进国家乡村振兴重点帮扶县工作，落实落细沙坡头、中宁中部干旱带贫困区域定点帮扶政策。深入实施百万移民致富提升行动，加大生态移民后续扶持力度。深入开展农村人居环境整治提升五年行动，建设美丽村庄11个，打造示范村40个、提升村80个。加强公共服务配套，改造农村厕所7000户，建设抗震宜居农房1530户，新改建“四好农村路”322公里。建立健全“一约四会”，完善自治、法治、德治相融合的乡村治理体系。

（四）聚焦生态保护守底线，加快建设美丽新中卫。实施生态立市战略，坚决整治中央和自治区环保督察反馈问题，深入打好蓝天碧水净土保卫战，让美丽中卫天更蓝、地更绿、水更清、环境更优美。

更高站位推进黄河生态保护。加快实施两岸堤防、河道控导、滩区治理、城市防洪“四大工程”，建设黄河中卫段综合治理、卫宁北山防洪工程等34个项目，提标改造堤防6.6公里，建成控导工程15处、坝垛45座。开工建设清水河全国综合治理与可持续发展试点项目。积极推进黑山峡水利枢纽工程、抽水蓄能电站等项目前期工作。开展黄河滩区生态修复整治，建立河湖“清四乱”治理机制，实现“四乱”问题动态清零，保障黄河长久安澜。

更严要求加强水资源管理。严格落实“四水四定”，实行水资源论证区域评估和取水许可承诺制，落实项目和取水许可“双限批”。统筹黄河水、地下水、非常规水等各类水资源配置，深入开展农业、工业、城市等全方位节水行动和地表水超载综合治理，调整农业种植结构，深挖工业节水潜力，工业用水重复利用率达到92%，中水综合回用率达到35%。争创国家节水型城市。

更实举措推进生态保护修复。实施西安供水、南华山水源涵养林建设等74个项目，开展小流域综合治理项目5个，新建、加固淤地坝6座，完成蒿川移民迁出区生态修复3万亩，治理水土流失170平方公里。全面完成压砂退耕修复年度任务。加快建设香山寺、西华山国家草原自然公园。建设沙坡头全国防沙治沙示范区，实施黄河流域沙化土地治理、“蚂蚁森林”造林二期项目，完成营造林37.93万亩，森林覆盖率提高1个百分点，筑牢生态安全屏障。

更大力度改善生态环境质量。推进“四尘共治”，在非集中供热区域推广清洁取暖，着力消除重污染天气。加大“五水同治”，提升入河排污口整治、农村污水收集处理能力，黄河中卫段水质Ⅱ类进Ⅱ类出。统筹“六废联治”，推进建筑垃圾综合利用、市第二固废填埋厂等项目建设，提升土壤环境质量。实施能耗“双控”三年行动计划，严控“两高”项目盲目发展。

（五）聚焦园区建设集约化，着力打造优势产业集聚区。实施园区提速提质增效行动，打造园区建设“升级版”。

增强产业集聚度。建设以锰基、铝基、锂电池、无机非金属材料为重点的新材料产业聚集园，做大做强中化中卫循环产业园，做优做强天元锰业、今飞轮毂、瑞盛锂电池等龙头企业，带动上下游产业集聚配套，培育锂电池、复合材料、锰基、铝基等百亿级产业集群。建设以数据前端开发和后端加工为重点的大数据精深加工智能园，培育发展一批云制造、云应用、云服务、云安全企业。建设以光伏、风电、水电为重点的新能源综合示范园，以资源换投入、以延链提链值、以补链强竞争，加快开发、高效利用、创新发展。

增强园区承载力。推动卫宁工业园区协同联动发展，实现产业相互耦合、基础配套协同、交通物流融合，力争用3~5年时间打造千亿元高新技术产业示范园。持续开展低成本化改造和余压余能利用，推进综合物料管廊、垃圾焚烧发电等25个项目建设，推广“标准地”供地模式，完善要素配置，提高亩均投资强度、产出效益、税收份额，打造“智慧园区”和“低成本园区”。

增强园区竞争力。推行“管委会+公司”模式，完善高新集团市场化运营机制，引入社会资本参与园区建设。设立综合服务平台，推广多评合一、“区域评”等模式，深化管理体制、人事薪酬、运营模式等制度创新，实现“园区事园内办、企业事园区办”。坚持领导包抓工业园区、重点企业机制，用心用情帮企业解难题渡难关。大力弘扬企业家精神，加快培育企业家队伍，引导支持企业建立现代企业制度，增强生存力、发展力和竞争力。

（六）聚焦深化改革开放不停滞，不断激活发展动力。深层次改革、高水平开放、全方位创新，持续增强发展新动能、厚植发展新优势。

深化改革增动力。深入推进“四权”改革。用水权改革围绕“节水增效”，加快推进用水权确权，建立收储调控制度，优化调整生活、生态、生产配水体系，全市取水总量控制在13.75亿立方米以内。土地权改革围绕“盘活增值”，启动沙坡头区农村闲置宅基地盘活利用试点，建设土地二级市场电子交易竞价平台。排污权改革围绕“降污增益”，抓好初始核定、有偿取得、抵押融资等工作。山林权改革围绕“植绿增绿”，全面推行“林长制”，探索“以林养林、以地换林”新模式。深化“放管服”改革，持续深化“一网通办”“跨省通办”，让办事群众“最多跑一次”。进一步理顺市区管理体制。完成国企改革三年行动，完善现代企业治理结构，确保国有资本保值增值。

扩大开放拓空间。主动融入陆海新通道和“几”字形黄河城市群，加快推进海平高速、太中银铁路中卫至定边段、沙坡头机场二期等项目，优化和开辟中卫至厦门、深圳等空中快线，常态化开行国际班列。深化与霍尔果斯、阿拉山口、青岛等口岸合作。建设华夏特钢、中卫热电铁路专用线和迎水桥保税物流中心。完善国际贸易“单一窗口”功能，实现特色农产品就地报关。承接好中东部产业转移，深化闽宁对口协作，探索共建“飞地产业园”“闽宁产业园”。进出口外贸总额达到31.6亿元，增长20%以上。

创新驱动挖潜力。实施创新强市战略，引导企业加大科研投入，全社会研究与试验发展经费投入9.4亿元，强度达到1.82%，培育创新技术企业8家、科技型中小企业40家、自治区级创新平台8家。设立园区科技研发专项资金，推动产学研用深度融合，发挥企业主体作用，对云计算和大数据、新材料和新能源、冶金制造和精细化工等重点行业的关键技术“揭榜挂帅”、创新攻关，实施科技项目20个以上，争创国家级高新技术开发区。

（七）聚焦民生改善增福祉，持续增强人民群众获得感、幸福感、安全感。坚持以人民为中心的发展思想，持续推进“四大提升行动”，实施惠民富市战略，尽力而为、量力而行，安排27.2亿元，办好10件民生实事，兜住兜牢民生底线。

推动更加充分更高质量就业。强化就业优先政策，深入实施城乡居民收入提升行动，抓好高校毕业生、农民工、退役军人、残疾人等重点群体就业，注重发挥中小微企业就业主渠道作用，创造市场化社会化就业机会，开展职业培训1万人次，城镇新增就业1.2

万人。培育创业实体2000个，发放创业担保贷款4亿元。培育壮大农村经纪人队伍，农村劳动力转移就业20万人、收入达到35亿元。统筹抓好城乡居民工资性、经营性、财产性、转移性收入，通过产业发展、实现就业、制度分配获得更多收入，让群众的“钱袋子”更鼓、“家底子”更厚。

发展更加优质更加均衡教育。落实立德树人根本任务，促进学生德、智、体、美、劳全面发展。深入实施教育质量提升行动，新增公办幼儿学位1260个，学前三年毛入园率达93%。加快建设中卫十三小、中宁十二小等26个项目，落实“双减”等政策，推动义务教育优质均衡发展。推进普通高中多样化特色发展。深化职业教育产教融合。支持宁夏大学中卫校区办好特色专业。加快教育信息技术融合应用，打造“互联网+教育”升级版。

实施全方位全周期健康服务。深入实施全民健康水平提升行动，创建五类“健康细胞”65个，新建社区卫生服务中心1个。健全疾病预防控制体系，提升疫情监测预警和防控救治能力。深化医联体医共体建设，争取市人民医院、市中医医院创成三甲医院。加快发展“互联网+医疗健康”，完善区、市、县、乡、村五级远程医疗服务体系。落实新的生育政策，发展婴幼儿照护服务。深入开展爱国卫生运动。坚持“外防输入、内防反弹”，科学精准做好常态化疫情防控，守护好人民群众生命健康防线。

提供更加充实更为丰富的精神文化生活。坚持用社会主义核心价值观立心、育人、铸魂，加强爱国主义教育示范基地建设。实施文化活市战略，深化群众性精神文明创建，推动新时代文明实践中心建设提质增效。深入实施文化惠民工程，开展送戏下乡、文化演出等活动800余场次，提升文化馆、图书馆、博物馆服务功能。实施大麦地岩画、长城等保护利用项目。加快文化产业发展，培育新型文化业态。出版《中卫市志》。建成市运动广场、射击馆、攀岩馆等17个场馆场地，高水平承办好自治区第十六届运动会。

健全更加公平更可持续社会保障体系。深入实施全民参保计划，提高城乡居民基础养老金最低标准。完善低保标准动态调整机制，实现应保尽保、应救尽救。提升养老服务质量，改造公办养老机构，推进公建民营，加大社区服务设施建设，构建多层次养老服务体系。做好居民生活必需品、重要农副产品保供稳价工作，兜好兜牢基本民生底线。

建设更高水平的“平安中卫”。落实总体国家安全观，有效防范和化解各领域风险。坚持和发展新时代“枫桥经验”，健全矛盾纠纷化解机制。完善立体化信息化社会治安防控体系，常态化推进扫黑除恶，依法打击各类违法犯罪。落实“四个最严”要求，创建“食品药品安全区”。推进安全生产专项整治三年行动，坚决遏制重特大事故发生。加强气象、地震、地质服务，强化自然灾害、公共安全预测预警预报，加强应急救援队伍建设，全面完成自然灾害普查，推进安全城市发展。坚持以铸牢中华民族共同体意识为主线，全面深化民族团结进步创建，依法加强宗教事务治理。支持国防和军队建设，做好国防动员、双拥共建、退役军人、人民防空工作，让军政军民团结始终坚如磐石。

建设人民满意的有为政府

初心如磐，使命在肩。立足新起点，肩负新使命，走好新征程，我们必须忠诚履职、锐意进取，以干部的“担当指数”提升富民兴卫的“发展指数”，以政府的“辛苦指数”换取人民群众的“幸福指数”。

突出政治引领，打造忠诚政府。深学细悟笃行习近平新时代中国特色社会主义思想，坚决贯彻落实习近平总书记视察宁夏重要讲话精神，增强“四个意识”、坚定“四个自信”、做到“两个维护”、捍卫“两个确立”，始终胸怀“两个大局”，心系“国之大者”，不断提高政治判断力、政治领悟力、政治执行力，不折不扣落实中央、自治区和市委决策部署。

严格依法行政，打造法治政府。深入推进依法行政，规范行政决策程序，完善重大决策公众参与制度，推进政府决策规范化、程序化。自觉接受人大法律监督、政协民主监督和社会各界监督，加大审计监督。深入推进政务公开，让权力在阳光下运行。落实“八五”普法规划，提升全民尊法学法守法用法意识，让人民群众在每一项法律制度、每一个执法决定、每一宗司法案件中都感受到公平正义。

坚持勤政为民，打造服务政府。坚持以百姓之心为心、以人民之福为福，“身入”基层，“心到”群众，始终同人民群众想在一起、站在一起、干在一起，建立健全“我为群众办实事”长效机制，永葆为民之心，善学群众之智，办好惠民之事，只争朝夕、夙夜在公，让政府服务更有温度、民生答卷更有厚度。

矢志不渝奋斗，打造实干政府。始终知责于心、担责于身、履责于行，保持锐意进取、永不懈怠的精神状态和敢闯敢干、一往无前的奋斗姿态，尽心竭力为民谋利,锐意探索破解难题,脚踏实地埋头苦干。始终保持本领恐慌、能力不足的危机感,练就“金刚钻”、勇揽“瓷器活”,既熟悉“公共课”,又精通“专业课”,增强“八项本领”,在新征程上敢于斗争、善于斗争,勇于担当、干事创业。

从严管党治党,打造廉洁政府。认真履行党风廉政建设主体责任和“一岗双责”,守好重点领域、重要部门、关键岗位廉政底线。坚持“节用为民、过紧日子”,压缩一般性支出10%以上。坚持“三严三实”,坚决防止简单化、乱作为,坚决反对不担当、不作为。严格执行中央八项规定精神,严格遵守自治区“八条禁令”,始终敬畏人民、敬畏组织、敬畏法纪,公正用权、依法用权、廉洁用权,做到忠诚、干净、担当,永葆为民、务实、清廉政治本色。

幸福生活靠奋斗,美好中卫靠奋斗。走好赶考路、奋进新征程,时间不等人!机遇不等人!发展不等人!让我们更加紧密地团结在以习近平同志为核心的党中央周围,全面贯彻习近平新时代中国特色社会主义思想和习近平总书记视察宁夏重要讲话精神,在自治区党委、政府和市委坚强领导下,牢记嘱托、勇担使命,埋头苦干、勇毅前行,以时不我待的紧迫感,只争朝夕的使命感,奋斗有我的责任感,加快建设黄河流域生态保护和高质量发展先行市,奋力谱写美丽新中卫现代化建设新篇章,以优异成绩迎接党的二十大和自治区第十三次党代会胜利召开!

名词解释

1.“四查四补”:查损补失、查漏补缺、查短补齐、查弱补强。

2.行政执法“三项制度”:执法公示制度、执法全过程记录制度、重大执法决定法制审核制度。

3.“四好农村路”:建好、管好、护好、运营好农村路。

4.“1+6+1”治理体系:“1”即《关于健全完善市域社会治理体系提高治理能力的实施意见》,“6” 即乡村、社区、宗教、校园、企业、社团六个子实施意见,“1”即网络综合治理实施意见。

5.“四权”改革:用水权改革、土地权改革、排污权改革、山林权改革。

6.“四个示范市”: 打造西部产业转型升级示范市、铸牢中华民族共同体意识示范市、西部生态安全屏障示范市、西部宜居宜业示范市。

7.“五个新突破”:坚持创新引领,在加快转型追赶上实现新突破;坚持统筹协调,在城乡融合发展上实现新突破;坚持绿色发展,在生态文明建设上实现新突破;坚持改革开放,在融入新发展格局上实现新突破;坚持共建共享,在增进民生福祉上实现新突破。

8.“三个离不开”:汉族离不开少数民族、少数民族离不开汉族、各少数民族之间也互相离不开。

9.“四禁”:禁伐、禁垦、禁采、禁牧。

10.“四减”:减少资源消耗、减少污染行为、减少废物排放、减少肥药用量。

11.“四保”:保持河道不断流、保持水流不干涸、保持水土不流失、保持农田不污染。

12.九个重点产业:枸杞产业、葡萄酒产业、奶产业、肉牛和滩羊产业、电子信息产业、新型材料产业、绿色食品产业、清洁能源产业、文化旅游产业。

13.“十大工程项目”:黄河黑山峡河段开发工程、黄河宁夏段河道治理项目、“三山”生态保护和修复工程、城乡供水一体化工程、银川至太原时速350公里高速铁路工程、银川河东国际机场改扩建工程、银昆高速宁夏段工程、宁夏至华中特高压直流输电及配套新能源工程、青铜峡抽水蓄能电站工程、银川城市地下轨道交通项目。

14.“四大提升行动”:百万移民致富提升行动、城乡居民收入提升行动、基础教育质量提升行动、全民健康水平提升行动。

15.“一区四基地”:新兴产业创新试验区,全球最大金属锰战略储备生产研发基地、国家重要冶金炉料生产基地、西北重要铝基材料研发应用示范基地、西北重要钢铁生产基地。

16.“三个百万亩”: 规划提升100万亩高标高产良田、100万亩旱作节水高标准农田、100万亩小杂粮特色产业田。

17.“三线一单”:生态保护红线、环境质量底线、资源利用上线和生态环境准入清单。

18.“两个高于”: 脱贫群众收入增速高于农村居民平均水平、农村居民收入增速高于城镇居民平均水平。

19.“五个一”:一个项目、一位领导、一套专班、一个方案、一抓到底。

20.“九大攻坚战”:政务环境建设攻坚战、法治环境建设攻坚战、市场环境建设攻坚战、人文环境建设攻坚战、社会文化环境攻坚战、生活环境建设攻坚战、社会环境建设攻坚战、生态环境建设攻坚战、思想道德建设攻坚战。

21.“一村一年一事”：每年为每个行政村办一件实事，推动解决农村产业发展、基础设施、公共服务、乡村治理等方面的困难和问题。

22.“一约四会”：村规民约、红白理事会、村民议事会、禁毒禁赌会、道德评议会。

23.“四水四定”：以水定城、以水定地、以水定人、以水定产。

24.“四尘”“五水”“六废”：煤尘、烟尘、扬尘、汽尘；饮用水源、黑臭水体、工业废水、城镇污水、农村排水；建筑垃圾、生活垃圾、危险废物、畜禽废物、工业固废、电子废弃物。

25.“四个最严”：最严谨的标准、最严格的监管、最严厉的处罚、最严肃的问责。

26.“八项本领”：学习本领、政治领导本领、改革创新本领、科学发展本领、依法执政本领、群众工作本领、狠抓落实本领、驾驭风险本领。

中国人民政治协商会议中卫市委员会常务委员会工作报告

——2021 年 1 月 17 日在中卫市政协四届五次会议上

2020 年工作回顾

2020 年是全面建成小康社会和“十三五”规划收官之年。过去的一年，在自治区政协的悉心指导和市委的坚强领导下，市政协常委会坚持以习近平新时代中国特色社会主义思想为指导，认真学习贯彻中共十九届四中、五中全会精神和习近平总书记视察宁夏重要讲话精神，深入贯彻落实习近平总书记关于加强和改进人民政协工作的重要思想、中央和区、市党委政协工作会议精神，坚决贯彻落实区、市党委各项重大决策部署，聚焦市委和政府中心任务以及人民群众关心关注的热点难点问题，把加强思想政治引领、广泛凝聚共识作为中心环节，坚持团结和民主两大主题，提高政治协商、民主监督、参政议政水平，更好凝聚共识，为助推中卫转型追赶、高质量发展贡献了政协智慧和力量。

过去一年，市政协常委会发挥优势、突出重点、增强实效，有特色、有重点、有亮点的工作主要表现在五个方面。

一是把学习贯彻习近平总书记视察宁夏重要讲话精神作为首要政治任务明确工作方向。习近平总书记视察宁夏重要讲话，是新时代宁夏各项事业发展管方向、管根本、管长远的行动指南和根本遵循，也为政协事业发展指明了方向。市政协常委会把学习宣传贯彻习近平总书记视察宁夏重要讲话精神作为首要政治任务和重大政治责任，通过党组会(扩大)会议、党组理论学习中心组学习、常委会会议专题辅导、功能型党支部学习座谈会等多种形式，组织政协委员和机关干部逐字逐句反复认真学、联系实际深入思考学，举办了为期一周的专题学习研讨班，机关 23 名处级干部集中学习、研讨交流，撰写理论文章和心得体会 30 篇，深刻领会核心要义，准确把握思想精髓，进一步树牢“四个意识”、坚定“四个自信”、坚决做到“两个维护”；进一步明确了前进方向、奋斗目标、工作重点和努力路径；进一步理清了工作思路，明确了市、县政协是什么、干什么、怎么干；进一步改进作风，完善协商制度，规范协商工作；进一步坚定了为继续建设经济繁荣民族团结环境优美人民富裕的美丽新宁夏做贡献的信心和决心。

二是以“新时代新使命新样子”学习讨论活动为抓手推动贯彻落实中央政协工作会议精神走深走实。市委高度重视政协工作，召开市委政协工作会议，对做好政协工作提出明确要求；市委出台《关于新时代加强和改进人民政协工作的实施意见》，为推动全市政协工作高质量发展注入了强大动力。市政协常委会以“新时代新使命新样子”学习讨论活动为抓手推动贯彻落实中央和区、市党委政协工作会议精神走深走实。坚持在市委领导下，以学习提高夯实理论基础、以专题研讨深化学习理解、以查摆问题促进作风转变、以领导带头引领学以致用、以“八个一”载体推动贯彻落实。先后开展专题研讨 10 次，功能型党支部学习讨论 21 次，机关干部每季度一次“四提升”交流互评会；召开理论研讨会和经验交流会，撰写理论文章和交流材料 135 篇；领导干部讲了党课，做了专题辅导。通过开展学习讨论活动，有力推动了中央和区、市党委政协工作会议精神入脑入心，广大政协委员和机关干部精神面貌发生深刻变化，在巩固共同思想政治基础、聚焦中心凝聚智慧力量、专门协商机构建设、凝聚传播共识、服务保障等方面都有了新样子，政协工作从“做了多少”向“取得什么成效”转变，工作质量和效能有了新提高。

三是推动建言资政和凝聚共识双向发力富有成效。注重在建言资政和凝聚共识双向发力上搭平台、建机制，促进有机融合、相互赋能、相得益彰。积极建言资政。制定了改进调研协商“四不”和“七可七不可”等制度；改变过去每次专题议政性常委会协商多个议题为集中协商一个议题，每次调研视察后都召开专题协商会；搭建“众人的事情由众人商量”平台，组织相关方面在政协协商解决事关群众切身利益的事，调研协商方式更加灵活多样、有的放矢、富有成效。全年完成13项协商民主计划，向市委提交的14份协商、调研、视察报告提出意见建议166条，为市委和政府科学决策提供了参考。广泛凝聚共识。坚持把加强思想政治引领、广泛凝聚共识作为中心环节融入调查研究、视察考察、协商议政等各项履职过程，市政协领导、中共党员委员联系党外委员133人次，党组成员与党外委员谈心交流60余次，邀请市政府领导通报全市经济社会建设等有关情况3次，依托界别委员工作室和委员基层联系点组织委员了解群众思想状况，反映群众意见呼声，举办12期“委员讲堂”面向社会宣讲政策、解疑释惑、正面引导，受众1100余人次，凝聚共识工作更加积极广泛，把更多的人团结在党的周围。

四是以读书活动促进“书香政协”建设取得实效。坚持以习近平总书记关于加强读书学习的重要论述这一当代中国的“劝学篇”为统领，率先在全区政协系统开展了以“十个一”为载体的读书活动，努力建设“书香政协”。把讲政治贯穿读书活动全过程，以政治学习为主，涵盖经济、社会、文化、科技、生态、历史等领域。读书活动注重加强组织领导，把好“书香政协”之“舵”，突出政治学习、筑牢“书香政协”之“魂”，加强阵地建设、夯实“书香政协”之“基”，丰富形式载体、激活“书香政协”之“源”，完善制度机制、做实“书香政协”之“功”。设立了27个委员书屋和漂书站，藏书3800余册；建立了一个线上读书平台和8个读书群；定期推荐好书，每周一次“经典咏读”、一月一讲堂、一季一讲座、一年一培训；举办了读书会和阅读分享会；将读书成效纳入委员履职考核和机关效能目标考核。大多数机关干部和部分委员做到了每天读书一小时、全年阅读经典图书3~5本、摘录“读书摘句”100条以上，多读书、读好书、善读书的好氛围开始形成。读书活动让大家进一步增强了政治意识，提高了能力水平，提升了建言资政质量，凝聚共识作用发挥更加明显。市政协在全区政协工作经验交流会上作了交流发言。自治区政协崔波主席先后两次作出批示，要求2021年在全区政协系统普遍开展读书活动。市委主要领导批示：“书香政协”“十个一”办法实、形式活、效果好，值得全市各级机关学习借鉴”，要求从市直机关开始学习借鉴这一做法，在全市形成重视学习、崇尚学习、提高素质素养的浓厚氛围。

五是在抗击新冠肺炎疫情斗争中贡献了智慧力量。面对突如其来的新冠肺炎疫情，市政协常委会坚决服从市委统一部署，第一时间印发通知，发出倡议，政协各参加单位、广大委员和机关干部主动作为，积极投身疫情防控第一线，出色完成值班守卡、保障供应、捐款捐物、纾解情绪、督导检查等工作，为我市夺取疫情防控和经济社会发展“双胜利”贡献了智慧和力量。医疗卫生界14名委员主动投身到抗疫斗争最前沿，成为人民健康最美守护者；曹慧萍委员当选全国学雷锋志愿服务“四个100”先进典型暨百名疫情防控最美志愿者，曹慧萍、陈振荣、张强等委员被授予“全区抗击新冠肺炎疫情先进个人”称号；机关全体工作人员连续70多天值守在10个疫情防控网格点，8名市政协领导坚持每天分赴各自包抓片区督导巡查；广大政协委员围绕疫情防控和复工复产等积极建言，反映社情民意信息12件；通过市公益慈善基金会捐赠疫情防控资金162.6万元、口罩70780只、消毒原液200吨，以实际行动展示了责任担当。

一年来，市政协常委会围绕中心、服务大局，认真履行职能，统筹推进各项工作。

一、坚持用习近平新时代中国特色社会主义思想武装头脑，夯实共同思想政治基础

坚持习近平新时代中国特色社会主义思想学习座谈会、研讨会机制，落实市政协学习制度体系，围绕学习贯彻中共十九届四中、五中全会精神，习近平总书记视察宁夏重要讲话精神，《习近平谈治国理政》第三卷，以及自治区党委十二届十一次、十二次全会和市委四届九次、十次全会精神等，开展党组理论学习中心组学习12次，主席会议集体学习13次，常委会专题讲座4次，机关学习会34次，功能型党支部学习座谈28次；分两期组织135名政协委员和政协工作者赴福建古田干部学院举办了“学习贯彻习近平新时代中国特色社会主义思想”培训班；举办了机关副处级以上干部“深入学习贯彻党的十九届五中全会精神”专题学习研讨班暨务虚会，切实把广大政协委员和机关干部思想和行动统一到了中央和区、市党委的决策部署上来，努力夯实中国特色社会主义共同思想政治基础，使政协成为坚持和加强党对各项工作领导的重要阵地、用党的创新理论团结教育引导各族各界代表人士的重要平台、在共同思想政治基础上化解矛盾和凝聚共识的重要渠道。

二、丰富协商活动，发挥专门协商机构作用

进一步规范协商制度。出台《中卫市政协改进调研方法、规范协商工作制度(试行)》,制定了调研协商“四不”、调查研究“七可七不可”、协商活动“七条”、协商会议开法“九条”、党政部门领导参加政协协商会议“四条”等制度,使调研协商活动有章可循、有规可依。完善常委会专题议政规则,召开的3次专题议政性常委会每次只协商一个议题,会中有专题辅导、有情况通报、有大会发言、有协商讨论,确保主题集中、议政深入。加大协商力度,每次调研视察结束后,组织参加调研视察的委员代表、有关专业人士以及政府政协有关领导开展专题协商,全年召开专题协商会33次。每项调研视察工作从一开始就同步开展网络议政,委员们通过“履职通”APP、微信群等提出意见建议200余条。针对群众关心关注的具体事、体量比较小的事、容易办成的事,搭建“众人的事情由众人商量”平台,先后协商解决了市妇幼保健院为中宁县和海原县垫付唐氏筛查经费等4个具体问题。与此同时,更加经常更加灵活地开展对口协商、界别协商和提案办理协商等,促进协商工作广泛多层制度化开展。

以“清单式”管理提升提案工作质量。探索实施提案“清单式”管理,将提案按照规范格式逐件建立“建议清单”,使每件提案的建议与办理相互对应、一目了然,增强了办理的针对性,提升了办理效果。落实市领导督办重点提案“4+N”机制,市委、市政府主要领导带头督办重点提案,并对提案工作提出具体要求,发挥了示范引领作用。加大提案办理面商力度,商请有关部门(单位)和委员开展了“乡村振兴”“教育发展”等同类提案面对面集中协商办理,提高办理质效。制定《中卫市提案办理专项资金管理办法》,支持宣和镇寺口子养殖园区配套基础设施等3件提案办理经费180万元,推动提案办理。全年收到提案430件,审查立案176件,经并案处理移交相关部门办理110件,已办结104件,办结率达94.5%,委员满意率达98.7%。广泛收集提案素材,协助18名驻卫自治区政协委员向自治区政协十一届三次会议提交提案69件,立案66件。

发挥社情民意信息“直通车”作用。紧扣社会热点,反映民声民愿,汇聚民意民智,助推民生问题改善。编发的72件社情民意信息,全部通过市政府“12345”平台转交相关部门办理答复,办结率达100%。市委和政府高度重视,市委主要领导先后对11件社情民意信息作出批示,推动一批民生问题得到有效解决。向自治区政协报送社情民意信息31件,“希望当地人能收看上本地电视台节目”的社情民意信息,促使自治区相关部门协调实现全区176万户(全市21万户)群众通过电信、移动、联通IPTV终端看上了本地台节目;“尽快制止南山台地区毁林压砂行为”的社情民意信息,推动相关部门(单位)及时引导制止果农跟风挖树压砂的盲目行为,避免造成更大损失,2020年果农收益良好,为人民群众办了实事好事。

三、聚焦中心任务协商议政,助推全市转型追赶、高质量发展

紧扣全市战略大局献计出力。围绕“学习领会中共十九届五中全会精神制定我市‘十四五’规划和二〇三五年远景目标”召开常委会会议协商议政,将常委们提出的53条意见建议整理归纳为32条报送市委,“落实‘一带两廊’发展布局规划”“建设中卫智慧物流信息平台”“打好中宁枸杞品牌保卫战”等意见建议被吸纳到了市委《关于制定中卫市国民经济和社会发展第十四个五年规划和二〇三五年远景目标的建议》中;同时拟定18个专题,发动广大委员通过“履职通”APP建言献策。市政协有关领导认真落实市委和政府“6+9”重点工作分工方案,积极投身包抓脱贫攻坚、疫情防控、困难企业帮扶、工程项目督办、“三个大会战”督查、创城创卫督导等工作,在助推我市打赢脱贫攻坚战、夺取疫情防控和经济社会发展“双胜利”、成功创建国家卫生城市等方面贡献了力量。

围绕改革发展资政建言。认真实施市委确定的年度协商民主计划,协商报告提出的意见建议,有的已经落实,有的吸纳到有关政策文件中,成果转化效果明显。围绕“云天中卫”建设召开专题议政性常委会,针对如何打通信息壁垒、信息孤岛,实现数据共享、交换等问题协商提出5个方面13条对策建议,助推云计算和大数据产业“一号工程”加快发展。区、市、县三级政协联动开展“健康宁夏”建设专题调研,通过“众人的事情由众人商量”平台协商座谈,把关于推广种植金银花形成的共识以“建言”报送市委和政府,市委、市政府主要领导高度重视,先后实地调研指导,助推金银花产业健康有序发展。开展黄河中卫段生态和文化保护及河道治理民主监督性协商议政,提出“实施黄河中心滩地退耕还湿行动”“综合治理清水河减少水土流失”等14条对策建议,助推黄河流域生态保护和高质量发展先行市建设。围绕枸杞、交通物流、文化旅游等重点特色产业开展专题协商,为助推特色产业提质增效、打造交通物流区域中心、创建全域旅游示范市献计献策。

致力增进人民群众福祉协商建言。围绕全市经济发展及民生领域短板情况开展调研,针对经济发展、人民生活等方面的短板弱项，提出“加大对中小微企业和个体工商户支持力度，促进充分就业、增加居民收入”等13条对策建议，助推全面建成小康社会取得决定性进展。开展提高社区治理能力民主监督性视察，提出“强化社区党组织功能”“完善社区管理服务网络”等10条意见建议，助推市域社会治理体系和治理能力现代化。连续两年跟进关注学前教育发展情况，接力建言，助力加快补齐幼师队伍建设、幼儿创新素养教育等方面的短板弱项。先后开展改善农村人居环境、建设美丽宜居村庄专题调研和全市城中村改造情况专题视察，助力乡村振兴和城乡一体化建设取得新进展。围绕食品安全工作、老年饭桌落实情况开展专题视察，为保障人民群众“舌尖上的安全”、加快健全基本养老服务体系建言献策。积极参与脱贫攻坚战，主动为贫困群众排忧解难，先后向市政协机关帮扶村、驻村第一书记所在村和市政协领导包扶的8个乡（镇）支持扶贫经费和捐赠物资合计45.8万元，助推脱贫攻坚取得决定性胜利。

四、坚持大团结大联合，广泛凝心聚力

巩固合作共事良好局面。认真落实市政协领导联系县（区）政协和民主党派、工商联等工作制度，加强同各民主党派、工商联和党外知识分子、非公有制经济人士、新的社会阶层人士的交流互动，积极为各民主党派、工商联搭建参政议政平台。全年安排民主党派、工商联在政协全体会议、常委会会议大会发言18次，邀请党派团体参加调研视察活动42人次，协商确定党派团体重点提案9个。注重加强对县（区）政协工作的联系指导，完善重大协商议题协同联动调研、协商等工作机制，工作合力进一步增强。

促进民族团结宗教和顺。认真贯彻党的民族宗教政策，扎实开展“民族团结月”宣传教育活动，举办了促进民族团结进步和完善基层宗教治理体系专题讲座，积极参与民族团结示范市创建工作，助推成功创建国家民族团结进步示范市。市政协机关被市委统一战线工作领导小组评为民族团结进步创建示范机关。牢固树立马克思主义民族观宗教观，积极引导宗教与社会主义社会相适应，不定期走访宗教界代表人士和宗教活动场所，加强与少数民族群众和信教群众的联系，重视发挥民族宗教界委员的作用，协助市委和政府做好协调关系、理顺情绪、化解矛盾、增进团结的工作，助推民族和睦、宗教和顺、社会和谐。

注重文化传承和宣传工作。加强文史资料收集工作，完成《宁夏政协志·中卫篇》的编审工作，开展了《中卫政协志》的编纂工作。为全国政协征集全市抗击新冠肺炎疫情文史稿件241篇、照片146张；为自治区政协征集抗美援朝文史稿件27篇、照片60张。加强政协宣传工作，编辑《中卫政协》4期，编发《中卫政协简报》103期；《人民政协报》《华兴时报》《中卫日报》等媒体先后刊登稿件173篇，对“书香政协”读书活动等特色亮点工作进行专题报道，宁夏电视台对市政协“新时代新使命新样子”学习讨论活动予以深度报道，展示了市政协工作成效和委员履职风采。全年接待全国政协和区内外政协来卫考察31批次，协助自治区政协组织部分离退休省级干部和90多名自治区政协委员来卫考察参观，亲身实地感受中卫经济社会发展取得的辉煌成就，进一步扩大了中卫的影响力。

五、突出党建引领，加强政协自身建设

以政治建设统领政协党的建设。认真落实中共中央《关于加强新时代人民政协党的建设工作的若干意见》和区、市党委实施意见，坚持以党的政治建设为统领全面推进政协党的建设，切实树牢“四个意识”、坚定“四个自信”、做到“两个维护”。严格落实党组全面从严治党主体责任、党风廉政建设党组书记第一责任人职责和班子成员“一岗双责”，定期研究党风廉政建设和反腐败工作，签订廉洁自律承诺书、家庭助廉承诺书，扎实开展廉政教育警示周活动，抓好区、市党委巡视巡察反馈意见的整改落实。坚持在市委领导下开展工作，严格执行重大事项请示报告制度。坚持重大事项集体研究、民主决策，充分发挥政协党组把方向、管大局、保落实的重要作用。认真落实意识形态工作责任制，牢牢把握意识形态工作领导权、主动权。巩固深化“不忘初心、牢记使命”主题教育成果，扎实开展“学理论强素质、学党规强堡垒”活动，认真落实“三会一课”制度和党员“评星定格”机制，不断加强功能型党支部建设，政协党建工作取得新成效。

强化委员责任担当。以“块”为单位在部分街道、社区建立了19个界别委员工作室，以“线”为单位在部分乡镇和有条件的村设立了7个委员基层联系点。委员通过界别工作室和基层联系点深入基层了解情况，倾听群众呼声，反映社情民意，帮助解决实际困难，先后开展送医送药下乡、疫情防控知识讲座、“獭兔”捐赠助力扶贫等活动41次，参加委员500余人次。加强委员学习培训和服务管理，全年举办委员培训班2期，受训346人次，委员履职能力有效提升。认真落实政协常委述职、委员分批次列席常委会会议和年度履职考核等制度。出台《中卫市政协委员活动经费管理办法》,保障委员履职活动经费,委员参加调研视察、协商议政的主动性进一步增强。

加强政协机关队伍建设。积极创建"让党中央放心、让人民群众满意"模范机关,持续开展"党政机关作风建设年、干部队伍素质提升年"活动,结合"新时代新使命新样子"学习讨论活动,着力破除"二线思维",解决"跟不上趟""承不了重"等问题。首次召开专门委员会工作会议,出台《市政协关于加强改进专门委员会工作和制度建设的意见》,推动专门委员会发挥基础性作用。制定《市政协机关效能目标管理考核方案》及考核细则,突出抓机关干部"四个能力"提升、工作作风养成,干部精气神有了新提升,工作效能有了新提高。

一年来的工作成绩,是在习近平新时代中国特色社会主义思想科学指引下取得的,是自治区政协悉心指导、市委坚强领导的结果,是市人大常委会、市政府和社会各界大力支持的结果,是市政协各参加单位、广大政协委员团结奋斗的结果。我代表市政协常委会表示衷心的感谢!

同时,我们的工作还存在薄弱环节和不足之处,主要是:专门协商机构制度建设比较滞后,思想政治引领还有差距,双向发力机制不够完善,委员主体作用发挥不够,界别活动还不活跃,工作作风还需进一步改进,"两个薄弱"问题尚未彻底解决。这些问题和不足我们要高度重视,认真加以解决。

2021年工作部署

2021年,是中国共产党成立100周年,也是"十四五"开局之年,我国将开启全面建设社会主义现代化国家新征程、向第二个百年奋斗目标进军,进入新的发展阶段。市政协工作总的要求是:坚持以习近平新时代中国特色社会主义思想为指导,全面贯彻落实中共十九大和十九届二中、三中、四中、五中全会精神、习近平总书记视察宁夏重要讲话精神以及区、市党委各项重大决策部署,持续深入贯彻落实中央和区、市党委政协工作会议精神,把坚持和发展中国特色社会主义作为巩固共同思想政治基础的主轴,把聚焦市委、市政府中心任务建言资政和凝聚共识作为工作主线,把加强思想政治引领、广泛凝聚共识作为中心环节,完善专门协商机构制度,探索工作创新举措,强化委员责任担当,为努力建设黄河流域生态保护和高质量发展先行市,坚决守好"三条生命线",走出一条转型追赶、高质量发展的新路子,继续建设经济繁荣民族团结环境优美人民富裕的美丽新宁夏贡献中卫政协智慧和力量。

一、深入学习贯彻习近平新时代中国特色社会主义思想,进一步增强"四个意识"、坚定"四个自信"、做到"两个维护"

持续深入学习贯彻习近平总书记视察宁夏重要讲话精神。把学习贯彻习近平总书记视察宁夏重要讲话精神同学习贯彻中共十九届五中全会、自治区党委十二届十二次全会、市委四届十次全会精神结合起来,通过集中学习、研讨交流、专题报告等形式,组织委员和机关干部深入学习习近平新时代中国特色社会主义思想,深刻领会"十四五"时期经济社会发展的指导思想、重点任务,深刻把握我市面临的重大挑战和机遇,切实把思想和行动统一到中央和区、市党委的决策部署上来,自觉服从服务于全面建设社会主义现代化国家目标,巩固团结奋斗的共同思想政治基础。

持续深入贯彻落实中央和区、市党委政协工作会议精神。把贯彻落实中央和区、市党委政协工作会议精神作为一项长期任务,巩固"党政机关作风建设年、干部队伍素质提升年"和"新时代新使命新样子"学习讨论活动成果,开展"讲政治、识大局、懂政协、强能力"活动,实施干部政治能力和专业能力提升工程,补短板、强弱项、固根基,推动《中共中央关于新时代加强和改进人民政协工作的意见》和区、市党委实施意见深入贯彻落实,促进我市政协工作再上新台阶。

以政治建设统领政协党的建设。切实扛起政协党建工作的主体责任,推进党建工作与政协履职深度融合,以党建工作引领政协事业发展。认真落实市政协理论学习制度体系,与时俱进完善学习内容和方法,推动参加人民政协的各党派团体和各族各界人士共同提高思想政治水平。坚持党对政协工作的全面领导,严格执行重大事项请示报告制度,落实"三会一课"制度和功能型党支部"两会两联系"工作机制。巩固深化"不忘初心、牢记使命"主题教育成果,持续创建"让党中央放心、让人民群众满意"模范机关。开展庆祝中国共产党成立100周年文艺汇演和经典咏读比赛等活动,激发爱党爱国爱社会主义的巨大热情,坚定矢志不移听党话跟党走的信心决心。

二、紧紧围绕"十四五"开局起步,为建设黄河流域生态保护和高质量发展先行市献计出力

紧扣市委和政府中心任务协商议政。认真落实党委会同政府、政协制定年度协商计划制度,主动作为,科学选定协商议题,力求协商议题早于党政部署、与党政工作合拍，完善协商于决策之前和决策实施之中的落实机制。紧扣“十四五”规划和二〇三五年远景目标实施13项协商民主计划，围绕落实“一带两廊”空间布局、依托“两大载体”、打好“三个大会战”、实施“四大民生行动”、抓好“五大工程”、推动“六大产业高质量发展”、加强“七个行业领域的社会治理”建言资政、凝聚共识，为建设黄河流域生态保护和高质量发展先行市贡献智慧和力量。

聚焦转型追赶、高质量发展建言资政。召开专题议政性常委会，围绕文化和旅游融合发展、中宁县和海原县旅游资源开发、挖掘乡村旅游资源等协商议政，助力全域旅游示范市创建工作深入推进；围绕全市牛产业产品开发、品牌建设、加工转化、市场营销、产业生态等献计出力，助推中卫高端牛肉和黄金奶制品走出宁夏、走向全国；围绕乡村治理体系建设工作中治理资源力量下沉、村民自治能力、平安乡村建设、农村公共服务保障能力、乡风文明培育等建言献策，助推乡村治理体系更加完善、治理能力全面提高。就“优化营商环境、促进民营经济高质量发展”“实施工业智能改造、推动制造业高质量发展”“巩固脱贫攻坚成果与实施乡村振兴战略有效衔接”“‘云天中卫’智慧应用和信息化创新应用情况”“全市职业教育服务经济社会发展”“全市公益诉讼工作情况”等开展专题协商。围绕“植绿增绿大会战实施情况”“推进全市体育设施建设情况”“全市城乡水务一体化推进落实情况”开展民主监督，促进相关工作得到加强和改进。立足小切口服务大民生，更加灵活地开展对口协商、界别协商、提案办理协商，发挥“众人的事情由众人商量”平台作用，就关系人民群众切身利益的事组织有关方面进行协商，达成共识，促进有关问题解决，积极为人民群众办实事办好事。

三、推动专门协商机构建设更加专业规范

努力强化协商功能。深刻认识市、县政协作为专门协商机构，主责主业是协商，工作重点是搭建好平台，组织有关方面“在”政协协商，就有关事项达成共识。主动做好同党政协商有关活动的衔接工作，积极为人大和政府“在”政协协商搭建平台，建立完善人民团体参与政协协商的工作机制，加强县级政协与基层协商衔接工作，推动政协协商广泛多层制度化发展。发挥政协“我有你没有、我能你不能”的独特优势，通过协商在建言资政和凝聚共识上双向发力深化统战实效，通过协商使下情上传推动解决实际问题化解社会矛盾，通过协商在政协内部凝聚共识发挥委员纽带作用传播共识、汇聚社会力量。

切实提升协商能力。建立健全协商制度机制。在试行《中卫市政协改进调研方法、规范协商工作制度》的基础上，制定《协商工作规则》，对协商的参加范围、讨论原则、基本程序、交流方式等作出规定，不断完善专门协商的制度机制。改进协商方式方法。既要注重协商前的“调查”这个基础工作，增强问题意识，努力掌握第一手资料；又要注重协商中的“研究”这个关键环节，把零散的素材系统化，把粗浅的认识深刻化，努力使对策建议具有针对性、前瞻性和可操作性。深化协商互动环节。引导各协商主体更好地掌握对话技巧、沟通艺术和说服能力，使协商过程成为沟通情况、换位思考、交换看法的过程，避免简单的你说我听、各说各话，真正商出共识、商出成果、商出进步，推动政协协商有来有往、良性互动、层层深入。拓展网络议政参与度。推动政协协商从“面对面”向“端对端”拓展，从程序性的会议协商向不受时空限制的网上交流延伸，从本级政协协商讨论向区、市、县三级政协联动协商发展，从委员同党政部门的协商向政协内部各界别委员的座谈协商深化。建立协商质量评价机制。完善协商成果评估机制，探索建立协商质量评价标准和评价办法，充分发挥协商质量评价对履职质量的导向作用，努力提高协商议政质量。

四、把凝聚共识作为重要履职成果做深做实

更好凝聚委员的共识。把凝聚共识贯穿各项履职活动之中，协商议题设置、程序安排、成果反映都要体现凝聚共识的要求，调研视察、提案办理、社情民意等都要体现和推动形成共识。坚持和完善《关于加强和促进人民政协凝聚共识工作的实施意见》，进一步加强党内委员与党外委员、常委与委员联系工作，进一步完善和落实谈心谈话制度，在看望走访、会见会谈、交流谈心、工作联络中进行充分沟通，实现凝聚共识。开展以凝聚共识为目的的委员考察参观活动，引导委员深切感受我市改革发展的辉煌成就，加深对中国共产党的领导和中国特色社会主义制度的认同，凝聚助推改革发展、服务民生福祉的思想共识。

面向社会广泛传播共识。拓展界别委员工作室、委员基层联系点功能，创新设立委员会客室，探索委员按界别联系社会组织，推动委员联系界别群众工作更加深入、更有实效。进一步完善“委员讲堂”工作机制，鼓励支持委员利用自身专业知识和影响力，通过线上线下相结合，及时宣传解读党的路线方针政策，协助市委和政府做好协调关系、理顺情绪、化解矛盾、增进团结的工作。

做好大团结大联合工作。通过联合调研、共同开展协商活动等方式，为民主党派、无党派人士在政协更好发挥作用创造条件。加强同党外知识分子、非公有制经济人士、新的社会阶层人士的沟通联络，及时反映意见诉求。始终坚持我国宗教中国化方向，开展“培养符合新时代要求的宗教教职人员队伍”专题视察，促进依法加强宗教教职人员队伍教育管理，积极引导宗教与社会主义社会相适应。铸牢中华民族共同体意识，定期走访慰问宗教界代表人士、民族宗教界委员和宗教活动场所，定期举办党的民族宗教政策专题讲座，切实发挥好民族宗教界委员作用，维护民族团结、宗教和顺的良好局面。

五、强化委员责任担当

政协委员是界别群众的代表、政协工作的主体，政治荣誉高、工作责任重、社会影响大，必须增强责任之心，勇于担当作为。增强责任意识敢担当。正确看待荣誉与责任，无论是在本职岗位，还是在人民政协，都应努力工作、严以律己，不存旁观之心、不为消极之举、不图名利之得，自觉投身凝心聚力、决策咨询、协商民主、国家治理第一线的具体实践。要旗帜鲜明讲政治，在重大原则问题上立场坚定、敢于发声，在关键时刻靠得住、站得出，以实际行动践行责任委员的要求。加强学习提高善担当。持续开展读书活动，建设“书香政协”，引导委员坚持以政治学习为主，广泛学习各方面知识；采取“走出去”和“请进来”相结合的方式加强教育培训，增强能力素质，提高履职水平。强化管理服务促担当。健全委员履职档案、常委述职等制度，研究支持委员自主调研的具体措施，完善委员履职评价和委员退出、暂停履职等机制，定期向党委有关部门和委员所在单位通报委员履职情况，评选表彰优秀委员，对考核不称职的委员提醒谈话，不断提升委员服务管理水平，促进委员担当尽责。

六、以制度建设和工作创新为政协履职赋能增效

建立健全以协商工作规则为主干，覆盖政协履职工作、组织管理、内部运行等各方面的制度机制。完善履职工作制度，制定《关于强化政协委员责任担当的实施意见》，修订专委会通则，推动政协制度更加成熟更加定型。健全发挥新型政党制度优势的机制，制定更好发挥各民主党派和无党派人士在政协作用的实施意见。改进指导联系县（区）政协工作方式，完善重大议题联动调研协商、工作经验交流会等形式，推动解决好“两个薄弱”问题。守正创新，学习借鉴区内外兄弟政协经验做法，改进履职方式，推进政协工作提质增效。全面实施提案“清单式”管理，切实提高提案质量和提案办理质量。在保持委员所属界别不变的基础上，鼓励委员自愿选择一个界别作为“第二界别”，更好发挥委员主体作用。探索开展委员按界别联系社会组织试点工作，通过界别组织委员与社会组织开展会议座谈、联合调研等，在互动交流中把界别群众和社会组织的意见建议反映上来，把习近平新时代中国特色社会主义思想和党对各项工作的部署要求传播出去。

实现“十四五”发展目标和二〇三五年远景目标，任务艰巨而繁重，前景光明而广阔。让我们更加紧密地团结在以习近平同志为核心的党中央周围，高举习近平新时代中国特色社会主义思想伟大旗帜，在中共中卫市委的坚强领导下，同心同德、顽强拼搏，开拓进取、真抓实干，为建设黄河流域生态保护和高质量发展先行市、继续建设经济繁荣民族团结环境优美人民富裕的美丽新宁夏、夺取全面建设社会主义现代化新胜利作出新的更大贡献，以优异成绩庆祝中国共产党成立 100 周年。

中卫市 2021 年国民经济和社会发展统计公报

中卫市统计局　国家统计局中卫调查队

（2022 年 4 月 18 日）

2021 年是“十四五”开局之年，面对严峻复杂的国内外环境，全市上下坚持以习近平新时代中国特色社会主义思想为指导，深入贯彻党的十九大和十九届历次全会精神，全面落实习近平总书记视察宁夏重要讲话精神，坚持稳中求进工作总基调，完整、准确、全面贯彻新发展理念，加快融入新发展格局，统筹疫情防控和经济社会发展，以实干展现新作为、靠实干交出新答卷，全市经济运行总体稳定，稳中有进、稳中提质的特征日益显现，高质量发展取得新成效，实现了“十四五”良好开局。

一、综合

初步核算，全年全市实现生产总值 504.73 亿元，按不变价格计算，比上年增长 6.4%。（见图 1）其中，第一产业增加值 75.04 亿元，增长 6.0%；第二产业增加值 216.06 亿元，增长 5.9%；第三产业增加值 213.63 亿元，增长 6.9%。第一产业增加值占地区生产总值的比重 14.9%，第二产业增加值占地区生产总值的比重 42.8%，第三产业增加值占地区生产总值的比重 42.3%。（见图 2）按常住人口计算，人均地区生产总值 47083 元，比上年增长 6.3%。

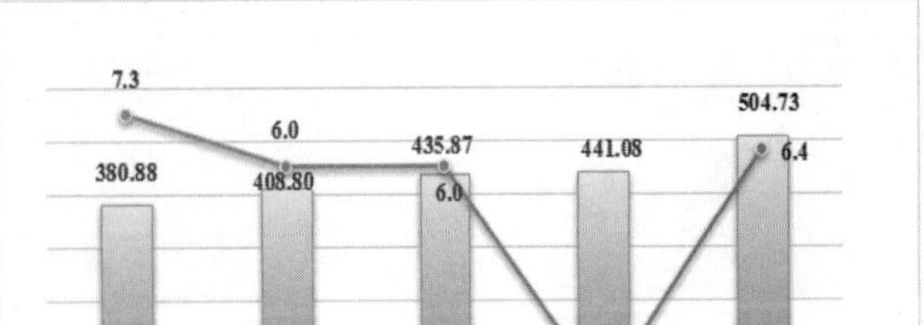

图 1　2017—2021 年全市生产总值及其增长速度

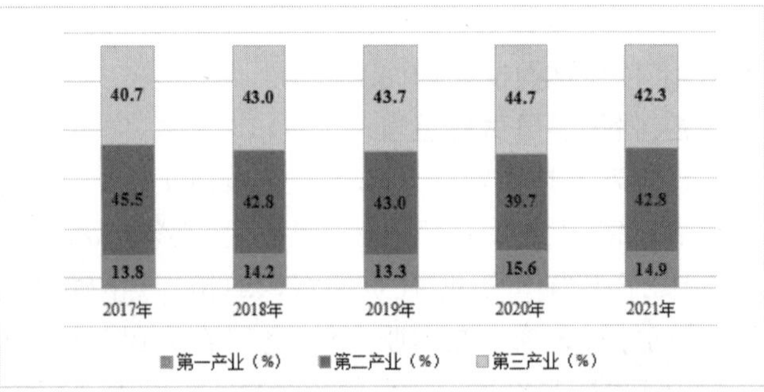

图 2　2017—2021 年全市三次产业增加值占地区生产总值比重

年末全市户籍总户数 39.16 万户，户籍总人口 122.14 万人。年末全市常住人口 107.5 万人，比上年末增加 0.7 万人，其中城镇常住人口 54.3 万人，占常住人口的比重（常住人口城镇化率）为 50.51%，比上年末提高 0.81 个百分点。全年出生人口 1.41 万人，出生率 13.15‰；死亡人口 0.74 万人，死亡率 6.90‰；自然增长率 6.25‰。（见表 1）

表 1　2021 年末全市人口数及其构成

指标	年末数（万人）	比重（%）
常住人口	107.5	100.0
城镇	54.3	50.51
乡村	53.2	49.49
男性	55.2	51.35
女性	52.3	48.65

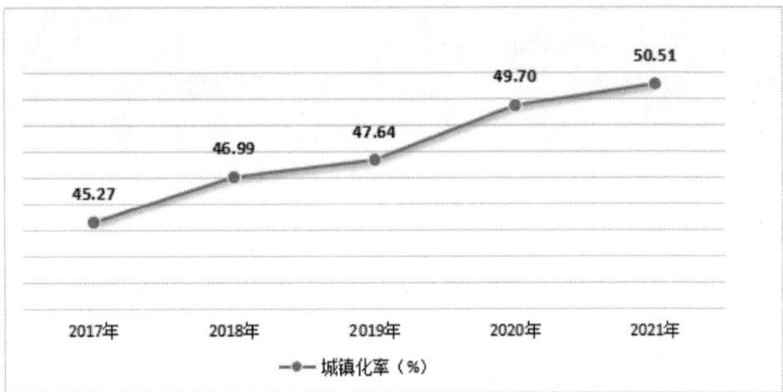

图 3　2017—2021 年全市城镇化率

全年全市新增城镇就业人员10491人,比上年增加1804人(见图4)。年末全市城镇登记失业率3.78%,比上年末低0.01个百分点。全市农村劳动力转移就业17.05万人,比上年增加1.92万人。

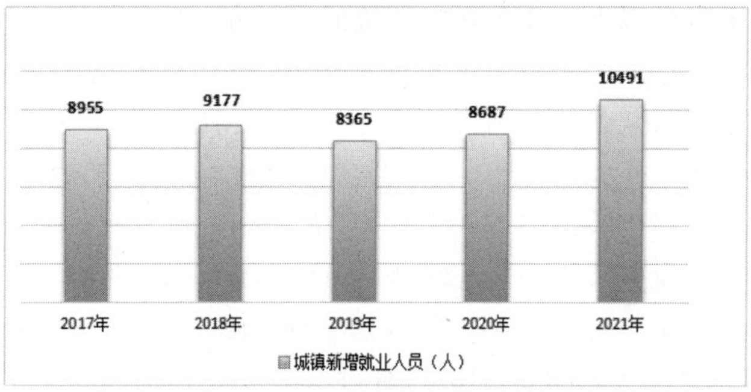

图4 2017—2021年全市城镇新增就业人数

全年居民消费价格比上年上涨1.9%。商品零售价格指数上涨1.8%,服务项目价格上涨2.0%。(见表2)

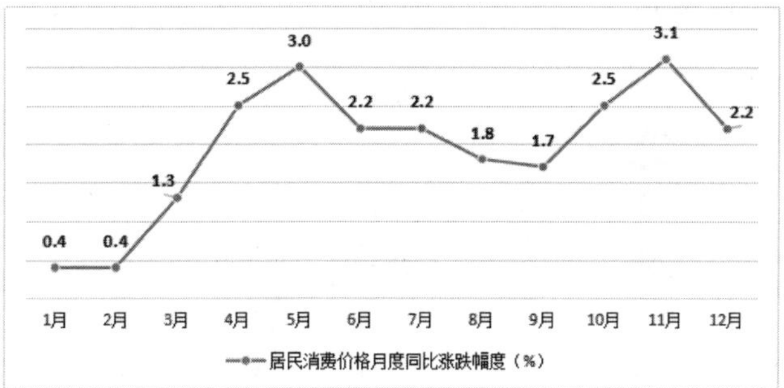

图5 2021年全市居民消费价格涨跌图

表2 2021年全市居民消费价格比上年涨跌幅度

指标	上年价格=100
一、居民消费价格总指数	101.9
#服务项目价格指数	102.0
#食品烟酒	101.0
衣着	100.9
居住	103.8
生活用品及服务	100.7
交通通信	104.6
教育文化娱乐	101.1
医疗保健	100.5
其他用品及服务	99.8
二、商品零售价格总指数	101.8

新动能新产业加快增长。全年全市信息传输、软件和信息技术服务业增加值增长22.3%,拉动全市生产总值增速提高0.5个百分点。全市工业技术改造投资比上年增长23.4%,高技术制造业投资增长62.3%。全年水电、风电、太阳能等可再生能源发电量118.25亿千瓦时,比上年增长60.3%。全年新登记市场主体14561户。年末开业市场主体总数达81066户,其中个体工商户60091户。

二、农业

全年全市实现农林牧渔业增加值77.7亿元,比上年增长5.9%(按可比价计算,下同);完成农林牧渔业总产值152.1亿元,比上年增长2.7%。其中,农业产值95.0亿元,下降1.5%;林业产值1.2亿元,增长654.8%;畜牧业产值48.5亿元,增长12.4%;渔业产值3.2亿元,增长11.1%;农林牧渔服务业产值4.2亿元,增长4.2%。

全年粮食种植面积190.6万亩,比上年减少2.5万亩。其中,小麦种植面积11.5万亩,减少3.3万亩;水稻种植面积5.8万亩,减少0.7万亩;玉米种植面积102.5万亩,增加7.9万亩;薯类种植面积34.9万亩,增加0.4万亩。

全年粮食总产量67.0万吨,比上年下降3.7%。(见图6)其中,夏粮产量2.0万吨,下降13.9%;秋粮产量65.0万吨,下降3.4%。全年全市小麦产量1.9万吨,下降11.0%;水稻产量3.5万吨,下降12.2%;玉米产量53.0万吨,增长0.8%;马铃薯(已折粮)产量6.3万吨,下降11.8%。

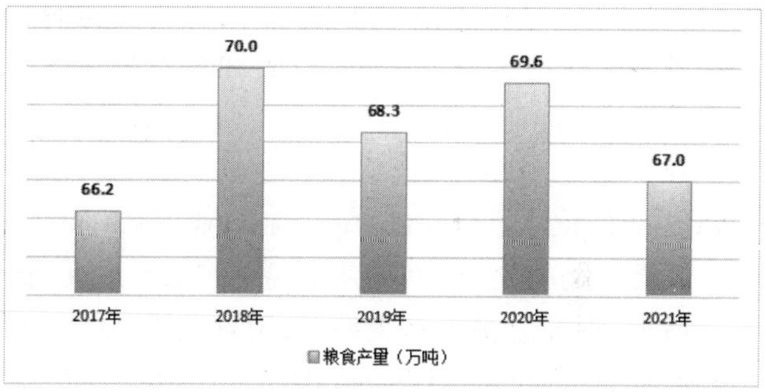

图6 2017—2021年全市粮食产量

全年全市肉类总产量7.2万吨,比上年增长10.1%。其中,猪肉产量3.5万吨,增长26.8%;牛肉产量1.6万吨,增长4.4%;羊肉产量1.5万吨,下降6.0%;禽肉产量0.5万吨,下降11.7%。禽蛋产量4.2万吨,下降27.9%。牛奶产量43.0万吨,增长47.0%。年末全市生猪存栏29.8万头,比上年末下降9.2%;牛存栏32.4万头,增长29.7%,其中奶牛存栏10.2万头,增长31.7%。羊存栏113.7万只,增长12.9%;家禽存栏336.3万只,下降8.9%。全年生猪出栏43.2万头,增长22.5%;牛出栏9.8万头,增长2.5%;羊出栏86.5万只,下降1.3%;家禽出栏236.2万只,下降13.0%。

三、工业和建筑业

全年全市实现工业增加值182.46亿元,比上年增长5.1%,占地区生产总值比重为36.2%。规模以上工业增加值增长3.7%。

在规模以上工业中，相比上年，重工业增长4.1%，占规上工业增加值比重为95.4%；轻工业下降1.9%，占规上工业增加值比重为4.6%。分经济类型看，国有控股企业增加值增长9.7%，股份制企业增长3.1%，外商及港澳台商投资企业增长26.7%。私营企业增长4.1%，非公有制工业增长2.3%。分门类看，采矿业增加值下降23.0%，制造业增长3.9%，电力、热力、燃气及水生产和供应业增长10.6%。

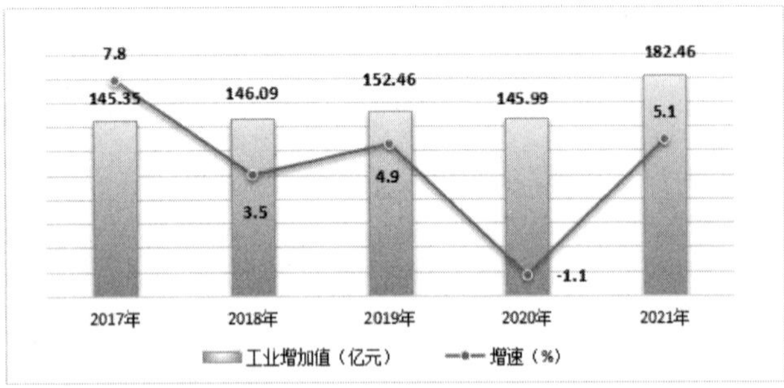

图7 2017—2021年全市工业增加值及其增长速度

规模以上工业中，相比上年，黑色金属冶炼和压延加工业增长26.7%，农副食品加工业增长17.2%，电力、热力生产和供应业增长12.0%，有色金属冶炼和压延加工业增长10.1%，酒、饮料和精制茶制造业增长5.6%，食品制造业下降25.3%，非金属矿物制品业下降20.2%，计算机、通信和其他电子设备制造业下降19.2%，化学原料和化学制品制造业下降0.9%。

规模以上工业企业实现利润总额32.36亿元，比上年增长9.9倍。分经济类型看，国有控股企业利润总额5.37亿元，下降55.2%；股份制企业利润28.62亿元，增长23.9倍；外商及港澳台商投资企业利润4.04亿元，增长1.1倍；私营企业利润总额19.08亿元，扭亏转盈29.92亿元。分门类看，采矿业利润1.8万元，比上年下降97.7%；制造业利润25.58亿元，扭亏转盈32.6亿元；电力、热力、燃气及水生产和供应业利润11.78亿元，下降21.3%。规模以上工业企业每百元营业收入中的成本84.19元，营业收入利润率4.18%，年末规模以上工业企业资产负债率为64.0%。

表3 2021年全市规模以上工业主要产品产量及其增长速度

产品名称	单位	产量	比上年增长(%)
电石	万吨	38.5	-6.6
合成氨	万吨	19.1	-12.1
单晶硅	吨	15573.8	-26.4
水泥	万吨	499.1	-21.6
钢材	万吨	173.3	2.7
铁合金	万吨	105.3	25.7
十种有色金属	万吨	20.7	5.7
发电量	亿千瓦小时	188.69	27.2
火力发电量	亿千瓦小时	70.43	-5.6
风力发电量	亿千瓦小时	66.67	74.9
太阳能发电量	亿千瓦小时	44.94	50.8

年末全市发电装机容量1052.34万千瓦，比上年末增长9.9%。其中，火电装机容量161.45万千瓦，下降4.7%；水电装机容量12.43万千瓦，与上年末持平；并网风电装机容量352.6万千瓦，增长10.3%；并网太阳能发电装机容量525.86万千瓦，增长15.3%。

全市建筑业实现增加值33.64亿元，比上年增长10.3%。（见图8）全市具有资质等级的总承包和专业承包建筑业企业70家，完成建筑业总产值37.13亿元，增长14.2%。其中，国有及国有控股企业完成产值2.35亿元，比上年增长22.9%；私营企业完成产值30.55亿元，比上年增长16.7%。

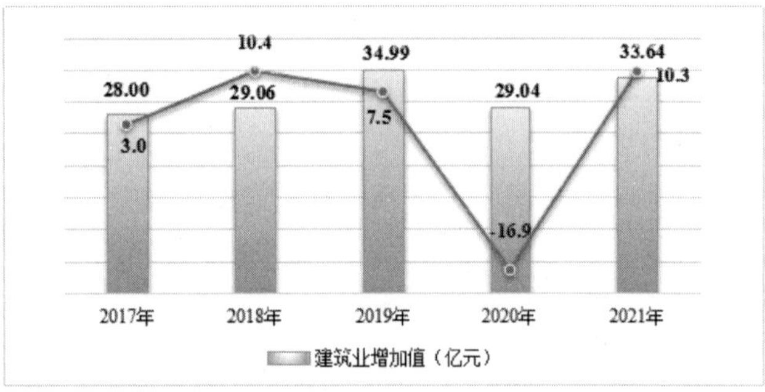

图8 2017—2021年全市建筑业增加值及其增长速度

四、服务业

全市服务业实现增加值213.63亿元，比上年增长6.9%（见图9），占地区生产总值的比重为42.3%。其中，批发和零售业实现增加值22.78亿元，比上年增长10.0%；交通运输、仓储和邮政业实现增加值24.74亿元，增长12.4%；住宿和餐饮业实现增加值6.18亿元，增长13.6%；金融业实现增加值23.30亿元，与上年持平；房地产业实现增加值17.96亿元，增长5.0%；其他服务业实现增加值115.98亿元，增长6.6%。全年规模

图9 2017—2021年全市服务业增加值及其增长速度

以上服务业企业营业收入比上年增长21.9%，利润总额相比上年增长2.76倍。

五、贸易

全市实现社会消费品零售总额132.33亿元，比上年增长3.2%。（见图10）按经营地统计，城镇消费品零售额98.21亿元，增长4.2%；乡村消费品零售额34.12亿元，增长0.7%。按行业分，批发零售业零售额115.9亿元，增长3.2%；住宿餐饮业零售额16.43亿元，增长3.6%。按消费类型统计，商品零售额115.9亿元，增长3.2%；餐饮收入16.43亿元，增长3.6%。

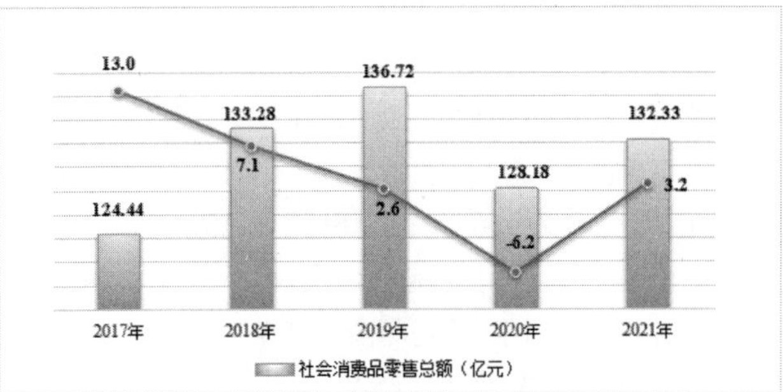

图10　2017—2021年全市社会消费品零售总额及其增速

在限额以上单位（法人）商品零售额中，粮油、食品类零售额比上年下降32.9%，饮料类增长14.5%，烟酒类下降12.4%，服装、鞋帽、针纺织品类下降67.9%，化妆品类下降77.3%，日用品类增长50.8%，家用电器和音像器材类下降29.5%，中西药品类下降0.5%，文化办公用品类下降74.5%，通讯器材类下降9.2%，汽车类增长31%，石油及制品类增长28%。

全年实现进出口总额28.31亿元，比上年增长53.2%。其中，出口总额19.13亿元，增长87.8%；进口总额9.18亿元，增长10.7%。

六、固定资产投资

全年固定资产投资（不含农户）比上年增长19.3%。其中，县属固定资产投资增长14.9%。分投资主体看，国有投资增长9.6%，民间投资增长33.8%。

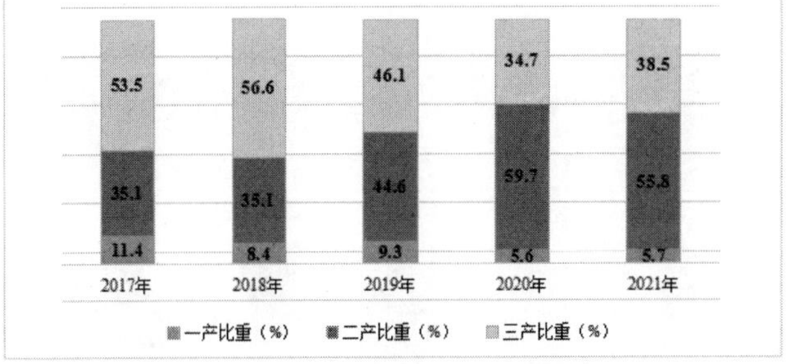

图11　2017—2021年全市县属固定资产投资（不含农户）三次产业比重

在县属固定资产投资中，第一产业投资比上年增长17.9%，第二产业投资增长7.3%，第三产业投资增长27.6%。工业投资增长7.2%，占县属固定资产投资的比重为55.8%。新能源投资下降11.3%，占工业投资的57%。高耗能投资（不含电力、热力生产和供应业）增长86.5%，占工业投资的22.7%。工业改建和技术改造投资增长23.4%，占工业投资的14.7%。县属基础设施投资增长14.7%。

表4　2021年全市分行业县属固定资产投资增长速度

行业	比上年增长(%)
农、林、牧、渔业	27.9
采矿业	–51.9
制造业	83.2
电力、热力、燃气及水生产和供应业	–10.6
批发和零售业	–32.0
交通运输、仓储和邮政业	–28.6
住宿和餐饮业	6.9
信息传输、软件和信息技术服务业	–14.2
房地产业	–39.2
租赁和商务服务业	1094.1
科学研究和技术服务业	85.2
水利、环境和公共设施管理业	49.6
教育	9.0
卫生和社会工作	16.1
文化、体育和娱乐业	134.5
公共管理、社会保障和社会组织	–40.1

全年完成房地产开发投资37.46亿元，比上年增长53.4%。其中，住宅投资28.79亿元，增长73.8%；办公楼投资0.07亿元，下降58.6%；商业营业用房投资4.57亿元，下降20%。年末全市商品房待售面积102.97万平方米，比上年末下降1.1%。其中，住宅房待售面积31.2万平方米，比上年末下降12.1%。

表5　2021年全市房地产开发和销售主要指标及增长速度

指标	单位	绝对额	比上年增长(%)
投资额	亿元	37.46	53.4
其中:住宅	亿元	28.79	73.8
房屋施工面积	万平方米	450.17	7.6
其中:住宅	万平方米	315.26	6.6
房屋新开工面积	万平方米	136.69	100.0
其中:住宅	万平方米	100.35	121.4
房屋竣工面积	万平方米	92.99	14.2
其中:住宅	万平方米	65.04	–5.2
商品房销售面积	万平方米	92.80	11.0
其中:住宅	万平方米	81.33	9.1

七、交通和邮电

年末全市民用汽车保有量 17.4 万辆，比上年末增长 5.3%。其中，私人汽车保有量 16.0 万辆，增长5.8%。全市民用轿车保有量 5.9 万辆，增长 3.9%，其中私人轿车 5.9 万辆，增长 4.4%。全年民航旅客吞吐量 21.6 万人次，货邮周转量 61.32 万吨千米。

全年完成邮政行业业务总量 1.8 亿元，比上年增长 32.2%。完成邮政业务收入（不包括邮政储蓄银行直接营业收入）1.84 亿元，增长 14.4%。全年邮政业完成函件业务 2.84 万件，下降 45.0%；邮政包裹业务 0.7 万件，下降 30.7%；快递业务量 1265.8 万件，增长 24.7%。

全年电信业务总量（2020 年不变价格）比上年增长 28.2 %。完成电信业务收入 10.4 亿元，增长 5.6%。年末全市电话用户总数 124.9 万户，增长 2.9%。其中，固定电话用户 7.6 万户，移动电话用户 117.3 万户。年末固定互联网宽带接入用户 45 万户，比上年末增加 5.6 万户 。

八、财政和金融

全市完成地方财政收入 33.04 亿元，比上年增长 6.7%。其中，一般公共财政预算收入 22.85 亿元，增长 9.6%。（见图 12）在地方一般公共预算收入中，税收收入 15.31 亿元，增长 21.1%，占地方一般公共预算收入的67.0%。主体税种中，增值税 5.33 亿元，增长 22.4%；企业所得税 1.55 亿元，增长 45.8%；个人所得税 0.51 亿元，增长 26.7%。全年财政支出 192.1 亿元，比上年下降 3.5%。其中，一般公共预算支出 184.2 亿元，增长 1.4%。在一般公共预算支出中，一般公共服务支出 8.84 亿元，增长 0.7%；教育支出 28.61 亿元，下降 1.1%；社会保障和就业支出 24.41 亿元，下降 0.9%；卫生健康支出 16.66 亿元，下降 2.3%。

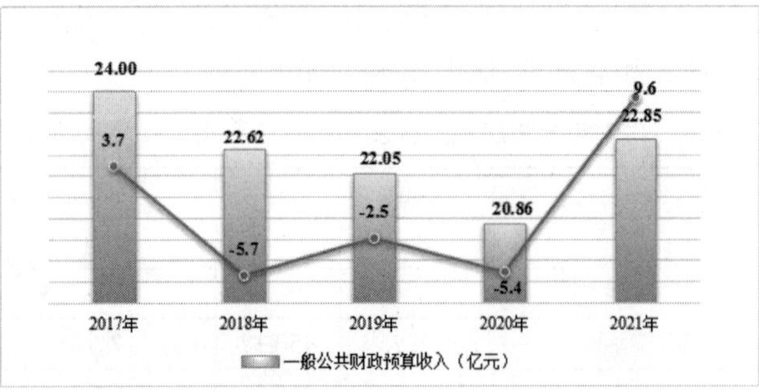

图 12　2017—2021 年全市一般公共财政预算收入及其增速

年末全市金融机构本外币各项存款余额 652.48 亿元，比年初增长 5.3%。其中，人民币各项存款余额 652.09 亿元，比年初增长 5.3%。金融机构本外币各项贷款余额 533.38 亿元，比年初增长 5.8%。其中，人民币各项贷款余额 533.38 亿元，比年初增长 5.8%。（见表6）

表 6　2021 年末全市金融机构人民币存贷款余额及增长速度

指标	年末数（万元）	比上年末增长（%）
各项存款	6520875	5.3
其中：住户存款	4369658	9.9
非金融企业存款	835585	-15.9
各项贷款	5333775	5.8
其中：住户贷款	2904843	11.4
企（事）业单位贷款	2428932	-0.2

全市原保险保费收入 19.7 亿元，比上年下降 1.4%。其中，财产险业务保险保费收入 8.1 亿元，增长 2.1%；寿险业务保险保费收入 11.6 亿元，下降 3.7%。支付各类赔款及给付 7.4 亿元，增长 29.4%。其中，财产险业务赔款及给付支出 5.8 亿元，增长 37%；寿险业务给付支出 1.6 亿元，增长 7.2%。

九、居民收入消费和社会保障

全市居民人均可支配收入 19383 元，比上年增长 8.5%，扣除价格因素，实际增长 6.5%。按常住地分，城镇居民人均可支配收入 32521 元，比上年增长 6.7%，扣除价格因素，实际增长 4.7%。（见图 13）其中，人均工资性收入 24735 元，增长 5.8%；人均经营净收入 2948 元，增长 13.0%；人均财产净收入 899 元，增长 5.4%；人均转移净收入 3939 元，增长 8.2%。全年全市农村居民人均可支配收入 13493 元，比上年增长 11.3%，扣除价格因素，实际增长 9.2%。（见图 14）其中，人均工资性收入 6062 元，增长 12.6%；人均经营净收入 5095 元，增长 8.1%；人均财产净收入 198 元，增长 4.2%；人均转移净收入 2138 元，增长 16.5%。

全市居民人均消费支出 14793 元，比上年增长 12.9%。按常住地分，城镇居民人均消费性支出 20222 元，比上年增长 11.7%。其中，食品烟酒类消费支出 5118元，增长 5.5%，占城镇居民人均消费支出的比重为25.3%。农村居民人均消费性支出 12358 元，比上年增长 17.1%。其中，食品烟酒类消费支出 3489 元，增长 21.3%，占农村居民人均消费支出的比重为 28.2%。

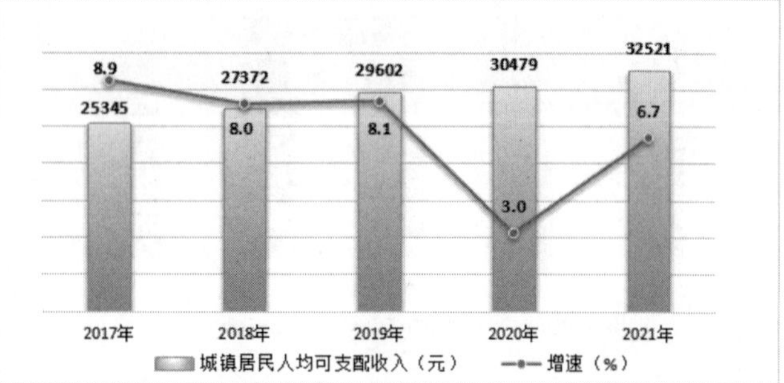

图 13　2017—2021 年全市城镇居民人均可支配收入及增长速度

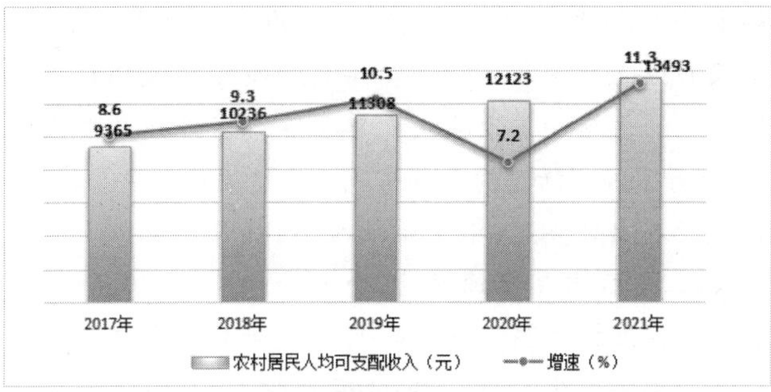

图 14 2017—2021 年全市农村居民人均可支配收入及增长速度

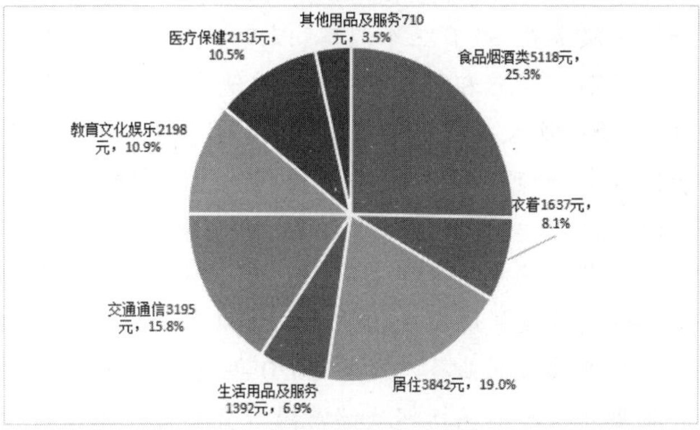

图 15 2021 年全市城镇居民人均消费支出及其构成

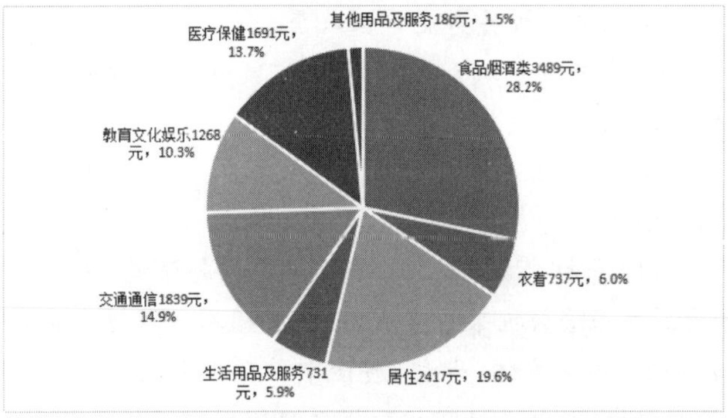

图 16 2021 年全市农村居民人均消费支出及其构成

年末全市参加城镇职工基本养老保险人数 28.15 万人，比上年末增加 5937 人。参加城乡居民基本养老保险人数 48.14 万人，比上年末减少 4.22 万人。参加基本医疗保险人数 112.71 万人，比上年末减少 7315 人。其中，参加职工基本医疗保险人数 13.79 万人，比上年末增加 7259 人；参加城乡居民基本医疗保险人数 98.92 万人，比上年末减少 1.46 万人。参加失业保险职工人数 7.31万人，比上年末增加 1558 人。年末全市领取失业保险金人数 3223 人。参加工伤保险人数 16.17 万人，比上年末增加 1.85 万人，其中参加工伤保险的农民工 9.71 万人，比上年末增加 1.2 万人。参加生育保险人数 10.79 万人，比上年末增加 0.6 万人。年末全市共有 1.6 万人享受城市最低生活保障，发放保障金 9628 万元；7.3 万人享受农村最低生活保障，发放保障金 31033 万元，1625人享受农村特困人员救助供养。全年临时救助 3 万人次，全年抚恤、补助退役军人和其他优抚对象 3809 人。

年末全市拥有养老机构 25 个，其中农村敬老院12 个、社会福利院 1 个、民办养老机构 12 个，共有床位 5599 张，入住老人 907 人。有儿童福利院 1 个，共有床位 50 张，入住儿童 30 人。城乡建立各类社区服务站 511 个。

十、科学技术和教育

全年共争取上级科技项目 154 个，到位资金 1.14 亿元。全年专利授权数 1088 件，比上年增加 343 件，其中，获得授权发明专利 64 件，比上年增加 3 件。年末，全市共有国家级高新技术企业 9 家，自治区科技小巨人企业 3 家，自治区科技型中小企业 54 家。每万人有效发明专利拥有量 3.25 件。

年末全市拥有自治区级工程技术中心 7 个，自治区级技术创新中心 44 个，自治区级众创空间 1 家。

年末全市有质检中心 2 家，全年制造业产品合格率 98.15%。

年末全市有各级各类学校 435 所，教职工 16048 人，其中专任教师 13818 人。全市小学学龄人口入学率 100.0%，初中阶段毛入学率 116.06%，高中阶段毛入学率 93.88%，小学六年巩固率 99.27%，初中三年巩固率 99.81%。

表 7 2021 年全市教育机构学生情况

类别	校数（所）	招生数（人）	在校学生数（人）	毕业学生数（人）
普通高等学校	1	550	2552	856
中等职业教育学院	3	3547	9656	3323
普通高中	7	9222	26959	7970
普通初中	45	15614	48083	17548
普通小学	178	16213	96486	16106
幼儿园	198	17603	39828	21665
特殊教育学校	3	32	353	31

十一、文化、旅游和体育

年末全市拥有专业艺术表演团体 3 个，业余文艺团体 166 个，文化馆 3 个，公共图书馆 3 个，博物馆 6 个，文物管理所 3 个，剧场、影剧院 9 个，文化站 40 个。全市已建成大型公共文化服务场所 10 个，村级文化室 448 个，社区文化室 51 个。

年末全市共有景点景区 36 家，旅行社 54 家（分社 40 家、注册社 14 家）。星级旅游饭店 10 家，其中，四星级 6 家，三星级 4 家。全年接待旅游人数 886.7 万人次，实现旅游总收入 58.7 亿元。

年末全市共有体育场馆 18 个，体育场地面积 290

万平方米。全年举办体育运动竞技67场次，举办大型职工群众运动会7场次，培训二级体育指导员803人。

十二、资源、环境和应急管理

全市城市道路长度560.53千米。全市有公园42个，公园面积14544亩，人均公园绿地面积为18.25平方米。年末全市建成区面积达79.13平方千米。建成区绿化覆盖率达41.08%，绿地率为37.38%。

全年全市水资源总量1.361亿立方米。总用水量13.437亿立方米，下降7.2%。其中，生活用水5.38亿立方米，下降1.8%；工业用水4.28亿立方米，下降13.18%；农业用水12.094亿立方米，下降5.9%。万元地区生产总值用水量266立方米，下降19.15%。

全年完成造林面积37.14万亩，其中人工造林面积20.63万亩。森林面积333.38万亩，森林覆盖率17.0%。森林抚育面积2万亩，林地面积559.77万亩。年末全市有国家级自然保护区1个。

全年空气质量优良天数296天，优良天数比例为81.3%，细微颗粒（PM2.5）平均浓度为27 $\mu g/m^3$，可吸入颗粒物（PM10）平均浓度为65 $\mu g/m^3$，环境空气质量综合指数为3.54%，比上年下降0.26个百分点。

全年全市降水量266.1毫米，比上年增加12.5毫米。全年平均气温为10.2℃，比上年上升0.6℃。

全年全市发生各类生产安全事故20起，比上年减少3起。其中，道路交通5起，工矿商贸14起，危险化学品1起。死亡22人，与上年持平。其中，道路交通死亡3人，工矿商贸死亡18人，危险化学品死亡1人。经济损失2011万元，增长60.6%。全市亿元GDP生产安全事故死亡0.044人。

注释：

1. 本公报中数据均为初步统计数。正式数据以《中卫统计年鉴2022》为准。部分数据因四舍五入的原因，存在总计与分项合计不等的情况。

2. 地区生产总值、三次产业及相关行业增加值绝对数按现价计算，增长速度按不变价格计算。

3. 第四次全国经济普查后，对地区生产总值、社会消费品零售总额等历史数据进行了修订。

4. 根据第七次全国人口普查结果，对2017—2019年年末常住人口城镇化率数据进行了修订。

5. ①规模以上工业：年主营业务收入2000万元及以上的工业法人单位。②有资质的建筑业：有总承包、专业承包资质的建筑业法人单位。③限额以上批发和零售业：年主营业务收入2000万元及以上的批发业，年主营业务收入500万元及以上的零售业法人单位。④限额以上住宿和餐饮业：年主营业务收入200万元及以上的住宿和餐饮业法人单位。⑤房地产开发经营业：有开发经营活动的全部房地产开发经营业法人单位。⑥规模以上服务业：年营业收入2000万元及以上服务业法人单位，包括交通运输、仓储和邮政业，信息传输、软件和信息技术服务业，水利、环境和公共设施管理业三个门类和卫生行业大类；年营业收入1000万元及以上服务业法人单位，包括租赁和商务服务业、科学研究和技术服务业、教育三个门类，以及物业管理、房地产中介服务、房地产租赁经营和其他房地产业四个行业小类；年营业收入500万元及以上服务业法人单位，包括居民服务、修理和其他服务业，文化、体育和娱乐业两个门类，以及社会工作行业大类。

6. 火电装机容量包括燃煤、燃油、燃气、余热、余压、余气、垃圾焚烧及生物质发电装机容量。

7. 邮政行业业务总量按2020年价格计算，邮政行业业务收入不包括邮政储蓄银行直接营业收入。

8. 城镇职工基本养老保险人数、收缴和发放范围为企业职工和机关事业单位人员。

9. 养老机构数和儿童福利院数包含非运营机构数。幼儿园人数包含学前班人数。

10. 体育场地调查对象不包括军队、铁路系统所属体育场地。

11. 资料来源：本公报中就业、养老保险、失业保险、工伤保险数据来自市人社局；户籍人口数据来自市公安局；市场主体、专利、质检中心数据来自市市场监督管理局；发电装机容量数据来自国网中卫供电公司；进出口数据来自中卫海关；汽车保有量来自市车管所；民航数据来自西部机场集团宁夏机场有限公司中卫分公司；邮政数据来自市邮政管理局；电信数据来自市工信局；财政数据来自市财政局；金融数据来自人民银行中卫支行；保险业数据来自中卫银保监分局；医疗保险、生育保险数据来自市医保局；社会福利数据来自市民政局；优抚对象数据来自市退役军人事务局；科学技术数据来自市科技局；教育数据来自市教育局和宁夏大学中卫校区；文化、旅游和体育数据来自市旅游文体广电局；城市建设数据来自市住建局；水资源数据来自市水务局；森林、林地、自然保护区数据来自市自然资源局；环境数据来自市生态环境局；气象数据来自市气象局；生产安全数据来自市应急管理局；其余数据均来自市统计局和国家统计局中卫调查队。

大　事　记

1月

4日　中卫市宁夏紫光天化蛋氨酸有限公司、宁夏瑞泰科技股份有限公司、利安隆(中卫)新材料有限公司等8家企业入选首批自治区新材料产业重点企业名录。

△　中卫市道路交通事故损害赔偿人民调节委员会被司法部授予“全国模范人民调节委员会”称号。

5日　中卫市贫困人口实现清零,贫困发生率由2019年年底的0.61%降至为0。

6日　中卫市沙坡头区永康中学八年级中队获共青团中央、教育部、全国少工委表彰的“全国优秀少先队集体”称号,镇罗中学少先队员黄依然获“全国优秀少先队员”称号。

7日　中卫市中级人民法院办理的中宁县宁安镇郭庄村村委会与郭庄农贸市场服务中心侵害企业出资人权益纠纷案,入选最高人民法院第六巡回法庭2019年度巡回区典型参考案例,并在《六巡·参考案例》栏目刊载推介。

12日　国家林业和草原局公布2020年全国先进国家级林业有害生物中心测报点,沙坡头区林业有害生物中心测报点入列。

18—20日　中卫市第四届人民代表大会第五次会议在中卫宸宇红宝宾馆召开。会议审议通过关于政府工作报告的决议、关于中卫市国民经济和社会发展第十四个五年规划和二〇三五年远景目标纲要的决议、关于2020年国民经济和社会发展计划执行情况与2021年国民经济和社会发展计划的决议、关于2020年全市及市本级预算执行情况和2021年全市及市本级预算的决议、关于市人大常委会工作报告的决议、关于市中级人民法院工作报告的决议和市人民检察院工作报告的决议。

21日　中卫市中医院获评2018—2020年全国改善医疗服务预约诊疗制度先进典型医院。

23日　由中国绿色农业联盟、中国绿色农业发展报告编委会联合推选的“2020全国绿色农业十佳地标品牌”揭晓,沙坡头苹果成功入选。“沙坡头苹果”品牌建设经验和产业发展成就,编入《中国绿色农业发展报告2020》,向全国宣传推广。

24日　中卫市获“2020法治政府建设优秀城市”称号。以坚持和发展新时代“枫桥经验”推进“人民调解+仲裁+信访”纠纷治理模式案例入选,获“2020年社会治理创新典范城市”称号。

25日　人民银行中卫市中心支行指导中宁青银村镇银行落地一笔以购销粮食应收账款为质押,融资500万元的业务。这是动产融资统一登记公示系统正式面向社会提供服务后,自治区首笔质押登记与融资业务。

△　全国工商联发布2019—2020年度“四好”(班子建设好、团结教育好、服务发展好、自律规范好)商会名单,中卫市女商商会在列。

2月

3日　自治区科技厅下达2020年度高新技术产业发展专项立项通知,中卫高新区的宁夏中卫工业园区智慧园区平台建设(一期)和宁夏誉成云创数据投资有限公司的中卫数据中心全自然风冷技术研究应用及技术规范制定两个项目通过专家评审论证,共获得220万元资金支持。

5日　自治区首个全自动车辆消毒通道在中卫黄河大桥疫情检查站正式启用。该检查站为来往货运物流车辆设置专门验码登记点位和物流消毒通道,十几秒即可对通行车辆全方位、无死角消毒。

8日 中卫市宁钢集团工会获全国工商联、人力资源和社会保障部、全国总工会表彰的“全国双爱双评企业工会”荣誉称号。

△ 沙坡头区滨河镇长安社区获中国侨联表彰的2018—2020年度全国侨联系统优秀“侨胞之家”称号。

△ 中卫中级人民法院首例适用《民法典》案件，杨某某与中卫市某公司建设工程价款优先受偿权纠纷一案宣判，这标志着该院审判工作正式进入“民法典时代”。

18日 中卫市基本养老保险参保人数达79万人。

19日 中卫市农业农村局与中国邮政集团有限公司中卫市分公司、中国邮政储蓄银行股份有限公司中卫市分行签署战略合作协议。通过资金、人才、市场和管理等方面支持，打造“宁字号”农产品品牌，共同推动农民专业合作社(家庭农场)高质量发展。

20日 中卫市60家企业获得自治区下达的2020年度企业研究开发费用财政补助资金4265.65万元，7家规上企业获得新增研发费用奖励资金733.62万元。

3月

4日 中卫市政法队伍教育整顿动员部署会召开，传达学习中央和自治区有关会议精神，对中卫市政法队伍教育整顿进行动员部署。

△ 百年辉煌赓续精神血脉——纪念毛泽东为雷锋题词58周年暨《中卫地方党史》《治沙史》《中卫好人》揭幕仪式在中卫市雷锋文化馆举行。

△ 由中国铁路兰州局授权入驻宁夏钢铁集团的“雷锋号”机车揭幕仪式在宁夏钢铁集团“时代光耀”项目基地举行。

10日 中卫职业技术学校自治区级高技能人才培训基地暨产教融合实训基地揭牌成立。

△ 中卫市精准药学服务中心在沙坡头区人民医院成立。

11日 中卫市2021年“春风行动”启动仪式暨“稳就业、保民生”招聘会在沙坡头水镇举行。

10—12日 中卫市委副书记、市长带领市政府有关部门(单位)负责人赴江苏省苏州市、徐州市和浙江省湖州市，走访相关企业，洽谈对接项目。

17日 中卫市启动中宁枸杞立法工作。

18日 中卫海关辖区首次出口危险货物2-氯-5-氯甲基吡啶DMF溶液。

△ 中卫地区首次出口危险货物单氰胺。

30日 中卫至杭州航线航班开通。

4月

2日 中卫市汉墓出土文物移交签约仪式在银川举行，自治区文物考古研究所共向中卫市博物馆移交384套905件文物。

3日 中卫市第十五届南北长滩黄河梨花节在沙坡头区南长难村梨园广场开幕。

8日 中卫市水污染防治工作以105.71分的成绩被评定为优秀等级，获自治区水污染防治落实考核第一名。

12—14日 中卫市政府主要领导带队赴广东开展招商考察活动。

△ 中卫至武汉旅游包机开通。

24日 第七届中卫市青少年机器人竞赛暨首届青少年创意编程与智能设计大赛开赛。240支青少年机器人竞赛队伍亮相。

26日 中卫市政府廉政工作电视电话会议召开。

△ 中卫市2021年“担当新使命 奋进新征程”广场文化艺术节在市区文化广场正式启动。

27日 “4·15”全民国家安全教育日专题文艺晚会在中卫市区文化广场上演。

28日 中卫南至西安北直达动车组列车开通。

29日 “2021中国宁夏(沙坡头)第十一届丝绸之路大漠黄河国际文化旅游节”康养旅游发展论坛在沙坡头景区星空剧场举办。

△ 宁夏大学中卫校区启动新冠疫苗方舱临时接种点，在校师生至校区临时接种点接种疫苗。

5月

8日 中卫市2021年防灾减灾宣传周暨防灾减灾日活动在中卫市防灾减灾救灾科普示范体验教育基地举行。

9日 沙坡头区常乐镇老君台茶房庙沟附近发生一场不明山火。

11日 宁夏及毗邻地区融入西部陆海新通道项目签约和推介会在中卫举行。

17日 中卫市沙石画、肖记水面、中卫道情、曹氏武术等四大类20个项目(其中包括11个扩展项目)被列入第六批自治区级非物质文化遗产代表性项目名录。

19日　中卫市宁夏钢铁(集团)有限责任公司的耐腐蚀不锈钢覆层钢筋制备工艺研究和宁夏锦宁巨科新材料股份有限公司的高性能防滑镜面花纹铝合金板关键技术开发研究两个项目,入选自治区重点研发企业支持项目,项目总研发费用1940万元。

21日　中卫中学"智慧科普校园建设"项目获自治区科普专项项目资金60万元。

26日　国家一体化大数据中心(宁夏·中卫)国家枢纽节点在贵阳第六届中国国际大数据产业博览会上正式发布。

31日　市长带领市政府领导班子到市廉政法治教育基地参观学习,接受廉政警示教育、法治教育。

6月

2日　中卫市在落实中央及自治区"放管服"要求上,"店小二式"的精准服务,赋权给中卫市工业园区管委会的做法受到自治区主要领导在全区深化"放管服"改革电视电话会议上的表扬,并在全区工业园区推广。

8日　中卫海关完成首次出口危险货物包装性能鉴定送检。

10日　中宁黄羊钱鞭入选国家级非物质文化遗产代表性项目名录,中卫建筑彩绘和中宁蒿子面制作技艺入选国家级非物质文化遗产代表性项目名录扩展项目名录。

△　中卫市2021年文化和自然遗产日非遗展示展演活动,在市区红太阳广场举行。

11—17日　福建农林大学经济管理学院院长王林萍教授等一行7人到中卫市开展宁夏(中卫)"一带一路"国家粮食储备基地课题调研,并召开座谈会。

16日　中卫市入选公立医院综合改革第二批国家级示范城市。

17日　中卫市在全市范围内全面开展证明事项清理、推行告知承诺制。

△　中卫海关完成辖区首家进境动物隔离检疫场验收工作。

22日　一级演员瞿弦和、中国十大演播家张筠英、中央广播电视总台播音指导虹云、一级演员刘纪宏等人,到中卫参加2021"诗意塞上·歌颂党恩"黄河诗会。

23日　中卫市人民政府与上海电气风电集团有限公司签订战略合作协议。

△　宁夏第十届摄影艺术作品展中卫巡回展在沙坡头水镇开展。

△　李佃贵学术传承工作室揭牌仪式暨拜师典礼在中卫市中医医院举行。

△　中兰铁路香山隧道5号斜井至出口段实现贯通。

24日　中卫市两级法院举行"我为群众办实事,切实解决执行难"执行案款集中发放大会,采取线上线下相结合方式,将执行到位的226笔1.2亿余元执行案款陆续发放给申请执行人。

22—24日　第四届枸杞产业博览会新品发布暨采购商大会在中宁县举行。博览会共计签约枸杞种植、加工、销售,新能源全产业链,金银花种植等项目84个,签约金额68.55亿元。

26日　第二届中国铁路文化收藏博览会暨第二届中国铁路文化收藏交流大会在宁夏钢铁集团举行。

28日　中卫卫民黄河大桥建成通车,该桥全长1.828千米,其中桥梁长1409米,引道长419米,设计时速60千米,为宁夏境内第18座跨越黄河的公路桥梁。该桥设计兼顾通行与服务城市的功能,主桥采用异性钢箱拱形式,是宁夏第一座全钢结构钢箱梁桥。

△　宁夏回族自治区人民政府下发《关于认定固原经济开发区、中宁工业园区为自治区高新技术产业开发区的批复》,中宁工业园区获评自治区高新技术产业开发区。

△　"永远跟党走·庆祝中国共产党成立100周年"全市书法美术摄影展在中卫市行政中心二楼开展。

29日　国家(中卫)新型互联网交换中心启用仪式暨宁夏中卫市新型互联网交换中心有限责任公司揭牌仪式在中卫市科技馆(云展馆)举行,宁夏通信管理局和中卫市政府共同为宁夏中卫市新型互联网交换中心有限责任公司颁发营业执照。

7月

9日　中卫工业园区(宁夏中卫高新技术产业开发区)"云天中卫"众创空间揭牌,高校、金融机构合作签约暨西安交通大学科技成果路演活动在宁夏中卫市科技馆开幕。

10—11日　第十六届中国卫生信息技术、健康医疗大数据应用交流大会暨软硬件与健康医疗产品展览会在武汉国际博览中心举办。大会发布全国卫生健康信息化发展指数(2021)城市结果,在全国121个地市级样本城市中,中卫市卫生健康信息化发展总指数排名第十,卫生健康信息化治理水平指数排名第三。

15日　第十届中国创新创业大赛(宁夏赛区)暨第六届宁夏创新创业大赛赛前辅导培训班中卫站举办,70余名企业负责人参加培训。

△　中卫海关首次对进口意大利养鸡设备零部件开展属地查检工作。

17—20日　假日期间中卫市接待游客31.41万人次。

25日　由兰州局柳沟站发至中卫迎水桥的86008次多联快车满载3200吨煤炭驶入迎水桥货场,开启疆煤入宁集装箱公铁联运新模式。

26日　助力枸杞产业高质量发展论坛在中宁召开。

△　港中旅(宁夏)沙坡头旅游景区有限公司与海飞特(西安)直升机有限公司签订战略合作协议,双方将开展直升机航空旅游及应急救援项目合作。

27日　中卫市开展2021年外经贸政策解读及跨境电商培训会,全市100多家重点和潜力外贸企业、商会及电子商务企业等参加培训。

28日　自治区妇联调研组一行来卫对中卫市巾帼家政实训基地建设情况进行调研。

29日　自治区党委书记、人大常委会主任到中卫市中宁县调研肉牛、枸杞、新材料等产业发展情况。

30日　"中国(宁夏)星空旅游大会"在宁夏中卫沙坡头旅游景区启幕。

△　宁夏蛋氨酸供应链合作协议签约仪式在中卫市政府会议室举行。

30—31日　中国共产党中卫市第四届委员会第十一次全体会议召开,审议通过《中共中卫市委员会关于进一步推进创新驱动、深化改革的若干意见》。

8月

2日　中卫市中宁县余丁乡黄羊村拟入选第三批全国乡村旅游重点村名单。

△　第六届中国创新挑战赛(宁夏)绿色食品产业需求专场对接会在中卫市举行。

9日　中卫市两大任务推进暨2022年重点项目谋划工作会议召开,会议通报各县(区)、相关部门两大任务推进暨2022年重点项目谋划工作进展情况。

11日　自治区第十六届运动会中卫市筹备工作指挥部第1次会议召开,会议通报自治区第十六届运动会筹备工作进展情况,研究审定《自治区第十六届运动会中卫市筹备工作执行方案（送审稿)》《自治区第十六届运动会新增比赛场馆建设建议方案(送审稿)》等。

15日　首列中亚国际大宗货物班列抵达中卫。

20日　中兰铁路香山隧道2号斜井大里程至3号斜井小里程正洞实现洞通。

23日　中卫市区540名幼儿通过摇号获取入园资格。

9月

1—3日　自治区水利、农业、工程、旅游等领域23名专家到中卫工业园区、沙坡头区、海原县、中宁县开展专家服务活动,协助落实《自治区省级领导同志包抓百万移民致富提升行动重点县重点村实施方案》目标任务。

6日　自治区党委第三生态环境保护督察组督察中卫市反馈会召开。

7日　中卫市启动"质量月"暨服务企业质量提升百家行活动。

10日　中卫市工伤预防项目启动仪式在宁夏钢铁(集团)有限责任公司举行。

13日　中卫市中医医院举行中卫市智能调配煎药配送中心运营启动仪式,中卫市智能调配煎药配送中心正式运营,每天可同时为600余名患者提供煎煮中药服务。

15日　中卫市2021年休闲农业提升年暨中宁县"中国农民丰收节"在中宁举行。

△　中卫市中级人民法院依法公开开庭审理国家能源集团宁夏煤业有限责任公司运销公司原党委书记、副总经理李毅受贿一案。

16日　中卫市9所新建公办幼儿园全部开园新增学前教育阶段学位3600个。

18日　沙坡头区2021年"中国农民丰收节"在永康镇永乐村举行。

23日　西气东输三线中段(中卫—吉安)天然气管道建设工程正式启动。

24—25日　2021黄河数字音乐节在沙坡头旅游

景区时空之门举行。

27 日 “展现时代印记·助力乡村振兴”市域古建筑职工绘画摄影展在中卫市职工文化活动中心开展。

△ 中卫市第六届红十字应急救护技能大赛在市人民医院举办。

△ 中卫市职业技术学校举行农牧类专业开班仪式，首次开设农牧类专业。

28 日 全国高新技术企业认定管理工作领导小组办公室印发《关于宁夏回族自治区 2021 年第一批备案高新技术企业名单的函》，中卫市宁夏钢铁（集团）有限责任公司、宁夏同辉气体有限公司、宁夏正旺农科产发展集团有限责任公司等 9 家（复审 1 家）企业位列其中。

△ 在第六届世界硒都（恩施）硒产品博览交易会上，中卫市宁夏硒产业发展有限责任公司选送的“基于标准化技术应用的宁夏富硒枸杞产业化项目”获首届全国富硒功能农业创业创新大赛一等奖。选送的富硒枸杞原浆获评“最具创新力名优硒产品”。

△ 以“铸牢中华民族共同体意识，推动新时代党的民族工作高质量发展”为主题的民族团结月专场文艺演出在中卫市文化广场举行。

10 月

14 日 生态环境部执法局回访调研中卫市环境污染问题整改座谈会召开。

16 日 中卫市城乡人居环境整治百日攻坚行动暨秋冬农田水利基本建设观摩评促会召开。

18—20 日 以“绿色发展·数据共享”为主题的“2021 云天大会”在中卫举行。会上揭牌“全国一体化算力网络国家枢纽（宁夏中卫）节点”“中卫云”“西部全信创生态联合培训基地”“中国移动全国一体化算力网络国家枢纽（宁夏中卫）节点信息安全运营中心”“5G+工业互联网培训基地”“西部云基地发展有限公司”等 5 个基地和公司，发布上线“宁夏北斗时空位置服务云平台”“移动苏宁云”“信创安全云”“新型城市智慧体（基层社会治理）”“人民党建云”等。中卫市人民政府分别与国家相关部委、行业协会、企业等签订 20 项合作协议。

25 日 中宁县文化馆被评定为国家一级文化馆。

是月 中卫市中级人民法院与甘肃矿区法院、内蒙古乌海市中级人民法院签署《黄河流域（甘肃—宁夏—内蒙）保护环境资源审判协作框架协议》，推动建设协同共治的生态环境司法保护新格局。

11 月

1 日 中卫市两县一区 522 所中小学、幼儿园、中职学校线下教育教学活动转为线上进行，涉及学生 21 万余人、教职工 1.2 万余人。寄宿制学校、中职学校根据实际，均采取封闭式管理。

2 日 乌玛高速公路镇罗黄河特大桥完成荷载试验。

5 日 中卫市中级人民法院开庭审理中卫首例县级政府正职负责人出庭应诉行政案例。

8 日 文化和旅游部官网发布公告，经旅游民宿自愿申报、省级等级旅游民宿评定机构初审、全国旅游标准化技术委员会最终评定后，认定 58 家民宿达到甲级、乙级旅游民宿标准。其中，甲级民宿 31 家，中卫南岸民宿位列其中，为宁夏唯一一家上榜甲级标准的旅游民宿。

11 日 中卫市“八五”普法启动实施。

12 日 中卫市向阳步行街入选自治区级旅游休闲街区。

15 日 海原县首个“文明实践积分超市”在关庄乡密儿村挂牌运行，村民可凭借日常助残帮困、环境卫生整治等各类实践活动中的积分，兑换超市里的日常生活用品。

22 日 中宁县文化馆“杞花开”扶贫扶智文化志愿服务项目入选文化和旅游部 2021 年文化和旅游领域最佳志愿服务项目。

△ 中卫市沙坡头区文昌镇东花园社区被文化和旅游部评为 2021 年文化和旅游领域最美志愿服务社区。

29 日 港中旅（宁夏）沙坡头旅游景区被全国旅游标准化技术委员会评为第一批国家级文明旅游示范单位。

12 月

4—6 日 宁夏青少年乒乓球锦标赛在中卫市举办。

9 日 宁夏黄河流域生态保护和高质量发展先行区建设——中部干旱带沙坡头香山兴仁片区生态修复及灌区（一期）供水工程开工仪式在中卫市沙坡头区兴仁镇郝集村举行。

16 日 中卫海关首次办理红酒出口业务。中卫海关辖区某酒庄申报出口的 48 箱红酒经检验检疫合格后放行，出口德国。

21日　中央第四生态环境保护督察组一行至中卫市督察调研。督察组一行先后来到宁夏弘兴达果业有限公司、中国联通中卫云数据中心、环保警示教育基地，边走边看、边听边问，实地了解农业高效节水灌溉、黄河流域“清四乱”及河道整治工程、中国联通中卫云数据中心、国家（中卫）新型互联网交换中心绿色智能建设等情况，听取相关负责人汇报关于环境问题治理情况及下一步工作。

23—25日　中国共产党中卫市第五次代表大会召开。

28—30日　政协中卫市第五届委员会第一次会议在中卫红宝宸宇宾馆召开。

29日　乌海至玛沁公路青铜峡至中卫段建成通车。项目总投资79.41亿元，主线全长122.99千米，联络线全长9.07千米，起点在青铜峡市同兴移民村西，接乌玛高速公路（宁夏境）银川至青铜峡段，终点位于中卫市沙坡头区红卫，接定武高速公路，主线约18千米，穿越腾格里沙漠腹地。主线共设置渠口、石空、中卫北、迎水桥4处收费站及渠口、沙坡头两处服务区（加油加气服务未开放）；联络线起点位于主线镇罗北枢纽立交，跨越黄河，设置镇罗黄河特大桥（全长1280米），终点位于永康枢纽互通立交接定武高速，设置镇罗南收费站。该高速将银川与中卫间的车程缩减半小时。

29—31日　中卫市第五届人民代表大会第一次会议召开。

是月　2021年，中卫市技术合同交易额突破亿元大关，达到1.14亿元。

组织机构和领导人

（2021年1月1日—12月31日）

中国共产党中卫市委员会

书　记　张　利（2021.12任职）
副书记　马洪海（回族，2021.04任职）
李晓波（任至2021.04）
杨青龙（回族，2021.06任职）
常　委　徐海宁（任至2021.06）
杨文生（回族，任至2021.09）
余瑞东（2021.10任职）
叶宪静（女，任至2021.01）
高　鹏（女，2021.09任职）
苏发坤
朱利军
崔　昆（任至2021.12）
万学道（2021.12任职）
郑明亮
肖汉华（挂职）
刘凯华
童　刚（任至2021.06）
赵晓东（2021.10任职）
秘书长　杨照明（回族，任至2021.12）
副秘书长　赵得坤（任至2021.08）
张振宇（任至2021.07）
拓晓明（任至2021.07）
田海福（回族，2021.07任职）
黄飞虎（2021.08任职）
孙学全（2021.02任职）
徐　洁（女）

中卫市人民代表大会常务委员会

党组书记、主任　张　利（2021.12任党组书记）
崔　昆（2021.12任党组副书记、主任）
党组副书记、副主任
蔡　波（任至2021.12）
副主任　马桂岚（女，回族，任至2021.12）
李树茂（任至2021.12）
郭　亮（任至2021.12）
黄　华（女，任至2021.12）
万克军
王自强（任至2021.12）
张振红（任至2021.12）
韩秉文（2021.01任职）
郭爱迪（2021.12任职）
何建勃（2021.12任职）
田风才（回族，2021.12任职）
陈自强（2021.12任职）
景兆珍（2021.12任职）
马　丽（女，回族，2021.12任职）
秘书长　田风才（回族，2021.01任职，任至2021.12）
刘辛彧（2021.12任职）
副秘书长　龙海生
办公室主任　张广军
办公室副主任　张宏清

法制工作委员会

主　任　陆宝明
副主任　刘树飞

财政经济工作委员会

主　任　刘金保

副主任　杨金保

农业与环境资源保护工作委员会

主　任　魏建雄

副主任　常　军

教育科学文化卫生民族宗教工作委员会

主　任　周宗杰（任至 2021.01）

童　颢（2021.07 任职）

副主任　叶建成

人事代表联络与选举工作委员会

主　任　陈玉茂（2021.01 任职）

副主任　孙玉祥

监察和司法工作委员会

主　任　任自勇

中卫市人民政府

党组书记、市长　马洪海（回族，2021.04 任职）

李晓波（任至 2021.04）

党组副书记、副市长

崔　昆（任至 2021.12）

赵晓东（2021.10 任副市长，2021.12 任副书记）

副市长　余瑞东（2021.10 任职）

肖汉华（挂职）

蔡　菊（女，任至 2021.02）

张隽华（回族，任至 2021.05）

李　斌

赵建新（任至 2021.10）

董立军（任至 2021.09）

张　虎（2021.09 任职）

马自忠（回族，2021.06 任职）

杨照明（回族，2021.12 任职）

陈贵贞（女，2021.12 任职）

秘书长　戎尽寒（任至 2021.02）

张　鹏（2021.02 任职，任至 2021.08）

陈自强（2021.08 任职，任至 2021.12）

副秘书长　张廷聪（兼职）

李伏荣

汪万文（任至 2021.03）

巩中升

陈正刚（任至 2021.08）

黄飞虎（任至 2021.08）

王秀娟（女）

金钟河（回族，2021.03 任职）

雍跃斌（2021.04 任职）

李长海（回族，2021.08 任职）

田　力（回族，2021.08 任职）

中国人民政治协商会议中卫市委员会

党组书记、主席　杨文生（回族，2021.09 任职）

罗成虎（回族，任至 2021.08）

党组副书记　万学道（2021.12 任职）

杨文生（任至 2021.09）

党组副书记、副主席

秦发成（任至 2021.12）

副主席　茹小侠（女，任至 2021.12）

穆风梧（回族，不驻会）

付成林（任至 2021.12）

吕玉兰（女）

王　谦（任至 2021.12）

张国顺（任至 2021.12）

张　鹏（2021.12 任职）

盛建宁（2021.12 任职）

冯忠铁（2021.12 任职）

严玉华（2021.12 任职）

秘书长　孙志刚（2021.12 任职）

盛建宁（2021.01 任职，任至 2021.12）

潘　莉（女，任至 2021.01）

副秘书长　李长海（回族，任至 2021.08）

办公室主任　潘志华

办公室副主任　何太民

提案委员会

主　任　范金祥

副主任　姚其平（任至 2021.11）

王存栋（2021.11 任职）

经济委员会

主　任　俞正荣

副主任　雍正嘉（2021.01 任职）

教科文卫体委员会

主　任　李　诚

副主任　彭浩平

社会和法制委员会

主　任　唐兴武

副主任 詹树楷

民族宗教和港澳台侨委员会

主　任 张国顺(兼,任至2021.12)
杨树春(兼,回族,2021.12任职)

副主任 王占仁(正处级,任至2021.11)
王燕玲(女)

文化文史和学习委员会

主　任 茹小侠(兼,任至2021.12)
吕玉兰(女,2021.12任职)

副主任 田应福(正处级,任至2021.03)
张江涛(正处级,2021.03任职)
孙素香(女,2021.09任职)

农业与农村委员会

主　任 王　谦(兼,任至2021.12)
盛建宁(兼,2021.12任职)

中国共产党中卫市纪律检查委员会

书　记 刘凯华

副书记 金　忱
杨智龙(回族,2021.12任职)
周自军(2021.01任职)
张春枫(任至2021.06)
拓晓明(2021.07任职)

常　委 陈玉茂(任至2021.01)
赵文胜(2021.01任职)
马星河(回族)
周自军(任至2021.01)
刘　慧(女)
詹伟斌(2021.02任职)
陈学森(2021.05任职)

派驻纪检监察组组长

派驻第一纪检监察组 朱　樱(女)

派驻第二纪检监察组 禹淑贤(女)

派驻第三纪检监察组 王宁博(任至2021.11)
董兴华(2021.11任职)

派驻第四纪检监察组 吴　鹏

派驻第五纪检监察组 张　文(任至2021.05)
常伟海(2021.05任职)

派驻第六纪检监察组 贾廷虎

派驻第七纪检监察组 张春山

派驻第八纪检监察组 黄宗浩(任至2021.01)
张信繁(2021.02任职)

派驻第九纪检监察组 肖爱玲(女,任至2021.07)
雍　清(2021.07任职)

派驻第十纪检监察组 李耀邦(回族,任至2021.07)
马福俊(2021.07任职)

派驻第十一纪检监察组 张　力

派驻第十二纪检监察组 罗永国

中卫市监察委员会

主　任 刘凯华

副主任 金　忱(任至2021.12)
杨智龙(回族,2021.12任职)
周自军(2021.01任职)
张春枫(任至2021.06)
拓晓明(2021.07任职)

委　员 陈玉茂(任至2021.01)
赵文胜(2021.01任职)
周自军(任至2021.01)
刘　慧(女)
詹伟斌(2021.02任职)
陈学森(2021.05任职)
宋云明(2021.06任职)

中卫市法检两院

市中级人民法院

党组书记、院长 何　莉(女)

党组副书记、副院长
高立柱

副院长 雍振海
张月玲(任至2021.09)
彭吉文(2021.10任职)

纪检监察组组长 肖爱玲(女,任至2021.07)
雍　清(2021.07任职)

政治处主任 赵雪兰(女)

审委会专职委员 薛鹏飞(任至2021.07)
彭吉文(任至2021.09)
陈文普(2021.10任职)

市人民检察院

党组书记、检察长 赵红香(女)

党组副书记、副检察长
史天忠

副检察长 强吉鸿(回族)

李彤宇
纪检监察组组长　李耀邦（回族，任至 2021.07）
马福俊（2021.07 任职）
政治部主任　万晓红
检委会专职委员　徐青山
沈　璐（女）

中卫市委工作部门

市委办公室
主　任　杨照明（回族，任至 2021.12）
金　忱（2021.12 任职）
副主任　孙学全（任至 2021.02）
徐　洁（女，任至 2021.06）
何永忠（2021.07 任职）
丁　娟（女，回族，2021.07 任职）
市委督查室主任　拓晓明（任至 2021.07）
田海福（回族，2021.07 任职）

市委组织部
部　长　朱利军
副部长　何太成（正处级，分管日常工作）
李伟善（任至 2021.03）
钱建平（2021.03 任职）
倪祝新
部务委员　祁　洋（任至 2021.03）
赵志栋
李玉晴（女，2021.07 任职）

市非公有制经济组织和社会组织党工委
书　记　李伟善（任至 2021.03）
钱建平（2021.03 任职）
专职副书记　康晓伟

市委宣传部
部　长　叶宪静（女，任至 2021.01）
高　鹏（女，2021.09 任职）
副部长　王越宏（正处级，分管日常工作）
谭河清（任至 2021.03）
孙艳琳（女，2021.06 任职）
胡立华
市文明办专职副主任
刘乙龙

市委统战部
部　长　杨文生（回族，任至 2021.09）
万学道（2021.12 任职）
副部长　马文君（正处级，分管日常工作，任至 2021.01）
李伟善（正处级，分管日常工作，2021.03 任职）
邹建萍（女）
马　震（回族）
王永生（兼，任至 2021.02）
俞正国（2021.06 任职）

市委政法委
书　记　苏发坤
副书记　冯玉森（正处级，分管日常工作，任至 2021.01）
高永生（正处级，分管日常工作，2021.02 任职）
李　斌
王中宏
张永华

市委政策研究室
主　任　赵得坤（任至 2021.08）
黄飞虎（2021.08 任职）
副主任　张晓辉
徐元才

市委网络安全和信息化委员会办公室
主　任　李金星
副主任　潘　霞（女）
郭振华
周向军（2021.11 任职）

市委机构编制委员会办公室
主　任　魏建广（任至 2021.08）
赵得坤（2021.08 任职）
副主任　焦海珍
胡德海

市直属机关工作委员会
书　记　朱利军（2021.07 任职）
副书记　芮国庆（正处级，分管日常工作，任至 2021.01）
张志军（正处级，分管日常工作，2021.01 任职）
李正甫（回族）
汪金文

市委巡察工作领导小组办公室、巡察组
主　任　陈玉茂（任至 2021.01）
赵文胜（2021.01 任职）

副主任　陈学森（任至 2021.05）
王国强（回族，2021.09 任职）
巡察组副组长　赵爱民
杨卫华
李　峰

市委老干部局

局　长　杨成忠（回族）
副局长　赵艳芳（女）
张玉芬（女，2021.11 任职）

中卫市委及部门直属事业单位

市委党校

校　长　朱利军（2021.07 任职）
常务副校长　张江涛（任至 2021.03）
袁海清（2021.03 任职）
副校长　张巧荣
王文红

市新闻传媒中心

党委书记、主任　段鹏举（任至 2021.01）
马文君（2021.01 任职）
党委副书记、副主任、总编辑
姜　美（女，挂职，任至 2021.04）
冯晓莺（女，挂职，2021.04 任职）
纪检监察组组长　罗永国
副主任、副总编辑
廉　刚（任至 2021.06）
谢亚东（2021.06 任职）
副总编辑　保永琴（女）

市档案馆

馆　长　张振宇（任至 2021.07）
副馆长　陈智勇

中卫市政府工作部门

市政府办公室

主　任　戎尽寒（任至 2021.02）
张　鹏（2021.02 任职，任至 2021.08）
陈自强（2021.08 任职，任至 2021.12）
副主任　田　力（回族，任至 2021.08）
靳　军（2021.08 任职）
王立明（2021.08 任职）

市发展和改革委员会

主　任　张　鹏（任至 2021.03）
张俊华（2021.03 任职）
副主任　薛　梅（女，任至 2021.06）
陆　升
龚　涛（任至 2021.03）
徐志鹏（2021.07 任职）
吴洪国（2021.05 任职）
尚富华（挂职，2021.05 任职）

市教育局

局　长　冯忠铁
副局长　赵炳东（任至 2021.05）
王玉泉（任至 2021.11）
沈红菊（女，任至 2021.06）
姚宏愿（2021.05 任职）
张　红（女，2021.07 任职）
景兆栋（2021.11 任职）
副主任督学　韩建业（2021.05 任职）
教育工委专职副书记
闫自立

市科学技术局

局　长　陈自强（任至 2021.01）
雍平华（2021.01 任职）
副局长　丁全保（任至 2021.11）
李红文
李建杰

市工业和信息化局

局　长　严玉忠（任至 2021.01）
刘辛彧（2021.01 任职）
副局长　莫岩峰
陶鸿波
杨宝翟

市公安局

局长、督察长　董立军（任至 2021.09）
张　虎（2021.09 任职）
政　委　盛建宁（任至 2021.01）
高　军（2021.02 任职）
副局长　王　波（任至 2021.02）
马天华（2021.02 任职）
田玉宝（回族，任至 2021.07）
李满洲
于　涛（2021.07 任职）
纪检监察组组长　张　力

政治部主任　张淑芬
指挥部主任　李全国(2021.07 任职)
潘玉平(任至 2021.07)
刑事侦查局局长　李　芳(2021.07 任职)
刘福林(任至 2021.07)
交通警察局局长　郑　华(2021.07 任职)
田小平(回族,任至 2021.05)
交通警察局政委　王建军(2021.07 任职)
郑　华(任至 2021.07)
特警支队支队长　王学新(2021.08 任职)
于　涛(任至 2021.07)
特警支队政委　雍建军(任至 2021.09)
看守所所长　郭　鹏
看守所政委　刘振海(2021.08 任职)
王建军(任至 2021.07)
禁毒委员会办公室专职副主任
王建虎(任至 2021.02)
田小平(回族,2021.05 任职,任至 2021.08)

沙坡头区公安分局

局　长　袁　敏(任至 2021.07)
张海涛(2021.07 任职)

市民政局

局　长　杨智龙(回族)
副局长　林致华(任至 2021.03)
张　越(女)
张卫洲(2021.03 任职)
王　军(2021.02 任职)

市司法局

局　长　李　斌
副局长　俞　敏(女,2021.07 任职)
陈健壮
陈炜强(任至 2021.07)
周立祖(回族,任至 2021.07)
李树田(2021.10 任职)

市财政局

局　长　杨树春(回族)
副局长　张海涛(任至 2021.07)
张秀兰(女)
白卫东(2019.03 任职)
李金凯(2021.08 任职)
市政府国有资产监督管理委员会专职副主任
李红瑛(女)

市人力资源和社会保障局

局　长　孙尚金
副局长　李俊义(回族,任至 2021.03)
刘晓燕(女)
万伟中
李松龄(2021.05 任职)

市自然资源局

局　长　姜守清(任至 2021.09)
刘天平(2021.09 任职)
副局长　刘天平(任至 2021.09)
李宏然(任至 2021.02)
祁少波
李　创(2021.02 任职)
汪文奎(任至 2021.11)

市生态环境局

局　长　赵凤山(任至 2021.01)
陈自强(2021.01 任职,任至 2021.08)
陈正刚(2021.08 任职)
副局长　于　鑫
沈　军
王中华(任至 2021.02)
李玉明(2021.02 任职)

市住房和城乡建设局

局　长　杨　和(回族,任至 2021.01)
邱　斌(2021.01 任职)
副局长　高全军
仇元定(任至 2021.11)
王　琳
徐　斌(2021.11 任职)

市交通运输局

局　长　冯建军
副局长　郭永超
张照辉(兼)
王立成(任至 2021.02)
黄秀芬(女)
宋志鹏(回族,2021.02 任职)

市水务局

局　长　刘宏阳
副局长　田建文
胡文礼
丁全保(2021.11 任职)

市农业农村局

局　长　景兆珍

副局长 刘德祥
马立明(任至 2021.06)
谭政华(任至 2021.02)
吴春玲(女,任至 2021.02)
任　勤(女,2021.02 任职)
陆和建(2021.08 任职)

市商务局

局　长 陈贵贞(女)
副局长 徐有志(任至 2021.07)
张卫洲(任至 2021.03)
李存斌(回族,2021.03 任职)
赵　楠
崔海菊(女,2021.11 任职)

市旅游和文化体育广电局

党组书记 范家宏
局　长 袁海清(任至 2021.03)
范家宏(2021.03 任职)
副局长 王世东
常伟海(任至 2021.05)
张　强
崔春杰(2021.05 任职)
张　波(2021.09 挂职)

市卫生健康委员会

主　任 田风才(任至 2021.01)
尹鹏睿(女,2021.01 任职)
副主任 王子湄(女)
赵殿龙
王耀玺(2021.02 任职)

市退役军人事务局

局　长 孙志刚
副局长 万振林
李文才(回族)

市应急管理局

局　长 马建才
副局长 冯进强
鲁擎飞(任至 2021.03)
张巨宏
冯玉彦(2021.05 任职)

市审计局

局　长 魏列忠(任至 2021.05)
张海涛(2021.05 任职)
副局长 张　军
雍　军
温旭茹(女)

市统计局

党组书记 孙尚云
局　长 陈桂凤(女,任至 2021.02)
孙尚云(2021.06 任职)
副局长 陈淑兰(女,任至 2021.06)
薛　梅(女,2021.06 任职)
方振荣

市市场监督管理局

党委书记 刘辛彧(任至 2021.01)
赵凤山(2021.01 任职)
局　长 马　丽(女,回族)
副局长 张学斌
马　辉
张　伟

市乡村振兴局(2021.05 成立,原扶贫开发办公室)

主　任 张冠华(任至 2021.03)
汪万文(2021.03 任职)
副主任 范永伟
马其龙(任至 2021.11)
穆　华(回族,2021.11 任职)

市医疗保障局

局　长 李新忠
副局长 杜永山
孙素香(任至 2021.07)
王　勇(2021.07 任职)

市审批服务管理局

局　长 马宏全
副局长 李学武(任至 2021.11)
高秀英(女)
万富春(2021.11 任职)

市粮食和物资储备局

局　长 吕永军
副局长 彭大成
张海燕(女)

市人民防空办公室

主　任 赵吉文
副主任 李明善
李宏然(2021.02 任职)

市信访局

局　长 李伏荣
副局长 董志荣
周立祖(回族,2021.07 任职)

市云计算和大数据发展局

局　长　冯　旭（回族）
党组副书记　施永贵（2021.05 任职）
副局长　李　彬
拓守辉
庞　娜（女，2021.02 任职）
马振钧（挂职，2021.02 任职）

市金融工作局

局　长　王　铁
副局长　田晓育（回族，2021.02 任职）
万荣福（2021.08 任职）
李金凯（任至 2021.08）
李金晨（挂职，任至 2021.11）

市口岸和投资促进办公室

主　任　李崇新
副主任　罗清明
蒋文韬（2021.07 任职）
周晓梅（女，回族，任至 2021.07）

中卫市政府及其部门直属事业单位

市住房公积金管理中心

主　任　严　静（女）
副主任　黄炳文（任至 2021.02）
陶建平（任至 2021.09）
赵炳学（2021.02 任职）
朱　斌（2021.09 任职）

市机关事务服务中心

主　任　姜鹏飞（2021.06 任职）
吴秉凯（任至 2021.06）
副主任　黑付仓（回族，任至 2021.02）
吴金柱
曹玉强（2021.03 任职）

市公共资源交易中心

主　任　俞　斌
副主任　李再能
赵炳学（任至 2021.02）
李进渊（回族，2021.02 任职）

军民融合产业服务中心

主　任　施永贵（2021.05 任职）
副主任　雍跃斌（任至 2021.03）
徐志鹏（任至 2021.07）
王爱强（2021.07 任职）
陆向上（挂职，2021.07 任职）
贾　辉（回族，挂职，2021.04 任职）

海原甘盐池种羊场

场　长　任进文
副场长　邢连平
田风明（回族，任至 2021.03）
刘风武（回族，2021.12 任职）

市第三产业服务中心

主　任　马晓宏

市职业技术学校

党委书记　韩建业（任至 2021.03）
刘淑梅（女，2021.03 任职）
校　长　杨正权（回族，任至 2021.05）
赵炳东（2021.05 任职）
副校长　李　斌
吴文铭
姚宏愿（任至 2021.05）
何玉琦（2021.07 任职）

中卫中学

校　长　陈少峰
副校长　施彦恒
杨正宏
张　红（女，任至 2021.07）
李新华（2021.08 任职）

中卫一中

校　长　吴高峰

市中小微企业促进服务中心

主　任　马建平

市社会保险事业管理中心

主　任　李松龄（任至 2021.05）
王福才（2021.06 任职）

市就业创业和人才服务中心

主　任　冯国虎（回族）

市自然资源和不动产确权登记中心

主　任　陈永强

市交通运输综合执法支队

支队长　杨永浩（2021.06 任职）

市文化市场综合执法支队

支队长　马晓东（女，回族，任至 2021.07）

市人民医院

书　记　魏海玲（女）
院　长　雍春华
副书记　黄录宁

副院长 王　勇（任至 2021.07）

市卫生监督所

所　长 徐国文

市中医医院

书　记 俞　阳

市地震局

局　长 高春花（女）

市医疗保障服务中心

主　任 黄炳文（2021.02 任职）

市政务服务中心

主　任 靳　军（任至 2021.07）

市金融工作服务中心

主　任 罗清华

中卫市属国有企业

市供销集团有限公司（市供销合作社联合社）

董事长、主任 黄玉华

总经理、副主任 谭政平

副总经理、副主任

刘学财（任至 2021.09）

樊　蓉（女，任至 2021.05）

王　平（2021.09 任职）

王　英（女，2021.09 任职）

监事会主席、监事会主任

彭吉忠

市建设投资有限责任公司（宁夏沙坡头旅游产业集团有限责任公司）

董事长 张俊华（任至 2021.03）

宋大千（2021.03 任职）

党委副书记、总经理

宋大千（任至 2021.03）

谭河清（2021.03 任职）

副总经理 王立军

张　立

李志晔（女）

监事会主席 梁鑫裕（任至 2021.09）

赵冬梅（2021.09 任职）

财务总监 杨红梅（女，任至 2021.09）

梁鑫裕（2021.09 任职）

市应理城乡市政产业（集团）有限公司

董事长 蒋建明

总经理 周保昱（任至 2021.08）

副总经理 赵炳安（任至 2021.09）

姬作收

孙健宾（2021.09 任职）

刘学财（2021.09 任职）

李建存（2021.09 任职）

财务总监 姬永萍（女，2021.09 任职）

马丽萍（女，任至 2021.09）

监事会主席 殷秀玲（女）

市高新技术产业开发集团有限公司

董事长 施永贵（任至 2021.05）

总经理 鲁擎飞（2021.03 任职）

副总经理 崔　涛

张建全

肖　博

监事会主席 周智贤

财务总监 马丽萍（女，2021.09 任职）

市林草集团股份有限公司

董事长 周保昱（2021.08 任职）

副总经理 谢福才（2021.08 任职）

周兴忠（2021.08 任职）

李占海（2021.08 任职）

财务总监 吴金凤（女，2021.08 任职）

市新闻传媒集团

董事长 马文君（2021.09 任职）

总经理 冯晓莺（女，挂职，2021.09 任职）

副总经理 保永琴（女，2021.09 任职）

谢亚东（2021.09 任职）

财务总监 唐银喜（女，2021.09 任职）

中卫市群团组织

市总工会

主　席 付成林（任至 2021.12）

陈自强（2021.12 任职）

常务副主席 王朝升

副主席 任　勤（女，任至 2021.02）

吴春玲（女，2021.02 任职）

经费审查委员会主任

祝海荣

共青团中卫市委员会

副书记 刘文杰（任至 2021.04）

贺小军（回族）

市妇女联合会

主　席　刘淑芳(女)
副主席　吴金玲(女,任至 2021.03)
　　金　芳(女,回族)
　　陈淑兰(女,2021.06 任职)

市文学艺术界联合会

主　席　谈　柱
副主席　李玉华(女,回族)

市残疾人联合会

理事长　马　斌(女,回族)
副理事长　赵艳忠(任至 2021.07)
　　徐　刚(回族,2021.10 任职)
　　梁启军(挂职)
　　王建平(兼职)

市科学技术协会

主　席　雍平华(任至 2021.01)
　　马宏伟(回族,2021.01 任职)
副主席　王建平(任至 2021.02)
　　谭政华(2021.02 任职)

市伊斯兰教协会

会　长　穆风梧(回族)
副会长(正处级)　马宏伟(回族,任至 2021.01)
　　白　旭(回族,2021.01 任职)
副会长　马学忠(回族)

市红十字会

常务副会长　崔文萍(女)

市工商业联合会

书　记　王永生(任至 2021.02)
　　张　斌(2021.03 任职)
主　席　周　红(女,回族)
副主席　刘险峰(2019.02 任职)

沙坡头区四套班子及法检两院

沙坡头区委

书　记　童　刚(任至 2021.06)
　　郭爱迪(2021.06 任职)
副书记　郭爱迪(任至 2021.06)
　　宗立冬(2021.06 任职)
　　田海福(回族,任至 2021.07)
　　张振宇(2021.07 任职)
常　委　白　杨(女,任至 2021.04)
　　孙艳琳(女,任至 2021.06)
　　姜鹏飞(任至 2021.06)
　　徐　刚(任至 2021.09)
　　唐加胜(任至 2021.01)
　　穆怀中(回族)
　　李华锋
　　高永生(任至 2021.02)
　　宋传江(2021.01 任职)
　　孙家骥(2021.02 任职)
　　彭小沛(2021.04 任职)
　　马立明(2021.06 任职)
　　沈红菊(女,2021.06 任职)
　　龚　涛(2021.09 任职)
纪委书记、监委主任
　　李华锋

沙坡头区人大常委会

书　记　郭吉武(任至 2021.03)
　　张冠华(2021.03 任职)
主　任　郭吉武(任至 2021.11)
　　张冠华(2021.11 任职)
副主任　田仲锋(回族,任至 2021.11)
　　韩国平(任至 2021.02)
　　张永花(女,任至 2021.11)
　　韩进军
　　马晓东(女,回族,2021.11 任职)
　　武建国(2021.11 任职)
　　赵艳忠(2021.11 任职)

沙坡头区政府

区　长　宗立冬(2021.06 任职)
　　郭爱迪(任至 2021.06)
副区长　姜鹏飞(任至 2021.06)
　　马立明(2021.06 任职)
　　尹鹏睿(任至 2021.03)
　　孙家骥(任至 2021.02)
　　王再龙
　　罗清平(挂职)
　　袁　敏(任至 2021.07)
　　龚　涛(2021.06 任职)
　　张海涛(2021.07 任职)
　　周晓梅(2021.07 任职)
　　高怀雷(2021.03 任职)
　　王文忠(2021.11 任职)

沙坡头区政协

主　席　刘希宁(任至 2021.01)

冯玉森（2021.01 任职）

副主席 梁清江

张巨才（任至 2021.02）

韩春玲（女，任至 2021.10）

何建忠（2021.10 任职）

张艳霞（女，2021.10 任职）

沙坡头区人民法院

院　长 刘　伟

沙坡头区人民检察院

检察长 张　斌

中宁县四套班子及法检两院

中宁县委

书　记 陈　宏（任至 2021.09）

何建勃（2021.09 任职）

副书记 何建勃（任至 2021.09）

周永根（2021.09 任职）

邱　斌（回族，任至 2021.01）

杨正权（2021.03 任职）

常　委 刘淑梅（女，任至 2021.03）

赵文胜（任至 2021.01）

妥大君（任至 2021.03）

钱建平（任至 2021.03）

马天华（任至 2021.02）

强　斌（回族，任至 2021.01）

罗永珍（回族）

杨　军

黄宗浩（2021.01 任职）

张志刚（2021.02 任职）

王建虎（2021.02 任职）

吴金玲（女，2021.03 任职）

祁　洋（2021.03 任职）

贺伟龙（2021.09 任职）

纪委书记、监委主任

赵文胜（任至 2021.01）

黄宗浩（2021.01 任职）

中宁县人大常委会

书　记 马彦军（任至 2021.06）

巫　磊（2021.06 任职）

主　任 马彦军（回族，任至 2021.11）

巫　磊（2021.11 任职）

副主任 王金栋（任至 2021.02）

王月琴（女，任至 2021.02）

李书东（任至 2021.07）

宋朝勇（任至 2021.11）

俞雪峰（2021.11 任职）

刘宁远（2021.11 任职）

张　锐（2021.11 任职）

张泽军（2021.11 任职）

中宁县政府

县　长 何建勃（任至 2021.09）

周永根（2021.09 任职）

副县长 妥大君（任至 2021.03）

张志刚

卢俊福（回族）

花　铎

贺伟龙（2021.03 任职）

蒋昊良（2021.06 任职）

康　玲（女，2021.11 任职）

中宁县政协

书　记 叶进宝（任至 2021.03）

妥大君（2021.03 任职）

主　席 妥大君（2021.11 任职）

叶进宝（任至 2021.11）

副主席 张玉芬（女，任至 2021.11）

王文华

武治军（任至 2021.11）

张光旭（2021.11 任职）

黎　萍（女，2021.11 任职）

中宁县人民法院

院　长 张广平

中宁县人民检察院

检察长 杨　莉（女，任至 2021.09）

张月玲（女，2021.09 任职）

宁夏中宁工业园区党工委、管委会

党工委书记 陈　宏（任至 2021.09）

何建勃（2021.09 任职）

管委会主任 蒋文韬（任至 2021.07）

伏　刚（2021.07 任职）

海原县四套班子及法检两院

海原县委

书　记 徐海宁（任至 2021.06）

杨青龙（回族，2021.06 任职）

副书记　　许正清（回族，任至 2021.08）
张　鹏（2021.08 任职）
丁志爱（任至 2021.03）
童　颢（2021.03 任职，任至 2021.06）
薛军勇（2021.06 任职）
郝振明（挂职，任至 2021.03）

常　委　　白　旭（回族，任至 2021.01）
田玉宝（回族，任至 2021.10）
童　颢（任至 2021.03）
蓝主保（畲族，任至 2021.04）
张晓华
薛军勇（任至 2021.01）
李雪峰
于建涛
赵元学（任至 2021.11）
强　斌（回族，2021.01 任职）
田风明（回族，2021.03 任职）
刘文杰（2021.07 任职）
丁　芳（女，回族，2021.09 任职）
采彭涛（2021.11 任职）
曾小明（挂职，2021.07 任职）

纪委书记、监委主任
张晓华

海原县人大常委会

主　任　　罗成玉（回族，任至 2021.01）
杨　和（回族，2021.01 任职）

副主任　　但　升（任至 2021.02）
段成宝（任至 2021.10）
杨正福（回族，任至 2021.02）
米力芳（女，2021.01 任职，任至 2021.10）
杨常林（回族，2021.10 任职）
马光智（回族，2021.10 任职）
薛鹏飞（2021.10 任职）
冯　帆（2021.10 任职）

海原县政府

县　长　　许正清（回族，任至 2021.08）
张　鹏（2021.08 任职）

副县长　　薛军勇（任至 2021.01）
蓝主保（畲族，挂职，任至 2021.04）
张赞军（任至 2021.07）
丁　芳（女，回族，任至 2021.10）
金钟河（回族，任至 2021.02）
孙占宏（任至 2021.03）
强　斌（回族，2021.01 任职）
刘文杰（2021.10 任职）
冯　磊（2021.06 任职）
刘福林（2021.07 任职）
贾治林（2021.04 任职）
王银军（2021.04 任职）
马海燕（女，回族，2021.10 任职）
王金中（挂职，2021.04 任职）
王永军（挂职，任至 2021.11）
曾小明（挂职，2021.07 任职）

海原县政协

主　席　　丁志爱（2021.03 任职）
张　斌（任至 2021.03）

副主席　　杨常林（回族，任至 2021.02）
田风梅（女，回族，2021.01 任职）
屈文彬（2021.01 任职，任至 2021.10）
王建平（2021.10 任职）
麻德明（回族，2021.10 任职）
马天科（回族，2021.10 任职）

海原县人民法院

院　长　　李明琮

海原县人民检察院

检察长　　俞　敏（女，任至 2021.07）
郭孟强（2021.07 任职）

市委、市政府管理、派出机构

宁夏中卫工业园区党工委、管委会

党工委书记　　赵建新（任至 2021.10）
主　任　　赵建新（任至 2021.10）
常务副主任　　张　龙
党工委副书记　　蔡国龙
副主任　　董兴华（任至 2021.11）
张建华
文铭旌（2021.12 任职）
朱　锐（2021.04 任职）

海兴开发区党工委、管委会

党工委书记　　徐海宁（任至 2021.06）
杨青龙（回族，2021.06 任职）
管委会主任　　张振红
常务副主任　　薛军勇（2021.01 任职）
管委会副主任　　糟会杰（回族）

李存斌(回族,任至 2021.03)
杨宝银
孙占宏(2021.04 任职)
纪检监察工作委员会书记
李耀邦(回族,2021.07 任职)

中央、自治区驻卫单位

中华人民共和国中卫海关
党委书记、关长　王静波
党委委员、副关长
马　君(回族)
党委委员、副关长
罗智强

国家税务总局中卫市税务局
党委书记、局长　曹雪峰
党委副书记、副局长
郑建华
党委委员、副局长
刘　冰
党委委员、副局长
徐少华
党委委员、副局长
鲁雅仙(女)
党委委员、纪检组组长
陈申然
党委委员、总会计师
邓小东(回族)
党委委员、总经济师
张艺杰

国网宁夏电力有限公司中卫供电公司
总经理、党委副书记
冯国瑞
党委书记、副总经理
王　庆
副总经理、党委委员
陆彦虎
总会计师、党委委员
王　文
副总经理、党委委员
何建剑
副总经理、党委委员
田　炯
副总经理、党委委员
杨熠鑫(西藏公司挂职)
副总经理、党委委员
李振东(2021.01 月任职)
党委委员、纪委书记、工会主席
田　玮

中卫市气象局
党组书记、局长　孙振夏
党组成员、党组纪检组组长、副局长
禹卓英(女,回族)
党组成员、副局长
李国兴
党组成员、副局长
谭　华(苗族)

国家统计局中卫调查队
党组书记、队长　魏　荣(任至 2021.07)
施明辉(2021.07 任职)
党组成员、副队长
王有杰(任至 2021.07)
徐丽娟(2021.04 任职)
党组成员、纪检组组长
董　博

中卫市邮政管理局
局　长　张照辉
副局长　赵　亮

中国人民银行中卫市中心支行
党委书记、行长
杨爱云(女)
党委委员、副行长
康彦华
党委委员、副行长
杨建升
党委委员、纪委书记
赵　力
调研员　王　捷

中国银行保险监督管理委员会中卫监管分局
局　长　邹　斌
副局长　温军民(任至 2021.10)
周江宁(2021.10 任职)
刘雪花(女)

中国农业发展银行中卫市支行
党支部书记、行长
刘国华

中国工商银行股份有限公司中卫支行

行　长　于光宇(任至 2021.03)
　白晓毅(蒙古族,2021.03 任职)
副行长　周锦瑜(任至 2021.06)
　陈全胜(满族,2021.03 任职)
　李俊英
行长助理　赵　冰(任至 2021.04)
　高梦卡(2021.04 任职)

中国农业银行股份有限公司中卫分行

行　长　杨　华
副行长　白向华
纪委书记　孟清海(任至 2021.06)
　文佐东(2021.06 任职)
行长助理　张立群

中国银行中卫支行

行　长　丁　峰
副行长　张全方
　秦福华
纪委书记　关　瑜

中国建设银行股份有限公司中卫分行

党委书记、行长　张建国
副行长　崔　莉
纪检组组长　朱东升
副行长　冯华祯
　吴丽萍(女)

中国邮政储蓄银行股份有限公司中卫市分行

党委书记、行长　严传亮
副行长　罗宗霞(女)
　魏啸吟

宁夏银行股份有限公司中卫分行

行　长　刘建平(任至 2021.03)
　舒建军(2021.09 任职)
副行长　魏晋悌
党总支委员、纪检员
　薛树明(任至 2021.09)
　赵　东(2021.09 任职)
行长助理　刘　琦(2021.09 任职)

宁夏中卫农村商业银行股份有限公司

董事长　顾义军(回族)
行　长　万福军
纪委书记　谭　策
副行长　张　军
　李学勇
　徐玉印

中卫香山村镇银行

党总支书记、董事长
　李陶全
党总支副书记、行长
　李宗洋(任至 2021.08)
　范仲成(土家族,2021.08 任职)
党总支副书记、纪检书记
　吴永宁
党总支委员、副行长
　李文军(任至 2021.08)
党总支委员、副行长
　肖　琳
副行长　杜振江

石嘴山银行股份有限公司中卫分行

行　长　陈　龙(满族)

中国电信股份有限公司中卫分公司

党委书记、总经理
　章　涛(任至 2021.12)
　王　璞(2021.12 任职)
副总经理、工会主席
　王自涛(任至 2021.12)
　严海军(2021.12 任职)

中国移动通信集团宁夏有限公司中卫分公司

党委书记、总经理
　薛　凯(任至 2021.12)
　唐红涛(2021.12 任职)
党委委员、副总经理、纪委书记、工会主席
　郭文社
党委委员、副总经理
　刘文东(任至 2021.06)
　段　明(2021.02 任职)
党委委员、副总经理
　王海洋(回族)
党委委员、副总经理
　邹　超

中国联合网络通信有限公司中卫市分公司

总经理　陈志鹏
副总经理　刘卫宁
　邵　鑫
　马振钧

中国铁塔股份有限公司中卫市分公司

党支部书记、总经理

刘全清
纪检委员、副总经理
陈永强
组织委员、副总经理
金彩荣(女,回族)

中国人民财产保险股份有限公司中卫分公司

党委书记、总经理
佘　浩(任至2021.10)
张建宁(2021.10任职)
总经理助理　王玉泽(2021.04任职)

中国人寿保险股份有限公司中卫分公司

总经理　王军宏
副总经理　郭　军(任至2021.04)
刘　杰

中盐宁夏盐业有限公司中卫分公司

经理、书记　李晓东
副经理　王　拓
副书记　刘海龙(2021.04任职试用期)

中国石油天然气股份有限公司宁夏中卫销售分公司

党委书记、经理　蔡金灵(回族,任至2021.12)
常务副经理　李广宁(任至2021.08)
于　彬(2021.08任职)
总会计师　陈昶江(2021.03任职)
副经理　张建军(任至2021.08)
党委副书记、纪委书记、工会主席、副经理
周　德
副经理、安全总监
金向涛(回族,任至2021.08)
安全总监　张建宏(2021.08任职)

中卫市烟草专卖局

宁夏回族自治区烟草公司中卫市公司

党组书记、局长、经理
杨万龙(任至2021.09)
张宝林(2021.09任职)
党组成员、纪检组组长
陈殿华
党组成员、副局长
马国智(回族)
党组成员、副经理
罗芳伟(2021.03任职)
副调研员　王曙光

宁夏回族自治区中卫沙坡头国家级自然保护区管理局

局　长　尤万学
副局长　刘荣国
秦伟春

中国科学院寒区旱区环境与工程研究所
沙坡头沙漠研究试验站

站　长　李新荣
副站长　张志山
贾荣亮

宁夏广播电视网络有限公司中卫分公司

总经理　陶占海
副总经理　曹　明
柳大虎

宁夏公路管理中心中卫分中心

党委书记　张东升
主　任　李　罡
党委委员、纪委书记
夏玉乾(2021.03任职)
党委委员、副主任
张建宁
张玉晖

中卫军分区

司令员　郑明亮
政　委　胡静波
副司令　张恋潮
战备建设处处长
李　凡
动员处处长　殷　涛(2021.01任职)
政治工作处主任　黄振龙(任至2021.09)
高喜军(2021.09任职)
保障处处长　周存军

中卫综览

综 述

【概况】 中卫市地处宁夏回族自治区中西部、黄河前套之首,“东阻大河、西接沙山”,是宁夏、甘肃、内蒙古 3 省区的交界点,也是黄河自流灌溉第一地。中卫市辖沙坡头区、中宁县、海原县,共 21 镇 19 乡,443个行政村,68 个居民委员会,总面积 17391.3 平方千米,全市人口密度为 66 人/平方千米,境内分布汉族、回族、满族、蒙古族、东乡族等 21 个民族。2021 年,全市实现地区生产总值 504.73 亿元,首次突破 500 亿元,按不变价格计算,比上年增长 6.4%,增速位列全区五市第三。其中,第一产业增加值 75.04 亿元,增长 6.0%;第二产业增加值 216.06 亿元,增长 5.9%;第三产业增加值 213.63 亿元,增长 6.9%。第一产业增加值占地区生产总值的比重为 14.9%,第二产业增加值占地区生产总值的比重为 42.8%,第三产业增加值占地区生产总值的比重为 42.3%。按常住人口计算,人均地区生产总值 47083 元,比上年增长 6.3%。 (李福祥)

【人口发展与变化】 2021 年末,全市户籍总户数 39.16 万户,户籍总人口 122.14 万人。年末全市常住人口 107.5 万人,比 2020 年末增加 0.7 万人,增长 0.7%,人口总量保持稳中略增。分县区看,2021 年末,沙坡头区 40.2 万人,比 2020 年末增加 0.2 万人,增长 0.5%;中宁县 33.6 万人,比 2020 年末增加 0.2 万人,增长 0.6%;海原县 33.7 万人,比 2020 年末增加 0.3万人,增长 0.9%。2021 年全年出生人口 1.41 万人,出生率 13.15‰;死亡人口 0.74 万人,死亡率 6.90‰。全市人口自然增长率 6.25‰。分县区看,沙坡头区 5.5‰,中宁县 5.1‰,海原县 8.4‰,增幅较第七次人口普查有所降低。2021 年末,全市城镇人口 54.3 万人,较上年增加 1.2 万人;乡村人口 53.2 万人,较上年减少 0.5 万人;常住人口城镇化率 50.51%,比上年提高 0.81个百分点。分县区看,沙坡头区 63.4%,提高 1.0 个百分点;中宁县 50.0%,提高 1.0 个百分点;海原县 35.6%,提高 0.4 个百分点。 (李福祥)

【工业和建筑】 全年全市实现工业增加值 182.46 亿元,比上年增长 5.1%,占地区生产总值比重为 36.2%。规模以上工业增加值比上年增长 3.7%。在规模以上工业中,分轻重工业看,重工业增长 4.1%,占规上工业增加值比重为 95.4%;轻工业下降 1.9%,占规上工业增加值比重为 4.6%。分经济类型看,相比上年,国有控股企业增长 9.7%,股份制企业增长 3.1%,外商及港澳台商投资企业增长 26.7%。私营企业增长 4.1%,非公有制工业增长 2.3%。分门类看,相比上年,采矿业下降 23.0%,制造业增长 3.9%,电力、热力、燃气及水生产和供应业增长 10.6%。

规模以上工业中,相比上年,黑色金属冶炼和压延加工业增长 26.7%,农副食品加工业增长 17.2%,电力、热力生产和供应业增长 12.0%,有色金属冶炼和压延加工业增长 10.1%,酒、饮料和精制茶制造业增长 5.6%,食品制造业下降 25.3%,非金属矿物制品业下降 20.2%,计算机、通信和其他电子设备制造业下降 19.2%,化学原料和化学制品制造业下降 0.9%。规模以上工业企业实现利润总额 32.36 亿元,比上年增长 9.9 倍。分经济类型看,国有控股企业利润总额 5.37 亿元,下降 55.2%;股份制企业利润总额 28.62 亿元,增长 23.9 倍;外商及港澳台商投资企业利润总额 4.04 亿元,增长 1.1 倍;私营企业利润总额 19.08 亿元,扭亏转盈 29.92 亿元。分门类看,采矿业利润 1.8 万元,比上年下降 97.7%;制造业利润 25.58 亿元,扭亏转盈 32.6 亿元;电力、热力、燃气及水生产和供应业利润 11.78 亿元,下降 21.3%。规模以上工业企业每百元营业收入中的成本 84.19 元,营业收入利润率

4.18%,年末规模以上工业企业资产负债率为64.0%。

全市建筑业实现增加值33.64亿元,比上年增长10.3%。全市具有资质等级的总承包和专业承包建筑业企业有70家,完成建筑业总产值37.13亿元,比上年增长14.2%。其中,国有及国有控股企业完成产值2.35亿元,比上年增长22.9%;私营企业完成产值30.55亿元,增长16.7%。（李福祥）

【新动能产业】 全年全市信息传输、软件和信息技术服务业增加值增长22.3%,拉动全市生产总值增速提高0.5个百分点。全市工业技术改造投资比上年增长23.4%,高技术制造业投资增长62.3%。全年水电、风电、太阳能等可再生能源发电量118.25亿千瓦时,比上年增长60.3%。全年新登记市场主体14561户。年末开业市场主体总数达81066户,其中个体工商户60091户。

年末全市发电装机容量1052.34万千瓦,比上年末增长9.9%。其中,火电装机容量161.45万千瓦,下降4.7%;水电装机容量12.43万千瓦,与上年末持平;并网风电装机容量352.6万千瓦,增长10.3%;并网太阳能发电装机容量525.86万千瓦,增长15.3%。

（李福祥）

【农业】 全年全市实现农林牧渔业增加值77.7亿元,比上年增长5.9%(按可比价计算,下同),完成农林牧渔业总产值152.1亿元,比上年增长2.7%。其中,农业产值95.0亿元,下降1.5%;林业产值1.2亿元,增长654.8%;畜牧业产值48.5亿元,增长12.4%;渔业产值3.2亿元,增长11.1%;农林牧渔服务业产值4.2亿元,增长4.2%。全年粮食种植面积190.6万亩,比上年减少2.5万亩。其中,小麦种植面积11.5万亩,减少3.3万亩;水稻种植面积5.8万亩,减少0.7万亩;玉米种植面积102.5万亩,增加7.9万亩;薯类种植面积34.9万亩,增加0.4万亩。全年粮食总产量67.0万吨,比上年下降3.7%。其中,夏粮产量2.0万吨,下降13.9%;秋粮产量65.0万吨,下降3.4%。全年全市小麦产量1.9万吨,下降11.0%;水稻产量3.5万吨,下降12.2%;玉米产量53.0万吨,增长0.8%;马铃薯(已折粮)产量6.3万吨,下降11.8%。

全年全市肉类总产量7.2万吨,比上年增长10.1%。其中,猪肉产量3.5万吨,增长26.8%;牛肉产量1.6万吨,增长4.4%;羊肉产量1.5万吨,下降6.0%;禽肉产量0.5万吨,下降11.7%。禽蛋产量4.2万吨,比上年下降27.9%。牛奶产量43.0万吨,比上年增长47.0%。年末全市生猪存栏29.8万头,比上年末下降9.2%;牛存栏32.4万头,增长29.7%,其中奶牛存栏10.2万头,增长31.7%;羊存栏113.7万只,增长12.9%;家禽存栏336.3万只,下降8.9%。全年生猪出栏43.2万头,比上年末增长22.5%;牛出栏9.8万头,比上年末增长2.5%;羊出栏86.5万只,比上年末下降1.3%;家禽出栏236.2万只,比上年末下降13.0%。（李福祥）

【服务业】 全市服务业实现增加值213.63亿元,比上年增长6.9%,占地区生产总值的比重为42.3%。其中,批发和零售业实现增加值22.78亿元,增长10.0%;交通运输、仓储和邮政业实现增加值24.74亿元,增长12.4%;住宿和餐饮业实现增加值6.18亿元,增长13.6%;金融业实现增加值23.30亿元,与上年持平;房地产业实现增加值17.96亿元,增长5.0%;其他服务业实现增加值115.98亿元,增长6.6%。全年规模以上服务业企业营业收入比上年增长21.9%,利润总额相比上年增长2.76倍。（李福祥）

【贸易】 全市实现社会消费品零售总额132.33亿元,比上年增长3.2%。按经营地统计,城镇消费品零售额98.21亿元,增长4.2%;乡村消费品零售额34.12亿元,增长0.7%。按行业分,批发零售业零售额115.9亿元,增长3.2%;住宿餐饮业零售额16.43亿元,增长3.6%。按消费类型统计,商品零售额115.9亿元,增长3.2%;餐饮收入16.43亿元,增长3.6%。

在限额以上单位(法人)商品零售额中,相比上年,粮油、食品类零售额下降32.9%,饮料类增长14.5%,烟酒类下降12.4%,服装、鞋帽、针纺织品类下降67.9%,化妆品类下降77.3%,日用品类增长50.8%,家用电器和音像器材类下降29.5%,中西药品类下降0.5%,文化办公用品类下降74.5%,通讯器材类下降9.2%,汽车类增长31%,石油及制品类增长28%。全年实现进出口总额28.31亿元,比上年增长53.2%。其中,出口总额19.13亿元,增长87.8%;进口总额9.18亿元,增长10.7%。（李福祥）

【固定资产投资】 全年固定资产投资(不含农户)比上年增长19.3%。其中,县属固定资产投资增长14.9%。分投资主体看,相比上年,国有投资增长9.6%,民间投资增长33.8%。在县属固定资产投资中,相比上年第一产业投资增长17.9%,第二产业投资增长7.3%,第三产业投资增长27.6%。工业投资增长7.2%,占县属固定资产投资的比重为55.8%。新能源投资下降11.3%,占工业投资的57%。高耗能投资(不含电力、热力生产和供应业)增长86.5%,占工业投资的22.7%。工业改建和技术改造投资增长23.4%,占工业投资的 14.7%。县属基础设施投资增长 14.7%。

（李福祥）

【房地产开发】 全年完成房地产开发投资 37.46 亿元，比上年增长 53.4%。其中，住宅投资 28.79 亿元，增长 73.8%；办公楼投资 0.07 亿元，下降 58.6%；商业营业用房投资 4.57 亿元，下降 20%。年末全市商品房待售面积 102.97 万平方米，比上年末下降 1.1%。其中，住宅待售面积 31.2 万平方米，比上年末下降 12.1%。

（李福祥）

【交通物流和邮电】 年末全市民用汽车保有量17.4 万辆，比上年末增长 5.3%，其中私人汽车保有量 16.0 万辆，增长 5.8%。全市民用轿车保有量 5.9 万辆，比上年增长 3.9%，其中私人轿车 5.9 万辆，增长 4.4%。全年民航旅客吞吐量 21.6 万人次，货邮周转量 61.32万吨千米。全年完成邮政行业业务总量 1.8 亿元，比上年增长 32.2%。完成邮政业务收入（不包括邮政储蓄银行直接营业收入）1.84 亿元，增长 14.4%。全年邮政业完成函件业务 2.84 万件，下降 45.0%；邮政包裹业务 0.7 万件，下降 30.7%；快递业务量 1265.8 万件，增长 24.7%。全年电信业务总量（2020 年不变价格）比上年增长 28.2 %。完成电信业务收入 10.4 亿元，增长 5.6%。年末全市电话用户总数 124.9 万户，增长 2.9%。其中固定电话用户 7.6 万户，移动电话用户 117.3 万户。年末固定互联网宽带接入用户 45 万户，比上年末增加 5.6 万户。（李福祥）

【财政】 全市完成地方财政收入 33.04 亿元，比上年增长 6.7%。其中，一般公共财政预算收入 22.85 亿元，增长 9.6%。在地方一般公共预算收入中，税收收入 15.31 亿元，比上年增长 21.1%，占地方一般公共预算收入的 67.0%。主体税种中，增值税 5.33 亿元，增长 22.4%；企业所得税 1.55 亿元，增长 45.8%；个人所得税 0.51 亿元，增长 26.7%。全年财政支出 192.1 亿元，比上年下降 3.5%，其中，一般公共预算支出184.2 亿元，增长1.4%。在一般公共预算支出中，一般公共服务支出 8.84 亿元，增长 0.7%；教育支出 28.61 亿元，下降 1.1%；社会保障和就业支出 24.41 亿元，下降 0.9%；卫生健康支出 16.66 亿元，下降 2.3%。

（李福祥）

【金融保险】 年末全市金融机构本外币各项存款余额 652.48 亿元，比年初增长 5.3%。其中，人民币各项存款余额 652.09 亿元，比年初增长 5.3%。金融机构本外币各项贷款余额 533.38 亿元，比年初增长 5.8%。其中，人民币各项贷款余额 533.38 亿元，比年初增长 5.8%。全市原保险保费收入 19.7 亿元，比上年下降 1.4%。其中，财产险业务保险保费收入 8.1 亿元，增长 2.1%；寿险业务保险保费收入 11.6 亿元，下降 3.7%。支付各类赔款及给付 7.4 亿元，比上年增长 29.4%。其中，财产险业务赔款及给付支出 5.8 亿元，增长 37%；寿险业务给付支出 1.6 亿元，增长 7.2%。

（李福祥）

【科学技术和教育】 全年共争取上级科技项目 154 个，到位资金 1.14 亿元。全年专利授权数 1088 件，比上年增加 343 件，其中，获得授权发明专利 64 件，增加 3 件。年末，全市共有国家级高新技术企业 9 家，自治区科技小巨人企业 3 家，自治区科技型中小企业 54 家。每万人有效发明专利拥有量 3.25 件。年末全市拥有自治区级工程技术中心 7 个，自治区技术创新中心 44 个，自治区众创空间 1 家。年末全市有质检中心 2 家，全年制造业产品合格率 98.15%。年末全市各级各类学校 435 所，教职工 16048 人，其中专任教师 13818 人。全市小学学龄人口入学率 100.0%，初中阶段毛入学率 116.06%，高中阶段毛入学率 93.88%，小学六年巩固率 99.27%，初中三年巩固率 99.81%。（李福祥）

【文化、旅游和体育】 年末全市拥有专业艺术表演团体 3 个，业余文艺团体 166 个，文化馆 3 个，公共图书馆 3 个，博物馆 6 个，文物管理所 3 个，剧场、影剧院 9 个，文化站 40 个。全市已建成大型公共文化服务场所 10 个，村级文化室 448 个，社区文化室 51 个。年末全市共有景点景区 36 家，旅行社 54 家（分社 40家、注册社 14 家）。星级旅游饭店 10 家，其中，四星级 6 家，三星级 4 家。全年接待旅游人数 886.7 万人次，实现旅游总收入 58.7 亿元。年末全市共有体育场馆 18 个，体育场地面积 290 万平方米。全年举办体育运动竞技 67 场次，举办大型职工群众运动会 7 场次，培训二级体育指导员 803 人。（李福祥）

【资源和环境保护】 全市城市道路长度 560.53 千米。全市有公园 42 个，公园面积 14544 亩，人均公园绿地面积为 18.25 平方米。年末全市建成区面积达到 79.13 平方千米。建成区绿化覆盖率达到 41.08%，绿地率为 37.38%。全年全市水资源总量 1.361 亿立方米。总用水量 13.437 亿立方米，比上年下降 7.2%。其中，生活用水 5.38 亿立方米，下降 1.8%；工业用水 4.28 亿立方米，下降 13.18%；农业用水 12.094 亿立方米，下降 5.9%。万元地区生产总值用水量 266 立方米，下降 19.15%。全年完成造林面积 37.14 万亩，其中人工造林面积20.63万亩。森林面积333.38万亩,森林覆盖率17.0%。森林抚育面积2万亩,林地面积559.77万亩。年末全市国家级自然保护区1个。全年空气质量优良天数296天,优良天数比例为81.3%,细微颗粒(PM2.5)平均浓度为27 μg/m³,可吸入颗粒物(PM10)平均浓度为65 μg/m³,环境空气质量综合指数为3.54%,比上年下降0.26个百分点。全年全市降水量266.1毫米,比上年增加12.5毫米。全年平均气温为10.2℃,比上年上升0.6℃。

（李福祥）

【居民收入消费】 全市居民人均可支配收入19383元,比上年增长8.5%,扣除价格因素,实际增长6.5%。按常住地分,城镇居民人均可支配收入32521元,比上年增长6.7%,扣除价格因素,实际增长4.7%。其中,人均工资性收入24735元,增长5.8%;人均经营净收入2948元,增长13.0%;人均财产净收入899元,增长5.4%;人均转移净收入3939元,增长8.2%。全年全市农村居民人均可支配收入13493元,比上年增长11.3%,扣除价格因素,实际增长9.2%。其中,人均工资性收入6062元,增长12.6%;人均经营净收入5095元,增长8.1%;人均财产净收入198元,增长4.2%;人均转移净收入2138元,增长16.5%。全市居民人均消费支出14793元,比上年增长12.9%。按常住地分,城镇居民人均消费性支出20222元,比上年增长11.7%,其中,食品烟酒类消费支出5118元,增长5.5%,占城镇居民人均消费支出的比重为25.3%。农村居民人均消费性支出12358元,比上年增长17.1%,其中,食品烟酒类消费支出3489元,增长21.3%,占农村居民人均消费支出的比重为28.2%。（李福祥）

【社会保障】 年末全市参加城镇职工基本养老保险人数28.15万人,比上年末增加5937人。参加城乡居民基本养老保险人数48.14万人,比上年末减少4.22万人。参加基本医疗保险人数112.71万人,比上年减少7315人。其中,参加职工基本医疗保险人数13.79万人,比上年增加7259人;参加城乡居民基本医疗保险人数98.92万人,比上年减少1.46万人。参加失业保险职工人数7.31万人,比上年增加1558人。年末全市领取失业保险金人数3223人。参加工伤保险人数16.17万人,比上年增加1.85万人,其中参加工伤保险的农民工9.71万人,比上年增加1.2万人。参加生育保险人数10.79万人,比上年增加0.6万人。年末全市共有1.6万人享受城市最低生活保障,发放保障金9628万元;7.3万人享受农村最低生活保障,发放保障金31033万元,1625人享受农村特困人员救助供养。全年临时救助3万人次,全年抚恤、补助退役军人和其他优抚对象3809人。年末全市拥有养老机构25个,其中农村敬老院12个、社会福利院1个、民办养老机构12个,共有床位5599张,入住老人907人。儿童福利院1个,共有床位50张,入住儿童30人。城乡建立各类社区服务站511个。（李福祥）

【安全生产】 全年全市发生各类生产安全事故20起,比上年减少3起。其中,道路交通5起,工矿商贸14起,危险化学品1起。死亡22人,与上年持平。其中,道路交通死亡3人,工矿商贸死亡18人,危险化学品死亡1人。经济损失2011万元,增长60.6%。全市亿元GDP生产安全事故死亡0.044人。

（李福祥）

沙坡头区

【概况】 沙坡头区位于宁夏回族自治区中西部,东邻中宁县,南与同心县、海原县及甘肃省靖远县交汇,西接甘肃省景泰县,北邻内蒙古自治区阿拉善左旗,为中卫市政府驻地,是中卫市政治、经济、文化中心。辖10镇1乡,共有162个行政村、36个城镇社区,区域总面积6877平方千米。2021年,实现地区生产总值235.82亿元。分产业看,第一产业增加值35.85亿元,第二产业增加值106.16亿元,第三产业增加值93.81亿元。（杨 娜）

【人口发展与变化】 2021年末沙坡头区常住总人口为40.2万人,其中,汉族36.49万人,回族3.55万人,其他少数民族0.16万人。乡村人口14.70万人,占总人口的36.57%;城镇人口25.5万人,城镇化率63.43%。出生率11.47‰,死亡率5.99‰,自然增长率5.48‰。（杨 娜）

【城乡居民收入】 沙坡头区城镇常住居民人均可支配收入33850元;农村居民人均可支配收入15931元。城乡居民收入比(以农村为1)由上年同期的2.3调整至2.1,收入差距逐步缩小。（杨 娜）

【招商引资】 落地光明牧业万头奶牛养殖全产业链及饲草种植、卫钢200MW光伏发电等项目45个,到位资金54.35亿元。争取自治区相关厅局农业、环保、水利、教育、卫生等领域项目资金13.11亿元,新增债券资金2亿元。（杨 娜）

【固定资产投资】 全年固定资产投资完成额同比增长19.3%,其中一产、二产、三产投资分别增长

26.0%、11.2%、32.7%。分领域看，基础设施投资增长42.1%，高于全部投资22.8个百分点。工业投资增长11.1%，房地产投资增长60.3%。房屋施工面积217.2万平方米，商品房销售面积54.4万平方米，房屋待售面积52.5万平方米。（杨　娜）

【项目建设】　推进新能源产业，阳光电源孟家湾100 MW光伏发电、卫钢200 MW光伏发电建成并网。瑞泰精细化工副产盐资源化循环利用示范项目、华御化工年产29万吨离子膜烧碱等技改项目建成投产。国家（中卫）新型互联网交换中心落地，亚马逊、美利云等6个超大型数据中心建成投运，服务器装机能力达60万台。完成美联化工0.1万吨糠醛生产线拆除工作，出清5家“僵尸企业”。组织企业申报技改奖补、工业贷款贴息、工业机器人等项目，累计为企业争取各类项目资金1170万元。培育“专精特新”企业，七彩阳光、三元中泰等17家企业被认定为2021年自治区“专精特新”中小企业，神农商贸、协鑫晶体等5家企业被认定为示范企业。建立小升规企业培育库，培育天祥建材、正通饲料、大有冶炼等4家企业为规上企业，辖区规上工业企业27家。发展富硒功能农业，新建高标准蔬菜基地1000亩，栽植苹果2000亩、枸杞7900亩、金银花1.1万亩，创建苹果、枸杞、红枣等示范基地13个。推进光明乳业日加工1000吨液态奶和年生产2万吨婴幼儿奶粉生产线及5万头生态智慧牧场建设项目，建成宁夏奶业科创中心，奶牛存栏达到5.4万头，肉牛、肉羊、生猪和家禽饲养量分别达到7万头、66万只、63万头和541万只。（杨　娜）

【工业经济】　规模以上工业增加值同比增长18.5%。沙坡头区30强企业产值同比增长60.5%，快于规上工业总产值增速13.3个百分点，占比达72.3%。30强企业对产值增长贡献率达到89.6%，拉动产值增长42.2个百分点。各类企业保持增长，重工业增长20.4%，轻工业下降7.0%，国有控股企业增长18.0%，股份制企业增长19.3%，私营企业增长32.5%。六成以上行业保持增长，规上工业16个行业大类中，10个实现增长，增长面62.5%，7个行业呈两位数以上增长。其中，计算机、通信和其他电子设备制造业增长28.2%，黑色金属冶炼和压延加工业增长24.7%，电力、热力生产和供应业增长16.9%。六成以上产品产量保持增长，规上工业28种主要产品中，18种产量实现增长，增长面64.3%，13种产品呈两位数以上增长。其中，瓷质砖增长156.9%，碳化钙（电石）增长42.9%，商品混凝土增长23.5%，单晶硅增长22.2%。全年单位工业增加值能耗同比下降13.8%，规模以上工业综合能源消费量536.9万吨标准煤，同比增长2.1%。（杨　娜）

【现代农业】　2021年，实现农林牧渔业总产值72.41亿元。粮食总产量15.9万吨，连续七年保持15万吨以上。瓜果产量92.1万吨；园林水果产量15.6万吨。生猪存栏17.8万头，出栏26.88万头；牛存栏9.04万头，出栏2.0万头，牛奶产量达23.3万吨；羊存栏30.53万头，出栏15.1万头。全年水产品总产量1.1万吨。（杨　娜）

【旅游产业】　配合实施沙漠野奢酒店、高庙文化商业街区等重点项目，打造黄河宿集、“星星故乡”“66号公路”等网红打卡地，举办第十五届南北长滩梨花节、丝绸之路大漠黄河国际文化旅游节等节事活动，年接待游客760.56万人次，旅游总收入达35亿元。（杨　娜）

【城市建设】　概算投资5385万元，对广厦花园等4个老旧小区21栋楼进行改造提升，改造面积6.13万平方米，惠及群众678户；完成原美利纸业4、5、6号家属楼改造项目，改造面积5474平方米，惠及群众108户；编制沙坡头区双桥村、郭营村基础设施改造项目实施方案。实施第三污水处理厂集污管网房屋征收项目，完成34户征收；实施城中村遗留户棚户区改造项目，涉及被征收人212户，签订195户，剩余17户在入户做工作，同步启动强制征收程序。实施碧桂园二期、江元隆府三期等16个商业开发项目，总建筑面积约107万平方米，完成固定资产投资17亿元。开展沙坡头区城乡房屋建筑、市政设施承载体、农村道路风险普查及数据校对等工作，共普查城镇房屋建筑9039栋2014.91万平方米，市政桥梁34座2248.32米，市政道路134条218.7千米，市政供水管线188条174.44千米，市政供水厂站27座，农村房屋88174户，农村公路1094条2444.759千米。清洗各类“牛皮癣”广告54760张，涂料覆盖墙面12365平方米，水包砂覆盖5671平方米。出动12辆清扫车、22辆洗扫车、4辆喷雾降尘车、6辆冲洗车、4辆电动清扫车开展城区道路、广场公园清（洗）扫、喷雾降尘作业。推行“垃圾不落地”理念，维修更换各种型号灯具5800盏，处理电缆故障120起。其中对香山公园廊架宣传牌位置重新进行规划设置，更新加固宣传牌215块，维修更换香山公园各类灯具100盏。维修城市沥青路面、人行道砖2.1万平方米，改造缘石坡道60个，修复窨井180个、三分类垃圾箱300个，维修城市公厕1460

次，固定公厕群众满意度达95%以上。成立沙坡头区物业协会，吸纳会员单位36家，新成立备案业主委员会42家。新增配建充电端口1.4万余个。

（杨 娜）

【美丽乡村建设】 实施康乐移民区主干道绿化、鸣钟村道路改造、兴仁镇基础设施建设及环境综合整治、康乐敬农"改厕治污一体化"等13个项目，移民区原有旱厕改为水冲式厕所，原有宅基地护坡通过浆砌石砌护。改建成香山美丽小城镇二期项目，完成投资450万元；争取资金600万元，建成何滩村等3个高质量美丽村庄；拆除土坯房6979户，完成抗震宜居农房加固、改造2365户，危房改造257户，分配公租房380套；在常乐、柔远等7镇96个村庄开展农村生活垃圾分类治理，建设农村生活垃圾分拣中心10个。建成农村公路6条13.5千米，拆除新建农村公路危桥4座。拆除农村乱占耕地建房图斑9个，完成整改图斑30个。拨付各乡镇环卫保洁经费605.874万元，扩面提升乡村"以克论净"范围。 （杨 娜）

【深化改革】 推行"一窗受理、集成服务"新模式，整合28个部门742项事项到宁夏政务服务"一张网"，"一网通办"办件量达6.26万件，"一窗受理"率达93.26%，网上可办率、不见面可办率分别达90%、80%以上。统筹推进基层整合审批服务执法力量改革，优化设置11个乡镇机构，下放8个行业系统123项事项办理权限。推进"四权"改革，建立183家工业企业台账，累计核定确权水量383.12万立方米，落地落实全自治区第一笔工业用水权有偿使用费；确定39家排污权确权单位，排查各类排污口533个，取缔13个、规范8个、整治6个；开展山林确权登记摸底工作，累计完成农村宅基地外业和内业审核8万宗，发证5.46万宗；巩固深化农村集体产权制度改革，推进第二轮土地承包到期后再延长30年试点工作，农村土地经营权流转项目55笔11300余亩，累计办理农村产权抵押贷款登记3770笔4.9亿元。 （杨 娜）

【生态环保】 推进陈水矿区废弃矿山生态修复、黄河两岸历史遗留矿山生态修复等生态修复项目16个。实施迎水桥镇北长滩生态修复休闲农业一体化项目，完成草原生态修复治理1万亩。落实"四禁"规定和水土保持"三同时"制度，实施香山、兴仁地区小流域综合治理和淤地坝除险加固工程。推进"四尘同治""五水共治""六废联治"，加大秸秆、垃圾禁烧巡查力度，落实建筑工地扬尘管控"6个100%"，淘汰燃煤锅炉3台，清理配煤厂6家，空气优良天数达标率85%。落实河（湖）长制，开展黄河沙坡头区段河道及滩地被占等问题调查整治，实施清水河沙坡头区段治理、南山台电灌站机电设备更新改造等工程项目12个，常态化"清四乱"，清理整治问题13项，完成永康镇杨滩村等4条黑臭水体治理，黄河沙坡头区下河沿断面水质均达到Ⅱ类标准，重点河沟道均达到Ⅳ类及以上水质。落实《沙坡头区畜禽养殖污染专项整治行动工作方案》，开展养殖企业专项排查整治，推进畜禽粪污资源化利用，杜绝养殖企业面源污染。开展国土绿化行动，栽植各类乔灌木988.59万株，绿化面积11.715万亩。 （杨 娜）

【民生保障】 沙坡头区有各类救助对象33161人，累计核发低保、高龄津贴、孤儿养育津贴、特困供养金、残疾人补贴各类救助资金10168.57万元，为3805名困难群众发放临时救助资金及购买基本生活物资508.44万元。建立包括低保边缘户、支出型困难家庭等其他低收入人口动态监测信息库，对预警存在致贫返贫风险的低收入人口及时救助，共核查低保对象、特困供养人员、低收入家庭、刚性支出困难家庭等群体21158人，动态管理核销人员共计807人。开展异地户籍常住居民低保审批工作纳入低保保障范围9户13人，发放最低生活保障金共计4280元，发放临时救助金1.9万元。做好压砂瓜地退出农户基本生活保障工作，对5个涉及压砂地的乡镇进行农户家庭经济状况摸底排查，共摸底排查压砂地农户7982户26311人，签订家庭经济状况授权书5500份。投入15万元建成柔远镇渡口村农村老饭桌，投入225万元建成滨河镇城北社区日间照料中心；争取60万元自治区福彩公益金为83户失能、半失能特困供养老人、低保老人进行适老化改造；争取35.8万元资金，依托农村老饭桌为90名困难老人提供助餐、助洁、助医、精神慰藉等服务，累计开展服务9425人次；投入24万元通过政府购买服务的方式开展精神障碍康复社区服务活动，由中卫市社会工作服务站为60名患者开展心理指导、精神康复服务活动，累计开展心理慰藉、手工兴趣培养、门诊服务、就业创业等指导1230人次。

（杨 娜）

【教育】 以基础教育质量提升行动为载体，推动学前教育普及普惠发展，组织"幼儿园环境创设及区角设计"活动，学前3年毛入园率达98.07%。推进义务教育优质均衡发展，九年义务教育巩固率达99.33%，初中毕业升学率达97.29%，高中阶段入学率达93.85%。通过送教上门、随班就读等方式，推进特殊教育融合发展，实现356名残疾儿童就近入学。2021年普通高中录取率达53.03%。打造劳动教育示范校10所，挂牌劳动教育实践基地6个。新开办中卫九中，增加优质初中学位1800个。移交和新办14所公办幼儿园（区），增加公办园学位1620个。撤销学区5个，百人以下小规模学校4所，教学点27所。开展校内课后服务，辖区公办学校学生参与率为71.34%，教师参与率为85.63%。强化校外培训机构督查力度，推进学科类校外培训机构营转非工作，将原有校外培训机构从127所，压减至90所，压减率为29.13%。实施幼儿园“摇号入园”、中小学起始年级“阳光分班”，确保入园招生公开透明。巩固控辍保学成果，遏制辍学问题反弹回潮。组织2021年国家义务教育质量监测，完成56所公、民办幼儿园分类定级督导评估，组织实施6轮“五项管理”及2轮“双减”专项督导，确保教育督导目标任务如期完成。组织开展“一校一品”互观互检活动，完成辖区110所中小学和公、民办幼儿园校园治理达标评估并全部通过验收。

（杨　娜）

【医疗卫生】　有序开展疫情防控各项工作，加强重点人群“闭环管理”，精准管控健康监测第一入境点解除隔离境外返沙人员198人，高中风险地区返沙人员3480人。统筹辖区医疗资源，设立固定接种点17个、临时接种点39个，开展接种技术培训6场次716人，累计接种623545剂次。其中，第一剂次接种314900人，接种目标任务完成率为102.1%；第二剂次接种305442人，接种目标完成率为104.59%；第三剂次接种3203人，接种目标完成率为30.19%。组织开展两轮城乡人员核酸检测，覆盖辖区11个乡镇33个社区162个村，其中第一轮完成采样369707人，检测率为93.83%，第二轮完成采样376442人，检测率为95.54%，检测结果均为阴性。抽调医护人员600余人、救护车2辆，支援银川、中宁开展核酸采样工作。建立健康宣教常态化机制，举办各类健康讲座、义诊咨询180余场次，开展健康教育“六进”20场次，发放宣传材料2万余份、健康干预物品4600余件、健康教育处方23800余份。创建自治区级健康细胞7个，健康家庭10户。利用“爱国卫生日”“爱国卫生月”等活动，开展爱国卫生运动。开展病媒消杀工作，消杀面积400万平方米，消杀场所3525处。全面免费实施14类54项基本公共卫生服务，城乡居民电子健康档案建档率为87.57%，高血压、糖尿病、严重精神障碍性疾病规范管理率分别达98%、97.76%、93.32%。开展老年人免费健康体检28826人，传染病报告率为100%。

（杨　娜）

【退役军人事务】　推行“网格化+退役军人”服务管理新模式。依托198个村（社区）已有的网格划分1011个网格，对7408名退役军人实行“一人一档”，建档率达100%，累计解决退役军人实际问题30余件。贯彻落实各项优抚政策，发放各类抚恤补助资金1530人次900.49万元，发放各类医疗补助救助资金396人次51.5万元，发放义务兵家属优待金264人343.12万元。为673名符合条件的退役士兵成功办理社保缴费业务，办结率为100%。组织30名优抚对象赴石家庄优抚医院进行短期疗养，组织60名听力障碍老年退役军人和“三属”进行听力筛查。为421名残疾军人、烈士遗属、在乡老复员军人、“两参”人员、带病回乡退役军人及60岁以上烈士子女进行免费体检。春节、“八一”等节日期间，走访慰问退役军人604名、烈士遗属27户，发放慰问金35.3万元。倡导社会力量参与帮扶困难退役军人530名。召开退役军人专场招聘会两次，向各乡镇退役军人服务站发送招聘信息20期，推送提供就业岗位2600余个；协调为40名有创业意向和创业能力的退役军人发放贷款550万元，实现退役军人稳定就业。接收符合政府安排工作条件的退役士兵5名，发放待安置期间生活补助金4.6万元，先后2次慰问驻沙部队，为官兵送去16万元慰问品。出台《为立功受奖现役军人家庭送喜报办法》，为14名荣立三等功的现役军人家属送去立功喜报，发放慰问金1.4万元；为115名入伍新兵送去纪念品，制作发放双拥卡6302张。累计接待退役军人及其他优抚对象来电来访476人次，收到信访件7件，办结7件，办结率达100%。各乡镇排查各类矛盾纠纷157件，调处解决144件。解决25名农村籍“两参”退役军人公益性岗位、10名现役和退役军人子女转学问题。

（杨　娜）

【乡村振兴】　健全动态监测帮扶机制，聚焦脱贫不稳定户、边缘户、突发严重困难户，开展动态预警监测帮扶，巩固脱贫攻坚成效。推进“百万移民致富提升行动”，实施敬农移民区苹果产业园建设、康乐移民区一二三产业融合、康乐敬农“改厕治污一体化”等项目13个，推进财政衔接乡村振兴补助资金项目建设，以康乐、海和村为试点，率先实施改厕、治污、绿化“三位一体”推进项目。落实小额信贷及“防贫保”政策，兑付2019年下半年、2020年上半年扶贫小额贷款贴息资金435.28万元，发放1—10月份小额信

贷7881.17万元。 （杨 娜）

【社会治理】 创建全国民主法治示范村（社区）4个，自治区“法律八进”示范点1个，培育“法律明白人”720名，受理、审批、指派法律援助案件795件，法律援助案件同比增长19.9%。统筹抓好乡村、社区等七大领域社会治理，划分行政村网格811个，新增城市社区网格306个，实现基层服务管理模式全覆盖。深化扫黑除恶专项斗争，八类案件破案率达100%。集中开展“飞线充电”专项整治，剪除“飞线”8000余条，清理违规停放车辆825辆。开展安全生产专项整治三年行动及重点时段安全大排查大整治，年内无重特大事故发生。 （杨 娜）

中宁县

【概况】 中宁县总面积3369.58平方千米，全县辖6镇6乡，154个村级单位，133个行政村，21个城镇社区，7个农林渔场。全年全县城镇新增就业人员5458人，城镇失业人员再就业3863人，农村劳动力转移就业5.09万人，年末全县城镇登记失业率为3.78%。2021年，全县实现地区生产总值179.95亿元。分产业看：第一产业增加值23.68亿元，第二产业增加值90.1亿元，第三产业增加值66.16亿元。三次产业结构比为13.2:50.1:36.7。完成社会消费品零售总额43.63亿元，实现城镇居民人均可支配收入32206.7元，农村居民人均可支配收入15700元。

（朱宁霞）

【人口发展变化】 年末中宁县常住人口33.6万人，比上年末增加0.2万人。其中，城镇人口16.8万人，城镇化率为50%，比上年末提高0.99个百分点；回族人口9.97万人，占常住人口的比重为29.68%；汉族人口23.56万人，占70.13%。全年人口出生率为12.54‰，死亡率为7.46‰，人口自然增长率为5.08‰。全年全县城镇新增就业人员5458人，城镇失业人员再就业3863人，农村劳动力转移就业5.09万人，年末全县城镇登记失业率为3.78%。

【工业经济】 2021年，全县实施重点工业项目17个，总投资85.93亿元。全年工业总产值同比增长9.9%，工业增加值同比下降14.8%。项目建设有序推进，其中长安铝制品铝灰渣无害化资源化处置、赛马外购熟料智能卸车入库科技研发投入和50万吨/年锰渣脱硫烟气制硫酸3个项目建成投产；全钒液流电池储能装备制造、宁创科技炭素区域预焙阳极提质综合技术改造和天元建材水泥熟料生产线3个技改项目顺利推进。新上、续建、技改重点工业项目34个，新能源装机容量达2774兆瓦，锰基新材料产业产值突破100亿元。全县规模以上企业增至65家，“专精特新”企业增至53家，天元锰业、锦宁巨科等4家企业位列自治区工业龙头企业行列，宁创科技获评国家级绿色工厂，工业园区跻身自治区高新技术产业开发区。

（朱宁霞）

【现代农业】 2021年，全县落实粮食播种面积53.58万亩，粮食总产达3.04亿千克。其中，玉米种植面积45.12万亩，比2020年增加2.36万亩，增长5.5%；水稻、小麦、马铃薯种植面积分别为2.57万亩、4.27万亩、1.04万亩；杂粮种植面积0.57万亩，农作物良种覆盖率达95%。建设小麦、水稻原粮储备生产基地2.4万亩，蔬菜3.8万亩（建成富硒水稻、蔬菜种植基地0.7万亩）、拱棚麒麟瓜0.9万亩，推广“青贮玉米+饲用小黑麦”“春小麦+饲用燕麦”等高效复种模式1.05万亩，优质饲草总面积突破24万亩。建成30万头生猪养殖产业示范园繁育基地项目、天瑞公司牛羊养殖基地项目，开工建设兴垦牧业2万头奶牛养殖场。创建自治区畜禽标准化示范场3家，评定星级牧场6家。全县奶牛存栏3.8万头，生猪、肉牛、肉羊、家禽饲养量分别为22.8万头、12.8万头、60.1万只、76.8万只，肉、蛋、奶产量分别为1.99万吨、0.53万吨、16.82万吨；水产养殖面积3.2万亩，水产品总产量0.36万吨。持续推动脱贫地区特色产业可持续发展，发展马铃薯及各类杂粮3.4万亩，建设金银花产业长廊1.2万亩；喊叫水6000头海福特肉牛繁育基地达产达效，建成喊叫水乡马塘生态移民区5000头肉牛养殖场、大战场镇宽口井2000头肉牛养殖场，培育上流水、南塘等肉牛示范村10个。推进“互联网+”农产品出村进城工程试点县建设，枸杞产业集团烘干、色选、筛选、冷藏车间建成并投入使用，县级农业综合信息服务平台上线运行，建成特色农产品直播间1个、“中宁枸杞”官方旗舰店、官方直销中心5家，培育市级以上农业产业化龙头企业4家，产业化联合体1家、四星级绿色食品加工企业3家。争取获批中央、自治区农业财政项目12类50个，涉及资金2.6亿元。引进农业招商项目5个，完成投资4.8亿元。

（朱宁霞）

【枸杞产业】 新种植枸杞面积4万亩。持续推行“龙头企业+合作社+农户”订单式生产模式，实行保护价收购。新建清洁能源烘干设施20座，日烘干能力达

80%以上。打造绿色丰产示范园6个,集中标准化生产30亩以上基地237个,新增千亩以上基地3个。玺赞枸杞庄园获批宁夏首个有机枸杞示范项目。落实“育龙计划”和“小升规行动”,引导华宝、宁安堡、永寿堂、枸杞产业股份公司4家企业申报国家级林业龙头企业,新增规模以上企业2家(春杞、杞乡),新增国家高新技术企业2家(华宝、永寿堂),中杞、源乡2家公司成功申报自治区高新技术企业。华宝公司“茨乡里”工业旅游项目投产达效。投资1.2亿元建设全通公司枸杞全产业链深加工项目,打造全国首家枸杞白酒生产基地。全县有枸杞榨汁生产企业8家,华宝、早康、宁安堡等企业收购鲜果榨汁4700余吨,较上年增加60%。举办以“创新·开放·融合·共享”为主题的“助力枸杞产业高质量发展论坛”,达成枸杞科研项目24个。创建中宁枸杞高新技术示范园区。实现枸杞预测预报全覆盖,建立300亩以上现代枸杞病虫害绿色防控核心示范基地2个。发放枸杞质量追溯标识430万枚。拓宽营销渠道,与直播平台、网红带货、社团定向销售等新型营销模式合作,实现多元化营销。强化对外宣传推介,组织早康、枸杞产业集团、玺赞、百瑞源等企业参加宁夏品质中国行(上海站)活动、宁夏品质中国行“遇宁湘约”活动。推动“枸杞产业+文化+旅游”融合,华宝公司“茨乡里”获得国家级3A级旅游景区的认定。举办第四届枸杞产业博览会,吸引省内外200多家企业参展、400余名客商参会,达成购销签约12.48亿元。 (朱宁霞)

【第三产业】 2021年,现代服务业提档升级。商贸流通体系日臻完善,电子商务交易额增至88.91亿元,成功创建国家级电子商务进农村综合示范县,荣列全国农产品电商“百强县”。全域旅游示范县创建取得阶段性成果,建成黄羊古落等一批旅游景区,打造天湖、华宝等3个3A级景区,舟塔乡上桥村,石空镇倪丁村、太平村,余丁乡黄羊村先后入列“全区特色旅游村”和“全国乡村旅游重点村”。 (朱宁霞)

【城乡建设】 争取项目20个,落实到位资金38630万元,超额完成13630万元;实施亲水街市政道路建设600米,打通平安东街至亲水街道路,连通二幼周边道路;实施育才南街、育才北街等道路雨水管网项目及两侧人行道更新,新建雨水管网3.9千米;修缮富康路、裕民街、平安东西街等破旧沥青路面,维修人行道3650平方米,沥青路面2610平方米,新增健身步道2千米;新修污水管网700米,解决红苑小区及商城黑臭水体污染问题;维修养护市政设施,替换三分类果皮箱388个,维修更换排水检查井146座,雨水井150座,疏通排水管2400米,维修街道路灯、公园广场景观灯3250盏。改造老旧小区57个111栋住宅楼,改造面积31万平方米,县城建成区面积增至17.87平方千米,城镇化率达49%。完善配套老旧小区视频监控164个、垃圾分类箱140个、电车充电桩1160台,规划停车位467个。实施农村人居环境整治提升行动,新建、续建太阳梁等乡的垃圾填埋场4个,新建和改造垃圾中转站5个。加大群众住房安全保障,拆除纯土坯房111户,拆除整治D级房27户,拆除C级房10户,加固C级房363户,拆除过渡房364户;完成抗震房加固4486户,完成危房改造94户。持续推进重点小城镇与美丽村庄建设,建成喊叫水乡美丽小城镇和徐套乡美丽小城镇;完成石空镇重点小城镇千亩拱棚西瓜等11项工程建设,开工建设石空镇救援消防站等14项工程。城乡保洁常态化机制有效落实,人居环境明显改观。

(朱宁霞)

【环境保护】 2021年,完成12所学校5所卫生院“煤改电”、650户农户“煤改电”、农商行支行煤改电、瀛海天祥工业炉窑超低改造、瀛海天祥和天元建材工业堆场治理、新世纪和兴鑫冶金石灰石窑在线监控设施安装等8个大气污染防治项目。持续强化大气、水、土壤污染防治攻坚工作。全面开展“烟尘、煤尘、扬尘、汽尘”专项治理。淘汰燃煤小锅炉18台,整治“散乱污”企业5家,建成清洁煤配送中心11家,取缔散煤销售点8家,安装扬尘在线监控及喷淋设施24套、油烟净化设施580套、加油站油气回收治理设施38套,淘汰黄标车机动车辆569辆,完成植绿增绿11.3万亩,栽植各类苗木1260万株。建成污染监测微型站点30个。统筹推进工业废水、城镇污水、农村排水、饮用水源、黑臭水体“五水同治”。建成工业园区污水收集管网4.48千米,铺设城镇雨污管网4.1千米,开工建设第一、第三污水处理厂热电联产中水回用,以及舟塔、新堡等8个乡镇农村污水管网工程,开展石空镇北大沟、新堡镇大横沟黑臭水体治理,实施恩和、鸣沙等乡镇5处农村水源地保护工程,配合国家环保部开展黄河流域入河排污口排查,排查整治排污口359个。推动二期工业固体废物贮存处置场建成投运、天元锰业锰渣制酸一期项目顺利试车,开展21家Ⅱ类以上维修企业隐患排查,规范收集处置医疗废物86.2吨,划定有机肥替代化肥技术示范核心区12个,示范面积2.67万亩,建成农药减量绿色防控示范区4.11

万亩，完成小麦、水稻、玉米病虫害防控3.81万亩，完成91家规模养殖场、10家散养户畜禽粪污资源化利用配套设施建设。蓝天、碧水、净土"三大保卫战"成果显著，秸秆综合利用率达85%，空气优良天数比例达80%以上。全面落实河湖长制，19条重点河湖沟道水质全部达标，城乡污水处理率分别达到100%、34.58%。工业固废处置和综合利用率达91.1%，中宁工业园区被认定为2021年度国家级绿色园区。农残膜回收利用率、畜禽粪污综合利用率分别达87%、92%，城乡生活垃圾无害化处理率分别达到100%和92.1%，成功创建全区农村生活垃圾分类和资源化利用二级示范县。（朱宁霞）

【财政税收】 2021年，完成地方一般公共预算收入86852万元，其中税收收入完成56886万元，为年度预算的103%；非税收收入完成29966万元，为年度预算的101%。政府性基金收入30205万元，为年度预算的101%。确保税费收入应收尽收。全年组织各项收入247495万元，其中税收收入入库135234万元，社保费入库98725万元，非税收收入入库7013万元，其他收入入库6523万元。县级入库57449万元，同比增收7589万，完成年度目标任务55000万元的104.45%，超年度计划4.45个百分点，实现税费收入质优量增。

（朱宁霞）

【社会民生】 2021年，全县城镇职工养老保险参保82240人，城乡居民参保140760人，工伤保险参保55313人。逐步提高城乡居民养老保险待遇，城乡居民基础养老金提高至每人每月245元，全县2.74万名城乡居民退休人员受益。全年发放城市低保2195人，发放资金1343.43万元；发放农村低保12630人，发放资金6401.2万元。完成农村劳动力转移就业50819人，工资收入5.59亿元。为符合申领条件的2975名失业人员发放失业保险金1920.72万元，为2993名符合申领条件人员发放失业补助金1273.60万元，安置公益性岗位371人。全县城镇新增就业5250人，城镇登记失业率3.78%（低于控制目标0.72个百分点）。争创自治区级创业孵化园区1个。举办创业培训班培训540人，培育创业实体590家，创造新就业岗位1540个，带动就业3060人，发放创业小额担保贷款207笔4921.7万元。全县城乡居民基本医疗保险实际参保缴费291789人，参保率为99.01%。为享受国家定期抚恤补助的优抚对象发放各类补优抚补贴933.23万元，挂牌成立中宁县退役军人养老托养中心，入住退役军人21人。成立中宁县康养综合服务中心，全县建成规范化社区康复站14个。

（朱宁霞）

【教育】 2021年，优先发展教育事业，大力实施幼儿园建设工程，续建县四幼、五幼、六幼、七幼幼儿园4所，新建县八幼、大战场二幼、三幼幼儿园3所，改造金岸骄子幼儿园，总建筑面积38610平方米，增加学位3510个，全县学前三年毛入园率92.8%。持续推进义务教育薄弱环节改造工程，迁建长山头初级中学，扩建双井子完小等4所学校，新建校舍79396平方米。改善普通高中办学条件，扩建中宁中学、中宁一中，总建筑面积27644平方米，新增普通教室、功能室101个。推进"温馨校园"建设，维修改造下流水九年制等18所学校。全面推进"互联网+教育"建设，新组建1个教育集团、3个教育发展共同体、3个教育互助联盟。推进竞技体育、群众体育、社会体育、体育产业协调发展。

【医疗卫生】 深化县域综合医改，打造国家级重点专科1个，自治区级重点专科6个，建设自治区薄弱专科3个。县人民医院、中医医院启动三级乙等医院创建。有序推进"互联网+医疗健康"工作，建设"互联网+公共卫生"服务平台，乡镇卫生院健康小屋、村卫生室便携式健康服务一体机实现全覆盖。推进"优质服务基层行"活动，石空镇、鸣沙镇中心卫生院达到国家推荐标准，大战场镇中心卫生院、宁安镇卫生院、恩和镇卫生院、渠口农场医院服务能力达到国家基本标准。完成石空镇中心卫生院发热门诊改建，完成县人民医院传染病大楼、社区卫生服务中心大楼建设。建成标准化村级卫生室155个，预防接种、慢特病等服务中心全面投入使用。（朱宁霞）

【科技文化】 2021年，全年组织企业申报各类科技项目140项，获批项目资金2712.57万元。创建自治区级农业高新技术产业示范区。围绕枸杞、肉牛、苹果、小杂粮等实施科技成果引进示范推广项目4个。选派"三区"人才26名，举办农村种养殖技能培训班168期，培训群众6554人次，引进推广新技术35个、新品种21项。加大科技型企业政策扶持力度，兑现2020年县级财政国家高新技术企业、自治区小巨人、自治区农业高新技术企业、自治区重大项目、发明专利补助等奖励资金1914.17万元，兑现2020年研发费用补助和规上工业企业新增研发费用补助资金1221.07万元，加强科技型企业培育。培育国家高新技术企业5家，认定3家，培育自治区科技巨人企业2家，认定1家。培育自治区农业高新技术企业6家，参加评审自治区农业高新技术企业5家，自治区科技型企业37家，国家级科技型企业55家。开展文化惠民工程，建成"县—乡镇—村(社区)"三级公共文化服务体系。数字文化馆、图书馆建成运营，村级文化室、农家书屋实现全覆盖，文艺精品不断涌现，红宝农民合唱团唱响央视。加大非物质文化遗产保护力度，明长城中宁段等历史文物得到加固修缮，蒿子面制作技艺与黄羊钱鞭入选第五批国家级非物质文化遗产名录。

（朱宁霞）

【乡村振兴】 挂牌成立县乡村振兴局，调整县扶贫开发服务中心为县乡村振兴服务中心，为61个村(社区)选派驻村干部183名，安排2350名干部帮扶5500户已脱贫户和监测对象。2021年脱贫户人均纯收入达到12255.01元，监测对象人均纯收入11510.69元。在移民地区打造金银花产业长廊1.14万亩，种植色素辣椒、中药材9260亩，建成占地4200亩精品桃种植基地，种植小番茄985亩、高端鲜食葡萄15亩。种植葵花5360亩、辣椒1170亩、黄芪820亩、青豆406亩，绿色食品产业总产值突破100亿元。新建徐套乡5000头肉牛养殖场和喊叫水乡3000头肉牛养殖场。创建自治区级现代农业(草畜产业)示范区，打造全国黄金奶源基地和高端牛肉生产基地，完善大战场、鸣沙、太阳梁(渠口)等中心集镇功能，培育打造乡村振兴示范村12个、重点小城镇5个，推动城乡一体化发展。（朱宁霞）

【依法治理】 2021年，公安机关立刑事案件1723起，破1145起；受理治安案件2336起，办结754起，打击处理876人，抓获逃犯64人。建成DNA-Y库，完成全县45万人口数据整合和数据分析等基础工作。打击新型网络犯罪，开展"云剑行动""断卡行动"，电信诈骗案件立案702起，破338起，同比上升25.2%；打掉洗钱团伙4个，打击处理97人，止付、冻结涉案账号700余个、涉案金额1800万余元，同比分别上升64.8%、150.3%，为群众追回损失290万余元。县检察院全年受理审查逮捕案件86件125人，批捕62件93人，不批捕起诉22件30人。受理移送审查起诉案件246件356人，起诉219件332人，不起诉19件37人。监督撤案62人，纠正漏捕3人、漏罪9人、漏犯7人。办理各类民事案件96件，办理各类行政案件43件，办理公益诉讼案件67件，司法救助案件18件19人。县法院全年受理各类案件8770件，结案8025件。其中，审判案件5101件，审结4815件，结案率94.39%，执行案件3661件，结案3205件，结案率87.54%。县司法局开展"法律八进"活动。开展各类法治宣讲30余场次，在全县12个乡镇21个村打造"法治文化墙"。开展"民主法治示范村(社区)"示范创建活动，宁安镇古城村被评为全国第八批民主法治示范村。完成"七五"普法工作，社会大局和谐稳定。

（朱宁霞）

海原县

【概况】 海原县地处宁夏中部干旱带，隶属中卫市管辖，东连宁夏同心县、原州区，南接宁夏西吉县，西邻甘肃平川区、会宁县，北靠沙坡头区和中宁县。县内大陆性季风气候明显，年均降水量352.9毫米、蒸发量1644.7毫米，平均海拔1780米，年均气温7.7℃，空气质量优良天数比例达95%以上，森林覆盖率达10.24%，夏凉冬爽，春秋平和，日照充足。全县面积4989.6平方千米，辖17个乡镇、1个街道办事处、1个自然保护区及甘盐池种羊场，共148个行政村、11个社区，户籍人口45.66万人，常住人口33.35万人。2022年，全年地区生产总值88.97亿元，增长8.0%；固定资产投资60.8亿元，增长26.3%；一般公共预算收入2.38亿元，增长11%；城乡居民人均可支配收入分别达到29478元、11742元，分别增长7.2%、10.3%。西华山入选国家草原自然公园试点项目。建成中国宁夏良种牛繁育中心，海原华润草畜一体化肉牛养殖基地为宁夏唯一活牛供港基地，全县高端肉牛饲养量30万头。"南月牌"马铃薯获第十六届中国国际农产品交易会金奖。先后获得"全国脱贫攻坚先进集体""全国、全区民族团结进步示范县"等荣誉称号。

（秦卫民）

【乡村振兴】 整合各类资金21964.24万元，梳理148件办理事项，解决群众的操心事、烦心事。整合资金6.5亿元，持续巩固"两不愁三保障"及饮水安全成果。建立健全农村低收入人口监测帮扶机制，对纳入防止返贫动态监测人口398户1710人建立工作台账。把产业作为巩固拓展脱贫攻坚的关键、乡村振兴的重点，突出高端肉牛产业，合理布局马铃薯、小杂粮、瓜菜、枸杞经果林种植面积，实现农牧业总产值38.16亿元，完成增加值12.5亿元。农民人均农牧业纯收入5785元。全县务工就业9.74万人，"点对点"输送1460人，开展各类培训6753人，劳务创收14.1亿元。建成23个美丽宜居村庄。（秦卫民）

【疫情防控】 县人民医院作为定点医疗机构，为疑似或确诊新冠病例预备14间隔离病房，采购储备21台呼吸机等诊疗救治设备；全县共储备各类疫情防控物资300余万元。修订完善《海原县城乡居民新冠病毒核酸检测工作实施方案》，在全县设置临时核酸采样点220个，为开展全员应急核酸检测奠定基础。宁南医院、县人民医院、县中医医院核酸检测实验室和县疾控中心核酸检测车全部投入使用，处置“7·30”“10·17”等疫情预警风险。在24家医疗机构设立固定接种点，在海原五中体育馆设立临时接种点，推进新冠病毒疫苗接种工作。2021年，全县共有接种点24个，接种台58个。接种完成585625剂次。第一剂次接种293825，第二剂次接种262196，第三剂次接种29604剂次。18岁以上人群接种420887剂次；第一针202973剂次；第二针188311剂次；第三针接种29603剂次。15~17岁人群接种30015剂次，第一针16365剂次，第二针13650剂次；12~14岁人群接种41817剂次，第一针21478剂次，第二针20338剂次；3~11岁人群接种92906剂次，第一针53009剂次，第二针39897剂次。（秦卫民）

【农业农村】 创建自治区级肉牛标准化养殖示范县。50头以上养殖户存栏牛达6.5万头，占全县牛存栏量的42%。建成3个养殖园区、7个养殖合作社、6个养殖场、300户示范户，培育各类经营主体265个，其中家庭牧场231个、合作社28个、养牛企业6个、良种牛繁育中心1个、规模化肉牛交易市场2个、屠宰加工厂2个、肉牛销售门店5个、养殖示范村2个、社会化服务组织21个（疫病防控、冷配18个、饲草配送3个）、星级牧场9个。全县肉牛饲养量达32万头。打造西安镇范台村、海城镇高台村2个滩羊养殖示范村，支持养殖示范村养殖大户、规模户，建立滩羊基础母羊核心群1600只，培育养羊户50~99只28户、100~299只15户，家庭经营“300”模式羊场15家。全县完成马铃薯种植面积33.9万亩。重点建设马铃薯“四位一体”标准化示范基地10万亩，采购马铃薯原原种300万粒、一级种薯3000吨，免费发放给脱贫户和马铃薯种植大户；建成马铃薯脱毒种薯原种繁育基地1000亩、一级种繁育基地4000亩；引进希森6号原原种、原种，建设希森6号和后旗红等新品种引进示范基地2500亩。重点打造北部海城（西安）、中部贾塘（关桥、郑旗）、东部七营（李旺、甘城）三个小杂粮种植核心区，以谷子、糜子、荞麦等为主的小杂粮种植35.67万亩，打造谷子标准化示范基地5万亩，品种以张杂谷13、宁糜14号为主。打造标准化示范基地18个；建成自治区稳粮保供科技创新综合示范区，核心示范面积2300亩，带动周边小杂粮种植5700亩，创建自治区级小杂粮绿色高质高效示范县。在西安、关桥、高崖等库井灌区和扬黄灌区乡镇以红葱、芹菜、辣椒等为主的种植面积达12.87万亩，建设标准化冷凉蔬菜生产基地4万亩，新建高标准蔬菜基地0.5万亩；在关桥、郑旗、三河等乡镇建成标准化西芹生产基地0.68万亩，在海城、李旺、史店等乡镇建成红葱示范基地0.72万亩，在西安镇建成菜心标准化基地0.265万亩，在贾塘建设辣椒示范基地0.5万亩。参加宁夏品质中国行“遇宁湘约”长沙站活动2次，推介“六盘山牛肉”海原产区产品。举办宁夏（海原）第六届高端肉牛大赛，提升海原肉牛影响力。通过外出推介、直播带货等方式，推进马铃薯、小杂粮、蔬菜等农产品销售订单，农产品线上线下销售额达3.03亿元。建设高标准农田10.95万亩（其中高效节水1万亩），完成旱作7万亩。制定农业机械购置补贴政策，对购置农机具的均减去购机价格的40%，共补贴各类农机具1290台（套），受益补贴农户950户。新培育农机作业公司1家，全县农作物耕种收综合机械化水平达81.04%。全县测土配方施肥推广面积116.2万亩，有机肥推广面积57万亩，水肥一体化推广面积3.35万亩，测土配方施肥技术推广覆盖率达95%以上，化肥利用率达40%以上；农药减量控害应用面积126万亩，技术覆盖率达90%以上，农药利用率达41%。建成残膜回收网点20个，残膜加工企业2家。投入残膜回收机械158台次，现场检查指导46余次，春季回收残膜450余吨。聚焦玉米、马铃薯、苜蓿等主要粮食作物和饲草作物遴选51家农机作业社会化服务组织，从耕、种、防、收薄弱环节和关键环节实施全程托管或菜单式托管，全年投入1010万元补贴资金，完成托管服务面积68.19万亩。实施40个扶持壮大村集体经济项目，4000万元项目建设资金拨付乡镇实施。全县148个村村集体经济收益达到10万元以上的有114个，占比为77.03%。

（秦卫民）

【工业企业】 聚焦新能源装备制造、农产品深加工、轻纺“三大特色”产业，依托海兴开发区和县城产业功能区，盘活资产、用好资源、优化服务、强化招商，打造西北地区新能源装备制造及智慧运维基地、绿色农副产品精深加工基地、绿色轻工纺织生产基地，全年实现工业增加值10.89亿元。依托中车、华润、中核汇能等大型央企，建成华润电力宁夏运维基地、中核新能源装备产业园等重点项目，推动中核汇能盘活江苏振发新能源闲置资产，引进四川川高电器、江苏火蓝电气两家新能源装备生产企业，打造新能源装备产业园。推动华润高端肉牛精深加工项目达产达效。完成区市下达的能源消费总量增加1万吨标准煤、单位GDP能耗下降2%的目标任务。（秦卫民）

【第三产业】 全年金融机构各项存款余额98.77亿元，贷款余额74.64亿元，贷存比75.57%。其中“三农”和中小微企业贷款余额55.35亿元，占贷款余额的74.16%，对受疫情影响的中小微企业、新型经营主体全部免除担保费用，共免除担保费约138万元。孵化电商企业22家，8家企业入驻电子商务公共服务中心；全县快件进港量313.6万件，出港量18.2万件，完成下乡物流配送152.9万单。举办年货节、关桥梨花节和“嗨购海原”家电家装等活动，实现消费扶贫销售额1.29亿元。（秦卫民）

【项目建设】 全年共开（复）工建设各类项目128个，重点实施中国（宁夏）良种牛繁育中心、活牛交易市场、高标准农田等17个农业项目，中部防沙治沙、南部水源涵养林等7个林业项目，清水河综合治理工程海原段、三塘灌区配水工程（贾塘片区）等19个水利项目，寨科至海原高速公路（S50）海原至平川段、银川至昆明高速公路（G85）太阳山至彭阳段等8个交通项目，老旧小区改造、城市供热等24个市政项目，第一中学扩建、新建第八小学等15个教育项目，非物质文化遗产传承基地、地震博物馆升级改造等5个文化旅游项目，新能源智慧运维基地、中核汇能光伏产业基地等13个工业商贸及电力基础设施项目。

（秦卫民）

【城乡建设】 2021年，全县共组织实施城乡建设项目36个，其中续建项目10个，新建项目26个，工程概算总投资33亿元。完成固定资产投资10.6亿元，完成总额的106%。自治区下达棚改任务为500户1000套，完成1138套。投资4.5亿元建设的北苑小区、投资4200万元建设的闽宁科技园公租房3、4号楼已完工。实施4条新、续建市政道路，完成东城路、富民街、兴盛街续建，南庄北巷市政道路主道路施工新建；投资7400余万元实施南门停车场、城市供水管网及水表改造、牌路山路口转盘等工程，全部完工并投入使用。投资7600余万元续建的南门广场、东城生态园和地震遗址一期3个项目完工，投资3300余万元新建北入口绿地、产业园绿地、惠民绿地及县城街道零星植绿增绿等9个项目。投资1200万元实施的地震遗址（二期）项目，完成停车场部分地下管道安装及土方工程施工；完成22个美丽宜居村庄建设项目。实施抗震宜居农房改造1717户，其中全县危房改造开工建设629户，开工率100%，竣工629户；抗震宜居农房开工建设1088户，开工率100%，竣工1088户。

（秦卫民）

【生态环境】 开展蓝天、碧水、净土“三大行动”，紧盯PM2.5、PM10和优良天数等指标，开展扬尘、煤尘、烟尘、汽尘污染4项整治。强化散煤污染管控，清理整治非法销售散煤摊点18处，完成李旺、树台等9个乡镇清洁煤配送中心建设，报废（拆解）注销各类老旧车293辆。全县水质均达到III类标准。强化饮用水源地保护管理，完成对水源地18座建筑物的拆除和土地复垦。按照国家《产业结构调整指导目录》和行业准入条件要求，遏制“两高”项目。以“五清一改一绿化”为重要行动内容，重点对非正规垃圾堆放点、积存死角垃圾、垃圾设备周边环境卫生、厕所粪污无害化处理等进行集中整治，清理生产生活垃圾35.4万余吨、河道沟渠315千米、农业生产废弃物11万吨，拆除危旧院落、残垣断壁2500处，乱搭乱建7925处，投入各类机械10200辆（台）次，群众参与环境整治3.5万人次，春秋造林及村庄清洁行动共植树100万株。建成23个美丽宜居村庄（示范村），100个农村人居环境整治提升和25个推进村整治工作有序开展，实现农村人居环境整治提升全覆盖；建成“积分超市”36个，创建市级“美丽庭院”33个、县级273个，整村推进农村户厕改造2500户，摸排出问题厕所6075座，整改1171座，建立整改台账，逐年整改。累计完成营造林71.34万亩，全县森林覆盖率由7.2%提高至10.24%。（秦卫民）

【文化旅游】 建成县儿童福利院流动图书室和村（社区）文化室2间。完成“送戏下乡”文化演出116场次，广场文化演出11场次，开展理论宣讲、征文比赛等各类活动近100余次，启动海原县创建自治区级全域旅游验收工作。（秦卫民）

【教育体育】 全县有学校276所，教职工4738人，在校学生86086人。培育“三星级”以上基层党组织49个，实现55所公办学校党组织全覆盖。全县95%公办学校落实书记、校长“一肩挑”。选拔67名学校负责人、思政课骨干教师组建海原县思政课建设联盟，立项“课程思政”课题13个。教育系统荣获全区“爱国心、报国情、强国志”主题征文优秀组织奖，全市党史学习教育知识竞赛、演讲比赛优秀组织奖。指导24人参加各级思政课比赛，2人次获自治区级奖励，9人次获市级奖励。创建全国篮球、足球、排球体育特色学校13所，学生体质健康合格率达94.35%。学前3年毛入园率达86.5%。加快推进义务教育优质均衡发展，九年义务教育巩固率达100%，初中毕业升学率达98.83%，高中阶段入学率94.13%。通过送教上门、随班就读等方式，推进特殊教育融合发展，实现727名残疾儿童就近入学。2021年，学前教育阶段发放各类资助6085人次597.22万元；义务教育阶段发放生活补助51764人次1954.92万元；普通高中发放各类资助18896人次1359.38万元；职业中学发放各类资助13743人次1073.63万元。2021年，争取薄改、普通高中改造等项目，自治区教育厅等部门共批复项目建设总投资1.73亿元，其中利用自治区教育厅批复专项资金7836万元，新建、改扩建校舍面积2.64万平方米，维修校舍5706平方米，完成海原县第八小学、树台乡一贯制等学校3栋宿舍楼、七营中心小学餐厅新建，完成海原一中综合楼主体建设。推进"互联网+教育"示范县建设，2021年，自治区教育厅批复"互联网+教育"资金1200万元，新建"互联网+教育"标杆校2所并投入使用。深化教育督导体制机制改革，从名师、名校长中选聘39名担任专兼职督学；组织2021年国家义务教育质量监测，完成62所公、民办幼儿园分类定级督导评估，组织实施3轮"五项管理"专项督导。开展教师五项行动，强化师德师风建设，选拔培养优秀中青年校长、班主任、教师957名，成立名师工作室37个，国培区培计划培训教师180人次，义务教育学校教师定期交流轮岗67名，选派"三区"支教教师20名，发展双师型教师28人。政府购买公办幼儿园保教服务岗位866个，自主公开招聘初高中事业编制教师210名，签订37名公费师范生，安排超编学校112名教师到缺编学校任教，38名撤并学校教师到县城任教，实行县城与乡镇学校教师双向交流。实施名校长培育和班主任、教研员能力提升计划，提高教师信息化能力，获区级优课27节、市级优课48节、县级优课89节。通过政府购买专职保安245名，实现专职保安员配备、封闭化管理、一键式紧急报警和视频监控配备及护学岗建设四个100%全面达标。建立发布34个危险水域清单，组织专业技术人员对全县危险水域进行全面排查。完成全县义务教育阶段学校学生食堂大宗食材招标工作；落实校园食品安全守护行动，投资约150万元为海原一中、李旺中学、海原二幼等205所学校食堂进行"互联网+明厨亮灶"智慧监管系统建设，实现全覆盖目标。

（秦卫民）

【卫生健康】 实施全民健康水平提升行动，居民健康素养水平达21.05%，通过国家级评估验收。发放宣传资料60万份，播放健康教育音像资料60多种4000多次；举办"将健康融入所有政策，共建共享健康生活"等主题讲座近200场次；举办"学党史、办实事、下基层、送健康"义诊等活动400余场次，受益4.5万人次；在县电视台开办《健康海原》栏目，在海原县城打造健康宣传街6条，健康主题公园2个。建设健康促进机关56个、学校36所、医院21家、企业2家、健康村（社区）42个及示范家庭150户。打造健康促进示范学校2个、机关3个、医院2个、企业1个及健康社区2个、健康家庭10户。各级各类医疗卫生机构213家，每千人拥有执业（助理）医师1.97人。生活垃圾无害化处理率达98%以上，城市污水处理率达95%以上，农村户厕改造2500户。经常参加体育锻炼的人口比例达42.5%。饮用水水质达标率为100%，食品抽检合格率为98.4%。完成县人民医院救治能力提升项目，创伤和新生儿急救等五大中心建设通过自治区和国家卫健委评估验收。海城镇国家级鼠疫监测点、郑旗乡卫生院迁建项目开工建设；七营、三河等12家乡镇卫生院和南苑、黎明等6家社区卫生服务站纳入医共体范畴。产妇系统管理和高危孕产妇管理妇幼健康项目规范实施。全县慢性病机会性筛查扫码评估约1.5万人。心血管病筛查2222例，脑卒中筛查280例，共筛查2502例，任务完成率达104.25%。全县乡镇卫生院基本药物达到200种以上，村卫生室基本药物达到120种以上。2021年低收入家庭重病患者年内住院个人自付费用控制在7.9%，年度个人支付费用均未超过5000元。2021年，全县产妇总数3636人，孕产妇系统管理率达97.68%，高危孕产妇管理率达100%；免费实施婚前医学检查、孕前优生健康检查；免费实施农村适龄妇女"宫颈癌、乳腺癌"筛查11369人，筛查任务完成率达101.5%；新生儿疾病筛查3600人，筛查率达99.17%。2021年，全县0~6岁儿童35847人，活产数3656人，新生儿访视3615人，新生儿访视率达98.88%；0~6岁儿童健康管理32974人，儿童健康管理率为91.99%。0~6岁儿童眼保健和视力检查人数32204，检查覆盖率为89.84%。婴儿死亡率为2.8‰，5岁以下儿童死亡率6.58‰。落实各项计划生育奖励扶助对象4558人次，落实国家、自治区和县级奖励资金共计430万元。确认农村计划生育家庭奖励扶助对象401人，落实奖励扶助资金48.12万元。落实“少生快富”工程项目户9户，奖励资金9万元；“少生快富”独生子女和纯女户提前奖扶对象2117人，落实奖励资金254.18万元；独生子女保健费12.0375万元；计划生育纯女户养老缴费补贴61.502万元。落实“少生快富”工程项目户配套奖励资金9万元。以各乡镇人民政府为责任主体，对辖区内20户特殊家庭确定1名乡镇干部、1名村（社区）干部和1名乡村卫计干部（“2+1”）作为联系人，共确定联系人47人，明确联系帮扶关系，为特扶家庭制作发放“爱心联系卡”，畅通联系人与帮扶家庭的联络渠道，将特扶对象全部纳入家庭医生签约服务。

（秦卫民）

【民生保障】 实施薄改、普通高中改造等项目，新建、改扩建校舍面积4.7万平方米，维修校舍3465平方米。新建2所“互联网+教育”标杆学校，骨干教师参加各级各类培训2200余人次。全县学前三年毛入园率达85.1%，7~15岁小学适龄儿童、少年入学率达100%，高中阶段毛入学率达93.72%。全县城镇企业职工参保3.43万人，城乡居民参保25.04万人，失业保险参保0.99万人，工伤保险参保2.3万人，全年参保任务基本完成。安置城镇公益性岗位150名，乡村公益性岗位563名；培育创业实体452个，带动就业1966人；新增城镇就业1000人，城镇调查失业率为3.8%；全县务工就业9.74万人，劳务创收14.1亿元。建成敬老院3所，未成年人救助保护中心1所，每个行政村配备“儿童之家”，2020年被民政部儿童福利司、联合国儿童基金会确定为全国4省（区）9（市县）“护童成长”试点县之一。 （秦卫民）

【体制改革】 梳理21项“一件事一次办”事项清单，压缩办理时限50%，精简审批环节32%，减少申请材料30%。政务服务“12345”热线受理群众诉求2127件，办结2042件，办结率达96%。梳理县级政务服务事项1431项，办理时限整体压缩63%，办理环节压缩50%。优化乡镇机构设置，完成基层整合审批服务执法力量改革任务。营改增减负1061万元，惠企减税1102万元。完成全县17个乡镇148个行政村8.48万户54万块218.54万亩承包地确权登记颁证工作，实现劳务移民原籍承包地确权登记清零任务；完成农村承包地确权登记颁证“回头看”变更登记；为17个乡镇配备农村承包地确权查询系统，流转土地承包经营权18.5万亩。指导148个行政村对货币资金、固定资产、负债、资本、未分配收益、集体土地等进行规范登记，完成农村产权制度改革信息报送和清查“三资”数据录入平台管理系统工作，完成启用财务新账套，逐步实行“政经”分离，健全“村廉通”监督运行机制，保障村级各类资金安全使用。结合新型农业经营主体高质量发展培育项目和农民合作社质量提升整县推进试点工作，督促新型经营主体完善章程制度、健全组织机构、规范财务管理，带动农户规模经营，实现高质量发展。培育农民合作社33家，注销“僵尸社”6家，农民合作社累计达342家；培育家庭农场135家，累计达555家；培育农业综合服务中心2家，农民专业合作社联合社2家；创建县级农民合作社示范社36家、二星级示范家庭农场29家；创建市级农民合作社示范社5家、三星级示范家庭农场5家，建成农业农村综合服务中心2个、乡村治理中心2个（乡镇和村级各1个）。成立海原县农村产权流转交易中心，投入运营。 （秦卫民）

【社会治理】 加快法治政府建设，推行党政主要负责人年终述法制度、行政执法“三项制度”、部门综合执法改革，乡镇（街道）综治中心、村法律顾问实现全覆盖。加强法治宣传教育，“七五”普法收官、“八五”普法全面启动，掀起学习《民法典》热潮。落实基层治理“1+6+1”政策体系，推进乡村、社区、宗教、校园、企业、社团6个重点领域和网络空间治理，推行基层网格化管理，形成“共商、共建、共管、共治、共享”和“自治、法治、德治”相结合的基层治理模式。扫黑除恶斗争常态化推进，政法队伍教育整顿动真碰硬，中央和区、市督导反馈问题整改率达100%，形成一批针对性、操作性、实用性强的长效机制。完善社会治安防控体系，推进治理电信网络诈骗等专项行动，主要刑事案件立案数、命案发生数实现“双下降”。加强信访维稳工作，创新发展新时代“枫桥经验”，加大矛盾纠纷化解，解决一批群众反映强烈的突出问题。开展自然灾害综合防治工程，推进安全生产专项整治三年行动，全年未发生较大生产安全事故和自然灾害亡人事故。

（秦卫民）

【作风建设】 2021年，全县纪检监察机关共处置问题线索301件，立案98人，处分96人。严格落实中央八项规定精神及自治区“八条禁令”，制定海原实施细则，深化“两个年”活动，纠治“四风”。开展干部作风“中梗阻”问题和工程建设、政府采购领域突出问题专项治理，以及粮食购销领域腐败问题专项整治，对“五不为”问题严查重处。发挥巡察利剑作用，2021年开展一轮巡察，实现十四届县委巡察全覆盖。全面落实

为基层减负有关要求，精简会议文件，规范督查检查考核。 （秦卫民）

海兴开发区

【概况】 海兴开发区党工委、管委会为市委、市政府正处级派出机构，由海原县代管，主要负责招商引资、产业发展和开发区建设管理等职能。位于中卫市南部、海原县东部三河镇境内，距离中卫市170千米、海原县55千米、固原市50千米。北依凤凰山，苋麻河、中河穿流而过，依山傍水，地势平坦。福银高速、黑海高速、405县道和宝中铁路从境内经过。规划总面积30.6平方千米，建成区面积16平方千米，有行政办公、生活居住、物流商贸、工业园区、生态休闲五个功能区，工业体系逐步完善，绿化覆盖率达50%。年内，城区有常住人口3.1万人。 （马旭龙）

【经济发展】 2021年完成工业总产值7.77亿元，工业增加值2.62亿元，第三产业增加值4.01亿元，固定资产投资3.81亿元，工业投资1.57亿元，招商引资到位资金4.17亿元，实现税收0.51亿元。加大招商力度，坚持"走出去、请进来"招商思路，外出专题招商10次，接待华润燃气、上海能耀、华友钴业等公司17次，洽谈实施招商项目22个（洽谈18个、实施4个）。聘请第三方机构编制西北地区新能源装备制造、智慧运维和绿色农副产品精深加工基地3个行动方案。参加第十五届国际太阳能与智慧能源大会等重要展会3次，随自治区招商小组赴湖南开展重点产业招商活动1次，肉牛大赛期间配合海原县举办农业综合项目招商洽谈会1次，并邀请相关企业到海原海兴实地考察。优化营商环境，强化行政审批功能，设置政务大厅企业综合服务窗口，为宁夏中车新能源有限公司等8家落地企业提供全程代办服务。深化落地企业服务，推行一对一"保姆式"服务和包保责任机制，召开企业交流会和政银企座谈会2次，协调企业贷款90万元，为企业兑现各类补贴94万元，协助企业招工100余人，协助亿达利服饰、食来运转2家企业申报扶贫车间挂牌，协调化解麦勒电器公司债务纠纷并协助企业举办产品展销会1场，协助华盛工贸、岳氏服装等停产企业实现转型盘活，组织辖区企业参加中阿博览会等大型展会5场次。修订《小微企业孵化园管理办法》，制定小微企业考核评价指标及评分细则，完成对11家入园企业2021年度考核。加强项目建设管理，实施重点项目10个（生态湿地泵房、春季植绿增绿大会战、亿达利服装加工、华润电力宁夏运维基地4个续建项目，中核新能源装备产业园、金谷源小杂粮加工、格兰美景商住小区、海盛商业广场、活牛交易市场项目、集中供热系统改造提升项目6个新建项目），总投资2.98亿元。强化项目事前事中事后监管，完成政府和社会投资项目备案审批17个、工程控制价审核15项。 （石文武）

【财政金融】 全年收入基本运行经费2700万元，专项资金4907.21万元，支出资金4558万元。完成调研公务用车、市政管理工具车、职工餐厅空调、办公电脑及复印机等采购活动。严格审核把关，做好4439套公共租赁住房租金、保证金的收缴管理工作。全年化解政府债务1800余万元。理清闲置办公楼资产，对35家47栋行政办公楼资产进行登记备案，盘活3家闲置办公楼。 （余 静）

【规划建设】 坚持规划引领，将海兴开发区总规纳入海原县国土空间总体规划，保证规划的合法延续。提升城市综合承载力，实施苋麻河湿地提升泵房、供热系统提升改造等5个项目，开发海兴格兰美景、海盛商业广场2个房地产项目。开展植绿增绿大会战，栽植苗木3.5万株，绿篱、花灌木等6.9万平方米，配套泵房和滴灌绿化设施，落实树木养护措施，加强中水灌溉利用，绿化景观效果有效提升。坚持问题导向，开展工程建设政府采购重点领域突出问题治理等专项整治行动，各类问题均整改到位。推行城市精细化管理模式，结合城区百日环境集中整治活动，治理各类违规违法行为1160起，清除破旧广告527处，维修照明亮化设施6580处、绿化设施111处、破损路面321处、公厕15座，更换雨水箅子、下水井盖108个。探索公共服务设施市场化运营模式，将污水处理厂、集中供热、照明亮化、垃圾填埋场、固废处置场全部委托于专业机构进行规范化标准化管理，同时对接引入共享单车企业投放共享单车2000辆，城市功能得到进一步完善。完成保障房配租3530套、清退65套、维修276套，建立并使用租金线上缴费系统，保障性住房管理更加规范。 （马 轩）

【社会事务】 落实防疫措施，切实扛起疫情防控的政治责任。成立"六组一办三个专班"，将辖区划分为16个网格片区，先后召开疫情防控专题会议9次。及时摸排中高风险地区返海兴人员，累计摸排出返海兴人员81人，采取健康监测66人，全力阻断疫情输入。持续推进法治海兴建设，启动海兴开发区"八五"普法工作，以《民法典》颁布一周年、"12·4"国家宪法日暨宪法宣传周等节点为契机，开展线上线下宣传活动，共计发放宣传彩页6000余份，开展宣讲活动2次。聘请法律顾问1名，累计梳理规范性文件5份，审查规范性文件、合同等3份。加强基层社会治理，巩固深化扫黑除恶专项斗争成果，重点推进社会治安、工程建设、交通运输等行业领域整治取得实效。加强信访维稳，妥善处理拖欠农民工工资等矛盾纠纷，化解各类矛盾纠纷，累计接访55批334人次，其中涉及农民工工资47起297人444.48万元，全部解决；解决"12345"信访投诉案件7起，摸排化解矛盾纠纷事项7起；确保全国和区市两会、建党一百周年庆祝活动等重大会议、重要节事、重点节假日社会稳定。协调为辖区企业招工65人次。优化农贸市场布局，对470个摊位按照经营类别合理划分摆卖区和停车区域。全年未发生安全生产事故。（马国玲）

【生态环境】 坚持"四尘"同治、"五水"共治、"六废"联治，开展污染防治检查70余次，检查企业200余家次，优良天数比例达88.5%。利用"六五环境日""低碳日"等节点加大生态环境保护工作宣传，倡导绿色低碳生产生活方式，共同防范应对气候变化风险。（崔　晶）

党派群团

中国共产党中卫市委员会

·综述·

【概况】 2021年,在党中央和自治区党委坚强领导下,中卫市坚持以习近平新时代中国特色社会主义思想为指导,全面贯彻落实党的十九大和十九届历次全会精神,深入学习贯彻习近平总书记视察宁夏重要讲话精神,全面落实党中央和自治区党委各项决策部署,以建设黄河流域生态保护和高质量发展先行市为统领,统筹推进稳增长、促改革、调结构、惠民生、防风险、保稳定,全市经济社会发展取得新成就、发生新变化。全年地区生产总值同比增长6.4%,固定资产投资增长19.3%,规模以上工业增加值增长3.7%,社会消费品零售总额增长3.2%,地方一般公共财政预算收入增长9.6%,城镇和农村常住居民人均可支配收入分别增长6.7%和11.3%。 (龚俊超)

【市委发文】 2021年,市委单独发文20件,与市人民政府联合发文6件,与市人民政府、中卫军分区联合发文1件。 (龚俊超)

·重要会议·

【2020年度县(区)党委和市直党(工)委书记抓基层党建述职评议考核会】 1月7日召开。会议传达学习自治区党委2020年度地级市党委和自治区各行业系统党(工)委书记抓基层党建述职评议考核会精神。沙坡头区、中宁县、海原县党委书记和市委教育工委书记作抓基层党建述职汇报,市交通运输局、卫生健康委员会、人民防空办公室党委(党组)书记作述责述廉汇报。 (龚俊超)

【市委四届十次全体会议】 1月11日至12日召开。会议深入学习贯彻党的十九届五中全会、中央经济工作会议和习近平总书记视察宁夏重要讲话精神,学习贯彻自治区党委十二届十二次全会精神和自治区党委经济工作会议精神。审议通过《中共中卫市委员会关于制定国民经济和社会发展第十四个五年规划和二〇三五年远景目标的建议》,安排部署2021年经济工作,并对有关工作进行评议测评。

(龚俊超)

【全市安全生产工作暨2021年市安委会、减灾委员会、消委会第一次全体电视电话会议】 1月23日召开。会议传达学习习近平总书记关于安全生产、防灾减灾重要论述精神,贯彻落实全国安全生产电视电话会议和全区安全生产工作暨2021年度自治区安委会第一次全体电视电话会议精神,总结2020年全市安全生产、防灾减灾和消防工作,分析研判当前安全生产、防灾减灾、消防工作形势,部署2021年春节和全国、全区两会期间安全防范工作。

(龚俊超)

【全市领导干部大会】 2月3日召开。会议传达学习自治区两会和自治区人民政府第五次全体(扩大)会议等精神,对贯彻落实工作作出安排部署,提出明确要求。会议还对做好农民工工资清欠工作作部署。

(龚俊超)

【市纪委四届六次全体会议】 2月9日召开。全会审议通过刘凯华同志代表市纪委常委会所作的《全面推动纪检监察工作高质量发展,为建设"先行市"提供坚强保障》工作报告。 (龚俊超)

【四届市委第十一轮巡察动员部署会议】 3月2日召开。会议传达学习十二届自治区党委第十一轮巡视动员部署会议精神,宣布《四届市委第十一轮巡察任务分工及巡察组组长、副组长授权名单》,安排部署第十一轮巡察工作。 (龚俊超)

【全市党史学习教育动员会议】 3月3日召开。会议传达学习习近平总书记在中央党史学习教育动员大会上的重要讲话精神以及全区党史学习教育动员大会精神，邀请自治区党委党校教授姜晓芸以《周恩来——人格风范和公仆意识》为题作党史学习教育专题辅导。会议要求全市各级党组织和广大党员干部，要切实把思想和行动统一到党中央和自治区党委的重大决策部署上来，切实增强学习党史的思想自觉政治自觉行动自觉，扎扎实实开展好党史学习教育。

（龚俊超）

【全市政法队伍教育整顿动员部署会议】 3月4日召开。全区政法队伍教育整顿第五驻点指导组组长赵银祥到会指导。会议传达学习中央和自治区有关会议精神，对全市政法队伍教育整顿进行动员部署。会议指出，要按照党中央决策部署和自治区党委工作要求，紧密结合自治区党委政法工作会议部署的“七大提升行动”“十项重点工作”，以解决不忠、不公、不为、不能问题为着力点，突出筑牢政治忠诚、清除害群之马、整治顽瘴痼疾、弘扬英模精神“四项任务”，抓好学习教育、查纠整改、总结提升“三个环节”，切实做到刀刃向内、清除害群之马。（龚俊超）

【市委农业农村农民暨乡村振兴工作会议】 3月5日召开。会议传达学习中央农村工作会议、全国巩固拓展脱贫攻坚成果同乡村振兴有效衔接工作会议、全国扶贫开发工作会议和自治区党委农村工作会议精神，总结2020年全市农业农村工作和脱贫攻坚工作，安排2021年工作。（龚俊超）

【市委党史学习教育领导小组办公室及巡回指导组培训工作会议】 3月11日召开。会议明确市委党史学习教育领导小组办公室及巡回指导组的工作职责，对全市党史学习教育巡回指导工作进行安排部署。

（龚俊超）

【全市领导干部大会】 3月15日召开。会议传达学习全国两会精神，习近平总书记在全国两会部分团组会议上的重要讲话、中央领导同志参加宁夏代表团审议时的讲话精神及自治区传达贯彻全国两会精神会议精神。（龚俊超）

【全市新冠病毒疫苗接种工作电视电话会议】 3月22日召开。贯彻落实全国、全区新冠病毒疫苗接种工作电视电话会议精神和自治区指挥部关于疫苗接种工作的有关要求，并就加快全市新冠病毒疫苗接种工作进行再安排、再部署、再推进。（龚俊超）

【全市政法队伍教育整顿第一次新闻发布会】 3月29日召开。会议通报全市政法队伍教育整顿有关情况，并就做好教育整顿作出郑重承诺。

（龚俊超）

【全市廉政谈话会议】 3月31日召开。市委常委、纪委书记、监委主任刘凯华对2020年4月以来新提拔任用的96名领导干部进行集体廉政谈话。

（龚俊超）

【市新冠病毒疫苗接种工作领导小组（扩大）会议】 4月7日召开。通报全市新冠病毒疫苗接种情况，汇报全市新冠病毒疫苗接种点设置及技术培训情况，市人民政府与沙坡头区、中宁县、海原县人民政府签订《新冠病毒疫苗接种目标责任书》。（龚俊超）

【全市创建第七届全国文明城市工作推进会】 4月8日召开。会议传达学习全国精神文明建设表彰大会、全国文明办主任会议精神，安排部署全国文明城市创建工作暨2021年重点工作。（龚俊超）

【全市污染治理、生态保护、植绿增绿大会战推进会】 4月14日召开。听取各县（区）“三个大会战”推进情况及下一步工作思路措施汇报，安排部署全市环保整治有关工作。（龚俊超）

【市扶贫开发领导小组2021年第一次会议】 4月20日召开。会议传达学习习近平总书记对深化东西部协作和定点帮扶工作的重要指示，全国东西部协作和中央单位定点帮扶工作推进会、全国巩固拓展脱贫攻坚成果同乡村振兴有效衔接工作会议、全国扶贫开发工作会议精神，自治区党委2021年第8次常委会会议暨扶贫开发领导小组2021年第2次会议精神，审定《中卫市推进落实“移民致富提升行动”的实施意见》等。（龚俊超）

【全市一季度经济形势分析会】 4月23日召开。会议传达学习自治区党委常委会会议听取一季度经济运行情况汇报时自治区党委书记陈润儿讲话精神、建设黄河流域生态保护和高质量发展先行区第四次推进会精神，对全市第一季度经济形势进行分析。

（龚俊超）

【市委教育工作领导小组第五次会议】 4月30日召开。会议听取中卫市校园治理进展和自治区党委教育工作领导小组反馈问题整改情况汇报，审议《关于进一步加强和改进新时代师德师风建设的实施方案》《中卫市贯彻落实自治区关于〈进一步激发中小学办学活力的实施方案〉重点任务及分工方案》《关于深化新时代教育督导体制机制改革的实施方案》。

（龚俊超）

【全市产业工人队伍建设改革推进会】 5月10日

召开。会议传达学习全国推进产业工人队伍建设改革工作经验交流会精神、全国推进产业工人队伍建设改革工作电视电话会议(宁夏分会场)精神和全区产业工人队伍建设改革推进会精神,安排部署相关工作。

(龚俊超)

【全市葡萄酒产业高质量发展第一次推进会】 5月20日召开。与会人员实地观摩宁夏红枸杞产业有限公司和宁夏逸悦葡萄酒业有限公司(漠贝酒庄)的酿酒葡萄种植基地及葡萄酒酿酒中心,并提出针对性意见和建议。(龚俊超)

【市委党史学习教育巡回指导工作座谈会】 5月21日召开。自治区党史学习教育第三巡回指导组组长吴勇到会指导并讲话。会上,2个市级巡回指导组和3个县(区)级巡回指导组负责人作交流发言,就巡回指导工作进展情况、亮点做法、存在问题等进行汇报。(龚俊超)

【市人才工作领导小组2021年度第一次会议】 5月21日召开。会议传达学习宁夏聚才引才政策摘编,研究审议《关于审定〈中卫市人才计划调整方案〉的请示》《关于审定拟推荐"享受自治区政府特殊津贴"建议人选的请示》等,听取近期赴外引才情况汇报和全市"人才+产业"行动计划编制情况的汇报等。

(龚俊超)

【市委全面深化改革委员会第十次会议】 5月25日召开。研究市人民政府党组《关于审定〈中卫市关于促进中医药传承创新发展的实施方案〉的请示》。

(龚俊超)

【全市农村消防工作现场会】 6月2日在中宁县新堡镇召开。进一步加强和改进农村消防工作,推广试点消防工作经验,推进全市农村地区消防安全管理和消防基础设施建设。(龚俊超)

【市委全面贯彻落实习近平总书记视察宁夏重要讲话精神专题研讨班开班暨先行市建设推进会】 6月2日召开。会议传达学习习近平总书记2016年、2020年视察宁夏重要讲话精神,自治区党委书记陈润儿在自治区党委2021年第二十次常委会会议听取贯彻落实习近平总书记视察宁夏重要讲话精神督查情况汇报时的讲话精神;听取党政班子成员和县(区)及有关部门主要负责同志围绕全面贯彻落实习近平总书记视察宁夏重要讲话精神的汇报,区、市党委决策部署落实情况,市委、市政府"6+9"重点工作推进情况,对进一步落实全市重大项目、重点工作进行再安排再部署。(龚俊超)

【市委全面贯彻落实习近平总书记视察宁夏重要讲话精神专题研讨班结业暨推进"四权"改革动员部署会】 6月11日召开。会议传达学习自治区建设黄河流域生态保护和高质量发展先行区第四次推进会精神、黄河流域生态保护和高质量发展先行区"四水四定"研究报告专家论证会精神,有关市领导对中卫市推进"四权"改革作说明,沙坡头区、中宁县、海原县和市水务局、自然资源局、生态环境局主要负责同志作表态发言。(龚俊超)

【全市学校安全稳定工作会议】 6月22日召开。会议传达学习中央、自治区、市安全维稳工作会议精神,市教育局通报并安排部署校园安全稳定工作,市公安局对中小学(幼儿园)"护学岗"和校园安全稳定工作做具体安排。(龚俊超)

【坚决遏制"两高"项目盲目发展暨经济形势分析会】 6月26日召开。会议传达学习中央相关文件精神及自治区坚决遏制"两高"项目盲目发展工作汇报会精神,听取市发展改革委关于全市坚决遏制"两高" 项目盲目发展工作情况及经济运行情况汇报,听取沙坡头区人民政府、市工信局、市统计局关于坚决遏制"两高"项目盲目发展工作情况汇报,安排部署贯彻落实工作。(龚俊超)

【全市优秀共产党员、优秀党务工作者和先进基层党组织表彰大会】 6月29日召开,市委副书记、市长马洪海主持会议。追授金箴同志为全市优秀共产党员,表彰全市各行各业、各条战线上作出突出贡献的60名优秀共产党员、40名优秀党务工作者和50个先进基层党组织代表。(龚俊超)

【市人才工作领导小组2021年第二次会议】 7月7日召开。会议传达学习《宁夏回族自治区人才专项资金管理办法》,通报2017年至2019年度自治区人才项目整改情况,听取2020年自治区人才项目实施情况汇报和2021年事业单位自主公开招聘情况汇报,研究审议《关于提请研究自治区青年拔尖人才拟推荐考察人选的请示》,安排部署下半年人才工作。

(龚俊超)

【全市"四大提升行动"部署推进会】 7月8日召开。会议传达学习自治区"四大提升行动"(既农民增收致富、城镇居民收入、教育质量、全民健康水平)部署推进会精神,并对实施"四大提升行动"进行安排部署。(龚俊超)

【庆祝中国共产党成立100周年理论研讨会】 7月15日召开。会议认真学习习近平总书记"七一"重要讲话精神，深刻领悟重要讲话的历史逻辑、理论价值和现实意义，进一步激发广大干部群众为建设黄河流域生态保护和高质量发展先行市奋斗的信心。（龚俊超）

【2021 年征兵工作领导小组会议】 7月21日召开。会议传达学习自治区征兵工作领导小组会议精神，听取各县（区）代表关于征兵工作情况的汇报，审议《中卫市征兵工作“五率”考评细则》，总结2021年上半年全市征兵工作情况，安排部署下半年征兵工作重点任务。（龚俊超）

【市委全面依法治市暨全市政法队伍教育整顿总结大会】 7月30日召开。会议传达学习习近平法治思想、习近平总书记关于政法队伍教育整顿的重要指示精神，以及中央全面依法治国工作会议、全国政法队伍教育整顿中央督导工作汇报会议、第三次省级政法队伍教育整顿办主任会议精神和自治区党委全面依法治区工作会议精神。（龚俊超）

【市委四届十一次全体会议】 7月30日至31日召开。会议审议通过《中共中卫市委员会关于进一步推进创新驱动、深化改革的若干意见》，分析2021年上半年全市经济形势，安排部署下半年经济工作；通报2021年度全市“6+9”重点工作推进情况。（龚俊超）

【四届市委第十二轮巡察动员部署会】 8月3日召开。会议传达学习十二届自治区党委第十二轮巡视动员部署会议精神，宣布《四届市委第十二轮巡察任务分工及巡察组组长、副组长授权名单》，安排部署配合自治区巡察指导督导工作和四届市委第十二轮巡察工作。（龚俊超）

【市总河长会议】 8月10日召开。会议传达学习全面推行河湖长制工作部际联席会议暨加强河湖管理保护电视电话会议精神、自治区党委2021年第19次常委会会议暨自治区总河长第5次会议精神，通报自治区2020年度河湖长制工作考核结果，听取全市、各县（区）河湖长制工作汇报，审定《中卫市河湖长制2021年工作要点》等，安排部署有关工作。（龚俊超）

【自治区第十六届运动会中卫市筹备工作指挥部第一次会议】 8月11日召开。会议通报自治区第十六届运动会筹备工作进展情况，研究审定《自治区第十六届运动会中卫市筹备工作执行方案》《自治区第十六届运动会新增比赛场馆建设建议方案》等。（龚俊超）

【国有企业改革三年行动推进暨培训会】 8月12日召开。会议传达学习自治区国企改革三年行动推进会议精神，通报全市国有企业上半年经济运行及国企改革三年行动重点任务完成情况，安排部署下一步工作。（龚俊超）

【全市法治政府建设推进会议】 8月30日召开。会议传达学习中共中央、国务院《法治政府建设实施纲要（2021—2025年）》，自治区全面依法治区委员会《关于认真做好中央依法治国办实地督察我区法治政府建设准备工作的通知》和全区法治政府建设工作会议精神，通报自治区依法治区办对中卫市法治政府建设实地督察反馈问题情况和全市法治政府建设情况，审定《关于做好法治政府建设督察问题整改工作的实施方案》，研究贯彻落实意见。（龚俊超）

【市委全面依法治市委员会第五次会议】 9月2日召开。会议传达学习《法治政府建设实施纲要（2021—2025年）》、全区法治政府建设工作会议精神，通报自治区法治政府建设督察反馈问题情况，审定《中卫市人民代表大会常务委员会关于深入开展第八个五年法治宣传教育的决议（草案）》等，安排部署贯彻落实工作。（龚俊超）

【全市全面促进乡村振兴暨城乡人居环境整治推进动员大会】 9月3日以视频会议形式召开。会议传达学习全区深入实施“四大提升行动”、全面促进乡村振兴工作会议精神和全区推进黄河流域生态保护和高质量发展先行区建设（重大项目建设）第五次推进会精神，观看全市城乡人居环境暗访暗查问题专题片，通报全市“四大民生提升行动”进展情况和乡村振兴、城乡人居环境整治情况，安排部署有关工作。（龚俊超）

【全市遏制“两高”项目盲目发展暨能耗双控工作会议】 9月3日召开。会议传达学习自治区遏制“两高”项目盲目发展工作小组会议暨能耗“双控”工作约谈会议精神，通报全市能耗“双控”工作情况。（龚俊超）

【全市学习贯彻习近平总书记“七一”重要讲话精神专题宣讲报告会】 9月9日召开。会议邀请自治区党委宣讲团成员、自治区党委宣传部副部长朱天奎作习近平总书记“七一”重要讲话精神专题宣讲报告。（龚俊超）

【市生态环境保护领导小组2021年第二次会议】 9月17日召开。会议传达学习自治区党委2021年第31次常委会会议暨生态环境保护督察工作领导小组会议、自治区党委第三生态环境保护督察组督察中卫市反馈会精神，听取全市生态环境保护工作情况汇报，审定《中卫市贯彻落实自治区党委第三生态环境保护督察组专项督察反馈意见整改方案》《中卫市今秋明春生态建设生态保护植绿增绿大会战工作方案》，对生态环境保护工作进行再安排再部署。

（龚俊超）

【市“平安中卫”建设协调小组 2021 年第一次会议】 9月17日召开。会议传达学习习近平总书记关于平安中国建设重要指示精神、第二次全国市域社会治理现代化试点工作交流会精神，审定《关于加快推进社会治理现代化建设更高水平的“平安中卫”的实施意见》《“平安中卫”建设领导责任制实施办法》，安排部署贯彻落实工作。（龚俊超）

【全市“双碳”“双控”工作专题会议】 9月27日召开。会议传达学习习近平生态文明思想和习近平总书记关于碳达峰碳中和的重要论述，以及中央和自治区有关会议精神，解读中央、自治区“双碳”“双控”有关政策文件精神，通报全市能耗“双控”工作情况，铁合金企业签订产业联盟盟约，安排部署全市“双碳”“双控”工作和铁合金产业联盟下一步工作。

（龚俊超）

【市委党史学习教育领导小组第三次会议】 9月29日召开。会议传达学习自治区党委2021年第32次常委会会议精神，听取“我为群众办实事”实践活动工作情况汇报，审定《中卫市第二批“我为群众办实事”项目清单》，安排部署下一步工作。

（龚俊超）

【中卫市严肃换届纪律集体谈心谈话会】 10月15日召开。会议传达学习中央及自治区有关通知精神，再次重申严肃换届纪律“十严禁”。

【全市城乡人居环境整治百日攻坚行动暨秋冬农田水利基本建设观摩评促会】 10月16日召开。会议强调，以“四治”“四美”“四化”为重点，全面提升城市管理水平，切实改善农村人居环境，持续抓好农田水利基本建设“大会战”，扎实推进植绿增绿。

（龚俊超）

【市委全面深化改革委员会第十二次会议】 10月21日召开。会议传达学习中央全面深化改革委员会第二十一次会议和自治区党委2021年第三十次常委会会议暨全面深化改革委员会第十四次会议精神，审定《关于调整优化中共中卫市委全面深化改革委员会专项小组设置的方案》等文件，听取《中共中卫市委员会关于进一步推进创新驱动深化改革的若干意见》11个工作专班任务落实情况及国家、自治区改革试点任务和全市“四权”改革推进落实情况汇报。

（龚俊超）

【全市第三季度经济形势分析及疫情防控调度会】 11月6日以视频会议形式召开。会议通报全市前三季度经济运行情况，总结全市疫情防控工作，安排部署下一阶段工作。（龚俊超）

【全市公务员平时考核工作推进会】 11月25日召开。会议通报全市公务员平时考核工作督察情况，并就进一步做好全市公务员平时考核工作做具体要求。

（龚俊超）

【全市党的十九届六中全会精神宣讲动员备课会】 12月6日召开。安排部署全会精神宣讲工作，即日起至2022年全国两会前，抽调39名有关部门（单位）负责同志和党校教师组成市宣讲团，紧紧围绕党的十九届六中全会精神，在全市开展45场次集中宣讲。

（龚俊超）

【全市领导干部大会】 12月15日召开。会议宣布自治区党委关于干部职务任免的决定：张利同志任中卫市委委员、常委、书记。自治区党委常委、组织部部长石岱宣布自治区党委干部职务任免决定并讲话，张利同志作发言。（龚俊超）

【2021年违法违规占用耕地重点问题整治工作会议】 12月15日召开。此次重点问题整治分为自查自纠、集中整改、成果检查、巩固落实四个阶段，主要包括新增农村乱占耕地建房问题，违法违规占用耕地挖湖造景问题，违法违规占用耕地超标准建设绿化带、绿色通道问题，违法违规占用耕地绿化造林或将耕地转为园地等其他类型农用地，耕地保护动态监测发现“非农化”等5类违法违规占用耕地问题。

（龚俊超）

【市委统一战线工作领导小组2021年第三次会议】 12月16日召开。会议传达学习习近平总书记在全国宗教工作会议上的重要讲话精神，自治区党委书记陈润儿在自治区党委2021年第45次常委会会议传达学习时的讲话等精神，安排部署贯彻落实工作。

（龚俊超）

【市党的建设领导小组2021年第二次会议】 12月17日召开。会议传达学习习近平总书记关于党的建设工作重要论述，听取全市“让党中央放心、让人民群众满意”模范机关创建工作和“基层党建全面提升年”及农村党建“一抓两整”行动开展情况汇报，审定《2021

年度县(区)党委和市直党(工)委书记抓基层党建述职评议考核工作方案》。（龚俊超）

【市委四届十三次全体会议】 12月19日召开。会议通过中共中卫市第四届委员会的报告、中共中卫市第四届纪律检查委员会的工作报告,决定将这两个报告提请中共中卫市第五次代表大会审议;通过《关于中国共产党中卫市第五次代表大会召开日期的决议》,决定中国共产党中卫市第五次代表大会于2021年12月23日至25日在中卫召开;通过中共中卫市第五届委员会委员、候补委员和纪律检查委员会委员候选人预备人选建议名单;对市委2021年度选人用人工作和新提拔干部进行民主评议。（龚俊超）

【市第五次党代会预备会议】 12月22日召开。会议以举手表决方式通过大会主席团成员名单、秘书长名单、代表资格审查委员会名单,通过大会议程。大会议程为:听取和审查中国共产党中卫市第四届委员会报告;审查中国共产党中卫市第四届纪律检查委员会工作报告;选举中国共产党中卫市第五届委员会;选举中国共产党中卫市第五届纪律检查委员会。（龚俊超）

【市第五次党代会主席团举行第一次会议】 12月22日召开。会议以举手表决方式,通过市第五次党代会主席团常务委员会成员名单,通过大会副秘书长名单,通过代表资格审查委员会关于代表资格的审查报告,通过大会列席人员名单,通过大会日程,通过大会秘书处工作机构,通过各次大会执行主席名单。（龚俊超）

【市第五次党代会代表团召集人会议】 12月22日召开。会议介绍中国共产党中卫市第五次代表大会筹备工作情况,安排各代表团团长、副团长推举工作,酝酿大会主席团、秘书长、代表资格审查委员会建议名单,讨论大会议程(草案)。

【市第五次党代会代表资格审查委员会会议】 12月22日召开。会议听取关于代表资格初步审查情况的汇报,对代表资格进行审查,通过提请大会主席团审议的《中国共产党中卫市第五次代表大会代表资格审查委员会关于代表资格的审查报告(草案)》。（龚俊超）

【市第五次党代会】 12月23日至25日召开。张利代表中国共产党中卫市第四届委员会,向大会作题为《牢记嘱托 勇担使命 为加快建设先行市和美丽新中卫而努力奋斗》的报告。中国共产党中卫市第四届纪律检查委员会向大会作书面报告。会议通过大会选举办法,通过监票人、总监票人名单,安排分团预选五届市委委员、候补委员和市纪委委员有关事项。大会以举手表决方式,通过《中国共产党中卫市第五次代表大会关于中共中卫市第四届委员会报告的决议》《中国共产党中卫市第五次代表大会关于中国共产党中卫市第四届纪律检查委员会工作报告的决议》《中国共产党中卫市第五次代表大会关于全市党费收缴、使用和管理情况报告的决议》。（龚俊超）

【市委五届一次全体会议】 12月25日召开。全会选举产生中国共产党中卫市第五届委员会常务委员会委员和书记、副书记。经无记名投票选举,张利当选为中国共产党中卫市第五届委员会书记,马洪海、杨青龙当选为中国共产党中卫市第五届委员会副书记。张利、马洪海、杨青龙、余瑞东、高鹏、苏发坤、朱利军、万学道、郑明亮、刘凯华、赵晓东当选为中国共产党中卫市第五届委员会常务委员会委员。全会通过中共中卫市第五届委员会第一次全体会议决议、中共中卫市第五届纪律检查委员会第一次全体会议选举结果报告。（龚俊超）

【市纪委五届一次全体会议】 12月25日召开。会议选举产生新一届市纪委常委、书记、副书记。刘凯华当选为市纪委书记,杨智龙、周自军、拓晓明当选为市纪委副书记。会议通过《中国共产党中卫市第五届纪律检查委员会第一次全体会议选举办法》、总监票人、监票人名单。选举产生中国共产党中卫市第五届纪律检查委员会常务委员会委员和书记、副书记。（龚俊超）

【市委第二次常委会会议】 1月12日召开。会议传达学习习近平总书记二〇二一年新年贺词、关于政法工作重要指示精神,中央农村工作会议、中央全面深化改革委员会第十七次会议精神,陈润儿同志在自治区党委常委会会议传达学习时的讲话精神,安排部署贯彻落实工作;传达学习中央推动黄河流域生态保护和高质量发展领导小组全体会议精神,陈润儿同志在自治区党委常委会会议传达学习时的讲话精神,自治区建设黄河流域生态保护和高质量发展先行区第三次推进会、自治区劳动模范和先进工作者表彰大会、全区双拥模范城(县)命名暨双拥模范单位和个人表彰大会精神,研究贯彻落实意见;听取市人大常委会党组、市政府党组、市政协党组、市中级人民法院党组、市检察院党组2020年工作汇报,安排部署下一步工作;研究《关于提名补选市四届人大代表、市人大常委会委员的请示》《关于施润云等辞去市政协委员、常委职务和提名补选市政协委员、常委的请示》《关于对蓝主保、许坤煌同志记二等功的请示》《关于中卫市拟推荐2021年度全国城乡妇女岗位建功先进集体（个人）的请示》；研究市两会组织机构、选举办法等相关事宜；研究干部事宜。（龚俊超）

【市委第五次常委会会议】 1月26日召开。会议传达学习习近平总书记在省部级主要领导干部学习贯彻党的十九届五中全会精神专题研讨班、中央政治局民主生活会上的重要讲话精神，陈润儿同志在自治区党委常委会会议传达学习时的讲话精神，安排部署贯彻落实工作；传达学习陈润儿同志在自治区党委农村工作会议、2020年度地级市党委和自治区各行业系统党（工）委书记抓基层党建述职评议考核会上的讲话精神，研究贯彻落实意见；研究市“我身边的战‘疫’模范”推选活动办公室《关于审定中卫市拟通报表扬“我身边的战‘疫’模范”先进个人和先进集体建议名单的请示》；研究全市创建全国文明城市有关事宜。（龚俊超）

【市委第六次常委会会议】 2月8日召开。会议传达学习习近平总书记在中共中央政治局会议、中共中央政治局第二十七次集体学习时、在贵州考察时的重要讲话精神，安排部署贯彻落实工作；传达学习十九届中央纪委五次全会和自治区纪委十二届五次全会精神，研究市纪委《关于召开市纪委四届六次全体会议的请示》，审议《市纪委四届六次全体会议工作报告（送审稿）》；审定《中共中卫市委员会2021年工作要点（送审稿）》；研究市人民政府党组《关于实施中卫市第一排水沟余丁段人工湿地项目的请示》《关于实施中卫市2021年城区生态修补项目的请示》《关于实施自治区第十六届运动会有关项目的请示》《关于增加中卫市应理城乡市政产业（集团）有限公司注册资本金的请示》；研究干部事宜。（龚俊超）

【市委第七次常委会会议】 2月25日召开。会议听取2020年度全市巡察工作汇报，安排部署下一步工作；审定《中卫市2021年“6+9”重点工作分工方案（送审稿）》；研究《关于实施欧洲投资银行贷款宁夏黄河流域沙化土地可持续治理项目的请示》《关于增加宁夏沙坡头旅游产业集团注册资本金的请示》《关于审定2021年全国五一劳动奖和全国工人先锋号拟推荐人选及单位的请示》《关于审定“七一勋章”提名和全国“两优一先”初步建议人选（对象）的请示》；研究干部事宜。（龚俊超）

【市委第八次常委会会议】 2月28日召开。会议传达学习习近平总书记在全国脱贫攻坚总结表彰大会上的重要讲话精神，安排部署贯彻落实工作；研究《关于制定〈中卫市人民代表大会常务委员会关于传承中宁枸杞文化保护中宁枸杞品牌的决定〉的请示》《关于解决2021年义务教育薄弱环节改善与能力提升项目和高考综合改革项目配套资金的请示》《关于审定2021年全国五一劳动奖和全国工人先锋号拟推荐人选及单位的请示》。（龚俊超）

【市委第九次常委会会议】 3月18日召开。会议传达学习习近平总书记在2月26日中央政治局会议上、中共中央政治局第二十八次集体学习时、2021年春季学期中央党校（国家行政学院）中青年干部培训班开班式上、中央财经委员会第九次会议上、会见探月工程嫦娥五号任务参研参试人员代表并参观月球样品和探月工程成果展览时的重要讲话精神，安排部署贯彻落实工作；传达学习全区市、县、乡领导班子换届工作会议精神，研究贯彻落实意见；研究干部事宜。（龚俊超）

【市委第十次常委会会议】 3月25日召开。会议传达学习习近平总书记在福建考察调研时的重要讲话精神，安排部署贯彻落实工作；研究全市党风廉政建设和反腐败工作；传达学习陈润儿同志来卫调研美利林区沙漠污染问题整改和压砂地退出种植工作时的讲话精神，安排部署贯彻落实工作；传达学习陈润儿、咸辉同志关于固原市原州区张易镇红庄林场二林沟附近发生草原火灾的批示精神，听取全市一季度安全生产工作情况汇报；研究《关于审定〈中卫市关于全面推进乡村振兴加快农业农村现代化的实施意见（送审稿）〉的请示》《关于审定〈中卫市民族团结进步创建工作巩固提升实施方案（送审稿）〉的请示》。（龚俊超）

【市委第十二次常委会会议】 4月7日召开。研究《关于审定〈中共中卫市委常委会2020年度民主生活会整改清单〉的请示》《关于做好全区、全市优秀共产党员、优秀党务工作者和先进基层党组织推荐工作的请示》《关于拟推荐全国优秀县委书记人选的请示》《关于拟推荐全国最美家庭、全国维护妇女儿童权益先进集体和先进个人的请示》；研究干部事宜。（龚俊超）

【市委第十三次常委会会议】 4月15日召开。会议传达学习习近平总书记对打击治理电信网络诈骗犯罪工作的重要指示精神，以及在3月30日中央政治局会议上、参加首都义务植树活动时重要讲话精神，安排部署贯彻落实工作；研究全市党史学习教育工作（套开市委党史学习教育领导小组第一次会议）；听取全市新冠病毒疫苗接种工作情况汇报，安排部署下一步工作；研究全市党的建设工作（套开市党的建设领导小组 2021 年第一次会议）；研究《关于审定〈关于实现巩固拓展脱贫攻坚成果同乡村振兴有效衔接的实施意见（送审稿）〉的请示》《关于审定〈中卫市进一步落实安全生产、消防工作“党政同责、一岗双责”和“三个必须”的意见（送审稿）〉的请示》《关于审定 2020 年度全市效能目标管理考核结果的请示》《关于利用企业周转便利类金融工具进行债务重组的请示》《关于中卫市拟推荐全区脱贫攻坚先进集体和先进个人表彰名单的请示》《关于中卫市拟推荐全国乡村振兴（扶贫系统）先进集体和先进个人表彰名单的请示》《关于中卫市拟推荐全区脱贫攻坚（工商联系统）先进集体和先进个人表彰名单的请示》《关于成立中国共产党中卫市国有资产监督管理委员会工作委员会的请示》；审定《关于认真做好市、县、乡领导班子换届工作的通知》。（龚俊超）

【市委第十四次常委会会议】 4 月 20 日召开。会议传达学习习近平总书记对职业教育工作作出的重要指示，同法国、德国领导人举行视频峰会、在清华大学考察时的重要讲话精神，以及陈润儿同志在自治区党委 2021 年第 15 次常委会会议上的讲话精神，安排部署贯彻落实工作；传达学习中央、自治区有关会议精神，安排部署贯彻落实工作；研究全市巩固拓展脱贫攻坚成果同乡村振兴有效衔接工作（套开市扶贫开发领导小组 2021 年第一次会议）；研究全市全面依法治市工作（套开市委全面依法治市委员会第四次会议）。（龚俊超）

【市委第十五次常委会会议】 4 月 29 日召开。研究《关于审定〈中卫市康养旅游产业发展推进工作方案（送审稿）〉的请示》《关于将市直有关学校移交沙坡头区管理有关事宜的请示》《关于为市供销集团增加注册资本金的请示》《关于拟推荐全区 “两优一先”的请示》《关于拟推荐全区非公经济组织和社会组织“两优一先”的请示》；研究安排部署“五一”期间有关工作；研究干部事宜。（龚俊超）

【市委第十七次常委会（扩大）会议】 5 月 25 日召开。会议传达学习习近平总书记在推进南水北调后续工程高质量发展座谈会、4 月 30 日中共中央政治局会议、十九届中共中央政治局第二十九次集体学习时、全球健康峰会时、出席领导人气候峰会时、广西考察时的重要讲话精神，以及在博鳌亚洲论坛 2021 年年会开幕式上发表的主旨演讲、给天问一号探测器成功着陆火星的贺电、给中国空间站天和核心舱发射任务成功的贺电、给首届中国国际消费品博览会的贺信，并传达了陈润儿同志在自治区党委 2021 年第十七次、十八次常委会会议传达学习时的讲话精神，安排部署贯彻落实工作。传达学习汪洋同志来宁视察讲话精神，陈润儿同志在自治区党委 2021 年第十八次常委会会议传达学习时的讲话精神，安排部署贯彻落实工作。研究全面深化改革有关事宜（套开市委全面深化改革委员会第十次会议）；传达学习中央定点扶贫单位座谈会、全国全区健全防止返贫致贫动态监测和帮扶机制视频推进会、全区脱贫攻坚总结表彰大会、实施百万移民致富提升行动会议、深化闽宁协作交流座谈会精神。审定《关于建立全市厅级领导同志包抓百万移民致富提升行动重点移民村工作机制的通知（送审稿）》，研究贯彻落实意见。传达学习赵乐际同志在广西调研、杨晓渡同志在宁夏调研时的讲话精神，全区党委（党组）书记集体谈心会精神，自治区纪委有关通报精神；研究《关于召开中卫市第四届人民代表大会第六次会议的请示》《关于中卫市第四届人民代表大会第六次会议有关事项的请示》。

（龚俊超）

【市委第十八次常委会会议】 5 月 31 日召开。会议传达学习习近平总书记在两院院士大会中国科协第十次全国代表大会上的重要讲话精神，以及致世界环境司法大会、中国日报创刊 40 周年、世界马克思主义政党理论研讨会的贺信，安排部署贯彻落实工作；传达学习全国巡视工作会议暨十九届中央第七轮巡视动员部署会精神，陈润儿同志在自治区党委 2021 年第十七次常委会会议传达学习时的讲话精神，研究贯彻落实意见；传达学习闽宁协作第二十五次联席会议、福建宁夏经贸合作交流恳谈会精神，研究贯彻落实意见；传达学习陈润儿同志对全区党委办公厅（室）工作的批示精神，全区党委办公厅（室）系统学习贯彻习近平总书记“5·8”重要讲话精神座谈会精神，安排部署贯彻落实工作；审定《市委四届十一次全会筹备工作建议方案（送审稿）》；研究《关于中卫市二级巡视员协助市人民政府副市长工作的请示》《关于调整市扶贫工作机构设置的请示》《关于设立中国共产党中卫市乡村振兴局党组的请示》《关于审定市委管理领导班子和领导干部 2020

年度考核情况的请示》;研究干部事宜。

（龚俊超）

【市委第二十次常委会会议】 6月10日召开。会议传达学习习近平总书记在5月31日中共中央政治局会议上、十九届中共中央政治局第三十次集体学习时的重要讲话精神,安排部署贯彻落实工作;传达学习《中国共产党组织工作条例》,安排部署贯彻落实工作;研究全市政法队伍教育整顿工作(套开全市政法队伍教育整顿领导小组2021年第三次会议);研究全市创建全国文明城市有关事宜(套开市创建全国文明城市指挥部2021年第二次会议);安排部署全市端午节期间有关工作;研究《关于审定〈中卫市深入推进用水权、土地权、排污权、山林权“四权”改革的实施方案(送审稿)〉的请示》《关于审定〈关于做好全市市县乡人民代表大会换届选举工作的意见(送审稿)〉的请示》《关于审定〈中卫市庆祝中国共产党成立100周年表彰大会方案(送审稿)〉的请示》《关于审定全市“两优一先”表彰对象的请示》。 （龚俊超）

【市委第二十二次常委会会议】 6月17日召开。会议传达学习习近平总书记考察青海时的重要讲话精神,安排部署贯彻落实工作;研究《关于审定〈中卫市国企改革三年行动实施方案(送审稿)〉的请示》《关于审定〈2021年度中卫市效能目标管理考核实施方案(送审稿)〉的请示》《关于审定〈中卫市市本级社会保障基金定期存款存放管理暂行办法(送审稿)〉的请示》《关于审定〈中卫市市本级财政全额供款机关事业单位职业年金单位缴费部分进行实账管理资金筹措方案(送审稿)〉的请示》《关于增加宁夏沙坡头旅游产业集团有限公司注册资本金的请示》《关于增加中卫市高新技术产业集团有限公司注册资本金的请示》;研究干部事宜。 （龚俊超）

【市委第二十四次常委会会议】 7月1日召开。会议传达学习习近平总书记在中共中央庆祝中国共产党成立100周年大会、“七一勋章”颁授仪式上的重要讲话精神,陈润儿同志在全区优秀共产党员、优秀党务工作者和先进基层党组织表彰大会、“光荣在党50年”座谈会上的讲话精神;传达学习习近平总书记在十九届中共中央政治局第三十一次集体学习时、参观“不忘初心、牢记使命”中国共产党历史展览时的重要讲话精神,学习习近平总书记同神舟十二号航天员的亲切通话、致金沙江白鹤滩水电站首批机组投产发电的贺信、向“一带一路”亚太区域国际合作高级别会议的致辞、给北京大学留学生们的回信等内容,安排部署贯彻落实工作;传达学习咸辉同志来卫调研时的讲话精神,研究贯彻落实意见;传达学习自治区党委督查室《关于当前安全生产隐患排查整治工作督查情况的通报》精神,安排部署贯彻落实工作;研究市人民政府党组《关于审定〈中卫市城镇居民收入提升行动实施方案(送审稿)〉的请示》《关于审定〈中卫市教育质量提升行动实施方案(送审稿)〉的请示》《关于审定〈中卫市全民健康水平提升行动实施方案(送审稿)〉的请示》《关于审定〈中卫市城市供水特许经营协议(送审稿)〉的请示》。 （龚俊超）

【市委第二十五次常委会会议】 7月6日召开。会议传达学习《中共中央关于印发〈中国共产党党徽党旗条例〉的通知》精神,安排部署贯彻落实工作;传达学习《中共中央办公厅关于认真学习贯彻〈习近平总书记在庆祝中国共产党成立100周年大会上的讲话〉的通知》《自治区党委办公厅关于认真学习贯彻习近平总书记在庆祝中国共产党成立100周年大会上的重要讲话精神的通知》精神,审定《中共中卫市委员会办公室关于认真学习贯彻习近平总书记在庆祝中国共产党成立100周年大会上的重要讲话精神的通知》,安排部署贯彻落实工作;研究《关于审定〈中卫市农民增收致富提升行动实施方案(送审稿)〉的请示》《关于审定〈中卫市云计算和大数据企业扶持奖励政策(送审稿)〉的请示》《关于审定〈中卫市工商联(民间商会)换届工作实施方案(送审稿)〉的请示》《关于召开中国共产党中卫市沙坡头区第二次代表大会、中国共产党中宁县第十五次代表大会和中国共产党海原县第十五次代表大会的请示》《关于审定〈县(区)领导班子换届考察工作方案(送审稿)〉的请示》《关于召开中卫市科学技术协会第一次代表大会的请示》;研究干部事宜。 （龚俊超）

【市委第二十七次常委会会议】 7月15日召开。安排部署全市古尔邦节期间有关工作;研究市人民政府党组《关于拨付2021中国宁夏(沙坡头)·第十一届丝绸之路大漠黄河国际文化旅游节有关经费的请示》;研究干部事宜。 （龚俊超）

【市委第二十八次常委会会议】 7月23日召开。研究全面深化改革有关事宜(套开市委全面深化改革委员会第十一次会议);研究《关于实施中卫市中沟路(宁钢大道至机场大道段)改建工程的请示》《关于审定〈中卫市林草集团有限公司组建方案(送审稿)〉的请示》《关于拨付中卫市高新技术产业开发集团注册资本金的请示》《关于实施中卫市廉政教育改造提升

项目的请示》。（龚俊超）

【市委第二十九次常委会会议】 7月28日召开。会议传达学习习近平总书记在西藏考察时的重要讲话精神，对深入推进农村厕所革命的重要指示精神，安排部署贯彻落实工作；传达学习咸辉同志来卫调研时的讲话精神，研究贯彻落实意见；传达学习全区乡村振兴系统建设和工作推进会精神，研究贯彻落实意见；研究市委四届第十一次全体会议有关事宜，安排部署常态化疫情防控工作；研究市委机构编制委员会办公室《关于调整中卫市公证处机构序列等有关事项的请示》。（龚俊超）

【市委第三十一次常委会会议】 8月2日召开。会议传达学习习近平总书记在中共中央政治局第三十二次集体学习时及在中共中央政治局会议上、党外人士座谈会上的重要讲话精神，自治区党委2021年第二十七次常委会会议暨应对新冠肺炎疫情工作领导小组第十八次会议精神，自治区党委办公厅《关于全区党政机关、企事业单位落实疫情防控要求的通知》精神，安排部署贯彻落实工作；传达学习陈润儿同志来卫调研时的讲话精神，研究贯彻落实意见；研究干部事宜。（龚俊超）

【市委第三十二次常委会会议】 8月10日召开。研究全市河湖长制工作（套开市总河长会议）；研究《关于审定〈中卫市人民代表大会常务委员会关于促进中卫市枸杞产业高质量发展的决定（草案）〉的请示》《关于支持沙坡头区、中宁县黄河流域生态保护和高质量发展先行市建设及海原县实施乡村振兴战略补助资金的请示》《关于审定〈中国共产党中卫市第五次代表大会筹备工作方案（送审稿）〉的请示》《关于召开中国共产党中卫市第五次代表大会的请示》。（龚俊超）

【市委第三十四次常委会会议】 8月23日召开。会议传达学习习近平总书记在中央财经委员会第十次会议上的重要讲话精神，致第五届中国——阿拉伯国家博览会的贺信，向新冠疫苗合作国际论坛首次会议发表的书面致辞，给云南省沧源县边境村老支书们的回信，安排部署贯彻落实工作；研究市委四届第十二次全体会议有关事宜（套开市委审计委员会第4次会议）；研究《关于审定〈中卫市拟推荐全国实施妇女儿童发展纲要先进个人〉的请示》《关于审定〈中卫市新闻传媒集团有限公司组建方案（送审稿）〉的请示》。（龚俊超）

【市委第三十五次常委会会议】 9月2日召开。会议传达学习习近平总书记在河北承德考察时、在中央全面深化改革委员会第二十一次会议上的重要讲话精神，致中国——上海合作组织数字经济产业论坛、2021中国国际智能产业博览会的贺信，安排部署贯彻落实工作（套开市委全面依法治市委员会第五次会议）；研究干部事宜。（龚俊超）

【市委第三十六次常委会会议】 9月10日召开。会议传达学习陈润儿同志在固原市中卫市调研时的讲话精神，研究贯彻落实意见；研究市委组织部有关事宜。（龚俊超）

【市委第三十七次常委会会议】 9月17日召开。会议传达学习习近平总书记在8月31日中共中央政治局会议上、在中央党校（国家行政学院）中青年干部培训班开班式上、在陕西榆林考察时、在金砖国家领导人第十三次会晤上的重要讲话精神，给全国高校黄大年式教师团队代表、“高原戍边模范营”全体官兵的回信，安排部署贯彻落实工作；安排部署中秋节期间有关工作；研究《关于举办2021云天大会的请示》《关于审定〈2021年中卫市实施乡村振兴战略综合考评方案（送审稿）〉的请示》《关于中国共产党中卫市第五次代表大会代表选举工作有关事宜的请示》《关于审定市委提名到有关选举单位进行选举的市第五次党代表大会代表候选人名单的请示》。（龚俊超）

【市委第三十八次常委会会议】 9月23日召开。研究市委组织部《关于审定各县（区）出席市第五次党代表大会代表候选人预备人选的请示》《关于审定〈政协中卫市第五届委员会换届工作方案（送审稿）〉的请示》《关于审定〈政协中卫市第五届委员会委员协商提名工作方案（送审稿）〉的请示》。（龚俊超）

【市委第四十次常委会会议】 9月29日召开。套开市委党史学习教育领导小组第三次会议；传达学习全区违规吃喝隐形变异问题专项整治动员会精神，研究贯彻落实意见；安排部署国庆节期间有关工作；研究《关于审定〈在全市开展第八个五年法治宣传教育的实施意见（送审稿）〉的请示》《关于拨付全市乡村振兴暨城乡人居环境整治资金的请示》《关于实施2021年中卫市城市道路维修改造项目的请示》《关于划转宁夏西部云基地科技有限公司股权的请示》《关于拨付中卫市高新技术产业开发集团有限公司注册资本金的请示》《关于提名补选杨文生同志为市政协四届委员会委员的请示》《关于审定各县（区）党委、纪委领导班子换届选举结果的请示》；研究干部事宜。（龚俊超）

【市委第四十三次常委会会议】 10月21日召开。会议传达学习习近平总书记在纪念辛亥革命110周年大会、中共中央政治局会议、中共中央政治局第三十三次集体学习时的重要讲话精神,对老龄工作的重要指示和近期有关会议、论坛、峰会上的重要讲话、致辞、贺信精神,安排部署贯彻落实工作;传达学习习近平总书记在中共中央政治局第三十四次集体学习时的重要讲话精神,以及致2021年世界互联网大会乌镇峰会、2021中关村论坛、第32届国际航空科学大会的贺信,听取2021云天大会举办情况汇报,安排部署贯彻落实工作;传达学习习近平总书记在中央人大工作会议上的重要讲话精神、陈润儿同志在自治区党委2021年第三十六次常委会会议传达学习时的讲话精神,研究贯彻落实意见;传达学习习近平总书记在中央人才工作会议上的重要讲话精神、陈润儿同志在自治区党委2021年第三十四次常委会会议传达学习时的讲话精神,研究贯彻落实意见;传达学习咸辉同志来卫调研时的讲话精神,研究贯彻落实意见(套开市委全面深化改革委员会第十二次会议);研究《关于审定中卫市拟推荐全国妇联系统劳动模范、先进工作者和全区实施妇女儿童发展规划先进集体、先进个人的请示》《关于审定中卫市拟推荐全国党史和文献部门先进个人的请示》《关于审定市委提名推荐的市第五届人民代表大会代表候选人初步人选建议名单的请示》。 (龚俊超)

【市委第四十四次常委会会议】 11月3日召开。会议传达学习习近平总书记在深入推动黄河流域生态保护和高质量发展座谈会上和在山东东营考察时的重要讲话精神,安排部署贯彻落实工作;传达学习全区深入实施"四大提升行动"全面促进乡村振兴工作现场会精神,研究贯彻落实意见;套开市应对新冠肺炎疫情工作领导小组第十九次会议。

(龚俊超)

【市委第四十六次常委会会议】 11月9日召开。研究市委组织部《关于审定中共中卫市第五届委员会委员、候补委员和纪律检查委员会委员候选人预备人选建议人选的请示》《关于中卫市领导班子换届人事安排的请示》。 (龚俊超)

【市委第四十七次常委会会议】 11月14日召开。会议传达学习党的十九届六中全会精神,陈润儿同志在自治区党委2021年第四十次常委会(扩大)会议传达学习时的讲话精神,安排部署贯彻落实工作;传达学习陈润儿同志在做好市级班子换届工作、确保换届工作风清气正电视电话会议上的讲话精神,研究贯彻落实意见;审定《关于召开中国共产党中卫市第四届委员会第十三次全体会议的请示》;研究《关于审定〈中卫市今秋明春城市园林绿化提升补绿项目建设方案(送审稿)〉的请示》《关于审定〈中卫市全民所有自然资源资产所有权委托代理机制试点实施方案(送审稿)〉的请示》《关于调整市本级和沙坡头区财政收入分成比例的请示》《关于调整市委提名下派市第五届人民代表大会代表候选人初步人选的请示》。

(龚俊超)

【市委第四十八次常委会会议】 11月22日召开。会议传达学习习近平总书记在中共中央政治局会议、第三次"一带一路"建设座谈会、中华人民共和国恢复联合国合法席位50周年纪念会上的重要讲话精神,以及致首届中国网络文明大会、新华社建社90周年、人民出版社成立100周年的贺信和近期有关会议、论坛、峰会上的重要讲话、重要指示、致辞、贺信精神,陈润儿同志在自治区党委常委会会议传达学习时的讲话精神,安排部署贯彻落实工作;传达学习自治区贯彻落实习近平总书记在深入推动黄河流域生态保护和高质量发展座谈会上的重要讲话精神暨先行区建设第六次推进会精神;研究市委四届十三次全会有关事宜,研究《关于审定中卫市拟推荐平安中国建设先进集体的请示》《关于审定中卫市拟推荐"全国三八红旗手"的请示》《关于审定各选举单位出席中国共产党中卫市第五次代表大会代表的请示》;研究干部事宜。

(龚俊超)

【市委第四十九次常委会会议】 12月19日,由市委书记张利主持召开。会议传达学习习近平总书记在中央经济工作会议、党外人士座谈会上的重要讲话精神,陈润儿同志在自治区党委2021年第四十七次常委会会议传达学习时的讲话精神,安排部署贯彻落实工作;研究部署近期有关工作;研究市委组织部《关于补选市第五次党代表大会代表的请示》《关于调整中共中卫市第五届委员会委员候选人预备人选的请示》《关于补选市第五届人民代表大会代表的请示》。

(龚俊超)

【市委第五十次常委会会议】 12月17日,由市委书记张利主持召开(套开市党的建设领导小组2021年第2次会议)。审议《全市党费收缴、使用和管理情况报告》《2021年度干部选拔任用工作报告》;研究市委组织部《关于审定沙坡头区委补选出席市第五次党代表大会代表的请示》。 (龚俊超)

【市委第五十一次常委会会议】 12月19日,由市委书记张利主持召开。会议听取各组召集人关于市委四届十三次全体会议分组审议情况的汇报。

（龚俊超）

【市委第五十二次常委会会议】 12月19日,由市委书记张利主持召开。审定《关于召开中国共产党中卫市第五次代表大会的请示》;研究中卫市第五届人民代表大会第一次会议相关事宜;研究政协中卫市第五届委员会第一次会议相关事宜;研究市人民政府党组《关于审定〈2021年市本级预算调整方案(送审稿)〉的请示》。 （龚俊超）

【市委第五十三次常委会会议】 12月22日,由市委书记张利主持召开。会议听取各代表团召集人汇报推荐代表团团长、副团长和酝酿大会主席团、秘书长、代表资格审查委员会建议名单、大会议程(草案)情况,确定各代表团团长、副团长。 （龚俊超）

【市委第五十四次常委会会议】 12月25日,由市委书记张利主持召开。会议传达学习自治区党委经济工作会议精神,安排部署贯彻落实工作;研究加强市委常委会自身建设工作;研究市人民政府党组《关于实施中卫市香山、西郊林场植绿增绿供水工程的请示》《关于审定中卫市沙坡头机场2021—2022年航线航班编排计划的请示》;研究干部事宜。

（龚俊超）

【市委第五十五次常委会会议】 12月31日,由市委书记张利主持召开。会议传达学习习近平总书记在中国文联十一大、中国作协十大开幕式上的重要讲话精神,对全国老干部工作、党内法规工作的重要指示精神,致厦门经济特区建设40周年贺信,给中国国家话剧院艺术家的回信,以及陈润儿同志在自治区党委2021年第四十九次常委会会议传达学习时的讲话精神,安排部署贯彻落实工作;研究干部事宜。

（龚俊超）

·组织工作·

【基层组织】 中卫市辖3个县(区)40个乡镇443个行政村。其中,沙坡头区11个乡镇162个村,中宁县12个乡镇133个村、海原县17个乡镇148个村。共有社区68个。其中,沙坡头区36个,中宁县21个,海原县11个。全市共有1850个基层党组织和23个派出机构。其中基层党委93个、党总支部78个、党支部1679个。全市共有47976名党员。其中,农村党员22648名、社区党员4930名、党政机关事业单位党员12096名、非公企业和社会组织党员2349名、国企党员1312名、其他领域党员4641名。全市共有村干部2504人。其中,沙坡头区1033人、中宁县730人、海原县741人。村"两委"平均年龄42.3岁,村党组织书记、村委会主任平均年龄47岁,361个村实现"一肩挑"。全市共有社区干部516名,平均年龄34.9岁。社区党组织书记、居委会主任平均年龄39.3岁,所有社区全部实现"一肩挑"。全市共有非公企业320家,建立党组织202个(党委4个、党总支2个、党支部196个),党组织覆盖率为90.31%。社会组织307家,党组织覆盖率为94.7%。 （杨永斌）

【干部队伍】 全市共有各类干部25672名。其中,公务员(含参公管理人员)4876名,事业单位工作人员20796名。全市有厅级领导干部37名(含1名挂职干部),平均年龄为51.5岁。其中回族干部10名,女干部6名,党外干部5名,具有大学及以上学历的36名(研究生学历17名)。全市有处级干部711名。其中处级领导干部425名(正处级领导干部103名,副处级领导干部322名),平均年龄为49.8岁。四级调研员及相当职务层级以上职级干部286名。全市有科级干部3776名。其中正科级1505名,副科级2271名。科级领导职务2411名,职级公务员2140名(交叉任职775名),平均年龄为44.1岁。

（杨永斌）

【人才队伍】 全市共有各类人才55938人,占全市人口总数的5.24%。其中党政人才4649人,专业技术人才19864人,农村实用人才17162人,企业经营管理人才10320人,高技能人才2077人,社会工作人才1866人。博士研究生学历14人、硕士研究生学历618人、本科学历18848人。 （杨永斌）

【干部培训学习】 深入实施习近平新时代中国特色社会主义思想教育培训计划,实现处科级领导干部培训全覆盖。扎实开展党史学习教育,组织党员干部持续深入、及时跟进学习习近平新时代中国特色社会主义思想,年内共开展专题学习8000余场次、研讨交流5300余场次,各级党组织政治功能持续提升,广大党员党性意识得到锤炼。 （杨永斌）

【市、县、乡、村四级领导班子换届】 做好市级领导班子换届工作,完成市第五次党代会代表和市人大、政府、政协领导班子选举工作,自治区党委批复和市委提名的各类候选人均全票或高票当选。推进县乡换届工作,坚持早谋划、早研判,提前制定班子调配模型,分批稳步调整领导干部,完成换届选举,班子年龄结构、专业结构、经历结构实现“三个优化”。全市443个行政村、68个社区完成两委换届工作，实现年龄、学历“一降一升”目标。（杨永斌）

【干部培养】 突出政治导向、实绩导向、基层导向，通过日常调研考核、政治素质考察等办法全面掌握干部政治表现，先后对在脱贫攻坚、疫情防控等急难险重任务中表现突出的83名干部予以提拔重用；深入实施“青年骨干培养计划”，坚持“小步快跑”与“墩苗锻炼”相结合，采取酝酿动议、会议讨论、任前公示“三个单列”的办法，着力解决干部“断层”问题，年内提拔重用80后处级领导干部17名、90后正科级干部28名，全市40岁以下副处级领导干部占比达到10.8%，较三年前提升5个百分点。

（杨永斌）

【基层组织建设】 持续开展农村党建“一抓两整”“六查六强”行动，及时选派761名驻村干部奔赴乡村振兴一线，所有村集体经济经营性收入达到5万元以上；强化党建引领基层治理，组建“两员三长”服务队伍1.4万余名，推动551个驻区单位与社区实现组织共建、活动共联、资源共享，在防疫大考中成立临时党组织71个，全市1.9万名党员干部下沉防疫一线，使党旗在重大斗争一线高高飘扬；以“六个过硬”措施推进模范机关创建工作，建立“书记谈”媒体访谈机制，形成创先争优浓厚氛围；统筹推进各领域基层党组织建设，全市非公经济组织和社会组织“两个覆盖”率位居全区前列，排查农村违规违纪发展党员工作在全区作经验交流。（杨永斌）

【人才引进】 深入实施“高端专家柔性引进”“青年高层次人才延揽”“行业骨干人才培养”“情系中卫人才回归”四大行动计划，制定云计算和大数据产业等7个“重点产业+人才”行动计划，推促人才链与产业链深度融合，年内柔性引进云计算、功能农业等领域高端专家51名，招聘硕士研究生133名（近三年每年增幅达50%以上），吸引1640名中卫籍优秀人才回乡就业创业。（杨永斌）

·宣传工作·

【意识形态】 将意识形态工作纳入全市效能目标考核，与党建工作责任制、党风廉政建设责任制、领导班子和领导干部目标管理、效能目标管理同部署、同落实、同检查、同考核。2021年，市委专题研究、学习、部署意识形态工作6次。持续抓好巡视反馈意识形态领域问题整改，中央巡视反馈的18个方面29个问题和自治区党委巡视反馈的5个方面16个问题，全部整改落实并长期坚持巩固。举办全市意识形态工作专题培训班、网络意识形态综合业务培训班。将意识形态工作纳入市委巡察，对13个市直部门（单位）党组织进行专项检查。出台《党委（党组）落实意识形态工作责任制正面清单和负面清单（试行）》，修订《全市意识形态领域防止出现政治性风险问题监测预警审核制度》，建立月度重点领域意识形态风险防范、季度全市意识形态风险分析研判机制，召开全市意识形态风险研判会3次，排查梳理风险点9次，围绕政治、经济、民族宗教等重点领域排查通报意识形态领域风险点106个，及时督促相关县（区）、部门做好防范处置工作，确保全国两会、“七一”等重要时间节点期间，全市意识形态领域安全稳定。深入开展“扫黄打非”“新风”“正道”集中行动，检查各类文化经营场所460余家，审核报备论坛、讲座等100余场，创建全国全区“扫黄打非”进基层示范标兵4个、示范点23个，政治安全、文化安全、阵地安全保障有力。

（吴　莹）

【理论武装】 深化党委（党组）理论学习中心组学习、干部理论武装教育，组织市委理论学习中心组集中学习研讨20次，县处级以上党委（党组）理论学习中心组学习1200余次，举办“沙坡头大讲堂”8期；建立市、县（区）、乡（镇）三级联动宣讲机制，举办理论“微宣讲”大赛、“学习强国”达人挑战赛，组织基层宣讲5200余场（次）；开展理论研讨会、征文活动6次，征集理论文章530余篇，在自治区以上平台刊发40余篇，打造全区首个铸牢中华民族共同体意识干部教育基地，通过宣讲团巡回讲、领导干部带头讲、“百姓名嘴”常态讲、驻村干部敲门讲等形式，开展十九届六中全会精神宣讲1000余场（次）。组建“领导小组+3个工作组+31个巡回指导组+155个行业指导组”领导体系，建立“督、查、促、改”闭环问效机制，打造孟长有烈士纪念园、南河子烈士纪念公园、关桥堡红军井等红色教育基地，全市各级党组织通过专题学习、专题研讨、专题党课和红色主题教育等形式学党史、悟思想，筑牢信仰之基，坚定奋进之志。（吴　莹）

【新闻宣传】 围绕学习宣传贯彻习近平总书记最新重要讲话、批示指示精神和中央、区、市重要会议，持续做好反响认知、举措成效等动态宣传；紧跟“七一勋章”“两优一先”评选表彰、“光荣在党50年”纪念章颁发等重大活动，持续做好先进典型宣传；聚焦“六大产业”“四大提升行动”“四权”改革、统筹疫情防控和经济社会发展等重点工作，开展主题宣传；借力大漠黄河国际文化旅游节、枸杞产业博览会等品牌节事活动，持续做好对外宣传。“2021 云天大会”宣传报道首次在“学习强国”总网直播、首次在自治区级新闻发布平台召开发布会、首次邀请院士专家出席新闻发布会，新闻总体传播曝光量 5 亿次，抖音话题点击量超 1.6 亿次。全市各媒体平台刊播稿件 6.9 万篇(条)，策划“卫我喝彩·邀您打卡”主流媒体中卫行主题采访活动，承接“沿着高速看中国”“天下黄河富宁夏”等大型主题外宣行动，举办新闻发布活动 53 场(次)，在中央和自治区媒体刊播稿件 5000 多篇(条)，中卫故事出新出彩、主流舆论强势强劲。组建中卫市新闻传媒集团有限公司，中宁、海原县融媒体中心改革持续深化，新型全媒体发展业态日趋成熟。 (吴 莹)

【社会主义核心价值观阵地建设】 持续推进社会主义核心价值观和中国梦宣传教育，开展“听党话、感党恩、跟党走”宣讲 620 余场(次)，获评第八届全国道德模范提名奖 2 人，评选发布“新时代好少年”20 名，打造自治区国防教育基地 4 个。开展“初心宣讲”“黄河岸边生态讲堂” 等特色品牌志愿服务活动 3200 余场(次)，中卫四小被中宣部命名为全国学雷锋活动示范点，沙坡头区文昌镇东花园社区获评全国文化旅游领域最美志愿服务社区，中宁县“枸杞花开”获评全国扶贫扶智最佳志愿服务项目。 (吴 莹)

【文明创建】 统筹推进文明创建、文明实践和文明培育，完善文明城市创建督查纠治、市区联动、网格包抓等机制，深入实施“十大行动”“七大工程”，中卫市入选第七届全国文明城市提名资格城市，群众认同感、满意度不断提升；沙坡头区、中宁县分获全区移风易俗和未成年人思想道德建设工作先进县(区)，中卫市文明办、海原县文明办等 7 个单位获全区精神文明建设工作先进集体荣誉，入选第十九批自治区文明单位 188 个，文明村镇 5 个，文明校园 8 所。深化拓展新时代文明实践工作，新建文明实践所 16 个、文明实践站 187 个，广泛开展“嘉言善行文明中卫”主题实践活动，推动文明出行、文明旅游、文明餐桌扎实开展。

(吴 莹)

【群众文化活动】 牢牢把握“党的盛典、人民的节日”基调定位，注重思想内涵、注重群众参与，开展“两优一先”推荐评选表彰、红色电影展映、庆祝建党 100 周年理论征文等活动，市、县(区)联动举办“奋斗百年路 启航新征程”主题文艺晚会、“诗意塞上·歌颂党恩”黄河诗会、“百炼成钢路·音乐颂党史”音乐党史课、书法美术摄影作品展等群众文化活动 420 余场(次)，全市上下讴歌党、讴歌祖国、讴歌人民、讴歌英雄的情怀基调高昂响亮。广泛开展“永远跟党走”群众性主题宣传教育，通过马克思主义“五观”百场万人大宣讲、“学党史学英雄、听革命故事传承红色基因”老兵宣讲和“青春向党”“童心向党”主题教育等活动，讲“活”党的历史，讲“暖”群众心田，营造赓续红色血脉、共创历史伟业的浓厚氛围。 (吴 莹)

【精品文艺创作】 开展“文化大篷车”演出 741 场(次)、广场文化演出 117 场(次)、“送戏下乡”惠民演出 160 场(次)、农村电影放映 7247 场(次)，市博物馆完成布展免费开放，中宁县文化馆获评第九届全国服务农民服务基层文化建设先进集体；推出抗疫原创 MV《我们》、红色小说《黄河儿女》、道情戏《金沙梦》等富有中卫元素、时代印记的文艺作品，《我们的脱贫之路》入选农家书屋出版物推荐目录，《走进中卫》等 2 部作品被评为自治区优秀社科读物，刘乐牛等 5 人作品获自治区重点文艺作品奖励扶持，中卫建筑彩绘、地毯制造技艺入选国家级非遗代表项目。成功举办大漠黄河国际文化旅游节、黄河数字音乐节、星空大会等特色文旅活动，打造星星酒店、黄河宿集、“66 号公路”“大漠味集”等网红打卡点，中卫南岸民宿入选全国甲级旅游民宿，沙坡头景区获评第一批国家级文明旅游示范单位，阳光大麦地文化产业园、微元素文化传播有限公司命名为自治区级文化产业示范园区、基地。

(吴 莹)

【网络管理】 把网络综合治理融入 “1+6+1” 全领域、全方位治理格局，开展网络直播行业乱象整治等专项行动 18 个，关闭违法违规网站、账号 47 个，约谈网络主播、公众号负责人 13 名，网络综合治理效能不断提升。举办“网络中国节”“网络达人看中卫”等主题网络宣传活动，配合开展“遇见宁夏·道地枸杞”“母亲河畔的中国”等网络媒体主题采访，推出《人民记忆：百年百城(中卫)》《追寻先烈足迹、传承红色基因》等新媒体作品 2000 多个，网络空间更加清朗，网上正能量更加充沛。 (吴 莹)

【队伍建设】 搭建读原著学原文悟原理知原义“四原”理论研习室平台，以践行“两个维护”忠诚教育、意识形态安全教育等 9 项活动为抓手，推动系统“讲政治、担使命、守纪律”教育活动深入开展。选派 60 多名干部参加中央、自治区各类培训班和研讨会，举办创建全国文明城市等培训班 5 期，培训 1000 余人，韩志丹、邹娇娇 2 人分别入选宁夏青年人才托举工程和全国网络视听行业青年人才培养对象，10余名系统业务骨干获国家部委、自治区级表彰，全战线政治意识普遍增强、作风能力明显提升、精神状态有力提振。

（吴　莹）

·统战工作·

【多党合作和政治协商制度】 1.思想政治引领。把思想政治引领作为加强党外代表人士队伍建设的中心环节，组织各民主党派市级组织召开年度工作总结会，将统筹学习中共党史、统一战线史和多党合作史作为全年重要任务和关键主题，开展“大学习大培训”活动和“不忘合作初心继续携手前进”专题教育活动，召开全市党外人士座谈会3次，举办统战工作条例等专题培训班7期，参训260余人。2.协助换届。贯彻落实《自治区党委办公厅转发〈自治区党委统战部关于协助各民主党派地级市组织做好换届工作的意见〉的通知》，按照程序严格召开市各民主党派负责人座谈会和述职评议、民主推荐等会议，确保提名人选科学合理。坚持“凡用必评”基本原则，严把“政治关口”，联合市委组织部对拟提名的48名人选开展集中考察和综合评价，保障各民主党派市级组织完成换届选举工作。3.引导履行职能。支持各民主党派、无党派人士发挥政治协商、民主监督、参政议政等基本职能，按照“党委出题、党派调研、政府采纳、部门落实”的要求，制定印发《2021年度政党协商计划》，组织全市各民主党派和无党派人士紧紧围绕市委和政府重点工作、中心任务，完成协商活动、重点课题调研15项，提交提案和社情民意200余件，其中9件得到市委主要领导批示肯定。结合“为民办实事”活动，组织各民主党派市级组织结合界别特色，开展捐款捐物、送医送药、慰问农村困难群众等社会帮扶工作，累计捐赠各类物资、款项等123万余元。4.党外人士队伍建设。贯彻落实《中共中央关于加强新形势下党外代表人士队伍建设的意见》，建立完善党外后备干部信息库，储备优秀党外后备干部57名。将市直部门65名党外代表人士推荐为新一届市政协委员初步人选。

（张宁伟）

【无党派与新的社会阶层人士工作】 按照“党建+统战”工作模式和“六有”标准，打造大麦地文化产业园等3个实践创新基地，承办全区新的社会阶层人士主题沙龙和座谈会，为党外代表人士发挥作用提供平台保障。（张宁伟）

【民族工作】 1.巩固提升民族团结进步示范市创建成果。从市直单位和各县（区）推荐上报15个高标准示范点参加自治区民族团结进步示范点验收工作，制定印发《中卫市民族团结进步创建工作深化巩固提升方案》，在海原县召开全市深化民族团结进步创建暨推进基层社会治理工作现场会，对巩固提升民族团结进步工作作出总体安排部署，海原县成功创建为全国民族团结进步示范县，两县一区实现全域创建、全部覆盖。2.铸牢中华民族共同体意识宣传工作。坚持线上线下同步发力，以“民族团结进步月”活动为契机，深化“传承党的百年光辉史基因，铸牢中华民族共同体意识”主题教育活动，把学习贯彻中央民族工作会议精神和自治区党委十二届十三次全会精神作为重要内容，着力构建立体宣传矩阵，以《中卫日报》、“云端中卫”客户端等为平台，创作发布H5动态作品《铸牢中华民族共同体意识，推动新时代党的民族工作高质量发展》，同步采编宣传稿件16期。选取海原县具有代表性的民族团结进步示范单位，以主播探访的形式以点带面展现民族团结进步生动实践，真正让宣传载体贴近群众、温暖人心，切实引导全市各族人民牢固树立休戚与共、荣辱与共、生死与共、命运与共的共同体理念。3.各民族群众交往交流交融。结合党史学习教育“我为群众办实事”实践活动，以中秋节等传统节日为契机，广泛组织开展“邻里节”“联谊会”“送温暖”等活动，举办“铸牢中华民族共同体意识，推动新时代党的民族工作高质量发展”专场文艺汇演，让全市各族群众同享喜庆热闹、民族和谐共处的节日氛围，进一步丰富和发展全市各族人民共有精神家园，引导在交往交流交融中增进感情、深化友谊，让民族节日共享互融成为铸牢中华民族共同体意识的生动实践，更好推动构建互嵌入式的社会结构和社区环境，让中华民族共同体意识深入人心、牢不可破。（张宁伟）

【宗教工作】 1.加强教育引导。开展马克思主义“五观”大宣讲活动，开展集中宣讲46场，覆盖党员干部群众7500余人，营造“三个离不开、五个认同”的良好氛围。持续推进“五进”宗教活动场所，指导宗教界人士开展“学党史·感党恩·跟党走”主题教育活动和“爱党爱国爱社会主义”主题学习活动，先后配发宪法、民法典等各类书籍1000余册，举办全市宗教干部、宗教人士培训班4期306人次，切实提高宗教工作能力和水平，着力引导全市宗教界人士继承发扬爱国爱教优良传统，主动维护全市宗教领域和谐稳定。2.排查风险隐患。全面开展民族宗教领域矛盾纠纷排查化解专项行动，深入各行业、各领域累计排查梳理涉宗教领域风险隐患12个，化解率达100%。落实宗教活动场所安全管理责任，集中清查宗教场所消防安全隐患614个，全部整改落实到位。3. 健全完善机制。制定《中卫市宗教活动场所紧急信息报送制度》《中卫市宗教活动场所安全管理制度》，印发《关于健全完善基层宗教治理体系提高治理能力实施意见的分工方案》，对36项新建立的制度机制逐一建立任务清单，定期组织各牵头单位报送工作进展情况。

（张宁伟）

【民营经济领域统战工作】 1. 强化教育引导。开展“五强五促”行动，组织全市各商会党组织通过主要领导带头讲党课、专题报告会等形式，开展红色教育、警示教育、典型教育，选派商会党组织书记参加区、市举办各类教育培训2次，党建工作责任意识得到明显增强。建立和完善党建工作指导员机制，选派政治素质高、业务能力强的6名党员到所属基层党组织指导开展党建工作，有序推进党支部规范化建设，为促进“两个健康”提供坚强的政治保障和组织保障，全市商会党组织覆盖率达到41%，中卫市食品商会党支部被全国工商联评为“商会党建工作示范单位”。2. 优化政策服务。扎实开展“送政策进民企”和“送法律进商会”活动，邀请市税务局、人民银行中卫分行等部门，围绕民营企业关心的减税降费、金融支持、企业用工等重点问题开展巡回宣讲活动，发放《保障中小企业款项支付条例》《中卫金融》等宣传资料200余份，及时解读政策、回应关切。邀请律师宣讲解读《民法典》等法律法规，并组织50余名民营企业负责人参加法律工作培训班，引导自觉守法诚信经营，确保企业在法治化轨道上健康运行。3. 推动合作发展。邀请天九共享控股集团董事局执行董事一行到中卫考察调研，天九集团、宁夏在外部分商会在中宁枸杞博览会与本土企业签订枸杞加工、销售等6个框架协议，天九集团杭州在宁商会等与市直相关部门就4个有关项目的投资合作进行深入洽谈。组织中卫民营企业家参加中阿博览会和宁夏特色产业共享发展峰会等活动和产业推介，促进区内外企业资源共享、合作共赢。

（张宁伟）

·政策研究·

【政研工作】 1.文稿服务工作。先后起草《中卫市委2021年工作要点》《在全市深化民族团结进步创建暨推进基层社会治理工作现场会上的讲话》等市委重要文稿20余篇，高质高效完成市委四届十一次全会和市第五次党代会材料起草工作。编发《政研信息》53期，其中3篇得到市委分管领导的批示肯定。《实施“教育质量提升行动”，努力办好人民满意的教育》等2篇理论文章在《宁夏工作研究》刊发。2. 调查研究工作。围绕市委中心工作，紧盯群众关心关注的热点、难点问题，从黄河流域生态保护和高质量发展、改善民生和创新社会治理等方面着手，统筹制定全年调研计划，开展“四大民生提升行动”“四权”改革等专题调研11次，配合自治区党委政研室（改革办）及相关厅局调研5次。撰写《调查与思考》《中卫改革动态》《督查专报》14期。注重调研报告成果转化，《关于我市稳步推行“村改居”工作存在的问题及建议》等2篇调研报告，受到市委有关领导批示肯定。

（马　莉）

【改革工作】 1. 改革任务。首次以市委全会专题研究改革工作，针对制约中卫改革发展的体制性障碍、机制性滞后、政策性梗阻等问题，市委四届十一次全会研究出台《关于进一步推进创新驱动深化改革的若干意见》，聚焦11个方面改革重点确定2021年度184项改革任务清单，成立11个工作专班推进落实。全年召开市委深改委会议3次、推进会2次、动员部署会1次，审定改革方案6个。2. 改革工作机制。将改革专项小组由9个调整优化为13个，以市委出台的重要改革方案制定工作细则、重要改革任务推动落实工作细则、改革专项小组工作细则3项工作制度，构建市委深改委统筹决策、专项小组分块抓总、牵头部门主要实施、参与部门各尽其责、改革办协调督促的工作格局。3. 改革任务举措落实情况“回头看”工作。创新建立“5321”台账管理机制，全面梳理党的十八届三中全会以来中央及区、市出台的改革文件595个，全面厘清各部门承担的改革任务、落实情况、存在问题、整改落实“四个底数”，推动整改查摆的436条问题，促进改革任务落实和问题整改。4. 全市改革专题培训班。加强改革队伍建设，首次举办全市全面深化改革专题培训班，利用5天时间，对各县（区）、各部门（单位）负责改革工作的50余名领导干部和工作人员开展专题培训，邀请自治区党委改革办、党校等区、市专家、教授围绕全面深化改革进行专题辅导，实地观摩两县一区改革特色亮点。5. 改革调研督导。实行“清单制+台账制”管理考核，压实改革专项小组、工作专班、主责单位责任。围绕全市深化改革“回头看”工作、“四权”改革等开展调研督导24次，准确掌握改革任务推进情况，研究解决存在问题。针对调研督导中发现的问题，召开推进会1次，印发情况通报1期，下发《工作提示函》3次，提出整改落实措施和要求，有力促进各项改革任务落实。全市“四权”改革和县（区）4项试点、自治区部署344项重点改革任务，基本完成年度任务目标。6.改革亮点。在推进“四权”改革中抓创新、出亮点，中卫工业园区实现中水回用“零排放”；沙坡头区率先收取宁夏首批工业用水权有偿使用费，高质量打好水资源超载治理主动仗；中宁县弹性年期出让土地促闲置土地盘活利用，山林权改革为枸杞产业发展注入“金融活水”；中卫市排污权交易正式试行完成首单交易，6项特色亮点工作得到区、市肯定；中宁县在全区交流“四权”改革试点工作经验。

（马　莉）

·网信工作·

【网络治理】 开展“清朗”、网上“扫黄打非”、网络直播行业乱象整治等18个网络综合治理专项行动，约谈网络平台负责人13人次，关停网站域名、公众账号47个。（白　杨）

【网络安全】 及时通报处置各类网络安全风险隐患31起。联合举办“云天大会·西部论剑网络安全论坛”，邀请国家、自治区相关领导、专家、学者、有关企业家交流网络安全学术观点，发布网络安全最新成果，提升“云天中卫”影响力。组织开展全市网络安全应急演练，联合公安部门深入重点行业和领域，对网络安全制度建设、技术防范措施、等级保护等落实情况进行检查。（白　杨）

【网络宣传】 持续加大对习近平总书记视察宁夏重要讲话精神、习近平总书记“七一”重要讲话精神等党的创新理论的宣传阐释力度，指导市属新媒体平台开设专题专栏20余个，刊发作品2000余个。聚焦市委、市政府中心工作，组织开展“网络中国节”“争做中国好网民”“网络公益工程”等主题文化活动，共设置专栏30余个，推出新媒体作品2000余个，点击量达180余万人次。树立精品意识，拍摄《人民记忆：百年百城·中卫奔小康》《追寻先烈足迹，传承红色基因》2部宣传片，在重点新闻网站、主要商业网站等平台进行播发。举办“网络达人看中卫”活动，在抖音、今日头条、快手、微博等平台同步搭建“热情中卫邀您打卡”话题，全网累计点击量达2亿次。

（白　杨）

·机构编制·

【概况】 中共中卫市委机构编制委员会办公室是市委机构编制委员会的办事机构，承担市委编委日常工作，为市委正处级工作机关，受市委编委领导，挂中卫市事业单位登记管理局牌子，归口市委组织部管理。截至2021年12月31日，中卫市本级设置机构共计205个。其中，党政群机关77个，事业单位128个。党政群机关中，纪检监察机关1个、市委工作机关11个、人大常委会机关办公室及工作委员会7个、市政府工作部门33个、市委及政府派出机构2个、政协机关办公室及专门委员会8个、群众团体9个、民主党派6个。事业单位中，市委直属事业单位3个，市政府直属事业单位4个，部门所属事业单位121个。

（陆　伟　张　蕾　宋鹏飞）

【市辖区跨领域跨部门综合执法改革】 认真落实中央和区、市党委的改革部署，在《中卫市城市管理相对集中行政执法权清单》《中卫市第二批城市管理相对集中行政执法权清单》明确的269项行政处罚事项基础上，依据自治区《跨领域跨部门综合执法事项指导目录》，将教育、民政、水务等部门6项行政处罚权纳入市辖区综合执法范围，制定印发《中卫市深化市辖区跨领域跨部门综合执法改革实施方案》，有效优化执法资源、精简执法队伍、强化基层执法，提高执法综合效益。（王　晴　宋鹏飞）

【基层整合审批服务执法力量改革试点】 2021年6月，县（区）、乡（镇）、街道改革任务全面完成。此次推进基层整合审批服务执法力量改革，全市共有41个乡（镇）、街道重构党政机构和事业单位，乡（镇）统一设置“5办4中心”，街道设置“4办3中心”，形成“大党建”“大农业”“大综治”“大执法”“大民生”模式。推动人员力量下沉，乡（镇）、街道较改革前增加人员编制512名，平均增幅达到32%。改革后，乡（镇）、街道平均编制达到52名。推进基层扩权赋能，县（区）下放乡镇审批服务执法事项83项，其中服务事项37项、执法事项46项。（王　晴　宋鹏飞）

【权力清单建设】 对照《全区政府部门权力清单指导目录》、法律法规变化、部门职责调整等，及时开展市、区政府部门权力清单调整工作。全年共调整市本级及沙坡头区2个部门的8项职权事项，实现清单“三级四同”，市、区及市本级部门间职责边界更加清晰，助推各部门全面依法高效履职。

（王　晴　宋鹏飞）

【事业单位登记管理】 全面落实事业单位登记管

理服务标准化规范要求，加强事业单位事中事后监管，着力提升事业单位登记管理实效。2021 年，共办理事业单位法人登记 32 件，完成市本级 88 个事业单位法人年度报告公示工作，抽查 15 家事业单位，完成市本级 96 个事业单位法人电子证照入库工作。为 44 个机关群团办理“统一社会信用代码”事项。开展事业单位社会诚信体系建设工作，依法落实失信被执行人不得担任事业单位法人的规定，在“宁夏十公示报送系统”平台公示事业单位登记许可信息 26 条。有序推进党政群机关和事业单位网上名称管理工作，规范管理网站 21 家。（陈　芳）

【市乡村振兴局重组】　根据全区统一部署，经市委常委会批准，6 月，中共中卫市委员会办公室、中卫市人民政府办公室印发《关于调整中卫市扶贫工作机构设置的通知》（卫党办综〔2021〕25 号），将中卫市扶贫开发办公室重组为中卫市乡村振兴局，为市政府工作部门，由中卫市农业农村局统一领导和管理，原有人员编制、领导职数、内设机构暂保持不变。不再保留中卫市扶贫开发领导小组，将其职能并入中卫市委农村工作领导小组。（唐燕妍　范　雅）

【市区管理职责划分】　将市教育局承担的市区初级中学教育和公办学前教育管理职责交由沙坡头区教育部门承担。职责移交后，市教育局负责中等职业教育、普通高中教育管理工作，代管初级中学、小学和学前教育学段学校（幼儿园）各两所，用于开展教育教学改革试点、教学质量监测。沙坡头区教育部门负责学前教育、义务教育、特殊教育、民办教育管理工作。分两批向沙坡头区划转 17 所教育机构及 569 名中小学教职工编制。将市级承担的农机监理、动物及动物产品指定通道的防疫监督检查、城乡特困供养人员集中供养等职责移交沙坡头区，按照“编随事走”的原则，同步划转人员编制 32 名。（唐燕妍　范　雅）

【事业编制周转】　制定《中卫市周转事业编制管理办法（试行）》（卫编委发〔2021〕3 号），核减收回部分职能弱化单位编制或部分单位的闲置编制，建立事业编制“周转池”。（唐燕妍　范　雅）

【编制资源配置】　全年共召开市委编委会 2 次、室务会 16 次，研究 35 个部门（单位）51 项机构编制事项。核增网络安全应急指挥中心、卫生监督所等 21 个部门（单位）人员编制 24 名，核减职能弱化、空编闲置的 14 个部门（单位）各类编制 20 名。

（唐燕妍　范　雅）

【机构编制监督检查】　严格贯彻落实《中国共产党机构编制工作条例》及配套法规制度关于机构编制监督检查规定，对市委编委会、室务会会议议定事项执行情况进行监督检查 3 次，及时发现、纠正不规范机构编制事项 5 件。按照中央编委和自治区、市党委编委部署，会同组织、财政、人社等部门，对 64 个市直部门（单位）自 2014 年以来的机构编制事项进行全面系统核查。组织 3 个县（区）编委和 65 个市直部门（单位）党组织首次报告本部门（单位）年度机构编制工作情况。年内会同巡察、组织人事、审计等部门，对沙坡头区及 14 个部门（单位）党委（党组）开展机构编制工作和纪律要求执行情况联合检查，向发现问题的 5 个部门（单位）下发督办通知，进一步强化机构编制工作的权威性和严肃性。（詹卫宁）

·市直机关工委工作·

【概况】　2021 年，辖 13 个党委、15 个党总支、43 个直属基层党支部的 3900 多名党员。

（赵含玥）

【理论武装】　坚持把学习贯彻习近平新时代中国特色社会主义思想和视察宁夏重要讲话精神以及对宁夏工作的重要指示批示精神作为理论学习中心组学习的第一议题、常设议题，定期分专题、分阶段、分领域交流研讨学、反复跟进学。扎实开展“双学双强”活动和“做悦读党员·建书香机关”读书学习活动，充分利用党委（党组）中心组理论学习、研讨交流、讲专题党课、学习强国、干部网络培训平台，组织党员干部自觉主动学、联系实际学。2021 年市直机关各级党组织组织开展党委（党组）中心组理论学习会 936 场次，开展研讨交流 420 场次。围绕“学史明理、学史增信、学史崇德、学史力行”的目标要求，紧盯“学党史、悟思想、办实事、开新局”四个关键环节，组织党员干部开展“三重温、学四史”活动，通过各类红色实践教育活动，引导党员干部知史爱党、知史爱国，传承红色基因、弘扬伟大建党精神、补足精神之钙。举办“提升执行力、党员作表率”第四届微党课大赛，组织 150 余名党员干部走上台、开口讲，助推市直机关党组织在理论学习教育上走在前、作表率。组织机关党组织书记下基层宣讲习近平总书记“七一”重要讲话精神和十九届六中全会精神 47 场，专题研讨交流 25 次。聚焦“推动发展增福祉、办好实事惠民生、创新治理保平安、文明创建补短板”四个方面，扎实开展“我为群众办实事”实践活动，市直机关各级党组织为群众办实事 482 件。（赵含玥）

【政治建设】 严格落实《中共中央关于加强党的政治建设的意见》，加强对市直机关政治建设情况督查检查，将中央、自治区党委和市委巡视巡察等反馈意见整改情况纳入模范机关创建考评内容，在基层党组织换届、发展党员和“两优一先”推荐评选等工作中严把政治关。全面落实《中国共产党党委（党组）落实全面从严治党主体责任规定》，建立完善机关党建工作目标管理责任体系，组织召开全市机关党的建设工作会议，指导市直机关各级党组织制定党委（党组）书记抓机关党建工作领导责任清单、机关党委书记（党总支书记）直接责任清单和党支部书记的主体责任清单、任务清单，机关共产党员任务清单和负面清单，充分压紧压实各级党组织书记抓机关党建工作的领导责任、直接责任和主体责任。修订机关党建工作考核办法，形成日常指导、专项督查、年度综合考核、述职评议考核相结合的考核评价体系，针对检查中发现的问题下发《从严治党主体责任工作提示专函》69份，对党建责任落实不力的2名机关党组织书记进行责任约谈。进一步完善“互查互学互帮互促”的网格化管理机制，定期组织网格成员单位党组织相互之间开展交流和观摩，通过主题党日活动、基层组织共建、优质党课共享、短板问题共改等形式，促进机关党建各项工作任务有效落实。 （赵含玥）

【组织建设】 认真贯彻落实《中国共产党支部工作条例（试行）》《中国共产党党和国家机关基层组织工作条例》，督促指导市直机关各级党组织扎实开展“基层党建全面提升年”、“六项行动” 计划和支部创品牌等活动，不断提升“三强九严”工程建设质量。建立市直机关各基层党组织任期届满提醒制度和换届选举工作台账，督促指导53个市直机关党组织及时进行换届选举，补选委员、书记。严格落实“三会一课”、组织生活会、民主评议党员、谈心谈话、“4+X”支部主题党日、党费收缴等制度，严格按照组织关系转接要求，转接党员组织关系516名，按照《中国共产党党员发展细则》规定，研究接收预备党员75名，预备党员转正28名。扎实落实基层党组织星级评定办法，择优评出2020年度五星级党组织10个、四星级95个、三星级93个。严肃党内政治生活，指导所属69个党组织严格按照程序召开2020年组织生活会和党史学习教育专题组织生活会。严格落实党务干部备案制度，对市直机关各级党组织从事党务工作的224名专兼职党务干部进行备案登记，在市委党校、六盘山干部学院先后举办党务干部、入党积极分子培训班。（赵含玥）

【作风建设】 持续深化“党政机关作风建设年、干部队伍素质提升年”活动，指导市直机关各级党组织锲而不舍落实中央八项规定精神和自治区“八条禁令”，毫不松懈纠治“四风”问题，坚决纠治脱离基层、漠视群众的“中梗阻”、“小鬼难缠”等突出问题，从严整改各级各类巡察检查反馈的党建工作问题，认真落实各项整改措施，确保反馈问题全部整改到位。结合市直机关党员干部实际，开展丰富多彩的文化和志愿服务活动。打造机关党员书屋及阵地21个。健全机关党员激励关怀机制，利用干部职工业余时间，开设羽毛球、瑜伽等兴趣爱好培训班。充分发挥基层党组织的政治引领力，凝聚为民服务功能，完善便民服务体系，在市文化广场打造党群志愿服务站。建立完善机关在职党员到社区报到、为群众服务的长效工作机制，组织市直69个部门（单位）3900余名党员参加“周五有约”“党员到社区报到”、机关干部文明交通整治行动等志愿服务活动，常态化开展以“走上街头、文明劝导、志愿实践”为主要内容的创城志愿服务活动，营造共建共享文明城市良好社会氛围。

（赵含玥）

【模范机关创建】 制定《市直机关创建“让党中央放心、让人民群众满意”模范机关认定命名方案》，加强组织领导，细化创建措施，注重典型带动，扎实推进创建工作，24个部门（单位）被命名为首批模范机关先进单位。组织召开全市机关党的建设暨创建“让党中央放心、让人民群众满意”模范机关工作推进会议，在《中卫日报》开设宣传专栏，对首批命名的24个模范机关先进单位的经验做法进行集中宣传报道。在中卫电视台开办“书记谈”模范机关创建媒体访谈栏目，69名党组织书记走进直播间谈思路、亮目标、明任务、定措施、讲成效，展示好经验、好做法，营造模范机关创建的浓厚氛围。开展“我为‘十四五’规划开局起步献一策”活动，市直部门（单位）围绕市委、市政府中心工作建言献策74篇。建立健全机关党建和业务工作同谋划、同部署、同检查、同落实的运行机制，把模范机关创建与推动本部门业务工作落实有机结合，探索实行“党建+重点项目”“党建+产业发展”等模式，实现党建与业务两手抓、两促进、两提高，有力推动中央及区、市党委各项决策部署的落地落实。

（赵含玥）

【建党百年氛围营造】 加强推优树优，开展“七一勋章”提名、区市“两优一先”推荐评选工作，严格按照程序标准推荐区、市优秀共产党员共16名、优秀党务工作者11名，先进基层党组织12个，大力宣传优秀共产党员先进事迹，营造崇尚先进、争做先进的浓厚氛围。举行隆重仪式，为市直机关45名党龄超过50年的老党员颁发“光荣在党50年”纪念章；对曾经获得党内表彰的60名党员进行走访慰问。组织机关1125名党员积极参与“我为党旗添光彩”志愿服务活动和“我和党旗合个影”网上接力活动，为建党百年献礼。联合市委宣传部等部门开展红色经典诗文朗诵比赛、党史知识竞赛、学习强国达人挑战赛等活动，组织市直机关80余名党员参加“永远跟党走”全市合唱大赛，组织党员干部认真收听收看中共中央庆祝大会实况，并结合工作实际开展交流研讨。

（赵含玥）

·老干部工作·

【概况】 截至2021年年底，全市共有离退休干部10059人，离退休干部党员4926人。市本级有离退休干部2048名，其中离休干部26名，退休2022名。市本级有建制型离退休干部党组织15个，“三缘型”离退休干部党组织6个，离退休干部党员1012名。2021年10月，中卫市荣获全区离退休干部庆祝中国共产党成立100周年“学党史 感党恩 跟党走”知识竞赛三等奖，中卫市委老干部局荣获优秀组织奖。

（任甲鹏）

【离退休干部思想政治建设】 在离退休干部党员中开展党史学习教育。制定印发《关于在全市离退休干部党员中开展党史学习教育的通知》，对全市离退休干部开展党史学习教育安排部署。为退休厅处级干部统一配发十九届五中全会和党史学习教育书籍300余册；为市老年大学举办开学第一课——党史专题讲座，100多名党员学员参加；指导市老年大学退休干部党支部召开以“学党史、悟初心、强党性、见行动”为主题的党史集体学习会议；邀请陕西省委党校教授为近300名退休厅处级干部开展“赓续中国共产党人精神谱系的力量”专题讲座；通过中组部离退休干部工作微信公众号和电视节目《党课开讲啦》，组织离退休干部观看全国离退休干部网上党史学习教育专题报告会10场次；组织部分退休干部和市老年大学党员、学员共80余人集中收看庆祝中国共产党成立100周年大会直播、党的十九届六中全会新闻发布会等，认真聆听习近平总书记重要讲话精神，并召开座谈会谈体会谈感悟。组织理论水平较高的老同志积极撰写延安精神研究理论文章3篇，有1篇入选中国延安精神研究会优秀论文。年内，举办党的十九届五中全会精神专题报告会和全市离退休干部党支部书记学习宣传贯彻十九届六中全会精神专题培训班，教育引导离退休干部统一思想、凝聚共识。利用中组部离退休干部工作微信公众号、自治区“塞上金秋”微信公众平台，及时向老干部及党员微信群推送学习内容，年内累计推送32次近84条。

（任甲鹏）

【离退休干部党的建设】 进一步加强“一完善六强化”工作，严格落实离工委指导责任和部门（单位）主体责任，研究制定《市直部门“基层党建全面提升年”离退休干部党建工作任务清单》，强化督导检查，对照任务清单逐项抓好落实，促进离退休干部党组织规范化标准化建设。积极发挥党工委牵头抓总作用，进一步完善离退休干部党支部工作督查、党支部书记定期联席会议等制度，实行清单式管理模式，加强对市直有关部门（单位）、县（区）离退休干部党建工作的督导；一季度召开一次基层党组织负责人及班子成员联席会议，切实压好党建工作第一责任人责任。指导基层党组织持续落实好“三会一课”、组织生活会、民主评议党员等制度，抓好离工委直属基层党组织负责人述职评议考核及党史学习教育专题组织生活会等工作，强化基层党组织的凝聚力、战斗力，并指导市老年大学退休干部党支部完成任期换届。对全市离退休干部流动党员进行摸底排查，定期完善党员信息库。“七一”前夕，为4名党龄50年以上的党员发放“光荣在党50年”纪念章。印发《关于在全市离退休干部党员中开展“我是老党员”亮身份活动的通知》，向全市离退休干部党员发出“亮身份、作表率，争做合格老党员”的倡议，要求离退休干部党员规范佩戴党徽、在公众场合亮身份、带头开展志愿服务。

（任甲鹏）

【主题活动及志愿服务】 1. 结合建党100周年，开展系列主题活动。举办“感党恩、听党话、跟党走”“我是老党员”座谈会，组织开展“学党史传承红色基因、唱红歌缅怀革命先烈”主题实践活动、“永远跟党走、翰墨颂党恩”全市离退休干部庆祝建党100周年书画展、“永远跟党走·筑梦新时代”专场文艺演出活动，组织市老年大学90多名学员参加“唱支山歌给党听”快闪录制等庆祝建党100周年系列活动。组织直属离退休干部党组织联合开展“向党送祝福，感恩新时代”“传承党的百年光辉史基因，铸牢中华民族共同体意识”等主题党日活动。2. 实施“党建+志愿服务”工作模式。指导各基层党组织发挥党员优势，积极开展各类志愿服务。依托市老科协“业缘型”党支部开展专项调研4次，向市委提交建言献策22篇。市老年大学爱国教育志愿服务队联合市教育局开展“初心点亮童心”红色基因宣讲进校园活动，深入沙坡头区11所小学开展红色故事宣讲108场次，邀请自治区“五老”宣讲员在市直属10所中学开展爱国主义教育宣讲10场次，受益师生及学生家长累计近2万人。市老年大学100多名志愿者参加“党在我心中、巾帼展风采、保护母亲河”活动，40多名志愿者前往长友(中卫)养老院开展文艺慰问演出活动。疫情防控期间，先后有60多名老党员到社区主动亮明党员身份、参与疫情防控志愿服务，用实际行动践行初心使命，赢得群众赞誉。3. 推荐选树模范典型。结合全市老干部参与“银耀中卫”志愿服务情况，筛选出模范发挥示范引领作用的10名老同志，作为“不忘初心，我是老党员”先进典型推荐上报自治区。 (任甲鹏)

【离退休干部服务管理】 1. 落实政治待遇。坚持每年至少召开一次老干部情况通报会，向老干部通报全市经济和党风廉政建设情况，宣讲党的十九届五中、六中全会精神；市级重要活动和会议邀请老干部参加，征求意见建议；为248名离退休干部征订2021年度党报刊物700余份；围绕脱贫攻坚、经济发展，组织开展经济观摩，让老同志亲身感受身边的变化，为中卫经济发展建言献策。2. 落实生活待遇。严格按照文件要求，将离休干部医疗待遇标准与全区统一，协调财政、医保、社保等部门落实提高离休干部生活待遇补贴标准，并制作成政策明白卡，上门向离休干部及家属进行宣传讲解；严格落实“五必访”和定期联系离退休干部工作制度，2021年累计为离退休干部发放慰问金37.6万元，走访351人次，妥善处理来电来访13件。3. 开展个性化服务。协调市卫健委为在市区居住的近200名离退休干部提供家庭医生签约服务，提供年内不少于4次的基本履约服务和5项重点日常履约服务；联合沙坡头区邮政公司开展夕阳“邮”我伴活动，为207名离退休干部提供赠送生日蛋糕、家政服务、金融知识宣传和药店惠购等服务项目。通过日常关爱+个性化服务，全力推动服务管理工作从有形向有效转变。 (任甲鹏)

纪委 监委

【概况】 中共中卫市纪律检查委员会、中卫市监察委员会简称市纪委监委，实行一套工作机构、两个机关名称，履行监督执纪问责和监督调查处置职责。市纪委设书记1名、副书记3名、常委5名。市监委设主任1名，由市纪委书记兼任；副主任3名，由市纪委副书记兼任；委员5名，其中4名由市纪委常委兼任。委机关内设12个机构，即办公室(派驻机构联络办公室)、宣传教育室(政策法规研究室)、党风政风监督室、信访室、案件监督管理室、第一监督检查室、第二监督检查室、第三监督检查室、第四审查调查室、第五审查调查室、案件审理室、纪检监察干部监督室。市纪委监委共设派驻机构14个。其中派驻纪检监察组12个，第一至第八派驻纪检监察组实行综合派驻，第九至第十二派驻纪检监察组实行单独派驻(市中级人民法院、检察院、公安局、新闻传媒集团)，另设派出市直机关纪检监察工委，派出海兴开发区纪检监察工委。核定行政编制70名、后勤服务事业编制7名、聘用编制2名。设正科级事业单位1个，即中卫市廉政教育和信息中心，核定事业编制12名。巡察机构核定行政编制8名，设正科级事业单位1个，即中卫市委巡察工作信息中心，核定事业编制7名。

(石泰雷)

【政治监督】 紧紧围绕习近平总书记视察宁夏重要讲话、重要指示批示精神和党中央重大决策部署强化政治监督，督促职能部门深入整治黄河流域中卫段生态环境等问题，重点查办中央环保督察组通报的中宁北山超采破坏生态等问题，部署开展粮食购销领域腐败问题专项整治，以有力有效的政治监督推动“两个维护”见诸行动、成为自觉。强化常态化疫情防控监督检查，查处违反疫情防控纪律案件1起，给予党纪政务处分2人。加强对换届纪律的监督，查处村“两委”换届中的违规违纪行为13起，处理29人，确保换届选举风清气正。编印《加强对“一把手”和领导班子监督指导手册》，定期向市四套班子成员发出作风建设温馨提示，推动建立健全“一把手”带动“一班人”、“一班人”监督“一把手”的责任落实体系和监督格局。扎实开展压砂地种植经营主体专项调查，为区、市党委决策提供参考；抽调纪检监察干部进村(居)入户，做通101名未签订退出协议的农村党员和村干部思想工作，促其主动退出，在干部群众中引起很好的反响，推动压砂地有序退出得到自治区纪委监委主要领导的充分肯定。 (石泰雷)

【“三不”机制】 始终坚持严的主基调，保持惩治腐败高压态势，扎实开展“问题线索清仓”百日攻坚专项行动，全市各级纪检监察机关处置问题线索1073件，立案321件，处理861人，其中党纪政务处分326人，移送检察机关4人。严肃惩处李毅等靠企吃企、滥用职权的企业“蛀虫”，该案成为近年来市纪委监委查办涉案金额最大的案件。协同配合做好政法队伍教育整顿工作，处理政法干警149人，其中党纪政务处分49人，注重把思想政治工作贯穿监督执纪执法全过程，促使中卫市公安局特警支队原政委雍建军成为全区政法队伍教育整顿期间主动投案第一人，得到中央第四督导组的认可，体现政治效果、纪法效果、社会效果有机统一。坚持惩防并举，强化标本兼治，深化落实“三会两书两报告”制度，着力推动以案促改制度化、常态化、长效化。扎实做好徐力群、施润云、潘景林和雍建军等重点案件以案促改工作，首次以市纪委监委名义在海原县公安局召开闵万宏案警示教育大会，进一步净化修复政治生态。做实查办案件“后半篇文章”，全市纪检监察机关制发纪检监察建议书134份，督促发案单位建章立制、堵塞漏洞，不断扎紧监督制约权力的“笼子”。依托纪委监委门户网站、“清风中卫”公众号等媒体，清廉剧社、廉政文化广场等阵地，广泛传播党风廉政建设“好声音”。深化廉政机考机制，组织479名新任职科级以上干部开展任前廉政考试。强化廉政教育，以市委、纪委、监委名义启动建设中卫市全面从严治党廉政教育基地，精心组织开展“廉政警示教育周”等活动，编印《廉政建设史学习资料》，分级分类开展警示教育11766人次，引导党员干部筑牢拒腐防变的思想防线。沙坡头区打造“清风微课堂”，以案释纪、以案正风，切实增强警示教育的针对性和实效性。（石泰雷）

【纠治“四风”】 推动中央八项规定精神根植于心，认真贯彻执行自治区加强作风建设“八条禁令”，精心制作《坚决制止舌尖上的腐败》宣传漫画1000余份，深入开展违规吃喝隐形变异问题专项整治。坚持态度不变、力度不减、尺度不松，查处违反中央八项规定精神问题18起，处理28人。其中党纪政务处分19人，通报曝光典型案件6起，持续释放“越往后执纪越严”的强烈信号。持续深化“党政机关作风建设年、干部队伍素质提升年”活动，开展“中梗阻”问题、“指尖上的形式主义”专项整治，先后约谈30人，处置问题线索67件，处理107人。其中党纪政务处分17人。推动健全基层减负常态化机制，督促各部门（单位）落实年度发文计划管理和会议限额管理制度，办文、办会数量同比精简29%、40%，切实为基层松绑减负，让干部“轻装”上阵。认真落实政商交往“正负面清单”、举报投诉、问题线索查办、诬告陷害查处、跟踪督办等工作机制，鼓励党员干部和公职人员主动服务、担当作为，督促推进行政审批“三减一优”，审批时限、材料、环节有效压减，窗口服务单位投诉量同比下降46.7%。深入企业纾困解难，查处吃拿卡要等各类破坏营商环境问题7起，处理11人，其中党纪政务处分7人，营商环境不断得到优化。（石泰雷）

【巡察工作】 坚守政治巡察定位，开展两轮常规巡察，发现问题335个，高质量完成四届市委巡察全覆盖任务，是全区首个向党代会报告巡察工作的市。大力推行县（区）交叉巡察，着力破解“熟人社会”“人情社会”监督难题，重点对教育系统开展“推磨式”交叉巡察，推动解决“入园难”、教师资源配置不均衡等难点问题152个。海原县通过对交叉巡察问题的整改，彻底解决教育系统积累多年的老大难问题，得到中央巡视指导督导组和自治区巡察指导督导组的一致肯定。市、县（区）同步开展涉粮问题专项巡察，发现问题41个，移交问题线索5件。持续巩固深化“1223”整改机制，逐级压实被巡察党组织整改主体责任，强化巡察整改督查督办，对四届市委前十一轮巡察发现的1352个问题实行台账式管理，常态化盯抓落实。分批次通报巡察典型案例，督促被巡察党组织汲取经验教训，举一反三抓好整改落实。市委前十一轮巡察反馈问题整改完成96.4%，推动被巡察单位修订完善制度办法542项，实现巡察监督、整改、治理有机贯通。健全巡察组长库、巡察人才库，形成“职业+专业”的巡察队伍结构，使巡察机构成为培养锻炼干部的大熔炉。全力推进“金纪三期”巡视巡察工作网络平台建设，不断完善巡视巡察数据管理系统，稳步提升巡察工作信息化水平。探索开展“四项监督”贯通融合新路径，推动巡察工作向纵深发展经验做法，被中央纪委国家监委网站推广。

（石泰雷）

【协助职责和监督责任】 坚决扛起协助职责和监督责任，认真落实全面从严治党“三个清单”、述责述廉、廉情抄告回告、“一岗双责”等工作机制，加强党风廉政建设和反腐败斗争形势、政治生态分析研判，提升信访举报、党风政风监督、监督检查和审查调查工作季度分析质量，积极为党委主体作用发挥提供有效载体，推动“两个责任”贯通协同、一体履行。严肃查处管党治党责任落实不力问题，处理34人，其中“一把手”17人。问责党组织5个，主体责任得到进一步压实。（石泰雷）

【日常监督】 把监督寓于被监督单位日常工作，综合运用监督执纪“四种形态”处理1529人次，其中运用第一、第二种形态教育帮助党员干部1455人次，占95.16%。动态更新党员领导干部廉政档案，审慎回复组织、人事等部门党风廉政意见19365人次，提出暂缓或否定性意见89人次，约谈领导班子成员、重点岗位人员68人次。依托检举举报平台提升信访举报工作质量，开展重复举报治理，受理信访举报1441件次，检举控告类530件次。充分发挥“云天中卫”优势，大胆探索创新监督方式，启动建设中卫市纪检监察智慧监督大数据平台，中宁县率先建成“杞乡清风”智慧监督执纪大数据平台，被自治区纪委监委推广。坚持严管厚爱结合，旗帜鲜明为13名受到不实举报的干部澄清正名，带着责任和感情做好337名受处理处分干部的回访教育，影响期满、表现突出的26名干部被提拔重用，切实为担当者担当，为负责者负责，为干事者撑腰，进一步激发党员干部奋斗精神。“让‘跌倒’干部重新站起来干起来”经验做法被《光明日报》报道。

（石泰雷）

【专项监督】 聚焦巩固拓展脱贫攻坚成果和推进乡村振兴战略目标，开展有效衔接专项监督，建立领导班子成员对口联系、市县纪委监委联动监督、定期报告、跟踪问效等工作机制，督促责任单位做好重点领域和关键环节政策衔接，查处党员干部侵占挪用、虚报冒领、优亲厚友等问题19起，处理27人，其中党纪政务处分16人。持续深化“村廉通”监督机制，指导县（区）纪委监委选取20个重点村开展“提级监督”试点工作，切实规范小微权力运行。 （石泰雷）

【群众切身利益维护】 紧盯教育医疗、养老社保、生态环保、住房保障等领域，深化民生领域腐败和作风问题专项治理，督促主责部门集中力量解决群众急难愁盼突出问题156个，有效解决医疗机构欺诈骗保、停车收费乱象、农村环境脏乱差等一批群众关注的焦点问题，查处侵害群众利益问题127起，处理234人，其中党纪政务处分90人。扎实推进常态化扫黑除恶专项斗争，处置涉黑涉恶腐败和“保护伞”问题线索14件，处理18人，其中党纪政务处分11人。

（石泰雷）

【重点领域专项治理】 深入开展工程建设、政府采购等重点领域突出问题专项治理，排查工程建设、政府采购项目2536个，受理问题线索198件，处理63人，其中党纪政务处分17人。以提级查处中宁县“4·08”蓄水池溃口事故为突破口，深挖细查背后的违纪违法问题，典型案例以自治区纪委监委名义在全区通报，发挥警示和借鉴作用。扎实开展粮食购销领域腐败问题专项整治，督促主责部门自查整改问题50个，立案3件5人。 （石泰雷）

【派驻机构改革】 探索建立“室组地”联动办案协作区机制，有效提升监督执纪执法效能，获评全区纪检监察机关特色亮点工作。投入资金改善派驻机构办公条件，设立派驻机构联络办公室，切实加强对派驻机构的统筹协调和服务保障，派驻机构共处置问题线索54件，处理34人，其中党纪政务处分7人，“派”的权威和“驻”的优势得到进一步发挥。

（石泰雷）

【四届纪委换届】 2021年12月23日至12月25日，中国共产党中卫市第五次代表大会在中卫宸宇红宝宾馆召开，会议选举产生五届市纪委委员29名，分别为马天华、马星河（回族）、史天忠、朱樱（女）、刘慧（女）、刘凯华、李正甫（回族）、李华锋、李金凯、李耀邦（回族）、杨智龙（回族）、吴鹏、何少龙、张晓华、陈学森、陈健壮、拓晓明、周自军、赵文胜、赵冬梅（女）、胡立华、贾廷虎、钱建平、黄宗浩、黄建宏、常伟海、彭吉文、詹伟斌、雍军。2021年12月25日下午，中国共产党中卫市第五届纪律检查委员会第一次全体会议在中卫宸宇红宝宾馆北楼3楼多功能厅召开，会议选举产生中国共产党中卫市第五届纪律检查委员会常务委员会委员9名、书记1名、副书记3名。常务委员会委员为马星河（回族）、刘慧（女）、刘凯华、杨智龙（回族）、陈学森、拓晓明、周自军、赵文胜、詹伟斌；书记为刘凯华；副书记为杨智龙（回族）、周自军、拓晓明。

（石泰雷）

民主党派和工商联

·民革中卫市委会·

【概况】 市委会在7月底进行换届，产生民革中卫市四届委员会领导班子，由1名主委、2名副主委、1名秘书长、9名委员组成，平均年龄43岁。市委会下辖中宁县委会和沙坡头区总支2个县级组织10个基层支部（沙坡头区5个、中宁县5个），共有民革党员196人，主要分布在教育、卫生、社会、法制等领域，有少量分布在其他行业和新的社会阶层。其中大学学历111人，大学以下学历85人。男110人，女86人。副厅级干部1名，副处级2名，正科级8名，副科级7名。自治区政协委员2名，市人大代表3名，市政协委

员 12 名,县区政协委员 19 名。 （马国有）

【思想建设】 市委会领导班子始终把思想政治建设摆在首要位置,不断提高政治觉悟和政治把握能力,夯实多党合作和政治协商的思想政治基础,确保始终在政治立场、政治方向、政治原则、政治道路上同以习近平同志为核心的中共中央保持高度一致。把学习贯彻中共十九大和民革十三大精神与贯彻落实习近平总书记视察宁夏重要讲话精神结合起来,与持续深化"不忘合作初心、继续携手前进"主题教育活动成果结合起来,与民革参政履职工作结合起来,认真贯彻落实《中共中央关于加强中国特色社会主义参政党建设的意见》4 个座谈会纪要,教育引导广大民革党员进一步坚定接受中国共产党的领导,自觉用习近平新时代中国特色社会主义思想武装头脑、指导实践、推动工作。牢固树立"四个意识",始终坚定"四个自信",不断增强政治认同、理论认同、路线认同和方略认同,切实承担起中国特色社会主义事业的亲历者、实践者、维护者、捍卫者的政治责任。 （马国有）

【组织建设】 全年重点发展 9 名新民革党员(2 名公务员,4 名事业编,1 名律师,2 名新社会阶层)。先后 3 次组织民革党员中的市、县政协委员参加各类培训;组织 10 名骨干民革党员分两批先后参加区委会组织的"追寻红色足迹,走多党合作之路"活动;举办 40 名民革党员参加全市年终工作总结表彰会议,对 2020 年度工作表现突出的 20 名优秀民革党员和 16 名参政议政工作先进个人进行表彰;先后参加政协系统、统战系统"咏红色经典、做红色传人、矢志不渝跟党走"庆祝中国共产党成立 100 周年经典咏读暨演讲比赛和"颂党情、感党恩、听党话、跟党走"庆祝中国共产党成立 100 周年文艺演出活动,市委会选送民革党员参加经典咏读暨演讲比赛活动荣获一等奖,选送歌伴舞《最美的歌儿唱给妈妈》参加文艺演出荣获三等奖,市委会荣获优秀组织奖殊荣;选派各基层总支、县委会、支部主委、副主委等 13 人参加全区基层组织主委培训班;在中共宁夏区委党校盐池分校成功举办全市 2021 年度基层组织负责人暨骨干民革党员履职能力建设培训班;选派 6 名骨干民革党员参加市委统战部在江西省举办的中卫市 2021 年党外人士培训班。以达标支部交叉验收为契机,通过对银川市 7 个基层支部的观摩和学习,对比自身创建工作存在的不足,梳理出亟需提高的短板、弱项和改进措施。春节前夕,走访慰问 60 岁以上的 34 名民革老党员。

（马国有）

【参政议政】 确定全市奶产业发展情况、植绿增绿和绿化工作开展情况 2 个重点调研课题,成立专题调研组,先后组织民革党员深入两县一区部分镇村、农户庭院、部门奶牛养殖企业等就课题开展专题调研,形成《关于我市植绿增绿及绿化工作开展情况的调研报告》,《关于我市奶产业发展情况的调研报告》得到市委主要领导批示。注重提高政党协商水平。聚焦推进全市四大提升行动、脱贫攻坚成果巩固、乡村振兴战略等重大决策坦诚建言献策。组织区、市、县三级政协委员共提交提案立案 58 件;提交市县政协大会发言 6 篇(大会口头发言 2 篇,书面 4 篇)。在市政协四届五次会议上,做《以深化体制机制创新 促进制造业高质量发展 》口头发言;《关于不断提升基层社会治理能力的建议》重点提案被评选为市政协 2020 年度优秀提案,《关于规划建造城市主体(景观)雕塑,提升城市文明形象的建议》《关于引导'地摊经济'规范有序发展的建议》2 件社情民意被评为年度优秀社情民意;市委会副主委、中宁司法局局长孙丽琴、民革党员王朝武被评为市政协 2020 年度优秀政协委员,市委会委员刘强荣获民革全国助力脱贫攻坚先进个人荣誉称号。在市政协专题议政性常委会上先后发言 4 次。共报送社情民意 35 篇,民革区委会采用 5 篇,市政协采用 2 篇。报送工作信息 24 篇,区委会采用 18 篇。

（马国有）

【社会服务】 年内,开展形式多样的捐赠活动。携手宁夏公益慈善促进会开展新浪扬帆计划图书室捐赠活动,为海原县 5 所、中宁县 6 所农村小学捐赠价值 11 万元图书;重阳节之际,组织骨干民革党员开展爱心慰问活动,为市第二敬老院老人们送上价值 4800 元的米、面、油等生活必需品。助力全市疫情防控。发挥党派优势,助力疫情防控。通过微信工作群向中宁县委会、沙坡头工委 2 个县委会 10 个基层支部 197名民革党员发出关于抗击疫情捐款的倡议。按照市委、市政府统一部署统一行动,医卫界民革党员在检测点认真开展摸排、查访、登记、宣传、疫苗接种、核酸检测等工作,同时,市委会对市人民医院核酸集中采样点和市委党校集中隔离点防疫一线工作人员进行慰问,赠送价值 4800 元的爱心物资。 （马国有）

·民进中卫市委会·

【概况】 截至 2021 年底,全市共有会员 215 人(女会员 103 人),教育、文化界别 142 人,占 66%,大学及以上学历 159 人,占 74%,中高级职称 126 人,占59%。

副处级及以上干部5人,科级干部8人。39人担任各级人大代表、政协委员。其中自治区政协委员1人,市、县(区)人大代表5人,市政协委员12人,县(区)政协委员22人。 (齐鲁宁)

【思想建设】 坚持以习近平新时代中国特色社会主义思想为指导,引导广大会员深入学习贯彻中共十九大和中共十九届历次全会精神、民进十二大和中央、自治区党委统战工作会议精神,学习自治区党委十二届十四次全会精神及中卫市第五次党代会精神,切实增强"四个意识",坚定"四个自信",以实际行动捍卫"两个确立",做到"两个维护"。开展中共党史学习教育,8名会员被民进宁夏区委会评为"党史学习教育先进个人"。参加市政协、统战系统庆祝建党百年系列文艺活动,会员李枭龙的演讲《不忘合作初心 党旗永放光芒》获市政协三等奖。举办"不忘合作初心 继续携手前进——庆祝中国共产党成立100周年暨民进宁夏区委会成立40周年书画民间文艺作品联展"。加强参政党理论和会史研究,《中国共产党百年党建经验对中国特色社会主义参政党建设的启示》获民进中央理论研究三等奖。33篇工作信息被民进中央网站、《华兴时报》等媒体采用。

(齐鲁宁)

【组织建设】 召开领导班子民主生活会,加强领导班子建设。召开全委会议、主委会议12次,集体研究决策会内重大事务。召开民进中卫市委会第四次代表大会,选举产生民进中卫市第四届委员会和领导班子成员,顺利完成政治交接。发展新会员9名,教育、文化主界别占78%。在盐池党校举办近40人参加的基层组织负责人暨骨干会员培训班1期,推荐骨干会员参加各级各类培训班31人次。对五大类18项制度进行修订完善。落实"三个全覆盖"、班子成员联系基层支部制度,指导帮助基层组织顺利完成换届工作,并开展"星级基层组织"评定工作,2个支部被区委会评为"四星级基层组织"。召开年度工作总结表彰暨"我身边的先进" 事迹报告会,2个履职能力建设先进集体、13名优秀会员、5名先进个人代表分别作先进事迹报告。开展"寒冬送暖"、春节、重阳节、教师节系列走访慰问活动,发放慰问金5.09万元。举办"迎中秋·忆初心·话发展"书法笔会,增强组织凝聚力。

(齐鲁宁)

【参政议政】 围绕民进中央"反映社情民意信息"主题年建设,反映社情民意信息共计32条,采用13条。提交自治区政协提案19件,立案14件(集体3件),提交大会发言材料3篇;提交市政协提案68件,立案30件(集体16件),提交大会发言材料9篇,书面交流5篇。《关于严格落实"四个不摘",继续加大"两类" 人口监测预警及动态帮扶的提案》《关于整合全区网络培训资源增强干部教育实效的提案》被评为自治区政协优秀提案;《关于加快推进我市公交事业发展的建议》《改革创新 推动中卫工业园区高质量发展》,《关于做优做强富硒功能农业,助力乡村振兴战略的建议》《关于加强公共卫生体系建设,提高突发事件应急能力的建议》《关于巩固脱贫攻坚成果,推进脱贫攻坚与乡村振兴战略有效衔接的建议》分别被评为市政协2020年、2021年度优秀提案;《关于巩固疫情防控成果,优化餐饮服务业良好卫生习惯的建议》被评为市政协优秀社情民意信息。围绕"中卫市校园治理工作"和"公共卫生服务体系建设"重点课题深入开展调研,报送的《关于全市校园治理推进情况的调研报告》《关于中卫市公共卫生服务体系建设情况的调研报告》得到市委主要领导批阅。

(齐鲁宁)

【社会服务】 发挥自身优势,统筹会内外各种力量和资源,开展各类社会服务活动。开展"庚子年·春联万家"活动,为柔远镇渡口村等地群众送出春联560副、剪纸作品80余件、"福"字200余张,会员进学校、工厂、乡镇、社区自发开展写送春联活动,写送春联近千副。开展"支教助农"、扶贫帮困等活动,向沙坡头区黄套村及2020年底脱贫的建档立卡贫困户捐赠棉衣、春联及现金2万元。对接市红十字会,为海原县李旺镇生活困难群众捐赠大米133袋价值6650元。响应民进中央、宁夏区委会关于消费助农活动的倡议,向民进中宁县委会、沙坡头区总支及广大会员发出《民进消费助农活动倡议书》,鼓励引导会员持续助力乡村振兴。为中宁县大战场镇杞海村帮扶10000元,用于购置垃圾桶、垃圾清运车等设施设备,推进农村人居环境改善。关注文化事业,组织会员向城市悦读书房世纪花园分店捐赠图书468册,价值2.8万元。助力疫情防控,慰问中卫市中医医院核酸检测点、中卫高速收费站检疫点疫情防控一线人员,捐赠方便面、面包等慰问品价值5465元。宁夏名人餐饮服务有限公司总经理崔明军为疫情防控一线人员赠送德克士套餐30份,价值1128元。市书协主席李钰华、市民协主席石建武分别带领书法家、民间文艺家们创作各类优秀作品以"艺"战"疫",中卫中学教师侯光谱自创抗疫歌曲《使命与担当》鼓舞斗志,退休教师陈学仁奔走于各卡点、核酸采集点，拍摄抗疫组照。

（齐鲁宁）

·民盟中卫市委会·

【概况】 截至2021年底，全市共有盟员222人，分属沙坡头区委员会和中宁县委员会及14个基层支部。其中沙坡头区124人，分属机关、经济社会、中卫中学、中卫一中（四中）、义教联合、老年、卫生和特别支部8个支部。中宁县98人，分属中宁中学、中宁一中、城北支部、县城支部、城东支部、老年支部6个支部。222人中，男126人，女96人。本科及以上学历152人。离退休盟员67人。担任各级政协委员的25人。其中，自治区政协委员1人，市政协委员11人（副主席1人、常委2人），县（区）政协委员19人（副主席1人、常委4人），市人大代表1人。

（祝　丹）

【参政议政】 年内，围绕乡村治理、水资源集约节约利用、推进全面依法治区等问题发表《夯实新时代乡村治理文化基础 推动乡村治理体系高质量发展》《推动城乡居民生活用水一体化促进饮用水资源节约集约利用》等大会发言9篇。针对自治区和中卫市党委、政府中心工作，重点聚焦黄河流域生态保护和高质量发展、贯彻落实《草原法》、基层依法治理、科技创新主体、退耕还林还草等方面向市委提交调研课题2篇。配合民盟宁夏区委会完成调研报告1篇。承办民盟宁夏区委会第四届生态论坛暨围绕宁夏“五个区”建设议政建言会。协助民盟榆林市委会赴沙坡头区自然保护区开展治沙用沙产业研究专题调研。向自治区、市政协提交提案20余件，立案13件。其中《关于加强黄河泥沙输入监测和治理水土流失的提案》被自治区政协列为重点提案，由自治区政协副主席洪洋牵头督办；《关于加强我市老年教育建设的建议》被中卫市政协列为重点提案。《关于加快中卫市老年大学建设的建议》《关于解决市区部分道路交通瓶颈问题的建议》被市政协评为2021年度优秀提案。先后报送或提案社情民意20余件。其中副主委王文华提交的《关于硒砂瓜地退出后亟需关注的几个问题》得到自治区党委主要领导批示。 （祝　丹）

【社会服务】 先后携手宁夏佑安医疗器械有限公司向学校捐赠23台价值33万元的测温及手部消毒设备和2万余元的专用消毒液，助力学校疫情防控工作。联合山东百格助学公益基金会，向中宁县和海原县12所学校的贫困学生捐赠护目宝104台，为优秀教师捐赠肩颈按摩器134台，为学生免费提供学乐佳校云在线课程资源软件353套，价值共计62万余元。实地调研考察海原县田拐村红梅杏种植产业，捐赠农药喷雾器8台。 （祝　丹）

【组织建设】 举办中共党史学习教育培训班，开设两会精神、“党盟合作史”专题讲座，带领学员参观三军会师纪念馆、向红军长征会师纪念碑敬献花篮、观摩脱贫产业和乡村振兴等。在中国共产党成立100周年和民盟成立80周年之际，由市委会出品的原创歌曲《一生相随》获民盟中央表彰；举办民盟专场文艺演出，并选派多位盟员参与市政协、市委统战部等部门庆祝建党100周年系列活动节目的编排、演出；盟员书画家有2幅作品入选宁夏党委统战部主办的“同心圆梦　共书辉煌”作品展，6幅作品入选民盟宁夏区委会“辉煌历程 风雨同舟”网上书画展。在民盟宁夏区委会视频学习会、中卫市各界人士庆祝中国共产党成立100周年座谈会、市政协学习座谈会、市委统战部学习《统一战线工作条例》座谈会等大会上交流发言6次。撰写理论文章《新时代背景下民主党派如何在统战工作中发挥作用》1篇。召开民盟中卫市委会第四次代表大会，选举产生中国民主同盟中卫市第四届委员会，王辉、王文华、吕淑苍、严玉华、林英、段永军、祝丹、曹慧宁、梁建华（按姓氏笔画排名）9人当选为民盟中卫市第四届委员会委员。四届一次会议上，严玉华当选为民盟中卫市第四届委员会主任委员，王文华、段永军当选为民盟中卫市第四届委员会副主任委员，任命祝丹为民盟中卫市第四届委员会秘书长。年内，共发展盟员7名。其中代表人士2名，重点界别盟员3名。 （祝　丹）

·民建中卫市总支委员会·

【概况】 年内共有会员127名，平均年龄45岁。其中经济界71人，占55.9%；教育界18人，占14.2%。大专以上学历119人，占93.7%。女会员63人，占49.6%。会员中有厅级干部1名，处级干部6名，科级干部8名。有自治区政协委员1名，市政协委员15名，市人大代表3名，县级人大代表2名，县级政协委员8名。 （张秀燕）

【思想建设】 在庆祝中国共产党成立100周年系列活动中，通过组织召开座谈会、读书会、文艺演出等活动，持续学习贯彻十九大精神和习近平新时代中国特色社会主义思想，同时开展爱国主义等教育活动。坚持把政治理论学习与认真贯彻落实各级重要会议精神及工作部署结合起来、与充分发挥界别特色履行职能结合起来、与爱岗敬业立足本职做贡献结合起来、与关注国计民生深入调查研究建言献策结合起来，坚持学用结合、学用相长，会员的“政治判断力、政治领悟力、政治执行力”不断提升。9月下旬，利用中卫市红色教育培训中心实训基地，举办党史学习教育培训班；选送20余人次参加区委会及市政协、市委统战部举办的各类培训班、研讨班。

（张秀燕）

【组织建设】 完成6个支部的换届工作。贯彻《中共中央关于加强中国特色社会主义参政党建设的意见》和《中国民主建国会章程》，不断增强“五种能力”。坚持重大事项集体决策，先后召开主委会12次，全委会10次。按照“三个为主”的方针，年内共发展新会员6名。 （张秀燕）

【参政议政】 2021年向自治区政协提交提案10件，立案4件。其中《关于推进黄河流域生态保护和高质量发展的提案》被自治区政协列为2021年度重点督办提案，由陈润儿书记亲自督办。向市政协提交提案45件，立案20件。其中《关于加快实施四个改造推动工业经济高质量发展的建议》被市政协列为2021年度重点督办提案。向中卫市两会提交大会发言3篇，其中《提高草畜产业发展质量 助推养殖业转型升级》在大会上做交流发言，另外2篇作为书面交流材料印发给全体委员传阅。全年，共向自治区政协、区委会和市政协反映社情民意107件，其中民建中央采纳1件，区政协采纳10件，区委会采纳10件，市政协采纳1件。市总支会员马晓宏、李慧、杨富国被民建宁夏区委会评选为2021年度社情民意信息工作先进个人。按照“党委出题、党派调研”原则，本年度确定2个重点课题，组织会内专家、学者及骨干会员组成专题调研组，通过召开专题协商会、发放调查问卷、实地访谈等多种形式深入两县一区开展调研，形成调研报告2篇。《关于中卫市化肥农药减量化施用情况的调研报告》由市委主要领导重点批示，要求有关部门认真研究化肥农药减量化施用及三年化肥退出的具体办法和管用措施，推进落实。《关于中卫市“互联网+城乡供水”情况的调研报告》被市委批转办理。

（张秀燕）

【社会服务】 助力乡村振兴。在海原四中设立两个教育移民班，按每生每年2000元标准，资助贫困中学生100名；发动会员积极消费扶贫产品，共购买海原县九彩乡等脱贫地区的花椒、干黄花、枸杞等农产品1000余元；争取中华思源基金会“合众美丽家”乡村儿童关爱项目，为沙坡头区康乐燕宝学校3名贫困儿童改造独立学习空间，配备家具和学习生活用品。助力全国文明城市创建。市总支组织会员企业等单位于9月初至10月末开展文明交通疏导、入户宣传等志愿活动。助力慈善城市创建。春节前夕，市总支携手雷锋车队志愿者协会先后来到沙坡头区第一中心敬老院、沙坡头区爱心小院、社区特困户等场所开展慰问活动，送价值11419元的慰问物资。通过社会服务基地——中卫市义工联合会，实施关爱老人、关爱儿童、爱心粮油、爱心书包、爱心书屋等“爱心服务”项目，受益群众120余人；重阳节期间，市总支联合中卫市博慧社工服务中心在黄河花园等4个社区开展以关爱老人为主题的重阳节活动。助力和谐社会构建。通过社会服务基地——沙坡头区雷锋车队志愿者协会，参与全市组织的各级各类文艺、体育等公益活动10余次；高考期间，由沙坡头区雷锋车队志愿者协会牵头组织开展“爱心送考、为梦助力”大型公益活动，爱心送考累计达300余次，并协调为贫困考生免费提供住宿，助力考生交出一份满意的人生答卷；市总支四支部副主委、宁夏辅德（中卫）律师事务所律师李慧，在中卫市沙坡头区5个乡镇义务开展以《中华人民共和国民法典》及《中华人民共和国法律援助法》为主题的讲座，聆听讲座共计350余人次，助力构建“共建共治共享”社会治理新格局。助力河南抗洪救灾及疫情防控。1月，发动会员响应中华思源工程扶贫基金会号召，为“通化加油！”抗疫项目捐款1000元；7月，市总支会员、社会服务基地——沙坡头区雷锋车队志愿者协会会长马明禄募捐24000多元的物资，驾车送至河南新乡卫辉市安都乡，市总支会员共为河南灾情捐赠物资27755元；8月，会员马明禄向铭功路街道办事处捐赠价值51000元的防护服425件；10月，助力疫情防控工作，捐赠物资共计6911元，参与志愿服务20余人次，协助完成核酸检测采集1500人。助力会员企业发展。为助推市内企业发展，市总支领导班子带头走访市内的会员企业，召开企业家座谈会，为会员企业转型升级、增强发展后劲提供帮助。

（张秀燕）

·农工党中卫市总支委员会·

【概况】 2021年农工党中卫市总支委员会有农工党党员109人，下设4个基层支部。有医药卫生界农工党党员64人，占党员总数的58.7%；教育界农工党党员 29 人，占党员总数的 26.6%；政府部门农工党党员 11 人，占党员总数的 10.1%；新阶层农工党党员 3 人，占党员总数的 1.8%；公有制经济农工党党员 2 人，占党员总数的 1.8%。大专以上学历 101 人，占党员总数的 92.7%；中级及以上职称 90 人，占党员总数的 82.6%；研究生 4 人，占党员总数的 3.67%。

（李秀红）

【思想建设】 1. 学习中共十九届六中全会精神。组织市总支党员认真学习中共中央十九届六中全会公报、说明和决议原文，参加市政协、市委统战部组织的专题学习研讨并发言，班子成员和基层 4 个支部负责同志积极撰写学习体会。2. 理论学习。认真学习习近平新时代中国特色社会主义思想和习近平总书记视察宁夏重要讲话精神，认真学习贯彻《中国共产党统一战线工作条例》，先后选派市总支领导班子成员和骨干农工党党员 20 人次参加农工党宁夏区委会、市政协、市委统战部举办的理论培训班。3. 党史学习教育主题活动。市总支对标主题教育目标要求，把握主要内容，制定中共党史学习教育方案，持续深化“我为群众办实事”实践活动。举办中共党史学习教育宣讲专题报告会，传达学习习近平总书记在党史学习教育动员大会上的重要讲话精神，向 60 名农工党党员发放党史学习书籍，采取专题学习、自学等形式，提高农工党员的政治觉悟，坚定政治方向。4. “七一”建党 100 周年庆祝活动。参加市政协和市委统战部举办的“庆祝中国共产党成立 100 周年”为主题的文艺演出活动，节目《为祖国而歌》和《传承红色基因 砥砺奋进再出发》获市政协参选节目优秀奖，市总支荣获优秀组织奖。

（李秀红）

【参政议政】 1. 撰写提案。向市政协提交提案 30 件，立案采纳 16 件。其中《关于实行同级医院间医学检查、检验结果相认制度的建议》和《关于推进我市医养结合发展的建议》被市政协确定为重点提案，并对《关于推进我市医养结合发展的建议》重点提案进行实地督办。主委吕玉兰向自治区政协提交提案 14 件，立案采纳 13 件。其中《关于推进枸杞病虫害统防统治全覆盖的提案》《关于推进疾病预防控制体系改革的提案》被列为重点提案和优秀提案，并得到相关区直部门认真办理。提交社情民意 10 篇，采纳 8 篇。其中《关于科学调度洒水车作业时间的建议》和《关于调整办公场所修剪草坪及绿植工作时间的建议》经主要领导批示后被相关市直部门重点督办。2. 专题调研。组织骨干农工党党员组成调研组，深入沙坡头区政务服务中心和永康镇卫生院、黄河花园社区卫生服务站、中山社区卫生服务站、光明社区卫生服务站开展实地调研，撰写的《关于对沙坡头区政务服务“一网通办”落实情况的调研报告》《关于沙坡头区家庭医生签约服务质量的调研报告》2 篇调研报告，得到市委主要领导批示。3. 协商民主。班子成员和农工党界别政协委员积极参加市委、市政府、市政协组织的党外人士协商会、工作通报会、征求意见座谈会等 10 多次，听取重大决策、社会治理等情况通报，针对经济建设、人才培养等方面提出意见建议。主委吕玉兰被农工党宁夏区委会评为参政议政先进个人。

（李秀红）

【社会服务】 1. 送医送药送健康活动。组织医药界骨干农工党党员赴沙坡头区镇罗镇河沟村开展义诊活动，累计服务群众 300 余人次；向村民发放健康生活科普资料 500 余份和价值 3800 元的洗手液、毛巾、围裙等生活用品；向镇罗镇河沟村卫生室捐赠 40 种常用药品，价值 5680 元。2. 定点帮扶。在海原县七营镇张堡村开展献爱心、送温暖活动，向张堡村贫困群众送去大米 100 袋、棉鞋 100 双，价值约 15000 元；向海原县七营镇支持 2 万元帮扶资金。2021 年 6 月，主委吕玉兰被中国农工民主党中央委员会评为农工党脱贫攻坚工作先进个人。3. 抗击疫情。医卫界 20 余名农工党党员投入沙坡头区社区进行核酸采样、人员摸排、志愿服务等工作。机关单位的农工党党员到沙坡头区社区开展核酸采样秩序维护、采样人员信息登记、宣传解读防疫政策措施、为居家隔离居民配送物资等工作。与农工党宁夏区委会沟通协调价值 10000 元的浓缩型 84 消毒液 1000 公斤，及时发放到沙坡头区部分社区、公用事业管理所和中卫市机关事务服务中心。市总支被农工党宁夏区委会评为 2020 年度先进集体，教育支部被农工党宁夏区委会评为 2020 年度先进基层组织；高新明、庞建、李文娟、尹华、杨静、周海波、王建平、张兴 8 名同志被评为 2020 年度优秀农工党党员。

（李秀红）

【组织建设】 1. 换届工作。按照换届人事工作要求，市总支成立换届工作领导小组，制定换届工作方案，指导四个基层支部圆满完成换届工作。在农工党宁夏区委会、中共中卫市委组织部和市委统战部全程指导下，2021 年 7 月 27 日召开农工党中卫市总支第四次党员大会，选举产生农工党中卫市总支第四届委员会委员，吕玉兰（市政协副主席）当选为主任委员，阿莲、李丽当选为副主任委员，李秀红任命为秘书长（驻会），闫素香任命为副秘书长（兼），王建平（海原县政协副主席)、闫素香、杨静为委员。2. 内部监督。2021年8月18日,市总支召开第四届第二次全委(扩大)会议,选举产生农工党中卫市总支第四届监督委员会,李丽选为主任,李秀红选为副主任,白建明、张晓东、李守芳选为委员。农工党宁夏区委会副主委王波,市委统战部副部长邹建萍应邀出席。会议审议并通过《中国农工民主党中卫市总支监督委员会工作规则(试行)》。3. 关爱党员。组织农工党党员开展趣味运动会,看望生病住院农工党党员5人、春节期间走访慰问农工党老党员和基层困难群众12人。

(李秀红)

·九三学社中卫市总支社·

【思想建设】 组织社员深入学习贯彻落实习近平新时代中国特色社会主义思想、中共十九届五中、六中全会精神,习近平总书记在庆祝中国共产党成立100周年大会上的重要讲话精神和视察宁夏重要讲话精神,及时传达学习自治区、中卫市重大决策部署。深入开展党史学习教育,引导全体社员学史明理、学史增信、学史崇德、学史力行。组织社员参加社区委庆祝中国共产党成立100周年征文、庆祝建党100周年“线上知识竞赛”“线上文艺节目展演”等活动,并参与市政协、市委统战部庆祝中国共产党成立100周年文艺演出和经典咏读及演讲比赛等。稳步推进思想理论研究。总支社社员姚春玲承担的九三学社宁夏区委2020年度思想建设招标课题《中国特色社会主义参政党维护意识形态安全作用发挥研究》,获2020年度全区统战理论政策研究优秀成果一等奖。在社区委网站上刊登社务工作动态稿件15篇,向市委统战部报送工作动态信息31篇。 (孟 聪)

【参政议政】 在市委、市政府、市委统战部召开的各类党外人士座谈会、征求意见会上,围绕政府工作报告、“十四五”规划等专题,重点就“云天中卫”建设、科技创新绿色发展等方面提出意见建议,部分建言被吸收采纳。市政协四届五次会议期间,总支社向市政协提交集体提案31件,《关于加快我市“云天中卫”建设的建议》等4件提案被市政协确定为重点提案。其中《关于巩固脱贫攻坚成果 推进脱贫攻坚和乡村振兴战略有效衔接的建议》等2件提案由市委主要领导督办。《守好改善生态环境生命线 着力推进黄河流域生态保护和高质量发展》提案在大会发言,《深化“放管服”改革 打通服务群众“最后一公里”》被列为大会书面发言。《关于助推科技型民营企业可持续发展的建议》《关于加强民营医院与个体诊所监督管理的建议》等4件集体提案被中卫市政协四届五次会议评为优秀提案。向社区委报送提案及社情民意信息15件,向市政协反映社情民意10件,采用4件。完成社区委《宁夏黄河文化和旅游融合发展》重点调研课题,《落实林长制建立森林草原保护体系》和《全区落实减税降费工作存在问题的建议》中标课题;向市委报送《中卫市学前教育普及普惠发展情况调研报告》和《关于加快黄河文化旅游融合发展情况的调研报告》。

(孟 聪)

【组织建设】 2021年7月26日,在黄河金岸花园大酒店召开第四次社员大会,周晓梅、孟聪、肖静波、陆春波、朱学玲、杨琳、高敏贤当选为委员,周晓梅当选为主任委员,孟聪、肖静波当选为副主任委员,任命陆春波为秘书长。总支社现有社员79人,社员中有高级职称26人,占社员总数的34%;中级职称47人,占社员总数的60%。社员中担任中卫市政协五届委员会常委2人,委员12人。沙坡头区政协二届委员会常委2人,委员6人。年内发展2名成员。完成市级层面代表人士及两级政协委员推荐工作,完善总支社代表人士信息库。先后组织社员40余人次参加区党委统战部、社区委、市政协、市委统战部、总支社举办的各级各类培训班。成立总支社监督委员会,配合社区委做好社员违纪违法情况统计,对1位违法违纪社员提出处理意见。 (孟 聪)

【社会服务】 为中宁县徐套乡原套村捐助1万元用于改善村部办公条件;捐资7000元助力大战场镇杞海村和宣和镇喜沟村“人居环境整治百日攻坚行动”有序推进。为中宁县徐套乡原套村6名贫困儿童送去慰问金3000元;慰问中宁县徐套乡原套村5户贫困群众,送去慰问金2500元;联合市委统战部到沙坡头区宜居D区开展“我为群众办实事”义诊活动,免费发放价值2000余元药品,发放健康宣传资料1000余份,服务群众140余人;总支社医疗卫生支社联合市第三人民医院到中卫市第一中心敬老院开展“送医送药送温暖”义诊及健康讲座活动,为老人们送34类1760盒价值3500余元的药品,并开展主题为《高血压的危害》的健康讲座。在宁夏天瑞集团总部正式挂牌成立九三学社科普服务基地,并深入到种业公司镇罗育苗示范基地进行蔬菜种植技术指导和育苗培训现场教学工作。慰问疫情防控一线工作人员,送去方便面、牛奶、面包、火腿肠等价值5700元的慰问品。

(孟 聪)

·中卫市工商业联合会·

【思想建设】　严格贯彻落实党中央和自治区党委、市委开展党史学习教育的决策部署，扎扎实实开展党史学习教育，抓好抓实学党史、悟思想、办实事、开新局四个关键环节，确保四个环节贯通融合推进。通过党组中心组、干部理论学习会、“三会一课”、交流研讨、现场教学、宣讲、自学等方式，认真学习贯彻党的十九届三中、四中、五中、六中全会精神及习近平总书记视察宁夏重要讲话精神，认真贯彻落实中央和自治区党委、市委重要决策部署，学习“四史”、民族团结进步、意识形态、普法相关文件。全年主持召开党组中心组（扩大）学习12次，干部集中学习60余次，集中交流研讨11次，专题研究意识形态工作2次。

（康亚丽）

【服务非公经济】　结合党史学习教育、“四史”宣传教育，制定印发《中卫市工商联开展以党史为重的“四史”宣传教育深化民营经济人士理想信念教育的方案》，通过召开三届六次执委会、宣讲会、专题党课等形式，精心组织民营经济人士集中学习习近平新时代中国特色社会主义思想及中央、区、市重要会议精神和“四史”。引导民营经济人士坚定理想信念，坚定不移做到听党话、感党恩、跟党走。深化红色教育。结合庆祝中国共产党成立100周年活动，组织30余名民营经济人士在将台堡红军长征会师纪念园、单家集革命遗址开展主题党日、“三重温”活动，聆听红军长征会师的历史，接受红色教育，引导民营经济人士走好新时代长征路。强化培训考察。在深圳大学举办为期7天的中卫市民营企业家“听党话、感党恩、永远跟党走”暨高质量发展综合素能提升培训班，民营企业家50人参加培训。充分利用主流媒体，对民营经济人士模范典型事迹进行宣传，用先进鼓舞引导民营企业家做爱国敬业、守法经营、创业创新、回报社会和践行“亲”“清”新型政商关系的典范。从民营经济人士中推荐脱贫攻坚先进企业家4名。政策服务助力“通航”。采取会议“讲”、专栏“宣”、微信“传”等形式，宣传中央、自治区、中卫市支持民营经济发展的政策措施，引导民营企业把握经济发展形势。开展“送政策·进民企”活动，发放“送政策·进民企”政策汇编等宣传资料100余份。邀请市税务局、金融部门、人社局等负责人就减税降费、金融支持、企业用工等内容开展宣讲，进一步增强民营企业对党和政府支持民营企业政策的获得感。融资服务助推“续航”。加强与金融监管部门和银行的沟通合作，与中卫市农村商业银行对接召开银企对接会1次，中卫市农村商业银行副行长就近年来农商行发展情况、金融服务产品及惠企金融政策进行详细介绍，助力民营企业解决融资难融资贵问题，增强银企之间的合作。法律服务保驾“护航”。在非公企业和商会组织中举行“法律助企进商会”活动2次，邀请律师就《民法典》及商会、中小微企业提出的共性法律问题以案释法进行讲解。发放《保障中小企业款项支付条例》《中卫金融》等宣传资料200余份。与司法局联合召开法律服务民企座谈会，建立“百所联百会”机制，进一步提高企业依法经营管理水平和依法维护自身权益的能力。以商招商引领“启航”。发挥市工商联“牵线搭桥”的优势。4月份，对接自治区工商联邀请天九共享控股集团董事局执行董事全球CEO戈峻一行来中卫考察调研特色产业。经过考察交流，天九集团、宁夏在外部分商会在中宁枸杞博览会上签订枸杞加工、销售等6个框架协议，与大数据、文旅局进行2个项目的洽谈。全年提供招商引资线索6条，助力全市招商引资工作。　（康亚丽）

【非公企业调研】　4月下旬，组织领导班子、党员干部通过实地走访、座谈交流等方式，深入“两县一区”、非公企业、商会、所属党组织，围绕发展情况、政策落实、存在困难等进行调研。调研走访群众12户，走访企业30余家，现场解答问题10余个。深入调研后，经梳理，非公企业主要存在的问题有政策不畅通、难落实、融资难等问题。针对调研收集的问题和其他问题，建立市工商联项目清单和进展情况清单，对一些超出职责范围的问题，形成调研报告3篇，作为政协提案提交解决。　（康亚丽）

【商会组织建设】　1. 县级工商联建设。按照自治区“五好”县级工商联建设实施方案要求，实行包抓责任机制，按照“一个设立、五个有”和“五好”的创建标准，指导县（区）工商联开展创建工作。海原县、中宁县工商联被评为全国“五好”县级工商联。2. 商会组织建设。按照“政治建会、团结立会、服务兴会、改革强会”的发展要求，加强对商会的指导和督导，深入推进“四好”商会建设。指导中卫市食品商会和租赁商会搬迁，中卫市食品行业商会打造“四季鲜食品批发一条街”，到食品一条街进行指导提出意见。由中卫食品行业商会打造的“四季鲜食品批发一条街”自11月下旬开始试运营，解决中卫市区食品经营个体、食品批发、生产企业分散、松散式经营的弊端。通过指导，中卫市食品商会、女商商会、中宁县枸杞商会先后被评为全国“四好”商会。3. 非公党组织建设。全市有商会39家。其中14家商会建立党组织,覆盖率为35.9%。中卫市食品商会被全国工商联确定为"全国100个商会党组织党建工作示范单位"。（康亚丽）

【帮扶工作及光彩事业】 全年引导企业家为部分村捐款捐物价值11.5万元，工商联向帮扶村关庄村捐赠办公台式电脑、配套打印设备、文件柜等办公用品,价值12468元。（康亚丽）

【换届选举】 9月26日召开市工商联(民间商会)第四次代表大会,选举产生中卫市第四届执行委员135人、常务委员45人,副主席17人,非公经济人士占比分别为90.37%、80%、94.12%。

（康亚丽）

群众团体

·中卫市总工会·

【职工思想政治引领】 围绕庆祝中国共产党成立100周年主线,以"中国梦·劳动美——永远跟党走,奋进新征程"为主题,组织开展"劳动者之歌"职工合唱大赛、第二届全市职工书画展、"展现时代印记·助力乡村振兴"市域古建筑职工绘画摄影展以及"中国梦·劳动美"送文化下基层等系列活动。组建党史学习教育和劳模、法律宣讲队,深入企业、班组、学校、村(社区),线上线下宣讲109场次,覆盖职工万余人。深化"网聚职工正能量、争做中国好网民"主题活动,征集"奋斗的榜样·前进的力量"微视频32部,"建功新时代·共筑中国梦"摄影作品92件。荣获最美工会户外劳动者服务站点、庆祝中国共产党成立100周年"颂歌献给党——全区劳动者之歌"合唱大赛组织奖、庆祝中国共产党成立100周年全区工会经审干部征文活动优秀组织奖、庆祝中国共产党成立100周年全区女职工演讲比赛优秀组织奖、"永远跟党走·庆祝中国共产党成立100周年"红色经典诗文朗诵比赛优秀奖、模范机关先进单位等荣誉。

（赵凤兰）

【"建功立业"活动】 以"建功'十四五',奋进新征程"为主题,举办职工劳动和技能竞赛33场次,参与职工达4463人次。持续深化"安康杯"竞赛活动,坚持每季度组织开展"安全隐患随手拍"、安全生产合理化建议"金点子"征集评选表彰活动,切实促进企业安全生产建设。（赵凤兰）

【劳模关爱行动】 为341名劳动模范(先进工作者)发放慰问金31.1万元。组织推荐评选全国"五一劳动奖状(奖章)""工人先锋号""五一巾帼标兵岗"5个,自治区"五一巾帼标兵""五一巾帼标兵岗"5个。发挥劳模示范引领作用,申报自治区劳模创新工作室2家,新培育创建中卫市劳模创新工作室4家。

（赵凤兰）

【协调劳动关系】 组织开展职工权益维护年活动,培育打造行业性、区域性集体协商示范点28家。联合相关部门妥善处理市应理集团供排水公司等5家划转公司职工安置及中博饭店24名职工拖欠工资及失业金问题。为150名职工追回工资、补偿金等143.4万余元。开展"尊法守法·携手筑梦"公益法律服务行动24场次,开展法律咨询、政策解答140余人次,代书、代理法律援助案件30余起。市、县(区)总工会联合人社部门举办城镇下岗失业人员、待岗转岗职工、农民工技能培训促就业活动10场次490人,95%的参训人员取得资格认证。（赵凤兰）

【困难职工帮扶】 推进"我为群众办实事"实践活动，在全市工会会员中全面推行职工医疗互助工作,全市近4万名职工交筹互助基金231.3万元,年内为129名职工核发互助补助金45.44万元，个人一年补助最高达5万元。开展"四季送"活动:"春送岗位"线上发布就业信息、线下举办现场招聘会并行，帮助8000名职工达成就业意向;"夏送清凉"惠及64家企业5000名一线职工,发放防暑物品63万元;"金秋助学"资助困难职工(农民工)子女219人,发放助学金60.5万元;"冬送温暖" 向61家企业2500名职工送去慰问金138万元。争取下拨防控资金70万元,组织配发物资3000套。中国农民丰收节期间,筹措资金12.45万元,走访慰问农民工369人。

（赵凤兰）

【职工文化建设】 建设职工书屋8家,给予8家工会图书购置经费补助各1万元。组织开展送春联"下基层"等活动10场次,指导基层企业工会开展文艺演出和其他文体运动。联系推行普惠服务项目23项。

（赵凤兰）

【基层组织建设】 确定中宁县和5个产业11个企业为试点,推进产业工人队伍建设改革工作。实施"工会基层组织建设全面提升年"专项行动,坚持"入会与服务"同步并举,通过举办健康体检暨"八大群体"职工集中入会启动仪式,现场为职工发放健康礼包190份。为346名快递员、网约送餐员免费体检,强力推进"八大群体"职工入会工作。年内,新建工会组织96家,新增会员6671人(农民工2131人),全市工会组织累计达到1546家，会员13.49万人（农民工4.99万人）。培育“先进职工之家”9家。

（赵凤兰）

【女工工作】 开展“百年圆梦·幸福启航”征文比赛、“牢记嘱托跟党走·巾帼奋斗新征程”全市女职工演讲比赛、“培育好家风——女职工在行动”主题实践、“玫瑰书香”女职工主题阅读等活动。动员1002名企业女职工购买“安康保”，缓解女职工患病后医疗费用压力。联合市直机关工委、市妇联献礼“三八”妇女节，举办中卫市“庆三八”女性健康礼仪专题知识讲座，受益职工230人。 （赵凤兰）

【经审财务工作】 依据《工会预算审查监督办法》，审查通过《中卫市总工会本级2020年度经费收支决算（草案）》《中卫市总工会本级2021年度预算（草案）》《中卫市总工会本级2021年上半年预算执行情况》，并对市总工会本级2020年度预算执行情况进行审计。2020年，全市县以上工会经审会，开展本级审计和对下一级工会审计178项，审计覆盖面达57.98%，发现存在问题375条，提出审计意见和建议422条，落实整改347条，整改率92.53%。市本级工会经审会年内开展审计55项，审计覆盖面达57.29%。

（赵凤兰）

·中卫市妇女联合会·

【妇女思想引领】 深化“巾帼心向党”系列行动，把妇女思想政治引领贯穿妇联工作全过程。落实“第一议题”学习制度，通过“巾帼学堂”集中学、“关键少数”带动学、关注时事跟进学等方式，带动各级妇联干部夯实理论基础。扎实推进党史学习教育，培育“塞上巾帼”宣讲队伍，聚焦民法典、家庭教育、未成年人保护等，采取微宣讲、线上讲、互动讲等方式，用“小故事”讲好“大历史”。开展“党的声音进万家”“巾帼心向党·奋进新征程”系列活动，以及“永远跟党走·幸福生活舞起来”全市广场舞大赛、“爱上悦读·琅琅发声”百人朗读、“中国梦·巾帼情”送文艺下乡等庆祝活动。全年开展线上线下宣传宣讲586场(次)。

（蒋永芬）

【妇女创业发展】 建立“巾帼家政”实训基地3个，开展“家政服务进社区”活动12场次，推动“好宁嫂”家政服务提质扩容。举办高素质女农民、特色产业巾帼带头人等各类培训班21期1500余人，选树全国“巾帼新农人”张翠燕、自治区“十大致富女能手”姬秀花等一批妇女创业发展带头人，培育宁夏禹尧农产品科技有限公司等一批巾帼创业创新示范基地。争取“母亲小额循环金”330万元，扶持165户女性创业发展。发放妇女创业担保贷款3.85亿元，扶持3269名农村妇女和家庭实现致富增收，全市累计发放妇女创业担保贷款35亿元，扶持妇女5.3万余名，市本级发放量居全区第一。启动“建设先行区保护母亲河巾帼在行动”全区沿黄城市环保接力活动，在全国黄河流域生态保护和高质量发展巾帼论坛上作经验交流。 （蒋永芬）

【家庭文明创建】 1.“家家幸福安康工程”。深入贯彻习近平总书记“注重家庭家教家风”指示精神，推动社会主义核心价值观在家庭落细落实。2.家庭文明建设。常态化寻找“最美家庭”，培育选树“最美家庭”“健康家庭”220户。开展争创“美丽庭院”百日攻坚行动，评选市级美丽庭院1000户。开展“树清廉家风·创最美家庭”等创建活动，举办“爱润万家·好家庭好家教好家风”宣讲28场次，签订“家庭助廉承诺书”1万余份，征集展示“给亲人的叮咛”微家书78篇。3.家庭教育。发挥“联”字作用，推动家长示范学校、家庭教育示范社区创建，成立“女童保护”宁夏妇联团队中卫分队，宣传贯彻《未成年人保护法》《预防未成年人犯罪法》，开展女童保护宣讲99场次。举办“全心为爱·明天很美”首届“妈妈·爱家庭”教育沙龙，征集展示“品读红色经典·传承家国情怀”亲子诵读102篇，构建学校、家庭、社会、网络、政府、司法六位一体未成年人保护体系。 （蒋永芬）

【关爱妇女儿童】 通过“大走访大排查+关爱帮扶”机制，走访家庭19万个，排查梳理问题974个，解决特殊、困境妇女儿童和家庭面临的实际困难和矛盾隐患等问题949个。积极争取全国、自治区妇联价值1306万元项目资金，惠及6万名妇女儿童，争取社会爱心物资36.78万元，关爱慰问贫困妇女、孤残儿童315人。实施“护航春蕾”“恒爱行动——百万家庭亲情一线牵”等项目。开展城镇无业妇女“两癌”免费筛查7006人，发放“两癌”救助金63万元，累计发放贫困妇女“两癌”救助金1152万元，救助1394人，实现“两癌”贫困妇女救助全覆盖。组织参加“爱妮保”健康保险5.24万人，兑付理赔金466.5万元149人，全市“爱妮保”参保人数居全区第一。 （蒋永芬）

【妇女维权】 顺利通过自治区《妇女儿童发展规划（2011—2020年）》终期评估验收，推动将新一轮妇女儿童发展规划纳入中卫市“十四五”规划。开展“三八妇女维权周”线上维权知识竞赛、《民法典》《反家庭暴力法》等宣传宣讲、“和谐婚姻大讲堂”“法育未来·巾帼护航”等活动342场次，参与3万余人，录制妇女维权知识普法节目3期。市、县(区)成立妇女儿童维权服务中心，采取社会购买服务方式选聘专业律师、心理咨询师坐班服务，调处化解婚姻家庭矛盾纠纷136起，办结率达99.6%。持续落实“一村(社区)一法律顾问”机制和中卫市心理婚姻情感咨询师分县(区)服务活动，组建“巾帼志愿服务队”，实施好妇女法律援助项目，加大“12338”妇女维权热线宣传力度，发挥好妇女儿童维权服务中心(站)作用，营造有益于妇女儿童发展成长的良好环境。 (蒋永芬)

【妇联改革】 完成村(社区)、乡镇(街道)妇联组织换届选举工作，共选举产生新一届基层妇联主席551名，全面完成两规划下达指标，实施基层妇联组织力提升、“双培双带”项目。指导和帮助条件成熟的企业、社会组织建立妇联组织37个，探索在商务楼宇、单元楼幢打造妇女之家(微家)269个。落实“我为群众办实事”14件。 (蒋永芬)

·共青团中卫市委员会·

【概况】 截至2021年底，全市共有18~35周岁青年35.56万人，共青团员5.5万名，基层团委122个，团总支24个，团支部1335个。2021年，中卫市共青团工作围绕青年成长成才需求，实施“希望工程”“特需关爱青少年”“大学生返家乡社会实践”等品牌工程，履行共青团引领凝聚青年、组织动员青年、联系服务青年的职责，各项工作实现新发展。

(马小琴)

【团组织建设】 召开团市委三届四次全体（扩大）会议，切实推进基层团组织建设，夯实组织基础。指导全市3个县(区)508个村(社区)团支部完成换届选举。通过“智慧团建”系统开展直属企业、学校领域等后进团支部整理整顿工作。全市62所中学100%建成团校，新发展团员2893名，“学社衔接”率99%、“学学衔接”率99.5%。持续抓好“两新”组织团的建设，完成43个非公企业建团、12个社会组织建团目标任务，联系青年社会组织9家、青年社会组织骨干34名。

(马小琴)

【青少年思想教育】 印发《中卫市共青团党史学习教育实施方案》，召开全市共青团系统党史学习教育部署会及推进会，指导全市1333个团支部开展党史学习教育，参加人次约12.6万人；举办党史学习教育宣讲骨干培训班1期，45名“青年讲师团”成员参加培训，开展主题宣讲30余场次；以“青春心向党”“红领巾心向党”为主题，开展各类主题实践活动1711场次，活动参与人数5.6万人次。开展“我为青年做件事”活动，为青少年解决各类问题20件。举办中卫市“青春向党·奋斗强国”微团课、“红领巾心向党”微队课大赛，团员青年、少先队员代表等250余人现场观看比赛，并在微博线上直播，观看人数1.2万余人。开展各类禁毒、普法、安全教育等青少年权益保护宣传教育活动共50余场次，参与人数达5200余人次。

(马小琴)

【青少年帮扶行动】 召开中卫市“共青团与人大代表、政协委员面对面”活动；指导县(区)每季度对14~25周岁“失学失业失管”青少年进行摸底，摸排特需关爱青少年23名，联合社区、学校、社会组织等相关部门有针对性地开展心理疏导、帮助就业等活动。开展大爱同行——助残“阳光行动”青年志愿服务活动，组织60名青年志愿者为30余名残疾青少年有针对性提供助残志愿服务；同公安局、检察院、妇联、学校党支部联合共建，为未成年在押人员聘任辅导员9名；为市特殊教育学校、沙坡头区康乐燕宝学校发放价值1万元的体育及生活用品，联合中卫市建筑联合协会为兴仁小学、康乐燕宝学校等6所学校捐赠价值15万元的体育用具和学习用品。 (马小琴)

【希望工程】 利用新媒体平台等途径及时发布资助公告，联合县(区)、乡镇团委分组对申请资助对象进行实地调查，严格按照资助条件进行审核，全年共争取资金302万元(自筹资金130万元，项目资金172万元)，资助学生772人。创新大学生资助新模式，争取宁夏西部云数据科技有限公司在定向资助沙坡头区32名计算机、英语等专业学生的基础上，协议企业在学生毕业后给予就业帮助。 (马小琴)

【青年志愿服务活动】 积极投身疫情防控，建立6支青年突击队，设立12个“共青团员先锋岗”，组织青年志愿者在各社区、街道等地全面投入卡点测温、秩序维持等志愿服务。招募“爱在社区”青年志愿者400余名，开展“暖冬行动”“学雷锋月”“爱心助力中高考”“暖蜂行动”和生态环境保护等常态化志愿服务活动，服务中国青少年机器人竞赛(宁夏赛区)、云天大会等大型赛会4场次，参与志愿者1200余人次。

(马小琴)

【青年创新创业行动】 联系一批优秀创新创业青年，推荐11个优秀项目参加宁夏青年创新创业大赛、5个优秀项目参加“创青春”中国青年创新创业项目支持计划。在全市范围内开展“暑期大学生政务实习”活动，组织动员两县一区 185 名大学生参加暑期政务实习。联合市人社局挂牌命名 13 家青年就业见习基地，为毕业两年内未就业高校毕业生和 16~24 岁失业青年提供见习岗位 2365 个，实际到岗实习 689 人。

（马小琴）

【助力“四大提升行动”】 召开中卫市青年发展工作联席会议第二次全体会议，贯彻落实《全区青年投身“九大重点产业”“十大工程项目”“四大提升行动”10 条措施》，围绕助学育人、兴业助农、移民帮扶、健康守护等重点项目，筹措各类助困资金 41.1 万元；联络 80 名返乡人才、207 名本土人才、2028 名下乡人才，聚合资源开展志愿服务美丽乡村、大学生“返家乡”社会实践、“中卫市人才回归计划”等活动，组织引导有志青年投身农村发展，助力乡村振兴；争取自治区团委支持并承办全区青少年节水实践活动暨水利科普联合行动，争取社区环境整治项目 2 个，开展“保护黄河母亲河”生态环保实践活动；争取海原县“幸福社区”易地扶贫搬迁安置社区项目。

（马小琴）

【新媒体运用】 适应“青年在网上，网上有青年”的新形势，积极开展“热议习近平总书记重要讲话”“青年大学习”“中卫青年学党史”“红领巾学党史”等线上活动，“微团（队）课”大赛、“少先队辅导员风采大赛”网上展播，“请党放心，强国有我”联动微博等，阅读量达 2.5 万。“青春中卫”发布社会政策、重点工作、就业信息等 300 余条。（马小琴）

·中卫市红十字会·

【概况】 2021 年，分别于 5 月份和 7 月份在中宁县和海原县召开第一次会员代表大会，选举产生理事会和监事会，机构人员配备完成，全市红十字系统专职人员从 5 名增加到 11 名。截至 2021 年底，全市共发展基层组织 98 个，志愿服务组织 12 个，团体会员单位 32 个，成人会员 2566 人。（张文轩）

【紧急救灾、人道救助、应急救护工作】 元旦、春节期间争取自治区红十字会价值 12.23 万元的慰问物资，深入全市两县一区 5 个镇（乡）34 个行政村（社区），开展“博爱送温暖”活动，共发放大米 700 袋、运动鞋 437 双、家庭慰问箱 150 个，受益群众 3334 人。单位自筹资金 7000 元，购买毛巾被 40 套，价值 4000 元，慰问金 3000 元，到养老院慰问孤寡老人。实施“小天使基金”和“天使阳光基金”救助，截至 11 月，共筛选上报先天性心脏病 10 人、白血病患儿 3 名。为 19 名品学兼优的特困学生发放 9500 元助学金。为宣和镇郝家塘小学开展“献绵薄之力、涌温暖之心”捐赠活动，为移民地区的建档立卡户、少数民族学生捐助价值 1 万元文具、书包等物资。与市中心血站共同开展地震应急演练活动，带领红十字工作人员及志愿者观摩体验市红十字会“生命健康安全体验馆”，提高大家面对灾害时的自救互救能力。联合市粮食和物资储备局、市消防救援支队、沙坡头区人民武装部，开展粮食系统消防安全应急演练活动。结合“应急救护培训推进年”活动，重点在企业、学校、乡镇、社区、机关事业单位，举办应急救护培训班。2021 年全市开展应急救护普及性培训 54 场，受益人次达 9029 人；开展心肺复苏（CPR+AED）救护员培训 92 场，取证人数 5900 人。发动中博房地产有限公司捐赠 20 台 AED，动员市公安局自购 6 台。联合市总工会、市卫健委、市人社局、市应急局在市人民医院举办全市应急救护技能大赛，以赛促训，提升群众性应急救护培训工作的质量。严格按照相关法律法规和财务的规定，对接收捐赠的款物主动接受媒体、公众的监督，接受审计对捐赠款物和项目执行情况的审计和评估，以实际行动提升公信力。2021 年，全市红十字会共接收为河南雨灾捐赠款物 80.46 万元，按时将捐赠款物上交自治区红十字会并拨付河南。2021 年，中卫市红十字系统共接收新冠肺炎疫情防控社会捐赠款物价值 129.4 万元，及时把捐赠物资拨付到一线疫情防控人员手中。做好“博爱未来·关爱老人我在行动”项目及“99 公益日”募捐活动。深入机关、企事业单位、工业园区、学校等，广泛动员全市各级红十字工作者、会员、志愿者、爱心人士，通过线上线下等方式募捐筹措资金，共筹集资金 11.84 万元。依托团体，针对 60 岁以上贫困老人广泛开展救助、文艺宣传、心理关爱、家政服务等关爱老人服务活动。（张文轩）

【无偿献血、造血干细胞捐献、人体器官捐献工作】 第 18 个“世界献血者日”，联合市卫生健康委员会、市中心血站在市区红太阳广场开展以“献血，让世界继续跳动”为主题的宣传活动，同时在海原县、中宁县分别开展宣传活动。活动现场，开展造血干细胞、无偿献血知识有奖问答，共发放宣传册 3500 余份，为群众提供义诊服务 400 余人次，182 人参加无偿献血，采集血液共计 72800 毫升。2021 年共采集造血干细胞血样 300 人份，共有 7 名志愿者成功捐献。在世界第七个“骨髓捐献者”日宣传活动期间，邀请捐献造血干细胞志愿者参加“感谢您,捐献者”座谈会。号召志愿者在网上登记注册“器官捐献志愿者”,登记注册1632名。

（张文轩）

【宣传工作】 在市区繁华商贸区鼓楼LED大屏幕上广泛传播“三救三献”、民族团结等知识。为纪念“5·8”世界红十字日,与相关部门联系落实在市区人口密集的重点线路公交站台投放“三救三献”宣传海报的工作。引导机关单位工作人员加入到器官捐献、造血干细胞捐献志愿者行列中。以市红十字会公众号为载体,定时推送红十字小知识,并将各项活动预热、宣传视频、活动信息发布在微信公众号上,向社会各界公示红十字的职能,引导更多人参与红十字公益事业。联合市金融局举办“全民抗疫、金融伴行”广场文艺演出,通过小品、快板等形式宣传红十字应急救护知识。

（张文轩）

【志愿服务活动】 成立中卫市红十字蓝天救援中心。中卫市红十字蓝天救援中心是由各界公益爱心人士自愿组成，是从事专业的救援服务的社会公益组织。2021年6月4日至5日在中卫黄河宣和何营村段利用水下声呐等设备,精准定位打捞溺水儿童。2021年7月,安排中卫市红十字蓝天应急救援志愿服务队携带救援艇、救生衣、矿泉水、方便面等救援物资,赴河南执行救援任务。2021年10月29日,对全市180多个核酸检测点及16所学校进行全面彻底的防疫消杀。

（张文轩）

政权政协

中卫市人民代表大会常务委员会

·综述·

【概况】　2021年共召开人民代表大会3次，常委会12次，主任会20次，制定法规1部，听取专项报告17项，专题询问1次，作出决议决定15项，备案审查文件16件。　（张宏清）

【坚持党的全面领导】　坚持把人大工作放在市委总体工作布局和全市发展大局中谋划，做到市委有部署、人大有行动。认真贯彻区、市党委全会和市委人大工作会议精神，切实抓好市委《关于新时代加强和改进人大工作的意见》落实。及时向市委请示报告重大事项65件次，确保常委会工作始终在市委领导下开展，促进市委在产业发展、脱贫攻坚、改革开放、城乡建设、生态环保、民生治理等方面的决策部署有效落实。认真落实市委阶段性重点工作部署，围绕新冠疫情防控、“四大提升行动”、植绿增绿、压砂地退出种植和全国文明城市创建等重点工作，常委会领导奔赴县（区）、乡（镇）、村（社区）紧盯督导、抓好落实。特别是新冠疫情防控期间，常委会领导迅速行动、深入一线，大力开展指导督导，人大常委会机关干部深入居民小区值守，并帮助联系企业防疫情、促复工，解决融资难、原材料供应难等问题，促使宁夏科豪等企业纾困解难焕发生机活力。印发《致全市各级人大代表和人大工作者的一封信》，全市3000多名人大代表响应号召，参与联防联控、复工复产，捐款捐物折合人民币220多万元，在各自岗位上发挥表率作用、不负代表使命。　（张宏清）

【立法工作】　构建“党委领导、人大主导、政府依托、各方参与”的立法工作格局，科学编制年度立法计划报请市委审批。建立向人大代表、专家学者、基层群众征求意见等机制，扩大社会参与范围，形成立法工作合力。确定3个立法联系点，设立立法咨询委员会，聘请19名专家学者和专业人士担任立法顾问，为开门立法、民主立法、科学立法奠定基础。颁布实施《中卫市人民代表大会及其常务委员会立法程序规定》《中卫市城乡居民饮用水安全保护条例》《中卫市农作物秸秆处置条例》和《中卫市文明行为促进条例》等4部地方性法规。立法工作得到自治区党委主要领导肯定。坚持法治教育与法治实践相结合，开展“国家宪法日”系列活动，认真执行宪法宣誓制度，听取审议“七五”普法决议执行情况报告，依法作出“八五”普法决议，强化以宪法为核心的法治宣传教育。编印《中卫市地方性法规汇编（2017—2021）》5万册，向全市493个村（居）委会发放。制作印发《中卫市文明行为促进条例》漫画版宣传手册3万册。安排电视台设专栏播放民法典辅导，组织开展民法典进机关、进单位、进企业、进乡村、进社区、进校园，引导公民规范自我行为，依法处理纠纷，树立文明新风。　（张宏清）

【监督工作】　保证宪法法律贯彻实施。组织开展《食品安全法》《产品质量法》《工会法》《税收征管法》《民办教育促进法》《残疾人保障法》《传染病防治法》《土壤污染防治法》《禁毒法》《人民调解法》和宁夏回族自治区《社会科学普及条例》《民族教育条例》《公共卫生服务促进条例》及中卫市《文明行为促进条例》《农作物秸秆处置条例》《城乡居民饮用水安全保护条例》等20部法律法规实施情况的监督检查，促进依法行政、公正司法、公民知法守法。执行《自治区人大常委会规范性文件备案审查条例》，坚持有件必备、有备必查，做好规范性文件备案审查工作。助推经济发展平稳向好。加强国民经济和社会发展计划、财政预算审查和审计工作监督，批准预算调整方案，落实《中卫市委关于建立市政府向市人大常委会报告国有资产管理情况制度的实施意见》,建立国有资产报告制度,听取政府债务情况汇报。组织"十三五"规划中期评估调研,审查批准"十四五"规划和二〇三五年远景目标纲要。开展重点工业项目建设、工业园区高质量发展、黄河黑山峡河段开发工程前期工作、全域旅游推进、优化营商环境、粮食安全保障、云计算和大数据产业发展等方面的视察、检查、调研,进一步推进市域经济高质量发展。组织视察肉牛产业发展,建议市人民政府加大政策扶持和龙头企业培育力度,推进标准化建设、规模化发展;组织富硒功能农业发展和现代农业经营体系情况调研;听取和审议市人民政府关于脱贫富民产业发展情况报告,就巩固脱贫攻坚成果、解决城乡发展不平衡等问题献计献策。组织开展沙坡头区香山兴仁片区一期供水工程的调研督办,推动该工程加快建设。助推生态环境有效治理。每年听取审议市人民政府关于年度环境状况和环境保护目标完成情况报告。组织开展对中央和自治区环保督察组反馈问题整改情况督察,提出意见建议并督促抓好整改落实。组织专题询问,听取和审议环境保护工作。组织对全市冬季大气污染防控、水生态环境保护、城市水源地建设、工业企业污染整治等实施情况视察检查,听取市人民政府关于水污染防治工作情况报告,促进中卫市生态环境突出问题的解决和生态环境质量持续改善。督查压砂地退出及生态修复工作,依法保护修复生态环境。视察全市林业生态建设和植绿增绿大会战情况,推动林业生态持续向好。组织开展"中华环保世纪行——宁夏中卫行动",开展天景山周边环境整治调研并提出整改意见。助推民生福祉持续改善。组织开展全市普通高中教育发展、高考标准化考点建设、农村幼儿园新建改建、"互联网+教育"示范区建设调研,对《民办教育促进法》和自治区《民族教育条例》贯彻实施情况进行检查,推进教育事业发展。开展全市医药卫生体制改革情况视察和自治区《公共卫生服务促进条例》实施情况检查、深化医药卫生体制改革专题调研,跟踪督察市中医院迁建项目和公立医院惠民行动。听取市人民政府贯彻落实《中医药条例》和防控新冠疫情工作情况报告、民生实事办理情况报告、文化旅游产业发展情况报告。开展全市妇女儿童发展规划落实情况调研,进一步维护妇女儿童合法权益。视察全民科学素质提升工作推进情况。助推社会治理不断进步。听取和审议市人民政府关于全市禁毒工作、扫黑除恶专项斗争工作情况报告。开展国务院《宗教事务条例》贯彻实施情况检查和全市民族团结进步创建工作调研。首次听取市监察委员会专项工作报告。听取和审议市中级人民法院民商事审判、行政审判、执行工作专项报告,听取市检察院未成年人保护、公益诉讼工作报告,有效回应社会关切,维护司法公平正义,促进"平安中卫"建设。 (张宏清)

【依法讨论决定重大事项】 依法审议中卫市"十四五"规划和二〇三五年远景目标纲要等专项报告。先后作出《关于建立沙坡头区城市饮用水永久性水源地的决定》《关于加强城市环境卫生管理提升城市环境卫生水平的决定》《关于加强防风固沙林带建设与保护的决定》《支持检察机关依法开展公益诉讼工作的决定》《关于促进中卫市枸杞产业高质量发展的决定》和《关于深入开展第八个五年法治宣传教育的决议》等6项重大事项决定决议。健全规范审议讨论、表决通过、公布实施、跟踪落实等工作机制,促进讨论决定重大事项依法、科学、高效。推动行使重大事项决定权与做好监督、代表等工作有机结合,综合运用执法检查、听取和审议、专题询问等方式,促进市人大及其常委会决议决定有效执行。 (张宏清)

【依法行使选举和任免权】 坚持党管干部原则与人大依法任免有机统一,认真贯彻地方组织法和人事任免工作相关规定,依法任免国家机关工作人员,先后组织宪法宣誓163人次,宪法和法律知识任前考试189人次,任前供职201人次,确保区、市党委人事安排意图顺利实现。助力全市机构改革,选举产生首届市监察委员会,完成涉及机构改革政府部门主要负责人依法任免。坚决贯彻市委部署,依法指导县、乡人大换届选举工作顺利进行、风清气正。做好市五届人大代表选举工作,选举产生新一届市人大代表288名,代表结构更加优化,整体素质进一步提高。

(张宏清)

【代表工作】 拓宽代表履职渠道。出台《关于进一步加强和改进人大代表联系接待原选举单位人民群众和原选区选民的意见》,建立代表履职"四个一"工作机制,深化常委会组成人员联系代表和代表联系群众的"双联系"活动。丰富闭会期间代表履职活动,拓展代表参与立法调研、监督检查、工作评议、重大事项决定的空间。2021年,采取致函、电话、微信、短信等方式,征集600多人次人大代表关于"一府一委两院"重点工作和专项工作报告的意见建议806条,通过常委会会议反馈、新闻媒体报道和会后书面反馈等形式,发挥代表主体作用。认真办理代表建议。采取听取汇报、视察调研、征求民意、专题询问和常委会领导督办、市人民政府领导领办、常委会委室归口督办的方式，认真做好代表建议办理工作，切实提高办理质量。听取市人民政府关于代表建议办理情况的专题报告，对市人民政府已列入计划、尚未完全解决的上年度代表重点建议，持续督办，直到办结为止。市四届人大历次会议期间代表提出的意见建议968件基本办结，代表满意率100%。强化代表服务保障。开展“代表之家”“代表工作室”规范化创建工作，全市建成并提升改造“代表之家”40个、“代表工作室”268个。建立健全代表学习培训制度，组织代表参加区、市人大业务培训，实地考察重点项目，激发代表履职热情。为代表订阅《中国人大》等学习资料，编辑印发市人大常委会公报，强化代表履职的大局观念。加强与代表所在单位沟通，为代表充分履职创造良好条件。

（张宏清）

【视察检查调查】 2021年，市人大常委会组成视察组分别组织开展关于优化营商环境工作情况、关于对全市生态环境保护工作情况的视察；组成市人大常委会执法检查组分别对《中华人民共和国传染病防治法》《中卫市城乡居民饮用水安全保护条例》实施情况进行执法检查；分别向500多名（次）人大代表征集关于市人民政府“一带两廊”规划落实、“互联网+教育”示范区建设、城市交通管理、植绿增绿大会战、《中卫市文明行为促进条例》贯彻执行情况的意见，和市中级人民法院行政审判工作及市人民检察院关于《中卫市人民代表大会常务委员会关于支持检察机关依法开展公益诉讼工作的决定》贯彻落实情况等方面的意见建议。 （张宏清）

·重要会议·

【市四届人民代表大会第五次会议】 会议于2021年1月17日至2020年1月20日在中卫宸宇红宝宾馆举行。市委、市政府、市政协领导，市中级人民法院、市人民检察院负责人出席会议。会议应到代表283人，实到代表254人。韩秉文当选中卫市第四届人大常委会副主任，田风才当选市人大常委会秘书长，杨和（回族）、陈玉茂当选中卫市第四届人大常委会委员。新当选的市人大常委会副主任、秘书长、委员进行宪法宣誓。会议还表决通过《关于政府工作报告的决议》《关于中卫市国民经济和社会发展第十四个五年规划和二〇三五年远景目标纲要的决议》《关于中卫市2020年国民经济和社会发展计划执行情况与2021年国民经济和社会发展计划的决议》《关于2020年全市及市本级预算执行情况与2021年全市及市本级预算的决议》《关于市人大常委会工作报告的决议》《关于市中级人民法院工作报告的决议》《关于市人民检察院工作报告的决议》。 （张宏清）

【市四届人民代表大会第六次会议】 会议于2021年5月30日至2021年5月31日在中卫宸宇红宝宾馆举行。市委、市政府、市政协领导，市中级人民法院、市人民检察院负责人出席会议。会议应到代表276人，实到代表246人。选举马洪海为市人民政府市长，马洪海进行宪法宣誓后作表态发言。

（张宏清）

【市五届人民代表大会第一次会议】 会议于2021年12月28日至2021年12月31日在中卫宸宇红宝宾馆举行。市委、市政府、市政协领导，市中级人民法院、市人民检察院负责人出席会议。会议应到代表286人，实到代表270人。会议听取和审议市人民政府工作报告、市人大常委会工作报告、中级人民法院工作报告、市人民检察院工作报告。审查和批准2022年国民经济和社会发展计划和市本级预算。大会选举崔昆为中卫市第五届人大常委会主任，万克军、韩秉文、郭爱迪、何建勃、田风才（回族）、陈自强、景兆珍、马丽（女，回族）为市第五届人大常委会副主任，刘辛彧为市人大常委会秘书长。选举马良俊（回族）、王越宏、王朝升、冯国瑞、兰玉山（回族）、任自勇、刘金保、刘淑芳（女）、孙尚云、巫磊、李凤霞（女）、杨和（回族）、何太成、张广军、张志军、张建国、张冠华、陆宝明、陈玉茂、范家宏、罗成玉（回族）、赵得坤、洪兴志（回族）、高永生、鲁擎飞、童颢、谭河清为中卫市第五届人大常委会委员。选举马洪海（回族）为中卫市人民政府市长，赵晓东、佘瑞东、李斌、张虎、马自忠（回族）、杨照明（回族）、陈贵贞（女）为市人民政府副市长。选举刘凯华为中卫市监察委员会主任，何莉（女，回族）为中卫市中级人民法院院长，赵红香（女）为中卫市人民检察院检察长，检察长须报请自治区人民检察院检察长提请自治区人民代表大会常务委员会批准。表决通过中卫市第五届人民代表大会法制委员会、监察和司法委员会、社会建设委员会组成人员名单。新当选的市人大常委会主任、副主任、秘书长，市长、副市长，监察委员会主任、法院院长进行宪法宣誓。会议还表决通过关于政府工作报告的决议、关于中卫市2021年国民经济和社会发展计划执行情况与2022年国民经济和社会发展计划的决议、关于2021年全市及市本级预算执行情况与2022年全市及市本级预算的决议、关于市人大常委会工作报告的决议、关于市中级人民法院工作报告的决议、关于市人民检察院工作报告的决议。市委书记、市人大常委会党组书记张利在会议闭幕时讲话。

（张宏清）

【市四届人大常委会第二十九次会议】 会议于2021年1月14日举行。会议审议通过市人民政府《关于市四届人大四次会议代表建议办理情况的报告》《关于2020年民生计划执行情况和2021年民生计划(草案)的报告》,审议通过市人大常委会代表资格审查委员会《关于中卫市第四届人民代表大会代表变动情况和补选代表的资格审查报告》,审议通过中卫市第四届人民代表大会第五次会议方案、《关于召开市四届人大五次会议的决定(草案)》、市四届人大五次会议议程草案和会议日程草案,审议通过市四届人大五次会议大会选举办法(草案)、市人大常委会补选自治区十二届人大代表办法(草案)、市人大常委会工作报告、市四届人大五次会议各项建议名单及会议有关草案,补选自治区第十二届人大代表,审议人事任免议案,举行宪法宣誓仪式。 （张宏清）

【市四届人大常委会第三十次会议】 2021年1月17日,由市人大常委会副主任蔡波主持召开。会议审议自治区十二届人大代表刘明生、尹晓恩、李强、金勇辞职案,补选蔡波、刘凯华、赵红香、何莉、拜英奇、谭冲、张鹏为自治区第十二届人大代表。

（张宏清）

【市四届人大常委会第三十一次会议】 2021年1月25日,由市人大常委会副主任蔡波主持召开。会议补选雷东生、闫先东为自治区十二届人大代表。审议人事任免议案,举行宪法宣誓仪式。 （张宏清）

【市四届人大常委会第三十二次会议】 2021年4月14日,由市人大常委会副主任蔡波主持召开。会议传达学习全市深化民族团结进步创建暨推进基层社会治理工作现场会、全市创建第七届全国文明城市工作推进会精神;会议审查批准中卫市人民政府2020年市本级预算调整方案;会议专项听取《市人民政府关于全市"一带两廊"发展规划落实情况的报告》《市人民政府关于全市"互联网+教育"示范区建设情况的报告》《市人民政府关于全市城市交通管理工作情况的报告》《市中级人民法院关于行政审判专项工作情况的报告》,会议审议人事任免议案,免去蔡菊的中卫市人民政府副市长职务、戎尽寒的中卫市人民政府秘书长职务、张鹏的中卫市发展和改革委员会主任职务、袁海清的中卫市旅游和文化体育广电局局长职务、陈桂凤的中卫市统计局局长职务、张冠华的中卫市扶贫开发办公室主任职务,决定任命万学道为中卫市人民政府副市长、张鹏为中卫市人民政府秘书长、张俊华为中卫市发展和改革委员会主任、范家宏为中卫市旅游和文化体育广电局局长、汪万文为中卫市扶贫开发办公室主任,任命周自军为市监察委员会副主任,举行宪法宣誓仪式。 （张宏清）

【市四届人大常委会第三十三次会议】 2021年5月19日,由市人大常委会主任主持召开。会议审议调整市四届人大常委会代表资格审查委员会组成人员的议案;审议通过市人大常委会《关于召开中卫市第四届人民代表大会第六次会议的决定(草案)》;审议通过《中卫市第四届人民代表大会第六次会议议程(草案)》《中卫市第四届人民代表大会第六次会议日程(草案)》。审议辞职案,审议通过人事任免议案,决定任命马洪海为中卫市人民政府副市长、代理市长。

（张宏清）

【市四届人大常委会第三十四次会议】 2021年5月29日,由市人大常委会副主任蔡波主持召开。会议审议通过《市四届人大常委会代表资格审查委员会关于个别代表变动和补选代表的资格审查报告》《中卫市第四届人民代表大会第六次会议选举办法(草案)》,审议通过中卫市第四届人民代表大会第六次会议主席团和秘书长、主席团常务主席、大会执行主席、副秘书长、在主席台就座的非主席团成员、各代表团团长、副团长、列席人员建议名单及表决议案办法草案。

（张宏清）

【市四届人大常委会第三十五次会议】 2021年6月24日,由市人大常委会副主任蔡波主持召开。会议专项听取《市人民政府关于云计算和大数据产业发展情况的报告》《市人民政府关于全市文化旅游产业发展工作情况的报告》《市人民检察院关于〈中卫市人民代表大会常务委员会关于支持检察机关依法开展公益诉讼工作的决定〉贯彻落实情况的报告》,审议通过《中卫市人大常委会视察组〈关于全市植绿增绿大会战开展情况的视察报告〉》《中卫市人大常委会执法检查组关于检查〈中卫市文明行为促进条例〉实施情况的报告》,审议通过《中卫市人民代表大会常务委员会人事任免办法(修改稿)》。审议辞职案;审议人事任免案,决定任命张海涛为中卫市审计局局长,孙尚云为中卫市统计局局长,汪万文为中卫市乡村振兴局局长,任命陈学森、宋云明为中卫市监察委员会委员;以上

任命人员与调整后的市四届人大常委会代表资格审查委员会副主任委员田风才，以及委员杨和、陈玉茂进行宣誓。（张宏清）

【市四届人大常委会第三十六次会议】 2021年7月27日，由市人大常委会副主任蔡波主持召开。会议审议通过《市人民政府关于中卫市2020年度国有资产管理情况的综合报告》，专项听取《市人民政府关于全市粮食安全保障工作情况的报告》《市人民政府关于全市贯彻实施〈宁夏回族自治区中医药条例〉情况的报告》，审议通过市四届人大常委会代表资格审查委员会关于个别代表变动情况的报告，审议通过《中卫市人民代表大会常务委员会关于确认主任会议同意检察机关对杨正军采取强制措施的决定》的议案。审议人事任免议案，任命童颖为中卫市人大常委会教育科学文化卫生民族宗教工作委员会主任，决定任命马自忠为中卫市人民政府副市长，并举行宪法宣誓仪式。

（张宏清）

【市四届人大常委会第三十七次会议】 2021年9月8日，由市人大常委会副主任蔡波主持召开。会议审议通过市人大常委会主任会议关于《中卫市人民代表大会常务委员会关于促进中卫市枸杞产业高质量发展的决定(草案)》、关于《中卫市人民代表大会常务委员会关于中卫市第五届人民代表大会代表名额分配的决定(草案)》、关于《中卫市人民代表大会常务委员会关于第八个五年法治宣传教育的决议(草案)》，审议通过《中卫市四届人大常委会代表资格审查委员会关于个别代表变动情况的报告》、市人大常委会执法检查组关于检查《中华人民共和国人民调解法》实施情况的报告，审议通过市人大常委会法工委《关于市四届人大备案审查工作情况的报告》；听取和审议中卫市人民政府《关于2021年上半年国民经济和社会发展计划执行情况的报告》《关于2020年全市及市本级财政决算(草案)和2021年上半年财政预算执行情况的报告》《关于中卫市本级和部门2020年度财政预算执行及其他财政收支情况的审计工作报告》，听取和审议《市人大常委会财经工委关于2020年市本级财政决算(草案)审查结果的报告》，审查和批准市人民政府2020年市本级财政决算；专项听取中卫市人民政府《关于全市环境状况和环境保护目标完成情况的报告》。审议人事任免议案，决定免去董立军的中卫市人民政府副市长职务，张鹏的中卫市人民政府秘书长职务，陈自强的中卫市生态环境局局长职务，薛鹏飞的中卫市中级人民法院审判委员会委员、审判员职务，张艳霞的中卫市中级人民法院执行一庭庭长、审判员职务；决定任命张虎为中卫市人民政府副市长、公安局局长，陈自强为中卫市人民政府秘书长，陈正刚为中卫市生态环境局局长；任命拓晓明为中卫市监察委员会副主任，郭群杰为中卫市中级人民法院审判员、审批委员会委员、执行一庭庭长，并举行宪法宣誓仪式。（张宏清）

【市四届人大常委会第三十八次会议】 2021年10月20日，由市人大常委会副主任蔡波主持召开。会议审议通过《〈中卫市农作物秸秆处置条例〉立法后评估报告》《市人大常委会执法检查组关于检查全市贯彻实施〈中卫市农作物秸秆处置条例〉情况的报告》，专项听取《市人民政府关于推进全市工业园区高质量发展情况的专项报告》《市人民政府关于中卫市防范化解政府债务风险工作报告》《市人民政府关于黄河黑山峡河段开发工程前期各项工作情况报告》，听取和审议《市人民政府关于全市防控新型冠状病毒肺炎疫情工作情况的报告》。审议辞职案，接受张学文辞去中卫市第四届人民代表大会社会建设委员会主任委员职务；审议人事任免议案；决定任命赵晓东为中卫市人民政府副市长，刘天平为中卫市自然资源局局长；任命彭吉文为中卫市中级人民法院副院长，并举行宪法宣誓仪式。（张宏清）

【市四届人大常委会第三十九次会议】 2021年12月7日，由市人大常委会副主任蔡波主持召开。会议传达学习习近平总书记在中央人大工作会议上的重要讲话精神，专项听取《市人民政府关于2021年民生实事办理情况的报告》《市人民政府关于市本级2020年度预算执行及其他财政收支审计查出问题整改情况的报告》《市监察委员会专项工作报告》，审议通过市人民政府《关于市四届人大五次会议代表建议办理情况的报告》。审议人事任免议案，审议常委会关于确认主任会议同意使用市第五届人民代表大会代表预留名额的决定(草案)的议案，同意审判机关对杨正军开庭审理的决定(草案)的议案；免去陈文普的中卫市中级人民法院民事审判第一庭庭长的职务，郭孟强的中卫市人民检察院检察委员会委员、检察员职务，余敏的海原县人民检察院检察长职务；任命张国宏、马玉红、陈淑霞、吕广飞、董瑶、拓明娟、张瑜为中卫市中级人民法院审判委员会委员，张斌为沙坡头区人民检察院检察长，张月玲为中宁县人民检察院检察长，郭孟强为海原县人民检察院检察长，并举行宪法宣誓仪式。

（张宏清）

【市四届人大常委会第四十次会议】 2021年12月21日，由市人大常委会副主任蔡波主持召开。会议审议通过《市人民政府关于提请审议2021年市本级预算调整方案的议案》《中卫市人大常委会工作报告》《关于召开中卫市第五届人民代表大会第一次会议的决定（草案）》《中卫市第五届人民代表大会第一次会议议程（草案）》《中卫市第五届人民代表大会第一次会议日程（草案）》《中卫市第五届人民代表大会第一次会议各项建议名单及决定（草案）》《中卫市第五届人民代表大会第一次会议选举办法（草案）》《中卫市第五届人民代表大会第一次会议表决议案办法（草案）》《市人大常委会代表资格审查委员会关于市第五届人民代表大会代表资格的审查报告》。审议代表辞职案，补选自治区第十二届人大代表。

（张宏清）

中卫市人民政府

·综述·

【概况】 中卫市位于宁夏中西部，全市面积1.7万平方千米，辖“一区两县”，总人口107万人，常住人口城镇化率49.7%。2021年，全市地区生产总值突破500亿元，达到504.73亿元、增长6.4%；规模以上工业增加值139亿元，增长3.7%；固定资产投资262亿元，增长19.3%；地方一般公共预算收入22.85亿元，增长9.6%；城乡居民人均可支配收入分别达到32521元、13493元，分别增长6.7%和11.3%；社会消费品零售总额132.3亿元，增长3.2%。先后荣获“中国特色魅力城市100强”“国家卫生城市”“国家园林城市”“全国民族团结进步示范市”“全国十佳生态文明建设示范城市”等殊荣。

【重点产业发展】 集中要素资源育龙头、建基地、创品牌，奶牛存栏量增长21.9%，肉牛规模化养殖比例为25%。新能源装机总量占全区近三分之一，新材料产业实现新突破。以大数据为引领的信息产业规模聚集效应逐步显现，枸杞道地品牌、旅游特色品牌美誉度不断提升，重点产业呈现集聚、集约、集群发展的良好势头。开工建设各类项目570个，中国电信数据中心、明阳智慧产业园、中兰客专等60个重点项目加快推进，完成固定资产投资253亿元，投资增速位居全区第一。331项重点改革任务全面落实。打好“四权”改革主动仗，加快确权、赋能、定价、入市步伐，中卫工业园区中水全部实现回用，中宁县集体经营性建设用地入市先行先试，排污权交易开始试行，开展金融创新支持林业改革试点。

【民生事业】 民生支出占财政支出75%以上。城镇新增就业1.1万人，农村劳动力转移就业17万人，劳务收入30亿元。建成9所公办幼儿园，增加学位3600个，学前三年毛入园率92.4%。建成中卫九中、海原九小，开工建设中卫十三小、海原八小，有效缓解“城市挤”“农村弱”问题。新建市卫生应急物资储备库和中宁、海原传染病楼，组建城市医疗联合体，县域医共体实现全覆盖。

【自身建设】 扎实开展党史学习教育，学懂弄通做实习近平新时代中国特色社会主义思想，进一步增强“四个意识”、坚定“四个自信”、做到“两个维护”、捍卫“两个确立”。自觉接受市人大法律监督和市政协民主监督，办理人大代表建议27件、政协委员提案141件，办复率100%。提请市人大常委会立法4件。“七五”普法圆满收官，“八五”普法扎实推进。深化“基层减负年”活动，文件精简15.2%、会议减少36.7%、“三公”经费压缩9.5%。强化督查激励和效能考核，政府公信力、执行力、落实力进一步提升。

·市政府常务会议·

【市政府第90次常务会议】 1月8日，由市长李晓波主持召开。会议传达学习中央农村工作会议精神、《宁夏回族自治区重大行政决策规定》，安排部署有关重点工作。听取2021年度城乡居民医疗保险参保缴费情况汇报。

【市政府第91次常务会议】 1月21日，由市长李晓波主持召开。会议传达学习习近平总书记在省部级主要领导干部学习贯彻党的十九届五中全会精神专题研讨班开班式上的重要讲话精神及自治区党委常委会、市委四届十次全会和市两会精神等。研究审定《中卫市民政领域突发事件应急预案（送审稿）》等。

【市政府第92次常务会议】 2月7日，由市长李晓波主持召开。会议传达学习自治区十二届人大四次会议、政协十一届四次会议和自治区政府第五次全体（扩大）会议及全市领导干部大会精神等，研究审定《中卫市教育领域突发事件应急预案》，同意市水务局就黄河中卫段生态保护治理项目开展前期工作，对疫情防控、经济运行调度、安全生产、民生保障、农民工工资清欠进行再安排再部署。

【市政府第93次常务会议】 2月24日，由市长李晓波主持召开。会议传达全国、全区生态环境保护工作会议精神等。听取全市“十三五”期间及2020年生态环境保护工作目标任务完成情况及中央、自治区环保督察反馈问题整改落实情况，市发改委关于全市重大项目谋划推进、一季度重大项目开工情况汇报等，安排部署近期相关工作。研究审定《中卫市中心城区节水专项规划(2020—2030)(送审稿)》、市教育局关于实施2021年义务教育薄弱环节改善与能力提升项目的请示等，并同意市教育局实施2021年义务教育薄弱环节改善与能力提升项目等。

【市政府第94次常务会议】 3月19日，由市长李晓波主持召开。会议传达学习国务院办公厅《关于贯彻实施〈政府督查工作条例〉进一步加强和规范政府督查工作的通知》和自治区人民政府督查室《关于学习贯彻〈政府督查工作条例〉聚焦重大决策提升复查能力的通知》等。听取市应急管理局关于中卫市第一次全国自然灾害综合风险普查暨全国综合减灾示范县(区)创建试点工作情况的汇报，研究脱贫攻坚成果同乡村振兴有效衔接、绿色食品产业高质量发展等事宜，安排部署有关工作。审定《关于实现巩固拓展脱贫攻坚成果同乡村振兴有效衔接的实施意见(送审稿)》《中卫市绿色食品产业高质量发展实施方案(送审稿)》等。

【市政府第95次常务会议】 4月1日，由市长李晓波主持召开。传达学习习近平总书记对安全生产作出的重要指示和李克强总理重要批示精神等，听取全市第一季度安全生产工作汇报，审定《关于进一步落实安全生产工作“党政同责、一岗双责”和“三个必须”的意见(送审稿)》，安排部署有关工作；传达学习自治区推进“一带一路”暨宁夏内陆开放型经济试验区建设领导小组第五次会议，听取市发改委关于推进“一带一路”暨内陆开放型经济试验区建设情况的汇报，安排部署有关工作。传达学习全国、全区审计工作会议精神，安排部署有关工作。

【市政府第96次常务会议】 4月22日，由市长李晓波主持召开。会议传达学习习近平总书记关于深化东西部协作和定点帮扶工作的重要指示精神、全国东西部协作和中央单位定点帮扶工作推进会精神，安排部署有关工作。传达学习自治区建设黄河流域生态保护和高质量发展先行区第四次推进会、全区当前经济形势分析通报会精神，听取有关部门一季度经济运行情况汇报，安排部署相关工作。研究审定《2021年中国宁夏(沙坡头)·第十一届丝绸之路大漠黄河国际文化旅游节策划方案(送审稿)》，对康养旅游产业发展推进工作、有机肥代替化肥三年行动等工作进行再安排再部署。

【市政府第97次常务会议】 5月28日，由代理市长马洪海主持召开。会议传达学习全国、全区统计工作会议精神。听取中宁县关于第四届枸杞产业博览会筹备情况汇报，安排部署有关工作。审定《中卫市文化和旅游行业专项应急预案(送审稿)》《中卫市旅游市场违法违规经营行为举报奖励办法(送审稿)》等。

【市政府第98次常务会议】 6月3日，由市长马洪海主持召开。会议传达学习《防范和处置非法集资条例》、闽宁协作第二十五次联席会议、福建宁夏经贸合作交流恳谈会精神，安排部署有关工作。传达学习自治区党委书记陈润儿、自治区主席咸辉在《中卫市党委和政府关于我区正式获批成为全国一体化大数据中心国家枢纽节点情况的报告》上的批示精神，研究贯彻落实工作。研究审定《关于进一步加强中卫市12345政务服务便民热线建设的改革方案(送审稿)》等。

【市政府第99次常务会议】 6月15日，由市长马洪海主持召开。会议传达学习习近平总书记、李克强总理对湖北十堰市张湾区艳湖社区集贸市场燃气爆炸事故的重要指示批示精神和全国、全区安全防范工作视频会议精神，听取上半年安全生产工作情况汇报，安排部署有关工作。听取2021年民生实事办理情况汇报，安排部署有关工作。审定《中卫市国企改革三年行动实施方案(送审稿)》等。

【市政府第100次常务会议】 6月24日，由市长马洪海主持召开。会议观看《生命重于泰山——学习习近平总书记关于安全生产重要论述》电视专题片，传达学习《平安宁夏建设领导责任制实施办法》《平安宁夏建设考核奖惩办法》，听取“四大提升行动”推进情况汇报，审定《中卫市城乡居民收入提升行动实施方案(送审稿)》《中卫市教育质量提升行动实施方案(送审稿)》《中卫市全民健康水平提升行动实施方案(送审稿)》等，安排部署有关工作。

【市政府第101次常务会议】 7月6日，由市长马洪海主持召开。传达学习自治区党委副书记、自治区主席咸辉到卫调研讲话精神和自治区政府专题会议精神，听取全市坚决遏制“两高”项目盲目发展情况汇报，审定《中卫市实施“三线一单”生态环境分区管控意见(送审稿)》《中卫市“三线一单”编制成果(送审稿)》等，安排部署有关工作。会议还审定《中卫市农民增收致富提升行动实施方案(送审稿)》。

【市政府第102次常务会议】 7月19日，由市长马洪海主持召开。会议听取全市上半年经济运行情况和招商引资情况的汇报,审定《中卫市关于深入开展爱国卫生运动的实施方案(送审稿)》《中卫市"菜篮子"市长负责制工作分工方案(送审稿)》等,安排部署有关工作。

【市政府第103次常务会议】 7月31日,由市长马洪海主持召开。会议传达学习习近平总书记关于防汛救灾工作的重要批示精神和自治区党委副书记、主席咸辉的批示精神;传达学习国务院关于加快发展保障性租赁住房和进一步做好房地产市场调控工作电视电话会议精神,自治区党委书记陈润儿和自治区党委副书记、主席咸辉到卫调研时的讲话精神,安排部署相关工作。听取全市打击治理电信网络诈骗犯罪工作情况汇报,安排部署有关工作。

【市政府第104次常务会议】 8月18日,由市长马洪海主持召开。会议传达学习习近平总书记关于深入推进农村厕所革命的重要指示精神和全国农村厕所革命现场会议精神及全区深入实施"四大提升行动"、全面促进乡村振兴工作会议精神,安排部署有关工作。会议听取全市减轻义务教育阶段学生作业负担和校外培训负担的情况汇报,研究部署下一步工作。

【市政府第105次常务会议】 8月30日,由市长马洪海主持召开。会议传达学习全区推进黄河流域生态保护和高质量发展先行区建设(重大项目建设)第五次推进会精神,安排部署有关工作。传达学习自治区领导关于卫生健康水平提升行动的批示精神,通报全市全民健康水平提升行动推进情况。

【市政府第106次常务会议】 9月10日,由市长马洪海主持召开。会议传达学习自治区党委常委会会议暨生态环境保护督察工作领导小组会议、全区生态环境保护工作视频调度会议和自治区党委第三生态环境保护督察组督察中卫市反馈会精神,通报全市生态环境保护工作情况,审定《中卫市贯彻落实自治区党委第三生态环境保护督察组专项督察反馈意见整改方案(送审稿)》,安排部署有关工作。

【市政府第107次常务会议】 9月18日,由市长马洪海主持召开。会议传达学习习近平总书记关于粮食安全的重要论述,通报全市粮食生产、粮食和物资储备情况,安排部署有关工作。会议通报2021年10件民生实事办理情况,安排部署有关工作。会议审定《中卫市公共法律服务体系建设部门联席会议制度(送审稿)》《宁夏黄河流域生态保护和高质量发展先行市建设——沙坡头香山兴仁片区生态修复及灌区供水工程建设运营方案(送审稿)》等,安排部署相关工作。

【市政府第108次常务会议】 9月28日,由市长马洪海主持召开。会议传达学习国务院总理李克强关于就业创业工作的批示精神和国务院副总理孙春兰、胡春华在全国就业创业工作暨普通高等学校毕业生就业创业工作电视电话会议上的讲话精神及自治区就业工作领导小组会议精神,通报全市城乡居民收入情况,听取全市稳就业工作情况汇报,安排部署有关工作。研究审定《中卫市行政复议体制改革实施方案(送审稿)》。

【市政府第110次常务会议】 10月21日,由市长马洪海主持召开。会议传达学习国务院常务会议、全区今冬明春能源保供工作会议精神和自治区党委常委会会议、政府常务会议精神,听取全市今冬明春能源保供和1月至9月全市经济运行情况汇报,安排部署有关工作。会议传达学习自治区党委副书记、主席咸辉到卫调研讲话精神。会议通报"2021云天大会"举办情况,安排部署有关工作。

【市政府第111次常务会议】 11月4日,由市长马洪海主持召开。会议传达学习习近平总书记在深入推动黄河流域生态保护和高质量发展座谈会上的重要讲话精神和自治区党委常委会会议、全区深入实施"四大提升行动"全面促进乡村振兴工作现场会精神,安排部署有关工作。

【市政府第112次常务会议】 11月11日,由市长马洪海主持召开。会议听取全市2021年保障农民工工资支付工作情况、全市食品药品安全及全域创建"食品药品安全区"工作情况、自治区党委专项环保督察反馈问题整改情况汇报,审定《2021年度根治欠薪冬季专项行动工作方案》《中卫市"十四五"生态环境保护规划(送审稿)》等,安排部署有关工作。

【市政府第113次常务会议】 11月18日,由市长马洪海主持召开。会议深入学习《宁夏回族自治区土壤污染防治条例》,安排部署相关工作。研究审定《中卫市深化市辖区跨领域跨部门综合执法改革实施方案(送审稿)》《2021年农村厕所改造项目实施方案(送审稿)》,安排部署相关工作。

【市政府第114次常务会议】 12月2日,由市长马洪海主持召开。会议传达学习中央生态环境保护督察工作领导小组会议、中央和自治区生态环境保护督察反馈问题整改暨冬春季大气污染防治攻坚工作视频调度会议精神及自治区《关于做好第二轮中央生态环境保护督察有关工作的通知》精神,传达学习自治区贯彻落实习近平总书记在深入推进黄河流域生态保护和高质量发展座谈会上的重要讲话精神暨先行区建设第六次推进会精神，审定《关于做好第二轮中央生态环境保护督察服务保障工作方案（讨论稿）》等，安排部署有关重点工作。

【市政府第115次常务会议】 12月10日，由市长马洪海主持召开。会议研究审定《自治区党委涉粮问题专项巡视组巡视中卫指出问题立行立改工作方案》《中卫市2022年民生实事》《中卫市2022年元旦春节群众系列文化体育活动实施方案》等，安排部署有关工作。

【市政府第116次常务会议】 12月17日，由市长马洪海主持会议并讲话。会议传达学习中央经济工作会议和自治区党委常委会会议精神，部署岁末年初各项工作，研究谋划2022年全市经济重点工作，确保收好尾开好局。

【市政府第117次常务会议】 12月19日，由市长马洪海主持召开。会议传达学习全区巩固拓展脱贫攻坚成果有效衔接乡村振兴工作推进会精神，研究贯彻落实意见。会议审议《政府工作报告（送审稿）》《中卫市2021年民生计划执行情况和2022年民生计划（草案）报告（送审稿）》等。

【市政府第118次常务会议】 12月26日，由市长马洪海主持召开。会议传达学习自治区党委常委会关于巩固拓展脱贫攻坚成果同乡村振兴有效衔接相关议题精神，通报自治区组织第三方评估反馈问题整改情况，研究贯彻落实意见，安排迎接国家综合考评等工作。传达学习市第五次党代会精神，安排部署有关工作。

·政府督查·

【概况】 2021年，共开展各类督查活动400余次，编发督查专报、快报共11期、督查通报18期，下发督办通知单187份。

【重点工作】 1.对自治区政府工作报告涉及中卫的166项重点工作任务和市政府工作报告141项重点工作任务进行常态化督办。2.对市政府常务会议决定事项进行跟踪督办，依据常务会议纪要，对纪要中明确的工作任务进行细化分解并下发督办通知，建立督办台账，每月一督办，一季度一通报，累计督办24次，制发督查通报4期。3.对市政府主要领导批示事项和调研督办决定事项进行滚动督办，累计立项督办103项。

【专项督查】 每半月对10件民生实事推进情况进行督办，累计督办24次，从办理情况看，10件民生实事全部办结。联合市委督查室、市发展改革委等部门对污染治理、生态保护、植绿增绿“三个大会战”、重点项目建设、项目资金争取、创建文明城市、招商引资、禁牧封育、“四大提升行动”等进行专项督查，共制发督查专报17期，督查通报7期，并制定“四大提升行动”“数字政府”建设及中央、区属驻卫单位工作考核方案，完成专项督查任务。

【自治区市人大建议政协提案办理】 年初，对中卫市承办的7件（主办1件，协办6件）自治区人大建议、18件（均为协办）政协提案和27件市人大代表建议、134件市政协委员提案进行分工、交办，明确办理时限和工作要求，同时，对市人大转办的64件审议意见进行了转办督办。年内，累计滚动督查人大建议政协提案和人大审议意见办理工作48次，自治区的人大建议政协提案25件主、协办件均办结并按规定答复自治区有关厅局。市人大常委会交由市政府办理的人大代表建议27件，办结22件，需跨年度办理1件，暂不具备办理条件4件；市政协交由市政府办理的政协提案134件，已办结132件，需跨年度办理1件，暂不具备办理条件1件。

·政府信息公开·

【基础信息公开】 依托全市政府网站和政务新媒体，围绕城乡建设、政务服务、高质量发展、疫情防控和营商环境等信息，确保法定主动公开内容全部公开到位，全年共公开各类信息51764条，其中通过政府网站发布26265条，全市政务新媒体发布22531条，宁夏公共资源交易网公开2968条；主动公开文件政策1102件，人大建议和政协提案办理结果252件，各类会议453次，招标信息271条，政府采购信息987条，公务员（事业编）招录信息190条。

【重点领域信息公开】 1.规划信息公开。归集整理出各类历史规划47个，制定“十四五”规划11个，通过意见征集、专家论证、集体讨论等程序，全部集中统一在政府网站公开发布。2.监管信息公开。主动公开行政许可与行政处罚的依据、条件，公示行政许可信息10735条，行政处罚信息17005条，重大执法法制审核信息1253条。3.财政信息公开。公开财政预决算信息1201条，实现全市各级预算单位全覆盖，公开政府债务信息6条，公开涉农补贴政策和资金发放信息35条。4.教育信息公开。公开群众关注度高的义务教育招生方案、片区划分、招生结果、学生资助等信息77条。5.常态化疫情防控相关信息发布。重点发布疫情通报、精准防控、流调溯源、疫苗使用等信息920条,开展健康科普宣传,线下发放宣传资料5000余份,线上发布防疫科普相关信息176条。在做好疫情防控的基础上,中卫市稳步推进"互联网+医疗健康"行动,市人民医院、市中医医院积极完善"数字医院"集成平台,全面上线移动护理、移动查房、智能输液监测、线上中药煎配送等应用,有序开展家庭医生线上续约、65岁老年人健康体检及慢性病随访服务,全年完成签约21.64万人。

【"放管服"改革信息公开】 1.将对应种类电子证照增量数据全部推送至电子证照库,2021年电子证照入库111956个,累计电子证照入库316091个。2.制定"一件事"目录清单,对审批环节、申请材料、办理时限进行合并、取消、压缩,累计办件量达11266件。3.推行审批服务事项网上申报、网上审批、网上公示、网上反馈"应上尽上、全程在线",市本级44个部门(单位)1434项行政审批事项,1320项实现网上办理,网上可办率达92%。4."跨省通办"。主动与内蒙古自治区阿拉善盟腾格里经济技术开发区、甘肃省白银市、武威市协商点对点通办事项清单,分别签订"跨区域通办"框架协议。在大厅设置"跨省通办"专窗,集中受理、办理"跨省(区域)通办"事项,累计办件3223件。

【政策解读】 2021年全市共发布各类政策解读228件,规范性文件实现100%解读。聚焦重点产业、重点工作、社会关注和民生热点,运用图片图表、音频视频解读232件。全年召开新闻发布会、政策吹风会共53场次。

【回应关切】 2021年,办理政府网站"市、县(区)长信箱"1082件,"人民网·领导留言板"85件,撰写办理情况专报8期,其中市长批示5次;"12345"政务服务便民热线受理群众诉求事项共130110件,同比增长38.30%,其中有效诉求126191件,办结125786件,办结率99.68%,满意率92.24%。

【依申请公开】 1.建立"互帮互助"提醒机制,由专人负责登录TRS互动平台,将每天收到的政府信息公开申请及时提醒相关部门,并紧盯办理进展情况,防止因查收不及时导致公开申请超期。2.进一步加强部门之间协调联动,针对"敏感件、疑难件、复杂件"联合宣传、网信、司法等相关部门进行会商,对申请是否有效、信息是否应该公开、公开后可能带来的影响等进行综合分析,共同研究答复意见,确保逻辑合理、内容合法、程序合规。3.更新完善政府信息公开申请指南,畅通政府信息公开申请渠道。2021年,全市受理政府信息公开申请127件,同比增加140%,其中自然人申请120件,法人申请7件;全市因政府信息公开而申请行政复议案件3件,因信息公开提起行政诉讼案件1件。

【政府信息管理】 对以市人民政府和市人民政府办公室印发的规范性文件进行清理,2021年废止规范性文件48件,新制作16件,保留现行有效规范性文件61件。强化行政公文公开属性标识,对文件内容进行认真研判,严格界定"公开"与"不公开",实现公开属性标识100%全覆盖。

【政府信息公开平台建设】 按照"专栏姓专"的基本定位,聚焦法定主动公开内容,在市政府门户网站增加3个"专题专栏",规范设置10个重点领域栏目,围绕经济发展重点和社会关注热点集中公开相关政府信息。严格审校编发《中卫市人民政府公报》4期,共刊登文件46个,同步将电子版在市政府门户网站集中发布。2021年共办理市长信箱821件,办结率99%;人民网留言85件,办结85件,办结率100%。在政务服务大厅设立政务公开专区,设置政府信息查阅点。

·审批服务管理·

【简政放权】 制定印发《中卫市深化"放管服"改革优化营商环境重点任务分工方案》《中卫市推进基层审批服务便民化改革实施方案》,组织召开全市审批服务管理工作会议,开展行政审批制度改革专题调研和深化改革"回头看"整改工作,持续加大简政放权力度,深化商事制度、"证照分离"、建设工程项目审批制度改革,推进项目"区域评",承接新增审批13项,取消15项,57项证明事项实行告知承诺事项。123项行政审批事项下放到乡镇办理,48项政务服务事项下沉村(社区)办理。投资项目审批时限由237个工作日压减至55~80个工作日以内,水、气、暖、电报装业务入驻政务大厅"一站式"办理,报装压缩幅度达50%以上。实现地质灾害危险性评估等9项区域评估成果共享,不动产与税务等6个部门登记信息共享。市场主体新设立户同比增长16.45%。 (潘长波)

【政务服务】 1."一网通办"。推行审批服务事项网上申报、网上审批、网上公示、网上反馈"应上尽上、全程在线","让数据多跑路,群众少跑路"。更新、规范政务服务事项办事指南,实现政务服务事项数据同自治区同源、同步更新，形成形式统一规范、内容深度融合、服务集中提供的政务服务公共入口。市本级事项网上办理覆盖度达 47.42%，完成电子证照入库 1.9 万余个。2. “一窗受理”。制定授权委托审批管理办法，明确授权事项、程序和范围，各部门 617 项行政审批服务事项委托政务大厅窗口集中统一受理、办理。3. “代办领办”。出台代办（领办）服务机制，主动介入、联系 16 家重点建设项目及招商引资项目，为其提供代办（领办）及政策咨询服务 78 次。通过代办（领办）平均缩短审批时限 6 个工作日。4. “一号改革”。制定《进一步加强中卫市“12345”政务服务便民热线建设的改革方案》，全年共受理群众诉求事项 10.6 万件，其中有效诉求 10.3 万件，办结 10.2 万件，办结率 99.4%，满意率 92.4%，受理量同比增长 30.7%，环比增长 31.2%。5. “跨省通办”。制定印发《关于进一步推进政务服务“跨省通办”“区内通办”“跨区域通办”工作的通知》，与内蒙古自治区阿拉善盟腾格里经济技术开发区、甘肃省白银市和武威市分别协商 82 项、34 项、93 项“跨区域通办”事项清单，在政务大厅设置“跨区域通办”专窗。6. “一件事一次办”。制定印发《关于进一步做好政务服务“一件事一次办”改革工作的通知》，对照“一件事一次办”事项指导目录，通过整合材料制定流程图等对“开商店一件事”等 22 项“一件事”逐步实现一次办，累计办件量 7600 余件。

（潘长波）

【审批服务监管】 建立统筹协调的工作机制。督促各部门（单位）强化“互联网+监管”机制建设，“互联网+监管”系统应用熟练度稳步提升。中卫市对监管事项的覆盖率达 85.22%。全市开展“好差评”工作的运行保障和监督评价实施，加强评价数据的综合分析和应用，归纳发现政务服务的堵点难点，推进服务供给精细化。全年累计评价 9.96 万条，非常满意评价 9.94 万条，满意度为 99.9%。 （潘长波）

·信访·

【概况】 2021 年，信访形势总体向好可控，整体呈现“三下降三个未发生”良好态势。进京到国家信访局上访 60 批 70 人次，同比批次和人次分别下降 19%、8%，未发生到非接待场所涉访人次。到自治区上访 17 批 36 人次，同比批次和人次均下降 70%，未发生 50 人以上集体访。市本级登记来信来访网上投诉 1010 人次，同比（1691 人次）下降 40.27%。来市访 315 批 709 人次（个体访 286 批 373 人次，集体访 29 批 336 人次），未发生大规模到市上聚集；办理网上投诉 262 件，来信 39 件。

【重大政事活动期间信访服务保障】 成立领导小组，印发《关于做好庆祝建党 100 周年信访安全保障工作方案》。5 月 26 日，召开全市信访工作推进会。各县（区）各部门迅速传达会议精神，召开会议再动员、再部署，同时市县（区）启动“零报告”和会商机制，及时梳理每日会商情况、分析研判信访形势，第一时间跟进督办预警信息的重点人员、重点群体稳控情况，做到“核实不过日，稳控不过夜”，确保重要节点期间社会大局的和谐稳定。

【信访专项工作】 开展“治理重复信访、化解信访积案”专项工作。召开全市信访工作推进会和市信访工作联席会议。年内，中央、自治区、市梳理交办的第一批信访件 279 件，全部办结；第二批交办信访件 53 件，办结 36 件，办结率 67.92%。

【信访信息分析研判和预警处置】 围绕建党 100 周年等重大政事活动，对每日、每周、每月信访情况进行统计、研判分析，定期报送情况。向市委、市政府报送《日报表》234 期，报送急报类动态类信息 14 期，报送《月度信访情况报告》11 期。在重大政事活动期间，加大与有关部门信息共享，针对苗头性、倾向性信访问题加强风险预警预判预防，做到分析研判精准、信息预警畅通、源头稳控到位、应急反应及时、现场处置有力，确保重大活动和敏感节点实现“进京赴银访零批次零人次”工作目标。

【信访事项办理规范化】 落实办理信访事项提速提质要求，做到信访事项办理“日接收、周落地、月办结”，对国家、自治区和市本级交办信访件，及时登记甄别、受理，转送有权处理单位，线上线下全程跟踪督办每一件信访事项的受理、办理过程，各责任单位依法、及时、就地、规范解决群众反映诉求。2021 年，全市信访事项及时受理率、按期办结率分别为 100%、98%，信访事项办理时限由原来的 36.1 天缩短为 23 天。

【信访矛盾化解】 1. “人民调解+仲裁+信访”纠纷治理模式，协调信访事项调解委员会进驻信访大厅，对不属于信访受理范围的，做到有人接、有人管，从源头介入了解信访问题来龙去脉，宣讲法律法规政策，全年介入调解 85 件，调解成功 83 件，化解率 97%。2. 社会矛盾纠纷调处化解模式。依托信访接待大厅，建立中卫市社会矛盾纠纷调处化解中心，采取“1+10+N”联合接访运行模式，在 10 个市直部门常驻接访大厅的基础上，协调纪检监察、政法机关、律师等进驻，建成法律咨询、涉法涉诉、检举揭发、心理咨询、人民调解、警务等功能室,打造"全科受理、访调一体、集成联动"的矛盾纠纷化解机制,实现矛盾纠纷"一站式接收、一揽子调处、全链条解决",推动问题联治、风险联控、平安联创。3. 乡镇信访工作联席会议机制。整合资源力量,在全市范围推动建立乡镇(街道)信访工作联席会议机制。全市41个乡镇(街道)全部建立信访工作联席会议。4. 全国信访工作示范县创建取得重要突破。海原县被自治区信访局推荐为信访工作示范县。

政协中卫市委员会

·重要会议·

【市政协四届五次会议】 1月17日至19日召开。会议表彰优秀政协委员、2020年度优秀提案和优秀协商调研视察报告,通过《中卫市政协2021年协商民主计划(草案)》《中卫市政协第四届委员会第五次会议关于常务委员会工作报告的决议(草案)》《中卫市政协第四届委员会第五次会议关于常务委员会提案工作报告的决议(草案)》《中卫市政协提案委员会关于政协四届五次会议提案审查情况的报告(草案)》《中卫市政协四届五次会议政治决议(草案)》。

(龚俊超)

【市政协四届三十二次常委会会议】 1月13日下午,主席罗成虎主持召开市政协四届三十二次常委会会议。传达学习自治区党委十二届十二次全会、市委四届十次全会精神;听取市人民政府关于市政协四届四次会议以来提案办理情况的通报;审议通过召开政协中卫市四届五次会议的决定、政协中卫市四届五次会议会务材料、政协中卫市第四届委员会常务委员会工作报告、政协中卫市四届委员会提案工作情况报告、政协中卫市第四届委员会常务委员会工作报告和提案工作情况报告报告人建议名单;中卫市政协2020年度协商工作计划执行情况的报告、中卫市政协2021年度协商民主计划、中卫市政协四届五次会议选举办法(草案);通过有关人事事项;听取各专委会2020年工作汇报和市政协常委述职。

(张江涛)

【市政协四届三十三次常委会会议】 1月18日下午,主席罗成虎主持召开市政协四届三十三次常委会会议。审议通过《中卫市政协2021年协商民主计划》《中卫市政协四届五次会议政治决议》《中卫市政协第四届委员会第五次会议关于常务委员会工作报告的决议》《中卫市政协第四届委员会第五次会议关于常务委员会提案工作报告的决议》《中卫市政协提案委员会关于政协四届五次会议提案审查情况的报告》《中卫市政协四届五次会议选举办法》等;审议通过增补中卫市政协第四届委员会副主席、秘书长、常务委员候选人建议名单及总监票人、监票人建议名单。

(张江涛)

【市政协四届三十四次常委会会议】 1月19日上午,主席罗成虎主持召开市政协四届三十四次常委会会议。审议通过《中卫市政协四届五次会议政治决议(草案)》《中卫市政协第四届委员会第五次会议关于常务委员会工作报告的决议(草案)》《中卫市政协第四届委员会第五次会议关于常务委员会提案工作报告的决议(草案)》《中卫市政协提案委员会关于政协四届五次会议提案审查情况的报告(草案)》。

(张江涛)

【市政协四届三十五次常委会会议】 3月29日下午,主席罗成虎主持召开市政协四届三十五次常委会会议。传达学习全国两会精神和自治区政协十一届十九次常委会会议精神;审议通过《关于加强和促进人民政协凝聚共识工作的实施意见》《关于强化政协委员责任担当的实施意见》。 (张江涛)

【市政协四届三十六次常委会会议】 7月26日下午,市政协党组副书记、副主席秦发成主持召开市政协四届三十六次常委会会议。传达学习习近平总书记在庆祝中国共产党成立100周年大会上的重要讲话精神,自治区政协十一届二十次常委会会议精神;审议通过《政协中卫市委员会协商工作规则》;围绕全市文化旅游产业融合发展专题开展协商议政;审议人事事项。 (张江涛)

【市政协四届三十七次常委会会议】 9月28日上午,市政协党组副书记、副主席秦发成主持召开市政协四届三十七次常委会会议。传达学习习近平总书记考察西藏时的重要讲话精神,中央民族工作会议精神,市委四届十一次、十二次全会主要精神;审议《政协中卫市第五届委员会换届工作方案》和人事事项;围绕全市乡村治理体系建设和全市牛产业发展开展专题协商议政。 (张江涛)

【市政协四届三十八次常委会会议】 10月19日,市政协党组副书记、副主席秦发成主持召开市政协四届三十八次常委会会议。传达学习习近平总书记在纪念辛亥革命110周年大会上的重要讲话精神、自治区党委十二届十三次全会主要精神；审议通过人事事项；邀请市委党校副教授李小刚围绕学习贯彻习近平总书记“七一”重要讲话精神作专题辅导。

（张江涛）

【市政协四届三十九次常委会会议】 12月20日，市政协党组副书记、副主席秦发成主持召开市政协四届三十九次常委会会议。传达学习中共十九届六中全会精神，中央经济工作会议、中央民族工作会议、全国宗教工作会议精神，自治区党委十二届十四次全会和市委四届十三次全会精神；审议通过中卫市政协五届委员会委员名单和界别设置，中卫市政协五届一次会议会务材料，《中卫市政协四届委员会常务委员会工作报告（审议稿）》《中卫市政协四届委员会常务委员会提案工作情况报告（审议稿）》及报告人建议名单，《中卫市政协2021年度协商工作计划执行情况的报告（审议稿）》《中卫市政协2022年度协商工作计划（草案）》和有关人事事项；听取各委（室）年度工作汇报。

（张江涛）

【市政协五届一次全体会议】 12月27日至30日政协中卫市第五届委员会第一次会议在中卫红宝宸宇宾馆召开。杨文生当选为新一届政协主席，穆风梧、吕玉兰、张鹏、盛建宁、杨树春、冯忠铁、严玉华为副主席，孙志刚为秘书长，丁志爱等33人为常务委员。

（张江涛）

·视察调研·

【城乡水务一体化专题协商】 4月7日至9日，市政协副主席王谦带领部分政协委员视察全市城乡水务一体化工作推进情况。针对存在的水务一体化推进不平衡、水资源综合利用率较低且再生水浪费严重、部分重点涉水项目进展缓慢、供水服务保障和监管还不到位、水源地保护仍需进一步加强管理等问题提出如下建议：1. 加快水务一体化推进速度；2. 加强中水、再生水管理，提高水资源综合利用率；3. 加大涉水重大基础设施建设力度，补齐短板；4. 强化供水服务，进一步提高供水保障水平；5. 进一步强化水源地一级区保护措施；6. 突出建管并重，完善农村污水长效运营机制。 （张江涛）

【文化旅游产业融合发展调研】 4月中旬，市政协秘书长盛建宁带领部分政协委员，重点围绕全域旅游示范市创建、文化和旅游融合发展、中宁县和海原县旅游资源开发等情况进行调研。针对存在的推进全域旅游发展的认识不到位、合力不足，文化旅游产业结构仍然比较单一、引力不足，文化旅游产业文化内涵不足、文旅融合不够等问题，提出如下建议：1. 聚集合力，全力推动全域旅游创建工作；2. 着眼需求，切合实际优化文化旅游供给；3. 突出特点，着力推进文化旅游深度融合。 （张江涛）

【优化营商环境促进民营经济高质量发展调研】 4月13日至16日，市政协副主席吕玉兰带领调研组对全市优化营商环境，促进民营经济高质量发展情况进行调研。针对存在的政务服务“最多跑一次”落实上有差距，生产要素保障效率较低，优化营商环境的法治保障急需改善等问题提出如下建议：1. 突出目标导向，优化整合审批职能；2. 切实提升生产要素保障水平；3. 加强企业治理，营造公平公正的法治环境。

（张江涛）

【体育基础设施建设及使用视察】 5月6日至8日，市政协副主席付成林带领部分委员就全市体育设施建设及使用情况进行视察。针对存在的没有编制体育基础设施建设专项规划，公共体育基础设施建设不足，体育基础设施缺乏必要的运营维护资金，体育基础设施管理和开放利用程度不高，自治区十六届运动会场馆建设改造工作进展缓慢等问题，提出如下建议：1. 规划引领，把体育基础设施建设纳入城市建设规划；2. 参照标准，完善公共体育基础设施建设；3. 完善机制，加大公共体育基础设施投入力度；4. 强化管理，充分发挥现有体育基础设施作用，建立健全体育基础设施管理和维护机制；5. 集中力量，加快自治区第十六届运动会场馆建设改造进度。 （张江涛）

【工业智能改造推进专题协商】 6月上旬，市政协主要领导带领部分政协委员深入15家工业制造、信息服务企业围绕工业智能改造开展专题协商。针对存在的智能化改造水平低，企业智能改造内生动力不足，人才缺乏制约智能改造步伐，公共服务平台未发挥应有的作用等问题提出如下建议：1. 加大智能改造推进力度；2. 加强政府引导，激发企业智能改造活力；3. 进一步加大技术人才引进培养力度；4. 充分发挥利用好技术服务平台的作用。 （张江涛）

【巩固脱贫攻坚成果同乡村振兴有效衔接调研】 7月，市政协副主席秦发成组织相关委员对全市巩固脱贫攻坚成果同实施乡村振兴战略有效衔接开展专题调研。针对存在的“三类监测对象”存在返贫风险，移民群众增收渠道不宽，自发移民管理难度大，产业发展后劲不足等问题提出如下建议：1. 严格落实网格化动态监测帮扶机制，坚决守住防止返贫底线；2. 扎实推进就业创业,拓宽移民群众增收渠道;3. 切实解决好自发移民户籍问题,保障自发移民的政策待遇;4. 深入推进移民致富提升行动,着力增强产业发展后劲。

(张江涛)

【植绿增绿大会战推进视察】 7月上旬,市政协主要领导带领部分委员对全市植绿增绿大会战推进情况进行视察。针对存在的实现植绿增绿目标任务艰巨,认识不到位,社会参与的程度不高,管护责任落实不到位,树木品种搭配不够科学合理等问题提出如下建议:1. 紧盯目标任务,压实责任强力推进;2. 广泛发动群众,营造全民参战的浓厚氛围;3. 落实管护责任,力保林木成活;4. 强化技术服务,提升植绿增绿成效。

(张江涛)

【乡村治理体系建设调研】 7月21日至23日,市政协组织部分政协委员对全市加强乡村治理体系建设情况进行调研。针对存在的基层网格化管理服务队伍建设较为薄弱,基层干部治理能力亟待提高,整合审批服务、执法力量改革下沉不够,村民自治制度落实还有差距等问题提出如下建议:1. 着力提升基层网格化管理服务水平;2. 着力提升基层干部工作能力;3. 着力提升基层公共服务保障力;4. 着力提高村民自治自觉性;5. 着力提升乡村示范创建工作。

(张江涛)

【"云天中卫"智慧应用和信息化创新应用调研】 8月10日至12日,市政协副主席茹小侠带领部分政协委员围绕全市"云天中卫"智慧应用和信息化创新应用情况进行调研。针对存在的智慧应用建设投资力度不够,数据汇聚共享困难,信息化应用存在差距,"云天中卫"专区功能不够丰富等问题提出如下建议:1. 凝聚共识合力,全力推进工作落实;2. 完善体制机制,加快建设基础设施;3. 全力攻坚克难,实现数据互联互通;4. 突破应用重点,发挥智慧应用成效。

(张江涛)

【牛产业(肉牛、奶牛)发展调研】 8月10日至12日,市政协副主席王谦带领部分政协委员重点围绕肉牛、奶牛品种选育、品牌建设、加工转化、市场拓展、社会化服务等,对全市牛产业(奶牛、肉牛)发展情况进行调研。针对存在的服务产业发展效率不高,品牌建设力度不大,科学养殖水平不高,"企业+合作社+农户"的利益联结机制还未形成等问题提出建议:1. 着力提升服务质量,不断优化牛产业发展环境;2. 着力提升龙头企业竞争力,不断扩大品牌企业影响力;3. 着力推动科学养殖,不断增强产业发展后劲;4. 着力健全完善利益联结机制,不断推进农民稳定增收。

(张江涛)

【符合新时代要求的宗教教职人员队伍培养情况视察】 8月10日至12日,市政协副主席张国顺带领部分政协委员对全市培养符合新时代要求的宗教教职人员队伍情况进行视察。针对存在的宗教教职人员年龄老化、文化程度偏低,教育培训时效性不够强,基层宗教干部思想认识和业务能力有差距,宗教团体机构不健全,职能作用发挥不够等问题提出如下建议:1. 注重加强宗教教职人员后备人才培养;2. 加大对宗教教职人员的教育培训力度,提升教职人员的业务能力;3. 夯实基层基础,为切实做好宗教工作提供保障;4. 加强宗教团体建设,积极发挥宗教团体职能作用。

(张江涛)

【职业教育服务经济社会发展视察】 8月25日至27日,市政协副主席付成林组织教育界部分政协委员对全市职业教育服务经济社会发展情况进行调研。针对存在的认识不到位、观念理念滞后,经费投入不足、品牌专业缺乏,市场匹配度不高、产教融合缺乏深度,师资力量薄弱、教师结构不合理等问题提出如下建议:1. 优化顶层设计,实现职业教育体系化发展;2. 以产业需求为导向,完善专业建设体制;3. 加大支持力度,助力产教深度融合;4. 建强教师队伍,夯实人才保障。 (张江涛)

【检察机关公益诉讼工作视察】 9月1日至3日,市政协副主席吕玉兰组织部分市政协委员对全市检察机关公益诉讼工作开展情况进行视察。针对存在的全社会对公益诉讼的认识还不够,公益诉讼案件办案质效有待提高,检察机关与政府部门的联动机制尚未健全,公益诉讼专业化队伍建设还需加强等问题提出如下建议:1. 加大宣传力度,营造良好社会氛围;2. 建立健全机制,切实优化工作格局;3. 抓住热点难点,拓展公益诉讼覆盖面和影响力;4. 强化队伍建设,不断提升履职能力。 (张江涛)

·重要活动·

【党史学习教育动员会议】 3月5日,市政协召开党史学习教育动员会议,深入学习贯彻习近平总书记在党史学习教育动员大会上的重要讲话精神、全区党史学习教育动员大会精神和市委党史学习教育动员会议精神。秦发成、付成林、张国顺、盛建宁和范金祥作表态发言。会议强调,开展党史学习教育要坚持集中学习与自主学习、读书活动与委员讲堂、专题学习与研讨交流、专题党课与专题培训、查摆问题与专题民主(组织)生活会、专题讲座与协商民主计划执行、总结工作与完善协商制度相结合,确保取得实效。

(张江涛)

【"推进全面依法治区"三级联动调研活动】 3月9日至11日,自治区政协组织区、市、县三级政协委员对推进全面依法治区情况进行联动调研,对全市推进全面依法治区建设给予肯定,并提出三个方面的意见建议。(张江涛)

【《中卫政协志》编纂工作推进会】 4月16日上午,市政协召开《中卫政协志》编纂工作推进会,安排部署《中卫政协志》编纂工作。市政协党组书记、主席罗成虎主持会议并讲话。副主席茹小侠和编审人员分别汇报政协志编纂工作整体情况和送审稿校审情况,罗成虎对编纂工作提出具体要求。(张江涛)

【"学习贯彻习近平新时代中国特色社会主义思想"培训班】 4月20日至27日和5月10日至17日,市政协在贵州省遵义干部学院举办两期"学习贯彻习近平新时代中国特色社会主义思想"培训班。

(张江涛)

【界别联系社会组织工作推进会】 6月2日,市政协召开界别联系社会组织工作推进会。会议传达学习《中卫市政协委员按界别联系社会组织群众实施办法(试行)》, 会议要求政协各专委会和对口联系的各社会组织要建立经常性联系机制,加强沟通交流,宣传习近平新时代中国特色社会主义思想,加强思想引领,广泛凝聚共识。市政协副主席王谦参加会议。

(张江涛)

【庆祝中国共产党成立100周年系列活动】 6月16日和21日,举办政协系统"咏红色经典、做红色传人、矢志不渝跟党走"经典咏读暨演讲比赛和"颂党情、感党恩、听党话、跟党走"文艺演出。15个优秀经典咏读暨演讲节目和12个优秀文艺节目赢得社会各界的一致好评,比赛现场观看人数达1000余人,直播观看人数达3.8万余人。"七一"前夕,联合市委统战部召开"矢志不渝跟党走、同心奋进新征程" 各界人士座谈会,隆重庆祝中国共产党成立100周年华诞。

(张江涛)

【企业家委员招商引资专题协商座谈会】 8月17日,市政协召开企业家委员招商引资专题协商座谈会。部分企业家委员和市商务局、工信局、工商联等市直有关部门、市政协有关委室负责人参加会议。

(张江涛)

【委员植树林揭牌仪式】 8月30日,市政协在中卫市治沙林场林区举行市政协委员植树林揭牌仪式。市人民政府副市长马自忠,市政协副主席秦发成,市政协秘书长盛建宁出席活动。全市植绿增绿大会战工作启动以来,市政协广泛动员政协委员积极投身全市植绿增绿大会战当中。29名委员向市公益慈善基金会捐赠植树造林善款92万元,在中卫市治沙林场林区等地集中种植"委员私企林"184亩,捐资30万元的中卫市正通农牧科技有限公司和捐资10万元的宁夏乌玛中药饮片公司分别在查验认定的地块植树150余亩和60余亩。(张江涛)

【委员讲堂】 从3月份开始,市政协各专委会按照工作要求,共开展"委员讲堂"活动6次,面向社会广泛宣传党中央大政方针和区、市党委重大决策部署,正面发声,解疑释惑,努力把党的主张转化为社会各界的共识,把各界人士团结在党的周围。

(张江涛)

·办公室和专门委员会工作·

【政协办公室】 制定《市政协常委会2021年工作要点》《市政协常委会2021年工作任务分工方案》等。先后筹备保障四届五次全会、庆祝中国共产党成立100周年各界人士座谈会、常委会、主席会等为重点的50余次会议。撰写总结汇报、研究文章等材料60余篇,起草方案措施、会议通知、工作简报等150余份,审核各类文稿材料160余件,办理领导批示件130余件。严格执行中央八项规定和区市有关规定,接待区内外来卫考察团31批350余人。组织对文化旅游产业融合发展情况开展专题调研并学习借鉴广西南宁等地先进经验,提出意见建议12条,提交提案2件、反映社情民意4件。举办庆祝建党100周年系列活动,组织召开庆祝中国共产党成立100周年各界人士座谈会,在贵州举办2期"学习贯彻习近平新时代中国特色社会主义思想"培训班。积极协助市政协领导做好市委"6+9"重点工作分工任务。全年举办委员讲堂6期。(张江涛)

【提案委员会】 全年征集提案359件,审查立案140件,向自治区两会整理报送提案18件。组织对市卫健委主办的卫生事业类17件提案进行集中协商督办,积极配合做好13件市领导重点提案督办工作。收集编发社情民意信息109件,向市委、市政府编印报送社情民意信息60期,被采纳落实49件,占81.7%。组织对全市巩固脱贫攻坚成果与实施乡村振兴战略有效衔接进行调研协商，撰写的《宁夏中卫山羊选育场自发移民户籍和耕地管理混乱问题急需解决》《宁夏中部干旱带西线供水兴仁片区工程相关问题亟待解决》2件社情民意信息报送自治区政协参考。撰写编辑《中卫政协志》文稿7章24节12万余字。

（张江涛）

【经济委员会】 组织开展工业智能改造推进情况协商调研和全市植绿增绿大会战推进情况视察活动，提出对策建议23条，并开展调研视察成果转化情况"回头看"活动，促使一些突出问题得到有效解决。撰写《应重视和加强老旧小区绿化》《植绿增绿应科学选择合理搭配树种》社情民意2件，提出《关于推进城市生活垃圾分类处理助力人居环境美化的建议》等提案4件。提交市政协五届一次会议大会发言材料2篇、政协简报10篇。对市政协四届五次会议《关于做优做强富硒功能农业，助力乡村振兴战略的建议》重点提案办理情况进行跟踪督办。（张江涛）

【农业和农村委员会】 开展全市牛产业（肉牛、奶牛）发展情况协商调研和全市城乡水务一体化推进落实情况视察活动，提出对策建议26条；配合完成加强全市乡村治理体系建设调研。全年提交提案6件，《关于改善农村人居环境建设美丽宜居村庄的协商报告》被评为2020年度协商调研视察报告一等奖；反映7件社情民意。牵头做好政协委员按界别联系社会组织群众工作，起草的《关于成立中卫关注森林活动组织委员会和执行委员会的通知》上报自治区政协。配合自治区政协专委会调研4次。（张江涛）

【教科卫体委员会】 全市体育基础设施建设及利用情况视察报告得到市委认可并进行专题调研，针对全市职业教育服务经济社会发展情况所提制定"全市职业教育发展规划"意见被市人民政府采纳。牵头组织市政协系统庆祝中国共产党成立100周年文艺演出。对《关于发展我市工业旅游项目的建议》重点提案进行督办。撰写的《坚持"四个必须" 充分发挥专门协商机构作用》《加强调研协商工作 助推建言咨政提质增效》理论文章在《华兴时报》发表。全年提交社情民意6篇，编辑《中卫政协》期刊4期。组织创建3个政协委员会客室。（张江涛）

【社会和法制委员会】 围绕"优化营商环境，促进民营经济高质量发展""全市公益诉讼工作情况"开展调研视察，提出意见建议21条，提交提案2件，反映社情民意3件，撰写工作简报12份。对"关于加大对失信被执行人联合惩戒力度的建议""关于提高社区治理能力""关于打破信息孤岛，促进数据共享"3件提案进行督办，提出督办意见建议10条。为委员基层联系点捐助价值10000元的疫情防控物资。完成2022年政协协商征集工作，确定6项调研课题和2项视察课题。（张江涛）

【民族宗教和港澳台侨委员会】 开展关于全市加强乡村治理体系建设和关于培养符合新时代要求的宗教教职人员队伍情况的调研视察，撰写《关于要重视基层网格化管理服务的建议》和《关于要重视基层干部工作能力的建议》上报市委，提出《关于注重加强宗教教职人员后备人才培养的建议》《关于加强宗教团体建设的建议》，市宗教局就办理情况做出答复；配合完成"云天中卫"智慧应用和信息化创新应用情况调研。走访部分宗教活动场所和宗教人士，掌握了解宗教活动场所"四进"活动开展情况。牵头组织市政协系统庆祝中国共产党成立100周年经典咏读暨演讲比赛活动。全年提交社情民意4件，撰写工作简报6篇。

（张江涛）

【文化文史和学习委员会】 开展关于全市"云天中卫"智慧应用和信息化创新应用情况调研活动，提出意见建议11条，配合完成全市乡村治理体系建设调研工作。完成《自治区政协年鉴（2020）·中卫政协篇》《中卫市志·政协篇》《中卫市政协志》和《宁夏政协志·中卫政协》的编辑工作。全年提交提案3件，编发社情民意信息5篇，撰写工作信息17篇，发表理论文章1篇，报送党的创新理论实践案例征集文章2篇。完成市政协五届一次会议发言材料征集、宣传报道、委员培训等各项工作任务。

（张江涛）

法 治

综 述

【扫黑除恶】 2021年,全市共摸排办理涉黑涉恶问题线索66条,办结56条,办结率84.85%。全市受理的19件涉黑涉恶案件全部判决生效,判处罚金、追缴违法所得执行到位资金8385.72万元;全市纪检监察机关立案查处的涉黑涉恶腐败和"保护伞"问题线索4件,立案审查调查7人,问责处理12人。长效常治,市委办公室、市政府办公室联合印发《关于常态化开展扫黑除恶斗争巩固专项斗争成果的实施方案》。印发《关于调整优化中卫市扫黑除恶斗争领导小组办公室机构的通知》和《关于调整优化中卫市扫黑办工作人员的通知》,调整优化扫黑办人员和机构设置。2021年10月,中卫市扫黑办对全市信息网络、交通运输、工程建设、自然资源、民族宗教、金融放贷六个重点行业领域专项整治开展情况进行专项督导。紧盯涉黑涉恶问题线索,受理研判分流线索66条。对全市开展扫黑除恶专项斗争期间办理的818条涉黑涉恶线索和19件涉黑涉恶案件开展"回头看",深挖黑恶势力"保护伞"线索,发现新的问题线索4件,立案审查调查7人,给予组织处理4人。对全市2018年以来查处的党员领导干部和政法干警违纪违法案件、涉黑涉恶腐败和"保护伞"等案件进行"回头看",共清查2018年以来干警违纪违法线索655条,2018年以来领导干部重大违纪违法案件107件。整改自治区扫黑办和自治区政法队伍教育整顿办联合开展的涉黑涉恶重点线索和政法干警涉黑涉恶问题线索核查"回头看"督导反馈的11个问题。"黑财"执行,开展集中执行专项行动,全市已判决生效的19件涉黑涉恶案件财产刑执行到位资金8385.72万元。其中,17件涉黑涉恶案件已查控财产处置率达100%。中卫市扫黑办制定印发《关于开展重点行业领域突出问题专项整治 彻底铲除黑恶势力滋生土壤的通知》,围绕信息网络、民族宗教、自然资源、工程建设、交通运输、金融放贷六个重点行业领域突出问题,制定2021年专项整治实施方案,建立月报告制度,开展集中专项整治行动。开展网络直播行业乱象整治、网上历史虚无主义存量有害信息清理、开展"清朗·'饭圈'文化整治"等网络综合治理专项行动18个,排查属地ICP备案网站484个,关闭涉黄涉赌网站5个、封建迷信网站1个,约谈13名网络主播、公众号负责人,向公安转交电信诈骗线索4条,协调自治区网信办注销僵尸域名75个。

结合季度卫片执法、"大棚房"整治等专项工作,立案查处非法占地行为47起,罚款138.82万元。清理整治城市周边违法违规用地,恢复土地365亩,复垦耕地107亩。立案查处非法开采矿产资源行为19起,罚款34万元,没收非法所得41.72万元。检查集贸市场29家、餐饮酒店30家,检查野生动物驯养繁殖场所48家,巡查林区护林点79处,救助猫头鹰、狐狸等野生动物33只。

开展建设工程领域质量安全执法检查290余次,下发停工整改通知书10份,排查治理质量安全隐患589项。开展工程建设领域招投标专项治理,制定《中卫市住房和城乡建设局关于开展工程建设政府采购等重点领域突出问题专项治理的实施方案》,对全市19个工程建设及政府采购项目开展自查,并对存在的问题进行整改。落实《保障农民工工资支付条例》各项规定,对工程建设领域拖欠农民工工资问题进行专项整治,全市劳动保障监察机构共依法处置各类欠薪投诉137件,涉及职工(农民工)679人,涉及金额963.18万元;"国家根治欠薪线索平台"共接收欠薪线索637条,办结619条,办结率97.1%。聚焦重点区域开展道路客运市场“打非治违”,重点整治“黑车”“黑导”经营乱象,依法查处违法违规经营行为42起,纠正其他不规范经营行为40余起,批评教育8起。查处非法营运案件9起。开展治超联合执法6次,集体约谈企业16家次,向企业下发整改通知书16份,对驾驶员从业资格证给予计10分处理72人次,依法查处未取得从业资格证违规经营行为20起,抄告违规行为184起。印发《2021年扫黑除恶专项整治工作方案》,探索建立重点领域涉及重点人员联审机制、非法宗教活动联合处置机制、非法宗教活动一般参与人员教育转化机制、防范宗教人士涉黑涉恶涉乱等4项机制。2021年,全市共立非法集资案件7起,挽回损失1.17亿元。查破“黄赌毒”案件107件,打击处理388人。缴获毒品海洛因64.88克。办理“食药环”案件12起,破获“盗抢骗”案件1034起,抓获犯罪嫌疑人273人,挽回损失125万余元。破获电信网络诈骗案件412起,抓获犯罪嫌疑人163名。建立重点行业领域市场准入、日常监管、动态监控等制度机制,强化行政执法与刑事司法衔接,运用“三书一函”解决重点行业领域综合治理问题,共制发“三书一函”24份,反馈回复22份。夯实基层组织基础,选拔100名县级以上优秀机关干部、278名熟悉基层治理的干部进入乡镇党委领导班子,选拔2504名干部进入村“两委”班子。对村“两委”班子候选人进行审查,全市共取消139人的参选资格。实行农村网格化精细管理,根据山川差异和村庄人口规模划定农村网格2806个,设立网格(村民小组)党小组707个,组织群众参与文明宣传、环境整治、厕所革命等乡村建设和治理工作3550批16.9万人次,建立“行政村党组织—网格(村民小组)党小组—党员联系户”为主体的村级治理体系。开展评先选优活动,2021年3月,全市共评选出全区扫黑除恶专项斗争先进集体7个、全区扫黑除恶专项斗争先进个人14名、全区扫黑除恶专项斗争嘉奖表现突出正处级干部9名。对2019—2021年三年来扫黑除恶专项斗争进行全面总结,编印《扫黑除恶专项斗争大事记》500册。开设“扫黑除恶进行时”“扫黑除恶应知应会”“图解扫黑除恶”等专栏,印发宣传报道提示4期,开设扫黑除恶专栏10个,刊发宣传报道200余篇。开展扫黑除恶法治宣传57场次,文艺汇演136场次。针对群众关注度较高的马荣富涉黑案件,及时通过“两微一端”通报案件进展情况,网络点击率超过10万次。

(樊 江)

【“平安中卫”建设】 制定出台《关于加快推进市域社会治理现代化建设更高水平的“平安中卫”的实施意见》《“平安中卫”建设领导责任制实施办法》。开展命案防范打击专项行动和人民群众反映强烈的突出违法犯罪专项整治。挂牌督办9个社会治安重点地区和突出问题,发放提示函、督办单21份,组织开展清查行动43次,检查各类重点场所2127家次,停业整改28家。组建13支常态化“警保联控”队伍加强主要街道、重点部位巡逻防控。制定出台《关于进一步完善矛盾纠纷多元化解机制建立大调解工作格局的实施意见》,推行“人民调解+仲裁+信访”等纠纷治理模式,开展矛盾纠纷排查专项行动,组织排查各类矛盾纠纷9171件、化解8995件,化解率98.1%。开展治理重复信访和化解信访积案攻坚行动,办理化解重复信访案件277件,庆祝中国共产党成立100周年期间中卫市未发生进京越级访。落实行业领域安全稳定风险评估、化解、管控制度,深化安全生产专项整治三年行动、道路交通事故预防“减量控大”工作,加强241家寄递物流企业营业网点监管,中卫市未发生重特大安全事故,一般道路交通事故发生数和死亡人数下降。加强领导,健全机制,增强“平安中卫”建设整体统筹力,发挥工会、妇联、共青团等群团组织在群众基础、组织网络、人才集聚等方面的优势,改造设立中卫市社会组织孵化培育基地。夯实基础,增强“平安中卫”建设基层作用力,将党建引领基层治理纳入全市党的建设工作要点,建立市、县、乡、村四级党组织责任联动、组织联动、制度联动,驻区单位和社区党组织组织共建、活动共联、资源共享“三联三共”工作机制。基层治理资源有效整合,推进基层整合审批服务执法力量改革,全市41个乡镇(街道)重构党政机构和事业单位,统一设置“5办4中心”,下沉乡镇行政审批和公共服务事项123项,504名部门派驻乡镇工作人员转隶到乡镇工作。网格化服务管理深化,在全市443个行政村、68个社区重新调整划分网格3424个,推进网格员、网格督导员、网格长、楼栋长、单元长“两员三长”网格化服务管理模式,配备网格员3403名(其中专职1118名),楼栋长、单元长15000余人。增强“平安中卫”建设风险防控力,维护重点领域政治安全,加强社会治安、公共安全防控,化解社会矛盾、网络安全风险,增强“平安中卫”建设平台支撑力。

(樊 江)

【社会基层治理】 健全基层治理体系,提高基层治理能力。基层社会治理一体推进,按照全国市域社会治理现代化试点工作部署和区、市党委基层治理“1+

6+1”政策文件要求，制定出台《关于健全完善网络综合治理体系提高治理能力的实施意见》，在全市形成一体谋划、全面覆盖、政策打包、统筹推进的市域社会治理“1+6+1”政策文件。完善基层治理顶层设计，压实各层各级责任，健全横向联动机制，理顺纵向治理架构，加强统筹协调、督导指导、典型培育，推动乡村、社区、校园、宗教、社团、企业、网络空间治理各项任务落实落细。基层治理资源有效整合，推进基层整合审批服务执法力量改革，下沉乡镇行政审批和公共服务事项123项。配齐配强乡镇政法委员41名，全市派出所所长进乡镇党委、社区民警进社区党组织基本实现全覆盖。深化农村“一村一辅警一法律顾问”和“1+X+N”社区警务模式，向基层下沉警力48人，为511个村（社区）配备法律顾问128名，推动政法资源力量与基层治理深度融合。夯实基层治理基础，推进基层综治中心规范化建设和实体化运行，明晰治理和服务“两项”工作职能、“五联”职责任务、“四化”推进要求，推动实现市、县、乡、村四级综治中心全覆盖，打造规范化综治中心15个，沙坡头区镇罗镇、迎水桥镇何滩村被认定为第二批全国乡村治理示范村镇。统筹整合纪检、政法、信访、行政和第三方力量入驻，打造全科受理、访调一体、集成联动的市级社会矛盾纠纷调处化解中心。深化基层网格化服务管理，在全市443个行政村、68个社区重新调整划分网格3424个，配备网格员3403名（其中专职1118名），推进网格员、网格督导员、网格长、楼栋长、单元长“两员三长”网格化服务管理模式，健全工作机制，明确工作职责，做好基层治理事件的源头发现、分流交办、协同处置等工作，提升基层治理精准化、精细化水平。提升基层治理科技支撑水平，推动建成“云天中卫”综合调度指挥中心，纵向与国家、自治区平台有效级联，横向与全市各部门互联互通，汇聚各类数据1000余万条，初步实现社会治理基础数据展示、流程监督监控、事件处置、决策分析等功能。深化“雪亮工程”建设，共接入各类视频监控8436路，安装高空瞭望“鹰眼”18个、“人脸识别”286个，电子警察1412路，延伸实施铁路护路视频监控项目，实现重点行业和领域公共安全视频监控100%全覆盖。（樊　江）

【法治中卫建设】 学习贯彻习近平法治思想，把习近平法治思想作为党委（党组）理论学习中心组重点学习内容和党校重点培训课程，多形式、分层次组织学习培训240余场次。坚持市委理论学习中心组和常委会会议、政府常务会议定期学法制度。推进依法治市，规范行政决策程序和重大决策风险评估机制，面向社会公布45项重大事项决策目录，对13项重大行政决策进行社会稳定风险评估。在全区首创“一对一”“一对多”政府法律服务新模式。落实“四清单一办法”普法责任制，完成“七五”普法，启动“八五”普法。深化基层民主法治示范创建活动，深入学习贯彻实施《民法典》。深化司法体制改革，结合政法队伍教育整顿，坚持边整治、边总结、边建设，推动全市政法单位健全完善司法制约监督、执法司法规范化建设、政法队伍正风肃纪、政法干警交流轮岗等制度机制190项，用制度管人管事落到实处，政法机关和政法队伍存在的积弊得到整治。（樊　江）

【助推社会经济发展】 依法保障重大战略实施，开展网络信息、自然资源、工程建设、交通运输、民族宗教、金融放贷等六大行业领域专项整治，整改重点行业领域突出问题1440余个。依法服务保障生态文明建设，加大食品药品、生态环境领域违法犯罪侦查打击力度，健全生态环境公益诉讼案件线索移送、信息共享等工作机制。统筹政法机关查处“油井山”“照壁山”等案件，部署开展“公益诉讼守护美好生活”等专项行动12个，办理公益诉讼案件199件，中卫市检察院办理的一起窨井盖支持起诉案件被最高检评为十大典型案例。依法营造法治化营商环境，深化政法领域“放管服”改革，公安机关落实“365×24”全天候受理办理制度，非工作日期间办理业务1.36万件；法院系统推出“互联网+诉讼服务”，跨域立案401件、网上立案2613件；司法行政系统受理指派法援案件2551件，挽回损失2340余万元。深化法治化营商环境，公安机关破获涉税、涉企违法犯罪案件29起，挽回经济损失1.19亿元；法院系统审结民间借贷和金融借款案件3122件，受理企业破产案件22件，发放执行案款4.64亿元；检察系统受理批捕、起诉破坏社会主义市场经济秩序犯罪33件83人。（樊　江）

【政法队伍教育整顿】 中卫市委常委会会议先后13次研究解决涉及政法工作全局性的重大问题。市委政法委员会先后5次召开全体会议，听取政法工作汇报，研究政法重点工作，组织政法委员述职，推动重点任务落实。落实《中国共产党政法工作条例》，加强对全市政法机关贯彻落实党中央和自治区党委重大决策部署、执行党的政治纪律和政治规矩、重大事项请示报告制度等情况的监督检查，2021年年内对市、县（区）8个政法单位开展政治督察和纪律作风督查巡查，市委政法委向市委请示报告11次，市直政法单位向市委请示报告41次,向市委政法委请示报告86次。组织开展各类培训、学习、讲座3300多场次,实践交流会、专题研讨580多场次,传承红色基因活动420多场次,市县(区)党委书记、政法委书记、政法单位领导干部讲党课150多场次,打牢政法干警听党指挥、忠诚使命的思想根基。组织开展党规党纪大学习大讨论、市县纪委书记作廉政报告、参观廉政警示教育基地、旁听职务犯罪庭审等活动,编印《政法队伍教育整顿典型案例警示录》,教育政法干警知敬畏、存戒惧、守底线。组织开展政法英模讲先进事迹、举办英模事迹报告会34场次,选树推荐政法英雄模范和先进典型15名。在"两微一端"开设"最美英模"专栏,通过转发英模事迹、制作宣传海报、播放先进事迹微电影等形式进行宣传,激励和引领干警忠诚履职、为民服务、担当作为。组织开展忠诚教育大讲堂、政治体检大督查、科技应用大培训、岗位技能大提升、基层走访大调研880多场次,推动以学促干、以学促进,提高干警能力素质。强化自查自纠、谈心谈话,增强干警内生动力。拓宽线索来源、规范线索处置、明确核查重点、提高核查效能、健全核查机制,强化组织查处,彰显教育整顿威力。（樊　江）

审　判

【概况】　2021年全市法院共受理各类案件31989件,同比上升20.7%;审结28248件,结案率88.31%。其中市中院受理2631件,审结2382件,结案率90.54%。全市法院13个集体、35名干警获得市级以上表彰奖励,1名干警被最高人民法院授予"全国法院办案标兵",1名干警被最高人民法院授予"先进个人"称号,市中院成功创建"让党中央放心、让人民群众满意"模范机关,获第四届全国法院"百场优秀庭审"1场、入选最高人民法院优秀案例和生态环境部典型案例各1篇,1项重点课题通过自治区高院结项验收并获评优秀等次。（刘文霞）

【刑事审判】　2021年审结各类刑事案件920件,判处罪犯971人。审结故意伤害、抢劫等侵犯公民人身权利案件142件;审结集资诈骗、非法吸收公众存款等涉众型经济犯罪案件30件。审结帮助信息网络犯罪21件。贯彻实施《刑法修正案(十一)》,实施新修订的《未成年人保护法》《预防未成年人犯罪法》,审结涉未成年犯罪案件18件。（刘文霞）

【民商事审判】　审结各类民商事案件16728件,调撤6118件,调撤率36.57%。加强知识产权、涉企、涉农等案件审判力度,依法审结侵犯知识产权案件96件、买卖合同纠纷1729件。加强常态化疫情防控中的司法应对,持续做好"六稳"工作,落实"六保"任务。依法审结民间借贷和金融借款案件4309件,强化司法裁判对市场规则的引领作用。受理破产案件22件,审结大河机床厂破产案件,发挥破产审判依法促进市场主体再生或有序退出、优化社会资源配置、完善优胜劣汰机制的独特功能。（刘文霞）

【行政审判】　审结各类行政案件425件,受理行政非诉执行审查案件132件,裁定准予执行132件,支持政府危窑危房改造、城乡基础设施等重点项目建设。市中院与市政府签署《中卫市预防和化解行政争议府院联席会议制度》《中卫市依法推进行政争议协调化解工作实施方案》,召开全市预防和化解行政争议府院联席会议,深化府院高效、良性互动。坚持依法裁判和协调化解相结合,调撤行政案件57件,促进行政争议实质化解。推动行政机关负责人出庭应诉制度落实,随案送达《行政机关负责人出庭通知书》,定期向党委、政府通报行政机关负责人出庭应诉情况,首例县级政府正职负责人出庭应诉案件受到社会广泛关注和好评,被《宁夏日报》、今日头条、宁夏政法、中央政法委中国长安网、人民网等转载。分析梳理行政机关在行政执法和行政诉讼中存在的主要问题,为法治政府建设建言献策。（刘文霞）

【案件执行】　加大执行力度,结合"执行不作为、乱作为"专项整治和执行案款管理专项检查,开展执行大会战,执结案件9865件,执行到位金额154729.29万元。健全执行工作长效机制,破解执行难题,加强综合治理、源头治理,削减执行案件存量、遏制增量,巩固"基本解决执行难"。完善"一案一账号"工作机制和执行信息化系统,加强案款冻结、扣押、发放各环节管理。制定印发《执行案款管理办法》《执行终本案件管理办法》等10个规范性文件,以制度促规范,以规范促提升。开展涉民生案件专项执行行动,执行到位金额2105.36万元。加大失信联合惩戒,依法拘留318人次,发布失信被执行名单2823人次,限制高消费7222次。集中发放执行案款1.44亿元。

（刘文霞）

【审判监督】　出台《关于完善司法责任体系深化审判权力制约监督机制改革的实施方案》,推进执法司法制约监督体系改革。强化院庭长对"四类案件"的监管职责,完善院庭长监督管理"四类案件"的发现机制、启动程序和操作规程。完善《案件质量评查管理办法》，坚持审判质效重点指标定期跟进分析，提升案件质量。开展清结旧存案件专项工作，清结旧存案件1228件，清积率为92.12%。审限管理，坚持办案任务月通报，法定审限内结案率为99.54%，同期上升1.3%，结案均衡度为0.64，同期上升0.1。印发实施《判后答疑制度》，做好判后答疑、释法说理工作，一审服判息诉率为87.2%。（刘文霞）

【诉源治理】 融入党委和政府领导的诉源治理机制建设，创新发展新时代"枫桥经验"，协同推进市域治理体系和治理能力现代化。研究制定《中卫市中级人民法院关于2021年加强诉源治理、提高审判质效、控制案件增量的实施方案》，以20项硬指标和34项硬措施全面系统推进诉源治理工作。深化一站式多元解纷机制建设，加强与行政主管部门、各类调解组织、行业协会等社会力量的有效衔接和业务指导，完善"人民调解+仲裁解决+司法调解"多元解纷机制。出台《民商事案件诉前调解规程》，推行诉前调解，诉前化解矛盾纠纷6339件，占全市法院民商事收案总数的34.32%。中宁县人民法院2021年受理民商事案件数相较2019年下降19.53%、2020年下降4.24%，诉源治理成效初显。探索形成"互联网+人民调解+诉前调解""驻院特邀调解室+诉前调解""人民调解+诉前调解"工作模式，培育"周佳调解工作室""宋波调解室"等4个特色调解品牌，创造"五大联动大调解""网格化调解""人民调解+仲裁+信访+诉讼"等富有中卫特色的基层治理经验。沙坡头区法院柔远人民法庭、中宁县法院石空人民法庭被自治区高院授予"塞上枫桥人民法庭"称号。（刘文霞）

【司法改革】 制定印发《2021年全市法院司法改革任务分工方案》，落实司法责任制综合配套改革。开展深化改革"回头看"，全面梳理十八大以来深化改革20项任务和全区司法体制改革10个方面38项改革举措落实情况。推进环境资源类案件集中管辖改革，成立两级法院环境资源审判团队，与甘肃、内蒙古部分沿黄地区法院签署跨区域审判协作框架协议，健全完善审判工作机制。修订完善《案件审判流程管理办法》《法官审判权力和责任及相关司法辅助人员职责清单(试行)》等相关制度。深化院庭长办理案件常态化机制，全市法院院、庭长办理案件12067件。修改完善专业法官会议、审判委员会制度机制，召开专业法官会议27次、审判委员会41次，类案检索初步过滤、专业法官会议研究咨询、审判委员会讨论决定的审判权力运行格局初步形成。（刘文霞）

【政法队伍教育整顿】 围绕"三大主题"，聚焦"四项任务""三大环节"，召开党组理论学习中心组学习会、开展"三会一课"和交流学习等336次，举办各类主题党课、学习座谈会、岗位大练兵、培训班等106场次，全市法院核结举报线索494条，整治顽瘴痼疾12项，建立完善制度170项。（刘文霞）

【司法为民】 制定印发《中卫市中级人民法院关于开展"我为群众办实事"实践活动的实施方案》，落实十大类38项实事举措。创新开展预约立案、上门立案服务，开通诉讼费扫码支付功能，公布诉讼服务十项承诺，制定完善诉讼服务工作规范。推进"互联网+诉讼服务"，推广应用移动微法院，推进人民法院调解平台进乡村、进社区、进网格，打造一网通办的"智慧诉讼服务"新模式，全市法院跨域立案412件，网上立案2810件，在线开庭调解3518件。建成24小时便民诉讼服务中心，为群众提供"不打烊""全天候"的诉讼服务。审结教育、医疗、住房、社会保障等案件5107件。深化家事审判方式和工作机制改革，审结婚姻家庭、继承纠纷案件2460件。依法对经济确有困难的当事人减缓免诉讼费30.47万元，发放司法救助金309.94万元。做好涉法涉诉信访工作，及时回应群众合理诉求，依法化解信访案件50余件。

（刘文霞）

【阳光司法】 主动接受人大和政协监督，落实市第四届人民代表大会第五次会议决议和代表提出的意见建议，向市人大常委会专题报告全市法院行政审判工作，认真办理人大代表建议29件、政协委员提案7件。加强人大代表、政协委员、党代表以及民主党派的联络工作，先后邀请人大代表、政协委员等参加征求意见座谈会、旁听庭审、现场监督执行等活动39人次。贯彻监察法，加强纪法协同，配合驻院纪检组开展工作。制定《关于积极配合检察机关开展法律专项监督检查工作的暂行办法》，配合检察机关依法履行法律监督职责，办理检察建议，落实检察长列席审委会制度，依法接受检察监督。推进司法民主，人民陪审员参审各类案件2629件，深化司法公开，互联网直播庭审5255件，观看量1236811次 。

（刘文霞）

检 察

【概况】 2021年，全市检察机关3个集体、7名个人获得区级以上表彰，办理的5起案件入选全国检察机关典型案例，8篇理论调研成果在全国、全区性征文活动中获奖，工作经验3次在全区政法工作会议上作交流发言，2021年度全区检察业务考核排名第一。市检察院获评全市“让党中央放心、让人民群众满意”模范机关，第二党支部被评为五星级党组织。以工作纪实拍摄的《抓党建、促业务——检察为民办实事》专题片作为宁夏检察机关庆祝中国共产党成立100周年的首篇献礼被宁夏电视台报道推广。“12309”检察服务中心荣获全国检察机关“文明接待室”称号。

（邱　冰）

【服务经济社会发展】　围绕中卫“十四五”规划和2035年远景目标，科学部署和完善各项检察保障机制，制定落实最高检“十四五”检察工作发展规划，明确7个方面79项工作任务清单。开展“断卡”行动，打击电信网络诈骗，通过提前介入侦查、联席会议等方式形成打击合力，起诉104人。制定17项“我为群众办实事”任务措施，开展“司法救助助力巩固拓展脱贫攻坚成果，助推乡村振兴”专项活动，对因案致（返）贫群众进行司法救助71人，提供救助金91.17万元，牵头公安、法院、人社等部门在市、县两级成立“根治农民工欠薪”工作站，开展支持农民工依法讨薪专项监督活动，支持起诉42件，涉及拖欠工资313.7万元；开展未成年人“5字2面1初心”工作法，运用“中心+平台”智慧未检品牌，联合公安、教育、卫健等部门，利用观护帮教中心、“一站式”保护中心，开展帮教保护、救助599次，法治进校园宣讲123场。部署开展“公益诉讼守护美好生活”等19个专项活动，构建“党委领导、人大监督、政府支持、检察主责”的公益诉讼检察格局，办理公益诉讼案件224件，提出检察建议199件。完善“专业化法律监督+恢复性司法实践+社会化综合治理”检察模式，实化“河（湖、林）长+检察长+警长”联动机制，针对300个河湖“四乱”问题进行抽查检查，全市河湖“四乱”问题整治销号率达96%，整治率达99%。　（邱　冰）

【“平安中卫”建设】　批捕故意杀人、抢劫、强奸、绑架等严重暴力犯罪44人，起诉50人。惩治危害食品药品安全、破坏生态环境等涉及民生犯罪，共批准逮捕350人，提起公诉1051人。制定《中卫市检察机关常态化开展扫黑除恶斗争工作安排》。融入市域社会治理现代化建设，打造检察版“枫桥经验”，完善检察长接访日、律师参与接访、案件公开审查等矛盾纠纷多元化解机制，优化“12309”检察服务功能，推进检察服务“线上线下”一体化运行。对610件信访事项，全部实现7日内程序性回复、3个月内办理过程或结果答复。检察官主动向群众释法说理、普法说法784次。维护特殊群体合法权益，支持老年人、妇女儿童等依法起诉维权42件。加强“1号检察建议”跟踪落实，坚持打击与保护并重，依法从严惩治危害未成年人身心健康犯罪，批捕19人、起诉94人。对犯罪情节轻微、真诚悔罪的未成年人，依法不批捕13人、不起诉33人，先后挽救43名涉罪未成年人复学、就业。

（邱　冰）

【刑事检察监督】　明确61项任务清单，贯彻落实中共中央《关于加强新时代检察机关法律监督工作的意见》。发挥“捕诉一体”办案机制效能，监督立（撤）案276人，纠正违法情形38件，纠正漏捕、漏罪、漏犯53人（起）；构建以抗诉为中心的刑事审判监督格局，创新采用“三强化、三注重、三坚持”工作方法，全年提出（提请）抗诉12件，抗诉成功率达100%。贯彻宽严相济刑事政策，对涉嫌犯罪但无逮捕必要的，依法不批捕43人；对犯罪情节轻微、依法可不判处刑罚的，决定不起诉39人。完善降低刑事“案-件比”配套规定，刑事“案-件比”由1.58优化至1.14，实现检察办案质效和法律监督能力“双提升”；强化刑事执行活动监督，对监管场所等提出纠正违法意见34份。加强检法工作配合，提高民事诉讼监督案件的办案质效，办理各类民事检察监督案件235件；提出检察建议164件，办理支持起诉案件84件。全面助推法治政府建设，受理行政监督案件144件，提出检察建议133件，督促人民法院依法审判，督促行政机关依法行政。

（邱　冰）

【检察体制改革】　健全新型检察权运行机制，细化明确7个检察业务231项办案职权，调整优化检察长、检委会、检察官职责权限，确保放权不放任、用权受监督。推进落实认罪认罚从宽制度，做到该用尽用、规范适用，适用办理案件806件1038人，适用率稳定在88.8%以上，量刑建议采纳率为97.4%。落实《人民检察院审查案件听证工作规定》，规范拓展听证范围，对符合条件的案件“应听证尽听证”，促进“案结事了人和”。规范听证程序，发挥入额院领导的示范带头作用，提升听证质效。建立听证工作季度通报、指导督导制度，加大检察公开听证宣传力度。全年召开听证会331场，公开送达文书376份。　（邱　冰）

【队伍建设】　贯彻落实《中国共产党政法工作条例》，清单式落实重大事项请示报告等制度，对推进落实检察工作中的重大事项主动及时向市委、上级检察院请示报告91次。开展党史学习教育,持续实施“五项”计划、打造“五型”机关。制定《深入开展新时代基层检察院建设工作实施方案》,紧贴新时代法律监督工作发展需求,强化基本能力、基础工作、基层组织和基层检察院建设。实施检察领军人才培养计划,加强检察教育培训和人才培养。完善与派驻纪检监察组全面从严治检同向发力机制,完善定期会商机制,接受派驻监督。开展政法队伍教育整顿,政法队伍教育整顿3次群众满意度测评居全区前列。 （邱 冰）

司法行政

【概况】 全市共有司法所41个（工作人员227人),律师事务所19个(176名执业律师、30名实习律师),公证处3个(执业公证员12名),市、县(区)级公共法律服务中心4个,乡(镇)公共法律服务站41个,村(社区)公共法律服务室511个,基层法律服务所1个(基层法律服务工作者21人),人民调解委员会633个(调解员3671人)。 （周兆鹏）

【法治建设】 1.全面依法治市工作有序推进。印发《法治中卫建设实施方案(2021—2025年)》《中卫市法治社会实施方案(2021—2025年)》《党政主要负责人履行推进法治建设第一责任人职责情况列入年终述职内容工作实施方案》等文件,为各部门(单位)推进全面依法治市工作提供指引。组织开展习近平法治思想宣传教育活动4场次,宣讲单位近90多家,涉及人员350余人次。公布《中卫市2021年度重大行政决策事项目录》,指导、督促各部门严格落实重大行政决策程序规定,印发《中卫市重大决策社会稳定风险评估暂行办法》,起草《中卫市重大行政决策咨询论证工作规则》,组织建立咨询论证专家库。开展法治政府建设专项督察,发送工作提示函、工作督办函近40余份,制定督察整改方案,建立问题台账,督促整改销号。顺利迎接自治区依法治区办、中央依法治国办对中卫市法治政府建设的督察工作以及自治区对中卫市法治政府建设第三方评估工作。2.法治政府示范创建成效显著。中卫市申报的“人民调解+仲裁+信访”矛盾纠纷治理模式成功入围全国法治政府示范创建项目。围绕全面推进依法治市工作要求,开展法治政府建设各项工作,修改完善《中卫市行政执法三项制度规定》《中卫市行政执法音像记录设备配备使用管理办法》,在专门平台公示各类执法信息28985条,接受人民群众监督。推行证明事项告知承诺制,方便企业和群众办事,共7个部门57项证明事项实行告知承诺制。组织21个行政执法部门,251名行政执法人员参加行政执法证考试,考试合格率为74.4%,对考试合格的166人发放行政执法人员资格证件,审核并组织对11个部门(单位)申领罚没许可证。对6个执法部门申报的363人的行政执法证件编号、执法证件有效期限、执法人员编制等情况进行初审。对市本级及沙坡头区19个部门调整的276项职权事项进行合法性审查,经审查,共新增204项、取消9项、变更60项、下放3项,全面调整并公布。3.立法工作与规范性文件管理有序推进。按照立法计划,牵头起草《中卫市城市市容和环境卫生管理办法(征求意见稿)》,通过立法调研、召开论证会等程序,开展立法工作。对市政府制发的16份规范性文件严格进行审查、备案。对以市政府和市政府办名义制发的152件规范性文件再次进行清理。4.开展普法宣传工作。推进全市“八五”普法规划编制工作,《关于在全市公民中开展第八个五年法治宣传教育的实施意见》经市委、市政府印发实施。指导、督促全市50余个普法单位重新修订完善普法责任“四清单一办法”,落实“谁执法谁普法”普法责任制。创新性开展“以案释法”工作,打造《以案释法》《与法同行》广播、电视访谈节目,2021年各录制40期。在全市7个单位开展试点引进“法治社保”线上公益普法平台和普法驿站项目,有8000余人进行线上答题。加强《民法典》的学习宣传,开展各类宣传活动60余场次,发放宣传资料2万余份,宣传品3000余份。开展常务会议学法18期,印发法治参考33期。依托廉政法治教育基地开展宪法学习宣誓活动和廉政教育50余场次,参与人数1000余人。 （周兆鹏）

【法律保障】 1.发挥专业优势,当好政府参谋助手。推进“一对一”“一对多”法律服务模式,面向全区公开选聘22名特邀法律顾问,实现“精准化”法律服务,为市政府各领导和54个党政机关提供精准化法律服务。在压砂地收回、交通运输集团重整、天元锰业帮扶、黄河宫迁移、云天大会等案事件中随时提供法律服务,促进行政决策法治化。做好合法性审查工作,审查市政府和各部门合同、协议408份,审查规范性文件、征求意见94份,对重大决策事项出具法律意见15份,参与市政府常务会议合法性审查15次,向市领导报送专报18份,办理其他涉法性事务210件。2.做好行政复议与行政诉讼。2021年9月30日印发《中卫市行政复议体制改革实施方案》,建成标准化行政复议示范创建阵地，率先在全区完成行政复议体制改革。2021年，全市共受理并办结行政复议案件110件，作出维持决定43件，作出撤销决定13件，驳回24件，经调解终止16件，责令作出答复5件，确认违法2件，其他7件。组织开展全市行政复议案卷评查和行政复议纠错案件“回头看”活动，对2019年以来市、县(区)两级行政复议机构办理的192件行政复议案件进行评查，对31件行政复议纠错案件和下发《行政复议建议书》的14件案件全部进行查纠整改，确保行政案件办理质效。建立行政争议化解联席会议制度，召开中卫市府院联席会议，成立行政争议协调化解中心，畅通行政争议渠道，形成预防和化解行政争议的合力。全市共办理涉市政府及各部门诉讼案件356件，办结案件266件，办结率为74.7%，胜诉率为65.79%，挽回经济损失上亿元。落实行政机关负责人出庭应诉制度，行政机关负责人应出庭案件163件，实际出庭142件，出庭应诉率达87.12%。

(周兆鹏)

【维护稳定】 1.建立健全各级各类调解组织，以政府购买服务方式公开招聘5名专职人民调解员。成立中卫市一站式矛盾纠纷调解中心。推行“人民调解+仲裁+信访”纠纷治理模式，推进基层治理体系和治理能力现代化。2021年，全市共调处各类矛盾纠纷7225件，调解成功6503件，办理仲裁确认人民调解案件867件，调解成功率为90%。“人民调解+仲裁+信访”纠纷治理模式被自治区党委全面依法治区委员会命名为自治区法治政府建设示范项目。2.加强重点人群动态监管帮教工作。在全区率先成立中卫市社区矫正管理局，以政府购买服务方式公开招聘8名社区矫正专职工作者。及时安排部署两会、中国共产党成立100周年等重要时间重点人员安全稳定工作，并严格检查督导落实，严防社区矫正对象再犯罪。组织开展“相伴同行 尚法崇信”法治教育及心理健康教育10场次，80名工作人员、520名社区矫正对象接受培训。截至2021年12月底，全市累计接收社区矫正对象4994人，累计解除4504人，在册482人。

(周兆鹏)

【法律服务】 1.持续推进公共法律服务体系建设。印发《中卫市推进公共法律服务体系建设“1335工作模式”工作方案》《中卫市公共法律服务体系建设部门联席会议制度》《关于落实“百所联百会”机制的实施方案》，召开全市公共法律服务体系建设部门联席会议第一次会议，召开落实“百所联百会”机制座谈会。运用宁夏“智慧公法”公共法律服务调度平台，统筹推进全市公共法律服务体系建设。2.发挥法律援助职能优势。制定印发《中卫市法律援助案件质量监督评查办法(试行)》，提高法律援助案件办理质量，维护受援人合法权益。2021年共评查案件3398件，为受援人挽回经济损失3563余万元。3.强化律师公证仲裁司法鉴定行业监管服务。开展律师、公证司法鉴定行业突出问题专项治理，制定两个行业突出问题专项治理方案，分阶段扎实、有序推进。全市179名律师、12名公证员和14名司法鉴定人全部参与行业治理。开展两个行业突出问题专项治理督查，对督查出的问题在全市通报，并一对一下发各机构限期整改。建章立制，印发《关于进一步规范律师事务所管理和律师执业行为的意见》《中卫市律师事务所业务档案立卷归档和管理办法》《中卫律师事务所诉讼、非诉讼案件文书》，各律师事务所新制定或拟修订各类规范性管理制度共计35件。通过行业治理自查被查，律师中给予党内警告处分1人，给予行业通报批评1人，给予行政处罚1人。推动中卫市卫民公证处恢复事业单位机构。市委编办下发《关于调整中卫市公证处机构序列等有关事项的通知》，将中卫市公证处调整为事业单位序列，并更名为“中卫市卫民公证处”。司法厅于9月29日正式下发《关于核准宁夏回族自治区中卫市公证处变更名称的批复》，中卫市卫民公证处正式设立。2021年，中卫仲裁委员会共办理线下仲裁案件、“人民调解+仲裁+信访”仲裁案件，以及互联网金融借款纠纷仲裁案件共计37651件，案件争议总金额9.49亿元。2021年11月25日召开中卫仲裁委员会换届暨第二届一次委员会会议，按照规定完成换届工作。4.落实一村(居)一法律顾问全覆盖工作。随机抽查督导11个村(社区)的法律顾问工作，指导督促沙坡头区、中宁县落实2022年村(居)法律顾问经费保障。5.做好法律职业资格考试服务工作。完成2020年通过法律职业资格证的76名考生现场颁证工作，初审通过2021年报名参加国家法律职业资格考试的233名考生信息，协助吴忠考区完成2021年度考务工作。

(周兆鹏)

【队伍建设】 1.坚持把政治建设摆在首位，旗帜鲜明讲政治，引领司法行政系统广大领导干部进一步增强“四个意识”、坚定“四个自信”、做到“两个维护”。2021年，紧紧围绕习近平新时代中国特色社会主义思想、习近平法治思想等内容开展党组理论学习中心组学习37次，党组成员带头讲党课10次。2.推进“三强九严”工程，开展模范机关创建活动，落实“基层党建全面提升年”各项任务，落实“三会一课”、民主生活会和组织生活会等党内组织生活制度，每月至少组织召开一次党员大会，定期组织召开支委会，每季度开展一次党课教育。2021 年，支部召开党员大会 12 次，支委会 12 次，专题组织生活会 2 次，主题党日 12 次，领导干部讲党课 10 次；开展发展党员工作，抓好日常管理，保持教育培训的经常性。3. 开展党史学习教育。全年累计集中学习 120 余场次，法律知识学习 40 余场次，“观党史谈感悟”70 余场次，交流研讨 16 次，组织观看红色电影 2 次，参观革命传统教育基地 1 次。4. 开展政法队伍教育整顿。落实学习教育、查纠整改、总结提升目标任务，整治“6+4+N”顽瘴痼疾 38 条，开展“三个规定”大宣讲，召开专题组织生活会和民主生活会，兑现“自查从宽、被查从严”政策，警告处理 1 人，提醒谈话 1 人，对市政法队伍教育整顿领导小组移交的 1 件问题线索及时核查结束，建立健全制度机制 30 余项。5. 落实党风廉政建设责任制、意识形态工作责任制。参观中卫市廉政法治教育基地 1 次、观看警示教育专题片 3 场次，举办党纪党规专题培训 1 次。

（周兆鹏）

公　安

【维护政治安全】 开展反颠覆反渗透专项工作。打击邪教活动，摧毁“门徒会”在中卫市的组织体系。推进非法宗教专项整治，中宁县公安局建立“五项举措”，工作经验在全区公安局处长会议上交流。完成 5 处“四联三防”阵地建设，筑牢反恐防暴屏障。

（莫伟莉）

【“平安中卫”建设】 开展矛盾纠纷排查化解，一批“老大难”矛盾纠纷得以化解。针对 2021 年年初“民转刑”命案高发情况，排查近 5 年来重复报警的纠纷警情 53622 起，化解长期积压的突出矛盾纠纷 364 起，遏制民转刑案件的发生。化解疑难信访案件，化解率达 82.35%。处置压砂地退植、天元锰业裁员、照壁山采矿等涉稳风险，确保全市未发生重大群体性事件和重点人员进京非访、滋事案件。刑事案件破案数上升 29%。破获电信网络诈骗案件 987 起，紧急止付 8372 万元，追回受骗资金 430 余万元。侦破自治区“2021–8”号毒品犯罪目标案件，斩断一跨省区走私贩毒链条。破获时隔 11 年的林某某、王某某被拐案件。保持严管措施，道路交通四项指标同比均下降。

（莫伟莉）

【警务改革】 落实专职指挥长、“1+5+N”合成作战，“情指勤舆”一体化警务运行效能提升。派出所和社区警务改革扎实推进，提前完成警务室年度建设任务。执法监督机制改革，开展执法案卷评查，全区执法质量考评排名上升 1 个位次。落实“365 天×24”小时公安政务服务制度，利用非工作日为群众办理业务 13139 件，旅游分局被公安厅确定为“全天候、全区域”旅游服务示范点，在全区公安机关“我为群众办实事”暨创新优化公安政务服务推介会上介绍经验。

（莫伟莉）

【服务中心大局】 围绕黄河流域生态保护和高质量发展，打击食品、药品、生态环境、自然资源领域违法犯罪；建立“河湖警长”制度，牵头整治黄河流域乱点 80 余处；做好疫情防控，担起社会管理和境外疫情、大数据等 5 个工作专班职责，在有效查控全区第 1 例境外输入疫情的基础上，开展卡点查控，筑牢“国门”到“家门”防线。（莫伟莉）

【队伍建设】 落实职务职级“两个序列”改革，提拔任用干部 97 名，晋升四级高级警长以上职级 55 名。3个集体 10 名民辅警先后受到公安部、公安厅表彰奖励，2 个基层所队被推荐参评“全国优秀基层单位”“全国公安机关爱民模范集体”，1 名民警被推荐参评“全国优秀人民警察”。（莫伟莉）

军 事

综 述

【思想政治建设】 开展学习教育和实践活动,集中学习习近平重要讲话42次,仔细研读《论中国共产党历史》等指定书目。深入贯彻军委主席负责制,对标习主席军委扩大会议重要讲话,落实重要任务。组织全体党员赴六盘山红军长征纪念馆参观见学,开展"坚决听党话、永远跟党走"主题党日活动。推进"强军思想进百连"理论宣讲,完成军分区史馆和图书阅览室建设。 (宋玉凤)

【备战能力】 坚持军分区、人武部每季度议战议训,按要求参加各级组织的演练活动。从严按纲施训,贯穿全程抓训练实施和考核。开展专项指挥所演习和冬季野营拉练。以疫情防控常识学习、卫生与救护等训练为内容,组织民兵进行执行疫情防控任务专项训练。开展群众性练兵比武活动,组织民兵教练员及专武干部进行"四会"教员法、军事理论等课目竞赛考核。采取集中轮训、比武竞赛、岗位自训的方法,多次组织民兵分队集中轮训。完成全市应急、专业、特殊3种队伍基干民兵编组工作。完成西部演习外围警戒管控和备勤任务。在军区民兵教练员集训中,获单位综合成绩第二名和室外课目单项第一名,在军区通信业务骨干集训中,获单位总分第一名和两个单项第一名。完成中卫市应急、专业、特殊队伍基干民兵的编组工作。开展群众性练兵比武,组织全市专武干部、民兵教练员进行5个课目的角逐,沙坡头区人武部获团体总分第一名、1个综合第一名、3个单项第一名。中宁县人武部代表宁夏军区接受军委国防动员部民兵工作检查考评,得分966分。协调中卫市投入经费,改建中卫市民兵训练基地、新建装备器材库、补充市装备物资。 (宋玉凤)

【国防动员】 组织三县(区)国动委相关单位统计调查动员潜力,签订租(征)用协议。落实宁夏军区要求,同步参加国防动员指挥要素训练。打造报纸、电视、网络等"六位一体"国防教育平台,邀请国防大学韩旭东教授为中卫市直机关领导作国防形势报告。通过短信、微信、电视台等方式开展征兵宣传,完成新兵征集任务,率先走开"全市集中统一组织体检复检、全市集中统一组织役前训练、全市统一组织回访"的路子,实现"零退兵"目标。组织现役官兵、民兵教练员120人次,完成市、县(区)8所学校9100名学生军训任务。 (宋玉凤)

【基层基础建设】 印发2021年军分区抓建基层、挂钩帮建计划,多次赴基层检查调研、蹲点帮建。协调市县(区)党委政府投入616万元、从本级年度经费中预算116万元,军地合力推进"四个秩序"建设。完成图书阅览室、塑胶篮球场和羽毛球场、军事体育训练场、国旗台建设等规范化建设。军地联合表彰4个先进基层人民武装部,7个先进民兵营(连、排),6名先进基层人民武装部干部,13名先进民兵干部,20名先进民兵。结合地方乡镇机构改革,新调整专武干部、武装工作用房。选拔新任职基层武装部长参加军区集训,获团体总分第一名和1个单项第一名、1个单项第二名。军分区保障处被中央军委国防动员部表彰为后勤工作先进单位。海原县人武部被宁夏军区表彰为全面建设先进人武部。 (宋玉凤)

【脱贫攻坚】 制定下发《2021年军分区乡村振兴工作实施方案》,多次到定点帮扶村和帮扶小学调研,注入48.5万元帮扶后塘村。落实建设资金39.38万元,改造村部文化活动中心1个、帮扶合作社2个、购置各类设备22件(套)、更新宣传橱窗(展板)9个。主动融入、积极服务黄河流域生态保护和高质量发展先行市建设,会同市退役军人事务局采集拥军支前数据

12类125条，实地走访慰问中卫籍立功受奖官兵和边防执行任务军人家属，向自治区和中卫市推荐2名“道德模范”“最美人物”评选对象。中宁县被评为全国双拥模范城（县）。（宋玉凤）

【安全管理】 开展“学法规、用法规、守法规”教育活动、百日安全教育活动和心理健康普查、驾驶员教育整顿等6项活动，教育引导全体人员遵规守纪。抓实安全大检查具体内容，代表宁夏军区接受军委国防动员部安全大检查综合性检查，获西部方向同类型军分区第1名。协调市县（区）党委政府投入经费、从本级年度经费中预算经费，军地合力推进“四个秩序”建设。协调应理集团，在营区内安装国旗台、新建军事体育训练场等。针对重点区域场所和消防安全管理薄弱环节，协调市应急管理局和消防等部门，采取逐办公室、逐库室过的方法，对营区及周边进行全面安全隐患排查，突出对消防器材、营区林带检查，做好火灾、触电、燃气泄漏和自然灾害预防工作。中宁县人武部被宁夏军区表彰为安全管理工作先进单位。（宋玉凤）

【从严治党】 学习贯彻党建法规，组织观看专题片讲座和专题节目。组织全体人员聆听军委国防动员部、宁夏军区首长和军分区主要领导纪律党课辅导，观看专题片。抓好领导干部落实有关待遇规定专项清理整顿；组织军地交叉地带廉政风险排查，定期到军分区基层风气监察联系点开展工作。（宋玉凤）

【队伍建设】 按程序组织完成军分区及所属人武部军官等级转换工作。落实军官平时考核和年度考核，及时研究办理军官晋升和待遇级别调整。制定上报文职人员送学培训计划和士官职业技能鉴定需求计划；按程序完成2021年度社招文职人员的面试、政治考核和综合考察、报到试用等工作；组织2020年度社招文职人员首次任职定级，分两批组织全体文职人员参加军区组织的文职人员集训工作； 完成直招士官毕业分配接收和士官退役转业相关工作。设置军分区党委政法委员会。军分区机关投入36万元完成“四室一点”建设，三县（区）人武部投入24万元完成“三室”建设，采取计划与自主、线上与线下相结合的方式，组织现役官兵和文职人员积极开展军事职业教育学习， 全员完成军事职业教育在线课程学习任务。完成春、秋季考生军队自学考试组考任务。（宋玉凤）

【抢险救灾准备】 贯彻落实上级做好防汛救灾工作指示要求，与中卫市应急管理局、地震局、水务局及气象局等部门联系，对接掌握灾情预警信息，整理配备各类图表资料，检查补充通信及照明器材，更新驻卫部队及地方有关部门应急通联方式，修订完善抗震救灾、抗洪抢险、森林（草原）火灾扑救行动预案。（宋玉凤）

人民防空

【人防工程建设】 2021年建成香山秀府人防工程和红宝花园人防工程，面积为6541平方米；组建10支354人的人防专业队，2021年向传统的7支人防专业队302人下发《整组点验和年度训练的通知》，编组防护队伍，制订训练计划，开展点验组训，新组建52人的伪装防护、心理防护和信息防护3支专业队。（黄学惠）

【人防演练】 承担“宁盾——2020全区人民防空实战化演练·中卫市抢险抢修行动演习”，支援中卫国动委民兵拉练集训，参加西北陕、甘、宁、蒙跨省区拉练互联互通。完成5月12日减灾日法律法规人防知识宣传和应急疏散演练，5月27日人防工程培训班法律法规宣传。（黄学惠）

【人防宣传教育】 评定18家重要经济目标防护单位；按照“十个一”的标准，在文昌镇和润社区建设人防工作站1个，建成香山公园人防主题公园，安装人防宣传栏62个。开展人防“五进”活动，根据不同宣传对象，分类印制宣传资料，采取形式多样的宣传活动，累计发放宣传资料5000余份。（黄学惠）

【队伍建设】 2021年，组织开展党史学习教育，党建规范化阵地和党员文化书屋通过验收。7月参加全区人防通信专业队应急通信保障技能比武竞赛，获得第三名。10月参加自治区“铸盾宁防——2021全区人防机动指挥所开设与撤收比武竞赛”，获得第三名。11月参加全区人防行政法规行政执法知识竞赛，获得全区第二名。（黄学惠）

退役军人事务

【服务保障体系建设】 学习推广新时代“枫桥经验”，开展“基层基础基本建设年”活动，采取月度例会、视频调度、现场观摩、定期通报等方式，推动服务机构规范化建设、网格化管理、亲情化服务。全市558个四级服务机构全部实体化运行，44家县、乡退役军人服务中心(站)创建全国示范型退役军人服务中心(站),创建率100%。在全区率先将乡(镇)退役军人服务站与武装部合并运行,武装部部长兼任退役军人服务站站长。建立和推行退役军人服务保障网格化管理新模式,构建全市县、乡、村三级558个退役军人服务保障管理网格,将退役军人服务保障管理融入市域社会治理"1+6+1"网格化治理体系,提升退役军人服务保障管理工作水平。（康 媛）

【思想政治教育】 1. 打造"红星、崇军、筑梦"党建文化特色品牌。会同组织部门将符合条件退役军人流动党员、"口袋"党员纳入组织管理,引导退役军人党员参加所在支部"三会一课"、主题党日等活动,组织退役军人党员代表观摩东花园社区国防教育基地、参加清明祭英烈活动、聆听老红军王殿元女儿王英讲述"父亲革命史"、党校老师讲党史等主题活动。2. 发挥红色资源作用。指导县区挖掘红色教育资源,依托革命纪念馆、纪念地和烈士纪念设施等红色教育资源,组织退役军人开展缅怀先烈、重温革命历史等主题教育活动,在电视台、报纸开办《老兵风采》《百年奋斗路,启航新征程》等红色电视专栏,引导退役军人永远听党话跟党走。3. 打造红色教育阵地。打造集政策宣传、信息交流、创业培训、才艺展示等为一体的中卫市退役军人之家(党员驿站),指导沙坡头区新建文昌镇东花园社区退役军人服务站,组织辖区退役军人开展各类思想政治教育活动。（康 媛）

【就业安置】 印发《退役士兵就业职业目录参考》,建立退役军人创业导师团队,发布培训承训机构黄页,举办各类专场招聘会37场(次),新增退役军人就业757人、自主创业56人。落实党政机关和事业单位工作人员、消防员、辅警招录(招聘)等方面优先优待退役军人政策,招录警察等行政事业人员10名、招录辅警85名、招录专职消防员5人。探索"教培先行、岗位跟进"新模式,参训退役军人920人,持证率、就业率均在95%以上。开展职业院校扩招考试报名工作,动员974名退役军人参加职业院校教育。建立退役军人就业管理台账,协调为78名生活困难退役军人家庭办理低保、临时救助等,为102名"两参"人员及下岗退役士兵提供公益性岗位,市县两级累计协调为退役军人发放创业扶持贷款2979万元。建立定期与税务部门互通信息机制,落实减免税550万元,享受政策退役士兵人数109名,企业户数104户。

（康 媛）

【优抚解困】 1.优化优抚褒扬机制。根据政策调整,为全市享受国家定期抚恤补助优抚对象提高抚恤和生活补助标准;2021年,为享受国家定期抚恤补助金的优抚对象及时足额发放各类抚恤补助资金1829.82万元,发放各类医疗补助救助资金369人55.69万元,义务兵家庭优待金738人978.54万元。建立完善退役军人服务保障"四尊崇、五关爱、六必访"机制,开展"光荣牌"悬挂、"优待证"制发工作。走访慰问退役军人和重点优抚对象4730人次、参加抗美援朝出国作战老战士及遗属106名,发放"抗美援朝出国作战70周年纪念章"55枚。开展春节、"八一"走访慰问驻军部队活动。组织开展"清明祭英烈""烈士纪念日"向人民英雄敬献花篮仪式,每年参与人数累计在10万人以上。组织对全市3847名(2021年新增174人)享受国家定期抚恤补助金的优抚对象开展年检;分3批次组织80名优抚对象赴河北省优抚医院开展短期疗养活动,免费为144名听力障碍退役军人配发助听器等。2. 落实军休干部待遇。发放军休干部各类津贴补贴177万元,为母全琦等5名军休干部补缴医保费44万余元;组织军休干部、遗属进行健康体检,完善个人健康档案;为4名军休干部颁发"光荣在党50年"纪念章,组织开展军休干部"口述"历史活动。3. 完成部分退役士兵社保接续工作。共受理社保补缴申请1009名,初审合格1002人,办结1002人,办结率100%;对全市退役军人养老保险转移接续情况进行核实清理,共办理接续养老保险关系并建立个人账户14名。4. 完善帮扶解困机制。落实常态化联系退役军人制度,健全完善困难退役军人帮扶援助信息系统,全市各级退役军人服务中心(站)累计为退役军人提供政策咨询7200余人次,实施困难帮扶2945人、关爱走访慰问6168人、就业创业扶持1508人、权益维护1315人次,发放慰问金222.7万元。

（康 媛）

【双拥共建】 1. 加强组织领导。组织召开2021年市双拥工作领导小组会议,市委退役军人事务工作领导小组2021年第一次、第二次全体会议(议军会议),审议通过双拥工作要点、成员单位职责、双拥模范城创建方案等文件,督促指导成员单位履行职责。2. 制发"中卫市双拥卡"。累计为全市退役军人、"三属"等优抚对象制发"中卫市双拥卡"1.23万张;完成全市243名符合条件伤残军人(警察)新版残疾证换发工作。3. 筹划重点项目建设。争取自治区退役军人事务厅下达县级以下烈士纪念设施整修工程中央财政补助资金1916万元(沙坡头区14万元,中宁县994.6万元，海原县 907.4 万元）。对接自治区退役军人事务厅、西部战区联勤中心，争取立项新建中卫市军供站项目，概算总投资 9983 万元，正在逐级审批项目立项工作。4. 开展双拥活动。打造双拥主题公园、双拥一条街，制作双拥主题公园展板 20 块、印发双拥宣传品 6500 个（玻璃保温杯 3000 个，围裙 3500 个）；组织召开“八一”座谈会、联谊会、主题晚会 10 场次；走访慰问驻军部队等单位 8 个，送去价值 40 万元慰问品；指导县区累计为退役军人、现役军人家属等悬挂“光荣牌”1.76 万块；发布中卫市籍现役军人立功受奖“光荣榜”；将全市 254 名烈士、61 名获得二等功以上军人名录上报地方志办公室收录中卫市志中。组织开展“守护·2021 清明祭英烈”“9·30”烈士公祭日等活动，在全社会营造“拥军优属、拥政爱民”氛围。5. 开展军地共建，助力地方发展。中卫军分区投入资金 45.4 万元，开展海原县贾塘乡后塘村定点帮扶。31660 部队与驻地学校等单位开展共建活动，组织干部群众和学生参观部队新型武器装备和官兵宿舍，开展国防教育活动。武警中卫支队累计投入 19 万元，做好帮扶村产业项目扶持、基础设施建设等工作，先后派出 3 名医务人员深入帮扶村送医送药，义务巡诊群众 300 余人次。开展“春蕾”志愿服务，与黑林学校开展共建教育、捐资助学活动，组织官兵累计捐款 12 万余元。西部战区空军中卫雷达站组织官兵参与义务植树、帮扶解困、无偿献血等活动，助力驻地经济社会发展。

（康　媛）

【褒扬宣传】 1. 宣传先进典型。挖掘“兵支书”“兵主任”“兵委员”，全市共有 249 名退役军人在村（居）委会工作，其中“兵支书”49 人、“兵主任”34 人、“兵委员”166 人；先后向上级推选全国、全区、全市“最美退役军人”“最美拥军人物”“最美拥军家庭” 等人选 10 名，结合党史学习教育拍摄追寻先烈足迹短视频《传承红色基因，培育家国情怀》一部。2. 开展志愿服务。全市依托县（区）、镇乡（街道办）民兵队伍建立退役军人志愿服务队 43 支 1500 余人，多次组织参与疫情防控、文明创建、环境整治、防灾减灾等活动。3. 打造退役军人荣誉展示系统。联合沙坡头区在东花园社区收集、录制 140 余名优秀“兵支书”“兵委员”、退役军人致富带头人、最美退役军人的先进事迹，在“中卫军人之家”公众号、“早安中卫”等新媒体全方位展示新时代退役军人优秀品质。

（康　媛）

经济管理

财 政

【概况】 2021年,中卫市一般公共预算收入完成22.9亿元,同比增长9.6%;其中市级完成11.78亿元,同比增长12%。全市一般公共预算支出完成184.2亿元,同比增长1.4%;其中市级完成73亿元,同比增长7.5%。 (何建平 马 海)

【财政收支】 健全部门协调机制。强化财税部门收入协调工作机制,掌握存量税源和增量税源的结构变化、区域分布和增减趋势,确保重点税源税款足额入库,挖潜非税收入,拓宽非税增收渠道。实施减税降费政策。全市新增减税降费4.60亿元,其中市级3.01亿元。存量资金加大统筹使用。市本级统筹盘活以前年度存量资金3550万元,清理上缴部门(单位)账户利息收入200万元。提高资金使用效益,树牢“过紧日子”思想,兜牢“三保”底线,“三公”经费支出压减9%,保障薄弱环节,增强政府调控能力。

(何建平 马 海)

【民生改善】 民生事业重点保障。2021年全市民生类支出135.55亿元,占一般公共预算支出的82.2%。其中文化体育与传媒、节能环保、住房保障支出分别增长30.7%、69.8%、5.2%。中央直达资金的分配率达100%、支付率达96.2%。促推教育事业发展。筹集资金5316万元,用于市直属3所幼儿园建设和教学设备采购及学前教育生均公用经费等;筹措各类教育补助资金6199万元,用于学前教育、义务教育、高中教育困难学生补助、教育补助及生均公用经费补助等。社会保障落实到位。城乡居民基础养老金、困难残疾人生活补贴、重度残疾人护理补贴标准每人每月分别增长5元、10元、40元;筹集资金1.97亿元,确保沙坡头区被征地农民养老保险财政补贴资金全部到位。筹集就业补助资金1.5亿元,支持创业财政贴息、公共实训基地项目建设、各类职业技能提升培训和鉴定,按时发放公益岗位人员、“三支一扶”大学生等补助。投入资金4.30亿元,用于储备粮、耕地保护、种粮农民一次性补贴、农村卫生厕所改造、农业机械购置等农业补贴。促推医疗卫生健康发展。筹集资金1.15亿元,用于医疗公共服务保障、公立医院综合改革配套补助及建设市人民医院发热门诊等。

(何建平 马 海)

【重点保障】 科技创新投入稳定增长。市本级财政R&D经费投入合计1282万元,较去年增长30.77%,带动市级全社会研发投入8178万元。助力国企发展。筹集资金2.18亿元,用于注入应理集团、建投公司、供销集团、高新集团、传媒集团和林草集团资本金,助力市属国有企业走特色化、市场化发展路子。重点支出保障有力。筹集资金1.13亿元,支持各类基本建设项目。筹集资金6405万元,支持商贸流通。筹集资金5592万元,用于扶持工业企业发展。筹集资金6500万元,支持航线及高铁发展。筹集资金2696万元,支持交通运输发展。筹措疫情防控经费3422万元,保障医疗救助、核酸检测、疫苗接种设备物资购置、发热门诊改扩建等项目。筹集资金6147万元,用于支持中卫全域旅游创建工作。生态环境持续改善。筹集资金6605万元,用于沙坡头国家级自然保护区拆迁补偿。筹集资金5.35亿元,支持生态保护、污染治理、大气污染、水污染防治和植绿增绿“三大会战”等项目建设。 (何建平 马 海)

【财政改革】 预算绩效管理逐步完善。深化改革创新,推进项目预算精细化管理,绩效管理及第三方重点项目绩效评价有序进行,完善教育、扶贫、社保等13类专项支出绩效评价指标体系建设,组织完成部门(单位)绩效管理工作考评和年中绩效运行监控,实现所有项目预算绩效目标管理全覆盖。体制机制逐步健全。完善合理的财力分配和增收机制，出台市本级与沙坡头区财政事权和支出责任划分及基本公共服务、医疗卫生、交通运输、应急等领域实施方案，调整完善市本级和沙坡头区教育费附加收入、土地出让金收入、耕地占用税收入分成比例，逐步形成权责匹配、运转高效的财政体制。政府采购监管加强。开展政府采购领域重点突出问题专项治理工作，推进政府采购流程电子化运行，强化政府采购管理，全年审核政府采购项目 92 个，节约资金 1483 万元，节约率 7.68%。

（何建平 马 海）

【亮点工作】 1. 资金争取成效显著。围绕建设黄河流域生态保护和高质量发展先行市、“一带两廊”“三个大会战”以及六大产业等领域资金保障，2021 年，全市争取中央和自治区各类项目资金 147 亿元，其中市级 54.40 亿元。全市争取到地方政府债券资金 33.91 亿元，其中市本级再融资债券 8.02 亿元，确保党委政府确定的重点建设项目需求，缓解财政支出压力。2. 政府债务化解稳妥推进。通过培植财源，压缩一般公共预算支出，盘活财政存量资金、处置资产，统筹项目结转资金等方式多渠道筹集资金偿还债务，市本级全口径债务风险等级由红色转为橙色，由三类地区转为二类地区。全市化解存量债务 33.16 亿元，按照合同约定偿还利息 6.50 亿元，化解政府存量债务，债务余额、债务率实现双下降。3. 国企深化改革取得实效。出台《中卫市国企改革三年行动实施方案》（卫党办发〔2021〕21 号），印发《中卫市国有资本“十四五”规划》《中卫市林草集团股份有限公司组建方案》《中卫市新闻传媒产业集团有限公司组建方案》《关于落实市属国有企业党委研究讨论重大经营管理事项清单的通知》《中卫市属国有企业外部董事选聘管理办法》《关于推行市属国有企业经理层成员任期制和契约化管理的通知》等，对企业人事管理、重大事项监管、资产重组、薪酬管理、经营业绩考核、国有资本收益收缴等方面予以规范，助推市属国有企业发展。

（何建平 马 海）

【政府采购】 2021 年完成政府采购项目 106 个，采购预算金额 21034.46 万元，其中财政性资金 19605.52 万元，其他资金 1428.94 万元；实际采购金额 19255.67 万元，其中财政性资金 17951.31 万元，其他资金 1304.37 万元；节约资金 1778.79 万元，节约率 8.46%。

（侯永明）

【财政统发工资】 依据组织部及人事部门的批文和相关工资政策，对各统发单位人员工资变动情况进行审核，编制《财政统发工资情况汇总表》。全年累计纳入工资统发单位 111 个，统发人数 5915 人，累计发放工资 54572 万元，同时成功发送手机工资单信息 16.58 万条。完成代扣代缴工作，全年累计代扣代缴各类资金 11207 万元。

（吕学森）

【国库集中支付】 完成纳入国库集中支付单位的支付业务。全年累计支付资金 317771 万元（其中财政支付 30548 笔 292840 万元，占总支出的 92.2%；单位支付 25500 笔 24931 万元，占总支出的 7.8%）。根据《中卫市本级国库集中支付动态监控管理暂行办法》，全年共审核通过 15174 笔支付资金，违规退回 680 笔支付资金。

（吕学森）

国有资产管理

【国有资产管理】 制定印发市本级行政事业单位国有资产管理、处置暂行办法和市本级行政事业单位通用办公设备家具配置标准。按照国有资产配置标准，结合部门单位存量资产现状，控制部门单位资产总量，对部门单位申请购置的资产对标审批，对有闲置资产且无特殊理由新增资产的，一律不予批准采购。规范部门单位的资产调拨、报废、处置行为，对由主管部门或单位自行审批的，通过行政事业单位资产管理系统线上动态监控；对重大资产处置事项或者涉及房屋、土地、车辆等资产处置，报市委、市政府研究后按程序审批，线下全流程监督；结合公务用车改革，关注新增车辆必要性，遵循“报废一辆新增一辆”原则，严格车辆报废、新增审核。涉及变卖转让的房屋、土地、车辆等重点资产统一通过市公共资源交易中心、拍卖机构公开竞价交易；报废的电器、电子类资产，交由专业机构统一回收、环保处理。牵头起草《中卫市 2020 年度国有资产管理情况综合报告》，2021 年 7 月按时完成上报工作。开展行政事业性国有资产报表编报工作，将尚未入账的存量资产登记入账。依托行政事业单位资产管理系统，对资产基础数据实施“全面、准确、动态”管理，资产处置实行线上、线下可监控的同步审批，形成闭环式管理体系。各部门均建立或明确专门资产管理机构，指定专职管理人员，优化资产管理岗位责任制。

（何建平）

【中卫市建设投资有限责任公司、宁夏沙坡头旅游产业集团有限责任公司】 按照市委、市人民政府《推进市属国有企业重组改革实施方案》要求，2020 年 9

月，中卫市建设投资有限责任公司与宁夏沙坡头旅游产业集团有限责任公司进行重组改革，实行两块牌子，一套人马。建投公司成立于2008年8月，主要承担政府投资项目的融资担保和国有资产管理等职能。截至2021年12月31日，注册资本金7.2亿元，总资产105亿元（含下属子公司），有沙坡头旅游产业集团、应理市政产业集团、市国资公司3家子公司，对外投资公司6家。旅游集团重组于2012年9月，主要承担我市旅游项目投资、开发、建设和招商引资以及国有资产管理等职能。截至2021年12月31日，注册资本金1.8亿元，总资产11.64亿元，共有全资子公司6家、参股子公司4家、控股子公司1家。其中，全资子公司包括腾格里金沙岛旅游度假区、秀水大酒店、高庙、南北长滩旅游区、旅行社、旅拍公司。1. 通过加快企业战略性重组、优化产业结构布局等措施，将36处“沉睡”资产以出售、转让、租赁、招商等方式盘活，实现收益400多万元，扭转企业数量多、发展规模小、分布行业散、资源整合弱的局面。以北长滩景区为试点，探索建立“一企一策”分类授权和差异化管理制度，强化沉淀项目，建设新上项目，开发优势项目，推动下属公司自主经营、自负盈亏，2021年度景区游客人数和收入分别增长200%和300%以上。以驼铃声声客栈为改革重点，通过选派新的经营管理团队，调整经营策略，丰富产品和业态内容，接待人次及人均消费分别增长8%和4.4%。2. 项目建设。2021年，以打造“城市会客厅”为主题，投资2亿元，重点推动中卫高庙历史文化街区文旅融合项目建设及业态布局。以打造“沙漠大客厅”为主线，推进腾格里金沙岛景区提质改造，大漠星河景观打造及基础设施配套，银河酒店、童话小镇项目建设，使之成为新的网红打卡地。大漠星河营地项目于2021年9月投入试运营后，受到国内高端客户青睐。以打造“人文会客厅”为目标，主动谋划康养服务、沙漠大客厅公共服务中心、南北长滩复制、金沙岛提质改造等项目，加强与宁旅集团、浙江九点健康的战略合作，提升企业竞争力。3. 队伍建设。通过组织培养和市场发现相结合，引进高素质人才39名。通过对36名中层正副职管理人员进行公开竞聘上岗，让24名员工下沉一线锻炼提升。4. 社会效益。投资800万余元对沙漠博物馆、野生动物救护中心周边开展环境治理、小品景观打造以及地形整理等工作。投资500万余元，修复66号公路两侧植被生态，建设停车场、观景平台，铺设木栈道，配置移动式标准卫生间，增设商贸区域和小吃餐饮业态，为游客提供咨询和个性化摄影服务以及服装、道具租赁等增值服务，满足游客的餐饮、购物、休憩、娱乐等需求。2021年，66号公路吸引游客达70万人次，间接拉动全市服务业实现营业收入2亿元左右。（何荣华）

【高新技术产业开发集团】 中卫市高新技术产业开发集团有限公司成立于2020年5月，是中卫市人民政府授权中卫工业园区管委会履行出资人职责的市属国有企业。公司注册资本10亿元，下设4个二级子公司，主要开展园区内国有土地综合开发经营、基础设施建设、园区建设投融资、公共事业建设及运营管理、新兴产业培育发展等工作。2021年，实现收入1056万元，融资贷款1.378亿元建设中卫工业园区“能源岛”综合管道和第二固废填埋场等基础设施项目，每年可实现营业收入7800万元；投资5600余万元建设中卫风电整机装备标准化厂房交付中车株洲所使用，每年实现收入380万元。建设宁夏钢铁集团中卫热电铁路专用线、中卫工业园区智慧制造产业园孵化基地、“绿电园区”项目和园区道路、绿化、环卫等基础设施等项目。配合举办“云天大会”，参股国家新型互联网交换中心、陆海新通道宁夏运营公司，参与工业园区基础设施建设，推进实施云计算大数据产业、交通物流项目和园区基础设施建设。（石教俊）

【应理城乡市政产业（集团）公司】 中卫市应理城乡市政产业（集团）公司（以下简称“集团”）和集团党委分别成立于2008年1月、10月。集团内设综合管理部、人力资源部、运营管理部、财务管理部、稽查风控部、企业发展部6个部门，下辖中卫市泰和热力有限公司、中卫市启源房地产开发有限公司、中卫市启源市政工程有限公司、中卫市恒基泰质量检测公司、中卫市房地产测绘中心（有限公司）、中卫市新源材料有限公司、中卫市正捷商贸有限公司、中卫市东游人力资源服务有限公司、中卫市卫民公共交通有限公司、中卫市启源物业服务有限公司10家全资子公司，国安押运守护服务公司1家控股公司和宁夏水投中卫水务公司1家参股公司。集团业务涵盖给排水、城市集中供热、医疗垃圾废物处理、一般固废处理、物业服务、房产开发、市政建设、武装押运、房产测绘、建筑质量检测、新能源新材料开发利用、人力资源服务、公交服务等。资产总额78.2亿元，实现营收2.5亿元。

（周东辉）

【中卫市林草集团股份有限公司】 中卫市林草集团股份有限公司成立于2021年9月13日，注册资本金638万元（国资委出资货币资金500万元、固定资产 38 万元，宁夏良景园林公司出资货币资金 100 万元)，是中卫市人民政府直属的国有控股混合所有制企业。公司主要负责土壤污染治理与修复服务、水污染治理、园林绿化工程施工、规划设计管理、树木种植经营、生物质成型燃料销售、林业产品销售、森林经营和管护等与林草相关经营业务。公司内设 5 个部门(综合部、规划财务部、项目运营部、经营发展部、林场管理部)，下辖创美园林绿化公司、创美生态建设公司、绿汇林草资源运营管理公司、创美生态产业公司、创美生态科技研究中心 5 家子公司，注册成立 3 家子公司，并开展相关业务工作。2021 年，明确集团公司发展思路，推进国企改革三年行动。完成镇罗工业园区东侧乔木林 500 亩的栽植任务；通过“线下+线上”的方式，考察林草产业发展前景，组织人员到西吉、贺兰、吴忠、左旗、吉兰泰等地进行学习考察，实地了解苗圃种植、产业模式、产业效益、生态建设等方面的经验知识。 (王 彤)

税 务

【概况】 2021 年组织各项收入 75.8 亿元，其中税收收入入库 38.5 亿元（完成地方级税收收入 21.2 亿元，其中完成市县级税收收入 15.2 亿元)；非税收收入入库 2.4 亿元；其他收入入库 2.5 亿元；办理出口退税 5644 万元。 (田 娜)

【减税降费】 细化落实减税降费机制，加强培训宣传，强化教育辅导，开展“春雨润苗”专项行动，推行提醒纠错机制，确保税费优惠政策直达快享。强化分析监控，防范落实风险，加强监督检查，查不足、促整改、保落实，确保纳税人应享尽享，全年累计减税降费 17.66 亿元，激发市场主体活力。 (田 娜)

【纳税服务】 坚持以人民为中心的理念，深化“放管服”改革，解决缴税费人痛点、堵点和难点问题，全市基层局均建成 24 小时智慧办税服务厅，打造中卫税宣动漫 IP 代言人税小杞、税小云。推出《中卫税务开讲吧》动漫宣传片，为信用良好的企业提供“税联贷”“税易贷”服务，累计发放贷款 1.4 亿元，纳税人满意度提升，办税缴费高效便捷，税收营商环境公平有序。 (田 娜)

【队伍建设】 贯彻新时代党的组织路线，落实“带好队伍”机制制度体系，加强领导班子和干部队伍建设，树立鲜明选人用人导向，优化选人用人机制，推动人才梯次培养，加大青年干部使用力度。举办培训班 54 期，职级晋升 93 人，选拔任用科级领导干部 26名，全系统 3 个单位继续保留全国文明单位荣誉称号。 (田 娜)

发展和改革

【经济综情】 2021 年，全市地区生产总值增长6.4%左右，规上工业增加值增长 3.7%，规上服务业增长 20.9%，固定资产投资增长 19.3%以上，社会消费品零售总额增长 3.2%，地方一般公共预算收入增长 9.6%以上，城乡居民人均可支配收入分别增长 6.7%、11.3%。 (马 妍)

【固定资产投资】 2021 年，全年储备项目 677 个，年度计划投资 316 亿元。全市全年共实施各类项目 570 个，累计完成固定资产投资 262 亿元，同比增长 19.3%，增速高于自治区 17.1 个百分点，稳居自治区第一。其中 60 个市级重点项目开复工 55 个，开工率为 91.7%，完成投资 126.2 亿元，投资完成率为 114%。 (马 妍)

【项目资金争取】 紧盯中央和自治区政策导向和资金投向，围绕基础设施补短板、产业转型升级、生态环境保护和治理、社会事业发展和民生改善等方面，加大项目谋划储备和政策、资金争取力度。2021 年，市本级累计争取项目到位资金 3.72 亿元，其中争取中央和自治区预算内资金 1.96 亿元。获批全国一体化算力网络国家枢纽节点城市，成为全国首个互联网“双节点”城市，全市云计算和大数据产业纳入国家数字经济发展的重要战略布局。牵头吴忠市、固原市及 7 县(区)编制《宁夏清水河流域水环境综合治理与可持续发展流域试点方案》，国家发展改革委将清水河流域纳入第二批全国重点流域水环境综合治理与可持续发展试点，试点围绕水环境综合治理、水资源集约节约利用、水生态保护修复 4 个方面，计划实施项目 31 个，总投资 12.38 亿元，其中涉及中卫市项目 18 个，总投资 7.14 亿元。 (马 妍)

【产业调整与转型】 贯彻新发展理念，围绕自治区九个重点产业布局，立足中卫市六大新兴产业发展基础，调整产业结构，经济发展质量和效益稳步提升，三次产业结构由 15.8:42.4:41.8 调整为 14.3:41:44.7。建立健全中卫市“十四五”规划落实工作机制，加快编制中卫市“十四五”现代服务业规划、公共服务规划、能源产业发展规划，加强规划对经济结构调、转、改的引领作用。紧盯国家支持宁夏新能源发展“十七条”重大利好政策，加大项目谋划力度，争取光伏发展指标，推动清洁能源产业扩规延链，两县一区屋顶分布式光伏试点项目加速推进，明阳智慧能源产业园、天合光能200兆瓦光伏发电项目等开工建设，全市新能源装机规模802万千瓦，接近全区新能源装机总量的三分之一。全面落实党中央、国务院和自治区党委、政府关于能耗“双控”和坚决遏制“两高”项目盲目发展的各项决策部署，严格项目准入，淘汰落后产能，推动企业开展节能改造，组建行业产业联盟，鼓励用能权合作交易，全年能耗总量同比下降1万吨，能耗强度同比下降6.4%。（马 妍）

【营商环境优化】 学习贯彻中央和区、市党委深化改革工作会议精神，推动成立开办企业、知识产权保护、登记财产等18个工作专班，建立优化营商环境联席会议制度、会商制度、报告制度等，制定《中卫市持续优化营商环境更好服务黄河流域生态保护和高质量发展先行区建设若干措施》《中卫市市本级2021年优化营商环境考核办法及考核细则》等，推进优化营商环境工作。推进深化改革“回头看”工作，梳理分解经济综合改革领域改革任务及区、市反馈问题172项，建立5本任务台账、3本落实台账、2张问题清单、1本整改台账，推动完成34项自查问题和8项自治区督查调研反馈问题整改任务。推进社会信用体系建设，推进行政许可和行政处罚“红黑名单”及水、电、气等特定信用信息归集，推进“信易贷”“信易阅”“信易健”“信易游”等“信易+”惠民便企工作，提升信用监管能力，推进行业领域信用等级评价，开展“跨行业”“跨部门”联合奖惩，加强失信主体合法权益保护，推进诚信中卫建设。（马 妍）

【服务与监管】 落实6家重点发电和供暖企业储煤26.9万吨，签订年度供气合同总量2.77亿立方米，为3367户农村困难群众协调每户不少于3吨平价煤。帮促发电企业不断提高发电负荷，压紧压实企业能源保供主体责任。完善价格监测体系，完成国家和自治区下达的四大类176个品种、18家劳动力价格监测任务，重点加强了46种食品价格、34种日用工业消费品价格、19种农业生产资料价格、4种粮食价格、8种畜产品价格、53种居民服务价格的动态监测工作。加大市场巡查频次，强化价格监测预警，向社会投放政府调控肉17.21吨，储备冷冻猪肉60吨。2021年，全市CPI累计上涨1.9%，涨幅控制在3%的预期调控目标内，价格总体水平保持基本稳定。有序推进能源、资源等重点领域价格改革，完成农业用水价格改革，推进城市用水价格改革，深化电力市场化价格改革，为大工业用户减少用电成本4.39亿元，为3家自备电厂用户减少备容费95.89万元。完善管道天然气上下游价格联动机制，制定中小学(幼儿园)课后服务费收费标准，开展供暖、教育等重点领域成本监审，做好农产品成本调查工作。开展涉案物品价格认定工作，全年共完成涉案物品价格认定135件，涉案标的金额502.48万元。中央、自治区环保督察反馈问题完成整改，13个“挖湖造景”反馈问题、5个《黄河流域生态警示片》反馈问题完成整改。2021年年底，全市新能源企业植绿增绿面积为120660亩，共栽植乔木、灌木等31.4万株，完成全年植绿增绿面积的104.9%。

（马 妍）

统计管理

【统计基础】 1.规范基层统计工作行为。制作发送《中卫市统计局统计调查对象事务告知书》，以书面形式向企业告知法定义务、法定权力和法律责任。2021年，共制作发送《中卫市统计局统计调查对象事务告知书》53份。2.推进统计“下基层”工作。落实每月不少于2次的“下基层”工作要求，深入企业、乡镇开展统计基层基础工作业务指导，保障统计基层基础工作质量。2021年，共深入198家企业开展统计业务指导。3.做好统计调查单位维护。做好2021年月度和年度“一套表”调查单位审核入库工作。2021年，共审核、上报“一套表”调查单位76家，全市“一套表”调查单位达482家。（陈宏宇）

【统计调查】 1.开展常规统计。执行统计报表制度，完成工业、能源、固定资产投资、建筑业、房地产、商贸、服务业、劳动工资等专业2020年年度和2021年月度定期报表，“四上”企业联网直报率达100%。2.完成核算任务。贯彻落实国民经济核算统计制度，完成2020年第4季度和2021年1—3季度全市地区生产总值核算以及2020年民营经济核算工作。3.开展抽样调查。完成全市规模以下工业企业和限额以下零售业餐饮业“金样本”抽样调查工作。

（陈宏宇）

【统计监测】 1.加强监测预警。围绕全市重点工作和目标任务，紧盯月度经济指标运行情况，监测重点指标和先行指标，研判经济形势，及时向市委、市政府提供预警信息。2.开展能源监测。紧盯全市能耗“双控”目标任务进行监测预警，为全市节能降耗、用能结构优化提供统计数据支撑。3. 开展项目监测。做好2021年重点项目和重大项目监测，为市委、市政府决策提供参考依据。4. 开展妇儿监测。配合市妇儿工委开展全市妇女儿童发展规划监测，推动“两规划”落实。

（陈宏宇）

【统计服务】 1. 编印统计服务产品。编印发布《2020年中卫市国民经济和社会发展统计公报》《中卫经济要情手册（2020年）》《中卫月度经济指标手册》。2. 撰写统计分析报告。2021年，共编发统计报告20篇、统计快报11篇、统计专报41篇、统计信息56篇。3. 编印《回眸“十三五”》。围绕“十三五”时期全市经济社会发展情况开展分析研究，编印《回眸“十三五”》一书，为“十四五”开新局提供统计数据支撑。4. 撰写十大课题分析。围绕市委、市政府中心工作和社会公众关注的热点问题，组织完成“调研与思考”十大课题分析，涵盖核算、工业、固定资产投资和服务业等多个领域。

（陈宏宇）

【统计法治】 1. 开展统计星级评定。以统计星级评定为抓手，规范乡镇统计站、“四上”企业统计工作。2021年，共评定四星级统计单位8家，向自治区统计局推荐报送五星级统计单位3家。2. 开展统计诚信建设。对所管辖的“四上”企业开展统计从业人员诚信档案管理更新工作，坚持一人一册，分类保管、动态管理。2021年，共建立统计从业人员诚信档案320人次。3. 加强统计法治培训。利用各专业统计业务培训会议，对统计从业人员开展《中华人民共和国统计法》《关于深化统计管理体制改革提高统计数据真实性的意见》《统计违纪违法责任人处分处理建议办法》《防范和惩治统计造假、弄虚作假督察工作规定》等统计法律法规知识培训，提高统计从业人员的统计法治意识。2021年，共组织开展统计法治培训13场次，培训统计从业人员600余人次。4. 开展数据质量核查。开展防范和惩治统计造假、弄虚作假工作，对全市198家“四上”企业开展“拉网式”数据质量核查。5. 开展统计执法检查。6至9月，集中开展“摸实情、讲实话、报实数”专项统计执法检查工作，共下发责令改正通知书23份，立案查处4家，遏制统计违纪违法现象。6. 开展领导干部违规干预统计工作记录。防范和惩治统计造假、弄虚作假行为，开展领导干部违规干预统计工作记录，每季度向市委、市政府汇报记录情况，并及时向自治区统计局报告记录台账。

（陈宏宇）

【统计宣传】 1. 打造统计数据可视化。2021年6月起，每月为经济运行分析设计“一图读懂中卫月度经济发展情况”，在“中卫统计”微信公众号上发布，满足不同层次用户对数据的需求，扩大统计解读宏观经济的影响力和受众范围，引导社会公众关注经济、关注民生。2021年，在“中卫统计”微信公众号发布各类经济运行分析20余条。2. 开展统计开放日活动。2021年9月23日，组织开展以“赓续红色血脉，奋进统计未来”为主题的第十二届中国统计开放日活动暨政府开放日活动。3. 举办广场文艺演出。2021年10月11日，在市区文化广场举行“光荣使命”专场广场文艺演出，宣传统计工作。（陈宏宇）

【统计普查】 1. 经济普查。开展四经普重点课题分析研究，撰写《推动中卫工业经济高质量发展路径选择研究》等，加强四经普资料开发利用，编印《中卫市第四次全国经济普查年鉴》，完成全市第四次全国经济普查工作。2. 人口普查。在中卫市人民政府网站、中卫日报等新闻媒体上依法依规发布了《中卫市第七次全国人口普查公报》，制作《图解中卫》展示人口普查数据成果。围绕市委、市政府和相关部门以及社会公众关注的热点问题，撰写6篇系列分析和专题报告，解读全市人口普查基本情况及10年间人口发展变化特征特点。3. 先进表彰。沙坡头区人普办、海原县人普办荣获国家级第七次全国人口普查先进集体，中卫市人普办、中宁县人普办等17个单位荣获自治区级第七次全国人口普查先进集体，全市53名普查“两员”获自治区级第七次全国人口普查先进个人荣誉称号。

（陈宏宇）

自然资源管理

【项目储备】 主动融入黄河流域生态保护和高质量发展大局，按照“北治风沙、沿黄治水、中部复草、南保水土”的总体格局，谋划储备德国促进银行贷款、亚洲基础设施投资银行贷款、涩井沟废弃矿山治理等生态保护修复项目8个，计划总投资29亿元，已纳入国家、自治区项目库。2021年，“蚂蚁森林”合作造林等10个项目落地中卫，获批资金3.03亿元。

（王田田）

【规划管理】 落实自治区“一河三山”总体生态格局，编制国土空间规划，初步划定生态保护红线、永久基本农田、城镇开发边界三条控制线，全面融合主体功能区、土地利用、城乡、林保等空间规划。完成《城市总体规划实施评估》《土地利用总体规划实施评估》等

10项专题研究。围绕乡村振兴战略，编制完成沙坡头区团结村、中宁县唐圈村、海原县新源村等40个成建制移民村“多规合一”实用性村庄规划，市、县（区）、镇（乡）三级贯通的国土空间规划体系基本形成。

（王田田）

【耕地保护】 整改国家耕地保护例行督察反馈问题46个、自治区自然资源厅下发耕地保护动态监测图斑问题120个、自然资源部下发耕地卫片监督系统图斑问题14个、2021年违法违规占用耕地重点问题49个。开展永久基本农田核实清理工作，实现永久基本农田保护边界与生态保护红线、城镇开发边界无冲突、不重叠。落实新增耕地，梳理摸排历年高标准农田建设项目、土地整理项目及高效节水灌溉项目新增耕地潜力，入库新增耕地11760亩。 （王田田）

【土地利用】 以“两个超前”保障高效率批地供地，即项目立项阶段，超前告知用地单位土地报批资料清单，及早开展规划调整等准备工作；项目预审选址、土地报批阶段，超前开展勘测定界、地价预估等工作，开辟用地保障“绿色通道”，2021年共取得15批次32个项目2405亩建设用地批复。年内完成项目供地4万亩（含租赁供地22宗2.9万亩），满足交通、能源、教育、商服、住宅、工业等87个项目用地需求，收缴土地出让金7.45亿元。消化批而未供土地1135.19亩、闲置土地4宗327.28亩。编制完成《中卫市沙坡头区近期国土空间规划实施方案》，划定近期城镇开发边界279.35公顷，提前安排交通、水利、能源等十大类94个建设项目新增建设用地596.42公顷。优化调整工业园区建设用地布局，调入调出144公顷，保障工业园区2021年至2022年重点工业项目开工建设。

（王田田）

【矿产资源管理】 2021年全市完成53家矿山企业矿山开发利用统计工作、45家储量统计工作、48家开采信息公示工作，办理5个矿的新立，4个矿的延续工作，注销采矿许可证15个，收取采矿权使用费（占用费）11.4万元、采矿权出让收益8212.21万元。86家矿山企业对矿区进行环境恢复治理，通过专家组验收，91家矿山企业消除安全隐患。 （王田田）

【产权登记】 推进“互联网+建设项目审批管理”，建立“一站式”受理、并联审批、实时流转、跟踪督办的网络审批模式，线上办结建设用地规划许可证37件，办结工程规划许可证50件。建立规划设计方案联审机制，实现自然资源、住建等11个部门并联审批。创新不动产登记“线上办”“就近办”“网上查”“上门办”“承诺办”“高效办”六大便民服务措施，压缩办理时限，产权登记效率和服务质量提高，全年共办理不动产权证8452本，抵押登记6238件，抵押融资43.33亿元。 （王田田）

【生态建设】 2021年植树造林41.77万亩，超额完成12.5%，全市森林覆盖率达17%。实施沙坡头规模化防沙治沙试点等生态保护修复项目，腾格里沙漠治理面积由147万亩提升到150万亩，达到总面积的89.3%。通过自然恢复、植树造林等方式，完成生态移民迁出区生态修复6.6万亩。强化湿地保护措施，保护率达55%，中卫香山湖国家湿地公园通过试点验收。 （王田田）

【功能农业】 实施基地稳杞、龙头强杞、科技兴杞等六大工程，2021年新植枸杞5.2万亩，枸杞种植面积提高到32.2万亩。推行“龙头企业+合作社+农户”订单式生产10万亩，打造标准化示范基地22万亩、国家级出口枸杞质量安全区3万亩，基地标准化率达70%，枸杞鲜果、干果年产量分别达到22万吨、2.8万吨。累计培养枸杞精深加工企业55家，枸杞加工转化率达25%。举办第四届枸杞产业博览会，签约金额达68.55亿元。中宁枸杞进入全国800余家专卖店（专柜）、1.3万家药店销售，全市枸杞产业综合产值突破120亿元，“中宁枸杞”以190.38亿元的品牌价值进入全国农产品区域品牌价值前十强。

（王田田）

【执法监察】 通过卫片执法、动态巡查等措施，立案查处土地违法案件85起，罚款716.85万元。摸排出违建别墅4宗，对3宗违建别墅依法没收并处罚款12万元，对1宗依法拆除并复垦土地15.4亩。整改国家自然资源督察西安局反馈的87个耕地保护问题，完成整改70个，整改完成率达80.5%。立案查处违法开采行为32起，没收违法所得133.6万元，并处罚款88.7万元，对违法情节严重的2家矿山企业吊销采矿许可证，2家移送公安机关。 （王田田）

【深化改革】 土地权改革方面，第三次国土调查工作全面完成，成果质量居全区第一。在全区率先完成宅基地确权登记发证工作，中宁县鸣沙镇集体经营性建设用地入市、工业用地弹性出让工作全面展开；山林权改革方面，森林、草地、湿地资源摸排梳理工作快速推进，山林地资源地类界线逐步明确。市、县两级“林长制”全面落地，健全林业服务管理体系。构建“政府+银行+担保+保险”的林业金融服务机制，通过扩权赋能，为枸杞产业发展注入动力。 （王田田）

市场监督管理

【优化营商环境】 推进"一网通办""容缺受理",企业登记全程电子化办理率达96%,开办时间压缩至1个工作日内。推进"证照分离"改革,对涉及经营许可事项全部实行清单管理。推行部分行政审批事项进驻乡镇,打通服务群众"最后一公里"。截至12月底,全市市场主体达8.1万户,新设立市场主体1.37万户,同比增长19.1。推进年报工作,全市年报公示率达94.1%,依法将未按时参加2020年度企业信息公示年报的777户市场主体列入经营异常名录。开展"双随机、一公开"监督抽查工作,组织完成44项联合抽查事项和159项部门内抽查事项,共抽查企业9049户。

(李彩玲)

【食品药品监管】 把创建食品药品安全区作为贯彻落实"四个最严"要求的具体实践,2021年,组织召开协调推进会3次,开展督查检查2次。组织开展校园周边及企事业单位食堂、农村食品、进口冷链食品等各类专项整治21次,消除食品安全隐患3974处。开展"你点我检""食品安全你我同查"活动。推广"宁冷链""智慧食安"监管平台运用。截至10月底,完成食品监督抽检3578批次,合格率98.57%,对38批次不合格产品立案查处。完成各类重大活动食品安全保障工作25次,保障用餐人数13350余人次。累计检查集贸市场116家次,餐饮单位3503家次,食品流通经营单位2849家次;劝导73家1378桌红白宴席推迟或取消,关停小饭桌32家。组织开展"两品一械"专项检查,组织统计、回收家庭过期失效药品797批次681.4千克,无害化销毁处理可能危害人体健康的药品125箱1420千克。监督药品经营企业实行"一人一单"管理,收集、汇总、报告退烧类等药品销售信息累计148078人次,摸排出发热270人,中高风险地区来卫3人。

(李彩玲)

【特种设备安全监管】 落实安全生产专项整治三年行动,开展电梯、大型游乐设施、锅炉、压力容器(含气瓶)等专项监督检查。2021年,共检查特种设备使用单位715家次,抽查特种设备896台(套),消除特种设备安全隐患510处;督促检验各类气瓶21275支,其中监督报废157支。开展安全宣传教育培训及应急救援演练77次,组织各类宣传活动50次。

(李彩玲)

【工业产品监管】 开展生产、流通领域产品质量监督抽查,组织对化肥、农膜、塑料购物袋、民用散煤、建材、消防产品、服装等14类产品开展产品质量抽检,抽检生产销售单位210多家759批次。免费检定加油机、加气机、压力表等各类在用计量器具8370余台。

(李彩玲)

【质量体系建设】 制定印发《2021年中卫市质量强市工作要点》,组织全市4家企业参加第四届中国质量奖申报评选工作,指导147家企业对551项标准通过《国家产品标准信息公共服务平台》进行自我公开声明,涵盖645种产品。

(李彩玲)

【知识产权保护】 建立知识产权多元化纠纷解决机制,出台《中卫市强化知识产权保护工作实施方案》,建立中卫市知识产权纠纷调解委员会,处理发明专利侵权行政裁决4起、商标侵权案件14起,累计罚没款7.57万元。全市有效发明专利累计338件,每万人发明专利拥有量达3.17件。

(李彩玲)

【商标品牌培育】 围绕特色优势产业,打造具有市场竞争力和知名度的品牌企业。中卫市商标注册总量达10007件,地理标志证明商标3件,地理标志保护产品1件,农产品地理标志保护产品9件,中国驰名商标6件。

(李彩玲)

【市场秩序规范】 1.加大执法力度。围绕食品药品、产品质量、特种设备等重点监管领域,1—10月,全市查办案件446件,罚没款431.27万元,没收不合格商品2160袋(盒)。2.重点领域监管逐步深入。开展价格、旅游市场、网络平台等领域不正当竞争行为治理。加强24家转供电环节电价检查,检查停车场53家次,立案查处4家,整治停车乱收费现象。开展扫黑除恶斗争,对群众反映强烈、问题突出的领域,采取有力措施,进行重点整治。3.疫情防控。落实各项防疫措施,对36家集贸市场疫情防控工作进行全面督查检查,组织重点行业从业人员11055人进行疫苗接种。4.消费维权工作。落实高效办理机制,2021年共办结消费投诉举报3730起、书记信箱6件、市长信箱69件,办结率98.8%,为消费者挽回直接经济损失201.52余万元。

(李彩玲)

【"智慧食安"建设】 依托"云天中卫"建设,建成"互联网+智慧食安"一期监管平台。将中卫市1652家各类餐饮服务单位基本信息档案接入"智慧食安"监管系统,其中420家学校食堂、医院食堂、大中型餐饮服务单位实现"互联网+明厨亮灶",全市城市建成区餐饮服务单位"明厨亮灶"覆盖率达100%,校园覆盖率达100%。

(李彩玲)

【食品安全义务监督队成立】 中卫市市场监督管

理局结合全域食品药品安全区创建，创新完善多部门协调联动机制，探索成立宁夏首支食品安全义务监督队。（李彩玲）

【出租车计价器检定】 经调研和与当地政府沟通协调，海原县拨付50万元用于购买出租车计价器检定装置等设备及相关技术支撑能力建设。（李彩玲）

审计监督

【概况】 2021年，共完成审计项目31项，其中市本级及部门财政预算执行审计8项，领导干部经济责任审计11项，自然资源资产审计1项，专项审计项目6项，政府投资项目跟踪审计完成阶段性审计任务5项。按照自治区审计厅统一安排，完成65个一级预算单位审计全覆盖3批次17类问题疑点调查核实工作，揭示各类违规和管理不规范资金9757.71万元。（刘芳霞）

【财政预算执行审计】 完成8项市本级及部门预算执行和其他财政收支情况审计，对市本级65个一级预算单位财务数据审计分析，核实3批次17类问题疑点。督促项目资金支付进度，推动财政资金使用。（刘芳霞）

【经济责任审计】 对11名领导干部开展任期经济责任审计，查处违规和管理不规范资金1182万元，全面、准确、客观、公正作出审计评价。（刘芳霞）

【专项资金审计和审计调查】 组织实施保障性安居工程资金投入和使用绩效审计，促进分配保障性住房1300多套；实施基本养老保险、基本医疗保险社会保险基金审计，追回违规资金71.92万元；实施沙坡头区、中宁县易地扶贫搬迁后续扶持政策和资金审计，查出6个方面19个问题，挖掘民生领域短板弱项。（刘芳霞）

【政策执行跟踪审计】 围绕贯彻落实习近平总书记视察宁夏重要讲话精神和对审计工作的重要指示批示精神，以推动国家和自治区重大政策措施贯彻落实、政令畅通为目标，围绕做好"六稳"工作、落实"六保"任务、高质量发展先行区、先行市建设等，重点关注相关政策落实、项目建设和资金使用情况，高度关注减税降费、涉企收费、"四权"改革等中央和自治区重大政策落实情况及效果，延伸调查26个单位，为国家增收169.87万元。推动各项惠民政策落到实处，促进民生保障体系不断健全完善。（刘芳霞）

【政府投资项目审计】 以推进黄河流域生态保护和高质量发展先行区建设为目标，重点关注民生工程和基础设施建设项目，紧扣项目规划、支持政策、目标绩效等，密切关注投资项目规划的效益、变更和落实，重点关注项目审批、招标投标程序、资金使用情况的合规性和工程结算的真实性等问题，开展中卫市中医院迁建、高铁站综合枢纽等5项政府投资项目跟踪审计，涉及资金8.15亿元，发现工程资金使用等方面7类28个问题，促进政府投资落地，强化投资成本控制，助推政府投资项目整体效益提升。（刘芳霞）

【自然资源资产离任审计】 开展中卫市住房和城乡建设局原领导自然资产资源离任审计，揭示和促进解决生态环境治理、自然资源利用、生态文明建设中存在的突出问题、风险隐患和体制机制障碍，促进领导干部牢固树立绿色发展理念和正确政绩观，促进自然资源资产节约集约利用和生态环境安全。（刘芳霞）

【审计整改】 落实审计整改报告、问题挂号销号和清单制管理制度，对审计查出的问题，逐项逐条摆列清单，详细说明问题表现、违规性质、法规依据、整改要求和时限等要素，按照"数字化、表格化、责任化、时序化"要求进行跟踪督办。将审计查出问题整改工作提交市政府专题会、常务会议推进4次，对42个部门"一把手"进行集体约谈，督促完成审计查出问题整改220个。（刘芳霞）

公共资源交易

【交易数据】 2021年，全市公共资源进场交易项目共618个，同比下降0.32%；交易额425127.78万元，同比下降15.92%；节约资金24650.78万元，节约率5.62%（市本级进场交易项目155个，交易额87983.26万元；沙坡头区进场交易项目97个，交易额67051.31万元；中宁县进场交易项目200个，交易额142586.20万元；海原县进场交易项目163个，交易额126839.78万元；海兴开发区进场项目3个，交易额677.23万元）。其中电子标项目337个，占进场交易项目的54.53%，交易额315270.68万元（远程异地主场项目85个，交易额91898.16万元）。服务远程异地副场项目303个。（卜治军）

【亮点工作】 1. 推行全流程电子化交易。完成房建市政、交通、水利等工程项目全流程电子化交易，实现网上发布交易公告及信息、投标报名、场地预约、抽取专家评委、缴退保证金、自动下载招标资料、开标、评标等，方便交易主体，降低交易成本。2021 年，全市房建市政、交通、水利等工程项目共开展电子标项目 303 个，占工程交易项目总数的 84.40%。2021 年 9 月 1 日起，全面推行政府采购项目全流程电子化交易，完成交易项目 34 个。2. 推行远程异地评标。2021 年，公共资源交易中心共开展远程异地主场评标项目 85 个，占工程交易项目总数的 22.83%。2021 年 5—12 月，公共资源交易中心作为远程异地评标工作交易副场，共协助区内其他 5 个交易中心开展交易项目 303 个。（卜治军）

【平台建设】　推行全流程电子化交易。优化交易平台投标保证金缴退功能和流程。对未中标企业的投标保证金当天系统自动退回，对完成交易活动的项目标段，按照“原路退还”的原则，在中标候选人公示后 1 个工作日内，交易平台自动发起退还投标保证金的指令；对过去长期滞留、应退未退的保证金全面核对、集中清退；推进保证金“保函”业务，缓解部分投标企业融资难、融资贵问题，减轻企业负担。优化提升信息软件系统，把规则、制度、流程全部固化为电子化程序，改造升级身份识别门禁系统、评标专家密信打印系统、电脑随机抽取专家语音自动通知系统、开评标现场音视频同步录像系统、电子监控系统及安检系统等，将科技融入公共资源交易领域，运用科技手段解决人工无法解决的问题，提高场内管理和监督水平。（卜治军）

【场内管理】　设置政府采购交易和工程交易见证室，安装连通开评标室监控录像的电子显示大屏，实时在线数字见证。在各见证室、代理机构服务室增设智能寻呼设备，可以随时语音在线交互呼叫，发挥“见证员”职能作用。对场内巡查见证发现的交易过程中涉嫌违纪违规的 7 起招投标项目第一时间向市、县（区）专治办和各有关部门进行反馈并建议从速处理。加强进场人员身份辨识。要求招标人、监督部门、评标专家和代理机构进入开、评标区时穿着公共资源交易中心提供的红、黄、深蓝、浅蓝、荧光绿“五色”马甲，方便投标人和社会公众监督。开展工程建设政府采购等重点领域突出问题专项治理工作。组织工作人员对 2017 年 1 月至 2021 年 12 月进场交易的 4890 个标段档案进行电子化数据录入，实现限额以上交易项目档案资料应录尽录。开展自查整改。配合各级纪检监察、公安部门调取音视频资料 112 件，纸质档案资料 289 件；配合市专治办、住建、财政、审计等部门查阅、核实档案资料 45 件，解答咨询问题 270 余次。废止清理《评标专家考核管理办法（试行）》等 12 件与现行政策法规不符的工作制度。制定印发《平台服务内容及工作规范》等 6 项场内管理制度。（卜治军）

【服务举措】　结合专项治理工作要求和平台规范化建设标准，设置开标区、评标区、公共服务区和办公区。增设政府采购和工程交易见证室、行政部门监督室、调档查阅室、电子报价室、远程异地评标室等。在开评标室配置电脑、打印机等办公设备，供交易各方无偿使用。结合“我为群众办实事”实践活动的开展，为交易各方无偿提供疫情防护用品、无线网络、手机充电站等设施设备。简化交易流程。对进场交易主体不登记、不备案、不审核，只要具备相关法律法规手续即进行登网交易。推进“四权”改革进场交易工作。全市用水权、土地权、排污权、山林权改革工作启动以来，公共资源交易中心积极对接区局和全市各相关行业主管部门，提前在场地设置、设施配备、人员培训方面做好“四权”进场交易的准备工作。（卜治军）

海　关

【概况】　2021 年，中卫市外贸进出口总值 28.31 亿元，同比增长 53.22%，占同期全区进出口总值的 13.23%。其中，进口 9.18 亿元，同比增长 10.72%，占全区进口总值的 23.39%；出口 19.13 亿元，同比增长 87.79%，占全区出口总值的 10.95%；贸易顺差 9.96 亿元，同比增加 423.81%。（贡　媛）

【海关监管】　2021 年，中卫海关切实落实总体国家安全观，强化监管能力建设，坚决守牢国门关口，有力保障外贸高质量发展。1. 进出境动植物检疫。全年共抽检出口种子 89 批次，其中 3 批次检出有害生物，签发《出境货物不合格通知单》不予出口。2. 危险货物安全监管。全年共受理出境危险货物运输包装使用鉴定申请 704 批 83.58 万件，出具出境危险货物运输包装使用鉴定结果单 1035 份。受理出入境货物包装性能检验申请 45 批次 18.9 万件。3. 打击走私专项行动。根据海关总署“国门利剑 2021”“蓝天 2021”专项行动部署，落实打击象牙等濒危物种及其制品、洋垃圾走私等相关工作。严格落实目的地检查要求，共查验医疗器械、旧家具等进口商品 9 批次。（贡　媛）

【营商环境优化】 1. 改革红利。深化“证照分离”改革,分类推进审批制度改革,对报关企业注册登记、出口食品生产企业备案核准实施备案管理,出口食品生产企业申请由 20 个工作日压缩到当日办结。全年出口食品农产品 79 种(与去年同期相比新增 3种),出口总值 4.38 亿元, 同比增长 13.76%, 占出口总值的 22.89%。2. 惠企政策。依托“互联网+海关”和国际贸易“单一窗口”平台,全面推行出口货物原产地证书智能审核和自助打印,实现“秒过秒签”,全程“零接触”服务,全年共签发各类原产地证书 385 份,涉及金额1.15 亿美元,其中智能审核证书 347 份,占证书签发量的 90.13%。3. 不断深化“双随机、一公开”监管。实施跨部门联合执法,提高监管效能,减轻企业负担。全年联合中卫市市场监督管理局开展联合执法 2 次,切实为企业创造便捷高效、公正监管的营商环境。

(贡　媛)

【服务水平提升】 1. 助力进出口企业克服疫情影响。建立关长直通服务责任制、关员对接服务责任制,为出口企业提供“一对一”直通服务。设置“绿色通道”,保障生鲜产品通关零延时。开辟专门业务窗口,保障企业生产原料、防护用品、药品、医疗救治器械等物资快速通关。2. 支持特色优势产业发展。聚焦自治区九大重点产业中的枸杞和肉牛产业,发挥海关职能优势,在风险预警、实验室检测、隔离检疫场所建设等方面积极向企业提供指导帮助。通过对出口枸杞及其制品实施“抽批抽中+审单放行”监管模式,实现 98%以上的产品“即报即放”,通关时间持续压缩。设置专人专岗保障供港活牛质量安全和通关零延时,全年共检验检疫供港活牛 726 头,价值 1698.41 万元,同比分别增长 51%和 58%。3. 持续激发新的外贸增长点。深入企业开展海关政策宣传, 助推企业转型升级。2021 年, 宁夏钢铁集团有限责任公司自营申报进口铁矿砂总值 2.19 亿元,同比增长 33.17%,占中卫市进口总值的 23.86%, 促进中卫市外贸产业结构进一步优化。4. 海关统计分析和监测预警。向中卫市委、市政府报送工作专报 12 期,为领导科学决策提供参考。及时研究国外技术性贸易措施,指导企业有效应对风险挑战。5. 企业信用培育工作。搭建关企合作平台,帮助企业提升内部管理水平。强化政策宣贯,使企业更快享受各项优惠政策和认证通关便利措施。

(贡　媛)

工业与园区建设

综　述

【县、区规模以上工业】 全市规上工业增加值同比增长3.7%(沙坡头区同比增长18.5%，中宁县同比下降14.4%,海原县同比增长45.3%)。全市规上工业实现主营业务收入774.53亿元,同比增长19.9%;实现利润32.36亿元,同比增长993.2%;工业固定资产投资同比增长2.7%(其中,技改投资同比增长23.4%)。　(瞿金鹏)

【项目建设】 加强项目招引、落地开工、竣工试产、达产达效等各环节的链式服务，朗力硫化黑等25个重点项目按期推进,科豪陶瓷高品质陶瓷大板、利安隆6000吨高分子助剂复配造粒技改等项目建成投产,全市制造业固定资产投资同比增长85%左右。加大招商引资力度,先后与吉利(控股)集团公司、江苏苏化集团、浙江中晶科技等进行投资项目对接,伟力得全钒液流电池装备制造、明阳智慧能源产业园等项目成功落地并加快建设。组织编制《中卫市制造业高质量发展"十四五"规划》,为增强工业发展后劲奠定基础。　(瞿金鹏)

【惠企服务】 组织企业申报各类项目资金,累计为企业争取项目资金1.2亿元。争取将26家符合条件的企业纳入新一轮优势产业电价补贴范围,全年为企业节省成本1.34亿元。围绕新材料等重点产业,组织、举办各类培训班8次。用好宁夏企业公共服务平台(168),结合"专精特新"企业网上板块,组织40余家企业完成注册,发布核心产品信息108条、产业(产品)供需对接信息43条,为企业提供"全、快、准、优"的政策信息服务,实现手指动一动,服务送上门。　(瞿金鹏)

【节能降耗】 树立绿色低碳发展理念,推进绿色制造体系建设,加强节能监察,落实淘汰落后产能和"散乱污"工业企业治理。开展工业能耗监管,强化能耗"双控"分析预测,加强重点企业节能监察,有效控制能源消费量过快增长势头,全市能源消费总量为901.1万吨标准煤,能耗同比降低1.5%,单位工业增加值能耗同比降低5.0%。全面排查"两高"工业项目49个,并通过下发责令停建整改通知书等方式,分类进行处置。推动工业绿色制造体系建设,完成"僵尸企业"处置和淘汰落后产能任务,创建国家级绿色园区2个、绿色工厂7家、绿色供应链1个。加快工业固废资源综合利用,全市一般工业固废综合利用率达58.9%,超过年度目标任务14.9个百分点。　(瞿金鹏)

【信息化工作】 深入实施创新驱动发展战略,落实"云天中卫"建设要求,引导企业加大智能改造投入力度,加快"互联网+先进制造业"建设步伐。推进关键技术攻关,全通枸杞、中卫新型互联网交换中心、金硅信息成为自治区产业创新重点任务揭榜企业。深化智能改造行动,全面推动工业数字化转型,新增自治区数字化车间2个、机器人应用示范项目1个、"5G+工业互联网"建设试点3个,制造业企业智能化改造覆盖面达44.6%,全市工业智能化综合评价水平位居全区五市第二。　(瞿金鹏)

【转型升级】 紧盯自治区九大产业和中卫市六大产业,全面落实"四大改造"提升行动,加快工业新旧动能转换。新材料、新能源、农副产品加工等产业遍地开花,不断延链补链壮链。高技术产业增加值占全市规上工业增加值的比重达10%,高于全区平均水平1.7个百分点。加快传统产业改造升级,宁钢炼铁高炉升级改造、科豪陶瓷高品质陶瓷大板等项目建成投产,传统产业技改面达98%以上。强化中小微企业梯次培育,新增"专精特新"中小企业28家,新入规工业企业24家。　(瞿金鹏)

【园区建设】 全市建成中卫工业园区(始建于2007年,规划面积50.57平方千米。2019年12月,获批自治区高新技术产业开发区。园区累计完成基础设施建设投资35.17亿元,成为自治区范围内公共环保设施最为齐备的园区之一,形成云计算和大数据、新材料、冶金制造、精细化工四大产业板块。2021年,园区入统工业企业113家,其中规上76家,园区工业产值同比增长45.7%。)、中宁工业园区(始建于2006年,是自治区"十大特色园区"之一,规划建设面积49.47平方千米,开发利用面积22.21平方千米,入园企业132家,其中规上企业47家。先后被国家相关部委确定为"国家级循环化改造示范试点园区""国家新型工业化产业示范基地""大宗固体废弃物综合利用基地",2021年成功创建 "自治区高新技术产业开发区",被自治区发改委认定为"自治区双创示范基地",被工业和信息化部认定为"国家级绿色园区"。园区着力发展锰基、铝基、新能源、电子信息、枸杞深加工五大重点产业,先后引进杭州锦江、浙江铭岛、浙江今飞等中国500强企业及上市公司落户园区,形成铝镁新材料、金属锰深加工百亿元产业集群。)和海兴开发区(于2013年12月设立,是自治区确定的23个工业园区之一。辖区规划总面积30.6平方千米,建成区面积16平方千米。引进商贸企业24家,发展个体工商户1227家;引进工业企业29家,初步形成"一园三区"工业发展板块,培育形成新能源及装备制造、农副产品深加工及仓储物流、轻工纺织三大主导产业。中车株洲研究所风机整机装备制造项目建成投产。2021年工业总产值同比增长112%。)三个工业园区,园区道路、供排水、供电、天然气、通信、污水处理厂、中水处理厂等配套基础设施不断完善,实现"六通一平",园区承载功能不断增强,成为中卫市工业经济发展的集中区、招商引资的重要平台。全市形成新兴产业、传统产业、特色产业三大产业集群,涵盖新材料、新能源及制造、建材、精细化工、冶金制造、农副产品深加工6个工业产业板块。 (瞿金鹏)

中卫工业园区

【概况】 2021年工业总产值突破300亿元大关,达332.6亿元,同比增长45.7%。企业利润大幅增长,达18.3亿元,同比增长28%。上缴税金稳步提升,达4.7亿元,同比增长14.6%,成为全市重要税源。 (麦宇轩)

【园区政务服务】 完成园区政务服务大厅提升改造。制定服务中心运行年度绩效目标任务,细化形成月度工作目标及考核奖励办法,建立考核考评机制。推行"1232"行政审批服务制度,制定实行一次性告知承诺制、首问责任制等,全年共办理行政审批事项192项,园区承诺办结时间压减至26个工作日,实际办结时间提高到11.5个工作日,相比法定办结时间节省66.5个工作日,办结效能提升85.25%;相比园区承诺办结时间节省14.5个工作日,办结效能提升55.77%。 (麦宇轩)

【项目建设】 2021年落实招商引资到位资金45.5亿元,同比增长60%;实施企业新建、改建、扩建项目41个,完成投资46亿元。开工建设亚马逊AWS二期、联通数据中心(国家新型互联网交换中心)等电子信息产业项目,西部云基地服务器装机能力达65万台。开工建设瑞泰科技4万吨尼龙66项目,建成中化锂电池年产1万吨三元正极材料前驱体项目、利安隆6000吨复配造粒技改项目等。宁钢260平方米烧结机、双高棒项目建成试运行,协鑫晶体完成276台单晶炉提升改造,整体产能由2.2 GW提升至2.7 GW。

(麦宇轩)

【基础设施】 全年共实施基础设施建设项目24个,完成投资3.617亿元。开工建设经三路、经十五路、夏云路延伸段等6个道路项目。建成瑞泰科技中化中卫循环产业园项目110 KV供电线路、亚马逊数据中心二期供电线路和卫星定标场、奥斯化工、朗利公司10 KV供电线路工程。实施B3、B4支路排水工程,建成排水管网1.61千米。启动建设园区消防站项目。新植乔(灌)木60570株,新增绿化面积2000余亩,园区绿化面积超过2.3万亩,绿化覆盖率达30%。推进低成本改造,根据园区产业特点和用汽需求,编制《宁夏中卫工业园区集中供热供汽实施方案》,东区以国能中卫热电有限公司为热源点,西区以瑞泰公司为主热源,形成园区"两主两辅"供热布局。"能源岛"综合管廊项目完成至亚东、奥斯、润夏、联合新澧等企业的5.22千米蒸汽管线。第二固废填埋场项目于2021年10月开工建设,年内完成库区清廓工程,占总工程量的35%。

【科技创新】 创建国家级中小企业示范平台1个,建成"云天中卫"众创空间,与西安交大、兰大等院校构建深度合作模式,新增国家级高新技术企业4家,新增科技型企业27家,打造产学研合作高地。举办园区第一届创新创业大赛,12家企业12个项目脱颖而出，园区众创空间升格为自治区级众创空间，园区中小企业公共服务平台创建为国家级中小企业公共示范平台。组织园区创新课题评比，30 家企业 30 个项目转化为现实生产力。打造科技创新服务新“高地”，与 3 家科技服务机构、15 家金融机构、2 家检测平台、1 家律师事务所等开展合作。举办科技型企业申报培训会，组织路演活动 3 场，引导园区企业申报高新技术企业、科技型中小企业等。园区共发放人才奖补、专利奖补、项目补助等科技奖补资金 3200 余万元。年内，园区共有高新技术企业 18 家，国家级科技型中小企业 26 家，“专精特新”示范企业 10 家，“专精特新”中小企业 22 家，建成科技孵化器、众创空间、工程技术研究中心、研发中心等服务平台近 30 个。

（麦宇轩）

【安全生产】 完成国务院安委办危险化学品重点县和自治区安委办危险化学品专家指导服务，2605 条反馈问题全部清零。两轮次聘请中国化学品安全协会为园区开展危险化学品安全专项整治，深挖企业生产现场的突出隐患和背后的管理缺陷，消除各类安全隐患 2093 条。落实自治区应急管理厅委托中国天辰公司开展的化工装置设计诊断和工程质量复核，完成 385 项问题整改。辖区化工集中区安全风险等级降级工作顺利完成。在全区率先完成高危企业班组长安全技能提升培训。园区化工集中区完成封闭化管理。建成集安全、环保、能耗等六大功能的智慧园区安全监管平台。辖区宁夏华御公司成为全区 2 家入选全国“工业互联网+危化安全生产”试点单位之一。办理危险化学品重大危险源备案、生产安全事故应急救援预案备案等审批事项 37 项。辖区全年亿元 GDP 死亡率为 0.020，未发生较大以上生产安全事故，被自治区评定为“全区应急管理（安全生产）先进集体”。

【环保节能】 全年企业环保投入 8777.5 万元，整改各类环保问题 422 个。委托第三方专业机构对园区 5000 吨以上 17 家重点用能企业开展节能诊断工作。完成 2018 年中央环保督察组“回头看”及水环境问题专项督察反馈意见和自治区党委第三生态环境保护督察组反馈意见整改销号工作。迎接中央第四环保督察组、西北督察局、自治区生态环境厅第二监察专员办、自治区党委督察组等各级环保督察巡察，办理信访转办件，提供各项资料，及时整改反映问题，完成中卫生态环保督察组下沉督察和调研工作。

（麦宇轩）

【综合治理】 建立完善园区疫情常态化防控长效机制，联合市场监管局、园区公安分局开展专项督导检查，运用网格化管理机制落实分包责任，重点抓好“人物同防”“车辆共防”登记、查验行程码、核酸检测报告等工作，对入园物流车辆实行全程闭环管理，查验物流车辆 1000 余辆次，同时做好进口非冷链货物“三集中”消杀管控工作。组织园区企业职工开展疫苗接种，配合开展 2 轮全员核酸检测，累计完成企业职工检测 13314 人次。全年化解因合同履约、拖欠工资等引发的矛盾纠纷 104 件，为 1443 名农民工讨回拖欠工资累计 1757 万元，答复市长信箱、网民来信来访等问题 23 件。联合市司法局成立园区人民调解委员会，成功调处各类矛盾纠纷 30 余起。

（麦宇轩）

企业选介

【宁夏中卫市明通砼业有限公司】 公司成立于2010 年 5 月，注册资本 2000 万元，公司位于中卫市美利工业园区宁钢大道东侧，占地面积 42324 平方米，其中生产用地 15000 平方米，办公用房 2000 平方米，固定资产 9800 万元，年产值 14200 万元，员工 85 人，技术管理人员占 30%，具有中级以上职称 15 人。公司主要生产、销售 C60 以下的商品混凝土，拥有中联 120 生产线 3 条，37 米泵车 1 辆、47 米泵车 1 辆、52 米泵车 1 辆、56 米泵车 2 辆、64 米泵车 2 辆、地泵 3 台，散装水泥罐车 5 辆、10 立方的搅拌车 27 辆；实验室主要负责公司进场材料的检测、商品混凝土的检测及生产销售过程的监督检验，实验仪器设备齐全。

【宁夏金象医药化工有限公司】 公司成立于 2011 年 3 月，注册资本 3000 万元，实际投资 5000 万元，是从事医药中间体生产、营销的高科技化工企业。位于宁夏中卫市中卫工业园区，占地面积 53493 平方米（约 80 亩），建筑面积约 9280 平方米。公司主营产品有二碳酸二叔丁酯（BOC 酸酐、DIBOC）。在二碳酸二叔丁酯研发及生产方面，金象化工是国内最早研发并拥有该项产品制备方法的发明专利的企业。

【宁夏正旺农科产业发展集团有限责任公司】 公司成立于 1998 年，是专业从事饲料研发、生产、销售的省级农业产业化重点龙头企业。公司下辖两个生产厂区，拥有两条预混合饲料生产线，两条浓缩饲料、配合饲料生产线，年饲料生产能力 20 万吨。拥有专利 23项，其中软件著作权 1 项，发明专利 1 项，实用新型专利 11 项，外观专利 10 项。

【宁夏沙金坪铁路水泥制品有限责任公司】 公司隶属于兰州铁路局,创建于2017年2月。年设计生产轨枕40万根。公司地处于宁夏回族自治区中卫市沙坡头美利工业园区。公司主要从事预应力混凝土枕的生产、销售与服务。占据面积3300平方米,其中实验室面积85平方米。

【宁夏源品钢构工程有限公司】 公司成立于2013年3月,位于中卫市工业园区。公司注册资本2000万元,占地面积39900平方米,现有生产厂房及办公面积12000平方米。公司从事光伏电站支架结构设计和生产制作、金属热镀锌表面处理、施工安装及售后运营服务,拥有车、铣、磨、冲床、型钢机构组等1000多台(套)生产加工设备,年产8万吨钢制地锚、电站支架、C(u)型钢等系列光伏产品。单轨金属热镀锌表面处理生产线,年产6万吨钢制品热镀锌。

【中卫中照化工有限公司】 公司成立于2012年11月30日,注册资金为100万元,位于中卫市中卫工业园区B13号路,公司经营范围为乙醛肟、农药中间体及其他基础化学原料生产、销售。有年产2000吨硫双威中间体项目,内容为一条乙醛肟生产线,一条甲硫基乙醛肟生产线,一条硫双威中间体生产线以及相应配套设施等;年产乙醛肟500吨、甲硫基乙醛肟1000吨、硫双威中间体500吨,总投资为8000万元。

【宁夏振岭化工有限公司】 公司位于中卫工业园区,成立于2008年4月,注册资金5000万元。有年产5万吨三氯化磷,2万吨三氯氧磷生产装置。有三氯化磷车间、三氯氧磷车间、液氯汽化站、产品储罐区、溶磷池、操作控制室、化验室、车间办公室等生产设施以及循环水泵房、循环水池、锅炉房、消防水泵房、配电室、综合办公楼等公辅设施。有职工28人。

【宁夏启腾建材科技发展有限公司】 宁夏启腾建材科技发展有限公司是一家专业化从事商品混凝土生产、工艺研发、运输、销售的科技发展有限公司,注册资本3000万元。成立于2019年3月,公司位于中卫市沙坡头区美利工业园区,占地面积13.4万平方米。有员工43名,其中技术研发人员12人。公司有商砼生产线两条、商品混凝土泵车8台、车载泵2台、混凝土运输罐车35台。公司年生产混凝土能力在30万立方米以上。

【宁夏华盛种业有限责任公司】 公司成立于2008年8月,注册资金3000万元,是一家专业从事杂交玉米品种引进、开发、试验、示范、推广、生产加工、包装包衣于一体的育繁推一体化现代种业公司,有"两杂"种子生产经营许可证。公司现有员工16人,农业技术推广研究员1人,农艺师1人,农业科技特派员10人。有50亩年产2万吨集杂交玉米种子果穗烘干、脱粒清选、籽粒烘干、钢板储存仓、精加工、恒温储存、检验检测、种子晾晒、包装包衣于一体的现代化种子生产加工中心,其中有种子加工车间1080平方米,种子库房2650平方米,种子检验室200平方米,种子检验、检测设备仪器1套23台(件),种子晒场16000平方米,电子地衡房20平方米。新建玉米果穗(700吨/批次)、籽粒(100吨/批次)干燥成套设备各1套,脱粒清选(12吨/时)生产线1条,配套种子精加工(10吨/时)生产线1套,电子地衡2台等,总投资2268万元。

【宁夏万汇云合消防科技公司】 公司(简称"青希消防")成立于2017年2月,注册资金5000万元,是集技术研发、生产销售、品牌推广于一体的创新型消防实体企业,拥有6项发明专利,10项实用新型专利。主营业务是青希新型水基灭火器,是西北五省规模最大的消防产品生产基地。有青希直营店53家,在河北、浙江建立分厂。本部有员工85人,含全国直营店销售人员超过150人。

【中卫市宏基管业有限责任公司】 公司2009年建厂,现占地200余亩,是一家专业生产PE系列管材的企业,位于宁夏中卫市美利工业园区内。拥有高速水冷cc500型双壁波纹管生产线,可生产口径200毫米至800毫米规格的双壁波纹管;双平壁钢带增强波纹管生产线,可生产口径600毫米至2200毫米的双壁钢带波纹管;PE管材生产线可生产口径20毫米至630毫米规格的供水管、燃气管材、电热PERT管材、PPR等管材;节水滴灌设备,可生产各种规格的节水滴灌管、滴灌带。公司年生产能力2万吨。

【宁夏新泰机械制造有限公司】 公司成立于2010年9月,注册资金300万,位于中卫市工业园区内,占地面积50亩,是专业加工制造阀门、水管、旋塞组件、液压机械元件、铸造砂的生产厂家。产品70%用于出口,主要销往欧洲和美国。

【宁夏黄河管业有限公司】 公司位于宁夏中卫市工业园区内,公司总投资6000万元,注册资金2680万元,占地20000平方米。公司拥有JC-2500型微机控双柱玻璃钢缠绕夹砂管生产线两套,JC-500型微控双柱玻璃钢电缆管生产线两套,以及各种规格玻璃钢储存罐设备。

【宁夏乙征生物工程有限公司】 公司创建于2011年5月,位于宁夏中卫市工业园区,注册资本1000万元,总资产4000多万元,是集研发、生产、销售为一体的专业生物酶制剂公司。年产能在5000万元以上,生产设施设备配套,可完成不同菌种来源的生物酶制剂及微生态制剂的小试、中试以及规模化生产,并具备菌种筛选、优化、培养的基础条件,具备在线检测、物联网监视测系统。取得授权发明专利15项,自治区科技成果登记1项。产品主要应用于医药、功能食品、食品、生态农业以及饲料、植物化工等行业。自有专利技术的成果转化率在70%以上。

中宁工业园区

【概况】 2021年,园区统计内企业132家,约1.5万职工,其中规模以上企业47家。2021年,完成工业总产值234.13亿元,同比增长16%,占全县工业总产值的74.9%。全年完成“绿色园区”“双创基地”“智慧园区”申报创建工作,并获批“自治区高新技术产业园区”。 (肖 翔)

【项目建设】 2021年园区牵头的全县“6+9”重点项目13项,建成5项,停工或未开(复)工3项。其中宁水中研12万吨/年生物碳源项目、50万吨/年锰渣脱硫制酸项目、武警中卫支队营区项目、园区污水管网建设工程、园区110 kV输变电工程建成投产;工业园区固废处置场项目完成总工程量的60%,粉煤灰深加工项目土建工程完成40%,枣园兴尔泰110 kV线路工程完成总工程量的85%,华夏物流铁路专用线项目完成全部工程量的53%,华夏物流翻车机项目完成全部工程量的35%。绿电科技的植物工厂和光伏大棚项目因能耗问题暂时停工,中宁大宗商品物流交易中心项目因前置手续问题尚未开工。 (肖 翔)

【招商引资】 围绕铝基深加工,引进宁创新材料30万吨再生铝、铭岛科技年产100万吨再生铝项目(一期20万吨)等项目;围绕新材料产业,引进浙江中晶科技股份有限公司年产1000吨半导体级单晶硅棒项目;围绕新能源光伏产业,引进明阳(中宁)智慧能源产业园(一期)、大唐中宁200 MW/800 MWh网侧新能源共享储能电站、宁夏伟力得绿色能源有限公司中宁县全钒液流电池装备制造(一期)等多个项目。2021年,园区共梳理招商线索25条,外出招商10次,接待来访客商20余次,实际落地10个项目。

(肖 翔)

【能耗“双控”】 对“两高”企业实施限产停产。对照“碳达峰 碳中和”目标,立足全县实际,采取有力措施,严控能耗指标。先后对4家企业实施停产措施,对6家企业实施限产,要求11家企业实行错峰生产,指导15家重点用能企业按照任务目标调整生产周期,对5个未办理节能手续的项目实行停产、停建,并督促尽快办理能评手续。加大企业节能改造力度。引导天元锰业等企业开展废渣资源利用技术攻坚,提高固废综合利用率。宁创科技公司炭渣无害化回用、长安铝制品铝灰渣无害化资源化处置、新世纪冶炼电石净化灰焚烧利用、春杞枸杞年产200吨枸杞巧克力及数字化车间等技改项目建成投产;隆基硅RF-A热场、赛马外购熟料智能卸车入库、宁创科技炭素区域预焙阳极提质综合技术改造、今飞轮毂年产30万只卡巴轮毂等技改项目进展顺利。加强绿色工厂建设。推进园区绿色发展,推动工厂绿色转型,帮助指导隆基硅、宁创科技、今飞轮毂申报国家级绿色工厂,获批国家级绿色园区。 (肖 翔)

【安全环保】 压紧压实安全环保责任链条。对园区安全环保工作进行全面部署,召开安全、环保专题会议6次,安委会(扩大)会议4次,年初与企业签订安全、环保目标责任书,确保责任压紧压实。加强安全环保监督检查。按照安全、环保工作要求,采取日常检查、专项检查、重点督查、聘请专家参与等方式,定期不定期开展督导检查,强化企业安全环保监管力度。全年共检查企业531家次,查出安全隐患问题1414项,整改1361条,整改率96.25%。开展生态环境问题大排查大起底大整治,整改完成11家企业涉及问题15项。加强日常生态环境督查检查,全年共检查企业377家次,查出隐患621项,督促整改604项,整改率97.3%。打好污染防治攻坚战。指导23家重点工业企业修订臭氧污染防治方案,督促企业严格落实臭氧污染防治工作,拆除燃煤锅炉19台。指导56家企业完成原料堆场、渣场、裸露土地、道路及物流运输环节无组织排放整改工作。对园区32个入黄排污口点位进行整治。指导企业制定土壤隐患排查方案,定期对土壤进行监测并出具监测报告。全年完成植绿增绿1700余亩,17万余株。 (肖 翔)

【科技创新】 贯彻落实自治区九大重点产业高质量发展实施方案,指导督促天元锰业、宁创新材料、锦宁巨科、全通枸杞等10多家重点企业加大研发投入,强化数据归集,规范档案整理。加快培育科技型企业,建立国高企培育库,开展精准指导服务,获批自治区高新技术产业园区、自治区大众创业万众创新示范基地。 (肖 翔)

【体制机制改革】 启动“十四五”电力规划、产业发展详细规划和整合优化规划。“区域评”“联合评”成果实现共享。完成地质灾害危险性评估、压覆重要矿产资源评估、环境影响评价、水土保持方案、气候可行性论证、建设项目安全预评价6项工作，为有需求的项目提供评估报告，实现成果共享。对赋权的14项行政审批服务事项实行“一站式”代办、“店小二式”帮办领办服务，办理项目备案证24个，备案证变更6项，办理建筑工程施工许可证3个、建设工程质量监督申报书4个。开展“助企发展大调研大走访”，通过全县工业发展推进会和干部包保企业制度，了解并梳理出企业用工短缺等12个共性和个性问题，通过分析研判，及时将问题转办至相关部门，优化园区整体营商环境。 （肖 翔）

【社会性服务】 受理各类信访件47件，其中“12345”市长热线27件，网信办网络舆情8件，信访局转办件5件，县委、县政府督办件7件，均办结；通过干部包保企业制度摸排出矛盾纠纷11件，建立台账并逐一化解；协调清欠农民工工资400余万元。加强园区日常巡查。开展沟道巡查30次，在建项目巡查46次，土地巡查20次，发现乱倒垃圾8处，乱采乱挖12处，乱占乱建3处，发现问题均完成整改。加强常态化疫情防控工作。严格按照县疫情防控指挥部要求，督促企业做好常态化疫情防控工作，及时摸排上报中高风险地区返宁人员，做好居家健康监测。组织园区企业职工开展疫苗接种，已接种第一剂次、第二剂次职工14986人，第一剂次、第二剂次疫苗接种率99.7%。 （肖 翔）

云计算和军民融合产业

综 述

【互联网交换中心建设】 2020年12月11日，国家（中卫）新型互联网交换中心获批，中卫与杭州、深圳成为全国三个“互联网直辖市”。项目主要建设互联网络、传输链路、安全与监测系统、运行维护系统及配套设施，并对接入网络进行补贴。试点交换总带宽为1Tbps，试点期限为2年。交换中心建设网络架构路由交换区、增值服务区、运维区、监管区4个核心功能区，并部署网管、路由分析、统计分析、运行维护系统、安全体系和办公自动化等软件平台，硬件设施将部署在三大运营商数据中心机房。1.成立运营公司。按照《宁夏新型互联网交换中心试点建设方案》，引导网络运营商、区内外互联网企业组建交换中心运营公司。年内，12家股东完成注资9700万元，并召开股东大会，对交换中心建设运营进行安排部署。2.搭建基础环境。协调中国联通宁夏分公司，依托中国联通数据中心，为交换中心预留46个标准机柜，提供办公场所200平方米。3.加大招商力度。成立京津冀、长三角、粤港澳、成渝四个招商组，分别赴东部15个城市，对接交换中心业务。“2021云天大会”期间，举办新型互联网交换中心应用论坛。

（李进文）

【全国一体化大数据中心国家级枢纽节点建设】 2021年5月26日，国家发展改革委等四部委正式发布《全国一体化大数据中心协同创新体系算力枢纽实施方案》，宁夏（中卫）、京津冀、长三角、粤港澳大湾区、成渝以及贵州、内蒙古、甘肃8个地区同时获批全国一体化大数据中心国家枢纽节点，实施“东数西算”工程，这标志着宁夏电子信息产业纳入国家数字经济发展的重要战略布局，列入国家“新基建”主要支持区域。按照国家总体布局，宁夏与贵州、内蒙古、甘肃等节点将承接全国范围内的需后台加工、离线分析、存储备份等非实时算力需求，通过发挥资源优势，夯实网络等基础保障，重点打造面向全国的非实时性算力保障基地。根据枢纽节点建设主要任务，结合中卫数据中心集群建设的总体目标、指标要求和实现路径，年内，谋划“十四五”期间重点实施的21个重大项目，总投资约912亿元。

（李进文）

【“云天中卫”建设】 落实《关于加快建设“云天中卫”推动高质量发展的实施意见》，搭建完成中卫市公共云平台、城市综合信息库、政务数据共享交换平台、综合调度指挥中心、区块链平台等“云天中卫”核心基础设施，汇聚1000余万条行业数据，对接9个行业系统数据接口。制发《中卫市政务数据资源共享交换管理暂行办法》，进一步规范中卫市政务数据共享交换服务管理工作。推动中卫市政务数据共享交换平台纵向与国家、自治区平台有效对接，横向与市直各部门互联互通，国家、自治区、市（县、区）三级贯通的一体化政务数据共享服务体系基本构建完成。

（李进文）

【中卫数据中心集群】 依托宁夏西部云基地，完成亚马逊、美利云、中国移动、中国联通、中国大脑等6个数据中心一期增量服务器安装部署；开工新建亚马逊二期、中国电信一期、美利云二期、联通二期、中宁爱特云翔一期、美团三期6个数据中心。“宁夏一号”（钟子号）累计发射10颗卫星进入预定轨道，为相关客户提供大数据增值服务；卫星测控地面站天线组阵完成2个2米机动站建设，与国家天文台合作建设700毫米望远镜并投入使用；遥感卫星定标场完成安装1500个激光探测器、20个自动角反射器、25个点光源以及3个有源定标器，提供100余次卫星定标服务；国家北斗导航位置服务宁夏分中心项目完成初步

验收并投入试运营。 （李进文）

【“2021 云天大会”】 2021年10月12日至18日在中卫举办，大会以“绿色发展 数据共享”为主题，共设1个主论坛和11个平行论坛，李德仁、俞大鹏、池天河等22位院士，中央网信办信息化发展局副局长温锐松，国家信息中心党委专职副书记、纪委书记吴文化，中国广播电视网络集团有限公司党委副书记、总经理梁晓涛，以及1000余位互联网企业负责人、专家学者、技术精英、行业协会代表等出席会议。会上揭牌“全国一体化算力网络国家枢纽（宁夏中卫）节点”“中卫云”“西部全信创生态联合培训基地”“中国移动全国一体化算力网络国家枢纽（宁夏中卫）节点信息安全运营中心”“5G+工业互联网培训基地”，上线发布“北斗时空位置服务云平台”“移动苏宁云”“信创安全云”“新型城市智慧体（基层社会治理）”“人民党建云”5个云平台，市政府与北京通信管理局、中国广电网络有限公司、杭州安恒信息技术公司、北京三快云计算有限公司（美团云）等签订框架协议20份，拟新建5个大型数据中心，投资规模达200亿元。人民日报、新华社、人民网、中央广播电视总台等32家主流媒体对大会进行现场直播和文字报道，网络点击量突破4亿次，为全市云计算和大数据高质量发展提供有力支撑。

（李进文）

云计算运营企业

【亚马逊合作云计算数据中心】 亚马逊AWS（Amazon Web Services）是全球最全面、应用最广泛的云平台服务企业，拥有最大最具活力的生态系统，业务几乎覆盖所有行业，在全球拥有数百万活跃用户和数万个合作伙伴，是世界范围内名副其实的云计算龙头企业。2013年12月18日，北京市政府、宁夏回族自治区政府、亚马逊AWS公司、北京云基地公司签署《合作备忘录》，共同建设宁夏中关村产业园西部云基地，创新提出“前店后厂”模式，面向全国开展云计算和大数据业务。亚马逊云计算中卫合作项目由亚马逊云科技与国内具有云服务运营牌照的企业（宁夏西云数据科技有限公司）合作投资建设，该项目占地面积923亩，计划总投资25亿美元，建设3个数据中心园区、12栋机房和2个网络连接中心，部署2.16万个机柜（2.5KW），可安装服务器40万台以上（1U）。项目分三期建设，一期3栋机房于2015年4月开工建设，2017年12月正式运营，部署5400个机柜，服务器装机能力达到10.5万台，2021年共安装服务器9万台，完成固定资产入统33.68亿元。二期3栋机房于2020年5月20日开工建设，分四个阶段安装机电设备、机柜、服务器，可安装机柜7200个，年内完成第一阶段机电设备安装。该项目采取世界领先的技术架构和建设布局，形成可复制、可借鉴的经验。一是较常规数据中心，亚马逊AWS在中卫工业园区、迎水桥镇、宣和镇建设三个数据中心集群，三点之间直线距离30~50千米，通过光纤直连，实现分散存储、互为备份、并行计算等功能，提供高效、稳定、安全、可靠的云服务。二是采用全自然风冷技术，实测PUE值低至1.1，较传统数据中心节能50%以上。三是领先采用大开间厂房，搭载专用高性能服务器，采取虚拟化、模块化技术，具备弹性扩展、绿色高效、快熟部署等技术特点。

（李进文）

【宁夏美利云全自然风冷新型数据中心】 中冶美利云产业投资股份有限公司（证券代码000815）前身是美利纸业，通过混合所有制改革，成功由传统造纸“僵尸”企业转型拓展为云计算企业，市值超过60亿元，成为国有企业混合所有制改革的成功典范和国有企业转型升级的标杆。美利云数据中心项目由中冶美利云公司投资建设，采用全自然风冷却、全新风及湿膜加湿等技术，PUE值最低可达1.1，是亚洲最大的全自然风冷却绿色数据中心，被工业和信息化部、能源局评定为“国家绿色数据中心试点单位”。美利云数据中心项目占地600亩，计划总投资120亿元（服务器投资90亿元，IDC基础设施投资30亿元），建设10栋机房，总建筑面积20万平方米，部署机柜4.2万架。项目分三期建设，一期2栋机房已建成，每栋机房4个模块，部署机柜8928个（2.5KW），服务器装机能力17.8万台（1U），已交付奇虎360、美团、北龙超算、星际大陆等公司使用，12.6万台服务器上线运营；二期4栋机房主体建筑完工，可部署机柜1.76万个，服务器装机能力20万台以上，1栋机房1个模块已安装机电设备，并交付美团公司，安装机柜1024个，服务器装机能力2万台，上线运营服务器8000台。

（李进文）

【宁夏移动数据中心美团三期项目】 该项目是宁夏移动业务拓展的重要标志。美团将把基于CPU的普通业务非实时集群与GPU的超算集群中心从北京、上海、广州等迁到中卫，建成后中卫将成为其全国最大的、最重要的非实时业务节点和超算云中心节点。加快推进宁夏移动数据中心美团三期项目建设，对“东数西算”战略工程落地中卫有着重要意义，宁夏移动将发挥本地龙头企业优势，响应国家“新基建”政策，持续加大新型基础设施建设的投资力度。该项目建设1栋数据中心机房，计划投资5.4亿元，建筑面积2.1万平方米，安装高功率机柜1372个，并配置间接蒸发冷机组、标准电池间以及柴油发电机组等配套设备。 （李进文）

航空航天产业项目

【概况】 着眼国防建设和经济建设需求，紧紧依托云计算产业发展基础，大力开展招商引资，积极培育航空航天产业，打造高质量发展新引擎，先后引进达天飞艇、航天驭星、宁夏金硅等优势企业落地，航空航天产业呈现稳步推进的良好态势。

（李进文）

【“宁夏一号”（钟子号）卫星星座项目】 “宁夏一号”（钟子号）卫星星座项目由宁夏金硅信息技术有限公司负责实施，项目计划发射多颗低轨卫星对重点区域无线电频谱信号进行监测、分析、识别和定位。2021年7月9日，我国在太原卫星发射中心用长征六号运载火箭，成功将钟子号卫星星座02组5颗低轨卫星送入预定轨道。 （李进文）

【中国西部飞艇产业基地项目】 达天飞艇作为国内唯一具有载人飞艇适航资质（中国民用航空局颁发的型号设计批准书和试航证），能够提供载人飞艇和无人飞艇进行科研试飞的企业，投资6亿元，在中卫建设中国西部飞艇产业基地。项目占地624亩，建设内容主要包括国内单体最大的拱形飞艇库（长136米、宽76米、高42米）、10000平方米的生产车间、10000平方米的综合办公楼和500亩的飞艇起降场，具备生产、组装、测试和试飞各型飞艇的能力。建成2栋生产厂房，主要用于飞艇气囊加工、金属器件加工和动力装置安装调试。公司现研制完成7架载人艇、7架系留艇（球）和14架无人艇。2020年，公司为中国电子科技集团第54研究所、中国航天科工集团二院提供价值254万元的特殊设备保护罩研制工作，验收完成并交付使用。2021年与柏斯通用航空（广东）有限公司签订价值700万元的观光系留球项目。

（李进文）

【“青希”新型环保消防灭火剂（器）项目】 “青希”新型环保消防灭火剂（器）生产基地项目由宁夏万汇云合消防科技有限公司投资建设，项目位于宁夏中关村西部云基地二期区域，计划总投资8亿元，占地100亩。项目一期投资1亿元，占地28.16亩，建设完成办公楼和生产厂房，水基型灭火器生产线、干粉灭火器生产线、瓶体制造生产线建成投产，从瓶体组装到灭火剂充装，再到测压检验至装箱，实现自动化生产。项目二期计划研发生产应急消防设备，同时建设西北最大应急体验中心，内部以实景还原地震、洪水等灾害的发生场景，可供150~200人同时参观体验学习。“青希”新型环保消防灭火剂（器）拥有8项发明专利，具有高效灭火、绿色环保、阻燃性强、无毒无公害等特点。2021年该项目日生产灭火器7000具（干粉灭火器2000具，水基型灭火器5000具），累计销售灭火器906881具，累计营业收入达4072.67万元，其中2021年销售灭火器605768具，营业收入达2041.69万元，占总销售额的50%，公司在全国部署加盟店30家。 （李进文）

【卫星测控地面站天线组阵项目】 卫星测控地面站天线组阵项目由宁夏驭星属陈航天科技有限公司负责建设，作为中国首家提供商用卫星在轨管理和测控通信业务的专业民营公司，其业务覆盖了卫星星上通信产品、卫星地面站建设、地面测控方案以及卫星地面应用产品开发的全周期的技术服务。项目在中卫市西部云基地获批用地43.12亩，一期计划投资7500万元，建设1栋商业卫星测控指挥中心和10套卫星地面测控站，项目建成后将具备同时跟踪10颗近地小卫星、最大数据接收速率达1Gbps、年服务100颗卫星的测控能力。商业卫星测控指挥中心、2套卫星地面测控站和3套机动站建成投运。累计为九天微星“少年星一号”、全图通位置网络有限公司“亦庄全图通一号”、武汉大学“珞珈一号”等100余颗卫星提供测控任务。 （李进文）

【遥感卫星定标场项目】 遥感卫星定标场由武汉大学、中卫市人民政府、宁夏驭星属陈航天科技有限公司共同建设。项目定位为亚洲规模最大、设备最先进的遥感卫星定标场，可对全球范围内的激光卫星、可见光卫星和SAR卫星提供综合定标服务。项目总投资1.03亿元，占地近293亩，包括SAR卫星定标与真实性检验系统、光学卫星定标与真实性检验系统、激光卫星定标与真实性检验系统、SAR影像质量评价系统四个子系统的建设。项目成套设备由武汉大学测绘遥感信息工程国家重点实验室研发，由中科院安徽光学精密机械研究所、中国科学院电子学研究所等定制生产，由国内领先的商业卫星测运控商航天驭星管理和运营。2021年，该项目安装完成1500个激光探测器、20个自动角反射器、25个点光源以及3个有源定标器，具备快捷遥感和测运控定标一体化运行的能力，可进一步提高卫星对地观测数据的准确性。2021年10月12日，在中卫召开遥感卫星定标与真实性检验场试运行总结会，是国家空间基础设施建设的又一里程碑。遥感卫星定标场属于国家战略资源，其市场规模巨大、需要的场地较大、技术门槛高，故具有一定的垄断性和稀缺性，未来会带来丰厚收益。同时，该项目军民两用，可为我国军用卫星提供服务，并将与宁夏一号卫星星座、商业卫星测控指挥中心、商业卫星云服务中心协同，建设全球卫星云服务平台，助力宁夏成为卫星云服务中枢。（李进文）

农业和农村经济

综 述

【概况】 2021年,全市农林牧渔服现价总产值达152亿元,增长2.7%;农村常住居民人均可支配收入13493元,同比增长11.3%。实施藏粮于地、藏粮于技战略,新建高标准农田12.49万亩,粮食种植面积190.6万亩,总产量67万吨,其中小麦面积11.5万亩,水稻面积5.8万亩,玉米面积102.5万亩,马铃薯面积34.9万亩,杂粮面积35.8万亩。巩固发展功能农业种植基地60万亩,创建富硒产业示范园12个。稳定"菜篮子"产品供应,蔬菜种植面积20.8万亩,总产量67.39万吨,其中设施蔬菜4.54万亩,露地蔬菜15.53万亩。存栏奶牛10.2万头,肉牛、肉羊、生猪、家禽饲养量分别达到51.4万头、294万只、98.1万头、833万只,肉、蛋、奶总产量分别达到7.2万吨、4.2万吨、43万吨。建成葡萄酒酿造中心1个、酒庄1个,种植酿酒葡萄2000亩,宁夏红蛇龙珠系列葡萄酒在全国40家华润OLE超市、新华百货超市上架销售。培育自治区级以上农业产业化龙头企业家51家(其中国家级8家,自治区级43家)、农业产业化联合体8个,家庭农场1056家、家庭农场联盟1家、农民合作社1401个、联合社3家,农产品加工转化率达71%,培育有机食品6个、绿色食品76个、地理标志农产品9个。制定《中卫市压砂地退出和生态修复工作实施方案和工作方案》,稳慎推进压砂地退出和生态修复工作,退出压砂地45.16万亩。打造国家绿色农产品标准化集成示范基地1个,建设国家级农业标准化示范园区6个、畜禽养殖标准化示范场8个、水产健康养殖示范场12个,建立专业化统防统治绿色防控示范区5个。建成有机肥替代化肥示范园区35个41万亩,推广测土配方施肥面积224.2万亩,全市化肥利用率、农药利用率、残膜回收利用率、畜禽粪污综合利用率分别达到40.5%、41%、91.6%、92%以上。创建示范村40个,提升村80个,编制完成村庄规划116个,推进"厕所革命",完成农村户厕改造1.06万户,累计达13.18万户。全年办理"一村一年一事"443件,办结率达100%。全市村集体收入1.47亿元,收益5万元以上的村439个,占全市所有行政村的99%,累计分红达4000万元以上。2021年办理农村产权抵押贷款282笔1.07亿元,累计办理5036笔6.66亿元。推进"放管服"改革向乡村延伸,下沉乡镇行政审批和公共服务事项123项,切实打通为民服务"最后一千米"。获得区级以上文明村镇7个、文明村31个。

(韩昌烨)

【功能农业发展】 围绕枸杞、奶、肉牛、富硒果蔬和绿色食品产业,扩大标准化种养殖规模,制定印发《2021年中卫市功能农业发展推进方案》,巩固发展富硒产业种植基地15万亩,标准化种植基地45万亩。共创建富硒产业示范园9个,其中蔬菜3个、水稻2个、马铃薯2个、小杂粮2个。向百果园、盒马鲜生、华润万家、兄弟果业等58家重点渠道商及7家线上销售网店企业授牌设立中卫功能农产品专营店。获评中国特色农产品优势区2个。举办中卫市首届"最受欢迎功能农产品"和"最佳产品包装设计"评选活动,评选出"最受欢迎功能农产品"10个、"最佳产品包装设计"6个。全市认证各类农产品92个,其中有机产品6个,绿色食品91个,地理标志农产品9个。中宁枸杞、沙坡头苹果、海原小米、海原香水梨、中宁清水河牛肉、中宁清水河猪肉评定为全国名特优新农产品,中宁枸杞、沙坡头苹果荣获宁夏农产品区域公用品牌,夏华羊肉和中宁枸杞荣获中国名牌农产品称号,中宁枸杞、早康枸杞、宁夏红认定为中国驰名商标。 (张文明)

【产业融合】 实施龙头企业带动融合发展工程，推进新型经营主体培育发展，培育认定自治区级以上农业产业化龙头企业51家，其中国家级8家。2021年农产品加工企业预计完成总产值61.95亿元，实现营业收入52.1亿元，利润总额8.59亿元。开展休闲农业提升年活动，全市休闲农业和乡村旅游发展到162多家，年接待游客111.15万人次，营业总收入达到1.73亿元。举办中卫市第三届休闲农业与乡村旅游文化节推介活动和第四届中国农民丰收节活动，吸引市内及周边游客20万人次。 （梁倖杰）

【农村改革工作】 2021年，全市443个村集体收入14664万元，较上年增加2185.99万元，增长17.52%；全市村集体经济收益为12008.945万元，较上年增加2286.165万元，增长23.5%。全市当年经营收益10万元以上的村达到82.17%。全市90个村集体获得实施中央、自治区发展壮大村级集体经济项目。全市逐步扩大农业设施设备产权等确权登记颁证工作，累计颁发农业设施设备产权证279本，新增18本。全市推进农村产权抵押贷款工作，产权抵押登记从土地承包经营权逐步扩大到林权、农业设施产权、农民住房财产权等产权。2021年内新增农村产权抵押登记贷款2678.1万元，累计5036笔6.66亿元，新增农业设施产权抵押贷款6736万元，新增农民住房财产权抵押贷款502万元。丰富农村土地“三权分置”具体实现形式，推进土地流转，放活土地经营权，全市承包土地流转面积71.21万亩，占二轮家庭承包经营耕地总面积的31.85%；托管面积26.02万亩；累计培育土地股份合作社48个，入股农户1.4万户，入股土地面积3.88万亩。沙坡头区开展自治区级第二轮承包到期再延长30年试点工作。 （张天量）

种植业

【概况】 2021年，全市划定粮食功能区109.96万亩，推广测土配方施肥224.2万亩，病虫害统防统治面积298.92万亩，建设粮食绿色高质高效示范区2375亩，建设水肥一体化技术示范区0.5万亩。粮食生产获得全面丰收，2021年全市落实粮食种植面积224.62万亩，总产达66.98万吨，其中小麦面积11.03万亩，水稻面积5.81万亩，玉米面积121.23万亩，马铃薯面积47.38万亩，杂粮面积39.17万亩。

（王 雪）

【蔬菜产业】 全市蔬菜种植面积20.8万亩，总产量67.39万吨，其中设施蔬菜4.54万亩，露地蔬菜15.53万亩。以园区建设为重点，推广秸秆生物反应堆、蚯蚓生物技术、水肥一体化、绿色防控等技术，推进规模化种植、标准化生产、商品化处理、品牌化销售、产业化经营。按照《2021年中卫市功能农业发展推进方案》要求，围绕蔬菜、水稻、小杂粮、马铃薯等产业推进功能农业发展，全市落实富硒生产基地15万亩，标准化生产基地45万亩，建设富硒产业示范园12个。 （王 雪）

畜牧业

【概况】 2021年，全市畜牧水产业立足高质量发展，落实自治区九大产业发展战略部署，抢抓自治区奶产业“千亿级”、肉牛产业“500亿级”发展机遇，抓党建激发履职干事激情、增措施做强草畜产业、补短板破解发展瓶颈，畜牧水产业各项任务目标有序推进、有效落实。全市奶牛存栏达到10.2万头，比上年同期增长17.1%；肉牛、肉羊、生猪和家禽饲养量分别达到54.1万头、294万只、98.1万头和833万只；分别比上年同期增长16.1%、1.5%、17.6%、-23%；肉、蛋、奶总产量分别达到10.5万吨、3.1万吨、43.5万吨，比上年同期分别增长12.4%、-34.4%、16.5%；实现总产值68亿元，与去年同比增长7.0%。

（侯丽鹏）

【标准化养殖场建设】 2021年，全市累计建成规模化养殖场292个，其中奶牛场42个、肉牛场51个、肉羊场48个、生猪养殖场93个、养鸡场58个。创建国家级畜禽养殖标准化示范场1个，自治区级示范场10个；打造自治区级肉牛示范村2个；培育肉牛标准化养殖示范场15个、示范户190户。

（侯丽鹏）

【畜牧品种改良】 健全完善县、乡、村三级人工授精配种改良网络，推广生猪、肉牛、奶牛人工授精配种改良技术。全市巩固猪人工授精供精站3个，完成能繁母猪人工授精配种4.4万头，良种覆盖率达到100%。全市引进优质肉牛冻精8万支，改良肉牛4.2万头，良种覆盖率达到90%以上；引进滩羊（山羊）种公羊1900只，改良肉羊8.4万只，良种覆盖率达到80%以上。良种化比例和品种质量不断提高。 （侯丽鹏）

【惠农政策】 落实草原生态补偿政策，全市草原生态奖补面积999.76万亩，资金7598.25万元。其中，沙坡头区342.39万亩，中宁县291.79万亩，海原县

366.28 万亩。落实养殖业惠农政策，全市粮改饲政策全覆盖，实施畜牧良补、种子工程和新技术推广等养殖业项目政策。（侯丽鹏）

【畜禽产业】 推进光明牧业全产业链项目，建成万头生态智慧牧场1个，调入奶牛5026头；在宣和、永康、常乐共流转土地3万亩，建设优质饲草料基地，2021年种植青贮玉米2.5万亩，亩均产量4吨左右。宁夏奶业科创中心建成投入运营。大青山万头奶牛场建成投入运营；华润6万头精深加工项目建成投入运营；中宁县马塘生态移民5000头肉牛养殖场完成7座牛舍和3个青贮池建设；海原活牛交易市场建成投入使用；建成中国（宁夏）良种牛繁育中心，先期协调北京首农遴选第一批20头种子母牛进场进行适应性饲养；中宁县30万头生猪示范园主体工程完工，大部分设施设备配套完成；建成宣和养殖产业园项目；正通农牧生猪育肥场投产，养殖生猪3.3万头；建成中卫玉睿奶牛养殖场，存栏奶牛600头。（侯丽鹏）

【畜禽养殖污染治理】 全市292家畜禽规模养殖场，粪污处理设施配套率达到96.6%（178家大型畜禽规模养殖场，粪污处理设施配套率达100%）；建成阜康、普添科等生物有机肥厂6个，作为第三方，与部分养殖场（户）签订收购处理协议，通过多种处理方式，畜禽粪污资源化利用率达到92%以上。加强入黄排水沟沿岸养殖场污染治理，对位于重点入黄排水沟沿线的68家养殖场户，拆迁10户，停业5户，安装集污灌14处，39处未排污（水）养殖点进行常态化监管。（侯丽鹏）

【饲料监管】 制定《中卫市2021年度畜禽饲料质量安全监管工作实施方案》，组织各县（区）农业农村局主管领导召开安全生产调度会，落实属地管理责任，利用“3·15”“八五”普法以及入户进场技术指导服务和社区志愿服务等各种机会，开展畜禽饲料质量安全相关法律法规知识宣传，开展入户宣传15次280余户，累计发放全面禁用含促生长类药物饲料添加剂倡议书等农产品质量安全宣传彩页5000余份，到养殖企业、饲料经营门店张贴“全域创建食品药品安全区需要你我共同参与”宣传画册50余张，悬挂“创建食品药品安全区”宣传条幅10余条。结合“双随机、一公开”执法检查、农资打假专项检查、牛羊“瘦肉精”专项检查、饲料标签专项检查和疫情防控要求，对饲料生产、经营、使用各个环节进行随机抽查，共抽查11次105户，规范饲料使用秩序，严禁违法违规添加行为，从生产源头保障畜禽产品质量安全。（侯丽鹏）

【动物疫病防控】 组织全市开展春秋两季高致病性禽流感、口蹄疫、小反刍兽疫、猪瘟、布病等5种重大动物疫病集中强制免疫和家畜包虫病、炭疽、犬狂犬病等重点人兽共患病防治，跟进做好常态化补免，筑牢免疫屏障。全市累计免疫各类畜禽3115.99万头（只），犬驱虫17.59万条。应免畜禽免疫密度达100%。（范学成）

【动物疫病监测】 加大非洲猪瘟、高致病性禽流感、口蹄疫等重大动物疫病监测力度，提高监测频次和覆盖面，科学研判疫病发生和流行态势，及时做好预警预测，消除风险隐患。全市检测样品16209份，其中血清学检测样品5259份，免疫抗体检测合格率均达到国家规定70%以上标准；病原学检测样品10950份，检测结果均为阴性。组织全市对非洲猪瘟、高致病性禽流感等9种动物疫病开展常规流行病学调查，排查养殖场（户）2.5万场次，调查动物3721.1943万头（只），排查监测未发现重大动物疫病。组织开展全市牛羊布病基线调查工作。（范学成）

【动物检疫管理】 1. 严格执行产地检疫规程，落实官方兽医检疫出证责任，推进微信申报检疫与受理、无纸化出具动物检疫B证、落地监管等信息化管理，提升动物检疫管理水平。全市产地检疫各类畜禽281.79万头（只），检出病畜禽990头（只），全部做无害化处理。2. 加大畜禽定点屠宰监管。实施病害猪无害化处理补贴项目和屠宰技改项目，落实非洲猪瘟、“瘦肉精”检测制度，巩固生猪屠宰“两项制度”成效，把牢屠宰检疫“四个关口”，规范屠宰管理“四本台账”，建立生猪屠宰场所“一周一停宰一清洗消毒”“一季度一监测一评价”机制，开展入场屠宰畜禽检疫证明扫码回收工作，严把病害畜禽及产品无害化处理监管，提高屠宰肉品质量安全管理水平。全市屠宰检疫动物31.3万头（只）、产品1999.94万千克，检出病害畜禽97头（只），全部做无害化处理；组织屠宰企业非洲猪瘟自检5545批次12298份样品。（范学成）

【动物卫生监管】 1. 严格执行养殖场等五类场所动物防疫风险评估制度，完善规模养殖场动物防疫风险分级、量化管理、动态监管工作机制，强化免疫监测、调入隔离、检疫申报、疫情报告、清洗消毒、无害化处理、年度报告等关键动物防疫条件执行情况的监督检查，打造海通达、海原华润、天宁牧业等动物防疫管理条件示范养殖场6家。2. 加强病死畜禽无害化处理监管，建立病死畜禽无害化处理与保险联动机制，督促县(区)、乡镇严格落实属地管理责任和监管责任。全市无害化处理病死动物5413头(只)、病害动物产品12180千克。加强兽用医疗废弃物处置监管，鼓励和引导规模养殖企业规范管理和处置兽用医疗废弃物，推动养殖绿色发展。3. 开展全市动物诊疗机构“评星定级”活动，采取“双随机、一公开”监管方式，加大动物诊疗监督检查，规范诊疗行为。

(范学成)

【专项治理行动】 1. 组织开展全市牛羊养殖违禁使用瘦肉精专项整治行动。累计排查牛羊养殖场(户)9.25万次，牛羊94.8万头(只)次，未发现添加使用瘦肉精养殖行为。随机监督抽检尿液样品7067份、饲料样品1500份，组织屠宰企业开展瘦肉精快速检测尿液自检14213份，检测结果全部合格。2. 结合春秋集中免疫，开展“大清洗、大消毒”专项行动。建立生猪运输车辆清洗消毒长效机制，实行“一车次一冲洗一消毒”“一季度一检测一评价”，阻断病原传播和交叉污染，降低非洲猪瘟疫情风险。全市累计消毒面积达878.7万平方米，使用消毒药12.2吨。3. 开展“治违禁、控药残、促提升”三年专项行动。聚焦“一枚蛋、一只鸡、肉牛肉羊”3个品种上存在的禁限用兽药和兽药残留等突出问题，加大宣传引导和源头管控。发放各类宣传材料3.65万份，签订承诺书(告知书)4087份，悬挂条幅(标语)1571条。

(范学成)

【动物疫病区域化管理】 1. 落实非洲猪瘟等重大动物疫病区域化防控政策，规范实施生猪及其产品“点对点”调运，加强动物防疫指定通道查验和消毒，落实降低动物疫病跨区域传播风险，确保入境动物及动物产品质量安全。全市跨省调入动物1387批次402.7万头(只)、动物产品575批次263.9万千克，审批跨省调出生猪14批次50622头；动物防疫指定通道检查消毒载畜禽及其产品运输车辆396辆，检查畜禽26803头(只)、畜禽产品172600千克。2. 加强动物调运环节监管，落实畜禽贩运人员及运输车辆备案登记管理制度，实行贩运人员及车辆黑名单管理，开展生猪运输车辆定期采样监测，查处不建运输台账、运行轨迹查不到、落地不报检、车辆不清洗消毒等违法违规行为，规范动物调运行为。全市审核备案畜禽车辆104台，审核驳回不符合条件车辆17台，备案畜禽贩运经纪人22名。 (范学成)

【畜产品质量安全监管】 1. 加大兽药生产、经营、使用环节“双随机、一公开”监管巡查，开展检查巡查与培训指导11次，检查兽药经营企业22家次。巩固提升全市48家兽药经营企业兽药追溯管理工作成果，完成16家兽药经营企业GSP审查验收。推进规模养殖企业兽药GUP管理，指导7家养殖企业实施兽药二维码追溯，实行休药期证明承诺制度，实现畜禽养殖、检疫监督、屠宰管理环环相扣的追溯管理体系。组织开展非洲猪瘟疫苗清查和兽用抗菌药专项治理行动，检查兽药生产企业1家、兽药经营企业76家、养殖场(户)2932家，现场宣传教育36场次，培训740人次。2. 开展生鲜乳专项整治行动。以排查消除生鲜乳质量安全隐患为目标，围绕奶畜养殖、生鲜乳收购站、运输车三个重点环节，全面组织摸排巡查，落实“二证一单”管理，健全完善生鲜乳生产、收购、销售、检测、运输等痕迹化管理记录，取缔不合格生鲜乳收购站和运输车，严查、严防非法添加等违法违规行为。全市共许可生鲜乳收购站30个、生鲜乳运输车辆48辆。3. 落实畜产品质量安全监督抽检和风险监测计划，以畜禽养殖密集区域、关键生产企业和重点监控的兽药品种为监测重点，加大兽药及兽药残留风险监测力度，及时发现和消除风险隐患。全市开展生鲜乳检测抽样91批次、畜产品188批次，检测结果全部合格。 (范学成)

【兽医技术服务】 1. 实施“三百三千”农业科技服务行动和乡土专家科技服务项目，围绕非洲猪瘟、口蹄疫、布病等，开展防控技术示范推广、创建非洲猪瘟无疫小区，为养殖企业及农户做好兽医技术指导服务工作，解决养殖企业动物疫病防治技术难题，提高生物安全管理水平。2. 结合党史学习教育“我为群众办实事”，聚焦畜牧产业发展和公共卫生安全，开展“科技下乡助农牧、服务产业促发展——立见宁夏(中卫)行”实践活动和新修订《动物防疫法》基层宣传活动。通过宣讲动物防疫法律知识和非洲猪瘟、犬狂犬病等疫病防控知识，增强服务对象法律意识和解决实际问题能力。3. 指导宁夏海通达实业有限公司创建非洲猪瘟无疫小区建设。 (范学成)

【畜禽医疗废物处理】 按照“整改落实、全面推进、形成机制、规范处理”思路，以奶牛养殖场为突破口，以猪禽养殖场户为重点，统筹肉牛肉羊养殖场户采取规模养殖场自行收集、委托专业机构处理，散养户政府收集、委托专业机构处理的方式，指导各县(区)全面推进畜禽养殖医疗废物处理工作，实行周调度、月推进督导制度。督促指导全市建成畜禽医疗废物暂存间141个，完善管理制度和台账141套，张贴标识149张，31家规模养殖场委托中卫市新洁垃圾处理有限公司专业化处理医疗废物。各县(区)采取政府购买服务的方式，以乡镇为单位设立兽医医疗废物收集点，设置收集点23个，做好散养户医疗废物的收集处理。（范学成）

【动物防疫队伍建设】 举办全市动物疫病防治技术、动物卫生监督执法等培训班2期，全市213名防疫技术人员及官方兽医参加培训，并派出18人次参加自治区举办的各类业务技术培训班。完成全区动物疫病检测能力比对试验。（范学成）

水产业

【概况】 2021年，全市渔业水域面积5.4万亩，水产品产量2.03万吨。全市完成农业农村部、自治区市场、产地两个环节水产品抽样141个，抽检合格率达到国家控制标准，未发生重大渔业水上安全事故。（汪宏伟）

【渔业绿色发展】 争取自治区2021年成品油价格调整对渔业补助预算项目资金200万元，打造湖泊生态养殖、稻渔综合种养及池塘养殖尾水治理示范基地3个。全市共落实稻渔综合种养面积6500亩，鲤草鱼提质增效面积6200亩，落实湖泊大水面生态增养殖面积2.7万亩；示范推广浮性配合饲料应用面积6900亩，建设水生植物生态净化塘1000亩、“鱼—菜”共生生物浮床5380亩、“陆基玻璃缸+稻渔共作”种养循环示范基地1800亩、清淤改造旧池塘1970亩。通过多项综合治理措施，水产养殖尾水循环利用率达到90%以上。（汪宏伟）

【渔业安全生产】 1.强化安全知识培训。市本级开展渔业安全生产培训1次，培训市、县(区)渔业安全监督管理人员、重点渔业养殖生产企业负责人32人。2.狠抓渔船管理。对全市现有38艘渔业生产用船统一进行规范喷涂编号，实行台账管理。3.严格督导检查。紧扣“安全生产三年专项行动”，组织开展渔业安全生产检查26次，出动检查人员70余人次，检查各类涉渔生产经营主体91次，整改隐患问题16个。4.印制《安全生产隐患排查整改台账》，以规模养殖场(户)为重点进行发放，督促养殖主体及时登记。（汪宏伟）

【渔业行政执法】 围绕黄河禁渔、黄河卫宁段兰州鲶国家级水产种质资源保护区管理、水产苗种检疫、养殖证制度落实等工作，开展“中国渔政亮剑2021”系列专项执法、水产养殖业专项执法、野生动物保护“清风行动”等重大执法检查，在中卫电视台发布游播宣传2期各14天，印制“珍爱水生动物，保护母亲黄河”宣传折页1万份，制作发放护渔志愿者马甲40套；联合公安、市场监管、自然资源等部门开展执法检查3次；在黄河卫宁段放流各类鱼种457万尾；收缴钓具、网具等非法捕捞渔具56套，罚款2500多元；会同沙坡头区农业综合执法大队，对未取得“水域滩涂养殖证”非法养殖的3户养殖户进行查处，下发“责令改正通知书”，限期拆除养殖生产设施。（汪宏伟）

农业产业化

【农产品加工业】 2021年，中卫市有农业产业化龙头企业99个，其中沙坡头区48个，中宁县42个，海原县9个。全市农产品加工企业个数317个，完成总产值61.95亿元，实现营业收入52.1亿元，利润总额8.59亿元，上缴税金0.61亿元。（梁俸杰）

【新型农业经营主体培育】 2021年，全市有家庭农场1113家，自治区级示范家庭农场72家；新注册家庭农场175家(中宁县9家，海原县135家，沙坡头区31家)、家庭农场联盟2个。农民专业合作社1421家，国家级农民合作社示范社39家(中宁县15家，海原县8家，沙坡头区16家)；自治区级农民合作社示范社62家(中宁县23家，海原县18家，沙坡头区21家)。在农业农村部门新增备案的农民合作社78家(海原县33家，中宁县8家，沙坡头区37家)、联合社4家。继续实施家庭农场和农民合作社示范创建活动，2021年全市评定市级示范社、示范家庭农场各15家。（张天量）

农业机械化

【概况】 2021年全市农业机械总动力109.55万千瓦，比2020年增加5.7573万千瓦，其中，拖拉机拥有量33192台，联合收割机1084台，各种拖拉机配套农机具43679台(套)。全市主要农作物耕种收综合机械化水平达到81.24%，比上年增加1.08个百分点。水稻种植机械、玉米收获机械等粮食生产薄弱环节的农业机械增加。（左佳伟）

【农机购置补贴】 2021年中卫市共落实农机购置

补贴资金3520.808万元，补贴购置各类农业机械2463台套，其中拖拉机831台，谷物联合收割机52台，薯类收获机148台，其他农业机械1432台。受益农户1888户，拉动农民投入资金10466.53万元。在购机补贴实施过程中，重点向玉米收获、水稻种植、枸杞生产、马铃薯生产、无人植保飞机等机械倾斜，促进农业主导产业等特定农业机械的发展，推进关键、薄弱环节机械的突破。（左佳伟）

【农机社会化服务体系建设】 推进农机专业合作服务组织建设。2021年全市共有农机作业服务公司和农机专业合作社45家，拥有各类农机具1507台（套），全年作业服务面积557.6万亩。农机合作服务组织成为土地流转的新主力、现代农业经营的新主体、培育新型职业农民的新基地。（左佳伟）

【农机安全监理】 2021年在全市推行农机免费管理，加强源头管理，严把农机登记关、检验关和农机驾驶操作人员的技术培训关，提高拖拉机、联合收割机及驾驶员的入户率、持证率、参检率。2021年，全市拖拉机、联合收割机入户挂牌714台，培训驾驶操作人员2230人，检验拖拉机、联合收割机7692台，审验驾驶员1932人。全市共投保各型农业机械2157台，增强农业机械抵御化解农机事故的风险能力。加强农机安全生产检查，全年共出动安全检查717人次，检查拖拉机、联合收割机1552台次，纠正违章335起，共检查“六小农机”232台次，消除安全隐患23起。全年无重特大农机事故发生，农机安全生产形势平稳。

（左佳伟）

【农机市场监管】 对辖区3家农机制造企业，16家农机销售网点，1018家农机维修网点进行监督管理，受理并调查处理农机质量投诉案件1起。严把产品质量源头管理关，预防和避免有问题的农机产品流入市场，规范农机生产、销售和维修市场的服务经营行为。（左佳伟）

【农机化技术培训】 按照自治区农牧厅农机局、农机推广总站和农机监理总站的年度培训计划和要求，围绕农机化管理、技术和服务三支人才队伍建设，结合农机免费管理、农机化示范园区建设、农业实用技术培训、新型职业农民培训等，在全市开展农机化教育培训活动。2021年全市共举办各类农机化科技培训班125期，培训各类农机人员13257人次，提升农机从业人员的整体素质和业务水平。

（左佳伟）

农业行政执法农产品质量安全监管

【组织领导】 制定《关于印发中卫市农业农村领域与全区同步食品药品安全区实施方案的通知》《关于切实做好元旦春节期间农产品质量安全监管工作的通知》《关于做好农资打假暨农产品质量安全监管工作的通知》《关于进一步加强中卫市农业农村领域与全区同步创建食品药品安全区宣传活动的通知》《关于做好2021年第一次全区农产品质量安全监督抽查的通知》《关于印发中卫市食用农产品“治违禁控药残促提升”三年行动方案的通知》等，推进农业农村领域与全区同步创建“食品药品安全区”工作。局领导带队到各县（区）督查工作落实情况，推进农产品质量安全工作。（朱兴文）

【农产品质量安全宣传】 举办培训班13期，培训人员2000余人，发放宣传40000份，悬挂条幅（标语）260条，设立宣传栏4个，签订承诺书（告知书）4087份，其中市农业农村局印制7类20000份宣传资料，条幅20条。重点宣传《中华人民共和国农产品质量安全法》《种子法》《兽药管理条例》《农药管理条例》《畜牧法》等法律法规知识；宣传农业绿色高质量发展理念及相关措施政策等；广泛宣传农资及农产品质量安全日常监督、专项整治、检验检测、投诉举报和案件办理的新措施、新成效，主动公示监管信息，曝光违法犯罪典型案例，正确引导社会舆论；加强对农资经营户、种养殖户进行安全用药教育培训力度，各县（区）和局属有关单位将《禁限用农药名录》和《禁止使用的药品和其他化合物以及停止使用的兽药清单》组织发放至每个种植养殖主体，并在基地关键显著位置张贴明示。同时，组织农业技术人员，深入田间地头、养殖场开展关于禁用农药、兽药和其他化合物的宣传教育，指导生产者落实农药安全间隔期、兽药休药期规定。

（朱兴文）

【农业综合行政执法队伍建设】 按照中央深化农业综合行政执法改革的指导意见和自治区深化农业综合行政执法改革的实施意见要求，通过军训、行政执法培训、办案实战演习、执法案卷评查、交叉互评等形式，内强素质，外树形象，落实农业综合行政执法“三项制度”，促进严格规范公正文明执法。针对农业生产企业、农资经营店、种养殖主体、运输环节等不同业态，采取以案说法、送农资下乡等不同形式宣传，增强群众知法守法用法意识。突出源头监管，加大打击力度，震慑违法行为，全市共检查生产经营企业 2395 家、出动执法人员 1056 人次，围绕农产品质量安全立案 13 例，其中农业投入品违法案件立案 11 起，抽检不合格产品立案 2 起，共计罚款 18.9 万元。

（朱兴文）

【农业标准化生产】 建设富硒产业示范园 9 个，落实富硒农业生产区 11.7 万亩，标准化种植基地 30 万亩。推广测土配方施肥面积 224.2 万亩，主要农作物测土配方施肥技术推广覆盖率达 95%以上；推广化肥减量增效技术面积 2.1 万亩，实施有机肥替代化肥三年行动，建设有机肥替代化肥核心示范园区 35 个，推广面积达 41 万亩。实施农药减量增效行动。全市落实 25 个农作物病虫害统防统治及绿色防控融合示范点，示范面积 11.9 万亩，辐射面积 86 万亩，三大粮食作物病虫害防治面积 298.92 万亩次，专业化统防统治累计面积 103.79 万亩次。增强畜牧业高质量发展能力。全混合日粮（TMR）饲喂、智慧牧业平台等新技术、新装备、新业态、新模式逐步应用，推广玉米青贮、饲草加工调制、标准化饲养管理、疾病防疫治疗等节本增效技术。培育绿色认证基地，申报认证绿色食品 10 个，以自治区农业农村厅农业标准化项目实施为抓手，在全市创建自治区全域绿色食品标准化原料基地 10 个，绿色农产品标准化集成示范基地 7 个。

（朱兴文）

【安全监管】 采取市级督查、县级日常巡查的上下联动监管方式，加强各环节的监督，突出责任落实，实施网格化监管，强化问题发现查处，狠抓执法办案，加强协调联动，落实农资监管责任制，抓好种子、农药、化肥、农膜等农业投入品的质量、经营和使用等环节监管。强化畜产品养殖环节源头管控，提升全市 48 家兽药经营企业兽药追溯管理工作成果，规范动物检疫监管，全市产地检疫各类畜禽 243.45 万头（只），检出病畜禽 979 头（只），全部进行无害化处理。全市屠宰检疫动物 31.30 万头（只）、产品 1524.76 万千克，检出病害畜禽 86 头（只），全部进行无害化处理；开展牛羊养殖违禁使用瘦肉精专项整治行动，全市 7 家定点屠宰企业开展瘦肉精快速检测尿液 23924 份，检测结果均为阴性。开展全市农产品质量安全预警监测，统筹建设农产品质量固定监测点 16 个，各级检测机构共定量检测样品 1019 个，合格 1011 个，合格率 99.21%。

（朱兴文）

【食用农产品合格证制度】 建立农产品合格证生产主体名录，全市开具合格证 49219 张，附带合格证农产品 17298 吨。其中，海原合格证生产主体名录 50 个，开具合格证 2789 张，附带产品 6217 吨；沙坡头区合格证生产主体名录 108 个，开具合格证 4.5 万张，附带产品 6765 吨；中宁合格证生产主体名录 114 个，开具合格证 1430 张，附带产品 4316 吨。建立构建合格证和质量追溯相结合的管理模式推广试点 10 个。

（朱兴文）

水利水保

【水利工程建设】 2021 年组织实施续建、新开工水利工程项目 48 项，完成总投资 4.27 亿元。其中，由市本级实施黄河流域中卫段水生态保护和水污染治理项目（一期）、黄河左岸中卫黄河大桥东段堤防加固工程等 3 项工程，完成投资 1400 万元；由沙坡头区实施宁夏清水河沙坡头区段治理工程、沙坡头区黑山嘴沟治理工程等 12 项工程，完成投资 6468 万元；由中宁县实施宁夏农村苦咸水改水项目中宁县大战场镇片区城乡供水水源替换工程、清水河中宁段水质提升及生态修复工程等 15 项工程，完成投资 8199 万元；由海原县实施三塘灌区贾塘片区配水工程、海原县 2021 年农村供水配水管网改造工程等 18 项工程，完成投资 2.66 亿元。 （王 茂）

【农业灌溉】 实行以水定植、定额管理、总量控制，按照自治区下达中卫市的引水指标，结合灌区实际，将取水指标分配到各县（区）。编制完成水量分配及调度预案。全年农业取水量为 12.094 亿立方米（其中地下水取水量为 0.368 亿立方米），引黄灌区用水量较自治区下达指标少 1.5 亿立方米。 （王 茂）

【河湖长制】 全市各级河湖长履职担责，建立河湖生态环境跨市联防联控机制，河湖空间管控加强，推进河湖“四乱”问题整治，全市水环境质量得到改善，河湖国控、区控断面水体水质稳定达到考核标准。各级河湖长履职尽责，市、县两级河湖长巡河（湖）646 次，巡河率 106.3%。市级河湖长开展巡河（湖）调研，召开现场工作会，督促解决天湖、千岛湖等河湖存在的水环境问题。加强河湖岸线管控，对全市 171 条河（沟）、16 座湖泊（水库）县（区）级管理范围划定成果进行市级复核。开展河道岸线利用项目整治，完成黄河、清水河中卫段 12 个岸线利用项目的整改销号。开展河道采砂整治行动，全市共出动 126 人次，巡查河道 553.6 千米，查处非法采砂行为 1 起，没收非法砂石量 0.46 万吨。加强水污染防治，县（区）城市污水处理率达95%以上，城市集中式饮用水水源水质达标率达100%，完成农村“千吨万人”水源地保护区规范化建设。加强水环境治理，实施黄河流域中卫市段水生态保护和水污染治理项目(一期)、清水河综合治理、黑山嘴沟治理等工程9个，治理河道54.9千米。推进跨流域河流生态联防联控，强化源头管控，突出河流上下游、干支流联防联控，与吴忠市签订《区域水污染联防联控合作协议》，启动黄河中卫段出境断面水环境风险预警监控网建设工程，在中卫市第一、第三等重点排水沟布设高密度微型多参数水质监测设备。推动河湖“清四乱”常态化规范化，开展河湖“四乱”问题清理整治，完成水利部、黄委会、自治区河长办反馈确认的37个“四乱”问题整治销号，对自查出的119个河湖“四乱”问题全部完成整治销号。开展黄河中卫段河道及滩地被占问题整治，清理河滩地秸秆及杂草5万多亩，移除河滩地苗圃、果树等1780亩。完成黄河中卫段河道及滩地138处建设问题(其中灌溉取水设施107处，渔畜养殖设施2处，较大单体项目7处，寺庙3处，其他各类生产、管理、服务用房及附属设施19处)的整治，并建立台账，上报自治区水利厅备案。推进黄河流域生态环境警示片披露问题及举一反三问题整改，对2021年7月黄河流域生态环境警示片披露的黄河宫、中宁县枸杞博物馆违规建设和羚羊角渠内存在大量生活垃圾3个问题，完成整改。美丽示范河湖建设，沙坡头区推进第三排水沟美丽河湖创建，第三排水沟入一排水沟处水质稳定达到地表水Ⅲ类以上标准；海原县依托西河与贺堡河交汇处农村水系综合治理项目，打造西河关桥段美丽河湖；中宁县推进亲河湖、雁鸣湖美丽河湖建设。重点河(湖)沟道水质监测，对全市重点河(湖)沟道28处监测断面开展月度水质监测，共监测326点次，合格率达96.3%。国控黄河断面实现Ⅱ类进出，香山湖、清水河泉眼山断面(剔除本底值氟化物)水质均达到Ⅲ类以上；区控中卫市第一、第四排水沟，中宁县北河子沟等8个断面水质稳定达到Ⅳ类以上。 (王 茂)

【水资源管理】 严格“四水四定”，分配自治区下达中卫市的12.736亿立方米用水指标，坚守水资源开发利用“三条红线”，紧盯取水工程的核查登记及整改工作，对2300个取水项目(涉及取水口3320个)分类施策并建立整改提升台账，推进整改落实。严格取水许可审批，对新增项目用水实施限批政策，对中卫市沙绿宝农业科技有限公司等4家超许可违法违规取用水问题进行查处，向临界、超计划、超许可的用水户下发预警通知。落实超计划、超许可取用水单位累进加价水费和3倍水资源税制度，遏制超许可用水现象。推进水资源超载治理，组织编制《中卫市水资源超载治理方案》，全市压减水稻种植达0.4万亩，压减籽粒玉米种植达2万亩，全年关停地下水取水井26眼，水资源超载治理成效初现。 (王 茂)

【水利行业监管】 全市共开展水行政许可审批48项，其中取水许可审批20项，防洪影响评价审批20项，水土保持方案审批8项。对水利行业“互联网+监管”的32项监管事项，以重点监管和“双随机、一公开”的监管方式，按程序、按要求完成22项的监管和录入，并逐项进行监管。按照自治区关于水利工程建设领域关键岗位人员实名制管理的要求，自10月份开始，督促全市所有在建水利项目按照规定将施工单位、监理单位关键岗位人员信息录入水利工程建设管理信息平台，实行考勤记分管理，每月通报一次，纳入个人和企业信用评价。 (王 茂)

【节水型社会建设】 推进节水型社会建设，编制中卫市“十四五”节水规划，严格涉水规划和建设项目节水评价，遏制不合理的用水需求。围绕中水利用，推进分布式污水雨水处理回用一体化合同节水项目建设，推动非常规水的再生回用。协同中国水科院开展节水型社会创新试点结题验收，集成创新西北典型区可复制、可推广的节水技术模式。加强行业间联合，深化部门间联动，推进县域节水型社会达标建设，创建一批诸如宁夏天元锰业集团有限公司、中冶美利纸业股份有限公司等节水型企业，长城小区节水型居民小区，以及中卫市人民检察院、中卫市农业农村局等节水型单位。 (王 茂)

【水旱灾害防御】 强化汛前排查与隐患整改，完善应急抢险防御体系和应急度汛预案。通过实施黄河七星渠口段等多处应急除险工程，强化减灾工程体系。落实24小时防汛抗旱值班值守，监测预报预警，守住水旱灾害防御底线。增强应急力量储备，购置消防水带、水泵、管道等各类防汛物资与设备，建立3支共计400人的专业应急抢险救援队伍。 (王 茂)

【水土保持】 实施海原县关桥乡贺堡、树台乡大岘、树台乡红井、中宁县车门沟上游等4项小流域综合治理工程和中宁县柴塘子、苋麻沟2座骨干坝除险加固工程，完成水土流失治理面积209.39平方千米。 (王 茂)

【水利改革】 深化水权水价综合改革，推进全域全员全行业节水，水价杠杆作用在节水工作中突显。推进水务一体化改革，中卫市河北地区城乡供水工程、第三污水处理厂及集污管网工程基本建成。按照自治区《关于落实水资源“四定”原则 深入推进用水权改革的实施意见》要求，细化措施，强化指导，各县（区）分类施策、精准发力，推进用水权改革。核定农业灌溉面积 272.15 万亩，排查规模化养殖业 940 家，摸排工业用水企业 219 家，用水“黑户”企业 73 家。全市全年累计核定工业用水权确权水量 5642.97 万立方米，较往年无偿许可配置核减水量 1348.73 万立方米，颁发工业用水权证 50 本。沙坡头区作为用水权改革试点区，率先开展工业用水权有偿使用费收缴工作，成为全区首个收缴工业企业用水权有偿使用费的县（区），收取工业用水权有偿使用费 1590 万元。

（王　茂）

【水利安全生产】　对全年排查出的 157 处安全隐患点（其中重大隐患 6 处），督促责任单位制定整改措施及时限，均完成整改。汲取中宁县“4·08”蓄水池溃口事故教训，对全市 105 座高位蓄水池进行安全鉴定。要求辖区供水企业推进消防水源纳入水利基础设施建设中，在中卫河北地区城乡供水工程中同步实施安装 114 个消防井，在中卫河南饮水提升工程中同步实施 2 座蓄水池作为消防水源。（王　茂）

住房和城乡建设

综　述

【概况】 2021年全市建成区面积78平方千米，常住人口城镇化率为49.7%；城市道路长559千米，集中供热能力为1837万平方米，供气管道长942千米，燃气普及率为80.3%，供水管道长470千米，全年供水总量达2515万立方米；城市建成区排水管道长430千米，城市污水处理率为98.27%，城市生活垃圾无害化处理率为100%。根据《关于设立城市节约用水管理科等有关事项的通知》(卫编办发〔2021〕22号)，城乡建设科加挂"城市节约用水管理科"牌子。

(张　飞)

【城市建设融资】 市住房和城乡建设局共争取中央扩大内需及自治区项目各类专项资金4000万元，为加快城市公共基础设施建设等提供强有力的资金支持。(张　飞)

【城市绿化】 实施2021年新老城区生态修补绿化工程，共计栽植各类乔木1.83万株，花灌木28.9万株，地被植物3.51万平方米，增加城市绿道8.27千米。完成市直机关单位、学校春季供苗19.52万株，草籽及花卉种子460千克。截至2021年年底，中卫市建成区绿地率为39.66%，人均公园绿地面积24.83平方米，建成区绿化覆盖率为43.63%，公园绿地服务半径覆盖率为87.16%。(王田田)

重点工程建设

【棚户区改造项目】 续建中宁县白桥C区（一期）棚改安置住房382套、海原县北苑小区棚改安置住房1009套，均完成主体工程施工。(张　飞)

【市政设施建设项目】 沙坡头区完成第一生活垃圾填埋场生态修复工程，生活垃圾焚烧发电厂、第三污水处理厂和集污管网建成投入使用，新墩桥、利民桥、文昌桥及城市运动广场项目开工建设。中宁县新修污水管网700米，解决红苑小区及中宁商城黑臭水体污染问题。海原县实施的南门停车场、城市供水管网及水表改造、牌路山路口转盘、城市生活垃圾第二填埋场、集中供热项目、海原县机关服务中心基础设施工程和机关职工餐厅等工程以及南门广场、东城生态园和地震遗址一期3个项目全部完工并投入使用，地震遗址(二期)项目完成停车场部分地下管道安装及土方工程施工。(张　飞)

【道路建设及改造工程】 沙坡头区打通正丰路"断头路"，完成火车站广场及周边道路改造提升项目、沙坡头大道排水防涝项目、中卫市长城街老旧管网改造项目一期建设任务，8条市政道路维修项目完成4条。中宁县完成亲水街市政道路建设项目及育才南街、育才北街等道路雨水管网项目，对富康路、裕民街、平安东西街等破旧沥青路面进行修缮。海原县新建续建市政道路4条2.7千米，续建的东城路、富民街、兴盛街全部完工，新建的南庄北巷市政道路完成主道路施工。(张　飞)

【保障性住房工程】 全市3.85万套保障性租赁住房分配入住3.59万套，入住率为93.2%，其中，市本级1.5万套分配入住1.36万套，入住率为90.7%。及时调整2021年公租房申请标准，降低准入门槛，让更多的低收入家庭纳入住房保障。(张　飞)

【老旧小区改造提升工程】 全市计划投资1.7亿元，改造老旧小区66个39万平方米，惠及群众3946户，完成投资1.1亿元，其中沙坡头区4个678户6万平方米，中宁县57个3062户31万平方米，海原县5个206户2万平方米。(张　飞)

【乡村建设】 落实落细"一带两廊"空间规划，指导县区因地制宜实施乡村建设项目,建成沙坡头区香山美丽小城镇二期项目及中宁县喊叫水乡、徐套乡美丽小城镇,完成中宁县石空高标准重点小城镇年度建设任务,沙坡头区迎水桥镇何滩村、东园镇白桥村、镇罗镇河沟村及中宁县新堡镇南湾村、海原县关桥乡方堡村美丽宜居村庄完成年度建设任务;全市改造农村危房 952 户,建成抗震宜居农房 4544 户,农村危房动态“清零”;加快完善农村生活垃圾处理设施设备,全市98%行政村的生活垃圾得到集中处理,农村人居环境明显改善。（张　飞）

行业管理

【行政审批】 对工程建设项目从立项到竣工验收和公共设施接入服务推行全流程全覆盖改革,将原有的 111 项审批事项压减为 64 项,依托“互联网+政府服务”平台进一步压缩审批时限、简化审批环节,政府投资项目全流程审批时间压减至 80 个工作日以内、社会投资项目全流程审批时间压减至 60 个工作日以内、小型社会投资项目审批时限压缩至 25 个工作日之内,工程建设项目区域性评估在全市得到推广,全市营商环境基础进一步夯实。全年共审查核准办理房地产开发资质 10 件、房地产预售 32 批、建筑业企业资质 144 个、建筑工程施工许可证 66 个,发放和更换燃气企业及站点的经营许可证 29 个。

（张　飞）

【建筑市场管理】 2021 年中卫市共有在建工程 315 项。市直管在建项目 62 项,总建筑面积 103 万平方米,办理竣工验收备案 122 项,总建筑面积 42.69 万平方米。1. 开展质量综合执法检查 2 次、质量专项检查 2 次、安全专项检查 7 次,累计下发质量隐患整改通知书 35 份、安全隐患整改通知书 107 份、停工通知 1 份。2. 开展重大节日和重大活动安全巡查 5 次,累计发出安全隐患整改通知书 74 份, 形成巡查记录 58 份、各类检查表 92 份。3. 累计受理工程质量问题投诉 265 件,其中市长信箱 195 件,业主自访 48 件,书记信箱 2 件,网络舆情 11 件,信访转办件 9 件,办结回复率 100%。所有在建房屋建筑和市政基础设施工程均在监督范围之内, 工程主体结构质量可控,安全生产形势总体平稳。沙坡头区检查在建工程 85 项,重大交通协调建设项目 3 个,累计拆除农村土坯房 6979 户,共摸排隐患 486 条,完成整改 486 条,查处擅自开工建设、工程转包、限制潜在投标人等违法案件 12 起,累计行政处罚 64.3 万元,扣除 14 家建筑企业诚信分 1400 分,27 名建筑从业人员个人诚信分 90分,有效打击和遏制建筑领域违法违规行为。中宁县在建项目 76 项,涉及建设单位 64 家、施工单位 62 家、监理单位 18 家。其中,房屋建筑工程 39 项,面积 55.56 万平方米;市政基础设施建设项目 10 项,长度 56 千米。开展综合执法检查 13 次,开展专项检查 6 次,下发整改通知书 78 份,停工通知书 104 份,排查隐患 268 项,整改 268 项,整改率 100%。海原县在建项目 92 项,其中,房屋建筑工程 38 项,总建筑面积约 60 万平方米;装饰装修工程 9 项,约 4400 万元;市政道路基础设施工程 45 项(老旧小区改造 5 项、美丽村庄建设 14 项、公园绿化项目 7 项、其他项目 19项)。监督工程竣工验收 41 项, 竣工工程备案审查 35 项。在疫情防控指挥部的指导下,开展建筑工地疫情防控工作,强化行业监督指导,建立联防联控工作机制,确保建筑工地疫情防控工作到位。开复工前组织各施工、监理单位开展安全生产隐患排查,凡符合“六个一”开复工要求的工程项目,督促指导项目建设单位和施工企业安全、有序地尽快开工建设。全市房屋建筑和市政基础设施工程主体结构质量可控,安全生产总体形势平稳,没有发生工程质量安全事故。

【房地产市场管理】 中卫市共有资质内房地产企业 25 家。全市实施房地产开发项目 27 个,房地产总体运行在一个比较合理的区间。1. 房地产开发项目完成投资 37.46 亿元,同比增长 53.4%;2. 房地产开发项目施工面积 450.17 万平方米,同比增长 7.6%,其中住宅施工面积 315.26 万平方米,同比增长 6.6%;3. 商品房销售面积 92.8 万平方米、销售额 44.87 亿元,分别同比增长 11%和 26.8%;4. 房地产开发项目待售面积 102.97 万平方米,同比下降 1.05%。加强房地产市场监管,组织开展房地产市场专项整治行动,新建商品房预售、二手房交易两个市场同步整治,与发改、公安、自然资源、城管、市监、税务等部门常态化开展联合执法专项行动,重点打击违规销售、捂盘惜售、虚假宣传等行为,有效整治房地产市场乱象、遏制炒房行为,检查房地产开发项目及房地产经纪机构 40 余次,共下发责令整改通知书 16 份,诚信扣分 3 个。

（张　飞）

【公共设施管理】 供排水管理方面:自来水水质综合合格率达 100%,水质检测项目具备 106 项检测能力。加大污水接入和管理力度,城区市政污水管网覆盖区域生活污水排放单位基本全部依法接入市政污水管网，封堵施工降水、地源热泵回水排入市政排水管网工地2个、小区5个；城区污水处理厂平均进水BOD浓度达144.89 mg/l，生活污水收集率达67.36%。供热管理方面：督促协调应理集团完成阳光骄子、幸福立方小区和红太阳广场周边营业房共计45万平方米接入市政集中供热管网工作。完成2021—2022年度采暖期供热设施设备检修及注水试压等供热前的各项准备工作，2021年10月20日开始正常供热。市政公用设施管理方面：对宁夏水投中卫水务有限公司进行安全大检查5次，从操作现场、内业资料、应急预案、制度建设、领导带班值班记录，整改记录等进行检查走访，并提出整改意见，特别是污水处理场液氯储存，安全措施到位、防范措施齐全。城镇燃气管理方面：全市共有燃气企业40家，从业人员800人，其中管道燃气企业2家。加气站65座，其中天然气加气站59座，液化气充装站6座。天然气加气站年销售34451.76万立方米，液化石油气年销售2437.75吨。组织开展全国两会“安全生产月”及清明、中秋和国庆节期间燃气行业安全生产专项检查3次，通过现场指导与宣传教育相结合、排查问题与督促整改相结合，强化对安全生产负责人安全生产知识教育培训，以整改促安全，及时堵塞安全生产漏洞，确保燃气经营运行安全。湖北十堰“6·13”事故后，对沙坡头区10家燃气经营企业的23个加气站、2个充装站、9个液化石油气供应点开展拉网式全面排查，排查安全隐患576处，通过制定整改措施、建立隐患整改台账，实行闭环管理，安全隐患动态清零，对排查出的所有安全隐患全部进行整改落实，及时消除安全隐患。

（张　飞）

【招投标监督管理】 完成政府建设工程报建招标备案40项，工程报建率、开标工程备案率均达100%，备案资料归档及时完整、目录清晰，按时按要求完成各项招投标任务。（张　飞）

住房公积金管理

【概况】 2021年，全市已建制职工7.95万人；全市当年归集住房公积金11.40亿元，累计归集80.51亿元，期末归集余额31.60亿元；当年提取住房公积金8.39亿元，累计提取48.91亿元；当年发放住房公积金贷款5.82亿元，贷款总额达50.05亿元，贷款余额20.34亿元；年末住房公积金个贷率达64.37%；贷款预期率控制在0.25‰。（高原杰）

【政策宣传】 运用中心门户网站、12329短信、微信公众号、手机APP、对账单等媒介，深入未建制企业宣传建制好处，全力以赴为企业建制提供便捷服务。利用各受托银行服务网点多、客户资源丰富、营销能力强等行业优势，开展非公企业建制扩面工作。用足用活政策，通过延长贷款期限、规范贷款额度，积极吸纳城市灵活就业人员建制缴存，帮助符合条件的80、90后解决住房资金不足问题。

（高原杰）

【政策落实】 在严格执行住房公积金贷款政策的基础上，贯彻以人民为中心的发展思想，开展住房公积金行业“我为群众办实事”实践活动，同时结合缴存职工个人信用状况和家庭收入情况，适度放宽保证金条件和保证人公积金使用政策；对离异职工申请贷款实行承诺制，既有效防范骗贷行为发生，又支持职工购房需求；优化再交易住房贷款流程，由“先过户，后贷款”改为“先受理，再过户，后放款”，有效规避职工已办理房产过户却无法贷款的情况发生。

（高原杰）

【制度建设】 严格执行《住房公积金管理条例》，协调财政、统计等部门，提请市委、市政府研究，率先在全区将全市财政拨款单位职工年度效能奖、民族团结奖、未公休补助、住房补贴、公车补贴、公务员第十三个月工资、平时考核奖等纳入住房公积金缴存基数，自2021年起统一职工住房公积金缴存基数，并执行一年一定标准的规定，保障《条例》贯彻落实。

（高原杰）

【资金安全】 按照区住建厅关于住房公积金专项审计发现典型案例的通报有关要求，印发《关于专项审计发现的典型案例及主要风险点全面排查整改工作的实施方案》，对《通报》指出的问题逐项进行整改落实。配合审计署西安特派办审计组、市纪委安排的巡察“回头看”，以及市审计局审计工作，主动整改，纠正问题，反馈问题整改到位并建章立制。

（高原杰）

【信息化建设】 完善《中卫市住房公积金网络安全应急预案》，科学设置安全主管、安全管理员、系统审计员等网络安全岗位，将启动应急预案条件、应急组织构成、应急资源保障、时间处理流程、系统恢复流程以及事后教育和培训等内容纳入应急预案中，并对系统相关人员进行应急预案培训。在中心核心业务系统中加入密码规则校验及定期修改密码提醒，对未修改密码的用户禁止使用系统功能。制定《中卫市住房公积金信息系统安全隐患排查计划》,委托第三方机构定期对服务器进行全面排查,对发现的问题及时进行整改,确保服务器安全稳定运行。（高原杰）

【服务效能】 通过走访工业园区招商引资企业,从增强企业吸引力和稳定职工队伍方面开展公积金政策法规宣传,引导企业转变观念、建制缴存。年内新增开户单位172家、职工9602人,其中企业69家,职工3532人。了解各重点缴存企业运行状况,共核批缓缴企业4家,涉及资金1.3亿元,帮助企业化解资金困难、摆脱发展困境。（高原杰）

广场公园公厕管理

【概况】 2021年,中卫市区共有9个广场,即行政广场、美利广场、人民广场、红太阳广场、五环广场、文化广场、青少年活动广场、迎宾广场、五馆一中心。3个公园,即高庙公园、香山湖公园、应理湖公园。9处水域,即景观水系、香山湖、应理湖、十里水街、六中八校及党校、滨河首府、府前府后、高庙公园、五馆一中心。（王学梅）

【广场公园精细化管理】 1. 增加电动洗扫车2辆,加强广场公园机械化清洗扫。2. 采取日常巡查、随机抽查、定期考核的办法,重点检查保洁人员捡拾速度和频次,提高工作效率,同时及时清理死角垃圾、清洗喷泉池,确保广场公园卫生质量达标,无卫生死角。3. 在对广场公园内的各类公共设施进行擦洗的同时,采取"每日巡查+定期排查"相结合的模式对广场公园内的公共设施进行检查。重点检查各类宣传牌、雕塑、健身器材、垃圾桶等完好情况,确保更换、维修、翻新及时。4. 联合城管及时劝导广场公园不文明行为。年内,共劝阻广场公园各类不文明行为800余起。（王学梅）

【公厕精细化管理】 1. 推行"定点保洁+巡回保洁"管理模式,跟进式保洁办法,确保公厕卫生保洁标准不降低、不反弹。2. 规范公厕保洁流程,加强业务培训,促进公厕管理和卫生质量不断提升。3. 科学筹划,合理安排放置极致源头除臭剂、香片、小便斗垫片等除臭药品,免费投放卫生纸、洗手液、烘手机,铺设防滑垫等便民物品。年内,公厕累计投放小卷纸4万余卷,大卷纸4200余盘,洗手液140桶。4. 结合公厕病媒生物预防防治工作周期和特点,合理投放各类消杀药物,记录投放台账,并为公厕保洁员配备防护镜等防护用品。年内,公厕共计投放鼠药406包、蝇香3000盒、粘鼠板284个、高效氯氟氰菊酯125袋。（王学梅）

【水域保洁】 1. 联系沙坡头区水务局、区农田灌溉管理所、中卫市水务有限公司等单位对城区各水域进行及时补水,确保城区各水域水量充盈。2. 新增水域打捞船1艘,为保洁人员配备救生马甲等防护用品。3. 制定五馆一中心等水域鱼腥味治理方案,在党校、景观渠、府前府后水域投放鱼苗,景观渠加装抽水泵从景观渠引黄河水至府后水域,改善水域水质。2021年,累计清捞水域水草及各类垃圾300吨,投放鱼苗2200余斤。

【"双创"工作】 1. 开展"捡烟头换鸡蛋、学习用品,助力文明城市创建"活动,8个兑换点累计回收烟头约20万个,兑换鸡蛋4621枚、学习用品264个。2. 画设残疾人专用标识23个、"一米间隔线"标识24个、"禁止车辆入内"标识9个,制作张贴"禁止躺卧座椅"温馨提示1000个。3. 设置雷锋志愿服务点10处、《中卫市文明行为条例》宣传牌14个、文明温馨提示牌21个,投放便民烟蒂垃圾桶50个。4. 拆除各广场公园木桩、彩条旗以及条幅21条,排查、更换宣传牌248个、宣传贴布33个、宣传栏5个,清洗、翻新雕塑3个,调整、增设座椅4个。5. 在电动保洁车、电动清扫车张贴创城标语41条。6. 增设公厕指示牌50个。（王学梅）

【疫情防控】 严格按照疫情防控常态化管理要求对广场公园、公厕、水域保洁员进行日常测温。每天对广场公园内各类公共设施进行消毒2次。设置疫情防控音频宣传点14个,悬挂防疫宣传条幅22条,投放废弃口罩回收桶18个。（王学梅）

【安全工作】 召开安全生产例会9次,组织安全培训2次,签订《文明交通我先行承诺书》130份。按照《交通安全月活动方案》要求,完成员工体检及新冠肺炎疫苗接种工作。排查广场、公园、公厕安全隐患,在城区各广场公园、水域设置安全围栏400米、防护网74片,设置温馨提示牌、警示牌37个,更换各水域文明、安全提示贴布10个。（王学梅）

交通能源邮电

交通运输

【概况】 公路:2021年底中卫市公路通车里程达8363.399千米,沙坡头区2795.237千米,中宁县2240.012千米,海原县3328.15千米;按行政等级分:国道804.464千米,省道716.782千米,县道101.325千米,乡道2363.555千米,村道3869.876千米,专用公路507.397千米;按技术等级分:高速公路466.266千米,一级公路119.903千米,二级公路1112.826千米,三级公路1130.397千米,四级公路5515.507千米,等外公路18.5千米。铁路:境内有包兰铁路和宝中、太中银、干武、吴忠至中卫城际铁路;共有14个车站,其中编组站1个为迎水桥编组站,二等站5个为干塘、中卫、中卫南、中宁、中宁东,四等站4个为新市沟、枣园堡、中宁南、沙坡头,5等站2个,无人站2个。货运站7个,分别为干塘、迎水桥、中卫、中宁、枣园堡、中宁南、中宁东;客运站4个,为中卫、中卫南、中宁、中宁东。航空:中卫沙坡头机场位于中卫市沙坡头区,距市中心约9千米,建成投运于2008年12月26日,是宁夏第二个民用机场,是陕、甘、宁、青第14个机场,是全国的第160个民用机场,是西部民航20多年来第一个新建新增的机场,满足空客320和波音737及以下机型起降。先后开通至北京、西安、乌鲁木齐、上海、福州、重庆、银川等城市航班,保证旅客可以快捷舒适地直飞中卫。水运:黄河流经中卫186千米,占全区的46%,检验合格的营运船舶85艘,在册登记船员261人;正常营运的渡口2处,为永丰渡口、马滩渡口;有3家水运企业,为中旅(宁夏)沙坡头旅游景区有限责任公司、中卫腾格里金沙岛旅游度假区有限责任公司、中卫常迎黄河浮桥管理有限责任公司。客运:中卫市有客运站6个,其中一级站1个(沙坡头区),二级站3个(中宁1个、海原2个),三级站2个(沙坡头区1个、中宁1个),建设其他客运站328个(沙坡头区94个、中宁县71个、海原县163个)。从事班线企业12家(沙坡头区5家、中宁县4家、海原县3家),线路237条(沙坡头区61条、中宁县87条、海原县89条),车辆526辆(沙坡头区233辆、中宁县131辆、海原县162辆);公交企业11家(沙坡头区4家、中宁县5家、海原县2家),城乡公交线路63条(沙坡头区14条、中宁县25条、海原县24条),公交车辆504辆(沙坡头区277辆、中宁县107辆、海原县120辆);出租车企业20家(沙坡头区14家、中宁县3家、海原县3家),出租车辆2028辆(沙坡头区1138辆、中宁县533辆、海原县357辆)。货运:危货运输企业35家(沙坡头区19家、中宁16家),车辆324辆(沙坡头区161辆、中宁163辆);普货运输企业546家(沙坡头区268家、中宁县175家、海原县103家),运输个体户14823家(沙坡头区3496家、中宁县2170家、海原县9157家),车辆21161辆(沙坡头区7471辆、中宁县4143辆、海原县9547辆)。

(马晓梅)

【重点项目建设】 承担重点项目19个,开工建设13个,全年完成投资62.5亿元。编制《全市交通物流发展"十四五"规划》,谋划"十四五"期间重点项目。配合实施中兰高铁宁夏段、乌玛高速中卫段及下河沿黄河公路大桥等11个自治区级重点项目,对开工建设的9个项目协调相关部门做好服务工作,对计划开工建设的2个项目协调解决征地拆迁等各类问题。中卫市被《国家综合立体交通网规划纲要》列为全国性综合交通枢纽城市。推动"四好农村路"融入农村地区产业、物流、环境生态体系,年度新(改)建120千米农村公路的任务全部完成。沙坡头区被交通运输部授予第一批"城乡交通运输一体化示范区"称号。航空运输:

2021年新增4条航线、6个通航点，成功开通武汉、昆明、南昌、沈阳等旅游包机，北京—中卫—重庆航线成功入选民航局首批百条红色旅游精品航线，全年旅客吞吐量21.6万人次，全年货运吞吐量932吨，全年保障通航达4.77万架次，居于西北支线机场前列。实现年收入2421.3万元，亏损1093.5万元，完成T1目标。公路运输：全市道路运输客运量718万人次，较上年下降20.6%，客运周转量52711万人次，较上年下降21%，货运量6428万吨，较上年增长19%，周转量1145636万吨/千米，较上年下降11.1%；水路客运量58.3533万人，货运量29.23万吨；铁路运输：铁路旅客运输214.2万人，较上年增加2%，其中发送60.2万人，到达154万人（旅游专列15万人），铁路货运发送120万吨，较上年增加7.1%。（马晓梅）

【中卫卫民黄河大桥建成通车】 6月28日，中卫卫民黄河大桥建成通车。卫民黄河大桥是完善中卫交通体系、连接沙坡头机场与中卫高铁南站的联运桥，是展示中卫文化、打造城市新地标的景观桥，也是践行不忘初心、改善人民群众出行体验的民心桥。卫民黄河大桥项目估算总投资约7.3亿元，全长1828米，其中桥梁长1409米，引道长419米，设计时速60千米。作为宁夏境内第18座跨越黄河的公路桥梁，该桥设计新颖，兼顾通行与服务城市的功能，主桥采用异型钢箱拱形式，是宁夏第一座全钢结构钢箱梁。同时，在主桥拱顶设有塞上明珠观景平台，其顶部造型为钻石形，与中卫市打造的沙漠水城融为一体。卫民黄河大桥属于非经营性交通运输类项目。

【乌玛高速公路青铜峡至中卫段建成通车】 12月29日，乌海至玛沁公路青铜峡至中卫段建成通车。乌玛高速公路青铜峡至中卫段，于2019年4月26日正式开工建设，项目总投资79.41亿元，主线全长122.99千米，联络线全长9.07千米，起点在青铜峡市同兴移民村西，接乌玛高速公路（宁夏境）银川至青铜峡段，终点位于中卫市沙坡头区红卫，接定武高速公路，主线约18千米穿越腾格里沙漠腹地。主线共设置渠口、石空、中卫北、迎水桥4处收费站及渠口、沙坡头2处服务区（加油加气服务未开放）；联络线起点位于主线镇罗北枢纽立交，跨越黄河设置镇罗黄河特大桥（全长1280米），终点永康枢纽互通立交接定武高速，设置镇罗南收费站。乌玛高速公路青铜峡至中卫段，以地区自然环境、地域文化及地方产业为基础，把银川、石嘴山的重点景区沙湖、镇北堡西部影城、西夏陵，与中卫的重点景区高庙、沙坡头等沿线分散的资源和景点串联起来，成为一个整体的线性景区和旅游路线。这条高速公路也是宁夏的南北运输大通道，通车以后可有效分流京藏高速的交通量，缓解宁夏路网的交通压力，银川与中卫间的车程缩减半小时。

【深化改革】 1.环保。乌玛高速公路青铜峡至中卫段作为宁夏"绿色公路"建设示范工程。新建公路选线绕避自然保护区、水源地等生态保护红线，最大限度保护重要生态功能区、避让生态环境敏感区。推广新能源公交车辆，海原县新增新能源公交车30辆，配套建设充电桩13台；鼓励货运企业更新购置新能源车辆，年内新入户货运车辆1767辆，其中燃气车994辆，占56%。2.城市公交改革。组建国有公交企业，每季度争取纾困资金363万元，全额用于发放原公交公司员工工资等，对经营期限到期的汽车客运总站和公交公司等准予延续经营许可，确保企业重整过程中员工队伍稳定。3.综合行政执法改革。整合理顺公路路政、道路运政、水路运政等交通运输领域7个执法门类，推动交通行政执法与行政审批分离，确保行业管理与监督管理职能明晰，年度严肃查处出租汽车违法违规经营行为60起，纠正不规范经营行为100余起。4."互联网+货运"。全市拥有网络货运资质的平台企业有3家、注册车辆17023辆，完成货运交易14.7万余单，运输货物5290余万吨。（马晓梅）

【交通执法】 1.部门职能优化。综合执法改革进程中，为解决交通工程质量监督职能悬空的问题，明确由综合执法支队承担原中卫市工程质量监督站职能。2.执法队伍素质提升。结合"两个年"活动，督促开展交通运输执法领域突出问题专项整治，深刻吸取山东郓城交通执法事件教训，着力解决交通执法队伍宗旨不牢、初心不坚、作风不优等问题。3.执法效能提升。针对交通运输综合执法力量不足、行政强制措施缺乏、调查取证困难等问题，依托"云天中卫"战略布局，推广信息化手段在交通执法领域中的运用，在高铁中卫南站、中卫火车站安装出租汽车在线监控系统，在宣和镇寺口子路上线超限超载非现场执法系统。

（马晓梅）

【平安交通】 1.安全生产主体责任。落实"党政同责、一岗双责"制度，坚持安全生产季度例会及专题例会制度，定期研究部署，层层分解任务，严格督促落实，推动安全生产主体责任落实。2.安全生产预警机制。修订《中卫市交通运输系统应对突发事件和交通战备应急救援保障预案》《中卫市交通运输行业应急演练计划》，开展大客车、公交车途中自燃着火、乘客逃生应急救援演练,危险化学品运输事故应急救援演练10余场次。3.安全生产专项整治三年行动。制定落实《安全生产专项治理三年行动实施方案》,攻坚交通运输领域重点任务,梳理农村道路建管养运、交通项目建设、"两客一危"等重点领域、重点环节突出问题,经梳理,6个大项31个小项79项具体工作任务中,完成56项,2021年完成13项。4.安全隐患检查整治。节假日和重大活动期间,围绕"两客一危"运营、应急物资储备、水上交通和工程建设等开展安全检查,共检查道路运输企业644家次、船舶390余艘次,开展应急演练17场次,普查公路承灾体国省道干线269.734千米、农村公路6530.693千米,普查风险点5种449处。 (马晓梅)

【质量监督】 2021年监督交通建设项目26个,受理质量监督申请15件,质量责任登记15份,办理工地试验室备案18件,全市交通建设工程项目监督覆盖率达100%,工程建设中没有发生因质量问题被投诉、举报的现象。全年参与第三方过程交工检测23次,巡查工地29次,共抽检路基和路面底基层压实度80点、弯沉1020点、水泥稳定基层钻芯18个,构造物混凝土强度24组,粗细集料、钢筋、水泥等原材料抽检30组。完成市本级、中宁县、沙坡头区共42个交通建设项目的交工验证性检测、交工验收、竣工资料审核、质量鉴定、竣(交)验收工作,审核竣工资料104卷,质量鉴定8个项目。出具交工质量核验意见8份、资料审核意见8份、质量鉴定报告8份、质量监督管理工作报告8份。 (马晓梅)

公路管理

【概况】 截至2021年年底,普通国道MQI值92.65、PQI值90.81、优良路率99.67%;普通省道MQI值86.91、PQI值82.45、优良路率72.91%。 (郭 瑾)

【日常养护】 2021年聚力干线公路养护,对照路况检测数据及交通量情况,科学合理安排养护资金,实施差异化养管,对不同路段采取不同保洁频次,按照路段的使用年限和病害类型实施不同的养护手段,提高养护资金使用效益。全年累计完成路面灌缝30.34万延米,贴缝带贴缝0.99万延米,处治路面坑槽、沉陷等病害0.998万平方米,对车辙病害严重的G109线渠口至石空段实施冷刨热铺3.1万平方米,对路况指标较低的G338线红卫段、S308线白马至鸣沙段实施碎石封层9.5万平方米,对水泥砼路面破损较严重的S204线、S311线进行"白改黑"8.7万平方米。全年办理涉路许可25起,办理路产赔补偿案件95起。

(郭 瑾)

【工程项目】 2021年实施公路养护工程7项,完成投资4479.8万元,预算执行率为100%。制定养护工程项目管理"五定"方案,明确项目责任人、工作任务、工程进度、工程质量、工作目标,确保养护工程的顺利完成。筹措使用燃油税资金和车购税资金改造危旧桥梁9座,对中宁黄河大桥等29座桥梁实施抗震防灾能力提升工程。 (郭 瑾)

【安全管理】 以安全生产专项整治三年行动为抓手,突出制度管理、隐患治理,着力提升公路本质安全,确保公路安全生产形势平稳向好。坚决贯彻落实"党政同责、一岗双责、齐抓共管、失职追责"和"三个必须"要求,深化责任落实,强化责任担当。加强从业人员安全教育,开展安全生产月和工程质量"强基提质"等活动,完善安全生产风险防控和隐患排查治理"双重机制",营造安全稳定的生产环境。全力推进"两个专题""七个专项"为重点的安全生产专项整治任务。坚持隐患排查与治理同步推进,2021年排查治理各类安全隐患223项。实施危旧桥梁改造工程、桥梁维修加固工程、交通标志标线优化提升工程,有效提升公路设施本质安全。加强应急队伍建设,补充应急物资储备,组织开展应急演练,强化冬季除雪保畅工作,充分做到预防全面、响应及时、处置到位。

(郭 瑾)

电 力

【单位概况】 截至2021年12月底,有职工954人,其中男职工712人,女职工242人,分别占总人数的74.63%和25.37%。人才当量密度1.0816,高技能人才比例74.12%。 (王立欣)

【电力概况】 截至2021年12月31日,中卫电网35千伏至330千伏电压等级变电站共74座,主变压器155台,总容量12066.3兆伏安。其中330千伏变电站9座,330千伏主变压器24台,总容量7200兆伏安;220千伏变电站2座,220千伏主变压器6台,总容量720兆伏安;110千伏变电站34座,110千伏主变压器70台,总容量3735.5兆伏安;35千伏变电站29座,35千伏主变压器55台,总容量410.8兆伏安。所辖35千伏至330千伏电压等级输电线路共196条,长度3155.138千米。其中330千伏线路29条,长度 650.094 千米；220 千伏线路 4 条，长度 14.858 千米；110 千伏线路 101 条，长度 1546.52 千米；35 千伏线路 62 条，长度 943.666 千米。电网较 2020 年变化：增容改造主变压器 6 台，变电容量 44.3 兆伏安。新投产 110 千伏电压等级输电线路 4 条，总长度 19.404 千米。新投产光伏电站 8 座、风电场 4 座，新增装机容量 1300 兆瓦。中卫市供电营业区面积 1.7 万平方千米，拥有营业厅 37 个、农村供电所 39 个、自助营业厅 18 个，多元化缴费终端 120 台，充电站 56 座，充电桩 112 个。　　（吴永浩　雍福全　韩宁宁）

【电力供需】　2021 年中卫电网供电量 226.59 亿千瓦时，同比增长 5.60%；完成售电量 222.75 亿千瓦时，同比增长 5.65%。2021 年中卫电网最大日供电量为 7306.69 万千瓦时，发生日期为 2021 年 4 月 17 日；最小日供电量为 3845.55 万千瓦时，发生日期为 2021 年 10 月 15 日；平均日供电量 6207.94 万千瓦时。2021 年中卫电网并网发电总装机容量 10389 兆瓦。其中火电厂 4 座，装机容量 1414 兆瓦；水电厂 2 座，装机容量 124.3 兆瓦；风电场 31 座，装机容量 3546 兆瓦；光伏电站 83 座，装机容量 5199.7 兆瓦；其他机组 8 台，装机容量 105 兆瓦。截至 2021 年 12 月 31 日，中卫电网新能源并网总装机容量 8795.7 兆瓦，其中风电装机容量 3546 兆瓦，光伏装机容量 5199.7 兆瓦，生物质装机容量 50 兆瓦，新能源装机容量占地区发电总装机容量的 84.66%。　　（韩宁宁）

【中卫电网负荷特性】　2021 年中卫电网最大负荷 3266.99 兆瓦，发生日期为 2021 年 5 月 31 日；最小负荷 1476.42 兆瓦，发生日期为 2021 年 10 月 5 日；平均

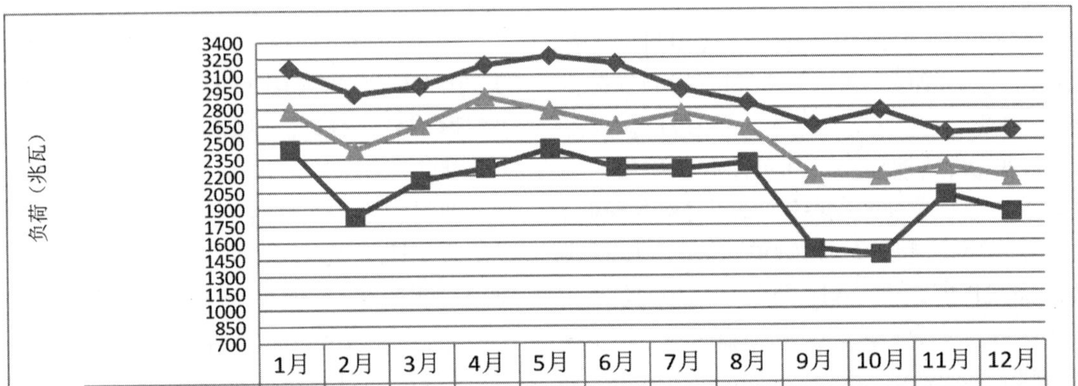

	1月	2月	3月	4月	5月	6月	7月	8月	9月	10月	11月	12月
最大负荷	3158	2925	2996	3187	3266	3199	2964	2841	2637	2768	2563	2582
最小负荷	2438	1829	2155	2264	2439	2267	2253	2305	1528	1476	2009	1854
平均负荷	2780	2428	2649	2900	2777	2641	2752	2626	2187	2170	2264	2161

2021 年中卫电网负荷分月统计图

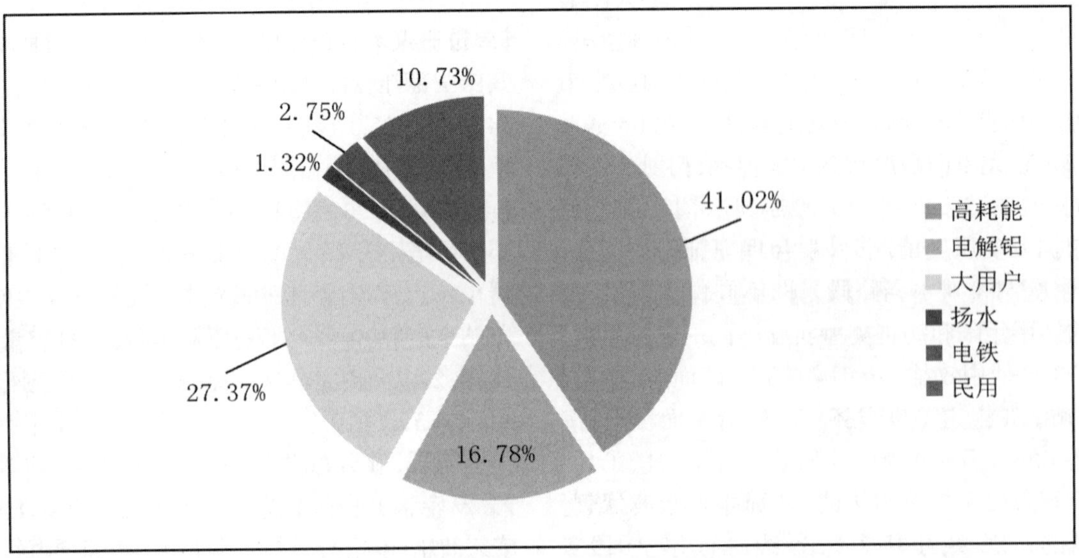

2021 年中卫电网负荷分类占比图

负荷 2551.53 兆瓦。（韩宁宁）

【安全生产】 2021 年坚决贯彻落实国家电网公司及国网宁夏电力有限公司安全生产决策部署，扎实推进安全生产专项整治，建立市、县两级安全管控中心，健全双重预防机制，全力打造“不敢违、不能违、不想违”的安全生态，持续营造“遵章守规”的安全文化氛围，高质量完成安全生产专项整治“二下二上”工作。全年未发生人身、电网、信息系统及八级以上设备事件；未发生误操作、火灾等事故；未发生其他对公司和社会造成重大影响的事故（事件）。长周期安全运行突破 5000 天。（张　宁）

【电网建设】 全年主网新下达电网建设工程 3 项，投资 2335 万元，新建 110 千伏线路 19.404 千米，续建电网建设工程 2 项，工程总投资 5592 万元，其中2021 年投资 2168 万元，续建 110 千伏线路 42.8 千米，新增变电容量 30 兆伏安。完成宁夏中卫瑞泰科技 110 千伏供电工程等 3 项新开工项目开工建设任务，塞上330 千伏变电站 110 千伏配出工程等 4 项电网建设工程及续建项目竣工投产。配网全年下达改造工程资金 2.28 亿元，架设光缆 32 千米，安装自愈开关 146台，配变智能融合终端 4134 台，改造 10 千伏线路 115 千米，高质量攻坚沙坡头区鼓楼东街、文昌街等电缆沟新建工程，新增电缆沟 4.16 千米，电缆线路 4.73 千米。配电网线路联络率、N-1 通过率分别提升至94.9%、92.55%，供电能力再提升。城农网供电电压合格率分别达到 99.996%、99.895%，供电可靠率分别达到 99.9634%、99.9118%，农村居民户均容量提升至2.87 千伏安，城乡供电质量进一步改善。

（雍福全　哈光明）

【经营服务】 全面推行“阳光业扩”工程，通过“网上国网”主动公开电价、办电流程及时限等相关信息，实现新装、增容等用电业务全流程线上办理。全力推进线下“容缺办理”“零证办理”，客户经理现场收资，减少客户临柜次数。严格落实压环节、减资料等办电服务举措，高压和低压业扩全流程平均时长分别压缩至 22 个工作日和 2.96 个工作日。推行“三零”“三省”举措，积极争取 3044.59 万元专项成本费用，1.6 万户低压客户实现“零投资”。积极引导用户参与市场化交易，落实各项电价政策，为综合电价偏高的用户提出优化意见，开展负荷侧调峰和源网荷储互动试点交易，合理降低企业用电成本。优化线上交费功能，线上交费成功率提升至 99.94%，平均到账时间缩短至 2.8分钟，组建 24 小时专业抢修团队，确保用户供电可靠。33 座 48 台充电桩建设任务如期完成，打通“新能源汽车 3 千米充电圈”。通过加大农村电网投资、实施消费扶贫等形式，积极助力打赢脱贫攻坚战。

（吴永浩）

【创新创效】 2021 年管理创新成果《供电企业以战略为引领的多元化人力资源优化培养平台建设与实践》获自治区级二等奖，《基于数字化转型的配电网供电可靠性管控能力提升探索与实践》《依托“大数据实验室”的企业数据管理模式探索与实践》分获国网宁夏电力有限公司一等奖、三等奖。科技成果《面向智能配电网的快速供电恢复关键技术及应用》获自治区科学技术进步奖二等奖。申请发明专利 6 项，实用性专利 10 项，发明专利授权 1 项，专利授权 24 项。

（史　闯　雍福全）

【改革改制】 落实国企改革三年行动计划和“三项制度”改革任务清单，推行经理层成员任期制和契约化管理。引入市场化运行机制，纵深推进内部模拟市场建设，推动提质增效从“存量挖潜”向“机制激励”拓展。构建“目标+结果”“横向评比+价值贡献”“激励+约束”的全方位绩效考核体系，激发内生动力。

（王立欣）

【电力保供攻坚战】 主动扛起电网责任，严格落实自治区“能源保供 18 条”和国网宁夏电力有限公司电力保供部署，全力应对电力缺口，保证民生用电安全。成立保供领导小组和市、县两级工作专班，采取“能耗控制+市场引导”“政策宣贯+驻厂服务”等措施，累计执行错避峰生产 29 天，最大避峰负荷 136 万千瓦，守住民生用电底线。（田　申）

【助力云计算企业发展】 先后投资 2.34 亿元建成丹阳、新星、金梁、源创 4 座 110 千伏变电站，满足云计算企业发展用电需求及可靠电力供应，全力促成亚马逊、美利云、中国电信、中国联通等云计算企业相继落户中卫，助力“云天中卫”品牌建设。推动云计算企业开展跨省交易，落实政府补贴政策 1.63 亿元，降低云计算产业用电成本。建立云计算企业“一户一档”，从资质证件、试验报告、应急预案等 14 个方面把关，确保档案的准确性及完整性，并定期动态更新。持续开展云计算企业综合用能账单分析，提出用能建议，积极服务“东数西算”宁夏枢纽建设。

（田　申）

【助力乡村振兴】 选派 2 名驻村书记、4 名驻村工作队队员，开展沙坡头区永康镇乐台村、东园镇瑞应村驻村帮扶工作，协助帮扶村重点解决党组织软弱涣散、移民搬迁用户收入低等问题，助力乡村振兴。东园镇瑞应村摘掉“软弱涣散党组织”的帽子，在自治区、沙坡头区组织的党支部评星定级工作中，被评定为二星党支部。与浙江锦江集团协作，在永康镇乐台村推行屋顶光伏发电项目，投入资金600万元建设屋顶光伏1万平方米。（吴永浩）

【首届黄河流域生态保护和高质量发展电力应急救援基干队伍互训互练】 国网宁夏电力有限公司坚决贯彻习近平总书记“要把保障黄河长治久安作为重中之重，努力建设黄河流域生态保护和高质量发展先行区”总体工作要求，于2021年7月在吴忠市举办“黄河流域生态保护和高质量发展电力应急基干队伍互训互练”活动，公司配合完成演址选取、“培、训、练”一体式演练方案编制，遴选基干队员参与全过程演练，有力推动应急一体化机制建设。（张　宁）

【重大活动保电任务】 制定“1+9”保电方案，突出上下级联动、多专业协同，从严从细落实各项保电措施。按照保电要求分时段、分频次、分线路、分用户、分设备落实责任到班组、到个人，建立保电值班电话专线，实行7×24小时不间断值班值守，市、县两级应急指挥中心全天候启动。累计投入5800余人次、1600余车次，完成庆祝中国共产党成立100周年、全国两会、第十四届全运会、“云天大会”等重大活动保电工作。（张　宁）

【抗洪抢险救灾任务】 2021年7月17日至22日，河南遭遇罕见强降雨天气，郑州、新乡、开封、周口、焦作等地出现特大暴雨，电网设备受损严重。7月22日，接到援豫通知后，公司火速集结三支队伍共计75人，车辆16辆，携带发电机、抽水泵等物资装备，赴灾区开展支援工作。在巩义，恢复新中镇茶店行政村等39台配变供电，对新通线等受损严重线路重新立杆30余基，对桃花峪等居民小区重新敷设电缆2000余米，恢复包括新中镇政府、医院、派出所、居民等4000余户用户正常供电。在郑州，经过46个小时的不间断抢修，敷设电缆2.1千米、制作低压电缆终端18个、设计加工连接母排68个、新建电缆与母线槽连接17处、安装低压分支箱1个，恢复受灾严重的莆田嘉园北院小区2909户居民、幼儿园、社区和超市的正常供电。28日，投入到对郑州市蓝天空港小区的复电抢修工作中，当日恢复623户居民用户、16户商业用户正常供电。（张　宁）

【国家电网公司安全等级评价现场推进会】 2021年10月，按照国家电网公司要求，以“一个原则、三个结合”工作思路，在应理中心举办国网公司安全等级评价现场推进会，涉及变电运维、变电检修、电气试验等8个专业一线员工安全等级评价，得到国家电网公司、国网宁夏电力有限公司充分肯定。安全等级晋级首次引用“一票否决”制，晋级考评采取系统自动评分方式，保证评价客观、公平、公正、公开，评价结果作为班组长、“三种人”岗位任职及评先选优的必要条件，切实提高一线人员安全技能水平。（张　宁）

【宁夏中卫塞上330千伏变电站110千伏配出工程】 宁夏中卫塞上330千伏变电站110千伏配出工程主要为中卫工业园区瑞盛锂电、华御化工新增负荷供电，华御化工终期增长负荷约为117兆瓦，瑞盛锂电终期增长负荷约为90兆瓦。根据国网宁夏电力有限公司批复，为满足中卫工业园区瑞盛锂电、华御化工新增负荷供电需求，本期由塞上330千伏变电站配出2回110千伏线路，线路全长约14.3千米。该工程2020年6月8日开工建设，2021年6月5日竣工投运，投资规模2119万元。（哈光明）

【宁夏中卫卧龙电气红寺堡风电110千伏送出工程】 吴忠市红寺堡区银变新能源有限公司在吴忠市红寺堡区投资建设卧龙电气红寺堡150兆瓦风电项目，根据国网宁夏电力有限公司批复，为满足该风电项目电能送出，建设卧龙电气红寺堡风电110千伏送出工程，线路起点为待建卧龙红寺堡110千伏升压站，终点为华严330千伏变电站。单回架空线路全长约28.5千米，该工程2020年8月30日开工建设，投资规模3473万元。（哈光明）

【宁夏中卫瑞泰科技110千伏供电工程】 宁夏中卫瑞泰科技110千伏供电工程由塞上变配出2回110千伏线路至瑞泰科技，满足中卫工业园区瑞泰科技新增负荷供电需要，新建塞上330千伏变电站至瑞泰科技110千伏双回线路，线路全长19千米。瑞泰科技110千伏供电工程T接段工程于2021年6月5日提前投产，满足中卫市重点项目建设需求，投资规模2348万元。（哈光明）

【宁夏中卫西台35千伏变电站增容改造工程】 西台35千伏变电站位于西台乡，现有主变容量(4+6.3)兆伏安，主供西台乡、永康镇地区居民生活用电负荷。变电站1号主变于2012年5月生产，已运行8年，变电站2号主变于1999年10月生产，已运行20年，设备陈旧，接头、刀闸等设备发热日趋严重，对人民群众正常生产生活用电安全构成威胁。根据负荷预测情况，截至2030年，西台变最大负荷约为11.38兆瓦，现有容量不满足需求，且不符合“N-1”准则，故建设宁夏中卫西台35千伏变电站增容改造工程。该工程2021年6月1日开工建设，2021年12月14日竣工投运，新增主变容量20兆伏安，投资规模947万元。

（哈光明）

【宁夏中卫大战场35千伏变电站增容改造工程】 大战场35千伏变电站位于大战场乡，现有主变容量(6.3+4)兆伏安，主供大战场乡内居民生活用电负荷。随着大战场九年义务教育学校煤改电项目(3兆瓦)、中卫市银山灰石矿项目(2.28兆瓦)接入，大战场变电站最终形成负荷预计为10.6兆瓦，现有容量不能满足接入需求。为提高变电站供电安全性、经济性，满足大战场乡地区新增负荷供电需求，建设大战场35千伏变电站主变增容改造工程。该工程2021年7月1日开工建设，2021年12月20日竣工投运，新增主变容量10兆伏安，投资规模192万元。

（哈光明）

邮政管理

【概况】 2021年，中卫市共有邮政普遍服务网点52处，邮政邮件处理(投递)场所3处，邮政车辆113辆，其中机动车43辆，电动三轮车70辆；共有快递品牌10个(EMS、圆通、申通、中通、韵达、顺丰、百世、京东、德邦、极兔)，法人快递企业18家，快递分支机构54家，快递末端网点55家，快递车辆365辆，其中机动车49辆，电动三轮车316辆。全市邮政行业从业人员909人，其中快递服务企业从业人员683人。

（高婷婷）

【邮政快递业发展情况】 2021年全市邮政快递业业务收入完成1.84亿元，同比增长14.38%。其中，快递业务收入1.38亿元，同比增长26.12%；快递业务量完成1265.78万件，居五市第二，同比增长24.7%；快递进港量4465.36万件，同比增长33.25%。进出港合计5731.14万件，全市年人均使用快件54件。行业运行平稳有序，安全形势稳定向好。（高婷婷）

【服务乡村振兴】 推进快递服务下乡进村，依托中卫市枸杞、富硒苹果、红枣、牛羊肉、小杂粮等优质特色农产品资源，通过邮快、烟快、快快合作等方式，延伸快递服务深度，拓展销售渠道，增加农民收入，服务乡村振兴。2021年全市建制村邮政、快递服务通达率达98.65%，通过寄递渠道销售寄递各类农特产品1050余万件，占全市快递出港件总量的76%左右，带动产值达4亿元。“中卫枸杞”成为国家邮政局授予的100个“2021年快递服务现代农业金牌项目”之一。

（高婷婷）

【安全监管】 履行部门监管责任，统筹抓好行业安全生产和疫情防控工作。按季度召开安全生产例会，开展安全生产培训，抓好邮件快件处理场所“四不”问题专项整治，推进行业安全生产专项整治三年行动、安全生产百日专项整治行动、“安全生产月”和“安全生产万里行”活动。联合公安、禁毒等多部门开展涉毒涉枪涉爆、涉危化品等各项执法检查。完成建党100周年、快递业务旺季等重要时间节点寄递服务安全保障工作。严格落实《疫情防控期间邮政快递业生产操作规范建议(第七版)》要求，定期发布疫情防控通知和提示，督导企业做好人员管控、场地设备消杀，组织邮政快递企业做好核酸检测和疫苗接种工作。

（高婷婷）

【快递市场监管】 贯彻落实《快递业务操作指导规范》《邮政业寄递安全监督管理办法》。坚持“双随机、一公开”监管机制，按月按批次开展检查，规范快递市场秩序，整治农村快递服务违规收费乱象，检查企业346处次，下发责令改正通知书43份，约谈3家企业，立案处罚4家。依法维护消费者合法权益，处理用户有效申诉33件，挽回消费者经济损失0.75万元。

（高婷婷）

【邮政普遍服务】 开展乡镇局所专项整治“回头看”，实现26个委代办局所全部转自办，营投合一单人局所全部清零。依托建制村投递服务监测系统，对建制村通邮实时监测，建制村投递平均打卡率为99.94%。在全市443个建制村全部通邮的基础上，最后22个偏远山区建制村投递频次从每周2次增加到每周3次，县级城市《人民日报》当日见报率为100%。全年开展邮政普遍服务监督检查49处次，下发责令改正通知书5份。邮政机要通信场所监督检查实现全覆盖。

（高婷婷）

【电子商务与快递融合发展】 联合市商务局印发《中卫市电子商务和快递物流协同发展实施方案》，推进全市电子商务和快递物流协同发展。联合市交通运输局推进城乡交通一体化、农村客货邮商融合发展等示范项目建设。推动行业参与农村三级物流体系建设，中卫市邮政分公司分别以190.9万元、468.35万元中标中宁县、海原县农村电子商务三级物流体系建设项目。宁夏顺丰投资675万元建设的中宁二级分拨中心投入使用。中卫圆通、韵达、申通、极兔等快递企业投资300余万元建设的2条自动分拣线投入使用。（高婷婷）

【行业绿色治理】 实施行业绿色发展“2191”工程（“2”指的是两个专项治理，即开展重金属和特定物质超标包装袋专项治理和过度包装专项治理，“1”指的是全宁夏境内推广使用可循环快递箱（盒）达到1万个，“9”指的是电商快件不再二次包装率达到90%以上，“1”指的是全宁夏境内新增100个设置标准包装废弃物回收装置的邮政快递网点），联合发改、环保等7部门印发《中卫市邮政快递业包装绿色治理实施方案》。举办生态环保法律法规培训班2期，参训120人次。开展生态环保执法检查6次，立案处罚企业1家。开展重金属和特定物质超标包装袋、过度包装和随意包装、塑料污染专项治理。全市寄递企业电子运单使用率达100%，电商快件不再二次包装率达95.87%，可循环快递箱（盒）投入使用188个；企业按标准统一采购包装占比达81.5%，规范封装操作比例达80.59%；新增设置符合国家标准包装废弃物回收装置的网点29个。（高婷婷）

【快递员权益保障】 制定《中卫市快递员群体合法权益保障工作实施方案》，完善快递员权益保障措施。联合团市委、市总工会、联通公司，通过设立爱心驿站、慰问快递小哥、发放防疫物资等方式开展“暖蜂行动”。落实从业人员子女教育和公租房保障等政策。组织443名快递员集中加入工会，并签订工资集体合同。联合市总工会为290名快递员免费体检，鼓励引导企业为员工缴纳社保及购买商业保险。联合市人社局、总工会开展职业技能、岗前安全等专业培训，参训505人次。（高婷婷）

电 信

【助力疫情防控】 新一轮疫情防控期间，中宁分公司安装疫情监控摄像头217个、海原分公司安装78个、沙坡头区分公司安装733个、海兴分公司安装152个。各县区共收到地方党委、政府等部门表扬信共10份。（凌模范）

【服务提升】 落实集团、区公司“十分满意、服务提升”工作，从装维全流程跟工、渠道投诉溯源分析、一线培训赋能、驻店服务促提升、暗访整改、政企客户走访、常态化开展“满意服务，十分信赖”服务宣传、装维、营销视频客服等方面持续提高服务水平。公众客户满意度年内同行业评比第二。（凌模范）

【应急通信】 全年组织应急演练3次，参与市政府等组织的应急演练5次。累计参加演练110人次。完成南长滩梨花节、沙坡头飞猪音乐节、中卫市云天大会、海原县肉牛节等15场活动应急通信保障任务。（凌模范）

【人力资源】 深化国有企业改革，职能部门由9个优化为7个、人员由改革前50人优化为41人；将管控职能部门优秀年轻骨干调整补充至县区分公司和政企一线共9人；选拔任用中层干部1名，转正考察干部5名；向区公司推荐3批次6名优秀年轻干部参与三级副任职资格选聘，其中1名通过择优竞聘为三级副领导；选拔3名同志为市公司总经理助理任职锻炼；向区公司推荐17名优秀青年骨干，其中3名优秀青年干部选拔入库并有2名赴县分公司任职主持工作。（凌模范）

【法治建设和合规管理】 强化法治宣传教育工作，开展普法教育、培训工作，增强各级员工法治意识，杜绝违法、违规情况的发生。成立分公司合规管理委员会、风险管控领导小组，并组织开展合规管理、风险管控等专项工作。（凌模范）

【助力乡村振兴】 开展百万农民数字应用培训计划，实现26个乡镇的数字乡村服务站挂牌工作；开展百万农民数字化应用培训会86场次，切实让数字应用技术惠及广大农民群众。开展网络建设普遍服务，新建4G基站11个，完成未通4G行政村的网络覆盖，对中宁太阳梁北湖村、海原高崖联合村和张刘湾村等重点帮扶村开展数字信息化、产业帮扶、基础设施建设等乡村振兴工作。（凌模范）

【安全生产】 学习习近平总书记对安全生产重要论述精神，组织全员对新《安全生产法》《道路交通安全法》和《消防法》进行学习；组织开展安全培训10次，参加人次734人次；组织开展演练8次，参加人次210人次；组织55人到中卫市消防救援支队参加消防安全培训和基地体验式参观学习并开展消防演练；安全检查次数39次，隐患整改率达100%；为本部和各县分公司配备防暴器具；分公司与各车辆使用部门签订安全责任书、各部门与司驾人员签订安全责任书；每月定期对各类车辆进行安全检查，并组织司驾人员开展安全学习。组织全员签订杜绝酒驾承诺书。全年无安全生产责任事故发生。（凌模范）

移动通信

【网络强国】 推进城市光纤到户和光纤改造工程。年内,4G 基站数量 2843 个,实现城市、农村 4G 网络与热点全覆盖,全市 36 个乡镇及高速铁路沿线网络全覆盖。在宽带建设方面,宽带覆盖率达 95%以上,全市覆盖超过 41 万家庭和单位。2021 年,在中卫地区实现千兆示范小区的建设和改造,并逐步加大千兆小区的建设和改造力度,建成千兆小区 1003 个。截至2021 年底,家庭宽带用户 20 万户。开通 5G 基站百余个,实现中卫市沙坡头区、中宁县、海原县城区连续覆盖。

(孙若然)

【信息化发展】 投资 130 亿元建设 3 座国际最高标准数据中心和 5 座地市数据中心及配套设施,形成"3+5"的数据中心布局,投产机架超过 7000 架,其中在中卫云基地投资超过 25 亿元, 建设占全区 70%的互联网出口带宽和直达全国 22 个主要城市的直连传输,互联网出口带宽达 6.4T,占行业总出口带宽的 65%,同时提前开通至上海、深圳、武汉、南京等城市 10G~100G 直达电路。中国移动(中卫)数据中心被国家信息中心设为国家电子政务"一主三备"的西部云备份节点,承接自治区电子政务云、中卫电子政务云服务,为自治区各厅局委办提供云和安全服务;引入多家国内外互联网头部企业,包括亚马逊、BAT、美团、华为、金山等入驻,其中美团将 GPU 超算中心从北京、上海迁到中卫。中卫数据中心资源利用率达 90%以上。2021 年,承办以"构建一体化大数据体系 推进绿色集约数据中心建设"为主题的国家一体化大数据应用论坛,对"国家一体化大数据中心中卫枢纽节点信息安全运营中心"揭牌。

(孙若然)

【疫情防控通信保障】 7×24 小时保障,确保"抗疫通信线"畅通。成立疫情防控应急通信保障工作小组,制定《中卫分公司网络保障新冠肺炎疫情防控方案》,全力保障全员核酸检测。从 10 月 20 日至 11 月 1 日,总计出动 66 辆车、258 人次进行网络通信应急保障,共计对 612 个核酸检测点开展网络应急通信保障。保障期间,整体无线网络接通率为 99.98%,整体网络负荷为 18.25%,现场测试语音通话均正常,上网及下载感知良好。重点保障基站沙坡头区 46 个,中宁县 26 个,海原县 5 个,主要覆盖医院、党政军、重要交通枢纽、防疫点、隔离居民小区、核酸采集点等。保障期间共投入应急通信保障人员 72 人次、应急通信车辆 26 辆次,对市政府、卫健委、疾控中心、医院、核酸采集点等周边 67 个基站、236 个逻辑小区开展网络优化,进行重点监控保障。配合公安机关和卫健委针对居家隔离人员紧急开通 Wi-Fi+摄像头业务。疫情防控期间,每日向全市移动用户发送疫情公告、新型冠状病毒健康防护知识、疫情相关知识短信信息,合计 292 批次约 1.63 亿万条公益短信。保障"空中课堂"线上教学。为全体教师及学生家庭开展宽带免费升级工作,教师宽带免费升级至 500M(有效期 12 个月),学生家庭宽带免费升级至 300M(有效期 3 个月);防疫期间为全市教育行业 4800 名工作者每月赠送 10G 流量,全力满足教师网课流量需求。疫情防控期间,"和教育"免费向用户提供名师直播课堂、快乐学堂、视频课堂、吉鹿学院、启智科学、逗你学、通智学堂、易文汉学等学科及素质教育内容,用于学生在家进行课程预习及课后复习。通过中国移动手机营业厅、"移动管家"、宁夏移动微信公众号、"10086"热线服务等方式,向客户提供"足不出户,24 小时便捷办理"服务。

(孙若然)

【社会责任】 在海原县推出普惠产品海原通。在贫困地区推进"金融+通信"扶贫扶智工程。为贫困家庭中小学生提供宽带和流量帮扶。开展"扶贫助学 情暖学习"捐资助学活动,开展"希望工程 圆梦行动"大学生助学捐款活动。完成 2021 年第十一届丝绸之路大漠黄河国际旅游节、2021 年航空嘉年华系列活动、2021 年飞猪大漠赫兹音乐节、黄河数字音乐节、宁夏(海原)第六届高端肉牛大赛、云天大会等一系列大型活动及重大节日的通信保障工作,开展"扶贫帮困,助力爱心传递""捐资助学,关注教育发展""节能减耗,倡导绿色环保中国"等主题活动。

(孙若然)

联 通

【数字化转型】 1. 移动业务规模稳步提升,目标输出精准,线上线下互相引流带动 5G 高质量发展。2. 发挥宽带资源和服务优势,稳步提升家庭市场发展,将智家体验馆融入场景营销。3. 自媒体运营,打通线上线下渠道触点,推动收入和服务质量提升。4. 高品质服务,对用户投申诉问题分级分类,高效处理,有效申诉指标行业排名第一。深刻把握集团公司新定位新战略,锚定公司战略方向,主动担当"数字信息基础设施运营服务国家队”“网络强国数字中国智慧社会建设主力军”“数字技术融合创新排头兵”。深耕私域流量池，基于 2BS2C 的私域流量池互联网化运营带动新用户发展。获“宁夏联通 2020 年创新梦工厂三等奖”，同时入围宁夏通信管理局数字化转型创新应用大赛。推进千兆宽带和高品质服务攻坚。坚持公司自主交付能力提升建设，完成海原县“雪亮工程”、中卫市 XC 项目的施工建设。

（李 娜）

【基层治理能力】 开展“双效、三基”项目提升工作，建立“分级评审——月度监控—季度通报——年度考评激励”的闭环机制。提升公司效率、效能，加强基础能力、基层管理、基础管理水平；制定《中卫市分公司划小改革 2.0 迭代优化方案》，围绕划小改革“六要素”，重新组织配置人员力量，调整业务职责分工。从综合化向专业化转型，推动高质量发展取得新突破；安全生产、采购、保密等各项基础管理工作扎实开展，基础管理进一步夯实，全力保障公司高质量发展。

（李 娜）

铁 塔

【概况】 中国铁塔股份有限公司中卫市分公司（简称“中卫铁塔”）设有综合部、财务部、通信发展部、运营维护部、行业拓展部 5 个职能部室。共有职工 32 名，其中共产党员 17 名。拥有固定资产 5.10 亿元，铁塔 1650 座，共建共享率为 64.53%。党支部书记刘全清被国资委和宁夏铁塔公司党委评为“优秀党务工作者”，中卫铁塔党支部被总部、国资委和宁夏公司党委评为“先进基层党组织”。 （王俊勇）

【生产经营总体情况】 全年累计实现营业收入 9100 万元，同比增长 1.03%。利润总额 2034 万元，同比增长 21.57%；资产报酬率 7.98%，同比增长 1.26%。

（王俊勇）

【网络建设与维护】 1. 项目全流程管控。分公司内验 6 个月以上工程项目累计应关闭 2089 个，关闭 2078 个，项目关闭及时率为 99.47%。其中塔类需求应关闭 2061 个，关闭 2055 个，项目关闭及时率为 99.71%；室分需求应关闭 28 个，关闭 23 个，项目关闭及时率为 82.14%。超长未关闭项目共 25 个，关闭 24 个，剩余 1 个完成销项。工程结算送审及时率为 95.64%，工程决算送审率为 33.5%（要求>30%）。超时项目 98 个，超时项目年度累计压降 238 个，项目累计压降率为 70.5%。超长项目 7 个，全部完成关闭，关闭率为 100%。全年互联网检查综合合格率 100%；年度共计检查 61 个项目，检查出问题 17 处，全部整改完成。2. 维护服务保障。平均站址断电退服时长 0.35 分钟，断电退服率 0.47%，发电及时率 100%，“三器”准确率均达 95%以上。FSU 覆盖率 96.66%，FSU 准确率 95.11%，地震烈度仪运行率 98.29%，梯次电池在线率 96.54%，准确率 91.82%。完成两会、建党 100 周年重要时段通信保障工作。3. 资产管理。加强维系协调避免拆站，先回填后拆站；拆站应赔尽赔，杜绝成本流失。站址拆迁率 0.12%，赔补率 18%。对 88 条可利用旧资产进行调配使用，其中跨地市从银川调拨旧塔 9个。严控未达到使用年限资产做报废处理。严控已交维未起租站址数量，对死站及时清理。零收入站点 6 处，均为保留站点。4. 站址保有能力提升。走访业主 409户；完成合同续签 64 份，续签率 100%，合同直签率 100%，续签降幅率 10.06%。完成 143 处纠纷站址的处理。5. 提高站址运营精细管控。持续加强“六费”稽核，防范运营风险。2021 年共稽核电费台账 15542 条、稽核场地费台账 82 条，稽核维系费台账 34 条，稽核维护费台账 14889 条，稽核维修费台账 655 条，稽核流量费台账 18436 条。6. 严格执行起租上电（铁塔建设完成以后租赁给运营商并完成设备加电运行）。严审上站申请，杜绝无订单、起租时间不确定先行挂站情况。强化监控和管理，杜绝设备设施私装私挂。年内，共清理私装站点 27 处，实现私装站点 100%清零。7. 安全生产管理。联合运营商和代维合作单位开展应急通信保障演练 2 次；开展办公场地消防演练 1 次，消防安全知识讲座 2 次，健康知识讲座 2 次。全年未发生安全生产事故。

（王俊勇）

【协同发展】 针对乌玛高速站址建设，与运营商建立联合工作机制，细化设计，21 处站址采用低成本塔型建设站点 8 处、利用旧铁塔建设站址 6 处，低成本塔型及利用旧塔达到 58.33%。建立专人对接的维护联合沟通机制，全年实现维护服务“零投诉”。协同发展持续推进降本增效，2021 年共制定 75 项攻坚内容，完成 56 项。完成 16 处站点协调和 10 处站点改造，每年为运营商节省电费 32.10 万元；完成 29 处政府和事业单位免费场租合同，为运营商年节省租金11 万元；完成 9 处转改直清理往期电费，为运营商一次性节省电费 58 万元；完成空调可控整治，使可控率达到 99.07%，每年为运营商节省电费 56.01 万元。

（王俊勇）

【两翼业务发展】 1. 跨行业业务落地起租项目10个。其中新增项目6个、续签项目4个,创收120.04万元。新增接火项目7个,拆闲补盲充电端口754个。2. 完成《黄河(中卫段)智能管护信息化项目的可研报告》《生态环境执法监管能力提升项目可行性研究报告》提交,待相关单位上报区厅和区发改委审批资金。3. 借助政府创城,引导飞线治理,通过合作分成模式将维护服务与充电业务捆绑,调动合作单位积极性,端口使用率由13.4%提升至30%以上,冷充端口比例由年初8.9%降低至2.9%,日均营业额由年初的558元/日提升至978.5元/日,各项经营指标大幅提升。

(王俊勇)

【支持地方经济建设】 助力文明城市创建工作,投资近2万元对城区的45个机柜进行美化;为沙坡头区、中宁县、海原县30个小区投资近100万元,建设安装3700多个电动车充电端口;配合双桥村开展疫情防控工作,参加人员200多人次。

(王俊勇)

生态环境保护

综　述

【空气环境质量】　中卫市共设有城市环境空气自动监测站点5个，其中沙坡头区3个，分别为沙坡头消防站（为对照点，不参与环境质量状况评价）、环保局站（为评价点）、沙坡头区政府站（为评价点），均为国控站点。中宁县1个，为中宁县环保局环境空气自动监测站，为区控站点。海原县1个，为海原县老城区环境空气自动监测站，为区控站点。主要监测二氧化硫（SO_2）、二氧化氮（NO_2）、可吸入颗粒物（PM10）、细颗粒物（PM2.5）、一氧化碳（CO）、臭氧（O_3）。2021年，中卫市（沙坡头区）城市空气质量综合指数为3.54，优良天数为296天，达标率为81.3%，较2020年（优良天数314天，达标率85.8%）减少18天，下降4.5个百分点。PM_{10}、$PM_{2.5}$、SO_2、NO_2年均值分别为65 μg/m^3、27 μg/m^3、11 μg/m^3、26 μg/m^3，CO、O_3特定百分位数浓度分别为0.6 mg/m^3、138 μg/m^3，与2020年相比6项评价指标三降两升一持平。2021年，中宁县空气质量综合指数为3.71，优良天数为301天，达标率为82.9%，较2020年（优良天数296天，达标率82.9%）增加5天，百分比持平。PM_{10}、$PM_{2.5}$、SO_2、NO_2年均值分别为67 μg/m^3、29 μg/m^3、11 μg/m^3、25 μg/m^3，CO、O_3特定百分位数浓度分别为1.0 mg/m^3、139 μg/m^3，与2020年相比6项评价指标五降一升。2021年，海原县空气质量综合指数为2.84，优良天数为315天，达标率为88.5%，较2020年（优良天数343天，达标率96.1%）减少28天，下降7.6个百分点。PM_{10}、$PM_{2.5}$、SO_2、NO_2年均值分别为45 μg/m^3、19 μg/m^3、9 μg/m^3、15 μg/m^3，CO、O_3特定百分位数浓度分别为1.2 mg/m^3、133 μg/m^3，与2020年相比6项评价指标四降一升一持平。

（洪丽思）

【水生态环境质量】　中卫市地表水监测断面（点位）共计12个，其中国控断面4个，分别为黄河金沙湾断面、下河沿断面、清水河泉眼山断面和中卫香山湖。区控断面8个，分别为中卫市第一排水沟、中卫市第四排水沟、中卫市第九排水沟、中宁县北河子沟、红柳沟（南河子沟）入黄口、清水河王团（海原—同心交界）断面、鸣沙州水文站断面、南河子沟水文站断面。中卫市城市集中式饮用水水源监测点共计4个，分别为沙坡头区城市水源地、中宁县康滩黄滨水源地、海原县老城区水源地、海原县南坪水库水源地。其中，前3个监测点均设置在各水源联网供水厂汇水口（加氯除锰前），为地下型水源。海原县南坪水库水源地监测点设置在海原县南坪水库内，为地表型水源。2021年，中卫境内黄河干流、支流、主要湖泊水质保持稳定，境内地表水环境质量稳中向好。4个国控断面（泉眼山剔除本底值）总体水质均为Ⅱ类优水质。8个区控断面，中卫市第四排水沟、第九排水沟总体水质均为Ⅱ类，中卫市第一排水沟和中宁北河子沟总体水质均为Ⅲ类，清水河王团和鸣沙州水文站（剔除氟化物）总体水质均为Ⅲ类，中宁红柳沟（南河子沟）入黄口、南河子沟水文站断面总体水质均为Ⅳ类，总体水质均达到国家及自治区考核目标。中卫市城市水源地水质均达到考核目标（Ⅲ类），其中，沙坡头区城市水源地总体水质为Ⅲ类，与2020年相比无明显变化。中宁县康滩水源地除锰受地质因素影响超标外，其他各指标均可达到Ⅲ类标准，与2020年相比无明显变化。海原县老城区水源地总体水质为Ⅲ类，与2020年相比有所下降。海原县南坪水库水源地总体水质为Ⅲ类，与2020年相比无明显变化。　（洪丽思）

【声环境质量】　中卫市沙坡头区功能区噪声每季度测量一次，共布设5个监测点位，分别是1类区（中山小区）、2类区（税务五号楼）、3类区（东园工业园区)、4类区(原市环保局和北苑小区)。2021年,5个监测点共监测4次,昼间、夜间达标率均为100%。中卫市沙坡头区道路交通噪声共布设23个监测点位,8月至10月期间昼间监测一次,监测总路段长22.8千米,达标路段21.2千米,达标路段占总路段长的93.0%,年均等效声级为66.6 dB(A),质量等级为一级,总体评价为"好"。中卫市沙坡头区区域环境噪声共布设109个监测点位,8月至10月昼间监测一次,年均等效声级为52.6 dB(A),昼间区域环境噪声声源构成主要是生活噪声和交通噪声,分别占总构成的52.3%、41.3%,建筑施工噪声占总构成的3.7%,工业噪声占总构成的0%,其他噪声占总构成的2.7%。噪声质量等级为二级,总体评价为"较好"。生活和交通噪声是影响中卫市沙坡头区区域声环境质量的主要噪声源。 (洪丽思)

【主要污染物总量减排】 2021年,自治区下达中卫市大气污染物总量减排项目16个(二氧化硫治理项目8个,氮氧化物治理项目8个),均完成。自治区下达中卫市水污染物化学需氧量、氨氮各80.9吨,削减量9.84吨。2021年,化学需氧量、氨氮削减量分别为149.36吨、10.41吨,完成自治区下达的目标任务。 (洪丽思)

【建设项目环境管理】 2021年,全市共审批建设项目环境影响评价文件156份(报告书29份、报告表127份),登记表备案438份。开展环评文件质量复核,对报告编制较差的7家进行约谈,通报批评建设单位2家、环评文件编制单位2家及编制人员2名,并对环评编制单位和编制人员分别失信记分5分。全市共核发排污许可证257家(重点114家,简化143家),完成排污登记1438家。审核符合排污权核算的重点管理企业86家、简化管理企业70家,12月8日完成全市排污权首单交易。完成宁夏天元建材、中宁赛马水泥和中宁县嘉盛实业3家企业清洁生产审核验收,对中宁县宁华再生和宁华工贸2家企业进行清洁生产审核评估,将宁夏瑞泰科技股份有限公司列入2021年度强制性清洁生产审核名单,督促编制清洁生产审核报告。在全区率先印发《中卫市建设项目后评价编制指南》并被生态环境厅在全区推广,紧盯完成时限,强化责任主体,帮扶企业尽早达到符合环境管理的要求,33家企业完成后评价报告编制并备案。按照"简政放权、放管结合、优化服务"的改革要求和《建设项目环境保护管理条例》《建设项目竣工环境保护验收暂行办法》等规定,在全区率先制定印发《建设项目开展自主环境保护验收指南》,为建设单位开展自主验收提供法规、政策、标准、程序等咨询服务,被生态环境厅在全区推广。成立中卫市区域空间生态环境评价工作协调小组,编制《中卫市"三线一单"编制文本》《中卫市"三线一单"图集》《中卫市生态环境准入清单》,提请印发《关于实施"三线一单"生态环境分区管控的通知》,此项工作荣获生态环境部"表现突出集体和个人"通报表扬。 (洪丽思)

【大气污染防治】 持续推进扬尘综合治理,制定印发《关于加强施工工地扬尘管控的通知》,实行卫生保洁"以克论净"精细化管理机制和施工工地"六个百分之百",切实加强各类施工工地的扬尘污染管控。强化工业污染源治理,实施大气项目34个,推进钢铁、水泥行业企业实施超低排放改造,开展11家重点行业企业挥发性有机物综合治理,指导企业制定"一企一策"综合治理方案。狠抓机动车污染防治,抽检柴油、润滑油共150批次,扎实开展机动车检验检测、尾气遥感检测抽测和非道路机械调查登记,淘汰机动车3473辆。加强散煤污染管控,全市共建成投入使用清洁煤配送中心36家,抽检散煤质量334批次。全力打好冬春季大气污染综合治理攻坚战,成立以市长为组长,副市长为副组长,各县(区)、市直有关部门为成员的冬春季大气污染防治攻坚行动指挥部,制定印发《关于开展2021—2022年中卫市冬春季大气污染防治攻坚行动的通知》,明确攻坚目标和工作任务。市委、市政府主要领导进行安排部署,召开推进会、调度会、专题研究5次,现场调研4次。市生态环境保护领导小组办公室巡查组对县(区)、部门重点工作落实情况进行跟踪督查督办。开展大气污染执法检查,落实"双随机、一公开"制度,全市共立案查处大气污染案件28起,停产整治2起。2021年,空气质量综合指数排名五市第二。 (洪丽思)

【水污染防治】 强化"五水"同治,加强黄河中卫段生态保护,建立入河排污口取缔、规范、整治三个清单,持续开展"携手清四乱、保护母亲河"、水源地保护等专项行动,完成入河排污口排查"回头看"。78个排查问题全部完成整改,规范化建设14个农村"千吨万人"集中式饮用水水源地,中卫河北地区城乡供水工程建成运行,加强监管3家工业污水处理厂,专项督查5家城市生活污水处理厂,确保稳定达标排放。2021年,主要排水沟水质全区第一。 (洪丽思)

【土壤污染防治】 强化农用地环境质量管控和建设用地准入管理,在全市耕地土壤环境污染状况详查的基础上，完成耕地土壤环境质量类别划分。深入推进农业面源污染治理，累计推广测土配方施肥面积214.2万亩，化肥利用率达40.5%，农药利用率达41%，规模化养殖场粪污处理设施配套率达96.6%。加强重点行业企业的日常监管和涉重金属行业污染防控，督促重点企业开展土壤自行监测和风险隐患排查，对工业园区周边和重点行业企业土壤环境质量开展监测，加强污染地块管控，严禁污染地块进入建设用地。组织开展以危险废物、医疗废物、废弃危险化学品为重点的排查，坚持边排查边整改的方式，督促企业对存在的问题及隐患进行全面整改。组织开展农村黑臭水体的排查，建立黑臭水体名单，结合秋季农田水利建设，实施清淤疏浚工程，为农村黑臭水体整治奠定基础。2021年，建成中卫市第二生活垃圾填埋场和海兴开发区一般工业固废填埋场，中卫市生活垃圾焚烧发电项目建设完成，中卫市第二工业固废填埋场项目和中宁县工业固废处置场项目正在开工建设，固体废物处置能力逐步提高。全市耕地均为优先保护类，受污染耕地安全利用率达100%。农村生活污水处理率达30.5%。（洪丽思）

【噪声污染防治】 制定印发《中卫市"十四五"噪声污染防治工作方案》《中卫市沙坡头区城区声环境功能区调整划分方案》等。工业噪声监管方面，要求企业认真贯彻落实《工业企业厂界环境噪声排放标准》和环评批复的要求，选取低噪声设备，采取有效的隔声、消声等降噪措施。建筑施工噪声监管方面，新开工的22个房屋建筑项目全部安装噪声污染防治在线监测系统，对夜间施工严格审批、加强监管，除因生产工艺或特殊工期要求外，一律不允许夜间施工。交通运输噪声监管方面，在主要交通路段两侧设置隔离带。合理划定禁鸣区域，并在禁鸣道路主要出入口及小区、学校、医院等公众聚集区设置禁鸣标志，及时查处乱鸣笛交通违法行为。配套建设噪声检测等交通技术监控设备，提升对超速（噪声超标）车辆的快速抓拍取证和高效管控。对擅自改装大功率车载音响设备等违法行为进行处罚。在中考、高考期间，加强学校周边道路交通管制，减少车辆噪音影响，为考生创造良好的考试环境。社会生活噪声监管方面，对公园、广场各类跳广场舞、不文明遛犬、各类娱乐设施的噪声行为及时发现及时劝阻。2021年，共制止各类跳广场舞噪音扰民100余起。针对城区部分商户在生产、加工时噪音扰民问题，及时安排执法人员现场勘查，现场督促整改，对巡查中发现商户利用音响在门口播放宣传语音发出噪音的行为及时进行制止，累计制止300余起。对利用喇叭营销的各类流动商贩及时进行批评教育并予以清理，累计清理利用喇叭营销的流动商贩3000余起。规范商场、超市营销活动，不得超分贝噪音扰民，共办理《中卫市市区临时活动审批表》640余份。全市"12345"热线共受理噪声污染投诉5331件，其中工业噪声投诉62件，建筑施工噪声投诉1663件，社会生活噪声投诉3606件，办结率达100%。中卫市生态环境部门噪声污染投诉案件65件，办结率100%。

（洪丽思）

【生态环境监测】 制定印发《2021年中卫市生态环境监测方案》，扎实做好水、气、声、土壤环境质量监测和重点污染源监督性监测，完成全区地表水采测分离样品交接、实验室分析、数据审核推送、异常数据报备处置、突发情况应对处理、质量保证、质量控制等水生态环境质量监测重点工作，为全区水环境质量目标考核和整体评价工作提供有力监测数据服务支撑。参加2021年中国环境监测总站、自治区生态环境监测中心组织的能力验证考核，参加的13个项目能力验证考核结果全部为"满意"，被总站评为2021年能力考核优秀单位。参与开展自治区生态环境监测中心组织实施的《采样前处理方式对黄河宁夏段水质中总磷、总氮、汞、砷、硒等监测项目的影响及其应对机制研究》项目课题，完成《黄河中卫段采样前处理方式对黄河宁夏段水质中总磷和氟化物等监测项目的影响及其应对机制研究项目报告》。根据2016—2020年中卫市环境监测数据，全面系统总结环境质量和污染源的变化趋势和规律，编制《中卫市生态环境质量报告书（2016—2020年度）》。在应对处置"4·25"黄河兰州段（甘肃省）石油类超标污染事件上，靠前指挥、组织有力、连续奋战，得到生态环境部的表扬和自治区主要领导的批示肯定。2021年，共报出各类有效监测数据15107个，城市环境空气质量日报365期，环境质量预报365期，编制2021年环境质量月报12期，半年报1期，2021年中卫市生态环境质量报告1份，2021年中卫市生态环境状况公报1份。

（洪丽思）

【生态环境执法】 强化执法监管刚性约束，采取夜查、暗查、节假日突击检查、交叉执法等多种形式，开展危险废物、大气污染防治、畜禽养殖、非煤矿山等10余项专项执法行动，加强执法、监测协同，执法、司法衔接，进一步加大对破坏生态环境犯罪的打击力度，形成强大震慑力。借助"云天中卫"，打造"互联网+智慧环保”，强化信息应用，充分利用卫星遥感、在线监控、大气微观站动态监控、无人机、无人船、尾气遥感监测车实时监测等技术，进一步提升溯源控点精准监管能力，实现对生态环境全方位、全覆盖、无缝隙监管。建设“一企一档”管理系统，在全市42家重点排污单位废气、废水排放口安装在线监测设施176套，在全市75家企业的431个点位安装污染源视频监控，建设113个大气微观站点，进一步分析污染物排放状况、环境质量现状及其变化趋势，形成监督有力、分工明确、责任到位、反应快速、处置及时、运转高效的生态环境网格化监管信息化体系。2021年，共检查污染源1460家次，出动执法人员2900人次，下达行政处罚决定书66份，罚款人民币852.09万元，实施环保法四个配套办法4起，其中停产3起、查封扣押1起。受理环境信访投诉举报157件，办结率达100%。

（洪丽思）

【生态环境保护督察反馈问题整改】 2021年自治区党委第三生态环境保护督察组专项督察反馈中卫市19个方面和69个具体问题，完成整改10个方面和60个具体问题。完成美利林区沙漠污染问题现场整改、生态恢复及生态环境损害赔偿工作。2021年，生态环境部执法局回访调研中卫市环境污染问题整改进展情况时，对中卫美利源水务有限公司问题整改给予充分肯定。市委第四巡察组对市生态环境局党组开展巡察“回头看”反馈巡察意见，针对巡察反馈的3个方面18类问题，细化为51个具体问题，逐项制定95条整改措施，制定印发《市委第四巡察组对市生态环境局党组巡察“回头看”反馈问题整改方案》，按照“照单全收、坚决整改，一改到底、务求实效”的要求，扎实有序开展整改工作，有50个问题整改落实到位。

（洪丽思）

【疫情防控和污染防治】 2021年，制定印发《关于进一步加强疫情防控工作的通知》，成立中卫市生态环境局疫情防控工作专班，组织召开全市生态环境系统疫情防控会议4次，全力以赴抓好疫情防控工作，压实疫情防控工作责任。加强对核酸采样点、定点医院、集中隔离点及受纳污水处理厂专项检查，从严从细对医疗废物、医疗废水收集处置和医疗废物全链条闭环管理进行监督检查，确保医疗废物得到及时安全处置。（洪丽思）

【生态环境保护宣教】 结合“六五环境日”“全国低碳日”“生物多样性日”等活动，广泛开展习近平生态文明思想宣传工作。2021年，举办全市“碳达峰”“碳中和”“全面打响污染治理大会战，建设黄河流域生态保护和高质量发展先行市”等专题培训班3场。举办六五环境日暨中卫市环境教育宣传周启动仪式1场，举办“环保嘉年华”专场文艺演出活动1场，举办环保设施公众开放日活动2场。组织开展“清洁母亲河，我们在行动”环保志愿服务活动1场，开展“低碳环保绿色出行”“六进”系列活动10余场。发送生态环保公益短信15万条，制作12分钟专题片《环境保护走在前 美丽中卫换新颜》。选送信息200多篇，上报约稿稿件7篇，市级媒体日报采用30余篇，区级媒体采用5篇。参与新闻媒体专访7次，召开新闻通气会1次。为海原县杨堡中心小学捐赠书包、台灯及各类书籍等学习用品320件。各类环保宣传活动广泛传唱《让中国更美丽》环境主题歌曲。

（洪丽思）

沙坡头区国家级自然保护区

【资源管护】 全年共下点巡护检查112次260人次。开展“清风行动”、打击保护区内毁林及破坏自然资源专项行动、依法严厉打击破坏保护区自然资源和生态环境违法犯罪专项行动4次。配合市政府开展“绿盾”专项行动，“绿盾2017”“绿盾2018”专项行动整改点位全部整改销号。实地核查生态环境部2020年上半年及下半年国家级自然保护区遥感监测疑似问题线索14处、国家林业和草原局2021年第二批次国家级自然保护区人类活动反馈点位2处、2021年森林督查疑似问题图斑25处，及时准确上报相关数据信息。全面推行自然保护区林长制相关工作。成功救助并放生国家二级保护动物野生豹猫幼崽1只。开展涉及保护区建设项目监督管理，全年跟踪督查国家、自治区重点建设项目3个。优化完善保护区数智中心平台建设，黄河流域国家级自然保护区管理评估专家组实地核查后指出，该平台处于国内先进水平。配合“三线一单”“三位一体”划定、生态保护红线评估、保护区整合优化等工作。全年保护区内林草资源保护成效显著。（郝丽波）

【森林草原防火】 全年累计开展安全生产警示教育9次，组织干部职工参加国家、自治区、中卫市相关森林草原防灭火培训班7期，参加全国森林草原防灭火业务大讲堂6期。巡查检查685人次。清理林下易燃物337亩。配备总价值30.1万元森林草原防灭火装备，其中扑火设备33台、扑火装备37件(套)。调查掌握保护区内公路铁路、湖泊湿地、输配电设施、油气管线、村庄人口、遗留墓穴等六大类重点领域的现状。全年未发生较大森林火灾和安全生产事故。

（郝丽波）

【生态监测】 开展规模化防沙治沙试点项目生态监测以及动物、植物、昆虫、湿地4个专项调查研究，布设生态监测样地28个、动物监测样线11条、植物监测样点150个，调查发现脊椎动物5纲26目55科140种，红外相机监测发现动物15目21科24种（其中国家一级保护动物2种、国家二级保护动物15种），采集植物腊叶标本150余种，制作昆虫标本7目46科163种。开展7种林业有害生物监测和黄花刺茄有害入侵物种生态监测。利用保护区数智中心平台实时获取保护区气象、水质、土壤等生态因子监测数据128.1万条。完成林业有害生物防治100亩共计4000株。上报野生动物疫源疫病信息6183条。全年未发现野生动物疫源疫病及有害生物入侵情况，林业有害生物发生控制在3.5‰以下。

（郝丽波）

【科普宣传】 开展生态保护科普宣传"四进"活动9次，发放宣传资料4000余份。制作安装宣传警示牌3个。维修更换生态文明建设宣传栏30版次、擎天柱3版次。悬挂宣传条幅50余条。张贴野生动植物保护、森林草原防火宣传海报600余张。设计制作生物多样性保护等宣传资料1500余份。沙坡头国家级自然保护区国家生态环境科普基地通过综合评估。推送生态文明建设手机宣传短信10万余条。开通保护区官方抖音账号，制作推送宣传视频7条。制作"以案释法——保护区森林草原防火"广播电视访谈节目1期。微信公众号推送宣传资讯800余条。全年编辑上报信息45条，1条参加"绿水青山看中国——地方林草业新媒体十佳新闻"第三季度评选工作并获得第一名。在生物多样性缔约国大会召开期间，联合新华社宁夏分社专题报道保护区生物多样性保护成效，并在大会期间播出。（郝丽波）

南华山国家级自然保护区

【概况】 南华山自然保护区位于海原县县城西南部，距县城7千米，平均海拔2600米左右，主峰马万山海拔2954.6米。年平均降雨量在400毫米以上，年蒸发量2100毫米左右。保护区呈西北—东南走向，长约26.4千米，宽约19.2千米，总面积为20121公顷（核心区6182.78公顷，缓冲区5236.87公顷，实验区8701.35公顷），保护类型为森林—草原草甸生态系统。有森林面积91654亩，森林覆盖率为30.37%。有维管束植物58科203属426种，有国家重点保护植物蒙古扁桃、发菜、短芒披碱草，野生脊椎动物57科126属173种，其中国家重点保护野生动物有金雕等22种。为保护和建设南华山，1993年10月成立"海原县南华山水源涵养林指挥部"。1998年将"海原县南华山水源涵养林指挥部"更名为"海原县南华山涵养林总场"。2004年12月成立区级自然保护区，2006年更名为"海原县南华山自然保护区管理处"。2014年12月晋升为国家级自然保护区，2020年4月移交自治区林业和草原局管理，更名为"宁夏南华山国家级自然保护区管理处"。南华山国家级自然保护区为自治区林业和草原局所属正处级事业单位，内设3个科室4个管理站。2021年机构上划后，依据《关于宁夏南华山国家级自然保护区管理处内设机构等事项的通知》（宁编办发〔2021〕37号）文件精神，将原6个基层管理站撤并设为4个管理站。（秦卫民）

【资源管护】 2021年，共打击偷牧行为13次，打击非法捕猎行为4次，制止非法采砂11次。投资5万元，完成中幼林鼢鼠防治1万亩，人工扑杀鼢鼠5000只。针对松材线虫等有害生物对森林资源的威胁，对6万亩针叶林持续进行监测，同时要求在南华山境内在建项目所用松木必须提供检疫证明。

（秦卫民）

【森林草原防火】 划定安全生产责任区28个，签订安全生产和森林草原防火管理目标责任书44份，形成安全生产和森林草原防火工作地块到人、任务到人、责任到人的网格化管理。召开安全生产——森林草原防灭火工作例会6次，解决安全风险隐患20处。设卡立站，加强值守，全面加强野外火源管控工作。在高火险期特别是清明节前后，设立临时防火检查站4处，建立183座坟地的信息台账，实行预约祭祀制度，预约上坟人数300余人。（秦卫民）

【生态监测】 年内争取项目资金1200万元，新建马万山管理站视频监控系统，对已建成管理站视频监控系统进行补盲、提升改造，新建6个重载云台、18套人车数据采集系统、5个道路卡口、1个分控中心和2个护林点接受系统。通过"智慧南华山"建设，实现重点林区和主要路口视频监控全覆盖，保护区视频监控覆盖度达85%。严管门禁系统，严禁社会车辆和人员进入重点林区。（秦卫民）

【科普宣传】 通过日常宣传、“森林防火宣传月”“安全生产月”和“安全生产万里行”活动，共悬挂横幅70条，电子屏滚动播出宣传标语张贴通告500份，发放宣传材料20000余份、围裙6000余条、软包纸5000余包，入户走访500余户，受教群众6000余人次。

（秦卫民）

【项目落实】 投资784万元完成基础设施建设项目（综合服务用房、科研监测中心、信息机房、防火物资储备库、车库、有害生物防治检疫站、灵光寺管理站、围栏等）主体工程的80%。投资950万元，完成自然保护地生态修复0.63万亩。投资500万元，完成退化草原生态修复治理2.5万亩。投资100万元，封山育林1万亩。投资860万元，建成远程视频监控系统4套、主要道路及沟口人车数据采集系统15套、光缆22千米、指挥调度系统1套。投资280万元，建设桥沟护林防火管理用房及视频设备、采购防火物资等。投资125万元建成五桥沟管理站、关门山管理站视频监控室和香黄沟护林点。编写完成《宁夏南华山国家级自然保护区总体规划（2021—2030）》，并上报国家林业和草原局。编写完成《宁夏南华山国家级自然保护区人工促进生态修复规划（2021—2025）》，并通过自治区林业和草原局组织的专家评审。

（秦卫民）

商贸流通

综　述

【概况】　2021年,全市实现社会消费品零售总额132.33亿元,同比增长3.2%,位列全区第二。全年实现网络零售57.38亿元,完成40亿元目标任务的143.5%,全区占比21.08%,全区排名第二。其中实物型网络零售额53.26亿元,全区占比24.01%;服务型网络零售额4.12亿元,全区占比8.17%。快递业务量1126万件,收入1.36亿元。（李　芳）

【促销扩容行动】　1.开展"全民乐购 畅游中卫"消费季、第二届"杞乡杯"美食大赛暨"黄河丝路"大漠黄河旅游美食节、汽车下乡等促消费活动8场次,鼓励各大商超自行开展促销活动90场次,有效提振消费市场活跃气氛。2.谋划做好限上批零住餐企业"应统尽统",限上批零住餐企业85家,其中新增入库企业6家。3.引导鼓励企业积极申报绿色消费项目,培育自主品牌,评比认定绿色商场1家、绿色饭店2家,发挥好行业领域内示范带头作用。4.借助外销平台,推介枸杞、富硒大米、苹果、牛肉等九大类中卫农特优产品销售额5500万元。（李　芳）

【重点消费领域提升改造】　1.以中宁枸杞国际交易中心为载体开展商品市场优化升级试点城市申报工作;争取商务厅市场体系建设资金150万元,支持中宁县实施渠口农贸市场、沙坡头区实施镇罗市场、四季鲜批发市场功能提升改造项目;支持中宁爱家、永辉超市等传统连锁零售企业向农村延伸销售网络;将向阳步行街提升打造为全市夜间经济核心商业圈和网红打卡地,全面拉动中卫"夜经济"发展。2.争取现代物流项目资金280万元,支持建设两家4A级物流企业;建设宁夏中卫四季鲜农产品综合批发市场有限公司、宁夏乐家物流发展有限公司、海原县回乡屠宰有限公司3个冷链项目;支持建设永寿堂中药材物流实验基地及配送中心项目。3.在沙坡头区依托社区打造集"餐饮美食、家政服务(养老、护理等)、洗染维修、美容美发"等便利化服务内融为一体的社区便民服务中心,建成社区便民服务中心1个、品牌经营连锁店2个,实施家政进社区项目1个,建立中卫市家政企业信息库,共采集完成家政企业110家,家政服务人员715人。

（李　芳）

【特色网红打卡一条街】　争取资金200万元,建设以向阳步行街、兴隆南北街商业网点、商城特色小吃街、鼓楼南北街、高庙公园为一体的闭环"夜经济消费圈",实现以"夜购、夜食、夜游、夜秀、夜宿"形式创造夜经济的中卫模式。开业当晚带动客流3.5万余人次,全街店铺入座率高达100%。大漠味集·向阳步行街被自治区评定为"首批自治区特色商业示范街"。

（李　芳）

【电子商务融合发展】　1.数字电商赋能乡村振兴。以数字电商助力乡村振兴为主线,持续巩固拓展脱贫攻坚与乡村振兴有效衔接成果。成功举办"鉴赏中卫·振兴乡村"飞跃2021全民数字电商节活动,通过新零售电商、社区电商、短视频直播带货平台,持续推销乡村特色农产品,助力乡村振兴。2021年,农村网络零售额35亿元,全区占比26.25%;争取海原、中宁县国家电子商务进农村提升项目,到位资金3000万元;电商扶贫超市体系持续发力,实现消费扶贫产品销售额3562万元。2.电商活动。举办全区电子商务进农村现场会,举办2021年中卫市首届"网上年货节""五动心情 清爽一夏"线上促销等活动。通过网络达人、直播团队直播带货、探店探品等方式,推动线上线下消费融合发展。组织68家电商企业参加自治区全面电商节活动,获得电商超能团队第2名、电商助力乡村振兴第2名、电商单项奖第2名;电商谷直播电商讲师荣获全区首届“三农”名师名课评选活动一等奖。3. 电商谷。年内,入驻小微企业18家,孵化电商企业7家,培育发展电商超能团队20个、“网红直播达人”60人。“中卫优品”市级电商平台上线闽宁两省产品近5200个,实现销售386万元。牵头举办各项电商活动,在“抖音”“快手”等直播平台播放量累计3.5亿次,线上线下带动销售近10亿元。4. 电商人才培养。先后带领电商企业及人才赴同心县调研学习,组织网红达人50人赴浙江义乌国际小商品市场参加电商直播经济分享学习,选派专人到成都参加跨境电商封闭式培训,举办2021年短视频直播培训班10期,培训学员577人;培训农村直播达人260人。

(李 芳)

【全区电子商务进农村现场会活动】 为深入贯彻落实习近平总书记视察宁夏重要讲话精神,落实自治区党委、政府关于推进农村电商发展的部署要求,交流互鉴电商发展经验,于2021年7月8—9日,“电商助力特色产业发展”直播带货周活动暨全区电子商务进农村工作现场会在中宁县召开,为进一步助力农产品线上销售和建设好县、乡、村三级物流配送体系奠定基础。中宁县位列全国电商百强县第42位,中卫枸杞被国家邮政局授予2021年快递服务现代农业金牌项目。 (李 芳)

【招商引资】 2021年,全市共实施招商引资项目172个,实际到位资金226亿元,完成自治区下达210亿元目标任务的108%,同比增长12%,完成进度和增速均居全区前列。其中,沙坡头区(含中卫工业园区、市直部门)实施招商引资项目114个,实际到位资金131.35亿元;中宁县实施招商引资项目38个,实际到位资金78.85亿元;海原县(含海兴开发区)实施招商引资项目20个,实际到位资金15.65亿元。1. 强化保障体系。组织召开全市招商引资大会,及时调整“9+3”专题招商小组,分解全市招商引资目标任务,纳入全市效能目标考核。全面实施招商信息汇总统筹机制,及时更新汇总招商项目信息、统计项目建设进度。拨付招商引资奖励资金1574.80万元,切实保障全市招商引资活动顺利开展。2. 加大招商引资力度。完成《中卫市招商引资优惠政策汇编》《宁夏中卫市投资指南》的编写,以及招商引资宣传片和产业链招商宣传片、高铁商圈招商宣传片制作,对高铁商圈主题乐园项目进行策划包装,加大招商宣传。围绕自治区九大重点产业和中卫市六大产业,京津冀、成渝、粤港澳大湾区、长三角地区开展精准招商134批次、走访城市92个,对接企业244家。自治区经贸代表团赴广东省开展招商活动,中卫市签约项目2个,投资金额17.2亿元;自治区党政代表团赴福建省出席闽宁协作第25次联席会议福建、宁夏经贸合作交流恳谈会,中卫市签约项目13个,签约金额5.05亿元;第五届中阿博览会共签约项目31个,投资和贸易额225.7亿元;“2021云天大会”共签约项目20个。同时组织企业外出参加各类经贸展会活动18次,参展企业171家。3. 注重招商项目质量。围绕重点产业发展,突出抓好新能源制造业等亿元以上产业项目的招引,特别是全钒液流电池储能装备制造项目、中晶半导体年产1000吨单晶硅棒、明阳集团智慧能源储能等制造业项目。

(李 芳)

【外贸、外资工作】 1. 中卫市外贸企业情况(外贸)。2021年,全市实现进出口总额28.31亿元,同比增长53.22%,占全区进出口总值的13.23%。其中,进口9.18亿元,同比增长10.72%,占全区进口总值的23.39%;出口19.13亿元,同比增长87.79%,占全区出口总值的10.95%;贸易顺差9.96亿元,同比增长423.81%。全市共有43家发生进出口企业。其中,重点进出口企业为宁夏天元锰业集团有限公司、宁夏紫光天化蛋氨酸有限责任公司、宁夏钢铁(集团)有限责任公司、宁夏顺元堂汉方生物科技有限公司、利安隆(中卫)新材料有限公司、宁夏养真元农业发展有限公司、宁夏亚东化工有限公司、宁夏创业工贸有限责任公司、中卫市长泰兴蔬菜种植有限公司、宁夏泰金种业有限公司;进出口产品主要为锰矿、化工产品、铁矿、金属锰、蛋氨酸、枸杞、红枣、中药材等。全市共与75个国家和地区发生进出口业务,主要为加纳、韩国、印度、欧盟、东盟等国家和地区。2. 中卫市外商投资企业情况(外资)。2021年,全市实际利用外资13284万美元,占全区45.72%,利用外资占比居全区第一。全市共有外商投资企业16家,为亚马逊宁云技术服务(宁夏)有限公司、华润风电(海原)有限公司、宁夏华夏特钢有限公司、港中旅(宁夏)沙坡头旅游景区有限责任公司、宁夏怀德实业发展有限公司、宁夏中煤沃德新能源有限责任公司、宁夏华夏环保资源综合利用有限公司、中卫禹兴水务有限公司、宁夏顺元堂汉方生物科技有限公司、中卫易高清洁能源有限公司、港中旅(宁夏)沙坡头索道游乐有限公司、宁夏农艺农业发展有限公司、宁夏源自然生物科技有限公司、宁夏金庭新能源科技有限公司、华润电力(中卫市)有限公司、华润新能源(中宁县)有限公司。

(李　芳)

【民生服务保障工作】　1. 市场监测保供。督促全市3家大型农产品批发市场和73家大型连锁商超落实应急生活必需品异常波动每日零报告制度和主要生活物资日监测制度,及时准确掌握市场动态。利用春节、国庆等重要时段,在全市范围内选择重点超市投放调控肉100余吨、市场储备蔬菜500吨,补给市场供应,稳定市场价格。2. 疫情防控物资储备。起草《关于今冬明春季疫情防控医疗物资储备的请示》,明确市本级及各县区疫情防控物资储备标准,并对全市疫情防控物资储备情况进行督查;严格落实高中风险省区来(返)卫人员实行集中隔离措施,先后征用9家社会酒店(宾馆)为健康监测点和医学隔离点。成立市商务局商贸流通领域疫情防控工作专班,及时深入商场、超市、市场等商贸企业350家,督促企业落实验双码、佩戴口罩、测温进入等防控措施,做好商贸企业疫情防控常态化,确保全市人民群众身体健康和生命安全。3. 商贸市场秩序规范。编制印发《中卫市成品油零售经营体系"十四五"发展规划(2021—2025年)》。按照审批权限做好零售商开展促销活动备案、对外贸易经营者备案登记、单用途商业预付卡备案工作。制定印发《关于深刻汲取湖北十堰市"6·13"事故教训立即开展商贸流通领域安全生产大排查大整治大执法专项行动的工作方案》《中卫市商贸流通领域安全生产专项整治三年行动实施方案》等文件,开展全市商贸流通领域安全生产大排查大整治大治理专项行动,落实领导"一岗双责"及商贸企业主体责任。年内,开展安全生产检查81次,检查商贸企业572家,排查出一般问题隐患838条,整改率96.5%,未发现重大安全隐患。报废汽车拆解规范:严格把关行业准入,实行报废汽车业务开展月报制度,杜绝违法违规现象发生。截至年底,共报废拆解汽车1086辆。市场经营秩序维护:处理新车销售及预付式消费领域各类投诉10余件,制作发放预付消费风险为主题的宣传册5000份,开展预付卡专项整治,制定印发《关于开展重点行业单用途预付卡专项整治工作的通知》文件。二手车市场监管:全市共有二手车交易市场6家,二手车交易13872辆,交易额达4.5亿元。成品油市场监管:印发《关于做好全市加油站臭氧污染防治攻坚工作的通知》《关于开展2021—2022年中卫市冬春大气污染防治攻坚工作的通知》等文件,督促中石油滨河加油站安装在线监测系统,鼓励加油站通过利用油价折扣政策,引导消费者错峰消费;利用"双随机、一公开"随机抽查加油站15座,督促成品油零售经营企业做好汽油、柴油供给工作。

(李　芳)

供销合作

【机构概况】　市供销合作社与中卫市供销集团有限公司实行"一套人马、两块牌子"管理,为政府管理的直属企业,参照市属国有企业管理,接受市国资委监督。内设行政部、财务部、企划部、营销部4个职能部门。设立4家全资子公司(中卫市种子有限责任公司、供销合作社资产经营管理有限公司、中卫市现代供销电子商务发展有限公司、中卫供销生鲜供应链管理有限公司),1家控股公司(宁夏果加农业科技有限公司,占股55%),4家参股企业(宁夏兴拓现代农业发展有限公司、宁夏硒产业发展有限责任公司、宁夏中卫四季鲜市场开发有限公司、西园供销社)。恢复重建镇(乡)级基层社4个、村级基层社9个。2021年,获得全区供销合作社系统综合业绩考核一等奖。至12月底,供销集团(含子分公司)实现营业总收入5569.65万元,资产总额22755.02万元,所有者权益11569.16万元。

(施江波)

【种子种苗育繁】　以市种子公司为抓手,完成粮食、瓜菜、牧草等农作物种子、种苗育繁保供任务。全年落实小麦、水稻、大豆良种繁育基地面积3000亩,收储小麦种子120万斤、水稻种子120万斤。年销售主要农作物种子254万斤,蔬菜种子7000斤,销售瓜菜种苗520万株。改造提升瓜菜种苗繁育基地设施设备,在做优水肥一体无土栽培果菜的基础上体验实施水培循环鱼菜共生项目,把瓜菜种子繁育与科教研育、品种试验示范、亲子休闲采摘、农耕农事和农艺文化体验相结合,打造雲谷田园综合体项目,推动种业提升与传统农业深度融合。

(施江波)

【现代农业社会化服务】　根据《自治区人民政府办公厅关于印发宁夏回族自治区建设全国"数字供销"示范区实施方案(2021年—2025年)的通知》要求,市人民政府上报自治区"数字供销"工作领导小组《中卫市"数字供销"建设实施方案(2021年—2025

年)》。以建设中卫市现代农业社会化服务中心项目为载体,引进北京世纪国源科技股份有限公司研发“中卫市全产业链服务综合数据平台”,完善“数字供销”市场化综合服务体系,构建“数字供销”市场化运营体系和运营能力,切实提升供销系统现代农业社会化综合服务水平和服务能力,推动一、二、三产融合发展。 (施江波)

【项目建设】 1. 新型基层组织体系建设。2021年向自治区供销社申报中卫市设施蔬菜及净菜加工项目、中卫市沙坡头苹果产业农资服务中心(农资库)建设项目、中卫市供销集团农业社会化服务联合体项目、中卫市城乡物流配送体系建设项目等5个项目。争取宁夏供销合作社新型基层组织体系建设项目资金285万元。2. 苹果产业综合服务中心项目。为做优“沙坡头苹果”品牌,补齐中卫市苹果产业发展短板,延长产业深加工链条,增加果农收益,市供销集团在沙坡头区永康镇阳沟村建设集农资供应、苹果冷链物流、交易市场、苹果深加工、包装材料为一体的苹果产业综合服务中心。项目概算投资1.17亿元,分两期建设。2021年6月开工建设,建设5300立方米气调库、3000平方米冷藏库,5000平方米包装车间,建设一条苹果分选线、两条冻干脆片生产线。3. 闽宁山海情燕窝果产业园区建设项目。通过合资合作,总投资3100万元,在柔远镇雍湖、范庙村流转土地624亩,引进种植高端水果燕窝火龙果。年内,完成94座日光温室大棚墙体建设,种植28座大棚火龙果。按照“龙头企业+公司+合作社+农户”模式,引领农户种植高端燕窝火龙果,促进农民增收,助力乡村振兴。4. 解决融资难题。在盘活资产的基础上,着力发挥资产效力。争取市委、市政府支持,市财政划拨资金4000万元,作为国有资本金注入市供销集团,缴纳9宗土地出让金及相关税费,扶持供销集团发展。向银行贷款3500万元全部用于发展业务。 (施江波)

【融合发展】 1. 特色农产品销售。先后与全国各地供销社、华润万家(包括OLE)、盒马、百果园、苏果等建立合作关系。收购苹果1500吨。2021年1月成立中卫供销生鲜供应链管理有限公司,开展纯净水生产、小杂粮分装、净菜加工、生鲜配送等业务,引领城市配送发展。2. 电子商务。以京东“中国特产中卫馆”和微信小程序“中卫供销集团农特产馆”开展线上销售,包括苹果、枸杞、红枣、杂粮等中卫特色农产品,积极推进农产品流通加速发展。3. 外埠窗口建立。通过合作形式,2021年3月在南昌设立中卫市供销集团江西分公司,10月份在河北省高碑店市注册成立中卫供销生鲜供应链管理有限公司高碑店市分公司,开展农产品供应链业务。4. 自有品牌和专利打造。开发设计枸杞、苹果、小杂粮、土豆、红枣、八宝茶等15个系列51个产品。申请注册“闽宁山海情”“懒贵人”“娇小姐”商标。 (施江波)

粮食和物资储备

【2020年度粮食安全省长责任制考核】 严格按照自治区粮食安全省长责任制考核工作要求,组织全市11个成员单位,完成24项目标任务考核。对各县(区)2020年度粮食安全省长责任制进行综合考核,粮食安全省长责任制主体责任越压越实。修订《中卫市粮食安全省长责任制考核办法》,充分发挥粮食安全省长责任制考核“指挥棒”作用,梳理责任清单,补短板,强弱项,筑牢粮食安全根基,进一步提高粮食生产能力、储备能力、流通能力。

(武彬彬)

【粮食安全保障】 1. 稳步增加地方储备粮油规模。年内,全市原粮储备规模达27000吨(含临时粮食储备10000吨),实现市、县(区)原粮储备全覆盖,数量居全区五市之首。2. 与9家粮食经营企业签订6000吨粮食社会责任储备协议,形成政府储备与企业储备功能互补、协同高效的新模式。督导中宁县增加200元/亩小麦种植补助,小麦种植补助达到390元/亩,农民种粮积极性有效提升。3. 修订《中卫市地方储备粮管理办法》《中卫市粮食应急预案》《中卫市应急粮油供应管理办法》,粮食应急保障机制更加完善。4. 建立覆盖城乡的粮食应急加工、储运、供应各环节协调配套的粮食应急供应网络,共有应急企业96家,紧急情况下能迅速将米面油投放至终端消费市场。5. 确定“政府统一领导、部门分工负责、粮源统一调配、社区核对人口、网点对接社区、定点定量供应”的应急供应机制。6. 扎实开展安全生产专项整治三年行动、“安全百日会战 喜迎百年华诞”安全生产和灾害防御百日专项整治行动,成立由局主要领导任组长,各粮食企业负责人为成员的防汛防灾领导小组,强化24小时值班值守。与企业签订2021年粮食安全生产责任书,召开4次安全生产会议,先后9次深入60个(次)粮食企业进行安全隐患大排查,隐患不排除坚决不放过。聘请市消防救援支队教官为全市粮食和物资储备系统开展消防安全知识培训,举办中卫市粮食和物资

储备系统消防安全应急演练。“两个安全”责任落实有力，保障措施成效显著。（武彬彬）

【粮食产业经济发展】　认真落实粮食订单计划；围绕“六大提升行动”，积极谋划新一轮“优质粮食工程”项目28个；组织辖区粮食企业积极参加第十七届粮食产销协作福建洽谈会，中卫粮油品牌知名度有效提升。年内，全市共收购各类粮食43.9万吨，销售各类粮食42.15万吨，粮食购销市场平稳有序。

（武彬彬）

【依法管粮】　1.深入贯彻实施新修订的《粮食流通管理条例》，完成3600吨政策性超标粮食销售出库监管任务，全国粮食库存大清查反馈的43个问题全部整改完毕。2.强化粮食流通市场监管，全市粮食流通市场稳健有序。建立由粮食部门牵头，市场监督管理、农业农村、公安等部门共同参与的联合执法监管机制，形成联合执法监管的有效合力。3.开展中卫市粮食流通“亮剑2021”专项执法行动，依法检查企业3次28家，下发整改通知书7份，处罚企业2家，切实营造健康有序的粮食流通环境。4.安全生产专项整治三年行动。定期召开储备企业安全生产推进会，加大重大事故隐患排查力度，举办全市粮食系统消防应急演练，确保整治成效走深走实，坚决守好管住“中卫粮仓”。

（武彬彬）

【粮食质量安全】　全年开展应急储备成品粮油、放心粮油及加工企业抽检任务两次，抽检样品105份，监督检验市、县级储备原粮样品64份。完成新收获粮食204份样品的扦取工作，其中新收获小麦样品54份、水稻样品64份、玉米样品86份，完成新收获商品稻谷质量安全监测样品30份，开展新收获粮食入库质量安全快速筛查1480份，完成粮油质量检验社会化服务21份。经检验监测，中卫粮油质量安全。

（武彬彬）

【物资储备环境】　加强物资储备库基础设施改造，铺设库房装甲地坪995.7平方米，购置堆垛架9个，安装仓房窗帘22个、护栏102米；大力开展库区植绿增绿，栽种5个品种237棵树，物资储备环境日趋改善。

（武彬彬）

烟草管理

【经济运行】　坚持“大品牌、大市场、大企业”发展战略，全面对接“136、345”品牌发展目标，完善品牌发展规划，实现经济运行稳中有进、进中更优。年度实现税利1.94亿元，增长0.08%（扣除税利调整4项因素后税利2.1亿元，增长8.43%）；探索建设“红色终端”“社区终端”“旅游终端”“乡情终端”，统一收银台标准，终端环境改善明显，客户经营“软实力”进一步提升。全年建设运行现代终端1365户，比重26.9%；建设文明吸烟环境375处、终端体验区175个；夯实“我为客户服好务、我为客户办实事”基础，零售客户满意度得分94.54分，同比提高0.85分。

（杨　堃）

【专卖管理】　全年查获各类涉烟违法案件586起，涉案卷烟147.73万支。与公安、检察机关和教育部门建立保护未成年人免受烟侵害的工作机制，扎实推进“守护成长”专项行动，持续推进电子烟监管，查获向未成年人售烟（含电子烟）案件4起。全面推行行政许可全流程网上办理，深化“放管服”改革，行政许可“五日办结率”达100%，顺利完成烟草制品零售点合理布局规定制定。（杨　堃）

【企业治理】　坚持“精益管理、降本增效是内功”的基本定位，统筹推进质量体系转版升级和企业标准优化工作，系统制定高质量发展工作推进计划，科学搭建高质量发展目标责任体系。深入推进管理创新，成功申报2个自治区级科技创新项目，1个课题获全区烟草系统第九届QC成果三等奖，精益改善员工参与率达70%以上。开展管理创新活动，全面完成年度降本增效目标。落实“应招尽招、真招实招”，不断收紧预算管控关、财务收支关、资产管理关和审计关，采购管理更加严格规范。树立“大安全”理念，着眼综合治理，常态化开展隐患排查治理，严格应急值守，加强网络安全管理，全方位推进安全宣传教育，安全管理能力不断增强。紧扣方针目标管理，抓住关键核心指标，建立横向到边、纵向到底、上下联动、左右衔接的“两维三层”方针目标管理机制，初步形成“千斤重担大家挑、人人头上有指标”的管理格局，企业管理效能进一步提升。（杨　堃）

【法治建设】　深入推进“八五”普法规划、法治烟草建设任务落实，着力构建科学完备的普法工作体系、高效有力的法治监督服务保障体系、精准施策的法律风险防控体系，更加注重围绕中心、服务大局、以人为本的普法理念和强基导向，在法治轨道上推进中卫烟草治理体系和治理能力的现代化。贯彻落实“谁执法谁普法”普法责任制，紧扣企业改革发展和干部职工现实需求，以完善制度、突出重点、学用结合为主线，坚持开展党组理论学习中心组学法、干部职工季度定期学法、年度普法测试和专题法治讲座，干部职工办事依法、遇事找法、解决问题用法、化解矛盾靠法意识不断增强，“三个依法”水平持续提升。聚焦重点任务，深入开展主题法治宣传教育活动，坚持将普法宣传与法治教育相结合，突出普法对象的广泛性、载体的多样性、内容的针对性和目标的实效性，充分利用“3·15”“12·4”等重要宣传节点，通过志愿服务、党日活动等形式，组成宣传队伍面向社会开展“法律进社区”“法律进校园”等活动，通过市场检查、送法进零售户、以案说法等形式，不断扩大普法宣传工作辐射面，不断增强广大消费者的自我维权意识和零售客户守法经营意识，保持深化“八五”普法工作火热态势，压实依法治企责任，建设法治企业。

（杨　堃）

【社会活动】　制定帮扶工作计划和实施方案，成立组织机构，“一把手”挂帅领导，统筹做好干部选派、资金支持、产业帮扶等工作，推动定点帮扶村实现巩固拓展脱贫攻坚成果同乡村振兴有效衔接，全年共捐赠帮扶资金 4.95 万元，向中卫市“希望工程·圆梦行动”捐款 2.7 万元，组织开展消费帮扶 17.06 万元，爱心乐购 0.29 万元。（杨　堃）

盐　业

【概况】　2021 年，中盐宁夏盐业有限公司中卫分公司销售各类盐 3540 吨，其中销售食用盐 2341 吨，完成年度计划 3000 吨的 78%，销售工业盐 1012 吨，完成年度计划 1100 吨的 92 %，销售畜牧盐 171 吨，完成年度计划 200 吨的 86%；实现营业收入总额 555.77 万元，完成年度预算 720 万元的 77.2 %，利润总额-144.5 万元。（唐彩玲）

【年度重点工作】　1. 面对各类低价盐品的冲击，盐品经营市场空间逐渐缩小，竞争日益激烈，市场份额丢失严重，企业经营压力增大，分公司因地制宜适时调整营销策略。将经营销售渠道进行细分，结合市场和客户实际情况及时调整盐品结构，适时投放低、中、高端盐品，合理调整大包装盐品价格，科学推进主营业务经营工作。2. 增加配送力量，结合业务实际及时调整内部岗位设置，抽调人员充实到营销一线，不断强化客情服务、“宁盐微商城”线上推广、电话访销、上门推销、中高端盐品团购等基础工作水平，树立以客户为中心的市场化经营理念，真正做到客户有需求，优质服务紧跟上。3. 抓好盐品促销有利时机，利用小包装精制食盐、腌制盐旺季促销活动，将“宁盐微商城”线上销售平台大面积推广使用，提高商户与消费者对“宁盐微商城”的关注度和使用频率。4. 促进“中盐”品牌影响力提升，强化盐品经营盈利水平，在调整优化盐品结构上下功夫，为贯彻落实中盐集团“三品”战略要求，做强做精中高端盐品业务，分公司全面推进中高端盐品进社区、进商超工作。5. 为更好培育中高端盐品群体消费市场，分公司通过重大节日团购以及向社区中小型商超推销中高端盐品礼盒，结合市场实际和团购消费人群对各类功能性盐品的需求，应客户需求而定，灵活配比盐品数量、品种组装礼盒，有效提升消费档次的同时逐步提高盐品销售量。

（唐彩玲）

【社会责任】　1. 确保食盐质量安全和供应安全，落实盐产品质量管控和储备盐的管理要求，进一步提升食盐购进、贮存、运输、销售各个环节质量管控工作。2. 强化《食盐质量安全监督管理办法》的学习执行，加强食盐存储防潮、防污染的风险管控，将碘盐碘含量的检测工作作为食盐质量安全工作的重心，由专人负责执行“先检后销”的规定，确保食盐质量安全。重视食盐储备库容库貌、内外环境、管理制度、盐品信息标识、库存布局等基础管理工作，严格执行规范化、标准化管理，并组织专人对此项工作进展情况进行周期性监督检查，针对检查中存在的问题及时整改。3. 保证政府储备食盐的足额，发挥央企食盐储备社会责任，自 2021 年 1 月至 11 月底，分公司下辖两区两县食盐库存量均在 600 吨以上。10 月全区新冠疫情再次突发期间，中卫市各地群防群控，食盐储备量未低于 400 吨，达到政府储备食盐要求。

（唐彩玲）

【辅助服务工作】　为进一步规范盐业市场秩序，有效发挥盐业行政执法辅助服务工作职能，确保食盐质量安全，辅助服务人员严格按照《食品安全法》《食盐专营办法》《食盐加碘消除碘缺乏危害管理条例》等法规，与市场监管、卫生防疫等相关部门沟通，定期开展消除碘缺乏病知识和食盐安全法规、常识宣传工作。1. 在做好入店、进校园、进食堂、乡村集市宣传专营政策的同时，利用消费者权益保护日、消除碘缺乏病日、减盐宣传周、中秋、国庆节日消费黄金周等各关键节点，对食盐质量安全知识进行宣传普及。2. 认真安排部署，落实工作责任，进一步明确食盐市场监督管理工作任务，确保食盐市场专项治理工作顺利开展、取得实效。分公司在督促辅助服务人员推进盐业市场管理工作的同时，每季度定期安排全体辅助服务人员集中学习，深入系统地领会宁夏回族自治区市场监管厅《关于加强食盐质量安全监督管理工作的通知》《食盐监督行政执法辅助服务人员管理办法》的具体要求。3. 充分利用部分辅助服务人员长期在市场监管部门坐班的有利条件，积极与市场监管、卫生防疫、教育、工信等行政职能部门联合，定期开展对集贸市场、超市、便利店、食品加工小作坊、餐饮、学校食堂的专项检查，通过辅助执法监督检查，域内食盐批发、零售经营行为有所改观，合格食盐市场占有率保持平稳。经过盐业辅助服务人员的不懈努力，中宁县内中小学校、幼儿园全部使用“中盐”牌食盐。4. 与食品安全管理部门协调，定期对市域内食盐质量实施抽样检测，严格监督被抽样食盐品种的全覆盖，由受委托的食品安全三方检测机构重点对双碘标食盐进行一年不少于两次的质量检测，有效完善低碘标食盐的流通监管工作。（唐彩玲）

石油供应

【概况】 中国石油天然气股份有限公司宁夏中卫销售分公司（以下简称“中卫销售分公司”），隶属于中国石油宁夏销售公司，在中卫市两县一区（即沙坡头区、中宁县和海原县）共有加油（气）站50座。

（訾　瑞）

【市场环境】 中卫市共有加油站144座，其中，中国石油宁夏中卫销售分公司50座，中国石油高速服务区10座、中国石化中卫石油分公司21座、其他社会民营加油站63座。2021年中卫市经济发展强劲，但油品需求增幅缓慢，竞争日趋激烈，成品油市场逐步向集约化经营方式转变，替代能源冲击日渐增大。

（訾　瑞）

【经营效益】 中卫销售分公司2021年销售成品油17.97万吨，完成年度任务的82.06%，同比下降9.46%；实现非油品销售收入6670.19万元，完成年度任务的103.7%，同比增长13.5%；实现利润3382万元。

（訾　瑞）

旅游业

综 述

【概况】 2021年，全市共有旅游景区景点22家(其中5A级1家，4A及2家，3A级9家)，自治区(省)级旅游度假区2家；各类住宿酒店宾馆599家，拥有客房1.4万间，床位2.85万个；星级酒店12家；餐饮单位3583家，农家乐269家(5星级2家，4星级9家，3星级38家)。全年接待游客886.7万人次，实现旅游总收入58.7亿元，同比分别增长29.4%和24.9%。 (冯 超)

【旅游规划编制】 编制完成《中卫市"十四五"文化旅游发展规划》《中卫市全域旅游发展总体规划(2021—2025)》《中卫市"一带两廊"文化旅游发展专项规划(2020—2035)》，拟定《加快康养旅游产业发展的实施意见》和《中卫市康养旅游产业发展推进工作方案》，提出全年和"十四五"文化旅游产业发展的目标、任务和重点。建立文化旅游产业发展重点项目库，谋划64个项目，共计投资119亿元。 (冯 超)

【旅游项目建设】 2021年共谋划实施新建、续建文化旅游项目32个，投资32.66亿元。黄河宿集二期、中宁黄羊古落、金沙海帐篷露营地、大漠星河营地、市博物馆提升改造、"66号公路"生态修复及基础设施建设工程、向阳步行街特色文化街区改造等项目建成投运。 (冯 超)

【旅游招商工作】 制定《2021年招商引资活动计划》，梳理汇总2021年招商引资项目22个，概算总投资23亿元，开展文化旅游招商引资活动32次。 (冯 超)

【旅游宣传促销】 承办万宝龙、ABM、梵克雅宝、兰博基尼、柯润等国内外高端品牌发布会展活动，星空旅游品牌的国际影响力大幅提升。组织营销队伍赴15个重点客源城市开展推介活动。修订完善《中卫市旅行社送团奖励办法(试行)》，接待旅游专列110列，旅游包机124班。开展"两晒一促"线上文旅宣传活动，中卫旅游相关信息在抖音、快手、微信视频号等新媒体平台浏览量突破10亿次，中卫成为全国十大网红城市之一。 (冯 超)

【新业态发展】 深化"旅游+"发展模式，提升整合多种资源推动文旅产业良性发展。培育以星星酒店为载体的星空业态，以枸杞养生、沙疗等为特色的康养业态，以全国大漠健身运动大赛为支撑的沙漠体育休闲业态，以麦草方格治沙、沙画体验、制陶等为主要内容的研学业态，以突显地方文化为代表的黄河·宿集精品民宿业态，以市场为导向的旅游演艺等六大特色业态。打造一批民宿度假、星空讲座、拓展训练、文化旅游演艺等市场认可度高的特色产品。 (冯 超)

【旅游市场治理】 建立"1+5+N"的全域旅游监管新模式，联合公安、市场监管等部门深入开展市场秩序专项整治活动。共出动警力、执法人员3190余人次，检查车辆84900余辆次，检查旅游购物店12家次，抓获黑导游7人，警告81人，处理非法营运案件4起，查处违法违规经营行为为54起，受理各类旅游投诉51起。开展两会、"五一""建党100周年"等重大会议、节日期间专项整治行动，检查各类经营单位2390家次，出动执法人员4780余人次，专项行动10余次，联合检查40次，立案查处8起。文旅行业全年未发生安全生产事故，安全形势整体稳定。 (冯 超)

【旅游节事活动】 举办2021中国宁夏(沙坡头)第十一届丝绸之路大漠黄河国际文化旅游节开幕式、康养旅游发展论坛、西部民歌邀请赛、"诗意塞上·歌颂党恩"黄河诗会、中国(宁夏)星空旅游大会开幕式暨星空旅游论坛、黄河数字音乐节、飞猪大漠赫兹音乐

节、星空朗读等节事活动。 （冯 超）

假日旅游

【五一黄金周旅游】 5月1日至5日全市共接待游客56.51万人次，实现营业收入3930.51万元，与2019年同期相比分别增长140.5%和132.5%。其中，全市A级景区接待游客27.6万人次，实现营业收入2622.7万元，与2019年同期相比分别增长100.6%和70.9%。星级酒店平均入住率71.62%。

（冯 超）

【十一黄金周旅游】 10月1日至7日，全市共接待游客74.30万人次，实现营业收入4224.74万元，与2020年同比分别增长70%和33%，星级酒店平均入住率71.62%。 （冯 超）

景区景点

【沙坡头景区】 位于中卫市西20千米的腾格里沙漠东南边缘处。集大漠、黄河、高山、绿洲为一处，既具西北风光之雄奇，又兼江南景色之秀美。自然景观独特，人文景观丰厚，被中外旅游专家誉为“世界垄断性旅游资源”，享有联合国“全球环保500佳”的殊荣。游玩项目有皮筏漂流、大漠乘驼、激情滑沙、沙海冲浪、飞黄腾达等。

【腾格里沙漠湿地·金沙岛旅游区】 位于腾格里沙漠东南边缘，距中卫市区仅8千米。占地22平方千米，水域面积1万亩，是集生态观光、花卉观赏、特色度假、水产养殖、运动休闲、康体养生于一体的旅游景区。

【寺口风景区】 位于中卫市香山脚下。国家4A级旅游景区。景区占地面积18平方千米，由两种地质地貌组成，分为东、西两个景区。东景区属于典型喀斯特地貌，以峡谷怪石著称，被称为“塞上奇峡景区”，自然景观独特。峡谷内有一线天景观中的绝品，是极佳的避暑胜地。峡谷内有“熊猫”“宁夏版图”“情人石”“大象石”“孔雀”等怪石及栈道云台等自然美妙景观。西景区是红色丹霞地貌。有“苏武圈羊石窟”“苏武栖身石窟”“苏武庙”“苏武断桥”“寺口大睡佛”“云汉天度索桥”等景观和宁夏最大的天然岩壁攀岩基地。

【腾格里·金沙海景区】 地处中卫市沙坡头区迎水桥镇迎闫公路西侧，位于腾格里沙漠东南边缘。主要有星辰帐篷酒店、沙漠阳光浴场、拓展基地、军事营地、丝路驼队、国内首家火车野奢旅馆、帐篷星空酒店等设施。

【沙坡头水镇】 是在原黄河新墩码头上再建的以塞上江南文化、枸杞养生文化、丝路驿站文化为主题的商旅文化产业。地处沙坡头景区以东。项目占地800亩，建筑面积11万多平方米，水域面积600亩。有丝绸之路特色美食街区、文化艺术商业区、枸杞休闲养生度假娱乐区、文化主题酒店、旅游演艺及水上游乐等六大功能区域。

【长山头天湖】 位于长山头农场，海拔1370米，总面积4.5万亩，其中可开发利用水域2万亩，是宁夏境内原始湿地保存最完整的自然资源之一。旅游项目有环湖路、游人码头、垂钓中心、农家乐园、接待中心、餐饮中心、野生动植物观赏、狩猎、农业生态考察观光等。

【南华山景区】 主要景点有灵光寺、菜园遗存、水冲寺遗址。南华山为六盘山余脉，位于海原县城南7.5千米处，南依月亮山，西北与西华山相邻，东南接寺口子南、北山，呈东南—西北走向，长约35千米，宽25千米，总面积42万亩；平均高度2600米，主峰马万山海拔2955米，仅次于贺兰山，位列全区第二。地表土质肥沃，年均降雨量达600毫米，天气凉爽，牧草丰茂，山南是海原县南华山牧场。天然次生林分布于山之西北。

【大漠边关景区】 旅游区位于中卫市中心迎水桥镇，美利工业园区西侧，香山机场旁，面积56平方千米，旅游区以“龙宫湖”“赛马会”为中心，西面为腾格里沙漠太阳泉；北面为湿地、胡杨林；东南为西汉长城、边关兵营遗址。依托历史古迹遗址、天然湖泊、腾格里沙漠、原生态植物等自然资源，打造以“万里长城第一烽火台”“边塞雄关”为核心，以龙宫湖、沙漠太阳泉、小叶胡杨林、赛马会为特色的旅游景区。

【高庙保安寺景区】 始建于明朝永乐年间（1403—1424年），占地6895平方米，殿堂僧房300余间，高29米，国家3A级旅游景区。建筑重楼叠阁，檐牙相啄，迂回紧凑，小巧玲珑，因独特的古建筑群和儒、释、道三教合一的宗教文化而驰名。

【南长滩景区】 黄河进入宁夏平原的首个原始村落，四面靠山，一河环流，阡陌纵横、鸡犬相闻。山坡100多户农家依山而居，坡下百亩果园里几百年的枣树、梨树随处可见。村落周围的古长城、烽火台、古城堡、岩画与黄河奇石传说为这里披上更加神秘的面纱。

【北长滩景区】 位于沙坡头景区上游30千米处，拥有北方土木结构的传统建筑、军事防御和原始古朴的生态。北长滩分为黄石漩、榆树台、下滩村和上滩村4个自然村，全村57户人家种田养殖，放羊砍柴，怡然自得。北长滩古村落集中坐落在北山，房屋依山而建，高低错落，富有立体感。每户院落布局和房屋结构，保留明清时代当地传统的建筑风格——“四梁八柱式”土木结构建筑，而院墙则是用石块堆砌而成。

【黄河·宿集】 南岸半岛黄河·宿集位于中卫市沙坡头区常乐镇原上游村大湾自然村，是中卫首个将传统乡村转型为度假旅游目的地的项目，引进全国民宿排名前十的五家知名品牌（千里走单骑、墟里、西坡、大乐之野、蕾拉小姐）入驻，共同打造有地方特色的民宿聚集地，同时在民宿集群周边建设书店、美术馆、中餐、法餐、咖啡等商业配套。

【双龙山石窟景区】 坐落于中宁县城西北侧20千米的余丁乡金沙村双龙山麓，开凿于唐代，20世纪80年代初发掘出土唐、宋、元、明、清各朝代的彩塑像、壁画、地砖、铜镜、铜像等珍贵的文物100多件。部分壁画和彩塑像具有典型的汉唐风格。1963年，被宁夏回族自治区人民政府公布为区（省）级重点文物保护单位，《中国名胜古迹大字典》专条作介绍，《中华佛教两千年》大型画册将其收录，在全球发行。

【玺赞生态枸杞庄园景区】 占地面积13000亩，是一家以枸杞产业为核心，集种植、加工、销售、生态、科研、旅游全产业链于一体，集吃、住、玩、赏、娱、购于一身的综合性农业休闲景区。玺赞生态枸杞庄园景区主要由“产业发展区”“综合服务区”“文化展示区”“休闲度假区”“游乐体验区”等五大园区组成。有“玺赞湖”“饮马湖”“杞园观景台”“枸杞观光工厂”“采摘体验园”“野生枸杞园”“有机枸杞园”“红柳沟营地”等特色景点。

【老君台景区】 老君台位于中卫常乐镇境内的兴隆山上，三面环山。因屡遭火焚地震风侵之灾，殿宇毁坏，文物损失。20世纪80年代中后期，经宗教部门批准，当地群众自发募资捐物，修补台址，复建观院，至90年代初，主体建筑完成。老君台主体建筑以南天门、太白殿、中楼、三清殿（正殿）为中轴线，两相对称，左右逢源，气势雄伟，浑然一体。于1991年被批准为道教活动场所，为中卫“寺庙文化旅游线”的重要景点，年接待游客5万多人次。

【鼓楼景区】 鼓楼位居中卫市区正中，清初名曰文昌阁，始建于明崇祯四年（1631）。清嘉庆二十二年（1817）七月十四庙会时不慎失火焚毁，仅存基址。道光十一年（1831），知县艾椿年率典史沈垣与当地士绅一道捐资重建，翌年建成。鼓楼楼高23米，通高30米，重楼3层，是一座四方台基拱洞型的楼阁建筑，楼型为四面八方一体式，楼之西南角有一小门可通达楼基上部。基座之上正中为三重檐十字形歇山顶的主楼，每面3开间，三层三檐，每层有12翘角，最上层四面有观景回廊。楼基四面建有小型陪楼4座，其内壁分别刻记鼓楼始建、重建的背景、时间、经过及有关事项等。楼顶正中竖垒黑色陶球6颗，四周置蟠龙，组成群龙戏珠画面，但从不同角度看，均为二龙戏珠。

【天都山石窟景区】 天都山西夏皇家石窟位于海原县西安镇向西15千米，初建于北魏，历代重修，为3A级旅游景区。石窟依山辟建凿窟6孔，大小殿宇13处，其建修过程长达1600多年，石窟主要分布在祖师院（上院）与三合院（中院）。玄天台上高30米、宽26米的舍身崖，其开山劈石当在魏晋南北朝期间；崖上藏经洞、崖下祖师洞，是天都山石窟的肇始之作。西夏王李元昊时常避暑于天都山窟寺，并修缮寺庙，拜佛祈福，这里遂成为西夏皇家的临时寺院。石窟群融佛、道、儒三家为一体。景区内有龙泉、瑞雪鹿影、骆驼峰、金牛寺、仙人指路、药王泉等景点。

【香山湖湿地公园景区】 香山湖湿地公园占地面积2000亩。主要建设生态湖、景观桥、景观廊架、黄河水车等项目，绿化以草坪、荷兰菊、紫穗槐、百三叶、百脉根等地被和香花槐、金丝垂柳、日本樱花、小钻杨、核桃等乔灌木为主。公园南、北、西主入口铺装福鼎黑斧剁石，栽植核桃树。开挖建设小型水生植物园，栽植荷花、慈姑、鸡头米等10余种水生植物；湖内投放彩鲫、锦鲤、草鱼、花鲢等鱼类及螃蟹10万余尾。安装休闲座椅280把，新建免费公厕2座，设置喂鸟格22个，建设亲鸟之家鸟岛1处，引进黑天鹅、鸳鸯、锦鸡、麻鸭等鸟类。

【中宁县南山公园景区】 位于中宁县新堡镇物流园区，主要建设风电星空观光游览区、休闲娱乐区、物种保护区等功能分区，配置综合游客服务中心、科普体验馆、林荫停车场、网络游戏线下实景娱乐场、健身广场、亲水广场、山地运动场、房车露营地、山顶观景台等。

【沙漠星星酒店】 星星酒店占地面积93亩，以沙漠、星空为主要设计元素，突显沙漠文旅体验。酒店规划建设客房188间，其中A区建设房间103间，有星空餐厅、星空泳池、星空酒吧、沙浴沙疗等特色休闲服务。B 区建设客房 85 间，设有沙漠帐篷、沙漠观景房、沙漠亲子房等多种房型，是集观光、休闲、度假、娱乐、科普为一体的沙漠特色主题度假酒店。

【大漠星河营地景区】 大漠星河营地位于宁夏中卫市沙坡头区西北部腾格里沙漠腹地，距离市区 30 千米，是沙坡头旅游产业集团旗下明星品牌。营地由游客中心、帐篷酒店、游乐项目区、日光康养区、探秘探险区组成，是一个集餐饮、住宿、会议承接、游乐康养、探险旅拍及定制化沙漠旅游服务为一体的综合性高端旅游营地。

星级酒店

【中卫红宝宾馆】 四星级饭店。位于中卫市新区，彩虹大道以西，滨河大道以北。建筑面积 36000 平方米，绿化面积达 50%，设有大型停车场，同时可以泊车 100 辆以上。宾馆有各类房间 310 间，会议室 12个；餐饮有民族餐厅和大众餐厅，分别设有宴会大厅和大小雅间，可同时容纳 2000 人用餐。宴会大厅建筑面积 1400 平方米，可同时容纳 600 人用餐，1000 人会议。

【中卫隆城酒店】 四星级饭店。位于中卫市鼓楼东街五环广场西侧。酒店外观别具特色，总建筑面积 11000 平方米，拥有标准双人房、豪华双人房、豪华单人房、豪华套房、行政套房、商务套房共计 148 间。设有粤、川、湘菜的特色大众餐厅及民族餐厅，以及咖啡厅、多功能厅、会客厅、各种大中小型会议室，可供商务会议的各种需要。

【黄河金岸花园大酒店】 四星级饭店。黄河金岸花园大酒店位于沙坡头大道中段。占地面积 26427 平方米，建筑面积 19676 平方米，是中卫市首家集住宿、餐饮、休闲为一体的室内园林式生态酒店。酒店室内共有热带珍贵花木 60 余种，有老北京四合院、傣族民居、白族民居、傣族风情园、徽派风情园、福建土楼、延安窑洞等地域性建设。

【中卫东方酒店】 四星级饭店。位于中卫市鼓楼东街文萃路交会处。酒店一楼设有茶艺、咖啡饮品区、商务中心，提供打字、复印、传真接收、代订机票、商务旅游包车等业务。酒店二楼设有多功能宴会大厅，具备婚宴配套设施及音响设备，大、中、小包间配有员工操作间、独立卫生间、液晶电视、衣柜等设施，可同时容纳 400 人就餐；三至六楼客房设计为中西结合房型；六楼会议室配备投影及音响等设备，可容纳 100 人左右的会议。

【中卫沙都酒店】 四星级饭店。酒店有商务标准间、度假家庭间、复式家庭间、行政总统间等客房 150 余套。酒店设有多媒体功能大厅 1 个、会议室 2 个，可同时接待 60 至 400 人会议。餐饮中心有包厢 6 间，宴会大厅 1 个和旅游团餐厅，可同时容纳 800 多人就餐。

【西河生态饭店】 四星级饭店。西河生态饭店位于海原县老城区，西湖小区对面，长隆广场北面，总占地面积 8040 平方米，建筑面积 10260 平方米。西河生态饭店总体分为餐饮 1 号楼、餐饮 2 号楼、客房 3 号楼，客房拥有豪华套房、商务标准间、商务大床房等客房 54 间。餐饮 1 号楼和 2 号楼，同时可容纳 1000 多人就餐，宴会厅、多功能厅及会议室可承接大、中、小型会议，婚宴及各类聚会。

【海原宾馆】 三星级饭店。占地面积 10666 平方米，建筑面积 8560 平方米。酒店拥有商务大床间、商务标准间、行政标准间、商务套房、行政套房、豪华套房等各类客房 98 间。有可容纳 500 人同时用餐的豪华包间、普通包间及宴会大厅，提供地方特色美食。配备多功能厅、会议室等。

【中宁宾馆】 三星级饭店。宾馆总占地面积3137 平方米，设有民族餐厅、大众餐厅、客房部、北楼客房。民族餐厅有雅间 22 个，一楼大厅可同时容纳 200 人就餐，三楼多功能厅可容纳 300 人的会议及就餐。大众餐厅有雅间 23 个，一楼大厅可容纳 200 人就餐，二楼多功能厅可容纳 600 余人的会议，三楼多功能厅可容纳 500 人的会议。客房部有各型客房 101 套，其中套房 7 间，单间 22 间，标间 72 间，会议室 2 个。商务中心提供打字、复印、传真等服务项目，设有商品部、休闲大厅。

【恒达酒店】 三星级饭店。是一家旅游酒店，位于中宁县城中心广场，距离中卫市 60 多千米、中卫香山机场 50 多千米、石空火车站 8千米。地理位置优越，交通十分便捷，酒店大堂装饰风格简单大方。三、四层经营汉餐厅，环境典雅舒适。三层至七层拥有不同档次的客房 110 间，房间免费宽带上网，无线 Wi-Fi，并设有国际国内直拨电话、有线电视、中央空调、独立卫生间，24 小时热水。2006 年 4 月 24 日，申报星级成功挂牌。

旅行社

【宁夏美景国际旅行社】 宁夏美景国际旅行社有限公司（原中卫市民族旅行社有限公司）是具有独立法人资格的专业旅行社，位于中卫市城区文昌南街。

成立于2006年,把“诚信文明”作为旅行社的追求目标和宗旨,根据客户的要求量身定制旅游线路,提供全方位的服务。

【沙坡头旅行社】 宁夏中卫市沙坡头旅行社是经旅游局批准、工商局注册、足额交纳质量保证金20万元、自主经营的法人实体。主要经营线路:宁夏两日游;宁夏两晚三日游;宁夏、青海六日游;宁夏、内蒙古六日游;银川、中卫、嘉峪关、敦煌六日游;沙坡头、通湖、高庙二日游。

【世纪长河旅行社】 中卫市世纪长河旅行社(有限公司)成立于2003年,是经旅游局批准、工商局登记注册,并足额缴纳质量保证金的一家旅游企业。经营范围包括会议接待、专业地接、国内旅游、沙漠探险及自驾车等旅游服务。

【快乐西游旅行社】 宁夏快乐西游旅行社有限公司经旅游局批准、工商局注册成立,成立于2017年4月16日,注册资金30万元。位于宁夏沙坡头中关村科技产业园云中心A座,公司拥有员工6人,专业旅游导游2名。现主营业务:国内旅游业务、入境旅游业务、票务服务、会展会务服务、旅游信息咨询、工艺品的销售服务。

【金色沙漠旅行社】 宁夏中卫金色沙漠旅行社最早成立于1998年,原名为宁夏沙坡头旅行社,2008年更名宁夏金色沙漠旅行社。经旅游局批准、工商局注册成立,注册资金30000元,足额缴纳20000元旅行社质量保障金。有中文导游4名,英文导游2名。

【青年假日旅行社】 宁夏中卫市青年假日旅行社是经旅游局批准、工商局注册的具有独立法人资格的旅游企业,主要承办团队、散客旅游观光、休闲度假、商务考察以及学生夏令营、各种会议接待和旅游车辆租赁业务等,是依照国家旅游管理条例规定足额交纳旅游质量保证金和旅行社责任险的国内旅行社。在西安和上海设有旅游咨询处。

【中卫中青旅有限公司】 公司成立于2013年9月,位于宁夏沙坡头文昌南街,是专业从事旅游和酒店管理以及策划的综合性旅游公司。现主营业务:入境旅游、国内旅游、旅游投资开发与咨询、旅游汽车租赁、代订机票、景区项目开发与建设、国内外旅游定制、酒店筹备与管理等。

【红宝旅行社】 红宝旅行社位于沙坡头区滨河西路。品质化、规范化、人性化发展,全心服务、悉心策划、注重特色,与全国各地旅行社、酒店、车队建立了良好的合作关系与业务往来。

【中宁阳光旅行社】 中宁县阳光旅行社是经旅游管理局批准、工商局正式注册的国内旅游服务企业,按国家规定足额缴纳旅行社质量保证金和旅行社责任险。主要经营国内旅游服务业务,与全国各地旅行社合作,组织中宁县旅游爱好者到全国各地观光旅游,接待国内团体及散客到中宁旅游度假,兼代订机票、火车票等服务。

金融保险

中卫市金融工作局

【金融服务质效】 1. 加大小微企业信贷投放。引导加大对小微企业的信贷投放，降低小微企业的融资成本。全市银行业小微企业贷款余额174.18亿元，较年初增长5.45%。通过“整村授信”、线上“惠农通”“裕农通”服务点、担保公司批量担保等方式扩大信贷投放，提升“三农”金融服务水平，助力脱贫攻坚和乡村振兴。截至2021年年末，全市金融机构人民币各项存款余额652.09亿元，较年初增加32.85亿元，增长5.3%；各项贷款余额533.38亿元，较年初增加29.18亿元，增长5.8%。地方法人银行机构存贷款增长，各项存款余额254.23亿元，较年初增加16.96亿元，同比增长7.15%；各项贷款余额214.7亿元，较年初增加21.38亿元，同比增长11.06%。全市小额贷款公司、担保公司等各类地方金融组织累计向中小微企业、“三农”、扶贫产业等提供信贷支持10.87亿元。2. 降低企业融资成本。贯彻普惠金融定向降准政策，优化贷款利率定价机制，主动向小微企业减费让利，将小微企业贷款综合成本控制在合理水平。2021年1—12月份普惠型小微企业贷款平均利率6.85%，较年初下降0.39个百分点。（刘伯鹏）

【金融综合改革】 1. 完善融资担保体系。增加政府性融资担保公司注册资本金1.4亿元，单笔融资担保能力提升达50%。建立融资担保风险分担及风险补偿机制，截至2021年年末，政府性融资担保公司已为488户企业提供融资担保5.03亿元。2. 建立金融支持地方经济发展考核评价机制。印发包含银行业和保险业在内的金融机构考核评价暂行办法，科学评价全市金融机构支持地方经济发展成效，鼓励和引导金融机构提升服务质效。3. 启动企业上市挂牌“十四五”行动计划。制定《中卫市加快推进企业上市挂牌“十四五”行动计划》，鼓励支持企业挂牌上市融资，对全市重点企业资本市场融资培育开展全面摸底，完善上市后备企业库。（刘伯鹏）

【巩固脱贫攻坚成果】 制定印发《关于深入扎实做好过渡期脱贫人口小额信贷工作的通知》，督促引导各县（区）、金融机构开展金融知识进村入户活动。围绕过渡期脱贫人口小额信贷政策落实和执行情况、风险管控情况、逾期贷款清收等重点内容开展重点督导调研，确保脱贫人口小额信贷提质增效。截至2021年12月底，全市脱贫人口小额信贷余额24755户12亿元，户均贷款4.88万元，已脱贫户、边缘户贷款覆盖率为64%；全市12月份脱贫人口小额信贷投放贷款1569户7584万元，1—12月份累计发放脱贫人口小额信贷22826户11亿元，户均贷款4.85万元。（刘伯鹏）

【民企纾困工作】 督导金融机构不抽贷、不断贷、联合稳贷、延长贷款期限、降息、担保增信，通过引入资产管理公司、建立债权人委员会、发送商请函、召开政银企协调会、督导金融惠企政策落地等措施对困难民营企业实施“一企一策”，市金融工作局共计向金融机构发出商请函42份，召开银企协调会近30次，推动困难企业债务重组、稳定存量贷款，化解企业债务风险和银行信贷风险，共对接帮扶企业融资9.67亿元。截至12月底，全市金融机构针对普惠型小微企业临时性延期支付还本3749户，延期还本金25.57亿元，临时延期支付利息2355.23万元。

（刘伯鹏）

【金融监管】 引导地方金融组织严格按照经营范围开展业务，禁止超范围经营，坚守主业、诚信经营，发挥有益金融补充作用，助力中小微企业和“三农”主体发展，为地方实体经济特别是大量小微企业提供多层次、多样化的金融服务。截至2021年年末，各地方金融组织累计提供信贷支持6.88亿元。把好地方金融组织进入、退出审核关，引入会计师事务所等第三方机构，对地方金融组织进行全覆盖“体检”，辅助开展现场检查，确保风险问题早预警、早发现、早处置，严防坐大成势、拖大拖炸。

（刘伯鹏）

【打击非法金融活动】 制定《中卫市防范和处置非法集资工作机制牵头部门和执法机制》《中卫市涉嫌非法集资风险常态化排查处置工作方案》《中卫市金融领域矛盾纠纷排查化解行动方案》，对非法集资风险排查处置实行常态化、全覆盖、零容忍和“一案一策一专班”，稳妥处置涉嫌非法集资案件，以追损挽损为重点，累计挽回群众经济损失26亿元，降低群众损失。（刘伯鹏）

人民银行中卫市中心支行

【货币信贷政策执行】 贯彻落实稳健货币政策，通过召开金融运行分析会、现场调研督导、约见谈话等，引导金融机构把握好信贷投向及投放的力度和节奏。2021年，全市人民币各项存款余额为652.09亿元，同比增长5.31%；全市人民币各项贷款余额为533.38亿元，同比增长5.79%，有力支持全市重点领域、薄弱环节以及黄河流域生态保护和高质量发展先行市建设。加大货币政策工具使用力度，及时落实全面降准要求，为辖区金融机构释放资金1.77亿元。加大再贷款使用力度，2021年，累计为辖内法人金融机构发放再贷款17.35亿元。“两项直达实体经济货币政策工具”成效日益显现，引导金融机构对符合条件的普惠小微企业贷款做到“应延尽延”，对有信贷需求的企业通过自助循环贷等方式发放信用贷款，满足企业经营所需信贷资金需求。支持法人金融机构累计办理普惠小微贷款延期还本付息10.98亿元，为符合条件的法人机构累计发放普惠小微信用贷款6.04亿元。支持乡村振兴金融产品创新不断深入，组织召开金融支持海原县乡村振兴工作推进会，引导金融机构丰富金融产品“工具箱”，支持枸杞、肉牛等特色产业高质量发展。指导金融机构开展农村集体土地、农业设施、农业机具抵押贷款业务，盘活农业农村资源。2021年，全市涉农贷款余额353.64亿元，同比增长8.39%。（段 滨）

【风险防控】 强化重点领域风险监测与研判，摸清辖区不良贷款、非法集资、信贷扶贫中潜藏的各类风险隐患，掌握风险底数。开展金融机构央行评级和压力测试工作，发挥压力测试结果在防范金融风险方面的重要作用。健全工作机制，协调召开中卫市金融稳定专题会议。落实约见金融机构高管人员谈话制度，约谈金融机构高管人员，防范区域性系统性金融风险。配合公安部门开展“断卡”行动；召开电信网络诈骗涉案及异常账户核查督办工作会议，遏制涉案账户高发态势。组织开展2021年度综合执法检查和专项执法检查，规范被查机构业务行为。联合中卫银保监分局、市金融工作局组织辖区金融机构召开压砂种植退出和生态修复相关金融服务工作座谈会，增强金融风险防控合力。加强与市纪委、公检法部门的工作对接和协调合作，维护辖区社会经济稳定。（段 滨）

【金融服务】 贯彻落实“放管服”改革和优化营商环境工作要求，优化企业开户流程，提升账户服务质量。发挥金融科技力量，指导银行机构加快移动支付产品“适老化”改造。做好经理国库，配合财政、税务部门完成水土保持补偿费、排污权出让收入等6项非税收入征管职责划转工作，提高征管入库效率；搭建村民国债理财课堂。拓展小微企业融资渠道，推动应收账款质押融资业务发展，2021年，完成应收账款质押融资20.03亿元。完成全区地市首笔500万元“政采贷”业务，缓解辖区小微企业融资难题，降低企业融资成本和负担。在沙坡头区、中宁县新增两处征信自助查询网点，便利辖区群众征信查询。开展诚信兴商宣传，提升外汇服务水平，2021年，全市进出口总额4.5亿美元，同比增长23.39%。制定印发《关于做好疫情防控期间金融服务工作的通知》，确保极端情况下辖区重要金融基础设施安全稳定运行。联合市教育局共同举办“诚信在心中·中卫更美丽”演讲比赛和“金融防诈知识”主题手抄报比赛，推动辖区征信体系建设与金融知识普及向纵深发展。联合市银保监局、市中级人民法院、司法局、公安局等四部门，召开全市金融纠纷多元化解工作推进会，为打造中卫金融版“枫桥经验”，推动金融纠纷多元化解长效机制建设奠定基础。（段 滨）

中卫银保监分局

【概况】 截至2021年年末，中卫银行机构资产总额774.02亿元，比年初增加52.12亿元，同比增长

7.22%；负债总额 738.58 亿元，比年初增加 28.86 亿元，同比增长 4.07%；所有者权益 35.44 亿元，实现净利润 5.25 亿元。（王　明）

【风险防控】　开展信用风险排查，严格贷款质量分类，制定年度不良贷款处置计划，加大不良贷款处置力度，累计处置化解不良贷款近 10.16 亿元。开展经营性贷款违规流入房地产领域排查，针对排查发现的违规贷款，督促相关银行机构逐笔整改。防范压砂地退出种植引发的潜在风险，压砂地贷款规模稳步收敛，资产质量总体稳定。整治违法违规乱象，落实“内控合规管理建设年”活动要求，严肃查处违法违规行为，全年完成处罚案件 6 起，处罚金额 202.7 万元。（王　明）

【金融服务】　成立助推黄河流域中卫段生态保护和高质量发展领导小组，对接中卫市“五大工程”重点项目名录，聚焦中卫市“六大产业”，推动实体经济持续恢复和高质量发展，全年各项贷款增长 5.79%，其中六大产业贷款增长 9.04%，支持中卫市重点项目 29 个。提升小微企业金融服务质效，解决“融资难”“融资贵”问题，累计为普惠型小微企业实施延期还本 25.57 亿元，延期付息 2355.23 万元，普惠型小微企业贷款平均利率较年初下降 0.39 个百分点。依托金融发力推进乡村振兴建设，脱贫人口小额信贷余额 12.11 亿元，户数 2.46 万户，“防贫保”承担风险保障 74.13 亿元。发挥保险保障作用，全年赔付支出同比增长 28.61%，农业保险风险保障同比增长 99.22%。（王　明）

【改革创新】　完善股东股权管理制度建设，完成股权集中托管，确权率达 96%。开展完全成本保险、价格保险等新型农业保险试点工作，完成全区首单枸杞价格保险和首单枸杞完全成本保险签约工作，累计为 2.4 万余亩枸杞提供风险保障 1 亿元。推动政策性森林保险覆盖中卫辖区“一区两县”，为 21 个林场、285.76 万亩公益林提供风险保障 28.58 亿元。巩固车险综合改革成效，车险保费收入同比下降 1.51%，车险赔款支出同比增长 24.94%，综合赔付率同比上升 10.60 个百分点。开展车险综合改革实施情况的调研，召开车险自律暨财险负责人联调会议，树立新发展理念，推进车险市场稳健发展。（王　明）

农业发展银行中卫支行

【业务经营】　2021 年，累计发放贷款 45754.68 万元，累计收回贷款 63311.14 万元；2021 年，存款日均余额 27283.6 万元，日人均存款余额（23 人计算）1186.24 万元；2021 年，支行贷款日均余额 225143.49 万元，日人均贷款余额（23 人计算）9788.85 万元；2021 年末，实现账面利润 1355.73 万元，人均利润 58.94 万元（按 23 人计算）。全年无新增不良贷款。不良贷款率为 0%。（白　涛）

【粮食资金供应】　按期完成地方储备粮（含临储）轮换及收购计划。配合区分行营业部做好跨年度收购资金供应与管理工作。抓好中卫市市、县两级储备粮贷款管理工作。截至 2021 年 12 月末，区储粮部分：增储临时储备水稻 153.6 万千克，临时储备小麦 256.71 万千克；完成 2021 年区储小麦及水稻的轮换工作，其中区储小麦现规模 3337.67 万千克，区储水稻现规模 2013.91 万千克；储备玉米 1324.28 万千克，收购市场玉米 720 万千克，发放收购玉米贷款 1800 万元。地储粮部分：中卫市地方储备粮管理有限公司贷款形成库存粮食 2293.17 万千克，贷款余额 6461.46 万元。其中市级储备粮库存粮食 593.18 万千克，占用贷款 1624.95 万元；县级储备粮库存粮食 700 万千克，占用贷款 1862.52 万元；市级调控粮贷款库存粮食 1000 万千克，占用贷款 2973.99 万元。（白　涛）

【存款营销组织工作】　以财政存款为发力点，非贷客户存款营销及资金收单归集业务为拓展点开展存款营销及组织工作。通过与中卫市财政部门沟通协调，在存款组织方面取得财政的支持，营销财政性存款。改善服务方式，做好非贷客户的存款营销工作，采用定期存单、POS 机收单等方式，留存非贷资金，促进存款组织工作成果多样化。加大贷款客户上下游企业账户营销力度，结合核心系统、网银的便利性，延长资金支付链条。2021 年全年，支行共营销各类存款 4.55 亿元，其中财政性存款 4.1 亿元，非贷客户存款 0.45 亿元。（白　涛）

【信贷服务】　截至 2021 年 12 月末，支行向宁夏沙坡头水镇旅游集团有限责任公司提供小微企业贷款再融资服务，金额 400 万元；向宁夏格鲁博进出口商贸有限公司继续提供信贷资金支持 240 万元，为企业经营提供资金保障。向宁夏弘兴达果业有限公司的农业小企业流贷（帮扶）500 万元、宁夏雨润节水灌溉科技有限公司农业小企业流贷（帮扶）300 万元、国家电投集团宁夏能源铝业中卫新能源有限公司改善农村人居环境整治提升行动资金贷款 15000 万元。加大对海原地区的客户调研力度,积极上门、发扬"盯靠耗"精神,成功营销并实现投放宁夏海原国华农机制造有限责任公司的异地移民搬迁后续支持农业小企业流贷 200 万元。（白 涛）

【基金投后管理】 2021 年,支行投后管理的农发重点建设基金项目为 19 个,投资金额 88530 万元,投资余额 68549.5 万元。2021 年全年,基金投资收益除宁夏万齐农业发展集团有限公司 48.67 万元,其他 18 个基金项目的收益全部收回,收益收回率94.73%。应收回基金本金 15773.5 万元,实际收回 6353.5 万元,未收回 9420 万元。其中,宁夏万齐农发展集团有限公司农村产业融合发展示范园区建设项目因企业正在破产和解中未能按期回购,金额 800 万元;宁夏海原四季鲜市场开发有限公司宁夏海原四季鲜农产品市场建设项目应回购 1490 万元,因企业经营困难尚未按期回购;针对宁夏沙坡头水镇集团旅游有限公司到期基金,支行按照有关政策要求向区分行申请延期。其余 7130 万元主要为中卫市启源房地产开发有限公司、中卫市国有资本运营有限公司及中卫市应理城乡市政产业(集团)有限公司等公司的相关基金项目,按照区分行批复进行相应的延期,帮助企业渡过经营难关。（白 涛）

【贷后管理】 开展贷后检查工作，定期和不定期地对企业经营状况和质押物、保证人状况进行检查分析,分客户填制检查表并形成文字报告。做好贷款 12 级分类工作。强化贷款收贷收息,提前筹划,督促客户、地方政府落实还款资金来源。截至 2021 年年末,累计收息 4564.04 万元,收息率为 99.88%,未收息 2.85 万元,为新增粮食财务挂账贷款利息。加强计划统计管理,做细资金计划管理工作。紧抓统计基础工作,实行报表双人复核制度,提高统计数据质量。按月、按季做好贷款计划编报工作。加强资金日常调拨管理,以资金头寸管理系统上线为契机,严控资金头寸,提高资金使用效益。履行财政补贴资金代理拨付职责，配合中卫市财政部门做好各项补贴资金的管理和拨付工作。开展资金计划条线业务自查工作。（白 涛）

【财务会计管理】 1. 加强会计核算管理,防范操作风险。针对信贷资金支付、同业资金支付、网银业务等,由相关人员逐级履行审核审批职责后,再由会计主管从支付结算角度进行审查把关;做好资金清算和账务核算工作,按照规定办理查询查复等业务,确保财务核算准确,提高结算服务质量;严格重要空白凭证和重要物品管理,严防丢失、被盗等事故发生;按规定时间、范围组织内外部账务核对,确保对账工作及时有效;严格按照总行收费管理规定进行支付结算收费。2. 加强监督检查,提高会计工作质量。加强会计工作的组织领导,主管行长不定期召开专题会议,对阶段性会计工作进行安排部署;柜面主管不定期检查会计凭证,对疑难业务进行辅导,对存在的问题及时进行督促整改;运用会计远程监控系统监督柜面业务操作,财会主管每周不少于 1 小时、主管行长每月不少于 1 小时实时查看或回放监控画面,发现违规操作,及时指出并采取严厉批评等相关处罚措施,确保此类问题不再发生。3. 做好反洗钱、账户管理工作。4. 改进金融服务,做好非现金结算。加强与客户部门的沟通对接,做好网银系统的推广与营销,加强非现金结算支付工作,缩短资金到账时间,满足企业结算需求。5. 加强人员培训,提升财会队伍素质,按要求开展年度教育培训工作,重点侧重于应知应会业务知识、重要业务文件的学习与讲解。（白 涛）

【内控合规管理】 1. 开展 2021 年"内控合规管理建设年"工作,整改完成自查出的 9 个问题,全部上报。对自查发现的问题责任人按照《中国农业发展银行一般违规问题问责管理办法》进行严肃处理,对发现的 9 个问题责任人进行批评教育。2. 做好各项内外部审计和检查工作,全年综合检查自查、抽查和业务高质量发展合规"回头看"发现的 13 个问题全部录入内部监督管理系统，并对问题责任人进行相关问责,共对 2 人次累计违规积分 8 分,对问题整改完成情况佐证资料逐一留痕备查。3. 抓好 2021 年内控评价和反洗钱工作,开展案防分析、防范非法集资宣传活动等各项工作。（白 涛）

【助力"民心"工程】 2021 年 6 月 28 日,支行首笔 4.9 亿元银川到中卫城际铁路配套项目——中卫黄河大桥南站 PPP 项目(中卫卫民黄河大桥)通车。支行营销的宁夏水投中卫水务有限公司中卫市河北地区城乡供水建设工程 3.84 亿元贷款获批。2021 年,累计向宁夏水投中卫水务有限公司发放贷款 1.42 亿元。（白 涛）

工商银行中卫支行

【概况】 截至 2021 年年末,实现拨备前利润 3728 万元;实现中间业务收入 1193 万元;各项存款余额

19.34 亿元，较年初增加 1.95 亿元；储蓄存款余额 12.58 亿元，实现储蓄存款增长 1.81 亿元，增幅 16.84%。（牛 莹）

【业务发展】 储蓄存款同业竞争实力增强。其中，对公客户 1711 户，个人客户 232527 户，均较年初大幅增加。其中，日均金融资产 5 万元以上客户数，私人银行达标客户数，均较年初实现新增。（牛 莹）

【脱贫攻坚】 向兴仁镇兴盛村捐赠 2.5 万元帮扶资金，解决枸杞包装机购买难题，助力巩固拓展脱贫攻坚成果同乡村振兴有效衔接中的具体工作；对有金融需求的群体累计发放个人贷款 8500 万元，支持创新创业办实事。（牛 莹）

【服务民生】 配合当地政府做好疫情防控和企业复工复产，提升金融为民服务质效；走访企业调研、了解企业需求，慰问重点客户，为企业发放贷款；开展各类线上金融服务，做好金融服务便民利民惠民政策传递；开展存款保险及反诈知识宣传，普及金融知识，营造良好服务氛围。（牛 莹）

【推进“六保六稳”】 立足自治区黄河流域高质量发展先行区和九大重点产业、中卫市“一带两廊”和六大重点产业发展的实施方案，开展“纾困解困”“重点项目推进”等支持企业复工复产活动，向小微企业投放贷款 2222 万元，抓优质客户资源，做好信贷储备；搜集辖区内重点住房类项目信息，上下联动、走访营销，转变个人贷款余额始终负增长的颓势；申报“中卫牛采贷”业务融资方案，取得城乡联动发展战略工作推动落实方面的阶段性成果。（牛 莹）

农业银行中卫分行

【服务重大项目】 围绕中卫“十四五”发展规划和全市经济高质量发展要求，聚焦基础设施、民营企业、制造、批发零售、信息系统集成服务、农林牧渔等重点领域，对接国家宏观政策、产业政策和上级行政政策，统筹推进光伏发电、现代牧业、港中旅等重大项目营销，帮助重点企业解决经营困难。2021 年累计发放法人贷款 1.2 亿元，办理贴现业务 3.69 亿元，开即期涉外信用证 3539 万美元（约合人民币 2.3 亿元），办理银行承兑汇票业务 1.06 亿元。其中，制造业贷款余额 1.91 亿元，占各项贷款比重为 8.14%；高技术制造业贷款余额为 597 万元，占各项贷款总额的 0.25%。（夏 锋）

【普惠金融】 利用“简式贷”“微捷贷”等产品和利率优势，推进小微、民营企业贷款投放；创新推广各类纯线上、纯信用贷款业务；与税务局开展“银税互动”，推出“纳税 e 贷”；与市场监督管理局开展“动产质押”合作，推广“抵押 e 贷”；与烟草专卖局合作，开展“烟商 e 贷”；与医保部门对接，投放“医护 e 贷”“药商 e 贷”；推出“首户 e 贷”为 2 户企业成功发放，同时，以创新担保方式为抓手，简化贷款手续、缩短贷款链条，加快发展供应链融资、知识产权、股权、仓单、存货、保单等新型质押类信贷业务。累计为 1.94 万户小微企业融资 17.54 亿元，银保监口径普惠小微贷款比年初净增 5689 万元，计划完成率为 155.13%，普惠贷款客户数较年初增加 190 户，普惠贷款增速较年初各项贷款增速高 27.84%，“两增两控”达标；供应链融资授信余额 3000 万元，存货质押贷款余额 725 万元，政府债券质押贷款余额 320 万元，林权抵押贷款余额 180 万元。（夏 锋）

【助力乡村振兴】 围绕农业产业化龙头企业和种养殖等特色产业客群，开展清单制营销，加大乡村振兴重点领域贷款投放。按照“建档引路、e 贷敲门、综合营销”的思路，推进整村建档，深耕“惠农 e 贷”拳头产品，推动农村集体经济组织“三资”管理平台落地见效；同时，响应落实中卫市有关压砂地退出种植和生态修复的工作部署和要求，做到不抽贷、不压贷，宣传引导客户向新产业发展，制定压砂地产业转型信贷支持方案帮扶农户自主转型。截至 2021 年末，涉农贷款余额为 11.82 亿元，累计投放 14.12 亿元，其中“惠农 e 贷”余额 3.54 亿元，累计投放 7.27 亿元，占比 51.48%，较年初新增 0.41 亿元；农户信息建档新增 1151 户；精准扶贫贷款余额 0.24 亿元。（夏 锋）

【金融赋能】 以“科技引领+金融赋能”为引擎，围绕居民衣、食、住、行、娱等方面打造综合消费场景，延伸金融服务触角，加快对政务、医疗、教育、旅游等领域综合场景的搭建；做好智慧学校、智慧医院、智慧景区、智慧停车等局部场景建设，构建“智慧银行”新模式，满足全市多领域金融服务需求，助推中卫智慧城市建设。2021 年为中卫九中、宣和中学、沙坡头区税务局、鑫华威能源科技等政企单位上线“智慧食堂”项目。推广“智慧党费”平台应用，为中卫市农业农村局、科豪陶瓷、天瑞集团等上线“智慧党费”平台。推进渠道工程建设，加强厅堂“智迎客”、掌银合伙人、行外商圈获客引流，掌银月活客户达 5.1 万户，方便客户随时随地办理业务,同时延展适老化和暖心金融服务,开展擦亮招牌活动,改善网点服务环境,提升客户体验;落实网点“升温”工程,提供应急保障、预约上门、特殊群体个性化服务等便民服务,方便客户“零跑腿”办理业务。 (夏 锋)

中国银行中卫分行

【概况】 截至2021年年末,中国银行中卫分行人民币存款时点余额186597万元,较上年新增42718万元,增幅29.69%。其中公司存款时点余额105359万元,较上年新增27316万元,增幅35%;个人存款时点余额81237万元,较上年新增15401万元,增幅23.39%;人民币存款日均余额175938万元,较上年新增36586万元,增幅26.25%。其中公司存款日均余额103290万元,较上年新增23202万元;个人存款日均余额72649万元,较上年新增14967万元。实现营业收入5092万元,比上年同期增加1024万元,增幅25.17%;净利润亏损2917万元,比同期下降5413万元,降幅64.98%。 (万 洁)

【业务发展】 1.资产负债规模持续扩大。2021年年末,各项贷款余额160456万元,较上年新增42110万元,增幅35.58%,其中公司贷款余额110594万元,较上年新增35191万元,增幅46.67%;个人贷款余额49862万元(含银行卡透支),较上年新增6918万元,增幅16.11%。公司贷款投向行业主要有制造业、建筑业、农林牧业、电力、燃气及水的生产和供应业、批发零售业、住宿和餐饮业、水利、环境和公共设施管理业、卫生、社会保障和社会福利业、交通运输。2.不良化解取得突破。截至2021年年末,不良贷款余额573万元,不良率0.36%。2021年不良贷款全部清零,对已核销贷款分类施策,专人跟进,获取清收线索,加强与法院、债务人、担保人的有效沟通,不良清收化解取得一定成效。分行条线现金清收已核不良贷款568万元,个金条线现金清收不良贷款97万元,不良率降至0.36%。3.“八大金融”提速发力。借助区分行与科技厅签署战略合作协议的契机,对接市县两级科技局,营销筛选优质科技型中小企业,通过“宁科贷”等特色授信产品,为8户科技型企业发放贷款2180万元;同时通过中卫市云计算和大数据产业扩规增容安排,开展SG网络、数据中心等新基建项目合作,对知识技术密集、成长潜力大、综合效益好的科技企业和项目给予重点支持,上报IDC数据中心项目贷款3.62亿元。借助“绿色金融”体系,紧盯节能环保产业、清洁生产产业、清洁能源产业、生态环境产业、基础设施绿色升级、绿色服务等六大产业重点项目;跟进华润集团、国家电投、中国电建等绿电头部企业在卫项目投资建设,推动绿色发展,持续营销提供金融支持,为4户企业核定绿色金融项目贷款14.4亿元,实现提款4.57亿元,完成全年任务的182.8%,任务完成率和新增贡献度均排名全区第二。紧跟中化集团投资的135亿元中化中卫循环经济产业园项目建设,通过核心企业,大力发展“供应链金融”业务,营销核心企业上下游客户结算、票据、代发、授信业务,为核心企业上下游客户累计办理银行承兑汇票超5亿元,累计办理承兑汇票贴现业务1.74亿元。结合乡村振兴的工作安排,聚焦枸杞、苹果、肉牛、奶牛、饲草等优势特色产业集群,以及农民专业合作社、家庭农场、专业大户等新型农业经营主体,支持各类农业经营主体发展。截至年末,普惠金融贷款余额12929.70万元,比上年末增加5316.13万元,完成计划任务3881万元的136.98%。其中对私普惠金融余额3753.06万元,完成681万元的151.57%。营销一户跨境人民币结算客户,实现跨境结算入账5300万元;拓展中化集团某下属企业国际结算业务,开户2个月实现外汇入账1336万美元,带动跨境金融业务发展。 (万 洁)

【内控合规管理】 按照“内控合规管理建设年”工作要求,对照十二项工作要点和屡查屡犯问题类型,逐项开展排查工作;开展“宁聚力”案防合规专项治理活动;开展案防专项治理“筑力”行动、反洗钱和制裁合规“聚力”行动、联防联控“合力”行动等主题活动,汲取案件教训,严防各类风险,巩固整改成效,促进合规建设,提升案防合规管理水平。围绕外审部门和总分行反洗钱的工作要求,以“风险为本”和“审慎均衡”为原则,夯实反洗钱基础工作。做好日常的保密、网络诈骗、反假货币、征信、消费者权益保护等的培训、宣传工作。 (万 洁)

建设银行中卫分行

【概况】 截至2021年年末,建设银行中卫分行一般性存款余额63.6亿元,各项贷款余额26.2亿元,其中对公贷款余额12亿元,个人贷款余额14.2亿元。 (张海明)

【服务实体经济】 2021年累计投放贷款5.14亿

元，办理贴现业务 6.56 亿元，重点支持国能中卫热电、中化锂电池等自治区产业支持重点企业。化解信贷风险，累计处置不良贷款 7.4 亿元。

（张海明）

【普惠金融】 截至 2021 年年底，普惠贷款余额2.06亿元，其中采取纯信用、低利率发放的小微快贷余额1.26 亿元，新增 4000 万元。推进涉农贷款投放，实现投放 700 万元。参与乡村振兴工作，在 243 个村打造“裕农通”便民服务点。为 90 个行政村上线智慧村务平台，协助乡村治理。运用“善融商务”电商平台，将中宁枸杞、马铃薯、苹果等产品推向全国，实现中卫特色商品线上销售，全年累计销售 2 万余笔，金额近80 万元。 （张海明）

【助力社会治理】 发挥金融科优势，为沙坡头区和海原县上线党群和宗教平台，协助政府加强党务和宗教事务管理。推进政务服务事项进网点，在沙坡头区和海原县 6 个网点 31 台智慧柜员机上加载 11项政务服务事项。为中卫第九中学上线智慧餐厅项目，为职业技术学校上线“智慧校园”项目，为在校师生搭建集食堂就餐、图书借阅、电子支付等功能为一体的综合服务平台。为中卫市医院、妇幼保健院、沙坡头区医院等医疗机构累计投入近 1000 万元，打造智慧医疗，满足医、患双方问诊、就医、管理等需求。为中卫住建部门上线公租房系统，实现线上系统公示、配租管理、合同签约等全流程管理。为沙坡头景区和寺口子景区打造“智慧旅游”项目，串联无感停车、智慧售检票、电子发票、酒店餐饮及商贸管理系统等多项业务功能，实现全流程一体化经营管理。2021 年 11 月推出“建行生活”APP，为老百姓提供餐饮、出行、观影、充值缴费等高频生活场景一站式服务，投入资金 100 多万元，补贴消费市场，用行动助力消费升级。 （张海明）

【服务民生】 加大投诉治理力度，2021 年 95533投诉、监管转办投诉均较去年同期下降 60%以上。做好定点帮扶工作，投入资金，用于康乐村、贾塘村，马圈村基础设施改造。为沙坡头区医院、海原中医院捐赠两辆“母亲健康快车”。投入资金 9 万元资助海原一中贫困学生就学。支持疫情防控前线，先后向中卫市人民医院、大河医院、沙坡头区医院、妇幼保健院等单位捐赠方便食品、牛奶、面包等生活物资。制定适老化服务方案，优化内外部营业环境，打造有温度的适老化银行服务。围绕创建全国文明城市、国家卫生城市，组织全行党员志愿者深入社区、乡村、敬老院等开展上门服务、环境整治、金融知识科普等志愿服务活动 30 余场，宣传创城知识和金融知识。

（张海明）

邮储银行中卫分行

【概况】 截至 2021 年年末，邮储银行中卫分行资产规模达到 40.75 亿元，各项存款余额 35.47 亿元，各项贷款余额 19.43 亿元。 （郑 佳）

【复工复产】 落实监管部门小微企业金融服务“增量、降价、提质、扩面”工作要求，深化减费让利政策，释放惠企利民政策红利，降低企业融资成本，采取多种手段提升服务普惠型小微企业质效，支持地方企业复工复产。响应市委、市政府疫情防控决策部署，履行社会责任，向中卫市沙坡头区人民政府捐赠抗疫资金 10 万元，在行内组织募集抗疫资金，先后组织全行党员、群众捐款 19490 元。

（郑 佳）

【普惠金融】 与市妇联、财政局、劳动就业局等单位合作，以实际行动支持全民创业工程。投身改善农村地区民生工作中，结合中卫地方特色，推出枸杞种植和流通行业小额互助担保贷款等特色金融产品，扶持苹果种植、奶牛养殖、加工制造等地方重点产业发展。 （郑 佳）

【脱贫攻坚】 按照组织部门要求选派共产党员马乾进驻海原县李俊乡红星村任驻村第一书记。支持村级各项事业发展，助力全面推进乡村振兴。向海原县高崖乡振兴村捐赠帮扶资金 2 万元，向中宁县太阳梁乡白马梁村捐赠帮扶资金 1.5 万元，向中卫市沙坡头区香山乡景庄村捐赠帮扶资金 2 万元。

（郑 佳）

宁夏银行中卫分行

【概况】 截至 2021 年年末，宁夏银行中卫分行资产总额 67.67 亿元，负债总额 66.86 亿元，各项存款65.93 亿元，各项贷款 50.28 亿元。 （宋红霞）

【支持九个重点产业】 落实自治区、中卫市规划发展战略，紧盯九个重点产业发展、黄河流域生态保护和高质量发展先行区建设，支持重点项目、重点企业，加大基础设施、制造业等实体行业贷款投放。建立支持九个重点产业专班工作机制和责任体系；紧盯区域重点龙头企业，围绕重点产业和乡村，加大营销宣传力；创新业务产品，开发“红火贷”“牛劲贷”“洋气贷”等线上产品，通过线上线下相结合的方式，提升业务效率和客户体验；针对不同产业的资产情况，创新担保方式，加大信用、活体抵押、林权抵押等多种担保方式的应用，满足客户多元化融资需求。

（宋红霞）

【零售业务转型】 推进网点转型改造，制定适老、儿童、小微银行特色化改造方案，着力打造“宁萌”儿童银行等特色服务品牌，进一步优化厅堂服务，提升客户体验；推进场景金融，上线智慧食堂项目；加大消费贷款、线上贷款、信用卡、住房按揭贷款的营销推动和交叉销售；执行国家加大普惠金融业务发展的政策，加强普惠小微营销，设置普惠小微专项奖励，调整普惠小微贷款经营考核占比，强化战略导向和业务带动。（宋红霞）

【安全运营】 强化会计检查和辅导，做实做细日常运营管理，提升优质文明服务水平；通过日常厅堂宣传、户外集中宣传、消费者权益保护、维护征信记录、防范和打击非法集资、反假币、反洗钱等方面的宣传教育活动，提高公众金融知识水平，提升公众维护自身合法权利的能力；做好征信合规管理，落实反洗钱各项工作要求，优化投诉处理流程，维护客户信息安全，保护消费者合法权益；紧绷疫情防控、网络安全和安全保卫之弦，确保安全运营。

（宋红霞）

中卫农村商业银行

【概况】 截至2021年年末，资产总额126.15亿元，较年初增加15.37亿元，增长13.87%，其中各项贷款余额72.98亿元，较年初增加5.08亿元，增长7.48%，贷款户数32630户。负债总额113.63亿元，较年初增加14.8亿元，增长14.98%，其中各项存款余额108.02亿元，较年初增加13.68亿元，增长14.5%。在沙坡头区10镇1乡建成自助银行10家，共布放在行式和离行式ATM(CRS)机64台，在166个行政村设立金融便民服务点166个，各类银行卡发卡65万余张，其中社保卡发卡34万张；存量手机银行客户超14万户，存量收单商户14968户，电子渠道业务替代率达96.3%。（石巍山）

【服务地方经济】 坚守定位、做小做散，夯实“三农”根基。围绕支农支小的战略方向和做小做散业务结构，统筹推进“两大”工程，开展“拓户扩面”活动，打造支农支小特色，坚守农村主阵地，做优县域市场。开展春耕专项信贷投放，聚焦优质特色农业，支持“三农”做大做强。截至2021年年末，涉农贷款余额47.67亿元，较年初增加1.81亿元；农户贷款户数28390户；农户贷款覆盖面49.03%。1.围绕“农业增效、农民增收、农村增绿”，开展春耕备耕工作。制定春耕支农金融服务实施方案和宣传方案，春耕期间累计投放春耕备耕贷款19.34亿元，完成下达累放任务227.53%。2.以“整村授信”“网格化管理”工作为抓手，开展“金融夜校”“信贷投放专项营销”等活动，将更多资金用在支持“三农”和实体经济领域。截至年末，累计完成授信村评定139个，完成农户信息采集26871户，授信农户25215户，授信额度18.95亿元，用信农户12941户、用信金额9.32亿元，整村授信用信率51.32%。3.响应“大众创业、万众创新”号召，发放青年创业贷款、妇女创业贷款、农民工务工创业贷款等，推广农村妇女创业、全民创业、“金扶贷”“移民贷”等贷款产品。截至2021年年末，妇创贷款保证金余额5110万元，占沙坡头区妇创贷款保证金总额的77%，贷款户数5238户，较年初下降201户，贷款余额56074.14万元，较年初增加3310.79万元。全民创业贷款户数1212户，较年初增加166户，贷款余额15510.12万元，较年初增加3760.26万元。4.巩固拓展脱贫攻坚成果同乡村振兴有效衔接。通过对已脱贫户或边缘易致贫户人群，依托整村授信，灵活采用线下“金扶贷”“金扶贷(循环)”产品，满足脱贫人口融资需求。截至年末，脱贫人口小额信贷1092户，贷款余额5214.15万元。5.在百姓安居上发力。在房地产贷款监管趋严的情况下，结合实际采取择优准入、实时调控、限额监测等措施，做到辖区优质楼盘项目应准尽准，保障农户住房按揭贷款刚需要求。截至年末，按揭贷款3388户9.41亿元，较年初增加985户2.47亿元。（石巍山）

【服务特色产业】 1.加大特色产业金融服务政策落实。结合服务乡村振兴战略和黄河流域生态保护和高质量发展先行区建设要求，围绕自治区“九大产业”发展规划，制定《助推乡村振兴实施方案》《信贷支持宁夏黄河流域生态保护和高质量发展先行区建设实施方案》《金融支持奶产业、肉牛产业、滩羊产业、枸杞产业、葡萄酒产业发展规划》，支持农业产业发展。截至年末，奶产业贷款余额14918万元，肉牛产业贷款余额25857万元，羊产业贷款余额25326万元，枸杞产业贷款余额12955万元，葡萄酒产业贷款余额 1005 万元。2. 强化银政、银担的长效合作。对接政府部门及龙头企业，签订《沙坡头区苹果产业专项贷款合作协议》《沙坡头区牛只养殖专项贷款合作协议》，结合动产贷、农资贷、合作社（家庭农/林场）风险担保贷款、种植（养殖）专项贷款等信贷产品和业务模式，在金融支持产业发展探索新途径，谋求新的贷款增长点。截至年末，办理奶牛抵押贷款 18 户 1.25 亿元，较年初增加 1 户 2197 万元；存货抵押贷款 1 户 360 万元；农资贷 20 户 6481 万元，较年初增加 6 户 1949 万元；合作社（家庭农/林场）风险担保贷款 20 户 1949 万元，较年初增加 17 户 1449 万元；苹果产业专项贷款 2 户 500 万元；牛养殖专项贷款 4户 238 万元。3.开展“百行进万企”活动。与政府部门对接，梳理新型农业经营主体名录 872 户，“百行进万企”企业名录 547 户，纳税优质企业名录 6002 户，“九大产业”企业名录 78 户，实行“一企一策”销号式营销，挖掘市场潜力，助力实体经济发展。截至 2021 年年末，累计走访营销各类经营主体 1497 户，发放贷款 22.19 亿元。（石巍山）

【服务小微企业】 1. 提高小微企业贷款投放力度。结合“百行进万企”，对照“新型农业经营主体名录”，普查辖区企业，通过深入走访、了解客户，对接融资需求，提升服务质效，对有市场、有前景、技术有竞争力的优质企业建立“白名单”，对名单内企业实行贷款优先发放、额度优先满足、利率更加优惠的“三优”政策，开辟信贷业务审查审批“绿色通道”，新增信贷资源重点满足 500 万元以下民营和小微企业有效信贷需求。2021 年年末，普惠小微企业贷款余额 19.13 亿元，比年初增加 0.42 亿元，增速 2.24%，户数 6371 户，较年初增加 1428 户。2. 创新产品纾解民营企业“融资难”。针对民营企业普遍存在抵押物不足、信息不对称等难题，聚焦普适类、民生类、政银合作类、创业创新类四大领域，将“标准化和“特色化”相结合，建立普适性产品与特色化产品兼容、黄河银行顶层设计与中卫农商行自主创新结合的产品体系。创新推出法人商业用房按揭贷、股权质押贷、应收账款质押贷、仓单质押贷、小微通“循环贷等信贷产品，并通过“宁科贷”“富农/民贷”、“创业贷”“银税贷”“政采贷”产品，拓宽抵质押物范围，缓解民营企业融资担保难问题。依托黄河银行大数据平台，发放信用贷款，2021 年末小微企业信用贷款占比达 7.87%。3. 支持产业链复工复产。通过走访调查，了解企业对产业链金融服务的需求。为客户提供日常周转资金支持，包括流动资金贷款、商业汇票贴现（直贴）等，其中支持上游主要为信贷资金被核心企业用于清偿上游企业的应付账款或向上游企业支付预付款等；支持下游主要为核心企业办理票据贴现或应收账款融资减轻其下游企业资金支付压力。支持产业链核心企业 33 户余额 5.57 亿元，其中 2021 年发放 31 户 4.81 亿元。（石巍山）

【合规管理】 1. 按照“内控合规管理建设年”活动要求，制定《“内控合规管理建设年”活动实施方案》，成立以董事长为组长的领导小组，形成董事长负总责，行长牵头推进，监事长强化监督，各相关部门、各支行共同参与的活动工作机制。2. 成立内控合规治理架构排查工作组、重点业务领域风险排查工作组等 6 个工作组，对内控管理工作及重点业务领域全面进行风险排查，将自查排查问题查透、查实、查准，边查边改、立改立行、以查处改，提升依法合规经营水平。同时，根据排查情况，分析查找制度流程薄弱环节，加快制度修订完善，细化简化业务流程，提升管理效率，堵塞管理漏洞。3. 加强条线业务教育培训，提高全员合规意识。2021 年共开展培训 26 次，参训人员达 1525 人次。组织员工到沙坡头区检察院廉洁教育基地参观，开展合规、廉洁警示教育。发布合规警示案例 6 期，通过违规经商办企业、非法收受财物、出售客户信息、冒名申领信用卡等方面案例进行学习交流。组织开展业务考试，累计组织考试 8 次，参与考试 890 余人次。4. 把合规性审核作为制定或修订内部重要制度和合同范本的必经程序，修订完善各项政策制度，明确业务流程。2021 年“内控合规管理建设年”活动开展后，共修订规章制度 28 项，补充制订规章制度 44 项。5. 针对风险排查发现的问题，对涉及违反规章制度的行为，严格按照《员工违规行为处理暂行办法》相关规定，对涉及的责任人进行问责处理。（石巍山）

【普惠金融】 1. 加大市场调查，针对网点客户服务区域的差异性，分片区明确重点营销和专项营销产品，制定科学合理、适用可行的营销任务，加强电子银行业务考核力度，加大考核奖励权重，提升员工营销的积极性。截至年末，电子银行签约客户稳定增长，客户总数为 152784 户（不含短信银行客户），较年初增加 29666 户，其中手机银行签约客户达 144139 户，较年初增加 29616 户。新开借记卡 31207 张，累计发卡 65.03 万张（含社保卡 34 万张）；新增信用卡 8475 张，累计发卡 24865 张；新增激活社保卡

30639张。通过电子银行渠道共交易2323.22万笔549.20亿元,电子银行业务替代率96.3%。2.将微信银行营销纳入电子银行"一揽子"营销中。截至年末,新增粉丝23428个,新增绑卡16232张。3.拓展收单市场,提高非现金支付工具应用水平。深入市场,调研商户实际需求,联系黄河银行更新设备、升级设备性能、丰富设备功能。购置单套收款二维码、2G云音响、4G云音响(附二维码)共6500套,满足商户日常的收款播报需求。截至年末,新增收单商户6624户,存量收单商户达14968户,收单商户沉淀的活期日均存款达3.62亿元,较年初增长276.44%。

(石巍山)

中卫香山村镇银行

【普惠金融】 推动信贷产品"乐农贷""农房贷""农机贷""如意贷""幸福贷""楷模贷""E商贷""汽车按揭贷款""公积金易贷""车位贷""亲情贷"等贷款产品,满足各行各业客户融资需求。加大涉农信贷支持力度,做到坚持优先发放涉农贷款,重点加大对特色产业种植、畜禽养殖等涉农行业在创业、扩大规模、流动资金需求等方面支持,加大对农业专业合作社、农业龙头企业等扶持力度,创新开办农村土地承包经营权抵押贷款"乐农贷"、农民住房财产权抵押贷款"农房贷"、农业设施抵押贷款"农机贷",满足广大农户和农业经营主体金融需求。

(张吉昌)

【金融扶贫】 将宣和支行作为扶贫示范行,专项摸排永康镇贫困户基本情况,逐户分析致贫原因,考察永康镇特色产业发展的可行性,并向有需求且符合贷款条件的客户发放扶贫贷款,按照政策要求"两免一基"推进金融扶贫工作。以"金扶贷"产品为载体,通过现场采集信息、调查评级授信、提升办贷效率等举措加大对贫困地区精准扶贫力度,落实金融脱贫政策。2021年年末,累计发放各类扶贫贷款8444万元,帮助辖区困难群众脱贫摘帽。按照《中卫银监分局办公室关于协助提供"三权"抵押贷款试点材料的通知》等精神,把握政策优势,探索实践,推出农村承包土地经营权抵押贷款"乐农贷"业务、农民住房财产权抵押贷款"农房贷"和农业设施抵押贷款"农机贷",丰富业务产品和农户贷款融资担保方式,盘活农村"沉睡"资产,实现多方共赢。

(张吉昌)

【社会责任】 在疫情防控期间,对疫情防控涉及的医用物资生产企业、重要生活物资生产企业等加大信贷资金支持力度,开辟绿色审批通道,简化辅助证明资料,缩短审批流程,在贷款期限、贷款利率上予以一定优惠倾斜。做好疫情防控期间春耕备耕信贷支持工作,公开申贷条件、办贷流程、利率优惠等春耕支农信贷政策,做到疫情防控期间不抽贷不压贷、支持春耕备耕生产。落实防控责任,强化营业场所、机具设备、现金三级消毒,对接社区,开展疫情物资捐赠和爱心捐款。针对受疫情影响的复工企业,落实"六稳""六保"任务、小微企业贷款延期还本付息和小微企业信用贷款支持政策,促进"两项直达工具"政策落地,缓解小微企业主的生产经营困境,提升服务小微企业经济质效。2021年9月17日,在中卫市福乐老年公寓开展"聆听红色金融史 掌握金融风险防范技能"主题活动,并慰问35名老人。按照《中国银监会关于进一步落实小微企业金融服务监管政策的通知》及《关于进一步规范信贷融资收费降低企业综合融资成本的通知》等监管要求,做到减费让利,优化服务,逐年降低企业融资成本。开展社会公益活动,先后为沙坡头区兴仁小学、环卫工人、困难老党员、社区工作者、贫困学生等捐款捐物。

(张吉昌)

石嘴山银行中卫分行

【概况】 截至2021年年末,石嘴山银行中卫分行各项贷款余额23.89亿元,其中小微企业贷款占比50.31%,各项时点存款余额27.94亿元,客户数12.90万户。

(刘 保)

【普惠金融】 通过完善金融服务网点布局,制定信贷投放计划,利用数字化金融科技创新信贷金融产品等措施,推动渠道、产品和服务下沉,把金融资源配置到地方经济社会发展的重点领域和薄弱环节,助力客户发展,做好普惠金融服务。截至2021年年末,累计发放普惠贷款7.75亿元,普惠小微贷款余额为6.14亿元。

(刘 保)

【回馈社会】 助力社区疫情防控,为中卫市26家社区捐赠防疫物资和应急食品,累计捐赠达15000元。为海原县住房和城乡建设局捐赠30万元,支持当地环境治理工作。为6家幼儿园共计900余位儿童免费提供财商教育课程。对接采暖费代收及灵活就业人员养老保险代收业务,共计为5867位客户提

供便民利民服务。（刘 保）

人寿保险

【概况】 截至2021年年末，中国人寿中卫分公司实现总保费收入1.49亿元。（雍晓珊）

【政保业务】 1.拓宽业务领域，惠及民生。推出“扶贫保”“百姓保”“爱妮保”“夕阳保”“信贷保”“出行保”“客安保”“员福保”等业务，以其保费低、保障高的特点，为公众提供人身意外伤害综合保障；应用“扶贫保一站式结算”模式，缓解“建档立卡”贫困户因意外风险就医的经济压力。2.会同有关部门助力精准扶贫工作。落实自治区政府定点帮扶工作，所辖机构完成对重点帮扶单位黄套村的帮扶任务，会同中卫市扶贫办、民政局多次慰问辖区特困户、老年饭桌、老年人日间照料中心等。（雍晓珊）

【运营服务】 进行满期给付培训演练，应对一季度满期、退保高峰期，实现满期、退保平稳过渡。全面推动柜面电子化服务，提升老年客户服务体验。贯彻执行法律、法规、监管政策和公司制度及实务要求，加强客户资料真实性核查、银行转账收费、反洗钱、集资诈骗等重点工作。（雍晓珊）

【风险防控】 重点对销售行为、人员管理、数据真实性、内部控制等多方面开展自查自纠工作，不回避、不隐瞒发现的问题，避免履查履犯问题，严守风险底线，加强合规教育。配合当地监管部门及区分公司合规管理部进行现场、非现场检查工作，及时上报相关报告报表。2021年，共问责处理销售人员8人。（雍晓珊）

人保财险

【概况】 2021年，中国人民财产保险股份有限公司中卫分公司保费收入4.23亿元，累计承担风险保障9628亿元，市场份额52.4%。受理理赔案件4.4万件，赔款支出3.64亿元。（陈 龙）

【服务“三农”】 2021年，农险保费收入1.08亿元，为全市农业生产承担风险保障46亿元。全市共发生理赔案件1.12万件，共计赔款1.54亿元，受益农户数4.82万户。其中，种植业案件1024件，赔款金额8472.45万元；养殖业案件10203件，赔款金额6893.11万元。贯彻各级政府的指示精神，赔付中卫辖区旱灾事故赔款6371.8万元，涉及农作物受损面积69.12万亩，受益农户2.95万户。（陈 龙）

【保障民生】 大病保险累计承保98.5万人，保费收入5122.16万元。截至12月底，受理大病理赔案件报销7913人，报销金额3449.14万元。（陈 龙）

【助力乡村振兴】 开办“防贫保”优势特色产业保险业务，提高保障标准，深化特惠属性，为已脱贫户、边缘易致贫户发展产业提供风险保障，实现对保险精准扶贫机制有效承接。2021年，保险防贫各险种累计承保各类作物25.94万亩，大小牲畜5.2万头，参保农户2.49万户次，提供风险保障3.77亿元。（陈 龙）

【服务创新】 在全市范围内落地公益林保险项目，发挥政策性农业保险助力生态保护、环境优化的功能。2021年，累计为13个国有林场及各类林业生产主体的公益林提供风险保障19.23亿元，承保面积192.32万亩。加大资金和技术投入，投入应用卫星遥感“按图承保、按图理赔”、无人机查勘、电子耳标等技术和养殖险远程理赔系统，能提高农险服务能力。投入专项资金，与外部科技公司沟通接洽，实现养殖险牛脸识别应用技术在中宁县的试点落地。优化种植险按图承保技术工具，化解人海战术在农业产业服务方面的难点和痛点，提高农业保险服务能力和质量。（陈 龙）

教　育

综　述

【概况】 2021年,全市有各级各类公办学校(幼儿园)477所(市直属10所、沙坡头区90所、中宁县101所、海原县276所,其中1000人以上的学校54所,100人以下小规模学校184个,另有教学点112个),其中普通高中7所,中等职业技术学校3所,完全中学1所,初级中学29所,九年制学校27所,小学275所,特殊教育学校3所,公办幼儿园132所;现有民办幼儿园70所(沙坡头区33所、中宁县34所、海原县3所)。教职工14600人,在校(园)学生224520名(沙坡头区70090名、中宁县67127名、海原县87303名)。从学历结构看,小学教师具有专科及以上学历人数占98.9%,初中教师具有本科及以上学历人数占93.5%,高中教师具有硕士研究生及以上学历人数占8.3%。2021年年底全市学前教育三年毛入园率为92.5%,小学学龄儿童净入学率为100%,九年义务教育巩固率99.39%,县域义务教育均衡发展高标准通过国家复检;高中阶段毛入学率93.03%,职业教育一次性就业率保持98%以上。2021年高考考生共10907名,本科上线人数4919人,上线率45.1%,一本上线人数1906人,上线率17.48%,其中600分以上62人。(刘　亮)

【党对教育工作的领导】 推行党组织领导的校长负责制,发挥学校党组织把方向、管大局、做决策、抓班子、带队伍、保落实的领导职责。加强对民办学校党建工作的领导,通过联合组建、选派党建指导员等方式,实现民办教育机构党组织全覆盖。以"廉花朵朵开"主题教育为抓手,巩固提升"清风校园"建设,达到"教育一个孩子,带动一个家庭,影响整个社会"的效果。建立学校意识形态风险点月排查制度,开展学校意识形态工作调研督导20余次,分析研判涉校网络意识形态管理、舆情、阵地管理等风险点22个,分类制定应对措施66条,防范和化解学校意识形态领域风险和隐患。(刘　亮)

【学生素质教育】 推进习近平新时代中国特色社会主义思想进教材进课堂进头脑,践行社会主义核心价值观,开展民族团结进步教育,征集德育典型案例60个,评选市级"新时代好少年""文明礼仪之星"34名。推进"德、智、体、美、劳"五育深度融合,推进创新素养教育,推进青少年综合教育基地建设,学校心理辅导室实现全覆盖,27个社区建立未成年人心理健康辅导中心。全市共创建全国文明校园2所、自治区级文明校园11所、市级文明校园23所,中卫市教育局被评为全国文明单位。开展校内比赛、校级联赛、选拔性竞赛,打造体育特色学校3所。承办全区劳动教育推进会,召开全市劳动教育、美育推进会,推动中小学美育、劳动教育取得实效,打造市级劳动实践基地3个,培育自治区级劳动教育示范学校20所,中卫市被教育部认定为全国中小学生劳动教育实验区。(刘　亮)

【教师队伍建设】 建立名师工作室83个,聘任113名兼职教研员。深化信息技术与教学融合创新应用,开展创新素养教育等实践活动31次。开展师德师风专项整治,整治有偿补课、体罚歧视学生等师德失范行为。优化教师队伍结构,选拔16名年轻教师充实到学校领导班子,招录引进高层次人才91名,公费师范生81名,事业编教师361名;认定市级骨干教师596人,选派68名教师参与"三区"支教交流工作。举办心理健康、新入职教师、学校安全等各类培训7场次,累计培训1000余人。实施义务教育学校教师"县管校聘"改革,指导中宁县印发实施《中宁县关于推进中小学教师"县管校聘"改革试点工作实施方案(试行)》(中宁党教〔2021〕4 号),加强义务教育学校教师队伍统筹管理,开展全员岗位竞聘,完成校内直聘 885 人、校内竞聘 2500 人、交流直聘 77 人,优化教师资源配置,促进义务教育均衡发展。

(刘　亮)

【教育协调发展】　根据市、县(区)教育职责调整,将 17 所直属学校划转到沙坡头区管理,理顺教育管理体制。2021 年,全市争取资金 3.03 亿元(市直属 1.2 亿元,沙坡头区 9000 万元,中宁县 1300 万元,海原县 8000 万元),实施各类项目 21 个。实施学前教育三年行动计划,建成 9 所公办幼儿园,增加学位 3600 个。建成中卫九中、海兴二小等 3 所学校,开工建设中卫十三小、海原八小,撤并农村空心化教学点 14 所,缓解"城市挤""农村弱"问题。探索集团化办学,以强校带弱校,以城市带农村,逐步缩小城乡、校际差距。加快普及高中多样化特色发展,按照新课改要求,坚持"一校一策",为普通高中提供师资、装备等要素保障。加快职业教育提质培优,为学生搭建成长进步的阶梯。　(刘　亮)

【信息化建设】　深化"互联网+教育"融合应用,投入 8000 余万元对全市中小学(幼儿园)进行网络升级改造,实现 200 兆以上网络带宽校园全覆盖。争取自治区专项资金 1.3 亿元,实施在线课堂、智慧校园、产教融合等项目,购置多媒体教学终端 2900 余台、部署云桌面 2000 套,建成创新性教室 1000 余间,建成自治区级"互联网+教育"标杆校 15 所、名师网络工作室 37 个、网络课程社区 130 个,补齐"互联网+教育"常态化应用短板。通过"一师一优课"、教学评比等活动,汇集优秀课例 600 余节、优质课件 1000 余件。探索"互联网+"背景下的新型教学模式,中卫三中"236 教学"、中卫六小"三课堂一中心"、中卫四小"网上道德银行"等"互联网+教育"创新模式为各学校智慧教育提供可借鉴的教育教学应用途径。在"我的宁夏""云天中卫"专区开设中卫市考试分数查询和招生服务,实现入学网上报名、网上审核,为学生、家长、社会提供便捷的服务。统筹专递课堂、名师课堂、名校网络课堂,以优质带薄弱、城镇带农村,实现城乡优质教育资源共建共享、互通互联。

(刘　亮)

【"双减"工作】　增设校外培训监管科,配备 2 名工作人员,成立义务教育"双减"工作专班,建立"黑白名单"机制,与教育、发改、公安、民政等部门齐抓共管、通力合作,定期召开联席会议,研究解决"双减"工作中存在的问题。开展专项督查 25 余次、暗访 30 余次,累计排查校外培训机构 450 家次,下发整改通知书 500 余份,责令停止办学 6 家,从严规范办学行为。落实《中卫市中小学(幼儿园)课后服务收费方案(试行)》,指导县(区)、校(园)从实际出发,制定完善课后服务方案,做到一校一案,开展文艺、体育、劳动、兴趣小组等社团活动,满足不同学生的发展需求,为学习有困难的学生答疑解惑、指导完成作业,拓展学生学习空间。强化"五项管理",开展 3 次专项督导检查,下发整改通知书 15 份,督促问题整改落实。鼓励学校创造条件,在暑期为学生提供托管服务,开展"安全健康,快乐成长"暑期夏令营,参与学生 1800 人,促进"双减"任务的落实。　(刘　亮)

【教育脱贫】　健全完善各学段全覆盖的家庭经济困难学生资助体系。全市落实学前资助、"两免一补"和大学新生资助等惠民政策,共发放惠民资金 2.65 亿元,享受人次达 300278 人次。各县(区)共 70212 名学生享受"农村义务教育学生营养改善计划",投入资金 6425.67 万元。实施控辍保学"大核查、大劝返""千名教师访万家""温馨校园建设"三大行动,落实双线"控辍"和"三包三保"责任机制,开展"四查四补",推进党政管、部门清、乡村找、学校保、家长防"五位一体"工作措施,依托全国中小学生学籍信息管理系统逐人建立信息台账,实行"控辍保学"动态监测管理,保障适龄儿童少年接受义务教育权益。重点关注留守儿童、学困生、贫困生、单亲子女、残疾少年儿童,及时追踪摸排他们在学习生活中的困难,分析原因,找出不足,加大关爱力度,确保"劝得来、留得住、学得好",实现义务教育阶段辍学学生动态清零。　(刘　亮)

【校园治理】　开展校园治理达标和示范县(校)创建工作,推动校园治理"五大行动"落地见效,全市 477 所学校完成自治区党委教育工作领导小组校园治理达标验收。加大公开摇号、均衡分班、"阳光分班"等招生改革力度。建立健全高效的校园安全网络体系,坚持依法治理、系统治理、综合治理、源头治理,整肃校园公共秩序;开展交通、防溺水、校园欺凌等安全教育;抓好疫情防控工作,建立医教联合体,完善突发公共卫生事件应急预案及疫情防控工作规范,提高应对突发事件的能力。加强校园"三防"安全建设,实现校园安全"四个100%"建设,命名"平安校园"80 所,部门联动抓校园安全格局基本形成。　(刘　亮)

党校教育

【业务拓展】 针对大多数教员走出大学校门便进入党校校门、实践经验缺乏的短板，组织教师开展蹲点调研活动。10名教师以年初立项的校级课题为研究方向，分三批到沙坡头区、中宁县、市直部门及基层单位开展为期20天的蹲点调研活动。开展“五个一”（帮助基层办一件实事、开展一次专题党课辅导、撰写一本蹲点日志、开展一次蹲点调研心得交流、提交一篇高质量调研报告）活动。 （卢大同）

【干部培训】 强化主业主课地位，以学习贯彻习近平新时代中国特色社会主义思想为主线，对标《中国共产党党校（行政学院）工作条例》及自治区党委“若干措施”，加强培训课程、培训保障、培训制度等体系建设。优化教育教学内容，突出党的理论教育和党性教育主课比重，党的理论教育和党性教育培训班次达到总课时的72%；强化党章党规党纪教育，加强党史、新中国史、改革开放史、社会主义发展史宣传教育，实现培训班次党史学习教育课程全覆盖。创新教学方式方法，增加案例式、模拟式、体验式等互动教学课程比重，依托党校阵地资源，建设“四史”宣传教育长廊，完善运行机制，做优中卫市环保警示教育教学基地、云天产业教学基地和民族团结进步示范教学基地教学课程，开展现场教学65场次，参训2075人次。加强培训组织管理，学习借鉴自治区党校等经验举措，修订完善《中卫市委党校（行政学院）学员管理暂行办法》《主体班次班主任工作职责》《主体班次学员综合量化考核方案》等制度，配备手机屏蔽柜等硬件设施，加强培训班次全流程精细化管理，提升培训质量。2021年，共举办主体及综合类培训班16期，培训学员1908人次。 （李昕儒）

【教学科研】 推进“以学术讲政治”教学改革，提高教师“用学术讲政治”的能力和水平。启动制定科研规划，加强以习近平新时代中国特色社会主义思想及习近平总书记视察宁夏重要讲话精神为重点的重大理论和现实问题的研究，着力以高质量的理论研究成果为提高教学质量服务。《中国共产党探索行政法治的历史逻辑》研究成果在《中国领导科学》刊登。落实课题试讲、复讲、入库等审核管理制度，开展教研活动16次，新开发教学专题13个，举办全市党校系统优质课评比活动1次，评选优秀课题9个。 （卢大同）

【理论宣讲】 制定《2021年全市党校系统党史学习教育宣讲“六进”工作方案》《开展习近平总书记“七一”重要讲话精神宣讲工作方案》等，推进宣讲工作有组织、有序开展。压实意识形态风险防控责任，落实课件审查备案和宣讲质量反馈制度，确保宣讲有高度、接地气、观点清、讲得明，提升宣讲质量。创新宣讲形式，制作党校“微宣讲”视频课程2个，面向社会发送，进行视频宣讲；克服疫情影响，探索“线上”宣讲模式，通过课堂讲授、同步传输、党员群众有组织小范围集中等方法，使党的理论政策宣讲进入基层一线、进入寻常百姓家。2021年共开展党的十九届五中、六中全会精神，党史学习教育，习近平总书记“七一”重要讲话精神，“传承党的百年光辉史基因、铸牢中华民族共同体意识”，《中国共产党统战工作条例》，中央民族工作会议及自治区十二届十三次全会精神等专题宣讲8个轮次269场次，受众17677人次。 （张 薇）

【函授学历教育】 完善宁夏党校中卫函授部、宁夏大学继续教育中卫工作站运行机制，推进学历教育工作。发挥云端课堂作用，抓好学员线上听课、作业上交、学年考试等服务管理工作，学员到课率达90%以上，完成年度教学任务，无教学事故和投诉事件发生。2021年度，宁夏大学2019级行政管理大专班毕业学员28名，2018级自治区党校经济学研究生班毕业学员11名。 （俞会琴）

【干部队伍建设】 实施人才强校战略，推进“名师培养工程”“骨干教师提升工程”“青年教师攀登工程”。抓实干部梯次培养，开展青年教师“习·思·享”理论小组学习活动，培养1名年轻教师入选自治区人才托举工程。注重选才用才，增加副科级领导职数1名和专业技术人员岗位11个。2021年公开招聘高层次人才1名，提拔正科级干部2名、副科级干部2名，参公人员职级晋升2名，5名教师经过公开、公平、公正竞聘，技术职称得到晋级。落实柔性引进人才政策，签约中央党校曾业松、向春玲及中国政法大学刘飞3名知名专家。 （白云海）

【理论成果】 完成专题调研报告11篇；出版市级理论资政刊物《中卫论坛》4期，采稿64篇；向市委上报《调研资政专报》5篇，被市主要领导批示4篇。全区党校系统智库研究课题立项2个，第四批宁夏新型智库课题立项1个，科研协作课题立项3个。在《中卫日报》《宁夏日报》等市级以上报刊发表理论文章40篇，参加区、市庆祝中国共产党成立100周年等

各类主题理论征文及研讨活动 3 次，获等次奖15篇。 （卢大同）

【基础设施建设】 开展公共机构节能工作，节水型示范单位验收达标。开展校园环境集中整治，投资 7.7 万元实施绿化补植项目，投资 7.2 万元改造校园绿化管网，对校园草坪杂物、卫生死角堆积垃圾进行清理，维修损坏的照明路灯，校园环境大为改观。关爱职工健康，丰富文体活动，维修维护体育中心设施设备，购置羽毛球拍、乒乓球拍等体育用品。

（田进福）

【疫情防控】 落实中央、自治区及市委、市政府关于新冠肺炎疫情防控工作要求，健全完善防控工作机制，与有关部门协同配合，推进市委党校疫情防控隔离和健康观察点工作。健全完善相关制度，组建专职工作组、细化责任分工，为疫情防控隔离点提供组织保证。按照每人一间房的标准为隔离人员提供生活必需品。做好日常防护工作，保障隔离点口罩、消毒液等物资充足，消杀人员每天两次对隔离场所进行消毒作业，科学合理处置生活垃圾。建立疫情隔离点工作联席会议制度，针对防控形势发展及发现的问题、存在的漏洞，及时协调公安局、卫健委、疾控等隔离点工作单位召开联席会议 4 次，解决监控延时、人员防护不规范、后勤服务保障质量不高等具体问题 11 个。累计隔离和健康观察 4676 人，无错登漏登情况及恶性事件发生，在自治区及市各类督查检查中无突出问题出现。 （田进福）

科学技术

综　述

【全社会研发投入】 2021年，全市全社会科技研发投入进一步提高，R&D经费投入为6.91亿元，较上年增加1.48亿元，增幅为27.3%，增幅居全区第一。R&D经费投入强度为1.57%，较上年增加0.33个百分点，增幅居全区第一。 （杨慧芳）

【科技项目建设】 启动实施中卫市规上企业R&D项目，共计立项32个，支持资金1320万元，撬动企业增加研发投入8178万元。全市争取自治区各类项目113个（其中市本级44个），争取项目资金共计9550.1万元，其中，市本级6476.9万元，高于全区五市平均水平。解决一些制约中卫市产业高质量发展的“卡脖子”问题。中卫市企业获自治区科技进步奖一等奖1个、二等奖4个、三等奖2个，登记科技成果39个，登记技术合同1.21亿元。 （杨慧芳）

【科技园区建设】 中宁工业园区被自治区政府认定为自治区高新技术产业开发区。中卫国家农业科技园区建设顺利通过科技部综合评估，并围绕自治区九大产业布局，以发展枸杞产业、肉牛产业、奶产业为重点，重新修编印发《宁夏中卫国家农业科技园区建设规划（2020—2025年）（修订版）》和《宁夏中卫国家农业科技园区建设实施方案（修订版）》。

（杨慧芳）

【科技型企业】 实施科技型企业倍增计划，打好“政策拉动、服务推动、项目驱动、典型带动、市县联动”组合拳，把更多符合条件的企业培育成为科技型企业，全市新增国家高新技术企业9家、自治区农业高新技术企业和小巨人企业7家，备案国家科技型中小企业149家、自治区科技型中小企业77家，全市各类科技型企业达372家，比上一年度净增101家。全市初步形成高新技术企业引领、科技小巨人企业支撑、科技型中小企业跟进的创新企业梯队。

（杨慧芳）

【科技创新平台】 自治区工程技术研究中心达到7家；新认定宁夏光伏材料（中宁）技术创新中心等自治区技术创新中心15家，累计达到44家。全市规上企业有研发机构的企业50家，较上一年增加8家。

（杨慧芳）

【东西部科技合作】 支持企业与东部科技强省的优强企业、名牌高校、大型科研院所开展合作，采取“项目+人才+团队”方式借智引才。宁夏科豪陶瓷科技有限公司与广东科达节能股份有限公司合作的“高端建筑陶瓷智能及节能化生产制备技术研究”项目列为自治区重点研发计划对外科技合作项目，项目研发总投入1200万元。联合南方科技大学、宁夏大学举办“2021云天大会·信息技术与信息材料领域重大颠覆性技术高峰论坛”，邀请陆军、俞大鹏等6名院士，9名“杰出青年、长江学者、国家千人”教授，30余名信息领域杰出专家代表为中卫市电子信息产业发展建言把脉。举办第六届中国创新挑战赛（宁夏）绿色食品、现代枸杞产业技术需求专场对接会，围绕种植、生态养殖、农产品深加工、生态循环技术等重点领域，挖掘、核对、发布技术需求20条，征集到国内高校、科研机构的20项技术解决方案，多家企业与南京中医药大学等东部高校、科研院所达成合作意向，4家企业与科研院所现场签订协议。支持企业引进兰州交通大学王三反、青岛科技大学刘勇卓、南京农业大学吴霞、贺静等专家团队10个，为中卫市科技创新提供智力支持。 （杨慧芳）

【科技金融】 推进科技与金融结合，解决科技型企业在科技成果转化和产业过程中融资难、融资贵的问题。全年为15家企业发放贷款3975万元，为7家科技型企业和个人申领“创新券”10.8万元。指导55家企业申报科技金融专项。市本级地方后补助配套资金662.4万元，到位率100%。 （杨慧芳）

【科技发展规划】 印发《中卫市科技创新“十四五”规划》，《规划》框架与《宁夏回族自治区科技创新“十四五”规划》一脉相承，紧扣《中卫市国民经济和社会发展第十四个五年规划和2035年远景目标纲要》中关于坚持创新驱动发展的关键需求，对未来五年科技创新重点任务进行安排部署。

（杨慧芳）

【科技人才】 通过各类科技创新平台的培育，全年共汇聚1529名科技创新人才，其中博士79人、硕士86人、本科647人；拥有高级技术职称199人、中级技术职称200人、初级技术职称346人。组织开展2021年度自治区科技人才项目及人才奖励补助申报工作，推荐的早康枸杞股份有限公司“枸杞精深加工升级系列产品研发创新团队”等6个科技创新团队被认定为自治区柔性引进科技创新团队，获得资金支持250万元。组织科技人才参加第十届中国创新创业大赛暨第六届“中国银行杯”宁夏创新创业大赛，选派的4支参赛队伍荣获一等奖1项、三等奖1项、优胜奖2项。经市科技局推荐、市人社局评选，中国农林科学院研究员吴永常被中卫市人民政府聘为特聘专家。

（杨慧芳）

【科技助力乡村振兴】 制定出台《中卫市提升县域科技创新能力推进乡村振兴实施方案（2021—2025年）》《中卫市现代枸杞产业高质量发展科技支撑方案》《中卫市肉牛产业高质量发展科技支撑方案》《中卫市奶产业高质量发展科技支撑方案》及《中卫市绿色食品产业高质量发展科技支撑方案》，强化农业重点产业高质量发展科技支撑，助推乡村振兴发展。指导两县一区加强科技特派员队伍建设，提升整体素质和创业服务能力，稳步推进科技特派员创业行动。2021年，全市科技特派员人数达到499名，创办企业126家，领办、创办经济合作组织152家。组织实施自治区科技特派员创业服务专项和乡村振兴成果引进示范推广项目39个，争取资金629万元。广大科技特派员共开展优势特色产业种养技术培训315期，培训农民1.32万余人次，发放各类培训资料1.4万余份，提高群众的科学种养水平和增收致富能力。同时，结合实施科技特派员创业行动和“三区”人才科技人员专项计划，落实“百万移民致富提升行动”工作，全市协调自治区选派“三区”人才54名，争取资金108万元，分赴全市20个乡（镇）54个村开展科技培训与科技指导服务，年内开展种养殖技术培训15期390人次。 （杨慧芳）

【科技服务】 结合“我为群众办实事”实践活动，完善科技型企业信息库，由市科技局主要领导牵头，深入一线推行“一线服务法”，启动实施“科技型企业大走访”活动。把提升企业R&D工作作为科技工作的重中之重，由主要领导带队深入各县区、重点企业开展R&D统计业务督导工作，做到应统尽统。举办中卫市2021年国家高新技术企业和企业家创新精神培训班4期，提高科技人才创新意识和服务能力，帮助企业建立健全规范的研发费用归集财务制度，使企业人才快速掌握科技项目、创新平台申报程序及材料撰写要求，有效提高项目申报成功率。组织开展2021年中卫市科技活动周暨全国科技工作者日启动仪式及主场宣传活动，邀请30家单位和28家企业参加，通过发放宣传资料、摆放科技展板、创新成果展示等方式，向广大群众展示富硒产品、消防用品等与人民生活相关的科技创新成就，彰显科技创新和科普事业发展水平。 （杨慧芳）

科学普及

【全民科学素质工作】 1.健全完善《纲要》推进机制。起草并提请市人民政府印发《中卫市全民科学素质行动规划纲要实施方案（2021年—2025年）》，筹备召开中卫市全民科学素质工作领导小组会议，组织开展中卫市“提升全民科学素质、争创全国文明城市”网络科普知识竞答活动。2.探索开展全域科普工作。按照自治区《关于推进全域科普工作的实施意见》，动员全民科学素质各成员单位、全社会各领域发挥各自职能优势，开展科普宣传活动。探索开展“科普+旅游”“科普+康养”等科普服务新模式，联合打造仰望星空、近视防控、防灾减灾等科普基地8个，认定优秀科技创新工作室8家，打造建设科普公园2个。争取资金220余万元，对市青少年科技馆升级改造。发挥科普大篷车“轻骑兵”优势，通过语音播报、悬挂宣传横幅等多种形式，深入城区街道、乡村集市广泛开展疫情防控科普宣传。3.提升科技志愿服务质量。先后在广场、村镇、学校、社区等地开展科普宣传、科技培训志愿服务34场次。现场展出“碳达峰·碳中和”“防邪反邪”等内容的科普展板148块，发放《神经系统常见疾病》《农村实用技术手册》《城镇劳动人口科学素质提升》等科普图书2.4万余册。4.创新丰富青少年科技活动。举办中卫市青少年科技创新大赛、青少年机器人竞赛暨首届青少年创意编程与智能设计大赛。承办2021年中国青少年机器人(宁夏赛区)竞赛,共获各类奖项35项。组织开展第七届中卫市中小学校科普剧竞赛活动,并组织参加全区竞赛,获各类奖项14项,其中《歌唱英雄王二小》和《我给党妈妈过生日》获全区科普剧表演项目一等奖。组织开展青少年科学节、高校科学营、中国科协流动科技馆巡展等活动。5.加快推进科普信息化。在中卫电视台、中卫广播电台、中卫日报、中卫新闻网等宣传媒体,开设科普专题、专栏、专刊。开通中卫科协微信公众号、中卫科协网站、中卫市心理疏导热线,开展线上"疫情下心理健康关爱保护"直播讲座。截至年底,全市注册科普中国信息员18638人,占中卫总人口的1.75%,转发各类科普知识4286688条。 (丁 军)

【主题科普活动】 组织开展以"众心向党、自立自强"为主题的全国科技工作者日系列庆祝活动。活动期间,举办集中宣传,共有58家单位参展,展出展板150余块,发放科普宣传资料35000余份。走访慰问一线优秀科技工作者代表,举办科技工作者座谈会,开展"我为科技工作者日送祝福"等活动。组织开展以"百年再出发,迈向高水平科技自立自强"为主题的2021年"全国科普日"中卫市活动。活动期间邀请市中医院专家到沙坡头区柔远镇渡口村、文昌镇东花园社区等新时代文明实践中心,开展健康知识科普大讲堂系列活动。组织开展"劳动助力成长 科学引领未来""机器人嘉年华""助力追光少年 振兴乡村教育""中秋共团圆 科学大狂欢"等主题科普活动。

(丁 军)

【科技助力行动】 1.创新驱动助力工程。指导中卫工业园区申报第二批"科创中国"试点园区,组织申报自治区科协关于助力企业科协创新项目6个,其中杞源堂(宁夏)生物科技有限公司枸杞产业高端学术研讨会等4项获得自治区项目经费4万元。指导上报"功能农业——香水梨采后精深加工研究团队建设项目"1项。组织参加2021年中国创新方法大赛,宁夏红枸杞产业有限公司的《提高枸杞蒸馏酒蒸馏釜铜效应技术研究》获得全国三等奖。配合自治区科协做好宣益民等院士专家宁夏行活动。2.科技专家助力活动。组织实施中卫市科技专家助力乡村振兴项目,开展果蔬种植、病虫害统防统治等培训班21场。实施2021年中卫市农技协社会化服务项目,举办农村实用技术培训班88场,推广辣椒、西红柿等新品种25项,推广测土配方施肥等新技术27项。3.基层科普行动计划。组织申报2021年自治区科协基层科普行动计划项目13个,获批11个,争取项目资金61万元。申报自治区科协2021年科普项目16个,获批7个,争取项目资金7.4万元。 (丁 军)

【科技工作者服务】 1.培育举荐优秀科技人才。2021年共举荐各类优秀科技人才、优秀科普工作者、优秀教练员24人,其中市人民医院主治医师龚超、海原县第五中学中级教师田君、宁夏红枸杞产业有限公司助理工程师党文宏等6人被确定为培养对象。2.围绕自治区九大特色产业和中卫市六大产业,采取个人自荐和工作单位组织推荐相结合的方式,筹备成立中卫市科协科技专家库,入库科技专家331人。3.选树宣传优秀科技工作者。围绕2021年全国"最美科技工作者"候选人、中卫市科协一大代表、全市优秀科技工作者代表等拍摄专题片,在中卫电视台等媒体进行宣传报道。对中卫市阳光沐场农牧有限公司总经理王朝武、宁夏中宁枸杞产业创新研究院常务副院长余君伟等10名2021年宁夏企业"创新达人"进行宣传报道。 (丁 军)

【建言献策】 聚焦市委、市政府工作重点、经济社会发展热点、科技工作者关心关注难点,指导科技工作者开展调查研究、建言献策,2021年共撰写上报建言献策22期。参加市政协委员视察、联合调研等活动,提交调研报告,发挥政协委员作用。针对科技工作者普遍关切的重大问题,加强调查研究,准确了解掌握科技工作者的思想状况、意见建议和需求状况,做好科技工作者调查站点工作,畅通稳定的沟通渠道,为科技工作者服务。 (丁 军)

气 象

【概况】 2021年全市平均气温10.2℃,较常年偏高1.6℃,为1961年以来最暖的一年;年降水量266.1毫米,较常年偏多10%;年日照时数2521.5小时,较常年偏少388.1小时。极端天气气候事件多发,2020/2021年冬季冷暖两重天,"极寒"向"极暖"快速转变;夏季高温过程持续时间长、强度强、范围大;春、秋季降水明显偏多、强度强,3月31日出现最早的区域性大雨过程,全市各站降水量均为3月日降水量极值,秋季出现3次强降水过程;夏季降水量较同期偏少48%;9月出现异常显著的"暖湿"型气候;春季大风沙尘多，3 月 15 日出现 2002 年以来强度最强、范围最大的强沙尘暴过程。夏季发生的严重干旱对植被生长产生不利影响；春季沙尘天气、夏季高温造成空气质量较 2020 年同期偏差，秋冬季冷空气多，空气质量优良天数较 2020 年偏多；冬季阶段性低温和夏季持续高温对人体健康有一定影响；年内气象条件对旅游、交通等有一定影响。

气温：全市平均气温 10.2℃，较常年偏高 1.6℃，为 1961 年以来最暖的一年，也为 1997 年以来连续第 25 个偏高年。灌区、干旱带和南部山区平均气温分别为 11.4℃、9.0℃和 9.0℃，较常年分别偏高 1.8℃、1.7℃和 1.2℃，各地均创新高。各地平均气温 9.0~12.0℃，偏高 1.2~2.0℃，中宁偏高 2.0℃以上。2020/2021 年冬（2020 年 12 月—2021 年 2 月）和 2021 年春、夏、秋季平均气温分别为-3.9℃、11.5℃、22.7℃、9.0℃，较常年同期偏高 1.3℃、1.5℃、1.9℃、0.6℃，其中夏季为 1961 年以来同期最热的一个夏季。除 4 月、11 月平均气温较常年同期偏低 0.2℃和 0.9℃，其他月份偏高 0.3~5.1℃，2 月、7 月全市平均气温为 2.0℃和 25.3℃，偏高 5.1℃和 3.2℃，为 1961 年以来同期新高，各地均为同期最高纪录。

降水：2021 年全市年平均降水量 266.1 毫米，较常年偏多 10%。灌区和南部山区降水量为 235.1 毫米、378.1 毫米，较常年分别偏多 27%、5%；干旱带 216.2 毫米，较常年偏少 9%。各地降水量 216.2~387.1 毫米，沙坡头区、中宁、海原以南较常年偏多 1%~32%，其他各地较常年偏少 2%~10%。2021 年降水量季节间波动大，2020 年冬和 2021 年春、秋季平均降水量分别为 11.4 毫米、86.2 毫米、98.9 毫米，较常年同期偏多 119%、95%、93%；夏季平均降水量为 72.6 毫米，较常年偏少 48%，是唯一降水量少于春季的年份，也是唯一一个连续三个月偏少的年份。2—4 月、9—11 月降水量较常年偏多 63%~338%，其中 3 月全市平均降水量 21.9 毫米，为同期第一多值，其他各月较常年偏少 15%~82%，尤其 7 月全市平均降水量仅为 8.4 毫米，创 1961 年以来最少月。

日照时数：2021 年全市年平均日照时数 2521.5 小时，较常年偏少 388.1 小时。各地日照时数 2393.1~2615.1 小时，大部地区偏少 309.3~456.0 小时。2020/2021 年冬季日照时数为 593.0 小时，较常年同期偏少 51 小时；2021 年春、夏、秋季日照时数分别为 609.7 小时、713.4 小时和 585.4 小时，较常年分别偏少 157.3 小时、106.9 小时和 89.7 小时。除 7 月偏多 12.8 小时外，其他各月偏少 3.9~96.3 小时。（徐江华）

【气象服务】 主要承担地面气象观测、酸雨观测、预报服务、雷达监测、生态与农业气象监测、人工影响天气、气象行政许可等工作。主要开展干旱、暴雨、霜冻、干热风、低温冷害等预报服务，对外发布《气象信息专报》《农用天气预报》《林火监测专报》《气象灾情快报》和《气象生态监测评估》等多类决策服务材料，全年全市气象部门共制作各种气象服务材料 689 期，获地方领导批示 37 次。（徐江华）

【人工影响天气】 全市共建成固定火箭高炮增雨防雹作业点 18 个，人影移动作业点 21 个，布设高炮 7 门、火箭发射架 21 部，人影作业人员 54 人。

（徐江华）

文化体育

文 化

【文化惠民】 实施文化惠民工程，全年开展“文化大篷车”基层文艺演出741场次，广场文艺演出117场次，“送戏下乡”160场次。组织开展“书香中卫·大讲堂”9期，“书香中卫·朗读有你”2期，阅读分享活动4次。（冯 超）

【群众文化】 组织举办“云天中卫春来早2021年中卫市军民春节联欢晚会”“非遗过大年”“迎新春·送春联”等元旦春节系列活动。策划举办“弘扬雷锋精神 传承红色基因”快闪、“献礼建党100周年”专题文艺晚会等群众性文化活动。结合“创建全国文明城市”“学雷锋活动月”“我们的节日”等主题活动，每月组织30余名文化志愿者深入社区、农村、军营、敬老院、社会福利院开展下基层演出，变“送文化”为“种文化”，丰富群众精神文化生活。（冯 超）

【精品创作】 大型花儿歌舞剧《丝路驿站》完成音乐录制、舞美服装道具设计工作，进入彩排阶段，争取自治区2021年舞台艺术精品工程扶持经费20万元。争取文化和旅游部艺术司、财务司2021年濒危剧种公益性演出补助经费50万元，完成中卫道情小戏《金沙梦》的创排工作，并于10月下旬巡演7场次。话剧《宁夏和平解放——沙洲谈判》、花儿剧《丝路情》在进一步打磨阶段。（冯 超）

【公共图书】 全年共采购图书11000册，期刊254种，报纸72种，接收赠刊100种。文献总藏量35万余册，其中纸质文献25.5万册，电子文献9.5万册，电子资源存储达11.7 TB。有长安社区、黄河花园社区、中山社区、光明社区4个社区分馆，世纪花园、官桥幸福里、大麦地、馆南侧4个城市悦读书房，共设有900个阅览座位。2021年接待读者18.3万余人次，文献外借量11万余册次，文献外借总人次7.3万余人次，累计持证读者2.2万余人。（冯 超）

【文化遗产保护与传承】 高庙文物保护修缮工程全面完工，推进明长城胜金关滑坡及危岩体抢险加固工程。申报大麦地岩画数字化保护和大麦地岩画保存状况勘察评估及保护前期研究两个项目。中卫建筑彩绘、中宁蒿子面制作技艺、中宁县黄羊钱鞭等3个项目被列入第五批国家级非物质文化遗产代表性项目名录；沙石画、肖记水面、中卫道情、曹氏武术等4大类19个项目（其中包括9个扩展项目）被列入第六批自治区级非物质文化遗产代表性项目名录。组织非遗传承人参加2021年宁夏黄河流域非遗讲解大赛、2021年宁夏黄河流域非遗作品创意大赛暨“两晒一促”优品大赛、2021年宁夏黄河流域非遗美食大赛，包揽非遗讲解大赛三个组别（院校组、传承组、导游组）金奖，并获得银奖2个、铜奖3个、优秀奖1个；获得非遗作品创意大赛一等奖1个、二等奖2个、三等奖10个、优秀奖9个，获奖率达95.7%。

（冯 超）

【文化设施建设】 实现市、县图书馆、文化馆，乡镇综合文化站、村综合文化服务中心全部对外免费开放。完成市区文化旅游创意雕塑工程。指导市文化馆、图书馆分别完成数字文化馆、枸杞特色资源库建设。争取自治区公共文化服务体系建设专项资金，指导县（区）对18个村（社区）综合文化服务中心设备器材进行扶持。（冯 超）

体 育

【自治区第十六届运动会筹备】 成立筹备工作指挥部，印发《宁夏回族自治区第十六届运动会中卫市筹备工作执行方案》。中卫市体育馆、市职工活动中心、中宁杞乡体育馆、海原县体育馆等 12 个场馆均改造完工并进行验收。中卫市田径场、中卫市射击馆、中卫市体育运动广场等项目均开工。

（冯　超）

【体育设施建设】 在沙坡头区建成健身步道 4 公里、多功能运动场 1 个、5 人制足球场 1 个，自治区级全民健身站点 6 处。向市区配发健身路径 65 套，11 副篮球架，63 张乒乓球桌。（冯　超）

【群众体育活动】 组织开展中卫市中式八球排名赛、乒乓球海选赛、羽毛球海选赛、乒乓球擂台赛、足球赛、全区广场舞中卫站比赛、广播操比赛、线上半程马拉松、“喜迎十六运”倒计时 300 天誓师大会暨健步行等全民健身活动 12 场，举办 2021 年中卫市青少年围棋、足球比赛，承办 2021 年自治区青少年锦标赛武术、拳击比赛。（冯　超）

广播电视

【广播电视安全播出】 进一步加大广播电视安全播出的监控和管理力度，加强广电设施设备网络干线检查和值班工作，市县两级未发生安全播出事故。扎实开展广播影视网络安全播出工作。

（冯　超）

【农村数字电影放映】 完成农村电影放映 7247 场次，实现每个行政村每月不少于 1 场。

（冯　超）

广电网络

【概况】 按照中央和自治区关于全国有线电视网络整合发展有关要求部署，中国广电宁夏网络有限公司完成“全国一网”整合的工作任务，于 2021 年 5 月，正式并入中国广电网络股份有限公司，成为其控股子公司。中国广电宁夏公司在全区各市县（区）下设 19 家分公司，中卫市分公司为其中 1 家，公司全称：中国广电宁夏网络有限公司中卫市分公司。年内在岗人员 27 名，设综合业务部、营业部、安装维护部、工程建维部、政企事业部 5 个部室，主要从事有线数字电视业务和宽带经营，承担沙坡头区有线电视用户和农村“户户通”用户的广播电视安全传输职责。

（刘凌霄）

【网络规划建设】 将宽带乡村及中小城市基础网络完善工程建设相结合，利用广电网覆盖面广、组网方便、应用灵活的特点，全面支撑数字乡村建设，参与、发展产业信息化服务，将阳光政务、民生服务、卫生教育、文化旅游等应用与互联网构架链接，可随时向政府机构、企业、外来访客和旅游者提供包括民生、政务、行业在内的云端智能综合信息化应用服务。

（刘凌霄）

【业务发展】 投资建设中国广电（宁夏中卫）数据中心。项目位于中卫市西部云基地，总体投资约 29.18 亿元。项目规划用地 400 亩，其中绿色数据中心占地 205 亩，文化创意中心预留用地 195 亩。主要建设内容包括 9 栋数据机房、1 栋运维楼、4 栋动力楼及配套设施，可容纳 11718 个机柜，整体共设计 175770 台服务器。项目列入国家枢纽节点（宁夏）建设重点项目库，年内与中卫市政府达成用地选址意向，完成数据中心项目建议书、总规、项目资金申请报告、环评、能评、项目可行性研究报告等招标工作。

（刘凌霄）

【安全保障】 1. 建立完善的安全管理制度和流程，从源头上杜绝安全传输和安全生产中的隐患；2. 逐级签订安全传输和安全生产责任书，层层抓落实，并将此工作列入年终考核，实行安全事故“一票否决制”，严格奖罚；3. 加大投入，强化培训，抓员工的安全防范意识和责任意识。（刘凌霄）

文学艺术

【协会管理】 1. 市文联印发《关于进一步加强所属文艺家协会管理工作的办法（试行）》。为进一步加强市文联所属文艺家协会的指导和管理，切实发挥协会繁荣中卫文艺的职能作用，促进全市文艺事业发展，2021 年 11 月，市文联印发《关于进一步加强所属文艺家协会管理工作的办法（试行）》。《办法》共 7 章 34 条，对会员与组织机构、工作职责、活动管理、经费会费与财务管理、免职辞职等方面作出具体规定。2. 中卫市文联文艺工作者职业道德建设委员会成立。11 月 8 日，市文联印发《关于成立中卫市文联文艺工作者职业道德建设委员会的通知》。市文联文艺工作者职业道德建设委员会是全市文艺界加强职业道德建设、推动行业行风建设的专门机构，在市文联党组领导下开展工作。委员会委员主要由市县文联、文艺家协会负责人组成，共 15 人。道德建设委员会的职责是及时建立健全相应的行业道德规范，对行业管理制度的制定、修改提出建议，指导各团体会员单位推动文艺行业职业道德建设;推选树立既具有精湛艺术水准,又具备良好思想道德素养的先进典范,宣传推介其优秀事迹;针对社会各界反映比较突出的文艺工作者失德行为,根据需要组成专门小组进行全面深入的调查分析,评议典型案例,批评不良现象,纠正行业不正之风;推动建立文艺工作者违反职业道德的不良记录档案。3. 协会换届。2021 年 10 月至 1 月,市文联所属 11 个文艺家协会换届工作全面完成,选举产生各协会新一届理事会和主席团。（艾学璞）

【文艺活动】 1. 文学艺术创作基地挂牌。6 月 2 日上午,自治区文联首批文学艺术创作基地挂牌仪式在沙坡头区迎水桥镇鸣沙村举行。2. "永远跟党走·庆祝中国共产党成立 100 周年" 全市书法美术摄影作品展。中共中卫市委宣传部、市文联、市新闻传媒中心共同主办,市书法家协会、美术家协会、摄影家协会、民间文艺家协会协办。作品展于 6 月 28 日在市行政中心二楼展出,集中展示全市优秀书法、美术、摄影作品近 300 幅。3. "永远跟党走·庆祝中国共产党成立 100 周年"红色经典诗文朗诵比赛。6 月 21 日下午,市文联和市委宣传部、市直机关工委、市新闻传媒中心联合举办。45 个(部门)单位的 52 件作品参赛,其中 19 个作品在新闻传媒中心演播大厅参加决赛。4. 舞蹈采风。5 月 18 日,中卫市文联配合中国舞蹈艺术家在中卫市开展"深入生活、扎根人民"庆祝中国共产党成立 100 周年主题采风创作活动。同时赴中卫旅游新镇、沙坡头景区和治沙林场采风,了解新镇建设以及麦草方格固沙治沙成果。5. 宁夏第十届摄影艺术作品展中卫巡展。6 月 22 日上午,由宁夏文联、宁夏摄影家协会主办,中卫市文联、中卫市摄影家协会承办,在沙坡头水镇海原非遗馆展出。自治区、中卫市文联主要领导以及中卫市各文艺家协会会员、摄影爱好者 80 人参加开展仪式并参观展览。巡展时间为 6 月 22 日至 7 月 10 日,共展出纪录类、艺术类、商业和创意类、多媒体类 4 个类别的 197 幅(组)入展、获奖作品。中卫市 8 人 12 件摄影作品参加展出。6. "翰墨薪传、书香中卫"第四届全市中小学生书法绘画大赛。由中共中卫市委宣传部、市教育局、市文联、市新闻传媒集团有限公司联合举办。6 月启动,参赛作品 1382 幅,共评出获奖作品 180 幅,优秀指导教师 49 名。7. 以艺战"疫"。市文联组织文艺工作者运用新媒体平台,创作各类战"疫"文艺作品 790 余篇(幅),其中《反思》《白衣战士》《力量》等美术作品 40 幅,《院士塑像》等系列泥塑作品 6 幅,《凯旋归来》《在家等待》等剪纸作品 29 幅,《等你回家》《众志成城 防控疫情》《不忘初心 牢记使命》等摄影作品 700 幅,传统工艺、书法作品等 20 余幅(件)。策划制作《岂曰无衣,与子同袍》网上摄影展、《以"艺"战"疫"共克时艰》美术展等 3期。（艾学璞）

【文艺志愿服务活动】 2021 年,共举办文艺志愿服务活动 30 余场次。其中"学党史、传精神、跟党走"主题文艺志愿活动,捐赠图书 300 册,创作赠送书画作品 100 余幅,惠及群众近 2000 人,200 余名协会文艺志愿者参加活动。春节前夕,组织书法家、书法爱好者走进社区、企业、乡镇等,为企业职工、环卫工人、交警、医务人员和困难群众书写春联近万副,剪窗花 500 余幅。（艾学璞）

【文艺培训】 1. 朗诵艺术讲座。5 月 29 日,中卫市朗诵艺术协会、中卫市图书馆联合举办"书香中卫大讲堂"朗诵艺术讲座。中央人民广播电台、中国交通广播主持人阿冀老师作"红色诗歌朗诵的情感表达"专题授课。阿冀老师以红色诗歌《致方志敏》为例,与学员们共同交流,有针对性地进行详细讲解、指导和示范。2. 摄影培训。11 月 27 日至 28 日,举办中卫市摄影家协会第六届"中卫一日"摄影培训暨公益影像拍摄活动。中卫市摄影家协会副主席兼秘书长、中卫市评论家协会副主席石文轩以在线直播的形式作摄影专题讲座。28 日,协会主席团成员、理事、会员以及摄影爱好者,到沙坡头区和中宁、海原县,开展第六届"中卫一日"公益影像拍摄活动。（艾学璞）

【作品研讨】 1. 交流研讨会。6 月 21 日,中卫市摄影家协会举办第 28 届全国摄影艺术展投稿交流研讨会,30 名会员参加研讨会。宁夏摄影家协会副主席吴建新对第 27 届全国摄影艺术展获奖入展作品进行评析,并结合中卫摄影资源优势、会员创作选片思路、投稿注意事项等方面进行富有启发性的讲解。2. 中篇小说《洪漫地》作品研讨会。8 月 28 日晚,中卫市文艺评论家协会 35 名会员通过"腾讯会议"的形式参加中篇小说《洪漫地》作品研讨会。中篇小说《洪漫地》由中卫本土作家骆少卿创作并发表于《朔方》2021 年 7 月庆祝建党 100 周年专号。作品以现实主义手法记录和讲述 1930 年至 1949 年生活在以黄河文化为底色的卫宁平原宁安堡的王开山家族,在时代变迁中的起源、迁徙、人物命运的悲欢沉浮,以及在中宁大地上发生的革命斗争历史。（艾学璞）

【文艺成果】 市文联牵头主创文艺作品:1. 拓兆农

60 万字长篇小说《黄河儿女》，2021 年 11 月由宁夏人民出版社出版发行；2. 中卫市民间工艺美术作品集《薪火传承》付梓成册；3. 以“脱贫攻坚”为主题拍摄制作微电影《不回家的妈妈》。会员创作出版书籍：冯俊祥创作的散文集《随心所语》，2021 年 1 月由中国文化出版社出版发行；杨琼程创作的《腾格里故事——西路军的记忆》，2021 年 3 月由近代作家出版社出版发行；杨琼程创作的《漫画中卫》，2021 年 3 月由时代作家出版社出版发行；孟繁保、刘临淑的文学作品集《岁月留痕》，2021 年 7 月由当代文艺出版社出版发行。张建忠、张笑曦创作的文化史《中卫记忆》，2021 年 8 月由宁夏人民出版社出版发行。文艺作品获奖、发表：1. 长篇报告文学《大搬迁》在中宣部“学习强国”学习平台党刊强国号上连载，并入选国家新闻出版署发布的 2020 年农家书屋重点出版物推荐目录；2. 以脱贫攻坚为主题的文学作品集《我们的脱贫之路》入选 2021 年农家书屋重点出版物推荐目录；3. 作家马卫民被中国作协授予“深入生活、扎根人民”主题实践先进个人；4. 青年书法家潘志骞创作的书法作品入围“伟业：庆祝中国共产党成立 100 周年书法大展”；5. 市摄影家协会会员马德的摄影作品《治沙间歇》入展中国文学艺术界联合会、中国国家博物馆和中国摄影家协会联合主办的“希望的田野——脱贫攻坚共享小康全国摄影展”，被中国摄影家协会永久收藏；6. 市民间文艺家陈进德的建筑彩绘（中卫建筑彩绘）入选第五批国家级非遗代表性项目名录；7. 摄影家陈学仁作品《降魔记》入展第十届全国农民摄影大展；8.《走进中卫》《我们的脱贫之路》被评为宁夏回族自治区优秀社科读物；9. 由自治区党委宣传部、自治区文联主办，“学习强国”宁夏学习平台、宁夏摄影家协会承办的“塞上江南 美丽宁夏”摄影作品征集活动，中卫市 5 件作品获奖，李旭竹摄影作品《锁扼黄龙》获二等奖，马德摄影作品《降服沙魔》（组）获三等奖，石宇清摄影作品《梦魅古城》（组）、刘坤摄影作品《逆火前行》、王仕军摄影作品《沸腾的校园》获优秀奖；10. 市摄影家协会褚晓玲摄影作品《风雪相助》、王建春摄影作品《学榜样从小开始》、王永凤摄影作品《秋日晨曲》、张庆文摄影作品《七彩西吉》《清水河瀑布》、朱秀琴摄影作品《向幸福出发》（组照）、康雪萍摄影作品《沙漠雪》（组照）、吴梅霞摄影作品《降伏黄龙》（组照）入展宁夏摄影家协会举办的“中国梦、巾帼情”宁夏第七届妇女摄影作品展；11. 宁夏书法家协会主办的宁夏第十三届书法篆刻临摹展（网络展），中卫市书法家协会秘书长彭松涛获得优秀奖，马海宁、肖彩芬、石华、陈咪、董建锐、邱旭东、卢洋、陈维杰、童昊、范俊宏、雍婷婷 11 位会员入展；12. 市书法家协会会员潘志骞行书八尺立轴《黄宾虹画法要旨》选抄作品入展中国文联、中国书协主办的全国第十二届书法篆刻展览，书法作品六尺行书条幅赵春爽诗作《赞改革开放四十年》入选自治区重点文艺作品扶持名单，作家协会会员刘乐牛创作的微电影《我家住在梨花盛开的地方》、戏剧家协会会员白金龙创作的曲艺作品《红星向党》、民间文艺家协会会员马春燕创作的农民画《脱贫攻坚奔小康农民画长卷》等作品入选自治区重点文艺作品扶持名单；13. 中卫市青年作家彦妮、书法家潘志骞入选宁夏文联首期签约文艺家。（艾学璞）

中卫本土诗歌选录

中卫题咏

范春荣

塞上边关应理城，春秋起始展麾旌。
毗邻前套千般秀，锁扼青铜一柱擎。
大漠孤烟塬壮阔，长河落日势恢宏。
西风古道新丝路，又响驼铃悦耳声。

贺中卫航空进入星时代

张建忠

照壁科创云计算，光激宇宙雷达观。
卫星遥感定标场，航空居先耀球闪。

脱贫攻坚赞

张美玲

沟深水苦少耕粮，无雨坡田草地荒。
克难攻坚施号令，脱贫致富绘篇章。
闽宁牵手宏图展，民众齐心伟业强。
足食丰衣安乐享，山川锦绣换新装。

沙坡头印象（新韵）

赵云超

大漠黄河峻岭横，沙坡头上响鸣钟。

皮筏载客闻歌唱，索道飞身似燕腾。
瀚海驱车冲浪醉，草格织网护林生。
香山见证千年事，中卫人民砥砺行。

春恋中卫

张燕荣

东风唤醒千川暖，南燕北归寻旧巢。
烟雨濛濛遮望眼，廊檐不见落梅梢。

高铁南站夜景

张燕荣

天幕临云际，霓虹耀眼眸。
清辉浮远树，明月照高楼。
夜色撩人醉，岚烟引客游。
小城奇幻景，提笔赋诗讴。

香山湖晚秋碎语

洪学霞

香山十里过金风，乱叶争投锦绣中。
波上闲云浮浪白，岸旁飞鸟逐秋红。
湖亭倒影馀霞绕，古木喧声细草丛。
一律难书秋别意，聊将惊艳寄深衷。

咏沙坡头

王菁华

塞上出佳景，鸣沙天下幽。
波间荡皮筏，浪里遏飞舟。
瀚海四方险，驼铃两岸幽。
沙坡头远眺，卫宁尽平畴。

黄河漂流

张燕荣

九曲黄河穿古道，阴山峡谷荡波涛。
羊皮筏子悠悠远，载酒携云眷眷遨。

胜金关凭吊

张建忠

滚滚黄河寻瀑布，巍巍照壁①笼苍烟。
边墙烽火熄遥影，丝路风云过眼前。
从昔凯歌雄镇守，而今极目绿洲绵。
胜金关隘雁来讯，朔道旌旗迎晓天。

注：①照壁，指贺兰山、祁连山余脉照壁山。

金沙岛秋景

张建忠

金沙岛色景云碧，湖面流光波泛辉。
芦苇荡舟幽独境，荷花踏月貌妍妃。
雪鳞银甲池开宴，秋水汀鸥影落归。
陈迹荒郊风弄笛，今朝大漠璀生緋。

香山日出

郜明锋

薄雾轻纱罩紫烟，一轮红日向东天。
香山最是苍茫处，万丈光芒抱故川。

咏沙坡头水镇

张建忠

诗作笔端描水镇，素颜青瓦衬云霞。
画桥景幽流泉溢，仙阁园游飞雨花。
远眺南山银练色，坐观北苑夕阳纱。
渠悠悦耳过龙阵，林翠溪深度岁华。

香山公园

陈　亮

九曲潺潺润碧芳，娇莺婉转柳间藏。
唯余记忆今犹在，异域乌啼梦故乡。

中卫北漠

郜明锋

金沙野陌覆天边，似有微波无客船。

海市蜃楼存梦境，沧桑百度对愁眠。

海原三月降大雪

张 青

冬深春浅滞迟归，夜半琼花伴梦飞。
才见枝头蝶戏蕊，又惊园上雪压梅。
西山寂静铺冰屑，东巷清幽挂玉帷。
日照消融溪水暖，润泽百艳斗芳菲。

咏关桥乡梨花

张 青

一

白锦常欺雪，春滋俏蕊开。
琼枝人爱恋，韵味蝶徘徊。
雨后清香散，花前美梦栽。
深秋还恣意，果气诱君来。

二

依山近水满河田，残雪千堆化玉烟。
嫩蕊枝枝成画册，琼花朵朵入诗笺。
常怀淡雅陪君走，总掩清芬伴客眠。
少女柔情香漫溢，一溪素月韵无边。

摆 渡

郜明峰

黄河万里曲流东，我与晨风影上融。
碧水清波红日出，横船摆渡世尘中。
黄河曲径浅滩行，旭日东升寒气晨。
缕缕微波浮岸景，眼前乱石万千巡。

海原春节习俗(外一首)

刘 成

腊月二十三扫房子(新韵)

雪映梅红腊月天，扫房除旧过新年。
帚挥尘冒屋梁净，手到杂移壁角宽。
户纳春光驱疫尽，门迎瑞气助康延。
污浊晦运随风去，四季呈祥纵意欢。

正月二十三燎疳(新韵)

抱薪点火紫霄明，烈焰升腾夜鸟惊。
青壮飞身收腹越，叟童放胆尽情冲。
清除晦气忙春事，振奋精神踏远程。
辨穗扬灰优选种，来年全面冀丰赢。

春回海原(新韵)

醉望阳春绿故乡，东风轻荡柳丝飏。
南华苍翠鹰拍翅，牌路缤纷卉溢香。
异草奇花争艳色，俊男靓女展新装。
战瘟大胜贫摘帽，村寨齐心奔小康。

家乡田园风光

陈 亮

东风过李园，素手扣扉门。
麦浪三川翠，云天万里暄。
潺潺流水磬，霭霭远人村。
笑语空山尽，归来不觉昏。

南长滩

陈 亮

大漠群峰外，霞披九曲长。
轻舟浮碧水，美酒溢芳香。
原野牛羊壮，枝头燕雀忙。
东南红玛瑙，胜地远名扬。

家乡美

陈 亮

黄河浩荡映斜阳，岸芷汀兰倩影长。
塞上江南风景美，游人竞渡览家乡。

海兴新景区

张建忠

海兴①冬阳艳碧天，新区马路笔端直。
青山环绕米粮川，干旱之都添景色。

注：①海兴，指中卫市海兴开发区。

初冬咏中卫古城

乔维祖

天晴气朗露冰天，初雪消融阡陌连。
牛首慈云商朔风刮，沙坡钟响裹孤烟。
香峰对峙山河俊，戈壁岩雕古色全。
旭日有情温暖送，月曦无意伴东边。

香山果园

郜明锋

极目香山满峰秀，绿红相润遍林园。
辛勤多少皆忘倦，喜获丰收美味纯。

胜金关怀古

韩建斌

明将修要隘，胜似渲金关。
远望奔犀饮，长思玉带弯。
沙丘行马客，城壁阻兵蛮。
应理山川静，黄河水影潺。

黑山峡风光

张建忠

乘筏峡中赏，暗礁险滩狂。
峰峦云际入，山色路迷茫。
杏雨落荒野，梨花飞白伤。
霞镶河朔碧，世外枣园香。

六月枸杞红

张建忠

芒日杞香芳树妍，端阳红果绽蓝天。
姑娘采撷杏黄月，小伙酿春[1]微紫绵。
艳艳柔枝含掬笑，盈盈茨棘吐珠然。
碧云玛瑙润乡土，惊世名寰称寿仙。

注：①酿春，指酿酒。

香山红枣

郜明锋

一季秋风染醉红，香山脆枣醉双瞳。
琳琅满目个头大，满口香甜万树丰。

咏山河桥瀑布

张建忠

山水桥横瀑布狂，雷霆之势越岚冈。
石梯天作谷涛涧，洪泻黄河狮吼猖。
烟雨六盘天杰作，清游两岸驻村庄。
一河南下界分立，千丈溪流归朔方。

水车吟

郜明锋

谁人制造巨天轮，巧匠能工智慧真。
灌溉良田百年物，河床遗貌鉴秋春。

卫宁平原美如画

倪仲成

黄河涌出黑山峡，沙坡头下息浊浪。
含情留沙造沃土，灌田献绿绘画廊。
卫宁平原蔚然成，塞上江南美名扬。
田园村落星罗布，应理宁安遥相望。
河舞锦缎绕二城，岸飘五彩绣华妆。
碧玉生烟晨景美，长河落日暮色壮。
牛首凌空瞰古峡，天景壁立树屏障。
胜金雄踞连石空，舟塔静默望宁安。
田畴悠悠飘稻香，杞园片片赛琳琅。
卫宁平原美如画，丹青写意难尽详。

浣溪沙·中卫沙漠生态大棚

闫云霞

棚里风光满眼新，嫣红姹紫自携春。西风口上战沙尘。

亲友取经听仔细：唯求科技不求神。成真梦想淌真金。

渔家傲·中卫新城区

闫云霞

几载别来风景异，城乡楼宇摩天立。朔漠歌声连角起，惊且喜，长空散绮沙凝碧。

老友举杯言仔细，栽桐引凤生双翼。小曲悠悠金岸里，难禁忆，旧时雨巷行无计。

卜算子·咏黄河

赵云超

冰雪孕精魂，开路穿青藏。放荡尘羁奔流来，填壑千千丈。

倾慕沙坡头，瀚海情思爽。母爱缠绵育苗根，万顷神洲仰。

清平乐·北长滩盈春

张建忠

黄河幽谷。两岸山峰独。长滩梨花纷纷逐。车[1]转低吟唱曲。

百亩果木盈春。丹霞醉卧路村。古道遗风窜火。驼铃声脆悠云。

注：①车，指水车。

武陵春·枸杞岁稔(新韵)

徐 和

初夏茨园千树绿，细雨燕飞帘。垄上闲花放又残，唯是杞花妍。

柳上黄莺犹怕醒，清早放霞天。鹤影轻翻入碧天，岁月自幽闲。

渔家傲·枸杞园情思(新韵)

徐 和

枸杞枝条堆萼满，莺啼促蕾花开艳。飞去香云天际远，天际远，岭边闻到芬芳漫。

袅袅清香迷醉眼，听天鸿雁啼声断。采杞姑娘心意乱，心意乱，心河漾月星星泛。

口占《中卫市志》

孙生玉

大漠长河摩诘夸[1]，沙坡寺口靓南华[2]。
山川形胜美方志，秦筑长城枸杞茶。
门类横排四十卷[3]，单元竖写万千家。
难为工匠裁云手，塞上江南绽奇葩。

注：①摩诘，即王维。②此句分指中卫沙坡鸣钟、香山寺口子和海原南华山。③四十卷，含人物、附录、概述和大事记。(作者：宁夏军区原副参谋长。)

沙坡头二首(新韵)

郭 佑

一

大漠孤烟遗古韵，黄河落日续新篇。
沙鸣[1]乐曲钟灵动，车转[2]年轮岁杪还。
陌野林荫妆绿地，格桑花艳慰蓝天。
流连忘返人犹醉，回味无穷在此间。

注：①沙鸣指“沙坡鸣钟”。②车转指“古老水车”。

二

坡头丽景美无边，大漠神奇古道延。
海市蜃楼云里烁，羊皮筏子水中穿。
林幽鸟咏风声伴，沙净钟鸣客语喧。
明代长城伸阔野，黄河汹涌总潺湲。

小寒(新韵)

郭 佑

季节又遇小寒临，羁旅犹思故里亲。
瑞雪漫天迎好兆，暗香邀鹊报佳音。
水凝冰镜河无语，氧置田畴地有温。
辣酒杯杯能制暖，东风飒飒可鸣春。

大寒(新韵)

郭 佑

节序承接入大寒，胚芽萌动向斑斓。

冰河低咏迎春曲，雪野将掀冷絮毡。
坝上青松摇雅韵，湖边垂柳绘佳篇。
文人撰对书牛句，他日张灯过虎年。

四季风五首

郭 佑

春风吟（新韵）

勤恳无私促复苏，融冰消雪一声呼。
著成陌野诗千首，绘就田园画万幅。
新叶奇枝灵手剪，远帆轻浪爱心扶。
神工巧绣山川美，鸟语花香盛景图。

夏风吟（通韵）

神姿飒爽送清凉，携雨浇田润麦秧。
电闪雷鸣君共傲，云驰雾卷尔同狂。
掀禾哼曲逍遥派，吻叶拈花浪漫帮。
巨手翻书知善意，我追绮梦助飞翔。

秋风吟（新韵）

汗流浃背望苍穹，梦里贤良在此中。
几顷划黄摇画意，满潭翠碧动诗容。
伸出巨手相邀月，驱散乌云共赏虹。
一路奔驰逐雾尽，耐心助我写峥嵘。

冬风吟（通韵）

寒潮裹雪筑银台，冷气连天漫九垓。
欲渡黄河冰盖险，将登兰岳草霜皑。
浮云惨淡因君致，隐月凄迷怨尔拍。
莫负梅园苞夙愿，含香献蕊报春开。

春风吟外一首（通韵）

冰融天暖雨滴垂，云霁风和柳絮飞。
似画田园翻绿带，如诗陌野绽红菲。
枝奇叶翠莺歌唱，水阔帆轻海浪推。
巨手绘成图万里，豪情酿就酒千杯。

一剪梅·关桥梨花节随笔（周邦彦体）

郭 佑

绰约风姿分外娇。玉叶清纯，嫩蕊香飘。迷人馥郁引仙来，树上芬芳，月下妖娆。

醉眼琼英改日凋。千朵花残，万朵魂销。金秋季节看枝间，赏也丰饶，摘也丰饶。

梨花明白得如此难以说清

刘乐牛

梨花明白得如此难以说清
不知是谁通过梨花
在晴朗的天空下做着迷离的梦
暖暖的阳光汇合在枝头
白色的薄风
轻拂着一树明亮芳香的蜂巢

不知是谁，通过梨花
远离自己的名字，带着还有点清寒的春天
来到这个叫北长滩的地方
在人间庸俗的关系之外
听欲望的浊浪，拥黄河从耳畔缓缓而去

不知是谁，身穿梨花望向远方
把这些站在水边的百年老树
当成了心中向上生长着的，天堂的根基

长河落日圆

刘乐牛

大漠孤烟已被庄稼和城市取代
唯有洪圆的落日
苍茫不改，照着千年前的滚滚长河

此刻，飞鸟已驮着余晖归巢
扬橹摇波的汉子
掮起羊皮筏回到了岸上
万物静默，不敢动用这辽阔的滩涂

风吹草动的暮色
如此凝重，仿佛有位独占四野的大神

正向这天地不朽的力量
低首臣服

水　车

刘乐牛

此刻岸边的你
其实只是，这片土地的一点记忆
马达轰鸣的扬黄工程
已看不上，你环绕在身的木桶
舀起黄河的声声波涛

岁月在水中跌宕而前的脚步
已被时代一再加速
诸多反季节蔬菜，证明春来冬去的日子
可以摆脱你所象征的轮回

只有身世沧桑的这棵老树
还以柔软的枝条
安慰着你，记得你扬起的清波
是怎样拉着一条条
春天明亮的导线
熊熊燃烧起整个原野

只有它还记得，干涸的荒滩
怎样被你古旧的木架
支撑为炊烟袅袅的最初家园
你是怎样，以柔韧的筋骨
抵抗着苦难，在残阳下
反复地唱着一首，多情的黄河恋

哦，此刻孤独的你站在岸边
我能懂读你的伤感
你的落寞，却只能这样
默默地看着你，看着你
直到自己成为吹在你身上的清风一缕

骆　驼

刘乐牛

提起西部，不能不说到负重的骆驼
是命运让它学会了承担
它活着，就是为了皈依一部黄沙展开的
无边经书，以悲悯的目光向苦难交出深深的蹄印

它的一生都走在一道生存与责任
组合起来的古老命题中
步步苍茫，以沉默的痛楚展示着柔韧的力量
而当大风刮起，它就是一堵最可靠的墙

哦，提起西部，不能不说到负重的骆驼
尤其说到黄昏中那高耸的身影
起伏的沙漠，就成了它扯起来的一片巨大的风帆

新闻传媒

【概况】　中卫市新闻传媒中心（以下简称“传媒中心”）为市委直属正处级事业单位。2021 年，从业人员 182 人。主办有《中卫日报》、中卫电视台综合频道、中卫综合广播、中卫交通音乐广播、中卫新闻网站等传统媒体，中卫发布、中卫日报微信公众号、中卫发布新浪微博和中卫市新闻传媒中心新浪微博、云端中卫客户端等新媒体平台，形成集纸质媒体、视频媒体、音频媒体、网络媒体等“一报一台一网一端两频率+新媒体”的立体式宣传架构。根据《中共中卫市委员会办公室、市人民政府办公室关于印发〈中卫市新闻传媒集团有限公司组建方案〉的通知》（卫党办发〔2021〕26 号）精神，新组建中卫市新闻传媒集团有限公司，为市政府管理直属国有企业，与中卫市新闻传媒中心实行“一套人马、两块牌子”双重管理模式，职工实行全员企业化管理，9 月 18 日挂牌成立。

（张海霞）

【新闻宣传】　1. 围绕中心重点工作，做好主题宣传报道。在《中卫日报》、中卫广播电视台、中卫新闻网等平台开设“在习近平新时代中国特色社会主义思想指引下——贯彻新发展理念 推动高质量发展”专栏，持续报道市委、市政府坚持以习近平新时代中国特色社会主义思想为指导，认真学习贯彻习近平总书记视察宁夏重要讲话精神，深刻领会和准确把握党的十九届五中全会精神及自治区党委十二届十二次、十三次全会精神。2. 重点工作宣传。传媒集团围绕重大会议、重大活动、重要节庆等，共策划制定市委四届十次、十一次全会，以及市两会、“奋斗百年路 启航新征程”、“云天大会”、自治区十六届运动会等阶段性宣传报道方案 20 个。同时，传媒中心把庆祝建党 100 周年新闻宣传活动作为贯穿全年工作的一条主线，坚持全

媒联动，为庆祝建党100周年营造良好的舆论氛围。3.外宣工作。多篇文章被《人民日报》等中央和自治区媒体转载刊发，年内共刊发稿件2500余条。4.按照主题宣传，制作完成时长20分钟的中卫市党史学习教育纪录片《沐恩百年志云天》和《砥砺奋进新征程 实干笃行启华章》等有影响力的电视专题片20余部；举办庆祝建党百年系列快闪等新媒体推广及直播活动20余场；出版庆祝建党100周年百版典藏特刊1期。5.围绕重点工作，策划创办《新闻参阅》内参期刊；完成2021云天大会市区氛围营造，制作反映“四大提升行动”市委、市政府主要领导包抓重点村情况专题片2部。开展自治区十六届运动会新闻宣传、市场开发、氛围营造等相关工作，制作5个户外大型电子倒计时牌，完成会徽、会歌、吉祥物和主题口号等征集活动。6.运用H5、VR、直播等新媒体手段，在中卫发布视频号发布视频200余条，总浏览量400万+，制作推出的《中卫夜景》，浏览量近40万，点赞量1.5万+；在疫情防控期间，制作推出的《核酸检测现场，两个可爱的人儿暖了整个中卫》，浏览量100万+，点赞量1.4万+；承办“网络达人看中卫”活动，制作推出《今天看网络达人去哪儿了》等系列H5、动漫视频15条；在“2021云天大会”期间，制作推出60余条短视频，1条H5长图，30余张海报。其中，《两院院士李德仁点赞中卫：“中卫是个好地方”》《王宇翔：中卫“双中心”节点城市优势诸多！》《激动，学校来了大教授》等重点产品浏览量30万+。推送图文稿件《“一号工程”云计算和大数据产业为宁夏中卫高质量发展插上腾飞翅膀》《“2021云天大会”在宁夏中卫圆满举行多项战略合作达成》到头条号、百家号、搜狐号、一点号等新媒体平台。其中，《“一号工程”云计算和大数据产业为宁夏中卫高质量发展插上腾飞翅膀》浏览量173.3万+；《“2021云天大会” 在宁夏中卫圆满举行 多项战略合作达成》浏览量129.5万+。推送《两院院士李德仁点赞中卫：“中卫是个好地方”》《龚健雅：中卫“云”发展速度令人惊讶！》《宁夏中卫打造网络版“朱日和”》《2021云天大会·国家一体化大数据应用论坛在宁夏中卫举办》《“2021云天大会”在宁夏中卫市举办》《“2021云天大会”签约20项战略合作协议》《“2021云天大会”举行六项揭（挂）牌仪式》《秦安：中卫是大数据中心建设的排头兵》《沈昌祥院士：中卫“双中心”节点城市建设值得推广》9部短视频到抖音平台、凤凰视频、一点视频、新浪视频、网易视频、头条视频、西瓜视频、腾讯视频、百家号视频、爱奇艺视频等。其中，抖音平台浏览量为63.8万+，凤凰网客户端“四大”门户网站首页推荐浏览量超过1000万+。

（张海霞）

广播电视热播节目

【嘚啵嘚啵秀】 日播节目，每日11:30至12:00在中卫广播电视台交通音乐广播（FM91.9 MHz）播出，时长30分钟。节目内容缤纷多彩、乐观向上、健康积极。采用大众喜闻乐见的方式，表达人们所熟悉的生活内容和思想情感。语言通俗易懂，风趣诙谐，符合大众的审美情趣。（闪明强）

【健康有道】 日播节目，每天8:30至9:00在中卫广播电视台综合广播（FM107.1 MHz）播出，时长30分钟。《健康有道》是一档涵盖养生、饮食、疾病预防、实用健康常识，为听众提供全方位健康养生知识的一档健康服务类节目。针对每期不同的主题，为听众提供切实可行的健康建议。（闪明强）

【新闻早班车】 日播节目，是一档早间新闻节目，每天8:30至9:30在中卫广播电视台交通音乐广播（FM91.9 MHz）播出，时长60分钟。节目由《新闻资讯》《宁夏交通新闻》《新闻连连看》《新闻麻辣烫》四个板块组成，主要向大众传播发生在百姓身边的热点新闻、时政新闻。（闪明强）

【相约在路上】 日播节目，每天17:30至18:00在中卫广播电视台交通音乐广播（FM91.9 MHz）播出，时长30分钟。节目分为《路况、天气资讯》《百姓身边事》《乐活辣新闻》三个板块，主要向大众传播发生在百姓身边的热点新闻，用轻松搞笑的方式说社会奇葩新闻、用车小常识等。能够紧密结合本地实际，积极传播正能量。（闪明强）

【品质生活馆】 日播节目，每天11:30至12:00在中卫广播电视台综合广播（FM107.1 MHz）播出，每期30分钟。《品质生活馆》节目内容涵盖健康养生、生活小百科、热点新闻话题、读名著等。（闪明强）

【年轻无极限】 日播节目，每天17:30至18:00在中卫广播电视台综合广播（FM107.1 MHz）播出，每期30分钟。《年轻无极限》是一档集生活、娱乐、休闲、互动、音乐为一体的综艺性节目。每期节目一个主题，涉及实时热点、奇闻趣事、生活感悟等，将资讯、歌曲、服务及互动等融会贯通。（闪明强）

【中卫新闻联播】 每周一至周五20:00在中卫电视台综合频道首播，时长20分钟。播报中卫市辖区（包括中宁县、海原县、沙坡头区)内时政、民生等新闻。

(万　军　范振清)

【法治进行时】 每周三 19:35 在中卫电视台综合频道首播,时长 20 分钟。主要传播公、检、法等部门惠民政策和典型案件,向社会各界传递法律知识,并曝光存在火灾隐患的企业,以及交通违法车辆和驾驶员。栏目包括《法治播报》《忠诚卫士》《民生与法》《中卫审判》《平安 119》《曝光台》《法治 360》等板块。

(汪鸿鹏)

【健康中卫】 每周五 18:45 在中卫电视台综合频道首播,时长 12 分钟。为卫生健康类专题节目,栏目主要包括《医疗动态》《卫生风采》《养生保健》三部分。

(张丽萍)

【文旅中卫】 每周二 18:45 在中卫综合频道首播,时长 15 分钟。栏目包括《印象中卫》《旅游指南针》《中卫风光》等板块。 (李　静)

【少年向前冲】 每周一 18:45 在中卫电视台综合频道首播,时长 15 分钟。栏目包括《教育动态》《小记者在行动》《健康少年》《科普小课堂》等。

(房晓晶　张涵悦)

档　案

【概况】 馆舍总面积 1198 平方米。至 2021 年年底,馆藏档案 232 个全宗,61327 卷(册),364644 件,电子照片档案 121.38GB、音像资料 1638.4GB、实物档案 1997 件、资料 14756 册、档案数字化成果 918GB。馆藏档案跨度为 96 年(1925 年——2020 年)。档案资料主要有:民国时期国民党中卫县党部、卫宁地方法院、教育科、邮政局、统计局档案,民国时期历史文献《万有文库》、清朝文献《乾隆中卫县志》《道光中卫县志》,国民党在宁夏的活动照片以及新中国成立后国家领导人到中卫考察、视察照片等。 (李四营)

【资源优化建设】 推进脱贫攻坚和疫情防控"两类档案"归集工作。2021 年接收脱贫攻坚档案 217 盒 163 卷 2868 件及其数字化成果进馆。将馆内收集的 2020 年度新冠肺炎疫情防控档案 64 盒 1949 件,全部完成数字化,并导入档案馆数字档案管理系统,建立脱贫攻坚疫情防控专题数据库。接收市委办、市扶贫办等 6 个单位文书档案 7295 件、20 卷,接收市政府办公室移交印章档案 14 枚、已公开文件 119 件、各类政府公报 149 册;接收《宁夏年鉴》《中卫年鉴》《中卫市政法志》等资料 68 册。针对 2021 年是换届年重要会议多的现状,采取主动上门、发工作提醒函的方式,提醒有关单位从会议筹备阶段就注意做好会议文件资料(特别是音视频、照片)收集,确保重要会议档案完整,应归尽归。完成民国时期国民党中卫党部和卫宁地方法院 135 页国家重点档案的裱糊修复。

(李四营)

【利用服务】 开通区内网上查档服务。与全区 26 家综合档案馆签署共享服务协议,开通基于全区档案业务综合管理平台的档案共享服务,达到"就地受理、远程查询、跨馆出证"的目的,实现查档群众少跑腿、档案信息多跑路。开展档案开放审核,向社会公开档案。全年完成 3 个全宗文书档案近 1 万多件 10 万页开放审核工作,向自治区档案馆报送 750 条开放档案目录及其数字化副本,通过自治区档案开放系统向社会公开。优质服务社会各界档案需求。配合组织、人事部门做好干部档案审核工作,服务上门查档群众,千方百计提供缺失的干部档案资料和群众民生档案需求。2021 年共接待现场查档人员 561 人次,利用档案 1663 卷(件),复制档案 5453 页。

(李四营)

【信息化建设】 档案信息化。配合自治区档案馆为全市 70 个立档单位搭建基于全区档案业务综合管理平台的数字化档案室,承办由自治区档案馆主办的档案业务信创应用系统培训班。落实馆藏纸质档案数字化二期项目资金 50 万元,组织开展馆藏档案数字化第二期加工,完成馆藏近 100 万页纸质档案的数字化加工。馆藏纸质档案数字化项目一期和二期部分成果导入档案馆数字档案管理系统。 (李四营)

【安全管理】 强化档案保密。敏感涉密档案利用中,严格履行审批程序,认真核查利用者身份;数字化加工中,签订保密协议,严禁加工人员将电子设备带入数字化加工现场。同时,教育档案管理人员保守办案查档中的工作秘密。筑牢安全屏障。坚持值班制度,实行法定节假日期间全天值班制,坚持领导带班和干部值班。强化日常巡查,在办公室、查档大厅对重要部位进行实时监控,领导参与并督促库管人员做好日常库房巡检、温湿度监测。落实档案防火、防盗、防鼠等防范措施,及时更新防虫药、灭鼠板。

(李四营)

党史研究

【党史资料编撰】 按照"客观、及时、全面"的资料征编要求，及时征集编撰2021年《中共中卫市委大事记》《中共中卫历史大事记》资料各40万余字。完成《中卫扶贫开发大事记》《中卫全面小康工程大事记》各1万余字。按照区党委党史研究室对开展《脱贫攻坚口述史》征编工作的安排部署，联合市乡村振兴局组织县（区）党史部门开展中卫市《脱贫攻坚口述史》资料征集工作，共征集到口述史资料34篇7万余字，将其中24篇上报自治区党委党史研究室。

（李艳芳）

【党史研究】 根据中央和自治区党史研究工作"十四五"规划精神，结合中卫实际，印发中卫市党史工作规划、2021年工作要点。联合市委宣传部开展中卫市"庆祝中国共产党成立100周年理论征文活动"，共征集高质量理论文章106篇，组织评选出优秀文章25篇，推荐至《中卫日报》刊登，并编印优秀论文集；同时，筛选优秀论文63篇向自治区推荐，有15篇获得奖项，市委党史研究室被区党委宣传部、党史研究室授予优秀组织奖。组织筹办中卫市庆祝中国共产党成立100周年理论研讨会。撰写理论文章《传承红色基因 建设红色美丽村庄》，在《宁夏工作研究》第5期刊登。对《中卫市改革开放实录》中涉及的23个专题进行安排部署，补充完善专题资料，形成初稿共35万余字。（李艳芳）

【党史宣传教育】 联合市委宣传部、市直机关工委、新闻传媒集团，开展"学党史、知党情、跟党走"党史学习教育知识竞赛。在全市开展党史宣传教育基地申报工作，共向自治区党委党史研究室筛选上报了中卫四小雷锋文化展览馆、恩和小学革命传统教育室、关桥堡会议遗址等8处候选基地，其中中宁县革命烈士纪念碑被区党委党史研究室命名为"第二批宁夏党史宣传教育基地" 并予以授牌。开展党史学习教育、"七一"重要讲话精神、党的十九届六中全会精神和铸牢中华民族共同体意识宣讲活动，为市委办、政研室、档案馆、中油中卫分公司及国网中卫供电公司全体干部职工作专题宣讲4场次，受众约300人次。认真撰写《党的历史是丰富生动的教科书》《南陈北李 相约建党》等宣讲稿，为市委办干部职工作党史专题宣讲3场次。切实做好各类党史题材内容的审读审查工作，为《宁夏日报》《中卫日报》等媒体提供资料、线索，并审核《中卫党史大事记》《一张嘉奖令背后的红色故事》等新闻稿件23篇，为市委网信办审核《追寻先烈足迹 传承红色基因》专题片。做好市博物馆红色历史文化专题展、新闻传媒中心《沐恩百年志云天》专题片等内容审核。组织全市党史部门开展庆祝中国共产党成立100周年全国党史故事短视频网上展播活动，其中由中宁选报的《飘扬在宁夏的一缕红色丝带——李天才》荣获"知史爱党 知史爱国"全国党史故事短视频展播活动党史人物类作品三等奖。组织开展全国党史和文献部门先进集体和先进个人评选推荐工作。

（李艳芳）

方志编纂

【市志编修】 1. 2021年初，《中卫市志》编纂整体进入分纂程序，及时调整编辑队伍力量，督促方志出版社重新选聘5名专家投入到分纂、总纂工作中，采取分纂、总纂、核实补充资料、审读评审、编纂团队与出版社交叉运行、环环紧扣、齐头并进的方式，加快编纂工作进度。2. 统一规范，严把"四关"。每完成数卷，及时寄送出版社老师审读。针对方志出版社编审反馈的语言不规范、计量单位不统一、隐形第一人称、中间断线、下限不齐等问题，向供稿单位发函300余份，补充内容、核实信息。3. 对于一些部门（单位）不接电话，长期不报资料，直接与基层单位联系，弥补相关资料缺项。4. 交流研讨，破解难题。年初至10月中旬，会同方志出版社银川工作站，利用周六周天和端午节、五一节、国庆节假期，召开会稿会7次，讨论解决工作相关具体问题。5. 为确保入志资料真实准确，以函件将志稿反馈到供稿单位，要求各单位组织相关科室人员审读或组织开展评审，提出修改意见建议，经单位领导签字、单位盖章后反馈至市志办。将原定的黑白印刷改为全彩。至8月底，选200余幅图片设计成前置彩页，在各分志中随文插图419幅，确定版面设计。10月，编写完成节下概况，补充完善中间断线和下限不齐、个别文字不简练等问题。年内，对排版后的志稿进行4次校对，完成总计350万字的《中卫市志》审定稿。

【年鉴编修】 新增"云计算和军民融合产业"篇，《中卫年鉴》篇目进一步优化。至11月底，《中卫年鉴2021》《中宁年鉴2021》进入印刷程序。《沙坡头区年鉴2021》《海原年鉴2021》分别完成送审稿。《沙坡头区年鉴》2018卷、2019卷、2020卷和《海原年鉴》2019卷、2020卷分别出版。

【部门志编修】 为12家修志单位提供历年出版的《中卫年鉴》电子版，赠书200余册，方便各部门（单位）使用。年内，对《沙坡头区志》《中卫气象志》等6部志书进行审读评审,《中卫气象志》《中卫市政协志》《中宁县枸杞志》公开出版,《中卫市政法志》《中卫市审计志》《中卫市工信志》《中卫市林业志》《宣和镇志》等分别成书。《中卫市金融保险志》《中卫市法院志》《中卫市农业志》《中卫市交通志》《中卫市民政志》《中卫市新闻传媒志》《中卫市工会志》《中卫市公安志》等进入审定程序,《中卫市文联志》形成初稿。

【地方志宣传日活动】 "5·18"地方志宣传日期间,向市图书馆捐赠《中卫年鉴 2020》等地情书 100 余册。向帮扶村小河村赠送《古今中卫大事录》《中卫风物》《中卫史话》《中卫史话连环画》、系列《中卫年鉴》等地情书籍100 余册。联合沙坡头区地方志编纂信息服务中心在市红太阳广场开展活动,现场向市民展示志鉴成果、讲解方志知识。

卫生和健康

综 述

【医疗卫生机构】 2021 年，全市共有各级各类医疗卫生机构 676 个。其中医院 22 个(公立医院 8 个：三级乙等医院 1 个，三级乙等中医医院 1 个，二级综合医院 4 个，二级中医医院 2 个；民营医院 14 个)；专业公共卫生机构 13 个(卫生监督机构 3 个，疾病预防控制机构 3 个，妇幼保健计划生育服务机构 3 个，采供血机构 2 个，市健康教育所 1 个，沙坡头区健康教育中心 1个)；基层医疗卫生机构 639 个(社区卫生服务中心23 个，乡镇卫生院 40 个，村卫生室 454 个，门诊部 3 个，诊所、卫生所、医务室 119 个)。 (刘 欢)

【卫生人员】 全市卫生机构人员 8100 人，其中卫生技术人员 6664 人，执业(助理)医师 2292 人，注册护士 2880 人。其中沙坡头区卫生机构人员 3861 人，其中卫生技术人员 3182 人，执业(助理)医师 1052人。 (刘 欢)

【病床设置及诊疗量】 全市各级医疗卫生机构共设置病床 4774 张；沙坡头区各级医疗卫生机构共设置病床 2262 张。全市各级医疗机构完成门诊治疗 528.58 万人次，收治住院病人 11.31 万人次。 (刘 欢)

【主要卫生健康指标】 全市出生人口 12239 人，法定传染病报告发病率 324.02/10 万。孕产妇系统管理率、孕产妇死亡率、婴儿死亡率、5 岁以下儿童死亡率分别为 97.44%、24.51/10 万、3.92‰、6.05‰。 (张建华)

疾病预防控制

【疫情防控】 落实“外防输入、内防反弹”防控策略，统筹做好“应急”与“常态”之间的有机衔接。1. 坚持“人”“物”“环境”同查同防工作理念，每周对医疗机构和药店、集贸市场、餐厅超市、外卖和快递公司、机场车站卡口、隔离场所、进口货物等重点人群、重点环境、重点食品进行新冠病毒核酸抽检。全市抽检 66 轮 55029 人(份)，全部为阴性，其中重点人员 27433人、重点场所 23307 份、重点食品 4289 份。2. 科学、精准、高效处置银川输入性新冠肺炎确诊病例范某某，以及“10·17”“10·18”、迎水货场涉疫进口纸浆、圆通和申通快件涉疫事件等突发疫情，累计管控密接和次密接 958 人。3. 严格落实入境人员闭环管理措施。党校隔离点对境外入卫 133 人实行“14+7+7”闭环管理。对 93 名境外入卫人员根据其核酸检测结果、血清抗体检测结果、新冠疫苗接种情况及旅居史、临床表现等，进行综合健康评估，实施解除或转运市人民医院做进一步检查和医学观察，降低输入性疫情传播风险。4. 对全市大漠黄河旅游文化节开幕式、宁夏(中宁)第四届枸杞产业博览会、庆祝建党 100 周年中卫市 2021 年广场文艺演出暨红歌大赛、全区“云天中卫”大会、市党代会和两会、国考、高考、中考等大型活动开展疫情防控技术指导评估 30 余次。5. 有序推进新冠疫苗接种工作，建立免疫屏障。根据自治区应对新冠肺炎疫情工作指挥部安排部署，中卫市于 2020年 12 月 28 日启动重点人群新冠疫苗(第一批)紧急接种工作。分批次、分阶段有序推进 18 岁以上人群、13~17岁人群、3~12 岁人群第一剂次、第二剂次、第三剂次新冠病毒疫苗接种工作。全市累计接种 2164370 剂次(沙坡头区 842018 剂次，中宁县 687998 剂次，海原县 634354 剂次)，其中第一剂次 954105 剂次，第二剂次 902251 剂次，第三剂次 308009 剂次，覆盖全市人口总数的 89.17%，各年龄段目标人群任务量均达到自治区要求，全年无预防接种安全事故发生。(黄宗玺)

【慢性病防控】 加强传染病监测管理,全市报告乙、丙类传染病 20 种 3806 例,报告发病率为 324.02/10 万,较上年上升 11.38%。做好免疫规划和重大疾病防控工作,扩大国家免疫规划,疫苗累计实种 282455 人,接种率达 99.91%。完善结核病防治服务体系,加强结核病患者全疗程健康管理服务。全市共报告肺结核患者 334 例,报告发病率 28.43/10 万,病原学阳性率为 59.5%。切实做好碘盐监测等地方病管理及包虫病防治工作,全市采集盐样 900 份,碘盐合格率为 95.98%,合格碘盐食用率为 95.56%。开展布病高危人群筛查 3432 人,血清学检测 3432 人,阳性血清 112 人份,阳性率为 3.26%,网络报告布病 857 例,建立病例档案 857 份,建档率 100%,病人管理率 98.25%。开展包虫病 B 超筛查 17719 人,有包虫病病人 291 例,登记管理率 100%,药物治疗病人 146 人。登记家犬 50783 只,开展 12 轮次的药物驱虫,驱虫覆盖率 95.82%。监测饮水型氟中毒病区 8~12 岁学生 2929 名,氟斑牙检出率为 1.78%。全面落实食品、水质、公共场所等监测工作,采集食品样品 214 份,任务完成率 103.88%,合格率为 98.13%。上报食源性疾病病例 656 例,报告并处置疑似食物中毒 4 起,无食物中毒引发的突发公共卫生事件发生。完成饮用水卫生监测任务,枯水期、丰水期全市共采集水样 206 份,合格率为 88.83%。首次对 57 家公共场所开展两轮次健康危害因素监测工作,共完成场所基本情况调查问卷 57 份,从业人员调查问卷 642 份,采集样本 2483 份,第一轮和第二轮各有 8 家场所存在微生物或物理因素指标超标。开展重点职业病监测工作,完成 61 名尘肺病患者的随访,为沙坡头区 21 名尘肺病患者每人免费发放制氧机 1 台。落实全国艾滋病示范区工作任务,全市共开展各类人群 HIV 抗体筛查检测 149281 人,全市新发现 HIV 感染者/病人48 例,较 2020 年下降 11.1%;累计现存活管理艾滋病感染者/病人 312 人,正在治疗 296 人,治疗覆盖率为 94.9%。全面落实预防性体检免费政策,完成食品、公共场所从业人员健康体检 23360 人。职业病体检 50 家 9966 人,检出“五病”54 人、报告率 100%。

（黄宗玺）

【疾病预防控制重大事件及重要成果】 从方案制定、物资申请储备购置、接种场所及现场布置、人员培训、资质申请、疫苗冷链系统的储备、疫苗配送等方面发挥专业机构督导及技术指导作用,分批次、分阶段推进新冠病毒疫苗接种工作,各年龄段目标人群任务量均达到自治区要求,全市无预防接种安全事故发生。首次开展脊柱侧弯、花粉过敏原、乙脑、乙肝、尘肺病回顾性调查等多项疾病监测项目工作。指导开展糖尿病及 65 岁以上老年人结核病筛查,早期发现并管理肺结核阳性患者 19 例,及时切断其传播。拓展检验检测能力,生活饮用水水质监测从 35 项拓展提升至 90 项;完成艾滋病确认实验室申报验收及投入使用;开展食品中农药残留、重金属等项目认证等。中央直达资金建设的卫生应急物资储备库、病原微生物实验室能力提升项目开工建设,购置流调车 2 辆,采样车 1 辆。

（黄宗玺）

妇幼保健

【概况】 妇女儿童“两规划”顺利通过自治区验收。实施“妇女儿童保健质量提升计划”民生实事。全市免费婚检 10994 人,婚检率达 94.74%;免费叶酸服用 15270 人,完成率达 99.64%;实施艾梅乙阻断 9956 人,完成率达 100%;孕前优生健康检查 6890 对,完成率达 90.66%;营养包发放 21052 人,完成农村妇女免费“两癌”检查 33858 人。

（张建华）

【妇幼保健重大举措】 推进“妇女关爱行动”,为城镇妇女免费“两癌”检查 7006 人,免费“唐筛”7588人,争取自治区资金 200 万元,启动中宁县危重孕产妇和新生儿救治中心第二轮建设。

（张建华）

药事管理

【概况】 全面落实国家基本药物制度,动态监测短缺药品,及时处置,确保辖区短缺药品供应及时,满足群众就医需求。沙坡头区人民医院设置中卫市精准药学服务中心,加强药学服务。市中医医院借助“互联网+医疗健康”,打造智慧中医医院,设置中医药煎配送中心、智能辅助诊断系统、智能给药系统等,实现中医药精细化、智能化管理。组织开展药品“三合理”专项整治行动,对药品使用情况进行网上监测,做好短缺药品监测及保障工作。

（拓万莉）

【药品、药材、医疗器械管理重大举措】 制定药械风险研判会商制度,制定《中卫市“两品一械”质量安全风险研判会商制度》《中卫市药品安全工作联席会议制度》,建立药品综合监管机制,制定《疫苗质量监管工作制度》《中卫市疫苗药品专项监督检查指导细则》,规范疫苗流通环节监督检查工作程序。在全市范围内开展为期2个月的成人用品专项整治行动,联合公安部门检查各类成人用品、保健品店72家次,梳理发现涉嫌销售假药、销售非法添加药品成分食品违法线索12条,成功查处12起,出具假药认定意见书7份,向公安机关移交销售假药案、非法添加药品成分食品案12起。全年办结药械妆案件175起,累计罚没款2255922.4元,案件办理量同比增长259%。开展中卫市家庭过期失效药品回收问卷调查563份,联合市生态环境局、市卫生健康委、市医疗保障局确定824家家庭过期失效药品定点回收单位,实行"三有""四统一"管理,回收家庭过期失效药品797批次681.4千克,会同案件办理没收物品进行无害化销毁处理125箱1420千克,与宁夏上峰萌生环保科技有限公司签订销毁协议。推动成立沙坡头区食品药品安全委员会,组织召开"食品药品安全区"推进会4次,举办"阳光药店"及"药物警戒"培训班5期,邀请自治区专家授课,培训药品从业人员582人,约谈企业16家。强化创建宣传工作,举办"食品药品安全区"主题成果图片展,在沙坡头区红太阳广场展出摄影作品112幅,在向阳步行街打造全域创建"食品药品安全区"主题街区;线上举行全域创建"食品药品安全区"有奖普法宣传等系列活动,访问量73898人,知识点传播数211946次;开展进乡(镇)政府、社区、学校等"五进"活动,6篇涉药工作信息被国家级媒体刊载。在全市5313家药品医疗器械化妆品经营使用单位建成监测哨点609家,采取年度通报、季度约谈、定期催报等措施促进"两品一械"不良反应(事件)报告数量和质量大幅提升。其中,药品1334例,同比增长95.3%;医疗器械293例,同比增长226%;化妆品74例,同比增长508%。根据疫情防控疫苗接种时效特点,介入检查疫苗配送运输接种单位328家次,责令限期整改27家,行政警告处罚4家。检查麻醉精神药品使用单位59家次,含特殊药品复方制剂经营使用单位562家,未发生特殊管理药品流弊事件。摸排全市中药饮片配方颗粒使用情况,以零售药店、民营医院及个体诊所等为重点,围绕采购、验收、储存等环节,检查经营企业451家次,使用单位443家。检查新冠疫苗注射用一次性使用无菌注射器使用单位155家次,新冠病毒检测试剂使用单位27家次,医用口罩经营使用单位1035家。

(拓万莉)

卫生监督

【概况】 全市卫生监督机构共计监督检查公共场所1921家,监督覆盖率99.28%;生活饮用水单位64家,监督覆盖率100%;学校234家,监督覆盖率100%;餐饮具集中消毒4家,监督覆盖率100%;传染病防治719家,监督覆盖率100%;放射诊疗机构60家,监督覆盖率98.36%;职业健康检查机构、职业病诊断机构、放射卫生技术机构5家,监督覆盖率83.33%;医疗机构712家,监督覆盖率100%;全市卫生监督机构总计监督检查户数3762家,总体卫生监督覆盖率99.58%。本年度国家下发双随机抽检任务407件,监督完成403件,任务关闭4件,任务完结率100%。其中,市本级145件,监督完成144件,关闭1件,任务完结率100%,产生双随机案件21件,累计罚款4000元;中宁县148件,监督完成145件,任务关闭3件,任务完结率100%,产生双随机案件1件,给予警告的行政处罚;海原县114件,监督完成114件,任务完结率100%,产生双随机案件9件,累计罚款500元。

(王雅璐)

【医疗服务监督】 1.开展民营医院和社会办医非法行医专项监督检查,以医疗机构许可证管理、人员依法执业情况、医疗广告发布、医疗废物处置为重点检查内容,通过严查依法执业、强化医务人员法治意识等方式方法,规范医疗机构执业行为。2.多部门联动开展打击非法医疗美容专项行动。市卫生健康委牵头组织市公安、市场监督管理、商务、网信等多部门召开打击非法行医及非法医疗美容联席会议,联合开展打击非法行医及非法医疗美容专项行动,随机监督检查医疗美容诊所、零售药店及生活美容、养生会所、保健按摩场所等单位,立案查处非法医疗美容案件3件,罚款人民币11万元,没收违法所得0.05万元。3.开展针对儿童青少年近视矫正领域乱象整治活动。以儿童青少年近视矫正保健机构为重点,查处违法对近视、弱视等疾病进行诊断、治疗等行为,共监督检查各类儿童青少年近视矫正保健机构16家,制作意见书16份。4.开展健康体检专项监督检查,经检查,全市6家开展健康体检的医疗机构,除中宁县2家公立医院开展健康体检工作未在《医疗机构执业许可证》副本进行备案,其他医疗机构均能按照许可范围开展诊疗活动。针对中宁县两家医院开展健康体检工作未进行备案的情况,卫生监督人员当场下达监督意见书责令限期整改。5. 开展查处违法违规应用人类辅助生殖技术专项监督。组织市、县两级卫生监督员对各级各类医疗机构进行重点排查，共监督检查各类医疗机构 67 家，其中二级以上医院 8 家，民营医院 14 家，妇幼保健院 3 家，乡镇卫生院 42 家。经检查，中卫市辖区无违法违规应用人类辅助生殖技术的情况。

（王雅璐）

【公共卫生监督】 1. 对辖区内公共场所进行卫生监督检查，各公共场所均设置卫生管理部门，建立卫生管理档案，从业人员持有效健康证上岗率达 99%，设置有禁止吸烟警语标志，在醒目位置公示卫生许可证、卫生信誉度等级，能按照要求对顾客用品用具进行清洗、消毒、保洁，量化分级管理率达 100%。2. 检查集中式供水单位和二次供水单位，各集中式供水单位均持有卫生许可证，供管水人员健康证持证率 100%，水源保护区内环境整洁，有水源保护的警示牌，建立供水卫生管理制度，水处理剂等涉水产品卫生许可批件及产品检测报告索证齐全，消毒记录规范；检查中发现 2 家二次供水单位消毒设施不完善、未对二次供水出水开展水质检测，达不到卫生许可条件，责令限期整改。3. 结合春季、秋冬季学校和托幼机构疫情常态化防控及传染病防控工作，对辖区内小学、初级中学（包括九年一贯制学校）、高级中学（包括职业中学、十二年一贯制学校、完全中学）、普通高校、托幼机构进行监督检查，指导学校落实疫情常态化防控措施。

（王雅璐）

【职业卫生监督】 落实《职业病防治法》，加大对建设项目职业卫生“三同时”事中事后监管力度，督促指导建设单位依照法律法规和技术标准组织开展职业病危害预评价、职业病防护设施设计、职业病防护设施竣工验收，落实建设项目职业卫生“三同时”主体责任；协助配合第三方技术服务机构对全市所有重点企业工作场所职业病危害因素进行现场采样和检测。开展职业病危害专项治理工作，通过专项治理，职业病危害项目申报、职业病危害因素定期检测、劳动者在岗期间职业健康检查、企业主要负责人和职业健康管理人员职业卫生培训 4 项指标均达到 100%。对 17 家职业病危害因素强度不符合国家卫生标准、7 家未按照规定安排疑似职业病病人进行职业病诊断、1 家改建项目在可行性论证阶段未进行职业病危害预评价、1 家未开展作业场所职业危害因素检测的用人单位给予警告的行政处罚。 （王雅璐）

中医药发展

【概况】 建设全国基层名老中医药专家传承工作室 3 个，其中中宁县中医医院 1 个，沙坡头区人民医院 2 个。建设自治区基层中医药专家传承工作室 1个。制定印发《中卫市促进中医药传承创新发展的实施方案》《2021 年中卫市中医药工作要点的通知》《关于印发中卫市中医药服务能力提升行动实施方案的通知》，明确总体要求、主要目标、主要任务等，成立由市人民政府分管领导为组长，县（区）人民政府及市委编办、发展改革委等部门主要负责人为成员的中医药工作领导小组，市、县（区）将中医药工作纳入政府、卫生健康系统效能目标管理考核范围，明确年度工作任务指标，确保中医药各项工作任务有效落实。建成国家级中医重点专科 3 个，自治区中医重点专科 8 个，市级中医重点专科 3 个，市中医医院治未病科被国家中医药管理局确定为中医药预防保健及康复服务能力建设科室，呼吸科确定为京宁合作重点中医专科。以中药饮片、中成药监管为重点，多部门协同，科学制定药品抽检计划，共抽检药品 166 批次、中药饮片 53 批次，摸底 5 家二级以上医疗机构 1640 种配方颗粒使用情况，共检查中药饮片经营企业 451 家次、使用单位 443 家次，严把中医药使用关。

（拓万莉）

【名老中医学术经验研究工作室建设】 确定“中卫名医”4 人，并在所在医联体基层医疗机构内建立“中卫名医工作站”，建立国家级名医工作站分站 1 个、全区基层中医专家传承工作室 3 个，乡镇卫生院、社区卫生服务中心开展中医适宜技术 10 项，村卫生室、社区卫生服务站开展中医适宜技术 5 项。全市中医医院继续巩固发展市中医医院 “郭维琴名医传承工作站”和沙坡头区宣和、永康、柔远镇卫生院，中宁县鸣沙镇中心卫生院，海原县三河镇卫生院建立的 5 所“中卫名医”工作站，带动提升基层中医服务水平。继续拓展中卫市中医医院治未病分中心，中宁县、海原县中医医院治未病站建设，促进提升辖区中医药在疾病防治中的作用。 （赵海英）

社区与农村卫生

【概况】 推进“优质服务基层行”活动，全市有 1 家社区卫生服务中心、25 家乡镇卫生院达到国家基本标准;6家乡镇卫生院(沙坡头区兴仁镇中心卫生院、中宁县石空镇中心卫生院、鸣沙镇卫生院、海原县李旺镇中心卫生院、三河镇卫生院、树台乡卫生院)达到国家推荐标准。全市40所乡镇卫生院、454所村卫生室全部达标(基本建设、人员及设备配置)。

【百名医师下基层】 开展“百名医师下基层”对口支援活动,各支援单位、派驻人员充分发挥示范带教作用,提升基层医疗机构服务能力。组建家庭医生签约服务团队385个。开展常住人群家庭医生签约601706人,签约率51.23%;重点人群签约323572人,签约率84.52%;农村建档立卡贫困人口签约144766人,全部“应签尽签”。为全市城乡居民建立电子健康档案1099878份,电子建档率93.64%;65岁及以上老年人健康体检92415人,体检率80.80%、健康管理率73.01%。 (刘玲霞)

医疗服务与监管

【概况】 开展医疗废弃物处置、“三合理”专项行动、医疗乱象专项整治、医疗美容行业专项整治、医师执业证书和医学证明文书专项整治等专项整治工作,持续加强医疗机构规范化管理,对非法行医、诱导医疗、强迫交易、术中加价、过度诊疗等医疗欺诈行为进行重点检查、严厉打击。制定印发《中卫市2021年“合理检查、合理用药、合理治疗”专项整治行动方案》。组织《中华人民共和国医师法》《医疗质量管理办法》《医疗机构从业人员行为规范》等法律法规培训,全面开展医疗质量核心制度大学习活动,全面提升医务人员依法执业、规范执业、安全执业意识。开展解决群众看病就医突出问题活动,采取不发通知、不打招呼的方式进行明察暗访2次。固化政府投入责任,细化财政投入项目,推进全面预算管理,规范公立医院收支运行。沙坡头区投入2700余万元,支持医疗机构购置医疗设备、信息化建设、PCR实验室设备等。中宁县财政部门预算外投入9000余万元,建成县人民医院妇儿综合楼,“互联网+医疗健康”信息平台等建设项目,新建标准化村卫生室30所,购置救护车19辆。海原县累计投入近2亿元,迁建县中医医院、县妇计中心,新建县人民医院妇儿综合业务楼,对4家卫生院实施改扩建,新建6个标准化村卫生室,改造增设4个社区卫生服务站,对3个卫生院及50多个村卫生室进行修缮维护,为县、乡、村三级配备CT、DR、生化机等医疗设备。全市11家医疗机构实现全区检验结果互认。持续开展改善医疗服务行动,从改善服务态度、加强内部管理、及时处理医患纠纷及投诉开始,构建和谐的医患关系。市中医医院、中宁县中医院、市人民医院、沙坡头区人民医院、中宁县人民医院放射科、市第三人民医院在2018—2020年改善医疗服务工作中成效明显、表现突出,受到国家卫生健康委通报表扬。 (拓万莉)

【医药卫生改革发展】 组织召开公立医院管理委员会会议,推进公立医院管理体制、补偿机制、价格机制、人事编制、收入分配、医疗监管等体制机制改革。成立市卫生健康系统医改领导小组,下设医改工作专班和医改监测专班,统筹推进工作落实。坚持公立医院“六项投入”补助政策和基层医疗卫生机构按规定提取年度节余40%作为奖励性绩效工资考核发放政策,落实公立医院财政直接补助收入占公立医院总支出的比例不低于15%,县级财政对公立医院直接补助收入占公立医院总支出的比例不低于25%。建设肿瘤、胸痛、卒中、创伤、危重新生儿救治和危重孕产妇救治等中心建设,成立急诊急救、康复医学、产科、麻醉、血液透析、护理、疝与腹壁外科、癌痛规范化治疗、中医护理、药事、内分泌、呼吸等12个学科建设的16个“医疗质量控制中心”,全面促进公立医院医疗服务质量上台阶、提水平。多种措施控制医药费用不合理增长,医疗服务收入占比27.12%,基层医疗卫生机构诊疗人次占医疗卫生机构诊疗总人次的56.9%,县域内住院量占比为76.09%,群众就医负担明显下降,医改获得感明显增强。 (拓万莉)

【医疗信息化建设】 持续推进“互联网+医疗健康”建设,积极打造“数字医院”、互联网医院,全面上线移动护理、移动查房、智能输液监测、智能辅助诊断、智能给药等应用,医院管理智能化服务水平显著提升。应用母子健康手册贯穿孕妇健康管理、儿童保健全链条,实现妇幼健康服务全流程信息化管理。建设临床用血“一站式”报销结算平台,实现无偿献血者用血费用“即用即结”,最多跑一次。各县(区)实现智能辅助诊断系统全覆盖,基层医生诊断水平显著提升,病历规范率达98.25%。中宁县“互联网+县域医共体”平台完成基层云HIS、公共卫生服务平台、医共体监管平台等应用部署,为176家基层医疗卫生机构配备智能健康体检一体机及便携式随访箱,互联互通、“只录一次”工作有效推进。中宁县、沙坡头区实现标准化“互联网+预防接种门诊”全覆盖,在新冠病毒疫苗接种时发挥积极作用,有效提高接种效率。健康医疗大数据中心为全区 75 家医疗机构、企业提供云服务。各级医疗机构全面推广预约诊疗、诊间结算、检验检查结果查询、远程诊断、互联网门诊等服务，二级以上医疗机构预约诊疗率达 78%。出台中卫市“互联网+医疗”医保支付政策，保障远程诊疗服务能力，年内完成各类远程诊断 17299 例，在疫情防控中发挥突出作用，被国务院联防联控机制实地督查确定为典型经验。

（拓蕊琳）

【医疗管理】 开展医疗废弃物医疗污水攻坚行动、医疗机构安全风险排查、“三合理”专项行动、医疗乱象专项整治、行风建设专项整治、医疗机构欺诈骗保专项整治、纠正医疗购销领域和医疗服务不正之风专项整治等活动。组织开展“民营医院管理年”活动，开展医疗质量安全十项目标推进工作，77 家医疗机构完成医废监测系统联网，10 家二级及以上医疗机构完成医疗污水在线视频监测系统联网。中卫市人民医院在全国 2413 家三级公立医院中排名提升 98 位，其中反映医院收治病人疑难程度的 CMI 指数排名较上年度上升 124 位，四级手术排名较上年度上升 47位，诊疗能力不断提升。通过开展闽宁、京宁、沪宁协作，市级医院诊疗能力全面提升。新增市级呼吸医疗质控中心 1 个，推动胸痛、创伤、卒中、慢病中心建设，促医疗服务水平提质加速。“互联网+护理服务”试点工作扎实开展，完成符合居家护理服务条件护理人员筛选，建立 491 人的人才库，开展培训工作 5 期。及时化解矛盾纠纷，处理答复医疗机构投诉 133 件，共完成考试、重大节日、会议、应急演练等医疗保障工作任务，选派 138 批次 11862 余人参加保障。组织完成医师、护士资格考试，140 名执业医师（助理）、145 名执业护士通过考试。 （拓万莉）

【健康扶贫】 全市 40 家乡镇卫生院、453 所村卫生室基本建设、人员配置、基本诊疗设备配置全部达标。乡镇卫生院医疗卫生服务基础设施条件显著改善，预检分诊、发热哨点诊室全覆盖。中宁县石空镇中心卫生院发热门诊完成改造。启动建设沙坡头区宣和镇中心卫生院、海原县西安镇卫生院发热门诊。选派符合条件的 139 名卫生专业技术人员对口支援各基层医疗卫生单位，发挥示范带教作用，助力基层抗疫。25 家乡镇卫生院达到国家基本标准，其中 6 家乡镇卫生院达到国家推荐标准（沙坡头区 1 家、中宁县 2 家、海原县 3 家）。乡镇配备微医云巡诊车（配置有全自动生化仪、全自动血细胞分析仪、B 超、心电图机、尿液分析仪、电子血压计、身高体重仪等辅助设备，可以完成七大项 53 小项健康检查，并将体检结果以体检表模板上传至工作站平台，提高基层体检效率）。全市共组建家庭医生签约服务团队 385 个（沙坡头区 120 个、中宁县 112 个、海原县 153 个），完成辖区 601706 名常住居民的基础性和个性化家庭医生签约服务，签约覆盖率为 51.23%，其中完成脱贫人群签约 111099 人，全部“应签尽签”。高血压患者签约 79623 人，签约覆盖率为 88.50%，其中脱贫高血压患者 7560 人，签约覆盖率为 100%。糖尿病患者签约 19500 人，签约覆盖率为 89.18%，其中脱贫糖尿病患者 1412 人，签约覆盖率为 100%。继续落实农村贫困人口住院县域内“先诊疗后付费”和“一站式”结算政策，有效降低大病、重病贫困患者医疗费用负担。继续巩固沙坡头区自治区级慢病综合防控示范区创建成果，制定印发《2021 年中卫市沙坡头区慢性病综合防控示范区建设工作实施方案》，全市累计在册严重精神障碍患者 4946 例，报告患病率为 4.21‰。全市严重精神障碍患者管理率 95.59%，规范管理率 90.3%，面访率 92.58%，在册患者服药率 74.22%，在册患者规律服药率 60.35%。高血压、糖尿病病人管理工作良好。全市高血压患者健康管理 86811 人，任务完成率 131.64%。2 型糖尿病患者健康管理 20400 人，任务完成率 132.20%。完成 4 个镇（乡）738 名慢性病防控核心信息知晓情况调查和居民营养健康知识知晓率调查。完成 8~10 岁学生 200 名碘缺乏病监测，100 名孕妇尿样和盐样的采集和检测任务。利用“5·15”防治碘缺乏病日开展多形式宣传活动，进入校园对师生开展地方病防治知识宣讲。中宁、海原县推进包虫病筛查工作。完成布病高危人群筛查 3515 人，采集职业人群血清标本 3515 份，检出阳性标本 70 份，阳性率为 1.99%。

（拓万莉）

健康中卫建设、全民健康水平提升行动和爱国卫生运动

【概况】 印发《中卫市全民健康水平提升行动实施方案》《健康中卫建设暨全民健康水平提升行动考核办法》《中卫市全民健康水平提升行动工作任务台账》《2021 年健康中卫建设考核细则》《健康中卫行动监测评估实施方案和健康中卫行动监测评估指标体系》《中卫市全民健康水平提升行动工作联席会议制度》，召开健康中卫建设暨全民健康水平提升行动专题会议和领导小组联络员会议。将健康中卫建设及全民健

康水平提升行动纳入市、县(区)党委、政府和各部门效能目标和年度督查计划,组织人员对各县(区)健康中卫建设暨全民健康水平提升行动进行考核评估。制定健康中卫建设暨全民健康水平提升行动宣传工作机制,健全完善全媒体协同、线上线下联动、全社会广泛参与的健康中卫建设宣传体系。印发《中卫市深入开展爱国卫生运动的实施方案》《中卫市国家卫生城市巩固提升工作方案》《中卫市2021年爱国卫生工作要点》等,持续巩固国家卫生城市(县城)创建成果。督促指导海原县启动创建自治区卫生县城工作,对海原县病媒生物预防控制进行评估验收。指导中宁县2个乡镇积极创建自治区卫生乡镇。开展爱国卫生月活动。以"文明健康,绿色环保"为主题,组织两县一区及市直部门(单位)开展第72个世界卫生日宣传和第33个爱国卫生月"三个一"活动。在居民小区、服务窗口等处张贴"爱国卫生月"宣传海报3000份。市直各部门(单位)结合"周五有约"志愿服务活动,市、县(区)共计参与单位313家,干部职工、群众、志愿者参与人数15000余人。开展病媒生物预防控制。开展病媒生物消杀2轮次,共消杀商城、雍楼市场等7个市场、10个垃圾中转站、20个社区的539栋居民楼,消杀面积20万平方米。 (李姣姣)

【健康教育与健康促进】 开展多种形式的健康教育与健康促进活动。在中卫电视台开设《卫生与健康》栏目,定期播放爱国卫生公益广告和控烟公益广告。围绕"健康素养66条",制作印发健康教育宣传材料4.2万份、健康支持工具10000份,制作健康教育宣传栏104块,开展健康巡讲活动158余场,科普群众1万人。在两县一区开展中卫市健康素养监测工作,中卫市城乡居民健康素养水平达到21.25%。开展控烟工作。印发《关于开展第34个无烟日活动的通知》,在市区红太阳广场开展宣传义诊活动,发放控烟宣传海报、折页、健康教育处方等宣传资料1.5万份。创建自治区无烟医疗单位4家。全区医疗机构戒烟门诊暨戒烟干预技能培训班在中卫召开,现场观摩市人民医院和市中医院戒烟门诊建设。组织对各部门(单位)申报的无烟党政机关建设进行考核验收,创建自治区级无烟党政机关30个,市级无烟党政机关72个。

(李姣姣)

人口与计划生育及老龄健康

【人口与计划生育】 2021年,全市出生人口12239人。全市落实"少生快富"工程项目户14户28万元,"少生快富"工程独生子女户纯女户提前实施奖励扶助制度8170人980.64万元,"少生快富"工程特殊困难家庭1户0.6万元,农村部分计划生育家庭奖励扶助制度1077人129.24万元,计划生育特别扶助制度206人179.28万元,提前享受计划生育家庭特别扶助制度70人58.8万元,"失独家庭"一次性抚慰金13户22万元,计划生育特殊家庭老年人护理补助75人33.75万元,领取独生子女保健费3183户161.29万元。 (张建华)

【医养结合】 全市60岁及以上老年人达15.51万人,占总人口的13.2%;65岁以上老年人10.74万人,占总人口的9.14%。空巢老人(含农村留守老人)3.86万人,占老年人总数的24.89%;失能失智老人2.1万人,占老年人总数的13.54%。争取自治区项目资金150万元,在市中医医院完成医养结合项目建设,设置医养结合床位200张,安宁疗护床位50张,并对内部进行适老化改造,配置骨质疏松治疗仪、中药熏蒸机、智能身心减压调养仓及自动升降、翻身病床等康复设备,完善室内活动室、谈话室、特殊患者洗浴室、香薰室、音乐治疗室、中医特色诊疗室、告别室,改造建设老年人活动、休闲、健身、娱乐场地,形成为入住老年人提供从养老、医疗、护理、康复,到安宁疗护、心理精神支持等全面的"为老"服务体系。至2021年年底,安宁疗护中心总诊疗人数达6000余人;住院人数715人,出院人数715人,其中恶性肿瘤安宁疗护住院49人,65岁及以上患者安宁疗护住院15人。

(张建华)

社会民生

创业就业

【概况】 实施就业优先战略和积极的就业政策，确保全市就业局势总体稳定。全市城镇新增就业10491人，完成年度目标任务的131.14%；农村劳动力转移就业17.05万人，完成目标任务的121.81%；城镇登记失业率控制在3.78%。 （詹 璞）

【稳岗政策】 制定促进就业工作推进方案，着力在减、免、缓、返、补上综合施策。全面落实稳岗补贴政策，为1324家企业发放稳岗返还资金1004.21万元，稳定岗位37001个；落实“以工代训”补贴政策，为92家企业发放以工代训补贴167.4万元，稳定岗位2106个。为全市3684家企业减免养老、失业社会保险费5.95亿元。针对应减免已征收的单位社保费，采取主动批量退费模式，先后5批次将企业多缴的1027万元社会保险费退付。 （詹 璞）

【重点群体就业】 1.高校毕业生就业工作。采取招募一批、见习一批、安置一批、招录一批等多种措施，离校未就业高校毕业生登记就业率达97.19%。2.职业技能提升。实施职业技能提升行动三年工作计划，年内，开展各类职业技能培训23937人次，其中岗位提升培训10021人次，就业重点群体技能培训9904人次。3.落实“4050”就业困难人员社保补贴政策，为符合补贴条件的3890人发放社保补贴资金5051.31万元。公益性岗位托底安置就业1314人。

（詹 璞）

【就业服务】 开展线上、线下招聘。依托“中卫就业”微信公众号、中卫天天网等平台发布招聘用工岗位4.25万个，举办“春风行动”和每月“就在中卫”等招聘会11场，组织593家招聘单位提供岗位3.59万个，2290人与招聘单位达成意向性就业协议。加强“创业培训+创业补贴+创业贷款+创新服务”创业帮扶机制。开展创业培训2515人，提升劳动者创业技能水平。推行自主创业补贴“政策找人、补贴上门”方式，发放一次性创业补贴520人484.7万元。提升公共创业服务水平，降低创业门槛，为有创业意愿的重点群体提供免费专业性服务，全市发放创业担保贷款3.03亿元，催生培育创业实体2001个，创造新岗位4448个，全民创业带动就业10163人。建设创业孵化基地23个，入驻创业实体3343个，带动就业5.85万人。

（詹 璞）

【失业保障】 发挥失业保险“稳压器”作用，加强与低保、社会救助衔接，保障失业人员基本生活。宣传落实社会保障政策，扩大失业保险保障范围。发放失业保险金、补助金、农民工一次性生活补助20641人1.04亿元。 （詹 璞）

社会保险

【概况】 全市基本养老、失业、工伤保险参保分别达到80.51万人、7.31万人、16.17万人，分别完成目标任务的100.39%、100.53%、111.45%。 （詹 璞）

【养老保险调增】 为全市7.1万名退休城镇职工月人均调增养老金140元；为全市8.1万名城乡居民养老保险待遇领取人员月人均调增养老金5元，调整后沙坡头区、中宁县、海原县城乡居民人均月基础养老金分别达到205元、245元、195元；2021年为全市1.18万名机关事业单位退休人员调增养老金，月人均调增188元。 （詹 璞）

【被征地农民参加养老保险】 将沙坡头区110名被征地农民纳入保障体系。全市被征地农民参加养老保险7.05万人，参保率100%，享受待遇1.92万人。

（詹 璞）

人才与人事管理

【专业技术人才队伍建设】 开展事业单位急需紧缺高层次人才考聘工作，年内招录研究生以上学历89人。推荐“西部之光”访问学者人选4名，经自治区考察确定自治区政府特殊津贴1名，入选青年拔尖人才培养工程人选8名、“西部之光”访问学者1名。李景宗、于毅2名专家被评为“自治区特聘专家”。选派2名高层次人才参加自治区组织的专家休假疗养。以市政府名义聘任李德仁等19名院士、专家为中卫市特聘专家并落实专家津贴190万元。争取国家人社部“中卫市云天产业技术指导与产业发展规划”专家服务重点项目，于“云天大会”期间选派7名国内云计算大数据领域知名高层次专家到中卫市进行数据产业技术指导和产业咨询。对2017年入选的14名自治区青年拔尖人才开展中期考核评估，进行跟踪培养。培训云计算大数据急需紧缺人才108名，资助2名行业中青年人才赴外研修深造。推荐宁夏中化锂电池材料有限公司成功入选2021年自治区人才小高地建设单位。落实职称评审管理办法和操作规程，提高职称评审服务保障水平。指导各系列职称评审，推进基层职称“双定向”评选，评定高级职称644人（“双定向”322人），中级职称711人，初级职称75人。

（詹 璞）

【技能人才队伍建设】 落实职业技能等级认定政策，引导宁夏钢铁（集团）有限责任公司等5家企业申报备案职业技能等级认定评价组织并做好相关服务工作。推动并指导中卫市技工学校等6家通过备案的职业技能等级认定社会培训评价组织有序开展技能人才技能等级认定工作。2021年，开展职业技能等级鉴定2.45万人，中级及以上等级占比达到71.1%。推动职业技能培训学校进工厂进企业，深化校企合作、产教融合，5家企业与技工院校合作开展企业新型学徒制培训共538人。投资5105万元建成中卫公共实训基地，并投入运营，培训技能人才436人，认定及鉴定技能人才3193人次。中卫市技工学校刘文新技能大师工作室被评定为自治区级技能大师工作室，宁夏红枸杞产业集团陶鸿山被授予“全国技术能手”荣誉称号。组织开展“建功十四五，奋进新征程”主题劳动和技能竞赛、宁夏乡村振兴职业技能大赛中卫市选拔赛、中卫市“水投杯”第二届职业技能大赛等职工职业技能竞赛58场。 （詹 璞）

【表彰奖励工作】 协助审核国家级、自治区级建党100周年拟表彰的先进集体78家、先进个人169人。开展市级以下各行业领域创建示范活动自查自纠和清理规范，共清理规范市直部门（单位）、人民团体自2018年以来共开展的各类创建示范活动22项。

（詹 璞）

劳动维权

【治欠保支工作】 制定印发《2021年根治拖欠农民工工资工作要点》《中卫市2021年度工程建设领域维护农民工合法权益重点项目监控工作实施方案》，组织开展根治欠薪专项行动等，共检查各类用人单位378家，共查处涉嫌欠薪问题496个，接待农民工2185人次，为劳动者追回劳动报酬2550.19万元，约谈企业相关负责人12次，移交涉嫌犯罪案件2件。中卫市劳动保障监察支队被评为“全国根治拖欠农民工工资工作先进集体”。 （詹 璞）

【和谐劳动关系】 印发《中卫市2021—2022年劳动关系“和谐同行”企业培育行动方案》，指导44家企业和市直单位配备协调劳动关系协调员。联合市总工会印发《关于开展2021年工资集体协商“四季要约”行动的通知》，下发工资集体协商要约提示函15份，督促签订工资集体合同69份，审查集体合同240份。

（詹 璞）

【劳动保障监察执法】 组织开展清理整顿人力资源市场秩序专项行动，检查人力资源服务机构53家（包括劳务派遣单位30家），其他各类用工单位45家，现场提出意见建议18条，下发《劳动保障监察限期整改指令书》4份，督促人力资源服务机构补签劳动合同328份。组织开展维护女职工产假等权益专项执法行动，检查用工单位92家，涉及女职工5269人，督促39家用人单位制定相关制度。组织开展用人单位高温期间职工劳动保护和最低工资执行情况专项检查，检查用人单位56家，现场督促整改存在问题15个，下发限期整改指令书1份。 （詹 璞）

【劳动争议调解仲裁】 加强调解组织建设，打造“金牌调解组织”。各类调解组织充分发挥“柔性调解”优势，积极推行“人民调解+仲裁确认”机制，实现仲裁与人民调解有效衔接。2021年度，争议双方在各类基层调解组织调解成功案件297件，其中申请仲裁确认247件。推广“互联网+调解”平台，引导劳动者通过网上调解平台申请调解劳动纠纷，妥善处理案件63件。

2021年共立案处理劳动争议案件1186件，结案1076件，时效内结案率达100%。其中调解处理722件，调解率67.1%，裁决354件，终局裁决62件，终局裁决率72.86%。（詹　璞）

【电子劳动合同】 借助宁夏人力资源和社会保障一体化系统及宁夏人力资源和社会保障公共服务系统优势，统一规范电子劳动合同文本、办事程序、证明材料，推行电子劳动合同，提高企业电子劳动合同使用率，规范企业劳动合同签订行为，全年累计线上办理劳动合同备案43455份次，线下办理劳动合同备案24090份次。（詹　璞）

助力乡村振兴

【就业助力乡村振兴】 出台农村劳动力奖补政策“11条”，推行“1+1+3+N”就业服务模式，实现农村劳动力转移就业17.05万人，劳务收入达到31.19亿元，为11.65万名务工人员购买“铁杆庄稼保”，发放农村劳动力转移就业一次性交通补贴118.96万元，脱贫劳动力就业近4.68万人。（詹　璞）

【社保助力乡村振兴】 落实城乡居民困难群体养老保险费政府代缴政策，为2021年参加城乡居民养老保险的特困、重度残疾、易返贫致贫监测对象等困难群体代缴保费19282人，补贴250.67万元。

（詹　璞）

【人才助力乡村振兴】 争取到自治区专家助力乡村振兴服务行知名专家组团服务项目4个，组织区内23名知名专家为沙坡头区、海原县开展文化旅游、肉牛、枸杞等重点产业技术指导及黄河流域高质量发展水利指导服务，解决基层难题10余个，开展肉牛、枸杞种养殖技术培训120人次。（詹　璞）

便民服务

【服务机制】 践行“人社服务为人民”理念，开展人社政策法规知识竞赛、业务技能练兵比武、人社服务标兵学习宣传等活动，强化窗口服务和人社领域损害群众利益问题集中整治，持续推进模范机关建设。深化“放管服”改革，建立“局长走流程、破解办事难”、群众办事“免填单”、乡镇（社区）经办人员常态化培训等工作机制。（詹　璞）

【人社服务快办行动】 实施“人社服务快办行动”，实现10个关联事项“打包办”、19个高频事项“提速办”、19项服务事项下沉乡镇“就近办”、所有事项“简便办”。（詹　璞）

【人社一体化信息系统】 以全区人社服务便民信息化提升行动推广试点市建设为契机，加快推进“放管服”改革和“互联网+人社”，建立服务大厅综合柜员制，实现220项人社公共服务事项在自治区一体化政务平台上线运行、51项人社业务“一窗通办”。

（詹　璞）

医疗保障

【概况】 2021年，全市基本医疗保险参保112.49万人（城镇职工13.62万人，城乡居民98.87万人），完成自治区下达目标任务112.37万人的100.11%，参保率稳在95%以上；建档立卡贫困人员参保143095人（75人不属于参保范围），参保率达100%。

（伊玉红）

【医疗保障基金市级统收统支】 根据自治区医疗保障局、财政厅和税务总局《宁夏回族自治区全面实行基本医疗保险基金市地级统收统支的意见》要求，制定印发《中卫市基本医疗保险市级统筹风险储备金管理使用暂行办法》《关于下达2021年基本医疗保险统筹基金总额控制预算指标的通知》等，从2021年1月1日起，中卫市全面实施基本医疗保险基金市级统收统支，完成市、县历年医保基金收支情况审计清算工作，联合财政部门及时上解两县历年结余基金，为全面推进医疗保障基金市级统收统支打下坚实基础。

（伊玉红）

【医保支付方式改革】 完善《中卫市基本医疗保险总额控制下按病种分值结算协议医疗机构住院医疗费用管理办法》，全面推进按病种分值付费改革工作，支持沙坡头区、中宁县、海原县开展县域医共体医保基金预算管理、打包付费、结余留用的支付方式改革，将区域点数法总额预算和病种分值付费（DIP）列入省级试点。（伊玉红）

【医保基金监管】 联合公安、卫健部门制定印发《关于开展2021年全市定点医药机构第一次现场检查全覆盖工作实施方案》，组织人员对定点医疗机构开展现场专项检查。整合全市医保基金监管人才资源，评选38名干部组成的全市医保基金监管队伍；面向人大代表、政协委员、新闻媒体代表等社会各界，聘请17名医保基金社会监督员参与基金监管。联合市纪委监委制定印发《中卫市医疗保障部门向纪检监察机关移送医疗保障基金监管中发现问题线索工作办法》。组织全市医保部门开展基金监管存量问题“清零行动”，追回违规医保基金 1689 万元，收缴罚没款 55 万元。（伊玉红）

【药品耗材集采】 累计落实五批次 218 个品种、288 个品规药品集中带量采购和使用，中选药品平均降幅 54%，最高降幅 93%，预计累计节省药品费用超过 4000 万元；积极组织相关医疗机构带量采购冠状动脉支架 199 个、人工晶体 296 枚，节约资金 154 万元。（伊玉红）

【医疗收入结构调整试点】 推进中宁县人民医院优化医疗收入结构调整医疗服务项目价格试点工作，调整中宁县人民医院医疗服务价格 785 项（上调服务类价格 685 项，下调检查类价格 100 项），服务性收入增长近 8.89 个百分点，药品耗材收入降低 8.97 个百分点，检验检查收入降低 2.35 个百分点，服务收入占比与预期目标基本一致，试点成效明显。（伊玉红）

【新冠疫苗接种】 按照国家、区、市有关疫情防控工作部署，及时上解自治区新冠疫苗接种预算专项资金 12705.32 万元，拨付各疫苗接种点新冠疫苗接种 1541345 人次接种服务费 800 余万元，确保全市群众新冠疫苗接种。（伊玉红）

【医保信息化建设】 贯彻落实医保信息业务编码贯标落地，全市各级医药机构信息维护率均达到 100%。推进电子医保凭证激活应用，全市医保电子凭证激活率为 78.19%，完成自治区下达的 70%的任务，位列全区第一。持续抓好行风建设。实行“前台受理、后台分办联办”的服务模式，推行“一窗受理、一网通办”，在经办服务大厅建成全覆盖式的“好差评”制度体系，广泛接受办事单位和群众的监督和评价。（伊玉红）

民 政

【社会救助兜底保障】 印发《关于巩固拓展民政领域脱贫攻坚成果同乡村振兴有效衔接的实施意见》等文件，修订《中卫市临时救助实施办法》，提高城乡低保和残疾人“两项补贴”标准，召开全市“社会救助”和“残疾人两项补贴”工作推进会，开展防止返贫动态监测帮扶大排查、旱情及退出压砂地困难群众摸底排查，确保符合条件的困难群众全部纳入保障范围。2021 年，全市发放各类社会救助资金 5.3 亿元。规范救助流程。开展城乡低保、特困供养、高龄津贴等审核确认权限下放乡镇。落实乡镇临时救助备用金制度，发挥“一门受理、协同办理”作用，提高群众人均救助时效。开展巩固社会救助兜底脱贫成果“回头看”及农村低保专项治理巩固提升行动，整治低保领域不正之风和违规问题，新增低保 7367 人，退出低保 1.32 万人。（魏娇龙）

【养老服务】 1. 养老服务设施。投入资金 2.93 亿元，建成并运营中卫市康养中心、中卫市康复中心、海原县阅海养老中心 3 个“公建民营”养老机构；改造提升沙坡头区第一、第二中心敬老院和中宁县中心敬老院，建成农村互助院 2 个、社区日间照料中心 22 所、农村老饭桌 84 个。沙坡头区试点困难老年人家庭适老化改造。2. 服务供给。投入资金 300 万元，为居家和社区的困难老人开展助餐、助医和文体娱乐等服务项目。深化医养康养，全市 15 家养老机构和相关医院、镇（乡）卫生院签订医疗服务协议，全面推进智慧健康养老服务。发展养老产业。投入资金 536 万元，在市康养中心打造旅居养老区，完善康养中心设施建设和旅游配套服务，探索性开展旅居养老业务。3. 队伍建设。开展养老机构三年安全专项行动和服务质量标准提升行动，提高养老护理队伍业务素质，全市养老机构护理员 110 名，持证率 90%以上。（魏娇龙）

【基层社会治理】 1. 指导全市 443 个村、68 个社区依法依规完成“两委”换届选举工作。2. 健全村级民主管理制度，规范落实村民代表会议制度“55124”模式，推进民政部确认中宁县余丁乡余丁村为全国村级议事协商创新实验试点工作。制定完善村规民约及奖惩机制，推行“积分制”制度，建立健全红白理事会等群众自治组织，开展移风易俗活动。3. 社区治理和服务能力提升。优化社区区域划分、健全完善社区基础设施、加强社区工作队伍建设。全年新增社区 22 个，社区总数达 68 个，714 个居民小区划分为 621 个网格，选配“两委”成员 516 人。社区干部月平均工资 4100 元，22 个新增城市社区办公用房全部解决，57 个社区按照“一室八中心”要求完成布局设置，每百户居民拥有城乡社区综合服务设施面积 38.09 平方米。推进“三社联动”，健全完善社区“联合党委”机制，建立共建共治“一书三单”，推动形成“街区吹哨、部门报到”工作机制。2021 年度评选五星级和谐社区 10 个，沙坡头区黄河花园社区“1345”等 6 个典型经验入选全区社区治理“百佳品牌”，中宁县社区万能章治理经验做法被民政部列为2021年度全国基层治理创新典型案例，沙坡头区被列入全区首批社区治理试验县（区），典型引领效应明显增强。4. 社会组织培育发展和监督管理。建成中卫市、中宁县2个社会组织孵化培育基地，为社会组织提供政策宣传、业务指导、能力建设、项目管理等综合服务。强化服务社会，开展乡村振兴等方面公益创投项目70个，服务群众8000余人。依法监督管理，开展"僵尸型"社会组织、行业协会商会乱收费等专项整治行动，对159家"僵尸型"、未参加年检的社会组织进行清理整治。5. 社会工作人才队伍建设。全市注册社工机构17家，有持证社会工作人才220人，对全市取得初级、中级社工师资质的66名社工共补助资金11万元。实施各类志愿服务项目24314项。推进镇（乡）社工站建设，建成乡镇（街道）社工服务站43个，中宁县在全区率先实现县域乡镇社工站全覆盖。（魏娇龙）

【社会事务管理】 1. 开展生活无着流浪乞讨人员救助管理服务质量大提升专项行动，全年救助流浪乞讨人员169人次。2. 完善困境儿童关爱服务体系。改造提升中卫市儿童福利院附属楼，推进海原县全国"护童成长"项目试点工作，建立健全未成年人保护工作机制，挂牌成立中卫市未成年人保护中心，举办"益伴童行、守护成长"未成年人保护启动活动。实施"抚康计划""福彩圆梦·助学工程"和"社区四点半"等关爱未成年人服务项目，为困境儿童提供扶贫帮困、心理疏导、学业辅导、社会融入和能力提升等服务。3. 提升婚姻登记信息化水平，加大婚姻登记信息化补录工作力度。4. 开展"我们的节日""文明习俗""文明乡风"主题系列活动，遏制婚丧嫁娶大操大办、高价彩礼等陈规陋习，引导群众大力弘扬时代新风。5. 在各县（区）婚姻登记处成立婚姻家庭关系修复中心，协同司法部门及社工人员参与婚姻关系调解，有效降低离婚率。推进殡葬改革和服务设施建设。6. 开展殡葬领域突出问题整治，整治"住宅式"墓地、大墓、豪华墓，遏制墓地违建和殡葬市场乱象。中宁县、海原县分别建成新殡仪馆。弘扬节地生态安葬，举办"美善生命·凝结大爱" 宁夏绿色殡葬文明行暨中卫市第一届生态葬集体安葬仪式。7. 规范区划地名管理。完成蒙宁界线和甘宁界线及县级行政区域界线第四轮联检任务，清理整治"洋、大、怪、重"的不规范地名，对市区景观水系4座桥梁进行命名标识，启动地名文化进社区活动。（魏娇龙）

残疾人事业

【概况】 截至2021年年底，全市持证残疾人共有38533人（其中沙坡头区14331人，占37.2%；中宁县11252人，占29.2%；海原县12950人，占33.6%）。从分类来看，视力残疾4659人，占12.1%；听力残疾4673人，占12.1%；言语残疾580人，占1.51%；肢体残疾19686人，占51.1%；智力残疾4081人，占10.6%；精神残疾2590人，占6.7%；多重残疾2264人，占5.9%。从分级来看，一级残疾5139人，占13.3%；二级残疾13602人，占35.3%；三级残疾9294人，占24.1%；四级残疾10498人，占27.2%。（张继艳）

【巩固脱贫成果】 对符合产业扶贫政策的165名残疾人开展农村实用技术培训，帮扶资金6.54万元。为定点帮扶的中宁大战场庆丰社区落实帮扶资金3.3万元，用于社区基础设施建设。为108名就业年龄段智力、精神和重度肢体残疾人提供托养照护服务。政府全年完成800户购买残疾人居家托养服务。组织开展招聘活动5场次，协调各级人社部门按10%的比例落实公益性岗位安置残疾人就业，共安置36名残疾人。落实农村残疾人就业帮扶等政策措施，新增残疾人就业285人。完成职业技能培训562人，实现就业177人。（张继艳）

【困难残疾人生活补贴及重度残疾人生活补贴】 组织全市残联系统开展残疾人"两项补贴"（困难残疾人生活补贴及重度残疾人生活补贴）宣传、排查、调研活动，针对存在的困难和问题进行梳理和整改，将应享未享的3000余人纳入享受补贴的行列中，切实做到应享尽享，应补尽补，不漏一人。全面落实全市残疾人两项补贴提标政策，提标后，沙坡头区、海原县困难残疾人生活补贴标准由原来的每人每月100元提高到每人每月110元，重度残疾人护理补贴由原来的每人每月80元提高到每人每月120元；中宁县困难残疾人生活补贴由原来的每人每月100元提高到每人每月150元，重度残疾人护理补贴由原来的每人每月80元提高到每人每月120元。

（张继艳）

【残疾人服务及康复救助】 为612名精神、智力和重度残疾人提供上门办证服务，为158名长期瘫痪在床、生活不能自理、行动极为不便者和无法到医院评残的疑似智障残疾人、病情严重的精神残疾人提供上门服务。对全市0~6岁患有听力、言语、肢体、智力、孤独症的残疾儿童进行全面摸底筛查，对330名有康复需求的0~6岁残疾儿童全部进行转介、救助，为36名7~14岁残疾儿童开展上门服务200余次。在全市建立市、县、乡（镇）、村（社区）四级基层残疾人组织网络。以专、兼职形式为全市各乡（镇）配备56名残疾人专职委员和残疾人专干，在全市各村（社区）成立残疾人协会并配备兼职人员708人。启动运营市残疾人康复中心、中宁县残疾人康复（托养）中心、海原县残疾人康复中心。主要针对0~6岁残疾儿童进行康复救助，为精神、智力、重度肢体残疾人提供辅助性就业、日间照料及各类培训等工作，为全市残疾人社会救助康复、托养、就业等服务提供了有效的保障。

（张继艳）

【文体惠残】 开展“残疾人文化周”、文化进社区、文化进残疾人家庭、“五个一工程”等项目。协调市文体旅游广电局在康复中心设立市图书馆残疾人康复中心分馆。协调市委宣传部、中影巨幕为部分残疾人及残疾人工作者提供服务。制作的视频《特别人生 一样精彩》获全区社会主义核心价值观微电影大赛三等奖。组织中卫市残疾人运动员参加全国第十一届残运会和第八届特奥会，共获9金9银13铜，在全区五市排名中位居残运会奖牌榜第一，特奥会奖牌榜第三。

（张继艳）

【无障碍改造】 通过调查摸底，按照程序要求，采取“一人一策”“一户一案”精准施策，为全市580户残疾人家庭进行无障碍改造。（张继艳）

乡村振兴

【概况】 2021年6月2日，中卫市扶贫开发办公室重组为中卫市乡村振兴局，为中卫市人民政府工作部门，正处级单位。级别、人员配备、领导职数保持不变，全额预算事业编制21名，后勤服务事业编制1名，设局长1名，副局长2名，科级领导职数6正4副。设综合科、发展规划与开发指导科、移民管理科、社会扶贫科、考核评估科（法制科）、资金监督科6个内设机构。在编在职干部20人。2021年6月，中卫市乡村振兴局荣获“全国乡村振兴（扶贫）系统先进集体”称号。2021年2月，原中卫市扶贫开发办公室主任张冠华，被党中央、国务院授予“全国脱贫攻坚先进个人”荣誉称号。（柳 鹏）

【责任落实】 严格落实“四个不摘”要求，把巩固拓展脱贫攻坚成果同乡村振兴有效衔接作为首要政治任务，作为建设先行市和美丽新中卫的重大战略举措，主动扛起统筹推进全市巩固拓展脱贫攻坚成果的重要职责。1. 先后提请市委常委会会议、市政府常务会议和专题会议研究巩固拓展脱贫攻坚成果工作10次，切实推进工作落实。2. 出台《关于实现巩固拓展脱贫攻坚成果同乡村振兴有效衔接的实施意见》等系列政策文件，从落实“四个不摘”要求、做好有效衔接重点工作、健全常态化帮扶机制等方面，制定23条巩固措施，强化顶层设计，高标准全方位谋划乡村振兴。3. 聚焦重点任务，成立3个督导组督导调研县（区）巩固拓展脱贫攻坚成果同乡村振兴有效衔接工作5次，及时反馈发现问题，助推各县（区）、各部门将责任、工作、政策落实到位。4. 对262个脱贫村、移民村（社区）、重点帮扶村、软弱涣散村选派第一书记和驻村工作队761人，组织9500余名干部，进村入户宣政策、查实情、抓监测、谋计划，确保责任、政策、工作落实到位；持续强化部门帮扶，进一步压实各级各部门定点帮扶责任，调整优化定点帮扶工作任务，市、县（区）部门（单位）定点帮扶脱贫村全覆盖，区、市、县各级部门及企业投入帮扶资金5798.96万元，重点扶持产业发展、基础设施建设等，持续巩固拓展脱贫攻坚成果。

（柳 鹏）

【防返贫动态监测和帮扶】 1. 健全动态监测机制，制定印发《中卫市关于健全防止返贫动态监测和帮扶机制实施方案》《中卫市开展防止返贫动态监测和帮扶大排查工作方案》，举办县、乡、村防止返贫动态监测培训班，周密安排部署防止返贫动态监测工作。2. 强化重点排查核实，通过农户自主申报、基层干部排查、部门筛查预警等互为补充、相互协同的方式，组织县、乡、村三级干部4860余人，对27.5万户农村人口开展全面细致排查，全年纳入“三类监测对象”966户3807人。3. 落实精准帮扶措施，对纳入的“三类监测对象”制定“一户一策”精准帮扶措施，常态化开展“四查四补”，实现动态监测、动态帮扶，全年消除返贫风险305户1200人。4. 全力推行防贫保险。投入2587.48万元为14.68万“三类监测对象”购买家庭意外伤害保险，为10.42万人购买大病补充医疗保险，承保种植业保险39.82万亩，养殖业保险5.16万头（只），全力推动乡村救助保险，发放救助金108户132.75万元，切实兜住返贫致贫底线。（柳 鹏）

【百万移民致富提升】 按照自治区实施“百万移民致富提升行动”统一部署，制定印发《中卫市推进落实“百万移民致富提升行动”的实施意见》，整合资金3.1

亿元,实施项目73个。重点移民村落实双包抓机制,市、县重点移民村实现"领导干部+部门单位"双包抓全覆盖。1. 抓产业强基础,因地制宜在移民村发展枸杞、苹果、小杂粮等优势产业26.08万亩,抢抓自治区肉牛产业发展机遇,在移民安置区建设宁特、天宁、光明乳业等6个万头肉牛场和5个万头奶牛场,移民区牛羊存栏分别达到6.2万头和12.6万只。中宁县实施"托管养牛"项目,2795户群众贷款3.384亿元,托管肉牛22560头。海原县积极引导"出户入园",建成三河富陵养殖园区,富陵村充分利用"出户入园",改造空闲棚圈转型发展菌菇种植,试验示范种植23棚。2. 促就业增收入,组织开展电焊、烹饪、瓦工等就业技能培训4090人次,开展创业能力培训班9期248人,发放创业担保贷款161户1913万元,发放脱贫人口小额信贷3883户1.88亿元,贴息353.44万元,开发公益性岗位1011个,实现搬迁劳动力就业6.5万人,劳务创收达5.5亿元。沙坡头区指导建立移民村就业服务站,依托科豪陶瓷、进宝制香厂等帮扶车间,吸纳移民群众就地就近就业4582人。3. 强化社会融入促发展,结合实际分别将移民村划分为528个网格,配备网格员938人,办理自主迁徙居民居住证11028人,实现大事全网联动、小事一格解决。选派141名优秀教师到移民村(社区)交流任教,实现移民村标准化卫生室全覆盖,建设村级综合便民服务站56个,移民群众纳入农村低保1.16万人,发放补助3480万元。

(柳 鹏)

【补短强弱】 1. 加强基础设施改造,加大对脱贫地区投入力度,实施基础设施、产业发展、公共服务类项目1690个。中宁县大战场镇城乡供水水源替换工程全面完工,彻底解决15532户群众饮水安全问题。2. 加强扶贫资产管理,完成全市2013年至2020年扶贫资产清查确权工作,清理扶贫项目8563个69.89亿元,清理扶贫资产10790个58.26亿元,其中经营性资产313个6.59亿元、公益性资产4786个31.93亿元、到户类资产5691个19.74亿元,资产确权率100%。扶贫资产全部录入全国防返贫监测系统。3. 拓宽脱贫群众增收渠道,在脱贫地区建设高标准功能农业基地103.12万亩,富硒示范基地25万亩,创建富硒产业示范园12个,打造特色农产品优势区2个。全市脱贫人口和监测人口外出务工5.32万人,乡村公益性岗位就业2708人。 (柳 鹏)

【脱贫人口小额信贷】 持续推进脱贫人口小额信贷。2021年,全市累计发放脱贫人口小额信贷22826户11.07亿元,存量贷款余额达24755户12.08亿元,小额信贷贴息3869.13万元。 (柳 鹏)

【闽宁协作】 争取闽宁协作资金7000万元,实施六大类24个项目。市、县领导赴漳州市对接新一轮闽宁协作4次,召开漳州—中卫闽宁协作座谈会、漳浦—海原闽宁协作座谈会,拓宽帮扶领域,推进协同发展。 (柳 鹏)

【中央单位定点帮扶】 华润(集团)有限公司持续定点帮扶海原县,捐赠3000万元用于肉牛深加工项目建设和运营,捐资300万元建设曹洼村千头肉牛养殖基地项目,落实帮扶资金254.4万元,持续推动政企民三赢。 (柳 鹏)

应急管理

·安全生产监管·

【概况】 2021年,全市共发生各类生产安全事故17起,同比减少1起,下降5.56%;死亡20人,同比增加3人,上升17.65%,亿元GDP生产安全事故死亡率0.050%,均控制在自治区下达的考核指标0.081%以内;共发生10次自然灾害,造成36.51万人受灾,农经作物受灾面积6.06万公顷,未发生较大以上自然灾害;共发生火灾1177起,未发生重大以上火灾事故。

(贺小娜)

【树立安全发展理念】 1. 习近平总书记关于安全生产、防灾减灾救灾、消防工作重要论述学习宣贯。将有关内容列入年度宣传工作内容、列入安全监管干部培训主要内容进行重点推进,市委常委会、市政府常务会、理论学习中心组学习会、市安委会及时进行传达学习25次,组织专题培训3轮次,组织观看《生命重于泰山》电视专题片500余场次,在主流媒体云端中卫客户端循环播放。2. 安全生产工作决策落实。党政主要领导对安全生产、防灾减灾救灾、消防重点工作及时作出批示、亲自部署,重大问题亲自过问、重点环节亲自协调、重要问题亲自督办,先后召开7次常委会、11次常务会、6次专题会听取安全生产和消防工作汇报,研判形势,解决安全生产和消防领域重大问题,推动安全生产三年行动集中攻坚阶段任务落实落细。深入一线检查指导工作,切实将安全责任抓在手上,扛在肩上,落实在行动上。每年将安全生产纳入党委、政府议事日程和工作报告,并向全会报告工作情况。分管领导定期组织开展重点行业领域排查整治,召开专题会议研究、部署安全生产、防灾减灾救灾、消防工作，带队开展安全检查，亲临现场处置突发险情，全面落实“一岗双责”工作要求。3. 将安全生产列入社会高质量发展指标全面推动。将安全生产和消防工作纳入国民经济和社会发展“十四五”规划，及时修编安全生产、应急管理、防灾减灾、消防、交通、电力等8项专项规划，将安全生产列入各专项规划整体推动。组织开展《中卫市关于推进安全生产领域改革发展的实施意见》“回头看”，完成54项重点改革任务。推进《关于加强危险化学品安全生产工作的实施意见》，建成危险化学品重大危险源监测监控预警平台，对23家59处重大危险源实行24小时监控，对34家危化生产企业实施风险分级管控。全面实施应急管理综合执法改革，市应急局和中宁、海原县应急局均设立执法支队和大队。40个乡镇建立综合执法队伍，挂应急管理办公室牌子，配备执法装备和办公用品，执法体系基本建立。（贺小娜）

【安全责任落实】 深入贯彻落实《地方党政领导干部安全生产责任制实施细则》和《宁夏回族自治区消防安全责任制实施细则》，对安全生产和消防工作职责进行坐标式、精准化定位。1. 党政齐抓共管。市委、市人民政府出台《关于进一步落实安全生产、消防安全、防灾减灾“党政同责、一岗双责”和“三个必须”的实施意见》，细化责任落实工作要求，实行党政责任落实量化管理，得到自治区安委办推广肯定。制定《党委常委、政府班子成员安全生产职责工作清单》，修订《中卫市消防工作考核办法》，进一步落实党政主要领导、分管领导安全生产和消防工作职责。市、县党委、政府每年上报年度安全生产述责报告1次，所有班子成员将安全生产工作列入领导干部年述职报告。2. 行业监管。修订完善《中卫市安全生产监督管理责任规定》，对新兴行业、领域的安全生产监督管理职责进行明确。出台《中卫市安委会、减灾委成员单位职责清单》，督促成员单位严格落实“管行业必须管安全、管业务必须管安全、管生产经营必须管安全”的要求，细化监管举措，履行监管职责，重要工作实现闭环管理，切实杜绝“空位”“失位”现象。组织部门将安全生产和消防工作纳入党政干部绩效考核、干部职务晋升、奖励惩处、评先评优。宣传部门将习近平总书记关于安全生产的重要论述列入全市党委（党组）中心组理论学习内容。市发改、公安、交通、住建、旅游文体、消防等负有监管职责的部门，每季度主持召开安全生产工作专题会议，全面加强道路交通、旅游安全、消防安全、铁路沿线安全监管，安全监管责任做到横向到边、纵向到底。“各司其职、各负其责、相互配合、齐抓共管”的格局逐步完善。3. 企业主体责任。全面落实新《安全生产法》有关规定，出台《生产经营单位全员安全生产责任清单（试行）》和消防安全风险隐患“自知、自查、自改”及公示承诺制度，指导生产经营单位全面落实安全生产和消防安全主体责任。持续加大事故处罚和责任追究力度，查处各类生产安全事故13起，追究刑事责任9人，给予党纪政纪处分人员共8人，罚款506万元。4. 督查考核。市督检考办将安全生产列入全市效能目标考核内容，将安全生产年终考核分值提高到3分；将安全生产纳入高质量发展综合绩效评价指标体系，占1.33分；将安全生产工作纳入市政府“6+9”重点工作，每月进行督查。全面推行安全生产“一票否决”和“黑名单”管理制度，将天元建筑公司纳入2021年企业“黑名单”管理。市安委办对各县区、部门进行4次专项督查，向市安委会各副主任（副市长）、三年行动牵头部门发送提示函12份，督促研究解决分管行业领域突出问题，部署各阶段工作任务。探索开展安全生产专项整治三年行动第三方评估试点工作，对专项整治三年行动实施情况、任务完成情况进行效果评估。5. 隐患问题整改。国务院安委办、自治区安委办对中卫市开展5轮次指导服务，反馈隐患问题859项，全部完成整改；国务院安委办光气化专家指导服务组对宁夏瑞泰科技股份有限公司开展指导服务，反馈隐患问题36项，全部整改完成。自治区政府督查室反馈问题19项，全部整改完毕。6. “双预防”工作机制。在393家工矿企业建立双预防体系，辨识各类风险点34814处，制定隐患排查清单3552个，上报检查记录4224万条，排查一般隐患83341处，整改83323处，整改率99.9%。排查重大隐患7处，整改7处，整改率100%。开展企业安全标准化达标创建，全市共创建三级以上标准化企业110家（三级81家，二级29家），其中危化生产企业达标率96.3%；规模以上金属冶炼、建材、机械等工贸企业达标率90%。累计兑付二级安全生产标准化奖励资金87万元。

（贺小娜）

【监管执法水平提升】 1. 行政执法“三项制度”。2021年通过宁夏公示平台公开安全生产行政处罚信息6件、消防行政处罚66件，安全生产行政许可55件、消防行政许可198件；全过程记录存储各类音视频资料130.2 GB。落实安全生产重大行政执法决定法制审核制度，建立法律顾问制度，聘请政府法律顾问22名，重大执法事项统一由法律顾问进行审核。部门一般行政处罚案件均交由法制科进行审核、法制审核小组集体审核、党委会集体研究。2. 安全生产法治学习教育。落实“谁执法、谁普法”责任制，组织参加第三届全国应急管理普法知识竞赛，全市 4271 人参与竞赛，人均活力值 6440；对市县(区)政府、市安委会成员单位负责人及重点企业负责人、管理人员 360 余人，针对习近平总书记重要论述、新《安全生产法》《消防法》《刑法修正案(十一)》等内容进行线上培训。各县区、各部门、企业采取集中学习、自学等形式，全员学习新《安全生产法》。3.“互联网+执法”。印发《关于全面推广应用“互联网+执法”系统的通知》，全面开展线上执法。录入执法人员 99 人，监管企业信息 367 条，开展执法活动 259 家(次)，下发各类文书 995 份，立案查处 26 起，报送典型案例 22 个。4. 落实《安全生产行政执法与刑事司法衔接工作办法》。加强公安局、法院、检察院、应急管理等部门间沟通协调、工作联络，及时移送安全生产非法违法案件和线索信息。2021 年，各类生产安全事故查处移送司法机关 9 人，追究刑事责任 9 人。5. 安全生产科技支撑能力提升。推进“机械化换人、自动化减人”，化工企业实现自动报警联锁，重点铁合金、电石企业实现自动化上料。全面推动“互联网+应急管理”工作，建成中卫市自然灾害综合风险数据管理平台和应急辅助决策系统，实现全市自然灾害风险灾害数据信息化管理和区域灾害事故应急物资、队伍、救援方案一体化展示；建成危险化学品一张图监测平台，实现对高温、高压、有毒、有害等危化企业关键部位、关键装置、关键环节自动化监测；建成中卫市综合调度指挥中心，实现城市管理基础数据展示、流程监控、事件处置等功能。

(贺小娜)

【重大安全风险防范化解】 1. 在全市范围内形成全覆盖、无死角的隐患排查体系，检查各类生产经营单位 20170 家次，排查整治一般隐患 23743 处，行政处罚 208 次，罚款 247.144 万元。督促整改火灾隐患或违法行为 3827 处，行政处罚 129 起，责令“三停”(停止施工、停止使用和停产停业)单位、场所 32 家，临时查封 81 处。挂牌督办重大火灾隐患单位并整改销案 2 家。2. 在全市范围内集中整治一批违法违规违章情节严重的行为。查处交通违法行为 58681 起，行政拘留 27 人；受理各类文化旅游投诉 6 起；责令停产企业 2 家，对 1 家不具备安全生产条件的危险化学品生产企业拆除生产设备设施。3. 专项整治三年行动。印发集中攻坚阶段目标任务清单，细化任务 592 项，逐项明确责任部门、工作标准和完成时限，2020 年完成整治 477 项，2021 年集中攻坚完成 75 项。排查突出问题 81 处，整改 62 处；排查重大隐患 108 处，整改 100 处；制定出台制度措施 71 项。集中解决香山公园隧道、黄河大桥东段 1.2 千米堤防设防标准低以及化工企业一批重大安全隐患。4. 城镇燃气整治。汲取湖北十堰“6·13”和沈阳“10·21”燃气爆炸事故教训，部署开展为期 2 个月的燃气领域安全生产专项整治，全面排查整治燃气安全隐患。共检查燃气企业 111 家次，燃气居民用户 7.8 万户，排查隐患问题 82 处，为 1.04 万户天然气用户更换物联网卡表，为 6.3 万户用户更换金属波纹管。对全市拉运 LNG、液化石油气的 6 家运输企业的运营资质，45 辆危险化学品运输车辆的保险、车辆警示标志、车载智能监控设备、罐体检测报告、车辆技术条件等进行拉网式检查。

(贺小娜)

【危险化学品领域专项整治】 1. 重大危险源监管。采取“消地协作”“异地交叉”和“执法+专家”模式，全覆盖完成中卫市 23 家企业 59 个重大危险源检查工作，发现隐患 662 项(火灾隐患 56 项)，整改完成 662 项，整改完成率 100%。应急管理部专项督导核查反馈隐患问题 44 项，整改完成 44 项，整改完成率 100%。立案处罚重大危险源企业 5 家，罚款 10.7 万元。2. 专家“会诊”机制。投入 90 余万元，通过政府购买方式，在专业技术要求较高的安全监管和执法中邀请专家进行现场“会诊”，对全市 34 家危险化学品生产企业现场检查 52 家(次)，消除事故隐患 250 处，行政处罚 2 起，罚款 8.17 万元。2 家不具备安全生产条件的企业主动拆除生产设备，并对其安全生产许可证进行注销。3. 高风险危化品企业整治。对 34 家危险化学品企业开展安全风险评估定级工作，对评估为“红”色的 2 家危化品企业责令停产停业整顿，并对照安全生产许可证发证条件对 24 家企业开展“回头看”，促使危险化学品企业安全风险分级管控和隐患排查治理体系进一步提升。4. 园区产业发展定位和产业结构优化。出台《中卫市危险化学品禁止、限制和控制目录》，提高行业安全准入门槛，除园区现有产业延链补链项目外，其他项目一律不支持、不引进，严格控制涉及光气化、硝化等高风险危险化学品的项目入园。凡涉及“两重点一重大”的危险化学品建设项目，严格按照《中卫市危险化学品建设项目安全联合审查管理办法》规定，开展安全风险论证，实行重大安全风险“一票否决”。10 月 19 日，经过自治区安委办复核评估，中卫工业园区风险等级由较高风险B级降为一般安全风险C级，园区风险等级降级工作顺利完成。5.精细化工反应安全风险评估。对全市13家涉及硝化、氯化、重氮化、过氧化反应工艺装置企业开展全面风险评估，其中6家企业完成全流程反应安全风险评估、自动化改造等工作，对3家未完成全流程反应安全风险评估、自动化改造等工作的企业责令停产停业整改。（贺小娜）

【防灾减灾救灾能力建设】 1.建立完善应急管理体制机制。成立中卫市应急管理委员会，实行书记、市长双主任制，按照"2+6+25"组织形式，设置2个议事机构（1个安全生产委员会、1个减灾委员会），下设6个应急救援保障组和25个市级主管行业专项指挥部，形成各司其职、各守其责、齐抓共管的应急管理模式。修订完善市应急委员会、安全生产委员会、减灾委员会等议事规则和各类研判制度。印发《中卫市自然灾害风险研判会商责任清单》《中卫市应急管理预警信息发布制度》《应急救援联络会商制度》《应急救援资源共享及事故应急救援补偿制度》等。市、县两级应急管理党组全部改党委，全面启动应急管理综合行政执法队伍改革。2.全国自然灾害综合风险普查和综合减灾示范县创建"双试点"工作。高质量完成全国灾害综合风险普查试点工作，按照"中卫经验"对全区其他市、县开展综合风险普查进行专题培训；沙坡头区应急局被评为全国应急管理系统先进集体；中卫市全国综合减灾示范县创建工作得到自治区党委主要领导的批示肯定，在自治区社会治理相关会议上进行经验交流；建成全国综合减灾示范社区17个（其中沙坡头区14个，中宁县3个）；全面部署基层治理工作，乡镇"六有"、村（社区）"三有"标准化建设全面推开，中宁县新堡镇农村消防"2343"模式被应急管理部消防救援局认可在全国推广；率先建成2000平方米安全生产、防灾减灾救灾科普体验基地1个，并在中卫香山公园建成安全生产、防灾减灾和消防安全主题公园，促进防灾减灾安全文化与旅游文化有机结合。3.自然灾害防治八大工程。实施重点生态功能区生态修复工程，投资2.8亿元，完成造林面积21.41万亩。实施地震易发区房屋设施加固工程，危房改造7647户，危房拆除9626户，实现全市C、D级危房动态"清零"。实施防汛抗旱水利提升工程，投资47225.43万元建成中卫市河北地区城乡供水工程。实施自然灾害监测预警信息化工程，建成立体综合气象观测网。实施自然灾害防治技术装备现代化工程，共配备各类先进仪器设备51类1826件。普查综合减灾资源信息3549条；普查房屋建筑716110栋，市政桥梁77座，供水管线969条389.03千米，供水厂站44座；普查地质灾害隐患点157处。4.灾害防治工作。制定出台《森林草原防灭火工作职责分工和协调工作机制的实施意见》，拧紧森林草原防灭火"防与救"责任链条。市、县森防指检查组多次深入林场、自然保护区及保护区周边村镇等重点防火区开展督查，共派出巡查督查组965次，派出工作人员2410人次，确保森林草原防灭火形势持续稳定。加强地震监测台站（台网）环境保护执法检查工作，协助自治区地震局完成地震台站标准化改造工作，推进地震群测群防"三网一员"队伍建设，做好2021年度震情监视跟踪处置和2021年中、2022年度地震趋势会商研判工作，严密监视震动态，及时报告震情信息，为政府决策提供依据。在各县（区）自查的基础上，市防汛办采取联合检查、暗访督查等方式，开展防汛检查5次，黄河汛情检查3次，排查整改风险隐患24处，对全市58座水库的行政责任人、技术负责人和水库巡护人员进行调整落实并公示，健全完善应急抢险防御体系和应急度汛预案，加强防洪工程建设，落实人员、装备，确保汛期安全。5.应急值守。建立带班领导、值班领导、应急值班员、驾驶员四级24小时应急值守体制，在全市应急管理系统推行了应急指挥综合业务系统和信息报告制度。建立智慧应急管理"一张图"信息平台，完成26家企业的专线部署、物联网设备安装，平台系统投入试运行。加强监测预警，发布极端天气预警信号700次，电话、传真743次，发送手机短信193.93万余人次。制作各种气象服务材料689期，获领导批示37次，为提前做好防灾减灾工作争取宝贵时间。（贺小娜）

【应急救援能力提升】 1.应急保障基础。建立中卫市应急物资管理数据库，实行信息化管理调度。全市建有各类应急救援物资储备库25处，储备原粮达1.5万吨，各类救灾物资储备13大类2万余件。配备应急车辆474辆，通讯器材875部，储备其他应急装备41589件。2.应急救援体系。修订完善《中卫市自然灾害救助专项应急预案》《中卫市突发公共事件总体应急预案》等40余部，组织成员单位修订现场处置方案80余部，全市组建应急救援队伍128支（专职27支，兼职101支）。常住人口超过1000人的行政村建立有志愿人员和基本消防装备器材的志愿消防队29个，建立乡镇专职消防队10个。海原县成功承办跨省区地震演练。中卫工业园区联合周边应急救援力量组织了跨区域、跨行业企业事故灾害应急救援演练。举办全区水上应急救援综合演练和中卫市抗洪抢险应急演练。成功处置甘肃省黄河兰州段油类泄漏安全隐患,得到国家环保部的通报表扬。3. 消防基础设施。市政府出台《中卫市公共消防设施建设维护管理办法》,全市新增市政消火栓 50 个,完好率 100%。同时,各地结合农村饮水安全工程、农田水利工程、防洪工程等重大水利工程建设,设置农村地区消火栓等消防水源 27 处。4. 消防救援能力。依托中卫市消防救援支队成立高层建筑灭火救援专业队、水域救援专业队、轻型地震救援专业队、轻型化工编队等 4 个专业队,配备灭火机器人、水域救援机器人、水陆两栖摩托车、供气消防车、60 米云梯消防车,全地形野外炊事保障车等。完成指挥调度网、视频监控、视频会议、音视频综合集成和指挥中心建设改造等信息化重点项目建设;加强应急通信体系建设,强化"高精尖"装备配置,建立协同高效的应急通信保障体系。先后成功处置火灾 1177 起,其他各类灾害事故 600 余起,抢救人员 422 人,疏散人员 500 余人,抢救公私财产价值 2700 余万元。5. 宣传教育培训。邀请沈阳化工研究院、宁夏石化公司安全生产和应急管理方面的专家,采用理论授课+现场实训相结合的方式,对全市 500 余名班组长、100 余名安全总监开展离岗培训轮训。打造中卫市防灾减灾教育体验馆 1 处 2000 平方米,组织市民体验学习 170 余场次 7000 余人次;通过全市 6 个应急消防科普教育基地和消防主题公园,组织开展参观体验和培训活动 200 余场次 12000 余人次。启用特种设备实操培训基地,开展 8 类特种操作证实操培训。组织开展"5·12"防灾减灾大型宣传活动、"安全生产宣传周"宣传活动,在社区、集市、学校等集中组织开展 6 场次综合性应急演练,发放各类宣传资料 7 万余份,有效提升全民安全意识。（贺小娜）

·消防救援·

【接警出动和火灾情况】 2021 年,全市消防救援队伍共接警出动 1909 起,出动车辆 7393 辆次,出动消防救援人员 38516 人次,抢救和疏散被困人员 443 人。全市共发生火灾 1259 起,火灾导致亡 4 人、伤 1 人。（闫 亮）

【消防工作责任】 提请市委、市政府研究出台《关于进一步落实安全生产和消防安全"党政同责、一岗双责"和"三个必须"的实施意见》,修订《中卫市消防工作考核办法》和《中卫市公共消防设施建设维护管理办法》,落实政府消防工作的组织领导、设施建设、经费保障和检查考评责任。市政府召开常务会 6 次、专题会 6 次、行业联席会 3 次,常态化研究部署火灾隐患治理、公共消防设施建设等消防工作。在重要节点和重大活动期间,政府各级领导带队深入重点领域、场所开展消防安全检查。各级公安、教育、民政、住建、商务、文旅、卫健、市场监管等行业主管部门落实自身监管责任,开展行业领域火灾隐患排查整治,查处各类消防违法行为。督促指导全市 379 家消防安全重点单位落实防火巡查检查、设施维护保养、安全培训、灭火和应急疏散演练等法定消防安全职责,实行消防安全标准化管理,落实风险隐患"自知、自查、自改"和公示承诺制度,加强微型消防站建设。（闫 亮）

【消防安全管理】 建立健全常态化火灾隐患排查整治机制,以人员密集场所、易燃易爆单位、高层和地下建筑、"三合一"场所、老旧住宅、商业综合体、文物古建筑等为重点,组织开展针对性的消防安全专项治理,集中解决公共消防基础设施薄弱、消防安全主体责任缺失、安全疏散不畅、消防违法违规行为突出等问题。全年检查各类单位、场所 6260 家次,督促整改火灾隐患或违法行为 3827 处,行政处罚 129 起,责令"三停"(停止施工、停止使用和停产停业)单位、场所 32 家,临时查封 81 处。完成全国两会、十九届六中全会、2021 中国黄河数字音乐节、云天大会等各级重大活动以及春节、端午、国庆等重要节日的消防安全保卫工作。（闫 亮）

【消防宣传培训】 挂牌成立全区首个党校消防安全教育实践教学点。以消防宣传"五进"为抓手,开展现场会 6 次。推动"全民学习云平台"推广运用,开展"周五有约"消防志愿服务活动。发挥市、县两级 7 个应急科普教育基地作用,开展消防科普及体验活动,利用电子屏宣传车、商圈高清大屏、公交站台、楼宇电视、环卫清扫车、"村村通"大喇叭等阵地开展消防安全提示,张贴《钟南山公益宣传海报》《疫情防控消防安全提示》等宣传资料 9 万余份,指导广大商户摆放"消防温馨提示牌",捐赠《小学生消防安全教育手册》1.2 万余册,扩大消防宣传覆盖面。（闫 亮）

【执勤备战工作】 开展全员岗位大练兵工作,建立完善灭火救援风险评估机制,开展多部门联勤联训联战,完成黄河抗洪实战演练、"砺剑 2021"地震实战演练和自治区"应急先锋·2021"军地联合应急演练工作。开展化工园区调研指导和实战拉动演练工作。加强各级指挥员指挥能力建设，建强指挥中心，配齐必要应急通信设备，常态化开展各种极端条件下的应急通信保障拉动演练，规范接出警程序。

（闫　亮）

【装备基础建设】 组织开展车辆装备核查清理工作3次，维护检测空气呼吸器及气瓶400余具，配发各类装备器材800余(件)套。科学编制《2021—2023年基础设施建设三年规划》，补充完善支队基础建设储备库。开工建设培训基地二期十层训练塔、迎水桥消防救援站、中卫工业园区经一路消防救援站、中宁县石空消防救援站、海原县李旺消防救援站等5个续建项目；做好沙坡头景区小型消防站、沙坡头区兴仁消防站、培训基地综合训练馆等3个新建项目前期准备工作，各项基础建设稳步推进。完成中宁大队和文昌特勤站正规化试点建设工作。（闫　亮）

统计调查

【统计业务建设】 统计现代化水平显著提升。通过PDA等调查设备，住户监测E调查、劳动力现场调查、消费价格调查等移动手持终端采用率达100%，住户电子记账率达88%。全面推进工业生产者价格、采购经理调查联网直报，积极推进居民消费价格调查网采和电子扫描数据新技术应用，工作效率有效提升，基层基础得到夯实。基层基础工作质量全面巩固。1.住户调查通过加强业务培训，确保记账户记账质量；发挥联席机制作用，与辖区调查队、党委政府、各乡镇及相关部门加强交流，以两大收入数据解读为基础，以调查专报为拓展，为城乡居民收入提升提供可靠的数据支撑。2.劳动力调查选优配强调查员和指导员，有序推进扩样和新老网点并行工作，紧盯入户调查、陪访、后台审核和事后抽查等环节，实现陪访指导和电话回访全覆盖，严把数据质量关。3.农业农村调查从规章制度建立和执行、样本管理、数据采集基础台账、数据处理上报、审核评估等情况入手，结合账面检查和现场抽查，进一步提高基础工作质量。4.价格调查坚持跟班采价，与商务、发改等部门加强联系，掌握价格调控相关政策。创新工业生产者价格调查业务指导方式，通过问卷测试、“线上+线下”培训和回访等方式，有效提升企业统计员业务能力和报表报送质量。五是采购经理调查督促企业建立健全各类台账，切实提高配合程度，结合现场培训，提高源头数据质量。

（刘晓东）

【统计调查服务】 信息服务方面，结合经济运行中重点、难点、热点问题，开展专题调研，深入田间地头、居民家庭、企业等了解农业生产及居民生活情况、企业生产及用工等情况。根据掌握的活情况、活素材，认真查阅资料，撰写统计分析信息。全队共撰写各类统计分析信息223篇，其中调查信息31篇，调查分析129篇，专题调研48篇，调查专报15篇。6篇专报被市领导批示，4篇专报被沙坡头区领导批示，2篇分析被国家统计局内网采用，6篇宣传稿件分别被中国信息报、“统计微讯”和“宁夏调查”微信公众号采用。开展“十三五”民生发展成就系列专题分析研究，编印《“十三五”分析研究报告选编》。“国家统计局中卫调查队”官方微信公众号关注人数8407人。社会服务方面，发挥国家调查队优势，注重树立形象打造品牌。受中卫市政府委托，承担中卫市创建全国文明城市第三方测评，提出的建议受到市领导充分认可。

（刘晓东）

【统计法治建设】 1.坚决贯彻相关规定，统计监督职能公信力不断提升。严格执行国家调查制度，严格落实领导干部违规干预统计工作记录制度，坚决防范和惩治统计弄虚作假，修订完善辅助调查员考核办法等制度，统计监督职能作用有效发挥，基础工作得到巩固增强。严格开展统计执法，创新执法检查形式，通过“统计执法+专业检查”，针对畜禽监测调查抽选3家大型规模养殖企业、2家中型规模养殖户集中开展统计执法检查，责令整改1家，有效增强调查对象法治意识，切实提升统计执法水平，有力强化统计执法监督检查效能。2.积极推动党委政府及其部门学习统计法律法规，持续增强党员领导干部维护统计法律法规和履行防惩统计造假领导责任的自觉性。通过在业务培训会议上开展统计法律法规知识培训，增强调查对象法律意识和责任感；在“统计开放日”、宪法宣传日、《统计法》颁布纪念日等关键时间节点，结合疫情防控开展线上普法宣传，有效提升统计法治宣传效果。

（刘晓东）

【城镇居民可支配收入】 2021年中卫市城镇居民人均可支配收入32520.6元，增长6.7%。从收入来源看，四大项收入呈现全面上升趋势。第一，工资性收入稳步增长。中卫市城镇居民人均工资性收入24734.6元，增长5.8%，占可支配收入76.1%。随着疫情形势好转，企业复工复产较好，生产经营状况较稳定，企业用工明显增加，在岗人员工资水平提高从而拉动工资性收入较快增长。由此看，工资性收入仍旧是城镇居民收入的主要来源，其稳步增长也是增收的重要支撑。第二，经营净收入较快增长。中卫市城镇居民人均家庭经营净收入为 2948.3 元，增长 13.0%，占可支配收入 9.1%。其中，人均第三产业经营净收入 2631.7 元，同比增加 363.9 元，增长 16.0%。疫情形势好转，建筑业、批发零售业、住宿餐饮业、旅游业以及其他居民服务业等行业经济效益向好，带动居民增收，是城镇居民经营净收入增长的主要原因。第三，财产净收入平稳增长。中卫市城镇居民人均财产净收入为 898.9 元，增长 5.4%，占可支配收入的 2.8%。随着新冠疫情影响减弱，二三产业恢复经营，营业房、出租房屋需求增加，带动出租房屋财产性收入增长。第四，转移净收入形势较好。中卫市城镇居民人均转移净收入为 3938.8 元，增长 8.2%，占可支配收入 12.1%。其中，人均养老金和离退休金 4309.7 元，同比增长 12.1%。人均社会救济和补助 109.0 元，同比增长 45.6%。人均政策性生活补贴 3.3 元，增长 2.2 倍。养老金提标扩面进一步增加城镇居民收入水平，各类针对特殊困难家庭的社会兜底救助政策也有不同程度的提标，医疗保险费用进一步恢复至正常水平，以上因素共同拉动城镇居民转移净收入较快增长。（朱　昊）

【农村居民可支配收入】　2021 年，中卫市农村居民人均可支配收入为 13493 元，增长 11.3%。从收入结构看，四项收入呈全面增长态势。第一，工资性收入增长较快。2021 年，中卫市农村居民人均工资性收入为 6062 元，增长 12.6%，占可支配收入 44.9%，对可支配收入增长的贡献率为 49.4%。主要原因是特色种植业人工成本增长，吸纳大量劳动力，带动本地务工人数增加，促使工资性收入快速增长。第二，经营净收入快速增长。2021 年，中卫市农村居民人均经营净收入为 5095 元，增长 8.1%，占可支配收入 37.8%，对可支配收入增长的贡献率为 28.0%。农牧业生产形势较好，玉米价格上涨，主要牧业产品价格平稳增长，拉动一产经营净收入大幅增长。人均三产经营净收入 1135 元，同比增长 12.1%。随着疫情情况好转，各产业正逐渐有序恢复正常。第三，财产净收入平稳增长。中卫市农村居民人均财产净收入为 198 元，增长 4.2%，占可支配收入 1.5%，对可支配收入增长的贡献率仅为 0.6%。财产性收入基数低、比重小，对可支配收入的拉动作用最弱。中卫市农村居民财产性收入主要受转让承包土地经营权租金收入影响。第四，转移净收入增速最快。农村居民人均转移净收入为 2138 元，增长 16.5%，占可支配收入 15.8%，对可支配收入增长的贡献率为 22.0%。随着农村领取养老金人数增加，且养老金标准逐年提高，同时家庭外出从业人员寄回带回收入增多，子女赡养老人意识提高，赡养收入和各种政策性惠农补贴也有较大程度增加，共同拉动转移性收入上涨。（朱　昊）

【粮食面积产量】　2021 年中卫市粮食播种面积 190.60 万亩，同比下降 1.3%，综合单产 351 千克/亩，同比下降 2.4%。受播种面积及单产下降影响，粮食总产量同比下降 3.7%，为 66.99 万吨。分品种来看，四大主粮作物小麦播种面积 11.48 万亩，同比下降 22.5%，总产 1.86 万吨，同比下降 11%；水稻播种面积 5.81 万亩，同比下降 10.9%，总产 3.51 万吨，同比下降 12.2%；玉米播种面积 102.54 万亩，同比增长 8.3%，总产 53.03 万吨，同比增长 0.8%；马铃薯播种面积 34.94 万亩，同比增长 1.1%，总产 6.28 万吨，同比下降 11.8%。粮食生产具体呈现以下特点：1. 播种面积夏减秋增趋势更加明显。2021 年中卫市夏粮播种面积 13.48 万亩，同比下降 24.7%，秋粮播种面积 177.12 万亩，同比增长 1.1%。夏粮在粮食作物中的占比从 2020 年的 9.3%下降到 2021 年的 7.1%，夏减秋增趋势更加明显。2. 单产水平夏增秋减。中卫市夏粮综合单产 149千克/亩，同比增长 14.7%，秋粮综合单产 367 千克/亩，同比下降 4.5%。在夏粮播种、生产的关键期有效降雨较往年同期偏多，土壤墒情好，夏粮长势喜人。然而进入 7 月份后，发生严重干旱，35℃的高温天气出现频繁。在抽穗灌浆的关键时期，局部地区玉米受旱死亡，加之旱情影响玉米红蜘蛛病发生发展较重，致使玉米单产同比下降 7.0%。马铃薯主要种植在海原县山区旱地，受旱情影响同样明显，单产下降12.7%。3. 杂粮面积大幅下降。2021 年中卫市杂粮面积 35.83 万亩，同比大幅下降 15.8%。主要原因是随着耕地流转规模扩大，粮食种植规模化日趋明显，四大粮食作物的规模化种植逐步取代了以农户分散种植为主的杂粮作物。小杂粮还存在向山区集中的趋势，由于山区土地不利于规模化种植，依然以农户小规模分散种植为主，2021 年海原县杂粮种植面积占全市杂粮种植总面积的 97.4%，比上年提高 13 个百分点。

（雍　正）

【主要畜禽监测】　2021 年，中卫市畜牧业生产呈现生猪养殖效益下降，牛、羊、禽养殖效益稳定增加态势。第一，年末全市生猪存栏 29.8 万头，同比下降 9.2%，存栏呈现逐季下降趋势；全年生猪出栏 43.2 万头，同比增长 22.5%；猪肉产量 3.5 万吨，同比增长

26.8%。上半年生猪养殖保持盈余，下半年基本处于亏损局面。影响生猪生产因素：1. 由于前两年生猪价格上涨过猛，养殖效益大增，存栏高速增长导致价格下跌；2. 从2019年末到2020年末，能繁母猪存栏连续呈25%以上的增速，产能过剩；3. 市场投放量增多引起生产形势滑坡，养殖量减少。第二，年末全市牛存栏32.3万头，同比增长29.7%。其中，奶牛存栏10.2万头，同比增长31.7%；牛出栏9.8万头，同比增长2.5%；牛肉产量1.6万吨，同比增长4.4%；牛奶产量43.0万吨，同比增长47.0%。影响牛生产因素：1. 宁夏及周边地区内蒙古、陕西等省区及本区牛奶加工企业生产需求大，带动活牛及奶产品价格上涨；2. 由于牛肉价格稳中有增，效益明显，相对其他畜种疫病少，规模化养殖水平高，享受国家扶持政策相对较多，养殖户积极性高；3. 国内一些大型奶牛养殖企业入驻中卫，推动奶牛养殖生产发展步伐加快。第三，年末全市羊存栏113.7万只，同比增长12.9%；羊出栏86.5万只，同比下降1.3%；羊肉产量1.5万吨，同比下降6.0%。全年活羊价格稳定在23.5~33元/千克，随季节变化呈"V"形走势，羊养殖利润为200~300元/只。影响羊生产的因素：1. 受环保和封山禁牧影响，许多养殖户退出养羊行业，随着近两年羊价看好，生产形势恢复，饲养量逐渐增多；2. 随着居民生活水平的提高，羊肉作为滋补膳食的消费力度与日俱增；3. 由于生产成本的不断增加，羊价得到有力支撑。第四，年末全市家禽存栏336.3万只，同比下降8.9%。影响家禽生产的因素：1. 由于2020年家禽养殖生产亏损严重，养殖户淘汰加剧，2021年市场出现短缺，引发价格上涨；2. 蛋禽生产周期性较长，从开始投入生产到退出生产需要17~18个月的时间，所以尽管2021年价格回升，养殖效益增加，但很难在短期内快速恢复，导致存出栏呈下降趋势；3. 养殖用主要原料玉米平均收购价格大幅增长，导致混合饲料价格上涨，养殖成本走高拉动价格上涨。 （牛金学）

【居民消费价格】 2021年中卫市居民消费价格总指数（CPI）累计上涨1.9%，较上年涨幅增加0.4个百分点，其中食品价格指数上涨1.9%，非食品价格指数1.9%；服务价格指数上涨2.0%，工业品价格指数上涨2.5%。CPI走势主要特征：1. 食品拉动CPI上涨作用减弱。食品价格全年总体保持平稳，累计上涨1.9%，带动CPI上涨0.35个百分点，CPI上涨动能发生变化，从食品端转换到非食品端。2. 工业品价格成为拉动CPI价格上涨的主要因素。PPI对工业消费品价格的传导有所显现，受上游原油、有色金属、木材、煤炭等国际大宗商品价格上涨影响，工业品价格上涨2.5%，影响CPI总指数上涨0.98个百分点。3. 服务价格温和上涨。服务价格上涨2.0%，拉动居民消费价格总水平上涨0.56个百分点。 （张文瑾）

人物 荣誉

新闻人物

张冠华 男,汉族,大学学历,中共党员。2017年4月至2021年4月担任中卫市扶贫开发办公室党组书记、主任期间,牵头制定《中卫市脱贫攻坚"十三五"规划》《中卫市脱贫攻坚三年行动计划实施方案》等6个顶层设计文件,提出支持海原县脱贫摘帽、金融扶贫助推脱贫攻坚、"离土"产业等政策措施,建立健全脱贫攻坚报告指导、检查督促、考核奖惩、领导干部联系督导乡(镇)村脱贫攻坚工作、区市联动和市县联动督导调研等工作机制,组织贫困人口抽验、贫困村出列验收、贫困县摘帽市级初验等工作。中卫市194个贫困村全部出列,73个深度贫困村脱贫退出,15.26万贫困人口全部脱贫,国家级贫困县海原县脱贫摘帽。中卫市扶贫办连续三年获中卫市效能目标管理考核一等奖,连续三年被自治区扶贫办评为"扶贫系统先进集体",2018年被自治区党委、政府评为"全区民族团结进步模范集体"。2021年,张冠华被中共中央、国务院授予"全国脱贫攻坚先进个人"称号。

叶廷文 男,汉族,大学学历,中共党员。中宁县扶贫开发服务中心主任、县农业农村局副局长。叶廷文经过多次调研论证,提出在移民区建设养牛场,搭建"四种利益联结机制"的发展思路,为2550户托管养殖建档立卡户发放收益分红2851.8万元,为中宁县1634户丧失劳动能力贫困群众分红490.2万元,确保中宁县3967户17115名移民建档立卡户全部脱贫,19个移民贫困村全部出列。为防止贫困群众致贫返贫,提出将中宁县19.04万农村人口中因学、因病、因突发事故、因灾等致贫风险的重点群体纳入监测,探索实施"防贫保",有效控制贫困增量和返贫问题。在他的带领下中宁县41个贫困村(包括20个深度贫困村)全部出列,5213户21472名贫困人口全部脱贫。2021年,叶廷文被中共中央、国务院授予"全国脱贫攻坚先进个人"称号。

刘彦录 男,回族,大学学历,中共党员,沙坡头区宣和镇党委副书记。2016年起,刘彦录负责沙坡头区宣和镇的脱贫攻坚工作,他聚焦精准识别、精准帮扶、精准退出"三精准",落实产业扶贫、就业扶贫、教育扶贫、金融扶贫等各项扶贫措施。在他的带领下,宣和镇5个贫困村,1109户4192名建档立卡贫困户,全部高质量脱贫摘帽,贫困发生率由7.6%下降至0。2021年,刘彦录被中共中央、国务院授予"全国脱贫攻坚先进个人"称号。

洪志兴 男,回族,研究生学历,中共党员。西安镇人民政府党委副书记、镇长。洪志兴坚持"抓党建、引企业、建基地、育能人、促脱贫"工作思路,引进新希望牧业等龙头企业4家,建成产业基地9个、扶贫车间4个,培育形成小茴香、冷凉蔬菜、枸杞、草畜四大"有土"产业,西安镇依靠产业脱贫的贫困户达90%以上。探索"企业带贫困户""支部带贫困户""致富能人带贫困户""就近务工带贫困户"减贫模式,拓宽脱贫路子。经过集中攻坚,西安镇9个贫困村全部退出,现行标准下的2248户8901人建档立卡贫困人口全部脱贫。2021年,洪志兴被中共中央、国务院授予"全国脱贫攻坚先进个人"称号。

王 铁 男,汉族,研究生学历,中共党员。2018年选派至海原县贾塘乡后塘村任驻村第一书记。驻村期间,王铁多次走访贫困户,立足实际,制定脱贫规划。

鼓励群众扩大养殖规模，协调帮扶建成肉牛养殖合作社，新建小杂粮示范基地，吸纳务工人员。联系相关部门，为建档立卡户发放扶贫贴息贷款900万元。通过公益性岗位、技能培训等方式，解决就业问题。多方合力，改造危房，完善后塘村基础设施建设。经过努力，后塘村215户建档立卡户实现脱贫。2021年，王铁被中共中央、国务院授予“全国脱贫攻坚先进个人”称号。

撒占才　男，回族，宁夏海原县郑旗乡人。2016年9月参军，成为新疆军区某部队一名战士。服役期间，撒占才刻苦训练，认真钻研，先后多次在所在部队各类军事运动、比武中获得嘉奖、三等功等。因成绩优异，表现突出，被选拔参加2019年国际军事比武“安全环境”比赛，荣获单组赛、射击赛、接力赛三个第一和团体金牌，撒占才荣立个人一等功，被提干。2020年8月再次刷新自己创下的400米障碍纪录至1分31秒34，被保送南京炮兵学院。2022年，撒占才被新疆军区授予个人一等功，成为近年来中卫市乃至宁夏回族自治区唯一获此殊荣的现役军人。

市级先进

【2021年度全市效能目标管理考核先进单位】

县(区)组

优秀等次：沙坡头区

良好等次：中宁县、海原县

工业园区组

优秀等次：海兴开发区

良好等次：中卫工业园区、中宁工业园区、市直部门(单位)组

第一组党建综合类

优秀等次：市委办公室、市纪委监委机关、市委组织部

良好等次：市委政法委、市委研究室、市委编办、市直机关工委、市委老干部局

第二组意识形态类

优秀等次：市旅游和文体广电局、市委统战部

良好等次：市委宣传部、市新闻传媒中心、市委党校、市委网信办

第三组群众团体

优秀等次：市妇联、市总工会、市科协

良好等次：市团委、市红十字会、市残联、市工商联、市文联

第四组经济发展类

优秀等次：市政府办公室、市财政局、市农业农村局、市粮食和储备局、市商务局、市发展改革委

良好等次：市云计算和大数据局、市科技局、市自然资源局、市水务局、市工业和信息化局、市口岸和投资促进办、市交通运输局、市住房城乡建设局

第五组社会发展类

优秀等次：市教育局、市人力资源社会保障局、市乡村振兴局、市卫生健康委、市退役军人局

良好等次：市民政局、市医保局、市机关事务服务中心、市信访局、市统计局、市人防办、市住房公积金中心

第六组执法监管类

优秀等次：市市场监管局、市生态环境局、市公安局、市应急局

良好等次：中卫市消防救援支队、市审计局、市金融工作局、市审批服务局、市司法局、市公共资源交易中心

人大常委会机关组

优秀等次：人大常委会办公室、法制工作委员会、人事代表联络与选举工作委员会、农业与环境资源保护工作委员会

良好等次：教育科学文化卫生民族宗教工作委员会、财政经济工作委员会、监察和司法工作委员会、监察和司法委员会、社会建设委员会

中央、区属驻卫单位组

优秀等次：气象局、烟草专卖局(公司)、国家税务局中卫市税务局、宁夏机场有限公司中卫分公司、中国移动中卫分公司、市中级人民法院、国网中卫供电公司、市检察院、中油宁夏中卫销售公司、国药控股宁夏中卫分公司、国家统计局中卫调查队、邮储银行中卫分行、中卫农村商业银行、中国物流宁夏有限公司、邮政管理局、中国电信中卫分公司、宁夏公路管理中心中卫分中心

良好等次：宁夏银行中卫分行、农业银行中卫支行、中国联通中卫分公司、国家安全局、沙坡头国家级自然保护区管理局、中国铁路兰州局集团有限公司中卫公路段、中国邮政集团中卫市分公司、宁夏中国平安财险中卫支公司、宁夏中国平安寿险中卫支公司、中科院西北生态环境资源研究院沙坡头沙漠实验研

究站、建设银行中卫支行、中卫银保监分局、宁夏大学中卫校区、中卫香山村镇银行、中卫海关、农发行中卫支行、人民银行中卫市中心支行、中国人保财险中卫分公司、中国人寿保险中卫分公司、中国银行中卫支行、宁夏盐业管理局中卫市分公司、宁夏广播电视网络公司中卫分公司、中国太平洋保险中卫中心支行、石嘴山银行中卫分行、中国铁塔中卫分公司、工商银行中卫支行

【2021 年度产业发展特别奖单位】

市云计算和大数据局、市交通运输局

【2021 年度重点工作特别奖单位】

市委政法委、市自然资源局

颁授单位：中共中卫市委员会办公室
中卫市人民政府办公室
卫党办发〔2022〕13 号

【全市优秀共产党员】

王瑞萍 沙坡头区宣和司法所所长
秦　婷 沙坡头区人民检察院第一检察部主任
姬晓龙 中卫市第九小学数学教师
袁　东 沙坡头区文昌镇雍楼村党支部书记、村委会主任
杨　艳 沙坡头区滨河镇光明社区党总支书记、居委会主任
韩武珍 沙坡头区东园镇韩闸村村民
蔡贺程 中卫市人力资源和社会保障局原派驻沙坡头区宣和镇海和村第一书记
余本营 沙坡头区文昌镇东花园社区居民
范守和 沙坡头区老年大学校长
侯吉明 沙坡头区滨河镇阳光社区居民
陈红霞 沙坡头区永康镇党委委员、综治中心主任
孙建平 宁夏三元中泰冶金有限公司维修工
武占兴 中宁县鸣沙镇长滩村党支部党员
张万昌 中宁县中医医院中医针灸主任医师
金　箴 中宁二中离退休教师、支宁老党员
胡忠庆 中宁县枸杞产业发展服务中心退休干部
赵子莉 中宁县人民医院普外科护士长
姬秀花 中宁县大战场镇东盛村党支部委员、村委会委员
白　斌 中宁县委组织部党员电化教育中心主任
康升华 中宁县公安局渠口派出所所长
王丽媛 中宁县第十小学教师
陆　勇 宁夏锦宁巨科新材料有限公司行车维修班班长
黄国华 中宁县众汇嘉润投资运营管理集团有限公司环卫管理部部长
马庭云 中宁县喊叫水乡农业综合服务中心主任
李　琼 中宁县文化馆馆长
麻德明 海原县四级调研员、树台乡原党委书记
杨　东 海原县西安镇西安村党支部书记、村委会主任
赵前鹏 海原县住房和城乡建设局原派驻甘城乡三台村第一书记
马志虎 海原县贾塘乡贾塘新村党支部书记、村委会主任、宁夏志生农业开发有限公司董事长
刘一祖 海原县农业农村局党委委员、副局长
贾荣祖 海原县公安局指挥中心主任
罗红娟 海原县兴海中学教师
刘　杰 海原县中医医院副主任医师
赵学武 海原县关庄乡鸿鑫马铃薯专业合作社理事长
苏　军 宁夏天豹固原汽车运输有限责任公司海原汽车站站长
罗　成 海原县海城街道黎明社区党支部书记、居委会主任
田玉龙 海原县委党史和地方志研究室主任
杨应福 海原县海城镇山门村致富带头人
张　龙 中卫市生态环境保护综合执法支队副支队长
李小刚 中卫市委党校教务处主任
何建平 中卫市项目预算定额管理中心主任
丁世龙 中卫市水利安全生产与质量监督站副站长
魏春勇 中卫市自然资源局矿产资源管理科科长
王　萍 中卫市人民检察院第六检察部主任、一级检察官
雷振军 中卫市新闻传媒中心编辑部主任
焦宇辰 中卫市委政策研究室综合科科长
段　勇 中卫市交通运输综合执法支队干部
吴　娟 中国邮政集团中卫市分公司集邮与文化传媒部经理
樊　江 中卫市委政法委办公室(宣传科)主任
贾　平 中卫市军民融合产业服务中心项目建设科科长
陈少刚 原中卫市社会保险事业管理局机关事业单位社会保险科科长
刘志军 宁夏中卫中学教务处主任
詹玉明 中卫市第三小学副校长
蔡国海 中卫市纪委监委退休干部
吴金孝 中卫市公安局交通警察局交通秩序与事故

对策管理科科长、一级警长
陆生勇　中卫市公安局机场分局辅警
郑翠英　中卫市人民医院科教部主任
高　洁　沙坡头区文昌社区卫生服务中心党支部委员、副主任
刘　丽　港中旅(宁夏)沙坡头旅游景区有限责任公司导游
杨成才　中冶美利云产业投资股份有限公司热电站车间经理
颁授单位:中卫市委组织部

【全市优秀党务工作者】

王福才　沙坡头区柔远镇党委书记
徐宏亮　沙坡头区委组织部副部长
非公有制经济组织和社会组织党工委书记
冯学渊　沙坡头区教育局党组成员
教育工委专职副书记
王　茜　沙坡头区香山乡党委委员
组织委员
曹　梅　沙坡头区文昌镇文昌阁社区党委书记、居委会主任
白凤良　沙坡头区兴仁镇兴盛村党支部书记
汪宏东　中卫市第四小学党支部副书记、副校长
朱　江　沙坡头区香山乡深井村党支部书记
马志强　沙坡头区人民法院党组成员
党支部副书记、办公室主任
吕文婷　沙坡头区旅游和文化体育广电局党务干部
田　国　中宁县徐套九年制学校党支部书记、校长
米少青　中宁县中医医院原派驻喊叫水乡五丰台村第一书记
刘冬梅　中宁县宁安镇裕民社区党总支书记、居委会主任
杜跃华　中宁县委宣传部副部长
冯学琴　中宁县宁安镇营盘滩村党支部副书记、村委会委员
薛　萌　中宁县舟塔乡党委委员、组织委员
陈晓红　中宁县太阳梁乡党委副书记
宋　磊　宁夏隆基硅材料有限公司党支部书记
史永华　中宁县石空镇史营村党支部书记、村委会主任
刘　玉　中宁县发展和改革局党委委员、副局长
杨万龙　海原县七营镇党委副书记、镇长
赵　鹏　海原县教育体育局原派驻关庄乡窑儿村第一书记
贺小平　海原县人民法院党组成员、副院长、机关党支部书记
马彦龙　海原县委政策研究室副主任
马旭龙　海原县海城镇综合办公室主任
丁　平　海原县第二小学党支部专职副书记
杨金梅　海原县关桥乡方堡村党支部委员
王小平　海原县海城街道建设社区党总支副书记
田　军　海原县闽宁纺织园党支部书记
陈　婷　中卫市直属机关工委四级主任科员
王立伟　中卫市军队离休退休干部休养所党支部书记、所长
张宁伟　中卫市委统战部办公室主任、四级调研员
胡晓芬　中卫市政务服务中心党支部委员、四级主任科员
刘　艳　中卫市粮食和物资储备局党支部委员、执法监督(行政审批)科副科长
杨正性　中卫市第六中学党支部副书记
刘　波　中卫市委老干部局服务管理科科长
韦性恭　中卫市公安局政治部组织优抚科科长、一级警长
曾红志　中卫市卫生健康委党务干部
周东徽　中卫市应理城乡市政产业(集团)有限公司办公室主任
李春玲　中卫市工商业行业综合党委委员人民商场董事长、总经理
颁授单位:中卫市委组织部

【全市先进基层党组织】

沙坡头区财政局党支部
沙坡头区滨河镇党委
沙坡头区柔远镇刘台村党支部
沙坡头区纪律检查(监察)委员会党支部
沙坡头区宣和镇敬农村党支部
沙坡头区迎水桥镇鸣沙村党支部
沙坡头区文昌镇东花园社区党委
沙坡头区柔远镇卫生院党支部
沙坡头区常乐镇刘营村党支部
沙坡头区永康镇城农村党支部
沙坡头区镇罗镇农村专业技术联合会党支部
中宁县第六中学党支部
中宁县审批服务管理局党支部
中宁县新堡镇毛营村党支部
中宁县白马乡白路村党支部
中宁县宁安镇南苑社区党委
中宁县宁安市场监督管理所党支部

中宁县舟塔乡潘营村党支部
中宁县石空镇中心卫生院党支部
中宁县委网络安全和信息化委员会办公室党支部
中宁县精英职业培训学校党支部
中宁县石空镇枣园完全小学党支部
中宁县人民法院党支部
海原县红羊乡党委
海原县疾病预防控制中心党支部
海原县第二中学党支部
海原县关桥中学党支部
海原县海城街道南苑社区党支部
海原县史店乡徐坪村党支部
海原县贾塘乡黄坪村党支部
海原县三河镇兴业社区党支部
国家税务总局中卫市海兴开发区税务局机关党支部
海原县委组织部党支部
海原县财政局党支部
海原县三河镇团庄村党支部
中卫市委组织部机关党支部
中卫市纪律检查(监察)委员会党总支
中卫市科学技术局党支部
中卫市委宣传部党支部
中卫市委编办党支部
中卫市直属机关工委党支部
中卫市乡村振兴局党支部
中卫市妇联党支部
中卫市审计局党支部
中卫市第五中学党支部
中卫市公安局旅游分局党支部
中卫市第三人民医院党支部
中卫市中医医院党委
中国电信股份有限公司中卫分公司党委
中卫市爱心车队党支部
颁授单位:中卫市委组织部

【第二批享受中卫市政府特殊津贴人员名单】

刘帮林 宁夏紫光天化蛋氨酸有限责任公司总经理
马小林 中冶美利云产业投资股份有限公司党委副书记、纪委书记
陈怀荣 中卫市第一中学高级教师
施彦恒 宁夏中卫中学副校长
刘 杼 中宁县中宁中学高级教师
刘明星 中宁县第九小学党支部书记、校长
卢俊才 海原县回民中学校长
王兴有 中卫市人民医院普外科主任医师
杨月华 中卫市人民医院产科主任
纪永峰 中卫市第三人民医院党支部书记、院长
曹文兵 沙坡头区人民医院眼科主任
王 军 中宁县中医医院副院长
耿生贵 中宁县人民医院主任医师
黎丽梅 中卫市文化馆副馆长
崔宏伟 中卫市新闻传媒集团播出部主任
王忠明 中卫市畜牧水产技术推广服务中心高级畜牧师
刘定斌 中卫市林业技术推广服务中心高级林业工程师
杨 海 中卫市水利技术服务中心高级水利工程师
殷 星 中卫市环境监测站高级工程师
张明海 中宁县财政局会计核算中心主任
颁授单位:中卫市人民政府

自治区级先进

【全区优秀共产党员】

张克智 中卫固沙林场原场长
陈少峰 中卫中学党委书记、校长
魏天录 中宁县石空镇丰安社区离退休干部党支部党员
刘 娟 中宁县枸杞产业发展服务中心党组成员、副主任
段富强 海原县四级调研员、红羊乡原党委书记
冯永新 中卫市沙坡头区迎水桥镇何滩村党支部书记
张伟中 中宁县舟塔乡上桥村枸杞产业致富带头人
李进刚 海原县树台乡新庄村党支部书记、村委会主任
孟红英 中卫市沙坡头区文昌镇蔡桥路社区党总支书记、居委会主任
陈景燕 中卫市人民医院重症医学科主任、内科副主任医师
杨永明 海原县企业服务中心派驻三河镇富陵村第一书记
陆文学 中卫市公安局柔远派出所所长、警务技术二级主管
孙 静 中卫市中级人民法院民事审判第一庭副庭长
李玉芳 中卫市住房公积金管理中心干部
李玉兰 海原县第七小学副校长
杨巧玲 港中旅(宁夏)沙坡头旅游景区星星酒店运营中心总监

肖　鹏　宁夏誉成云创数据投资有限公司党支部书记、安全管理部经理
张进保　中卫市应理城乡市政产业(集团)新洁垃圾处理有限公司环卫工人
马小平　中卫市消防救援支队文昌特勤站站长助理

【全区优秀党务工作者】

汪文奎　中卫市沙坡头区文昌镇党委书记、四级调研员
王正祥　海原县关桥乡王湾村党支部书记
王慧琴　中卫市疾病预防控制中心党支部书记、主任
张宏斌　中卫市高校毕业生党支部书记、就业创业和人才服务中心副主任
党　静　中宁县第一中学党总支书记、校长
詹梅芳　中卫市沙坡头区滨河镇长安社区党支部书记、居委会主任
任秀丽　中卫市烟草专卖局第一党支部书记、内部专卖管理监督派驻办公室主任
张　熙　国家税务总局中卫市税务局党委书记、局长
闫自立　中卫市委教育工委专职副书记
李玉晴　中卫市委组织部组织一科科长
范巧红　中宁县自然资源局党务干部
冉海萍　海原县水务局机关党支部书记、办公室副主任
雅金斌　中宁工业园区派驻太阳梁乡南塘村第一书记

【全区先进基层党组织】

中宁县太阳梁乡党委
海原县树台乡党委
中卫市沙坡头区滨河镇中山社区党委
中卫市委办公室党支部
海原县西安镇范台村党支部
中卫市气象局党支部
中卫市第一幼儿园党支部
中卫市沙坡头区人民医院党总支
中卫市恒力电控科技服务有限公司党支部
海原县第一小学党支部
中卫市畜牧水产技术推广服务中心党支部
宁夏协鑫晶体科技发展有限公司党支部
中卫市市场监督管理局检验检测中心党支部
中卫市沙坡头区兴仁镇团结村党支部
中宁县人民检察院党支部
海原县公安局海兴开发区分局党支部
中宁县新堡镇安定社区党支部
颁授单位:中共宁夏区委组织部

【继续保留荣誉称号的自治区文明村镇】

中卫市沙坡头区迎水桥镇夹道村
中卫市沙坡头区文昌镇东园村
中卫市沙坡头区滨河镇南关村
中宁县鸣沙镇
海原县西安镇
海原县海城镇
海原县三河镇唐堡村
海原县七营镇张堡村
颁授单位:自治区精神文明建设指导委员会
宁文明委〔2022〕4号

【继续保留荣誉称号的自治区文明单位】

中卫市市场监督管理局
中卫市审计局
中卫市气象局
宁夏银行中卫分行(原宁夏银行中卫支行)
国家粮食和物资储备局宁夏局一七七处(原宁夏储备物资管理局一七七处)
中宁县民政局
中宁县气象局
宁夏七星渠管理处
中国邮政中宁县分公司(原中宁县邮政局)
中国邮政海原县分公司(原海原县邮政局)
颁授单位:自治区精神文明建设指导委员会
宁文明委〔2022〕4号

【继续保留荣誉称号的自治区文明校园】

中卫市第一中学
颁授单位:自治区精神文明建设指导委员会
宁文明委〔2022〕4号

【新命名的第十九批自治区文明村镇】

中卫市沙坡头区文昌镇东关村
中卫市沙坡头区常乐镇枣林村
中宁县余丁乡余丁村
中宁县白马乡彰恩村
海原县三河镇六窑村
颁授单位:自治区精神文明建设指导委员会
宁文明委〔2022〕4号

【新命名的自治区文明单位】

中卫市政府办公室
中卫市疾病预防控制中心
中国联通中卫分公司
中卫市沙坡头区滨河镇长安社区
中卫市沙坡头区文昌镇黄河花园社区
中宁县审批服务管理局
宁夏水投中宁水务有限公司

海原县委党校

颁授单位：自治区精神文明建设指导委员会

宁文明委〔2022〕4 号

【新命名的自治区文明校园】

宁夏中卫中学

中卫市职业技术学校

中卫市第二中学

中卫市第二小学

中卫市第四小学

中卫市第六小学

中宁县第十小学

海原县第二小学

颁授单位：自治区精神文明建设指导委员会

宁文明委〔2022〕4 号

【自治区精神文明建设工作先进工作者】

魏　荣　国家统计局宁夏调查总队专项调查处处长

刘宣烨　国网中卫供电公司党建部(党委宣传部)品牌与数据管理专责

李悦敏　宁夏银行中卫分行办公室副主任、党务专干

卢　珊　中卫市沙坡头区柔远镇人大主席

凤启敏　中宁县白马乡组织委员

田家玉　海原县文化旅游广电局干部

颁授单位：自治区精神文明建设指导委员会

宁文明委〔2021〕12 号

【自治区未成年人思想道德建设工作先进县(区)】

中宁县

颁授单位：自治区精神文明建设指导委员会

宁文明委〔2021〕12 号

【自治区未成年人思想道德建设工作先进单位】

中卫市教育局

中卫市妇联

中宁县第二小学

海原县教育体育局

颁授单位：自治区精神文明建设指导委员会

宁文明委〔2021〕12 号

【自治区未成年人思想道德建设工作先进工作者】

牛　平　中卫市委宣传部出版发行管理科副科长

王　萍　中卫市检察院第六检察部主任

曹亚强　中卫市沙坡头区教育局基础教育办公室干部

杨　珍　中宁县徐套乡下流水九年制学校校长

马　森　海原县第二中学德育主任

颁授单位：自治区精神文明建设指导委员会

宁文明委〔2021〕12 号

【自治区移风易俗工作先进县(区)】

中卫市沙坡头区

颁授单位：自治区精神文明建设指导委员会

宁文明委〔2021〕12 号

【自治区移风易俗工作先进村镇】

中卫市沙坡头区迎水桥镇何滩村

中宁县宁安镇古城村

海原县三河镇富陵村

海原县史店乡徐坪村

颁授单位：自治区精神文明建设指导委员会

宁文明委〔2021〕12 号

【自治区移风易俗工作先进红白理事会】

中卫市沙坡头区柔远镇刘台村红白理事会

中卫市沙坡头区永康镇永丰村红白理事会

中宁县鸣沙镇薛营村红白理事会

中宁县余丁乡余丁村红白理事会

海原县甘城乡甘城村红白理事会

海原县西安镇小河村红白理事会

颁授单位：自治区精神文明建设指导委员会

宁文明委〔2021〕12 号

【自治区移风易俗模范户】

倪秀霞家庭　中卫市沙坡头区常乐镇常乐社区

郑建国家庭　中卫市沙坡头区东园镇白桥村

王玉保家庭　中卫市沙坡头区宣和镇福兴村

徐宝财家庭　中宁县白马乡三道湖村

郭云峰家庭　中宁县太阳梁乡白马梁村

臧金芳家庭　海原县关庄乡高台村

李应山家庭　海原县红羊乡前进村

陈秋霞家庭　海原县西安镇园河任湾村

颁授单位：自治区精神文明建设指导委员会

宁文明委〔2021〕12 号

【自治区精神文明建设工作先进集体】

中卫市文明办

中卫市财政局

国家税务总局中卫市税务局

中卫市沙坡头区文昌镇人民政府

中宁县石空镇人民政府

海原县文明办

海原县卫生健康局

颁授单位：自治区精神文明建设指导委员会

宁文明委〔2021〕12 号

【全区学雷锋活动示范点】

中卫市沙坡头区滨河镇新墩花园社区

中卫市海原县三河镇富陵村
中卫农村商业银行营业部

【全区岗位学雷锋标兵】

李广东　中卫市中宁县人社局干部、中宁县喊叫水乡红湾新村第一书记
田学红　中卫市沙坡头区文昌镇黄河花园社区、党支部书记、主任
陆彦云　中卫市车辆管理所辅警
颁授单位：自治区党委宣传部

【全区禁毒工作先进集体】

中卫市沙坡头区禁毒办
中宁县教育体育局
颁授单位：自治区禁毒委员会

【全区禁毒工作先进个人】

杨正义　中卫市禁毒办工作人员
鲁文韬　中卫市公安局沙坡头区分局禁毒大队副大队长
胡艳凤　中卫市沙坡头区禁毒志愿者协会会长
谭彩萍　中宁县禁毒办专职副主任
苏进军　海原县禁毒办专职副主任
颁授单位：自治区禁毒委员会

【自治区法治政府建设示范项目】

中卫市“人民调解+仲裁+信访”矛盾纠纷治理模式
颁授单位：自治区党委

【第一批自治区中小学中外人文交流基地】

中卫中学
颁授单位：自治区教育厅

【全区最美公务员】

张　龙　中卫市生态环境保护综合执法支队副支队长
王瑞萍（女）　中卫市沙坡头区司法局宣和司法所所长
徐　晓　中宁县石空镇党委书记
秦　勇　海原县委办公室副主任、机要局局长
颁授单位：自治区党委组织部

【自治区“七五”普法工作先进集体】

中卫市沙坡头区委宣传部
国家税务总局沙坡头区税务局
中卫市沙坡头区柔远镇渡口村
中卫市中宁县公安局
国家税务总局中宁县税务局
中卫市中宁县中医院
中卫市海原县市场监督管理局
中卫市海原县海城街道南苑社区
中卫市委组织部
中卫市市场监督管理局
国家税务总局中卫市税务局
中卫市妇联

【自治区“七五”普法工作先进个人】

李　哲　中卫市委网信办网络安全监管协调科（行政执法科）科长
范　雅　中卫市委编办体制改革科副科长
李雁知　中卫市人民政府综合（法制）科科长
白　雪　中卫市人力资源和社会保障局劳动人事争议仲裁院副院长
拓守辉　中卫市生态环境局法制科副科长
张　杰　中卫市市场监督管理局法制科副科长
闫永玲　中卫市审计局四级调研员
赵锦芳　中卫市妇幼保健院副院长
高　山　中卫市气象局业务科科员
张　庚　中卫市沙坡头区人民检察院第四检察部副主任
李　芸　中卫市沙坡头区司法局普法与依法治理办公室负责人
詹梅芳　中卫市沙坡头区滨河镇长安社区党支部书记、主任
胡艳凤　中卫市沙坡头区禁毒志愿者协会会长
高海军　中卫市中宁县教育体育局综治干事
张　晶　中卫市中宁县审批服务管理局副局长
马　娟　中卫市中宁县司法局法治宣传教育室主任
杜金宝　中卫市中宁县恩和镇华寺村党支部书记、村委会主任
马海龙　中卫市海原县史店乡人民政府党建工作办公室秘书
陈　诚　中卫市海原县第二中学法治教育中心主任
赵　娜　国家税务总局中卫市海兴开发区税务局纳税服务股股长
马　岚　中卫市海原县三河司法所司法助理员
黄元虎　中卫市海原县西安镇专职调解员
颁授单位：自治区党委、政府

【自治区脱贫攻坚先进个人】

丁志爱　海原县政协党组书记、主席候选人
马正当（回族）　海原县财政局副局长、海原县金融工作局副局长
田风奇（回族）　海原县委农办主任、海原县农业农村局党委书记、局长
李伟保（回族）　海原县水务局农村供水管理中心主任
马彦龙（回族）　海原县就业创业和人才服务局办公

室主任
张占成（回族） 海原县交通运输局道路建设管理中心副主任
马建荣（回族） 海原县李旺镇党委书记、四级调研员
金朝晖 海原县贾塘乡党委原书记
罗建忠（回族） 海原县九彩乡党委委员、副乡长
李 骏（回族） 海原县高崖乡政府经济发展办公室主任
何有玉 海原县甘城乡甘城村党支部书记
郭 仲 海原县李俊乡蔡祥村党支部书记
张廷荣 海原县海城镇武塬村党支部书记
穆海彬（满族） 自治区科技厅生产力促进中心副主任，驻海原县关桥乡方堡村第一书记
吴忠海（回族） 自治区党委编办事业单位登记管理局二级调研员，驻海原县曹洼乡白崖村第一书记
马成亮 中卫市委巡察工作信息中心副主任，海原县红羊乡红堡村驻村工作队队员
穆世福（回族） 海原县树台乡红井村第一书记，海原县民政局办公室秘书
罗建军（回族） 海原县海城镇堡子村驻村工作队队员，海原县卫健康局办公室干事
丁晓龙 宁夏艺桓农业发展有限公司总经理
刘 德 中宁县发展和改革局党委书记、局长、粮食和物资储备局局长，四级调研员
黎 萍（女） 中宁县卫生健康局党委书记、局长
张 锐 中宁县喊叫水乡党委书记
康 玲（女） 中宁县文化旅游广电局党委书记、局长
黄 胜 中宁县太阳梁乡党委委员、副乡长
赵军斌 中宁县大战场镇扶贫干事
管建国 中宁县徐套乡红柳村原第一书记，中宁县公安局治安大队队长
吴全旺 中卫市沙坡头区纪律检查委员会副书记、监委副主任
雍学茂 中卫市沙坡头区水务局党组成员、副局长
李文成 中卫市沙坡头区香山乡党委书记、乡长、四级调研员
刘 辉 中卫市沙坡头区永康镇党委副书记、镇长候选人
刘兴成 中卫市沙坡头区文昌镇人民政府三级主任科员
姬 宁 中卫市沙坡头区兴仁镇泰和村工作队队长兼第一书记，自治区统计局社会经济调查队副队长、高级统计师
金钟河（回族） 中卫市政府副秘书长
何玉琦 中卫市教育局基础教育科科长
孔繁银 中卫市民政局养老救助科科长、四级调研员
王军华 中卫市人社局就业创业和人才服务中心副主任
杨 海 中卫市水务局水利技术服务中心主任
伊玉红（女） 中卫市医疗保障局办公室主任
李万成 海原县贾塘乡南河村第一书记，贺兰山东麓葡萄产业园区管委会综合处副处长
颁授单位：自治区党委、政府

【自治区脱贫攻坚先进集体】

海原县水务局
海原县扶贫开发办公室
海原农村商业银行股份有限公司
海原县住房和城乡建设局
中共海原县三河镇委员会
中共海原县红羊乡委员会
中共海原县关庄乡宋庄村支部委员会
中共海原县史店乡委员会
中共海原县史店乡徐坪村支部委员会
自治区农业农村厅驻海原县曹洼乡脱烈村工作队
中共中卫市委组织部驻海原县郑旗乡郑旗村工作队
海原县教育体育局驻海原县关桥乡麻春村工作队
中共中宁县委组织部
中宁县财政局
中宁县农业农村局
中宁县扶贫开发服务中心
中宁县公安局驻中宁县徐套乡徐套村工作队
中卫市沙坡头区扶贫开发办公室
中卫市沙坡头区永康镇人民政府
中共中卫市沙坡头区迎水桥镇营盘水村支部委员会
中共中卫市沙坡头区兴仁镇兴盛村支部委员会
自治区外事办驻中卫市沙坡头区香山乡米粮川村工作队
中共中卫市委组织部
中卫市农业农村局
中卫市财政局
中卫市卫生健康委员会
中卫农村商业银行股份有限公司
颁授单位：自治区党委、政府

【自治区养老护理职业技能大赛优秀组织单位】
中卫市民政局
颁授单位:自治区民政厅、人社厅
【自治区扫黑除恶专项斗争先进集体】
中卫市纪委监委第四审查调查室
颁授单位:宁夏扫黑除恶专项斗争领导小组
【集体二等功】
中卫市公安局指挥部指挥中心
中卫市拘留所
中卫市公安局
颁授单位:自治区公安厅
【集体嘉奖】
中卫市看守所
颁授单位:自治区公安厅
【新型案件勘察大比武一等奖】
中卫市公安局
颁授单位:自治区公安厅
【教育督导评估先进单位】
沙坡头区教育局
颁授单位:自治区党委教育工委、教育厅
【疫情防控工作先进单位】
沙坡头区教育局
颁授单位:自治区党委教育工委、教育厅
【庆祝中国共产党成立100周年"劳动者之歌"职工合唱大赛二等奖】
沙坡头区教育局
颁授单位:自治区总工会
【人民政府履行教育职责评价优秀单位】
中宁县教育体育局
颁授单位:自治区人民政府教育督导委员会
【全区教育系统先进基层党组织】
中宁县第二中学党总支　中卫市第一中学党委
海原县第一中学党总支　中卫市第二小学党支部
颁授单位:自治区党委教育工委
　　　　　自治区教育厅党组
【"爱国心、报国情、强国志"主题征文活动优秀组织奖】
海原县第一小学
颁授单位:自治区党委宣传部
　　　　　自治区教育厅
【"没有共产党就没有新中国"庆祝中国共产党成立100周年系列活动优秀组织单位】
中卫市教育局
颁授单位:自治区教育厅、自治区党委教育工委
【全区铸牢中华民族共同体意识主题教育系列活动优秀组织单位】
中卫市教育局
颁授单位:自治区教育厅、民族事务委员会
【自治区科学技术进步奖一等奖】
中卫市农业技术推广与培训中心
颁授单位:自治区人民政府
【第四届宁夏青少年创意编程与智能设计大赛优秀组织单位】
中卫市科协
颁授单位:宁夏青少年科技活动中心
　　　　　宁夏科学技术馆
【第八届全区中小学校科普剧竞赛优秀组织单位】
中卫市科协
颁授单位:宁夏科协
　　　　　自治区文明办
　　　　　自治区教育厅
　　　　　宁夏广播电视台
【实施乡村振兴战略先进集体二等奖】
中宁县
颁授单位:自治区党委农村工作领导小组
　　　　　宁党农发〔2022〕1号
【实施乡村振兴战略先进集体三等奖】
沙坡头区
海原县
颁授单位:自治区党委农村工作领导小组
　　　　　宁党农发〔2022〕1号
【全区工业能耗"双控"突出贡献单位】
中卫市工信局
颁授单位:宁夏制造强区建设领导小组
【全区"爱国拥军"模范单位】
市委组织部
中卫市财政局
中宁县住房和城乡建设局
海原县海城街道办事处
颁授单位:自治区党委、政府、宁夏军区
【全区"拥政爱民"模范单位】
中国人民武装警察部队宁夏总队中卫支队
颁授单位:自治区党委、政府、宁夏军区
【全区"爱国拥军"模范】
姚艳玲　中卫市退役军人事务局干部
潘秀芳　中卫市沙坡头区退役军人事务局局长
庞晓玉　中宁县退役军人事务局干部

马月德 海原县退役军人事务局副局长
颁授单位:自治区党委、政府、宁夏军区

【全区“拥政爱民”模范】

唐加胜 中国人民解放军宁夏中卫市沙坡头区人民武装部部长
颁授单位:自治区党委、政府、宁夏军区

【自治区就业创业工作先进集体】

中卫市人力资源和社会保障局
中卫市财政局
国家税务总局中卫市税务局
中卫市沙坡头区民政和社会保障局
中卫市阳光沐场农牧有限公司
中卫市沙坡头区常乐镇人民政府
宁夏中宁国际枸杞交易中心
中宁县太阳梁乡人民政府
海原县就业创业和人才服务局
海原县三河镇人民政府
颁授单位:自治区就业工作领导小组

【自治区就业创业工作先进个人】

俞 辉 中卫市人力资源和社会保障局职业技能鉴定指导中心副主任
梁舜杰 中共中卫市委组织部公务员管理科科长
何丽艳(女) 中卫市市场监督管理局副科长
滕晓梅(女) 中卫市职业技术学校(技工学校)实训基地管理中心副主任
刘云鹏 中共中卫市委宣传部新闻外宣和传媒影视管理科负责人
高 蕾(女) 沙坡头区民政和社会保障局社会保障办公室负责人
杨国君 中卫市沙坡头区乡村振兴局教育培训办公室负责人
贾云治 中卫市沙坡头区宣和镇人民政府民生服务中心主任
拓明煜 中卫市杰利雅洗涤服务有限公司总经理
高敬成 宁夏钢铁集团有限责任公司人力资源部部长
刘学斌 中宁县人力资源和社会保障局副局长、就业创业和人才服务中心主任
姚 静(女) 中宁县新堡镇人民政府副镇长
雍梅芳(女) 中宁县宁安镇人民政府就业专干
马汉文 中宁县大战场镇宁原村村支部书记
黄建华 中宁县教育体育局基教办干部
邓仓满 宁夏仓满制桶有限公司总经理
李 玮 海原县职业技术学校校长
李 楠(女) 国家统计局海原县调查队副队长
王彦成 中宁县杞禄生物科技有限公司企业负责人
惠荣荣(女) 海原县西安镇人民政府劳务干事
田应茂 海原县史店乡人民政府劳务干事
杨喜军 海原县驻江西南昌劳务服务中心主任、劳务经纪人
马瑞燕(女) 海原县贾塘乡人民政府劳务干事
颁授单位:自治区就业工作领导小组

【应急管理(安全生产)先进集体】

中卫工业园区管委会
中卫市工业和信息化局
中卫市应急管理局
中卫市生态环境局
中卫市市场监督管理局
中卫市海原县人民政府办公室
中卫市沙坡头区消防救援大队
颁授单位:自治区安委会办公室
自治区应急管理指挥部办公室
自治区应急管理厅

【应急管理(安全生产)先进个人】

巩中升 中卫市人民政府副秘书长、二级调研员
刘富贵 中卫市住房和城乡建设局安全生产监督科科长
马守玉 中卫市海原县应急管理局党委书记、局长、一级主任科员
王丽荣 中卫市应急管理局九级职员
宋 健 中卫市公安局治安管理支队管理九级职员
何亮平 宁夏瑞泰科技股份有限公司安全总监
张键楠 中卫市沙坡头区应急管理局应急救援指挥中心主任
李 国 中卫市交通运输局综合执法支队管理九级职员
吴长峰 中卫市中宁县应急管理局安全生产执法大队副队长
刘 彪 中宁县新世纪冶炼有限公司法人兼安全生产总监
徐建军 中石油宁夏中卫分公司中卫片区经理
颁授单位:自治区安委会办公室
自治区应急管理指挥部办公室
自治区应急管理厅

【全区实施妇女儿童发展规划先进集体】

中卫市中宁县妇女联合会
中卫市海原县教育体育局

中卫市政府妇女儿童工作委员会办公室
颁授单位：自治区政府妇儿工委办公室

【全区实施妇女儿童发展规划先进个人】

杨　莉　中卫市沙坡头区教育局副局长
汪　芳　中卫市沙坡头区卫生健康局干部
王艳红　中卫市中宁县教育体育局教育工委副书记
赵　娜　中卫市中宁县人力资源和社会保障局副局长
陈泉灵　中卫市中宁县统计局干部
邵淑霞　中卫市海原县妇联副主席
苏　霞　中卫市海原县卫生健康局妇幼与健康促进股科长
杨敏霞　中卫市海原县统计局干部
苏佩阳　中卫市委组织部干部监督科科长
韩　晶　中卫市妇幼保健院保健信息科科长
张素霞　中卫市职业技术学校高级教师
颁授单位：自治区政府妇儿工委办公室

【庆祝中国共产党成立100周年全区工会经审干部征文比赛获奖名单】

三等奖
不忘初心 砥砺前行（中宁县白马乡工会联合会　唐乐）
优秀奖
团结奋进展风采（中卫市总工会　余小成）
优秀组织奖
中卫市总工会
颁授单位：自治区总工会经费审查委员会办公室

【“颂歌献给党——全区劳动者之歌”合唱大赛获奖名单】

二等奖
中卫市沙坡头区总工会——沙坡头区教师合唱队
优秀奖
中卫市中医医院合唱队
组织奖
中卫市总工会
颁授单位：自治区总工会
　　　　　自治区文化和旅游厅
　　　　　自治区广播电视局
　　　　　宁夏广播电视台
　　　　　宁夏广电传媒有限公司

全国先进

【第一批国家级文明旅游示范单位】

港中旅（宁夏）沙坡头旅游景区
颁授单位：全国旅游标准化技术委员会

【全国脱贫攻坚先进个人】

刘彦录　沙坡头区宣和镇党委副书记
洪兴志　海原县西安镇党委副书记、镇长
张冠华　中卫市扶贫开发办公室党组书记、主任
叶廷文　中宁县扶贫开发服务中心党支部书记、中宁县农业农村局副局长
王　铁　海原县贾塘乡后塘村驻村第一书记、中卫市自然资源局自然资源调查确权、登记科科长
颁授单位：中共中央、国务院

【全国脱贫攻坚先进集体】

中共海原县委
中宁县太阳梁乡人民政府
华润集团定点帮扶工作组
颁授单位：中共中央、国务院

【第五批国家级非物质文化遗产代表性项目名录】

中卫市的黄羊钱鞭
中卫古建筑彩绘
中宁蒿子面制作技艺
颁授单位：国务院

【2020年检察机关打击危险废物环境违法犯罪行为活动表现突出集体】

中卫市沙坡头区人民检察院
颁授单位：最高人民检察院、公安部、生态环境部

【全国乡村旅游重点村名单】

中卫市沙坡头区迎水桥镇沙坡头村
中卫市沙坡头区迎水桥镇北长滩村
中卫市中宁县余丁乡黄羊村
中卫市中宁县石空镇倪丁村
中卫市海原县石空镇太平村
颁授单位：文化和旅游部

【第20届全国青年文明号】

港中旅（宁夏）沙坡头旅游景区有限责任公司导游演艺部
宁夏回族自治区中卫市海原县消防救援大队
宁夏早康枸杞股份有限公司生产部
颁授单位：全国创建“青年文明号”活动组委会办公室

【全国维护妇女儿童权益先进集体】

中卫市沙坡头区人民检察院第四检察部
颁授单位：中华全国妇女联合会
　　　　　妇字〔2021〕43号

【全国优秀少先队集体】

沙坡头区永康中学八年级中队

【全国优秀少先队员】

黄依然

颁授单位:共青团中央、教育部、全国少工委

【全国红十字模范单位】

沙坡头区柔远镇渡口村

颁授单位:中国红十字会

【全国模范人民调节委员会】

中卫市道路交通事故损害赔偿人民调节委员会

颁授单位:司法部

【全国模范调解员】

王瑞萍 沙坡头区宣和镇人民调解委员会副主任

张海龙 海原县婚姻家庭纠纷人民调解委员会调解员

颁授单位:司法部

【全国"双爱双评"先进企业工会】

宁钢集团工会

颁授单位:全国工商联、人力资源和社会保障部、全国总工会

【2018—2020 年度全国侨联系统优秀"侨胞之家"】

沙坡头区滨河镇长安社区

颁授单位:中国侨联

【第六批全国学雷锋活动示范点】

中卫市第四小学

颁授单位:中宣部

【全国优秀农民工】

牛树静 童家园子民俗庄园合伙人

颁授单位:国务院农民工工作领导小组

【检察系统全国维护妇女儿童权益先进集体】

中卫市沙坡头区人民检察院第四检查部

颁授单位:全国妇联

【2021 年度中国乡村振兴十大示范县市】

中卫市沙坡头区

颁授单位:《小康》杂志社

【2021 年度城市数字产业高质量发展奖】

中卫市委、市政府

颁授单位:中国通信工业协会数据中心委员会、中国 IDC 产业年度大典组委会

【2021 年度中国 IDC 产业大典低碳数据中心奖】

宁夏誉成云创数据投资有限公司

美利云中卫数据中心

中国联通中卫云数据中心

宁夏移动中卫数据中心(集装箱)

颁授单位:中国通信工业协会数据中心委员会、中国 IDC 产业年度大典组委会

【全国根治拖欠农民工工资工作先进集体】

中卫市劳动保障监察支队

颁授单位:国务院根治拖欠农民工工资工作领导小组

【全国检察机关"文明接待室"称号】

"12309"检察服务中心

颁授单位:最高人民检察院政治部

【2021 年度调查研究工作先进支队】

中卫市消防救援支队

颁授单位:应急管理部消防救援局

【集体三等功】

中宁县消防救援大队

颁授单位:应急管理部消防救援局

【应急管理系统先进工作者】

马小平 中卫市消防救援支队文昌特勤站站长助理

颁授单位:应急管理部

【"抗击疫情 警徽闪耀"主题文艺作品征集展示优秀奖】

中卫市公安局

颁授单位:公安部

【"五四红旗"团委(团工委)】

中卫市公安局团委

颁授单位:共青团中央

【全国三八红旗手】

张翠红 中卫市沙坡头区林业技术推广服务中心主任

颁授单位:全国妇联

【公安系统二级英雄模范】

郭 鹏 中卫市看守所所长

颁授单位:公安部

【集体一等功】

中卫市公安局扫黑办

颁授单位:公安部

【国家义务教育质量监测实施组织优秀单位】

中卫市教育局

中宁县教育体育局

颁授单位:教育部基础教育质量监测中心

【节约型机关单位】

海原县教育体育局

颁授单位:国家机关事务管理局、中共中央直属机关事务管理局、中华人民共和国国家发展和改革委员会、中华人民共和国财政部

【全国中小学劳动试验区】

中卫市教育局

颁授单位:教育部办公厅

教基厅函〔2021〕19 号

【2020年科普中国信息员队伍建设优秀单位】

中卫市科协

颁授单位：中国科协办公厅

【全国科技活动周优秀单位】

中卫市科协

颁授单位：全国科技活动周组委会办公室、科技部科技人才与科学普及司

【全国民族团结进步示范单位】

海原县

颁授单位：国家民委

【全国水旱灾害防御先进个人】

郭文宝　中卫市沙坡头区水务局水旱灾害防御中心主任

颁授单位：水利部

【第九届全国先进县级文化馆、图书馆、乡镇(街道)综合文化站、村(社区)综合性文化服务中心】

宁夏回族自治区中宁县文化馆

颁授单位：中央宣传部、文化和旅游部、广电总局

【全国先进基层文艺院团】

宁夏回族自治区海原县花儿艺术演艺有限公司

宁夏回族自治区中卫市歌舞团(有限公司)

颁授单位：中央宣传部、文化和旅游部、广电总局

【全国先进基层电影服务集体】

宁夏回族自治区海原县电影服务中心

颁授单位：中央宣传部、文化和旅游部、广电总局

【非公有制经济组织党建优秀调研成果三等奖】

市委组织部

颁授单位：全国党建研究会非公有制经济组织党建研究专业委员会(非公党研〔2021〕2号)

【全国人力资源社会保障系统优质服务窗口】

中卫市社会保险就业创业服务大厅

颁授单位：人社部

【全国示范性老年友好型社区】

中卫市沙坡头区滨河镇长安社区

颁授单位：国家卫生健康委全国老龄办

【退役军人服务保障先进单位】

中卫市沙坡头区退役军人服务中心

颁授单位：退役军人事务部

中央军委政治工作部

【退役军人服务保障先进个人】

孙志刚　中卫市退役军人事务局党组书记、局长

颁授单位：退役军人事务部

中央军委政治工作部

【全国改善医疗服务先进典型医院】

中卫市中医医院(预约诊疗制度)

中宁县中医医院(检查检验结果互认制度)

中卫市沙坡头区人民医院(以医联体为载体，提供连续医疗服务)

中卫市人民医院(以社会新需求为导向，延伸提供优质护理服务)

颁授单位：国家卫健委

【全国改善医疗服务先进科室】

中宁县人民医院放射科

颁授单位：国家卫健委

【全国改善医疗服务先进个人】

范卫萍　中卫市第三人民医院

颁授单位：国家卫健委

【全国“工人先锋号”】

海原县闽宁纺织制品有限公司生产车间

颁授单位：全国总工会

【最美工会户外劳动者服务站点】

中卫市困难职工帮扶中心户外劳动服务(法律援助)站

颁授单位：全国总工会

【城市困难职工解困脱困做出重要贡献个人】

尹建华　中卫市困难职工帮扶中心主任

颁授单位：全国总工会

【“尊法守法·携手筑梦”服务农民工公益法律服务行动成绩突出个人】

吴成珠　中卫市总工会困难职工帮扶中心干事

颁授单位：中华全国总工会、司法部

中华全国律师协会

逝世人物

马志洁　(1934—2022)，回族，海原县高崖乡人。兰州大学教授。1949年小学毕业后到兰州市立中学(现兰州七中)就读初中，后保送至兰州一中。1955年考入兰州大学中文系，1959年毕业后留校任教。长期讲授《语言学》《文学写作》《公文写作》等课程，致力于写作人才、秘书人才培养，参与兰州大学文学院《秘书之友》杂志创办，出版《秘书实用大全》《秘书知识》《写作概论》《基层秘书手册》等著作。曾担任兰州大学中文系副系主任、中国写作学会甘肃写作分会副会长、中国秘书学会常务理事。2022年7月16日于兰州逝世。

文 献

重要文存

中卫市国民经济和社会发展第十四个五年规划和二〇三五年远景目标的建议

（2021 年 1 月 12 日中国共产党中卫市第四届委员会第十次全体会议通过）

中国共产党中卫市第四届委员会第十次全体会议认真学习贯彻党的十九届五中全会精神，坚决贯彻习近平总书记视察宁夏重要讲话精神，全面落实自治区党委十二届十二次全会精神，紧扣努力建设黄河流域生态保护和高质量发展先行市总体目标，就制定中卫市国民经济和社会发展第十四个五年规划和二〇三五年远景目标，提出以下建议。

一、立足新发展阶段，奋力开启我市全面建设社会主义现代化新征程

1. 全面建成小康社会取得决定性进展。“十三五”时期是很不平凡的五年，经济社会发展的外部环境复杂严峻，各种风险挑战变化交织，在党中央、国务院和自治区党委、政府的坚强领导下，市委团结带领全市人民，贯彻落实新发展理念，坚持稳中求进工作总基调，按照高质量发展要求，扎实推进供给侧结构性改革，全面做好“六稳”工作，落实“六保”任务，深入实施“三大战略”中卫方案，突出打好“三大攻坚战”，“十三五”规划确定的目标任务基本完成，全面建成小康社会胜利在望。经济实力明显增强，全市地区生产总值预计年均增长 5%左右，2020 年可望达到 440 亿元，实现了比 2010 年翻一番的目标，产业结构不断优化，三次产业占比预计可由 2015 年的 17.1:43.0:39.9 调整为 2020 年的 14:40.1:45.9。脱贫攻坚取得决定性胜利，国家级贫困县海原县脱贫摘帽，194 个贫困村脱贫出列，现行标准下农村贫困人口全部脱贫，实现了“两不愁三保障”，全市累计减贫 15.26 万人，贫困地区生产生活条件明显改善，经济发展明显加快。改革创新能力大幅提升，397 项重点改革任务全面推进，农业农村、国有企业、工业园区、行政执法“三项制度”、行政审批等改革深入实施，新产业新业态新模式逐步兴起，R&D 经费投入强度预计由 2015 年的 0.5%提升到 1.3%。生态环境明显改善，城市空气质量优良天数比例稳定在 80%以上，黄河中卫过境段水质达到Ⅱ类，重点入黄排水沟水质达到Ⅳ类及以上，森林覆盖率达到 15.8%。对外开放水平持续提升，银川至中卫城际铁路、海同高速公路开通运行，全市新增公路通车里程 1213 千米，总里程达到 8407 千米，区位和通道优势更加突显，成功并常态化开行中欧国际货运班列，中卫海关开关运行；新增外贸企业 139 家，累计实现贸易额 129.8 亿元。城乡建设更加美丽，老旧小区改造全面推进，集中供热基本实现全覆盖，完成中卫高铁站、中宁高铁站站房和配套设施建设，城市功能进一步完善，特色小城镇建设取得优异成绩，全市常住人口城镇化率由 2015 年的 39.07%提高到 46%。居民生活水平显著提高，城乡居民收入实现了比 2010 年翻一番的目标，就业保持总体稳定，沙坡头区、海原县成为全区“互联网+教育”示范县（区），医疗卫生事业全面提升，成功创建国家卫生城市，社会保障水平不断提升，覆盖城乡的公共服务体系和社会保障体系基本建成。社会大局和谐稳定，社会主义精神文明建设成效明显，民族团结进步事业不断深化，成功创建全国民族团结进步示范市，宗教工作扎实推进，扫黑除恶专项斗争取得重大胜利，法治中卫、“平安中卫”建设水平进一步提高，社会治理能力和治理水平明显提升。

2. “十四五”时期面临的新机遇新挑战。当前和今后一个时期，我国发展仍然处于重要战略机遇期，中卫发展的外部环境和内部条件发生深刻复杂变化，面临前所未有的机遇和挑战。从机遇看，习近平总书记视察宁夏时赋予宁夏建设黄河流域生态保护和高质量发展先行区的时代重任，为我们推动生态文明建设，加强环境治理，打造天蓝地绿水美的美丽家园指明了方向；国家层面制定了《黄河流域生态保护和高质量发展规划纲要》，对打造沿黄城市群、建设现代化交通网络等作出了重大部署，为我们加快融入“一带一路”建设，推进黄河流域协同发展带来了重大机遇；自治区部署发展九大特色优势产业并给予明确定位，为我们大力发展特色产业，加快转型升级，培育发展新动能，打造现代产业体系创造了良好条件；黄河黑山峡河段开发、国家（中卫）新型互联网交换中心、天都山至华中特高压直流输电以及包兰铁路、太中银铁路扩能改造等一批国家重点工程即将陆续启动，这都为中卫经济社会发展带来新的重大机遇。从挑战看，我市经济结构矛盾突出，农业质量效益还不高，工业结构倚重倚能，现代服务业占比不高；资源环境约束趋紧，单位能耗、水耗、用地产出偏低，生态环保任重道远；发展动力和后劲不足，创新投入相对较低，开放水平有待提高，高技术人才匮乏依然是制约发展的重要瓶颈；发展不足仍是中卫最大市情，城乡区域发展不均衡，基础设施、生态环保、民生保障、社会治理等领域存在不少短板弱项，与群众对美好生活的新期待还有较大差距。从总体看，当前和今后一个时期，机遇大于挑战、希望多于困难。我们必须保持战略定力，坚定发展信心，立足发展大局，认识和把握发展规律，发扬斗争精神，树立底线思维，准确识变、科学应变、主动求变，善于在危机中育先机、于变局中开新局，抓住机遇，应对挑战，趋利避害，奋勇前进。

3. 到二〇三五年基本实现社会主义现代化远景目标。坚决贯彻落实党中央决策部署，坚决贯彻落实习近平总书记视察宁夏重要讲话精神，紧紧围绕建设黄河流域生态保护和高质量发展先行市的总体目标，加快转型追赶、高质量发展进程，为继续建设经济繁荣民族团结环境优美人民富裕的美丽新宁夏谱写中卫篇章，确保到 2035 年与全国全区同步基本实现社会主义现代化。经济繁荣实现大跨越，年均经济增速高于全区平均水平，地区生产总值比 2020 年翻一番以上，人均地区生产总值赶上全区平均水平，供给侧结构性改革深入推进，投资结构、产业结构更加合理，区域创新能力、企业竞争力、产业融合度大幅提高，城乡区域发展更加协调，基本实现新型工业化、信息化、城镇化、农业现代化，特色鲜明的区域现代化经济体系基本形成。民族团结实现大进步，民族关系团结和谐，宗教关系和顺健康，各族人民守望相助一家亲，建成更高水平的全国民族团结进步示范市，中华民族共同体意识扎根全民；以民族团结促进“平安中卫”建设达到更高水平，法治中卫、法治政府、法治社会基本建成，各方面制度更加完善，治理体系和治理能力现代化基本实现，人民平等参与、平等发展权利得到充分保障。环境优美实现大突破，黄河流域生态保护和高质量发展先行市建设取得重大战略成果，碳排放达峰后稳中有降，主要污染物排放量、单位 GDP 能耗、水耗降至全区平均水平，绿色生产生活方式深入人心，生态环境质量大幅提升，区域降水量明显增多，天蓝地绿水美的美丽家园目标基本实现。人民富裕实现大提升，城乡居民人均收入赶上全区平均水平，中等收入群体显著扩大，城乡居民生活水平差距明显缩小，文化软实力显著增强，教育普及程度、人均预期寿命达到全区中上水平，社会保障待遇水平达到全区平均水平，基本公共服务均等化走在全区前列，社会主义核心价值观深入人心，社会文明程度达到新的高度，在促进人的全面发展、实现共同富裕上取得更为明显的实质性进展。

4. “十四五”时期经济社会发展指导思想。高举中国特色社会主义伟大旗帜，深入贯彻党的十九大和十九届二中、三中、四中、五中全会精神，坚持以马克思列宁主义、毛泽东思想、邓小平理论、“三个代表”重要思想、科学发展观、习近平新时代中国特色社会主义思想为指导，坚持党的基本理论、基本路线、基本方略，全面贯彻落实习近平总书记视察宁夏重要讲话精神，全面贯彻落实自治区党委十二届十二次全会精神，统筹推进“五位一体”总体布局和“四个全面”战略布局，坚定不移贯彻新发展理念，坚持稳中求进工作总基调，以推动高质量发展为主题，以深化供给侧结构性改革为主线，以改革创新为根本动力，以满足人民日益增长的美好生活需要为根本目的，以加快建设黄河流域生态保护和高质量发展先行市为总体目标，主动融入新发展格局，推进治理体系和治理能力现代化，坚决守好促进民族团结、维护政治安全、改善生态环境“三条生命线”，走出一条高质量发展新路子，为继续建设经济繁荣民族团结环境优美人民富裕的美丽新宁夏作出中卫贡献。

5.“十四五”时期经济社会发展必须遵循的原则。

坚持党的全面领导。坚持和完善党领导经济社会发展的体制机制，充分发挥党的政治优势和组织优势，加强党对各领域各方面工作领导，不断提高贯彻新发展理念、构建新发展格局能力和水平，为实现转型追赶、高质量发展提供根本保证。

坚持以人民为中心。践行全心全意为人民服务的根本宗旨，始终做到发展为了人民、发展依靠人民、发展成果由人民共享，尊重人民主体地位，维护人民根本利益，激发人民群众积极性、主动性、创造性，办好民生实事，增进民生福祉，不断实现人民对美好生活的向往。

坚持新发展理念。把新发展理念贯穿发展全过程和各领域，坚持问题导向、目标导向、结果导向，加快转变发展方式，加快新旧动能转换，加快转型升级，推动质量变革、效率变革、动力变革，不断增强发展创新力和竞争力，实现更高质量、更有效率、更加公平、更可持续、更为安全的发展。

坚持深化改革开放。坚定不移推进改革，坚持不懈扩大开放，加快建立健全推动高质量发展的体制机制，强化有利于提高资源配置效率、调动全社会积极性的改革开放举措，推进治理体系和治理能力现代化，建设更高水平开放型经济，为加快融入新发展格局提供强大动力。

坚持系统观念。加强前瞻性思考、全局性谋划、战略性布局、整体性推进，着力固根基、扬优势、补短板、强弱项，增强改革发展的系统性、整体性、协同性，统筹发展和安全，注重防范和化解重大风险，实现发展规模、速度、质量、结构、效益、安全相统一。

6.“十四五”时期经济社会发展目标。按照加快建设黄河流域生态保护和高质量发展先行市的总体目标，准确把握发展形势和中卫实际，统筹考虑经济发展和社会建设，“十四五”时期中卫市经济社会主要实现以下目标。

经济综合实力显著增强。在提高经济发展质量的基础上，地区生产总值年均增速高于全区平均水平 1 个百分点。现代服务业加速发展，工业转型升级步伐加快，农业质量效益显著提升，经济结构持续优化，服务业增加值占地区生产总值比重达到 50%左右。创新能力明显增强，以企业为主导的 R&D 经费投入强度达到全区平均水平，高新技术产业、战略性新兴产业占比持续提升，农业综合效益达到全区中上水平，制造业与服务业融合发展加速推进，云计算和大数据、交通物流、文化旅游、新材料和新能源、冶金制造和精细化工、功能农业等产业发展水平明显提高，产业高端化、绿色化、智能化、融合化进程加快，现代产业体系基本建立。

生态环境质量明显改善。黄河流域生态保护和高质量发展先行市建设取得重要成果，生态系统建设取得显著成效，绿色生产生活方式加快形成，现代化防洪减灾体系、生态保护体系、污染治理体系、水源涵养体系、资源利用体系、绿色发展体系基本形成，黄河干流断面水质确保Ⅱ类进Ⅱ类出，森林覆盖率达到20%以上，单位 GDP 用水量、煤炭消耗、电力消耗、建设用地面积等指标完成自治区下达任务，空气质量稳定达到国家二级标准，土壤污染风险有效防控，生态环境质量明显改善，生态安全屏障更加牢固，城乡人居环境明显改观。

改革开放迈出新步伐。重点领域和关键环节的改革不断深化，营商环境建设走在全区前列，市场主体充满活力，市场配置资源能力进一步增强，市场体系更加健全。区域性国际物流中心加快建设，开放通道支撑体系更加完善，开放平台影响力持续增强，开放型经济加快发展，对外贸易增速高于全区平均水平，对外开放的质量和水平不断提高。

乡村振兴和城乡一体化发展取得新进展。乡村振兴战略深入实施，“一带两廊”空间规划全面落实，乡村建设行动加快推进，巩固拓展脱贫攻坚成果同乡村振兴有效衔接，以工补农、以城带乡，工农互促、城乡互补、协调发展、共同繁荣的新型工农城乡关系初步建立，农业农村现代化进程加快。以人为核心的新型城镇化加快发展，城乡要素自由流动、平等交换，公共资源配置更加合理，实现城市与乡村和谐共生、融合发展、共同繁荣，美丽家园的宜居包容共享特征更加明显。

人民生活品质大幅提升。居民人均可支配收入增长略高于经济增长，收入水平达到全区平均水平。文明创建活动深入开展，文化和精神文明建设取得新进展，就业更加充分稳定，城镇调查失业率控制在5.5%以内，教育现代化取得重要进展，劳动年龄人口受教育年限明显增加，健康中卫建设全面推进，人均寿命得到明显提升，基本达到全区平均水平，人均民生投入、基本公共服务水平达到全区中上水平。

社会治理效能全面加强。以全国文明城市创建和"云天中卫"建设为载体的社会治理取得明显成效，民主法治更加健全，社会管理体制更加完善，社会治理格局更加优化，社会组织活力充分释放，基本建成服务体系、工作体系、公共安全体系，重大风险防范化解能力、突发事件应急处置能力、自然灾害防御能力明显增强，社会治理的精细化、科学化、法治化和人民群众的安全感、满意度显著提升。

二、贯彻新发展理念，大力推进黄河流域生态保护和高质量发展先行市建设

贯彻落实新发展理念，加快融入新发展格局，深化供给侧结构性改革，培强培优主导产业，加快产业高端化、智能化、绿色化、融合化发展，坚定不移推动产业生态化、生态产业化，努力建设黄河流域生态保护和高质量发展先行市。

（一）加强生态文明建设，打造天蓝地绿水美的美丽家园

落实"一带两廊"空间规划，优化产业布局，加快构建生态产业体系，加大生态产业研发投入，持续打好"三个大会战"，大力发展生态农业、生态工业和生态服务业，加快推进林业经济与水土保持、防风固沙相结合，加快培育产业生态效益，推进人与自然和谐发展。

7. 保障黄河长久安澜。统筹推进黄河两岸堤防、河道疏浚、滩区治理、城市防洪建设，加快险工险段治理，建立黄河"清四乱"常态化治理机制，开展黄河滩区生态修复和岸线利用专项整治，有效控制河段河势，完善黄河干支流防洪体系，打造百年堤防，构筑保障人民群众生命安全的稳固防线。积极推进各项前期工作，全力服务黄河黑山峡河段开发，改善区域生态系统，协调水沙关系，增强防洪防凌能力，保障黄河安澜。

8. 加快生态保护修复。坚定不移推进生态立市战略实施，全面打响生态保护大会战、植绿增绿大会战，加快实施"十四五"生态供水工程，统筹推进山水林田湖草沙综合治理，加快开展北部沙区综合治理、中部荒漠草原生态修复、南部山区水源涵养林建设，持续实施大规模国土绿化行动，努力建设绿色生态屏障。坚持生态优先、保护优先、自然恢复为主，人工修复为辅，宜林则林、宜草则草、宜水则水，建立健全更好适应生态建设的管控体系。加强腾格里沙漠南缘沙区深度治理，加大营造灌木林、封沙育林建设以及补植补造，巩固提升防沙治沙成果，合理利用沙漠资源，大力发展沙漠经济。加快封育整治和生态修复，实施生态移民迁出区、废弃矿山区、裸露地块等区域生态修复，推进海原县西华山和沙坡头区香山寺国家草原自然公园建设，打造黄土高原半干旱型草原生态系统样板。加强小流域综合治理，加快建设生态经济林，持续推进南华山水源涵养林建设，推行碳排放权交易，保护森林资源和生物多样性，持续提升水源涵养和水土保持功能。到2025年全市森林覆盖率达到20%以上，草原植被覆盖度达到59%以上。

9. 加快环境综合治理。实行严格的生态环境保护制度，深入打好污染治理大会战，在全区率先解决环境污染问题。深化大气污染治理，以空气质量明显改善为刚性要求，完善联防联控联治机制，全地域全时段全过程推进煤尘、烟尘、汽尘、扬尘"四尘"共治，稳定大气治理成果，基本消除重污染天气。深化水体污染治理，统筹推进饮用水源、黑臭水体、工业废水、城镇污水、农村排水"五水"同治，实现减量排放、截污纳管、排放达标，消除城市黑臭水体，减少农村污水排放，持续改善水环境。深化土壤污染治理，深入实施农业面源污染防治和农用地环境质量分类管理，加强建设用地准入管理，统筹推进建筑垃圾、生活垃圾、危险废物、畜禽粪污、工业固废、电子废弃物"六废"联治，深化重金属污染防治，提升土壤环境质量。

10. 推进资源节约集约利用。推进土地、水资源、能源消耗总量和强度双控行动，建设资源节约型社会，推动用水、用能、用地指标向资源利用效率高、效益好的产业和项目倾斜配置。优化城乡土地供给，严格落实耕地占补平衡，严控新增建设用地规模，盘活利用闲置土地，提高土地集约化程度和开发利用效益。实施最严格的水资源保护利用制度，强化水资源刚性约束，落实水资源开发利用控制、用水效率控制和水功能区限制纳污控制"三条红线"管控，推行水权交易，加快构建节水型社会。推进资源综合利用，加强重点行业废水废气废渣和余热余压循环再利用，推进垃圾分类和减量化、资源化，加快构建废旧物资循环利用体系。实施全民节能行动

计划，推动重点能耗行业节能改造行动，淘汰化解落后产能，大力推进清洁能源利用，大力推广绿色建筑、绿色交通等生活方式，降低全社会总体能耗水平。

(二)推动服务业提档升级，引领产业结构向高质量转变

着力推进服务业标准化、品牌化建设，促进服务业做大规模、做优结构、做高层次、做好品质。推动生产性服务业向专业化和价值链高端延伸，以生产性服务业促进制造业转型升级；鼓励生活性服务业向高品质和精细化转变，大力培育服务业新模式新业态，打造“中卫服务”品牌。顺应消费趋势，以服务业繁荣发展带动消费升级，增强消费对经济发展的拉动作用。

11. 大力发展云计算和大数据产业。坚持释放优势、完善生态、增量突破，加快建设国家(中卫)新型互联网交换中心和国家一体化大数据中心，引进一批大型互联网企业，加快推动西部云基地数据中心扩规增容，打造东数西移(西储、西算)基地和区域数字经济发展基地。充分利用区位、环境、资源、安全和网络优势，引进一批云制造、云应用、云服务项目落户，加快推进信创云和适配云建设，打造国家信息技术创新开发基地。加速光纤网络扩容，建设“双千兆宽带城市”，提升中卫至上海、广州等地互联网直达链路质量，进一步降低网络资费，优化骨干网络路由，降低网络时延，营造适宜云计算产业健康发展的“云生态”。打造“云网安全”产业区，开发数字金融衍生产品，争取“数据保险”试点。

12. 加快提升文化旅游产业。坚持挖掘价值、扩大合作、改善服务，以创建全国全域旅游示范市为目标，推动文化旅游多元融合发展，把中卫打造成独具特色的旅游目的地城市。加快 A 级景区创建和城市景区化建设，提升沙坡头旅游片区品质，增强品牌效应。有序推进大麦地岩画、高庙、明长城、双龙山石窟、照壁山铜矿遗址等重点文物合理开发利用。大力提升旅游承载能力，完善景区周边及市区配套服务功能，开发建设各具特色的精品创意酒店，打造差异化定位、个性化发展的精品民宿，开发富有地域特色的文化、旅游产品，创立“中卫印记”品牌，全面提升旅游消费吸引力。大力发展假日经济、夜间经济、网络经济以及“冬季旅游”，丰富产品供给，提升服务品质。加强友好城市景区互推互送、扩大旅游包机专列班次，全面推动“冬游海南、夏游中卫”。加大营销宣传力度，着力打造红色主题游、大漠探险游、黄河漂流游、民俗文化体验游、丝路寻踪休闲游、星空研学游、工业记忆游、农业观光体验游等特色精品旅游线路。加快培育发展康养产业，完善健康养老配套设施，大力引进和培育龙头企业，实施沙坡头南岸康养旅居中心和中宁康养带建设，打造以黄河生态、枸杞康养、沙疗沙浴、休闲度假为主题的黄河生态康养基地。统筹推动乡村旅游，大力发展生态观光、自助采摘、田园风光、休闲农庄等乡村旅游项目。

13. 培育壮大交通物流产业。加快“物”的聚集和补齐“流”的短板，优化综合交通枢纽与物流节点布局，推动形成布局合理、功能完备的一体化物流体系，努力把中卫打造成全国性铁路物流基地和丝绸之路经济带交通物流枢纽城市。大力推进“一园多区”建设，加快推动宁钢集团中卫热电铁路专用线、华夏特钢铁路专用线、迎水桥保税物流中心等项目，常态化开行国际班列，积极培育壮大物流企业，强化运输、仓储、配送、通关等环节服务体系建设，大力发展多式联运，加快打造中亚、中欧货物分拨中心和区域交通物流中心。建设中卫智慧物流信息平台，探索推进低空空域综合信息服务平台建设，开展仓储、货运等基础设施智能化改造。加强冷链物流体系建设，发展全程冷链物流，提高农产品对外运输能力。加快建设快递分拨中心，畅通城乡快递物流微循环。

14. 壮大提升其他服务业。加快推动市区鼓楼商圈、创业城商业综合体、沙坡头水镇、沙坡头旅游新镇、高铁站等核心商圈要素聚集，推动中宁县城、海原县城发展带动力强的商圈，促进住宿、餐饮、商贸、游乐中心等传统服务业提升壮大。不断完善电子商务载体平台，支持中卫电商谷、县级电商综合服务中心建设，推动电商和物流快递协同发展。构建便利、规范的社区和家政服务体系，拓展个性化定制、“微生活”“云社区”等新服务模式。培育数字内容、动漫竞技、可穿戴设备、VR 体验、健康疗养、健康管理等新兴消费热点，大力发展现代金融、会展、租赁、咨询等其他服务业。

(三)推动工业转型升级，构建绿色循环高效的工业体系

坚持把发展经济着力点放在实体经济上，以产业结构调整为主攻方向，以产业技术创新为根本途径，优化供给结构，改善供给质量，提升供给体系对国内需求的适配性，推动产业数字化改造，推进产业基础高级化、产

业链现代化。

15. 做强新材料产业。坚持发挥优势、延伸链条、集聚发展，加快锰基、铝基、锂电池材料及高性能化工新材料发展，引导企业向上下游发力，开发新产品、增加新产能、提高附加值、完善产业链，推动新型材料向高纯度、高强度、高精度、高性能方向发展，将中卫、中宁工业园区打造成为中西部地区重要的新型材料研发生产基地。锰基材料方面，坚持培育核心优势、提高创新能力，加快建设国家级企业技术中心、国家工程研究中心等创新平台，以锰元素为基础拓展新材料的开发和生产，推动电解金属锰向硅锰合金、锰酸锂、锂离子电池等方向发展。不断提高金属锰产品纯度，拓展高端产品应用领域，加大节能和环保改造力度，提高资源循环利用水平，打造高端、绿色、循环的国家金属锰战略储备基地。铝基材料方面，坚持扩大增量与优化存量并重，充分发挥龙头企业带动作用，支持企业建设技术创新平台，积极适应市场需求，围绕高端应用，加大铝基材料技术改造力度，研发新产品，延长产业链条，整合提升铝基产业整体发展水平。围绕关键环节延链补链，引进一批“高精尖”制造企业，推动产业高端化、精细化、轻量化发展，打造铝基材料研发应用示范基地。锂电池材料及高性能化工新材料方面，以中化循环经济产业园为依托，打造行业领先的循环经济产业链，积极发展储能和动力电池产业，实现由材料基地向生产基地转变。重点发展芳纶、尼龙66、抗氧化剂等高性能化工新材料。

16. 推动新能源产业高端化发展。坚持加快开发、高效利用、创新发展，着力提升新能源产业发展水平。优化新能源产业布局，持续做大光伏、风电装机容量，依托中车风电装备整机制造项目和华润运维基地，着力构建制造、生产、运维全产业链，逐步把中卫打造成西部大型风机组装制造和智能运维基地。加快推进天都山至华中特高压直流输电等项目建设，推进区域电网升级改造，打通新能源内联外送通道，拓展发展空间。积极探索风电、光伏与储能、氢能等新兴产业互补开发、融合发展的新模式、新业态，加快推进新能源汽车充电、加氢设施网络建设，建立新能源优先消纳的体制机制，借助黑山峡水利枢纽工程发展水电，着力打造“风光水储一体化”的清洁能源基地。

17. 推进冶金制造和精细化工产业转型升级。坚持转型发展、绿色发展、循环发展，提高产业资源配置效率和产能利用率。整合壮大冶金制造产业。引导铁合金企业通过兼并收购、联合重组等方式，组建大型企业集团，淘汰能耗、环保不达标的工艺和设备，支持企业加大技术改造和新产品研发，提升生产自动化和资源综合利用水平，促进产业集中化、大型化、基地化发展。引导钢铁企业实施结构改造、技术改造、智能改造、绿色改造，发展高端精品钢、特钢、不锈钢等高附加值产品，不断提升自动化、智能化、循环化生产水平，努力打造具有示范引领性的节能减排示范基地。加快精细化工产业延链补链。依托龙头企业，大力发展医药中间体、绿色环保型染料、饲料添加剂等重点化工产品，积极引进一批产业关联度高、技术先进、市场前景好的项目，延伸拉长产业链条，推动上下游产业配套，产业链互补耦合，实现绿色化、智能化、循环化发展，着力打造西部高端精细化工基地。更加注重冶金化工行业安全环保。严格落实安全环保“三同时”制度和节能审查制度，加快推进钢铁、炼焦行业超低排放改造，引导企业争创“绿色工厂”，积极推进绿色制造。加强新上项目能耗分析，严把行业准入关口，坚决淘汰产品低端、工艺落后、环保不达标的项目，引导企业加快技术改造步伐，提高环保和安全自动化水平，降低单位GDP能耗，提高废弃物综合利用效率。

（四）加快发展功能农业，打造特色农业示范区

按照“一带两廊”空间规划，遵循“以水定产、量水而行”的原则，突出绿色、有机、无污染品牌，因地制宜，调整优化种养结构，推动特色农业区域化发展，着力打造优势突出、特色鲜明、效益显著的现代农业产业集群。

18. 推动枸杞产业提质增效。坚持把握定位、完善标准、叫响品牌，充分发挥枸杞核心产区示范、引领、带动作用，扩大种植规模，放大产业优势，加快发展精深加工，持续打好枸杞品牌保卫战，擦亮“中国枸杞之乡”金字招牌。加快构建枸杞产业标准体系、病虫害绿色防控体系、质量检验检测体系和溯源体系，促进全产业链发展与转型升级。巩固和提升高效枸杞产区，打造全国高品质枸杞种植和加工基地。以龙头企业为引领、以产业园区为载体、以特色发展为目标，引导企业在统一标准、统一筛选认证、统一包装、统一指导价格、统筹开发、统筹市场上持续发力，强化枸杞产业地理品牌保护、产品精深加工，完善“中宁枸杞”市场准入制度，稳步提升枸杞产品的市场竞争力。到2025年，全市枸杞种植面积达到53万亩。

19. 打造牛产业发展优势。加快牛产业转型升级，着力打造改良扩繁、饲草加工配送、人才培养、疫病防控、加工营销、配套服务六大体系，延长产业链，增加附加值，让牛产业成为推动乡村振兴的支柱产业。做强肉牛产业。坚持提升品质、延链增值、合理承载，以龙头企业为带动，在山区乡镇发展规模化、组织化高端肉牛养殖，稳步扩大养殖规模，着力打造优质肉牛良种繁育基地、高端牛肉生产基地和肉牛活体供港基地，到 2025 年全市肉牛饲养量达到 60 万头。加快建设肉牛交易中心，增强牛源供给，提高肉牛屠宰加工能力。推进牛副产品深加工转化项目实施，建立牛皮、牛角、牛骨、牛血及脏腑等副产品分类加工体系，加快心脏瓣膜、牛蹄筋等精深加工项目建设，提高精深加工能力水平，全面提升肉牛产业发展水平，打造“宁夏中卫高端肉牛之乡”。做大奶产业。坚持壮大主体、保障品质、提升效益，依托新希望、光明、伊利等龙头企业以及农业合作社，在川区乡镇建设万头奶牛养殖场，继续扩大奶牛产业规模，到 2025 年奶牛存栏量达到 20 万头。加快建成光明乳业奶牛养殖全产业链、宁夏奶业科创中心、牧场托管与技术提升示范、乳制品加工等相关项目，依托快捷的空中运输等方式，创新高端鲜奶营销模式，推动光明乳业“种养加”现代化奶产业示范基地建设，拉长产业链，形成产业集群，打造“宁夏中卫黄金奶源之乡”。做实产业基础。充分发挥龙头企业和产业协会作用，从产品开发、品牌建设、加工转化、市场营销、产业生态等方面协同推进，进一步提升我市肉牛、奶牛品质，增强产业集中度和市场竞争力。着力发展种源经济，积极引进高端肉牛、优质奶牛牛源，建设良种繁育基地，确保牛产业持续健康发展。高度重视产业生态化，统筹布局畜禽粪污无害化处理中心，逐步推进饲草料基地有机肥替代，建设高品质、无污染的饲草料基地。加快品牌注册和营销策划，依托华润五丰、华润万家等销售平台，建立高效稳固的营销渠道，让中卫的高端牛肉和黄金奶制品走出宁夏、走向全国。

20. 培育壮大葡萄酒产业。坚持科学定位、放大优势、融合发展，打造“宁夏红”高品质葡萄酒酿造基地。规模化、标准化种植酿酒葡萄，建设沙坡头区和中宁太阳梁标准化酿酒葡萄种植示范基地。依托“宁夏红”品牌优势和市场竞争力，开展高品质葡萄酒酿制，发展中小型酒庄，加快构建葡萄酒产业体系、生产体系、经营体系，打造“宁夏红”品牌葡萄酒，推进与贺兰山东麓葡萄酒产业协同发展。推动贺兰山东麓葡萄种植观光旅游长廊中卫片区建设，统筹葡萄酒业与文化旅游业深度融合，增强产业发展带动力。

21. 支持发展区域特色农业。积极开展经果林改造工程，健全完善苹果生产技术规程、富硒苹果行业标准和产品质量标准，促进苹果产业提档升级，打造中卫“富硒苹果之乡”。在抓好生态修复治理的基础上，着力打造“中国硒砂瓜之乡”。加强蔬菜标准园和永久性蔬菜基地建设，以“高效、精品、特色、安全”为方向，借助粤港澳大湾区授牌中卫“菜篮子”生产基地的优势，围绕设施果蔬、拱棚韭菜、速冻蔬菜三大品类，推广新品种、新技术，打造“富硒蔬菜之乡”。加快推动海原县马铃薯高产示范区建设，加大马铃薯种植、基地建设、加工转化、营销流通等环节支持力度，完善马铃薯三级良种繁育推广体系，大力推广覆膜保墒、配方施肥、病虫害统防统治、机械种植收获等节本增效技术，提高产业组织化、规模化、标准化水平，叫响海原“马铃薯之乡”品牌。推进海原县小杂粮规模化、绿色化、系列化、高端化发展，建立稳定的种植、加工、销售体系，打造“绿色食品”新样板。积极发展红枣、红梅杏、香水梨等区域特色产业，实施品质提升工程，打造区域知名品牌。

22. 加快农村一二三产业融合发展。以农业农村为基本依托，通过产业联动集聚、技术渗透、体制创新等方式，推动农业生产、农产品加工与销售、餐饮、休闲及其他服务业融合发展，促进农业产业链延伸、产业范围扩展和农民收入增加。推进绿色食品加工园区建设，加快智慧化改造，打造全区重要的绿色食品加工基地。支持宁夏红、华润五丰等龙头企业加大生产研发力度，构建集精品种植、精深加工、线上线下交易、生态旅游、消费体验为一体的产业融合示范区。加强产业链横向拓展，大力发展乡村旅游、休闲康养、电子商务等现代乡村服务新业态，提升农业产业边际效应。

（五）加快实施“五大工程”，构建现代化基础设施体系

统筹推进重大水利工程、新型基础设施、交通基础设施等建设，构建系统完备、高效实用、智能绿色、安全可靠的现代化基础设施体系，为经济社会各项事业发展提供有力支撑。

23. 加快重大水利工程建设。统筹推进治水、兴水、用水、节水，加快实施城乡供水一体化工程，推进大中型灌区续建配套和现代化改造，加强城市应急水源建设，实现“互联网+城乡供水”全覆盖，构建现代水网体系。加快推进西线引水、南山台补水工程，建设环香山、南华山区域配套供水工程，保障生态用水。提前谋划房屋土地

征收、移民搬迁安置、施工队伍进驻等各项工作,为黄河黑山峡河段开发工程开工建设提供有力保障。

24. 加快新型基础设施建设。大力提升西部云基地电力、网络传输、供排水等配套基础设施,优化西部云基地至北京、上海、广州、深圳等重要节点城市网络条件,加快推进西部云基地增量配电业务改革和电力共享中心,创新电力运营机制,提高西部云基地综合承载能力和服务配套能力。加快布局数据中心和5G基站,打造数据存储、灾备和算力基地,推动5G场景应用、工业互联网基础设施建设,筑牢技术创新和产业升级基础。

25. 加快铁路提质扩能。紧盯国家实施黄河流域生态保护和高质量发展战略、西部陆海新通道建设的重大机遇,加快建设中兰客专、宝中复线扩能改造工程,争取包兰铁路扩能改造、太中银铁路扩能改造、环县经海原至中川铁路、中卫至武威高铁等项目尽快启动建设,启动实施中卫老火车站改造,形成陆海内外联动、东西双向互济的开放格局,打造全国性铁路枢纽。

26. 加快完善公路网络。加快推进乌玛高速公路、海原至平川高速公路、银昆高速海原段、国道338改线等公路建设,争取中卫经海原至静宁公路建设,推进109国道、205省道等公路提标改造,实施乡村公路全覆盖和环城道路提档升级工程,加快形成快速交通对接周边、干线交通外畅内联、基础交通全覆盖的综合立体交通网络。

27. 加快提升航运能力。加强与西部机场集团合作,推进中卫沙坡头机场二期扩建。调整优化航线布局,稳定到北京、上海、西安、重庆等城市航班,培育到昆明、武汉、深圳、三亚等旅游包机业务,打造西北最佳支线旅游机场。立足中卫特色优势产业,大力发展货运包机、客机辅仓带货等业务,提升货运量,发展临空经济和航空冷链物流,打造区域货运枢纽机场。依托川航、海航、顺丰速递等,大力发展通航产业,推进建设航空公司训练基地、航校培训基地、无人机试飞基地。积极探索发展大飞机拆解业务。加快实施黄河中卫段航运工程建设,达到Ⅴ级航道标准,全面融入黄河航运体系。

三、落实以人民为中心的思想,持续改善人民生活品质

(一)全面实施乡村振兴战略,加快农业农村现代化

始终坚持把解决好"三农"问题作为全党工作的重中之重,全面实施乡村振兴战略,强化以工补农、以城带乡,加快推进农业高质高效、乡村宜居宜业、农民富裕富足。

28. 夯实农业发展基础。坚持最严格的耕地保护制度,严守耕地和基本农田保护红线,坚决遏制耕地"非农化"、防止"非粮化",规范耕地占补平衡。强化粮食安全的政治责任,深入实施藏粮于地、藏粮于技战略,加快推进土地综合整治,实施高标准农田建设和种质资源安全提升工程,加大农业水利设施建设,推进智慧农业建设,强化科技装备支撑,提升农业产出效率,确保旱涝保收、高产稳产。立足沿黄、富硒、气候等优势,强化绿色导向、标准引领和质量安全监管,加强粮食生产功能区、重要农产品生产保护区和特色农产品优势区建设,推动品种培优、品质提升、品牌打造和标准化生产,加强农药、化肥用量监控,推进优质粮食工程,保障粮食安全,推动在中卫建设国家粮食及能源战略储备基地。扶持龙头企业和农村合作社发展,健全农业专业化社会化服务体系,有序推进农业土地流转,打造农业装备先进、机械化程度高、单位土地产值高、水资源利用率高的现代化农业示范区。

29. 加快推进城乡融合发展。加快实施乡村建设行动,加强农村水、电、路、通信、广播电视、物流等基础设施建设,集中开展"厕所革命"、插绿拆违、巷道硬化、渠系清理、危房改造、垃圾清运、污水处理为一体的立体式综合整治,创建一批农村人居环境整治示范村。建立以城带乡、整体推进、城乡一体、均衡发展的教育医疗文化和社会保障体系,提高公共服务的覆盖面和适用性。健全城乡融合发展机制,促进城乡要素自由流动、平等交换和公共资源合理配置,鼓励城镇工商资本带动人力、财力、物力以及先进技术、理念、管理等进入农业农村,实现城市与乡村和谐共生、融合发展、共同繁荣。

30. 开展农民增收致富提升行动。把解决相对贫困问题作为长期任务,将脱贫攻坚中形成的有效机制和政策体系与乡村振兴战略相衔接,加快建立防止返贫的监测和帮扶机制,防止因疫返贫、因病返贫、因灾返贫,推动巩固拓展脱贫攻坚成果同乡村振兴有效衔接。积极争取国家集中支持乡村振兴重点帮扶县试点,接续推进贫困地区发展。继续加大对脱贫地区产业帮扶,补齐技术、设施、营销等方面短板,促进产业提档升级。加大易地扶贫搬迁后续帮扶力度，解决好产业、就业、社会融入等问题，确保移民群众稳得住、有就业、逐步能致富。推动乡村人才振兴，发挥“两个带头人”作用，实施高素质农民培育工程，开展新型职业农民培育认证，通过培训提高一批、吸引发展一批、培育储备一批，加快构建一支有文化、懂技术、善经营、会管理的新型职业农民队伍，提升农村劳动力能力。鼓励各类人才返乡入乡创业就业。

31. 深化农村改革。深化农村集体产权制度改革，发展新型农村集体经济。完善农村承包地“三权分置”制度，推动建立城乡统一的建设用地市场。保障进城落户农民土地承包权、宅基地使用权、集体收益分配权。加快培育农民合作社、家庭农场等新型农业经营主体，逐步建立农业专业化社会化服务体系，发展多种形式适度规模经营，实现小农户和现代农业有机衔接。

（二）优化国土空间布局，加快推进以人为核心的城镇化

全面落实“一带两廊”空间规划，加强国土空间管控，推进城镇合理有序开发，补齐城镇基础设施和公共服务短板弱项，提高城市承载能力，有序推动农业转移人口市民化，全面增强城市集聚要素、带动发展的功能。

32. 强化国土空间开发利用。完成市县国土空间规划，落实空间用途管制，按照城镇开发边界、永久基本农田红线和生态保护红线，构建更加清晰的城镇、农业和生态三类空间。合理确定城市区域发展功能，把柔远片区打造成为工业园区生活服务基地、迎水桥片区打造为旅游消费服务及康养基地、黄河南岸打造为沿黄娱乐休闲基地，进一步优化城市空间布局和形态功能。强化县城综合服务承载能力，围绕公共设施、环境卫生、基础设施、产业配套设施等方面，加大投入，补齐城镇化发展短板，引导人口、资源、产业向县城集中。发展以乡镇为重点的城乡工农综合体，把乡镇建成辐射周边的区域服务中心。建设一批环境优美、交通便捷、和谐安全、宜居宜业的中心集镇，培育一批特色鲜明、产业集聚、功能完善的特色小镇。因村制宜，分类施策，妥善解决农村“空心村”问题，全面优化城乡空间布局，推动城镇化水平显著提升。

33. 全面落实“一带两廊”空间规划。按照自然禀赋、产业发展、功能定位，坚持生态优先、绿色发展，推进区域内协调发展，落实新型城镇化战略，着力构建高质量发展的国土空间布局和支撑体系。建设沿黄生态经济带。提高生态资源的市场化程度，增强沿黄区域人口、产业、功能承载能力，推动电子信息、文化旅游、交通物流、新型材料、冶金化工等产业集聚发展，推动产业生态化，着力打造沿黄生态建设带、交通物流带、工业发展带、沿黄河旅游休闲带和康养产业带。建设扬黄生态产业廊。充分利用土地、交通、人力和区位资源，大力发展农副产品加工、装备制造、新能源和文化创意等产业，发展现代节水农业，做大枸杞、红枣、苹果、硒砂瓜等优势特色产业和旅游服务业，构建工农互补的产业体系。建设生态富民产业廊。大力推进中部干旱带生态修复治理，提升区域生态承载能力，以“绿起来”带动“富起来”，加快推进人口、产业向S205公路、沙坡头区至海原高速公路交通轴线集聚，有序推进肉牛、小杂粮、枸杞、马铃薯等特色种养业发展，推动生态产业化。

34. 建设更加健康宜居城市。加快融入沿黄城市群，增强经济和人口承载能力。统筹城镇规划、建设、治理，实施城市更新行动，合理确定城镇规模、人口密度、空间结构和功能定位，提高城镇要素吸引力、综合承载力和辐射带动力。大力推进老旧小区改造和社区建设，配套完善养老托育、卫生保健、生活服务、市政公用设施等城市公共服务和基础设施，合理布局城市停车场、公共厕所等设施，长效治堵治污治乱，推进物业管理规范化、人性化发展，不断完善城市功能。加快完善城市防洪排涝体系，推进海绵城市建设。把保护城市生态环境摆在更加突出位置，合理规划生产、生活、生态空间，加强城市湿地保护，改善水质，净化空气，提供旅游资源，为人民群众提供共享的绿意空间。坚持“房子是用来住的，不是用来炒的”定位，落实租购并举，有效提升住房保障水平。

35. 加速农业转移人口市民化进程。创新完善激励机制，统筹推进土地、教育、就业、住房保障等领域配套改革措施，落实城镇建设用地扩大规模与吸纳农业转移人口落户挂钩政策，健全由政府、企业、个人共同参与的市民化成本分担机制。不断扩大城镇基本公共服务覆盖面，保障进城务工人员平等享受城镇基本公共服务。健全户籍管理制度，促进农业转移人口进城落户。抓好农业转移人口技能培训，推荐就业，推进更多农业转移人口就近就地城镇化。

（三）坚持保障和改善民生，全面发展文化和社会事业

坚持以人民为中心的发展思想，尽力而为、量力而行，建立完善基本公共服务体系，推进文化和就业、教育、

医疗、社会保障等公共事业全面进步，扎实推动共同富裕，促进人的全面发展和社会全面进步。

36. 繁荣发展文化事业。坚持马克思主义在意识形态领域的指导地位，坚定文化自信，强化社会主义核心价值观的引领作用，加强社会主义精神文明建设。打牢共同思想基础，深入开展习近平新时代中国特色社会主义思想学习教育，推动理想信念教育常态化制度化。落实意识形态工作责任制，加强党史、新中国史、改革开放史、社会主义发展史宣传教育，加强爱国主义、集体主义和社会主义教育，大力弘扬党和人民在各个历史时期奋斗中形成的伟大精神。注重思想道德引领，推进公民道德建设，开展以劳动创造幸福生活为主题的宣传教育。大力推进各类文明创建活动，教育引导提升人民群众精神文明素质。加强网络文明建设，发展积极健康的网络文化。挖掘黄河文化价值，加强对黄河中卫段历史文化遗产的研究和利用，大力实施黄河文化遗产保护系统工程，健全非物质文化遗产保护制度，推动非物质文化遗产产业化，构建亲和厚重多元的黄河文化传承体系。实施文艺作品质量提升工程，加强现实题材创作生产，推出一批反映新时代中卫特色的文艺精品。完善公共文化服务体系，持续实施文化惠民工程，加强市、县（区）、乡镇（街道）、村（社区）四级公共文化服务网络建设，提升文化服务供给效能，加快创建国家公共文化服务体系示范区。完善体育设施布局，加快构建覆盖城乡的、更高水平的全民健身公共服务体系。广泛开展群众性文化体育活动。引导和支持社会力量参与公共文化服务体系建设和运营，推动发展体育产业，不断满足人民群众消费需求。

37. 开展城乡居民收入提升行动。坚持按劳分配为主体、多种分配方式并存的分配制度。提高劳动报酬在初次分配中的比重，健全企业工资正常增长和支付保障长效机制，完善机关事业单位工资水平决定和动态调整机制。积极拓展城乡居民财产性收入渠道，完善再分配机制，增加居民经营性收入，改善收入分配格局。大力落实就业优先战略，扩大就业容量，提升就业质量，促进充分就业。健全重点群体就业支持体系，落实好援企稳岗、就业援助、公益性岗安置等政策，扎实做好高校毕业生、灵活就业人员、农民工、退役军人等重点群体就业，统筹帮扶残疾人、零就业家庭成员等困难人员就业。完善公共就业服务体系，建立健全覆盖城乡的公共就业服务信息网络。完善失业保险制度，充分发挥失业保险预防失业、促进就业的功能。

38. 开展教育质量提升行动。坚持教育优先发展，大力实施以基础教育质量为主的提升行动，促进各级各类教育高质量发展。发展公益性、普惠性学前教育，推进学前教育普惠优质发展。优化调整中小学教育公共资源配置，大力提升乡村和薄弱地区义务教育质量，推动义务教育优质均衡发展。推动高中阶段学校多样化发展，力争到2025年高中阶段教育质量走在全区前列。紧密对接市场需求和产业发展方向，在专业设置、订单培养、顶岗实习、协同创新等方面与企业加强对接，推动职业教育产教融合。支持宁夏大学中卫校区设置适应中卫产业发展的骨干和特色专业，确保人才培养质量和就业率。推进“互联网+教育”，扩大优质教育资源覆盖面，促进线上线下教育同质同效，补齐薄弱学校短板，促进教育公平。深化教育领域综合改革，创新思政课程设置，健全学校家庭社会协同育人机制。优化师资队伍结构，加大教师培养和人才引进力度，建设一支高素质专业化教师队伍。调整优化学校布局，规划建设一批学校，积极建设青少年宫等日常性校外教育活动阵地，满足人民群众对优质教育资源的需求。

39. 开展医疗卫生质量提升行动。坚持把人民健康放在优先发展战略地位，全面推进健康中卫建设，提高卫生健康供给质量和服务水平，全方位、全周期维护和保障人民健康。健全公共卫生服务体系，完善突发公共卫生事件监测预警处置机制，提升市县两级医院监测救治能力，加大财政保障力度，改善疾控基础条件，强化监测预警、风险评估、流行病学调查、检验检测、应急处置等职能。全面深化医药卫生体制改革，全面推行县域公立医院综合改革，加快现代医院管理制度改革。全面提升医疗服务能力，实施医疗卫生基础设施重大工程，加快优质医疗资源扩容和区域均衡布局，加快推进特色专科医院建设，积极推动市级医院创建三甲医院，提升县级综合医院诊疗服务能力和水平，推进社会卫生机构、乡镇卫生院、村卫生室标准化建设，完善基层医疗卫生服务体系。推进中医药传承创新发展，提升中医药服务能力，大力发展中医药事业。推进“互联网+医疗健康”建设，健全“互联网+医疗健康”应用服务体系。探索推进社会力量办医，大力发展沙疗、沙浴，推动健康产业发展。建立国家卫生城市创建长效机制，深入开展爱国卫生运动，促进全民养成文明健康生活方式。

40. 提高社会保障水平。健全覆盖全民、统筹城乡、公平统一、可持续的多层次社会保障体系。实施全民参保计划，落实完善社会保险制度改革工作，健全基本养老保险、基本医疗保险、失业保险、工伤保险制度，夯实人民生活基础保障。不断提高社会保险待遇，发展多层次、多支柱养老保险体系，全面提升社会保险信息化建设水平。完善以最低生活保障、特困人员供养为基础，支出型和低收入贫困家庭生活救助、临时救助为补充，教育、医疗、住房、就业、受灾人员等专项救助相配套，社会力量充分参与的现代社会救助体系。依法保障退役军人、妇女儿童、未成年人、残疾人、进城务工人员等群体合法权益。积极应对人口老龄化，推动养老事业和养老产业协同发展，健全基本养老服务体系，发展普惠型养老服务和互助性养老，加快建立以居家为基础、社区为依托、机构为补充的多层次养老服务体系。优化公共服务资源配置，鼓励社会力量兴办婴幼儿看护服务机构。加强基本殡葬公共服务设施建设，保障人民群众基本殡葬需求。

四、统筹发展和安全，加快推进治理体系和治理能力建设

全面贯彻习近平法治思想，始终坚持总体国家安全观，全面落实国家安全战略，加强国家安全体系和能力建设，有效防范和化解各类风险，全面提升法治中卫和市域社会治理现代化能力水平。

41. 统筹发展和安全。以保障国家政治安全为首要任务，坚持守土有责、守土尽责，建立健全风险研判、决策评估、防控协同、责任落实机制，扎实开展国家安全宣传教育，巩固国家安全人民防线，严密防范和坚决打击各类渗透、破坏活动，坚决守好维护政治安全生命线。健全防范化解重大风险长效机制，防范和化解影响国家安全、社会安定、人民安宁的重大风险。加强市场监测和预期引导，积极稳妥做好僵尸企业处置、金融系统监管和风险防范、地方债务化解等重点工作，坚决守住不发生行业性、区域性、系统性风险。维护水利、电力、油气、交通等重要基础设施安全，加强网络安全保障体系和能力建设。

42. 推动治理能力现代化。以市域社会治理现代化试点工作为统领，以文明创建活动、“云天中卫”建设为载体，围绕关键领域和重点环节，持续提高创建层次，完善服务功能，显著提升全社会文明程度，促进治理能力现代化，建成市域社会治理现代化示范市。深化文明创建活动。以文明城市创建活动为载体，以文明社区创建活动为基础，加大城市基础设施投入，补齐短板弱项，打造布局合理、响应及时、恢复有力的基础设施体系，夯实文明创建的根基。兴办利民惠民实事，建设和谐文明家园，健全志愿服务体系，开展文明出行、文明旅游、文明餐桌、文明家庭家教家风、制止浪费等主题实践活动，不断改善城市公共环境、公共秩序，培育催生文明的土壤。支持文明村镇创建，拓展新时代文明实践中心（站、所）内涵，深化移风易俗，涵养文明乡风，赋能乡村治理。鼓励文明行业创建，着力提高行业领域的经济效益、社会效益、服务质量、队伍素质、管理水平。大力推进城乡共建、企地共建、军警民共建，提高城乡社会文明程度，推动文明创建与经济社会发展相辅相成、相得益彰，夯实社会治理的基础。强化“云天中卫”建设。加快推进“城市大脑”建设，打破数据壁垒，吸引更多企业参与“云天中卫”建设，支持互联网企业开展试验试点，形成可复制推广的新架构、新模式、新业态，推动信息资源互联互通、共建共享，实现数据存储开发应用一体化发展。推进区块链、人工智能等新一代信息技术融合发展，借助大数据开发智慧交通、文旅、社区等场景应用，深化“互联网+教育”“互联网+医疗”“互联网+人饮”等示范区建设，打造全领域、全覆盖、全业态的智慧城市，以“云天中卫”建设成果引领社会治理“智治”之路，不断提升市域社会治理能力现代化水平。

43. 推动治理体系现代化。推动落实市域社会治理“1+6+1”网格体系，加强社会治理制度建设，完善党委领导、政府主导、社会协同、公众参与、法治保障的社会治理体制，提高社会治理社会化、法治化、智能化、专业化水平，实现政府治理和社会调节、居民自治良性互动。突出乡村、社区、宗教、校园、企业、社团、网络空间七大重点领域社会治理，推动社会治理体系架构、运行机制和工作流程创新。不断深化信访工作制度改革，建设更高水平的“阳光信访、责任信访、法治信访”。坚持和完善新时代“枫桥经验”，持续深化“人民调解+仲裁+信访”纠纷治理模式，打造现代化社会治安防控体系升级版。以增强群众安全感为目标，突出抓好“六建”工作，推动扫黑除恶工作常态化运行，坚决防范和打击暴力恐怖、黑恶势力、新型网络犯罪。健全社区党组织领导下的议事协调机制，实行社区治理“一网统管”。推动社会治理重心向基层下移，向基层放权赋能，加强城乡社区治理和服务体系建设，减轻基层组织负担，加强基层社会治理队伍建设，构建网格化管理、精细化服务、信息化支撑、开放共享的基层管理服务平台。突出抓好网络空间综合治理，严厉打击网络传销、电信诈骗等新型犯罪，构筑网络安全“防护罩”。完善社会治安防控运行机制，提升社会治安防控体系建设法治化、社会化、信息化水平，建设更高水平的"平安中卫"。

44. 全面推进依法治市。坚持以人民为中心，坚定不移走中国特色社会主义法治道路，大力宣传宪法精神，坚决维护宪法权威，推进法治中卫、法治政府、法治社会一体建设，为建设黄河流域生态保护和高质量发展先行市提供坚强有力的法治保障。全面深化政法领域改革，深入推进科学立法、严格执法、公正司法、全民守法，加强对立法、执法、司法工作的监督，增强法治中卫建设的系统性、整体性、协同性。纵深推进法治政府建设，依法履行政府职能，完善依法行政制度体系，严格重大行政决策程序，积极推行政府法律顾问制度，强化行政权力监督制约，确保政府各项权力在阳光下运行。进一步理顺市、县（区）管理职能，建立与行政事权相匹配的管理体制。加快推进法治社会建设，弘扬社会主义法治精神，积极谋划推进"八五"普法，扎实推动民法典实施，加快建设覆盖城乡、便捷高效、均等普惠的现代公共法律服务体系。

45. 扎实做好民族宗教工作。全面贯彻党的民族政策，铸牢中华民族共同体意识，增进各族群众对伟大祖国、中华民族、中华文化、中国共产党、中国特色社会主义的认同，促进各民族共同团结进步、共同繁荣发展。巩固提升民族团结进步示范市创建水平，持续深入开展民族团结进步教育，促进各民族交往交流交融，守好维护民族团结生命线。全面贯彻党的宗教工作基本方针，坚持我国宗教中国化方向，深入开展"五进"宗教场所活动，积极引导宗教与社会主义社会相适应。完善宗教依法治理体系，依法管理宗教事务，提高宗教工作法治化水平。依法妥善处置宗教领域问题，巩固宗教和顺、社会和谐的大好局面。

46. 健全公共安全体系。坚持安全发展理念，健全应急预案管理体系，加强应急管理体系和能力现代化建设，全面提升各类自然灾害、突发事件和公共安全事件的响应和处置能力。完善和落实安全生产责任和管理制度，建立健全生产风险分级管控与隐患排查治理双重预防控制体系，持续开展危险化学品、煤矿、非煤矿山、建筑工地、交通等重点行业领域专项整治，严防重特大安全事故发生。加快完善城市生命线系统、防灾减灾系统、生态保护系统以及民生保障系统，打造布局合理、响应及时、恢复有力的安全城市。建立健全食品药品安全管理长效机制，全面落实食品药品安全责任体系、检测体系、诚信体系、监督体系、应急体系建设，全面落实自治区创建全域"食品药品安全区"部署。

五、强化创新改革开放，全面保障规划落地落实见效

（一）坚持创新驱动发展，着力增强发展新动能

充分发挥创新在经济社会发展的引领作用，加快推动以科技为核心的全面创新，打造创新平台提升支撑力、加快成果转化提升竞争力、优化创新环境提升吸引力，更多依靠科技进步和全面创新，催生新发展动能，增强高质量发展内生动力。

47. 提升科技创新支撑能力。坚持围绕产业链部署创新链，着力优化科技资源配置，依托技术创新塑造核心竞争力。打好关键核心技术攻坚战，聚焦电子信息、装备制造、新型材料、特色农业、节能环保等重点领域，组织实施一批重大科技专项，争取突破一批与我市主导产业密切相关的关键共性技术，培育一批具有突出竞争力的创新型企业，实现科技进步与经济发展的互动、融合和共进。加强重点实验室、工程技术研究中心、企业技术创新中心等科技创新平台的建设布局，鼓励企业自建或与区内外科研院所合作共建研发平台，构建共性技术支撑和供给体系。

48. 加速科技成果转移转化应用。构建科技成果转移转化体系，健全扶持政策，强化企业创新主体地位，支持企业设立研发中心、科技成果育成平台和孵化基地，引导各类创新要素向企业聚集，推动科技成果转移转化示范基地建设。探索建立科技成果展示、技术评估、成果交易、科技金融、创业服务的市级技术市场，完善技术产权交易、知识产权交易、技术合同登记等各类平台功能，促进科技成果与资本的有效对接。开展以需求为导向的科技项目形成机制改革，建立"项目从需求中来，成果到应用中去"的管理模式，从源头上打通科技成果转移转化的"最先一公里"。

49. 营造良好科技创新生态。完善"科技支宁"东西部合作长效机制，强化对外交流合作，立足我市主导产业，着力构建科学、开放、高效的对外科技交流与合作新格局。依托高新技术产业开发区、农业科技园区、科研院所、龙头企业，建立众创空间、星创天地和科技企业孵化器。强化科技创新体系和基地建设，加强创新型、应用型、技能型人才培养，打造以宁夏大学中卫校区为核心，职业技术学校、公共实训基地等为支撑的人才、机构、

政策、合作等科技创新要素集聚基地，加强高层次人才的引进力度，吸引区内外高校毕业生来我市创业发展，建立多层次科技人才支撑体系。加大知识产权开发和保护力度，推动形成一批高质量的专利、商标、版权。弘扬科学精神和工匠精神，加强科普工作，营造崇尚创新的社会氛围。

50. 高水平建设高新技术产业园区。突出主导产业，注重结构优化，推动产业链纵向延伸、产业间横向耦合、园区间协调联动，打造主导产业集群。加大园区循环化改造和产业升级改造力度，大力发展循环经济。加快园区企业数字化、工业互联网和智慧园区建设步伐，将中卫、中宁工业园区建设成为中国西部生态工业示范园区。加快园区低成本化建设步伐，完善水、电、气、路、通信及专业化污水处理、固废处置等基础设施配套，提高共建共享水平，降低企业生产成本。不断深化园区体制机制改革，鼓励市场主体参与园区运营建设。大范围、高层次、深程度推进大众创业万众创新，打造国家级双创示范基地。建立园区综合服务管理平台，分别在柔远片区和石空镇合理布局工业园区生活服务基地，加快打造特色鲜明的产城示范园区。

（二）全面深化改革，大力激发市场主体活力

坚持社会主义市场经济改革方向，充分发挥市场在资源配置中决定性作用，持续推进市场化法治化国际化营商环境建设，转变和优化政府职能，提高政府效能，形成有效市场和有为政府相互促进的良好格局，促进经济社会健康可持续发展。

51. 深入推进市场化改革。健全市场体系基础制度，全面实施市场准入负面清单制度，推动“非禁即入”普遍落实，落实公平竞争审查制度，破除制约市场竞争的各类隐性壁垒。围绕要素市场化改革，深化土地管理制度改革，健全人力资源市场体系，加快发展技术要素市场，培育数据要素市场，建立要素市场化交易平台，完善要素交易规则和服务体系，实现要素价格市场决定、流通自主有序、配置高效公平，加快形成高效规范、开放有序的市场体系。

52. 加快推进重点领域改革。加快投资领域改革，优化投资结构，保持投资合理增长，发挥投资对优化供给结构的关键作用。把“两新一重”作为投资重点，加快补齐基础设施、市政工程、公共安全、生态环保、民生保障等领域短板，推动企业设备更新和技术改造，扩大战略性新兴产业投资。发挥政府投资撬动作用，激发民间投资活力，形成市场主导的投资内生增长机制。深化水电气等重点领域价格改革，完善价格形成机制，推进资源价格的市场化。落实财税改革任务，深化预算管理制度改革，强化预算约束和绩效管理。深化金融体制改革，推动金融有效支持实体经济发展，加强对融资担保领域监管。推进国有资产产权、自然资源产权、农村集体产权、知识产权等领域改革。深化国资国企改革，落实国企改革三年行动方案，建立现代企业制度，健全市场化经营机制。

53. 加快建设服务型政府。正确处理政府与市场的关系，更好发挥政府在规划战略引领、公共资源配置、体制机制改革等方面的作用，以管理服务创新推动政府职能转变。全面优化营商环境，持续深化“放管服”改革，完善权责清单动态管理机制，加强“智慧政务”建设，加快政务服务标准化、数字化建设，全面实现政务服务“一网通办”。推动“双随机、一公开”监管常态化，强化社会信用体系建设和政府诚信建设。持续深化行政审批制度改革、商事制度改革，强化政府服务意识，优化民营经济发展环境，构建亲清政商关系，为各类市场主体提供公平规范便利高效的政务服务。

（三）全面加快开放步伐，以高水平开放促进高质量发展

坚持实施更大范围、更宽领域、更深层次对外开放，加快构建高水平开放新体制，全方位开放新格局，营造开放型经济环境，积极融入以国内大循环为主体、国内国际双循环相互促进的新发展格局，促进经济社会高质量发展。

54. 培育发展开放型经济。建设高水平开放合作平台，以壮大和发展口岸经济为中心，紧紧抓住“一带一路”、宁夏内陆开放型经济试验区建设等重大机遇，积极主动融入和服务国家对外开放战略，依托各类物流园区和沙坡头机场的资源功能共享，加强与霍尔果斯、乌力吉、青岛等口岸合作，进一步增强中卫口岸整体竞争力和辐射带动作用，大力发展通道经济、枢纽经济，着力打造外向型经济发展平台。营造开放型经济环境，增强外贸信息、外汇结算、出口退税、法律等服务能力。充分发挥中卫海关国际贸易“单一窗口”平台作用，加快培育开放型经济主体，支持外贸企业开拓国内市场。提升外商投资服务水平，吸引更多外商到中卫投资。依托

中卫西部云基地，面向丝绸之路沿线国家提供云计算大数据服务，构建信息流、物流、资金流有效互通的对外开放格局。

55. 加快区域协调发展。加强与沿黄城市在经济发展、生态环保、资源配置、交通基础设施、公共服务等方面的全方位合作，全面推动中卫与黄河流域城市群协同发展。加强与长江经济带、成渝经济圈、粤港澳大湾区等地区互联互通，建立完善同西部陆海新通道沿线城市资源共享、政策互惠、优势互补的合作机制，将中卫打造成为宁夏融入西部陆海新通道的区域性综合运输枢纽。加强与周边省市协同发展，进一步推进资源互补、区域产业协作、基础设施建设、公共服务等各领域合作。加强招商引资工作，推动产业链招商，促进中卫特色产业全面融入区域产业链、供给链、创新链、资金链、人才链，带动全市加快融入以国内大循环为主体、国内国际双循环相互促进的新发展格局。

（四）强化保障措施，全面推动规划落实

建立健全保障规划实施长效机制，更好发挥发展规划战略导向作用，提高政府履职能力，动员和引导全社会力量共同推进规划实施，确保“十四五”规划各项目标任务顺利完成。

56. 加强党的全面统一领导。深入学习贯彻习近平新时代中国特色社会主义思想，增强“四个意识”、坚定“四个自信”、做到“两个维护”，贯彻党把方向、谋大局、定政策、促改革的要求，发挥领导核心作用。完善上下贯通、执行有力的组织体系，完善党委研究经济社会发展战略、定期分析研判经济社会形势、研究重大政策举措、监督规划实施的工作机制，确保党中央决策部署有效落地落实。全面贯彻新时代党的组织路线，加强各级领导班子和党组织建设，充分发挥基层党组织战斗堡垒作用和党员先锋模范作用。落实党要管党、全面从严治党责任，强化权力运行制约和监督，持续加强纪律作风建设，坚决纠治形式主义、官僚主义，持之以恒正风肃纪，完善警示教育常态化长效化机制，打造警示教育基地，一体推进不敢腐、不能腐、不想腐，为经济社会发展营造良好政治生态。

57. 加强社会主义政治建设。坚持党的领导、人民当家做主、依法治国有机统一，坚定不移走中国特色社会主义政治发展道路。坚持和完善人民代表大会制度，加强人大对“一府一委两院”的监督，有效保障人民依法管理社会事务、管理经济文化事业。坚持和完善中国共产党领导的多党合作和政治协商制度，支持人民政协履行政治协商、民主监督、参政议政职能，加强对经济社会发展重大问题和涉及群众切身利益问题的协商。创新群众工作体制机制和方式方法，发挥工会、共青团、妇联等群团组织桥梁纽带作用，调动一切积极因素，最大限度凝聚全社会推进改革发展、维护社会和谐稳定的共识和力量。巩固发展爱国统一战线，全面落实党的知识分子、民族、宗教、侨务等政策，积极为各民主党派、工商联、无党派人士发挥作用搭建平台，把各方面力量凝聚到推动高质量发展上来。

58. 激发干部群众奋斗精神。深入践行习近平总书记“社会主义是干出来的”“幸福是奋斗出来的”伟大号召，勇于担当、主动作为，勇于斗争、善于斗争，全力做好改革发展稳定各项工作。引导广大党员干部不断解放思想，深入贯彻新发展理念，积极抢抓机遇，紧密结合实际，以行之有效的举措，落实好党中央决策部署，创造性开展工作。加强党员、干部队伍建设，着力提升党员、干部解决实际问题的能力。建立健全干部担当作为的激励机制，把广大干部积极性、主动性、创造性充分调动起来。完善人才工作体系，加强人才培养、引进、使用、管理工作，着力打造一批德才兼备的高素质人才队伍。大兴实干之风，把造福人民作为最重要的政绩，践行党的群众路线，脚踏实地、埋头苦干，坚决反对形式主义、官僚主义。

59. 建立规划落实机制。坚决贯彻党的十九届五中全会精神和自治区党委十二届十二次全会精神，形成以发展规划为统领、以空间规划为基础、以专项规划为支撑的统一规划体系，更好发挥发展规划的战略导向作用。建立规划落实工作机制、衔接协调机制、责任落实机制，强化政策协同、项目支撑和财力保障，加强规划实施效果的评估督查考核，确保“十四五”时期发展目标任务落到实处。

实现“十四五”规划和二〇三五年远景目标，任务艰巨，责任重大，使命光荣。全市上下要更加紧密地团结在以习近平同志为核心的党中央周围，不忘初心、牢记使命，万众一心、艰苦奋斗，加快建设黄河流域生态保护和高质量发展先行市，顺利开启社会主义现代化建设新征程，为继续建设经济繁荣民族团结环境优美人民富裕的美丽新宁夏作出中卫贡献。

中卫市推进落实百万移民致富提升行动的实施意见

中卫市是全区有计划有组织大规模实施易地扶贫搬迁的主要地区。20 世纪 80 年代实施了吊庄移民、扶贫扬黄灌溉移民工程、易地扶贫搬迁试点移民工程，2009 年以来又相继实施了中部干旱带生态移民和易地搬迁，共搬迁安置政策性移民 25468 户 109476 人，有 50 个移民安置区。其中“十一五”搬迁安置 9368 户 39082 人，“十二五”搬迁安置 11757 户 52364 人，“十三五”搬迁安置 4343 户 18030 人。全市还有自主迁徙居民 24900 户 89712 人。党的十八大以来，各县（区）、各部门（单位）不断完善落实移民搬迁扶持政策，各级干部带领广大群众艰苦奋斗，移民群众“两不愁三保障”全面解决，贫困人口全部脱贫。为深入贯彻习近平总书记视察宁夏重要讲话精神，全面落实自治区党委十二届十二次全会和市委四届十次全会精神，进一步强化易地搬迁后续扶持，根据自治区党委办公厅、人民政府办公厅《印发〈关于进一步强化易地搬迁后续扶持 实施百万移民致富提升行动的意见〉的通知》（宁党办〔2021〕30 号），结合中卫实际，制定如下实施意见。

一、总体要求

（一）指导思想。以习近平新时代中国特色社会主义思想为指导，全面学习习近平总书记视察宁夏重要讲话精神，深入贯彻党的十九大和十九届二中、三中、四中、五中全会精神，认真落实自治区党委十二届八次、九次、十次、十一次、十二次全会和市委四届十次全会部署要求，坚持以人民为中心，大力弘扬脱贫攻坚精神，将实施百万移民致富提升行动作为巩固脱贫攻坚成果和全面推进乡村振兴的筑基之策、关键之举，紧盯“十一五”“十二五”“十三五”政策性移民和自主迁徙居民，以人口规模 800 人以上的大型移民安置区（以下简称“安置区”）为重点，实施百万移民致富提升行动。围绕产业、就业、社会融入三件大事，加快推进产业发展、就业帮扶、社会融入、基础建设、环境整治、权益保障，着力提高搬迁群众自我发展能力，着力完善安置区基础设施和公共服务功能，着力提升安置区社会治理和服务保障水平，不断提升移民群众的获得感、幸福感、归属感。

（二）主要目标。以建设黄河流域生态保护和高质量发展先行市为契机，立足新发展阶段、贯彻新发展理念、融入新发展格局，巩固拓展脱贫攻坚成果同乡村振兴有效衔接，加强易地搬迁后续扶持，推进十大专项行动，加快百万移民致富提升行动取得重大进展，创建沙坡头区南山台地区移民脱贫致富示范区、中宁县太阳梁乡全区易地搬迁移民脱贫致富示范乡典型，沙坡头区、中宁县和海原县分别创建全市乡村振兴示范移民村 9 个、20 个和 2 个。到 2025 年，全市移民区产业发展基础进一步夯实，移民群众产业收入占比明显提升；搬迁群众就业更加充分，有劳动能力的移民家庭至少一人稳定就业；基础设施配套和公共服务能力显著提升，与周边农村实现一体化；美丽宜居乡村建设取得实效，安置区人居环境持续改善；社会治理进一步加强，基层治理水平显著提升；增收渠道进一步拓宽，移民群众人均可支配收入高于全市农村居民平均水平。

（三）工作原则

坚持系统思维、统筹谋划，聚焦特色产业上水平，聚焦基础设施补短板，聚焦公共服务优质量，聚焦环境整治提品质，聚焦基层组织强功能。

坚持规划先行，科学规划、精细规划，加强总体规划与产业规划等各项子规划相衔接，避免重复建设、资源浪费。

坚持因地制宜、量力而行，解决好钱从哪来、事该咋办、责由谁担，抓紧实施，加快落地，强化典型示范引领作用，推动高质量发展。

二、重点工作任务

（一）开展安置区产业发展提升专项行动

1. 完善安置区产业发展基础设施。提升土地质量和用水效益，坚持以水定地、以水定产，坚持走绿色、可持续的高质量发展之路。实施沙坡头区康乐、敬农移民区，中宁县大战场长山湖移民区，徐套撒不拉滩、打麦水地区及喊叫水乡马家塘移民区土地改造项目，太阳梁乡白马梁村土地整治等项目，不断提升耕地质量。通过区域性水权交易，压减高耗水作物，推广滴灌等节水技术，改造老旧水利工程设施，解决安置区生产用水问题。（牵

头部门:市农业农村局、市自然资源局、市水务局;配合部门:市发展改革委、市财政局、市扶贫办;责任单位:各县区)

2. 不断加大产业提质增效力度。落实好自治区和中卫市产业发展政策,各县(区)聚焦"枸杞、苹果、蔬菜、小杂粮和肉牛、奶牛"等富民产业和"一带两廊"产业集群发展,于2021年5月底前以县(区)为单位制定安置区产业发展的差异化政策,沙坡头区香山兴仁地区"十一五"移民区重点发展枸杞和运输业,南山台地区"十二五"移民区重点发展苹果、枸杞经果林产业和牛产业,东园镇"十三五"移民区和灌区插花移民点重点发展高标准设施农业;中宁县太阳梁乡重点发展好牛产业,恩和镇红梧村、大战场镇宽口井安置区重点发展枸杞、蔬菜等产业,喊叫水乡马家塘移民区重点发展色素辣椒等蔬菜产业;海原县重点突出发展高端肉牛养殖和小杂粮、经果林等种植产业,培育打造肉牛养殖示范村、示范户,确保移民群众有稳定、可持续发展的致富产业。鼓励各类新型农业经营主体与移民群众建立紧密的利益联结机制,采取"经营主体+村集体+移民""经营主体+移民""龙头企业+合作社+移民"等模式,推行土地流转、务工就业、入股分红、托管代养、订单农业、社会化服务等方式,让移民群众共享产业发展红利。(牵头部门:市自然资源局、市农业农村局;配合部门:市发展改革委、市科技局、市工业和信息化局、市财政局、市商务局、市扶贫办;责任单位:各县区)

3. 配套建设产业园区。加大农产品收购、贮藏、加工、运输、销售全产业链体系基础设施建设,加快一二三产业融合发展,加强技术服务,促进产业链、供应链、服务链深度融合,拓宽移民群众就业增收渠道;结合实际完善制定土地流转指导价格,规范引导龙头企业、农业合作社规范有序流转土地,发展多种形式的适度规模经营;引导龙头企业与农民合作社、农户联合建设生产基地、加工车间和扶贫车间。加快沙坡头区敬农移民区富硒苹果产业园建设,配套完善园区灌溉、防冻、病虫害防治等基础设施,扶持企业完善收购、贮藏、加工、运输、销售全产业链体系,康乐移民区建设以种养为基础的高效农业、农产品加工、仓储保鲜等现代农业产业园区。开工建设中宁县恩和镇红梧村枸杞基地应急补水等配套工程,建设宽口井、长山湖、马家塘等移民区的农产品加工车间。对吸纳移民劳动力就业的农业企业给予优化土地资源配置、支持新型农业经营主体发展、促进农产品流通等优惠政策。(牵头部门:市自然资源局、市农业农村局;配合部门:市工业和信息化局、市财政局、市商务局、市扶贫办、市供销集团、国家税务总局中卫市税务局;责任单位:各县区)

4. 大力开展消费扶贫助力安置区特色产品销售。建立健全扶贫产品认定、统计监测和全程监管机制,推动安置区特色产品进机关、进学校、进企业、进医院、进军营、进超市、进社区,依托中央单位定点扶贫、民营企业"百企帮百村",全市各级机关和国有企事业单位帮扶,闽宁扶贫协作等社会力量在同等条件下优先采购安置区特色产品,解决好扶贫产业产品"想买买不到,想卖卖不出"的难题。鼓励龙头企业、农民合作社等经营主体与搬迁群众建立契约型、分红型、股权型等合作方式,引导安置区群众更多参与产业发展增收致富。拓宽安置区农产品线上、线下销售渠道,加快流通服务网点建设。进一步落实鲜活农产品绿色通道优惠政策,支持安置区改造提升或新建农产品交易市场,降低物流成本,提高产品竞争力,鼓励进入区内外各类消费扶贫产品销售市场,为安置区产业持续发展和群众增收致富奠定基础。(牵头部门:市商务局;配合部门:市发展改革委、市农业农村局、市扶贫办、市供销集团;责任单位:各县区)

(二)开展移民群众就业帮扶专项行动

1. 统筹疫情防控和移民群众就业。要统筹推进疫情防控和稳就业工作,鼓励移民群众就地就近就业,优先支持贫困劳动力就业,加强困难人员兜底保障,通过开展职业培训,加强劳动者就业帮扶,织紧织牢就业保障网。(牵头部门:市人力资源社会保障局;配合部门:市卫生健康委、市扶贫办;责任单位:各县区)

2. 准确掌握就业动态信息。2021年5月底前,以乡镇为单位建立安置区就业信息台账,准确掌握就业动态信息,在移民村建立信息台账,准确掌握移民劳动力状况、就业失业情况和参加技能培训情况,做到人员底数清、掌握技能清、就业意愿清、培训意向清。要对安置区周边用工量较大的企业进行用工需求调查,掌握企业用工需求。完善信息动态更新机制,定期统计汇总更新就业信息,动态监测、人岗对接,提高就业率,增加移民群众收入。(牵头部门:市人力资源社会保障局;配合部门:市扶贫办;责任单位:各县区)

3. 精准开展就业培训。围绕移民村产业发展、企业用工需求和搬迁劳动力就业需求,开展劳动技能培训,提高培训针对性和实用性。通过企业订单、培训机构列单、移民群众选单、政府买单等方式,使有务工意愿的移民经过培训取得合格证书、职业资格证书、职业技能等级证书或专项职业能力证书，不断提高移民群众就业创业技能和素质。对劳务移民家庭比较困难的，采取提供政府购买公益岗位等方式安置就业。企业、农民专业合作社等各类生产经营主体吸纳移民家庭成员就业并在工作岗位上以实际操作的方式传授技能培训，按时足额核发工资且工资不低于当地最低保障工资标准的，按规定标准落实好生产经营主体培训补贴。（牵头部门：市人力资源社会保障局；配合部门：市财政局、市农业农村局、市扶贫办；责任单位：各县区）

4. 大力拓宽就业增收渠道。落实好就业扶持政策，加大对移民就业帮扶力度。持续推进闽宁等劳务协作，提高移民就业组织化程度。建好用好扶贫车间、产业园区等，引进劳动密集型企业，吸纳搬迁群众就地就近就业，不断提高家庭收入。在重点项目、重大工程建设中积极吸纳移民群众就业，加大以工代赈就业力度。在中卫工业园区、中宁工业园区、海兴开发区等产业园区培育打造就业基地，吸纳移民群众就业。加大对移民群众创业扶持力度，在创业担保贷款、创业培训等方面给予重点扶持。对于确实难以实现就业的移民群众，符合条件的通过公益性岗位安置，健全按需设岗、以岗聘任、在岗领补、有序退岗的管理机制。对移民群众稳定就业的，落实相关政策给予一次性就业奖补。加强与福建等东南沿海省份用工规模较大的企业及人力资源服务公司的密切协作，建立常态化供求信息对接和联合招聘机制。（牵头部门：市人力资源社会保障局；配合部门：市发展改革委、市工业和信息化局、市财政局、市交通运输局、市水务局、市农业农村局、市商务局、市扶贫办、市残联、市工商联；责任单位：各县区）

5. 加大就业服务力度。要充分发挥公共就业人才服务机构、劳务工作站（服务中心）等作用，主动加强与劳务输出机构、工业园区、产业园区企业信息对接，搭建就业信息平台、组织开展“春风行动”等招聘活动。各县（区）人社、扶贫部门 2021 年 5 月底前组建搬迁群众就业服务专班，全程跟踪对接，提供点对点服务。加强输出后的跟踪管理服务和劳动权益保障，促进稳定就业。对服务机构、劳务公司、劳务合作社、劳务经纪人等市场主体，转移输出移民群众稳定就业的，落实好就业创业服务补贴。中宁县、海原县 2021 年 6 月底前制定促进劳务移民就业创业实施方案，在劳务移民安置区设置劳务工作站，设立联络员，明确目标任务，建立工作责任制，培育人力资源服务中介机构和劳务经纪人，专项做好劳务移民就业工作。（牵头部门：市人力资源社会保障局；配合部门：市工业和信息化局、市财政局、市扶贫办、市残联、市工商联，中卫工业园区管委会、海兴开发区管委会、中宁工业园区；责任单位：各县区）

（三）开展移民社会管理促进社会融入专项行动

1. 加强安置区组织建设。完善以基层党组织为领导、村民自治组织和村（居）务监督组织为基础、集体经济组织和农民合作组织为纽带、其他经济社会组织为补充的村级组织体系。持续推进“三大三强”行动、“两个带头人”工程，选优配强移民村（社区）党组织和村（社区）委员会负责人，健全村（社区）务监督委员会。按照多网合一、整体覆盖、精细管理、方便群众的要求，做实安置区网格化管理。充分发挥基层党支部、村（居）民自治组织和村（居）民代表等服务群众、凝聚人心的作用，积极开展移民群众生活融入、心理疏导、邻里互助、健康养老等服务工作。（牵头部门：市委组织部；配合部门：市民政局、市人力资源社会保障局、市农业农村局、市卫生健康委、市扶贫办；责任单位：各县区）

2. 加强安置区服务体系建设。进一步加强安置区服务体系建设，优化服务机制，引导商业服务合理配备，确保搬迁群众就近方便办事。加快推进以党群服务中心为基本阵地的综合服务设施全覆盖，让移民群众享有与迁入地群众同等水平的基本公共服务和生活服务。完善安置区就业、教育、社会保险、救助、治安等公共服务，简化优化办事流程，提供“一门式办理”“一站式服务”。（牵头部门：市民政局；配合部门：市委组织部、市公安局、市人力资源社会保障局、市农业农村局、市商务局、市审批服务局；责任单位：各县区）

3. 提升安置区治理水平。持续巩固移民村“三化”治理成果，夯实扫黑除恶专项斗争基础，坚持和发展新时代“枫桥经验”，推行一站式接受、一揽子调处、全链条解决，提高矛盾纠纷化解能力，实现办事有地方、议事有组织、纠纷有人管、困难有人帮。加强安置区网格化服务管理，组建以村“两委”成员为主体的一岗多责、一专多能网格员队伍，实现大事全网联动、小事一格解决。进一步完善村规民约，明确搬迁群众维护环境的责任和义务，通过设立便民爱心超市等方式，持续开展各项整治工作，确保村容村貌常年保持干净、整洁、有序。推进法治宣传教育，引导移民群众强化法治观念，引导安置区建立新型邻里关系，增强社会责任意识、规则意识、共同体意识，依法理性表达诉求。（牵头部门：市委政法委；配合部门：市委宣传部、市委统战部、市民政局、市司法局、市农业农村局；责任单位：各县区）

（四）开展安置区公共基础设施提升专项行动

完善公共基础设施建设。综合考虑安置区规模、周边基础设施建设情况，按照“缺什么补什么”的原则，完善水、电、路、气、网络、通信、防洪、污水管网、快递物流等基础设施建设，完善学校、幼儿园、卫生室、综合服务中心等公共服务设施，因需建设综合超市、便利菜店、社区药店、电商网店、公交站点等设施。2021 年 7 月前以各县（区）制定安置区公共基础设施建设 3 年攻坚计划，列出重点项目清单，做到基础设施配套，满足移民群众生产生活需求。确保 2023 年前，搬迁群众和所在地居民享有同等的公共基础设施。（牵头部门：市发展改革委、市工业和信息化局、市住房城乡建设局、市交通运输局、市水务局、市农业农村局、市口岸和投资促进办、市供销集团、国网宁夏电力公司中卫供电分公司、市邮政管理局；责任单位：各县区）

（五）开展公共服务补短强弱专项行动

提升安置区公共服务水平。完善安置区就业、教育、社会保险、救助、治安等公共服务补齐短板弱项，使移民群众与当地居民享有同等的公共服务。进一步提升安置区教育水平，加强义务教育控辍保学工作，支持和鼓励移民子女“两后”毕业生就读职业学校，享受国家免学费补助政策。进一步提升安置区医疗卫生服务水平，满足移民群众基本医疗卫生的服务需求。进一步提升安置区生活服务水平，鼓励发展物业、家政、维修、餐饮、零售、美容美发、快递收发、托老托幼等服务，满足移民群众的生活需求，确保到 2023 年搬迁群众和所在地居民享有同等的公共服务水平。（牵头部门：市教育局、市民政局、市商务局；配合部门：市人力资源社会保障局、市卫生健康委、市医保局、市供销集团、市邮政管理局；责任单位：各县区）

（六）开展安置区人居环境整治提升专项行动

整治人居环境共建生态宜居。完善安置区生活垃圾、污水收集处理设施，健全完善生活垃圾“户分类、村收集、镇转运、县处理”收运处理体系，安置区农村生活污水收集处理率进一步提高、垃圾有效治理全覆盖。有序推进农村“厕所革命”，推进养殖业“出户入园”，开展畜禽养殖粪污无害化处理，大力推广有机肥，加快循环化利用。结合全市植绿增绿大会战，开展庄院绿化行动，引导群众在田间地头造林增绿，巷道庭院植绿、道路护绿，房前屋后见缝插绿，做到安置区人居环境干净整洁，共建生态宜居新农村。（牵头部门：市住房城乡建设局、市农业农村局；配合部门：市自然资源局、市生态环境局；责任单位：各县区）

（七）开展移民群众社会权益保障专项行动

1. 保障劳务移民原籍承包地等权益。劳务移民户籍迁转后，在原籍依法享有的承包权益不变，集体收益分配权和其他惠农政策不变，继续按规定享受承包地山林地的退耕还林、森林生态效益补偿、耕地地力保护等各类农业补贴和生态补偿政策。户籍迁转前经迁出地认定的重度残疾人等特殊人员，核实无误的保留迁出地认定结果，享受迁入地有关优惠政策，并纳入动态管理。（牵头部门：市公安局、市自然资源局；配合部门：市民政局、市人力资源社会保障局、市扶贫办、市残联；责任单位：各县区）

2. 保障移民群众社会保障权益。已领取城乡居民养老保险待遇的移民群众，在户籍迁转的同时转移养老保险关系，享受迁入地城乡居民养老保险基础养老金。以灵活就业人员身份参加城镇职工养老保险的移民群众，符合条件的按规定享受“4050”人员社会保险补贴。移民群众脱贫人口全部纳入基本医疗保险、大病保险和医疗救助等制度保障范畴，移民群众常见病、慢性病能够在安置区所在县（区）乡（镇）村（社区）三级医疗机构获得及时诊治，确保移民群众得了大病、重病基本生活有保障。（牵头部门：市人力资源社会保障局、市卫生健康委、市医保局；配合部门：市民政局、市扶贫办；责任单位：各县区）

3. 保障移民低收入人口帮扶权益。农村低保对象、特困人员、易返贫致贫人口，以及因病因灾因意外事故等刚性支出较大或收入大幅度缩减导致基本生活出现严重困难的低收入人口，加强监测，动态管理，确保不返贫致贫。有针对性地给予移民低收入人口医疗、教育、住房、就业等专项救助，做到精准识别，应救尽救。对基本生活陷入暂时困难的移民群众加强临时救助，做到凡困必帮、有难必救。鼓励通过政府购买服务对移民低收入人口家庭中生活不能自理的老年人、未成年人、残疾人等提供必要的照料服务。加大安置区“幸福院”“日间照料中心”“老饭桌”和老年人活动场所等养老服务机构和设施建设力度，积极动员搬迁特困人员特别是残疾人群体，失能、半失能特困人员入住特困供养机构，为搬迁特殊困难群体提供全面的照料服务。（牵头部门：市民政局、市扶贫办；配合部门：市人力资源社会保障局、市卫生健康委、市医保局、市残联；责任单位：各县区）

（八）开展自主迁徙居民规范管理专项行动

1. 动态监测管理。2021年6月底前，各县（区）动态排查辖区内农村常年外出和外地籍农村常住的自主迁徙居民农户底数，做到全面排查不漏一户、完善信息台账不错一户、落实帮扶责任不落一户。有致贫返贫风险的自主迁徙居民，建立"一户一档"，建立健全以村组日常监测、乡镇研判预警、行业部门筛查、县（区）调度帮扶等监测预警联动机制，采取产业扶持、就业帮扶、金融支持和兜底保障、社会帮扶等措施，及时纳入防止返贫监测预警和动态帮扶范围，因户施策，确保其不致贫（返贫）。（牵头部门：市扶贫办；配合部门：市教育局、市公安局、市民政局、市人力资源社会保障局、市住房城乡建设局、市水务局、市农业农村局、市卫生健康委、市医保局；责任单位：各县区）

2. 加大帮扶工作力度。坚持市县乡抓落实工作机制，因户因人施策，加大产业、就业精准帮扶力度。按照"居住地与户籍地双重管理、协调配合"的原则，给予居住地所在村一定的专项资金补助，用于自主迁徙居民教育培训、就业创业、产业扶贫、贷款贴息和社会管理，使其尽快融入当地社会、安心创业、早日致富。符合条件自愿迁转户籍的自治区内自主迁徙居民，到2021年底按照相关政策办理转户手续，原籍土地承包权益不变；不愿迁转户籍的自发移民，通过办理居住证等形式实行属地管理。（牵头部门：市扶贫办；配合部门：市公安局、市民政局、市财政局、市人力资源社会保障局、市农业农村局；责任单位：各县区）

3. 补齐短板弱项。将自主迁徙居民纳入巩固拓展脱贫攻坚成果同乡村振兴有效衔接之中，统筹规划，一体推进。继续化解移民群众住房困难问题，符合条件的可参照危房危窑改造或农房抗震房改造等有关政策给予自主迁徙居民建房补助，困难家庭符合迁入地住房保障条件的，纳入当地住房保障体系，通过公租房予以保障。采取拆旧复垦、废弃物处置、林业生态修复、草地恢复等措施，对沙坡头区蒿川乡，海原县甘城乡、红羊乡、关庄乡等移民迁出区进行生态修复。到2025年，确保自主迁徙居民和所在地居民享有同等的基础设施和公共服务。（牵头部门：市住房城乡建设局、市扶贫办；配合部门：市工业和信息化局、市财政局、市自然资源局、市交通运输局、市农业农村局；责任单位：各县区）

（九）开展典型示范创建行动

1.中宁县太阳梁乡创建全区易地搬迁移民脱贫致富示范乡。从财政、金融、土地、人才、基础设施建设、公共服务等方面给予集中支持，增强发展能力。市直各部门（单位）和中宁县在项目、资金分配上向太阳梁乡倾斜。在太阳梁乡设立金融分支机构或网点，提供普惠金融服务、助力安置区经济社会发展，争取三年创建见效，五年取得明显成效，建成全区易地搬迁移民脱贫致富示范乡，形成可复制、可推广的"太阳梁经验"。（牵头部门：市扶贫办；配合单位：市发展改革委、市教育局、市民政局、市财政局、市人力资源社会保障局、市自然资源局、市住房城乡建设局、市交通运输局、市水务局、市农业农村局、市卫生健康委、市医保局、市金融工作局；责任单位：中宁县）

2. 沙坡头区南山台地区创建移民脱贫致富示范区。争取自治区重点支持，从财政、金融、土地、人才、基础设施建设、公共服务等方面给予项目、资金政策扶持，到2025年，南山台地区产业兴旺、生态宜居、乡风文明、治理有效、生活富裕，建成全区移民脱贫致富示范区。（牵头单位：市扶贫办；配合单位：市发展改革委、市教育局、市民政局、市财政局、市人力资源社会保障局、市自然资源局、市住房城乡建设局、市交通运输局、市水务局、市农业农村局、市卫生健康委、市医保局、市金融工作局；责任单位：沙坡头区）

3. 开展重点帮扶村和示范村培育。对自治区确定的重点帮扶村（社区）在项目、资金、人才等方面予以重点倾斜支持，重点帮扶。在中宁县宽口井、红梧山、徐套，沙坡头区康乐、敬农、兴仁和海原县三河富陵、高崖乡新民等移民集中安置区各确定1~2个产业基础强、生态环境美、乡风文明好的村作为乡村振兴示范村统筹各方面力量精心打造，通过以点带面、示范引领，打造更高水平的"移民致富"提升样板。（牵头单位：市扶贫办；配合单位：市发展改革委、市教育局、市民政局、市财政局、市人力资源社会保障局、市自然资源局、市住房城乡建设局、市交通运输局、市水务局、市农业农村局、市卫生健康委、市医保局、市金融工作局；责任单位：各县区）

（十）开展激发内生动力专项行动

1. 坚持巩固脱贫成果与扶志相结合。围绕精神扶贫，加强宣传力度，推进安置区干部群众的宣传教育工作，改变群众过去在脱贫中的“等、靠、要”的思想观念，突出宣传脱贫攻坚取得的伟大成就，突出宣传报道脱贫攻坚战中涌现出的先进单位、先进个人、先进典型事迹，全方位展示贫困地区、贫困群众生产生活条件和党风、政风、民风发生的巨大变化。抓好村规民约、红白理事会“一约一会”等建设，推动移风易俗、弘扬时代新风；加大优秀电影、文艺演出等下基层力度，实施好文化惠民工程，丰富群众精神文化生活；大力开展人口与计划生育宣传教育活动，认真落实计划生育政策；广泛开展群众性精神文明创建活动，传承中华优秀传统文化，引导广大群众提升精神风貌，让乡村有“颜值”更有气质。（牵头单位：市委宣传部；配合部门：市民政局、市财政局、市旅游和文体广电局、市卫生健康委、市扶贫办；责任单位：各县区）

2. 坚持巩固脱贫成果与扶智相结合。让移民群众充分认识到掌握脱贫技能的重要性，继续帮助群众提高技能、开阔眼界，继续选派科技特派员，发挥自身专业优势，通过科技扶贫提升安置区产业发展、推进乡村振兴。继续通过文化教育、技能培训等措施，提升移民群众的文化素质与职业技能，使已脱贫群众更好掌握新知识、新技术，增强致富能力，真正实现脱贫致富。（牵头单位：市人力资源社会保障局；配合部门：市委宣传部、市科技局、市财政局、市旅游和文体广电局；责任单位：各县区）

3. 坚持巩固脱贫成果与扶德相结合。强化家庭家教家风建设，陶冶爱党、爱国、爱家的高尚情操。结合庆祝中国共产党成立100周年相关活动，在安置区广泛开展党史宣传活动，教育引导移民群众始终听党话、感党恩、跟党走，不断激发群众爱党爱国热情。2021年底新时代文明实践中心（所、站）和志愿服务项目在各县（区）安置区实现全覆盖。弘扬尊老爱幼、勤俭持家、勤劳致富的传统美德，倡导好家风、好民风，补足移民群众精神之“钙”，促进家庭稳定、维护社会和谐，帮助和引导移民群众挺起脱贫的腰板，大力倡导致富路上以德为先的新风尚，推动形成积极向上的社会风气。（牵头单位：市委宣传部；配合部门：市旅游和文体广电局、市扶贫办、市妇联；责任单位：各县区）

三、工作要求

（一）加强组织领导。各县（区）各有关部门（单位）要把百万移民致富提升行动作为今后“三农”工作和巩固拓展脱贫攻坚成果、全面推进乡村振兴的一项重要政治任务。按照“自治区负总责、市县乡抓落实”的工作机制，成立中卫市推进落实百万移民致富提升行动工作领导小组（具体名单详见附件），各成员单位要根据行业职能职责，加强工作指导，主动担当作为，密切协作配合，在政策制定、资金安排、项目布局等方面对各县（区）安置区予以重点支持。各部门（单位）主要负责同志要亲自抓，分管负责同志配合抓，相关同志具体抓，形成推动工作的强大合力，确保各项工作任务落到实处。各县（区）是易地扶贫搬迁后续扶持的责任主体和实施主体，要组织乡（镇）及县直有关部门（单位）落实好易地搬迁后续扶持工作。各县（区）要把移民后续扶持作为巩固脱贫攻坚成果重中之重的工作，党政主要负责同志要亲自研究部署、亲自推动实施。要把各项工作抓得紧而又紧、实而又实，让广大移民群众同全市人民一道过上幸福美好的生活，以优异成绩迎接建党100周年。

（二）强化政策保障。拓宽渠道，加大投入，中央和自治区财政专项资金、市级配套资金、统筹整合其他涉农资金、闽宁协作资金和社会帮扶资金，都要加大对安置区后续扶持发展支持力度。易地搬迁后续扶持项目优先纳入各县（区）项目库，并组织实施。鼓励金融机构结合安置区资源禀赋和周边产业特点，创新金融产品和服务，加大对易地搬迁后续扶持的金融支持力度。符合条件的移民群众继续享受小额信贷、整村授信等金融支持政策，解决移民群众后续发展贷款问题。

（三）严格目标考核。各部门（单位）要把百万移民致富提升行动抓紧抓紧再抓紧、做实做实再做实，真正使安置区群众不断得到实惠。各县（区）要制定详细的工作措施和时间表，做到能量化、好落实，坚决防止大而化之。各牵头部门（单位）要加强与相关部门（单位）的沟通协调，针对后续扶持工作的全过程、各环节，组织人员扎实开展监督检查。将移民搬迁后续扶持工作纳入巩固拓展脱贫攻坚成果同乡村振兴有效衔接内容，列入年度效能目标考核，市委督查室、政府督查室要将实施情况列入年度督导计划，定期组织有关部门（单位）对各县（区）实施百万移民致富提升行动情况进行检查，检查督导情况及时报告市委和政府，并向各相关部门（单位）和各县（区）通报反馈。

中共中卫市委员会关于进一步推进创新驱动深化改革的若干意见

（2021年7月30日中国共产党中卫市第四届委员会第十一次全体会议通过）

为深入贯彻落实习近平新时代中国特色社会主义思想、习近平总书记视察宁夏重要讲话精神，努力以改革创新探新路、解难题、增活力，加快推动中卫转型追赶、高质量发展，现就进一步推进创新驱动、深化改革提出如下意见。

一、深刻认识进一步推进创新驱动、深化改革的重大意义和目标要求

创新是第一动力，改革是必由之路。党的十八大以来，习近平总书记围绕实施创新驱动发展战略和全面深化改革作出了一系列重要论述，深刻揭示了改革创新在发展中的决定性作用和关键性意义，为我们进一步推进创新驱动、深化改革指明了方向、提供了遵循。中卫建市晚、底子薄、基础差，经过这些年的不懈努力，经济社会各项事业取得了长足进步，但发展不平衡不充分问题依然突出，经济结构不优、增长动能不足、资源环境约束趋紧、体制机制障碍较多、民生保障仍有短板，破解这些难题必须用好改革创新关键一招，以推进创新驱动和深化改革解难题、开新局，不断推动中卫转型追赶、高质量发展。

进一步推进创新驱动、深化改革，要坚持以习近平新时代中国特色社会主义思想为指导，深入学习贯彻党的十九届五中全会和习近平总书记视察宁夏重要讲话精神，按照党中央和自治区各项决策部署，进一步增强“四个意识”、坚定“四个自信”、做到“两个维护”，坚定不移立足新发展阶段，贯彻新发展理念，融入新发展格局，坚持问题导向、靶向精准发力，着力解决中卫生态保护和高质量发展中存在的体制性障碍、机制性滞后、政策性梗阻等问题，以更高站位、更高水平、更高效率推进中卫转型追赶、高质量发展，努力建设黄河流域生态保护和高质量发展先行市。到2025年，中央和区、市部署的重大改革事项全面有效落实，重点领域和关键环节的改革取得明显成效，市场在配置资源中的决定性作用进一步增强，投资结构、产业结构更加合理，区域创新能力、企业竞争力大幅提高，城乡区域发展更加协调，营商环境走在全区前列。

二、以改革创新破解体制机制障碍和瓶颈制约，着力构建经济社会高质量发展新格局

1. 打破数据壁垒，加快推进“云天中卫”建设。建立数据共享机制。依托我市政务数据共享交换平台，以数据沉淀汇聚和互联互通为重点，以“城市大脑”为突破口，推动公安等各部门（单位）、各行业智慧化应用向“云天中卫”数字底座提供实时动态数据资源，着力打造数据汇集、算力集中的一体化云平台。推动我市政务数据共享交换平台与国家、自治区平台联通，不断丰富我市数据资源。建立健全安全策略、管理制度、操作规程、记录表单等规章制度，探索运用区块链分布式信任、不可篡改等技术，保障数据安全共享交换。创新建立以云计算大数据为支撑的“智慧公安”“智慧交通”平台、市纪委监委日常监督平台和审查调查分析研判平台，率先打破数据壁垒，促进数据融合共享。规范信息化项目建设管理机制，把政务信息资源共享作为项目审核、验收和运维经费安排的必要条件，做到“不共享、不立项、不拨款”。

改进工作推进机制。切实把“云天中卫”建设作为全市“一号工程”，继续实行领导小组书记、市长“双组长”工作机制，将领导小组办公室调整为市政府办公室。完善督查考核问效机制，对“云天中卫”建设年度推进计划任务落实不力的，对相关单位进行通报批评，对相关责任人进行约谈。

建立市场化投融资机制。推动市科投公司与“三大运营商”、亚信集团、美利云等企业紧密合作，以股权化方式组建专业运营公司，为“云天中卫”招商、融资、建设、运营提供有力支撑。编制“云天中卫”建设项目投融资指导性目录，对产业类项目和不涉及国家机密、商业机密、个人隐私的民生服务类项目，最大限度交由社会资本投资建设；对社会管理类、基础类、公益类项目，原则上实行政企合资共建、政府购买服务。加大智慧化应用项目统筹力度，探索政府和社会资本共同建设运营机制，积极引导社会资本参与建设运营。

2. 构建现代物流产业新体系。打造中卫交通物流枢纽新优势。加快推进卫、宁物流园，港口、口岸融合发展，实施“全国百家骨干物流园互联互通工程”，加快粮食、能源、金属锰等物流储备基地建设，构建飞地物流园，推动物流组织化、集约化发展。加快推进迎水桥保税物流中心(B型)及内陆无水港、无轨站等平台建设,建立港口、口岸、铁路一体化运营“绿色通道”。加大宁钢热电和天元锰业铁路专用线、沙坡头机场二期扩建等重大项目推进力度,补强铁路航空物流基础设施弱项,实现多式联运。主动融入“一带一路”和西部陆海新通道战略布局,密切同陕、甘、蒙等毗邻地区和成渝、广西等地合作,常态化开行国际货运班列。

打造高效低成本城乡物流配送体系。以农产品物流、工业品物流、批发业物流、进口货物物流、单位与居民物品物流为重点,加快构建覆盖市县乡村“四级”物流产业链。建设快递物流一级分拨中心,打通西安、兰州快递物流“1+T”渠道。整合城乡供销物流快递资源,大力发展农产品冷链物流,探索建立同城配送、统配统送新模式,形成“市级统揽+县区分拨+镇乡配送+行政村集散”物流通道和机制,提高农村物流末端集散水平和组织化程度,实现城乡物流高效配送和有序集散。创新推行“电商+物流”一体化模式,加快推进“中卫优品”电商平台体系、“网红中卫”数字经济产业园建设。

3.创新全域旅游新模式。持续深化“旅游+”发展模式,推动各部门、各行业、各领域重大工程、重点项目建设与旅游发展统筹考虑、协同推进,形成各部门服务、全员参与的旅游产业发展机制。完善门票价格形成机制,引导企业通过丰富旅游项目、旅游产品增加收入,逐步降低景区门票价格,有条件的景区力争5年内逐步取消门票。优化旅游线路设计,按照全域旅游发展要求,统筹全市旅游资源,将中宁县、海原县景区景点一并纳入全市旅游线路设计,带动全市域旅游发展。

4.深化国资国企改革。明确市属国有企业发展方向。供销集团以农业投入品、农产品销售为发展重点,打造产供销一体化的现代农业产业化龙头企业;高新集团聚焦园区建设、“云天中卫”、交通物流三大领域,构建市场开发建设、投融资平台服务、战略性新兴产业培育和招商引资四大板块,努力打造成为宁夏电子信息行业领军企业;应理集团以构建市政建设、公益民生、资源材料三大产业集群为核心的“3+N”产业布局,建设服务全市重大战略及民生工程的现代化新型国有企业;建设投资公司(沙坡头旅游产业集团)以培育沙水相依的特色旅游品牌为重点,大力开发新一代沉浸式体验型文化和旅游项目,打造宁夏旅游行业龙头企业;林草集团股份有限公司以环境治理、生态修复、园林绿化等为核心,盘活国有资产,加强国储林开发,创新碳汇交易,打造林草生态建设标杆企业。

建立完善现代企业制度。调整优化企业法人治理结构,规范董事会建设,落实董事会职权,保障经理层依法行权履职。推行企业面向社会选聘经理人制度,依法落实经理层自主经营权。实行管理人员竞争上岗、末位调整和不胜任退出等制度。逐步推行落实企业用工市场化,进一步完善企业市场化薪酬分配机制。强化党的领导融入企业治理各环节,实现制度化、规范化、程序化。

推动国有企业走向市场。建立政府投资项目资金进企业机制,促进国有企业尽快发展壮大。健全企业市场化经营机制,鼓励和支持企业在市场中找项目、找发展、找效益。落实国有企业双重管理体制和双重考核机制,建立管理考核、经营业绩考核与人事任免、人员薪酬挂钩制度,激发企业走向市场的内生动力。完善出资人监管制度,坚持授权与监管相结合,实行责权清单管理,依法保障企业自主决策权,增强企业发展活力。

深化新闻传媒中心经营管理机制改革。组建成立中卫市传媒产业集团有限公司,推行“新闻+政务+商务”“媒体+产业+企业”运营模式,坚持为传媒产业发展赋能,推进媒体深度融合发展,培育传媒产业新业态。

5.破解能耗“双控”制约瓶颈。加快工业结构调整。优先发展新材料、精细化工、光伏制造等单位工业增加值能耗低的产业,积极发展农副产品加工等轻工业,逐步降低能耗强度。限制新上高耗能项目,对钢铁、电解铝、水泥、电石、铁合金等高耗能项目,严格执行产能等量置换或减量置换。对现有高耗能行业开展能效对标,通过差异化政策引导企业节能降耗或转型退出。对西部云基地、金属锰基地等新兴产业和国家战略性产业,积极争取将能耗指标单列。

助推企业技改升级。建立完善帮扶工作机制,依托第三方机构专业优势,对高耗能企业开展节能诊断,并指导企业积极对标,做好节能改造。设立企业技术改造担保基金,为企业技术改造提供资金保障。引导企业成立企业技术中心、工程技术研究中心等研发平台,鼓励企业研发新产品,拉长产业链条,提高附加值。

探索推进用能权交易。在全区率先探索建立用能权交易市场,通过市场调节和增加用能成本,推动能耗指标向高效生产企业流动,倒逼低效生产企业进行节能技术改造。

加强能耗监管。完善能耗“双控”预警调控机制,建立用能预算管理制度,形成逐月调度、定期研判、按季发布的能耗“双控”长效常态化监管体系。

大力发展清洁能源产业。聚焦光伏、风电、水电、氢能、储能等重点领域,以资源换投入,吸引全产业链投资主体,推动清洁能源产业一体化配套发展。以延链为重点,支持风电装备制造、太阳能电池及组件、氢能基础设施等配套产业发展,促进能源就地消纳转化应用。坚持源网荷储一体化及多能互补发展方向,积极争取风电、光伏发电及光伏配套产业、氢能、电缆制造、共享储能等一批清洁能源项目。

6. 推进“一带两廊”空间布局和新型城镇化。建立完善工作推进机制。有效衔接“一带两廊”和国土空间规划,加快编制“多规合一”的实用性城镇、村庄规划,构建城乡一体化发展新格局。建立推进新型城镇化工作联席会议机制和领导包抓机制,分年度制定工作计划并实行清单管理,推动新型城镇化各项任务落地见效。

进一步理顺市、区管理运行机制。将市住房城乡建设局承担的沙坡头区房地产管理、住房保障工作职能下放给沙坡头区。将市自然资源局承担的沙坡头区土地、矿产、林业、草原、湿地、测绘、城乡规划执法监督职能,以及一、二类小型及以下矿产和三类矿产的采矿权出让、登记及辖区所有矿山监管职责下放给沙坡头区。按照“人随事动、财随事走”的原则,解决机构、编制、事权划分后预算管理问题。将教育费附加收入调整为市、区共享,以税收分成比例为基数计提教育费附加收入。

7. 依靠科技创新破解绿色发展难题。深入实施创新驱动发展战略“四个一批”(实施一批科技项目,培育一批科技型企业,建设一批创新平台,突破一批关键核心技术)工程,引导企业加大科技投入,推动技术创新和先进适用技术转化推广。力争到 2025 年,全社会研究与试验发展经费(R&D)投入强度达到 2.2%。

创新完善引才育才工作机制。压实用人单位主体责任,推动行业部门人才引育工作落到实处。围绕云计算和大数据、文化和旅游、冶金制造和精细化工等六大产业,制定实施“重点产业+人才”行动计划。大力选拔使用优秀年轻干部,搭建让各类人才脱颖而出、展示才华的舞台。建立健全人才个人所得税地方留成部分返还、中卫籍大学生联系服务、选调生考核激励和关心关爱等机制,建设中卫市人才公寓,用心用情留住人才。

推动冶金制造和精细化工产业绿色发展。鼓励企业开展节水型企业、资源综合利用示范企业创建活动。引导企业通过联合重组、延链补链、产品优化升级等手段转型升级、绿色发展。深化“生态园区、绿色工厂”建设,推动企业绿色低碳循环发展。

推动功能农业绿色发展。按照自治区统一部署,严禁新增压砂地,坚决有序推进压砂地生态修复。依托土壤富硒优势,大力发展富硒瓜种植,加大市场营销力度,加快商标注册,打响“中卫硒瓜”品牌。建立奖惩机制,推广生物农药,鼓励发展有机肥产业,引导和推动有机肥替代化肥行动有效落实,大幅提高农产品品质。

8. 深入推进用水权、土地权、排污权、山林权“四权”改革。紧盯确权、赋能、定价、入市等关键环节,通过建立公平交易机制、政策激励机制、监督管理机制、生态补偿机制,形成系统完备、科学规范、运行有效的制度体系。

以“节水增效”为重点推动用水权改革。全面建立水资源“四定”指标体系和分区管控体系,力争到 2025 年实现万元 GDP 用水量降低 11%。

以“盘活增值”为重点推进土地权改革。强化国土空间规划引领和用途管制,用市场化机制盘活城乡闲置土地,确保到 2025 年单位 GDP 建设用地使用面积下降率达到自治区要求。

以“降污增益”为重点推进排污权改革。建立环境成本合理负担机制和污染减排约束激励机制,形成“谁排污谁付费、谁减排谁受益”的市场机制。

以“植绿增绿”为重点推进山林权改革。构建多元化资金投入机制,确保年投入植绿增绿费用保持在 15 亿元以上。建立市场化植树造林机制,成立专业生态治理公司,形成专业化、常态化的植绿增绿体系,力争到 2025 年森林覆盖率达到 20%。探索建立项目投资、土地供给与植绿增绿有效衔接机制,压实企业植绿增绿的社会责任。大力推行山长负责制,建立健全封山育林常态化管护机制和造林绿化质量管理监督机制。

9. 持续优化营商环境。深化“放管服”改革。依法推进相对集中行政许可权改革,按照宜划尽划的原则,将许可事项集中划转至统一的审批机构,并明确监管边界。着力深化商事制度、工程建设项目、证照分离、政务服务下沉改革。全面推行证明事项和涉企经营许可事项告知承诺制,严格落实监管责任,持续推进市场准入负面清单制度。依托“云天中卫”一体化云平台,加快推进“数字政府”建设,为政务服务窗口提供有力后台支撑。完善政银企沟通机制,搭建线上、线下一体化的惠企政策发布、咨询渠道。

建立完善招商引资工作机制。继续推行“9+3”招商模式,形成“一个产业、一名领导、一套班子、一支队伍、一笔经费、一抓到底”的长效常态化招商机制。建立招商引资奖励机制,充分发挥工商联、行业(产业)协会在招商引资中的桥梁纽带作用,鼓励现有企业延链补链“以商招商”,积极推进中介招商、代理招商等第三方招商,形成全市各部门(单位)、各行业领域广泛参与、多点发力的“大招商”格局。建立完善争取项目资金考评制度,通过实行月统计、季通报、半年督查、年终考核,充分调动各县(区)、各部门(单位)跑项目、争资金积极性、主动性。

拓宽企业融资渠道。制定出台企业上市奖励、股权融资、发行债券、资产重组等扶持政策,启动实施企业上市“育苗工程”“扶持工程”,积极帮助企业上市融资,力争到2025年全市新增上市企业1—2家。进一步推广“基础母牛+银行”模式,构建“企业+合作社+基地+农户”“农业产业化+金融”等体系。健全完善融资担保体系,建立风险补偿机制,落实政府、银行、担保机构风险分担责任,不断扩大担保覆盖面,力争3年内实现融资担保规模达到15亿元以上。

提升中卫工业园区服务企业的能力。将建设项目用地预审、建设用地规划许可、建设工程规划许可等事项委托园区管委会代办。对园区暂无法承接的许可事项,实行职能部门派驻办理。通过沙坡头区有关部门在园区设立派驻机构或与园区联合办理的方式,解决园区在市政、城管等方面行政执法受限的问题。

提升政府行政效能。深化“党政机关作风建设年、干部队伍素质提升年”,实施机关工作“简化程序、流程再造”工程,集中开展政令、责任、作风、服务、纪律专项整治,着力解决行政效率不高、“中梗阻”等问题。

10. 加强诚信体系建设。着力打造诚信政府。严格落实政务公开、政府法律顾问、规范性文件合法性审查、行政机关负责人出庭应诉等制度,全面推进依法行政。将政府承诺兑现作为领导干部离任审计的重要内容和新任领导干部担当作为的考评标准之一,防止“新官不理旧账”,确保政府承诺及时兑现。

着力塑造企业诚信。积极构建便捷信用信息归集途径,强化行政许可、行政处罚、信用承诺和“红黑名单”等信用信息归集共享,切实提高“双公示”信息报送质量。探索推进“信易+”惠民便企工作,积极鼓励引导企业入驻全国“信易贷”平台,机制化共享“信易贷”成效或融资授信相关信息。全面推行信用承诺,积极开展信用分级分类监管工作,逐步构建以信用为核心的新型监管机制。建立健全跨部门、跨领域联合奖惩机制,加大对失信被执行人的联合惩戒力度,营造良好市场环境。

促进提升个人诚信。探索开发“信易游”“信易医”等“信易+”守信激励应用场景,对失信人员依法依规开展跨地区、跨行业联合惩戒。由市信访工作联席会议办公室牵头,依法建立信用联合惩戒机制,对缠访闹访等重点人员加大惩戒力度。

11. 建立文明城市创建长效常态机制。明确沙坡头区文明城市创建主体责任。落实市、区、乡镇、社区四级网格长包抓、指挥部办公室调度、市区两级督办、部门网格联创等制度,落实“路段长”“点位长”等工作机制,构建协同创建工作格局。坚持德治法治并重、教育惩处并举,完善城市建设管理服务人财物投入保障和考核评估机制,建设智慧城市,推动城市更新、城市双修。

探索构建社区党组织牵头,居委会、业委会、社区社会组织、网格包抓单位和社区居民共同参与的多方联动治理机制。建设智慧社区,搭建数字平台,畅通规范群众诉求表达、利益协调、权益保障通道,提升群众对文明创建的认同感和参与度。探索建立社区为民服务基金,加强物业公司监管,提升基层组织服务群众的能力和水平。

理顺基层管理体制,加快推进沙坡头区文昌镇、滨河镇改街道办和村改居工作。

中宁县、海原县也要积极开展文明城市创建工作。

三、建立健全推进改革创新的组织保障体系

建立改革推动机制,由市委和政府班子成员牵头成立11个工作专班,实行改革任务清单管理,逐条逐项明确责任,统筹推进《若干意见》落地落实。建立部门间的长效合作机制、信息沟通机制和重大、疑难问题协商机制,及时沟通协商解决问题。各县(区)也要成立相应的组织机构,定期研究部署,常态化督促指导,及时解决推进过程中的问题,做到组织领导到位、工作部署到位、责任落实到位、服务保障到位。

建立改革评估问效机制，通过资料审查、实地核查、召开座谈会、个别谈话、暗访、电话征询、问卷调查和设立举报箱、举报电话、举报邮箱等方式，对各部门《若干意见》落实情况评估问效，对发现问题责成相关部门严肃整改，全力推进改革成效加速释放。

建立监督检查机制，将《若干意见》的贯彻落实作为效能目标考核的重要内容，纳入重点督查事项，健全完善考核方式，强化追责问责，确保《若干意见》各项任务有序推进。将《若干意见》推动落实情况作为领导班子考核的重要内容，考核结果作为干部提拔任用的重要依据，对推进不力、影响改革成效的责任人、责任单位进行约谈、问责。

规范性文件

中卫市临时救助实施办法

（卫政办规发〔2021〕1号）

第一章 总 则

第一条 为了规范和完善城乡社会救助制度，妥善解决城乡困难群众的突发性、紧迫性、临时性生活困难，根据《宁夏回族自治区临时救助办法》（宁政发〔2016〕16号），结合本市实际，制定本办法。

第二条 本办法所称临时救助，是指对遭遇突发事件、意外伤害、重大疾病或者其他特殊原因导致基本生活陷入困境，其他社会救助制度暂时无法覆盖或者救助之后基本生活暂时仍有严重困难的家庭或者个人给予的应急性、过渡性的救助。

第三条 临时救助应当坚持救急救难、应救尽救、适度救助、公开公正、制度衔接和政府救助与社会帮扶、家庭自救相结合的原则。

第四条 县级以上人民政府民政部门负责本行政区域内城乡居民临时救助工作规划的制定、执行和救助资金审批、发放等日常管理工作；

财政部门负责临时救助资金预算、审核、拨付等工作。

卫生健康、教育、住房和城乡建设、医疗保障等相关部门按照各自职责，配合做好临时救助工作。

审计等部门负责临时救助资金使用的监督检查。

乡镇人民政府（街道办事处）负责本辖区内临时救助申请的受理、审核和申请对象家庭基本状况的调查工作。

第二章 救助对象

第五条 下列家庭（急难型、支出型）或者个人，在经过各类保险报销、赔付以及其他社会救助制度救助后，基本生活仍有严重困难的，可以申请获得临时救助：

（一）因家庭成员患危重疾病需长期治疗，导致基本生活难以维持的家庭；

（二）因遭遇火灾、交通事故、矿难、溺水等安全突发意外事件，导致基本生活难以维持的家庭或个人；

（三）因生活必需支出突然增加超出家庭承受能力，导致基本生活难以维持的低保家庭或特困供养人员；

（四）因患危重疾病需长期治疗，导致基本生活难以维持的个人；

（五）因其他特殊原因造成家庭生活特别困难的，经救助、帮扶后，基本生活仍然难以维持的家庭。

但因较大范围的水灾、旱灾、风雹等自然灾害，以及发生事故灾难、公共事件、社会治安事件等突发性事件，需要开展紧急转移安置和基本生活救助的家庭和个人，以及生活无着的流浪、乞讨人员，按照国家有关规定进行救助，不适用本办法。

第六条　有下列情形之一的家庭，其临时救助申请不予受理：

（一）因赌博、吸毒或其他违纪、违法犯罪行为造成生活困难或法律、法规明确规定不予救助的；

（二）参与政府明令禁止的非法组织活动导致家庭困难的；

（三）家庭有就业能力的成员不自食其力或无正当理由拒绝就业的；

（四）子女选择高收费学校或自费出国留学的；

（五）拒绝管理机关调查，有恶意隐瞒事实真相、弄虚作假行为的；

（六）经专项报销（救助、理赔）后已解决基本生活的；

（七）对以弄虚作假等手段骗取城乡低保资金、医疗救助资金的不诚信家庭，出现其他临时困难进行申请时，原则上不予救助；

（八）县（区）民政局认定的不应该救助的其他情形。

第七条　对困难群众家庭成员亡故后，造成临时性生活困难的，可以从临时救助资金中给予殡葬救助。

第八条　因自然灾害、事故灾难、公共卫生、社会安全等突发公共事件，需要开展紧急转移安置和基本生活救助的，以及属于疾病应急救助范围的，按照有关规定执行。

第三章　救助方式、标准和资金

第九条　对符合条件的救助对象，一般采取发放临时救助金或者发放实物的方式给予救助。

发放临时救助金应按照分类施救的原则，根据致困原因、困难类型确定标准，并全面实行社会化发放，通过银行直接支付到救助对象个人账户。情况紧急或者无法支付到个人银行账户的，可以直接发放现金。以确保救助金足额、及时发放到位。救助金标准根据经济发展水平适时调整。

（一）最低生活保障家庭，按人均不高于上一年度当地农村居民人均可支配收入的百分之四十给予救助；

（二）非最低生活保障家庭，按人均不高于上一年度当地农村居民人均可支配收入的百分之三十给予救助；

（三）特困供养人员，按不高于上一年度当地农村居民人均可支配收入的百分之七十给予救助；

（四）最低生活保障对象个人，按不高于上一年度当地农村居民人均可支配收入的百分之六十给予救助；

（五）非最低生活保障对象个人，按不高于上一年度当地农村居民人均可支配收入的百分之五十给予救助。

（六）对于特别大额的临时救助，提交县（区）、市社会救助工作联席会议或县（区）政府会议研究决定。

采取发放实物方式救助的，应当参照救助金的发放标准，并根据救助对象的基本生活需要，采取发放衣物、食品、饮用水、提供临时住所等方式予以救助。所发放的实物，除紧急情况外，应当严格按照政府采购制度的有关规定执行。

第十条　对给予临时救助金、实物救助后，仍不能解决临时困难的，按照下列规定提供转介服务：

（一）符合最低生活保障、医疗救助、教育救助、住房救助、就业救助等专项救助条件的，协助其申请；

（二）需要公益慈善组织、社会工作服务机构等通过慈善项目、发动社会募捐、提供专业服务、志愿服务等形式给予帮扶的，及时转介。

第十一条　县（区）民政部门也可委托乡镇人民政府（街道办事处）审批，受委托的乡镇人民政府（街道办事处）的审批决定应当报委托的县（区）人民政府民政部门备案。

第十二条　临时救助资金来源包括：

（一）中央和自治区财政补助的临时救助资金；

（二）市、县（区）按照当年所需的临时救助资金安排的本级财政资金；

（三）社会捐助的资金。

城乡居民最低生活保障资金有结余的地方，可以安排部分资金用于最低生活保障对象的临时救助支出。

第十三条 临时救助是对符合救助条件对象的临时性生活救助，不能等同其他专项救助或与其他专项救助捆绑，不得用于走访慰问及居民福利补助。

第十四条 临时救助资金实行专账核算、专款专用，不得挪作他用，年度结余资金可结转下年度使用。

第四章 救助程序

第十五条 临时救助的一般程序：

（一）困难家庭和个人应当以书面形式向户籍所在地或者居住地乡镇人民政府（街道办事处）提出，本人提出确有困难的，可以委托村（居）民委员会或者其他单位、个人代为提出。

（二）申请临时救助应当提交以下材料：

1. 申请家庭户口簿和家庭成员身份证原件及复印件，非本地户籍的申请人应当提供本人居住证原件及复印件；

2. 村（居）民委员会或者其他机构出具的突发性、临时性困难的证明材料；

3. 县（区）人民政府民政部门要求的其他证明材料。

（三）乡镇人民政府（街道办事处）收到救助申请材料后，对符合本办法规定条件的，应予受理，无正当理由，不得拒绝受理。因情况紧急无法在申请时提供相关证明材料的，可以先行受理，事后按规定补齐手续。申请材料欠缺的，应当一次性告知需要补充的材料。

（四）乡镇人民政府（街道办事处）受理救助申请后，应当在 10 个工作日（山区交通不便的可以延长至 15 个工作日）内按社会救助家庭经济状况核对工作流程进行核对，符合救助条件的，应当在其所在村（居）民委员会公示，公示期限不少于 7 日。公示无异议的，乡镇人民政府（街道办事处）应当在三个工作日内报县（区）人民政府民政部门审批；不符合救助条件的，应当书面告知申请人或其代理人，并说明理由。

（五）县（区）人民政府民政部门收到乡镇人民政府（街道办事处）报送的有关材料和审核意见后，应当及时调查审核，并在五个工作日作出审批决定。符合条件的，应当及时予以批准，对不符合条件的，不予批准，并书面向申请人或其代理人说明理由。

（六）救助金额在正常标准范围内的，县（区）人民政府民政部门可以委托乡镇人民政府（街道办事处）审批。受委托的乡镇人民政府（街道办事处）的审批决定应当报委托的县（区）人民政府民政部门备案。

第十六条 临时救助的紧急程序：

（一）对于情况紧急，需要立即采取措施以防造成无法挽回的损失或者无法改变的严重后果的，乡镇人民政府（街道办事处）、县（区）人民政府民政部门可以先行救助，事后按规定补办审核审批手续。

（二）由村（居）民委员会、乡镇人民政府（街道办事处）、县（区）人民政府民政部门通过各种渠道发现本辖区内遭遇突发事件、意外事故、罹患重病等情况的困难家庭或者个人后应主动核实，帮助有困难的家庭或者个人提出救助申请。

第十七条 因同一事由申请临时救助的，一般一年内救助一次；情况特殊的，经县（区）人民政府民政部门调查核实、审批后，一年内可以给予二次救助。县（区）人民政府民政部门应当按户建立临时救助台账，避免重复救助。

第五章 服务与监督管理

第十八条 各级人民政府应当加强统筹协调，通过乡镇人民政府（街道办事处）设立的“一门受理、协同办理”工作窗口，规范受理、分办、转办、结果反馈流程，发挥部门合力。

第十九条 充分发挥县(区)社会救助工作联席会议职能,充分整合社会救助资源,推进建设社会救助管理信息共享,实现各社会救助部门数据共享和交换。

第二十条 民政部门应当会同卫生健康、教育、住房和城乡建设、人力资源和社会保障、市场监督管理、医疗保障、住房公积金、保险公司、金融、公安等部门建立社会救助信息共享机制,实现信息共享。

第二十一条 民政部门应当建立与公益慈善组织、社会工作服务机构的救助资源对接机制,实现政府救助与社会帮扶的有机结合,相互补充。鼓励社会力量参与临时救助,发挥公益慈善组织、社会工作服务机构、企事业单位、志愿者队伍等社会力量在对象发现、专业服务、发动社会募捐等方面的积极作用。

第二十二条 乡镇人民政府(街道办事处)应当依托社区党组织、群众性自治组织和社会组织,发挥社会工作者、慈善工作者和志愿者的作用,及时了解、掌握辖区居民遭遇突发事件、意外事故等特殊情况,主动帮助其提出救助申请。

第二十三条 县(区)人民政府要落实乡镇人民政府(街道办事处)必需的基层工作力量和工作经费,也可以通过政府购买服务方式充实基层工作力量。

第二十四条 县(区)民政部门、乡镇人民政府(街道办事处)应建立救助对象临时救助工作档案,做到资料完整、管理规范。

第二十五条 民政部门应当定期向社会公开临时救助情况,接受社会监督;对于公众和媒体发现揭露的问题,应及时查处并公布处理结果。

第二十六条 民政部门应当设立社会救助热线,畅通困难群众申请救助和有关人员报告急难情况渠道。

第六章 法律责任

第二十七条 违反本办法规定,有下列情形之一的,由上级行政机关或者监察机关责令改正;对直接负责的主管人员和其他直接责任人员依法给予处分:

(一)对符合申请条件的救助申请不予受理的;

(二)对符合救助条件的救助申请不予批准的;

(三)对不符合救助条件的救助申请予以批准的;

(四)泄露在工作中知悉的公民个人信息,造成后果的;

(五)丢失、篡改接受救助款物、服务记录等数据的;

(六)不按照规定发放临时救助金、物资或者提供相关服务的;

(七)在履行救助职责过程中有其他滥用职权、玩忽职守、徇私舞弊行为的。

第二十八条 违反本办法规定,截留、挤占、挪用、私分救助资金、物资的,由有关部门责令追回;有违法所得的,没收违法所得;对直接负责的主管人员和其他直接责任人员依法给予处分。

第二十九条 采取虚报、隐瞒、伪造等手段,骗取救助资金、物资或者服务的,由有关部门决定停止社会救助,责令退回非法获取的救助资金、物资,可以处非法获取的救助款额或者物资价值一倍以上三倍以下的罚款;构成违反治安管理行为的,依法给予治安管理处罚。

第三十条 对不符合临时救助条件按规定未予救助而"无理取闹、威胁、上访、缠助、闹助",影响救助部门正常工作秩序或工作人员人身安全的,公安部门应当依法给予治安管理处罚,造成严重后果的,依法处理。

第七章 附 则

第三十一条 各县(区)可根据本办法制定相应的实施细则。

第三十二条 本办法自 2021 年 4 月 5 日施行,有效期至 2024 年 4 月 5 日。

中卫市市属城市公立医院综合改革财政补偿管理办法

（卫政办规发〔2021〕2 号）

为进一步完善中卫市市属城市公立医院综合改革财政补偿机制，不断深化医药卫生体制改革，根据《宁夏回族自治区人民政府办公厅关于印发城市公立医院改革补偿（暂行）办法的通知》（宁政办发〔2017〕75 号）、《自治区人民政府办公厅转发自治区编办关于公立医院实行人员总量管理意见的通知》（宁政办发〔2017〕149 号）和《中卫市人民政府办公室关于印发中卫市城市公立医院综合改革实施方案的通知》（卫政办发〔2016〕168 号）文件精神，结合中卫市实际，制定本办法。

一、财政补偿适用对象

本办法所指财政补偿的适用对象为中卫市市属城市公立医院，共 4 家，分别为：中卫市人民医院、中卫市中医医院、中卫市第三人民医院、中卫市妇幼保健院。

二、财政补偿总体目标

统筹推进市属城市公立医院综合改革，以解决现有实际问题为导向，明确投入的方向和标准，落实政府投入的主体责任，切实加大财政对市属城市公立医院的投入，保障良性运行，调动医院的积极性，充分体现市属城市公立医院的公益性；着力破除以药补医的机制，全面取消药品加成政策（中药饮片除外），对于市属城市公立医院由此减少的合理收入，通过调整医疗服务价格、增加财政投入、公立医院加强核算、节约运行成本等方式多方共担；取消耗材加成，将市属城市公立医院的药品和耗材贮藏、保管、损耗等费用列入市属城市公立医院运行成本予以补偿；依据区域卫生规划促进医疗资源的合理配置；加强财务管理，推进全面预算管理，规范市属城市公立医院收支运行，提高公共资源利用效益。

三、财政补偿总体原则

（一）科学补偿。在补偿标准上，从我市实际出发，根据我市区域卫生规划、卫生资源配置标准、市属城市公立医院的预算收支情况，结合市属城市公立医院发展规划，综合考虑不同等级市属城市公立医院功能定位、现有资源状况确定不同等级市属城市公立医院的补助标准和金额。

（二）综合补偿。在补偿方式上，按照定项补助的要求，将基本支出定额补助改为项目支出补助，实现从对机构、人员的补助转变为规范化的按项目进行申报补助，加强政府补助与市属城市公立医院提供服务数量和质量的关联。

（三）有效补偿。在补偿效果上，要在坚持市属城市公立医院公益性的基础上，完善和落实市属城市公立医院投入政策，实行以绩效考核为导向的财政补助方式，制定政府补偿与市属城市公立医院投入绩效、政策执行、提供服务的数量与质量相挂钩的方法，提高财政资金使用的规范性和有效性。

（四）预算管理。在补偿资金管理上，加强市属城市公立医院财务和预算管理。实行全面预算管理制度，将包括财政补偿资金在内的市属城市公立医院所有收支纳入预算管理，强化预算约束性，加强成本控制，规范支出和结余管理，建立财务报告制度、财务信息公开制度。

四、财政补偿额度

财政部门按照“核定收支、定向补助、超支不补、结余按规定使用”的办法确定财政补偿额度。切实加强市属城市公立医院预算和财务管理，科学核定市属城市公立医院的各项收支。要进一步落实政府举办市属城市公立医院的主体责任，预算安排市属城市公立医院综合改革补助项目资金（包括取消药品加成补偿资金），主要用于市属城市公立医院一般设备购置、人才培养、重点学科建设等项目支出。对市属城市公立医院的基本建设和大型设备购置，采取一事一议的方式，由市公立医院管理委员会审核、经市人民政府会议研究后财政统筹安排。财政部门要将市属城市公立医院绩效考核、成本控制情况作为安排补助资金的重要依据，支持业务主管部门建立健全市属城市公立医院支出标准体系，逐步完善项目支出，规范支出预算核定方法。强化财政补助与公立医院的绩效考核结果挂钩关系，建立公立医院预算绩效考核指标体系，将药占比、控费指标、预算管理等作为重要考核指标，根据考核结果调整财政补助资金，奖优罚劣，切实发挥财政资金建机制、促改革的导向和激励作用。

五、补偿具体内容

根据《自治区人民政府办公厅关于印发市属城市公立医院改革补偿(暂行)办法的通知》(宁政办发〔2017〕75号)精神及《政府会计制度》和医院补充规定、医院衔接规定的要求，市属城市公立医院改革财政补偿的内容主要包括：符合规划并经本级政府审定的基本建设和设备购置、重点学科建设和人才培养、符合国家规定的离退休人员经费、政策性亏损、市属城市公立医院基本公共卫生任务和紧急救治、支农、支边公共服务以及妇儿中医补助等。

(一)基本建设和设备购置。对符合区域卫生规划的市属城市公立医院的基本建设和设备购置在动用市属城市公立医院结余结转资金的基础上，经市公立医院管理委员会审核、市人民政府同意后，由市级财政保障，其中：纳入中央、自治区投资范围的基本建设项目，由中央、自治区给予专项资金支持；纳入自治区统一规划的大型设备购置，由自治区给予适当补助。严禁市属城市公立医院举债建设和购置大型医用设备，已形成的历史债务及利息，由审计部门进行债务甄别认定后，结合市属城市公立医院业务收支结余和年度预算安排的公立医院改革补助资金中统筹考虑，逐年化解。对个别新建市属城市公立医院或当期基本建设支出和大型设备购置支出较大的，可纳入新增政府债券中统筹考虑。

(二)重点学科建设和人才培养。重点学科发展应合理规划、符合市属城市公立医院的功能定位、突出专业特色。财政部门根据市属城市公立医院的需求，支持市属城市公立医院重点学科建设和人才培养，对市属城市公立医院列入国家级、自治区级、市级的各类重点学科，开展科研和学科创建的常规项目，按照建设任务给予项目定额补助；对符合条件的引进和培养医学人才纳入中卫市人才发展规划，统一使用中卫市人才专项资金。

(三)离退休人员经费。市属城市公立医院离休人员符合国家规定的离休费用，由市级财政按规定足额补助并列入部门年度预算；市属城市公立医院编制内退休人员纳入机关事业单位养老保险政策范围。

(四)政策性亏损。市属城市公立医院因执行国家和自治区统一政策，导致的亏损属于政策性亏损，由财政部门根据市属城市公立医院现状和我市财力情况给予适当补助。对市属城市公立医院执行取消药品加成政策减少的合理收入，由财政部门按比例给予补助。根据市属城市公立医院本年度药品销售收入确定基数，按照国家规定的药品加成率15%给予补偿，其中：30%通过财政定项补偿进行弥补，剩余部分通过调整市属城市公立医院服务价格和控制市属城市公立医院成本进行弥补，确保对市属城市公立医院补偿到位。对市属城市公立医院的药品和耗材进行贮藏、保管、损耗的支出，经财政部门核定后，纳入市属城市公立医院综合改革补助范围。

(五)公共卫生任务。对于市属城市公立医院承担的公共卫生任务和紧急救治、救灾、对口支援、支边、支农等公共服务任务，根据不同项目的设立情况，由财政部门按照需要统筹中央、自治区专项资金，结合本级财力状况，采取"一事一议"方式给予补助。

(六)中医妇儿补助。在区域卫生规划中合理规划和配置中医事业和妇幼(儿童)建设，市本级财政视财力状况逐年加大对中医事业和妇幼(儿童)建设的投入力度。

六、强化财务管理

市属城市公立医院要严格遵守《政府会计制度》及其他相关规定，实行精细化管理，强化成本核算和支出管理控制，通过内部挖潜增效、降低成本费用，消化取消药品加成后减收部分，承担应尽社会责任。加强专项资金管理，确保财政补助资金专款专用，接受监督。

(一)科学编制预算。市属城市公立医院应将收支全部纳入预算统一管理。在预算编制、执行中要以中卫市卫生规划、卫生资源配置标准、市属城市公立医院发展规划和年度计划目标为依据，综合考虑近三年收支情况，按照有关规定科学编制年度预算和中期规划。为控制医疗费用不合理增长，市属城市公立医院收入预算应以市属城市公立医院近三年的业务收入增长比例为基数，增长幅度逐年要有所减缓，最终达到医疗费用控制目标范围。

（二）严格预算执行。财政部门核准批复预算时要明确项目预算数额。市属城市公立医院要严格执行财政核准批复的预算，项目预算执行中一般不予调整。因国家有关政策需要增加或减少支出对预算执行影响较大时，市属城市公立医院应按规定程序提出调整预算的建议，说明调整预算的原因和依据，经主管部门审核后报财政部门审批。

（三）规范支出管理。市属城市公立医院要严格落实《政府会计制度》有关规定，对于人员支出、项目支出、其他费用要按照《政府收支分类科目》中的支出经济分类科目进行核算。公立医院补助资金要严格按照自治区相关规定执行。实行市属城市公立医院工资总额预算管理制度，在工资总额范围内的市属公立医院内部绩效分配不得与药品、耗材、化验、检查等收入挂钩，核定的市属城市公立医院工资总额增量不得与上述各项收入挂钩。市属城市公立医院行政管理费用支出比率要控制在合理范围内。

（四）加强结余资金管理。市属城市公立医院结余资金应按规定纳入单位预算，在编制年度预算和执行中需要追加预算时，按照财政部门的规定安排使用。财政部门在安排设备购置、重点学科建设等项目资金时，要统筹考虑市属城市公立医院收支结余资金，切实提高资金使用效益。结余结转资金继续留用市属城市公立医院事业发展，使用时需报市卫生部门、财政部门备案。市属城市公立医院事业滚存结余达到上年度业务支出20%以及上年度超收转入结余的，须在编制年度预算时将结余与业务收入和财政补助收入统筹考虑。

（五）建立财务审计制度。市属城市公立医院年度财务报告应经过财政部门委托的第三方机构审计，确保财务收支状况的真实性和合理性，为财政部门审核市属城市公立医院收支预算，加强结余管理，合理确定政府投入提供依据。

七、完善运行考评机制

按照中卫市市属城市公立医院综合改革试点工作总体要求，由市公立医院管理委员会根据《中卫市人民政府办公室关于印发中卫市公立医院人事薪酬制度改革实施方案的通知》（卫政办发〔2018〕125 号），结合中卫市实际情况，建立健全推动市属城市公立医院综合改革运行新机制。

（一）强化绩效目标考核。由市公立医院管理委员会根据绩效评价指标体系，按照对市属城市公立医院功能定位、职责履行、费用控制、运行绩效、财务管理、成本控制和社会满意度等考核指标的要求，定期组织人员对市属城市公立医院及院长进行年度绩效考核。

（二）绩效评价。对考核结果进行绩效评价。逐步将市属城市公立医院的考核结果向社会公开，并与市属城市公立医院财政补偿、医保支付、工资总额以及院长薪酬、任免、奖惩等挂钩。将考核结果作为对市属城市公立医院预算安排、实行奖惩的重要依据。对挤占、挪用专项资金以及未按照国家有关规定使用资金等，造成损失浪费的市属城市公立医院和相关个人，依法依规予以处理，提高资金使用效益和安全性。

八、其他

（一）沙坡头区参照执行。

（二）本办法自 2021 年 5 月 1 日起施行，有效期至 2024 年 4 月 30 日。

市人民政府办公室关于调整中卫市被征地农民参加养老保险有关政策的通知

卫政办规发〔2021〕7 号

各县（区）人民政府，市政府各部门、直属机构：

根据《自治区人民政府关于鼓励被征地农民参加养老保险的意见》（宁政发〔2014〕49 号）、《自治区人民政府关于调整被征地农民参加养老保险政策的通知》（宁政规发〔2020〕6 号）和《自治区人力资源和社会保障厅 财政厅 自然资源厅关于做好被征地农民参加养老保险经办工作的通知》（宁人社发〔2020〕56 号）精神，为进一步做好全市被征地农民参加养老保险工作，经市人民政府第 101 次常务会议研究决定，现就中卫市被征地农民参加养老保险有关政策调整如下。

一、调整参保方式

符合参保条件的被征地农民,可选择参加企业职工基本养老保险(以下简称"职工保")或城乡居民养老保险(以下简称"城居保)。

(一)参保缴费时男未满60(女55)周岁的人员,本人可自愿选择参加"职工保"或"城居保"。选择后,不允许在两个制度之间再次选择。

(二)参保缴费时男年满60(女55)周岁及以上且从未参加过"职工保"的人员,不得纳入"职工保",直接参加"城居保"。

(三)选择参加"职工保"以灵活就业人员身份缴费的被征地农民,在享受财政代缴费期间,不再享受灵活就业人员社保补贴。

二、调整缴费办法

(一)选择参加"职工保"的,应采取逐年缴费的方式参保缴费,不得通过一次性趸缴的方式补缴养老保险费。

1. 以灵活就业人员身份缴费的,以自治区上年度全口径就业人员平均工资的60%为基数,按20%的缴费比例逐年缴纳养老保险费,其中个人缴纳8%、财政代缴12%,个人缴纳部分按规定计入个人账户,财政代缴费年限不变。

2. 征地后实现就业的人员,随用人单位参保缴费,单位缴费部分由用人单位缴纳,个人缴费部分由个人承担。参保人员与单位解除劳动合同后,可继续以灵活就业人员身份参保缴费,财政代缴12%、个人缴纳8%。

(二)参加"城居保"的,以自治区上年度全口径就业人员平均工资的60%为基数,由财政按12%的比例一次性筹集缴费补贴资金,全部记入"城居保"个人账户,补贴年限不变。

(三)财政代缴年限以征地时的年龄确定:男年满16周岁不满45周岁、女年满16周岁不满40周岁,代缴5年;男年满45周岁不满55周岁、女年满40周岁不满50周岁,代缴10年;男年满55周岁、女年满50周岁,代缴15年。

三、调整待遇计发标准

(一)参加"职工保"的,逐年缴费至男年满60(女55)周岁时,达到养老金待遇领取条件的,按"职工保"待遇计发办法按月领取养老金;达不到养老金待遇领取条件的,按照《实施〈中华人民共和国社会保险法〉若干规定》(人社部13号令)相关规定延长缴费后,按"职工保"待遇计发办法按月领取养老待遇,也可直接转入"城居保"。

(二)参加"城居保"的,年满60周岁的从一次性补贴资金到位的次月起,按照国家和自治区统一规定重新计发"城居保"待遇;不满60周岁的,继续按照"城居保"缴费标准逐年缴费至60周岁后享受"城居保"待遇。

四、政策衔接

(一)2020年6月30日前未参加"职工保"且未享受财政缴费补贴的被征地农民和选择参加"职工保"且一次性趸交部分未缴费的被征地农民,可按照本通知重新选择参加养老保险。

(二)对2020年6月30日前产生的被征地农民,已经按调整前政策参加养老保险享受财政补贴的,不能按本通知再次参保缴费。

五、严格落实"先保后征"工作制度

坚持"先保后征",建立"谁征地、谁负责,谁用地、谁承担"的筹资制度,规范全市批准征地项目的经办流程,确保参保工作有序推进。

县(区)人民政府制定被征地农民养老保险专项资金筹集办法,用于支付被征地农民养老保险缴费补贴。其中,被征地农民参加社会保险缴费财政补贴按照《宁夏回族自治区土地出让收益等途径计提被征地农民养老保险专项资金管理暂行办法》(宁国土资规发〔2016〕1号)的规定筹集,以出让方式供应土地的项目,县(区)人民政府从土地出让收益中按照不低于15%的比例安排被征地农民养老保险专项资金,资金按时上交国库,市自然资源部门、财政部门和县(区)人民政府积极组织开展被征地农民社会保障资金清缴工作,清缴不到位的按“谁签字、谁负责”原则追究当事人的责任。以划拨方式供应土地的项目,被征地农民养老保险专项资金列入征地成本,按照每平方米3元标准计提,资金按时上交国库,用于被征地农民参加养老保险补贴资金,通过以上筹资方式不足以支付缴费补贴的,由财政部门从土地收益及财政收入中予以解决。

六、调整职责分工

各级人力资源社会保障部门负责被征地农民养老保险综合协调、监督指导;自然资源部门负责供地前养老保险专项资金的核算和催缴;财政部门负责落实被征地农民养老保险补贴资金。市县社会保险经办机构和税务局按照各自职责,负责被征地农民养老保险参保登记、资金测算、保费征收、待遇核定以及发放等工作。

由于机构改革,职权发生调整,取消政策调整前市人力资源社会保障局、自然资源局、农业农村局、公安局、审计局、市纪委监委承担的沙坡头区被征地农民参加养老保险原定职责,沙坡头区人民政府成立沙坡头区被征地农民参加养老保险工作领导小组,负责征地补偿方案的拟定和组织实施,参加被征地农民养老保险资格确认和相关资料的审核等工作。

七、工作要求

(一)落实主体责任。本通知是根据国家、自治区统一要求对全市现行被征地农民养老保险政策作出的调整,事关养老保险制度平稳运行,事关保障被征地农民切身利益,事关经济社会和谐发展稳定大局。各县(区)人民政府及相关单位要高度重视,加强统筹协调,严格落实被征地农民社会保障工作的主体责任,确保政策执行到位。

(二)稳妥有序推进。各县(区)要充分尊重被征地农民的主体地位,允许符合条件的被征地农民依据自身条件和制度规定,自主、自愿选择参保方式,切实维护被征地农民的合法利益,确保政策有序衔接、稳步推进。

(三)强化宣传引导。各县(区)要加强正面宣传引导,科学研判舆情,及时主动回应社会关切。通过群众喜闻乐见的形式、通俗易懂的语言,积极宣传政策,帮助群众全面正确理解被征地农民养老保险政策调整的主要内容和重要意义,引导群众尽早参保、持续参保。

(四)防范化解风险。各县(区)要深入分析政策调整可能带来的影响,有针对性地制定工作预案,切实做好信访维稳、应急处置等工作,动态跟踪可能出现的风险,一旦发现问题,提前预警、及时报告,依法及时就地化解。要严格执行审批审核条件,对擅自开政策口子、把关不严、以权谋私等问题和群众反映的各类弄虚作假问题严肃查处,为政策调整营造良好环境。

本通知自发布之日起执行,执行期间国家、自治区政策调整的从其规定。

中卫市人民政府办公室

2021年8月4日

(此件公开发布)

中卫市消防工作考核办法(修订稿)

卫政办规发〔2021〕9号

第一条 为严格落实消防安全责任制,有效预防火灾和减少火灾危害,进一步提高全市公共消防安全水平,根据《中华人民共和国消防法》和国务院办公厅印发的《消防安全责任制实施办法》(国办发〔2017〕87号)以及自治区人民政府办公厅印发的《宁夏回族自治区消防安全责任制实施细则(修订稿)》(宁政办规发〔2020〕16号)等有关规定,制定本办法。

第二条 消防工作考核指中卫市人民政府对下一级人民政府和本级人民政府所属部门年度落实消防安全

责任制的情况进行考核。

第三条 考核工作由中卫市消防安全委员会提请市人民政府成立由相关职能部门组成的考核工作组负责具体实施。

第四条 考核工作组每年 12 月底前对被考评单位本年度消防安全责任制落实情况进行考核,并将考核结果上报市人民政府。

第五条 考核工作坚持客观公正、科学合理、公开透明、求真务实的原则。

第六条 考核内容包括消防工作责任落实、消防安全基础保障、消防安全监管执法、火灾事故防控四个部分。

第七条 考核工作组对照年度上级和本级政府消防工作重点目标任务,制定印发考核细则和评分标准,结合年度消防工作专题报告,通过听取汇报、查阅资料、座谈走访、实地检查等方式,按照考核细则和评分标准逐项进行量化评分。

考核采用评分法,满分为 100 分。考核结果分为优秀、良好、合格、不合格四个等级。考核得分 90 分以上为优秀,80 分以上 90 分以下为良好,60 分以上 80 分以下为合格,60 分以下为不合格(以上包括本数,以下不包括本数)。

考核细则和评分标准,由中卫市消防安全委员会办公室结合市人民政府年度消防工作实际制定,征求被考评单位意见、提请考核工作组研究审定。

第八条 考核结果经市人民政府审定后,由市消防安全委员会办公室负责拟定印发考核通报。对考核优秀的,给予表扬或在相关项目安排上优先予以考虑。

考核结果为不合格的县(区)和部门,应在考核结果通报后一个月内,提出整改措施,向本级或上级人民政府作出书面报告,并抄送考核工作组各成员单位。

第九条 经市人民政府审定后的考核结果,交由市委组织部门,作为对下级政府主要负责人和领导班子综合考核评价的重要依据。

第十条 对在考核工作中有弄虚作假、瞒报虚报情况的,予以通报批评,对有关责任人员依法依纪追究责任。

第十一条 本办法自 2021 年 11 月 1 日施行,有效期至 2026 年 10 月 31 日。《中卫市消防工作考核办法》(卫政办发〔2013〕217 号)同时废止。

中卫市地方储备粮管理办法

卫政办规发〔2021〕11 号

第一章 总 则

第一条 为加强全市地方储备粮管理,确保其数量真实、质量良好和储存安全,有效发挥地方储备粮在粮食市场宏观调控和突发事件中的应急保障作用,根据《粮食流通管理条例》(国务院令第 740 号)、《政府储备粮食仓储管理办法》(国粮仓规〔2021〕18 号)、《政府储备粮食质量安全管理办法》(国粮发规〔2021〕30 号)、《粮食储备管理问责办法(试行)》(国粮执法规〔2021〕141 号)、《宁夏回族自治区地方储备粮管理条例》等法律法规和粮食安全省长责任制考核要求,结合我市实际,制定本办法。

第二条 本市行政区域内的地方储备粮(以下简称储备粮)储存、轮换、应急动用、销售和监督管理等活动,均适用本办法。

第三条 本办法所称储备粮是指市、县(区)人民政府依法储备的用于调节本行政区域内粮食供求,以及应对重大自然灾害、突发公共卫生事件或者其他突发事件等情况的小麦、稻谷、玉米等原粮,大米、面粉、食用植物油等成品粮(油)。

第四条 储备粮管理实行"分级储备、分级管理、分级负责"的原则和"政府委托、部门监管、企业运作"的经营方式。

第五条 市、县(区)人民政府对本级储备粮拥有所有权。未经本级人民政府批准,任何部门、企业和个人都不得擅自动用或挪用。

第六条 储备粮的储存、管理和使用应当严格制度、严格管理、严格责任,确保数量真实、质量完好、储存安全、调动顺畅和调节有效。

第七条 市、县(区)人民政府负责本级储备粮的管理;落实上级政府下达的储备粮计划;落实储备粮管理所需资金、人员和仓储设施设备等。适时动用储备粮,保障供应,稳定市场。

市粮食管理部门负责拟定全市储备粮规模。负责市本级储备粮品种结构、总体布局和应急动用等,对本级储备粮的数量、质量和储存安全实施监督检查。负责对县(区)级储备粮管理工作的指导。

县(区)粮食管理部门负责本级储备粮品种结构、总体布局和应急动用等。对本级储备粮的数量、质量和储存安全实施监督检查。

财政部门负责安排本级储备粮所需贷款利息、保管费用、轮换费用等财政补贴,并保证及时、足额拨付。负责对储备粮有关财政补贴执行情况的监督检查。

农业发展银行或其他商业银行按照国家有关规定,及时、足额安排储备粮所需贷款,并对发放的贷款实施信贷监管。

储备粮承储企业承担储备粮的经营管理、仓储设施管理和安全生产的主体责任,对储备粮数量、质量和储存安全负责。

第二章 储备粮规模和补贴标准

第八条 储备粮储存规模由市粮食管理部门根据区域内经济社会发展、人口变化和宏观调控实际需要提出,报市人民政府批准。各县(区)按市人民政府批准的储备粮规模合理确定品种及布局方案,并报市粮食管理部门备案。

第九条 储备粮规模确定。

(一)原粮储备规模确定。按照“确保谷物基本自给、口粮绝对安全”的总体要求和“产销平衡区 4.5 个月市场供应量”的原则及自治区下达的储备粮任务建立原粮储备。考虑到各县(区)实际,暂按全市城镇人口每人每天 0.5 公斤 3 个月市场供应量确定。各县(区)根据实际情况建立原粮储备。

(二)成品粮储备规模的确定。成品粮储备规模按不低于城区常住人口 10 天供应量确定;辖区内成品粮储备能力不足时,可跨地区异地储备,仅限自治区境内,成品粮跨区域储备不超过计划总量的 50%。各县按照要求确定本地区成品粮储备规模。

第十条 市人民政府根据自治区对储备粮管理的要求,结合本区域经济社会发展和人口变化情况,适时对储备粮规模和品种进行调整,原则上 3 至 5 年调整一次。

第十一条 原粮储备费用补贴包括保管费、贷款利息和轮换费。补贴标准参照自治区储备粮费用补贴标准执行。保管费每年每市斤 0.05 元,贷款利息据实拨补,轮换费补贴按实际轮换数量实行总额包干,小麦每市斤 0.07 元,水稻每市斤 0.10 元。原粮补贴标准随自治区标准及时调整。

食用植物油储备费用补贴包括保管费、贷款利息和轮换费。保管费每年每市斤 0.18 元,贷款利息据实拨补,轮换费每市斤 0.13 元。

成品粮储备费用实行定额包干补贴,包括保管费、利息补贴,每年每吨 300 元。

成品粮(油)储备费用补贴原则上每三年依据物价上涨水平调整一次。各县成品粮(油)储备费用补贴标准可结合本地实际确定。

第十二条 财政部门根据实际储备粮数量,及时将每年所需贷款利息、保管费、轮换费等财政补贴纳入本级财政预算,按季及时足额拨付,并根据实际情况建立粮食风险基金。

第十三条 原粮储备所需资金由承储企业在农业发展银行或其他商业银行贷款解决,贷款与粮食库存值增减挂钩,专户管理、专款专用,承储企业应当严格执行贷款银行的封闭运行管理政策。成品粮(油)储备所需资金由承储企业自筹或申请贷款解决。

第十四条　原粮储备的入库成本由粮食、财政等部门根据招标采购价或者收购价及相关费用进行核定。入库成本一经核定,承储企业不得擅自更改。

第三章　储备粮轮换

第十五条　储备粮的轮换应当遵循有利于保证储备粮的数量、质量和储存安全,保持粮食市场稳定,防止造成市场粮价剧烈波动,节约成本、提高效率的原则。

第十六条　原粮储备实行先入先出、均衡轮换制度。粮食管理部门应当在储存规模不变、费用不增的基础上,积极采取动态储备管理新模式,以利于节约成本、常储常新、提升品质。

第十七条　原粮储备轮换分为常规轮换和动态轮换两种。常规轮换以储存品质为依据,以储存年限为参考(小麦4年,水稻2年),由粮食管理部门会同财政、农业发展银行等部门下达轮换计划。动态轮换由承储企业根据储粮品质、补库粮源以及粮食市场供求情况提出轮换申请,粮食管理部门会同财政等部门核实后下达轮换计划。承储企业应当按照下达计划适时组织轮换。

因市场因素或其他客观因素影响,原粮储备未完成轮换计划任务,确需延期轮换的,应及时报请粮食管理部门批准。

第十八条　原粮储备轮换架空期原则上不得超过4个月。因特殊原因架空期超过4个月的,承储企业应及时报请粮食管理部门批准,最长不得超过6个月。超期部分不享受保管费用补贴。除紧急动用等特殊情况外,原粮储备月均实物库存不得低于总量计划的70%。

第十九条　收购入库的原粮储备应当是当年生产粮食,并达到收购、轮换计划规定的质量要求。储存的成品粮(油)储备应当符合国家规定的质量等级和食品安全标准。

第二十条　原粮储备的购进、轮换、销售应当通过有资质的公共交易平台公开进行,也可以通过其他方式进行。原粮储备入库完成后,粮食管理部门应会同财政、农业发展银行等部门及时组织验收。轮换应做到全程留痕备查,相关文件、原始凭证及账务等资料至少保留6年。

第二十一条　成品粮(油)储备轮换实行保持常量、周转轮换、即进即出原则,储存时间不得超过保质期。除紧急动用外,承储企业实物库存不得低于承储计划的90%。若库存数量低于90%,将按照实际库存数量核减费用。

第四章　储备粮管理

第二十二条　原粮承储企业应当满足《宁夏回族自治区地方储备粮食仓储管理办法》基本要求。

成品粮(油)承储企业应当具备下列条件:

(一)在当地市场监督管理部门注册;

(二)具备资金筹措能力;

(三)具备相应的仓储设施和保管能力;

(四)储存设备完好,计量设备准确,具备成品粮(油)常规检化验条件,配备有专业技术化验人员;

(五)交通便利,在应急情况发生时能够做到随时调用,保质、保量供给储备粮油。

第二十三条　成品粮(油)承储企业应当具备承储资格,承储资格由粮食管理部门认定,承储企业或承储库点一经认定,不得随意变动,如需调整,须到粮食管理部门办理报批手续。

第二十四条　储备粮承储企业出现下列情形之一的,粮食管理部门可依法撤销其承储资格。

(一)依法被撤销、解散或破产的;

(二)因经营管理不善造成粮食严重损失的;

(三)发生重大安全事故或重大粮食储存事故的;

(四)连续三个季度储备粮检查不合格;

(五)其他违反相关法律法规依法予以撤销的情形。

第二十五条　原粮承储企业应严格按照粮食、财政等部门下达的储备计划进行收购、轮换、销售业务,并按照政策性职能和经营性职能分开的原则完善储备粮运营管理制度。

第二十六条　原粮承储企业应按照《政府储备粮食仓储管理办法》相关要求规范储备粮的仓储管理,严格执行"一符三专四落实"要求和"一规定两守则"。鼓励承储企业以绿色优质为导向改造升级仓储设施,推广使用科学储粮技术,提高安全储粮水平。原粮承储企业应建立智能化粮库系统,提升原粮储备现代化监管水平。

第二十七条　储备粮承储企业应按照《政府储备粮食质量安全管理办法》要求,做好储备粮出入库和储存期间质量安全管控工作,建立粮食出入库检验制度,及时建立逐货位粮食质量安全档案。

原粮储备入库后,承储企业应委托具有资质的粮食质量检验机构对入库粮食进行质量检验,检验合格后方可验收,验收合格后认定为储备粮。

新增或调整成品粮(油)数量后,粮食管理部门应及时组织验收,验收合格后认定为储备粮。

第二十八条　储备粮承储企业不得有下列行为:

(一)利用储备粮办理抵质押贷款、提供担保或清偿债务、进行期货实物交割;

(二)虚报、瞒报储备粮数量;

(三)在储备粮中掺杂掺假、以次充好;

(四)擅自串换储备粮品种、变更储备粮储存库点;

(五)管理不善造成储备粮品质劣变;

(六)承储企业擅自动用储备粮或不按要求执行储备粮年度轮换计划;

(七)违反法律法规规定的其他行为。

第二十九条　储备粮承储企业应严格执行国家粮食流通统计制度,定期分析储备粮的储存管理情况,及时上报统计信息。

第三十条　粮食管理部门应组织对本级原粮储备进行入库前空仓验收和入库后数量、质量验收,对储备粮数量、质量及日常管理工作定期进行监督检查,每季度至少检查一次。

第五章　储备粮动用

第三十一条　有下列情形之一的,由粮食管理部门报经同级人民政府批准,可动用储备粮:

(一)本行政区域内粮食市场明显供不应求或者市场价格异常波动的;

(二)本行政区域发生重大自然灾害、突发公共卫生事件或者其他突发事件需要动用储备粮的;

(三)市、县(区)人民政府认为需要动用储备粮的其他情形。

第三十二条　储备粮按照逐级动用原则,先动用本级储备粮,本级储备粮不足的可以申请动用上级储备粮。

储备粮的动用方案,由粮食管理部门会同发改、财政、应急管理等相关部门提出,报本级人民政府批准,并报上级粮食管理部门备案。

第三十三条　粮食管理部门根据本级人民政府批准的储备粮动用方案组织实施,政府有关部门应当对动用储备粮命令的实施给予支持、配合。

第三十四条　任何单位和个人不得拒绝执行或者擅自改变储备粮动用命令、计划及用途。

第三十五条　储备粮动用任务结束后,粮食管理部门应会同相关部门及时清算所发生的费用,及时补充库存。

第三十六条　原粮储备动用或调减规模出库销售发生亏库和价差损失,按粮食权属关系,全部由同级人民政府承担。

原粮储备因客观因素或不可抗力因素造成较大亏损，由财政部门会同粮食管理部门核实后，由同级财政部门据实拨补。

第六章　监督检查和法律责任

第三十七条　粮食管理部门负责对本级储备粮的品种、数量、质量、储存安全及储备政策执行等情况进行监督检查。

财政部门负责对本级储备粮财政补贴资金使用情况进行监督检查。

审计部门依法对粮食管理部门和储备粮承储企业的财务收支情况实施审计监督。

农业发展银行或其他商业银行应当按照规定，加强对储备粮的信贷资金的监督管理。

第三十八条　粮食、财政等有关部门在依法实施粮食储备监督检查活动时，可以行使以下职权：

（一）进入储备粮承储企业及其他组织，检查储备粮的品种、数量、质量和储存安全等；

（二）向有关单位和人员了解储备粮有关情况；

（三）调阅、复制储备粮管理的有关资料、凭证；

（四）组织开展储备粮质量安全检验；

（五）法律法规规定的其他职权。

第三十九条　市、县（区）人民政府应当将储备粮监督检查所需经费列入本级财政预算。

第四十条　粮食管理部门应当建立储备粮承储企业信用档案，记录日常监督检查结果、违法行为查处等信息，并根据信用等级实施分类监管。

第四十一条　粮食管理等有关部门接到单位和个人对储备粮运营管理中的违法行为举报后，应当及时核实处理。举报事项超出本部门职责范围的，应当按照法定程序及时移送相关管理部门处理。

第四十二条　粮食管理部门和其他有关部门、储备粮承储企业违反本办法规定及相关法律法规规定的，依据《粮食流通管理条例》《政府储备粮食仓储管理办法》《政府储备粮食质量安全管理办法》《粮食储备管理问责办法（试行）》《宁夏回族自治区地方储备粮管理条例》等规定予以处罚。

第七章　附则

第四十三条　本办法自 2022 年 1 月 31 日起施行，有效期至 2027 年 1 月 31 日，2018 年 3 月 12 日市人民政府印发的《中卫市地方储备粮管理办法》（卫政办规发〔2018〕5 号）同时废止。

市人民政府关于调整新能源光伏、风力发电项目用地租赁费收费标准的通知

卫政规发〔2021〕1 号

各县（区）人民政府（管委会），市政府各部门、直属机构：

为规范新能源产业用地行为，确保全市新能源产业健康发展，决定对我市沙坡头区新能源光伏、风力发电项目土地租赁费收费标准进行调整。现将有关事宜通知如下：

一、收取范围

沙坡头区辖区内新能源光伏发电项目的电池组件、列阵占地（永久性建设用地除外）以及风力发电项目风机基站用地。

二、收费标准

(一)光伏项目用地。

调整后的光伏项目用地收费标准:230 元/亩·年。

(二)风电项目用地。

调整后的风电项目用地收费标准:1MW 风机 0.3 万元/台·年,1.5MW 风机 0.4 万元/台·年,2MW 风机 0.5万元/台·年,2.5MW 风机 0.6 万元/台·年,3MW 风机 0.7 万元/台·年。

(三)该标准暂定执行 5 年,期满后适时调整收费标准。

三、收费期限

2020 年 1 月 1 日前取得用地手续的光伏、风力发电项目,土地租赁费到期未缴纳(或未完全缴纳),该日期之前的使用年期按原收费标准一次性收取租赁费;该日期之后的使用年期按新标准收取租赁费。2020 年 1 月 1 日之后取得用地手续的光伏、风力发电项目土地租赁费按新标准实施,每 3 年收取一次租赁费。

四、其他要求

(一)2020 年 1 月 1 日之前取得用地手续的光伏、风力发电项目用地,该日期之前未缴纳(或未完全缴纳)土地租赁费的,由市自然资源局负责,市发展和改革委员会、财政局、商务局、市场监督管理局、国家税务总局中卫市税务局、国网中卫供电公司配合,于 2021 年 6 月底前完成收缴;该日期之后的土地租赁费,由市自然资源局与用地单位签订土地租赁协议,并会同市财政局依法依规按程序收缴。凡在 2021 年 6 月底前不按时缴纳租赁费的,录入企业征信系统公布。

(二)2020 年 1 月 1 日之后取得用地手续的光伏发电项目用地,市自然资源局按照《建设项目用地预审与选址意见书》确定的用地范围(除去永久性建设用地),核定电池组件和列阵用地面积,与用地单位签订土地租赁协议,待用地单位向市财政缴清土地租赁费后,市自然资源局依法办理用地手续;2020 年 1 月 1 日之后取得用地手续的风电项目,市自然资源局根据市发展和改革委员会核准的发电机组容量与用地单位签订土地租赁协议,待用地单位向市财政缴清土地租赁费后,市自然资源局依法依规按程序办理用地手续。

(三)该通知自发布之日起施行,中宁县、海原县可参照本标准执行。市人民政府《关于新能源光伏、风力发电项目用地收取租赁费的通知》(卫政发〔2014〕183 号)同时废止。

(四)本通知由市自然资源局负责解释。

中卫市人民政府

2021 年 1 月 7 日

(此件公开发布)

市人民政府关于保留、废止、宣布失效和修改市人民政府行政规范性文件的决定

各县(区)人民政府,市政府各部门、直属机构:

按照依法治区办、依法治市办关于全面集中开展清理全区、全市地方性法规政府规章和行政规范性文件的工作要求,在 2020 年开展行政规范性文件清理工作的基础上,经对 2004 年设市以来以“市政府”和“市政府办”名义制发的所有文件再次进行梳理,另行梳理现行有效行政规范性文件和涉及清理重点和标准的政策类文件共计 76 件。经市人民政府第 94 次常务会议研究同意,决定保留市政府行政规范性文件 17 件,废止 46 件、宣布失效 6 件、修改 7 件。

废止和失效的行政规范性文件不再作为行政管理的依据, 相关部门应及时做好衔接或重新起草。对修改

的行政规范性文件，由提出部门牵头修订，按照行政规范性文件的制定程序及时修改、公布，否则不得作为行政管理的依据。

附件：1. 决定保留的市人民政府行政规范性文件目录
2. 决定废止的市人民政府行政规范性文件目录
3. 决定宣布失效的市人民政府行政规范性文件目录
4. 决定修改的市人民政府行政规范性文件目录

中卫市人民政府
2021 年 4 月 2 日

（此件公开发布）

附件 1

决定保留的市人民政府行政规范性文件目录

序号	规范性文件名称	文号
1	《市人民政府关于加强住房公积金管理的意见》	卫政发〔2006〕134 号
2	《市人民政府关于加快推进企业建立住房公积金制度的意见》	卫政发〔2008〕109 号
3	《市人民政府关于在全市行政事业单位内部聘用职工中建立住房公积金制度的通知》	卫政发〔2009〕49 号
4	《市人民政府办公室关于印发中卫市卫生系统聘用医护人员同工同酬实施方案的通知》	卫政办发〔2011〕42 号
5	《市人民政府办公室关于印发沙坡头区统筹城乡居民社会养老保险试点实施方案的通知》	卫政办发〔2011〕263 号
6	《市人民政府办公室关于印发〈中卫市人民政府关于实施妇幼卫生“六免一救助”的方案〉的通知》	卫政办发〔2012〕48 号
7	《市人民政府办公室关于印发中卫市关于进一步鼓励和引导社会资本举办医疗机构实施方案的通知》	卫政办发〔2013〕59 号
8	《市人民政府办公室关于印发进一步加强住房公积金归集扩面工作的通知》	卫政办发〔2014〕93 号
9	《市人民政府办公室关于禁止政府投资项目承建企业向非银行金融机构及社会高利融资贷款的通知》	卫政办发〔2014〕37 号
10	《市人民政府办公室关于印发中卫市疾病应急救助制度实施方案的通知》	卫政办发〔2014〕76 号
11	《市人民政府办公室关于印发〈中卫市深化行政审批制度改革加强事中事后监管的意见〉的通知》	卫政办发〔2016〕153 号
12	《市人民政府办公室关于印发〈中卫市“先照后证”改革后加强事中事后监管实施方案〉的通知》	卫政办发〔2016〕151 号
13	《市人民政府关于印发〈中卫市城市管理相对集中行政处罚权工作实施方案〉的通知》	卫政办发〔2016〕43 号
14	《市人民政府关于进一步加强耕地保护和改进占补平衡的实施意见》	卫政发〔2018〕27 号
15	《市人民政府办公室关于印发中卫市促进市场主体发展若干服务措施的通知》	卫政办发〔2018〕44 号
16	《市人民政府办公室关于印发中卫市建立残疾儿童康复救助制度的实施方案的通知》	卫政办发〔2019〕25 号
17	《市人民政府办公室关于落实消防救援人员相关优待政策的通知》	卫政办发〔2019〕18 号

附件 2

决定废止的市人民政府行政规范性文件目录

序号	规范性文件名称	文号
1	《市人民政府关于印发〈中卫市招商引资的若干政策规定〉的通知》	卫政发〔2004〕63 号
2	《市人民政府关于印发〈中卫市城区农村社会救助体系实施意见〉的通知》	卫政发〔2004〕130 号
3	《市人民政府关于对种粮农民实行直接补贴的通知》	卫政发〔2005〕19 号
4	《市人民政府关于印发〈中卫市工伤保险费征缴实行行业基准费率和行业浮动费率的规定〉的通知》	卫政发〔2005〕67 号
5	《市人民政府关于印发〈中卫市建筑工程劳动保险基金统一管理试行办法〉的通知》	卫政发〔2005〕53 号
6	《市人民政府关于开展综合治税加强地方税收保障工作的意见》	卫政发〔2006〕164 号

续表

序号	规范性文件名称	文号
7	《市人民政府关于印发〈中卫市烟草广告管理暂行办法〉的通知》	卫政发〔2007〕104 号
8	《市人民政府关于印发〈中卫市饮用水水源保护区污染防治管理办法〉的通知》	卫政发〔2008〕197 号
9	《市人民政府关于支持停产企业恢复生产的若干政策》	卫政发〔2008〕229 号
10	《市人民政府关于应对当前形势切实做好就业和社会保障工作的实施意见》	卫政发〔2009〕29 号
11	《市人民政府关于印发〈中卫市支持工业经济发展若干税收政策〉的通知》	卫政发〔2009〕24 号
12	《市人民政府办公室印发〈关于中卫市餐厨垃圾管理办法〉的通知》	卫政办发〔2010〕267 号
13	《市人民政府关于印发沙坡头区村级动物防疫员管理暂行办法的通知》	卫政发〔2010〕35 号
14	《市人民政府关于印发沙坡头区重大动物疫病强制免疫副反应死亡和流产补助暂行办法的通知》	卫政发〔2010〕36 号
15	《市人民政府关于印发沙坡头区病死及死因不明动物处置补助暂行办法的通知》	卫政发〔2010〕37 号
16	《市人民政府关于印发中卫市全民创业城优惠政策的通知》	卫政发〔2010〕120 号
17	《市人民政府办公室关于印发中卫市淘汰落后产能企业及阶段性停产企业职工安置实施意见的通知》	卫政办发〔2011〕107 号
18	《市人民政府办公室关于进一步稳定市场物价保障群众基本生活的通知》	卫政办发〔2011〕211 号
19	《市人民政府办公室关于实行临时价格调控干预措施的通知》	卫政办发〔2011〕212 号
20	《市人民政府办公室关于印发中卫市卫生系统聘用医护人员准入管理办法的通知》	卫政办发〔2011〕70 号
21	《市人民政府关于印发中卫市行政监察建议办法的通知》	卫政发〔2012〕255 号
22	《市人民政府办公室关于印发中卫市公共资源交易管理暂行办法的通知》	卫政办发〔2012〕253 号
23	《市人民政府关于印发中卫市沙坡头区河道管理办法的通知》	卫政发〔2012〕173 号
24	《市人民政府关于印发中卫市加强行政执法监督八条规定和中卫市行政执法监督实施细则的通知》	卫政发〔2012〕256 号
25	《市人民政府办公室关于进一步优化全市农村劳动力转移就业环境加强跨省(区)转移就业管理服务工作的通知》	卫政办发〔2012〕346 号
26	《市人民政府办公室关于印发中卫市老工伤人员纳入工伤保险统筹管理实施方案的通知》	卫政办发〔2012〕5 号
27	《市人民政府关于印发中卫市城乡环境卫生深度清洁管理办法的通知》	卫政发〔2012〕236 号
28	《市人民政府关于印发中卫市城市道路车辆运输防渗防撒防漏监管规定的通知》	卫政发〔2012〕249 号
29	《市人民政府办公室关于转发中卫市辖区中小微企业信贷政策导向效果评估报告制度的通知》	卫政办发〔2012〕410 号
30	《市人民政府关于印发中卫市人民政府关于规范行政审批与收费的规定的通知》	卫政发〔2012〕257 号
31	《市人民政府关于印发中卫市沙坡头区退耕还林工程管理办法的通知》	卫政发〔2012〕178 号
32	《市人民政府关于印发中卫市城乡规划编制审批管理办法的通知》	卫政发〔2012〕279 号
33	《市人民政府办公室关于印发中卫市公共资源交易管理基本制度的通知》	卫政办发〔2012〕442 号
34	《市人民政府关于印发中卫市安全生产领域公职人员行政问责办法的通知》	卫政发〔2013〕21 号
35	《市人民政府关于印发中卫市重大行政决策规则(暂行)的通知》	卫政发〔2014〕145 号
36	《市人民政府办公室关于印发中卫市城区静态交通建设实施方案的通知》	卫政发〔2014〕38 号
37	《市人民政府办公室关于印发〈中卫市化解产能过剩矛盾实施方案〉的通知》	卫政办发〔2014〕81 号
38	《市人民政府印发〈关于加快海兴开发区经济社会发展的若干政策规定〉的通知》	卫政发〔2014〕135 号
39	《市人民政府办公室关于转发〈市交通运输局关于中卫市公共交通运营管理考核办法(试行)〉的通知》	卫政办发〔2015〕135 号
40	《市人民政府办公室关于印发中卫市科技创新后补助项目管理暂行办法及中卫市专利资助管理暂行办法的通知》	卫政办发〔2015〕148 号
41	《市人民政府办公室关于印发中卫市乡村教师支持计划(2015 年—2020 年)实施细则的通知》	卫政办发〔2016〕87 号
42	《市人民政府办公室关于印发中卫市金融扶贫工作方案的通知》	卫政办发〔2016〕88 号
43	《市人民政府办公室关于印发中卫市加快推进残疾人小康进程实施意见的通知》	卫政办发〔2016〕63 号
44	《市人民政府办公室关于印发中卫市沙坡头区公共租赁住房出售实施方案的通知》	卫政办发〔2016〕140 号
45	《市人民政府办公室印发关于推进硒砂瓜产业持续健康发展的指导意见的通知》	卫政办发〔2017〕26 号
46	《市人民政府办公室关于印发中卫市硒砂瓜品质品牌保护提升三年(2019—2021 年)行动方案的通知》	卫政办发〔2019〕17 号

附件 3

决定宣布失效的市人民政府行政规范性文件目录

序号	规范性文件名称	文号
1	《市人民政府关于印发〈中卫市人民政府关于中小企业直接融资扶持政策〉的通知》	卫政发〔2014〕113 号
2	《市人民政府办公室关于印发中卫市本级公益性国有资产管理暂行办法的通知》	卫政办发〔2015〕88 号
3	《市人民政府办公室关于印发中卫市旅游市场违法违规经营行为举报奖励暂行办法的通知》	卫政办规发〔2018〕13 号
4	《市人民政府办公室关于印发中卫市民生民情信息发布制度(暂行)的通知》	卫政办规发〔2018〕17 号
5	《市人民政府办公室关于印发中卫市基本农田和耕地违法行为举报奖励办法(试行)的通知》	卫政办规发〔2018〕11 号
6	《市人民政府办公室关于印发中卫市医疗保险总额控制下按病种分值结算协议医疗机构住院费用管理办法(试行)的通知》	卫政办规发〔2019〕3 号

附件 4

决定修改的市人民政府行政规范性文件目录

序号	规范性文件名称	文号
1	《市人民政府关于印发〈中卫市行政许可公示制度〉等十项制度的通知》	卫政发〔2005〕96 号
2	《市人民政府关于印发中卫市气象管理办法的通知》	卫政发〔2011〕121 号
3	《市人民政府关于印发中卫市城市美丽园林绿化管理办法的通知》	卫政发〔2012〕240 号
4	《市人民政府办公室印发〈关于进一步做好进城务工人员随迁子女就学工作的意见〉〈关于加强农村留守儿童关爱工作的意见〉的通知》	卫政办发〔2014〕87 号
5	《市人民政府办公室关于印发中卫市环境保护网格化管理考核办法的通知》	卫政办发〔2017〕146 号
6	《市人民政府办公室关于印发中卫市深化改革推进出租汽车行业健康发展实施意见的通知》	卫政办发〔2017〕87 号
7	《市人民政府关于印发中卫市被征地农民养老保险"先保后征"工作办法的通知》	卫政发〔2017〕109 号

文献名录

2021 年中共中卫市委发文目录

序号	文件名称	发布文号
1	关于印发《沙坡头区推进基层整合审批服务执法力量的实施方案》《海原县推进基层整合审批服务执法力量的实施方案》的通知	卫党办发〔2021〕2 号
2	关于印发《中卫市 2021 年度"6+9"重点工作分工方案》的通知	卫党办发〔2021〕3 号
3	关于印发《中卫市 2020 年自治区党风廉政建设责任制、意识形态工作责任制检查和领导班子领导干部考核发现问题整改方案》的通知	卫党办发〔2021〕4 号
4	关于厅处级领导包保中部干旱带压砂瓜退出种植和生态修复工作的通知	卫党办发〔2021〕5 号
5	关于印发《中卫市巩固深化"不忘初心、牢记使命"主题教育成果具体措施任务分工方案》的通知	卫党办发〔2021〕7 号
6	关于印发《2021 年中卫市全面从严治党党风廉政建设和反腐败工作主要任务分工方案》的通知	卫党办发〔2021〕8 号
7	关于印发《中卫市委常委会 2020 年度民主生活会整改清单》的通知	卫党办发〔2021〕9 号
8	关于 2020 年度全市效能目标管理考核结果的通报	卫党办发〔2021〕10 号
9	印发《关于进一步落实安全生产、消防安全、防灾减灾"党政同责、一岗双责"和"三个必须"的实施意见》的通知	卫党办发〔2021〕12 号
10	关于印发《中卫市推进落实百万移民致富提升行动的实施意见》的通知	卫党办发〔2021〕14 号
11	关于印发《中卫市严格村庄撤并工作方案》的通知	卫党办发〔2021〕17 号
12	关于建立厅级领导同志包抓百万移民致富提升行动工作机制的通知	卫党办发〔2021〕18 号
13	关于印发用水权、土地权、排污权、山林权"四权"改革实施方案的通知	卫党办发〔2021〕20 号
14	关于印发《中卫市城镇居民收入提升行动实施方案》等 4 个实施方案的通知	卫党办发〔2021〕24 号
15	关于印发《中卫市林草集团股份有限公司组建方案》的通知	卫党办发〔2021〕25 号
16	关于印发《中卫市新闻传媒集团有限公司组建方案》的通知	卫党办发〔2021〕26 号
17	关于做好中卫市第五届人民代表大会代表选举工作的通知	卫党办发〔2021〕28 号
18	关于做好政协中卫市第五届委员会委员协商提名工作的通知	卫党办发〔2021〕29 号

2021 年中共中卫市委办公室发文目录

序号	文件名称	发布文号
1	关于制定中卫市国民经济和社会发展第十四个五年规划和二〇三五年远景目标的建议	卫党发〔2021〕1 号
2	关于给蓝主保、许坤煌同志记二等功的决定	卫党发〔2021〕2 号
3	关于表彰 2020 年度支持地方经济发展先进单位的决定	卫党发〔2021〕3 号
4	关于表扬全市“我身边的战‘疫’模范”先进个人和先进集体的通报	卫党发〔2021〕4 号
5	关于印发《中共中卫市委员会 2021 年工作要点》的通知	卫党发〔2021〕5 号
6	关于全面推进乡村振兴加快农业农村现代化的实施意见	卫党发〔2021〕9 号
7	关于表扬 2020 年度民兵工作先进单位和先进个人的通报	卫党发〔2021〕10 号
8	关于成立中国共产党中卫市国有资产监督管理委员会工作委员会的通知	卫党发〔2021〕11 号
9	关于实现巩固拓展脱贫攻坚成果同乡村振兴有效衔接的实施意见	卫党发〔2021〕12 号
10	关于废止、宣布失效和修改部分党内规范性文件的决定	卫党发〔2021〕13 号
11	关于表彰全市优秀共产党员、优秀党务工作者和先进基层党组织的决定	卫党发〔2021〕15 号
12	关于印发《中卫市法治社会建设实施方案(2021—2025 年)》的通知	卫党发〔2021〕16 号
13	关于同意召开中国共产党中卫市沙坡头区第二次代表大会的批复	卫党发〔2021〕17 号
14	关于同意召开中国共产党中宁县第十五次代表大会的批复	卫党发〔2021〕18 号
15	关于同意召开中国共产党海原县第十五次代表大会的批复	卫党发〔2021〕19 号
16	关于进一步推进创新驱动深化改革的若干意见	卫党发〔2021〕20 号
17	关于认真学习贯彻落实中共中央和自治区党委加强对“一把手”和领导班子监督相关文件精神的通知	卫党发〔2021〕21 号
18	关于中国共产党中卫市第五次代表大会代表选举工作的通知	卫党发〔2021〕22 号
19	印发《关于在全市开展第八个五年法治宣传教育的实施意见》的通知	卫党发〔2021〕24 号
20	关于印发中卫市第五次党代会报告的通知	卫党发〔2021〕25 号
21	关于印发《中共中卫市第五届委员会常务委员会工作规则》的通知	卫党发〔2021〕26 号
22	关于深入学习宣传贯彻中国共产党中卫市第五次代表大会精神的通知	卫党发〔2021〕27 号

2021 年中卫市政府发文目录

序号	文件名	发文号
1	关于印发中卫市 2021 年春节期间烟花爆竹安全宣传工作方案的通知	卫政发〔2021〕1 号
2	关于印发中卫市国有经济和社会发展第十四个五年规划和二〇三五年远景目标纲要的通知	卫政发〔2021〕10 号
3	关于聘任李德仁等 19 名专家为中卫市特聘专家的通知	卫政发〔2021〕25 号
4	关于实施“三线一单”生态环境分区管控的通知	卫政发〔2021〕31 号
5	关于印发中卫市 2021 年度重大行政决策事项目录的通知	卫政发〔2021〕42 号
6	关于印发中卫市深化“证照分离”改革进一步激发市场主体发展活力工作方案的通知	卫政发〔2021〕54 号
7	关于印发市长副市长和秘书长等工作分工的通知	卫政发〔2021〕61 号

2021 年中卫市政府办公室发文目录

序号	文件	发文号
1	关于印发中卫市创建国家节水型城市工作实施方案的通知	卫政办发〔2021〕1 号
2	关于印发中卫市永久基本农田核实清理工作方案的通知	卫政办发〔2021〕2 号
3	关于印发中卫市民爆领域突发事件应急预案的通知	卫政办发〔2021〕3 号
4	关于印发《宁夏中卫国家农业科技园区建设规划(2020—2025 年)》和《宁夏中卫国家农业科技园区建设实施方案》的通知	卫政办发〔2021〕4 号
5	关于印发中卫市气象灾害应急预案(修订稿)的通知	卫政办发〔2021〕5 号

续表

序号	文件	发文号
6	关于印发《中卫市义务教育优质均衡发展创建规划》的通知	卫政办发〔2021〕6 号
7	关于印发《中卫市民政领域突发事件应急预案》的通知	卫政办发〔2021〕7 号
8	关于调整市人民政府有关领导同志工作分工的通知	卫政办发〔2021〕8 号
9	关于印发《中卫市落实〈宁夏回族自治区人民政府、中国科协全面战略合作协议重点任务分工〉责任清单》的通知	卫政办发〔2021〕9 号
10	关于印发 2021 年 10 件民生实事任务分工方案的通知	卫政办发〔2021〕10 号
13	关于印发《李晓波同志在市人民政府第五次全体会议(扩大)会议上讲话》的通知	卫政办发〔2021〕13 号
14	关于印发 2021 年自治区及市政府工作报告任务分工方案的通知	卫政办发〔2021〕14 号
15	关于印发中卫市教育系统突发事件总体应急预案的通知	卫政办发〔2021〕15 号
16	关于印发全面开展证明事项告知承诺实施方案的通知	卫政办发〔2021〕16 号
17	关于做好 2021 年全市重点建设项目和一季度开工重大项目有关工作的通知	卫政办发〔2021〕17 号
19	关于印发中卫市绿色食品产业高质量发展实施方案的通知	卫政办发〔2021〕19 号
20	关于 2020 年全市向上对接争取政策项目资金情况的通报	卫政办发〔2021〕21 号
22	关于印发中卫市奶产业和肉牛产业高质量发展实施方案的通知	卫政办发〔2021〕24 号
24	关于印发中卫市沙坡头区城区声环境功能区调整划分方案的通知	卫政办发〔2021〕26 号
25	关于印发《中卫市粮食应急预案(修订稿)》的通知	卫政办发〔2021〕27 号
28	关于印发《中卫市切实解决老年人运用智能技术困难工作》的办法	卫政办发〔2021〕30 号
29	关于市人民政府秘书长副秘书长等工作分工的通知	卫政办发〔2021〕31 号
30	关于认真做好自治区十二届人大四次会议代表建议和自治区政协十一届四次会议提案办理工作的通知	卫政办发〔2021〕32 号
32	关于印发 2021 年中卫市功能农业发展推进方案的通知	卫政办发〔2021〕34 号
34	关于印发中卫市有机肥代替化肥三年行动方案(2021—2026 年)的通知	卫政办发〔2021〕36 号
36	关于转发市工业和信息化局关于实施"四大改造"加快工业转型发展推进方案的通知	卫政办发〔2021〕38 号
37	关于印发中卫市 2021 年政务公开工作要点的通知	卫政办发〔2021〕39 号
38	关于调整董立军同志工作分工的通知	卫政办发〔2021〕40 号
39	关于印发"放心消费在宁夏"创建活动中卫市实施方案的通知	卫政办发〔2021〕41 号
40	关于印发中卫市文化旅游产业高质量发展实施方案的通知	卫政办发〔2021〕44 号
41	关于公布第二批享受中卫市政府特殊津贴人员名单的通知	卫政办发〔2021〕45 号
42	关于印发中卫市市本级与沙坡头区医疗卫生领域财政事权和支出责任划分改革实施方案的通知	卫政办发〔2021〕46 号
43	关于印发中卫市旅游行业突发事件专项应急预案、中卫市文化体育行业突发事件专项应急预案和中卫市文物保护单位突发事件专项应急预案的通知	卫政办发〔2021〕47 号
44	关于印发中卫市供水突发事故应急预案(修订稿)的通知	卫政办发〔2021〕48 号
45	关于印发中卫市深入开展爱国卫生运动实施方案的通知	卫政办发〔2021〕49 号
46	关于印发中卫市中心城区节水专项规划(2020—2030 年)的通知	卫政办发〔2021〕52 号
47	关于建立健全中卫市"十四五"规划纲要实施机制统筹推进规划目标任务落地落实的通知	卫政办发〔2021〕55 号
48	关于印发中卫市严格落实禁采禁垦禁牧禁伐责任工作方案的通知	卫政办发〔2021〕56 号
49	关于印发中卫市防止耕地"非粮化"稳定粮食生产工作方案的通知	卫政办发〔2021〕57 号
50	关于市人民政府市长副市长和秘书长等工作分工的通知	卫政办发〔2021〕58 号
51	关于印发做好中卫市今冬明春能源保供工作实施方案的通知	卫政办发〔2021〕60 号
52	关于印发中卫市农村人居环境整治提升五年行动实施方案(2021—2025 年)的通知	卫政办发〔2021〕61 号
53	关于印发中卫市乡村建设行动实施方案(2021—2025 年)的通知	卫政办发〔2021〕62 号
54	关于印发中卫市全面推行涉企经营许可事项告知承诺制实施方案的通知	卫政办发〔2021〕63 号
55	关于印发中卫市消防事业发展"十四五"规划的通知	卫政办发〔2021〕64 号
56	关于印发中卫市全民科学素质行动规划纲要实施方案(2021—2025 年)的通知	卫政办发〔2021〕65 号

续表

序号	文件	发文号
57	关于印发中卫市“数字供销”建设实施方案(2021—2025年)的通知	卫政办发〔2021〕66号
58	关于印发中卫市森林草原防灭火专项应急预案、中卫市突发林业有害生物灾害应急预案和中卫市突发陆生野生动物疫情应急预案的通知	卫政办发〔2021〕67号
59	关于印发中卫市遏制“两高”项目盲目发展实施意见的通知	卫政办发〔2021〕68号
60	关于印发中卫市2022年元旦春节群众系列文化体育活动实施方案的通知	卫政办发〔2021〕69号
61	关于印发中卫市本级与沙坡头区应急救援领域财政事权和支付责任划分改革实施方案的通知	卫政办发〔2021〕71号
62	关于2022年部分节假日安排的通知	卫政办发〔2021〕72号
63	关于印发《“旅游中卫·放心消费”实施方案》的通知	卫政办发〔2021〕73号
64	关于印发中卫市生态环境保护“十四五”规划的通知	卫政办发〔2021〕74号

《宁夏医科大学学报》稿约

《宁夏医科大学学报》系宁夏医科大学主管/主办的综合性医学期刊，创刊于1979年，为月刊；设有论著(基础医学、临床医学、预防医学、药学、中医学)、综述、技术与方法、病例报道等栏目。主要阅读对象为从事医药卫生工作的中高级科研、医疗、教学、预防机构人员和高等医药院校的师生。

1 投稿须知

1.1 投稿 请登录我刊官网(http://xbonline.nxmu.edu.cn)投稿。注册后上传稿件和《单位证明(含论文版权转让确认书)》(加盖单位公章)。有基金项目资助的，请注明项目名称、编号。通信作者必须是研究生导师或科研课题的负责人。在读硕士研究生的稿件须经其导师审阅，注册时须完善通信作者(导师)信息。稿件的内容、图片等均符合国家著作权法，真实性和保密性由作者单位负责审查。

1.2 学术不端检测 所有来稿采用"中国知网"开发的"科技期刊学术不端文献检测系统(AMLC)"进行检测，并经"稿件追踪平台"查验稿件投稿记录。

1.3 版权 本刊发表的论文电子文章将入编中国学术期刊综合评价数据库、中国核心期刊(遴选)数据库、中文科技期刊数据库、中国科技论文在线、超星期刊域出版平台、日本科学技术振兴机构中国文献数据库(JST)及其他网络数据库，如不同意入编，投稿时请说明。

1.4 联系方式 宁夏银川市兴庆区胜利街1160号(校内地址：宁夏医科大学雁湖校区正德楼7楼北侧)；邮政编码：750004；电话：0951-4091605，0951-6980127。

2 撰稿要求

2.1 撰写格式 包括文题(20个汉字以内为宜)、作者姓名(一般不超过6人)、作者单位、摘要(包括目的、方法、结果、结论)、关键词(3～8个)、中图分类号[按《中国图书馆分类法》(第4版)标注]、文献标识码、正文(前言、材料与方法、结果、讨论)和参考文献。中英文文题、作者姓名、作者单位、摘要、关键词保持一致。

2.2 作者署名及单位 论文署名应限于对该文能负责并能解答有关问题者；工作单位系作者在进行该项研究时的单位。不同工作单位的作者，应在姓名右上角加注阿拉伯数字序号，并在工作单位名称之前加与作者姓名序号相同的序号。

2.3 标题层次 文中节段层次序号分别用"1"、"1.1"、"1.1.1"，一般以三级为宜。文内并列条文序号用半括号，如1)、2)、3)……表示。

2.4 缩写词 除已被公认常用的缩写词可不加说明直接引用(例如：DNA、HBsAg)外，其余第1次出现时一律先写出中文名词后括号标注英文全称及缩写。

2.5 数字及计量单位 数字作为量词及序词时一律用阿拉伯数字，但古籍文献的卷次、页码，农历及我国清代以前的历史纪年用汉字。固定词语中作词素的数字用汉字，如二倍体、十二指肠等。应注意数值的修约不能采用"四舍五入"法则，应为"4舍6入5看后，5后有数进上去，5后为零看左数，左数奇进偶舍弃"。数值范围的表示形式：5至10应为5～10；5万至10万应为5万～10万，不能写成5～10万；3×10^9至5×10^9应为$3\times10^9\sim5\times10^9$，或$(3\sim5)\times10^9$，不能写成$3\sim5\times10^9$；60%至70%应为60%～70%，不能写成60～70%。以百分数表示的均值和标准差应写作(50.2±0.6)%，而不写作50.2±0.6%或50.2%±0.6%。分数的分号用斜线(/)表示，数学公式例外。严格使用法定计量单位，如表示溶液中某物质的含量，应采用物质的量浓度单位($mol\cdot L^{-1}$)或质量浓度单位($g\cdot L^{-1}$)。

2.6 图与表 图(含照片)与表应少而精，具有自明性，内容避免与文字重复，随文排版。表(图)应有表(图)序和表(图)题，表格采用三线制。显微照片应注明染色方法和放大倍数，对可辨认的患者照片，应征得患者的同意，并进行技术处理，尽量使其不易辨认。

2.7 统计学符号 按GB 3358-82《统计学名词及符号》的有关规定书写，常用统计学符号如下：1)样本的算术平均数用英文小写字母$\bar{x}$表示(中位数用M)；2)标准差用英文小写s；3)标准误用英文小写$s_{\bar{x}}$；4)t检验用英文小写t；5)F检验用英文大写F；6)卡方检验用希文小写χ^2；7)相关系数用英文小写r；8)自由度用希文小写υ(钮)；9)概率用英文大写P(P值前给出具体检验值，如t值、χ^2值、q值等)。以上符号均用斜体。

2.8 参考文献 本刊采用"顺序编码制"的著录方式，以文中出现顺序用阿拉伯数字编号排序。文后参考文献按GB/T 7714-2005《文后参考文献著录规则》格式注录，必须是作者亲自阅读过的近年(5年内为宜)文献。作者3人以内全写，3人以上在第3作者之后加"等"或et al。应标注文献类型标识：期刊[J]，普通图书[M]，专利[P]，学位论文[D]，会议录[C]，标准[S]，报告[R]，新闻[N]。

常用参考文献写法举例如下：

[期刊] 作者.题目[文献类型标识].刊名，出版年，卷(期)：页次.

[1] 秦海林，李志宏，王鹏，等. 中药玉竹中新的次生代谢产物[J]. 中国中药杂志，2004，29(1)：42.

[2] Goodger NM，Gannon J，Hunt T，et al. Cell cycle reglatory proteins an overview with relevance to oral cancer [J]. Oral Oncol，1997，33(2)：61.

[书籍] 作者.书名.卷次.版次(第1版不写).出版地：出版社，出版年：页次.

[1] 张志耘. 中国植物志[M]. 第69卷. 北京：科学出版社，1990：55.

[电子期刊]：作者.题名[文献类型标志/文献载体标志].出版地：出版者，出版年(更新日期)[引用日期].获取和访问路径.

[1] 萧钰. 出版业信息化迈入快车道[EB/OL].(2001-12-19)[2002-04-15]. http://www.creader.com/news/200112190019.htm.

宁夏医科大学学报被以下数据库收录：

中国学术期刊综合评价数据库

中国核心期刊（遴选）数据库

中文科技期刊数据库

中国科技论文在线

超星期刊域出版平台

日本科学技术振兴机构中国文献数据库（JST）

宁夏医科大学学报　Journal of Ningxia Medical University

1979年创刊　月刊　Founded in 1979　Monthly

2023年第45卷　第2期　（总第293期）　2023 Vol.45 No.2(Total No.293)

2023年2月28日出版　Published on 28th Feb.2023

主办/主管单位：宁夏医科大学　Sponsor：Ningxia Medical University

编辑：《宁夏医科大学学报》编辑委员会　Edited by：Editorial Committee of Journal of Ningxia Medical University

主编：田丰年　Editor-in-chief：TIAN Fengnian

出版：《宁夏医科大学学报》编辑部（0951）4091605　宁夏银川市兴庆区胜利街1160号

Published by：Editorial Board of Journal of Ningxia Medical University (0951) 4091605 No.1160, Shengli Street, Yinchuan,Ningxia

印刷：宁夏精捷彩色印务有限公司　Printed by：Ningxia Jingjie Colour Printing Company Ltd

发行：国内：宁夏银川市邮政局（邮发代号：74-35）　Distributed by：Domestic Distributor：Yinchuan Post Office (Code No：74-35)

国外：中国国际图书贸易总公司（邮发代号：BM7342）　Overseas Distributor：China International Book Trading (Code No：BM7342)

订阅：联合征订服务部（300380）　天津市卫津南路李七庄邮局9801信箱

Subscription：In Service Department of Combined Subscription (300380) Mail 9801, Liqizhuang Post Office, South Street, Tianjin

网址：http://xbonline.nxmu.edu.cn

E-mail：nxmuxb@163.com

国内统一刊号：CN 64-1064/R　国际统一刊号：ISSN 1674-6309　邮政编码：750004　国内定价：10.00元